中国铁道建筑总公司年鉴

CHINA RAILWAY CONSTRUCTION CORPORATION YEARBOOK

2004

中国铁道建筑总公司史志编审委员会编

中 国 铁 道 出 版 社

2004 年 · 北京

图书在版编目(CIP)数据

中国铁道建筑总公司年鉴．2004/中国铁道建筑总公司史志编审委员会编．—北京:中国铁道出版社,2004.12

(中铁建设年鉴.2004)

ISBN 7-113-06125-7

Ⅰ.中... Ⅱ.中... Ⅲ.铁路工程-中国-2004-年鉴 Ⅳ.F532.3-54

中国版本图书馆 CIP 数据核字(2004)第 125633 号

ISBN 7-113-06125-7

9 787113 061258 >

书　　名:中国铁道建筑总公司年鉴(2004)
作　　者:中国铁道建筑总公司史志编审委员会
出版发行:中国铁道出版社(100054,北京市宣武区右安门西街 8 号)
责任编辑:罗桂英
封面设计:杨启燕
印　　刷:北京中铁建印刷厂
开　　本:787 毫米×1092 毫米　1/16　印张:34.5　插页:64　字数:136 万
版　　本:2004 年 12 月第 1 版　2004 年 12 月第 1 次印刷
印　　数:1～4000 册
书　　号:ISBN 7-113-06125-7/T·30
定　　价:160.00 元

中国铁道建筑总公司史志编审委员会

本期年鉴编辑工作人员

编 辑 说 明

一、《中国铁道建筑总公司年鉴》是一部概览总公司系统的综合性、资料性工具书，1993 年创刊，逐年连续出版，本期年鉴为第 12 部。年鉴全面、系统地反映 2003 年度总公司系统企业改革、施工生产、经营管理、科技教育、党群工作等方面的成果、经验和重要活动信息。

二、年鉴内容采用文章、条目、图片、表格等表现形式。年鉴体例采用分类编辑法，全书由类目、分目、条目三个层次组成，以条目为主。与企业改制、改革相适应，对本期年鉴框架作了较大调整，共设置类目 15 个，分目（或准分目）99 个，条目 1110 个，120 万字。

三、本期年鉴围绕企业生产经营主线，用大量文字和图片突出反映企业改制、改革及铁路和路外重点工程两条战线、国内和海外两个战场生产经营取得的新成果、新经验及面临的新问题，着力反映企业体制创新、技术创新、管理创新、工程创优情况，并对附录内容进行调整，增加若干反映宏观经济环境的重要资料，以期更好地为企业经营决策、施工生产和促进企业改革与发展服务，为社会各界朋友了解本公司服务。

四、年鉴稿件来源于总公司机关各部门和所属各单位，并经其主管领导审核把关。年鉴文章、条目、图表中涉及的某些数据，是按不同口径、通过不同渠道提供的，如有矛盾之处，应以计划统计和财务部门提供的数据为准。

五、本年鉴坚持以"质量第一、读者第一、服务第一"为宗旨，从年鉴内容到格式均按《编辑出版法规手册》的有关规定进行了规范。如有疏漏不当之处，欢迎提出宝贵意见。

六、《中国铁道建筑总公司年鉴》的编辑出版，得到铁道部档案史志中心、中国铁道出版社和兄弟单位的指导、帮助，得到总公司系统各级领导、部门的关心、支持，得到各单位史志工作者的密切配合，我们在此一并致谢。

2003年5月17日，中共中央政治局常委、全国人大常委会委员长吴邦国（右二）在铁道部部长刘志军（左四）和江西省党政领导陪同下，冒雨视察中铁十八局集团公司承建的赣龙铁路峡山隧道出口施工现场。

（高永亮　孟庆田　巫佳仁　摄）

2003年4月30日，中共中央政治局常委、国务院总理温家宝（右）在广东省委、省政府领导的陪同下，视察中铁十六局集团公司承建的广州地铁3号线工程，代表党中央、国务院对参建职工致以“五一”节节日问候，称赞“中铁十六局集团公司是一支能打硬仗的队伍！”

（王子刚　提供）

2003年9月27日，国资委在北京人民大会堂召开青藏铁路建设先进事迹报告会，中共中央政治局常委、国务院副总理黄菊（右三）和国资委领导亲切接见报告团全体成员，对青藏铁路建设者表现出的“缺氧不缺精神，艰苦不怕吃苦，海拔高斗志更高，暴风强意志更强”的无私奉献精神给予高度评价。（李青颖 提供）

2003年8月15日，原全国政协主席李瑞环（前右三）在铁道部副部长孙永福（前右二）等陪同下，视察青藏铁路建设工地。（李学智 提供）

2003 年 1 月 20 日，中共中央政治局委员、北京市市委书记刘淇（左一）率北京市委、市政府、市人大、市政协等新一届领导，到中铁十六局集团公司承建的北京城市铁路东直门车站建设工地视察，对工程质量、施工进度非常满意，连连称赞“中铁十六局集团公司干得好，干得好！”

（高进忠 摄）

2003 年 9 月 22 日，中共中央政治局委员、中华全国总工会主席王兆国（左一）亲切接见中国工会十四大代表、中铁十一局集团公司工会主席陈文举（右一）。（吴在永 提供）

2003 年 11 月，中共中央政治局委员、广东省省委书记张德江（前右一）视察中铁十二局集团公司承建的广州大学城广州大学新校园建设工地，亲切接见参建职工。（王学东 张文启 程 苏 摄）

2003年7月3日，全国人大常委会副委员长韩启德（右一）在铁道部部长刘志军（右二）、总公司总经理王振侯（左二）等陪同下，视察青藏铁路建设工地。（李学智 提供）

2003年9月7日，全国政协副主席白立忱（前左二）视察中铁二十局集团公司参建的宁夏扬黄扩灌工程建设工地，对该集团公司在施工中表现出的国家大型企业风范给予高度评价。（许 岗 胡红光 摄）

2003年8月28日，全国政协常委、政协经济委员会副主任程安东（二排左八）视察中铁十八局集团公司承建的中国公路第一长隧——秦岭终南山公路隧道进口段工程。（刘 军 摄）

2003年9月6日，国资委副主任王瑞祥（右四）在总公司党委副书记霍金贵（右三）、青藏铁路工程指挥部常务副指挥彭江鸿（左三）陪同下，视察青藏铁路最高点建设工程。（季维生 摄）

2003年7月26日，建设部部长汪光焘（右三）在南京市副市长戴永宁（右四）、中铁十六局集团公司总经理汪昭富（右一）陪同下，视察中铁十六局集团公司承建的亚洲最大的盖挖地铁车站——南京地铁新街口车站建设工地，对工程建设取得的成绩给予充分肯定。（王艳文 提供）

2003年7月4日，铁道部部长刘志军（前左二）、副部长孙永福（右三）在总公司总经理王振侯（右一）、中铁十八局集团公司董事长赵广发（右二）陪同下，视察中铁十八局集团公司承建的青藏铁路唐古拉车站工程。（李云光 摄）

2003年9月25日，铁道部副部长孙永福（左一）、中华全国铁路总工会副主席冯子彬（左二）率慰问组慰问中铁十九局集团公司青藏铁路参建职工。（任灿伟 摄）

2003年7月16日，铁道部副部长蔡庆华（左四）视察北京房桥中铁路桥公司试制的京沪高速铁路首片简支连续梁静载试验现场。（汪武 杨阳摄）

2003年4月14日，铁道部副部长陆东福（中）在中铁十五局集团公司董事长张璠琦（左）陪同下，视察郑徐铁路既有线提速改造工程建设工地。（赵延凤 摄）

2003 年 5 月 26 日，甘肃省省委书记宋照肃（中）、省长陆浩（前左）视察中铁十六局集团公司承建的兰海高速公路大红山隧道建设工地，对工程安全、质量、进度、文明施工给予高度评价。

（杨卧龙 摄）

2003年5月7日，陕西省省委书记李建国（左一）视察中铁十八局集团公司承建的西北第一桥——咸阳机场高速公路六村堡立交桥工程。

（王千永 提供）

2003 年 3 月 27 日，宁夏回族自治区党委书记陈建国（右三）专程考察中铁二十局集团公司承建的宁夏扬黄灌溉工程建设工地，称赞“中铁二十局集团公司是一支特别能战斗的队伍！”

（许 岗 胡红光 摄）

2003年10月3日，青海省省长赵乐际（前左三）、常务副省长蒋洁敏（前左一）一行视察中铁十九局集团公司承建的丹拉高速公路第7合同段工程。（费金城 摄）

2003年12月14日，云南省省委书记白恩培（左二）在视察云南安楚高速公路时，对参建的中铁十二局集团公司给予高度评价。（张永胜 提供）

2003年4月13日，山西省省委书记田成平（右二）视察中铁十二局集团公司承建的大运高速公路雁门关隧道施工现场，称赞该公司“工程干得好，预防‘非典’工作扎实有效”。（高 山 摄）

2003年5月29日，西藏自治区副主席杨海滨（右一）在中铁十九局集团公司董事长左春文（左二）陪同下，到该集团公司青藏铁路工程指挥部视察工作。（任灿伟 摄）

2003年1月28日，湖北省省长罗清泉（左一）在中铁工程集团公司副总经理熊升品（前右一）陪同下，视察三峡库区湖北巴东黄土坡地质灾害防治工程。（汪本清 提供）

2003年2月19日，河南省副省长李新民（左一）视察中铁二十局集团公司承建的新郑高速公路刘江互通立交桥工地时称赞："把公路交给你们建设，河南人民放心。"（党承胜 张春庄 摄）

中铁物资集团有限公司

中铁物资集团有限公司于2003年3月31日改制注册，9月12日在北京正式挂牌成立；集团公司所属5个子公司于3月全部成功改制，建立现代企业制度，确立新型法人治理结构。中铁物资集团有限公司曾被内贸部和国家统计局评为“中国物资流通百强企业”，决心以改制为契机，以现代物流为主业，积极探索“贸易加物流”发展模式，把集团公司建设成为中国物流业的知名现代企业集团。

（刘忠河 撰文 刘林华 摄影）

2003年9月12日，总公司总经理王振侯、党委书记李国瑞为中铁物资集团有限公司成立揭牌。

董事长 孙廷台

党委书记 刘茂芝

总经理 申兆军

集团公司在北京召开首次股东会会议。图为与会股东代表合影。

集团公司成立大会会场

昆明中铁大型养路机械集团有限公司

2003年3月18日，昆明中铁大型养路机械集团有限公司在昆明隆重挂牌成立，铁道部及各铁路局，云南省、昆明市和总公司、兄弟单位的领导、嘉宾共200多人到会祝贺。多年来，集团公司在铁道部、总公司的支持下，通过引进国外先进技术国产化，发展成为中国乃至亚洲最大的铁路养路机械开发与制造企业。集团公司的成立，为企业发展注入新的活力，决心以改制为契机，把公司建设成为在国际上具有一定竞争力的现代企业集团。

（莫　斌 撰文　富建强 摄影）

集团公司首次股东会会议成员

集团公司一届一次董事会会议成员

集团公司一届一次监事会会议成员

铁道部副总工程师鞠家星（左二）和总公司党委书记李国瑞（右二）为集团公司成立揭牌。

董事长 董朝兴

党委书记　王尊贤

总经理　马云昆

2004年3月16日，中铁二十一局集团有限公司在甘肃兰州挂牌成立。图为成立大会会场。

甘肃省副省长杨志明在集团公司成立大会上致贺。

总公司党委副书记霍金贵在集团公司成立大会上致贺。

中铁二十一局集团有限公司

2004年3月16日，中铁二十一局集团有限公司在甘肃兰州隆重挂牌成立，甘肃省、兰州市、总公司及兰州铁路局、乌鲁木齐铁路局的领导和来自全国各地的140余名嘉宾到会祝贺。中铁二十一局集团有限公司是由原兰州铁路建设集团公司、乌鲁木齐铁路工程集团公司、中铁二十局集团公司三公司重组而成，曾获得中国建筑工程鲁班奖、国家优质工程奖30余项，先后被评为“全国优秀施工企业”及陕西省、甘肃省、青海省、宁夏回族自治区、新疆维吾尔自治区“重点工程建设先进单位”、“文明单位”、“思想政治工作先进单位”。集团公司决心秉承“团结拼搏、诚信经营、求实创新、做优图强”的企业精神，努力开创企业发展的新局面。

（田爱平 撰文　张　耘　黄丽青 摄影）

董事长、党委书记　柴顺林

总经理　陈尚贵

董事长、党委书记　刘国志

总经理　郝趁义

中华全国铁路总工会主席黄四川（右二）、建设部总工程师金德钧（右一）、北京市国资委党委书记张凤朝（左二）和总公司党委书记李国瑞（左一）为集团公司成立揭牌。

中铁二十二局集团有限公司

中铁二十二局集团有限公司于2004年3月3日经国家工商行政管理总局核准注册，3月16日在北京京西宾馆隆重挂牌成立。国资委、铁道部、建设部、北京市及路内外100多家单位的领导、嘉宾共300多人到会祝贺。中铁二十二局集团有限公司是由中铁工程集团有限公司、哈尔滨铁路建设集团有限公司、中铁十七局集团公司五公司、中铁十八局集团公司四公司重组而成的大型施工企业，下辖6个专业化分公司和8个控股子公司，员工14 000余人，总资产26亿元。集团公司决心以改制为契机，积极拓展国内外市场，把公司建设成具有较强国际竞争力的大型现代企业。

（屈立军 撰文　刘世春 提供图片）

国家工商行政管理总局向集团公司颁发的营业执照。

集团公司成立大会会场

董事长、党委书记 王长留

总经理 李洪奇

中铁二十三局集团有限公司

2004年3月19日，中铁二十三局集团有限公司在四川成都金牛宾馆隆重挂牌成立。四川省委、省政府及成都市政府、重庆市政府、铁道部、总公司及路内外兄弟单位的领导、嘉宾和新闻媒介共400余人到会祝贺。四川省副省长杨志文、省国资委党委书记甘道明、成都市市长葛红林、铁道部高速铁路办公室主任王麟书、总公司总经理王振侯等领导为集团公司成立揭牌，成都市高新技术开发区工商局局长张治林为集团公司颁发营业执照。

中铁二十三局集团有限公司由原中铁路桥集团公司、齐齐哈尔铁路建设集团公司、中铁十四局集团公司一公司、中铁十五局集团公司三公司等单位重组而成，注册资本金3亿元。 （罗良生 撰文并提供图片）

四川省副省长杨志文、省国资委党委书记甘道明、成都市市长葛红林、铁道部高速铁路办公室主任王麟书、总公司总经理王振侯等为集团公司成立揭牌。

成都市高新技术开发区工商局局长张治林(右)向集团公司董事长王长留（左）颁发营业执照。

2004年3月19日，中铁二十三局集团有限公司在四川成都金牛宾馆挂牌成立。图为成立大会会场。

董事长、党委书记　王北京

总经理　韩家英

江西省副省长凌成兴（右）、上海市建设和管理委员会副主任孙建平（左）为集团公司徽标揭牌。

董事长、党委书记王北京率集团公司领导班子成员致答谢词。

中铁二十四局集团有限公司

2004年3月16日，中铁二十四局集团有限公司成立大会暨揭牌仪式在上海花园饭店隆重举行。江西省副省长凌成兴、上海市总工会副主席张兴淮、上海市建委副主任孙建平、铁道部高速铁路办公室王麟书、总公司副总经理邹才华及路内外兄弟单位的领导、嘉宾到会祝贺。中铁二十四局集团有限公司是由原上海、福建、南昌铁路建设（工程）集团公司重组而成的特大型施工企业，曾获得“全国优秀施工企业”、“全国质量管理先进企业”、“重合同守信用单位”等荣誉和多项中国建筑工程鲁班奖、中国市政工程金杯奖、国家优质工程奖。集团公司决心乘改制东风，充分发挥地处长江三角经济区的地域优势和各成员企业的自身优势，立足华东、辐射全国、做强做优，实现企业持续健康发展。

（姚小平 撰文并提供图片）

集团公司成立大会暨揭牌仪式场面

集团公司成立大会会场

广东省政府副秘书长李春洪（左三）、总公司总经理王振侯（右二）等领导为集团公司成立揭牌。

集团公司召开首届董事会第一次会议

中铁二十五局集团有限公司

中铁二十五局集团有限公司于2004年3月16日在广州隆重挂牌成立，来自国资委、建设部、铁道部及各铁路局、广东省和总公司等81个单位的1 000余名领导、嘉宾、新闻记者到会祝贺。中铁二十五局集团有限公司是由原广州、柳州铁路工程集团公司和中铁十五局集团公司一公司重组而成的特大型施工企业，先后获得“全国优秀施工企业”、“全国质量效益型先进企业”、“全国模范职工之家”和广东等省“重合同守信誉企业”、“AAA级信用企业”、“双文明单位”、“思想政治工作先进单位”等荣誉，创国家优质工程8项、省部优质工程48项。集团公司决心乘改制东风，谱写企业发展新的历史篇章。

（罗广香 撰文 郭小林 曾卫星 提供图片）

董事长、党委书记 王精华

总经理 王桂林

5月1日，总公司投资参建的第一个BOT项目——咸阳渭河3号大桥正式开工。图为开工典礼场面。
（高　勇　提供）

中铁二十二局集团公司投资建设的房地产项目——湖北黄石中铁天方百花园小区住宅楼工程。
（高　勇　提供）

中铁建设集团公司投资建设的房地产项目——北京佳汇中心商住楼工程。（李　琳　提供）

总公司承担的国内首家建设管理项目——上海地铁2号线西延伸段代理业主项目工程。
（高　勇　提供）

已建成的咸阳渭河3号大桥　（高　勇　提供）

2月28日，中铁十六局集团公司在朔黄铁路长梁山隧道施工中开发的“复杂地质条件下特长双线隧道施工综合技术”荣获国家科技进步二等奖，专家认定该项成果部分达到国际先进水平。图为长梁山隧道洞口。（高进忠 摄）

8月16日，中铁十一局集团公司承建的中国首座劲性骨架转体铁路拱桥——赣龙铁路吊钟寺特大桥在福建龙岩南水河谷顺利合龙。（徐云华 摄）

7月4日，中铁十七局集团公司开发的“石家庄市南环大桥设计施工综合技术研究与应用”成果通过河北省科委组织的鉴定，整体技术居国内领先水平，钢导梁原位同步驱动技术达到国际先进水平。（倪宝光 摄）

中铁十三局集团公司在广州地铁施工中开发的“大跨度、小间距、断面多变、拱部跳控控制地表下沉技术”通过专家鉴定，专家认定该技术达到国际先进水平。图为公纪区间隧道。（李仕兵 摄）

12月14日，中铁十三局集团公司在南京地铁施工中与同济大学共同开发的“复杂条件下地铁区间隧道施工技术”通过吉林省科技厅组织的鉴定，专家认定该项成果达到国际先进水平。图为建成的南京地铁隧道。（李仕兵 摄）

中铁十三局集团公司在南京地铁施工中成功攻克国内首例软流塑淤泥粉质粘土层最大跨度隧道技术难关，获得南京市领导高度评价。图为软流塑施工现场。（李仕兵 摄）

11月，中铁十六局集团公司在粤海铁路通道南港栈桥建设中开发的“栈桥综合施工技术”荣获海南省科技进步一等奖。图为粤海铁路通道南港栈桥机车待渡。（朱洪山 摄）

9月15日，中铁十六局集团公司承建的西气东输穿越黄河的“咽喉”工程——郑州黄河顶管工程顺利贯通，该工程以其千米钢管一次性顶进被列入“中国企业新纪录”。（成海忠 摄）

中铁十六局集团公司承建的深圳地铁华强—岗厦区间盾构工程，以单机日掘进28.8米、月成洞540米，创国内行业新纪录。图为已成型隧道。（钟儒华 摄）

中铁十二局集团公司与太原理工大学共同完成的“无粘结预应力智能控制张拉仪的研制与应用”成果通过山西省科技厅组织的鉴定，专家认定该项成果达到国际先进水平。（王学东 黄亚飞 摄）

12月，中铁二十局集团公司开发的世界铁路第一高隧——“青藏铁路风火山隧道施工技术”通过中国科学院、中国工程院专家鉴定，综合施工技术居世界领先水平。图为海拔 4 905 米的风火山隧道洞门。

（刘建国 摄）

10月，中铁二十局集团公司西安工程机械公司研制出中国首台大功率冲击压路机牵引车，填补国内技术空白，经工业试验，整机性能达到国际先进水平。

（王 玲 王昌尧 摄）

11月16日，中铁二十局集团公司西安工程机械公司研制的YZ20型全液压双驱动自行式压路机通过专家现场检测，整机性能达到国内先进水平，主要创新部分达到国内领先水平。图为YZ20型全液压双驱动自行式压路机。

（王 玲 王昌尧 摄）

6月，昆明中铁大型养路机械集团公司开发研制的国内首台GWD320高原型动力稳定车交付青藏铁路参建用户使用。

（莫 斌 提供）

7月，昆明中铁大型养路机械集团公司开发的国内首台GSPZ-200型高原配碴车研制成功，交付青藏铁路参建用户使用。

（莫 斌 提供）

中铁十七局集团公司在晋焦高速公路施工中，攻克国内外高边坡爆破普遍存在的质量稳定性较差等难题，通过山西省科技厅组织的专家鉴定，被河南省省长李克强盛赞为“鬼斧神刀”。（杨春杰 摄）

中铁十二局集团公司开发的中国第一座自锚式柔性悬索钢桁梁桥——“广西桂林丽泽桥施工技术”通过山西省科技厅组织的鉴定，专家认定该项技术居国内领先水平。图为已建成的桂林丽泽桥。（张永胜 提供）

中铁十九局集团公司攻克深水桩基础施工难题，正在进行扬中夹江二桥桥墩施工。（范佳欣 摄）

中铁十六局集团公司在青藏铁路路基施工中采用土工格室和土工膜等新技术、新工艺、新材料，解决高原冻土施工难题。图为铺设的土工格室。（曾太安 摄）

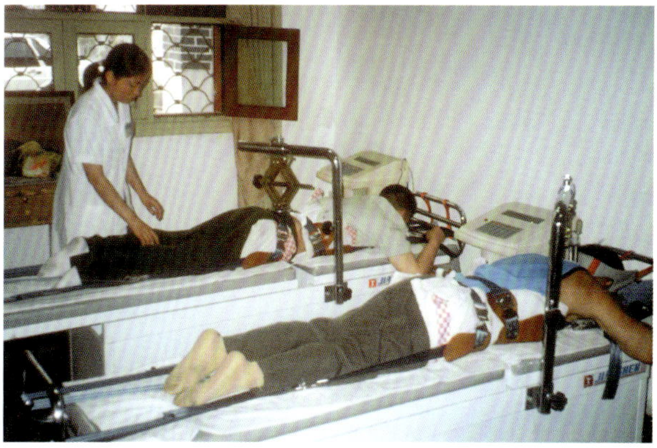

中铁十三局集团公司职工刘致国发明的“华佗康复床和治疗机”获得国家医学专利，对治疗颈、腰椎间盘突出疗效独到，已应用于临床治疗。（陈国富 提供）

中铁十六局集团公司承建的国道227线青海大坂山隧道荣获2003年度詹天佑土木工程大奖。（冯广泉 摄）

中铁十八局集团公司采用国内首次从德国引进的TBM掘进机建成的西康铁路秦岭Ⅰ线隧道荣获2003年度詹天佑土木工程大奖。（伍 振 姜书范 摄）

中铁十八、二十局集团公司承建的广渝高速公路华蓥山隧道荣获2003年度詹天佑土木工程大奖。（王千永 提供）

中铁十六局集团公司参建的芜湖长江大桥荣获2003年度詹天佑土木工程大奖。图为芜湖长江大桥铁路引桥。（成海忠 摄）

中铁十五局集团公司承建的山西大运高速公路赵康枢纽荣获2003年度中国建筑工程鲁班奖。（赵延凤 摄）

中铁十四、十六局集团公司承建的朔黄铁路神池—西柏坡段综合工程荣获2003年度詹天佑土木工程大奖。图为列车通过恢河特大桥。（成海忠 摄）

中铁十一局集团公司承建的洛三高速公路许沟特大桥荣获2003年度中国建筑工程鲁班奖。（徐云华 摄）

中铁十九局集团公司参建的南京长江二桥荣获2003年度中国建筑工程鲁班奖。（张 莹 提供）

中铁十九局集团公司承建的株六复线新花苗隧道荣获2003年度中国建筑工程鲁班奖。（张　莹　提供）

中铁十七局集团公司承建的晋焦高速公路牛郎河双线隧道荣获2003年度中国建筑工程鲁班奖。（杨春杰　摄）

中铁十八局集团公司承建的西安绕城高速公路帽耳刘立交桥荣获2003年度中国建筑工程鲁班奖。（张德英　摄）

中铁建设集团公司承建的北京大学科技大楼荣获2003年度中国建筑工程鲁班奖。（李　琳　提供）

广州铁路工程集团公司承建的深圳铁路高架桥荣获国家优质工程银质奖。（罗广香 提供）

中铁二十局集团公司和上海铁路建设集团公司共同承建的苏州官渎里立交桥创国内城市桥梁施工新纪录，获2003年度中国建筑工程鲁班奖。（苟小平 唐兴荣 摄）

中铁十二局集团公司承建的株六复线电气化工程V标段荣获2003年度国家优质工程银质奖。（何英飞 提供）

中铁十八局集团公司承建的内昆铁路李子沟特大桥荣获2003年度中国建筑工程鲁班奖。（王千永 提供）

中铁十二局集团公司承建的济泰高速公路崮山立交桥荣获2003年度国家优质工程银质奖。（武 羽 摄）

中铁十二局集团公司承建的国道213线云南玉溪—元江段高速公路荣获2003年度国家优质工程银质奖。（王 庆 提供）

中铁十六局集团公司承建的皖赣铁路复线青弋江特大桥荣获2003年度国家优质工程银质奖。（成海忠 摄）

中铁十七局集团公司参建的原太高速公路工程荣获2003年度国家优质工程银质奖。（杨春杰 摄）

中铁十四局集团公司承建的青岛国际航空物流中心监管库工程荣获2003年度“全国用户满意工程”称号。
（刘　宁　提供）

中铁建设集团公司承建的中科院图书馆档案馆荣获2003年度“全国用户满意工程”称号。（李　琳　提供）

中铁十八局集团公司承建的邯济铁路跨京广铁路特大桥荣获2003年度“全国用户满意工程”称号。
（张德英　摄）

中铁二十局集团公司承建的馋口—柳沟河高速公路白虎山隧道荣获2003年度“全国用户满意工程”称号。
（孟繁荣　提供）

中铁十八局集团公司承建的哈尔滨二环快速干道中山路立交桥荣获2003年度中国市政工程金杯奖。
（曹战锋　摄）

2003年7月4日，铁道部部长刘志军（前左二）在青藏铁路海拔最高点（5 072米）慰问中铁十七局集团公司参建职工。 （周福荣 摄）

7月4日，总公司王振侯总经理到青藏铁路中铁十七局集团公司建设工地检查指导工作。 （周福荣 摄）

8月22日，总公司党委书记李国瑞（左三）在青藏铁路工程指挥部常务副指挥彭江鸿（左四）、中铁二十局集团公司党委书记周玉成（左五）等陪同下，到青藏铁路风火山隧道建设工地检查指导工作。 （李学智 提供）

中国工程院院士、中国科学院副院长陈喻宜视察中铁二十局集团公司承建的青藏铁路北麓河厚层地下冰试验段工程，欣然为青藏铁路建设者题词。 （唐相彦 孙臣领 摄）

中铁十二局集团公司承建的世界最长的（11 703米）高原铁路桥梁——青藏铁路清水河以桥代路特大桥。 （武 羽 摄）

中铁十四局集团公司承建的青藏铁路小南川4号特大桥。
（李学智 提供）

中铁十八局集团公司在青藏铁路头二九特大桥施工中，采用旋挖钻机作业，减少对多年冻土的扰动，保护冻土环境。
（刘保良 摄）

中铁十二局集团公司承建的青藏铁路楚玛尔河 2 号大桥留有野生动物通道，体现人与自然的和谐相处。
（李学智 提供）

中铁十二局集团公司承建的青藏铁路可可西里段。
（高 山 摄）

中铁十四局集团公司正在青藏铁路曲北大桥进行架梁作业。
（李学智 提供）

中铁十七局集团公司党委加强工程项目部党的建设，图为在青藏铁路建设工地举行新党员入党宣誓仪式。
（周福荣 摄）

中铁十八局集团公司承建的世界上海拔最高的车站——青藏铁路唐古拉车站被树为“共产党员示范工程”。
（刘保良 摄）

中铁二十局集团公司施工不忘环保，把青藏铁路风火山隧道弃碴场建成环境优美的旅游景点，受到环保专家的高度赞赏。图为弃碴场一角。
（李学智 提供）

中铁二十局集团公司青藏铁路工程指挥部职工倾心关照因病失散的小藏羚羊。
（唐相彦 孙臣领 摄）

中铁十四局集团公司承建的青藏铁路玉珠峰段路基工程。
（刘建国 摄）

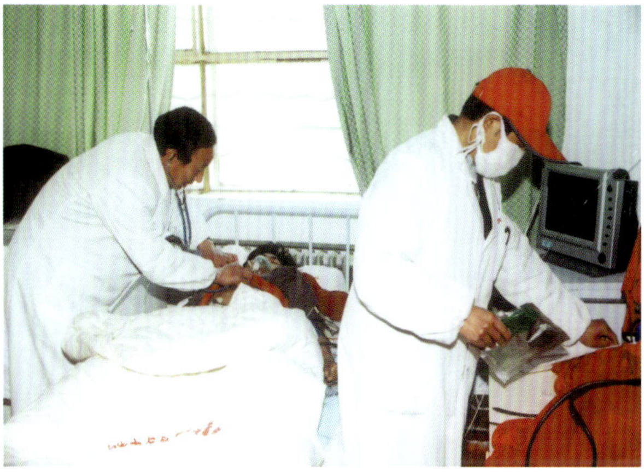

中铁十七局集团公司青藏铁路工地医院坚持医生定期巡诊，保证施工队伍旺盛的战斗力。（李学智 提供）

总公司系统青藏铁路参建单位坚持以人为本、珍视职工生命，投入大量资金购买先进医疗设备，尽量减少高原缺氧对职工身体造成的危害。图为中铁十三局集团公司青藏铁路工地医院购置的高压氧舱。（卜钦祥 摄）

中铁十八局集团公司在青藏铁路建设中精心移植草皮，保护高原生态环境。（刘保良 摄）

中铁十二局集团公司后勤保障职工每天烹炒可口的饭菜，保证青藏铁路参建职工的健康。（李学智 提供）

总公司系统重视工地“三线”建设，基层生活线、文化线、卫生保障线建设成果丰硕。图为中铁十八局集团公司青藏铁路工程指挥部工地图书室一角。（刘保良 摄）

2月26日，渝怀铁路重庆端开始铺轨。图为中铁十一局集团公司三公司铺轨机放下第一组轨排。
（陈开富 摄）

中铁十六局集团公司承建的渝怀铁路旗号岭隧道。
（冯广泉 摄）

中铁十三局集团公司承建的渝怀铁路下塘口乌江特大桥。

中铁十五局集团公司承建的渝怀铁路朝阳河大桥被评为全线“精品工程”。（吴世星 摄）

中铁十六局集团公司承建的渝怀铁路鱼泉1号三线大桥被铁道部渝怀铁路建设总指挥部评为“精品工程”。
（王 磊 提供）

中铁十七局集团公司承建的渝怀铁路优质路基和人字型护坡。（任耀俊 摄）

中铁十三局集团公司承建的被称为“中国铁路第一跨”（主跨长168米）的渝怀铁路黄草乌江大桥。（董立巍 摄）

（董立巍 摄）

中铁十三局集团公司承建的渝怀铁路涪陵乌江大桥。（董立巍 摄）

2月6日，中铁十四局集团公司承建的集岩溶、暗河、断层、涌水、煤层、瓦斯、岩爆、高地温等不良地质于一体，且通过高楼密布的居民区的渝怀铁路重点控制工程武隆隧道比计划工期提前17个月顺利贯通。图为贯通庆典场面。（刘 宁 提供）

8月2日，铁道部副部长陆东福（左四）视察中铁十二局集团公司承建的胶新铁路五莲车站工程。（张永胜 摄）

中铁十二局集团公司承建的胶新铁路五莲车站获全线优质工程奖。（张永胜 摄）

中铁二十局集团公司承建的胶新铁路诸城车站。（刘民主 摄）

柳州铁路工程集团公司承建的胶新铁路胶州—诸城段，施工与环保相结合，被誉为“绿色通道”。（罗守华 摄）

中铁十六局集团公司承建的胶新铁路边坡防护工程。（朱洪山 摄）

中铁十四局集团公司承建的胶新铁路中至河特大桥。
（刘　宁 提供）

中铁十七局集团公司承建的胶新铁路黄花河特大桥。
（倪宝光 摄）

中铁十九局集团公司承建的胶新铁路莒县车站。
（范佳欣 摄）

中铁十二局集团公司承建的胶新铁路满堂峪特大桥获全线优质工程奖。
（张永胜 摄）

3月30日，兰武铁路二线正式开工。图为铁道部部长刘志军（前左六）、副部长蔡庆华（左一）、甘肃省省委书记宋照肃（前左五）、省长陆浩（右四）等领导为兰武铁路二线开工奠基。（刘建国 摄）

6月18日，西安南京铁路西安—合肥段铺架工程在东秦岭隧道出口胜利接轨。图为全段铺通场面。（赵延凤 摄）

中铁十八局集团公司参建的亚洲第一长隧——兰武二线乌鞘岭隧道进口施工现场。（王千永 提供）

南昌铁路工程集团公司承建的西安南京铁路引入合肥站四渡八交道岔工程。（邹建文 摄）

中铁二十局集团公司承建的朔黄铁路黄骅港特大桥荣获铁道部优质工程奖。（王昌尧 摄）

中铁十六局集团公司承建的西安南京铁路淇河特大桥。（冯广泉 摄）

中铁十九局集团公司承建的赣龙铁路金华山隧道。（邱公立 摄）

南昌铁路工程集团公司承建的赣龙铁路第1标段三眼大桥工程。（霍发军 摄）

中铁十六局集团公司承建的西安南京铁路试马河特大桥。（朱洪山 摄）

10月17日，铁道部部长刘志军（前右二）视察中铁十三局集团公司参建的长春站改建工程。（李仕兵 摄）

中铁十五局集团公司在朔黄复线铺架施工。（赵延风 摄）

中铁十六局集团公司承建的粤海铁路通道南港铁路栈桥是中国第一座跨海铁路栈桥，实行微机控制自动液压升降，最大升降幅度5.55米。（杨元凤 摄）

中铁十九局集团公司承建的粤海铁路通道湛海段工程。（聂海岩 摄）

中铁十三局集团公司承建的中国最大的陆路口岸站——满洲里铁路口岸站扩能改造工程。（李仕兵 摄）

中铁十八局集团公司承建的天津铁路枢纽京山特大桥四孔32米大跨槽形梁为铁路建设史上首次采用的新技术。
（袁海明 摄）

柳州铁路工程集团公司承建的黎南复线大冲江双线大桥工程。（冯玉芝 提供）

中铁十一局集团公司承建的长荆铁路重点控制工程汉江特大桥获2003年度铁道部优质工程一等奖。（徐云华 摄）

中铁十二局集团公司承建的洛湛铁路谭屋大桥。
（高 山 摄）

中铁十八局集团公司在宝兰二线宝天段施工中采用边坡植生防护技术，成为国内第一家成功获得该项技术成果的企业。图为建成的绿色长廊。（伍吉勇 王良义 摄）

“全国铁路安全生产先进单位”中铁十六局集团公司五公司始终把安全生产放在第一位，连续17年杜绝职工伤亡事故。图为专职安全员正在指挥吊梁作业。（杨卧龙 摄）

3月30日，总公司党委书记李国瑞（左二）在中铁十二局集团公司董事长金普庆（右一）陪同下，到该集团公司承建的兰州小西湖黄河大桥建设工地检查指导工作。

（祝洪运　摄）

中铁十二局集团公司承建的昆石高速公路小团山隧道获铁道部“火车头优质工程”奖。（高　山　摄）

中铁十二局集团公司承建的京珠高速公路广东北段工程。（安剑承　摄）

中铁十三局集团公司承建的广州南沙开发区沙仔特大桥。（李仕兵 摄）

中铁十二局集团公司承建的中国第一座跨黄河斜拉桥——兰州小西湖黄河大桥荣获“金鹰奖”。（安剑承 摄）

中铁十二局集团公司承建的浙江杭衢高速公路沈家大桥。（刘国占 摄）

中铁十三局集团公司承建的宁夏高速公路吴忠黄河特大桥。（李仕兵 摄）

中铁十二局集团公司承建的山西大运高速公路雁门关隧道工程。（高 山 摄）

中铁十五局集团公司承建的甬台温高速公路猫狸岭隧道。（李智春 提供）

中铁十二、十八局集团公司承建的全长10 820米的中国公路第一长隧——秦岭终南山公路隧道。（王千永 提供）

中铁十四局集团公司承建的杭州上德立交桥获铁道部优质工程一等奖。（丁宇翔 摄）

中铁十七局集团公司承建的晋焦高速公路锦秀峰双线隧道被业主评为全线“精品工程”。（杨春杰 摄）

中铁十七局集团公司承建的泰赣高速公路工程。（任耀俊 摄）

中铁十八局集团公司在晋焦高速公路施工中注意人文景观展示，形成“车在山中行、人在仙境游”的佳境。（武新才 摄）

中铁十八局集团公司采用全漂浮结构体系建成的90米跨径最大半弓环塔形大桥——苏州竹园大桥。（曹战锋 摄）

中铁十六局集团公司五公司在福宁高速公路建设中被评为“福建省先进施工单位”。图为该公司承建的A15-2标段工程。（杨卧龙 摄）

中铁十六局集团公司承建的京福高速公路美菰林隧道。（李树虎 摄）

中铁十九局集团公司承建的丹本高速公路工程。
（房思文 提供）

中铁十九局集团公司承建的江苏润扬长江大桥引桥工程。
（张铁权 摄）

中铁十九局集团公司承建的渝合高速公路北碚隧道工程。
（向清明 摄）

中铁十九局集团公司承建的京沈高速公路沈山段获交通部优质工程一等奖。
（张 莹 提供）

中铁二十局集团公司承建的山西大运高速公路雁门隧道洞门与大自然浑然一体，犹如高山飞瀑。 （刘文阁 摄）

中铁二十局集团公司承建的亚洲第一公路高桥（主墩高143.5米，桥高155米）——黄延高速公路洛河特大桥。（孟繁荣 提供）

中铁二十局集团公司承建的天北公路快速干道A、C标段获甘肃省优质工程“飞天奖”。（孟繁荣 提供）

11月，上海铁路建设集团公司承建的杭州上塘高架道路工程建成通车。（姚素珍 提供）

广州铁路工程集团公司承建的广州内环路跨广深铁路立交桥工程。（罗广香 提供）

中铁十九局集团公司承建的锦朝高速公路大凌河大桥。（房思文 提供）

2003年12月27日，北京地铁八通线开通试运营庆典在中铁十六局集团公司承建的通州北苑车站举行。图为中共中央政治局委员、北京市市委书记刘淇（左四），北京市代市长王岐山（右四）等领导出席开通庆典场面。
（张　禄　摄）

中铁十八局集团公司承建的北京地铁八通线梨园车站。
（张德英　摄）

中铁十六局集团公司承建的深圳地铁华侨城—世界之窗区间盾构工程。图为盾构机正在施工。　（钟儒华　摄）

中铁十九局集团公司承建的南京地铁隧道工程。
（刘英华　提供）

中铁十三局集团公司承建的南京地铁隧道衬砌光洁明亮，达到国家优质工程标准。　（李仕兵　摄）

中铁十八局集团公司参建的天津津滨轻轨交通工程建成通车。图为列车驶入市民广场站。（张德英 摄）

中铁十三局集团公司承建的长春市轻轨交通工程解放路立交桥车站雄姿。（李仕兵 摄）

1月28日，北京城市铁路全线建成通车。图为首列客车在中铁十六局集团公司承建的东直门车站待发。（高进忠 摄）

中铁十六局集团公司承建的北京地铁八通线04标段区间高架桥获北京市“长城杯”金奖。（张 禄 摄）

中铁十六局集团公司承建的北京地铁八通线北苑车站获北京市“长城杯”银奖。（张 禄 摄）

9月30日，天津津滨轻轨交通工程建成通车。图为列车行驶在中铁十六局集团公司承建的XQe标段线路上。
（朱洪山 摄）

中铁十三局集团公司承建的长春轻轨交通工程西道口立交桥。
（李仕兵 摄）

上海铁路建设集团公司参建的上海共和新路高架桥工程荣获2003年度上海市市政优质工程金奖。（姚素珍 提供）

中铁十七局集团公司承建的重庆轻轨交通工程。
（任耀俊 摄）

中铁十九局集团公司承建的大连城市轨道交通工程17号桥。
（蔡庆荣 摄）

中铁建设集团公司建成世界上第一座双曲面钢结构摩天大楼——北京中关村金融中心大楼。（李　琳　提供）

中铁建设集团公司承建的北京国际金融中心工程。（李　琳　提供）

中铁建设集团公司承建的北京财智国际大厦获北京市优质结构“长城杯”奖。（李　琳　提供）

中铁建设集团公司承建的北京世纪经贸大厦获北京市优质结构“长城杯”金奖。（李　琳　提供）

中铁建设集团公司承建的北京盈都大厦。（李　琳　提供）

中国土木工程集团公司承建的深圳南海酒店。（寇鲁林 摄）

中国土木工程集团公司承建的四海凯悦酒店装饰工程。（寇鲁林 摄）

广州铁路工程集团公司承建的广州共和西路33层商住楼。（罗广香 提供）

中铁十二局集团公司承建的太原重机学院图书馆为欧式建筑，设计新颖，美观典雅，成为学院的一道亮丽风景。（程乃俊 王学东 摄）

中铁十九局集团公司承建的大连造船新厂柴油机厂房工程。（蔡庆荣 王桂红 摄）

中铁十六局集团公司开发建设的福建顺昌天天花园小区一期工程。（成海忠 摄）

南昌铁路工程集团公司承建的南昌铁路局科技大楼工程获江西省优质结构工程奖。（程绍玢 提供）

中铁十四局集团公司承建的中国人民解放军四〇四医院获山东省优质工程“泰山杯”奖，被济南军区誉为“联勤明珠”。（张小峰 摄）

中国土木工程集团公司承建的北京海淀体育馆装饰工程。（寇鲁林 摄）

中铁十四局集团公司承建的山东国际航空培训中心工程获山东省优质工程“泰山杯”奖。（魏全钦 摄）

中铁十四局集团公司承建的济南空军高层住宅楼工程。（刘 宁 提供）

中铁十九局集团公司承建的青岛流亭机场。
（邱公立 摄）

中铁十四局集团公司参建的成都双流机场。
（刘 宁 提供）

中铁十二局集团公司承建的山西万家寨引黄工程控制调度中心大楼荣获山西省优质工程“汾水杯”奖。
（王学东 黄亚飞 摄）

中铁十八局集团公司承建的宁夏扬黄灌溉固海扩灌泵站渡槽工程。
（曹战锋 摄）

中铁十八局集团公司承建的湖北清江水布垭电站导流洞工程获2003年度“火车头优质工程”奖。
（姬红伟 王千永 提供）

中铁十六局集团公司参建的昆明掌鸠河引水供水工程放耳戈隧道提前6个月贯通。图为贯通庆典场面。（杨卧龙 摄）

中铁十八局集团公司承建的四川雅安小关子电站引水管桥，每米荷载40吨，建设规模居亚洲第一。（张建友 摄）

中铁十二局集团公司参建的国家重点工程——昆明掌鸠河净水厂一期土建工程通过专家验收，工程质量总评优良。（刘连生 程乃俊 摄）

珠海铁城实业公司承建的亚洲最大的污水处理厂——广东东莞运河樟村水质净化厂工程。（郭子岩 提供）

2003年，总公司海外经营创历史最好水平，全年新签合同额40余亿元。图为9月30日，总公司总经理王振侯（左一）、中铁十八局集团公司董事长赵广发（左四）与阿曼苏丹王国代表签订库瑞亚特—苏尔高速公路二期工程合同。
（王千永 提供）

中国土木工程集团公司承建的尼日利亚铁路修复改造工程。（寇鲁林 摄）

尼日利亚总统奥巴桑乔（中）访华期间，专程到中国土木工程集团公司参观访问，受到丁原臣总经理（右一）及员工的热烈欢迎。（寇鲁林 摄）

中国土木工程集团公司承建的尼日利亚铁路大桥。
（寇鲁林 摄）

中国土木工程集团公司承建的缅甸仰光—丁茵公铁两用大桥。（寇鲁林 提供）

2003年3月18日，昆明中铁大型养路机械集团公司与奥地利普拉塞公司正式签订08-32C型捣固车合作生产合同。图为签字仪式场面。（莫 斌 提供）

2003年8月18日，缅甸联邦铁道部副部长Thura先生（左三）和缅甸联邦驻昆明总领事吴登佐先生（左一）到昆明中铁大型养路机械集团公司参观考察。（莫 斌 提供）

中国土木工程集团公司承建的阿拉伯联合酋长国城市立交桥。（寇鲁林 提供）

中国土木工程集团公司承建的尼泊尔国际会议中心工程。（寇鲁林 摄）

中国土木工程集团公司承建的卢旺达体育场。（寇鲁林 摄）

中国土木工程集团公司承建的坦桑尼亚NSSF水前楼工程。（寇鲁林 提供）

2003年12月20日，总公司参建的香港西部铁路举行启用典礼。图为香港特别行政区行政长官董建华（左七）和香港各届人士为香港西部铁路启用拉闸通电。（刘建国 摄）

香港西部铁路屯门站站内大厅。（刘建国 摄）

中国铁道建筑（香港）有限公司参建西部铁路屯门车站。（郭子岩 提供）

中国铁道建筑（香港）有限公司参建的香港西部铁路兆康车站。（郭子岩 提供）

中国土木工程集团公司承建的香港龙琛体育馆。（寇鲁林 摄）

中铁（澳门）有限公司和中铁大桥局集团公司承建的澳门澳凼三桥。（郭子岩 提供）

中国铁道建筑（香港）有限公司参建的香港西部铁路元朗车站。（郭子岩 提供）

中国土木工程集团公司承建的澳门新关闸边检大楼。（寇鲁林 摄）

广东省省长黄华华（右二）、副省长汤炳权（左一）、澳门运输工务司司长欧文龙（右一）在中国土木工程集团公司总经理丁原臣（左二）陪同下，视察澳门新关闸边检大楼工程。（寇鲁林 摄）

中国土木工程集团公司承建的香港官塘水务局大楼工程。（寇鲁林 提供）

5月5日，卫生部副部长、北京防治“非典”领导小组副组长朱庆生（右一）到总公司总医院检查“非典”防治工作，称赞“总医院医务工作者是一支特别能吃苦、特别能战斗、特别能打硬仗的队伍，不愧是当年的铁道兵”。（靳永祥　摄）

4月20日，总公司总医院被北京市石景山区征用为防治“非典”定点医院，王振侯总经理（左三）、李国瑞书记（左一）专程前往看望战斗在抗击“非典”一线的医务工作者。

（靳永祥　摄）

6月26日，总公司在总医院举行抗击“非典”总结表彰大会，237名医务工作者受到表彰。（刘建国　摄）

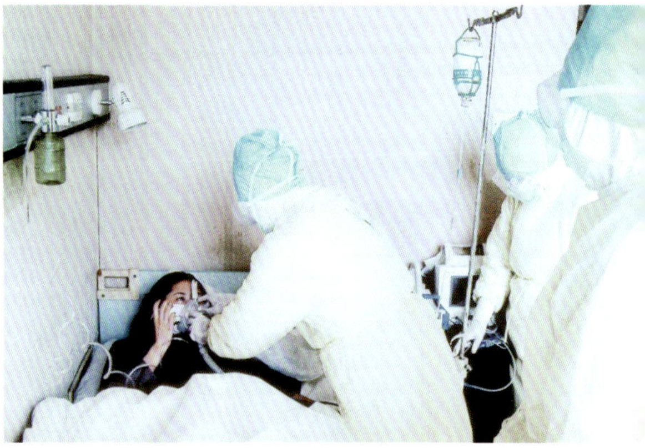

4月26日，总医院正式收治第一批“非典”患者。

（班代明　摄）

截至5月21日，总医院共收治“非典”患者65例，全院医护人员做到“非典”零感染。图为总医院欢迎战斗在抗击“非典”一线的医护人员凯旋。

（班代明　摄）

5月15日，北京市副市长范伯元（右）在总公司总经理王振侯（左）陪同下，到中铁建设集团公司承建的北京中关村金融中心建设工地检查指导“非典”防治工作，高度赞扬该公司在抗击“非典”斗争中做到施工生产和防治“非典”两不误、双促进。（李　琳　提供）

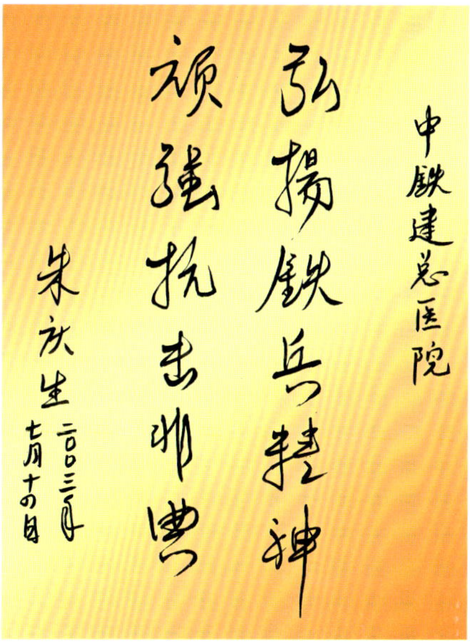

7月14日，卫生部副部长朱庆生为总医院题词。（班代明　摄）

5月18日，北京市石景山区区委副书记王英杰（右二）、副区长李晓强（右三）向总医院赠送锦旗。（班代明　摄）

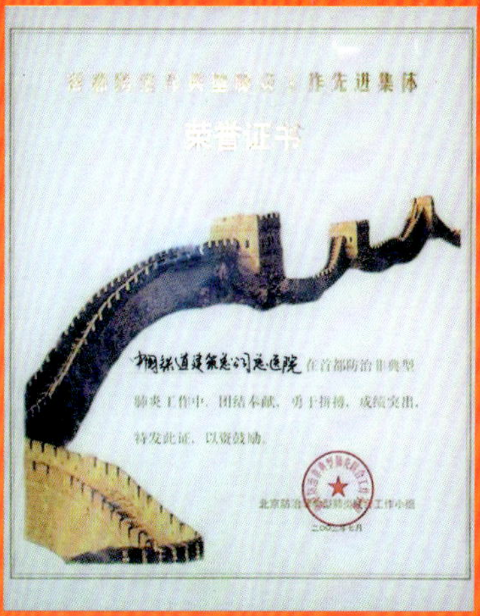

6月，总医院分别荣获中共中央组织部、国资委党委授予的防治“非典”工作“先进基层党组织”和首都防治“非典”工作“先进集体”称号。图为获奖奖牌和证书。
（班代明　摄）

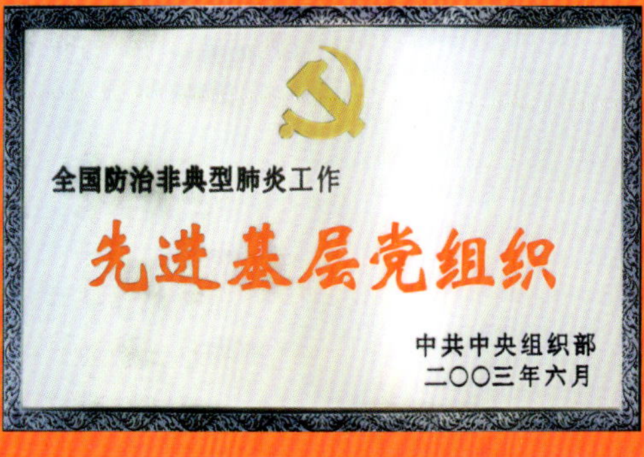

北京地铁王府井—东单区间工程获中国建筑工程鲁班奖。图为公司副总经理兼东单地铁项目经理戴兴民领奖场面。

中铁十六局集团公司一公司

中铁十六局集团公司一公司系公路工程、市政公用工程施工总承包一级资质企业。公司下辖8个工程分公司、工贸公司、职工医院，现有职工1 958人，资产总额39 082万元。曾先后被评为“北京市先进企业”、“北京市优秀管理企业”、“北京市资信一级企业”、“首都精神文明单位”、北京市及全国“‘安康杯’竞赛优胜单位”，有21项工程被评为国家或省部优质工程，有35项科技成果获集团公司以上科技进步奖。

（王子刚 撰文并提供图片）

江苏南京新庄立交桥

北京地铁大钟寺车站

黎南铁路复线槎路隧道

京福高速公路金鸡山隧道

目　录

特　载

大事记

概　况

工程施工

工程管理

青藏铁路

渝怀铁路

西安南京铁路

遂渝铁路

经营管理

计划统计

财　务

审　计

综合管理

机关政务　事务

人　事

劳动工资

公　安

教育卫生

·教育培训·

·医疗卫生·

文　化

·史志工作·

报　纸

工会　共青团

工　会

·综合工作·

·组织　宣传　体协·

·生产保护·

·生活保险　女工·

·机关工会·

团委

所属单位

中铁十一局集团有限公司

中铁十二局集团有限公司

中铁十三局集团有限公司

人　物

科技人物

模范人物

逝世人物

模范集体

光荣榜

统计资料

文献辑要

附　录

信息资料

索　引

4月9日，总公司在北京召开2004年工作会议暨党委一届六次全委(扩大)会议。图为大会会场。

(董立巍 摄)

特 载

本栏责任编辑 **刘贤福**

抓住机遇 加快发展
力争企业成为具有国际竞争力的行业排头兵
——王振侯总经理在总公司工作会议暨党委一届六次全委(扩大)会议上的报告
(摘要)

(2004年4月9日)

这次会议的主要任务是认真贯彻党的十六大、十六届三中全会、中央经济工作会议和中央企业负责人会议精神,总结2003年工作,部署2004年工作任务。

一、2003年工作的基本总结

2003年,在国资委的正确领导下,在国务院有关部委的关怀指导下,我们认真学习贯彻党的十六大、十六届三中全会精神,积极实践"三个代表"重要思想,坚持以生产经营为中心,以深化改革为动力,一心一意开拓经营,聚精会神谋求发展,经受了"非典"的严峻考验,顺利完成兵改工以来最大的一次整合重组,生产经营再创历史最好水平,以丰硕的改革发展成果庆祝兵改工20周年,为把总公司做强做大,成为建筑行业排头兵和具有国际竞争力的大公司奠定了坚实基础。

(一)主要经济指标实现历史新突破

2003年,我们抓住市场与重组两大机遇,继续坚持"适度规模、精耕细作、最佳效益"的经营方针,着力推进体制、技术与管理创新,注重提高经济运行质量,推动企业经济效益持续攀升。全年完成营业额688.5亿元,与2002年同比增长24.6%(包括21家划转并入单位完成营业额99.8亿元)。其中中铁十八局集团公司完成64.4亿元,中铁二十局集团公司完成63.8亿元,中铁十二局集团公司完成62.5亿元,名列前3位。完成海外营业额38.9亿元,其中中国土木工程集团公司完成28.4亿元。全年实现利润7.1亿元,其中中铁十四、二十、十二、十八局集团公司和中铁建设集团公司实现利润超过6 000万元,昆明中铁大型养路机械集团公司实现利润3 490万元,铁道第一勘察设计院实现利润1 041万元,铁道第四勘察设计院实现利润1 915万元。净资产收益率2.86%,成本费用总额占主营业务收入比率99.20%,应收账款周转率6次,产值利润率1.04%。

(二)经营发展势头强劲

各集团公司、设计院坚持把经营承揽作为第一要务,积极探索经营工作的新思路、新模式,不断充实经营力量,优化经营布局,加大承揽任务力度,经营发展势头强劲,创历史最好水平。

*新签合同额突破千亿大关。*全年新签合同额1 098亿元,其中总公司原所属单位新签合同额997亿元,为2002年的171.7%;划转并入单位新签合同额101亿元。新签合同额超过100亿元的有中铁十八、二十、十四局集团公司,铁道第一勘察设计院新签合同额6.3亿元,铁道第四勘察设计院新签合同额4.1亿元。

*海外经营取得较大发展。*全年新签海外工程合同额41.7亿元,创历史最好水平。中国土木工程集团公司充分发挥自身优势,奋力开拓,新签合同额24.81亿元。中铁十八局集团公司积极开拓非洲、中东市场,新签合同额5.5亿元。中铁十四局集团公司加大海外经营力度,在阿富汗连中两标,合同额4.85亿元。中铁十一局集团公司分别在阿拉伯联合酋长国和孟加拉国中标,填补了海外市场的空白。

*资本经营取得新进展。*总公司投资部与中铁二十局集团公司等单位联合,以BOT方式投资咸阳渭河3号桥项目,总体进展顺利,年内可建成通车。在总公司的协调下,原中铁路桥集团公司作为投资主体,以BOO方式建设呼准铁路。总公司与北京市首都公路

发展有限责任公司以BOT方式，中标京承高速公路二期工程，全长46.7公里，投资39亿元，总公司拥有70%股份。总公司上海地铁管理代表处以代业主、总承包和BT方式实现对上海轨道交通2号线的建设管理。中国土木工程集团公司以BT方式中标建设桂梧高速公路阳朔—平乐段工程。中铁二十局集团公司、中铁建设集团公司、原中铁工程集团公司等单位积极开发房地产项目，已开发的楼盘销售情况良好。

（三）企业改革稳步推进

*企业重组取得重大进展。*遵照国资委、铁道部有关文件精神，顺利完成中国土木工程集团公司，铁道第一、第四勘察设计院和7个铁路局的9个勘测设计院、9个工程（建设）集团公司的划转并入工作。2月初，总公司、总公司党委决定将划转的单位和原总公司5个局集团公司的6个子公司，组建为5个局集团公司和上海铁路城市轨道交通设计研究院，将7个勘测设计院分别划转到铁道第一、第四勘察设计院和铁道建筑研究设计院。新组建的局集团公司和上海铁路轨道交通设计研究院，已于3月20日前成立挂牌。在这次重组中，所有划转并入单位顾全大局，不计个人得失，坚决服从重组决定，采取切实有效措施，确保人心不散、队伍不乱，确保生产经营正常进行和企业的稳定。

*法人治理结构逐步规范。*2003年，总公司原所属单位已全部改制挂牌，建立现代企业制度框架，并根据总公司、总公司党委《关于公司制企业法人治理结构运作机制若干问题的指导意见》（中铁建股综〔2002〕179号），结合企业实际，相继修订与完善《公司章程》和股东会、董事会、经理层工作制度及企业重大事项决策程序，逐步向“各负其责、协调运转、有效制衡”规范的法人治理结构过渡。

*主辅分离工作开始启动。*为贯彻执行国家八部委《关于国有大中型企业主辅分离辅业改制分流安置富余人员的实施办法》（国经贸企改〔2002〕859号），总公司召开改制分流工作会议，研究部署总公司系统的主辅分离辅业改制工作，对“三类资产”进行界定与统计，并确定中铁十四局集团公司徐州机械厂等6个单位作为分离分流试点。徐州机械厂改制分流方案已上报国资委，其他试点单位的分离分流工作正在推进。企业剥离文教卫生等社会职能工作取得进展，全系统有18所中小学进行停招、停办或撤并，总公司总医院正在移交北京市，中铁十八局集团公司医院已移交天津市政府管理。

（四）综合施工能力全面提升

*施工技术水平不断提高。*紧紧围绕重难点工程和高速铁路建设前期工作，加大科技投入与技术创新力度，全年有25项科技成果通过省部级鉴定，取得国际先进的8项、国内领先的10项。获得有关部委及省市科技进步奖20项，其中一等奖2项、二等奖8项、三等奖10项，是历年获奖最多的一次。总公司开发的“秦岭特长隧道修建技术”获国家科技进步一等奖，中铁十八局集团公司开发的“公路工程灾害预防及工程应用”成果获国家科技进步二等奖。在第三届詹天佑土木工程大奖评选中，总公司系统获得5项，占获奖项目的近四分之一。

*重难点工程建设成效明显。*总公司确定的青藏、西安南京、渝怀、遂渝、宜万铁路及兰武铁路二线、乌鞘岭隧道、西康铁路秦岭Ⅱ线隧道、西气东输黄河顶管、兰州小西湖黄河特大桥、中关村金融中心等11项重点工程，都确保了工期与质量。在举世瞩目的青藏铁路建设中，紧紧围绕多年冻土、环境保护、卫生保障进行艰苦攻关，全面完成各项年度目标。世界第一高隧——青藏铁路风火山隧道全面完工，开创高寒冻土地区隧道施工的多项新纪录。

*安全生产形势相对稳定。*职工重大伤亡事故得到有效控制，各类事故大幅下降，全年未发生职工因工重大死亡事故，消灭了因违章施工造成铁路行车险性以上事故。年度职工因工责任事故死亡率为0.02‰。中铁十七局集团公司连续安全生产3 447天，居工程局集团公司榜首。中铁建设集团公司安全生产4 745天，被建设部评为2003年度“全国建筑业安全生产先进单位”。

*工程质量稳中有升。*在工程质量管理中突出重点，强化过程控制，不断消除质量通病。全年检查评定分项工程359 380项，优良率93%；检查评定单位工程10 628项，优良率97.8%；检查评定房建单位工程319项，合格率100%。荣获省市优质工程奖37项，铁道部及火车头优质工程奖48项，国家优质工程银质奖5项，中国建筑工程鲁班奖8项，占整个奖项的近十分之一，居全国同行业之首。

（五）抗击“非典”工作成效显著

在突如其来的“非典”疫情面前，各单位精心组织，沉着应对，坚持一手抓防治“非典”，一手抓生产经营。在北京施工的员工和民工近3万人，分布在60多个工点，没有1人发生“非典”疫情，保证了施工生产正常进行。各单位在抓好自身抗击“非典”工作的同时，积极配合地方政府做好“非典”防治工作，尤其是在北京“非典”疫情最严重时，总公司顾全大局，迅速将总医院改建为防治“非典”定点医院，还抽调百余名医护人员参加北京市防治“非典”医疗小分队，不仅圆满地完成了任务，而且做到医护人员“零感染”，为抗击“非典”胜利做出了贡献，为企业赢得了荣誉。总医院党委被中组部和国资委党委分别授予全国和中央企业抗击“非典”先进基层党组织称号。

(六)企业全面建设进一步加强

广大员工认真学习贯彻党的十六大、十六届三中全会精神，努力实践“三个代表”重要思想，紧紧围绕把总公司做强做大这条主线，加强领导班子建设，加强企业整合重组中的思想政治工作，加强企业文化建设和工地生活线、卫生保障线、文化线建设，企业凝聚力不断增强，改革平稳有序推进，生产经营再上新台阶。党风建设和反腐败工作不断加强，项目执法效能监察工作成效明显。工会、共青团组织开展工作生动活泼，为企业改革发展发挥了重要作用。全年培训员工 6.03 万人，其中技工 4.16 万人，管理人员 1.87 万人。加强企业战略研究，制定了 10 年发展规划，修订了“十五”计划后两年的奋斗目标。认真落实“两个确保”，离退休人员和下岗职工基本生活有保障。审计工作在维护企业经济秩序、促进企业依法经营、强化管理等方面发挥了重要作用。公安工作始终把维护企业稳定放在首位，严厉打击各类违法犯罪活动，大力维护重点施工现场的治安秩序，积极开展同“法轮功”邪教组织的斗争，维护了企业和社会的稳定。加强离退休人员的管理服务工作，使老同志老有所养、老有所学、老有所乐。

2003 年，各项工作取得较大成绩，这是总公司、总公司党委认真贯彻落实党中央、国务院及国资委的各项决策、指示的结果，是各级党委、领导和机关辛勤工作的结果，是广大员工齐心协力、艰苦奋斗的结果。我们在看到成绩的同时，也要清醒地认识企业改革发展中存在的问题和不足。一是完成营业额与效益增长不同步；二是虽然做了一些资本经营的尝试，但进展不大；三是人才结构不合理，海外经营人才、优秀项目经理与一线技工短缺，困难与偏远企业存在人才流失现象；四是企业主辅分离、辅业改制、剥离社会职能工作进展缓慢；五是全系统虽然基本完成改制工作，但距规范的现代企业制度仍有较大差距；六是局集团公司及所属子公司机关职能部门多、管理层次多，管理费开支大。对此，必须引起高度重视，采取切实有效的措施加以解决。

二、面临的形势与主要任务

2004 年，是实现“十五”计划关键的一年，也是把总公司做强做大重要的一年。纵观宏观经济与企业发展形势，有利因素与不利因素并存。从有利因素看，世界经济复苏可能加快，国际整体经济形势好于去年；国内经济将保持平稳较快发展，经济增长的内在活力和市场需求增强，特别是国家继续坚持扩大内需的方针，实施积极的财政政策和稳健的货币政策，保证重点建设项目的资金需要，基础设施建设仍将保持较大规模；西部大开发已进入实质性阶段，西气东输、西电东送、南水北调等大型工程将全面实施；随着《中长期铁路网规划》的正式启动，铁路投资规模增加，年内安排投资576.8亿元；公路投资规模约3 500亿元；城市轨道交通、北京奥运会、上海世博会基础设施建设将加快进度；振兴东北地区老工业基地工程已陆续启动。同时，中国土木工程集团公司和铁道第一、第四勘察设计院及路局勘测设计院、工程(建设)集团公司的划转并入与整合重组，为壮大总公司综合实力，完善国内经营地域布局，提升国内国际市场竞争力提供了机遇。从不利因素看，加入 WTO 后，随着建筑业三年过渡期即将终结，建筑市场准入壁垒将消失，国外的大型承包商将更多地进入国内市场；同时，国内民营建筑企业的快速发展，使总公司面临与跨国公司和民营企业的双重竞争；生产资料和主要建筑材料价格上涨，增加了企业创利难度；国家将组建 30 家～50 家具有国际竞争力的大集团大公司，国有大型企业都在加快发展，积极争取加入这个行列，如果不占据行业领先位置，就有可能被淘汰出局，尤其是与国内同行业比较，总公司的劳动生产率、净资产收益率等指标明显落后于中建总公司、中国路桥总公司和中国港湾建设集团等企业；实施主辅分离、辅业改制和剥离社会职能，是国家为减轻国有大中型企业负担，提高市场竞争力所实施的优惠政策，如果把握不住这个有利时机，就可能丧失历史机遇；国有企业及军队时期残留的旧的观念、体制、机制等，与市场竞争和现代企业制度的要求不相适应。面对这些有利和不利因素，我们必须始终保持清醒头脑，一定要强化危机意识，增强企业发展的紧迫感，从现在的各项工作抓起，努力抓住机遇，扬长避短，采取有效措施加快企业发展。

根据党的十六届三中全会及中央经济工作会议精神，按照国资委召开的中央企业负责人会议提出的要求，结合市场形势与企业实际，2004 年工作的指导思想是：**以邓小平理论和“三个代表”重要思想为指导，认真贯彻落实党的十六大、十六届三中全会精神，进一步深化企业改革，健全与完善现代企业制度；积极推进企业整合重组和企业股份制改革；加快主辅分离、辅业改制、剥离社会职能步伐；认真落实企业负责人经营业绩考核办法，强化国有资产的监督与管理；大力推进企业**

体制、技术和管理创新，进一步培育和增强企业核心竞争力；坚持科学发展观，切实抓好“两个市场”与“两种经营”，改进管理方式和经营模式，提高经济效益；坚持以人为本，大力开发人才资源；围绕企业的中心任务，进一步加强和改进党的工作，确保把总公司做强做大目标的实现。

主要经济指标：新签合同额800亿元，完成营业额800亿元，实现利润8.56亿元，净资产收益率3.54%，成本费用总额占主营业务收入比率98.81%，应收账款周转率6.77次，人均收入增长14%。

三、2004年的主要工作

围绕企业做强做大的目标和年度计划，2004年要重点抓好以下六项工作：

（一）认真学习和落实科学发展观，着力提高经济运行的质量和效益

党的十六届三中全会明确提出“坚持以人为本，树立全面、协调、可持续的发展观，促进经济社会和人的全面发展”。科学发展观的第一要务是发展。坚持以生产经营为中心不动摇，是我们企业实现持续、健康、稳定发展的根本保证，也是20年来发展实践的重要经验。无论体制、机制和市场形势怎么变，我们都必须始终坚持生产经营这个中心不动摇，坚持立足国内、开拓国际、一业为主、多元经营的经营战略，坚持“适度规模、精耕细作、最佳效益”的经营方针，着力提高经济运行的质量和效益，推进企业可持续发展。

1. *抓住机遇，提高市场份额*。强化经营工作，提高承揽质量。要十分关注国家投资方向，把握市场的发展趋势，及时调整经营思路。实施区域经营战略，构筑区域经营格局，建立牢固的“根据地”，改撒网为布网，在“有鱼的地方撒网”。要认真筛选各种信息，提高信息的可靠性，避免被中介牵着鼻子走、跟着信息满天飞的现象。投标中要进行科学的成本分析和经济效益预测，多承揽回报丰厚的工程，多承揽“高、难、新、尖”的标志性工程，努力规避各种经营风险。

巩固和扩大既有市场，大力开辟新兴市场。要抓住国家基础设施建设仍将保持较大规模的机遇，巩固和扩大铁路、公路市场。要大力开辟城市轨道交通、市政建设、水利水电、军事工程、北京奥运及上海世博会场馆建设等市场的经营开发。要积极承揽代理业主、工程监理、技术咨询等业务。同时，要根据市场形势的变化，培育生态建设、环境保护及能源建设等市场，开辟新的经济增长点。铁道第一、第四勘察设计院要紧紧抓住铁路跨越式发展的有利时机，更新设计理念，力争在铁路设计竞标中再创佳绩。要充分挖掘设计潜力，大力抢占路外市场。实施“走出去”发展战略，逐步提高海外市场份额。铁道建筑研究设计院、上海铁路城市轨道交通设计研究院要在巩固现有市场的同时，注重开发大中城市的轨道交通、市政和公路等设计市场。同时，各设计院要积极承担国家有关部委和企业所需的重大科研项目。新组建的5个局集团公司要充分利用原路局的市场优势，紧紧抓住铁路改造项目不放松，并积极开拓路内外市场，扩大经营规模，多创效益。中铁物资集团公司要转变观念，调整发展思路，充分利用现有资源，以发展现代物流为契机，打造核心竞争力，为企业生存发展创造先决条件。

加大协调力度，发挥集团优势。这是个老生常谈的问题，但仍然是当前总公司系统比较突出而又必须解决的问题。系统内部在工程投标中互相压价甚至互相诋毁的现象仍然存在，严重影响着企业的创利水平和社会信誉。总公司要加大协调力度，建立协调机制，切实抓好投标特别是重点城市和重点工程投标的协调工作。本着共同参与、利益共享的原则，倡导“竞合”，争取“双赢”或“多赢”，实现全系统效益的最大化。

2. *加快“走出去”发展步伐，积极拓展海外经营*。2003年，我们的海外经营取得较大发展，但仅占总公司新签合同额的3.8%，有的局集团公司仍未走出国门，这与大型工程承包商的综合实力不相适应，与培育国际化大集团、大公司的要求差距甚远。因此，我们必须认真贯彻执行“走出去”发展战略，以中国土木工程集团公司为龙头，加大海外经营工作力度，不断提高国际市场的竞争力，在更大范围、更广领域和更高层次上参与国际市场的合作与竞争，不断提高国际市场份额。要在巩固香港、澳门、海湾六国市场的同时，积极拓展西亚、北非市场，调整欧洲市场。对中国的援外项目，不论大小、不论地域，我们都要每项必争，争取拿到更多更大的铁路和公路项目。同时，要实现项目滚动发展，以工程施工带动劳务与贸易发展。中国土木工程集团公司等单位，已确定一批项目作为海外经营的重点，一定要下大力抓好。

3. *发挥行业优势，积极稳妥地开展资本经营*。随着施工队伍的增多，建筑市场竞争愈来愈激烈。随着建筑材料的涨价，施工成本不断加大，使原本微利的施工企业获利空间越来越小。单靠承包施工任务，企业要想取得大的发展是异常困难的，加之建筑市场也有低谷期。因此，我们必须探索企业跨越式发展的新思路，在抓好生产经营的同时，积极稳妥地抓好资本经营，推动企业由传统建筑业向建筑领域多元化的现代企业发展。近年来，我们做了一些资本经营的探索，但

没有取得实质性进展。除了缺乏人才和融资渠道不畅外,最主要的原因还是没有引起各级领导足够的重视,没有把资本经营提到重要的议事日程上来。为了企业的长远发展,各级领导必须胆子大一些,步子快一些,扎扎实实地开展资本经营。一是要认真把握市场,慎重决策,量力而行,在具有相对优势的领域延伸产业链,拓展企业发展空间。二是要依托主业,以建筑业的相关产业为重点,采取 BT、BOT、BOO 和股权投资等运作模式,积极有效地选择重大基础设施、高新技术产业、房地产开发等项目,以争取较大的投资回报。三是要进一步加强同银行等金融机构的合作,开辟融资渠道,提高融资能力,积极谋求产业资本与金融资本的融合,提高资本运营能力。

(二)深化改革,提升企业的竞争力

1. *切实抓好企业内部整合重组*。根据企业发展战略,本着"有利于提高企业竞争力、有利于提升资质等级、有利于调整区域经营布局"的原则,继续做好资产整合重组工作。特别是新组建的 5 个局集团公司,要结合实际,精心设计方案,周密部署,积极稳妥地推进内部重组。要根据有关法规、章程要求,设立法人治理结构和党、团、工会组织。要按照"精干高效"和"控制总定员"的原则,搞好局集团公司的定编、定岗、定责工作。要确定局集团公司编制方案,对子公司、分公司进行整合重组。要解放思想,转变观念,尽快成为市场主体,提升企业市场竞争力,千方百计确保年度经营目标的完成。

2. *规范和完善法人治理结构*。随着新组建 5 个局集团公司的成立挂牌,标志着总公司整体改制工作基本完成。年内重点是按照现代企业制度的要求,在规范运作和体制创新上下功夫,建立以产权关系为基础的法人治理结构,修订与完善各项工作制度,完善监督约束机制,规范股东会、董事会、监事会和经营管理者的权责。总公司、总公司党委将根据党的十六届三中会全精神,结合企业实际,对《关于公司制企业法人治理结构运作机制若干问题的指导意见》进行修改,增强可操作性,向权责统一、协调运转、有效制衡的公司法人治理结构迈进。各设计院要加快改制进程,第四勘察设计院作为改制试点单位要在年底前挂牌,其他设计院要在 2005 年上半年完成改制挂牌工作。

3. *加快主辅分离、辅业改制步伐*。各单位要认真贯彻执行国家八部委〔2002〕859 号文件精神,切实加大工作力度,争取尽快取得突破。第一批试点单位,要在上半年基本完成改制分离分流的各项准备工作。新组建的 5 个局集团公司和 4 个设计院,要抓紧搞好"三类资产"的界定和统计,尽早确定试点单位。要积极探索剥离教育卫生等社会职能的途径和方式,加强与地方政府的协调与沟通,赢得更多的支持,力争在两年内交出所有的学校和医院。同时,对资不抵债、长期亏损、扭亏无望的企业,要采取坚决措施,按程序依法予以撤销、出售或破产。

4. *扎实推进三项制度改革*。要深化用工、人事和分配三项制度改革,真正做到员工能进能出、管理人员能上能下、分配能高能低。要建立竞争激励机制,积极推行经营管理人员和各级机关工作人员竞争上岗,逐步探索向社会公开选聘人才。要畅通企业与劳动者双向择业流动渠道,促进劳动力的合理流动。要按照劳动、资本、技术、管理等要素参与分配的原则,积极推行以岗位为主的基本工资制度,以岗定薪、岗变薪变。有条件的单位可试行企业经营者年薪制。

5. *进行股份制改革试点*。党的十六届三中全会提出"大力发展国有资本、集体资本和非公有制资本等参股的混合所有制经济,实现投资主体多元化,使股份制成为公有制的主要实现形式"。我们要认真贯彻执行十六届三中全会精神,稳妥推进股份制改革。年内各单位要选择试点企业,按照国有经济"有进有退"的原则,真正引入民营、社会和国外资源,允许入股、扩股,适当降低国有企业的持股比例。在试点中,要认真贯彻执行国资委《关于规范国有企业改制工作的意见》,规范操作,切实维护职工的合法权益,保护债权人的合法利益,防止国有资产流失。

(三)认真贯彻执行国资委条例条令,切实加强国有资产的监督管理

国资委《国有资产监督管理暂行条例》已颁布施行,标志着代表国家履行出资人资格的机构和职能已推进到位。这是关系到企业改革大局和长远发展的一件大事。我们要认真学习《条例》,积极采取措施,确保《条例》的贯彻落实。

1. *进一步加强国有资产的监督与管理*。改制以来,全系统在加强国有资产监督与管理上做了有益探索,取得一定成效。但权责不明、资产不实、运营质量不高等,仍是国有资产监督与管理工作中存在的薄弱环节。总公司将以国资委授权经营为契机,建立健全国有资产监督管理体制,进一步完善股东代表、董事、监事和经理层工作制度,依法对全资、控股、参股企业形成的国有资产实施经营、管理和监督,并承担企业国有资产保值增值的责任。各单位要把国有资产的监督管理和规范与健全现代企业制度结合起来,依据《条例》明确职责,规范操作,创造性地开展工作,防止决策

失误和国有资产流失，提高资产运营质量，确保国有资产的保值增值，确保股东的优厚回报。

2. *继续抓好清产核资工作*。为贯彻执行国资委1号令，总公司对清产核资工作进行了具体布置。目前，划入单位已完成清产核资的全部工作，并达到国资委的批复认定标准。这次清产核资，很可能是国家最后一次允许企业通过冲减权益来处理企业资产损失，各单位一定要按照总公司的部署，不折不扣地落实国资委1号令，结合2003年年度决算，精心组织，统筹安排，规范操作，全面摸清"家底"，力争10月底全部完成任务。要通过清产核资，进一步核实资产，按规定处理和消化不良资产，提高全系统的资产质量，为国资委对总公司的公正考核、评价和总公司对各子公司的考核、评价奠定基础。

3. *建立经营业绩考核体系*。2004年，是国资委对中央企业负责人实施经营业绩考核的第一年，国资委对总公司负责人的经营业绩考核指标已经确定，已正式签订责任书。根据《企业负责人经营业绩考核办法》(国资委第2号令)的要求，在调查研究的基础上，按照"年度考核与任期考核相结合，考核结果与奖惩相挂钩"的原则，制定了总公司《企业负责人年度经营业绩考核暂行办法》，正在拟定《企业负责人年度奖惩暂行办法》，以便对所属企业负责人进行经营业绩考核。各单位也要建立自身的考核体系，对所属单位负责人进行经营业绩考核，实行经营目标层层分解，确保各项考核指标的完成。2003年总公司对所属企业经营状况的评价，仍执行《中国铁道建筑总公司企业绩效评价暂行办法》，并依据效绩评价结果，对董事长、党委书记、总经理实施奖惩，将在这次会上兑现。

4. *要提高领导的决策能力，实现国有资产保值增值*。国有企业领导肩负着经营国有资产的重大责任，决策的能力和水平如何，决定着国有资产能否保值增值。面对新形势、新任务，企业领导特别是第一管理者，要学会当家理财，要懂得财务知识，要了解国家财价税体制和国际财会制度，注重财务信息真实，要掌握股票证券、金融、咨询评估以及法律法规知识，努力提高决策能力与水平。要坚持民主集中制，建立科学民主的决策程序，依靠集体智慧科学决策，不允许个人说了算，防止出现决策失误。要管好投资方向和投资规模，强调突出主业，科学评估，充分论证，要考核投资效果。要从资金安全和企业生存发展的高度，防止乱投资、乱集资、乱拆借、乱存贷、乱担保等违规违纪行为。要建立严格的、可追溯的决策责任追究制度，通过企业财务状况、资本结构、资本运作来考核各级领导人员。

(四)加强企业管理，提升创效能力

在当前经营规模快速增长、管理跨度不断加大的情况下，尽快提升企业管理效率和管理水平显得尤为重要。

1. *加强企业战略管理*。这是现代企业求生存谋发展的必然选择，也是国资委安排的一项重点工作。我们要把战略管理摆上重要位置，作为企业发展的一件大事来抓。总公司及各单位要深入研讨，准确定位，根据自身发展状况，制定企业中长期发展战略。要瞄准同行业先进企业进行"兑标"，要从国内外市场环境、行业发展状况、发展目标和竞争对手情况等方面进行认真调研和分析，将主要指标进行对照，找出差距，制定措施，确定追赶目标。同时，要把中长期发展战略与近期规划结合起来，适时调整"十五"规划。

2. *加强财务管理*。认真落实国资委1号至5号令，以执行《企业会计制度》为契机，改进思维方式与管理形式，通过强化工程成本管理、项目部会计委派、资金集中管理等多种办法，全面加强财务管理，严肃财经纪律，正确核算经营成果，确保会计信息真实可靠。一是加强成本管理。要进一步强化成本意识，大力推进责任成本核算，健全、完善责任成本考核办法，建立科学的成本管理体系。要加强预算成本管理，合理编制核定二次预算指标，准确划分生产费用与非生产费用的界限，正确计算当期损益。二是重视资金管理。按照国资委关于资金集中管理的要求，2004年要建立健全统一的资金管理体制。根据2003年度总公司决算，全系统货币资金已达130亿元，如何进行整合并有效管理使用，是一个新的课题。必须充分利用银行和铁道部资金结算中心给予的优惠政策，构建总公司系统的资金集中管理体系，最大限度地提高资金使用效益。三是切实抓好清欠工作。要充分利用国家清理建筑领域拖欠工程款与民工工资的有利时机，加强组织领导，组织专门的机构和人员，采取各种必要措施，积极主动地向拖欠方催要，对暂时不能还款的要制订清欠计划，力争3年内解决外部拖欠款问题。同时，也要解决好系统内部相互拖欠的问题。

3. *加强工程管理*。要以质量、安全、进度为重点，以技术创新为动力，加强重难点工程和新开工项目的管理。一是要抓好在建重点工程建设。对青藏铁路、宜万铁路、呼准铁路、京承高速公路、澳凼三桥、北京万达广场和北京、上海城市轨道交通工程等重点项目，要坚持高起点、高标准、高质量，投入精兵强将与精良设备，精心组织，科学施工，确保工期质量。二是要加强项目管理。要选聘好项目领导班子，充分利用市场行为，引入竞争机制，切实把愿干事、有本事和干成事的干部选拔到项目领导班子中来，特别是要严格项目经理的选聘。要积极推行物资、设备等阳光采购，实施有效监督，杜绝采购中的浪费和效益流失，有条件的单位要集中批量采购，千方百计降低工程成本。要改进项目管理模式，优化与缩短管理链条，减少管理层次，除特大型工程项目外，原则上不设两级项目部。三是要加强安全质量管理。要贯彻“安全第一，预防为主”和“百年大计，质量第一”的方针，从讲政治、保稳定、促发展的大局出发，切实搞好安全质量管理。要认真贯彻执行《安全生产法》和《建筑工程安全生产管理条例》，强化安全责任制，层层分解落实到人，用铁的纪律把各项制度、防范措施落到实处，尤其要重点抓好既有线、长大隧道、桥梁和交通运输的安全生产。要进一步落实工程质量责任制和工程质量终身责任制，认真执行ISO9000、ISO14000 和 OSHAS18000 系列标准，不断优化企业质量管理目标，注重过程控制和监督，保证质量体系的有效运行。要广泛开展质量创优活动，多创国家优质工程、多拿中国建筑工程鲁班奖。四是积极推进科技进步。要以高精尖工程为依托，实施科技创新，发挥企业的技术特色与优势，尽快形成自主知识产权和核心技术，培育具有品牌优势和技术优势的产品和人才队伍。要坚持走“产、学、研”相结合的路子，加快科研成果的转化步伐，依靠技术进步和产业升级提高企业经济效益。

4．加强企业内部审计工作。各级审计部门要紧紧围绕把总公司做强做大的总体思路，以完善内控制度、加强资产管理和提高经济效益为目标，以查处有章不循、违规操作和效益流失的突出问题为重点，积极探索新形势下经济效益审计的新路子，逐步建立适应现代企业制度要求的内审运行机制。

5．推进企业信息化建设。要抓紧制定企业信息化发展规划，逐步建全、完善网络平台和应用体系，财务信息化管理和工程项目零距离管理应优先开发应用，特别是要启动网上银行结算系统，完善财务网站。总公司将先行与各集团公司、直属项目部等二级单位推行 NC 系统，实行计算机联网。各单位也要加快企业信息化建设步伐。

（五）大力开发人力资源，为企业持续健康发展提供人才保证与智力支持

做强做大企业，应以人才为本。要贯彻执行《中共中央、国务院关于进一步加强人才工作的决定》，切实把人才队伍的培养与建设摆到更加突出的位置，紧紧抓住培养、吸引和使用三个环节，让人才的创造性得到最大程度的发挥，开创人才辈出、人尽其才、人才兴企的新局面。

切实加强高层次人才队伍建设。优秀企业管理者与专业技术等高层次人才，是人才队伍建设的重点，要按照企业发展战略与市场竞争需求，突出重点，分类培养。一是要以提高战略开拓能力和现代化经营管理水平为核心，加快培养造就一批熟悉国际国内市场、具有国际竞争力的优秀企业经营管理者。要建立、完善激励约束机制，调动、保护经营管理者勇于竞争、持续创业的热情，鼓励其在更大范围、更广领域和更高层次上参与市场竞争与合作。二是要加强专业技术人才队伍建设，特别是在中国工程院院士申报与建立博士后科研工作站等工作上要有新突破，既要培养和选拔一批跻身行业科技前沿，能够引导和推动企业技术创新、快速发展的科技带头人，也要针对施工生产需要，利用高等院校毕业分配、公开招聘等多种形式，引进一批铁路工程、高速铁路、公路、水利、电力、通信、高层建筑等专业技术人才。同时，要培养和储备一批高学历的金融、法律、财务、信息工程等经营管理人才，以适应转换经营机制、开拓经营领域和市场竞争的需要。三是要注重高级技工的培养。施工一线的高技能工人，是推动技术创新与科研成果转化的重要力量。要通过技校教育、岗位培训、个人自学等方式，加快高技能人才的培养，力争在年内中央企业举办的职工技能大赛中，以良好成绩展示企业实力与员工风采。

坚持企业与员工协调发展。人力资源是企业的第一资源。应坚持以人为本，充分发挥广大员工的积极性、主动性和创造性，让员工在推动企业发展中实现自身价值，实现企业发展与员工发展相协调。要建立科学的人才评价和使用机制，企业经营管理人才的评价重在市场和出资人认可，专业技术人才的评价重在社会和业内认可。要抓紧研究制定反映经营业绩的财务指标和反映综合管理能力的评价体系，形成人得其所、人尽其才的用人环境。要加强对员工的教育培训，努力提高员工的综合素质和业务技能，适应市场竞争对人力资源提出的更高要求。要建立健全留才机制，用事业留人、感情留人、环境留人、待遇留人，使人才引得进、用得好、留得住。要加大对人才的有效激励，积极试行企业经营管理者年薪制，鼓励有条件的企业对作出突出贡献的专业技术人才实行期权、股权激励，充分调动人才的积极性和创造性。

（六）加强企业的基础建设，提高队伍的综合素质

切实抓好企务公开工作。要深入贯彻中共中央办公厅〔2002〕13 号文件精神，紧密围绕生产经营中心深

化企务公开工作，保障出资人的利益，促进国有资产保值增值。要把深化企务公开与建立现代企业制度结合起来，不断向现代管理领域延伸；要把保障职工民主管理权益与维护企业领导人员管理指挥权有机结合，发挥经营管理者与职工群众两个方面的积极性；要把企务公开作为连结企业与职工群众的桥梁，坚持把职工代表大会作为主渠道，凡是企业改革和生产经营中的重大决策，要通过企务公开和职代会听取职工（代表）意见，凡涉及职工群众切身利益的重大事项，必须经过职代会审议通过，进一步落实职工群众的知情权、审议权、决定权和监督权。

*切实抓好企业文化建设。*要围绕把总公司建设成为具有国际竞争力的行业排头兵的奋斗目标，积极推进企业文化建设。要结合时代特点和企业历史、现状与未来发展，进一步优化企业文化建设方案，加大推进力度，培育既具有时代特色，又符合企业实际的企业精神和经营理念，形成良好的企业价值观和品牌文化。要以"铁道兵"精神激发员工的认同感、归属感和事业心，使企业发展、员工自我价值的实现和社会进步紧密融合。

*切实加强党风建设和反腐倡廉工作。*一是要大力发扬求真务实的精神和作风。各级领导干部一定要认真按照胡锦涛总书记的要求，弘扬求真务实精神，大兴求真务实之风。严格按照国资委提出的"四大纪律"、"八项要求"和"三个不得"的规定，切实搞好廉洁自律。要切实改进领导作风和工作作风，在履行职能的各项工作中，讲实话、报实情、出实招，聚精会神抓好企业经营，一心一意谋求企业发展。二是要继续加大案件查办力度。要重点查办贪污、贿赂、挪用公款和违反"三重一大"规定，造成国有资产严重损失的案件。进一步畅通信访渠道，依纪依法解决好职工群众的信访举报问题。三是围绕国有资产保值增值，突出重点开展执法效能监察。要抓好清产核资的效能监察，防止隐匿、侵占、侵吞、转移国有资产等问题的发生。以财务和资金管理为重点，继续抓好工程项目经济效益执法效能监察。

*切实抓好企业稳定工作。*年内企业内部重组的任务仍然繁重，加之企业实施主辅分离、辅业改制、剥离社会职能的工作进程将加快，势必会产生一些不稳定因素。因此，我们必须把保持企业和职工队伍稳定作为一件大事来抓，要把思想政治工作同解决实际问题结合起来，妥善处理好因改革引发的各种问题，把矛盾化解在基层，解决在内部，杜绝突发性群体事件的发生。要加强公安队伍的建设和管理，继续做好维护企业稳定的各项工作，尤其要以施工现场为重点，打防结合，预防为主，强化现场治安管理，为企业改革和生产经营保驾护航。要加强离退休人员的管理服务工作，从政治、学习、生活等方面关心老同志，多开展寓教于乐的文体活动。

*切实关心职工生活。*坚持科学的发展观，核心是以人为本。各单位特别是各级领导一定要树立人本观念，把职工群众的利益作为一切工作的出发点和落脚点，想问题、做决策、办事情都要坚持从职工群众的利益出发，特别是要解决好职工的息工待岗问题。新开工项目要优先安排好内部职工，使他们有事可做，有钱可挣。要深入群众、深入实际，对关系群众切身利益的突出问题，要做到心中有数，一件事一件事地帮助解决，一个问题一个问题地抓好落实，脚踏实地地为职工群众办实事、办好事。在企业改革发展过程中，我们要做到绝不能让一名职工看不起病，绝不能让一名职工子女上不了学，绝不能让一名职工生活在当地的困难线以下。

居安思危 奋发图强
向行业排头兵和具有国际竞争力的大公司迈进
——李国瑞书记在总公司工作会议暨党委一届六次全委(扩大)会议上的报告
(摘要)

(2004年4月9日)

这次总公司工作会议暨党委一届六次全委(扩大)会议,是在中国土木工程集团公司和20户铁路企业并入总公司、基本完成资产重组之后,在总公司改革发展进入一个新的历史阶段时召开的。王振侯总经理全面总结了2003年工作,系统部署了2004年的主要任务,各单位要认真贯彻落实。

一、关于2003年党的建设和思想政治工作

2003年,是令人鼓舞的一年。新签合同额突破千亿元大关,完成营业额688亿元,实现利税29.5亿元,其中利润7.1亿元;国有资产保值增值率、净资产收益率、职工收入等主要经济指标圆满完成;突破单一的施工承包经营模式,资本经营积极稳健地迈步,初步走上一条依托主业、用资本经营带动工程总承包的路子,标志着总公司生产经营能力跃上一个新台阶。

2003年,是不平凡的一年。中国土木工程集团公司的并入,提高了总公司的海外竞争力;铁道第一、第四等勘察设计院的并入,解决了总公司长期没有勘察设计院的缺陷,完善了产业链,为重大项目的勘察设计、工程总承包提供了条件与可能;5个新局集团公司和上海铁路城市轨道交通设计研究院的组建,完善了总公司市场竞争格局。这次大规模战略重组,是总公司改革发展进程中的一次重大转折,一个里程碑。

2003年,是难忘的一年。突发的"非典"疫情,对职工健康构成严重威胁,给生产经营造成重大困难。面对严峻形势,全公司沉着应对,迎难而上,团结一心,拼搏奉献,夺取了抗击"非典"和生产经营双胜利,经受了重大考验。事实再次证明,我们这支队伍是一支政治上靠得住、关键时刻过得硬、具有凝聚力和战斗力的队伍。目前,在全系统呈现出领导关心群众,群众关心企业,政通人和、令行禁止、繁荣稳定的可喜局面。

在过去的一年中,全公司各级党组织认真贯彻"三个代表"重要思想和党的十六大、十六届三中全会精神,认真贯彻落实国资委一系列重要决定、指示,紧密围绕中心工作,坚持抓方向、议大事、促改革、谋发展、保稳定,做了大量富有成效的工作,较好地发挥了党组织的政治核心作用。

*一是紧密联系实际认真学习贯彻"三个代表"重要思想和党的十六大、十六届三中全会精神。*按照"围绕主题、抓住灵魂、把握精髓,紧密联系实际,注重研究解决企业改革发展稳定面临的重点难点问题"的要求,抓好党委中心组的专题学习研讨和领导干部培训。总公司党委中心组在深刻领会精神实质的基础上,对10个重大问题进行专门研究,并举办党委中心组(扩大)学习会和中层干部培训班,开展深入研讨,在企业战略性、全局性问题上形成新的共识和新的发展思路。各单位党委普遍采取集中培训、专题研讨、参观见学等形式,组织领导班子成员和中层干部开展学习教育。同时,通过深入基层宣讲、发放音像学习资料、开展知识竞赛等形式,对分散在全国各项目工点的广大党员干部职工进行学习辅导,把思想统一到十六大和十六届三中全会精神上来,统一到"三个代表"重要思想上来。总的看,全系统"三个代表"重要思想和十六大、十六届三中全会精神的学习贯彻有声势、有深度,成效显著,为当前和今后一个时期深化改革、加快发展,向做强做大目标迈进奠定了坚实的思想基础。

二是在抗击"非典"中充分发挥党组织战斗堡垒作

用和党员先锋模范作用。面对“非典”疫情，全公司各级党委和领导班子坚决贯彻执行党中央、国务院和国资委的一系列重要指示，一手抓抗击“非典”、一手抓生产经营，在突如其来的灾害面前服从大局，在疫情严峻的形势下保护职工健康，在紧急复杂的情况下稳定队伍，在党和人民需要的关键时刻挺身而出，保证完成生产经营目标坚定不移，形成万众一心抗“非典”、迎难而上促发展的良好局面。总公司及所属单位共拨付8 971万元资金用于本单位和支援地方政府防治“非典”，有2所医院被地方政府指定为防治“非典”定点医院，有1 840名医务人员走上防治“非典”第一线，有89人向党组织递交了入党申请书，有8人火线入党，有13个集体和个人受到表彰，总医院党委被中组部和国资委党委分别授予全国和中央企业防治非典型肺炎工作先进基层党组织荣誉称号，中铁十三局集团公司杨雪被中组部授予“全国防治非典型肺炎工作优秀共产党员”称号。

三是宣传学习青藏铁路建设先进典型，弘扬青藏铁路建设精神。9月27日，在国资委党委组织的青藏铁路建设先进事迹10人报告团中，总公司有2个先进集体代表和3名先进个人，在北京人民大会堂举行的报告会上作先进事迹报告。中共中央政治局常委、国务院副总理黄菊亲切接见报告团全体成员并发表重要讲话，对总公司系统在青藏铁路建设中取得的辉煌业绩给予充分肯定。国资委李荣融主任、李毅中书记发表重要讲话，高度评价“不畏艰险、拼搏奉献、依靠科学、以人为本、珍爱自然、争创一流”的青藏铁路建设精神。报告团在中央企业和总公司系统作巡回报告17场，8 500人直接听取报告，反响强烈。总公司党委、总公司作出向况成明、余绍水等青藏铁路建设先进典型学习的决定，发出认真学习贯彻黄菊副总理和国资委领导重要讲话的通知，在全系统掀起向青藏铁路建设先进典型学习，大力弘扬青藏铁路建设精神的热潮。各单位把学习活动与打好青藏铁路建设攻坚战结合起来，与抓好生产经营、圆满完成全年奋斗目标结合起来，与加快企业改革发展结合起来，有力地促进了青藏铁路等重点工程建设任务的完成，对职工队伍建设产生了重大而深刻的影响。

四是积极做好整合重组中党的工作。这次整合重组，涉及31个企业，176亿资产，7.1万名职工，牵扯面广，工作量大，时间紧迫，任务艰巨，直接关系到总公司改革发展的前景。总公司高度重视，作为改革的头等大事来抓，多次召开党政领导干部联席会议、党委常委（扩大）会议、移交企业负责人座谈会和重组单位负责人会议，把思想统一到国资委、铁道部和总公司重大决策上来。在顺利移交的基础上，广泛听取各方面的意见，反复研究论证重组方案，精心组织方案的实施。慎重选配新组建单位的领导班子，让一批靠得住、有本事、肯干事、干成事的优秀中青年干部担任党政主管。同步成立党委、纪委和工会、共青团组织，理顺各方面关系。总公司纪委发出通知，就重组中确保国有资产不流失和严守政治、组织、人事、财经纪律及领导干部廉洁自律等作出明确规定，并加强监督检查。总公司党委宣传部专门编写《宣传提纲》，指导整合重组中的宣传思想工作。各重组单位党组织积极主动地做好思想政治工作，教育引导干部职工以大局为重，积极支持改革，把解决思想问题与解决实际问题相结合，为重组营造了良好的内部环境，确保了重组平稳有序推进，确保了生产经营形势稳定，确保了队伍稳定。

五是下力气开展工程项目经济效益执法效能监察。2003年，总公司党政和纪委把工程项目经济效益执法效能监察作为事关全局的一项重点工作来抓，先后三次召开会议进行推动。总公司和各局集团公司都成立了由纪委主办、有关部门参加的专门办公室，派出312个检查组，对全系统2 172个在建工程项目进行全面的经济效益检查，摸清情况，找准问题，对项目管理中发现的突出问题共发出监察建议1 397份，责令限期整改。通过边检查、边清理、边整改，109个项目扭亏为盈，扭亏金额22 879.6万元；纠正安全质量隐患989项；追收工程欠款95 645.39万元；查处责任人员87人，罚款165.8万元，对于加强项目管理、堵塞效益流失黑洞、提高经济运行质量、防止并纠正腐败问题发生作用显著，意义重大。10月，在中纪委、监察部召开的全国国有企业纪检监察工作会议上，总公司纪委介绍了工程项目经济效益执法效能监察经验。

六是推进企业文化建设。在总结兵改工20年企业文化建设成果的基础上，经过在全系统广泛征集意见和提案，认真进行提炼，按照“突出时代精神和企业特色”的要求，对总公司企业精神、经营理念、员工守则、企业标识、企业旗帜等进行修改制订，完成企业形象手册设计工作，形成兵改工企业独特的企业文化，正在陆续颁布实施。

七是继续推进领导班子建设和基层党组织建设。总公司党委组成考核组对所属13个单位的领导班子进行考核，调整补充61名领导班子成员，进一步加强了这些单位领导班子的组织建设。选调304名领导干部分别参加中央党校、国家行政学院、总公司党校举办的培训班，进一步提高了干部队伍的思想政治素质和领导能力。适应党建新形势需要,重新修订颁布创建"四好领导班子"、"五好党支部",争当"六好共产党员"活动实施办法。对基层党组织开展"三个代表"学习教育活动情况进行回访复查,巩固深化了学习教育活动成果。总公司党委专门下发文件,对参加青藏铁路建设队伍党员发展工作进行部署。遵照国资委党委的统一部署,组织全系统150个组织人事部门、851名组织人事干部参加为期两个多月的以公道正派为主题的"树组工干部形象"集中学习教育活动。在总公司党校举办党委组织部长培训班,进一步提高了组织部长的业务素质和工作能力。

在集中精力抓好重点工作的同时,各级工会组织广泛深入地开展以"五比四创"为主要内容的劳动竞赛和"巾帼建功立业"竞赛活动,青藏铁路开展劳动竞赛的经验先后在国资委和中华全国铁路总工会召开的相关会议上做了介绍。职工互助合作保障体系建设取得突破性进展,领导干部与特困、重困职工结对帮扶,"送温暖"活动效果明显。以职代会为基本形式的企务公开制度进一步规范,总公司被中纪委等五部委评为"全国推行厂务公开工作先进单位"。"建家建线"取得丰硕成果,有9个单位被中华全国总工会评为"全国模范职工之家"。共青团组织大力开展青年"创新创效"、"双争"竞赛、"我为重点工程建功勋"、"青年安全生产示范岗"、"青年环境保护示范岗"等活动,在企业生产经营中发挥了生力军和突击队作用,年内有36个先进集体和先进个人受到全国性表彰。《中国铁道建筑报》围绕生产经营中心、突出改革发展主旋律开展新闻宣传,以"中国铁建与西部开发"为主题,成功举办第12届大路画展。各级公安机关认真贯彻"打防结合、标本兼治、综合治理"的方针,积极做好安全保卫工作,维护重点工程建设治安秩序,为企业生产经营和职工生活创造了良好的内外部环境。

当前,党建和思想政治工作存在的突出问题是,面对建立现代企业制度的新情况,对党组织参与重大问题决策、发挥政治核心作用的途径和方法,规范公司法人治理结构运作,把坚持党管干部原则与市场化选聘经营管理者相结合,建立完善选人用人新机制以及创新思想政治工作机制等重大问题研究探索不够;基层党组织建设特别是项目部党建工作仍然是个薄弱环节。

二、关于当前面临的形势和发展取向

只有清醒地判断我们面临的形势,才能科学地确定我们的发展取向。当前和今后一个时期,总公司既面临着严峻的挑战,也有难得的发展机遇。

*1.今后三至五年,是总公司改革发展的关键时期。*从国家的要求看,中央企业并购重组步伐进一步加快。党的十六大报告、十六届三中全会决定和十届人大一次、二次会议政府工作报告都强调要"发展具有国际竞争力的大公司大企业集团"。黄菊副总理在国资委召开的三次中央企业负责人会议上都明确要求,中央企业要在做强做大上下功夫。国资委要求中央企业要努力成为行业排头兵,不成为行业排头兵,就不配称为中央企业。国资委还提出要形成30家~50家具有国际竞争力的大集团、大公司,这就把处于竞争性领域的中央建筑企业再次推向国企改革的更深层次。对我们总公司而言,优胜劣汰的必然选择只能是"优胜",只能成为行业排头兵和具有国际竞争力的大集团公司。从建筑行业的现状看,随着中国建筑市场准入壁垒即将结束,基础设施向民营资本全面开放,使我们面临更加复杂化、多样化的竞争环境。处于建筑业前几名的几家大公司,你追我赶,发展态势强劲。面对强大的竞争对手,我们自身必须抓紧率先做强做大起来。从我们企业自身的发展状况看,广大干部职工对我们寄予殷切期望,把家庭幸福、个人前途寄希望于我们的企业。企业改革发展和全体员工息息相关。只有把企业进一步做强做大,努力提高职工的物质文化生活水平和健康水平,率先实现全面小康,才能不辜负出资人赋予我们的使命,不辜负广大员工对我们的期望。

*2.与国内同行业先进企业相比,我们存在明显的差距和不足。*经过兵改工20年特别是近几年的快速发展,我们总公司在经营规模、经济效益、综合实力等方面位居建筑业前三名,在2003年中国企业500强中位居第30名,在2003年"全球225家承包商"排名中位居第17名,在财政部等国家五部委公布的中央企业经营绩效评价100亿元以上资产的建筑企业中,总公司2001、2002年连续两年排名第一。在充分肯定成绩的同时,要清醒地看到我们存在的差距和不足。

在市场占有率方面,中国路桥总公司1.8万员工,营业额180亿元,利润3亿多元,净资产30亿元,净资产收益率在10%以上,其控股的上市公司路桥建设公司3 000名员工,利润6 000万元。中国港湾建设集团4万员工,营业额300亿元,利润3亿元。中建总公司12万员工,营业额693亿元,利润16亿元。我们总公司22.5万员工,营业额688亿元,利润7.1亿元。

在海外经营方面,中建总公司海外营业额22亿美元;中国路桥总公司海外营业额3.3亿美元,利润700万美元;中国港湾建设集团海外营业额7亿美元,利润800万美元;我们总公司海外营业额4.42亿美元(其中中国土木工程集团公司3.59亿美元,海外公司0.83亿美元),利润225.76万美元(其中中国土木工程集团公司134.1万美元,海外公司91.66万美元)。

在队伍结构方面,自1996年以来,上述三个公司都重视调整队伍结构,采用多种方式积极稳妥地分流安置富余人员。到2003年,中建总公司由24万人减到12万人,中国路桥总公司由2.3万人减到1.8万人,中国港湾建设集团由8万人减到4万人。同时,积极引进专业技术和经营管理人才,积极推进企业转轨变型。

在职工人均年收入方面,中建总公司17 200元,中国路桥总公司27 800元,中国港湾建设集团34 200元,我们总公司15 802元。

近年来,中建总公司、中国港湾建设集团、中国路桥总公司都采取有效措施加快企业结构调整,积极进行体制创新,实行主辅分离,深化劳动、人事、分配制度改革,以财务资金为中心加强企业管理,积极解决影响企业改革发展的一些深层次矛盾和问题,取得了显著成效。我们与他们的差距,归结起来,还是在改革上。

*3.实现跨越式发展,我们面临三大历史机遇。*一是全面建设小康社会的历史机遇。当前中国正处于工业化、现代化、城镇化的历史进程中,基础设施建设仍然会保持较大规模,全国仍然是个大工地,在有的地方新一轮建设高峰期已经到来,北京奥运会、上海世博会、西部大开发、南水北调、建设发达的公路网、快速发展的城市轨道交通、振兴东北老工业基地、提高城市居民住宅水平等等,宏观经济环境有利于我们做强做大。二是铁路跨越式发展的历史机遇。经国务院批准的《中长期铁路网规划》年内开始启动,标志着新的铁路建设高潮即将展开。三是企业资产重组的历史机遇。要把这次重组作为机遇来把握。我们必须充分利用三大机遇,扩大市场份额,提高经济效益,壮大企业实力。

面对严峻的挑战和难得的机遇,我们必须抓住机遇而不可丧失机遇,迎接挑战而不可回避挑战,**在长期发展壮大的基础上,进一步做强做大主业,成为中国建筑行业的排头兵和具有国际竞争力的大集团大公司。**这个发展取向需要具体化,从2004**年起用三至五年时间,年完成营业额达到1 000亿元,年新签合同额保持在1 000亿元,进入"全球225家承包商"前10名,进入世界500强**。概括起来,就是**双千亿、两跨入**。总公司将在适当时候召开会议,研讨中长期发展战略。以上意见作为一个初步构想,供大家思考。为此,强调三点:

*第一,必须树立有所作为的思想。*我们要清醒地看到,今后三至五年,是总公司的一个重要关口。这期间是中央企业改革重组的重要时期,同时也是我们抓住三大机遇有所作为的重要时期。如果我们有所作为,总公司就可能成为行业排头兵和具有国际竞争力的大集团大公司;反之,我们总公司就有可能在激烈的市场竞争中被淘汰。如果我们不具备做强做大的基本条件,提出这个战略目标是异想天开;目前我们具备了条件而不去努力实现这个目标,我们将犯历史性的错误。"自古华山一条路",总公司必须成为行业排头兵和具有国际竞争力的大公司,舍此别无他途。因此,我们一定要有忧患意识,要有强烈的危机感、紧迫感和高度的责任感、使命感,要有把总公司做强做大的信心和决心,要更新观念,勇于进取,扎实工作,埋头苦干,立足于创新促发展,立足于跨越式发展,立足于靠人才推进发展,加快做强做大的步伐。

*第二,必须积极推进"两个转变"。*建筑企业单靠揽活干活,要想取得大的发展十分困难,我们必须积极探索企业跨越式发展的新路子。当前,应该从两个方面着手,加快企业转轨变型。一是要由现在的劳务密集型向管理技术、资本密集型转变。要抓住有利时机,切实贯彻国家八部委〔2002〕859号文件,用好政策,加快主辅分离、辅业改制,加快分离社会职能,对资不抵债、扭亏无望的企业实行关闭或破产。要采取多种措施,通过多种渠道,调整队伍结构,有计划、有步骤、积极稳妥地分流安置富余人员,逐年压缩职工总数。同时,采取有效措施大力培养、引进、稳定专业技术人才和经营管理人才,壮大人才队伍,提高人才档次。要加大科技开发和设备投入力度,增强科技实力。要加强与跨国公司、国内各种所有制的优势企业联合,利用他们的资金、技术、机制优势搞好企业的改组改造,实现投资主体多元化。要加强与银行的合作,开辟融资渠道,提升融资能力。要积极稳妥地进行资本经营,围绕主业,选择效益比较好的重大基础设施项目,采用BT、BOT等经营方式进行运作,形成新的经济增长点,提高创利水平。二是由狭义的传统建筑企业(只生产建筑产品)向广义的现代建筑企业(勘察、设计、投融资、施工、监理等全方位建筑服务)转变。各局集团公司要由施工承包向工程总承包转变。在推进"两个转变"过程中,要不断优化整合各种资源,实现施工与设计互动,生产经营与资本经营互动,国内市场与海外市场互动,人才互动,最大程度地发挥总公司的集团优势。

*第三,必须加快机关职能转变。*面对新形势,总公司必须按照具有生产经营、资本经营职能的混合型控股公司的定位,按照市场化、集团化、国际化的要求,调

整机关职能,使总公司机关适应新形势、新任务的需要。

三、关于2004年党的建设和思想政治工作任务

2004年,是总公司做强做大的重要一年。从全系统情况看,全年工作的突出特点可以概括为"四大四重":一是改革力度大,份量重。新组建的5个局集团公司尽管在3月20日以前已经挂牌,但要真正成为市场主体,大量工作必须抓紧运作,有的局集团公司的子公司尚需重组。海外公司并入中国土木工程集团公司,以中国土木工程集团公司为龙头整合海外资源,形成海外经营合力,开创海外经营新局面,有大量工作要做。主辅分离、辅业改制和分离企业办社会职能步伐加快,劳动、人事、分配制度改革力度加大。这些深层次的改革,都需要进一步更新观念,统一认识,坚定不移地推进。二是发展的压力大,任务重。2004年是国资委对总公司年度经营业绩实行考核的第一年,总公司对各成员企业也在这次会议上签订了年度经营业绩考核责任状。全年营业额要达到800.9亿元,利润8.56亿元,国有资产保值增值率103%,净资产收益率5.67%,产值利润率1.07%,应收帐款周转率7.01%,成本费用总额占主营业务收入的98.78%,职工工资增长率14%。能不能圆满完成总公司年度主要经济技术指标,不仅对今年,而且对进一步做强做大,在竞争中胜出而不被淘汰,都具有重要意义,需要全公司上下坚定信心,知难而进,努力完成。三是在建项目规模大,担子重。中国经济正处于新一轮增长周期,2003年总公司系统新签合同额超过1 000亿元,年内的建设规模必然较大。这就需要我们正确处理扩大经营规模与提高经济效益的关系、与合理配置生产要素的关系、与确保安全质量的关系,以全面落实项目责任成本为中心,以财务、资金管理为重点,以工期、安全、质量、效益为目标,全面加强工程项目管理。四是稳定难度大,责任重。年内几项大的改革要加大力度,向深层次推进,必然涉及到局部利益,涉及到部分干部职工的切身利益,再加上当前职工队伍中存在着不可忽视的不稳定因素,稳定问题就显得更加突出。

成为行业排头兵和具有国际竞争力的大集团大公司,是我们的战略目标。深化改革是实现这个战略目标的必然选择,是加快发展、做强做大主业的根本动力。保持稳定是深化改革、加快发展的基础和前提,没有稳定的环境,什么事情都办不好。面对改革发展稳定的繁重任务,必须充分发挥党的政治优势,大力加强和改进党的建设。2004年全系统的政治工作要贯彻**"围绕改革而展开、为加快发展而加强"**的方针。总的要求是:**促进改革,推动发展,维护稳定。**《2004年总公司党委工作要点》已经下发,各单位党委要紧密结合实际抓好贯彻落实。

(一)深入学习贯彻"三个代表"重要思想和十六大、十六届三中全会精神,用思想领先带动企业领先

要把学习贯彻活动进一步引向深入,始终抓住领导干部这个重点。各级领导干部的学习,要从解决自觉性不够、联系实际不够这两个突出问题入手,进一步增强学习的紧迫性和指导实践的针对性,不论工作再忙,都要重视领导成员的学习,加强领导班子的素质建设。党委中心组学习是干部理论学习的重要形式,是加强党的思想政治建设的重要途径。各级党委中心组要继续深入学习贯彻"三个代表"重要思想和党的十六大、十六届三中全会和政府工作报告精神,继续深入学习贯彻黄菊副总理和国资委李荣融主任、李毅中书记近期的三次重要讲话精神,紧密联系改革发展实际,针对企业面临的重大问题组织专题学习研讨,特别是要围绕做强做大主业,加强对企业发展战略的研究,制定中长期发展战略、措施,统一思想,形成共识,坚持不懈地全力推进。年内总公司党委将对党委中心组学习情况进行检查调研,适当时候召开党委中心组学习经验交流会,推动学习贯彻活动不断深入。上半年党委中心组要组织学习《中国共产党党内监督条例(试行)》和《中国共产党纪律处分条例》,学习《安全生产法》和国务院关于加强安全生产的决定,学习财务和金融知识,进一步提高领导班子的思想政治水平和经营管理能力。

(二)按照"四个探索"的要求,积极推进党建创新

充分发挥党组织的政治核心作用,全心全意依靠工人阶级,这是国有企业改革发展多年实践得出的基本经验。在新形势下,只有积极探索适应社会主义市场经济要求、适应现代企业制度要求的党建工作新体制、新机制、新途径,党建工作才能真正得到加强。2004年是党建工作的创新年,加强和改进党建工作,是在深化改革过程中必须解决好的一个重大问题。

党建工作创新的基本思路是"一个目标,二个适应,二个纳入,四个创新,一项活动"。"一个目标"即紧紧围绕加快改革发展,做强做大主业,成为行业排头兵和具有国际竞争力的大集团的目标。要以这个目标统一思想,凝聚人心,统揽各项工作,为实现这个目标提供坚强的思想、政治和组织保证。"二个适应"即适应市场经济体制,适应公司制、股份制改革方向。"二个纳入"即纳入现代企业制度框架,纳入领导班子业绩考核。对"四好领导班子",要在工作会议和党委扩大会

议上通报表彰，并以年度经营业绩考核奖金的10%进行奖励；对领导班子考察时，要把党建工作纳入领导班子工作业绩的考察内容。"四个探索"即积极探索适应公司法人治理原则要求的党建工作新机制，积极探索党管干部原则与市场化选聘企业经营者相结合的途径，积极探索现代企业制度下职工民主管理的有效方法，积极探索新形势下企业党风建设和反腐败的工作机制。"一项活动"即深入开展创建"四好领导班子"、"五好党支部"和争当"六好共产党员"活动。

1．*积极探索适应公司法人治理原则要求的党建工作新机制*。要按照党章规定的五项职责，按照建立现代企业制度的新要求，积极探索和完善党组织发挥政治核心作用的有效途径。一是要切实保证党的工作与经营管理工作相结合。紧紧围绕生产经营、经济效益中心，服务改革发展稳定大局，把深化改革、转换机制、加快发展、实现国有资产保值增值作为党建工作的出发点和落脚点，围绕经济抓党建，抓好党建促发展。二是要切实保证党组织领导体制和组织机构与建立现代企业制度相适应。在企业改制重组过程中，始终做到企业党组织设置和人员配置与法人治理结构设立和人员配置同步规划，同步到位。三是要切实保证党组织坚持民主集中制，完善党委会的议事和决策规则。要以提高党委会议事质量和决策水平为重点，加强党委会自身建设。"双向进入，交叉任职"要作为一种制度，积极推进，规范运作。党组织应积极支持股东会、董事会、监事会和经理层依法行使职权，党委成员应通过法定程序在法人治理结构中体现党组织的集体决定，保证党组织集体决策的有效执行，保证和监督党的路线方针政策的贯彻落实。四是要切实保证创建"四好领导班子"、"五好党支部"和"争当"六好共产党员"活动的持续深入开展。领导班子是搞好企业的关键，是党的建设的首要任务。党支部尤其是生产一线的党支部，是党的建设的基础。党员是企业改革发展稳定的中坚力量，是员工的表率。创建"四好领导班子"、"五好党支部"和争当"六好共产党员"活动是新形势下总公司党的建设与生产经营紧密结合的一种有效形式，是落实党建工作责任制、实现党组织建设上下联创、整体推进、常抓不懈的有效机制，是各级党委加强党建工作的重要载体。这次会上，总公司党委表彰了中铁十二、十四、二十局集团公司和中铁建设集团公司、昆明中铁大型养路机械集团公司等5个"四好领导班子"，"七一"前夕总公司党委将表彰一批"五好党支部标兵"、"六好共产党员标兵"和优秀党务工作者。各单位党委要按照国资委党委的部署，做好保持党员先进性教育的前期准备工作，重点是搞好调查研究，摸清党员队伍状况。

2．*积极探索党管干部原则与市场化选聘企业经营者相结合的途径*。在管理制度上，把党管干部原则与出资人依法选派产权代表、董事会依法选择经营管理者、经营管理者依法行使用人权结合起来。要建立与公司法人治理结构相适应的企业领导人员管理新体制，进一步规范公司董事会、监事会和经理层的权责，修订完善出资人决定董事会和监事会成员、董事会选聘经营管理者、经营管理者行使用人权的具体实施办法。在标准和使用上，认真贯彻党的干部工作路线方针原则，突出企业特点，建立有别于党政干部的企业领导人员选拔任用标准，改变目前完全套用党政干部的考核办法。年内要在深入调研的基础上，制定出企业领导人员的考核办法。要树立正确的用人导向，对企业领导人员的考核，要重业绩，看表现，听公论。从经营状况看业绩，从业绩看素质和责任心，看领导者对事业的忠诚。要注重考察企业领导人的实际能力，特别要注意发现和启用那些勇于改革、求真务实、成绩显著又不事张扬的人。在选拔方式上，要扩大选人视野，拓宽选人渠道，特别要积极推行竞争上岗、公开招聘等方式，逐步加大市场化选聘的力度。总公司要制订《企业领导人员竞争上岗、公开选聘暂行办法》，逐步实行集团公司领导班子副职竞争上岗、公开选聘，上半年进行试点，之后逐步推行。要把组织考核选拔与竞争上岗、公开招聘结合起来。在激励约束机制上，要强化对企业领导人员经营业绩的考核，使企业领导人的薪酬与经营业绩挂钩，以激励他们发挥聪明才智，为企业更大发展而奋斗。首先要实行年度经营业绩考核，然后再推行任期目标考核。从实际出发，分类考核，宽严适度，奖罚兑现。年内要在经营业绩考核的基础上，初步建立起出资人对经营者有效的激励和约束机制。

要牢固树立人才资源是企业的第一资源、人才流失是企业资源的最大流失的观念，大力加强人才队伍建设。特别要重视经营管理者队伍、专业技术干部队伍和高级技工队伍的建设。积极推进一线专业技术人才收入分配制度的改革，稳定和吸引人才。人事工作要向人力资源开发转变，加强人才培训，继续做好选送领导干部参加中央党校、国家行政学院等高层培训，做好专业技术干部进修深造工作，发挥好党校作为总公司干部教育培训中心的重要作用。

3．*积极探索现代企业制度下职工民主管理的有效方法*。要在现代企业制度的框架内，积极探索实现职工民主管理的途径和方法，以搞好企业、保障出资人权益为目标,充分发挥职工的民主管理监督作用和企业领导人员经营管理的关键作用。一方面,要尊重和维护广大职工依法行使民主管理和民主监督的权利,有效调动职工参与和支持企业改革发展的积极性、主动性和创造性。职工代表要依法进入董事会、监事会并正确履行职责。职工持股会选派的股东代表和董事、监事要积极正确履行职责。要坚持和完善以职工代表大会制度为基本形式的民主管理制度,依法维护职工的合法权益,深入推进企务公开。另一方面,要尊重和维护出资人权益、企业经营管理者权利,通过加快建立健全出资人职责层层到位的机制,确保出资人权益。要充分发挥企业领导人员对企业改革发展的关键作用,积极支持企业领导人员依法行使经营自主权。年内将召开总公司工会第三次代表大会。

4.积极探索新形势下企业党风建设和反腐败的工作机制。中纪委第三次全会和国资委纪检监察工作会议对国有企业反腐倡廉工作作出重要部署,具有很强的针对性和指导性。我们要结合企业实际,在企业改革发展稳定和做强做大的大背景、大格局中去认真贯彻落实。总结近年的实践经验,加强和改进党风建设和反腐倡廉工作的基本思路是:**坚持以邓小平理论和"三个代表"重要思想为指导,紧紧围绕国有资产保值增值这一中心和成为行业排头兵、具有国际竞争力的大集团这一战略目标,服务企业改革发展稳定大局,抓好领导人员廉洁自律、查办违纪违法案件、效能监察和从源头上预防腐败这四项工作,标本兼治、综合治理,惩防并举、注重预防,逐步建立健全与国有资产管理体制和现代企业制度相适应的教育、制度、监督并重的惩治和预防腐败体系。**

加强纪检监察工作是加快企业改革发展的重要内容,是企业党建工作的重要方面,是改进党组织发挥政治核心作用方式的重要途径。各级领导尤其是主管领导,既要担负起加快企业改革发展的历史责任,又要承担起党风建设和反腐倡廉工作的重要责任,把纪检监察工作纳入党委工作的总体部署之中,与企业生产经营和党建工作统筹安排、同步发展、互相促进。

企业领导人员坚持做到廉洁自律、率先垂范,对领好班子、带好队伍、搞好企业极为关键。在廉洁自律方面,要重点抓好中纪委三次全会提出的"三个不得"的贯彻落实:不得在企业重组改制和破产、资本运营、产权交易过程中擅自决策或为个人和亲友谋取私利;不得在招标采购中收受回扣;不得在企业重组改制和破产中损害国家利益和职工合法权益。对违反廉洁自律规定的,要按照新颁布的《中国共产党纪律处分条例》严肃处理。要认真贯彻落实国资委即将发布的《中央企业经济责任审计管理办法》和《中央企业内部审计管理办法》,进一步加强对领导班子成员的经济责任审计,并将审计结果作为考核、奖惩、任用、解聘的重要依据。要做好信访和申诉处理工作,及时化解矛盾,促进稳定。要继续加大对大要案的查处力度,发挥查办案件在治本方面的积极作用。要不断深化"四个公开":物资采购公开招标、机械设备购置与租赁公开招标、外部劳务使用公开招标、企务公开。加大治本力度,以财务和资金管理为重点,使工程项目经济效益执法效能监察工作取得更加显著的成绩。要逐步建立反腐倡廉联席会议制度,进一步加强纪检监察队伍建设。年内将召开总公司党建工作会议,重点研究党建创新问题。

(三)实施"凝聚力工程",发挥集团化优势

中国土木工程集团公司和铁路20户企业并入总公司,不仅是资产、人员的合并,而且需要思想、文化的融和。要把总公司做强做大,就必须把各单位的全体员工凝聚到总公司的大目标上来,充分发挥集团化优势。为此,总公司党委决定实施凝聚力工程,要具体抓好:以建设"四好领导班子"为主要内容的"核心工程",以建设好经营管理者队伍、专业技术干部队伍、高级技工队伍等三支队伍为主要内容的"人才工程",以把工程项目普遍建成安全文明标准工地为主要内容的"形象工程",以加强工地生活线、卫生保障线、文化线建设和关注困难企业、困难职工实际生产、生活问题为主要内容的"爱心工程"。

要适应新的形势,从把总公司建设成为行业排头兵、具有国际竞争力的大公司大集团的高度,继续加强企业文化建设。要在全系统广泛开展企业文化建设活动,重点是强制推行新的"中国铁建"标识,强化"中国铁建"的品牌形象。今后,总公司所属单位必须在所有需要使用企业标识的地方,统一使用新颁布的"中国铁建"新标识;必须在所有需要使用企业品牌的场合,统一使用"中国铁建"这个品牌。本单位的标识和品牌,可以在使用"中国铁建"的标识、品牌的同时结合使用。要大力提高"中国铁建"这个品牌的社会知名度,使总公司所属各企业以"中国铁建"的集团化形象展现在国内国际市场。

(四)加强改革重组和重点工程、安全生产中的思想政治工作

在企业改革重组中,要及时掌握不同层面人员的思想动态,做好改革重组方案的宣传解释工作,理顺情绪,化解矛盾,凝聚人心,鼓舞士气,唱响主旋律,确保改革重组的平稳有序推进。

要抓好生产经营特别是青藏铁路等重点工程建设中的思想政治工作，广泛开展群众性经济技术创新和“我为重点工程献青春”活动，充分调动广大职工的积极性、创造性。在青藏铁路安多开始铺架后，总公司宣传部要会同中铁十一局集团公司，进一步加大对外宣传力度，认真总结青藏铁路建设中思想政治工作创新的经验。要结合施工生产实际，大力宣传国务院关于加强安全生产的决定，宣传“安全第一，预防为主”的方针，坚持以人为本，切实做好安全生产中的思想政治工作，在扩大经营规模的情况下，确保安全生产，提高工程质量，降低工程成本，提高经济效益。要认真做好劳动模范评选工作，大力宣传劳动模范和先进集体的事迹，弘扬劳模精神，为企业改革发展建功立业。年内将召开总公司劳动模范、先进集体表彰大会。

要把维护稳定作为一项长期的重大任务摆上企业管理的重要位置，切实加强对维护企业稳定工作的领导，逐级建立以党政正职为第一责任人的维护企业稳定工作领导小组。坚持“谁主管，谁负责”的原则，建立健全并认真落实维护企业稳定工作责任制、处理突发群体性事件的应急机制及严格的责任追究制度。各级党委要进一步加强对公安工作的领导，继续加强对“法轮功”邪教组织的斗争，抓好“法轮功”重点人员的帮教转化工作。要继续加强“建家建线”工作，加强职工互助合作保障体系建设，形成以“送温暖”为龙头的帮困救助机制。党建思想政治工作研究会工作要多开展活动，多出成果。要发挥好关工委在青少年教育中的作用。要继续做好离退休职工管理工作，做到老有所养，老有所医，老有所乐。

最后，再强调一下加强团结和转变作风问题。把总公司做强做大、建设成为行业排头兵和具有国际竞争力的大集团大公司，是我们共同的理想、共同的目标、共同的责任，也是我们大家团结共事的基础。由于个人经历不同，工作中有不同看法是正常的，只要以事业为重，识大体，顾大局，就能合作共事。领导班子成员特别是党政正职之间，既要讲党性、讲纪律，也要讲感情、讲友谊。领导班子成员应该把相互沟通作为最基本的工作方法，相互之间多交流、多沟通、多谈心、不同意见多交换。党政正职不能把个人权力看得太重，要增强民主意识，注意集中班子成员的智慧，发挥集体领导的作用，不要独断专行。要按照权责明确、协调运转、有效制衡的机制，规范法人治理结构的运作。要大力倡导求真务实的作风，尤其注意三戒：戒浮躁心态，戒盲目攀比，戒虚假繁荣。各级领导要树立科学的发展观和正确的政绩观，脚踏实地，真抓实干。

再接再厉　扎实工作
为经营工作再跃新台阶而努力奋斗

——何能金副总经理在总公司经营工作会议上的讲话

（摘　要）

（2004年1月13日）

这次会议的主要任务是：贯彻党的十六届三中全会和中央经济工作会议精神，全面实践“三个代表”重要思想，总结2003年经营工作，分析面临的经营形势，研究部署2004年经营工作，统一思想，团结奋进，推动经营工作持续健康发展。

一、抓住机遇，开拓创新，经营工作取得历史最好成绩

2003年，是中国全面建设小康社会的第一年。各单位认真贯彻总公司工作会议和经营工作会议精神，坚持以生产经营为中心，奋力拼搏，锐意创新，积极探索经营工作的新思路、新模式，经营工作取得历史最好成绩。全年新签合同额突破千亿元大关，达到1 098.67亿元，其中工程任务1 021.43亿元，施工总承包12亿元，建设管理34.3亿元，设计监理12.86亿元,工业物资17.87亿元。总公司原所属单位新签合同额997.44亿元,为2002年580.86亿元的171.7%,为2003年计划480亿元的207.8%;新划转并入总公司的21个单位新签合同额101.23亿元。

回顾兵改工20年来,特别是"九五"以来,我们的经营工作每年都有新进步,每年都上新台阶,企业发展势头强劲,市场竞争能力不断提高。1985年全系统经营任务仅6亿元,1993年突破100亿元,1997年突破200亿元,1998年突破300亿元,2001年突破400亿元,2002年上升到580亿元,2003年一跃超过1 000亿元。

(一) 2003年经营工作基本情况

1. 新签工程合同额再创历史新高。全年新签工程合同总额1 021.43亿元,再创历史新高。在新签工程合同中,铁路工程199.57亿元,占合同总额的19.57%;公路工程485.94亿元,占合同总额的47.57%;水利、电力工程40.27亿元,占合同总额的3.94%;工业与民用建筑工程100.03亿元,占合同总额的9.79%;城市轨道交通工程26.59亿元,占合同总额的2.6%;市政工程92.69亿元,占合同总额的9.07%;其他工程76.91亿元,占合同总额的7.48%。全年新签合同额超过100亿元的单位有中铁十八、二十、十二局集团公司,中铁十八局集团公司108.6亿元,中铁二十局集团公司108.12亿元,中铁十二局集团公司101.74亿元;新签合同额超过90亿元的单位有中铁十九、十五局集团公司,中铁十九局集团公司92.08亿元,中铁十五局集团公司90.23亿元;中铁建设集团公司新签合同额21.87亿元。9个新划入的铁路工程(建设)集团公司全年新签合同额63.99亿元。其中超过9亿元的单位有:广州铁路工程集团公司12.05亿元,兰州铁路建设集团公司9.78亿元,南昌铁路工程集团公司9.66亿元,上海铁路建设集团公司9.31亿元。

2. 设计、监理市场份额增加。11个新划转设计院加入总公司,增强了总公司的设计能力,扩大了总公司设计监理业务的市场占有率。铁道第一勘察设计院新签合同6.26亿元,铁道第四勘察设计院新签合同4.06亿元,铁道建筑研究设计院新签设计、监理合同2 077万元,北京铁城建设监理公司新签合同2 198万元。9个铁路设计院全年新签合同2.11亿元,新签合同额较多的单位是:哈尔滨勘测设计院5 614万元,上海铁路城市轨道交通设计研究院4 723万元,广州铁路勘测设计院2 577万元。

铁道第一、第四勘察设计院在努力做好青藏铁路、兰武二线、京沪高速铁路、宜万铁路等铁路重点工程设计的同时,加大路内外工程经营开发力度。铁道第一勘察设计院承揽到襄渝复线和金沙江溪洛渡水电站对外交通专用公路等设计任务,铁道第四勘察设计院中标武广客运专线、西郑客运专线、广东江珠高速公路、湖北随岳高速公路等项目的勘察设计。在城市轨道交通工程设计方面,两大设计院积极进取,在武汉、北京、上海、广州、苏州、深圳、南京等城市取得实质性突破,并确立一定的市场竞争地位。

3. 海外经营取得新的进步。2003年,海外经营认真贯彻国家"走出去"发展战略,积极稳妥地开拓海外市场。中国土木工程集团公司利用其在海外市场多年积累的经验,奋力开拓,全年新签合同24.81亿元。总公司海外公司在香港市场滚动经营,新签合同3.94亿元。各局集团公司发挥自身优势,海外经营也取得较好成绩。中铁十八局集团公司积极开拓非洲和中东国际市场,全年新签合同5.5亿元,特别是在阿曼中标库瑞亚特—苏尔公路二期工程,该项目全长26公里,总投资4.85亿元;中铁十四局集团公司加大海外工程承揽力度,在阿富汗连中两标,新签合同4.4亿元;中铁十一局集团公司承揽到阿拉伯联合酋长国桥梁分包及孟加拉国铁路改造工程,填补了海外市场空白。

4. 工业与物资贸易取得较好成绩。昆明中铁大型养路机械集团公司发挥专业优势,全年订货16.36亿元。中铁物资集团公司立足现代物流,通过与鞍钢、首钢等钢铁集团合作,作为直销代理,取得很好的经营效果。北京铁建工贸集团公司积极开展经营服务,努力提高创收水平,全年收入8 200万元。石家庄铁路职业技术学院挖掘自身潜力,扩大招生规模,增加了学校收入。总医院在抗击"非典"中取得显著成绩,在非常困难的情况下积极开展医疗服务,千方百计进行创收。

5. 经营模式探索取得新的进展。经过摸索实践,总公司继前两年承揽到上海地铁2号线西延伸段建设管理项目和陕西咸阳渭河3号桥BOT经营项目后,经营模式创新取得重大成果。在内蒙古,中铁路桥集团公司作为投资主体,以BOO方式建设呼和浩特—准格尔铁路。该铁路全长110多公里,投资约12亿元。经过精心策划,工程已于2003年开工,中铁路桥集团公司既是项目公司的控股单位,又是项目的施工总承包单位,总公司多个内部单位参与施工。在广东,总公司与中铁工程集团公司和汕头锦峰集团公司合作,以BOT方式建设潮州—揭阳高速公路,该项目投资17.6亿元。在河南,总公司与金火铝电有限公司合作,以BOT方式建设济源至东明高速公路获嘉—新乡段,该项目全长 51.9 公里,投资 20.3 亿元,金火铝电有限公司负责项目资金筹措,总公司负责项目建设管理。中铁十五局集团公司与西安海星科技控股有限公司合作,作为业主代表,负责阿深高速公路开封—通许段工程的建设管理。在房地产开发中,中铁二十局集团公司、中铁建设集团公司和中铁工程集团公司稳中求进,已开发楼盘的销售情况良好,取得较好经济效益。

(二) 经营工作主要特点

1. 承揽任务时刻没有放松。面对"非典"疫情给经营工作带来的严重影响,各单位千方百计克服困难,咬定任务承揽不放松,把"非典"对经营工作的影响降低到最低限度,保持了平稳发展的强劲势头。在铁路新开工项目较少的情况下,各单位迎难而上,每项必争,使铁路任务和市场占有份额有了新的提高。原总公司所属单位全年新签铁路工程合同 150.89 亿元,比 2002 年增加 43.45 亿元;新划入总公司的铁路工程(建设)集团公司新签铁路工程合同 48.68 亿元。全系统新签路外工程合同总额822.42亿元。

2. 涌现一批竞争力较强的处级公司。2003 年,处级公司新签合同超过 10 亿元的单位有 25 个,超过 8 亿元的有 14 个。特别是中铁二十局集团公司一公司,在连续两年新签合同超过 10 亿元的基础上,又创新签合同 25.1 亿元的优异成绩,为总公司系统处级公司第一名。中铁十七局集团公司六公司仅有职工 480 人,新签合同达 10 亿元,人均新签合同数为总公司系统第一名。一些过去承揽任务较少的处级公司有了较快发展,如中铁十九局集团公司四公司,地处内蒙古通辽,位置偏僻,2001 年承揽任务只有5 600万元,2003 年一跃达到 16.7 亿元。

3. 经营领域有新的拓展。各单位在站稳既有市场的同时,不断拓展新兴领域,培育和开发新的经济增长点。中铁十一局集团公司突破火电项目施工领域的空白,承揽到山西左权电厂扩建工程和阳高晋能新能源热电技改项目。中铁十九局集团公司一公司一年连中 4 个电站项目。中铁二十局集团公司积极跟踪环保领域工程项目,中标总额超过 1 亿元。铁道建筑研究设计院充分发挥其传统的优势项目和拳头产品,在桥梁专业科研施工和工程检测等方面取得较好发展。铁道第四勘察设计院在不断拓宽勘测设计领域的同时,实现工程设计施工总承包。尤其可喜的是,各单位不失时机地抓住城市轨道交通大发展的机遇,有针对性地重点突破,在城市轨道交通领域呈现良好的发展势头。中铁十一局集团公司中标广州地铁 4 号线工程,实现地铁领域零的突破。中铁十二局集团公司强攻首都轨道交通市场,三年磨一剑,终于中标北京地铁 10 号线苏州桥车站工程。中铁十三局集团公司在广州、南京、天津、长春、大连等城市的轨道交通工程经营形势持续看好。中铁十四局集团公司成功挺进北京、广州地铁市场,最近在北京地铁连中两标。中铁十六局集团公司继续保持轨道交通领域的施工优势,近期提出"哪个城市有轨道交通工程,哪个城市就要有中铁十六局集团公司的市场份额"的经营目标。中铁十七局集团公司经过艰苦拼搏,打进上海、深圳两地的轨道交通市场。中铁十九局集团公司顺利挺进北京、上海地铁市场。

4. 区域优势明显加强。各单位坚决贯彻区域经营战略,根据自身经营情况,合理设置区域性经营机构,调整经营布局,实现区域经营的良性滚动发展,形成较强的市场竞争优势。中铁十二局集团公司经营指挥部、工作组四处开花,全面丰收,仅其中的 3 个指挥部就承揽到工程任务 49 亿元,占集团公司承揽任务总额的 48%。中铁十三局集团公司坚持"坚守长江、珠江三角洲,突击京、津、塘制高点"的市场开发战略,区域经营特色明显。中铁十七局集团公司第一批培育的 18 个施工经营一体化项目部,先后在其施工地域承揽到新的工程,实现就地滚动发展。中铁二十局集团公司一公司在江苏省、苏州市形成相对较强的竞争优势,在江苏省承揽的任务超过 21 亿元,在苏州市承揽的任务近 16 亿元。中铁十八局集团公司利用在尼日利亚修建铁路的机遇,成功地挺进北非和中东建筑市场,实现海外经营滚动发展。

(三)经营工作存在的问题

从总体上看,目前总公司系统的经营形势是好的,但也存在一些问题。一是经营工作发展不平衡。有的集团公司承揽任务多达 100 余亿元,而有的集团公司还不足 70 亿元;有的处级公司承揽任务达到 20 多亿元,而有的处级单位还不足 3 亿元。虽然各单位与自身相比,新签合同额有大幅度上升,但与兄弟单位相比、与企业做强做大的要求相比,仍存在一定的差距。特别是新划入的部分工程(建设)集团公司承揽任务总量不高,人均新签合同额较低。二是国际市场占有份额较少。2003 年,全系统新签海外工程合同 41.7 亿元,仅为全年新签合同总额的 3.8%,这与培育国际化大公司大集团的要求差距甚远。在全球 225 家最大承包商排名中,按国内外营业总额排序总公司名次靠前,但按境外营业额排序总公司名次靠后。有的集团公司拿到对外经营权已经几年,至今还没有迈出国门,海外经营工作亟待加强。三是缺少高、大、新、尖项目。全系统每年承揽上千亿元的各类任务，但跨越大江大河及奥运会、世博会场馆等在国内外有影响的工程项目较少，技术含量高的高、新、尖项目较少，真正能拿出手、叫得响、产生品牌效应的项目还不多。四是存在不规范经营、不实宣传现象。在公路工程投标中，有的单位伪造证明材料、提供主要人员虚假经历；在公路工程施工中，有的单位履约能力差、现场管理混乱，存在违规转包、工程进度滞后等问题，部分单位已被交通部通报批评或黄牌警告，个别单位甚至被取消公路工程投标资格。另外，在对外宣传报道中，个别单位纪律不严、宣传报道不实，给企业形象造成负面影响，使经营工作处于被动局面。对于上述存在的问题，我们要立足长远、着眼当前，坚持用改革和发展的思路认真加以解决，特别是对一些局部性问题和问题苗头要见微知著，防患于未然，采取果断措施加以解决。

二、认清形势，明确任务，迎接经营工作新挑战

2004年，从国际经济环境看，世界经济逐步回升，结构调整步伐加快。据预测，全球经济增长可达3%～4%，世界贸易增长5%以上，国际经济形势整体上好于2003年。从国内经济形势看，中国经济已经克服“非典”带来的影响，进入一个新的快速增长周期，国民经济增长预计仍将保持在8%以上，经济增长质量和效益将进一步提高，区域经济将更加协调发展。中央经济工作会议明确，国家继续坚持扩大内需的方针，实施积极的财政政策和稳健的货币政策，努力缓解经济发展中的瓶颈制约，加快重要交通干线和枢纽建设，进一步安排好电源和电网建设，加强大型煤炭基地建设。全社会固定资产投资总量约为6万亿元，比2003增加6 000亿元。这些都为我们搞好经营工作提供了良好的机遇。

在铁路建设方面，2003年铁道部确定以“扩大路网规模、完善路网结构、提高路网质量”为主攻方向的跨越式发展新思路，但受到多种因素影响，新开工项目较少。预计2004年铁路建设将迎来一个新的高潮。按照铁道部的初步计划，2004年铁路新开工项目33项，安排投资576.8亿元。经反复论证的京沪高速铁路，部分重点工程可能在上半年开工；北京—天津、郑州—西安、武汉—广州、石家庄—太原等客运专线，在完成设计、报国家批准后也将陆续开工；计划开工的项目还有沾益—昆明增建二线、武汉—安康增建二线、重庆—安康复线、达成铁路扩能改造，以及合肥—南京、温州—福州、福州—厦门、宁波—温州、铜陵—九江、浦东铁路和洛湛铁路通道南段等工程。

在公路建设方面，建设规模继续扩大，新近开工和计划开工的项目接连不断，总规模约为3 500亿元。交通部规划在本届政府任期内建设的“五纵七横”国道主干线，截至2003年底，未开工的项目还有1 663公里，主要集中在云南、陕西、内蒙古、重庆、贵州等地，建设项目多在中西部地区的崇山竣岭，需要修建的桥梁、隧道比较多，技术难度大，成本高。交通部要求，未开工的国道主干线项目争取在年内开工。纳入国家重点工程建设计划的高速公路3 100多公里，拟开工的国道主干线主要有海拉尔—满洲里、宜昌—恩施、水富—麻柳湾、石林—蒙自—河口、吴堡—子洲—王圈梁、靖边—安塞、苏家河畔—榆林等工程项目。上海崇明越江通道、重庆—遂宁高速公路等国家重点公路项目也将在年内开工。西部省际通道将加快建设，尽快形成通车能力，计划开工湖北十堰—漫川关、四川川主寺—郎木寺、青海扁都口—大通等公路项目。据悉，仅浙江省就有17项926公里高速公路年内开工，江苏将新增高速公路300公里，新疆将安排新开工项目22个。

在水利、电力建设方面，为缓解“电荒”，国家将加强电力基础设施建设，年内将确保3 000万千瓦～3 500万千瓦开工建设，同时安排4 000万千瓦的预备项目。浙江、湖南等“电荒重灾区”，将先期上马一批大机组火电项目。湖北省的中国第三核电项目也在积极进行前期准备。水电建设紧锣密鼓，澜沧江、怒江等多条河流将梯级开发。南水北调、淮河治理等水利项目已陆续开工。

在城市轨道交通建设方面，已建有地铁或已开工建设地铁的北京、上海、广州、天津、大连、深圳、南京、武汉、重庆、长春等城市，新开工项目仍然不少；成都、杭州、沈阳、西安、哈尔滨、青岛、苏州等城市轨道交通项目待国家正式批复后，不久将开工建设。据悉，未来10年，北京轨道交通工程将以每年40公里的速度增长，年投资约100亿元。到2008年，轨道交通里程将达到300公里；到2020年，轨道交通总里程将超过1000公里。广州地铁4、5号线正在规划中，3号线和佛山、南海、广州共同投资100亿元建设的广佛地铁，预计2005年建成。“十五”期间，上海计划新建轨道交通200余公里，加上已有的65公里，总里程接近300公里。天津地铁1号线已经开工，计划4年建成，2010年前将修建6条共153公里地铁。深圳中期目标将建设4条地铁和4条轻轨交通线，总投资500余亿元。沈阳全长21.6公里的地铁1号线，总体建设方案已经确定，年内将进行工程招标。杭州年内动工兴建的地铁1号线，总长约52公里。哈尔滨轨道交通一期工程长14.4公里，总投资45.2亿元。青岛地铁规划总长度114公里,由南北线、东西线和内环线组成。近期将开工建设全长16公里的南北线,预计总投资43亿元。苏州地铁1号线试验段已经开工。为迎接北京奥运会和上海世博会召开,北京、上海将加大基础设施建设力度,年内将有一批新项目开工。此外,随着国家加快城镇化建设进程,城市基础设施和房屋建筑也将是一个很大的市场。

在看到外部有利因素的同时,也要看到总公司自身具有的优势。首先,多年的经营实践,积累了很多经验,构筑了诸多关系网络,形成一定的社会知名度,企业的综合实力和市场竞争能力不断加强,这些都为搞好经营工作打下坚实的基础。其次,按照国资委和铁道部的统一部署,中国土木工程集团公司和原铁道部的11家设计院、9家工程(建设)集团公司划转并入总公司,进一步完善了总公司的国内外经营布局,扩大了国内外市场份额,增强了勘察设计能力,提高了铁路复线施工及既有线改造能力。

在分析有利形势的同时,我们必须看到企业面临的不利因素。一是国家对基础设施建设的直接投资将逐步减少。按照建立公共财政的要求,国家将加大调整财政支出结构的力度,保证各项重点支出。国债和新增财政资金的使用将重点向“三农”倾斜,向扩大就业、完善社会保障体系和改善困难群众生活等方面倾斜。二是企业面临的竞争越来越激烈。目前,世界上著名的设计、施工企业都已进入中国,这些公司在规模、技术、资金、品牌等方面具有竞争优势。同时,国内民营企业迅速崛起,实力不断增强,民营企业人员少、机制活、成本低、负担小,具有很强的市场竞争能力。国有建筑施工企业面临着跨国公司和民营企业的双重竞争。三是铁路工程项目竞争剧烈,利润空间越来越小。铁路项目过去曾是我们任务和利润的主要来源,但随着铁道部对工程定额和取费标准的大幅调整,铁路项目的利润越来越少。四是物价上涨,尤其是钢材、水泥、油料等建筑材料涨价幅度较大,而上涨部分大多由施工单位承担,从而加大了成本支出,增加了经营工作难度。面对这些不利因素,我们必须化压力为动力,增强危机感、紧迫感和责任感,牢牢抓住机遇,发挥优势,努力加快企业自身发展。

依照中央加快培育和发展一批具有国际竞争力的大公司大企业集团的精神和国资委的要求,总公司确定的发展目标是:**突出主业、做大做强,力争成为具有国际竞争力的行业排头兵。在中国企业500强排名中位居前30名,在全球225家承包商排名中位居前20名,在国内同行业排名中立足前3名,综合效益考核达到国内同行业之首。**

按照企业发展目标,2004年经营工作的总体要求是:**以邓小平理论和“三个代表”重要思想为指导,全面贯彻党的十六大和十六届三中全会、中央经济工作会、国资委中央企业负责人会及总公司工作会议精神,突出主业,加快发展,继续抓好国内国外两个市场,以“两路”为主,全面拓展经营领域,延伸产业链条,实现资本经营与生产经营的有效结合,确保经营规模和经济效益新的增长。**

2004年,计划新签合同额800亿元(含境外工程5.18亿美元),完成企业总产值800亿元,实现利润8.56亿元。我们要确保新签合同额800亿元目标实现,并力争有所提高和发展。

三、群策群力,扎实工作,努力开创经营工作新局面

(一)突出经营第一要务,加强经营工作领导

经营工作是企业的头等大事,是企业发展的第一要务,是企业兴旺发达、职工安居乐业、干群安定团结的首要前提。各单位要把经营工作纳入领导班子的重要议事日程,主要领导要亲自筹划、亲自抓落实,并明确分管领导专职具体负责。同时,要建立以分管领导为首,副总工程师、副总经济师和经营、工程、科技、财务、设备物资等有关部门参加的经营工作班子,建立强有力的经营管理领导力量和快速反应决策机制,提高经营决策的效率和准确性。为保证经营工作的正常开展,集团公司经营从业人员总量应保持在职工总数的4%～5%左右。各集团公司及其子公司的经营部门至少要有两套投标班子,以应付各种复杂的投标环境,确保迅速编制出高质量的标书,承揽到相应的工程任务。要切实建立经营工作目标管理责任制,对经营任务目标层层分解,逐级落实,定期考核,兑现奖罚,保证经营目标的实现。

新划入的原铁路局设计院、工程(建设)集团公司要加强对经营工作的领导,建立、完善经营工作机构,继续加强与原路局的沟通与联系,争取承揽更多的铁路任务。同时,要转变观念,克服“等、靠、要”的思想,增强忧患意识和危机意识,加大路外市场开发力度,强化市场竞争主体观念,靠自己闯市场,靠提高经营管理水平来解决企业的生存和发展问题。

(二)加强企业经营战略研究,不断完善经营格局

各单位要结合企业实际,理清经营发展思路,研究制订经营战略,不断完善经营格局。

1.要研究制订企业经营战略。企业经营战略是一个企业发展的长期目标,以及为实现目标所采取的

行动方案和必要的资源配置。企业经营战略研究，要做到思路清晰、定位准确、方向正确、目标明确，据此配置资源和组织结构，并制订出具体的经营发展战略、市场开发战略、经营格局战略、以优取胜战略及相应的经营策略。

2. 完善经营信息网络格局。信息就是资源。没有信息，企业就是"聋子"、"瞎子"，将无法进行经营。要建立一套正规的、直接的信息渠道和关系网络，广泛收集工程信息。要加强与地方政府及政府主管部门的联系，利用参加行业协会或招投标协会等机会，获取工程信息。要发挥项目部分散在全国各地、靠近业主的优势，加强对产业政策、发展计划、项目建设等有价值信息的收集。

3. 努力形成多元化经营格局。目前，有的单位施工领域比较单一，偏重于铁路、公路、工业与民用建筑等土建工程，对铁路站后工程、公路附属工程以及房建的设备安装等工程介入程度比较低，对其他行业的建筑工程如水利、电力、市政工程等方面还没有大的突破。要充分发挥自身优势，有选择地涉足新的施工领域，努力形成多领域的经营格局。

4. 发展区域经营优势。承揽任务既要面向市场，主动出击，但也不能漫天飞，关键是要逐步建立区域经营格局，巩固发展区域性经营成果。对某一区域或项目建立的关系、创出的信誉，要倍加珍惜，达到干一项工程、占一方市场的目的，以干促揽，实现区域滚动发展。

5. 建立品牌竞争格局。企业信誉直接影响经营发展，要牢固树立精品意识，创造知名品牌，赢得社会信誉，建立品牌竞争格局。各单位要多创品牌工程，发展品牌优势，形成品牌效应。2003年，全国评出中国建筑工程鲁班奖82项，总公司获得其中8项，另有2项作为参建单位获奖；评出詹天佑土木工程大奖22项，总公司获得5项。这些品牌工程为我们承揽任务、扩大市场占有率创造了有利条件。

(三)突出主业，做大做强企业

1. 发挥优势，突出主业。各单位要发挥自身资源优势，扬长避短，以优取胜，围绕自身强项开展经营活动。抓住主业，开拓进取，是做大做强企业的关键。要千方百计围绕工程承包、勘测设计、工业生产、物资流通和贸易服务等主业，多下功夫，多做工作，把产业链做长、市场份额做大，形成各自的优势强项。

2. 加强路内外任务承揽，为企业做大做强创造条件。要抓住铁路跨越式发展的历史机遇，继续抢占铁路市场，争取理想的市场份额。对京沪高速铁路建设要继续做好施工技术研究和设备调研工作，争取在投标中保持竞争优势并取得理想效果。对年内新开工的客运专线等项目，要及早筹划、及早安排，每项必争。要在做好站前工程任务承揽的同时，努力扩大电气化等站后工程的市场份额。要继续巩固公路市场。公路工程新签合同额已占总公司承揽总额的半壁江山，成为我们主要的施工领域。各单位仍然要把公路任务的承揽放在极其重要的位置，扎根公路建设大市场，选好项目，力争有更多收获。同时，要充分利用我们在隧道、地下工程和轨道交通工程施工等方面的优势，继续扩大城市轨道交通、市政建设和水利电力工程的市场份额。各单位要加大科技攻关力度，确保优质高效地干好在建工程，展示企业的技术经济实力，以优良的业绩赢得市场。

铁道第一、第四勘察设计院要抓住铁路跨越式发展给铁路勘测设计带来的前所未有的机遇，瞄准竞标项目，更新设计和经营理念，加强技术开发和技术储备，研究竞标策略，加强外部联系，力争在铁路设计竞标中再创佳绩。要充分挖掘设计潜力，努力开拓城市轨道交通、高速公路和市政工程等设计市场。同时，要积极承揽工程总承包、工程监理等任务，努力扩大市场份额。新划入的铁路设计院要巩固原有市场，争取路局的工程设计任务不外流。同时，要发挥自身的特点和优势，积极开拓路外市场。

3. 扩大经营规模，提高经济效益。经过多年发展，我们的企业经营已经达到一定的规模。规模经营不是目的，而是提高效益的手段。我们不能单纯追求规模，更重要的是追求效益。但没有一定的规模，很难取得相应的效益，特别是在市场竞争日益激烈、利润空间明显缩小的情况下，只有扩大经营规模，才能实现规模效益。几年前，工程项目的综合效益在10%左右，一个综合性工程公司每年完成3亿元产值，就可以实现正常运转并略有节余。现在工程综合收益率大大降低，工程公司要保证正常运转，必须比过去完成更多的产值，因此，企业必须扩大经营规模。如何通过规模经营这一竞争手段来获取经济效益，这是经营工作、也是施工企业需要不断探索的问题。当前，我们要清醒地看到与世界一流企业在规模经营上的差距，也要看到我们在承揽任务、完成产值方面都还有潜力可挖，要力求做到产值与效益同步增长。

4. 全力打造和提升企业的核心竞争力。各单位要充分运用现代科技手段，承揽高技术含量和有发展潜力的各类工程，占领技术制高点，不断培育企业的强项和优势专业，提高企业的核心竞争力。目前，总公司系统的竞争能力是比较强的,“九五”以来,总公司在铁路客运专线、高等级公路、高原冻土、长大隧道、深水高墩桥梁、城市轨道交通等领域实现重点突破,形成了核心竞争能力。但也应该看到,我们在很多工程领域、许多专业技术方面,还不具有优势。如修建跨长江大桥,全系统只有中铁十二局集团公司承建过泸州长江大桥,中铁十九局集团公司参加过南京长江二桥施工,我们的实力与大桥局、湖南路桥等单位相比,还有明显差距。河底、江底沉管施工是近年来开发的新技术,总公司系统除铁道第四勘察设计院研究过京沪高速铁路南京沉管施工方案外,其他单位还未涉足;盾构施工技术,目前也仅有中铁十六局集团公司等有少数单位掌握。各单位要紧跟科技发展趋势,瞄准国内外先进施工技术,加强对高、难、尖、新项目的跟踪调研和投标承揽,力求进入科技前沿阵地,通过在这些项目上的竞争,加快培育和形成企业的核心竞争力。

5. 培育和发展企业的工程总承包能力。培育、发展工程总承包和工程项目管理企业,是勘察、设计、施工、监理企业调整经营结构,增强综合实力,加快同国际工程承包与管理方式接轨,适应市场经济发展的必然要求。建设部已颁发《关于培育发展工程总承包和工程项目管理企业的指导意见》,给国有大型企业带来新的发展机遇和发展空间。11家铁路设计院的加入,弥补了总公司系统设计能力的缺项,增强了工程总承包和多种形式承包项目的实力。我们要以经营开发为龙头,以发展智力密集型的工程总承包为目标,多争取设计采购施工(EPC)项目,实现由单一施工或设计承包向设计采购施工总承包过渡。在发展工程总承包的同时,也可根据工程项目的不同规模、类型和业主要求,采取多种方式参与建设,不断提升经营管理层次。

6. 积极探索产业链延伸。在坚持建筑业这一主导产业链的同时,要不断延伸产业链条。有条件的单位要加强铁路四电技术研究和发展,提高站后工程施工能力和市场份额。对高速公路维修这一新兴市场,也可组建专业队伍,提前抢占市场。要注意建筑材料、设备物资采购等物流业务的发展,探索以中铁物资集团公司为主组建全系统物资设备采购供应中心,通过集体、网上采购等形式,增加利润空间,提高企业竞争力。

(四)立足创新,把经营工作推进到一个新的高度

创新,是一个民族的灵魂,是企业兴旺发达的不竭动力,也是经营工作发展的经验所在。

1. 创新经营管理工作内容。要总结经营工作行之有效的管理经验和做法,不断赋予新的内涵。目前,特别要加强对公关工作创新、企业形象宣传创新的研究。要发挥公共关系在企业经营中的重要作用,不断改变陈旧的公关模式,着力提高公共关系的层次和质量。在对各类关系的处理上,要把事情做得周到一点、想得长远一点,切忌临时抱佛脚。要加强企业对外宣传创新,注意利用广播、电视、报纸、网络等媒介,扩大企业的知名度和美誉度,树立大企业、大集团形象。对外宣传要适应时代特点,灵活多样,独特新颖,避免落于俗套。对经营投标中标书的制作,要用发展的眼光,创造性地开展工作。最近,中铁十六局集团公司为提高标书编制质量,要求在工法选用上要有新招、工序安排上要有新举措、设备配置上要有新突破、环境保护及文明施工上要有新进步,这也是对经营工作的一种创新。

2. 创新经营模式。最近,建设市场改革的步伐加快,许多地方相继出台有关政策,广泛吸引社会资本进入基础设施建设领域,为我们积极稳妥地开展BT、BOT、BOO、PPP等资本运作模式提供了机遇。各单位要转变观念,与时俱进,选择合适的工程项目,按照BT、BOT、BOO、PPP等方式组织实施,改变单一靠投标承揽任务的经营模式,争取更大的利润回报。在进行BT、BOT、BOO等项目经营时,要搞好调查研究,进行周密测算,建立科学决策机制,切实防范经营风险。

(五)继续实施“走出去”战略,积极拓展海外市场

要善于用经济全球化的战略眼光,从更大范围、更宽视野想问题、办事情,提高经营应变能力。继续实施“走出去”战略,提高外经工作水平,发展海外经营市场。一是要继续巩固和发展香港、澳门、东南亚、中东和非洲市场。对香港、澳门、东南亚、中东和非洲建筑市场,要积极跟踪新信息、拓展新业务,实现持续发展。二是要继续坚持强强联合、优势互补原则,开拓新的国际市场。要加大对外合作力度,继续做好与国内国际大公司的联合经营,争取双赢或多赢。三是要把中国政府对外援建项目作为承揽重点。对外援建项目由政府投资,资金到位,风险小,利润大。要继续加强与商务部、外交部的联系,积极参加投标竞争,争取承揽更多更大的援建项目。海外经营也要注意本土化战略的实施,在有效利用国际人力与智力资源方面进行大胆探索,创新经营理念,把吸引国际化人才、“借外脑”、聘“洋高参”作为实施海外经营战略,增强企业国际竞争力的新途径。要充分利用国家发展外经工作的有关政策,在全面考察项目所在国家政治、经济环境及各类风险的情况下,积极稳妥地利用出口信贷,扩大国际市场份额。

(六)整合内外部资源,努力提高经营效果

1. 要充分挖掘、整合各类资源。对企业的人力资源、技术资源、资金资源、土地资源、设备资源、关系资源、信息资源、资质资源等有形资产和无形资产,要充分盘活加以利用,经过整合配置运用到企业经营活动中去,使之人尽其才、物尽其用、用尽其力,充分发挥效能,实现效益最大化。

2. 发挥集团优势,争取最佳效益。各单位在经营投标中要加强沟通,相互合作配合,争取双赢或多赢,实现全系统效益的最大化。投标中提倡优势互补,协同作战,顾全大局,互相尊重,互相支持,绝不允许互相拆台、盲目压价、单位之间相互诋毁。

3. 积极完善经营资质,提高市场竞争能力。资质是企业参与市场竞争的入场券。由于受多种因素影响,部分单位目前资质就位不理想,资质少、等级低、不配套,制约着经营工作的开展。在公路工程投标中,有的单位由于专业一级资质与综合一级资质不匹配,失去参与投标的机会。在水利工程投标中,部分单位由于没有相应资质,无法参与重大工程建设,影响了水利工程的承揽。对此,各单位必须引起重视,一定要抓好新增资质和资质升级的申报工作,使企业资质满足投标竞争的需要。

(七)坚持以人为本,强化经营队伍建设

千古兴业,关键在人。人才是企业发展的根本保证。各级领导要有全局意识和超前意识,在企业经营队伍建设上加大工作力度,充分发挥人才资源在经营工作中的基础性、战略性、决定性作用。要努力培养一支素质高、责任心强、技术精湛、业务熟练、能适应企业发展需要的经营人才队伍。要采取多种措施,吸收引进经营人才。要把知识、能力和业绩作为衡量经营人才的主要标准,不唯学历、不唯职称、不唯资历、不唯身份,努力形成勤于学习、勇于开拓、善于经营、人才辈出的生动局面。要牢固树立以人为本的观念,把促进人才健康成长和充分发挥人才作用放在重要位置。要搞好经营人员的继续教育,注重知识更新和知识结构调整。经营人员要刻苦钻研业务,努力在市场开发、项目投标、变更索赔等方面创造先进的手段和方法,以高度负责的敬业精神和良好的工作状态,不断在实践中完善自己,在竞争中提高自己,在奋斗中充实自己。

(八)加强成本管理,提高企业效益

要保持经营规模与经济效益的同步增长,必须加强成本管理,向管理要效益,走可持续发展之路。

1. 适度控制经营费用。对经营工作所需费用,该花的一定要花,要保证任务承揽需要,但也要讲承揽成本,注意节省开支。

2. 加强企业定额工作。各单位要结合实际,编制出符合自身特点、便于指导投标报价和生产力调配及成本控制的企业定额,避免投标中盲目降低工程造价行为的发生。

3. 加强项目成本控制。要通过目标成本控制,最大限度地提高项目效益。要优化项目组织结构,减少管理层次,选配好项目经理和关键岗位人员,搞好施工方案优化,严防外部劳务管理失控。要加强工程物资、机械设备采购控制,降低工程成本。要加强资金调控,提高资金使用效能。

4. 加强设计变更中的费用索赔工作。要加强工程合同条款和工程计价规则的研究,重视施工中的设计变更和费用索赔工作。对铁路项目的概算清理和索赔工作,施工企业要及时向设计单位反映存在的问题;设计单位要本着实事求是的精神,在设计院职责范围内做好工作。

5. 加强外欠工程款的催收工作。截至 2003 年底,总公司系统被拖欠工程款高达 109 亿元。应收帐款过大,不仅影响工程建设,加大企业财务费用开支,同时潜伏着较大的经营风险,容易形成新的不良资产和潜亏。国务院办公厅最近下发《关于切实解决建设领域拖欠工程款问题的通知》,国务院还召开专门会议,部署清欠工作。我们要抓住有利时机,采取有效措施,抓紧催收拖欠工程款,把该收的钱坚决收回来,确实维护企业经济利益。

求真务实 开拓创新 把企业党风建设和反腐倡廉工作提高到新水平

——彭树贵副书记在总公司纪检监察工作会议上的报告

（摘 要）

（2004年4月11日）

这次会议的主要任务是：以邓小平理论、“三个代表”重要思想和党的十六大、十六届三中全会精神为指导，深入贯彻中央纪委三次全会和中央企业纪检监察工作会议精神，总结2003年党风建设和反腐倡廉工作，交流工程项目经济效益效能监察工作经验，表彰先进集体和优秀个人，部署2004年党风建设和反腐倡廉工作任务。

一、2003年党风建设和反腐倡廉工作取得明显成绩

2003年，是总公司加快做强做大步伐、取得历史性新发展的一年，也是党风建设和反腐倡廉工作继续深化、取得丰硕成果的一年。总公司所属单位全面落实中央纪委二次全会精神和中央企业纪检监察工作会议部署的各项任务，紧紧围绕企业改革发展稳定大局，坚持“标本兼治、综合治理”方针，反腐倡廉各项重点工作不断推进。企业党风建设和反腐倡廉工作有三个特点。一是领导重视，工作力度大。4月，总公司党风廉政建设工作会议之后，各单位排除“非典”疫情造成的不利影响，采取多种形式传达会议精神，加快工作节奏，加大工作力度，积极主动地开展工作。总公司纪委书记座谈会之后，各单位采取有力措施，有针对性地解决工作中的薄弱环节。从全年情况看，总公司系统的反腐倡廉工作效果比预想的要好得多。二是重点突出，可数亮点多。由王振侯总经理提出、总公司统一立项开展的工程项目经济效益效能监察工作受到各单位的普遍重视和欢迎。2月，总公司召开专题会议进行部署，总公司和部分集团公司领导亲自带队到工程项目检查工作。10月，王振侯总经理作为唯一的中央企业主管特邀代表，出席国资委纪委在仪征召开的中央企业效能监察工作会议，并在会上介绍总公司开展效能监察工作的经验。10月，总公司纪委、监察局在中央纪委召开的全国国有企业纪检监察工作座谈会上再次介绍经验。在国资委纪委召开的一些专题会议上，总公司纪委、监察局所介绍的经验与做法，得到领导及与会同志的充分肯定。与此同时，《中国纪检监察报》《中国监察》等报刊多次在突出位置刊登总公司的做法和经验。三是方针明确，大局意识强。各级纪检监察组织坚持围绕中心、服务大局，把抓好各项工作与加快企业改革发展紧密联系起来，通过深化企业领导人员廉洁自律，推进党组织全面建设；通过深入开展效能监察，促进企业内部管理；通过加大查办案件力度，严惩违纪违法者，旗帜鲜明地保护经营管理者。总公司纪委积极派人参加所属单位领导班子民主生活会以及干部人事考察考核工作。年初，在对划转并入总公司的原路局施工设计单位进行的整合重组中，总公司纪委及时下发《关于严肃纪律，确保整合重组工作顺利进行的通知》，积极做好队伍稳定工作，为这项重大改革的顺利进行提供有力保证。反腐倡廉工作成效主要表现在以下五个方面：

（一）认真落实廉洁自律规定，企业领导人员的从业行为不断得到规范

首先，各单位普遍加强反腐倡廉宣传教育工作。学党纪、学法规的“双学”活动不断深化，学习新时期领导干部的优秀代表郑培民的典型示范教育和李真案件的反面警示教育生动形象，特别是以“两个务必”为主要内容的保持艰苦奋斗、反对奢侈浪费的教育抓得有声有色。通过教育，较好地克服了讲排场、比阔气、盲目攀比等糊涂观念和错误认识。不少单位制定厉行节

约的具体措施，压缩会议，精简文件，规范内部公务接待活动，严格出差管理规定，精打细算，千方百计压缩非生产性开支，降低工程成本。其次，狠抓国有企业领导人员“两个五条”的贯彻落实。各单位在进行专项检查的基础上，结合实际，对上一届中央纪委四次全会提出的国有企业领导人员“五项规定”进行整改，狠抓落实；对本届中央纪委二次全会提出的国有企业领导人员“新五项要求”普遍进行细化，作出补充规定，完善企业在重大决策、物资购销、项目开发、投资借贷、租赁承包等方面的规章制度，特别是加强与企业有关联交易、依托关系、业务往来的劳务分包商、材料供应商的监督，强调不准企业领导人员在这些合作单位投资入股，不准企业领导人员的亲友参与这些合作单位的经营，并把落实“新五项要求”的情况列入领导班子民主生活会的重要内容，加强监督检查。中铁十八局集团公司通过对照检查，及时解决了部分干部向与集团公司有依托关系的民营企业上海舜成工程公司集资参股的问题，共退出股金150余万元，其中处级以上干部40余万元。各级党委、纪委认真贯彻落实总公司党委规定的领导干部定期谈话制度和新提拔干部任前廉政谈话制度。据统计，全系统对处级以上领导人员定期谈话1 362人次，处级以上新提拔领导人员任前廉政谈话434人次。目前全系统科以上领导人员基本都建立了廉政档案。这些工作对加强干部队伍思想作风建设发挥了明显作用。

(二)严肃查处违纪违法案件，企业腐败现象不断得到遏制

各级纪检监察组织充分发挥信访主渠道作用，通过效能监察、审计监督、专项清理、干部考核等渠道深挖案件线索，及时抓好初核，努力提高成案率。普遍建立办案目标管理责任制，对重要案件实行联合办案、领导包案。据统计，2003年全系统共受理群众来信来访、电话举报396件，初核267件，立案177件，结案172件，处分239人。其中，党纪处分84人，政纪处分195人，党纪、政纪双重处分40人，移送司法机关处理8人。通过办案，为企业挽回直接经济损失274.86万元。

查办案件工作有4个明显特点。一是坚持查办案件与改进经营管理相结合，充分发挥查办案件的综合治理作用。一方面，在继续查处贪污、侵占等经济类案件的同时，把管理混乱、经营亏损、发生重大安全质量事故的失职类案件和工程施工中的违纪违法案件作为重点，使案件查办直接为企业生产经营服务；另一方面，注重从案件查处中深挖经营管理以及机制、制度上的漏洞，采取措施加以规范，收到综合治理、从源头上预防和治理腐败的明显效果。总公司内昆铁路工程指挥部原财务负责人朱文龙利用职务之便，采取篡改单据等手段，擅自决定将内昆铁路建设资金1 000万元借给个体经营户进行营利活动，给国家和企业造成严重损失，构成严重犯罪，最近被贵州省六盘水市中级人民法院以挪用公款罪判处无期徒刑，剥夺政治权利终身。总公司针对朱文龙案件暴露出的问题，深刻吸取教训，及时出台《中国铁道建筑总公司直管项目部会计控制及核算办法》，财务、审计、纪检、监察等部门进一步加大对派出机构经营管理、财务管理的监督检查力度，避免类似问题的发生。二是坚持查办案件与解决职工反映强烈的“热点”问题相结合，保持职工队伍稳定。各级纪检监察组织积极受理群众来信来访，注重从职工最关心的问题入手，对以权谋私、接受贿赂、侵害群众利益的违纪违法问题及时立案，认真调查核实，坚决果断处理，并对重要案件在一定范围内通报查处结果，不仅彰显了执纪执法的公正性、严肃性，而且增强了广大职工反腐倡廉的信心。三是坚持履行惩处职能与发挥保护作用相结合，旗帜鲜明地维护企业利益。各级纪检监察组织在对违纪违法者依纪依法严肃查处的同时，对受到指责非议和诬告陷害的无辜者，在查清事实的基础上公开给予正名，消除不良影响。特别是对司法机关在办案过程中牵涉到企业从事经营工作的人员时，一方面积极配合办案，取得司法机关的理解和支持；一方面最大限度地保护企业经营人员，维护企业的社会形象和合法权益。2003年相继发生的“粤海通道”和“新长铁路”案件，涉案人数比较多，新闻媒体介入程度高，社会反映强烈。两起案件分别牵涉到所属八九个集团公司的10余名干部，经过总公司及涉案单位纪委的积极工作，既查清了案件、惩处了违纪违法者，又取得不损害企业社会形象、不影响企业生产经营、不追究企业人员责任的良好效果。四是坚持严肃执纪与正确执纪相结合，提高办案质量。遵循执行“24字”办案基本要求，严格执行办案程序，年内在全系统普遍开展以处分决定执行情况为主要内容的办案质量检查活动。通过对2000年～2002年查处的597件违犯党纪、政纪案件的检查，发现并及时纠正了未及时宣布和送达处分决定、部分案卷材料不齐全、处分手续不完备等问题，使办案质量有了明显提高。

(三)积极开展效能监察，企业经营管理水平不断得到提升

2003年，总公司在全系统统一立项开展工程项目经济效益效能监察。各级党政领导高度重视，精心组

织，行政主管亲自挂帅，纪检监察组织加强协调，有关部门密切配合，对这项工作的重视程度是历年来少有的，投入的力量也是空前的。据统计，各单位派出检查组 312 个1 243人次，发放各类调查表7 978份，对全系统2 172个在建项目进行自查和抽查，自查率 100%，抽查率 17%以上，效能监察工作取得阶段性明显成效。一是摸清了在建项目盈亏情况。全系统2 172个在建项目中，盈利项目1 558个，占 71.7%；盈亏持平项目 370 个，占 17%；潜亏或亏损项目 244 个，占11.3%，潜亏或亏损金额 5.83 亿元。二是摸清了影响项目经济效益的主要问题。通过检查，查出并纠正违规使用外部劳务队伍 137 项，清退亲属包工队 94 个，清退不合格包工队 521 个；超计价拨款 72 起，涉及金额2 950万元；物资材料突破责任预算的项目 41 个，折算金额 5 383万元；机械设备使用与租赁超责任预算的项目 78 个，折算金额1 675万元；清收外欠工程款95 645.39万元，进一步强化了外部劳务管理、工程物资设备采购管理和责任成本管理。三是坚持边检查边整改，集中清理整顿了一批管理混乱、潜亏严重的工程项目部。通过检查，发出监察建议书1 397份，纠正安全质量隐患 989 起，查处“小金库”金额 180 万元，建章立制1 195 项，工程项目扭亏 109 个、扭亏金额 2.28 亿元，一批亏损项目减少了亏损，一批潜亏项目化解了风险。四是发现一批案件线索，严肃查处了违反“三重一大”决策程序、违反资金管理法规和工作失职给企业造成重大损失的违纪违法案件。共发现案件线索 135 件，立案 81 件，给予党纪、政纪处分 87 人，组织处理 68 人，罚款 165.8 万元，移交司法机关处理 2 人。五是总结推广了中铁十二、十五、十六、二十局集团公司等单位项目管理和效能监察工作的经验，进一步提高了项目管理水平。

除总公司统一立项组织开展的效能监察工作外，各单位还结合实际，分别开展了合同管理、财务管理等方面的效能监察，取得较好效果。据统计，全年共开展效能监察 49 项，提出监察建议1 564条，建章立制 1 385项，发现案件线索 153 件，立案 81 件，处理 114 人，避免和挽回经济损失 2 亿多元。

（四）加强内部监督制约，源头预防和治理工作不断深化

各单位认真贯彻总公司提出的治本措施，普遍加大对企业管理薄弱环节和重点部位的监控。继续推行工程物资、机械设备采购和外部劳务录用“三项招标”，修订、完善管理办法，使“三项招标”工作逐步走上规范化轨道。据统计，全系统年内原材料、物资采购共招标 4 141项，节约资金52 050万元。在财务和资金管理方面，普遍推行会计委派制，有些单位在信息化管理方面进行有益尝试，有些单位在推行资金集中管理方面迈出可喜步伐。在选人用人方面，继续实行干部任前公示和廉政谈话制度，加强对职务推荐、考察考核、任免决定等环节的监督检查，提高了任用干部的质量。企务公开工作进一步向纵深发展，全系统年内抽查 917 个建制单位，发现公开的程序越来越规范，公开的内容越来越实在，公开的范围越来越广泛，公开的项目越来越细致，总公司被中央纪委、中组部、中华全国总工会等五部委授予“全国推行厂务公开工作先进单位”称号。各单位认真落实党风廉政建设责任制，以党政主管负总责、领导班子成员各负其责和贯彻执行廉洁自律各项规定情况为重点进行检查考核，发现先进典型及时总结宣传，发现违纪线索及时调查处理。继续加大责任追究力度，有些单位对责任追究办法进行细化，进一步增强了可操作性。年内全系统共实行责任追究 169 人，其中处级以上领导人员 29 人。

（五）努力提高自身素质，纪检监察队伍建设不断加强

全系统基本落实纪委书记由同级党委副书记担任的要求，多数单位合理设置纪检监察机构和编制定员，一批素质较高的复合型干部充实到纪检监察干部队伍。有些纪检监察组织加强内部制度建设，制定纪检监察工作效绩评价暂行办法，对各项工作实行定量定性目标管理，并按规定兑现奖惩，提高了纪检监察干部的工作积极性。通过开展专题研讨、业务培训、开设网页等形式，组织纪检监察干部学习法律法规知识、财务会计知识和现代科学管理知识，提高了纪检监察干部的政策理论和执纪执法水平。年内共举办各类培训班 17 期，351 人次参训。组织纪检监察干部深入开展调查研究活动，推出一批调研成果。全年完成调研课题 79 个，撰写调研文章 147 篇，有 13 篇获奖，其中在国资委纪委组织的“以‘三个代表’重要思想指导反腐倡廉工作征文”评选活动中，有 2 人分获二等奖和三等奖。

划转并入单位深入开展“工程优质、干部优秀”等反腐倡廉宣传教育活动，坚持述廉、评廉和考廉制度，领导人员廉洁自律意识不断增强；围绕生产经营中心，严肃查办各类违纪违法行为，维护了企业和职工的利益；针对经营管理中的薄弱环节和职工群众关注的“热点”问题，深入开展执法监察活动，进一步完善内部规章制度，有效地堵塞了管理漏洞。2003 年 12 月 5 日，总公司召开工程项目经济效益效能监察工作座谈会

后，划转并入单位认真贯彻会议精神，结合企业实际作出周密部署和具体安排。2004年年初，各单位纪检监察组织加大对整合重组中遵守政治纪律、组织人事纪律和财经纪律等方面的监督检查力度，保证了整合重组工作的顺利进行。

二、正确把握形势，不断提高做好党风建设和反腐倡廉工作的自觉性、紧迫性和坚定性

近些年来，各级党委坚持把党风建设和反腐倡廉工作作为一项重大的政治任务来抓，各级纪检监察组织充分发挥教育、惩处、监督、保护职能，党风建设和反腐倡廉四项重点工作取得明显成绩，为促进企业改革发展稳定发挥了重要作用。必须肯定，总公司系统党风建设和反腐倡廉工作总的形势是好的，广大党员干部队伍的主流是好的，腐败分子只是极少数。但是，我们也要清醒地看到，目前中国社会正处于转型期，社会主义市场经济体制还不完善，企业法人治理结构和内部监督制约机制还不健全，腐败现象易发多发的土壤和条件依然存在，腐败分子的手段比以往更狡猾、更隐蔽，反腐败斗争的形势仍然严峻。个别干部将权力绝对化，在其权力范围内随心所欲，并形成权力壁垒；个别干部利用职务之便，通过各种非法或“合法”手段，为个人或亲属谋取私利，在物资设备购销、工程承发包等经营活动中违规违纪甚至违法犯罪；个别干部违规运作或挪用国家建设资金及大额存贷款；有的单位乱投资、乱集资、乱拆借等问题出现反弹；有的单位资金管理不严，财务信息失真，私设“帐外帐”和“小金库”现象比较普遍；有的单位国有资产产权保护不严格，与所办的集体或多种经营企业产权不清，在对外投资、合资时对有形和无形国有资产低估少算，利用关联交易转移财产和利润，甚至出现集体腐败现象；有的单位铺张浪费现象严重，经营业绩、个人述职不实甚至弄虚作假，损害职工利益的问题屡禁不止，造成干群关系紧张；有的单位工程项目管理粗放，项目管理人员工作失职，多数亏损项目的背后都不同程度地掩藏着腐败问题。因此，总公司系统预防和治理腐败的任务依然十分艰巨。

与此同时，还要看到党中央、中央纪委和国资委党委、纪委对党风建设和反腐倡廉工作高度重视，抓得很紧，要求很严，标准很高，我们的工作还存在不少差距和薄弱环节。当前，我们的工作中还存在着观念不新、体制不顺、制度不全、方法和手段落后等问题；有的领导干部对本单位的腐败问题和不正之风缺乏足够认识，甚至怕暴露问题、怕家丑外扬、怕影响政绩；有的单位领导和职能部门负责人抓党风建设和反腐倡廉责任意识不强，存在“一手硬一手软”的现象；有的单位内部监督制约机制不健全，存在监督的“盲区”，源头预防和治理腐败没有形成合力；有的单位查处案件工作力度不够，存在畏难情绪，怕得罪人，执纪偏宽偏软，甚至有案不查，瞒案不报；纪检监察队伍的素质还不适应反腐倡廉工作的需要，攻克重大疑难案件的能力比较薄弱。

随着总公司深化改革、加快发展、做强做大主业战略的实施，必将使党风建设和反腐倡廉工作面临前所未有的机遇和挑战，也将对我们的工作提出新的更高的要求。一是国有资产监管力度不断加大，要求纪检监察工作必须在防止国有资产流失上发挥更大作用。随着《企业国有资产监督管理条例》和与之相配套的《国有企业清产核资办法》《中央企业负责人经营业绩考核暂行办法》《企业国有产权转让管理暂行办法》《关于规范国有企业改制工作的意见》等规范性文件的相继出台，国有资产监管力度不断加大。总公司刚刚完成有史以来规模最大的一次整合重组，公司法人治理结构要逐步规范和完善，国有企业体制改革要平稳推进，主辅分离、辅业改制步伐要进一步加快，各种形式的资本经营活动不断增多。在这些重大改革中，势必涉及到国有资产评估、转让、交易等重大政策性问题。纪检监察组织必须加强对国有资产的保护，及时纠正不规范的做法，严肃查处以权谋私、暗箱操作、隐匿转移和侵吞国有资产的案件，防止造成国有资产流失，做保证国有资产安全的坚强卫士。二是经营规模扩大、管理跨度加大，要求纪检监察工作必须在强化企业管理监督上发挥更大作用。2003年，全系统新签合同额突破千亿元大关，完成营业额688亿元。随着企业做强做大步伐的加快，经营规模继续扩大，必然使企业管理跨度加大、管理难度增加，进而使监督事项增多、监督成本加大，监督任务势必更加繁重。如果不强化监督，造成管理失控，轻则出现跑、冒、滴、漏，影响经济效益；重则导致安全质量事故和违规违纪甚至违法犯罪，影响企业社会信誉。纪检监察组织必须通过自己卓有成效的工作，强化管理，规范经营，促进管理水平的不断提高，促进规章制度的不断落实和完善，在提高企业经济效益和社会效益上下功夫、见成效。三是改革的深化和利益的调整，要求纪检监察工作必须在保持队伍稳定上发挥更大作用。企业改革，说到底就是对“人”的改革。诸如企业重组，产权交易，劳动、人事、分配三项制度改革，企业主辅分离和机构改革等，都涉及到职工的切身利益，容易引发各种矛盾和不稳定因素。因此，纪检监察组织要主动把握改革的正确方向，妥善处理群众来信来访和举报工作，因势利导，化解矛盾，特别是要防止和处理好越级上访和群体上访，既要保证改革的顺利实施，又要在保持队伍稳定上发挥积极作用。

综上所述，纪检监察组织不仅负有执行党的纪律的使命，同时也是企业内在的重要资源，加强纪检监察工作是企业自身的需要，是改革国有资产管理体制和加快企业改革发展的重要内容。各级党委和企业主要负责人要进一步增强责任感和紧迫感，高度重视党风建设和反腐倡廉工作，切实加强对这项工作的组织领导。各级纪检监察组织和全体纪检监察干部要振奋精神、求真务实、开拓创新，围绕中心、服务大局，努力做好新形势下的纪检监察工作，真正做到有为有位，充分发挥纪检监察工作在企业管理中的综合作用，努力创造优良的企业人文环境。

三、求真务实，努力完成 2004 年党风建设和反腐倡廉工作任务

2004 年，总公司党风建设和反腐倡廉工作的总体要求是：**坚持以邓小平理论和"三个代表"重要思想为指导，深入贯彻党的十六大和十六届三中全会精神，大兴求真务实之风，全面落实中央纪委三次全会和中央企业纪检监察工作会议提出的各项任务，继续抓好企业领导人员廉洁自律、查办违纪违法案件、效能监察和从源头上预防腐败四项重点工作，认真贯彻"为民、务实、清廉"的要求，以实现国有资产保值增值为中心，紧紧围绕企业改革发展，融入管理，惩防并举、注重预防，深化源头治本，逐步建立与社会主义市场经济体制相适应的教育、制度、监督并重的惩治和预防腐败体系，为企业改革发展稳定提供坚强的政治保证和纪律保证。**

（一）教育、制度和监督并举，抓好领导人员廉洁自律

要以学习贯彻《中国共产党党内监督条例(试行)》和《中国共产党纪律处分条例》为主线，继续贯彻落实中央纪委关于国有企业领导人员的"五项规定"和"新五项要求"，严格遵守中央纪委三次全会提出的党的"四大纪律"(政治纪律、组织纪律、经济工作纪律、群众工作纪律)、"八项要求"(自觉同党中央保持高度一致、依法行使权力、廉洁办事、严格遵守民主集中制、严格执行组织人事纪律、艰苦奋斗、自觉接受监督、管好配偶子女和身边工作人员)和国有企业领导人员"三个不得"(不得在企业重组改制和破产、资本运营、产权交易过程中擅自决策或为个人和亲友谋取私利；不得在招标采购中收取回扣；不得在企业重组改制和破产中损害国家和职工合法权益)，努力使企业领导人员廉洁自律工作取得新成效。一是强调自省、自警，抓好反腐倡廉宣传教育。要将反腐倡廉宣传教育纳入党委宣传教育的总体部署，坚持"大宣教"工作格局，采取多种形式，有针对性地开展各种主题教育、党纪政纪条规教育、典型示范教育和警示教育，使大家常思贪欲之害、常戒非分之想、常怀律己之心、常修从业之德，警钟长鸣，时刻绷紧廉洁自律这根弦。要把各级领导班子成员特别是年轻干部作为教育的重点，改进方法，讲求实效，不断增强各级领导人员廉洁自律的自觉性。二是坚持自律、他律相结合，制定企业领导人员廉洁自律实施细则，明确违反廉洁自律规定的处罚办法，增强廉洁自律规定的刚性要求。实践证明，没有制度的监督是软弱的监督，离开他律的自律是低效的自律。各单位在制定实施细则时要突出重点。(1)企业领导人员违反廉洁自律规定，应主动检查纠正。能够主动检查纠正，情节较轻的可以不予或者免予处分，但应给予批评教育；情节较重的从轻或者减轻处分；不主动检查纠正的，按有关规定处理。(2)违反廉洁自律规定，要给予批评教育或者给予免职、解聘、责令辞职、辞退等组织处理；对违纪的要立案查处，给予纪律处分。(3)建立行业、职业准入制度，对于因犯罪受到除罚金以外刑事处罚的人员，一律禁止担任国有企业领导职务；对于因违法违规等人为因素给企业造成重大损失的人员，不得继续或异地担任领导职务。(4)违反廉洁自律规定，除给予纪律处分外，还应实行罚款、责令赔偿等经济处罚措施。企业领导人员从事与企业利益冲突的活动，本人应当辞职；涉嫌犯罪的，移送司法机关或向司法机关举报；对企业领导人员利用职务之便，为自己或他人侵占属于企业的商业机密而获得的经济利益，应全部收归企业所有。三是注重条规的系统化、规范化，把企业领导人员廉洁自律各种规定归纳整理，按照不廉洁行为侵犯的客体加以规范和条理，使之言简意赅，简明易记，以便更好地贯彻执行。四是持之以恒，继续把企业领导人员在领导班子民主生活会上汇报廉洁自律情况、企业主要领导年度向上级纪委汇报廉洁自律情况、企业领导人员向职代会报告廉洁自律情况的企业领导人员廉洁自律三项监督制度坚持下去，并不断加以完善。

（二）严肃纪律，加大查办案件的工作力度

查办案件，是我们与违纪违法行为和腐败分子最直接的较量，也是职工群众评价反腐倡廉工作效果的重要标志。各级纪检监察组织要继续保持对违纪违法分子的高压打击态势，进一步加大查办案件的力度。年内查办案件的重点：一是在严肃党的政治纪律、组织纪律和群众工作纪律的同时，继续查办贪污、贿赂、挪

用公款等案件；二是围绕防止国有资产流失这个重点，着重查办在企业重组改制和产权变更、交易过程中隐匿、侵占、侵吞、转移国有资产的案件；三是维护企业法规和决策程序的严肃性，认真查办违反“三重一大”规定，造成国有资产严重损失的案件；四是企业经营管理人员私办企业、搞违规交易、为亲友非法牟利和损害职工合法权益的案件。

要建立健全案件线索排查制度，在发挥信访主渠道作用的同时，重视从干部考核考察、审计、监督和效能监察等工作中及时捕捉、获取有价值的案件线索。要加强对所属单位查办案件工作的检查指导，保持查办案件的强劲势头。要严肃办案纪律，严格办案程序，提高办案效率，加强案件审理，保证办案工作依纪依法高效进行。要充分发挥查办案件在治本方面的积极作用，对重要案件坚持案发原因和责任不查清不放过，当事人责任未追究不放过，其他人未受教育不放过，整改措施不落实不放过。要重视并做好信访举报的处理工作，提倡、鼓励实名举报，严肃查处打击报复举报人的行为，对诬告陷害的要追究责任。各级纪检监察组织要加强同企业所在地纪检、司法机关的联系，搞好协调，在相互配合、严肃查处各类违纪违法案件的同时，最大限度地维护企业的社会形象和合法权益，保护企业经营管理者的工作积极性和正当的个人利益。

查办案件必须为企业发展服务，这是办案工作的出发点和立足点。要始终坚持“查清问题、惩治腐败、减少损失、维护稳定、促进发展”的办案原则，这既是衡量办案是否成功的重要标准，也是查办案件的最终目的。归根到底，就是要通过办案剖析原因、总结教训、改进管理、完善制度，促进企业风气好转、管理规范、减亏增盈、更快发展。

(三)突出重点，深入开展效能监察工作

一是认真贯彻国资委纪委〔2003〕8号文件精神，抓好清产核资效能监察。要监督配合相关业务部门摸清企业家底，核实企业资产质量，发现和纠正在帐务清理、资产清查、价值重估、损失认定过程中有无故意隐瞒和弄虚作假行为。要重点摸清处理、列销不良资产的数量、形成的原因等情况，切实做到损失的原因不清楚不放过，责任不清楚不放过，教训不清楚不放过，有关责任人员得不到追究和处理不放过。对已经认定的不良资产，要按照“帐销案存”的原则，建立档案，加大追收力度，努力挽回经济损失。要针对国有资产管理中存在的问题，建章立制，堵塞漏洞，防止隐匿、侵占、侵吞、转移国有资产问题的发生。二是以财务、资金管理和责任成本管理为重点，继续抓好工程项目经济效益效能监察。各集团公司及子公司要对检查中发现的潜亏项目组织力量认真复查，弄清潜亏原因，采取有力措施，切实抓好整改，力争扭亏增盈。对减亏效果明显和扭亏为盈的项目要认真总结经验，大力表彰。对因工作失职、管理混乱造成严重亏损的，要分清责任，严肃处理。要跟踪新建铁路建设项目和路外重点工程项目，搞好效能监察。要大力推进项目管理的体制、机制和制度创新，从根本上解决项目管理中存在的突出问题。要紧紧抓住项目资金管理这个重要环节，清理并取消违规开立的银行帐号，防止资金帐外循环、私设“小金库”等问题发生，防止项目资金沉淀和管理失控。各局集团公司要在组织指导子公司开展工程项目经济效益效能监察工作的同时，重点检查3个～5个工程项目，并将全面检查情况专题上报总公司。三是开展因公出国、出境工作的专项检查。各单位要认真分析掌握2003年以来因公出国出境组团基本情况，发现和纠正所属单位在派遣过程中不按规定程序报批、变相公款旅游，在办理出国出境手续中玩忽职守、徇私舞弊，在出国出境过程中擅自绕道、增加出访地域，因公出国出境滞留不归以及其他严重违反涉外纪律等违纪违规问题。各单位可结合实际情况，有针对性地自主立项开展效能监察。

(四)注重治本，深化源头治理

一是加强对企业管理和国有资产管理重要环节的监控，努力做到“四个同步”：在制定国有资产监管法规中同步完善防范措施；在企业改制、调整、兼并、并购重组中同步采取防范国有资产流失措施；在健全资产经营责任制、绩效评价体系和选人用人机制中同步实施监督措施；在建立现代企业制度和经营管理中同步强化对程序的监控措施。要继续推行工程物资、机械设备和外部劳务三项招标制度，进一步完善程序，总结经验，提高效益。要继续深化和规范财务、资金管理，健全会计委派制，积极推行资金集中管理，加快信息化建设步伐，使资金流动处在可控状态。要加强对选人用人方面的职务推荐、考察考核、任免决定、经营业绩评价等全过程的监督检查，继续实行干部任前公示和廉政谈话制度。要进一步深化企务公开工作，强化职工民主监督，妥善解决职工群众反映突出的热点难点问题，千方百计化解矛盾，保持企业稳定。二是搞好对境外资产的监管，积极探索有效的途径和措施，使管理人员既放手开展生产经营活动，又严格遵守有关法律法规，依法开展经营。涉外单位要加大工作力度，摸清情况，解决存在的突出问题。总公司纪委要搞好调查研究，加强检查指导，同涉外单位共同研究制定境外资产监管办法。三是根据企业改制的新情况，修订建立公司法人治理结构情况下实行党风廉政建设责任制的有关规定，并严格检查考核，落实责任追究，保证党风廉政建设责任制的落实。

（五）健全企业监督制约机制，增强监督的合力和实效

要深刻领会、认真贯彻《中国共产党党内监督条例（试行）》和《中国共产党纪律处分条例》，紧密结合企业实际，解决好存在的突出问题，特别要"认真贯彻党内监督原则，切实加强对领导干部特别是主要领导干部的监督"，这是总公司各级党委、纪委当前和今后一个时期的重要任务。为了增强监督的实效，必须整合企业内部的各种监督资源，不断强化财务、审计、法律顾问、纪检监察、监事会和职工民主监督，使其形成监督的合力。根据国资委李荣融主任关于"使纪检监察工作成为企业自身发展的需要，充分发挥他们在整个管理中的综合作用"和李毅中书记关于"要探索发挥反腐倡廉整体合力的有效方式，建立和完善联席会议制度"的要求，经总公司党委常委扩大会议研究决定，年内总公司及所属单位要建立反腐倡廉联席会议制度。联席会议由纪委、监察、审计、财务、劳资、人事、法律顾问、公安、组织、工会等部门负责人组成，由纪委负责人组织协调和主持。其主要任务是：通报党风建设和反腐倡廉工作重要情况，研究部署加强反腐倡廉的措施和办法，组织协调源头治理和查办案件的力量。这是新推出的一项工作制度，各单位要在工作中不断总结经验，提高会议的质量和效果。

（六）加强自身建设，全面履行工作职责

要按照"政治坚定、公正廉洁、纪律严明、业务精通、作风优良"的要求，进一步加强纪检监察队伍的组织建设、思想政治建设、业务建设和作风建设。根据中央纪委的现行规定和即将颁布的《中央纪委关于国有企业纪律检查工作的规定》中关于"企业纪委是党在企业的执纪、监督组织，是企业党的纪检工作的领导机构，在企业党委和上级纪委的双重领导下开展工作，纪检业务以上级纪委领导为主"的要求，必须强化上级纪委对下级纪委业务工作的管理：下级纪委要增强接受上级纪委领导的自觉性，坚持重要案件向上级纪委报告制度，对司法机关介入的案件必须及时上报；对上级纪委批转要求报送查处结果的举报信要严肃对待，认真查处，按时上报；对比较重要或复杂的案件，上级纪委要统一组织力量，抓紧查处，尽快结案；对上级纪委立项开展的效能监察工作，下级纪委必须按照统一部署和要求，切实抓好落实；要认真落实总公司纪委、监察局《党纪政纪案件审理程序暂行办法》的有关规定，对要求备案的案件必须及时上报备案，需要征求总公司纪委、监察局意见的，按《办理案件征求意见事项暂行办法》办理。根据中央纪委的现行规定和即将颁布的《中央纪委关于国有企业纪律检查工作的规定》中关于"企业纪委书记、副书记、常委（不设常委的为委员）在任期内的任免与调动应征得上级纪委同意，然后按任免程序办理手续"的规定，从现在起，各局集团公司的纪委副书记、委员的任免不仅在党委换届时要上报总公司党委审查同意，平时的任免调动也必须事先上报总公司纪委审查同意后再办理手续，各单位要坚决贯彻执行。最近，总公司、总公司党委将划转总公司管理的原铁路局施工设计单位整合为5个局集团公司和上海铁路城市轨道交通设计研究院，这些单位要根据中铁建党组〔2004〕9号文件的要求，尽快成立纪检监察组织，做好同总公司纪检监察工作有关规章制度的衔接，保证各项工作的正常开展。总公司纪委将加强对整合重组单位纪检监察工作的调查研究和具体指导，对整合重组中遵守政治纪律、组织人事纪律和财经纪律等方面的情况进行监督检查。年内总公司纪委拟举办一期以查办案件为主要内容的纪检监察干部培训班，进一步提高纪检监察干部素质。

求真务实　全面履行维护职能 为企业改革发展稳定做出新贡献

——霍金贵副书记在总公司工会工作会议上的讲话

（摘要）

（2004 年 4 月 13 日）

这次会议的主要任务是总结 2003 年工作，部署 2004 年任务，交流工会工作经验和工作思路。

2003 年工作情况

2003 年，是总公司发展历史进程中很不平凡的一年，全系统经历了抗击“非典”、资产重组、主辅分离的严峻考验，生产经营取得历史性突破。各级工会以“三个代表”重要思想为指导，认真传达贯彻中华全国总工会十四大、中华全国铁路总工会十二大精神和总公司党委工作部署，突出维护职责，全面履行工会职能，各项工作取得显著成绩。总公司被中央纪委、中华全国总工会等五部委评为“全国推行厂务公开工作先进单位”，有 9 个单位被中华全国总工会评为“全国模范职工之家”，总公司工会被中华全国铁路总工会评为“全路工会信息工作先进单位”，并荣获“全路工会财务工作竞赛特等奖”。在铁道部组织的青藏铁路建设劳动竞赛中，有 3 个局集团公司获一等奖、7 个局集团公司获二等奖。总公司党委书记李国瑞等 4 人荣获“全国五一劳动奖章”，11 人获得省部级劳动模范称号。

——围绕中心，促进生产经营任务全面完成。各级工会围绕企业年度生产经营目标，坚持抓重点带全面，广泛深入地开展以“五比四创”为主要内容的劳动竞赛、群众性经济技术创新、合理化建议、技术改进和劳动安全保护活动。各铁路建设主战场的劳动竞赛搞得有声有色，总公司工会及各局集团公司工会重点深入青藏铁路施工现场，加强指导，精心组织，有力地推动了青藏铁路建设劳动竞赛的深入开展。通过深入开展“六比六看”劳动竞赛，在参建人员增多、海拔增高、任务加重的情况下，青藏铁路仍然保持了无一例因高原病死亡事故发生的记录，出色地完成了施工生产任务，科研、安全、质量、环保和医疗卫生保障工作取得突出成绩。总公司青藏铁路建设劳动竞赛的成功经验，先后在国资委和中华全国铁路总工会召开的会上做了介绍。面对突如其来的“非典”疫情，各级工会积极配合行政一手抓抗击“非典”，一手抓生产经营，组织动员广大职工普遍开展“两手抓、夺取双胜利”劳动竞赛。“非典”疫情过后，各单位又立即组织开展以确保完成和超额完成年度经营任务为目标的施工大干劳动竞赛。局集团公司和公司两级工会先后派出 260 多个工作组，分赴重难点工程检查指导劳动竞赛，许多单位做到宣传发动、颁奖表彰、祝捷慰问、解决问题四到现场，有效地推动了全年生产经营任务的出色完成，全系统重难点工程全部完成形象进度计划，创造了一大批优质样板工程，主要经济技术指标再创历史新高。据不完全统计，全系统有 200 多个项目部通过劳动竞赛获得甲方评比的优胜名次，不仅树立了“中国铁建”的良好品牌和信誉，扩大了企业的社会知名度，还因此获得 3 800余万元奖励。

——加大力度，履行维护职能。各单位在提高集体合同质量和确保签订率的基础上，坚持逐年检查集体合同落实兑现情况，把休息休假、职工工资、安全卫生等热点难点问题作为监督检查的重点。许多局集团公司建立集体合同包保责任制，对因拖欠职工工资的单位和领导实行黄牌诫勉、撤职，支付赔偿金、滞纳金，评先一票否决，当年不得领取兑现奖等硬性措施，有效地维护了职工的合法权益，促进了企业劳动关系的协调和队伍的稳定。有的单位就工资制度改革、工资分配形式、增长幅度等进行平等协商，有效地保证了职工的经济利益，调动了职工的积极性。

职工互助合作保障体系建设取得突破性进展。一是职工互助合作保险基本覆盖全系统。除总公司机关外，已全部建立职工互助合作保险制度，保险基金结存额7 644.2万元。二是“送温暖”工作实现“两个明显提高”。领导重视和参与程度明显提高，党政工领导亲自落实“送温暖”资金并参加“送温暖”活动。全系统共筹集“送温暖”资金1 521.9万元，组织 581 个慰问组，

2 535名各级领导干部参加走访慰问，走访困难单位51个，困难职工16 136人，送慰问金1 107.5万元。三是特困职工争取纳入地方“低保”的工作力度加大。各单位通过积极主动做工作，将符合条件的特困职工纳入地方“低保”范围，全系统有862户职工享受地方“低保”待遇。对明显低于本单位保障水平的职工给予适当救助，使其家庭人均生活费高于当地“低保”标准10%～20%。四是坚持领导干部帮扶困难职工制度。各单位重新调整领导干部帮扶对子，修订措施，落实责任。全系统有2 089名党政工领导干部与2 223户特困和部分重困职工结成对子，采取多种形式帮助他们战胜困难，走出困境。

——依靠职工，民主管理进一步深化。各单位按时召开职代会，普遍建立召开职代会申报、会后报告制度，重大决策会前预审和会中审议制度，集体合同修改、续签提交职代会审议制度，业务招待费使用情况向职代会报告制度，职代会评议干部和选举职工董事、职工监事等制度，较好地落实了职代会各项职权。多数单位坚持组织职工代表到基层巡视检查职代会决议落实情况，有的局集团公司开展职代会星级创建评比活动，有的单位开展职代会资料展评和提案金银奖评选活动，从而推动职代会质量提高。

企务公开工作进一步深化。各单位认真贯彻中办、国办和国资委关于深化厂务公开工作的意见，进一步规范以职代会为基本形式的企务公开制度。公开的内容向经营管理、干部聘任和廉政建设等方面延伸，从公开结果向公开过程深化，公开的形式向网上公开、报上公布拓展，公开的程序越来越规范。多数单位组成党政工联合工作组检查企务公开工作，有的局集团公司组织基层干部企务公开栏观摩评比活动，企务公开的效果更加明显。国资委组成工作组到15个全国表彰的厂务公开先进单位进行抽查调研，对总公司系统的厂务公开工作给予充分肯定。

——以人为本，“建家建线”取得丰硕成果。各级领导对“建家建线”重视程度逐年提高，纳入企业目标管理，加大经费投入。各级工会特别是基层工会把“建家建线”作为实践“三个代表”重要思想、加强基层建设的重要措施来抓，全面落实建家标准，“建家建线”质量和水平有了较大提高。2003年，全系统把青藏铁路作为“建家建线”工作重点，总公司行政和工会针对青藏铁路高原缺氧、气候恶劣、施工及生活条件极为艰苦的实际情况，先后为上场的各局集团公司拨款155万元，并带动各局集团公司及所属公司筹款1 000余万元，用于青藏铁路“建家建线”，为青藏铁路参建职工创造了较好的生活医疗条件。有些单位积极探索施工一线的“建家建线”标准、经费投入标准和拨款渠道，根据中华全国总工会的建家标准和总公司工会“建家建线”一体化的要求，总结出适合施工一线的“十字标准”：吃、住、行、医、乐、学、护、利、主、赛。这10个字涵盖了基层工会的全面工作和职工多方面的权益，条件具体，尺度清晰，便于检查，《铁建工运》进行了刊发，供各单位学习借鉴。在中华全国总工会十四大建家工作表彰中，总公司系统有4个局集团公司、1个勘察设计院和4个工程公司被评为“全国模范职工之家”，占全路受表彰单位总数的四分之一。

职工群众体育工作有了长足发展。在全路十运会上，总公司系统有7个单位参加6个项目的比赛，在5个大项15个小项比赛中获得名次，共获银牌17枚、铜牌6枚，团体总分88分，取得历次比赛的最好成绩。

2003年的工会工作虽然取得较好成绩，但也存在一些问题，主要是部分工会干部思想观念、业务知识不能适应市场经济和现代企业制度条件下工会工作的要求，依法维权的能力不强、力度不够；有的单位深入基层，调查研究，反映群众呼声，解决带有倾向性的问题不够；一些单位工会经费收缴不力，全系统历年拖欠工会经费总额达6 061万元，有的工会拖延或少缴上级工会经费。对于这些问题，必须采取措施，认真加以解决。

2004年主要工作

2004年是实现“十五”计划关键的一年，是加快改革发展重要的一年，也是整合重组后新单位投入运转的第一年。全系统面临生产经营和改革发展的繁重任务，给工会围绕中心、履行职责提出新的挑战。各级工会工作要以邓小平理论和“三个代表”重要思想为指导，认真贯彻党的十六大、十六届三中全会和中华全国总工会十四大、中华全国铁路总工会十二大会议精神以及国资委对工会工作的要求，围绕总公司年度工作目标，求真务实，统筹兼顾，突出重点难点，切实履行工会维护职能，带领广大职工为企业改革发展稳定做出新贡献。

一、围绕企业生产经营目标，深入开展以劳动竞赛为主要形式的群众生产工作

各级工会要围绕企业生产经营目标，组织动员广大职工发挥主力军作用，继续广泛深入地开展以“五比四创”为主要内容的劳动竞赛，推动企业快速健康发展。总公司工会将于近期组织新建局集团公司有关人员进行为期一天的“五比四创”劳动竞赛业务培训。新划转并入单位要尽快健全劳动竞赛组织，完善竞赛工作制度，迅速把劳动竞赛活动开展起来。各单位要进一步加强对劳动竞赛的组织管理，加大工作力度，坚持以点带面，把总公司和局集团公司确定的重点、难点工程，尤其是投资大、影响大、多家单位参与会战的大型工程，作为劳动竞赛的主攻方向。要建立领导干部划片包点责任制，组织人员深入现场指导，确保安全、优质完成进度计划。总公司工会年内将以重难点工程为主要对象，考察、通报各单位抓竞赛，实现质量、安全、进度、管理及工程创优的情况，及时交流竞赛信息，指导并推动全系统劳动竞赛深入开展。各单位要按照总公司工会关于开展青藏铁路建设劳动竞赛活动的要求，继续抓好“六比六看”劳动竞赛，迎接中华全国铁路总工会即将开展的专项检查。

要广泛开展职工合理化建议、技术革新和发明创造活动，结合生产经营需要，发动职工献计献策，在生产经营一线大力开展群众性的“五个一”活动（提一条合理化建议、搞一项技术革新、参与一项技术攻关、落实一项增收节支措施、培养一名徒弟），形成人人提建议、搞创新，个个参与技术攻关、技术革新的生动局面。对重难点工程和关键性问题，要采用目标分解法、定向引导法、竞赛激励法等多种形式，组织职工揭榜攻关。在合理化建议活动中，要抓好“三个结合、三项转化”工作，即把经常性工作与阶段性集中活动结合起来，采取项目招标、签订合同等形式，把合理化建议活动由零散、自发方式向有组织、有计划、有目的的引导方式转化；把发挥个人作用与发挥团队作用结合起来，由个体智慧向群体智慧转化；把一般课题与重点课题、数量与质量结合起来，使建议活动由传统的低层次向科技含量较高的高层次转化，不断提高合理化建议水平，力争取得更多更好的成果。同时，要重视技术创新、合理化建议成果的定期收集、评审、奖励和推广应用工作，使这项活动走上经常化、制度化、规范化的发展轨道。

要大力加强劳动保护工作，深入宣传贯彻《安全生产法》《职业病防治法》和《工会法》中劳动保护的有关条款，依法履行工会对劳动安全保护工作的监督检查职责，加强劳动安全卫生中的执法检查，积极开展多种形式的群众保安全活动。要总结推广中铁十五局集团公司工会推行劳动安全保护工作“一法三卡”的试点经验和中铁十二局集团公司工会推行《劳动保护责任制实施办法》的经验，积极建立各级工会劳动保护工作的长效机制。

要抓好评先树模工作，大力弘扬劳模精神，深入开展“争先创模”、建功立业活动。各级工会要坚持“三路并举”（即上级分配与单位驻地、重点工程建设地分配）的方式，多渠道争取评先指标，抓住2005年评选全国劳动模范和各省市定期评选劳动模范的机遇，提前做好工作，主动报送有关事迹材料，努力争取高层次荣誉指标。这是总公司系统评先树模工作的一条成功经验。2004年，国资委将首次评选表彰中央企业部级劳动模范和先进集体，总公司也将评选劳动模范和先进集体，拟于四季度召开表彰大会，各单位要认真做好评选推荐工作。

二、加大维权力度，关心困难职工生活和临时工入会问题，做好整合重组中的职工权益维护工作

要进一步提高平等协商水平和集体合同质量，从整体上维护职工的合法权益。集体合同的签订和监督检查，要把解决职工切身利益和劳动关系中最要害的问题作为重点。要健全完善平等协商的长效机制，健全履行集体合同的责任机制和监督检查考核机制，提高履约率和职工满意度。各级工会要通过多种渠道、采取多种形式，加强源头参与，从出台政策、形成制度上全面协调、统筹兼顾，维护职工的整体利益。要建立健全依法维护机制，积极推进职工法律保障体系建设。要研究建立损害或危害职工利益的报告制度，对发生损害或危害职工利益的现象和行为，工会组织要承担“第一知情人、第一报告人”的职责。

要建立立体保障体系，继续做好困难职工帮扶工作。工程公司以上单位要形成以“送温暖”工程为龙头的帮困救助机制，以医疗互助为重点的互助合作保险机制，以生活线建设为基础的福利机制，力争建成完善的职工互助合作保障体系。总的要求是：发展与完善并举，坚持在发展中完善，在完善中发展。要加大筹资力度，个人缴费要做到一次性投入和年年投入相结合，并保证行政和工会经费拨款到位。要搞好保险基金管理，做到专户专存专用，保证基金的绝对安全。要提高资金的使用效率，本着量入为出和重点突出的原则，进一步提高对患重病花费巨大的职工的补偿标准，尽可能实现与医疗制度改革相配套，重点放在解决统筹医疗封顶线以上的医药费支出的补助上。开展“送温暖”活动要实现经常化、制度化，坚持党政工领导干部联系困难职工制度。要注重从根本上帮困，维护职工的就业权利，通过贷款帮困、信息帮困、技术帮困、培训帮困等措施，努力做到“不让一名特困职工吃不上饭，不让一名特困职工看不上病，不让一名特困职工子女上不了学”。

要抓好主辅分离中职工利益的维护工作。在主辅分离、辅业改制中，要最大限度地利用政策、法律中有利于维护职工利益的规定和要求，尽可能地降低职工对改革成本的负担。要积极参与企业下岗分流、主辅分离方案的制定，积极反映职工意见、愿望和要求，使职工下岗分流、主辅分离做到公开、公平、公正。要分析、预测改革过程中可能出现的侵害职工利益的各种问题，在政策和法律框架内提出解决这些问题的思路和建议，特别要注意置换职工身份的经济补偿问题、劳动关系的变更问题、在新企业中的职工入股问题、分离后职工社保关系的接续和其他福利待遇问题等涉及职工利益的敏感问题，切实维护职工的合法权益，维护队伍的稳定。

要积极做好临时工入会工作。遵照中华全国总工会十四大和中华全国铁路总工会的要求，要积极稳妥地解决临时工入会问题。中华全国铁路总工会把这项工作作为一件大事，列入2004年重点工作，拟到中铁工程、建筑总公司系统对临时工入会情况进行调研，并在此基础上制定相应的办法、规定。因此，我们应先于中华全国铁路总工会对此问题进行调研，下功夫摸清临时工、劳务队现状，总结经验，分析存在问题并提出对策，拿出临时工及外部劳务人员入会和会员管理的意见，最大限度地把务工人员吸收到工会中来，更好地维护他们的切身利益、合法权益，扩大党的阶级基础和群众基础。

三、进一步规范职代会和企务公开制度，切实加强职工民主管理

要进一步规范和完善职工代表大会制度。职代会是民主参与、民主管理、民主监督的基本形式。中华全国铁路总工会即将颁发《国家铁路企业职工代表大会实施细则》，它是规范职代会程序、正确落实职代会职权、提高职代会质量、保证职工主人翁地位、推动党的“依靠方针”落实的重要法规性文件，各单位要对照《细则》进行自查和对下检查，抓好贯彻落实。要进一步坚持和规范职代会评议企业领导人员制度，落实评议程序和评议内容，民主评议情况要于职代会后30天内报上级工会和人事部门。要严格依照《公司法》和《企业国有资产监督管理暂行条例》的有关规定，建立和规范职工董事、职工监事制度和工作程序，发挥他们参加公司重大决策与监督的作用，发挥公司董事会、监事会与职工之间的桥梁纽带作用，使其真正成为现代企业制度下职工民主管理的有效途径。中华全国总工会会同国资委拟于上半年对职工董事、职工监事制度的建立与推行情况进行调研，下半年国资委将召开中央企业民主管理研讨会，总结中央企业开展厂务公开工作的新成果、新经验，各单位应做好必要的准备工作。

要努力推进企务公开工作在现代企业制度框架内实现新的发展。各级工会要继续认真贯彻中办、国办《通知》精神，把厂务公开原则、内容、程序、职责落实到实际工作中去，做到层层有责任，事事有程序，时时有控制，环环有考核，奖惩有规定，问题有纠正，规范和推动企务公开上层次、上水平。深化企务公开工作要努力实现“三个结合”。一是把企务公开与促进国有资产保值增值结合起来，在企业改革重组、重大投资决策、项目管理、设备物资采购与供应、劳务分包、业务招待费使用、薪酬分配等方面的公开与监督中取得实质性效果。二是把深化企务公开与建立现代企业制度有机结合，正确区分职代会与股东大会的性质和权限，理顺两者之间的关系，使其有机协调、互相配合。凡是企业改革和生产经营的重大决策，都必须由股东会、董事会做出决定，并通过企务公开、召开职代会听取职工(代表)的意见；凡是涉及职工利益的重大事项，都必须经过职代会审议通过。三是深化企务公开要把保障职工民主管理权与维护企业领导人员管理指挥权有机结合，调动两个积极性，发挥两方面的作用。这是贯彻党的“依靠方针”同一问题的两个方面，二者辩证统一于企业改革发展的实践中，也同样和谐地存在于企务公开之中。各单位要重视机关与项目部的企务公开工作，加强检查指导，更好地发挥民主管理、民主监督作用。

四、广泛开展“创建学习型组织，争做知识型职工”活动，全面实施“职工素质工程”

最近，国资委等国家九部委先后提出实施“职工素质工程”和开展“创建学习型组织，争做知识型职工”活动，要求各级工会把提高职工素质作为一项长期战略任务来抓。各单位要认真贯彻全国人才工作会议和中央关于人才工作的指示精神，加快高技能人才队伍建设。

一是要广泛开展“创建学习型组织，争做知识型职工”活动。最近，总公司工会转发国家九部委《关于开展全国“创建学习型组织，争做知识型职工”活动的实施意见》，各单位要结合实际认真贯彻落实。要大力宣传争创活动的重要意义，加强领导，统筹规划，形成党政工团联手推进的工作格局，由点到面逐步展开。要根据争创活动目标，建立工作考核机制、约束激励机制和物质保障机制，为提高职工科学文化、技术技能和业务素质创造条件、提供支持。争创活动的重点应放在基层，要充分利用工会特有的阵地优势，通过工地文化线建设、职工小家建设、群众性技术创新等载体，为职工学习构筑平台，鼓励职工立足本职，自学成才。要在争创活动中发现和培养先进典型，推广先进经验，对成绩突出的单位和个人给予表彰，不断把争创活动引向深入。二是要抓好职工技能培训。各级工会要会同行政职能部门，结合企业发展需要，研究制定职工培训计划。要按照“立足班组、面向职工、学习知识、掌握技能、提高素质、促进发展”的要求，积极抓好培训计划、培训经费的落实，加速建设一支门类齐全、适应企业发展需要的高素质职工队伍。年内国资委将组织评选中央企业学习型标兵、学习型班组和职工技术能手，中华全国铁路总工会和总公司工会将评选职工创新示范岗和创新能手，各单位要做好评选推荐准备。三是要组织职工技能竞赛。根据国家劳动和社会保障部办公厅

《关于印发2004年中国职业技能竞赛系列活动工作安排的通知》精神，年内国资委将在中央企业组织开展10个工种的职工技能竞赛。各单位要结合企业需要，本着“干什么学什么练什么”的原则，迅速组织广大职工超前进行专业技术理论学习，广泛开展群众性岗位练兵和技术比武活动，普遍提高职工专业技能，为选拔各级参赛选手奠定基础。

五、加强女职工工作和“建家建线”工作

要重视并加强对女职工工作的领导。各级工会主要领导要经常听取女职工工作汇报，研究解决存在的困难和问题，支持女职工委员会依照法律和章程创造性地开展工作，尤其是在民主管理、评选先进、女干部培养使用等方面，要给予足够的重视和支持。要按照有关政策规定，配齐配强专职女工委主任，落实其政治、经济待遇，没有换届的女工委要抓紧换届。要从源头上保障女职工组织有效履行维护职能，工程公司以上单位劳动争议调解委员会、劳动仲裁委员会、职工持股理事会和集体协商的职工代表等组织中都要有女职工代表，各级职工代表大会中的女职工代表要逐步达到女职工比例数的80%。

要抓好新形势下的“建家建线”工作。新形势下“建家建线”工作的目标是:认真贯彻“三个代表”重要思想，适应工会依法履行维护职能的要求，加强调整劳动关系机制建设，突出为职工群众办实事，大力推进基层工会群众化、民主化、法制化建设，努力把基层工会建设成为组织健全、维权到位、工作规范、作用明显、职工信赖的职工之家。各单位要把铁路工程和新上项目作为“建家建线”重点，加强指导服务。总公司工会年内将表彰一批模范职工之家、模范职工小家和优秀工会工作者、优秀工会积极分子。

六、切实抓好工会信息和财务工作

要加强工会信息工作。信息工作是做好工会各项工作的基础和领导正确决策的保证，是推动工会重点工作的有效手段。工会主席要树立优先抓信息的意识，用信息工作带动和促进工会的整体工作，形成全会抓信息、全员用信息的良好氛围。工会开展的各项重点工作、推出的重大典型、实施的重大举措、总结的新鲜经验等，都要向总公司、中华全国铁路总工会和国资委报送，各级工会每年至少要在《铁总信息》刊稿一篇。根据中华全国铁路总工会要求，总公司工会对各单位工会主席、办公室要进行“五个一”和“九个一”考核，并通报考核结果;各单位也要制定信息管理办法和考核规定，对成绩突出的单位和个人给予奖励。同时，要加快工会电子会务建设步伐，提高信息工作现代化水平。

要做好经费审查工作。加强对本级工会和下级工会的财务监督，以本级监督为重点。要加强本级工会经费预算执行情况和决算编制情况的审计，加强对本级工会财产和代管基金的审计监督，同时做好工会主席任期经济责任审计和离任审计监督工作。

要进一步规范工会财务管理工作。要重点抓好经费收缴工作，确保经费足额到位，确保经费使用方向正确，确保工会资金财产安全。目前，行政拖欠工会经费的现象比较严重，总公司党委李国瑞书记对此已经提出明确要求，各单位要对欠交数额进行一次彻底清理，行政要提出拨款计划，有关单位的工会主席对此要亲自过问。要大力推广把工会经费拨交写入企业集体合同和企业经营责任目标、定期进行考核奖惩的做法，确保工会经费依法按时足额到位。年内，总公司将对行政拖欠工会经费情况进行通报，少数欠交总公司工会经费的单位要按规定及时补齐、足额上缴。新划转并入单位的工会财务工作，要执行总公司工会财务管理制度和相关规定，尽快理顺管理体制。要建立健全财务内控制度，完善监督与约束机制，防止出现经济犯罪。按照《会计法》的要求，会计人员应持证上岗，年底前对无证上岗人员要进行工作调整。要严格投资管理，重大经济事项必须经过集体讨论决策，并由法人审查批准。重申不得用工会资金对外担保、抵押及融资，不得对外借款或从事期货股票交易，不得用工会资金进行投资。

七、认真筹备总公司工会第三次代表大会，切实加强工会组织建设

经总公司党委批准，拟在第四季度召开总公司工会第三次代表大会。这次会议对于加强总公司工会组织建设，推动新时期的工会工作具有重大意义，是全系统广大职工政治生活中的一件大事。各单位要按照总公司工会的要求，抓紧做好代表的选举和委员的推荐工作。同时，认真总结十年来工会工作的主要经验、存在问题和对策，对新时期的工会工作提出建设性意见。

最近，总公司新组建5个局集团公司和1个设计院，为使工会工作不间断，总公司党委已经下发文件，对建立工会筹委会提出指导意见。各新建单位要把本级工会的筹建工作作为一项重要任务，待筹备工作成熟后，请示同级党委召开第一次代表大会，选举产生第一届工会委员会和经费审查委员会，同时建立女职工委员会。工会、女职工委员会和各职能部门要制定工作职责，尽快熟悉工作内容和工作方法，使工会工作尽快步入正轨。

12月2日，总公司在北京召开重组并入设计院、工程(建设)集团公司领导干部座谈会，共商改革发展大计。

（刘建国 摄）

大事记

本栏责任编辑 **刘贤福**

2003 年大事记

一月

▲1 日　北京市副市长刘敬民在市城建工委书记张凤朝、中铁十六局集团公司总经理汪昭富等陪同下，视察该集团公司承建的北京城市铁路东直门车站建设工地。

▲2 日　全国政协副主席杨汝岱在政协会议室亲切接见总公司党委书记李国瑞一行。

▲3 日　全国政协副主席陈锦华在政协会议室亲切接见总公司党委书记李国瑞、总经理王振侯一行。

▲4 日　中央企业工委副书记赵杰兵在总公司总经理王振侯、党委书记李国瑞陪同下，视察中铁十六局集团公司承建的北京城市铁路东直门车站建设工地。

▲同日　总公司在中铁十六局集团公司深圳地铁盾构项目部召开盾构施工技术现场观摩研讨会。

▲6 日　铁道部在北京召开青藏铁路建设建功立业表彰大会，总公司系统 5 人荣获“火车头奖章”，中铁二十局集团公司青藏铁路工程指挥部风火山隧道队荣获“火车头奖杯”。铁道部部长傅志寰致电祝贺，铁道部副部长刘志军、孙永福及总公司党委书记李国瑞、党委副书记霍金贵等出席会议并向先进集体、先进个人颁奖。晚上，中共中央政治局委员、国家发展计划委员会主任曾培炎与青藏铁路建设者代表共同欣赏大型电视文艺晚会《高原彩虹》。

▲7 日　中铁十二、十三、十四、十五、十六、十七、十八、十九局集团公司参建的粤海铁路通道建成通车。中共中央政治局常委、国务院副总理吴邦国出席在海口举行的粤海铁路通道轮渡建成庆典，满怀喜悦地说：执政为民的共产党人彻底改写了海南与大陆不通火车的历史。粤海铁路通道全长 345 公里，总投资 45 亿元，1998 年 8 月动工兴建。

▲8 日　总公司在北京召开安全生产与工程质量工作电话会议，总结布置安全质量工作，表彰先进。王振侯总经理及夏国斌、范德副总经理到会讲话，党委书记李国瑞、副书记霍金贵、副总经理扈振衣、总会计师张惠江等出席会议。

▲9 日　总公司（国有股）股权代表委员会在北京召开全体会议，学习贯彻《公司法》，修改公司章程，部署股权代表委员会工作任务，王振侯总经理、李国瑞书记到会讲话。

▲10 日　中铁十八局集团公司等单位承建的京九铁路复线——全长 220 公里的广东龙川至东莞东段比计划工期提前 9 个月正式开通运营。至此，京九复线全线贯通。

▲12 日　经国家发展和改革委员会、内蒙古自治区批准，总公司发起组建内蒙古呼准铁路有限公司，采用 BOO 经营模式投资、建设、经营呼准铁路。线路全长 116.013 公里，设计为单线Ⅰ级地方铁路，总投资 12.17 亿元，49.3% 为项目资本金，50.7% 为项目贷款，计划工期 3 年，预计全部收回投资期 12.2 年。

▲13 日　2002 年度中国建筑工程鲁班奖（国家优质工程）颁奖大会在北京友谊宾馆举行，建设部部长汪光焘出席颁奖仪式。总公司系统中铁十二、十三、十四、十七、十八局集团公司和中铁建设集团公司承建或参建的 7 项工程荣获中国建筑工程鲁班奖。

▲14 日　在新春佳节即将来临之际，总公司领导王振侯、李国瑞、何能金、邹才华、霍金贵、夏国斌、范德等分别到总公司机关、北京铁建工贸集团公司、中铁物资集团公司、中铁建设集团公司、铁道建筑研究设计院、总公司党校、总医院走访离退休干部、慰问困难职工，给大家带去关爱深情和新春问候。

▲15 日　中铁十一局集团公司再次荣获“全国精神文明建设工作先进单位”称号。

▲16 日　铁道部副部长王兆成代表傅志寰部长、刘志军书记到总公司机关给职工拜年，并在王振侯总经理陪同下，分别看望铁道部原副部长尚志功和铁道部政治部原主任李际祥的遗属。

▲同日　中铁二十局集团公司荣获中国建设银行授予的“AAA 级信誉企业”称号。

▲20 日　中共中央政治局委员、北京市市委书记刘淇，市长孟学农，市人大常委会主任于均波率领北京市新一届领导到中铁十六局集团公司承建的北京城市铁路东直门站建设工地视察。东直门站是中国目前最大的地下城市铁路车站，车站主体结构南北长 170 米，东西宽 72 米，总建筑面积16 269.6平方米。刘淇在听取中铁十六局集团公司董事长陈树林建设情况汇报后，连连称赞“中铁十六局集团公司干得好，干得好！”

▲21 日　总公司机关举行新年迎春茶话会，向原铁道兵老首长、原铁道部工程指挥部老领导拜年。茶话会由党委副书记霍金贵主持，王振侯总经理作情况汇报，原铁道兵老首长刘居英、王贵德、龙桂林、徐诚

之，原铁道部工程指挥部老领导王功、刘秉顺，总公司副总经理何能金、邹才华、范德及总会计师张惠江、调研员邢福海和机关有关部门负责人出席茶话会。

▲同日　中华全国铁路总工会副主席孙忠玲率铁道部慰问团到总公司机关慰问离退休老干部、劳动模范和困难职工，并与总公司王振侯总经理、霍金贵副书记、夏良振主席等就建立企业补充医疗保险、职工互助合作保险、"送温暖"等工作进行交流。

▲22日　总公司现任领导与离退休老领导欢聚一堂，共贺新春，共谋发展。总公司在京领导王振侯、李国瑞、邹才华、范德、张惠江、邢福海、霍金贵等与原总公司领导姜培敏、刘毓珊、孙有礼、张楚然、陈嘉珍、吕连亭、张宏正、王成、宋抗常、孔庆云、韦彩猷、戴玉生等出席会议。

▲23日　在第9届全国政协常委会第20次会议上，总公司总经理王振侯作为17万员工的代表，被光荣地推选为中国人民政治协商会议第10届全国委员会委员。

▲同日　总公司召开驻京单位迎春座谈会，倾听意见，了解情况，共商发展大计。党委书记李国瑞主持会议，总经理王振侯作情况通报，中铁十六局集团公司、中铁建设集团公司、中铁工程集团公司、海外公司、中铁物资集团公司、北京铁建工贸集团公司、总医院、铁道建筑研究设计院和党校的党政主管出席会议。

▲24日　总公司机关举行离退休职工代表迎春茶话会，邹才华副总经理通报2002年全系统生产经营情况，王振侯总经理、李国瑞书记、霍金贵副书记到会，并与离退休干部共同观看文艺演出。

▲26日　建设部部长汪光焘视察中铁十六局集团公司承建的北京城市铁路东直门车站工程，向参建职工拜年。

▲同日　陕西省省委副书记、西安市市委书记栗战书及西安市市长孙清云在中铁十五局集团公司总经理张汉云陪同下，视察该集团公司承建的西安东二环路建设工地。

▲27日　总公司召开经营工作电话会议，总结、部署经营工作，表彰、奖励经营工作先进单位。王振侯总经理及何能金、扈振衣副总经理在会上讲话，李国瑞书记及邹才华、范德副总经理、夏良振主席和机关部门负责人出席会议。

▲28日　中铁十六、十七、十八局集团公司参建的北京城市铁路全线开通运营，北京市副市长刘敬民出席开通典礼。北京城市铁路西起西直门，东至东直门，全长40.8公里，设16座车站，工程于1999年底开工。

▲1月　总公司机关被评为2002年度中央国家机关爱国卫生先进单位，邹才华副总经理被评为中央国家机关爱国卫生先进工作者。

▲1月　法国巴黎国际隧道协会驻北京分支机构将2002年10月由中铁十二局集团公司在秦岭终南山特长公路隧道施工中创造的单口月掘进429.5米的施工进度，认定为迄今为止公路双车道隧道单口月掘进世界最高纪录。

▲1月　中铁十二局集团公司承建的神朔铁路大柳塔—朔州电气化工程、中铁十六局集团公司承建的国道227线青海大坂山隧道、中铁十八局集团公司承建的天津滨海立交桥、中铁十八局集团公司与中铁二十局集团公司共同承建的广渝高速公路华蓥山隧道、中铁建设集团公司承建的北京炎黄大厦等5项工程荣获2002年度国家优质工程银质奖。

▲1月　中铁十二局集团公司荣获"全国守合同、重信用单位"称号。

▲1月　中铁十九局集团公司四公司荣获"全国精神文明建设先进单位"称号。

▲1月　中铁建设集团公司获中国建设银行北京分行授予的"AAA级信誉等级企业"称号。

▲1月　中铁建设集团公司党委书记王军当选为北京市人大代表。

二月

▲元旦春节期间　总公司党委从历年留用党费中拨出75 000元，专项用于对中铁十一、十三、十四、十五、十八、十九局集团公司等9个单位生活困难党员的节日补贴。

▲13日　铁道部副部长蔡庆华在上海铁路局、福建省有关领导的陪同下，冒雨视察赣龙铁路总公司施工段建设工地，看望春节坚持施工的建设者。

▲13月～18日　总公司党委书记李国瑞一行在宋抗常指挥陪同下，到渝怀铁路总公司管段调研指导基层党组织建设和专业技术干部队伍建设情况，看望慰问参建职工。

▲16日　总公司系统第一个集建设、经营、交付于一体的BOT项目——陕西咸阳渭河3号大桥合资建设合同签字仪式在咸阳秦宝宾馆举行，总公司王振侯总经理、扈振衣副总经理、中铁二十局集团公司余文忠董事长及咸阳市领导出席签字仪式。咸阳渭河3号大桥由总公司投资部、中铁二十局集团公司和咸阳市3家合资修建，总投资1.2亿元。

▲17日　重庆市副市长赵公卿一行到中铁路桥集团公司重庆工程分公司视察工作。

▲19日　河南省副省长李新民一行视察中铁二

十局集团公司承建的新郑高速公路刘江互通式立交桥建设工地，对工程建设表示满意。

▲同日　总公司党委书记李国瑞一行到中铁路桥集团公司重庆工程分公司检查指导工作，对公司专业技术上的领先优势给予充分肯定。

▲20日　总公司总经理王振侯在《中国铁道建筑报》上发表《铁路隧道建设的突破性发展》长篇文章，总结西安南京铁路重点隧道工程科技创新成果。

▲25日　国务院副总理李岚清在江苏省及苏州市有关领导陪同下，视察中铁二十局集团公司一公司承建的苏州现代物流园建设工地。

▲同日　总公司在北京召开工程经营工作座谈会，分析经营工作形势，研究经营工作思路，针对存在问题研讨经营工作对策。

▲26日　渝怀铁路重庆端开始铺轨，铁道部副部长蔡庆华、重庆市副市长赵公卿、贵州省副省长吴嘉甫、湖南省政府副秘书长王道生出席铺轨典礼。

▲同日　内蒙古呼准铁路有限公司正式挂牌成立，中铁路桥集团公司占33%的控股权。

▲2月　全国政协委员、香港文汇报社社长张国良为团长的香港报界赴重庆采访团到中铁十一局集团公司承建的“亚洲第一跨”重庆轻轨交通工程大坪—佛图关区间隧道工地进行实地采访，对工程给予高度评价。

▲2月　中铁十六局集团公司在中国第二长大双线铁路隧道—朔黄铁路长梁山隧道施工中研究开发的“复杂地质条件下特长双线隧道施工综合技术”获2002年度国家科技进步二等奖，建设单位授予长梁山隧道工程“朔黄铁路全线优质样板工程”称号。

▲2月　中铁十六局集团公司从德国购买的“先锋号”盾构机在深圳地铁华强站—岗厦站区间施工中，创造单机最高日进尺26.4米、月成洞540米的中国地铁隧道盾构施工最高纪录。

▲2月　中铁十七局集团公司二公司荣获中共中央精神文明建设指导委员会授予的“全国精神文明建设工作先进单位”称号。

▲2月　陕西省副省长巩德顺视察中铁十七局集团公司承建的西安—汉中高速公路建设工地。

▲2月　中铁十八局集团公司五公司八分公司党委书记刘富华荣获首届“全国青年创新创效奖”。

▲2月　辽宁省省长薄熙来在大连市市长孙春兰陪同下，视察中铁十九局集团公司一公司承建的大连市上海路下沉广场工程。

▲2月　中铁二十局集团公司在世界铁路第一高隧——青藏铁路风火山隧道施工中，成功地攻克高原冻土、高海拔隧道制氧供氧等世界性施工技术难题，被评为“2002年度中国公众关注的十大科技事件”之一。

三月

▲1日～3日　总公司在广西北海召开经营工作研讨会，着重研讨企业经营发展战略、调整经营格局、加强市场开发、拓展经营模式等问题。

▲3日　江西省省委书记孟建柱在省交通厅厅长蒲日新陪同下，视察中铁十四局集团公司承建的京福高速公路A8－2标段工程，称赞“中国铁建大军是一支特别能战斗、敢于打硬仗的队伍”。

▲5日　总公司团委与在京单位团委联合开展“纪念毛泽东题词‘向雷锋同志学习’40周年青年志愿者活动”，80多名团员青年参加活动，总公司党委书记李国瑞到现场看望青年志愿者。

▲7日　全国政协常委、澳门工商界知名人士何鸿燊先生访问中国土木工程集团公司。

▲8日　总公司工会表彰10名“巾帼建功立业标兵”、14名“学习模范”、26名“岗位明星”、18名“科技女杰”、18名“管理精英”和14个“三八”红旗集体。

▲10日　中铁十七局集团公司四公司荣获“全国‘安康杯’竞赛优胜企业”称号。

▲11日　中铁十一局集团公司开发的“秦沈客运专线B26标段跨区间无缝线路铺设综合技术”通过湖北省科技厅组织的成果鉴定，专家认定该项成果达到国际先进水平。

▲12日　中铁十二局集团公司获共青团中央、国家经贸委等部委授予的“全国青年创新创效活动先进单位”称号。

▲15日　中铁十一局集团公司与石家庄铁道学院联合开发的西安南京铁路“桃花铺2号隧道工厂化施工综合技术”通过河北省科技厅组织的成果鉴定，专家认定该项成果达到国内领先水平。

▲同日　中铁十五局集团公司及五公司分别荣获中华全国总工会和国家安全生产监督管理局授予的“全国‘安康杯’竞赛优胜企业”和“全国‘安康杯’竞赛优胜单位”称号。

▲17日　辽宁省省委副书记、大连市市委书记孙春兰视察中铁二十局集团公司三公司承建的大连港口矿石专用线施工现场。

▲18日　昆明中铁大型养路机械集团公司挂牌成立，铁道部副总工程师兼科技司司长鞠家星、总公司党委书记李国瑞为公司揭牌。

▲同日　总公司党委书记李国瑞、副总经理靳尚忍等到昆明中铁二十局集团公司二公司机关检查指导工作，勉励二公司再接再厉，乘势而上，实现企业大发

展。

▲18日～20日　总公司工会在北京召开二届八次全委(扩大)会议,工会主席夏良振作题为《以十六大精神为指导,坚持与时俱进,创新工会工作》的报告,总经理王振侯、党委书记李国瑞等到会讲话,中央企业工委李学东副部长应邀出席会议。

▲19日　中铁十二局集团公司董事长兼总经理金普庆荣获“全国优秀施工企业家”称号。

▲同日　中铁二十局集团公司荣获“全国优秀施工企业”称号。

▲23日　中铁十一局集团公司开发的“重庆轻轨佛图关—大坪区间隧道及大坪车站隧道综合施工技术”通过重庆市科委、建委联合组织的成果鉴定,专家认定该项成果在国内城市轨道交通工程中属首次运用,达到国内领先、国际先进水平。

▲24日　经中央企业工委审核批准,从2003年起,总公司取得高级政工师评审权和审批权。

▲25日　中央党校大兴分校首期领导干部进修班在总公司党校举行开学典礼,总公司党委书记李国瑞、副书记霍金贵出席开学典礼并讲话。

▲同日　交通部副部长胡希捷率辽宁、上海等八省市的交通厅厅长、专家一行70余人,到中铁十九局集团公司三公司承建的沈大高速公路改扩建工程韩家岭隧道视察,称赞该公司“工程干得很好!”

▲26日　铁道部副部长孙永福接见《中国铁道建筑报》记者,称赞总公司系统青藏铁路参建职工士气高昂、管理严格,有勇往直前、顽强拼搏的精神,在青藏铁路建设中干得漂亮!

▲26日～27日　总公司企业管理现代化创新成果暨全面质量管理优秀小组审定会在苏州召开,会议评出总公司企业管理现代化创新成果18项、总公司优秀QC小组30个,代铁道部评出优秀QC小组26个。总公司副总经理靳尚忍到会讲话,中铁二十局集团公司一公司在会上介绍“深化改革,加强管理,促进企业加速发展”的经验。

▲27日　宁夏回族自治区党委书记陈建国视察国家重点扶贫项目——宁夏扬黄固海扩灌东线工程,称赞“中铁二十局集团公司是值得信赖的建设伙伴”。

▲29日　中共中央各部委领导及驻京直属单位、大型企业集团的领导,到北京市海淀区四季青乡参加“绿色家园——共和国156名部长义务植树”活动。总公司总经理王振侯参加此次植树活动。

▲30日　兰新铁路兰州—武威二线开工动员大会在甘肃省永登县打柴沟举行,铁道部部长刘志军、副部长蔡庆华,甘肃省省委书记宋照肃、省长陆浩,总公司党委书记李国瑞及参建单位领导出席动员大会。兰武二线为双线Ⅰ级铁路,总投资78亿元,计划于2005年10月开通运营,其中乌鞘岭隧道长20.05公里,为亚洲第一长隧。总公司系统中铁十八、十六、十二、十七局集团公司参加该隧道施工。

▲同日　铁道部部长刘志军、副部长蔡庆华,甘肃省省委书记宋照肃、省长陆浩等在总公司党委书记李国瑞陪同下,视察兰武二线乌鞘岭隧道建设工地,亲切看望参建职工。

▲同日　总公司党委书记李国瑞在中铁十二局集团公司董事长、总经理金普庆陪同下,到兰州小西湖黄河大桥建设工地检查指导工作。

▲3月　中铁十八局集团公司二公司被中国施工企业管理协会评为“全国用户满意施工企业”。

▲3月　中华全国铁路总工会表彰总公司系统“全路模范职工之家”5个,“全路模范职工小家”10个,“全路优秀工会工作者”6人,“全路优秀工会积极分子”10人,“全路优秀职工之友”3人。

四月

▲1日　中铁二十局集团公司荣获“全国精神文明建设工作先进单位”称号。

▲同日　北京铁城建设监理公司青藏铁路监理站获“青藏铁路建功立业劳动竞赛先进集体”称号,李忠龙获“青藏铁路建功立业劳动竞赛先进个人”称号,敬廷银获“青藏铁路建功立业劳动竞赛十大标兵”称号。

▲3日　日本交通事业部KM部本部长及日本PC梁轨道专家石川正和一行3人到中铁路桥集团公司重庆工程分公司参观PC梁工程,给予较高评价。

▲同日　总公司批准中铁十一局集团公司机关由湖北襄樊迁址武汉。

▲5日　铁道部部长刘志军一行在江苏省副省长黄卫及杨州市有关领导陪同下,视察宁启铁路中铁十一局集团公司建设工地。

▲6日　中铁十八局集团公司在湖北清江水布垭电站导流洞施工中开发的“复杂地质条件下特大断面导流洞综合施工技术”通过天津市科委组织的鉴定,专家认定“水布垭特大断面洞室施工方案决策、周边导洞施工综合技术达到国际先进水平”。

▲7日　山西省委、省政府、省人大、省政协领导在省长刘振华率领下,视察中铁十二、十八局集团公司承建的被称为“三晋第一隧”的大运高速公路雁门关隧道,称赞正在进口段施工的中铁十二局集团公司二公司“是一支可信赖的、能担大任的队伍”。

▲8日　总公司在北京召开第16次审计例会,通报王培君、刘国志、熊升品、赵之义等离任审计报告,对

昆明中铁大型养路机械集团公司的资金管理、内昆铁路工程指挥部朱文龙的经济犯罪等问题分别做出处理决定。王振侯总经理强调，对审计工作发现的突出问题要督促整改，进一步提高财务管理水平。

▲同日　中铁十二局集团公司与太原理工大学共同承担的山西省科技项目——“无粘接预应力智能控制张拉仪的研制与应用”成果通过山西省科技厅组织的鉴定，专家认定该项成果达到国际先进水平。

▲9日　铁道部副部长孙永福视察中铁十六局集团公司青藏铁路工程指挥部，勉励参建职工在青藏铁路建设攻坚战中再创佳绩。

▲11日　总公司发出《关于认真做好非典型肺炎预防控制工作的通知》(加急电报)，要求各单位全力以赴贯彻落实全国非典型肺炎防治工作会议精神，迅速控制疫情蔓延，确保职工群众的身体健康和生命安全。《通知》要求各单位成立党政第一负责人为组长的防治“非典”领导小组，并建立疫情报告制度。

▲同日　总公司纪委、监察局表彰15个先进纪检监察组织和25名优秀纪检监察干部。

▲13日　山西省省委书记田成平视察中铁十二局集团公司二公司承建的大运高速公路雁门关隧道进口段施工现场，称赞该公司“工程干得好，预防‘非典’扎实有效”。

▲14日　中铁十三局集团公司获“吉林省建筑业优秀企业”称号。

▲15日　总公司党委批准中铁十二局集团公司、中铁十一局集团公司、中铁建设集团公司、昆明中铁大型养路机械集团公司领导班子为2002年度总公司“四好领导班子”。

▲16日　总公司、总公司党委发出《关于推进企业文化建设的通知》和《关于做好总公司CI策划方案征集工作的通知》，全面启动总公司系统企业文化建设工作。

▲同日　总公司、总公司党委决定成立企业文化建设领导小组，组长由王振侯总经理、李国瑞书记担任，副组长由靳尚忍副总经理、霍金贵副书记担任，机关有关部门负责人为成员。下设办公室，由企管部部长李友才、宣传部部长张克明任主任。

▲同日　总公司离退休职工管理处更名为离退休职工管理部。

▲16日～18日　总公司工会女职工委员会二届七次扩大会议在中铁建设集团公司珠海分公司召开。

▲17日～18日　总公司在北京召开2003年工作会议暨党委一届五次全委扩大会议，各集团公司董事长、党委书记、总经理，直属单位党政主管及总公司机关各部门主要负责人106人出席会议。王振侯总经理作题为《以十六大精神统揽全局，一心一意开拓经营，聚精会神谋求发展》的工作报告，李国瑞书记作题为《认真贯彻党的十六大精神，进一步把总公司做优做强》的工作报告，国务院监事会第39办公室主席丹笑山出席会议并讲话。

▲19日～20日　总公司党委在北京召开党风廉政建设工作会议，各局集团公司、直属单位党委书记、纪委书记、监察处长及总公司机关各部门主要负责人120人出席会议。会议总结、部署党风廉政建设工作，交流经验，表彰先进，纪委副书记王京利作工作报告，李国瑞书记、王振侯总经理到会讲话。

▲19日　中铁十八局集团公司二公司承建的哈尔滨市二环中山路立交桥获“中国市政工程金杯奖”。

▲20日　总公司与西康铁路秦岭隧道工程指挥部签订《西安—安康铁路土建6B标段经济承包合同书》。

▲同日　北京市石景山区委、区政府决定，征用总公司总医院为石景山区“非典”收治定点医院；5月4日，北京市防治“非典”指挥部将总医院定为北京市“非典”收治定点医院；5月18日，解除总医院“非典”收治定点医院限制。

▲21日　中铁十六局集团公司总经理汪昭富及五公司董事长潘登华荣获“全国优秀项目管理工作者”称号。

▲同日　中铁建设集团公司总经理汪文忠当选首届“国际杰出项目经理”，并获得中国建筑业协会授予的荣誉证书。

▲22日　宣杭铁路二线工程开工典礼在浙江省湖州市举行，铁道部副部长蔡庆华、浙江省副省长巴音朝鲁、安徽省副省长徐立等出席开工典礼。宣杭二线全长224公里，投资34.1亿元，总工期3年。中铁十一、十二、十三、十四、十六局集团公司参加施工。

▲24日　中铁十四局集团公司董事长兼党委书记韩风险获“山东省优秀企业家”称号。

▲28日　中铁十四局集团公司董事长兼党委书记韩风险获“山东省劳动模范”称号。

▲29日　总公司党委书记李国瑞、中铁十四局集团公司青藏铁路工程指挥部指挥长徐兰民、中铁十五局集团公司董事长兼党委书记王炳祥、中铁十八局集团公司二公司内昆铁路项目经理周顺海荣获“全国五一劳动奖章”。

▲同日　总公司劳动竞赛委员会通报表彰2002年度14个劳动竞赛优胜单位和94名优秀组织者。

▲30日　中共中央政治局常委、国务院总理温家宝在广东省领导陪同下，视察中铁十六局集团公司一公司承建的广州地铁3号线施工现场，亲切地同职工

一一握手，并说："明天是'五一'国际劳动节，我代表党中央、国务院，向大家致以节日的问候！"当他看到井然有序的施工现场、职工积极向上的精神风貌后，高兴地说："中铁十六局集团公司是一支能打硬仗的队伍。"

▲同日　中铁十七局集团公司荣获山西省"五一劳动奖状"。

▲4月　总公司系统全面启动国际项目管理专业资质认证工作，培养具有高素质的国际资质项目管理者。

▲4月　颁发《总公司、总公司党委关于给予企业经营管理者奖励的通知》，对51名企业经营管理者实施奖励，最多的奖励23万元，最少的奖励1万元。

▲4月　中铁十一局集团公司开发应用的"秦沈客运专线无缝线路铺设技术"通过铁道部组织的鉴定，专家认定该项综合技术达到国际先进水平。

▲4月　中铁十五局集团公司三公司获中华全国总工会、国家安全生产监督管理局联合授予的2002年度"全国'安康杯'竞赛先进单位"称号。

▲4月　中铁十七局集团公司一公司荣获中国施工企业管理协会授予的"全国优秀施工企业"称号。

▲4月　中铁十七局集团公司电务工程公司荣获国家工商行政管理总局颁发的"全国守合同重信用企业"称号。

▲4月　全国人大常委会副委员长许嘉璐、全国政协副主席罗豪才、陕西省省委书记李建国等出席第七届中国东西部合作与投资贸易洽谈会主展区，仔细询问中铁二十局集团公司西安工程机械公司新产品研制开发及科技创新创效情况。

▲4月　中铁二十局集团公司西安工程机械公司开发的"高速铁路路基模量测定仪与压路机械集成系统研制技术"方案，通过铁道部鉴定中心鉴定。

▲4月　总公司总医院荣获2002年度"北京市爱国卫生红旗单位"称号，总医院副院长林佑喜荣获"北京市爱国卫生先进工作者"称号。

五月

▲1日　总公司与中铁二十局集团公司、咸阳市城市建设投资公司联合，采用BOT方式进行投资、建设、经营的咸阳渭河3号大桥工程正式开工。渭河3号大桥位于咸阳市区西部，全长1 890米，总投资1.2亿元，由中铁二十局集团公司施工。

▲同日　云南省省长徐荣凯、常务副省长秦冠荣一行视察中铁二十局集团公司承建的安楚高速公路建设工地，称赞云南的公路市场为有中铁二十局集团公司这样的"中铁牌"队伍而自豪。

▲同日　山东省省委书记张高丽、省长韩寓群、省委副书记孙淑义等在中铁十四局集团公司董事长韩风险和总经理杨有诗陪同下，到中铁十四局集团公司承建的济南燕山立交桥工地看望慰问职工，检查防治"非典"和工程建设情况。

▲4日　总公司团委表彰"五四红旗团委"22个，"五四红旗团支部"28个，优秀团干部60名，优秀共青团员49名；确定"五四红旗团委"创建单位24个，"五四红旗团支部"创建单位29个。

▲同日　共青团中央、中央企业团工委分别表彰一批共青团工作先进集体和先进个人，总公司系统有9个集体、8名个人受到表彰。

▲5日　国家卫生部副部长、北京市防治"非典"领导小组副组长朱庆生到总医院检查"非典"防控工作。

▲同日　铁道部副部长孙永福到青藏铁路中铁十二、十四、二十局集团公司检查施工准备、工程质量和"非典"防治情况。

▲6日　总公司领导与总公司防治"非典"领导小组召开会议，专题研究部署"非典"防治工作，王振侯总经理、李国瑞书记出席会议，强调要做到预防"非典"与生产经营两不误。

▲7日　陕西省省委书记李建国视察中铁十八局集团公司承建的西安咸阳机场高速公路六村堡立交桥工程。

▲8日　总公司党委书记李国瑞率机关有关人员到中铁十六局集团公司承建的北京民航大厦、地铁5号线东四及灯市口车站等建设工地，检查防治"非典"工作情况，称赞该集团公司防治"非典"工作认识到位，防控措施有力。

▲8日～9日　总公司总经理王振侯、党委书记李国瑞，副总经理何能金、邹才华、夏国斌、范德，党委副书记霍金贵分别率领7个工作组，对总公司系统北京地区在建工程项目防治"非典"措施落实情况进行检查指导。

▲10日　河南省省长李玉成视察中铁十四局集团公司路桥工程分公司承建的河南许平南高速公路贾河大桥工地，称赞"中铁十四局集团公司不愧是建筑施工企业当中的一支过硬队伍"。

▲15日　北京市副市长范伯元在总公司总经理王振侯陪同下，到中铁建设集团公司承建的北京中关村金融中心建设工地检查"非典"防控工作，高度赞扬该公司在抗击"非典"斗争中取得的非凡业绩。

▲15日～7月15日　铁道建筑公安局根据上级统一部署，组织开展打击犯罪的"蓝盾"行动，破获刑事案件702起，捕获犯罪嫌疑人656人，打掉犯罪团伙

24个,捕获团伙成员142人;查处治安案件1 167起,处罚违法人员1 132人,收缴赃款赃物折款178.5万元。

▲16日　全国人大常委会环境保护委员会副主任朱育理率全国人大常委会环保执法检查组,视察中铁二十局集团公司承建的重庆唐家沱污水处理厂一期工程。

▲17日　中共中央政治局常委、全国人大常委会委员长吴邦国,在铁道部部长刘志军、江西省省委书记孟建柱和省长黄智权的陪同下,冒雨视察中铁十八局集团公司承建的赣龙铁路峡山隧道出口施工现场,勉励参建职工高质量修好赣龙铁路。

▲同日　青海省省长赵乐际视察青藏铁路格尔木南山口铺轨基地和铺轨工程。

▲18日　北京市石景山区区委、区政府领导到总公司总医院颁发锦旗,表彰该院在1个多月的抗击"非典"战役中,取得收治发热病人141例,确诊"非典"病人65例,全院600人无一例感染的突出战绩。

▲19日　总公司企业法人年检报告和年度财务报告通过国家工商行政管理总局年检,年检结果"合格",年检等级为"A"级。

▲20日　面对突如其来的"非典"疫情,总公司召开经营工作紧急会议,提出"一手抓防治'非典',一手抓生产经营"的紧急措施。

▲21日　总公司及机关防治"非典"领导小组召开会议,王振侯总经理、李国瑞书记及何能金、邹才华副总经理等出席会议,强调要继续打好防治"非典"攻坚战。

▲同日　总公司召开直属单位经营工作会议,何能金副总经理在会上强调:在继续抓好防控"非典"工作的基础上,加大经营工作力度,力争把"非典"疫情造成的损失降到最低限度。

▲同日　中铁路桥集团公司开发的"跨座式单轨PC梁制造技术"通过四川省科技厅组织的成果鉴定,专家认定该制造技术为国内首创,达到国际先进水平,其中模板技术居国际领先水平,取得具有自主知识产权的PC梁梁体、模板和工法3项国家专利。

▲同日　中铁路桥集团公司开发的"磁悬浮列车轨道梁制造技术"通过四川省科技厅组织的成果鉴定,专家认定该项成果为国内首创,具有国际领先水平,取得模板和工法2项国家专利。

▲22日　甘肃省省委书记宋照肃、省长陆浩及兰州市党政主管领导视察中铁十二局集团公司四公司承建的兰州小西湖黄河大桥建设工地,赞扬该公司"非典"防治工作抓得紧,工程干得好。

▲同日　总公司下达2003年度劳动工资计划:年末职工计划173 074人,职工工资总额计划227 720万元,施工企业劳动生产率与2002年同比提高5%,工业企业劳动生产率同比提高3%。

▲同日　中铁路桥集团公司为越南生产的轨枕生产线在越南首都河内举行隆重开工剪彩仪式,越南交通部部长、铁路联合协会主席等出席开工仪式。

▲23日　总公司召开生产经营和防治"非典"工作电话会议,王振侯总经理、李国瑞书记通报防治"非典"工作和生产经营形势,动员全体职工团结一心,争取防治"非典"和生产经营双胜利。

▲24日　中国土木工程集团公司与中兴通讯有限公司签署尼日利亚GSM网络扩建项目合作协议,合同投资5 150万美元。

▲26日　甘肃省省委书记宋照肃、省长陆浩视察中铁十六局集团公司五公司承建的兰海高速公路大红山隧道建设工地,对该工程安全、质量、进度、文明施工给予高度评价。

▲29日～30日　西藏自治区副主席杨海滨视察青藏铁路总公司管段工程,对施工管理、工程进度和环保工程给予充分肯定。

▲31日　中铁十二局集团公司在大运高速公路雁门关隧道施工中,19个月综合成洞5 220米,率先完成该隧道主体工程,创造了特殊地质条件下中国5公里以上长大公路隧道快速施工新纪录。

▲5月　总公司荣获中纪委、中组部、国资委、监察部、中华全国总工会联合授予的"全国推行厂务公开工作先进单位"称号。

▲5月　中铁十二局集团公司团委被共青团中央、国家经贸委、劳动和社会保障部、国家知识产权局、中国科协联合授予的"全国青年创新创效活动先进单位"称号。

▲5月　中铁十八局集团公司荣获2002年度"天津市优秀企业"和"天津市守合同重信誉先进企业"称号。

▲5月　中铁十八局集团公司工会主席、华东公司总经理户海印荣获"天津市劳动模范"称号。

▲5月　中铁十九局集团公司卓磊荣获"全国重点工程建设青年贡献奖"。

▲5月　中铁十九局集团公司董事长左春文获"火车头奖章"。

▲5月　中铁二十局集团公司西安工程机械公司荣获中国质量协会建设机械行业分会颁发的2001年～2002年度"用户满意先进企业"称号。

六月

▲3日　国资委副主任吴晓华一行在国务院监事

会第39办公室主席丹笑山陪同下，到总公司调查了解“非典”疫情防治和生产经营情况，对总公司一手抓防治“非典”、一手抓经营发展所取得的突出成绩给予充分肯定，高度赞扬总公司这支兵改工的队伍“团队素质高，关键时刻过得硬”。

▲同日　国资委党委调研组组长阎进通一行3人到总公司机关和中铁建设集团公司第21项目部，就中央企业如何开展党员先进性教育进行前期调研。

▲4日　陕西省省长贾治邦、省委副书记张宝庆、副省长王寿森一行视察中铁二十局集团公司承建的南沙河加固工程。

▲5日　广东省人大副主任黄伟鸿一行到中铁十六局集团公司承建的广州地铁体育西路站建设工地检查“非典”防控情况，对抗击“非典”取得的成绩给予充分肯定。

▲8日　中共中央政治局委员、国务院副总理曾培炎在新华社《国内动态清样》一篇文章上作出重要批示：“全体青藏铁路建设者要学习况成明同志不畏艰险、勇于创新、关心群众、大公无私的精神，在世界屋脊的青藏高原上一展新时代铁路建设者的风貌，夺取青藏铁路建设的全面胜利。”对此，铁道部部长刘志军强调，曾培炎副总理批示是对青藏铁路建设注入的巨大动力，要求在参加青藏铁路建设的所有施工、设计单位中广泛开展学习况成明活动，把宣传学习况成明与宣传学习青藏铁路建设中涌现出的先进群体结合起来，落脚点放在激励全体建设者攻克“三大难关”，胜利完成建设世界一流高原铁路的历史任务上。

▲同日　江苏省省委书记李源潮和苏州市市委书记王珉、市长杨卫泽、副市长姜人杰视察中铁二十局集团公司一公司承建的苏州市人民桥改造工程。

▲上旬　总公司党委中心组紧密联系企业实际，认真学习《企业国有资产监督管理暂行条例》。党委书记李国瑞、总经理王振侯强调，作为国有企业的各级领导者，要把学习贯彻《条例》作为当前和今后企业经营管理实践中的大事，确保《条例》精神在企业落实。

▲12日　四川省省委副书记刘鹏在雅安市市委领导陪同下，视察中铁十六局集团公司承建的瀑布沟交通桥工程，勉励参建职工为西部大开发再立新功。

▲16日　总公司党委发出通知，要求所属单位认真传达贯彻国务院副总理曾培炎和铁道部领导关于开展向况成明学习活动的批示精神，在青藏铁路建设中掀起学先进、攻难关、创一流的高潮。

▲18日　总公司系统参加建设的西安南京铁路西安—合肥段在西荆河大桥顺利对接，比原计划提前190天铺通，铁道部致电祝贺。

▲同日　中铁十二局集团公司承建的造型独特、设计新颖的中国第一座跨黄河立交桥——兰州小西湖黄河大桥主跨胜利合龙，兰州市市长张志银为中铁十二局集团公司颁发“金鹰奖”。

▲20日　总公司系统参建的京秦客运通道提速改造工程全线开通，旅客列车时速由过去的140公里提速到200公里。

▲21日　北京市副市长范伯元、中国建筑业协会副会长张青林及总公司总经理王振侯、副总经理范德出席北京中关村金融中心钢结构工程吊装典礼。

▲23日　中铁十三局集团公司在南京地下铁道施工中，攻克国内首例软流塑淤泥粉质粘土地层大跨度隧道技术难关，中国工程院院士王梦恕赞扬此举“开创了人类先河”。

▲24日　国内首条生态环保铁路——全长306公里的胶新铁路提前一年胜利贯通。总公司所属中铁十一、十二、十七局集团公司等参建单位大力推广应用新技术、新工艺、新材料，攻克建设绿色通道、地震断裂带监测、采空区处理、山区岩石边坡喷植、固化剂构件防护路基边坡、圆柱面钢支座应用技术等六大科研课题，填补了中国铁路建设史上的一项技术空白。

▲25日　四川省省委、省政府授予中铁路桥集团公司副总经理兼总工程师田保华“四川省有突出贡献的优秀专家”称号，并享受政府特殊津贴。

▲同日　中铁十四局集团公司承建的渝怀铁路武隆隧道爆发中国隧道建设史上罕见的特大涌水，每天涌水量高达1 190万立方米。涌水冲垮了洞口的施工场地，将重达17吨的7节梭式矿车和12吨重的4辆电瓶车顺轨道冲入乌江，冲走了工程物资，淹没损坏了洞内机械设备，隧道初期支护扭曲变形，两处发生坍塌，造成直接经济损失800万元，施工被迫中断。

▲26日　总公司党委在总医院隆重举行庆祝表彰大会，表彰奖励在北京抗击“非典”斗争中做出突出贡献的总医院237名医护人员。总公司总经理王振侯、党委书记李国瑞、北京市石景山区副区长李晓强等出席表彰大会并讲话，11名先进代表在会上介绍抗击“非典”的感人事迹。

▲同日　中铁十七局集团公司承建的青藏铁路海拔最高的唐古拉山垭口段连降暴雨，72名抢修施工便道的职工被洪水围困在一片草甸上。在党中央、国务院及铁道部领导的直接关怀和地方党政军民的全力营救下，被洪水围困21小时的职工全部安全脱险。

▲28日　中共中央政治局常委、国务院副总理黄菊高度评价青藏铁路建设的重大意义，充分肯定青藏铁路建设取得的重大进展，称赞铁路建设大军是一支素质过硬、能打硬仗的队伍，勉励参建职工依靠科技攻克冻土施工、环境保护、高原生理三大难题，再接再励，

艰苦奋战，科学攻关，扎实工作，为建设世界一流高原铁路作出新的贡献。铁道部部长刘志军要求参建单位认真落实黄菊副总理指示精神，夺取青藏铁路建设攻坚战的全面胜利。

▲同日　中共中央组织部表彰全国防治"非典"工作先进基层党组织和优秀共产党员。总公司总医院党委荣获"全国防治非典型肺炎工作先进基层党组织"称号，是中央企业中惟一受到表彰的基层党组织。中铁十三局集团公司中心医院护士长杨雪荣获"全国防治非典型肺炎工作优秀共产党员"称号。

▲同日　江西省赣粤高速公路昌泰段建成通车，省委书记孟建柱、省长黄智权出席开通典礼并邀请中铁十三局集团公司一公司昌泰项目部经理张容霖等3名劳动模范为通车剪彩。

▲同日　中铁十六局集团公司等单位参建的中国海拔最高的高速公路(平均海拔2 300米)——青海马场垣至西宁高速公路建成通车。

▲同日　中铁十六局集团公司承建的具有"天然地质博物馆"之称的渝怀铁路重点控制工程金洞隧道比计划工期提前20个月胜利贯通。

▲同日　西南交通大学网络学院在中铁十一局集团公司襄樊教育培训中心正式挂牌，开创了职工教育的新思路、新渠道、新形式。

▲29日　中铁十七、十八局集团公司承建的海拔5 072米的青藏铁路最高点——唐古拉山南侧藏北无人区越岭多年冻土地段开工，标志着全世界海拔最高、线路最长的青藏铁路建设进入全面攻坚阶段。

▲30日　国资委党委表彰中央企业防治"非典"工作先进基层党组织和优秀共产党员。总公司总医院党委荣获"中央企业防治非典型肺炎工作先进基层党组织"称号，总医院急诊科主任吴雨龙荣获"中央企业防治非典型肺炎工作优秀共产党员"称号。总医院党委书记阴瑞获"全国卫生系统抗击'非典'先进个人"称号，常务副院长叶林书获"全国防治非典型肺炎优秀科技工作者"称号。

▲同日　宝兰二线全线开通运营庆典在陕西省宝鸡市举行。宝兰二线全长487公里，为国家一级电气化铁路干线，设计时速140公里，开通时速80公里，创历史纪录。

▲6月　总公司系统认真贯彻实施《安全生产法》，全面开展"安全生产月"活动。

▲6月　中铁十六局集团公司五公司承建的中国埋藏最深、地应力最大、地质条件最复杂的公路特长隧道——川藏公路二郎山隧道获四川省工程建设"天府杯"金奖。

▲6月　中铁十八局集团公司承建的京沪高速公路化临段继获交通部"三优工程奖"后，又荣获"全国用户满意工程"称号。

▲6月　中铁二十局集团公司六公司连续9年荣获陕西省人民政府授予的"重合同守信用企业"称号后，又获得国家工商行政管理总局授予的"全国守合同重信用企业"称号。

七月

▲1日　总公司机关举行抗击"非典"先进事迹报告会，邀请总医院12名医护人员以感人肺腑的演讲这一特殊方式，庆祝建党82周年。总公司副总经理邹才华等出席会议。

▲2日　总公司党委书记李国瑞到海外公司珠海铁城实业公司承建的广东东莞运河樟村水质净化工程检查指导工作，并为青年突击队授旗。

▲同日　总公司经营部与石家庄铁道学院联合开发的"经营管理及统计报表软件系统"通过河北省科技厅、教育厅组织的技术鉴定，专家认定该成果居国内同行业领先水平。

▲3日　交通部副部长冯正霖、河南省副省长李新民一行视察中铁二十局集团公司承建的亚洲最大的立交桥——新郑高速公路刘江立交桥建设工地，对工程质量、施工进度、安全生产给予高度评价。

▲同日　中铁十八局集团公司开发的"复杂地质条件下彭水长隧道综合施工技术"通过天津市科委组织的鉴定，专家认定该项成果综合技术达到国际先进水平。

▲3日～4日　全国人大常委会副委员长韩启德在铁道部部长刘志军等陪同下，视察青藏铁路建设工地，高度赞赏青藏铁路建设者"吃苦奉献，立功高原"的精神，充分肯定青藏铁路建设取得的成绩，勉励参建职工打好青藏铁路建设攻坚战。铁道部副部长孙永福、西藏自治区副主席杨海滨及总公司总经理王振侯等陪同视察。

▲4日　铁道部部长刘志军、副部长孙永福在总公司王振侯总经理、范德副总经理陪同下，视察中铁二十局集团公司承建的青藏铁路风火山隧道建设工地，亲切看望建设者，勉励参建职工发扬特别能战斗的精神，建设世界一流高原铁路。

▲同日　中铁十七局集团公司开发的"石家庄市南环大桥设计、施工综合技术研究与应用"成果通过河北省科技厅组织的鉴定，专家认定该项成果整体技术居国内领先水平，其中钢导梁原位同步驱动技术达到国际先进水平。

▲6日　中铁十八局集团公司中标阿曼苏丹国库

瑞亚特——苏尔公路第2标段工程,合同金额2.42亿元人民币。

▲7日　中铁十一局集团公司开发的"渝怀铁路歌乐山隧道岩溶富水区施工技术"通过铁道部科技司组织的成果鉴定,专家认定该项成果总体技术达到国内领先水平,堵水限排与注浆堵水技术达到国际先进水平。

▲同日　铁道建筑研究设计院研制的"铁路通用便梁(B型梁)"通过铁道部运输局主持的评审,同意小批量上道试用。

▲8日　北京市副市长刘敬民在中铁十四局集团公司董事长韩风险、副总经理徐明新陪同下,视察北京地铁5号线建设工地。

▲8日～9日　总公司在重庆召开经营工作分析会,总结上半年经营工作,部署下半年经营任务,研究如何以资本经营带动工程经营问题,李国瑞书记及何能金、扈振衣副总经理等到会讲话。

▲9日　陕西省副省长洪峰视察中铁十二局集团公司承建的西安—汉中高速公路铁炉沟隧道建设工地。

▲同日　总公司副总经理何能金到中铁路桥集团公司重庆工程分公司检查指导工作。

▲10日　公安部一等功臣、铁道建筑公安局第十四公安处二分处处长袁绪宏荣获公安部授予的"全国优秀人民警察"称号。

▲同日　中铁二十局集团公司西安工程机械公司自行开发研制的QCY360型冲击式压路机专用牵引车问世。

▲11日　总公司王振侯总经理到成都中铁建西南物资有限公司检查指导工作。

▲同日　石家庄铁路工程职业技术学院更名为石家庄铁路职业技术学院。

▲12日～13日　总公司在济南召开改制分流工作会议,专题研究部署主辅分离、改制分流工作,决定将"三类资产"与主业分离,国有资本从大部分辅业单位中退出。

▲15日　总公司在大兴党校(干校)举办领导干部和青年干部培训班,总公司党委副书记霍金贵等出席开学典礼并讲话。

▲16日　京沪高速铁路首片简支连续箱梁在中铁十四局集团公司北京房桥中铁路桥工程有限公司试制成功,铁道部副部长蔡庆华亲临试制现场视察该梁静载试验过程。

▲同日　铁道建筑研究设计院开发的"土体刚度仪在路基压实质量检测控制中应用的试验研究"成果通过铁道部建设司组织的评审。评审意见认为,该项成果为路基压实质量快速检测提供了一种新的途径。

▲同日　共青团中央授予总医院内科团支部"全国防治非典型肺炎工作先进基层团组织"称号,授予总医院麻醉科护师菇丽超"全国防治非典型肺炎工作优秀共青团员"称号。

▲18日　铁道部副部长陆东福、建设司司长杨建兴一行到总公司机关,与王振侯总经理、李国瑞书记、何能金副总经理等领导围绕铁路跨越式发展主题进行座谈,听取建议和意见。

▲同日　中铁十一局集团公司开发的"跨座式单轨PC轨道梁架运设备研制"成果通过湖北省科技厅组织的鉴定,专家认定该项成果为国际首创,综合技术达到国际先进水平。

▲20日　中铁十三局集团公司一公司承建的中国首座双索面不等跨混凝土弯塔斜拉桥——浙江省余姚市兰墅大桥主体工程完工,标志着中国桥梁建设工艺取得新突破。

▲22日　铁道部副部长陆东福在中铁十六局集团公司总经理汪昭富等陪同下,视察兰武铁路二线乌鞘岭隧道建筑工地。

▲22日～26日　中铁十四局集团公司团委书记刘德顺、中铁十五局集团公司团委书记张启亮、中铁十七局集团公司团委书记李慧敏当选为共青团中央十五大代表,参加在北京召开的共青团第十五届代表大会。

▲23日　总公司党委副书记彭树贵、团委书记钱桂林一行到中铁十六局集团公司检查贯彻党的十六大和共青团十五大精神,落实"党建带团建"工作情况,对该公司共青团的组织建设和青年工作给予充分肯定。

▲同日　中共中央政治局常委李长春和中共中央政治局委员、中宣部部长刘云山出席在北京人民大会堂举行的全国新闻界抗击"非典"宣传工作先进集体、优秀记者、优秀新闻作品表彰会。会上,中国铁道建筑报社总编辑朱海燕荣获中宣部、中国记协授予的"全国新闻界抗击'非典'新闻宣传优秀记者"称号。

▲25日　根据中共中央和国资委党委的部署,结合总公司系统实际,总公司党委发出通知,在全系统兴起学习贯彻"三个代表"重要思想的新高潮。

▲同日　中铁十四局集团公司开发的"浅埋隧道穿越楼房基础技术研究"成果通过上海市科委组织的鉴定,专家认定该项成果总体技术达到国内先进水平,截桩技术达到国内领先水平。

▲同日　中铁十一局集团公司荣获"湖北省优秀企业"称号。

▲26日　建设部部长汪光焘在南京市副市长戴永宁、中铁十六局集团公司总经理汪昭富陪同下,视察中铁十六局集团公司承建的亚洲最大的盖挖地铁车站

——南京地铁新街口车站，对工程建设取得的成绩给予充分肯定。

▲同日　铁道部副部长陆东福视察中铁十九局集团公司承建的荆竹岭隧道建设工地，对隧道光面爆破给予高度评价。

▲同日　中铁十一局集团公司开发的“汉江航线青龙桥工程预应力连续槽形梁建造技术”在襄樊通过湖北省科技厅主持的技术鉴定，专家认定该项成果达到国内领先水平。

▲27日　铁道部副部长陆东福在总公司总经理王振侯等陪同下，视察中铁十四局集团公司承建的渝怀铁路武隆隧道和中铁十三局集团公司承建的涪陵乌江大桥建设工地。

▲同日　总公司与广东省汕头市锦峰集团有限公司合作，中标潮州—揭阳高速公路项目业主投资项目，线路全长29.24公里，总投资17.21亿元，项目业主特许经营年限30年。

▲29日　世界铁路第一高隧——轨面海拔4 905米的青藏铁路风火山隧道完成二次衬砌，主体工程全面完工。

▲30日　总公司荣获中国企业联合会培训工作委员会授予的“全国企业培训工作先进单位”称号，3人被评为全国企业培训工作先进个人。

▲31日　中铁路桥集团公司重庆工程分公司完成重庆轻轨交通较新线一期工程PC梁灌注任务，共生产PC梁727榀，创造出曲线半径75米的世界纪录，梁体外观、混凝土强度、弹膜等多项技术超出国际先进水平。

▲7月　总公司与西安天创房地产有限公司签订合作开发西安天创数码大厦房地产项目的合同协议。

▲7月～10月　总公司召开高速铁路施工技术座谈、研讨、交流系列会议，介绍高速铁路建设形势，交流施工技术，分析技术准备情况及存在问题，制定切实可行的应对措施，并编印出《高速铁路施工技术论文集》，为高速铁路投标及施工奠定了良好基础。

▲7月　总公司档案馆研制开发的中铁建版综合档案管理系统软件获总公司技术创新成果二等奖。

▲7月　中铁十八局集团公司二公司继2002年被中国质量协会评为“工程施工放心单位”之后，又荣获“全国用户满意施工企业”称号。

▲7月　经天津市企业联合会、天津市企业家协会按照国际通行方式审定，确认中铁十八局集团公司为2003年度“天津市企业100强”单位，排名第19位。

▲7月　中铁十八局集团公司渝怀铁路工程指挥部被共青团中央命名为2002年度“全国青年文明号”。这是该集团公司连续四年获此殊荣。

▲7月　为推动天津市与尼日利亚经济技术的合作与交流，经天津市对外经济贸易委员会批准，赋予中铁十八局集团公司驻尼日利亚有限公司天津市对外经济贸易委员会驻尼日利亚办事处职能，对外挂天津市对外经济贸易委员会驻尼日利亚办事处牌子。

▲7月　共青团中央、劳动和社会保障部联合命名表彰2002年度10名“全国杰出青年岗位能手”和106名“全国青年岗位能手”。中铁二十局集团公司三公司任文祥荣获“全国青年岗位能手”称号。

▲7月　中铁二十局集团公司荣获“全国施工企业设备管理优秀单位”称号。

▲7月　中铁二十局集团公司一公司荣获国家工商行政管理总局颁发的“全国守合同重信用企业”称号。

▲7月　中铁路桥集团公司养马河工程分公司完成国家重点科技攻关课题——京沪高速铁路箱梁模型制造技术3米梁节的开发试验。

▲7月　北京市市委、市政府授予总医院和鲁谷分院“首都防治非典型肺炎工作先进集体”称号，阴瑞等18人获“首都防治非典型肺炎工作先进个人”称号。

八月

▲1日　总公司机关召开“三标一体”质量体系认证颁证大会，华夏认证中心总经理李存健向总公司总经理王振侯、党委书记李国瑞颁发工程质量、环境保护和职业健康安全认证证书，标志着总公司在由传统企业管理模式向现代企业管理模式的转变中迈出了重要步伐。

▲同日　建设部通报表彰全国建设行业技术能手130人，中铁十二局集团公司电气化工程公司内燃机钳工技师范献太荣获“全国建设行业技术能手”称号。

▲3日～9月6日　总公司组成以工会主席夏良振为团长的体育代表团，参加全路第10届运动会，获银牌17枚、铜牌6枚，取得兵改工以来历史最好成绩。

▲4日　总公司机关召开企业文化报告会，特邀中国企业文化研究会秘书长孟凡驰作报告，总公司党委副书记霍金贵和副总经理靳尚忍、邹才华及机关300余名干部职工出席报告会。

▲5日　中铁十八局集团公司在激烈的市场竞争中力挫群雄，中标阿曼苏丹国古莱亚特——苏尔沿海公路第二合同段工程。该合同段线路全长26公里，总投资4.8亿元人民币，合同工期1 080天，是近些年来该集团公司承揽的最大的国外工程项目。

▲同日　中国文联组联部、中国民间文艺家协会等单位主办的全民抗“非典”故事会，应邀到总公司机

关举行新闻发布会及文艺汇报演出活动，一批著名民间艺术家参加演出，中国文联副主席胡珍、总公司副总经理邹才华及总公司机关300余名干部职工出席故事会。

▲7日　中铁路桥集团公司董事长兼总经理王长留荣获“四川省优秀创业人才”称号。

▲同日　总公司劳动工资部承担的“秦沈客运专线施工应用工业工程原理研究”课题通过总公司组织的专家评审，专家认为该成果对合理配置劳动力资源、进行人工成本核算等具有借鉴、指导作用。

▲同日　中铁十八局集团公司开发的“松软土地基轻轨超长高架桥设计、施工控制技术研究”成果通过天津市科委组织的鉴定，专家认定该项成果整体技术达到国内领先水平。

▲8日　中共中央政治局常委、国务院总理温家宝，中共中央政治局常委、国务院副总理黄菊，中共中央政治局委员、国务院副总理曾培炎，国务委员兼国务院秘书长华建敏在中共中央政治局委员、北京市市委书记刘淇和北京市代市长王岐山陪同下，冒着绵绵细雨到中铁十六局集团公司承建的北京城市轻轨铁路东直门车站视察工程建设及运营情况。总公司王振侯总经理、李国瑞书记及中铁十六局集团公司领导陪同视察。

▲同日　国资委纪委执法监察室主任熊小先一行在总公司党委副书记彭树贵陪同下，到中铁十六局集团公司调研执法效能监察工作。

▲9日　铁道部副部长蔡庆华在部高速办、鉴定中心等部门领导和中铁十四局集团公司董事长韩风险陪同下，前往北京房桥中铁路桥公司试验梁基地，观看24米先简支后连续箱型试验梁开裂荷载试验。

▲同日　著名艺术家才旦卓玛率西藏自治区心连心艺术团到西藏那曲，为参加青藏铁路建设的中铁十九局集团公司职工进行精彩的慰问演出。

▲10日　铁道部副部长陆东福率部建设司、工程管理中心、计划司、经济规划院领导在总公司王振侯总经理陪同下，视察中铁十三局集团公司承建的渝怀铁路涪陵乌江大桥建设工地，对施工进度、工程质量给予肯定。

▲同日　国家环保总局、国家林业局、国土资源管理局、水电部、铁道部等五部委到青藏铁路检查环境保护工作，对青藏铁路总公司施工地段的环保工作给予充分肯定。

▲11日　总公司党委书记李国瑞率机关有关部门负责人到总公司党校，看望第7期领导干部培训班和第5期青年干部培训班全体学员，并作题为《做强做大主业，当中国建筑业排头兵》的报告。

▲11日～12日　总公司党委副书记彭树贵率党委组织部、团委一行5人到中铁十八局集团公司调研指导“党建带团建”工作，并为该集团公司天津津滨轻轨交通工程项目部颁发“总公司青年文明号创建示范点”牌匾。

▲12日　铁道部副部长陆东福视察胶新铁路总公司施工段工程。

▲同日　中铁昆明大型养路机械集团公司生产的D09－32型连续式捣固车通过铁道部科研成果鉴定，专家认定该车整机技术性能达到国际先进水平，标志着大型养路机械国产化再上新台阶。

▲13日　总公司党委、总公司发出《关于开展向况成明、余绍水同志学习的决定》，在全系统开展学先进、攻难关、创一流，打好青藏铁路攻坚战活动。

▲15日　原全国政协主席李瑞环在总公司青藏铁路工程指挥部常务副指挥彭江鸿等陪同下，视察青藏铁路建设工地。

▲同日　铁道部副部长孙永福视察青藏铁路总公司管段建设工地，亲切慰问参建职工。

▲同日　青海省人大常委会副主任切生、环境保护专家董婉如一行到中铁二十局集团公司承建的青藏铁路风火山隧道弃砟场检查环境保护工作，对该集团公司把弃砟场建成绿草如茵、宏伟壮观的旅游景点大加赞赏。

▲同日　中铁十一局集团公司一公司承建的中国首座劲性骨架转体铁路拱桥——赣龙铁路吊钟岩特大桥在福建龙岩南水河谷顺利合龙。

▲18日　缅甸联邦铁道部部长Thura先生和缅甸联邦驻昆明总领事吴登佐先生到昆明中铁大型养路机械集团公司参观考察。

▲同日　铁道第一勘察设计院隆重庆祝建院50华诞，铁道部副部长孙永福、甘肃省省委副书记王宪魁及常务副省长徐守盛、青海省副省长苏森等领导出席庆祝大会并讲话，充分肯定建院50年来在中国铁路和现代交通建设中取得的成就，勉励铁一院职工为中国铁路和现代化建设作出新贡献、创造新辉煌。总公司党委书记李国瑞出席庆祝大会并与院领导班子进行座谈。

▲同日　洛湛铁路邵永段完成验收，交付广州铁路集团公司运营。邵永段全长119公里，总投资21.6亿元，2000年12月开工，2002年12月比预定工期提前3个月铺通。中铁十二、十九局集团公司等单位参加施工。

▲20日～23日　总公司党委书记李国瑞到世界铁路海拔最高(4 800米～5 072米)的青藏铁路唐古拉山藏北无人区越岭地段，看望慰问中铁十六、十七、十

八、十九局集团公司参建职工，勉励建设者发扬艰苦不怕吃苦、海拔高斗志更高的精神，攻克青藏铁路建设这个令世界关注的险关、难关。

▲21日　总公司团委命名表彰青藏铁路建设“青年文明号”单位3个，“青年文明号”创建示范点17个，青年环保工程3项，青年环保工程创建示范点6项；青藏铁路建设青年功臣9名，优秀青年管理者7名，杰出青年岗位能手20名，优秀团干部10名，优秀共青团员10名。

▲22日　铁道部副部长陆东福在中铁十一局集团公司董事长段昌炎等陪同下，视察该集团公司承建的胶新铁路郯城车站建设工地。随后到中铁十二局集团公司胶新铁路建设工地视察。

▲同日　中铁十三局集团公司一公司、中铁十九局集团四公司等单位参建的银川至青岛高速公路银川—古窑子段建成通车，宁夏回族自治区党委书记陈建国、政府主席马启智、政协主席任启兴等领导出席通车仪式，对工程建设给予高度评价。

▲23日　铁道建筑研究设计院开发的“中跨连续梁造桥机的研制”成果通过国家科技部和总公司主持的技术设计审查，同意在兰武二线黄河特大桥施工中应用。

▲25日　总公司党委书记李国瑞到中铁十五局集团公司宣布张播琦任该集团公司董事长兼党委书记的任命。

▲27日　中铁十七局集团公司开发的“施工企业项目管理责任体系”获“全国工程建设企业管理现代化成果二等奖”。

▲28日　全国政协常委程安东视察秦岭终南山公路隧道工程。

▲同日　河南省省委书记李克强在商丘市领导陪同下，视察中铁二十局集团公司四公司承建的商亳高速公路建设工地，称赞“中铁二十局集团公司干得很好！”

▲29日　铁道部青藏铁路建设总指挥部组织22家施工、监理单位，到中铁十九局集团公司四公司建设工地观摩学习耐久性混凝土施工技术，并在青藏铁路全线推广。耐久性混凝土施工技术是由中铁十九局集团公司首家试验成功，在青藏铁路建设中首次采用的增强混凝土构筑物耐久性的施工技术。

▲同日　中铁十五局集团公司青藏铁路工程指挥部指挥长张海亮荣获“国家重点工程建设青年贡献奖”。

▲30日　总公司副总经理、咸阳中铁路桥有限公司董事长扈振衣一行到总公司第一个BOT项目建设工地——陕西咸阳渭河3号大桥检查指导工作。

▲同日　宁夏回族自治区党委书记陈建国视察中铁二十局集团公司六公司承建的扬黄灌溉工程试通水情况。

▲31日　中铁十七局集团公司在担负青藏铁路唐古拉山无人区越岭地带131公里施工道路建设中，攻克河流纵横的百里湿地，经受瞬息万变的暴风雨雪恶劣气候的考验，战胜多年冻土、高寒缺氧、环境保护等难题，确保施工道路按时贯通，为青藏铁路越岭地段施工奠定了基础。

▲下旬～9月上旬　总公司纪委、监察局分别在中铁十六局集团公司厦门分公司和中铁昆明大型养路机械集团公司召开纪委书记座谈会，深入学习贯彻中纪委新的五项要求和防止国有资产流失问题，国资委监察局副局长熊皓、总公司党委副书记兼纪委书记彭树贵到会讲话。

▲8月　中铁十一局集团公司承建的中国首座公路预应力连续槽形梁桥——跨越江汉航线殷家河的青龙桥建桥技术，通过由中国公路学会、中国桥梁科学研究院、湖北省科技厅、河南省交通厅等单位专家参加的技术鉴定。专家认定该大跨度连续槽形梁在中国公路桥梁建设史上尚属首例，其整体技术达到国内先进水平，具有推广应用价值。

▲8月　中铁十八局集团公司五公司承建的邯济铁路跨京广特大桥荣获中国施工企业管理协会颁发的“全国用户满意工程”称号。

▲8月　中铁二十局集团公司一公司通启铁路项目部QC小组攻克南方高速公路软土路基下沉与大桥过渡段跳车难题，荣获“国家工程建设优秀质量管理小组”称号。

▲8月　铁道部副部长陆东福在中铁十一局集团公司总经理孟乔然陪同下，视察兰武二线黑松驿隧道施工现场。

▲8月　青海省省长赵乐际、省委副书记兼常务副省长蒋洁敏、省交通厅厅长桑杰视察中铁十九局集团公司一公司承建的丹拉高速公路第7合同段工程。

九月

▲2日　中铁十八局集团公司承建的西康铁路秦岭隧道Ⅱ线衬砌及整体道床工程全部完工。秦岭隧道全长18.45公里，Ⅰ线隧道于1999年9月贯通。Ⅱ线隧道施工中，克服右有Ⅰ线隧道运营、左有终南山公路隧道施工干扰，创造了中国铁路隧道施工新水平。

▲3日　国资委下发《关于中国铁道建筑总公司与中国土木工程集团公司实施重组的批复》，总公司与中国土木工程集团公司成功重组。

▲3 日～5 日　总公司参加在上海举办的"2003年中国国际城市轨道交通展览会",全面介绍总公司在城市轨道交通建设方面强劲的施工能力、先进的施工技术和显著的工程业绩,进一步提高了总公司的社会知名度。

▲3 日～5 日　沙特阿拉伯、利比亚、阿尔及利亚驻华大使分别访问中国土木工程集团公司。

▲4 日　铁道部副部长陆东福视察中铁十三局集团公司承建的满洲里口岸站扩能改造工程,要求参建员工全力保证运输畅通,安全高效完成任务。

▲同日　中铁十八局集团公司参建的中国公路第二长隧——京福高速公路美菰林隧道右线提前 3 个月胜利贯通。美菰林隧道双线总长 11.2 公里,其中左线长5 563.37米,右线长5 580米,总投资 3.7 亿元,2001年 12 月开工。施工中,创造连续 7 个月单口独头开挖超 200 米全国特长公路隧道施工佳绩。

▲同日　总公司副总经理范德到中铁二十局集团公司二公司承建的亚洲占地面积最大的立交桥——郑州刘江互通立交桥建设工地检查指导工作。

▲6 日～9 日　国资委副主任王瑞祥在总公司党委副书记霍金贵、总公司青藏铁路工程指挥部常务副指挥彭江鸿等陪同下,视察青藏铁路建设工地,看望慰问建设者,勉励参建单位在青藏铁路建设中出经验、出人才、出成果。

▲7 日　全国政协副主席白立忱视察中铁二十局集团公司参建的宁夏扬黄扩灌工程建设工地,对该集团公司在施工中表现出的国家大型企业风范给予高度评价。

▲8 日～26 日　总公司在北京培训中心举办党委组织部长培训班。期间,总公司党委书记李国瑞、党委副书记霍金贵前往看望参训学员。

▲9 日　总公司副总经理夏国斌一行到兰州铁路建设集团公司调研。

▲同日　总公司召开庆祝教师节电话会议,表彰教育培训先进单位和先进个人,总公司党委书记李国瑞、党委副书记彭树贵、副总经理何能金和范德等出席会议并讲话。

▲9 日～12 日　总公司直属机关党委举办部门领导学习贯彻"三个代表"重要思想培训班,总公司党委书记李国瑞在培训班动员大会上作《贯彻"三个代表"重要思想,做强做大主业,争当中国建筑行业排头兵》的主题报告。

▲10 日　国资委党委、铁道部、共青团中央在西藏拉萨河特大桥建设工地召开"我为青藏铁路建功勋"表彰大会,国资委副主任王瑞祥、西藏自治区副主席洛桑江春、总公司党委副书记霍金贵等出席大会。会上,总公司系统 5 个先进青年集体、14 名先进青年荣获"国家重点工程建设青年贡献奖"。

▲同日　总公司副总经理何能金出席石家庄铁路职业技术学院开学典礼暨庆祝教师节总结表彰大会,对该院的工作给予充分肯定。

▲上旬　总公司团委与全国铁道团委在青藏铁路施工沿线联合开展"青年建功成才"表彰慰问活动。总公司团委命名表彰 29 个先进集体和 59 名先进个人;全国铁道团委授予 4 支青年突击队"青藏铁路建设优秀青年突击队标杆"称号,授予 11 支青年突击队"青藏铁路建设优秀青年突击队"称号。

▲上旬～10 月中旬　总公司在组织人事系统开展以公道正派为主要内容的"树组工干部形象"集中学习教育活动,有力地推动了组织人事工作。

▲11 日　中铁二十局集团公司中标尼日尔共和国津德尔市市政供水工程。

▲12 日　南疆铁路库尔勒—喀什段在新疆喀什正式通过国家验收,铁道部副部长陆东福、新疆维吾尔自治区副主席阿曼·阿吉及总公司副总经理范德等出席验收签字仪式。南疆铁路库尔勒—喀什段全长969.58 公里,1996 年 9 月 6 日开工,1999 年 5 月 6 日开通运营。

▲同日　中铁物资集团公司在北京举行公司成立揭牌仪式,总公司王振侯总经理、李国瑞书记、何能金副总经理等出席揭牌仪式;王总经理、李书记为集团公司揭牌。

▲13 日　在第三届平遥国际摄影艺术节上,中国摄影家协会授予中铁十二局集团公司一公司宣传部副部长贾鹏翼(武羽)中国摄影界最高荣誉——"德艺双馨优秀会员"称号。

▲同日　中国人民解放军总后勤部部长廖锡龙上将等 30 位将军视察中铁十八局集团公司承建的舟山洞库工程。

▲15 日　中铁十六局集团公司承建的西气东输穿越黄河的"咽喉"工程——郑州黄河顶管工程胜利贯通,标志着黄河顶管工程这一"世界性难题"全面破解。

▲17 日　总公司党委认真贯彻中共中央组织部、国资委党委指示精神,召开组织人事系统"树组工干部形象"集中学习教育活动电话会议,党委书记李国瑞到会作重要讲话,霍金贵、彭树贵副书记出席会议。

▲同日　北京市卫生局致函总公司,决定将总公司总医院与北京市朝阳医院整体合并。

▲18 日　国务院监事会第 39 办公室主任杨涛一行到昆明中铁大型养路机械集团公司检查工作。

▲19 日　青藏铁路建设先进事迹报告团在总公司机关举行首场先进事迹报告会,况成明等 6 位代表

作感人肺腑的事迹报告。总公司党委书记李国瑞，党委副书记霍金贵、彭树贵，副总经理邹才华及机关全体干部聆听事迹报告。

▲中旬　世界银行代表到中铁十八局集团公司四公司承建的中国第一大型污水处理场——石家庄市桥东污水处理场进行现场管理、安全质量检查，称赞“工程质量、现场管理令人钦佩”。

▲20 日　国资委党委书记李毅中、总公司党委书记李国瑞等领导在北京密云云湖度假村听取总公司青藏铁路先进事迹报告团成员汇报。

▲21 日　辽宁省省长薄熙来一行视察沈大高速公路改扩建工程第 9 标段，称赞中铁十九局集团公司职工“素质高，有实力，干得好！”

▲21 日～9 月 30 日　铁道部副部长孙永福、中华全国铁路总工会副主席冯子彬率铁道部慰问团到青藏铁路建设工地检查指导工作，慰问参建职工。

▲22 日～26 日　中铁十一局集团公司工会主席陈文举在北京参加中国工会第 14 次全国代表大会期间，受到中共中央政治局委员、中华全国总工会主席王兆国等的亲切接见。

▲23 日　以总公司总经理王振侯为团长、副总经理扈振衣和中铁十八局集团公司董事长赵广发等为成员的代表团一行 5 人，赴阿曼苏丹王国签署库瑞亚特—苏尔高速公路二期工程合同，外交部部长助理吕国增、中国驻阿曼大使邓绍勤等出席合同签字仪式。库瑞亚特—苏尔高速公路二期工程是中国在阿曼苏丹王国承揽的第一个工程项目，工程全长 27.74 公里，投资约 5 亿元人民币，总工期1 080天。

▲24 日　铁道部副部长孙永福一行到青藏铁路风火山隧道看望慰问中铁二十局集团公司参建职工，并欣然题词：“发扬风火山精神，建设世界一流高原铁路。”

▲26 日　中铁十二局集团公司青藏铁路工程指挥部指挥长余绍水被确定为“中国十大杰出青年”候选人。

▲27 日　国资委在北京人民大会堂隆重举行青藏铁路建设先进事迹报告会，驻京中央企业的领导和职工3 000余人出席报告会。会前，中共中央政治局常委、国务院副总理黄菊在国资委主任李荣融、党委书记李毅中、副主任王瑞祥和铁道部副部长王兆成等陪同下，接见青藏铁路建设先进事迹报告团成员并发表重要讲话，总公司党委书记李国瑞、总经理王振侯、党委副书记霍金贵等出席报告会。总公司系统况成明、余绍水、邵尧霞、王会明、刘燕作为报告团成员在会上作事迹报告。

▲同日　国资委、铁道部联合下发《关于将铁道部部属勘察设计院等企业分别划入中国铁路工程总公司、中国铁道建筑总公司有关问题的通知》，将铁道第一、第四勘察设计院和哈尔滨、上海、广州、南昌、柳州、兰州、乌鲁木齐铁路局的 9 个设计院、9 个工程建设集团公司划入总公司。

▲同日　中国铁道建筑报社总编辑朱海燕采写的消息《请过路吧，亲爱的藏羚羊》获第 13 届中国新闻奖二等奖，这是该报第 3 次获中国新闻奖。

▲28 日　中铁十六、二十局集团公司等单位参建的九(寨沟)黄(龙)机场正式建成通航。

▲29 日　中铁十六局集团公司荣获 2003 年度“北京市质量管理优秀企业”和“北京质量诚信企业”称号。

▲30 日　中铁十三、十四、十六、十七、十八、二十局集团公司共同参建的中国目前最长的城市轨道交通工程——天津津滨轻轨交通工程开通运营。津滨轻轨交通一期工程全长 45.785 公里，2001 年 5 月 18 日开工，经过建设者1 000天艰苦奋战全线贯通，创造了线路最长、工期最短、质量最好的施工纪录。

▲9 月　中华全国总工会授予中铁十一、十二、十七、二十局集团公司和中铁十一局集团公司电务公司、中铁十三局集团公司电务公司、中铁十六局集团公司四公司、中铁二十局集团公司三公司等 8 个工会“全国模范职工之家”称号；授予中铁十二局集团公司电气化公司电化分公司一分会、中铁十三局集团公司二分公司南京项目部工会、中铁十五局集团公司一公司一分会 104 队工会“全国模范职工小家”称号；授予向晋山、陈文举、宋占波“全国优秀工会工作者”称号；授予王斌、罗守刚、江志明“全国优秀工会积极分子”称号；授予周玉成“全国优秀荣誉工会积极分子”称号。

▲9 月　中铁十一局集团公司荣获中华全国总工会、国家安全生产监督管理局授予的国家“安康优胜杯”奖。

▲9 月　中铁十六局集团公司三公司上海磁悬浮列车示范运营线项目部荣获“全国青年文明号”称号。

▲9 月　中铁十八局集团公司研究开发的“秦岭特长铁路隧道修建技术”和“公路工程灾害预防与治理综合技术研究及工程应用”获国家科技进步奖。

▲9 月　中铁十八局集团公司中标的国家商务部对外援助项目——毛里塔尼亚阿塔尔水坝项目开工。该项目中标额1 488万元人民币，合同工期 8.5 个月。

▲9 月　中铁十八局集团公司五公司等单位参建的中国首条股份制高速公路——浙江甬台温高速公路全线贯通。甬台温高速公路全长 160 公里，总投资 90.67 亿元，历经 10 余年艰苦奋战终于建成通车。

▲9 月　中铁十九局集团公司青藏铁路工程指挥

部获“铁路施工环境保护先进单位”称号，是12家藏北地区施工企业中惟一获此殊荣的单位。

▲9月　1996年经国家主席江泽民批准兴建的中国规模最大、建设标准最高的扬黄工程——宁夏扶贫扬黄扩灌工程建成并进行试通水。宁夏回族自治区党委书记陈建国出席通水典礼，称赞为工程建设做出重要贡献的中铁二十局集团公司为宁夏建筑市场上的一支奇兵。扬黄扩灌工程全长332公里，总投资32亿元。

▲9月　昆明中铁大型养路机械集团公司开发的“09－32CSM连续式捣固车国产化研制”成果通过铁道部组织的鉴定，专家认定整车技术性能达到国际先进水平，可替代进口产品。

▲9月　近百名铁道兵抗美援朝老战士相聚北京，纪念铁道兵赴朝作战胜利50周年。原铁道兵政治部主任徐诚之，总公司党委书记李国瑞、副书记霍金贵及副总经理何能金、邹才华等会见抗美援朝老战士并一同座谈。

十月

▲6日　中铁十六局集团公司二公司开发的“粤海铁路通道南港栈桥综合施工技术”通过海南省组织的科研成果鉴定，专家认定栈桥施工技术达到国内领先水平。

▲同日　中国土木工程集团公司总经理丁原臣率代表团赴汤加参加中国援建项目开工典礼，考察当地建筑市场，并拜会汤加国王和库克总理等政府官员。

▲9日　总公司在北京召开所属单位董事长座谈会，王振侯总经理、李国瑞书记等总公司领导到会并讲话。

▲11日　西藏自治区副主席杨海滨、工会主席董春德率自治区歌舞团看望慰问青藏铁路参建职工，并进行慰问演出。

▲11日～15日　总公司第15届门球赛在北京举办，15支代表队参加比赛，中铁十七、十八、十九、十四、二十、十五局集团公司代表队获比赛前6名。中国老年体协常务副主席、火车头老年体协副主席韩统武及总公司总经理王振侯、党委书记李国瑞等出席开幕式并观看比赛。

▲12日　总公司党委书记李国瑞陪同上海申通公司总经理钱耀宗、北京地铁公司董事长兼党委书记王德兴参观北京城市轻轨铁路工程。

▲13日～11月3日　总公司工会组团赴德国进行为期21天的考察培训，先后在德国汉堡、沃尔夫斯堡和柏林等地接受当地工会组织、职业教育和社会保障培训，并参观德国铁路总公司、大众汽车公司等大型企业。

▲14日　总公司王振侯总经理一行到昆明中铁大型养路机械集团公司考察指导工作，看望因病住院的公司董事长董朝兴。

▲同日　中国铁道建筑报社召开茶话会，庆祝《中国铁道建筑报》创刊55周年。总公司党委书记李国瑞，党委副书记霍金贵、彭树贵，副总经理何能金等出席茶话会，勉励报社全体人员把《中国铁道建筑报》办成一流的行业报。

▲15日～25日　总公司团委在北京举办共青团干部培训班，118名团干部参加培训。培训期间，国资委群工局副局长彭诚强、总公司党委书记李国瑞、党委副书记彭树贵亲切接见参训团干部。

▲16日～19日　总公司参加在北京国际展览中心举办的“第6届中国国际现代化装备展览会”，以图片、画册、音像资料等宣传方式，全面展示总公司雄厚的工程装备实力和辉煌的工程建设业绩。

▲17日　铁道部部长刘志军及吉林省有关领导在中铁十三局集团公司领导陪同下，视察该集团公司参建的长春站改造工程，对工程建设给予高度评价。

▲19日　总公司党委组织部、团委在北京联合召开“党建带团建”工作经验交流会，全系统118名团委书记出席会议。国资委群工局副局长彭诚强、总公司党委副书记彭树贵等到会讲话，总公司党委书记李国瑞到会看望与会代表，16个单位在会上交流经验。

▲同日　中铁十二局集团公司开发的“地下工程格构式止水帷幕施工技术”通过山西省科技厅组织的鉴定，专家认定该项成果达到国内领先水平。

▲同日　中铁十二局集团公司开发的“广州地铁过清泉街断裂带超长水平冷冻法施工技术”通过山西省科技厅组织的鉴定，专家认定该项成果达到国内领先水平。

▲同日　中铁十二局集团公司开发的“秦岭终南山特长公路隧道安全快速施工综合技术”通过山西省科技厅组织的鉴定，专家认定该项成果达到钻爆法山岭隧道修建技术的国际先进水平。

▲同日　中铁建设集团公司总经理助理赵伟荣获中国第2届“国际杰出项目经理”证书，受到建设部副部长黄卫的亲切接见。

▲20日　总公司与河南省金火铝电有限责任公司联合体中标济源至东明高速公路获嘉—新乡段BOT经营项目，线路全长51.9公里，总投资20.3亿元，工期24个月。

▲同日　总公司召开离退休职工工作座谈会，认真贯彻中共中央办公厅〔2003〕16号文件精神，交流离

退休职工工作经验，王振侯总经理、李国瑞书记、邹才华副总经理、霍金贵副书记等到会并讲话。

▲同日　铁道科学研究院对中铁二十局集团公司承建的青藏铁路风火山隧道采用雷达遥感技术进行专项质量检测，各项技术指标完全符合设计标准，被誉为“质量过硬”的重点工程项目。

▲21日　总公司团委一届二次全委扩大会议在北京召开，会议总结布置共青团工作，党委书记李国瑞到会看望与会代表。

▲22日　总公司召开在京单位党政主管会议，学习贯彻党的十六届三中全会精神。

▲同日　总公司副总经理夏国斌到中铁二十局集团公司二公司承建的郑州刘江互通立交桥检查指导工作。

▲同日　总公司党委副书记彭树贵到中铁物资集团公司东北公司检查指导工作。

▲23日～25日　总公司党委副书记兼纪委书记彭树贵出席中央纪委、监察部在辽宁沈阳召开的全国国有企业纪检监察工作座谈会，并在会上介绍总公司狠抓廉洁自律规定落实、规范企业领导人员从业行为的经验。

▲24日　澳门特别行政区行政长官何厚铧在澳门运输公务司司长欧文龙、建设发展办公室主任罗定邦及总公司总经理王振侯、副总经理扈振衣等陪同下，视察澳门澳凼三桥及新边检大楼工程。

▲同日　总公司党委书记李国瑞为驻京直属单位65名组织人事干部开展“树组工干部形象”集中学习教育活动上了一堂“做公道正派的表率”的党课。

▲同日　中铁十九局集团公司四公司中标世界上最长的跨海大桥——杭州湾跨海大桥 IX－B 标段工程，合同额4.1亿元。杭州湾跨海大桥全长36公里，总投资118亿元。

▲25日　中铁十四局集团公司开发的“高原严寒条件下桥梁高墩成套快速施工技术”通过青海省科技厅组织的鉴定，专家认定该项成果总体技术居国内领先水平，其中高寒地区混凝土施工综合监控技术达到国际先进水平。

▲同日　坦桑尼亚、尼日利亚、赞比亚、乌干达、肯尼亚五国驻华大使访问中国土木工程集团公司。

▲26日　铁道部内昆铁路建设指挥部与总公司在昆明签订内昆铁路施工总承包补充合同，合同金额29 118万元。至此，总公司内昆铁路施工总承包合同总额由349 742万元增至378 860万元。

▲同日　铁道部高速铁路建设办公室主任华德洪到中铁二十局集团公司承建的京沪高速铁路试验段工程检查工作。

▲28日　中铁十六局集团公司被列入“中国优秀企业数据库”。

▲29日　中铁十二局集团公司承建的国家重点工程——昆明掌鸠河净水厂一期土建工程通过专家组竣工验收，工程总体质量评定为优良，受到云南省省长徐荣凯赞扬。

▲30日　中国企业联合会、中国企业家协会公布第8批中国企业新纪录，总公司系统有5项成果入选，其中中铁十五局集团公司在洛阳市东出入口穿焦枝铁路立交工程中创出的国内铁道工程同类箱梁架空顶进施工纪录和在西安南京铁路磨沟岭隧道、桃花铺1号隧道铺架中创造的500米超长轨节无缝线路铺设纪录，以及中铁十六局集团公司青海227国道大坂山隧道、深圳地铁盾构机掘进、上海磁悬浮列车示范线工程榜上有名。新划入总公司的铁道第四勘察设计院有12项成果入选，入选数量居全国铁路行业之冠。目前该院入选的企业新纪录累计达21项，显示了雄厚的科技实力。

▲同日　福建省常务副省长兼高速公路建设总指挥部总指挥黄小晶视察中铁十六局集团公司承建的邵三高速公路 MAB 合同段际口大桥及制梁工地，对工程进度、质量表示满意。

▲同日　中铁十九局集团公司在2003年度青藏铁路建设劳动竞赛综合评比中荣获第一名。

▲同日　北京铁城建设监理有限责任公司获铁道部青藏铁路建设总指挥部社会主义劳动竞赛监理系统第一名。

▲31日　总公司国内工程公司更名为中铁工程集团有限公司。

▲同日　总公司与北京中联环建文建筑有限公司联合报批《总公司机关大院总体规划》。

▲下旬　河南开封、漯河等地连降暴雨，造成黄河决口，临近4个县全部被洪水围困。10月27日，一纸救援电报传到正在担负漯平高速公路施工的中铁十一局集团公司五公司工地，该公司立即成立救援指挥小组，抽调正在施工的大吨位自卸车等抢险救灾设备奔赴近1 000里的兰考灾区进行紧急救援，经过连续4天奋战，抢险工作胜利告竣。10月31日，在漯河市政府举行的庆功会上，河南省常务副省长王明义称赞中铁十一局集团公司五公司：“关键时刻还得靠你们铁军！”

▲10月　总公司工会表彰“十六大精神在我心中”演讲比赛优秀选手14名，其中一等奖2名、二等奖5名、三等奖7名。

▲10月　中铁十二局集团公司三公司广东惠澳项目部荣获“全国地方铁路建设先进集体”称号。

▲10月　中铁十九局集团公司一公司荣获中国

质量协会、中国科技协会、中华全国总工会、共青团中央联合授予的“全国质量管理小组活动优秀企业”称号。

▲10月　中铁十九局集团公司五公司连续7年荣获辽宁省“守合同重信用企业”称号。

▲10月　中铁二十局集团公司青藏铁路工程指挥部荣获2003年度铁道部“青藏铁路建功立业劳动竞赛”综合评比第一名。

▲10月　铁道建筑研究设计院建筑设计事务所在北京生物工程与医药基地建筑设计方案国际竞赛中获三等奖。

十一月

▲1日　中国目前最长的城市环线高速公路——北京市五环路建成通车。北京市市委书记刘淇、代市长王岐山及交通部副部长翁孟勇等出席通车典礼，亲切接见中铁十四、十八、十九局集团公司等参建单位的领导和职工代表。北京五环路全长98.58公里，总投资136.4亿元。

▲同日　北京铁城建设监理公司监理的成都三环路人南立交桥荣获中国建筑工程鲁班奖。

▲3日～4日　总公司党委书记李国瑞到中铁二十局集团公司考察领导班子建设情况。

▲4日　总公司在北京召开清产核资工作会议，国务院监事会第39办公室主任杨涛、总公司总经理王振侯等到会讲话。

▲5日～7日　总公司党委书记李国瑞到咸阳渭河3号大桥、西安唐城医院和西安南京铁路检查指导工作。

▲6日　由总公司海外公司牵头，与中铁二十局集团公司共同承揽的尼日尔共和国津德尔省阿龙古丈供水项目隆重开工，尼日尔共和国总统坦贾为工程奠基。该供水项目为中国政府援建工程，总投资6 633万元人民币，合同工期16个月。10月21日，尼日尔总统坦贾在总统官邸亲切会见中国驻尼大使孙兆通和海外公司林荣新、武宪功及中铁二十局集团公司周富等领导。10月21日，在尼日尔水利部举行供水项目承包合同签字仪式。

▲7日　中铁二十局集团公司青藏铁路工程指挥部被国务院青藏铁路建设领导小组、中华全国铁路总工会、青海省政府、青藏铁路公司联合授予“青藏铁路建设先进集体”和“青藏铁路建设环保先进单位”称号。

▲同日　北京铁城建设监理公司青藏铁路监理站获青海省“青藏铁路建设先进集体”称号，并获铁道部“火车头奖杯”。

▲8日　中铁十六局集团公司开发的“磁悬浮轨道梁运架与精密调位技术研究”通过总公司组织的专家评审，专家认定该项成果为国内首创，总体技术达到国际先进水平。

▲同日　国家安全管理委员会副主任刘功臣、交通部副部长洪善祥、贵州省交通厅厅长彭伯元一行视察中铁二十局集团公司承建的贵州崇遵高速公路建设工地。

▲10日　中国土木工程集团公司总经理兼党委书记丁原臣任总公司党委常委、副总经理。

▲同日　中铁十八局集团公司在中国铁路第一长隧——兰武铁路二线乌鞘岭隧道右线施工中，创造全国浅埋地段软弱围岩隧道单口独面月成洞160.54米的施工佳绩。

▲上旬　总公司党委副书记彭树贵在指挥长宋抗常陪同下，到渝怀铁路总公司施工段调研指导工作。

▲11日　中铁十二局集团公司开发的桂林丽泽桥“自锚式柔性悬索钢桁梁桥施工技术”通过山西省科技厅组织的鉴定，专家认定该项成果居国内领先水平。

▲同日　中铁十六局集团公司二公司开发的“粤海铁路通道南港栈桥综合施工技术”获海南省科技进步一等奖。

▲12日　中铁十六局集团公司三公司参建的中国高速公路第二长隧——京福高速公路美菰林隧道全线贯通，并创造中国高速公路隧道施工月掘进超400米的新纪录。

▲14日　成立总公司呼准铁路工程指挥部。

▲16日　中铁十四局集团公司隧道工程公司开发的“软流塑状淤泥质地层建筑物下地铁隧道综合施工技术”通过山东省科技厅组织的鉴定，专家认定该项成果达到国际先进水平。

▲同日　中铁十八局集团公司开发的“富水软弱围岩特长高速公路隧道快速施工技术研究”成果通过河北省科委组织的鉴定，专家认定该项成果达到国内领先水平。

▲同日　中铁二十局集团公司西安工程机械公司研制的国内第一台大功率、双频率、双振幅振动、整机全液压、全轮驱动的YZ20型自行式振动压路机通过陕西省科技成果鉴定，整机性能居国内先进水平，主要创新部分达到国内领先水平。

▲18日　由中铁路桥集团公司牵头并作为最大出资者的资本经营项目——呼准铁路奠基典礼在内蒙古准格尔旗举行，内蒙古自治区主席助理余德辉、鄂尔多斯市市委书记云峰及总公司副总经理靳尚忍、中铁路桥集团公司董事长王长留出席奠基仪式。呼准铁路全长121公里，总投资13亿元，建设工期30个月。

▲19日～23日　总公司老年体协第8次会议在海南省海口市召开，中铁十五、十六、十七局集团公司介绍老年体育工作经验，中国老年体协常务副主席韩统武、总公司工会主席夏良振、总公司体协顾问刘秉顺及老年体协主席姜培敏等到会讲话。

▲22日　总公司党委副书记彭树贵到中铁十八局集团公司二公司承建的苏州南环高架快速路项目部检查指导工作，并授予该项目部总公司"青年文明号"匾牌和"青年突击队"队旗。

▲23日　总公司党委副书记彭树贵、团委书记钱桂林一行到中铁二十局集团公司一公司检查指导工作。

▲同日　中铁十二、十七、十八、二十局集团公司等参建的山西大运高速公路建成通车，山西省党政军各界领导出席通车典礼。国务院副总理黄菊为此作重要批示，要求山西省站在大交通的高度，充分发挥其在振兴山西经济中的"脊梁"作用。

▲同日　中铁十五局集团公司开发的"秦沈客运专线通信信号施工技术研究"通过总公司组织的专家评审，认定该项成果达到国内先进水平。

▲24日　中铁十五局集团公司开发的"深圳地铁单洞双层重叠暗挖隧道施工技术"通过总公司组织的专家评审，认定该项成果达到国内领先水平。

▲25日　中铁十三局集团公司承建的中国最大跨度(主跨168米)的双线铁路桥——渝怀铁路黄草乌江大桥胜利合龙。至此，全线3座乌江大桥全部竣工。

▲同日　中铁十四局集团公司开发的"渝怀铁路阿蓬江大桥深水基础施工技术研究"成果通过总公司组织的专家评审，认定该项成果达到国内先进水平。

▲26日　总公司王振侯总经理作为中央企业特邀代表，出席国资委在江苏仪征召开的中央企业效能监察工作研讨会，并在会上介绍总公司开展效能监察工作的经验。

▲27日～12月1日　铁道建筑公安局在北京召开刑侦工作座谈会，总结交流刑侦工作经验，研究刑侦工作思路，形成《关于加强和改进刑侦工作的意见》。

▲11月　中共中央政治局委员、广东省省委书记张德江视察中铁十二局集团公司建安公司承建的广州大学城广州大学新校园建设工地，亲切接见参建职工。

▲11月　中铁十一局集团公司等参建的中国首条跨座式城市单轨交通工程——重庆轻轨交通较新线工程全线铺通。该集团公司与中铁工程机械研究院联合开发研制的世界首台轻轨架梁机和运梁台车在铺架中发挥了重要作用。

▲11月　中铁十四局集团公司在阿富汗连中两标公路修复工程，总投资4.39亿元人民币。

▲11月　中铁昆明大型养路机械集团公司生产的GD08－32高原型捣固车、GWD－320高原型稳定车、GSPZ－200高原型配砟整形车等高原型大型养路机械在青藏铁路海拔4 500米以上地段试验成功，主要性能完全达到设计要求。

▲11月　在铁道部举办的全路年鉴质量综合评比中，《中国铁道建筑总公司年鉴》和《中铁十一局集团年鉴》双获年鉴质量综合评比一等奖和编校质量、装帧设计、框架设计3个单项评比一等奖，是全路近60部参评年鉴中获得全部4个最高奖项的两部年鉴，受到评委一致称赞。

十二月

▲2日～3日　总公司在北京召开新划转并入总公司的原铁道部设计院、工程(建设)集团公司领导干部座谈会，共商发展大计。总经理王振侯、党委书记李国瑞、副书记霍金贵及国务院监事会第39办公室主任杨涛等出席会议并讲话。

▲3日　上海铁路建设集团公司承建的京沪铁路提速扩能工程——K907曲线改造工程开通启用，为铁路第5次大提速创造了有利条件。

▲4日　由中国美术家协会和总公司联合举办、中国铁道建筑报社具体承办的"第12届大路画展"在北京中央美术馆开幕。国资委副主任、中华全国总工会副主席王瑞祥，中华全国总工会书记处书记董力，中华全国铁路总工会主席黄四川，中国美术家协会顾问王琦，徐悲鸿纪念馆馆长廖静文，中国铁路记协主席郭安智及总公司王振侯总经理为开幕式剪彩。本届画展展出作品120件，成为企业形象宣传的窗口。

▲5日　总公司技术中心网站(www.crcctc.com)开通试运行，为本系统内部进行技术交流提供了平台。

▲同日　中铁十六局集团公司承建的安徽芜湖长江大桥、青海大坂山隧道、朔黄铁路神池—西柏坡段综合工程，中铁十八、二十局集团公司承建的广渝高速公路华蓥山隧道，中铁十八局集团公司承建的西康铁路秦岭Ⅰ线隧道等5项工程荣获詹天佑土木工程大奖。

▲5日～6日　总公司在北京召开工程项目经济效益效能监察工作座谈会，交流工程项目经济效益效能监察工作情况和经验，总经理王振侯、党委副书记兼纪委书记彭树贵等到会讲话。

▲7日～8日　总公司党委书记李国瑞到上海铁路局、上海铁路建设集团公司、上海铁路城市轨道交通设计研究院商谈移交重组问题，并到上海地铁2号线建设工地检查指导工作。

▲8日～9日　总公司在北京召开统计工作会议，

总结2003年度统计工作，布置建筑业、固定资产、劳动工资、勘察设计等专业统计，并进行统计软件、统计制度培训，何能金副总经理到会讲话。

▲9日　总公司副总经理靳尚忍一行到福州铁路勘测设计院检查指导工作。

▲同日　中国土木工程集团公司总经理丁原臣陪同广东省省长黄华华视察即将竣工的澳门关闸新边检大楼工程，并参加由澳门特首何厚铧、广东省省长黄华华主持的“珠澳跨境工业区奠基典礼”，分别拜会澳门工商界知名人士何鸿燊、何厚昭等。

▲同日　中国美术家协会《美术》杂志社在中国美术馆举行“第12届大路画展”学术研讨会，中国美术家协会主席靳尚谊及部分著名画家、美术家、教授、学者出席研讨会。

▲10日　总公司在北京召开商业保险工作会议，研讨发起设立中国建筑业职工人身意外伤害保险自保联盟方案，王振侯总经理、扈振衣副总经理到会讲话，北京世纪保险经纪有限公司总经理柴海波到会演讲。

▲12日　中铁十九局集团公司四公司中标宁夏黄河公路特大桥第2合同段工程，该段全长9.5公里，投资1.09亿元。

▲同日　铁道建筑研究设计院研制的“高速铁路路基模量测定仪与压路机械集成系统”通过铁道部科技司主持的技术设计审查，同意投入样机试制。

▲12日～19日　经国资委批准，总公司党委书记李国瑞、海外公司副总经理武宪功参加由中国贸易促进会、商务部组织的中国企业家代表团，出席在埃塞俄比亚首都亚的斯亚贝巴举行的中非企业家大会。会议期间，李国瑞书记分别受到乌干达总统和尼日尔、尼日利亚外交部长的接见。

▲13日　总公司党委副书记霍金贵一行到兰州铁路建设集团公司商谈划转并入问题。

▲14日～16日　总公司计划暨中长期规划工作会议在北京召开，所属单位计划工作主管领导及部门负责人到会。会议研究2004年生产经营计划，部署“十五”规划部分指标调整工作，提出“十一五”规划编制工作意见和建议，王振侯总经理及何能金、扈振衣副总经理等到会讲话。

▲14日　中铁十三局集团公司二公司在南京地铁鼓楼—玄武湖区间隧道施工中开发的“复杂条件下地铁区间隧道施工技术”通过吉林省科技厅组织的技术鉴定，专家认定该项技术成果达到国际先进水平。

▲同日　中铁十九局集团公司三公司攻克号称“魔鬼城”的百里风区，比预定工期提前5个月完成兰新铁路防风提速工程，铁道部副部长陆东福称赞“在铁路建设史上创造了又一个奇迹”。

▲15日　中铁十一局集团公司中标阿拉伯联合酋长国桥梁工程，合同投资1 050万元人民币。

▲17日～19日　总公司在中铁二十局集团公司召开卫生工作座谈会，交流推广集团公司医疗机构改制工作经验，研讨医疗卫生工作改制的深层次问题，取得较好效果。

▲18日　中国土木工程集团公司签署广西桂梧高速公路BOT项目合同和工程总承包合同，合同投资8.45亿元。

▲20日　总公司参与修建的香港西部铁路在锦上路站举行启用典礼，香港特别行政区行政长官董建华和香港各届领导出席启用典礼。香港西部铁路全长30.5公里，耗资460亿港元，工期近5年。

▲同日　总公司档案馆馆长刘贤福、中铁十一局集团公司档案馆馆长吴设新荣获国家档案局、中央档案馆颁发的“全国优秀档案工作者”称号。

▲23日～24日　总公司在北京召开公司董事会秘书长工作会议，交流研讨董事会工作、公司制度建设及法人治理结构运作情况，王振侯总经理对推进现代企业制度建设提出要求。

▲24日～25日　铁道建筑公安局在北京召开公安工作会议，研究加强和改进公安工作措施。总公司王振侯总经理、李国瑞书记、邹才华副总经理到会讲话，铁道部公安局局长姜战林到会指导。

▲同日　中铁十四局集团工程发展股份有限公司在上海浦东新区成立，国资委及总公司领导出席成立大会。

▲同日　总公司劳动工资部与中铁十六局集团公司共同承担的“城市地铁盾构法施工定额研究”课题，在北京通过劳动和社会保障部劳动工资司、铁道部科技司和建设管理司、北京市科技成果奖励办公室、北方交通大学等单位专家评审。

▲同日　铁道建筑研究设计院研制的“铁路高墩抢修器材”通过铁道部科技司和计划司主持的技术设计审查，同意进行器材试制。

▲28日　中铁建设集团公司承建的世界上第一幢双曲面钢结构摩天大楼——北京中关村金融中心胜利封顶，标志着该公司楼宇建筑技术再攀高峰。

▲30日　总公司党委书记李国瑞到中铁十三局集团公司考察领导班子建设情况。

▲同日　中铁十四局集团公司承建的全国最大的城市道路立交桥——南京赛虹立交桥建成通车，南京市市委书记罗志军等出席通车典礼。

▲31日　总公司、中铁十八局集团公司承建的西康铁路秦岭Ⅱ线隧道建成交付运营。

▲12月　中国企业联合会、中国企业家协会公布

2003年度中国企业500强，总公司排名第30位，比2002年提前9位。

▲12月　中铁建设集团公司承建的北京大学科技大楼、中铁十一局集团公司承建的洛三高速公路许沟特大桥、中铁十五局集团公司承建的临候高速公路赵康枢纽、中铁十七局集团公司承建的晋焦高速公路牛郎河隧道、中铁十八局集团公司承建的内昆铁路李子沟特大桥和西安绕城高速公路帽耳刘互通立交桥、中铁十九局集团公司承建的株六铁路复线新花苗隧道、中铁二十局集团公司承建的苏州官渎里立交桥、中铁十九局集团公司参建的南京长江二桥等9项工程荣获2003年度中国建筑工程鲁班奖，创历年来总公司系统获此殊荣的最高纪录，位居中国建筑业之首。自1990年以来，总公司系统累计获中国建筑工程鲁班奖37项。

▲12月　总公司系统承建的5项工程获詹天佑土木工程大奖，2项成果获国家科技进步奖，20项成果获省部科技进步奖，58项成果获总公司科技进步奖；13项工法被认定为国家级工法，69项工法被认定为总公司优秀工法。

▲12月　中铁十二局集团公司承建或参建的株六铁路复线电气化工程Ⅴ标段、济泰高速公路崮山立交桥、云南玉元高速公路和中铁十六局集团公司承建的皖赣铁路复线青弋江特大桥、中铁十七局集团公司参建的山西原太高速公路等5项工程获2003年度国家优质工程银质奖。

▲12月　总公司系统赵晓文等13人被中国施工企业管理协会评为2002年～2003年度"全国重点工程建设优秀项目经理"，李庆堂等9人被中国建筑业协会评为2002年～2003年度"全国建筑业企业优秀项目经理"，曾祥旭等50人被铁道工程建设协会评为2003年度"铁道工程建设优秀项目经理"。

▲12月　中铁十二局集团公司开发的"工程项目责任成本预控机制的建立与运行"、中铁二十局集团公司开发的"集团型施工企业项目作业的直面管理"、中铁十六局集团公司开发的"基于管理信息平台的地下工程项目管理"、中铁十四局集团公司开发的"高原复杂环境条件下的铁路施工管理"等成果分获第10届全国企业管理现代化创新成果一、二等奖。

▲12月　中铁十四局集团公司承建的青岛国际航空物流中心监管库工程继获得青岛市优质工程、"青岛杯"奖、"山东省优质工程"奖后，又荣获"全国用户满意工程"称号。

▲12月　中铁二十局集团公司开发的"青藏铁路风火山多年冻土隧道施工技术"通过中国科学院、中国工程院等院士、专家进行的成果鉴定，专家认定该隧道施工中攻克高原缺氧、多年冻土等18项世界性技术难题，其综合施工技术处于国际领先水平。

▲12月　中铁二十局集团公司在中国第一座沙漠铁路隧道——萨哈拉峁隧道施工中成功运用水平旋喷预支护技术，经专家鉴定，旋喷工艺指标达到国内领先、国际先进水平，填补国内倾斜旋喷技术空白。

▲12月　中铁建设集团公司荣获"中央国家机关文明单位"和"全国质量效益型先进企业"称号。

▲12月　轨道电路补偿电容专用轨枕在中铁十四局集团公司北京房桥中铁路桥工程公司试制成功。

▲12月　兰州铁路建设集团公司研制的C100高性能、高强度商品混凝土通过专家鉴定，其性能居国内领先水平。

5月1日,总公司王振侯总经理(右一)与北京铁建医院奔赴抗击“非典”前线的医护人员亲切握手交谈。 (刘建国 摄)

概　况

特载 | 大事记 | 概况 | 工程施工 | 经营管理 | 综合管理 | 资产经营 | 科技 教育卫生 文化 | 党的工作 | 工会 共青团 | 所属单位 | 人物 | 统计资料 | 文献辑要 | 附录

本栏责任编辑　**刘贤福**

概　况

【简况】 中国铁道建筑总公司(以下简称总公司)是经国家批准,具有铁路工程施工总承包特级,市政公用工程施工总承包一级,土石方工程、堤防工程、隧道工程专业承包一级资质和拥有对外经营权的国有特大型建筑施工企业集团。其前身系中国人民解放军铁道兵,1984年1月1日集体专业并入铁道部,改称铁道部工程指挥部;1989年7月1日成立中国铁道建筑总公司,2000年9月28日与铁道部脱钩,先后划归中央企业工委和国资委管理。

主要经营范围:承担铁路、公路、桥梁、隧道与地下工程、水利、电力、机场、港口、矿山、市政、工业与民用建筑等工程的设计、施工、设备安装、工程监理,以及工业生产、物资贸易、新线铁路运输等多种经营;通过国际建筑市场投标竞争,承建国际工程项目。

下辖中铁十一至二十局集团公司及中铁建设集团有限公司、中铁路桥集团公司、中铁物资集团公司、北京铁建工贸集团公司、昆明中铁大型养路机械集团有限公司、中铁工程集团有限公司、海外公司、北京铁城建设监理有限责任公司、铁道建筑研究设计院、干部学校(党校)、石家庄铁路职业技术学院、总医院和年内划转并入的中国土木工程集团公司、铁道第一勘察设计院、铁道第四勘察设计院、哈尔滨铁路局哈尔滨勘测设计院和齐齐哈尔勘测设计院、上海铁路局上海铁路城市轨道交通设计研究院和福州勘测设计院、南昌铁路局勘测设计院、广州铁路集团勘测设计研究院、柳州铁路局勘测设计院、兰州铁路局勘测设计院、乌鲁木齐铁路局勘测设计院、哈尔滨铁路建设集团有限公司、齐齐哈尔铁路建设集团有限责任公司、上海铁路建设(集团)有限公司、福建铁路建设(集团)有限公司、南昌铁路工程(集团)有限责任公司、广州铁路工程(集团)有限责任公司、柳州铁路工程集团有限责任公司、兰州铁路建设集团有限责任公司、乌鲁木齐铁路工程(集团)有限责任公司等单位。截至2003年底,经建设部核准,有施工总承包特级资质企业13家,主项施工总承包一级资质企业68家,主项专业承包一级资质企业18家;同时兼有公路工程施工总承包一级资质企业58家,兼有市政公用工程施工总承包一级资质企业47家,兼有房屋建筑工程施工总承包一级资质企业28家,兼有铁路电务工程专业承包一级资质企业15家,兼有铁路电气化工程专业承包一级资质企业5家。经审核批准的项目经理共6 000余人,其中一级项目经理3 820人。总公司本级及一批所属企业通过质量、环境和职业健康安全管理体系认证。

年末职工总数216 979人,其中干部72 396人,工人144 583人。干部中专业技术干部63 281人,占干部总数的87.4%,其中高级技术职务6 276人,中级技术职务21 594人,初级技术职务34 730人。工人中技术工人107 885人,占工人总数的74.6%,其中技师、高级技师3 461人,高级工34 659人,中级工30 799人,初级工8 193人。工人平均年龄37岁。

年末资产总额587.9亿元,其中固定资产原值185亿元、净值108.2亿元,流动资产444.1亿元。实有机械运输设备40 133台(套),其中主要施工机械设备8 697台(套),进口机械设备1 085台(套),设备原值83.4亿元、净值45亿元,设备总功率2 192 032千瓦,技术装备率2.27万元/人,动力装备率11.07千瓦/人。

全年完成主要实物工程量:土石方41 278万立方米,隧道325 958延长米,桥梁383 588延长米,正线铺轨1 446公里,站线铺轨343公里,架梁14 216孔;架设通信线路9 819条公里,其中光缆线路6 703条公里;建成公路2 270公里,其中高速公路1 395公里。

认真贯彻党中央关于"走出去"的发展战略,积极开拓海外市场,经营范围遍及世界40多个国家和地区,在20多个国家和地区设有常驻机构,连续8年入选"全球225家最大承包商"和"国际225家最大承包商"。

(刘贤福)

【工作综述】 2003年,总公司系统认真贯彻党的十六大精神,坚持以生产经营为中心,以深化改革为动力,着力推进体制、技术与管理创新,一心一意开拓经营,聚精会神谋求发展,经受"非典"的严峻考验,生产经营再创历史最好水平。

主要经济指标实现历史新突破。全年完成企业总产值694.5亿元,与2002年同比增长50%;实现利税29.5亿元,其中利润7.1亿元,分别比2002年增长47.5%和25.8%。国有资产保值增值率103.9%,净资产收益率2.76%,产值利润率1.04%。

生产经营发展势头强劲。全年承揽任务新签合同额1 098.66亿元,首次突破千亿元大关。其中,总公司原所属单位新签合同额997亿元,划转并入单位新签合同额101亿元。中铁十八、二十、十四局集团公司承揽任务均超过100亿元。海外经营取得较大发展,全年新签合同额41.7亿元,创历史最好水平,其中中国土木工程集团公司新签合同额24.81亿元。资本经营取得新进展,以BOT经营方式投资建设陕西咸阳渭河3号大桥,以BOO方式投资建设内蒙古呼准铁路,以

BOT方式投资建设京承高速公路二期工程，以代理业主、工程总承包和BT方式实现对上海轨道交通2号线的建设管理。

企业改革稳步推进。遵照国资委、铁道部有关文件精神，顺利完成兵改工以来最大的一次整合重组。中国土木工程集团公司的并入，增强了总公司系统的海外市场竞争能力；铁道第一、第四等11个设计院的并入，解决了总公司长期没有勘察设计单位的缺陷，完善了工程勘察设计、施工、监理总承包产业链；原铁路局9个工程(建设)集团公司的并入，完善了总公司市场竞争格局。总公司原所属单位全部完成企业改制，建立现代企业制度框架，法人治理结构逐步规范。主辅分离、辅业改制工作正式启动，中铁十四局集团公司徐州机械厂等试点单位的分离分流工作正在推进，剥离文教卫生等社会职能工作取得新进展，全系统18所中小学及部分医院正在撤并或移交地方。

综合施工能力全面提升。加大重难点工程科技攻关、技术创新力度，年内有25项科技成果通过省部级鉴定，其中8项达到国际先进水平，10项居国内领先水平；获得省部级以上科技进步奖20项，是历史上获奖最多的一年，其中总公司开发的“秦岭特长隧道修建技术”获国家科技进步一等奖，中铁十八局集团公司开发的“公路工程灾害预防及工程应用”获国家科技进步二等奖；总公司系统获第三届詹天佑土木工程大奖5项，占全国获奖项目的近四分之一。国家重点工程青藏、西安南京、渝怀、遂渝、宜万铁路、兰武铁路二线及乌鞘岭隧道、西康铁路秦岭Ⅱ线隧道、西气东输黄河顶管、兰州小西湖黄河大桥、中关村金融中心等确保工期与质量，施工进展顺利。围绕青藏铁路多年冻土、环境保护、卫生保障进行艰苦攻关，世界第一高隧——风火山隧道全面完工，开创高海拔、高寒冻土隧道施工多项新纪录。安全生产再创佳绩，年内杜绝职工因工重大伤亡事故。工程质量稳中有升，单位工程质量合格率100%，优良率97.8%，年内获省市优质工程奖37项、铁道部及火车头优质工程奖48项、国家优质工程奖5项、中国建筑工程鲁班奖8项，获奖项目居全国同行业之首。

抗击“非典”工作成效显著。总公司系统面对突如其来的“非典”疫情，沉着应对，精心组织，坚持一手抓防治“非典”、一手抓生产经营，尤其是处于重灾区北京地区的数万名施工人员无一人感染“非典”，取得抗击“非典”和生产经营双胜利。在全民抗击“非典”的特殊战役中，总公司顾全大局，迅速将总医院和中铁十八局集团公司职工医院改为当地防治“非典”定点医院，投入抗击“非典”第一线，数百名医护人员做到“零感染”。总医院党委荣获中组部、国资委分别授予的全国和中央企业抗击“非典”先进基层党组织称号。事实再次证明，总公司是一支关键时刻过硬、特别能战斗的队伍。

企业全面建设进一步加强。各级党组织坚持议大事、促改革、谋发展、保稳定，企业领导班子建设和基层党组织建设进一步加强；加强企业整合重组中的思想政治工作，保证改革重组顺利进行；组织参加青藏铁路建设先进事迹报告团，大力弘扬青藏铁路建设精神，重点工程建设立功竞赛活动高潮迭起；组织开展工程项目经济效益执法效能监察，对于加强项目管理、堵塞效益流失、提高经济运行质量、防止腐败现象发生发挥了重大作用；工会、共青团工作生动活泼，企业文化建设全面推进，起到鼓舞士气、凝聚人心的重要作用。全系统出现领导关心群众，群众关心企业，政通人和、令行禁止、繁荣稳定的可喜局面，涌现出一大批先进集体和先进人物。

(刘贤福)

主要经济技术指标比较

项目	2003年	2002年	2001年	2000年	1999年
承揽任务总额(亿元)	1098.66	580.86	408.66	372.14	288.05
企业总产值(亿元)	694.51	462.73	376.79	316.62	277.52
其中：施工产值(亿元)	638.68	431.96	346.11	288.44	252.52
实现利润(万元)	70541	56211	29112	16436	15094
全员劳动生产率(元/人年)	165889	139011	133021	120671	96986
工程成本降低率(%)	-3.0	5.0	7.45	7.08	7.22
产值利润率(%)	1.04	1.21	0.77	0.52	0.60

续表

项目	2003 年	2002 年	2001 年	2000 年	1999 年
净资产收益率(%)	2.76	3.32	2.15	2.54	2.76
国有资产保值增值率(%)	103.9	105.3	102.7	102.1	101.77
工程质量优良率(%)	97.8	95.9	96.3	95.1	96.77
职工因工死亡(人)	6	1	8	20	32
职工人均年收入(元)	15802	13300	12057	10680	9761
职工人均住房面积(m^2)	11.72	10.55	9.81	8.28	7.88

（总公司财务部、计统部、安质部提供）

【企业管理优秀成果】 经中国施工企业管理协会、中国建筑业协会审核批准，中铁十四、十六局集团公司和中铁十七局集团公司二公司、中铁二十局集团公司一公司获2003年度“全国优秀施工企业”称号；中铁十七局集团公司董事长瞿观鄞获“全国优秀施工企业家”称号，赵晓文等13人获“全国重点工程建设优秀项目经理”称号，路冰等5人获“全国工程建设优秀项目经理”称号，李庆堂等9人获“全国建筑业企业优秀项目经理”称号；中铁十四局集团公司建筑安装公司、中铁十九局集团公司四公司获“全国用户满意企业”称号。中铁十二局集团公司开发的“工程项目责任成本预控机制的建立与运行”、中铁十四局集团公司开发的“高原复杂环境条件下的铁路施工管理”、中铁十六局集团公司开发的“基于管理信息平台的地下工程项目管理”、中铁二十局集团公司开发的“集团型施工企业项目作业的直面管理”等4项成果分获第10届全国企业管理现代化创新成果一、二等奖。（刘贤福）

【国家优质工程】 2003年，总公司系统获国家优质工程大奖22项，获奖项数居全国同行业之首，创总公司历史最好水平。其中，中铁十一局集团公司承建的洛三高速公路许沟特大桥、中铁十五局集团公司承建的大同—运城高速公路赵康枢纽、中铁十七局集团公司承建的晋焦高速公路牛郎河隧道、中铁十八局集团公司承建的内昆铁路李子沟特大桥和西安绕城高速公路帽耳刘立交桥、中铁十九局集团公司承建的株六复线新花苗隧道和参建的南京长江第二大桥、中铁二十局集团公司承建的苏州官渎里立交桥、中铁建设集团公司承建的北京大学科技大楼等9项工程获中国建筑工程鲁班奖（国家优质工程）；中铁十二局集团公司承建的株六复线电气化工程Ⅴ标段、济泰高速公路崮山立交桥、国道213线云南玉溪—元江高速公路，中铁十六局集团公司承建的皖赣复线火宣段青弋江特大桥，中铁十七局集团公司承建的山西原平—太原高速公路等5项工程获国家优质工程银质奖；中铁十六局集团公司承建的国道227线青海大坂山隧道，中铁十六、十四局集团公司共同承建的朔黄铁路神池—西柏坡段综合工程，中铁十六局集团公司参建的芜湖长江大桥，中铁十八局集团公司承建的西康铁路秦岭Ⅰ线隧道，中铁十八、二十局集团公司共同承建的广渝高速公路华蓥山隧道等5项工程获詹天佑土木工程大奖；中铁十四局集团公司承建的青岛国际航空物流中心监管库、中铁二十局集团公司承建的馋柳高速公路白虎山隧道、中铁建设集团公司承建的中科院图书馆档案馆等3项工程获“全国用户满意工程”奖。（刘贤福）

【管辖单位】 2003年，总公司系统有建制单位3 214个，其中原局级单位16个，处级单位383个。根据国资委《关于中国铁道建筑总公司与中国土木工程集团公司实施重组的批复》（国资改革函〔2003〕153号），中国土木工程集团公司划转中国铁道建筑总公司。根据国资委、铁道部《关于将铁道部部属勘察设计院等企业分别划入中国铁路工程总公司、中国铁道建筑总公司有关问题的通知》（国资改革〔2003〕89号）和国资委、铁道部《关于将铁道第一、第四勘察设计院等20户企业划转中国铁道建筑总公司有关问题的批复》（国资改革函〔2003〕372号），铁道第一、第四勘察设计院及原铁路局所属9个设计院、9个工程（建设）集团公司划转中国铁道建筑总公司。至此，总公司现有二级企业和单位43个，包括中铁十一至二十局集团公司及中铁建设集团公司、北京铁城建设监理公司、中铁物资集团公司、中铁路桥集团公司、北京铁建工贸集团公司、昆明中铁大型养路机械集团公司、中铁工程集团公司、海外公司、铁道建筑研究设计院、干部学校、总医院、石家庄铁路职业技术学院等22个原有单位和中国土木工程集团公司，铁道第一、第四勘察设计院及原铁路局9

个设计院、9个工程(建设)集团公司等21个新划入单位;所属三级企业和单位683个,原处级单位355个,其中企业261个,非法人单位428个;所属四级企业和单位2 488个,其中企业141个,非法人单位2 347个。

(陈 维)

【机构编制变更情况】 1月28日,成立总公司青成复线工程项目经理部。

2月12日,成立北京铁城建设监理公司北京分公司和惠阳分公司。

3月17日,将总公司西安南京铁路协调组与西康铁路秦岭隧道工程指挥部合并办公。

4月3日,批复同意中铁十一局集团公司机关迁址武汉。

4月16日,成立总公司贯标认证办公室;将总公司离退休职工管理处更名为离退休职工管理部。

4月23日,成立总公司东莞水质净化厂工程项目经理部。

4月27日,撤销总公司造桥工程分公司。

6月25日,成立总公司重庆排水工程项目经理部。

7月11日,石家庄铁路工程职业技术学院更名为石家庄铁路职业技术学院;明确总公司股权管理委员会有关问题。

7月15日,调整总公司机关有关部门工作职责。

7月25日,中国铁道建筑报社增设财务室;铁道建筑研究设计院成立泉州设计分院。

8月12日,成立总公司四川德格八一水电站工程项目经理部。

8月29日,总医院设立颐和山庄门诊部。

10月28日,总公司北京铁建医院增设防疫保健科。

10月31日,总公司国内工程公司更名为中铁工程集团有限公司。

11月14日,成立总公司呼准铁路工程指挥部。

12月19日,成立总公司新乡高速公路建设管理指挥部。

12月23日,理顺铁道建筑公安局警察培训中心管理关系。

(陈 维)

【干部构成】 总公司系统年末干部总数72 396人。其中专业技术干部63 281人,占干部总数的87.4%;政工干部6 645人,占干部总数的9.2%;行政干部2 470人,占干部总数的3.4%;女干部15 660人,占干部总数的21.6%;少数民族干部1 969人,占干部总数的2.7%;党员干部34 885人,占干部总数的48.2%。技术干部中,高级技术职务6 276人,中级技术职务21 594人,初级技术职务34 730人。学历结构:研究生及以上毕业369人,大学本科毕业22 737人,大专毕业25 306人,中专毕业11 653人,高中毕业7 293人,初中及以下毕业5 038人。年龄结构:30岁以下21 546人,31岁~40岁22 175人,41岁~50岁19 551人,50岁以上9 124人。

(陈建军 刘贤福)

【工人构成】 年末工人总数144 583人,比2002年度增加30 304人,其中新划入单位29 679人,原有单位增加625人。女工39 660人,占工人总数的27.4%。技校和大中专以上文化程度36 997人,占工人总数的26%;高中文化程度47 707人,占工人总数的33%;初中及以下59 879人,占工人总数的41%。劳动合同制工人144 456人,占工人总数的99.9%。各类技术工人107 885人,占工人总数的74.6%。获得国家职业资格证书的77 112人,持证率为技术工人总数的71%,比2002年提高8个百分点。其中,初级工8 193人,占获证人数的11%;中级工30 799人,占获证人数的40%;高级工34 659人,占获证人数的44.5%;技师3 148人,占获证人数的4.1%;高级技师313人,占获证人数的0.4%。工人平均年龄37岁。 (秦国范)

【机械运输设备】 2003年,总公司系统实有机械动力设备40 133台(套),其中主要施工机械设备8 697台(套),进口机械设备1 085台(套)。设备固定资产原值83.4亿元,净值45亿元,机械设备总功率2 192 032千瓦,技术装备率2.27万元/人,动力装备率11.07千瓦/人,设备完好率93%,利用率70.17%,机械设备成新率54%。拥有铁路专用车辆设备632台(套),其中特种设备270台(套),准轨自备机车122台、自备客车92辆、自备货车148辆,铺轨机12台,架桥机17台。年内更新设备3 768台,价值7.56亿元;报废设备4 014台,设备原值4.13亿元。 (白云飞 刘贤福)

【固定资产】 2003年,总公司系统固定资产原值185亿元,净值108.2亿元。

一、按使用情况分类(原值)	185亿元
其中:在用固定资产	183.6亿元
未使用固定资产	0.7亿元
不需用固定资产	0.7亿元
二、按使用性质分类(原值)	185亿元
其中:房屋建筑物	57.6亿元
机械设备	84.7亿元
运输工具	26.7亿元

(王 磊)

【主要财务指标完成情况】 2003年，总公司系统完成企业总产值676.5亿元，比2002年的544.5亿元增加132亿元，增长24.2%，其中施工产值634.5亿元，占93.78%，比2002年同期的428.3亿元多完成148.2亿元，增长34.6%。实现利润总额70 541万元，比2002年的73 720万元减少3 179万元，下降4.3%。上缴企业所得税1.4亿元，实现净利润25 922亿元。资产总额587.9亿元，负债总额448.9亿元，少数股东权益43.8亿元，所有者权益95.3亿元。年初货币资金119.9亿元，年末货币资金130.5亿元，比年初增加10.6亿元，增长8.8%。净资产收益率2.76%，资产负债率76.35%，产值利润率1.04%，国有资产保值增值率103.8%。流动比率105.04%，应收账款周转率6次，成本费用利润率1.05%。 （王　磊）

【主要经济技术指标完成情况】 2003年，总公司系统（含新划入单位）承揽任务、完成产值、实现利润三大指标再创历史新高。全年承揽任务1 098.67亿元，为年度计划的228.9%，比2002年增加517.81亿元，增长89%；完成企业总产值694.51亿元，为年度计划的145%，比2002年增加234亿元，增长50.8%；实现利润总额7.05亿元，为年度计划的104.4%，比2002年增加1.43亿元，增长25%。完成主要实物工程量：土石方41 278万立方米，隧道325 958延长米，桥梁383 588延长米，正线铺轨1 446公里，站线铺轨343公里，架梁14 216孔，通信线路9 819条公里；修建公路2 270公里，其中高速公路1 395公里；房屋竣工面积324.75万平方米。按总产值计算，全员劳动生产率15.19万元/人年；按施工产值计算，全员劳动生产率14.56万元/人年；按建筑业增加值计算，全员劳动生产率2.87万元/人年。按竣工产值计算，工程竣工率57%；按房屋竣工面积计算，工程竣工率35%。单位工程合格率100%，优良率97.8%。职工因工责任事故死亡率0.022‰，创历史最好水平。主要机械设备总功率1 681 661千瓦，净值44.92亿元，人均动力装备率7千瓦，人均技术装备率19 015元。全年实收资本79.04亿元，比2002年增长5%；年末固定资产100.29亿元，流动资金387.91亿元；主营业务利润41.3亿元，比2002年增长36.77%，其他业务利润0.93亿元。全系统工程成本降低率为－3%。施工单位全年耗钢材215.56万吨，价值81.5亿元；实耗木材66.66万立方米，价值8.01亿元；实耗水泥1 164.66万吨，价值47.76亿元。 （霍天道　刘贤福）

【劳动工资主要指标完成情况】 2003年，在岗职工和非在岗职工年末人数225 296人，比2002年净增52 294人，增幅为30.2%，主要原因为接收新划入单位50 603人。其中，在岗长期职工195 529人，比2002年净增44 099人，增幅为29.1%；非在岗职工28 183人，比2002年净增7 786人，增幅为38.2%；其他从业人员（主要是零散外部劳务人员）26 603人，比2002年净增9 402人，增幅为54.7%；在岗职工中息工放假人员15 554人，比2002年净增3 006人，增幅为24%。建制单位外部劳务人员年末人数184 253人，比2002年增加57 836人，增幅为45.8%。离休退休退职人员年末人数60 434人，比2002年增加38 860人，增幅为180.1%。

支出在岗职工工资和非在岗职工生活费总额34.84亿元。其中，在岗职工工资总额32.87亿元，年人均工资16 863元，扣除物价因素，比2002年实际增长10.7%；非在岗职工生活费总额1.97亿元，年人均生活费7 708元，比2002年实际增长10.1%；其他从业人员劳动报酬总额2.44亿元，年人均10 458元，比2002年实际增长6.9%；在岗职工中息工放假人员生活费总额0.67亿元，年人均生活费4 780元，比2002年实际增长25.5%。

年末，拖欠2 092名在岗职工工资587.7万元，人均拖欠工资2 809元。

总公司系统从业人员平均人工成本25 369元，其构成比重为：劳动报酬63.8%，社会保险费13.3%，福利费6.7%，教育经费0.8%，劳动保护费0.9%，住房费用3.8%，其他10.7%。 （霍天道　刘贤福）

中国铁道建筑总公司领导干部名单

总公司领导

总经理　王振侯
副总经理　李国瑞(兼)
　何能金
　丁原臣(11月任)
　靳尚忍
　邹才华
　扈振衣
　夏国斌
　范　德
总工程师　夏国斌(兼)
总经济师　扈振衣(兼)
总会计师　张惠江(7月退休)
党委书记　李国瑞
党委副书记　王振侯(兼)
　霍金贵
　彭树贵
纪委书记　彭树贵(兼)
工会主席　夏良振(7月退休)
调研员　邢福海
　李克金(8月任)

三总师副职

副总工程师　王兆林
　彭江鸿(4月任)
副总经济师　吴宝生
　尚清喜
　邬大智(3月退休)
副总会计师　姜世杰

(杜庆吉)

中国铁道建筑总公司机关各部门负责人

总公司股权委员会办公室
主　任　李德琛(4月任)

办公室
主　任　孙化同
副主任　冯忠海
　韩明莉
档案馆馆长　刘贤福

企业管理部(挂企协牌子)
部　长　李友才
副部长　华明芳(兼企协秘书长)
房改办公室主任　霍广安

经营部
部　长　刘发林
副部长　孙国富
　姜晋南

工程部(挂战备处牌子)
部　长　辛　实(兼战备处处长)
副部长　陈勇鹏

计划统计部
部　长　曾庆道
副部长　霍天道
电算中心主任　曹　军

科技部
部　长　况　勇
副部长　王清明

安全质量管理部
部　长　王兆林(兼)
副部长　王　峰

设备运输物资部
部　长　邹悦桃
副部长　李志保

财务部

部　长　李世钰
副部长　于凤丽
资金结算中心主任　(缺)
国有资产管理办公室
主　任　朱文龙(4月免职)

人事部(干部部,挂人才交流中心牌子)

部　长　李本来
副部长　张　伟
陈大洋(兼人才交流中心主任)

劳动工资部

部　长　王占科
副部长　李左军
社会保险事业管理中心
主　任　扆守义
外部劳务管理办公室
再就业服务指导中心
主　任　陈　维
职业技能鉴定
指导中心主任　吴靖文

教育卫生部

部　长　阴　瑞
副部长　李学甫
医疗保险中心主任　周鲜茹

审计局

局　长　黄少军
副局长　季　钊

离退休职工管理部

部　长　孙启业
副部长兼党总支书记　马玉亮
副部长　孙大海
王国晨

公安局(挂综合治理办公室牌子)

局　长　刘彦照(兼综治办主任)
副局长　朱德全
于清甫
党组书记　刘彦照(兼)

机关基建办公室

主　任　吕殿义(4月任)

投资部

部　长　余兴喜

党委办公室

主　任　李廷柱
副主任　赵登善

组织部

部　长　刘士彦(10月退休)

宣传部(挂政研会牌子)

部　长　张克明
副部长　钮鲁生(兼政研会秘书长)
政研会副秘书长　彭庆华(2月退休)
韩恭成(4月任)
影视摄制组组长　亢斯博

纪委(与监察局合署办公)

副书记　王京利(兼监察局局长)
王新武
办公室(挂案件审理室牌子)
主　任　曹焕斌(兼案件审理室主任,9月退休)
案件检查室主任　廖大球
执法监察室主任　李河川

工　会

办公室(财务部)
主　任　郭亨春(12月退休)
组宣部(挂总公司体协牌子)
部　长　徐士淮(兼体协秘书长)
生产保护部部长　胡国志
生活保险女工部部长　戴淑兰(4月兼任)
女职工委员会副主任　戴淑兰

团委

书　记　钱桂林

直属机关党委

书　记　吴宝生(兼)
党委工作部部长　(缺)
副部长　林立人
居委会主任　赵连成

机关工会

主　席　张文忠(5月退休)

中国铁道建筑报社

社　长　吴志义
总编辑　朱海燕
副总编辑　田望生

(杜庆吉)

中国铁道建筑总公司机关行政部门组织序列表

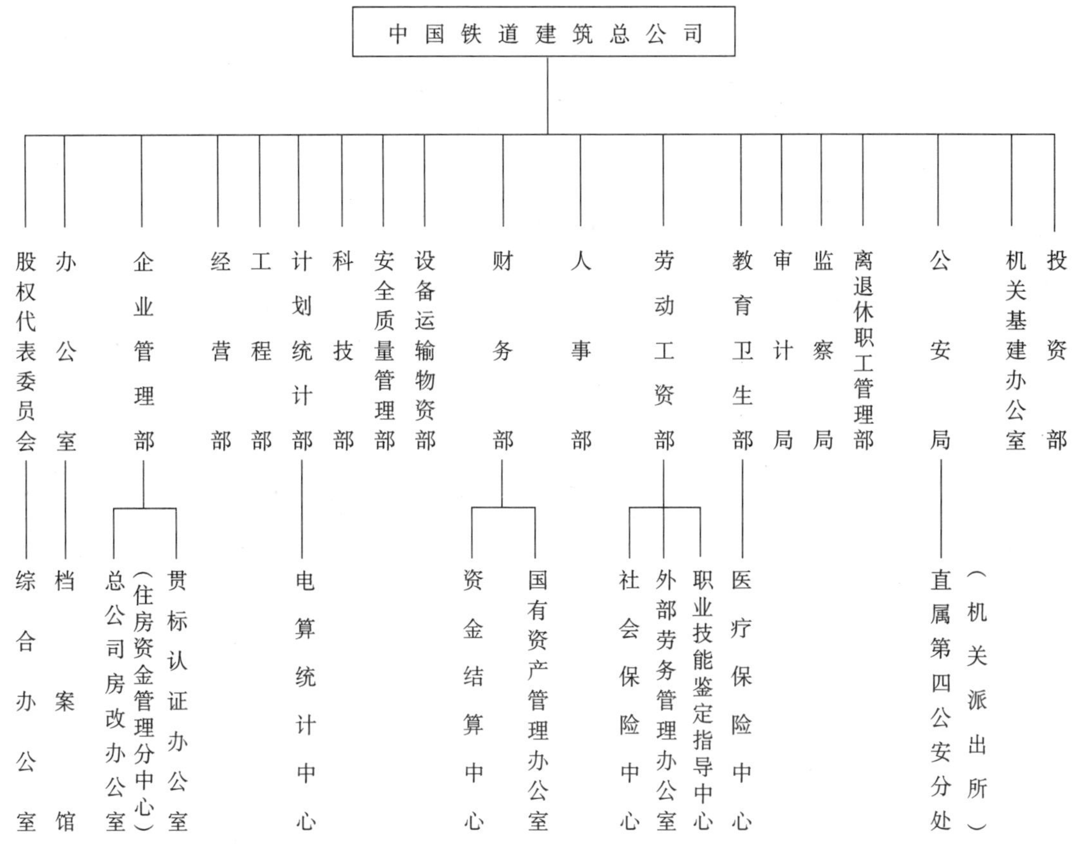

注：1. 企业管理部挂总公司企协牌子，工程部挂战备处牌子，人事部挂总公司人才交流中心牌子，劳动工资部外部劳务管理办公室挂总公司再就业服务指导中心牌子，公安局挂总公司综合治理办公室牌子；

2.监察局与纪委合署办公；

3.投资部为机关事业部。

制表：陈　维

中国铁道建筑总公司机关党群部门组织序列表

- 中国铁道建筑总公司
  - 党委办公室
  - 组织部
  - 宣传部
    - 影视摄制组
  - 纪委办公室（案件审理室）
  - 纪委案件检查室
  - 纪委执法监察室
  - 工会办公室（财务部）
  - 工会组宣部
  - 工会生产保护部
  - 工会生活保险女工部
  - 团委
  - 直属机关党委工作部
    - 居委会
  - 机关工会
    - 文化宫
  - 中国铁道建筑报社

注：1.党委干部部与人事部一个机构两个牌子，未单列；
2.宣传部挂总公司政研会牌子；
3.工会组宣部挂总公司体协牌子。

制表：高学存

中国铁道建筑总公司所属单位组织序列表

中国铁道建筑总公司

- 中铁十一局集团有限公司
- 中铁十二局集团有限公司
- 中铁十三局集团有限公司
- 中铁十四局集团有限公司
- 中铁十五局集团有限公司
- 中铁十六局集团有限公司
- 中铁十七局集团有限公司
- 中铁十八局集团有限公司
- 中铁十九局集团有限公司
- 中铁二十局集团有限公司
- 中铁建设集团有限公司
- 中铁路桥集团公司
- 中铁物资集团公司
- 北京铁建工贸集团公司
- 昆明中铁大型养路机械集团有限公司
- 中铁工程集团有限公司
- 海外公司
- 北京铁城建设监理有限责任公司
- 铁道建筑研究设计院
- 干部学校(党校)
- 总医院
- 石家庄铁路职业技术学院
- 中国土木工程集团公司
- 铁道第一勘察设计院
- 铁道第四勘察设计院
- 哈尔滨铁路局哈尔滨勘测设计院
- 哈尔滨铁路局齐齐哈尔勘测设计院
- 上海铁路城市轨道交通设计研究院
- 上海铁路局福州勘测设计院
- 南昌铁路局勘测设计院
- 广州铁路集团公司勘测设计研究院
- 柳州铁路局勘测设计院
- 兰州铁路局勘测设计院
- 乌鲁木齐铁路局勘测设计院
- 哈尔滨铁路建设集团有限公司
- 齐齐哈尔铁路建设集团有限责任公司
- 上海铁路建设(集团)有限公司
- 福建铁路建设(集团)有限公司
- 南昌铁路工程(集团)有限责任公司
- 广州铁路工程(集团)有限责任公司
- 柳州铁路工程集团有限责任公司
- 兰州铁路建设集团有限责任公司
- 乌鲁木齐铁路工程(集团)有限责任公司

注：1. 根据国资委《关于中国铁道建筑总公司与中国土木工程集团公司实施重组的批复》精神，中国土木工程集团公司划转中国铁道建筑总公司；

2. 根据国资委、铁道部《关于将铁道部第一、第四勘察设计院等20户企业划转中国铁道建筑总公司有关问题的批复》精神，铁道第一、第四勘察设计院及原铁路局所属9个设计院、9个工程(建设)集团公司划转中国铁道建筑总公司。

制表：陈　维

中国铁道建筑总公司党组织机构系统表

中国铁道建筑总公司党委

- 中铁十一局集团有限公司党委
- 中铁十二局集团有限公司党委
- 中铁十三局集团有限公司党委
- 中铁十四局集团有限公司党委
- 中铁十五局集团有限公司党委
- 中铁十六局集团有限公司党委
- 中铁十七局集团有限公司党委
- 中铁十八局集团有限公司党委
- 中铁十九局集团有限公司党委
- 中铁二十局集团有限公司党委
- 中铁建设集团有限公司党委
- 中铁路桥集团公司党委
- 中铁物资集团公司党委
- 北京铁建工贸集团公司党委
- 昆明中铁大型养路机械集团有限公司党委
- 中铁工程集团有限公司党委
- 海外公司党委
- 铁道建筑研究设计院党委
- 干部学校(党校)党委
- 总医院党委
- 石家庄铁路职业技术学院党委
- 总公司直属机关党委
- 中国土木工程集团公司党委
- 铁道第一勘察设计院党委
- 铁道第四勘察设计院党委
- 哈尔滨铁路局哈尔滨勘测设计院党委
- 哈尔滨铁路局齐齐哈尔勘测设计院党委
- 上海铁路城市轨道交通设计研究院党委
- 上海铁路局福州勘测设计院党委
- 南昌铁路局勘测设计院党委
- 广州铁路集团公司勘测设计研究院党委
- 柳州铁路局勘测设计院党委
- 兰州铁路局勘测设计院党委
- 乌鲁木齐铁路局勘测设计院党委
- 哈尔滨铁路建设集团有限公司党委
- 齐齐哈尔铁路建设集团有限责任公司党委
- 上海铁路建设(集团)有限公司党委
- 福建铁路建设(集团)有限公司党委
- 南昌铁路工程(集团)有限责任公司党委
- 广州铁路工程(集团)有限责任公司党委
- 柳州铁路工程集团有限责任公司党委
- 兰州铁路建设集团有限责任公司党委
- 乌鲁木齐铁路工程(集团)有限责任公司党委

制表:高学存

中国铁道建筑总公司工会组织机构系统表

中国铁道建筑总公司工会

- 中铁十一局集团有限公司工会
- 中铁十二局集团有限公司工会
- 中铁十三局集团有限公司工会
- 中铁十四局集团有限公司工会
- 中铁十五局集团有限公司工会
- 中铁十六局集团有限公司工会
- 中铁十七局集团有限公司工会
- 中铁十八局集团有限公司工会
- 中铁十九局集团有限公司工会
- 中铁二十局集团有限公司工会
- 中铁建设集团有限公司工会
- 中铁路桥集团公司工会
- 中铁物资集团公司工会
- 北京铁建工贸集团公司工会
- 昆明中铁大型养路机械集团有限公司工会
- 中铁工程集团有限公司工会
- 海外公司工会
- 铁道建筑研究设计院工会
- 干部学校（党校）工会
- 总医院工会
- 石家庄铁路职业技术学院工会
- 总公司直属机关工会
- 中国土木工程集团公司工会
- 铁道第一勘察设计院工会
- 铁道第四勘察设计院工会
- 哈尔滨铁路局哈尔滨勘测设计院工会
- 哈尔滨铁路局齐齐哈尔勘测设计院工会
- 上海铁路城市轨道交通设计研究院工会
- 上海铁路局福州勘测设计院工会
- 南昌铁路局勘测设计院工会
- 广州铁路集团公司勘测设计研究院工会
- 柳州铁路局勘测设计院工会
- 兰州铁路局勘测设计院工会
- 乌鲁木齐铁路局勘测设计院工会
- 哈尔滨铁路建设集团有限公司工会
- 齐齐哈尔铁路建设集团有限责任公司工会
- 上海铁路建设（集团）有限公司工会
- 福建铁路建设（集团）有限公司工会
- 南昌铁路工程（集团）有限责任公司工会
- 广州铁路工程（集团）有限责任公司工会
- 柳州铁路工程集团有限责任公司工会
- 兰州铁路建设集团有限责任公司工会
- 乌鲁木齐铁路工程（集团）有限责任公司工会

制表：高学存

中国铁道建筑总公司共青团组织机构系统表

中国铁道建筑总公司团委

- 中铁十一局集团有限公司团委
- 中铁十二局集团有限公司团委
- 中铁十三局集团有限公司团委
- 中铁十四局集团有限公司团委
- 中铁十五局集团有限公司团委
- 中铁十六局集团有限公司团委
- 中铁十七局集团有限公司团委
- 中铁十八局集团有限公司团委
- 中铁十九局集团有限公司团委
- 中铁二十局集团有限公司团委
- 中铁建设集团有限公司团委
- 中铁路桥集团公司团委
- 中铁物资集团公司团委
- 北京铁建工贸集团公司团委
- 昆明中铁大型养路机械集团有限公司团委
- 中铁工程集团有限公司团委
- 海外公司团委
- 铁道建筑研究设计院团委
- 干部学校（党校）团委
- 总医院团委
- 石家庄铁路职业技术学院团委
- 总公司直属机关团委
- 中国土木工程集团公司团委
- 铁道第一勘察设计院团委
- 铁道第四勘察设计院团委
- 哈尔滨铁路局哈尔滨勘测设计院团委
- 哈尔滨铁路局齐齐哈尔勘测设计院团委
- 上海铁路城市轨道交通设计研究院团委
- 上海铁路局福州勘测设计院团委
- 南昌铁路局勘测设计院团委
- 广州铁路集团公司勘测设计研究院团委
- 柳州铁路局勘测设计院团委
- 兰州铁路局勘测设计院团委
- 乌鲁木齐铁路局勘测设计院团委
- 哈尔滨铁路建设集团有限公司团委
- 齐齐哈尔铁路建设集团有限责任公司团委
- 上海铁路建设（集团）有限公司团委
- 福建铁路建设（集团）有限公司团委
- 南昌铁路工程（集团）有限责任公司团委
- 广州铁路工程（集团）有限责任公司团委
- 柳州铁路工程集团有限责任公司团委
- 兰州铁路建设集团有限责任公司团委
- 乌鲁木齐铁路工程（集团）有限责任公司团委

制表：高学存

总公司施工企业2003年主要经济技术指标完成情况统计表

指标名称 / 数量 / 单位	承揽任务（万元）	企业总产值（万元）	施工产值（万元）	实现利润（万元）	全员劳动生产率（元/人年）	工程成本降低率（%）	工程质量优良率（%）	国有资产保值增值率（%）	净资产收益率（%）	产值利润率（%）
总公司合计	10986680	6945059	6386803	70541	151925	-3	97.8	103.9	2.76	1.04
中铁十一局集团公司	697256	431758	420250	5450	149222	8	97.1	102.59	6.11	1.25
中铁十二局集团公司	1017361	592426	566868	6872	110991	5	96.2	104.55	9.03	1.10
中铁十三局集团公司	708255	480457	474458	4518	177049	5	98.9	102.57	6.93	0.94
中铁十四局集团公司	898295	528883	521860	8691	250941	5	98.9	103.67	7.60	1.64
中铁十五局集团公司	902316	434433	411842	4292	170600	7	97.0	101.21	4.98	1.03
中铁十六局集团公司	853108	511768	502193	5004	178118	5	92.6	100.65	4.42	1.02
中铁十七局集团公司	828705	501409	487747	5167	163715	0	96.6	102.20	6.39	1.06
中铁十八局集团公司	1085997	643833	619033	6369	138877	-48	96.2	104.45	7.45	0.98
中铁十九局集团公司	920794	555180	553488	5116	112581	-43	100.0	102.73	6.23	0.92
中铁二十局集团公司	1081180	638240	603938	7288	230586	3	94.7	116.98	11.50	1.14
中铁建设集团公司	218666	185838	165416	6449	100361	0	100.0	107.61	11.56	3.47
中铁工程集团公司	121446	60382	51590	603	170860	1	90.0	100.20	1.73	1.16
中国土木工程集团公司	248100	335894	293886	1109	602392	3		101.05	0.84	0.73
哈尔滨铁路建设集团公司	49908	75642	74376	586	104521	1		100.48	2.41	0.65
齐齐哈尔铁路建设集团公司	27151	38115	30280	-484	129467	3	76.0	95.99	-4.10	-1.19
上海铁路建设集团公司	93132	121449	119492	518	106469	2	97.2	101.40	1.41	0.43
福建铁路建设集团公司	75887	75763	70580	401	160447	9		101.53	1.55	0.50
南昌铁路工程集团公司	96577	106425	95887	541	78606	10	97.8	100.94	0.98	0.52
广州铁路工程集团公司	120549	74879	67568	653	95133	16	95.3	100.71	-2.78	0.74
柳州铁路工程集团公司	31622	37518	34129	501	75702	6	97.6	102.67	2.52	1.28
兰州铁路建设集团公司	97790	84987	81624	182	110804	10		100.98	0.97	0.22
乌鲁木齐铁路工程集团公司	47332	44829	42148	180	87437	9		100.61	0.62	0.51

（总公司计统部、安质部、财务部提供）

总公司兵改工20年固定资产投资(按资金来源分)示意图

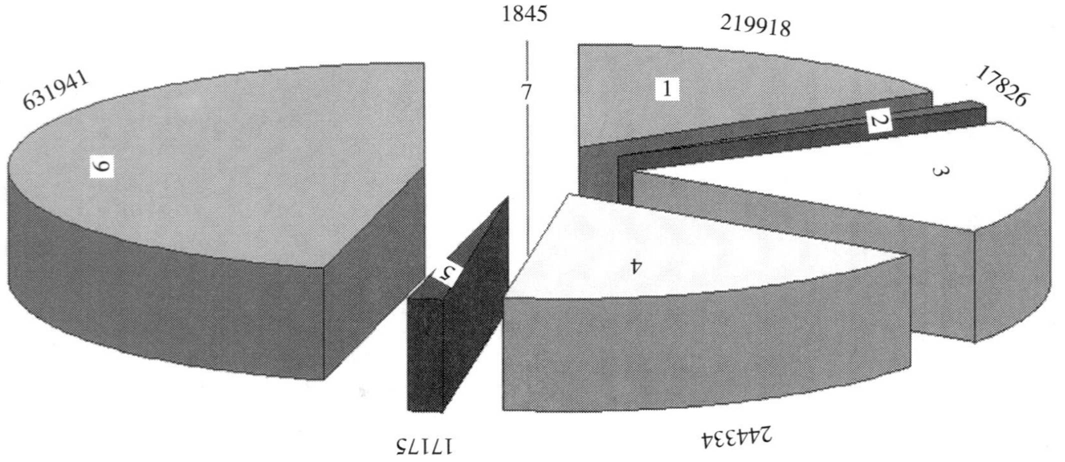

注:全部投资1 372 365万元。单位万元。其中:①铁路专项投资; ②总公司小型项目投资; ③单位小型项目投资; ④个人集资; ⑤总公司更新改造投资; ⑥单位更新改造投资; ⑦总公司大修投资。

制图:邵洪博

总公司兵改工 20 年固定资产投资（按年度分）示意图

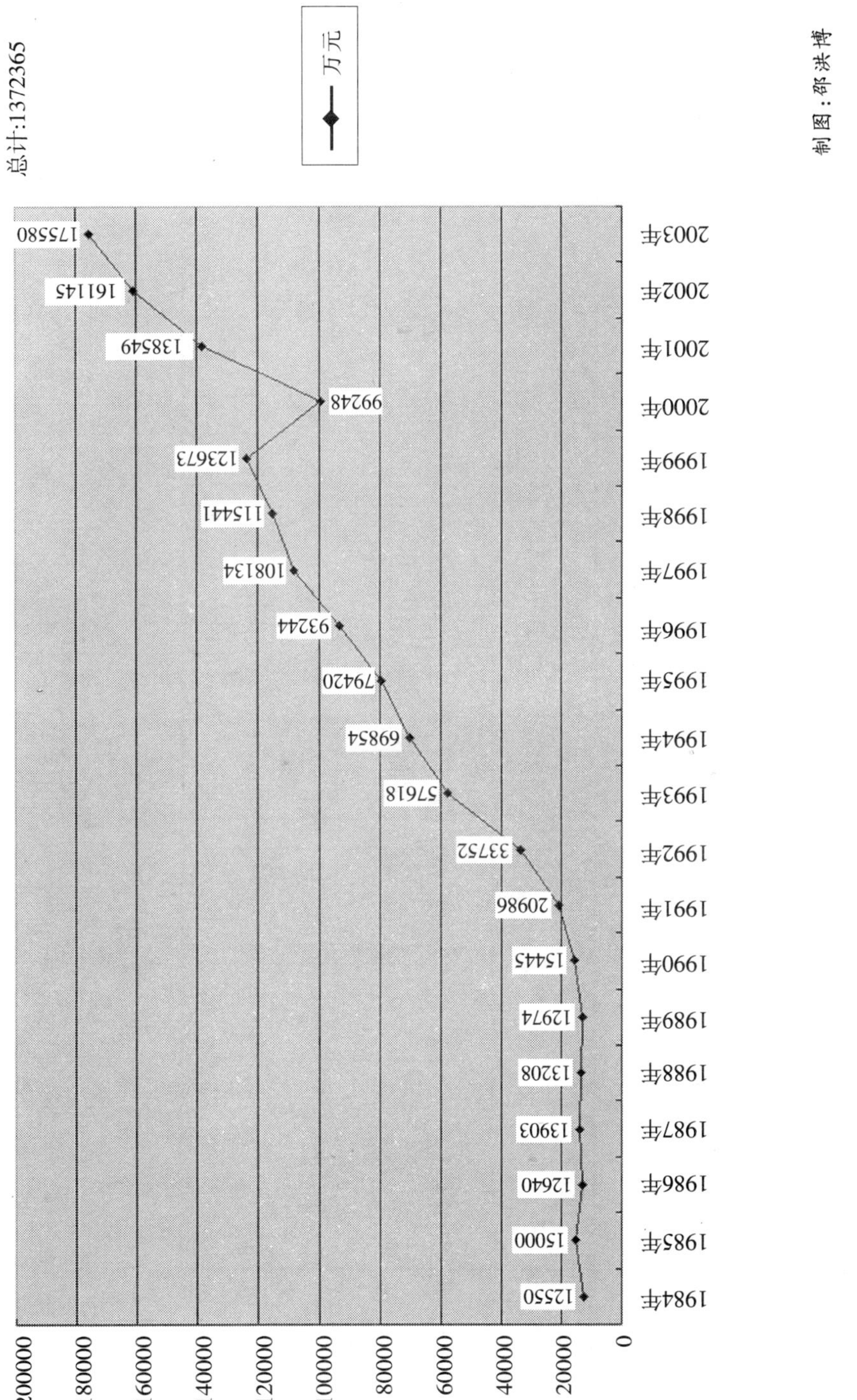

制图：邵洪博

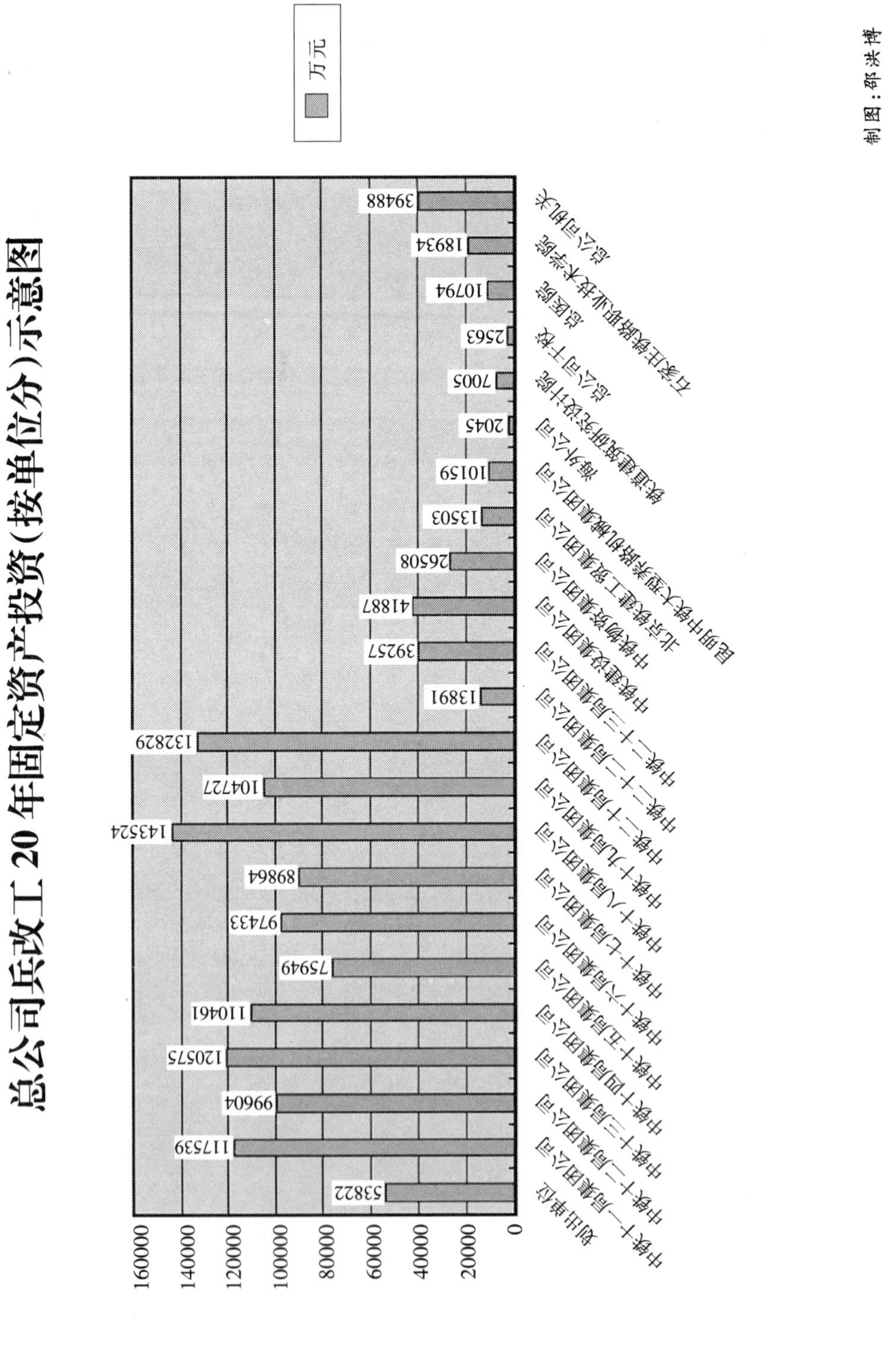
总公司兵改工20年固定资产投资（按单位分）示意图
万元
0
20000
40000
60000
80000
100000
120000
140000
160000
划出单位
中铁十一局集团公司
中铁十二局集团公司
中铁十三局集团公司
中铁十四局集团公司
中铁十五局集团公司
中铁十六局集团公司
中铁十七局集团公司
中铁十八局集团公司
中铁十九局集团公司
中铁二十局集团公司
中铁二十二局集团公司
中铁二十三局集团公司
中铁建设集团公司
中铁物资集团公司
北京铁城建工贸集团公司
昆明中铁大型养路机械集团公司
铁道建筑研究设计院
海外公司
总公司干校
石家庄铁路职业技术学院
总医院
总公司机关
53822
117539
99604
120575
110461
75949
97433
89864
143524
104727
132829
13891
39257
41887
26508
13503
10159
2045
7005
2563
10794
18934
39488
制图：邵洪博

总公司兵改工 20 年固定资产投资(按用途分)示意图

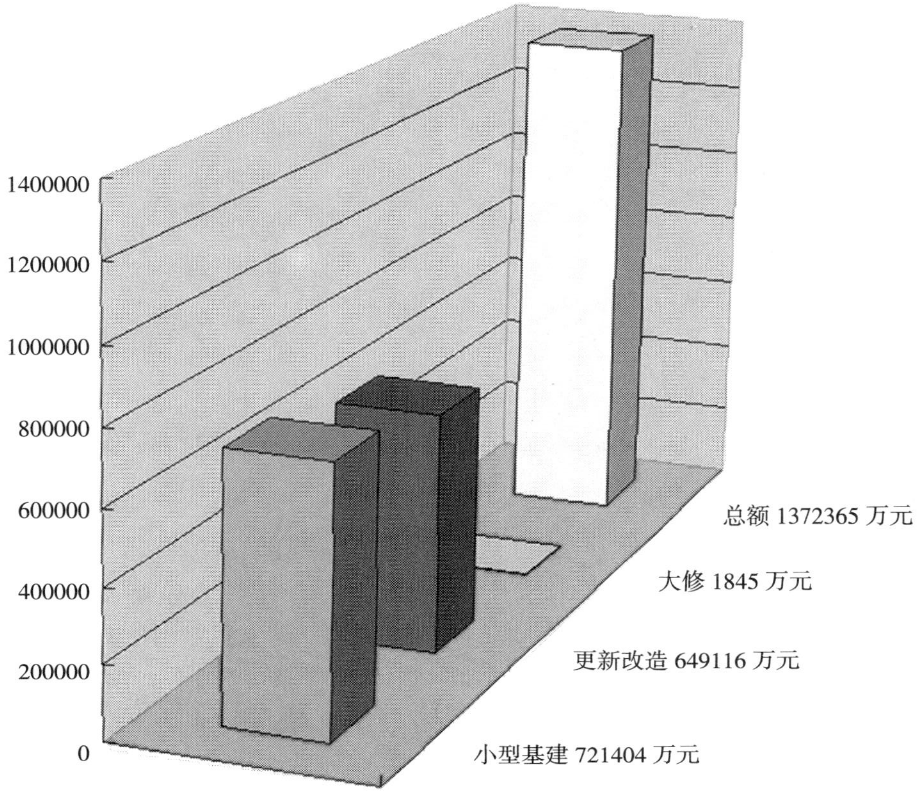

制图：邵洪博

总公司兵改工 20 年固定资产投资（按五年计划分）示意图

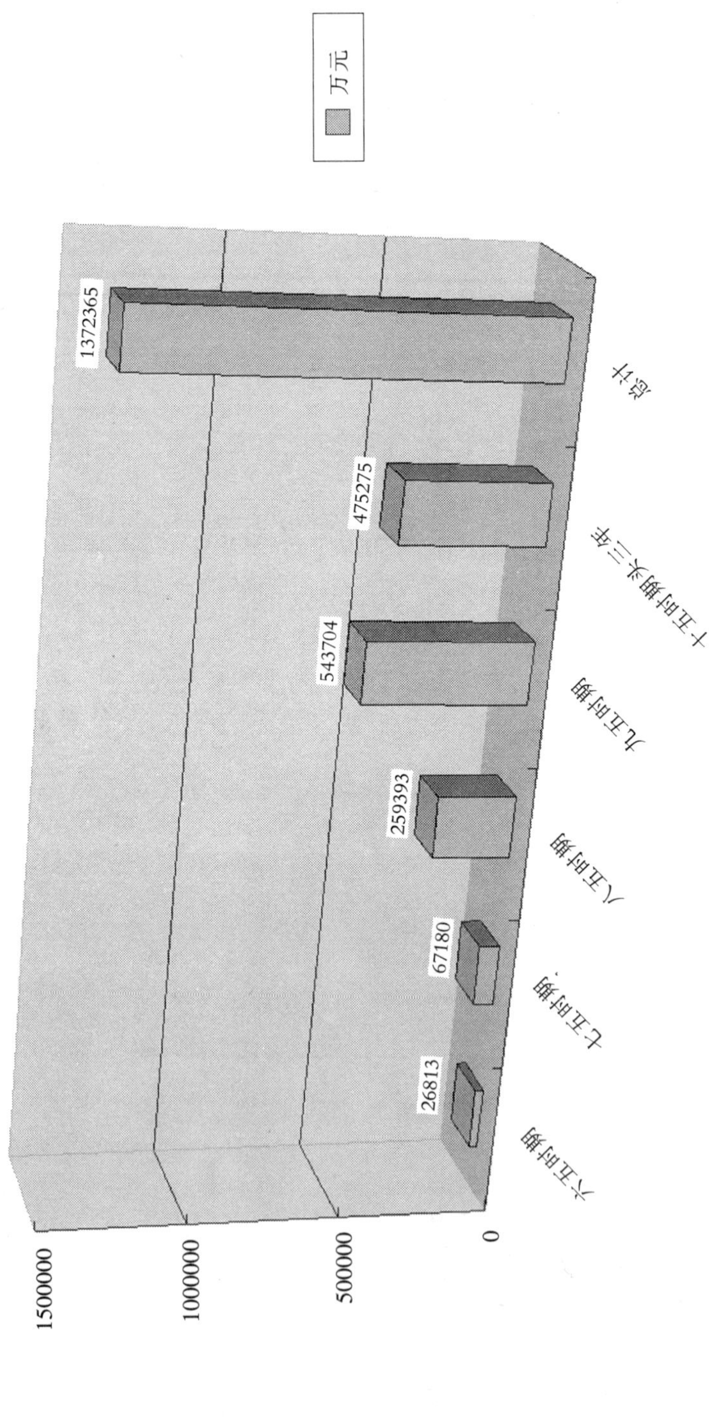

制图：邵洪博

2003年3月30日，铁道部部长刘志军(左二)，甘肃省省委书记宋照肃(前右二)、省长陆浩(左三)在总公司党委书记李国瑞(前右一)陪同下，视察兰武铁路二线乌鞘岭特长隧道建设工地。

(刘建国 摄)

工程施工

本栏责任编辑 **刘贤福**

工程管理

【工程部】 总公司施工生产及铁路战备综合管理职能部门,保留战备处牌子。主要职能:负责本部门"贯标"程序的编制、修改,并对实施情况进行检查、指导和监督;组织、实施、记录质量策划,参与总公司质量管理评审、内部质量审核和其他相关程序;依据总公司签定的工程合同和在建工程情况,制定施工生产计划并监督检查工程合同完成情况,组织施工生产,召开施工现场会议;参与总公司承揽工程的投标;负责施工过程控制,检查、监督施工现场管理、工程防护、成品防护和中小型工程项目验交,参与大型工程项目竣工验交工作;负责工程防洪、抗震减灾和铁路战备保障工作。定员10人,现员9人。部长1人、副部长2人;教授级高级工程师1人,高级工程师5人,工程师3人。(陈洪波)

【施工生产综述】 2003年总公司系统认真贯彻党的十六大和十六届三中全会精神,千方百计克服"非典"造成的不利影响,一心一意开拓经营,聚精会神谋求发展,工程施工保持良好态势。

重点、难点工程施工进展顺利。年初确定的12项重点、难点工程中,新开工项目快速展开,施工有序可控,形成会战态势;续建项目施工相继取得突破。**青藏铁路**迅速掀起施工高潮,施工生产取得喜人成绩。全年完成投资300 893.6万元,占年计划的103.2%。完成土石方1 630.38万立方米,占年计划的130.01%;完成桥梁33 684.16延长米,占年计划的104.7%;完成涵洞5 392.73横延米,占年计划的103.7%;完成隧道344.8延长米,占年计划的100%。施工中坚持"以人为本"的指导思想,切实加强卫生保障工作,没有发生因高原病导致参建职工死亡的事故。各单位认真按照国家关于西部大开发必须实行工程建设、环保评价和环境保护"三同时"的要求,切实做到环境保护与工程建设同步运作,沿线植被、水源、自然景观和野生动物受到高度珍惜和爱护,高原脆弱的生态环境得到有效保护。**西安南京铁路**重点工程全面突破,施工任务全面完成,在桃花铺1号隧道TBM掘进机施工中,创造月掘进551.8米的全国最好成绩,安全、快速通过围岩破碎地段,拓宽了TBM掘进机施工领域。2003年12月21日通过铁道部初验,12月25日18时分别移交郑州、上海、南昌铁路局临管运营。**渝怀铁路**超额完成年度计划,工程进度、质量、安全全面丰收,取得攻坚战的决定性胜利。总公司管段内13座重难点隧道全部贯通,3座跨乌江大桥全部完工。中铁十一局集团公司年内完成正线铺轨140.1公里,架梁810孔。在歌乐山隧道掘进中开创"以堵为主,限量排放"的隧道施工新理念,施工技术通过铁道部鉴定,达到世界先进水平。**兰武二线乌鞘岭隧道**为两座单线隧道,各长20.5公里。隧道通过四条区域性大断层,地质十分复杂,节理裂隙发育,施工难度大。总公司系统4个参建单位精心组织,稳中求进,施工进展较为顺利。截至11月底,左线进口正洞开挖865延长米,右线进口正洞完成644延长米;1号斜井正洞完成727延长米;2号斜井正洞上导坑完成963米,下导坑完成296米;3号斜井正洞完成424延长米;4号斜井正洞上导坑完成1 610米,下导坑完成1 796米;5号斜井正洞上导坑完成63米,下导坑完成28米;6号斜井全断面开挖完成1 947延长米;7号斜井上导坑完成1 345米,下导坑完成1 340米。**重庆轻轨交通工程**由中铁十一局集团公司担负铺架施工任务,采用JQ60型架桥机、JL60型运梁车架设PC轨道梁。自2002年9月28日正式铺架以来,架运设备不断出现故障,又面临在曲线半径为75米的横坡、纵坡等特殊地段架设PC梁等困难,项目部及时组织技术攻关,排除设备故障,并成功攻克特殊地段PC轨道梁架设难题。全年架设PC梁1 069榀,线形调整13个车站、12个区间,满足了业主的工程进度要求。**中关村金融中心**为北京西部最高建筑,总高150米,为国际甲级写字楼,是集餐饮、观光、会议厅、贵宾厅为一体的功能齐全、配套设施完善的高级商务会所。由中铁建设集团公司施工,工期12个月。年内2号楼钢结构楼梯施工完毕,主楼底板混凝土浇筑至29层,底板钢筋绑扎至33层,地下室全部完工。**北京万达广场**位于北京朝阳区建国路郎家园11号。一期工程建筑面积12.29万平方米,框架剪力墙结构,地下2层,地上最高30层。年内完成B座地上2层、D座地上3层。二期工程建筑面积17.2万平方米,投资2.13亿元,2004年3月开工,计划2005年10月竣工。此外,总公司系统参建的北京、上海、南京、深圳、广州地铁工程,北京、天津、长春、武汉、重庆城市轨道交通工程,机场、水利、电力、环保工程,工业与民用建筑工程,以及遍布全国各地的公路工程,均确保了工期、质量和安全,创建了一批省部及国家优质工程、"全国用户满意工程",标志着总公司整体施工能力大幅度提高。

一批工程建成投产。秦沈客运专线顺利投入试运营。西康铁路秦岭隧道Ⅱ线扩挖全部完工,12月顺利通过铁道部竣工验收。内昆铁路于10月14日顺利通过国家验收,正式投入运营。株六复线、神延铁路、新长铁路、新荷复线、宝兰二线、黎南复线、京九铁路龙川

—东莞二线、隆纳铁路泸州长江特大桥,以及京珠、福宁高速公路、北京交大嘉园等一批重点工程先后建成投产。 （陈洪波）

【南疆铁路】 东起兰新铁路吐鲁番站,西至南疆喀什市,全长1 446.07公里。其中,吐鲁番—库尔勒西476.49公里于1984年建成交付运营;库尔勒西—喀什段969.58公里为新建工程,1999年12月6日交付临管运营,2003年9月通过国家验收。 （陈洪波）

【内昆铁路】 自成渝铁路内江站引出,经四川自贡、宜宾市,在安边镇跨金沙江进入云南省水富县境内,向南经盐津、彝良县和昭通市,在贵州省威宁县的中水乡进入贵昆铁路梅花山站,正线全长385.543公里。其中,内江—宜宾为既有铁路,宜宾—水富为改建铁路,长27.9公里;水富—梅花山为新建铁路,长357.643公里。总公司总承包昭通—梅花山段138.1正线公里及新建六盘水枢纽内昆引入线和六盘水南编组站31.6正线公里,共计169.7公里的施工任务,并承担173.493公里的铺架任务。2002年5月12日全线开通临管运营,2003年10月14日正式通过国家验收。 （陈洪波）

【胶新铁路】 国家"十五"期间铁路重点建设项目之一,是东北至长江三角洲地区南北陆海大通道的重要组成部分。胶新铁路北起胶济铁路胶州站,向南经山东省的高密、诸城、沂水、沂南县,在临沂境内与兖石铁路相连,至江苏省境内陇海铁路的新沂站,全长306.6公里,总投资48.3亿元,2001年12月开工,2003年6月24日全线提前铺通,同年10月21日通过铁道部初验,交付济南铁路局临管运营。总公司系统中铁十一、十二、十四、十六、十八、十九、二十局集团公司参加工程建设。 （陈洪波）

【西安南京铁路西安—合肥段】 西部大开发十大重点工程之一。西起陇海铁路新丰镇编组站,经陕西渭南和商洛地区,河南南阳、信阳,湖北随州,安徽六安等地,东与合九铁路合肥西站接轨并引入至合肥东编组站,全长955.3公里;临时修建小林站至汉丹铁路厉山站联络线,全长72公里,总投资231.5亿元。正线铺轨1 086公里,站线铺轨340公里。线路通过秦岭山区、伏牛山区、桐柏山区、大别山区,有大中以上桥梁449座,隧道80座,路基土石方13 112万立方米。总公司总承包施工以桃花铺1号隧道为主的A土—10标段,长10.4公里,总投资35 806万元。主要工程量:路基土石方71万立方米,隧道2座7 709延长米,大桥2座585.8延长米,涵洞3座145.4横延米,房屋10 515平方米。10个局集团公司承担274.9公里的线下土建工程,总投资382 140.4万元;中铁十五、十九局集团公司分别承担301.8公里和72.01公里的铺架任务。2000年5月28日开工,2003年12月21日通过铁道部初验,12月25日18时分别移交郑州、上海、南昌铁路局临管运营。 （陈洪波）

【洛湛铁路益阳—永州段】 位于湖南中部,北起石长铁路益阳东站,往南新建铁路至娄底与湘桂铁路娄底东站接轨引入娄底地区,利用娄邵铁路至邵阳市,再往南新建铁路至永州与湘桂铁路接轨,全长321.338公里。洛湛通道洛阳至石门复线已建成,自石门北利用石长铁路至益阳东,增建石门北至永州通道,是中部地区通向湛江、北海、钦州、防城等港口的重要出海通道。重点工程:西阳河特大桥全长1 094.76米,塘头庄特大桥全长531.74米,均由中铁二十局集团公司承建;岩溶路基处理,由中铁十六局集团公司承建。2003年8月13日通过铁道部初验,交付广州铁路集团公司临管运营。总公司系统中铁十一、十二、十六、十七、十九、二十局集团公司参加工程建设。 （陈洪波）

【九江中谷国家粮食储备库】 位于江西省九江市庐山区虞家河乡大桥村,建筑面积14 646平方米,仓容1.01亿斤,总投资3 130万元。由北京铁建工贸集团公司承建,2002年2月7日破土动工,2003年2月通过验收,正式交付使用。 （陈洪波）

【昆石公路阳宗隧道】 位于昆明—石林高速公路宜良县境内,为上下行分离式双向三车道隧道,最大埋深140米,洞身通过地层主要为灰岩、灰岩夹页岩、石英砂岩、砂页岩,围岩级别为Ⅱ—Ⅳ类,主要不良地质为软弱围岩、溶洞、地下水等,施工难度很大,是昆石高速公路重点控制工程。中铁十五、十九、二十局集团公司及中铁工程集团公司共同承建。2003年5月工程竣工。 （陈洪波）

【西气东输郑州黄河顶管工程】 位于黄河孤柏嘴—官庄峪河段的主河槽内,在郑州黄河大桥上游30公里处。北岸穿越点在焦作市武陟县境内,南岸穿越点在郑州市荥阳县境内,穿越总长度7 645米,由定向钻穿越和顶管穿越两部分组成。黄河主河槽段采用顶管穿越,穿越长度3 600米,合同投资5 150万元,由总公司中标承揽,中铁十六局集团公司施工。黄河顶管是国家西气东输重点控制工程的"咽喉工程",一次顶进长度达1 259米,属国内首次,顶管埋深25米,地下水位高,水头压力大,地质复杂,不可预测因素多,受洪水影响严重。施工单位克服重重困难,于 2003 年 9 月 15 日全面贯通。(陈洪波)

【韶关五里亭大桥】 全长 525 米,合同投资4 858万元,由中铁工程集团公司承建。该桥主跨为连续箱梁和集束型提篮拱式组合结构,两端引桥各为一联单箱六室连续梁结构,集目前国内最大直径最大单桩承载力变截面桩、最大跨度连续梁预制顶推、最大跨度拱型梁组合结构、最大跨度提升竖转钢管拱施工、最大宽度移动模架施工于一身,工程采用的无泥浆护套零沉碴钻孔桩施工技术、柔性拼装台座梁体线性调整技术、预应力孔道真空灌浆技术、原位顶推 12 吨大支座安装技术、先梁后拱施工技术、提升竖转 120 米钢管拱施工技术、预应力吊杆一段镦头一端夹片锚固体系、玻璃纤维复合防腐材料、5 000吨钢球型支座、大吨位新型预应力锚固连接型式等属目前国内外先进的新技术、新工艺、新材料、新设备,工程技术含量高。2003 年 9 月工程全部完工。(陈洪波)

【兰州小西湖黄河大桥】 位于兰州市七里河区,由黄河大桥主桥和滨河中路立交桥两部分组成,总投资6 150万元,工期 20 个月,由中铁十二局集团公司承建。该桥为甘肃省重点工程,是中国第二座预应力混凝土矮塔单索部分斜拉桥。主桥跨越黄河,桥长 300 米,结构为一联 81.2 米+136 米+81.2 米预应力混凝土双塔单索部分斜拉桥。滨河中路立交桥为两层互通式立交,由主线高架桥、四条匝道和人行天桥组成。2003 年 7 月工程全部完工。(陈洪波)

【澳门澳凼第三座跨海大桥】 北起澳门半岛融和门,南止凼仔岛码头,全长1 825米,工程总投资 5.6 亿澳门元。澳门端起点设互通式立交一座,增加 A、B 两座匝道桥。主桥分为北引桥、正桥和南引桥,其中北引桥为 4×60 米连续箱梁和 2×60 米变截面箱梁;正桥为 110 米+180 米+110 米预应力混凝土斜拉桥,主梁采用高6.13米的混凝土箱梁,梁上索距间距为 10 米;南引桥为 9×60 米+(6×60 米+45 米)两联 17 跨混凝土连续箱梁。A 匝道桥为 271.2 米预应力混凝土连续箱梁;B 匝道桥为 519.6 米预应力混凝土箱梁。澳门和凼仔两侧各有一座箱涵与主桥连通,澳门侧箱涵长 161.2 米,凼仔侧箱涵长 85.4 米。工程设计特点:该桥为上下两层行车道混凝土斜拉桥,在世界上属首次采用;斜拉桥主塔采用"M"造型,别具一格,是斜拉桥的首创,寓意第三座桥和澳门英文名称 Macau 的第一个字母;作为多索面混凝土斜拉桥,采用 10 米的人索距,近乎平行的竖琴布置,不仅技术领先,同时也取得较好的景观效果。该桥上层为双向六车道,中间有栅栏,两边有人行道和护栏;下层(箱涵内)近期为双向四车道,远期为双向轻轨加双向两车道。双主塔高 48 米。通航净宽为 150 米,高潮时净空为 28 米。最小水平弯曲半径:主桥为 150 米,高架桥及引桥为 90 米。最大纵坡:主桥为 5%,高架桥及引桥为 7%。该工程由总公司中铁澳门有限公司牵头组成联合体项目部,负责设计、施工总承包项目的整体管理和内外协调。合同工期:2002 年 9 月~2005 年 1 月。(陈洪波)

【东莞运河樟村水质净化工程】 是亚洲最大的污水处理工程。工程设计总规模为日污水处理量 360 万吨,厂区面积 22.86 万平方米,分两期施工。项目业主为东莞市城市建设工程指挥部,施工单位为总公司海外公司。一期主体工程按日污水处理量 260 万吨设计,厂区面积 18.08 万平方米,总投资 4.5 亿元。其中,征地拆迁、场区外设施配套、场区内三通一平、基础开挖及设备购置等投资 2.8 亿元由业主负责;海外公司中标部分合同投资14 079万元,工期 7 个月。工程包括污水净化厂、厂区道路和厂区绿化三部分组成;厂区又分为办公综合区、预处理区、污水处理区、污泥处理区和药剂区 5 个部分。主要工程数量:各类建筑物 20 座9 471平方米,各类构筑物 59 座142 573平方米,各类管道8 228米,道路2 571米18 630平方米;混凝土总量 14.7 万立方米,钢材用量 1.1 万吨,安装设备 341 台(套)。(陈洪波)

【北京中关村金融中心】 地处中关村科技园区核心位置,是北京西部最高建筑,总高度 150 米,定位为国际甲级写字楼,是集餐饮、观光、会议厅、贵宾厅等为一体的功能齐全、配套设施完善的高级商务会所。工程由塔楼、配楼、连廊三部分组成,总占地面积 1.76 公顷,总投资40 062万元,总建筑面积111 818平方米。其中,塔楼地下 4 层、地上 35 层,总建筑面积79 012平方米;配楼地下 3 层、地上 8 层,总建筑面积28 982平方米;连廊连接塔楼和配楼,是展览或商业服务的弧形空中廊桥,长 150 米,宽 28 米,高 40 米。塔楼为平板式筏基,地下结构为钢筋混凝土框架剪力墙结构,主体为超高层钢结构,箱型钢柱采用坐标定位,南北两侧钢柱四层一折,使整个塔楼外形呈纺锤形。配楼基础类型为平板式筏基,地下结构为钢筋混凝土框架剪力墙结构,主体为钢筋混凝土框架结构。连廊为钢桁架结构,通过 14 桁架尺寸的变化,形成由 5 个曲面组成的空间曲体结构。工程由中铁建设集团公司施工,工期:2003 年 4 月—2005 年 3 月。(陈洪波)

【北京万达广场】 一期工程建设单位为北京万达广场房地产开发有限公司。工程位于北京市朝阳区建国路郎家园11号，建筑面积12.29万平方米，合同投资14 258.75万元。为框架剪力墙结构，地下2层、地上最高30层。2003年8月6日开工，计划2005年3月9日竣工。年底B座完成地上2层，D座完成地上3层。二期工程建筑面积17.2万平方米，合同投资21 374.41万元。为框架剪力墙结构，地下2层，地上A座24层，C座27层，檐高85米。计划2004年3月1日开工，2005年10月1日竣工。北京万达广场一、二期工程均由中铁建设集团公司承建。 （陈洪波）

青藏铁路

【工程综述】 青藏铁路北起青海省西宁市，经青海省西部重镇格尔木市至西藏自治区首府拉萨市，全长1 956公里。西宁—格尔木段814公里于1958年开工建设，1984年7月交付运营。格尔木—拉萨段1 142公里，其中格尔木—南山口既有线改建段32公里，南山口—拉萨新建段1 110公里。格拉段从格尔木站引出，利用既有线至南山口，上青藏高原，途经纳赤台、五道梁、沱沱河沿、雁石坪，翻越唐古拉山进入西藏自治区，经安多、那曲、当雄到达拉萨。线路位于青藏高原的高平原地区，海拔4 000米以上地段有960公里，线路最高海拔5 072米，连续多年冻土地段553公里。青藏铁路既是世界上海拔最高的铁路，也是世界上最长的高原铁路，自然环境十分恶劣，施工条件极其艰苦，技术要求高，施工难度大。

格拉段于2001年6月29日开工建设，为南山口—江克栋(风火山越岭)试验段施工，为全面开工做准备；2002年为布强格(唐古拉山脚下)以北冻土攻坚年；2003年为全面攻坚年；2004年为工程整体推进年，站后工程全面开工，计划线下主体工程全部完工，开始从安多向拉萨和格尔木铺轨，实现"两点三向"铺轨的目标；2005年10月铺轨到达拉萨。

总公司系统共承担16个标段全长591.357公里的线下土建工程施工和安多—拉萨段441.656公里的铺架任务，包含铁道部确定的6大试验段中的5个，分别为中铁十四局集团公司承建的波纹管试验段，中铁十二局集团公司承建的高寒多年冻土细粒土清水河试验段，中铁二十局集团公司承建的风火山隧道试验段和北麓河厚层地下冰试验段，中铁十八局集团公司承建的岛状冻土安多试验段。总公司管段工程特点：一是海拔高、自然条件恶劣。土建工程有13个标段471.457公里在海拔4 400米以上，占管段总长的79.72%，线路最高处的唐古拉山口海拔5 072米，翻越唐古拉山的全线最高段——第16、17、18、9标段164.92公里土建工程均由总公司系统施工。高海拔缺氧和强紫外线照射对人体健康危害很大，缺氧导致机械设备效率大幅降低。此外，高原气候多变，雪雨天气比重很大，一年中仅7月～9月气候较好，部分地段存在滚地雷这一特殊的自然现象，对施工人员和机械设备威胁很大。二是冻土、湿地多。从清水河到安多的8个标段304公里位于连续多年冻土区，占管段总长的51.4%，占全线冻土区的54.58%，有厚层地下冰、斜坡冻土、深季节冻土，夏季有热融湖塘、沼泽湿地、饱和湿地和地震液化层等特殊地层，施工艰难，技术含量很高。

2003年是青藏铁路的全面攻坚年，总公司所属11个集团公司承建的16个标段全部开工建设。各单位认真践行"三个代表"重要思想，全面落实国务院、铁道部有关青藏铁路建设的指示精神，以攻克高寒缺氧、多年冻土、环境保护三大难题，夺取攻坚战全胜为目标，以重点突破、确保铺架通过为主线，面对突如其来的"非典"干扰，积极主动地创造施工条件，精心组织，科学安排，迅速打响攻坚战役，施工生产取得喜人成绩。全系统年内完成投资300 893.6万元，为年计划的103.2%；完成土石方1 630.38万立方米，为年计划的130.01%；完成桥梁32 020.76延长米，为年计划的102.6%；完成涵洞5 092.73横延米，为年计划的98%；完成隧道344.8延长米，为年计划的100%。（仇 发）

【卫生保障】 2003年，总公司系统11个集团公司全部参加青藏铁路建设，卫生保障任务十分繁重。各单位认真贯彻"以人为本"的方针，以高原病防治和"非典"防控为重点，积极开展卫生保障工作，实现"非典"零感染和高原病零死亡目标。

(1)高原病防治。年内针对卫生保障工作的难点，提出"突出一个重点，抓住两个环节，解决三个问题，实现四项目标"的工作思路。"一个重点"，即把中铁十七、十八局集团公司承建的唐古拉山越岭地段海拔5 000米以上施工人员的高原病防治作为卫生保障工作的重点，充实工地医院技术力量，加强基层卫生人员，把最好的医生派到交通不便、环境艰苦的工程队，专门安排救护车到工地巡诊，随时接诊病人。当发现由于海拔高，上场职工急性高原病大幅度增加时，总公司及时下发文件提出要求，加大卫生保障投入，迅速把急性高原病发病率降了下来，保证了参建职工生命安全。"两个环节"，即把高原缺氧和强紫外线照射这两个环节控制好，尽量减少高原特殊环境给职工健康带来的损害。“三个问题”，即针对参建人员对高原引起的慢性健康损害认识不足、新上场单位高原卫生保障经验不足和个别单位出现松懈麻痹思想等问题，一是组织参建单位利用习服期举办高原卫生保障知识培训班25期，参训人员20 905人次；定期开展健康教育，人均受健康教育2.5次。二是组织新上场单位到卫生保障先进单位参观学习，吸取兄弟单位经验，提高自身卫生保障水平。三是按照卫生部、铁道部规定及时进行工前、工中、工后体检。年内工前体检有328人因不适应高原环境返回内地；工中体检14 861人，发现身体有显著改变的1 565人，离开高原763人，7 725人安排到低海拔地区短期休息；工后体检正在进行，并加强数据分析，探索高原卫生保障规律。四是加强民工卫生保健工作，每个集团公司投资200万元左右，为民工配发日常生活用品、耐缺氧保健药品，定期进行体检，民工健康状况好于往年。通过一系列有效措施，增强了参建人员体质，保证了参建队伍的战斗力。实现不因急性高原病死亡一人、把高原恶劣环境给参建人员带来的损害减少到最低限度、杜绝鼠疫的发生和流行、让每一个参建人员喝上卫生饮用水的“四项目标”。

(2)“非典”防控。面对突如其来的“非典”疫情，总公司青藏铁路工程指挥部和各集团公司指挥部迅速成立以指挥长为组长的防治“非典”领导小组，结合工程施工实际，决定把“非典”堵在青藏线外，宁可耽误工期，坚决停止内地人员上场和职工出差、休假，广泛开展预防“非典”宣传教育，分发各种宣传资料30 000多份，张贴宣传画20 000多幅，医务人员深入施工一线开展宣传教育400余次，购买过氧乙酸15吨、次氯酸钠10吨、84消毒液30 000余瓶及各种预防药品100余万元。在驻地50米以外建立32个发热门诊，专门接待外来患者，有条件的工地医院建立了隔离室。各单位都制订了预防“非典”紧急预案，所有医疗机构都实行24小时值班，每天在规定时间逐级报告“非典”防治情况，实现“非典”防控预期目标。

(3)鼠疫预防。青藏铁路格拉段是青藏高原喜马拉雅旱獭鼠疫自然疫源地，也是人类、动物鼠疫频繁发生地区，且绝大部分是肺型鼠疫，从呼吸道传播，易流行，死亡率高。为防止鼠间疫情向人类蔓延，7月国家卫生部、铁道部专门邀请鼠防专家到青藏线指导鼠防工作。各单位迅速充实鼠防工作领导小组和鼠防专业人员，召开专门会议，完善鼠防措施，对青藏铁路参建人员普遍进行鼠防知识再教育，对上场医务人员进行鼠防知识再培训，制定预防鼠疫的严格的奖罚措施，建起灭鼠隔离区，对居住区实行封闭管理；各单位制订《鼠疫应急处理预案》，成立应急处理小组并进行多次演练，储备一定数量的救治鼠疫的药品和消毒隔离设备；与地方鼠疫防治队保持密切联系，经常了解鼠疫疫情动态；各单位都在居住区外一定距离搭设隔离帐篷，设立鼠疫隔离区，就诊外单位不明原因的发热病人。由于各项措施落实具体，年内未发生鼠疫疫情。

截至年底，全系统建立三级医疗机构2个，二级医疗机构8个，卫生所、保健站93个，年内新添常规医疗设备364台(件)，新购买、租用40升大氧气瓶1 200个，新增设备总投入3 000多万元。有8个大型制氧站、10个高压氧舱投入使用。全年共派出卫生人员243人，各工地医院、卫生所门诊109 830人次，留观病人7 644人次，抢救462人次，后送125人次，发放高原耐缺氧和常规药品近9 000万元。年内发生严重高原反应1 021例，急性肺水肿123例，脑水肿73例，比2002年下降2个百分点，圆满完成医疗卫生保障任务。

(朱桐春)

【环境保护】 青藏高原生态环境极为脆弱，环境保护与多年冻土、高寒缺氧并列为青藏铁路建设三大难题。各单位对高原生态环境高度重视，环境保护制度健全，措施完善，环保意识已深植人心。在工程施工中，认真落实国家关于西部大开发必须实行工程建设、环保评价和环境保护“三同时”的规定，贯彻落实建设单位提出的各项环保措施，坚持“预防为主，防保并重，边施工边恢复”的原则，树立“建设一流高原铁路，争创质量、环保双优”的思想，环境保护工作取得良好成效。各单位都成立了环境保护机构，对职工加强环境保护教育，提高全员环保意识；施工场地、采料场地、弃碴场地以及生产、生活设施设置都充分考虑环保要求，严格按照设计规划进行；临时用地都制定了相应的恢复措施，经地方环保部门和建设单位审批后实施，草皮都进行了移植并实行专人养护；施工场地采取降尘措施，施工废水经净化后按规定进行排放，生活垃圾经处理后再弃置；爱护野生动物，严格禁止猎杀和捕食，切实做到环保与工程建设同步运作，相得益彰，和谐发展。沿线植被、水源、自然景观和野生动物受到高度珍惜和爱护，高原脆弱的生态环境得到有效的保护。环境保护工作得到建设单位和各级地方政府的充分认可和好评。中铁十二、十四、十八、二十局集团公司多次救护受伤的藏羚羊羊羔和猎鹰，中铁十九局集团公司采取有力措施保证错纳湖自然景观，提出“行为与错纳湖同美，信誉与错纳湖同在”的口号，体现了对自然景观和野生动物的爱护。年内在国家六部委联合组织的执法检查中，对青藏铁路环保工作取得的成效给予充分肯定。

(仇 发)

【总公司青藏铁路工程指挥部】 驻青海省格尔木市。指挥由范德副总经理担任，常务副指挥彭江鸿。指挥部下设综合部，部长李学智；工程技术部，部长仇发；卫生环保部，部长朱桐春。 （仇 发）

【中铁十一局集团公司青藏铁路工程指挥部】 驻西藏自治区那曲市。指挥长尹社联。承担安多—拉萨段441.656公里的铺架任务。全年完成投资6 700万元，建成铺轨基地生产、生活房屋8 560平方米，铺设股道6.5公里，铺设道岔24组，制梁厂生产32米梁30孔。 （仇 发）

【中铁十二局集团公司青藏铁路工程指挥部】 驻青海省格尔木市。指挥长余绍水。承担青藏铁路第6、11标段土建工程施工任务，位于青海省格尔木市不冻泉—可可西里段，全长73.253公里。年内完成投资37 070.2万元，7月18日铺轨顺利通过。 （仇 发）

【中铁十三局集团公司青藏铁路工程指挥部】 驻西藏自治区当雄县。指挥长臧守杰。承担第25、26标段土建工程施工任务，位于西藏自治区桑雄县和当雄县境内，全长58.64公里。年内完成投资14 543.8万元。完成主要工程量：路基土石方232.6万立方米，大桥1 180.32延长米，中桥310.3延长米，小桥22.34延长米，涵洞1 115.54横延米。 （仇 发）

【中铁十四局集团公司青藏铁路工程指挥部】 驻青海省格尔木市。指挥长许兰民。承担第3、12标段土建工程施工任务，位于青海省格尔木市纳赤台—望昆段和五道梁段，全长80.662公里。年内完成投资22 476万元。第12标段于8月19日铺轨顺利通过。 （仇 发）

【中铁十五局集团公司青藏铁路工程指挥部】 驻西藏自治区当雄县。指挥长张海亮。承担第28标段土建工程施工任务，位于西藏自治区当雄县境内，全长36.65公里。年内完成投资11 326万元。完成主要工程量：路基土石方150.93万立方米，特大桥818.3延长米，大桥1 788.6延长米，中桥289.2延长米，小桥60.1延长米，涵洞613.61横延米。都匀桥梁厂南山口制枕厂承担1 070 138根轨枕预制任务，投资9 200万元。 （仇 发）

【中铁十六局集团公司青藏铁路工程指挥部】 驻青海省格尔木市。指挥长程红彬。承担第16标段土建工程施工任务，位于雁石坪—望唐段，全长46.579公里。年内完成投资19 141.5万元。完成主要工程量：路基土石方15.9万立方米，特大桥943.8延长米，大桥1 523.4延长米，中桥104.4延长米，涵洞99.4横延米。 （仇 发）

【中铁十七局集团公司青藏铁路工程指挥部】 驻青海省格尔木市。指挥长董献付。承担第17标段土建工程施工任务，位于唐古拉山口望唐—唐古拉段，全长38.571公里。年内完成投资19 053万元。完成主要工程量：路基土石方204万立方米，特大桥1 284延长米，大桥1 647延长米，中桥328延长米，小桥63.42延长米，涵洞404横延米。 （仇 发）

【中铁十八局集团公司青藏铁路工程指挥部】 驻西藏自治区安多县。指挥长韩利民。承担第9、18标段土建工程施工任务，位于唐古拉—安多段，全长79.77公里。年内完成投资83 716万元。完成主要工程量：路基土石方427.45万立方米，特大桥9 065.8延长米，大桥3 407.2延长米，中桥925.33延长米，小桥101.3延长米，涵洞373.9横延米。 （仇 发）

【中铁十九局集团公司青藏铁路工程指挥部】 驻西藏自治区那曲地区，指挥长刘汉志，常务副指挥长卓磊。承担第20、22标段土建工程施工任务，位于安多—那曲段，全长83.06公里。年内完成投资69 063万元。完成主要工程量：路基土石方453.04万立方米，特大桥2 580.54延长米，大桥725.8延长米，中桥130.8延长米，涵洞1 832.21横延米。 （仇 发）

【中铁二十局集团公司青藏铁路工程指挥部】 驻青海省格尔木市。指挥长況成明。承担第7标段土建工程施工任务，全长36.02公里。年内完成投资27 680万元，于11月18日铺轨顺利通过。 （仇 发）

【重要记载】

▲2月18日　总公司召开青藏铁路越岭地段施工专题研讨会，范德副总经理、彭江鸿常务副指挥及参建单位主管领导出席会议。

▲4月1日　总公司青藏铁路工程指挥部召开卫生工作座谈会，总结2002年工作，布置2003年卫生保障工作任务。

▲4月7日～8日　青藏铁路建设总指挥部在格尔木召开2003年度建设工作会议，总公司范德副总经理、彭江鸿常务副指挥等参加会议。

▲4月15日～17日　青藏铁路公司总经理兼青藏铁路建设总指挥部指挥长卢春房一行到总公司管段

现场办公。

▲4月27日～28日　总公司青藏铁路工程指挥部常务副指挥彭江鸿一行到青藏铁路参建单位检查施工准备、卫生保障和“非典”防治工作情况。

▲5月3日　青海省“非典”防治工作督察组到青藏铁路建设工地检查“非典”防治工作落实情况。

▲5月5日　铁道部副部长孙永福在总公司常务副指挥彭江鸿陪同下，到青藏铁路中铁十二、十四、二十局集团公司管段视察施工准备、工程质量和“非典”防治工作情况。

▲5月17日　青海省省长赵乐际在总公司常务副指挥彭江鸿陪同下视察青藏铁路南山口铺轨基地和铺轨点。

▲6月6日　总公司青藏铁路工程指挥部党工委第一次扩大会议在拉萨召开，各集团公司指挥部党工委书记、指挥长共20人参加会议。会议总结2002年工作，布置2003年任务。

▲7月3日～6日　铁道部部长刘志军在总公司王振侯总经理、范德副总经理及常务副指挥彭江鸿陪同下到青藏铁路建设工地现场办公。

▲8月15日　原全国政协主席李瑞环在总公司常务副指挥彭江鸿等陪同下视察青藏铁路建设工地。

▲8月20日～23日　总公司李国瑞书记在常务副指挥彭江鸿陪同下，到青藏铁路越岭地段现场办公。

▲9月5日～7日　国资委副主任王瑞祥一行在总公司党委副书记霍金贵、常务副指挥彭江鸿陪同下视察青藏铁路总公司管段建设工地。

▲9月4日～10日　国资委党委、共青团中央、全国铁道团委、总公司团委在青藏铁路建设工地联合开展“我为青藏铁路建功勋”表彰活动，总公司系统5个先进青年集体和14名先进青年受到表彰。

▲9月23日～25日　铁道部副部长孙永福到青藏铁路建设工地进行现场调研和慰问。　（仇　发）

渝 怀 铁 路

【工程综述】　渝怀铁路西起重庆枢纽襄渝铁路K808+000处，穿过歌乐山，横跨嘉陵江，经长寿跨越长江到涪陵，沿乌江逆流而上三跨乌江，经过黔江从圆梁山隧道穿过乌江和沅江的分水岭，进入贵州铜仁市，沿沅江支流锦江前行进入湖南省麻阳县，与怀化枢纽襄黔铁路怀化站贵阳端接轨，全长624.484公里，总投资198.4亿元。铁路跨重庆、贵州、湖南三省（市），沿线地形起伏较大，分为红层盆地和岩溶山地两大地貌。地层自第四系至前震旦系均有出漏，岩性以灰岩、白云岩、页岩、泥岩为主，构造体系以新华夏系为主，地震烈度6度以下。沿线岩溶发育，地下水以岩溶水为主，工程地质极为复杂，不良地质主要有岩溶、瓦斯与煤洞、顺层、断层破碎带、滑坡、崩塌、岩堆、错落、环境危害等。全线重点控制工程8隧、2桥、1站，全部集中在重庆市境内。总工期5年，2000年年底开工，计划2005年竣工。

渝怀铁路全线共分为39个标段，总公司系统共承担15个标段的施工任务，全部分布在重庆市辖区内，线路全长234.87公里，占渝怀铁路总长的39%，合同投资48亿元。主要工程量：隧道62座116 466延长米，占全线隧道总长的48.5%，其中有4座控制工程、13座重难点工程；桥梁137座29 130.4延长米，其中重难点工程18座；涵洞480座12 398.5横延米；车站29座，占全线车站总数的50.9%，其中重难点工程3座；路基土石方1 564.8万立方米，占全线土石方总量的25%；正线铺轨301.989公里，站线铺轨96.344公里，新铺道岔284组。总公司管段重点、难点工程突出，桥隧比重大，包括控制工程4个，重难点工程34个，其中跨乌江的桥梁3座，9 000米以上隧道3座，3 000米以上隧道17座。多数隧道穿越滑坡、岩溶、断层，存在暗河、涌水、突泥、煤层瓦斯、岩爆等不良地质，部分洞顶分布水库、居民区，最小埋深仅几米；桥梁施工集深水基础、空心高墩、大跨度等难题于一身，技术含量高，施工难度大。　（陈洪波）

【总公司渝怀铁路工程指挥部】　2001年5月成立，指挥宋抗常。指挥部办公地点设在重庆市。　（陈洪波）

【中铁十一局集团公司渝怀铁路工程指挥部】　驻重庆市。指挥长谢敬平。承担渝怀铁路DK0+000～DK8+950和DK10+050～DK12+510两个标段共12.824公里的线下工程施工和重庆段299正线公里的铺架任务，合同投资18 325万元。主要工程量：土石方101.75万立方米，桥梁5座2 282.78延长米，隧道3座4 614延长米，其中歌乐山隧道4 050延长米，新建及改建车站各1座，房建2 843平方米；正线铺轨301.989公里，铺道岔284组，架梁1 481孔，架道岔梁1 081片。

（陈洪波）

【中铁十二局集团公司渝怀铁路工程指挥部】　驻重庆市秀山县。指挥长陈汉彪。承担渝怀铁路DK381+000～DK405+176.79和DK405+176.79～DK424+300两个标段共43.025公里的线下工程施工任务，合同投资39 100万元。主要工程量:土石方 354 万立方米,桥梁 24 座3 984.93延长米,隧道 11 座7 057延长米,涵洞 193 座3 861.23横延米,车站 5 座。(陈洪波)

【中铁十三局集团公司渝怀铁路工程指挥部】 驻重庆市涪陵区。指挥长吴焕通。承担渝怀铁路 DK103+350~DK126+017、DK216+166.8~DK217+080 和 DK237+180~DK238+690 两个标段共25.348公里的线下工程施工任务,合同投资51 030万元。第 8 标段位于重庆市涪陵区,全长22.517公里;第 14 标段位于武隆、彭水县境内。该标段分为两段:一段是 924 米长的黄草乌江大桥,另一段是1 510米长的下塘口乌江特大桥,合计 2.434 公里。主要工程量:土石方 163 万立方米;桥梁 27 座6 662.75延长米,隧道 7 座3 848延长米,涵洞 51 座1 373.83横延米,车站 5 座。有 7 座桥梁列为重点工程,其中黄草乌江大桥主跨长 168 米。(陈洪波)

【中铁十四局集团公司渝怀铁路工程指挥部】 驻重庆市武隆县。指挥长叶绿林。承担渝怀铁路 DK182+450~DK199+860 标段 17.407 公里的线下工程施工任务,合同投资39 200万元。主要工程为 2 隧、3 站、4 桥,其中武隆隧道长9 375延长米,为全线控制工程;隧道总长13 142.25延长米,占线路总长的 75.5%;桥隧总长14 515.15延长米,占线路总长的 83.4%。(陈洪波)

【中铁十五局集团公司渝怀铁路工程指挥部】 驻重庆市江北区。指挥长王大贤。承担渝怀铁路 DK27+652.94~DK52+400 和 DK313+720.65~DK335+250 两个标段 33.798 公里的线下工程施工任务,合同投资54 443万元。第 5 标段主要工程量:土石方 363 万立方米,桥梁 8 座2 029.83延长米,隧道 3 座3 511延长米,涵洞 34 座1 580.84横延米,车站 2 座。第 20 标段主要工程量:土石方 224.3 万立方米,桥梁 26 座4 807.26延长米,隧道 7 座3 201延长米,涵洞 51 座1 218.51横延米,车站 2 座。(陈洪波)

【中铁十六局集团公司渝怀铁路工程指挥部】 驻重庆市黔江区。指挥长易国华。承担渝怀铁路 DK335+250~DK344+926.24 和 DK344+926.24~DK351+386 两个标段16.136公里的线下工程施工任务,合同投资42 000万元。主要工程量:桥梁 6 座1 630.21延长米,隧道 2 座13 653延长米,涵洞 4 座128.95横延米,车站 1 座。全线重点工程金洞隧道9 108延长米,旗号岭隧道4 545延长米。(陈洪波)

【中铁十七局集团公司渝怀铁路工程指挥部】 驻重庆市。指挥长文苛。承担渝怀铁路 DK126+017~DK132+600 和 DK137+584~DK140+797 两个标段 9.969 公里的线下工程施工任务,合同投资45 300万元。主要工程量:土石方 138.36 万立方米,桥梁 2 座566.67 延长米,隧道 2 座5 965延长米,涵洞 15 座542.41 横延米,车站 2 座。(陈洪波)

【中铁十八局集团公司渝怀铁路工程指挥部】 驻重庆市彭水县。指挥长雷升祥。承担渝怀铁路 DK238+690~DK262+872.31 标段 24.123 公里的线下工程施工任务,合同投资45 199万元。主要工程为 2 站、4 桥、6 隧,其中存在岩溶、瓦斯等不良地质的彭水隧道9 028延长米,为全线控制工程。(陈洪波)

【中铁十九局集团公司渝怀铁路工程指挥部】 驻重庆市彭水县。指挥长刘汝臣。承担渝怀铁路 DK217+080~DK237+180 标段 20.104 公里的线下工程施工任务,合同投资43 467万元。主要工程量:土石方 87 万立方米,桥梁 9 座1 506延长米,隧道 5 座15 937延长米,其中黄草隧道7 186延长米,富含瓦斯,地质破碎,被列为全线重点工程。(陈洪波)

【中铁二十局集团公司渝怀铁路工程指挥部】 驻重庆市武隆县。指挥长周富。承担渝怀铁路 DK40+935~DK42+173.17(两昌河特大桥)和 DK164+360~DK182+450 两个标段 19.106 公里的线下工程施工任务,合同投资41 608万元。主要工程量:土石方 14.45万立方米;桥梁 8 座2 511.16延长米,隧道 6 座16 018延长米,涵洞 4 座 44.27 横延米,车站 1 座。(陈洪波)

【重要记载】

▲1 月 20 日　中铁二十局集团公司承建的枳城隧道全断面贯通。

▲2 月 6 日　中铁十四局集团公司承建的渝怀铁路控制工程、全长9 418米的武隆隧道提前贯通。

▲2 月 13 日~20 日　总公司党委书记李国瑞一行 4 人在宋抗常指挥陪同下,到渝怀铁路及重庆轻轨交通工程建设工地检查指导工作。

▲2 月 18 日~22 日　国务院监事会第 39 办公室主任杨涛一行 3 人在总公司张惠江总会计师陪同下,到渝怀铁路总公司管段检查工作。

▲2 月 26 日　渝怀铁路西段举行铺轨典礼,铁道部副部长蔡庆华和重庆市、贵州省、湖南省有关领导及总公司范德副总经理、宋抗常指挥等出席铺轨典礼。

▲2 月 27 日～28 日　铁道部渝怀铁路建设总指挥部召开第三次工作会议，总公司宋抗常指挥出席会议。会议总结 2002 年渝怀铁路攻坚战施工情况，全线完成投资 60 余亿元，完成线下工程量 80% 以上。总公司系统年内完成隧道成洞 68 公里，创历史好成绩。

▲5 月 26 日　中铁十七局集团公司承建的磨溪 1 号隧道顺利贯通。

▲6 月 25 日　中铁十六局集团公司承建的重点控制工程、全长9 108米的金洞隧道比计划工期提前 20 个月顺利贯通。

▲7 月 3 日～5 日　总公司扈振衣副总经理率经营部有关人员在宋抗常指挥陪同下，分别到重庆、武隆对渝怀铁路概预算进行调研。

▲7 月 27 日～28 日　铁道部副部长陆东福在总公司王振侯总经理陪同下，视察渝怀铁路武隆隧道、涪陵乌江大桥等建设工地。

▲9 月 4 日　中铁十三局集团公司承建的涪陵乌江大桥顺利合龙。

▲10 月 29 日　中铁十九局集团公司承建的黄草隧道比计划工期提前 31 天顺利贯通。

▲10 月 30 日～11 月 7 日　总公司党委副书记彭树贵、纪委副书记王京利一行 4 人在宋抗常指挥陪同下，到渝怀铁路参建单位进行执法效能监察。

▲11 月 25 日　中铁十三局集团公司承建的黄草乌江大桥顺利合龙。至此，渝怀铁路 3 座乌江大桥全面完工。

▲12 月 17 日　中铁十四局集团公司承建的武隆隧道全断面贯通。

▲12 月 22 日　中铁十一局集团公司渝怀铁路西段铺架到达白涛车站，超额完成全年铺架任务。

▲12 月　总公司大型养路机械作业单位与铁道部渝怀铁路建设总指挥部达成协议，承担重庆—黔江段整道任务。

（宋抗常）

西安南京铁路

【工程综述】　工程概况。西安南京铁路西安—合肥段，为国家Ⅰ级电气化铁路干线，是国家“十五”重点建设项目。该线全长1 030.2公里，总投资 240.3 亿元。总公司系统承担 426.5 公里线下土建工程、391 公里铺轨工程和部分“四电”工程、制梁工程施工任务，并承担全线的大型机械整道任务，完成总投资 53.01 亿元，约占全线总投资的 22.1%。该段工程西穿秦岭，地质复杂，桥隧相连，路河沟渠纵横，村落密布，工程宏伟，投资巨大，工期紧迫，任务艰巨。

施工成果。(1)建设工期目标提前实现。该线于 2000 年 5 月正式开工，2001 年 10 月 15 日从南阳开始铺轨，2003 年 6 月 18 日在东秦岭隧道出口全线接轨铺通，年底配套建成交付运营，比原定工期提前一年。特别是在中国长大铁路干线建设中做到无平交，首次以时速 80 公里验交，是史无前例的。(2)长大隧道施工取得重大突破。该线全长 12.268 公里的东秦岭双线特长隧道、全长 7.23 公里的桃花铺 1 号隧道和全长 7.1 公里的桃花铺 2 号隧道，是全线控制工期的重中之重的工程，不仅提前完工，还创造多项新记录，取得多项科技成果，实现铁路长大隧道施工的突破性跨越，打出了中国铁路建设者的志气。东秦岭隧道平导长 6 129米，于 2001 年 11 月 22 日提前 7 个月贯通，创造平均月进尺 292 米、最高月进尺 406.8 米的全国记录；桃花铺 1 号隧道采用 TBM 掘进机施工，于 2002 年 5 月 22 日贯通，创造平均月掘进 355 米、最高月掘进 551 米的全国最高记录，同时创造平均月衬砌1 078米、最高月衬砌1 581米，整体道床平均月进尺1 316米、最高月进尺1 925米的好成绩；桃花铺 2 号隧道于 2000 年 6 月开工，2002 年 6 月贯通，同年 11 月建成，比合同工期提前半年。该隧道斜井工区的正洞掘进超常发挥，达到平均月进尺 198.1 米、最高月进尺 256 米，完成正洞掘进2 482米，占隧道全长的 35%，创造出国内最好成绩，为隧道提前建成起到决定性的作用，为长大隧道施工提供了宝贵经验。东秦岭隧道出口平导快速掘进、桃花铺 1 号隧道软弱破碎围岩突破、桃花铺 2 号隧道斜井施工创记录等相关论文在《现代隧道技术》杂志先后发表。《铁路隧道建设的突破性发展》专题论文在《人民日报》和《中国铁道建筑报》上发表，产生很好的社会影响。(3)工程质量稳步提高。坚持“依靠科技、务实创优、确保无隐患验交”的质量方针，整体工程质量优良。路基质量稳定，经受了持续降雨和特大洪灾考验，提高了抗灾能力；隧道工程经地质雷达检测，衬砌厚度满足设计要求，克服了渗漏水现象；桥、涵工程结构稳定，内实外美，保持良好水平。工程质量合格率 100%，各局集团公司管段均实现全段创优，经建设单位组织评比，工程质量优良率均高出全线 3 个～5 个百分点。(4)环境保护、水土保持工程大有进步。取弃土场得到有效防护，已全部还田复耕；路基边坡支护到位，植被茂盛；坡面平整，水系完整畅通。整条铁路与大自然融为一体，建成一条绿色通道，受到地方环境、水土保护部门的好评。

鉴于西安南京铁路所经膨胀、湿陷性黄土地区线路长，对桥台、涵洞两侧的填料设计不到位，尽管施工单位精心施工,但这些地段铺轨后下沉较多,大部分都经过挤密桩处理,费工费时,施工单位损失较大。实践证明,膨胀、湿陷性黄土地区路堑边坡不宜过缓,1∶1~1∶1.15之间即可。路堑边坡防护设计不到位,致使工程完工后边坡遭遇30年一遇的暴雨引起多处坍塌。

(尹大田)

【总公司西安南京铁路丹凤指挥部】 1999年12月22日成立。驻陕西省丹凤县建行。指挥琚建民、副指挥兼总工程师王在仁(2001年12月离任)、副指挥沙明元(2002年6月离任)、总工程师高晓东(2001年12月任)。总承包西安南京铁路土建第10标段工程,长10.325公里,投资3.58亿元。重点工程桃花铺1号隧道长7 234米,是全线控制工程,进口7 580米为单线,出口654米为双线。2000年2月16日开工。出口段764米由中铁工程有限公司采用钻爆法施工,于2002年1月完工,创造双线大跨度隧道月掘进118米的好成绩;进口段由中铁十八局集团公司采用TBM掘进机施工,2000年8月19日正式掘进,遇到软弱围岩和断层破碎带,采取"超前探测、管棚注浆、适度推进、及时喷锚、稳定岩体"及"密排拱架、搭焊钢管、网板结合、封闭坍腔、回填密实"等有效措施,克服重重困难,于2002年5月22日安全贯通,创造TBM掘进机最高月掘进551.818米,平均月掘进301米的好成绩,摸索出TBM掘进机软弱围岩地段施工经验。在隧道衬砌、整体道床施工中,创造最高月衬砌1 581米、平均月衬砌1 078米及整体道床最高月进尺1 925米、平均月进尺1 316米的好成绩,于2003年12月21日比预定工期提前半年顺利验交。工程质量合格率100%,优良率97.8%。桃花铺1号隧道被评为预备精品工程,全标段被评为综合优质工程,环境保护、水土保持工程全面达标。

(杨海龙)

【中铁十一局集团公司西安南京铁路工程指挥部】 驻陕西省丹凤县运管站。指挥长曾祥旭,党工委书记陈兆林,副指挥长张丕界、卜大志、王文涛,总工程师王睿。承建的土建第11标段长7.695公里,投资2.41亿元;土建外资W_1标段,长39.23公里,投资1.64亿元;电力CDD21标段,长152公里,投资0.49亿元。总投资4.05亿元。重点控制工程桃花铺2号隧道于2000年6月7日开工,2002年6月5日全隧贯通,取得平均月成洞225米、最高月掘进588米的好成绩,特别是斜井工区掘进超常发挥,平均月进尺165.6米。施工中采用GPS控制测量技术、单线隧道施工机械设备选型与配套技术、施工通风技术、斜井快速施工综合技术、泵送混凝土施工技术,隧道掘进快、质量好,比计划工期提前4个月完工。工程质量合格率100%,优良率96%,评定精品工程35项,环境保护、水土保持工程全面达标。

(尹大田)

【中铁十二局集团公司西安南京铁路工程指挥部】 驻河南省西峡县农行五里桥营业所。指挥长王敦厚,党工委书记宋津喜,副指挥长宋津喜、李荣发,总工程师王晋雄。承建的土建第15标段长55.9公里,投资4.96亿元;土建外资W_3标段,长25.813公里,投资1.2亿元;电力CDD19标段,长136公里,投资0.63亿元。总投资6.8亿元。施工中,率先使用混凝土集中拌合、罐车运输、泵送混凝土灌注,钢筋集中弯制、钢构件统一加工,隧道采用整体式模板台车,桥墩大块拼装模板,使工程质量从源头上得到控制。业主称赞该工程"制度健全,施工规范,过程控制严,质量标准高"。工程质量合格率100%,优良率96.1%,共评定精品工程和优质样板工程74项。在全线"五比"劳动竞赛中连续3年名列前茅,环境保护、水土保持工程全面达标。全部工程于2003年12月顺利验交。

(尹大田)

【中铁十三局集团公司西安南京铁路工程指挥部】 驻河南省南阳市宛城区长江路东段。指挥长谭振武,党工委书记袁凤举,常务副指挥长兼总工程师程建吕。承建的土建20-1标段长40.51公里,投资2.85亿元;土建外资W_2标段,长20.28公里,投资1.37亿元;通信CDT5标段,长242.19公里,投资0.389亿元。总投资4.609亿元。唐河特大桥为全线重点工程,2000年9月10日开工,2001年5月10日主体工程提前半年完工。整个工程2003年6月达到验交程度,年底顺利验交。工程质量合格率100%,优良率95%,共评定精品工程和优质样板工程66项,环境保护、水土保持工程全面达标。

(尹大田)

【中铁十四局集团公司西安南京铁路工程指挥部】 驻河南省南阳市兴隆路66号。指挥长兼党工委书记崔进光,常务副指挥长毛亮,副总工程师马建民。承建的土建18-1标段长12公里,投资1.18亿元;电力CDD20标段,长100公里,投资0.22亿元。总投资1.4亿元。重点工程白河特大桥于2000年开工,2001年5月25日提前一年建成。2003年6月30日站后主体工程全部完工,12月2日顺利验交。工程质量合格率100%,优良率95.4%,共评定精品工程和优质样板工程19项,环境保护、水土保持工程全面达标。

(尹大田)

【中铁十五局集团公司西安南京铁路工程指挥部】 驻

河南省南阳市北京大道南段建行分理处。指挥长田福元，党工委书记张春生，副指挥长吕春元，副指挥长兼总工程师冯忠荣。承建的土建第18标段长10.6公里，南阳西站—东秦岭隧道出口铺架长309.9公里，投资6.99亿元；通信CDT6标段，长163公里，投资0.24亿元。总投资7.24亿元。土建第18标段于2000年6月开工，2003年9月竣工。2001年10月1日开始向西铺轨，2003年6月12日铺到接轨点，比原计划提前半年完成，并创造月架梁113孔、铺轨33.2公里的好成绩。长13.4公里的500米长钢轨无缝线路首铺成功，速度快、质量好。2003年12月2日，所有工程顺利验交。工程质量合格率100%，优良率95.7%，共评定精品工程和优质样板工程15项，环境保护、水土保持工程全面达标。2003年被业主评为"五比"劳动竞赛第一名。 （尹大田）

【中铁十六局集团公司西安南京铁路工程指挥部】 驻陕西省商南县长兴路。指挥长郑太平，党工委书记王国栋，副指挥长赵国旗、张福栓，总工程师李少甲，总会计师许昭发。承建的土建第14标段长45.687公里，以及电力第4标段工程，总投资5.04亿元。重点工程试马河特大桥555.76延长米、黑漆河特大桥668.82延长米、淇河特大桥1 268.23延长米、峡河特大桥729.02延长米，2000年6月陆续开工，2002年5月全部完工。2003年12月21日通过铁道部初验。工程质量合格率100%，优良率96%，共评定精品及优质样板工程68项，环境保护、水土保持工程全面达标。 （尹大田）

【中铁十七局集团公司西安南京铁路工程指挥部】 驻河南省内乡县内峼路2号。指挥长毛承祖，党工委书记杨帆，副指挥长刘玉杰，总工程师冀聪明。承建的土建第16标段，长58.165公里，投资4亿元；土建外资W_4标段，长17.56公里，投资0.75亿元；土建外资W_5标段，长29.074公里，投资1.8亿元；电力CDD18标段，长150公里，投资0.64亿元；电化CDH28标段，长7.1公里，投资0.15亿元。总投资7.34亿元。重点工程丹水特大桥687延长米，大袁沟特大桥662.1延长米，湍河特大桥535.5延长米，赵河特大桥863.8延长米，游河特大桥575.45延长米，三关特大桥507.9延长米，白沙河特大桥1 811.4延长米，整个工程于2003年12月10日顺利验交。特别是白沙河特大桥仅用165天建成，确保了全管段建设工期。工程质量合格率100%，优良率96.2%，共评定精品及优质样板工程91项，3个土建标段被评为综合优质工程，2个外资标段被推荐为免验工程。环境保护、水土保持工程全面达标。在"五比"劳动竞赛中，被铁道部评为第二名。 （尹大田）

【中铁十八局集团公司西安南京铁路工程指挥部】 驻陕西省商州市西荆乡。指挥长杨福清，党工委书记刘永清，副指挥长张旭则、杨吉成，总工程师秦培文。承建的土建第6标段长7.52公里，投资4.8亿元；信号CDX16标段，长151公里，投资0.32亿元。总投资5.12亿元。东秦岭特长隧道12 268延长米，为全线头号控制工程，出口段通过千枚岩、大理岩、云母片岩、白云岩等软岩，穿过断层和破碎带，施工难度大；复合式衬砌工序多、工艺技术标准高。东秦岭隧道正洞于2000年2月1日开工，2002年5月31日比计划工期提前7个月完工。施工中，创造平导人工钻爆单口日进尺25.1米、平均月进尺292.5米、连续4个月开挖进尺突破400米，正洞创造日进尺28.5米、最高月进尺532.4米、平均月进尺235.9米的高产记录。工程质量合格率100%，优良率95.7%，共评定精品及优质样板工程8项，全标段被评为综合优质工程，环境保护、水土保持工程全面达标。在"五比"劳动竞赛中，连续两年被业主评为第一名。 （尹大田）

【中铁十九局集团公司西安南京铁路工程指挥部】 驻湖北省随州市交通路特8号(商检局院内)。指挥长东升华，党工委书记杨敦福，副指挥长刘卫，总工程师刘福。承建的土建第38标段长17.679公里，投资1.48亿元；铺轨70.871公里，投资0.83亿元；通信CDT7标段，长150公里，投资0.22亿元。总投资2.54亿元。工程于2000年9月开工，2002年12月25日比计划工期提前3个月完工。工程质量合格率100%，优良率95.3%，共评定精品及优质样板工程19项，环境保护、水土保持工程全面达标。 （尹大田）

【中铁二十局集团公司西安南京铁路工程指挥部】 驻陕西省丹凤县铁峪铺道班。指挥长赵崇科，党工委书记雷积贤，副指挥长兼总工程师孙长江，副指挥长陈家忠、邓明。承建的土建第12标段长15.2公里，投资3.17亿元；土建第17标段长17.903公里，投资1.06亿元；信号CDX13标段，长150公里，投资0.27亿元。总投资4.51亿元。重点工程寺底铺铁河特大桥682.12延长米，南坪武关河特大桥534.31延长米，潦河特大桥731.98延长米。工程于2003年9月全部竣工，12月25日通过初验，提前一年交付运营。工程质量合格率100%，优良率95.89%，共评定精品及优质样板工程36项，土建工程被评为综合优质工程。安全、环境保护、水土保持工程全面达标。 （尹大田）

遂渝铁路

【工程综述】 遂渝铁路西起达成铁路遂宁站,东至襄渝铁路北储站,引入重庆枢纽,途经四川省遂宁市、重庆市潼南县、合川市、北碚区,新建铁路127.8公里,增建二线17.4公里,总投资46亿元,计划2005年建成。遂渝铁路为Ⅰ级电气化铁路,设计时速140公里,预留时速160公里,是目前西部地区设计速度最高的铁路运输通道。遂渝铁路经过川中丘陵和川东南低山区,桥隧总长占线路总长的38.31%。铁路两跨涪江、两跨嘉陵江,重点工程为五桥、两隧。总公司系统中铁十一、十二、十三、十五、十七、十八、十九、二十局集团公司共承担57公里土建工程施工任务。合同工期为2002年12月~2006年2月。 (陈洪波)

【中铁十一局集团公司遂渝铁路工程指挥部】 驻重庆市。指挥长谢建国。承担遂渝铁路DK68+986~DK70+331标段1.345公里线下工程施工任务,总投资1 400万元。主要工程量:土石方16.5万立方米,粉喷桩3.3万延长米,桥梁2座295.61延长米,涵洞5座142.44横延米,隧道1座168延长米,路基附属圬工4 300立方米。合同工期2003年4月~2005年5月。 (陈洪波)

【中铁十二局集团公司遂渝铁路工程指挥部】 驻重庆市。指挥长朱远鹏。承担遂渝铁路DK93+456~DK107+550标段13.6公里线下工程施工任务,总投资24 000万元。主要工程量:土石方351.4万立方米,桥梁6座1 689.58延长米,涵洞38座1 343.55横延米,隧道6座3 493延长米。重点工程:临渡河特大桥,10号、11号桥墩为43米高空心墩,施工受洪水季节控制;合川车站填挖数量大,路堤高;龙家沟隧道处于长120米、宽200米、厚5米~30米错落体,下穿212国道,洞顶埋深仅3米;松林堡隧道长1 328米,出口有煤层瓦斯等不良地质。合同工期2003年2月~2005年3月。 (陈洪波)

【中铁十三局集团公司遂渝铁路工程指挥部】 驻重庆合川市。指挥长安熔南。承建遂渝铁路DK75+437~DK87+240标段11.845公里线下及站前工程施工任务,总投资11 080万元,2003年3月25日开工,合同工期3年。主要工程量:路基土石方147.92万立方米,附属圬工7.18万立方米,土工织物39.63万平方米,粉喷桩44 153延长米,碎石桩23 542米,桥梁8座1 970.17延长米,盖板涵26座620.35横延米,隧道2座1 082延长米。 (陈洪波)

【中铁十五局集团公司遂渝铁路工程指挥部】 驻重庆市。指挥长安国徽。承担遂渝铁路BK0+910.85~DIK58+210标段铺架施工任务,架梁389孔,正线铺轨66.054公里,总投资14 231万元。合同工期2004年4月~2004年9月。 (陈洪波)

【中铁十七局集团公司遂渝铁路工程指挥部】 驻重庆市。指挥长王月幸。承担遂渝铁路BK58+210~DIK75+437标段18.781公里线下工程施工任务。主要工程量:路基土石方259.3万立方米,桥梁16座4 030.64延长米,涵洞44座1 818.01横延米,隧道11座4 000延长米,站区混凝土路面11 230平方米。合同工期2002年12月~2005年2月。 (陈洪波)

【中铁十八局集团公司遂渝铁路工程指挥部】 驻重庆市。指挥长贾政功。承建遂渝铁路2-2标段和第3标段工程,总投资12 800万元。主要工程量:路基土石方225万立方米,桥梁1 638延长米,隧道475延长米,涵洞1 256横延米。合同工期2003年3月~2005年5月。 (陈洪波)

【中铁十九局集团公司遂渝铁路工程指挥部】 驻重庆市。指挥长侯希成。承建遂渝铁路DK107+550~DK112+400标段4.85公里正线及车站站前工程,总投资19 367万元。主要工程量:土石方24.97万立方米,涵洞2座61.1横延米,渡槽1座51.78横延米,跨线立交桥1座68.4延长米,隧道1座4 228延长米。合同工期2002年12月~2004年12月。 (陈洪波)

【中铁二十局集团公司遂渝铁路工程指挥部】 驻重庆市潼南县。指挥长李玉杰。承建遂渝铁路DIK48+447~BK58+210标段7.963公里土建工程,合同投资15 899万元。主要工程量:土石方273万立方米,浆砌片石10.36万立方米,粉喷桩2.5万延长米,碎石振冲桩6.2万延长米,桥梁7座2 012.15延长米,涵洞23座902.19横延米,隧道3座1 068延长米。合同工期2002年12月30日~2004年8月31日。 (陈洪波)

兰武二线乌鞘岭隧道

【工程综述】 兰州至武威二线铁路是中国铁路“八纵八横”中欧亚大陆桥的重要组成部分,它的修建对于完善西北地区铁路通道,充分发挥欧亚大陆桥的整体功能和兰州中心城市对西部地区的带动作用,实施西部大开发战略具有重要意义。亚洲第一长隧——乌鞘岭隧道是兰武二线的控制性工程,设计为两条单线隧道,间距40米,洞身穿越祁连山系高中山区四条区域性大断层,海拔在2 400米以上,最高海拔达3 600米,最大埋深1 100米,地质复杂,气候恶劣,施工条件极为艰苦。隧道按高速重载双层集装箱运输设计,全长20.05公里。

根据铁道部提出的两年半建成右线隧道的总体要求,左线隧道先期作为平行导坑,辅助右线施工,同时增设13个斜井、2个竖井、1座横洞,采取长隧短打方法展开会战。整个隧道建设分三个阶段实施:第一阶段,2003年完成正洞4 378延长米,斜井和竖井完成设计总量的81%,平导完成设计总量的44%;第二阶段,2004年～2005年二季度,用18个月时间完成右线全部工程,实现右线2005年10月21日前建成交付运营的工期目标;第三阶段,组织左线隧道施工,力争2006年四季度建成。总公司系统中铁十二、十六、十七、十八局集团公司参加隧道进口段工程建设,共承担约8亿元的施工任务。 （陈洪波）

【中铁十二局集团公司乌鞘岭隧道工程指挥部】 驻甘肃省天祝县。指挥长霍玉华。承担乌鞘岭隧道右线正洞2.7公里土建工程施工任务,总投资约2亿元,合同工期28个月。主要工程为:5号斜井长2 270米,坡度12%,正洞掘进1 800米;7号斜井长3 390米,坡度13%,正洞掘进900米。 （陈洪波）

【中铁十六局集团公司乌鞘岭隧道工程指挥部】 驻甘肃省天祝县。指挥长陈梅初。承担乌鞘岭隧道左线6.465公里土建工程施工任务,总投资约2.8亿元,合同工期29个月。主要工程量:2号斜井300米,4号斜井610米,正洞施工6.465公里。 （陈洪波）

【中铁十七局集团公司乌鞘岭隧道工程指挥部】 驻甘肃省天祝县。指挥长文珂。承担乌鞘岭隧道6号斜井和左线正洞0.934公里施工任务,总投资约1.5亿元,合同工期32个月。主要工程量:6号斜井2 105米,坡度11.8%;正洞掘进0.934公里。 （陈洪波）

【中铁十八局集团公司乌鞘岭隧道工程指挥部】 驻甘肃省天祝县。指挥长杨福清。承担乌鞘岭隧道右线进口正洞6.51公里和1号、3号斜井施工任务,总投资约2.7亿元,合同工期29个月。主要工程量:1号斜井323米,坡度12.19%;3号斜井1 665米,坡度11.2%;正洞掘进6.51公里。 （陈洪波）

赣龙铁路

【工程综述】 赣龙铁路位于浙赣、湘黔铁路与广梅汕、三茂铁路中间,设计标准为国家Ⅰ级线路,西起京九铁路赣州东站,经江西省赣县、于都、瑞金等县市,穿越武夷山脉进入福建省境内,再经长汀、连城、上杭、新罗等县区至龙岩西站,与漳龙铁路接轨,线路全长290.1公里。赣龙铁路是连接闽、赣、桂、黔、滇等省的江南大干线,沟通东南与西南地区的铁路新通道,被闽西、赣南革命老区人民称为“新长征路”。2001年12月8日正式开工。总公司系统中铁十一、十四、十六、十七、十八、十九局集团公司共承担125 185万元的施工任务。 （陈洪波）

【中铁十一局集团公司赣龙铁路(江西段)工程指挥部】 驻江西省于都县。指挥长赵正旺。承担DK50+000～DK65+700段15.7公里的线下工程施工任务,合同投资14 034万元。主要工程量:路基土石方302.1万立方米,桥梁8座1 745.98延长米,隧道8座2 107延长米,涵洞73座2 850横延米。年内完成路基土石方197万立方米,桥梁779延长米,涵洞702横延米,隧道1 285延长米。土石方、桥梁、涵洞、隧道、路基挡护及附属工程全部完工,全年完成投资8 653万元,占年计划的150%。 （陈洪波）

【中铁十一局集团公司赣龙铁路(福建段)工程指挥部】 驻福建省龙岩市。指挥长陈学海。承担第18标段15.94公里的线下工程施工任务,合同投资19 093万元。主要工程量:路基土石方78.97万立方米,桥梁8座1 480.21延长米,隧道5座10 153延长米,涵洞35座1 006.9横延米,渡槽2座117.71延长米。重点工程天心山隧道进口全断面开挖846米,仰拱铺底730米,二次衬砌640米,平导进入正洞施工,全断面掘进166米,斜井井身完成259.6米,正洞上导坑掘进428米,中槽完成 394 米，下导坑 390 米，铺底 160 米，二次衬砌 126 米；出口方向掘进1 538米，二次衬砌 668 米，仰拱铺底 450 米；出口全断面掘进1 882米，仰拱铺底2 500米，二次衬砌2 158米，沟槽2 100米。全年完成土石方 66 万立方米，涵洞 642 横延米，桥梁 776 延长米，隧道6 445延长米，完成投资14 599万元，占年度计划的 190.1%。（陈洪波）

【中铁十四局集团公司赣龙铁路工程指挥部】 驻江西省于都市。指挥长赵方刚。承建 17.414 公里线下工程施工任务，合同投资14 100万元。主要工程量：路基土石方 223.8 万立方米，桥梁1 901.88延长米，隧道 995 延长米，涵洞2 497.63横延米。合同工期 2002 年 7 月～2004 年 5 月。（陈洪波）

【中铁十六局集团公司赣龙铁路工程指挥部】 驻福建省长汀县。指挥长周灿华。承担赣龙铁路第 8 标段 9.95 公里线下工程施工任务，合同投资12 998万元。主要工程量：路基土石方 143 万立方米，桥梁 11 座2 405延长米，隧道 10.5 座3 234延长米，涵洞 22 座1 057横延米，车站 1 座。合同工期 2002 年 8 月～2004 年 8 月。年内完成投资9 878万元。重点控制工程大山坪隧道于 5 月 1 日顺利贯通，路基土石方全部完成，隧道全部贯通，桥梁开工累计完成2 916延长米、占设计量的 99%，涵洞全部完成。（陈洪波）

【中铁十七局集团公司赣龙铁路工程指挥部】 驻江西、福建两省。指挥长赵俊武。承担赣龙铁路第 3、7、12、15 标段线下工程施工任务，合同投资44 835万元。合同工期 2002 年 4 月～2004 年 7 月。主要工程量：土石方 889 万立方米，桥梁 35 座6 839延长米，涵洞 226 座7 645横延米，隧道 25 座8 375延长米。（陈洪波）

【中铁十八局集团公司赣龙铁路工程指挥部】 驻江西省于都县。指挥长高永亮。承担赣龙铁路峡山隧道施工任务，合同投资7 500万元。峡山隧道2 512延长米，合同工期 2002 年 7 月～2003 年 8 月，年内工程已完工。（陈洪波）

【中铁十九局集团公司赣龙铁路工程指挥部】 驻福建省龙岩市。指挥长吕宝华。承担赣龙铁路第 13 标段 4.4 公里线下工程施工任务，合同投资12 625万元。主要工程量：路基土石方 79.5 万立方米，桥梁 8 座1 060延长米，隧道 5 座5 897延长米，涵洞 17 座 847 横延米。合同工期 2002 年 5 月～2004 年 7 月。（陈洪波）

宁启铁路

【工程综述】 国家重点工程宁启铁路是“八纵八横”铁路主通道—宁西通道的组成部分，位于江苏省中部，西起南京，途经六合、扬州、泰州、海安、南通，东至启东，全长 351 公里。一期工程南京—海安段全长 210 公里，全线设 19 个车站，初期开放葛塘、六合、余家营、仪征、扬州、扬州东、江都、泰州、姜堰 9 个车站，总投资 32.2 亿元。为国家 I 级铁路，单线预留复线条件。2002 年 3 月正式开工，计划 2004 年 6 月一期工程完工。总公司系统中铁十一、十二、十六局集团公司承担49 696万元的施工任务。（陈洪波）

【中铁十一局集团公司宁启铁路工程指挥部】 驻江苏省扬州市。指挥长卢鹏。承担宁启铁路 24.2 公里的线下工程施工任务，合同投资19 300万元。主要工程量：土石方 286 万立方米，桥梁 6 座 457 延长米，涵洞 158 座3 345横延米，粉喷桩35 000延长米。合同竣工时间为 2003 年 4 月。年内完成施工产值6 615万元，完成土方 135 万立方米，中桥 189 延长米，涵洞 602.7 横延米，房建4 367平方米。（陈洪波）

【中铁十二局集团公司宁启铁路工程指挥部】 驻江苏省南京市。指挥长李跃林。承担宁启铁路第 9 标段土建工程施工任务，合同投资16 060万元。主要工程量：路基土方 140.9 万立方米，改良土 4.7 万立方米，软基处理袋装砂井 41.6 万米，塑料插板 24.1 万延长米，抛填片石7 966立方米；桥梁 17 座 782.85 延长米；涵洞 130 座2 374横延米。（陈洪波）

【中铁十六局集团公司宁启铁路工程指挥部】 驻江苏省江都市。指挥长章德贤。承担宁启铁路第 7 标段 25 公里的线下工程施工任务，合同投资14 300万元。主要工程量：土石方 214 万立方米，桥梁 30 座1 339延长米，涵洞 168 座2 784横延米，软基处理 4.2 公里，车站 2 座。合同竣工时间为 2003 年 5 月。（陈洪波）

京秦铁路提速改造工程

【工程综述】 京秦铁路为中国六大繁忙运输干线的重要组成部分，是晋煤外运的重要通道，列车最短追踪间隔8分钟，运输任务十分繁重。通过对既有线进行技术改造使列车运行时速达到200公里，在中国尚属首次。技术改造课题新、工序复杂、安全风险大。总公司系统中铁十一、十二、十六、十七、十八局集团公司担负5个综合标段共160.17公里的施工任务。2001年8月开工，2003年工程全部完工。 （陈洪波）

【中铁十一局集团公司京秦铁路工程指挥部】 驻河北省秦皇岛市。指挥长张树海。承担DK338+600～DK372+000标段33.4公里工程施工任务，合同投资8 822万元。主要工程量：土石方13万立方米，桥梁加固19座749.9延长米，涵洞20座503.3横延米，线路拨移13.3公里，铺设道岔28组，抽换轨枕96 000根，挤密桩26万延长米。2001年4月开工，工程已完工。 （陈洪波）

【中铁十二局集团公司京秦铁路工程指挥部】 驻天津市蓟县。指挥长易继武。承担DK55+200～DK75+500标段20.3公里工程施工任务，由2个区间和1个车站组成，合同投资1.2亿元。主要工程量：土石方17.9万立方米，桥梁9座618.1延长米，涵洞改建20座、新建3座，挤密桩40万延长米。2001年4月开工，工程已完工。 （陈洪波）

【中铁十六局集团公司京秦铁路工程指挥部】 驻秦皇岛市北戴河。指挥长李文荣。承担DK401+000～DK426+700标段28.15公里工程施工任务，合同投资11 464万元。工程包括北戴河、南大寺、秦皇岛3个车站、2个区间，房建1 093平方米，站内信号工程28.157公里，桥梁107.54延长米，涵洞92横延米。2001年5月开工，工程已完工。 （陈洪波）

【中铁十七局集团公司京秦铁路工程指挥部】 驻天津市蓟县。指挥长陈国生。承担DK75+500～DK103+000标段27.5公里工程施工任务，合同投资11 225万元。工程包括3个区间和2个车站。2001年8月开工，工程已完工。 （陈洪波）

【中铁十八局集团公司京秦铁路工程指挥部】 驻天津市蓟县。指挥长杨国良。承建标段从狼窝铺站西—滦县东，全长50.82公里，共7个区间、7个车站，合同投资14 866万元。主要工程量：土石方58.2万立方米，桥梁117.6延长米，涵洞350.6横延米，房建926平方米。2001年4月开工，工程已全部完工。 （陈洪波）

宜万铁路

【工程综述】 宜万铁路是中国铁路“八纵八横”路网主骨架中沿江铁路大通道的重要组成部分，是中部通往西部地区的桥梁和纽带。沿江铁路大通道由上海经南京、芜湖、铜陵、九江、武汉、宜昌、恩施至重庆，横跨中国东、中、西部，连接长江上、中、下游，全长约2 200公里。修建宜万铁路可早日贯通沿江铁路大通道，结束沿江没有铁路贯通的历史，对于实施西部大开发战略，加快中西部地区发展，有着十分重要的意义。宜万铁路东端与宜昌花艳火车站接轨，沿线连接湖北、重庆两省市，横跨宜昌、恩施、万州3个地区，串连伍家岗、点军、长阳、巴东、建始、恩施、利川、五桥、龙堡9个县市，在宜昌和万州两跨长江，共建大小车站37座，桥梁197座50.7公里，隧道127座199.3公里，桥隧总长约250公里，占线路总长的64.8%。宜万铁路设计为国家Ⅰ级电气化铁路，全长386公里，总投资172.5亿元。由于地质复杂，工程艰巨，平均每公里造价为4 468.9万元。建设工期5年，2003年开工，计划2007年建成。总公司系统中铁十二、十五、十七、二十局集团公司参加工程建设。 （陈洪波）

【中铁十二局集团公司宜万铁路工程指挥部】 驻湖北省利川市。指挥长万训才。承担宜万铁路第32标段7.51公里线下工程施工任务，合同投资20 840万元。工程包括齐岳山隧道进口3 645延长米，大桥1座430.5延长米。合同工期2003年11月～2006年8月。 （陈洪波）

【中铁十五局集团公司宜万铁路工程指挥部】 驻湖北省利川市。指挥长胡春生。承担宜万铁路第33标段6.89公里线下工程施工任务，合同投资23 833万元。主要工程为隧道6 878延长米。合同工期2003年11月～2007年2月。 （陈洪波）

【中铁十七局集团公司宜万铁路工程指挥部】 驻重庆市。指挥长蔚东绪。承担宜万铁路第39标段工程施工任务。合同工期2003年11月～2007年2月。
(陈洪波)

【中铁二十局集团公司宜万铁路工程指挥部】 驻重庆市。指挥长张文峰。承担宜万铁路第37标段6.38公里线下工程施工任务,合同投资14 000万元。主要工程量:土石方47.7万立方米,桥梁3座984.02延长米,涵洞6座268.7横延米,隧道2座4 334延长米。重点控制工程别岩槽隧道全长3 722延长米,穿越碎屑岩和碳酸盐岩,存在岩溶、断裂破碎带、地下暗河等不良地质和瓦斯、天然气,具有地质条件复杂、质量要求高、技术含量高、施工风险大等特点。重点工程双流特大桥680.37延长米,主跨为连续梁,跨度60米+108米+60米,最大墩高83米,采用悬灌法施工,由于谷深坡陡,场地狭窄,施工难度很大。合同工期2003年11月～2007年2月。
(陈洪波)

深圳地下铁道工程

【工程综述】 总公司系统中铁十二、十三、十五、十六、二十局集团公司参加深圳地铁工程施工,共承担71 768万元的施工任务。
(陈洪波)

【中铁十二局集团公司深圳地铁工程指挥部】 指挥长孙泽浩。承建第4标段老街—大剧院区间(包括大剧院车站)及第11标段香蜜湖—车公庙区间(包括香蜜湖车站)工程。第4标段2000年12月中标,合同投资15 180万元。大剧院站位于深圳市解放路与深南东路交叉路口处,总建筑面积14 600平方米,车站总长245.4米;老街站—大剧院站区间西段左线隧道长464.712米,右线隧道长468.723米。第11标段合同投资14 840万元。香蜜湖站主体结构长238.2米,总宽19.1米～22.9米,高12.69米～15.09米,为地下二层岛式车站,总建筑面积10 578平方米;区间隧道长1 101.348米。主体工程全部完工。
(陈洪波)

【中铁十三局集团公司深圳地铁工程指挥部】 指挥长刘宪成。承建福民车站土建工程,隧道长216米,合同投资7 258万元。主体工程已完工。
(陈洪波)

【中铁十五局集团公司深圳地铁工程指挥部】 指挥长董志。承担广深铁路桩基托换、人民桥桩基托换和老街—大剧院区间东段隧道工程,合同投资7 598万元。老街—大剧院区间东段隧道长258.3米,区间隧道拱顶距布吉河底约10米,线路最大埋深22米。合同工期至2004年5月完工。
(陈洪波)

【中铁十六局集团公司深圳地铁工程指挥部】 指挥长陈广亮。承建一期工程第7标段施工任务,合同投资12 109万元。工程包括隧道左线1 744米,右线1 728米。盾构隧道开挖直径为6.4米,盾构机始发井设在区间中部,采用直径6.28米盾构机在地面以下约20米的深度掘进。主体工程已经完工。
(陈洪波)

【中铁二十局集团公司深圳地铁第6标段工程指挥部】 指挥长康玮。承建华强车站和科华区间工程,合同投资7 000万元。华强车站长224.2米,科华区间隧道长790.7双线米。主体工程全部完工。
(陈洪波)

【中铁二十局集团公司深圳地铁第14标段工程指挥部】 指挥长林茂青。承担侨城东站和折返线隧道施工任务,合同投资7 903万元。侨城东站长181.4米,折返线区间隧道左线长320.824米,右线长60.339米。主体工程已完工。
(陈洪波)

南京地下铁道工程

【工程综述】 总公司系统中铁十三、十四、十六、十七、十九局集团公司参加南京地铁工程施工,共承担46 522万元的施工任务。
(陈洪波)

【中铁十三局集团公司南京地铁工程指挥部】 指挥长庞继高。承建第12标段工程施工任务,合同投资6 258万元。标段左右线隧道各长1 060米。主要工程量:区间土石方9.86万立方米,喷射混凝土3.67万立方米。2001年8月开工,主体工程已完工。(陈洪波)

【中铁十四局集团公司南京地铁工程指挥部】 指挥长马军。承担汉口路站和区间隧道左线650.4米、右线651米的工程施工任务,合同投资3 600万元。2001年6月开工,主体工程已完工。
(陈洪波)

【中铁十六局集团公司南京地铁新街口车站工程指挥部】 指挥长叶荣发。车站长310米,宽23.8米,高17.24米,为地下三层岛式结构,站台宽度14米,主体建筑面积27 137平方米,合同投资14 064万元。主体

工程已完工。（陈洪波）

【中铁十六局集团公司南京地铁张府园车站工程指挥部】 指挥长都海江。车站长 210 米，宽 17.6 米，为地下二层结构，合同投资5 016万元。主体工程已完工。（陈洪波）

【中铁十七局集团公司南京地铁工程指挥部】 指挥长董谦。承担第 18 标段工程施工任务，合同投资5 197万元。主要工程量：土石方 3.6 万立方米，高架桥 1 座1 410米。主体工程已完工。（陈洪波）

【中铁十九局集团公司南京地铁工程指挥部】 指挥长柏林成。承担第 16、17 标段工程施工任务。第 16 标段投资7 628万元，该段地下水丰富，开挖断面大，工程穿越南京站 7 股线路，工期紧、风险高、难度大。主要工程量：土石方 12.9 万立方米，浇注混凝土 7.2 万立方米。合同工期 2001 年 9 月～2004 年 4 月。第 17 标段合同投资4 659万元。主要工程量：土石方 1.71 万立方米，隧道长845.58米，高架桥 2 座 97 延长米，房建2 880平方米。合同工期 2002 年 11 月～2004 年 6 月。（陈洪波）

北京地铁 5 号线工程

【工程综述】 北京地铁 5 号线南起丰台区的宋家庄，经刘家窑站、蒲黄榆站、棋院站、天坛东门站、磁器口站、崇文门站、东单站、灯市口站、东四站、张自忠路站、北新桥站、雍和宫站、和平里北街站、和平里西桥站、北土城东路站、干杨树站、大屯站、公路一环站、大羊坊站、立水桥站、太平庄站，最后到达太平庄北站，经过丰台、崇文、朝阳区，全长 27.6 公里，全线设 24 座车站。地铁穿过南北护城河和地铁 1 号线、2 号线，线路埋深 20 米以内。地处老城区的 8 座车站采用暗挖法施工，其规模创国内外地铁建设史纪录。整个工程预计2004 年竣工。总公司系统中铁十四、十六、十七、十八局集团公司参加工程建设，共承担 8.7 亿元的施工任务。（陈洪波）

【中铁十四局集团公司北京地铁 5 号线工程指挥部】 指挥长宫建岗。承担土建工程第 3 标段施工任务，合同投资 2.64 亿元。工程南起蒲黄榆路，向北穿玉蜓桥、南二环路、京山铁路，沿天坛东路到达天坛公园，全长1 879.15米，包括天坛东门站和蒲黄榆站—天坛东门站区间。蒲黄榆车站长 190.85 米，为地下双层岛式车站，主体为三拱两柱双层结构，开挖宽度 23.776 米，开挖高度 15.066 米。区间长1 688.3米，区间内站后折返线长 476.95 米，共设 5 座施工竖井。合同工期 24 个月，计划 2005 年 5 月交付运营。（陈洪波）

【中铁十六局集团公司北京地铁 5 号线第 7 标段工程指挥部】 指挥长戴光民。承担土建工程第 7 标段施工任务，工程包括灯市口和东四 2 座车站，两站中心距离 833 米，合同投资19 247万元。总工期 24 个月。灯市口站为地下三跨双层岛式结构，车站长 178.8 米，宽 20.5 米，站台宽 12 米。有 4 个出入口、2 座通风道，总建筑面积11 727平方米，车站主体为明挖法施工，车站西侧下穿大街出入口为暗挖段。东四站为地下两端明挖三层、中间一层暗挖车站，岛式站台。车站长 200.5 米，暗挖段长 100.3 米，明挖段长 100.2 米；暗挖段宽 22.9 米，明挖段宽 26.2 米。有 4 个出入口、2 座通风道，总建筑面积13 642平方米。该标段自开工以来克服重重困难，灯市口车站主体工程施工场地、拆迁等问题已经解决，具备大干条件；东四站南端明挖基坑结构混凝土浇筑完毕，满足盾构机始发要求，暗挖口于 2004 年 2 月进洞，完成实物工作量居全线前列，全标段主体工程可望于 2004 年年底完工。（陈洪波）

【中铁十六局集团公司北京地铁 5 号线第 10 标段工程指挥部】 指挥长崔松涛。承担土建工程第 10 标段施工任务，合同投资20 933万元。工程包括和平里北街站、和平里西桥站及和平里北街站—和平里西桥站区间。年内区间隧道暗挖竖井已完工，正进行横通道施工，即将开始主体隧道施工。合同工期 2003 年 8 月～2005 年 7 月。（陈洪波）

【中铁十七局集团公司北京地铁 5 号线工程指挥部】 指挥长廖日才。承担 4.924 公里土建工程施工任务，合同投资14 160万元。主要工程量：桥梁 3 座4 769延长米，房建11 236平方米。合同工期 2003 年 12 月～2004 年 11 月。（陈洪波）

【中铁十八局集团公司北京地铁 5 号线工程指挥部】 指挥长杨永清。承担土建工程第 15 标段施工任务，合同投资5 999万元。合同工期 2003 年 12 月～2005 年 5 月。（陈洪波）

安全质量

【总公司安全质量管理委员会】 1998年12月29日成立。2002年5月17日,对总公司安全质量管理委员会成员进行调整,由25人组成:总经理王振侯任主任委员,副总经理范德、夏国斌及工会主席夏良振任副主任委员,总公司机关有关部门负责人21人为委员。下辖安全质量管理办公室,设在安全质量管理部,由副总工程师兼安全质量管理部部长王兆林兼任办公室主任。总公司安全质量管理委员会的主要职责是:规划、监督、指导总公司系统安全、质量工作;对安全生产和工程质量状况进行评估,及时提出强化管理的举措;对安全和质量重大问题提出决策性意见;审查职工重大死亡事故和工程质量重大事故调查处理报告,提出科学的结论和处理意见。 (程明薪)

【安全质量管理部】 总公司负责监督管理劳动安全、人身安全、锅炉压力容器安全、运输安全和工程质量、计量、试验工作,在安全、质量管理工作中发挥规划、监督、管理和服务作用的职能部门。定员7人,现员7人。设部长1人、副部长1人;高级工程师6人,工程师1人。主要职责是:贯彻执行中央和国家有关部委安全生产和质量管理的方针、政策、法规,管理、监督总公司系统劳动安全、人身安全、锅炉压力容器安全和质量管理、计量、试验工作;组织制定安全生产、质量管理规划、规章制度;及时分析安全生产、质量管理情况,提出预防事故措施;组织开展安全、质量大检查活动,促进安全质量标准工地建设,推广现代安全、质量管理办法;开展安全与质量创优、评优活动,组织、参与重大事故的调查处理和统计报告,实施有关奖惩事宜。

(程明薪)

【安全质量工作综述】 2003年,总公司系统认真贯彻执行《安全生产法》《建筑法》和《产品质量法》,贯彻落实全国安全生产电视电话会议精神,坚持"安全第一,预防为主"和"百年大计,质量第一"的方针,积极开展"安全生产月"、"五比"劳动竞赛和"质量月"活动,狠抓安全生产专项整治,推进安全质量标准工地建设,强化施工过程监控,不断消除事故隐患,有效地促进了企业施工生产。全系统安全生产形势相对稳定,消灭了职工因工重大死亡事故,消灭了因违章施工造成铁路行车险性以上事故,杜绝了铺架作业、临管运输重大事故和重大爆炸、火灾事故。全系统职工因工责任事故死亡率为0.023‰,控制在规定指标以内。中铁十二、十四、十六、十七局集团公司和中铁建设集团公司被评为总公司年度安全生产先进单位,特别是中铁十七局集团公司实现连续安全生产3 447天,名列总公司工程局集团公司榜首。中铁建设集团公司实现连续安全生产4 745天,被评为2003年度"全国建筑业安全生产先进单位"。

全系统工程质量稳中有升,全面实现年初提出的质量目标,并开创工程质量新水平。全年共检查评定分项工程359 380项,优良率93%;评定单位工程10 628项,优良率97.8%;评定房建单位工程319项,合格率100%。年内获省、直辖市优质工程奖37项,铁道部、火车头优质工程奖48项,评出总公司优质工程55项、安全质量标准工地41个;荣获中国建筑工程鲁班奖(国家优质工程)9项,国家优质工程银质奖5项。中铁建设集团公司承建的北京大学科技大楼、中铁十一局集团公司承建的洛三高速公路许沟特大桥、中铁十五局集团公司承建的临侯高速公路赵康枢纽、中铁十七局集团公司承建的晋焦高速公路牛郎河隧道、中铁十八局集团公司承建的内昆铁路李子沟特大桥和西安绕城高速公路帽耳刘互通立交桥、中铁十九局集团公司承建的株六复线新花苗隧道和参建的南京长江第二大桥、中铁二十局集团公司承建的苏州官渎里立交桥荣获中国建筑工程鲁班奖(国家优质工程)。中铁十二局集团公司承建的株六复线电气化工程V标段、京福高速公路济泰段崮山立交桥和国道213线云南玉溪—元江高速公路、中铁十六局集团公司承建的皖赣复线火宣段青弋江特大桥、中铁十七局集团公司参建的山西原平—太原高速公路荣获国家优质工程银质奖。 (程明薪)

【总公司安全质量工作电话会议】 1月8日在北京召开。会议总结分析2002年度安全生产和工程质量形势,部署2003年度安全质量工作任务,表彰安全质量工作先进单位。 (程明薪)

【安全质量标准工地建设】 2003年,总公司系统认真贯彻落实国务院关于安全生产和工程质量工作的指示精神,坚持"安全第一,预防为主"和"百年大计,质量第一"方针,认真执行《安全生产法》和《建设工程质量管理条例》,以开展安全质量标准工地建设为载体,坚持标准化管理,严格现场作业监控,狠抓安全质量专项整治,及时消除事故隐患,促进了安全生产和工程质量工作,涌现出一批安全质量标准工地(车间)。经总公司审核,授予41个工点(车间)总公司"安全质量标准工地(车间)"称号:

中铁十一局集团公司三公司宁启铁路第5标段

中铁十一局集团公司建筑安装公司隆泸铁路技改工程

中铁十一局集团公司基建安装公司重庆轻轨架梁工程

中铁十二局集团公司秦岭终南山特长公路隧道试验第2标段、续建段

中铁十二局集团公司宣杭铁路增建二线第6标段

中铁十二局集团公司广州南部快速路S11标段沙湾特大桥

中铁十二局集团公司电气化公司郑徐铁路电气化工程DQ-2标段

中铁十三局集团公司渝怀铁路涪陵、黄草、下塘口乌江大桥

中铁十三局集团公司二公司东莞水道特大桥

中铁十三局集团公司六公司沈长公路临江老岭隧道

中铁十四局集团公司二公司京珠高速公路K19+700～K20+180段路基

中铁十四局集团公司三公司宿淮高速公路淮安南互通立交桥

中铁十四局集团公司路桥分公司许平南高速公路第17合同段

中铁十四局集团公司隧道分公司南京赛虹立交桥B3标段

中铁十五局集团公司四公司锡盟省际通道ASTJ 3007合同段

中铁十五局集团公司六公司金(沙湾)筠(连)铁路铺架工程

中铁十五局集团公司七公司洛阳友谊苑高层商住楼

中铁十六局集团公司三公司京福高速公路美菰林隧道

中铁十六局集团公司建筑公司民航总局办公楼加固整修工程

中铁十六局集团公司路桥工程公司漳诏高速公路B2标段

中铁十七局集团公司三公司赣龙铁路阙山坝2号大桥

中铁十七局集团公司四公司遂渝铁路茶盘沟隧道

中铁十七局集团公司电务公司西安南京铁路CDD18标段电力工程

中铁十八局集团公司一公司海南国防工程

中铁十八局集团公司二公司苏州市竹园大桥

中铁十八局集团公司三公司青藏铁路DK1507+1215号特大桥

中铁十九局集团公司一公司扬中夹江二桥A合同段

中铁十九局集团公司二公司润扬长江公路大桥D1标段

中铁十九局集团公司遂渝铁路荆竹岭隧道

中铁二十局集团公司渝怀铁路白马2号隧道

中铁二十局集团公司二公司新郑高速公路刘江互通立交桥

中铁二十局集团公司四公司崇遵高速公路韩家店1号特大桥

中铁二十局集团公司六公司咸阳渭河3号大桥

中铁工程集团公司三峡库区巴东滑坡与塌岸防治工程A标段

中铁建设集团公司西三旗西二里住宅小区一期工程

中铁建设集团公司万柳亿城大厦

中铁建设集团公司康泽园小区2号、3号楼及附属商用房

中铁路桥集团公司重庆轻轨一期PC梁预制工程

昆明中铁大型养路机械集团公司组装车间

中铁物资集团公司石家庄公司货运车间

北京铁建工贸集团公司总公司机关活动中心游泳馆 (程明薪)

【安全工作包保责任状】 年初，总公司王振侯总经理、李国瑞书记与各集团公司及有关直属单位主要党政领导干部分别签订《2003年安全工作包保责任状》。年终，兑现责任状，按规定分别奖给安全工作达标单位中铁十二、十三、十四、十六、十七、十八、十九、二十局集团公司和总公司有关直属单位的党政主要领导干部奖金1 500元～4 000元。 (程明薪)

【"全国安全生产月"活动】 根据中共中央宣传部、国家安全生产监督管理局、国家广播电影电视总局、中华全国总工会、共青团中央联合发出的《关于开展2003年"全国安全生产月"活动的通知》和《关于开展2003年安全生产月活动的补充通知》精神，总公司系统于6月组织开展第二次"全国安全生产月"活动。各单位紧紧围绕"实施安全生产法，人人事事保安全"活动主题，周密计划、及时部署、广泛宣传教育，充分发动职工群众开展安全检查，消除事故隐患，取得较好成效。

(程明薪)

【安全生产先进单位】 自兵改工以来，总公司系统连续20年无职工因工死亡事故的工程处(公司)有中铁十一局集团公司一公司、中铁十二局集团公司二公司

和中铁二十局集团公司六公司；中铁十五局集团公司三公司七队连续48年无职工死亡事故；中铁十一局集团公司连续18年无汽车运输死亡事故。中铁十二、十四、十六、十七局集团公司和中铁建设集团公司分别荣获总公司颁发的2003年度“安全生产先进单位”奖牌。（程明薪）

【安全工作先进工作者】 2003年，总公司表彰安全工作先进工作者37名。

总公司安全工作先进工作者

刘鹤松　许玉庭　刘远桂　龙　林　祁玺剑
李恒太　秦　凯　余安明　徐俊赋　刘运平
魏心宽　邵忠锋　瞿宏俊　蒋　松　李合领
翟大勤　陈中立　姚建华　董　谦　甘炎胜
陈忠楚　彭道富　常建梅　于大厂　吕国君
罗　冰　王建华　周立云　郭祥军　罗宗帆
戎建军　吴玉波　张庆军　周步科　赵东民
刘甫泽　孙　鹏

（程明薪）

【连续安全生产365天以上的单位】 截至12月31日，总公司系统实现连续安全生产365天以上的工程局集团公司安全生产天数：

中铁建设集团公司	4 745天
中铁十七局集团公司	3 442天
中铁十九局集团公司	1 381天
中铁十四局集团公司	1 207天
中铁二十局集团公司	1 079天
中铁十八局集团公司	1 030天
中铁十六局集团公司	949天
中铁十五局集团公司	945天
中铁十二局集团公司	740天

（程明薪）

总公司系统2003年度优质工程统计表

奖励等级	工　程　名　称	施　工　单　位
中国建筑工程鲁班奖(国家优质工程)	洛三高速公路许沟特大桥	中铁十一局集团公司
	大同—运城高速公路赵康枢纽	中铁十五局集团公司
	晋焦高速公路牛郎河隧道	中铁十七局集团公司
	内昆铁路李子沟特大桥	中铁十八局集团公司
	西安绕城高速公路帽耳刘立交桥	中铁十八局集团公司
	株六复线新花苗隧道	中铁十九局集团公司
	南京长江第二大桥	中铁十九局集团公司参建
	苏州官渎里立交桥	中铁二十局集团公司
	北京大学科技大楼	中铁建设集团公司
国家优质工程(银质奖)	株六复线电气化工程Ⅴ标段	中铁十二局集团公司电气化工程公司
	济泰高速公路崮山立交桥	中铁十二局集团公司一公司
	国道213线云南玉溪—元江高速公路	中铁十二局集团公司
	皖赣复线火宣段青弋江特大桥	中铁十六局集团公司三公司
	山西原平—太原高速公路	中铁十七局集团公司五公司
铁道部优质工程(一等奖)	内昆铁路花土坡特大桥	中铁十七局集团公司四公司
	内昆铁路老煤洞特大桥	中铁十六局集团公司五公司 北京中铁建北方路桥工程公司
	内昆铁路乌家坪1号大桥	中铁十一局集团公司建筑安装公司
	津浦铁路淮河特大桥	铁道第四勘察设计院
	齐平铁路嫩江特大桥	齐齐哈尔铁路建设集团公司
	朔黄铁路黄骅港特大桥	中铁二十局集团公司六公司

续表

奖励等级	工　程　名　称	施　工　单　位
	长荆铁路钟祥汉江特大桥	中铁十一局集团公司一公司 中铁十一局集团公司建筑安装公司 铁道第四勘察设计院
	宝兰二线新曲儿岔隧道	铁道第一勘察设计院
	株六复线大龙—六盘水段综合工程	北京铁城建设监理公司
	哈大电气化铁路陶赖昭—大连段自动闭塞工程	中铁十五局集团公司
铁道部优质工程（二等奖）	萧甬铁路复线姚江特大桥	铁道第四勘察设计院
	水柏铁路田丘大桥	中铁十一局集团公司
	京广铁路长沙客车疏解线特大桥	广州铁路工程集团公司 铁道第四勘察设计院
	内昆铁路六盘水枢纽南编组站	中铁十二局集团公司 中铁十五局集团公司
	内昆铁路宜宾北—六盘水枢纽段通信工程	中铁十二局集团公司 中铁十三局集团公司 铁一院工程建设监理公司
	株六复线六枝—六盘水段通信信号工程	中铁十八局集团公司电务公司
	青藏铁路西格段海晏—哈尔盖段通信工程	兰州铁路建设集团公司 铁道第一勘察设计院
	青藏铁路西格段德令哈—饮马峡段通信工程	中铁十七局集团公司 铁道第一勘察设计院
火车头优质工程一等奖	洛三高速公路许沟特大桥	中铁十一局集团公司一公司
	苏州官渎里立交桥	中铁二十局集团公司一公司
	厦门环岛路演武路—白城跨海大桥	中铁十七局集团公司六公司
	宁夏石中高速公路吴忠黄河特大桥	中铁十三局集团公司
	西安南绕城高速公路沪河特大桥	中铁十二局集团公司一公司 中铁十九局集团公司三公司
	川藏公路二郎山隧道	中铁十六局集团公司五公司 （中铁隧道集团公司二公司）
	甘肃谗柳高速公路土家湾隧道	中铁十九局集团公司二公司
	213 国道元江—磨黑高速公路 K211 + 100～K216 + 500 段	中铁十五局集团公司二公司
	大同—运城高速公路赵康枢纽	中铁十五局集团公司
	205 国道莱芜—新泰高速公路 K0 + 000～K18 + 422 段	中铁十四局集团公司三公司
	北京大学科技大楼	中铁建设集团公司
火车头优质工程二等奖	南京新庄立交桥	中铁十六局集团公司 中铁十四局集团公司
	曲菏高速公路跨京沪铁路特大桥	中铁二十局集团公司四公司
	成都三环路跨宝成铁路立交桥	中铁十九局集团公司一公司
	205 国道滨博段淄博西特大桥	中铁十三局集团公司三公司
	成都绕城高速公路跨宝成铁路特大桥	中铁二十局集团公司三公司
	成都市三环路老川藏路跨线桥	中铁十三局集团公司四公司
	盘海高速公路双台子河特大桥	中铁十三局集团公司三公司

续表

奖励等级	工　程　名　称	施　工　单　位
	渝合高速公路北碚隧道	中铁十六局集团公司三公司 中铁十八局集团公司四公司
	湖北清江水布垭水利枢纽导流洞	中铁十八局集团公司三公司 中铁十五局集团公司三公司
	昆明—石林高速公路小团山隧道	中铁十二局集团公司二公司
	广州地铁2号线公园前—纪念堂区间	中铁十三局集团公司
	锦朝高速公路大凌河特大桥	中铁十九局集团公司三公司
	同三线宁波段高速公路西坞—冠庄 K77+000～K83+180段	中铁十四局集团公司三公司
	云南大保高速公路 K43+300～K436+159.85段	中铁十八局集团公司一公司
	解放军四〇四医院病房楼	中铁十四局集团公司
总公司优质工程	洛三高速公路许沟特大桥	中铁十一局集团公司一公司
	内昆铁路乌家坪1号特大桥	中铁十一局集团公司建筑公司
	长荆铁路钟祥汉江特大桥	中铁十一局集团公司一公司、建筑安装公司
	内昆铁路威宁—六盘水枢纽通信及六盘水南编组站信号工程	中铁十二局集团公司电气化公司
	朔黄铁路肃黄段电气化工程 D_2 标段	中铁十二局集团公司电气化公司
	哈大铁路陶赖昭—扶余段十八信息移频自动闭塞工程	中铁十二局集团公司电气化公司
	秦沈客运专线 D39 标段电力工程	中铁十二局集团公司电气化公司
	长沙市鞭蓉路电缆隧道 A、I 标段	中铁十二局集团公司七公司(注:A标段有中铁十八局集团公司四公司和中铁十九局集团公司参建)
	西安南绕城高速公路浐河特大桥	中铁十二局集团公司一公司
	昆明—石林高速公路小团山隧道	中铁十二局集团公司二公司
	内昆铁路 NKT－3 标段通信工程	中铁十三局集团公司电务公司
	宁夏石中高速公路吴忠黄河特大桥	中铁十三局集团公司一公司
	成都市三环路老川藏路跨线桥	中铁十三局集团公司四公司
	205国道滨博段淄博西特大桥	中铁十三局集团公司三公司
	长春市热力集团调峰锅炉房	中铁十三局集团公司六公司
	宝兰二线新松树湾隧道	中铁十四局集团公司三公司 中铁十一局集团公司二公司
	锡桑铁路通信信号工程	中铁十四局集团公司电务公司
	解放军四〇四医院病房楼	中铁十四局集团公司建筑公司
	国道205线莱芜—新泰高速公路第2合同段	中铁十四局集团公司三公司
	杭州上塘高架桥	中铁十四局集团公司五公司
	浙江省新昌县七星大桥	中铁十四局集团公司一公司
	合肥—徐州高速公路宿州新汴河大桥	中铁十四局集团公司四公司

续表

奖励等级	工　程　名　称	施　工　单　位
总公司优质工程	济南绕城高速公路济南隧道	中铁十四局集团公司隧道分公司
	山东航空飞行运输综合楼	中铁十四局集团公司建筑安装分公司
	哈大铁路十里河—大石桥段电化区间信号改造工程	中铁十五局集团公司电务公司
	秦沈客运专线 A5 标段综合工程	中铁十五局集团公司
	神延铁路神木—绥德段铺架工程	中铁十五局集团公司六公司
	大同—运城高速公路赵康枢纽	中铁十五局集团公司五公司
	元磨高速公路第 1 合同段	中铁十五局集团公司二公司
	洛阳东出入口穿焦枝铁路立交工程	中铁十五局集团公司五公司
	内昆铁路老煤洞特大桥	中铁十六局集团公司五公司 总公司造桥分公司
	北京城市铁路东直门站及地下折返线工程	中铁十六局集团公司及二、四公司
	内昆铁路花土坡特大桥	中铁十七局集团公司四公司
	菏日铁路鲁舒—临沂段长途通信工程	中铁十七局集团公司电务公司
	青藏铁路德令哈—饮马峡段通信工程	中铁十七局集团公司电务公司
	内昆铁路 K363＋033.05～K382＋012.31 段综合工程	中铁十七局集团公司
	厦门环岛路演武路—白城段主体工程	中铁十七局集团公司六公司
	内昆铁路李子沟特大桥	中铁十八局集团公司
	株六复线及电气化六枝—六盘水段通信、信号工程	中铁十八局集团公司电务公司
	湖北清江水布垭水利枢纽导流洞	中铁十八局集团公司三公司 中铁十五局集团公司三公司
	云南大保高速公路第 12 合同段	中铁十八局集团公司一公司
	成都市三环路跨宝成铁路立交桥	中铁十九局集团公司一公司
	沧柳高速公路土家湾隧道	中铁十九局集团公司二公司
	京福高速公路徐州东绕城大黄山跨铁路特大桥	中铁十九局集团公司二公司
	丹东至拉萨国道主干线丹东—本溪段高速公路第 3 合同段	中铁十九局集团公司三公司
	锦州—朝阳高速公路第 12 合同段	中铁十九局集团公司三公司
	朔黄铁路猴刎—新曲通信工程	中铁十九局集团公司电务公司
	苏州官渎里立交桥	中铁二十局集团公司一公司
	新长铁路信号 I 标段工程	中铁二十局集团公司电务公司
	曲菏高速公路跨京沪铁路特大桥	中铁二十局集团公司四公司
	襄渝铁路扩能工程胡达段电力 V 标段	中铁二十局集团公司
	宝鸡广元路渭河大桥	中铁二十局集团公司六公司
	个旧—冷墩二级公路预应力锚索桩板墙	中铁二十局集团公司四公司
	北京大学科技大楼	中铁建设集团公司

制表：王昌林

总公司系统1984年～2003年获奖优质工程统计表

项目 数量 年度	中国建筑工程鲁班奖（项）	国家优质工程（项）	铁道部优质工程（项）	火车头优质工程（项）	总公司优质工程（项）
1984年		1			1
1985年		1	1		7
1986年		1	4		
1987年		1	3		
1988年			3		
1989年		2	7		
1990年	2	2	2		
1991年	1	2			10
1992年					12
1993年			30		14
1994年					9
1995年					19
1996年	3	3	12		20
1997年	4	4	20		29
1998年	2	2	27		27
1999年	2	6	24		54
2000年	3	6	13		41
2001年	5	1	21		61
2002年	6	5	9	12	64
2003年	9	5	18	28	55
合　　计	37	42	194	40	423

注：表中1996年～2000年国家优质工程数量包括中国建筑工程鲁班奖（国家优质工程）数量。

制表：王昌林

总公司系统工程质量统计表(一)

(2003 年度)

项目 / 数量 / 单位	路基填土			混凝土试件			水泥砂浆试件			分项工程检查			分项工程一次评定				
	检查数(万立方米)	合格数(万立方米)	合格率(%)	试件组数	合格组数	合格率(%)	试件组数	合格组数	合格率(%)	完工项数	检查项数	检查率(%)	评定项数	合格项数	合格率(%)	优良项数	优良率(%)
中铁十一局集团公司	2949.3	2949.3	100	35314	35314	100	9649	9649	100	28923	28923	100	27730	27730	100	26730	96.4
中铁十二局集团公司	1312.6	1312.6	100	61285	61285	100	14437	14437	100	47186	47186	100	46800	46800	100	44448	95.0
中铁十三局集团公司	2107.6	2107.6	100	79395	79395	100	13613	13613	100	47358	47356	99.996	47623	47623	100	46078	96.8
中铁十四局集团公司	2438	2438	100	44942	44942	100	15399	15399	100	46431	46204	99.511	45318	45318	100	42679	94.2
中铁十五局集团公司	1302.3	1302.3	100	33021	33021	100	13357	13357	100	16325	16325	100	16588	16588	100	15866	95.6
中铁十六局集团公司	1115.7	1115.7	100	29749	29747	99.993	9488	9488	100	32546	32513	99.899	31680	31669	99.965	29951	94.5
中铁十七局集团公司	2554	2554	100	44767	44767	100	21664	21664	100	43924	43924	100	42779	42779	100	41280	96.5
中铁十八局集团公司	849.01	849.01	100	56263	56263	100	11321	11321	100	37875	37875	100	37875	37430	98.825	27102	71.6
中铁十九局集团公司	3199.7	3199.7	100	46551	46551	100	19205	19205	100	39040	39040	100	37366	37366	100	35910	96.1
中铁二十局集团公司	2158.3	2158.3	100	23838	23838	100	15643	15643	100	26669	26669	100	24857	24857	100	23413	94.2
中铁建设集团公司				8579	8574	99.942	423	423	100	764	764	100	764	764	100	723	94.6
合计	19986	19986	100	463704	463697	99.998	144199	144199	100	367041	366779	99.929	359380	358924	99.873	334180	93.0

制表:王昌林

总公司系统工程质量统计表（二）

（2003年度）

数量 项目 单位	路内外单位工程（房建工程除外）					路内外房建单位工程					质量事故				
	评定项数	合格项数	合格率（%）	优良项数	优良率（%）	评定项数	合格项数	合格率（%）	优良项数	优良率（%）	事故起数 重大	事故起数 大	损失金额（万元）	事故原因 违规	事故原因 测量
中铁十一局集团公司	1587	1587	100	1541	97.1	46	46	100	37	80.4					
中铁十二局集团公司	497	497	100	478	96.2	92	92	100	77	83.7					
中铁十三局集团公司	179	179	100	177	98.9	21	21	100	3	14.3					
中铁十四局集团公司	5581	5581	100	5522	98.9										
中铁十五局集团公司	266	266	100	258	97	27	27	100	23	85.2					
中铁十六局集团公司	108	108	100	100	92.6	5	5	100	3	60					
中铁十七局集团公司	886	886	100	856	96.6	30	30	100	15	50					
中铁十八局集团公司	292	292	100	281	96.2	23	23	100							
中铁十九局集团公司	356	356	100	356	100	22	22	100	18	81.8					
中铁二十局集团公司	876	876	100	829	94.6	25	25	100	25	100					
中铁建设集团公司						28	28	100	28	100					
合计	10628	10628	100	10398	97.8	319	319	100	229	71.8					

制表：王昌林

总公司 2003 年度伤亡事故统计表

数量 单位 \ 项目	合计				职工因工伤亡事故				职工非因工伤亡事故				外部劳务伤亡事故				铁路行车责任事故			
	起数	轻伤	重伤	死亡	起数	轻伤	重伤	死亡	起数	轻伤	重伤	死亡	起数	轻伤	重伤	死亡	起数	一般	大	重大
中铁十一局集团公司	7	6		2	7	6		2												
中铁十二局集团公司	5	4	1		5	4	1													
中铁十三局集团公司	8	5	2	1	8	5	2	1												
中铁十四局集团公司	7	6	1		7	6	1													
中铁十五局集团公司	6	5	1		6	5	1						1	1		2				
中铁十六局集团公司	7	9			7	9														
中铁十七局集团公司	7	7			7	7														
中铁十八局集团公司	6	7	1		6	7	1													
中铁十九局集团公司	7	7			7	7														
中铁二十局集团公司	6	6	4		6	6	4						1			2				
中铁工程集团公司																				
海外公司																				
中铁建设集团公司	2	2			2	2														
中铁物资集团公司																				
中铁路桥集团公司	1			1	1			1												
昆明中铁大型养路机械集团公司	3	3			3	3														
北京铁建工贸集团公司																				
铁道建筑研究设计院																				
本年合计	72	67	10	4	72	67	10	4					2	1		4				
2002 年同期数	79	70	7	2	78	70	7	1	1			1	2	1	2	4				
增减人数	−7	−3	3	2	−6	−3	3	3	−1			−1	平	平	−2	平				

制表：程明薪

总公司兵改工以来伤亡事故统计表

项目／数量／年度	合计				职工因工伤亡事故				职工在国有公路上发生交通事故				职工非因工伤亡事故				我方主要责任造成群众伤亡事故				外部劳务伤亡事故			
	起数	轻伤	重伤	死亡	起数	轻伤	重伤	死亡	起数	轻伤	重伤	死亡	起数	轻伤	重伤	死亡	起数	轻伤	重伤	死亡	起数	轻伤	重伤	死亡
1984年	312	187	107	79	219	162	69	27					36	7	9	24	57	18	29	28				
1985年	241	168	58	52	215	157	51	36					17	3	4	10	9	8	3	6				
1986年	259	160	61	77	217	156	47	44					26	3	6	19	16	1	8	14				
1987年	166	99	38	63	145	92	36	45					13	5	2	11	8	2		7				
1988年	117	64	23	45	92	60	21	21	4		1	3	15		1	15	6	4		6				
1989年	111	76	26	33	87	56	19	20	14	20	5	5	10		2	8								
1990年	113	89	18	31	86	69	15	8	12	17	3	8	12	3		12	3			3				
1991年	128	99	24	38	107	84	21	24	7	9	4		11			11	3	6		3				
1992年	144	113	15	28	130	112	13	15	6	1	2	4	6			7	2			2				
1993年	144	131	28	32	129	119	21	19	10	9	6	11	3	1		2	2	2	1		11			20
1994年	107	97	8	21	99	94	6	14	3	3	2	2	5			5	1	2		4	9	10	6	33
1995年	92	85	15	14	92	85	15	14													4	3		6
1996年	72	62	9	8	70	62	9	6					2			2					3			9
1997年	87	72	11	36	85	72	11	28					2			8					4	5		7
1998年	66	59	7	6	64	59	7	4					2			2					4	2	1	9
1999年	103	86	9	37	98	86	9	32					5			5					2			4
2000年	66	74	13	21	65	74	13	20					1			1					3	1	1	5
2001年	66	80	14	30	62	80	14	24					4			6					1			1
2002年	79	70	7	2	78	70	7	1					1			1					2	1	2	4
2003年	72	67	10	4	72	67	10	4													2	1		4
合计	2545	1938	501	657	2212	1816	414	406	56	59	23	33	171	22	24	149	107	43	41	73	45	23	10	102

制表：程明薪

总公司兵改工以来职工因工死亡人数逐月统计表

数量 年度 \ 月份	一月	二月	三月	四月	五月	六月	七月	八月	九月	十月	十一月	十二月	全年合计		
													职工人数（人）	死亡人数（人）	千人死亡率（‰）
1984年	1	4	1	1	3	1	3	2	3	1	4	3	150549	27	0.1793
1985年		1	3	1	2	10	4	2	4	6	2	1	153134	36	0.2351
1986年	4	1	1	5	3	3	7	5	6	5	3	1	151620	44	0.2902
1987年			4	12	2		9	8	3	4	2	1	151428	45	0.2972
1988年			4	1	5	1	2		3		2	3	146855	21	0.1429
1989年	3		4	2	3		3	1	1	3			150962	20	0.1324
1990年	1				1		3		1		2		153288	8	0.0533
1991年			1	1	1		3		5	9	4		158588	24	0.1513
1992年	1					1	1	2	1	1	2	6	160379	15	0.0935
1993年	1	2	1		1	3	1	2	1	6	1		145876	19	0.1302
1994年		3		2			5		1	1		2	145368	14	0.0963
1995年		3		5		1		1		1	1	2	145608	14	0.0961
1996年	1	1			1	1				1	1		146871	6	0.0409
1997年	1	9		3	4	1	1	3	4		2		141327	28	0.1981
1998年			2								2		139731	4	0.0286
1999年			1	7	2	2	1	5	3	1		10	171445	32	0.1867
2000年	6		4				1	5	1	1	1	1	200850	20	0.0996
2001年	2				2		2	2	6		7	3	186680	24	0.1286
2002年											1		186000	1	0.0053
2003年			2			1	1						176000	4	0.0227
合计	21	24	28	40	30	25	47	38	43	40	37	33		406	0.1284

制表：程明薪

总公司兵改工以来逐年职工因工死亡人数统计表

数量 单位 ╲ 年度	职工因工死亡人数																				合计
	一九八四年	一九八五年	一九八六年	一九八七年	一九八八年	一九八九年	一九九〇年	一九九一年	一九九二年	一九九三年	一九九四年	一九九五年	一九九六年	一九九七年	一九九八年	一九九九年	二〇〇〇年	二〇〇一年	二〇〇二年	二〇〇三年	
中铁十一局集团公司	2	7	6	4	2	2	1	1	7	1	5						2	2		2	44
中铁十二局集团公司	2	1	1	2	4										2	2		14			28
中铁十三局集团公司	1	2		2	4	3		1	1	1			1			4				1	21
中铁十四局集团公司	1	3	1	6	1	1	1	4	2				1	1		1	1				24
中铁十五局集团公司	3	2		2	2	4		6	2	3	4			1		8	6	1			44
中铁十六局集团公司	6	8	11	4	1	2	1	2	2	3	1	2	1	20				1			65
中铁十七局集团公司	1		2	3		1	1	1			3										12
中铁十八局集团公司	5	4	9	16	3		2	1		3		6	1			2	2	1			55
中铁十九局集团公司	1		4	1	1	3		3		5		1		1	1	10	8				39
中铁二十局集团公司	1	6	7	5	3	4	1	1	1							4		2			35
中铁工程集团公司																		1			1
海外公司																					
中铁建设集团公司		1	1																		2
中铁物资集团公司			1										1								2
中铁路桥集团公司																				1	1
昆明中铁大型养路机械集团公司																					
北京铁建工贸集团公司																					
铁道建筑研究设计院																			1		1
总公司直属单位	4	2	1				1	4		3	1	5	1	5	1	1	1	2			32
合计	27	36	44	45	21	20	8	24	15	19	14	14	6	28	4	32	20	24	1	4	406

注：总公司直属单位包括原工厂局、铁路运输处、铁道战备舟桥处。

制表：程明薪

原铁道兵部队和中国铁道建筑总公司逐年事故死亡人数统计表

年度	死亡人数(人)	千人死亡率(‰)	年度	死亡人数(人)	千人死亡率(‰)
1948年	21		1984年	27	0.1793
1949年	96		1985年	36	0.2351
1950年	36		1986年	44	0.2902
1951年	365		1987年	45	0.2972
1952年	521		1988年	21	0.1429
1953年	448		1989年	20	0.1324
1954年	33		1990年	8	0.0533
1955年	157	1.55	1991年	24	0.1513
1956年	144	1.26	1992年	15	0.0935
1957年	60	0.58	1993年	19	0.1302
1958年	125	1.24	1994年	14	0.0963
1959年	235	1.53	1995年	14	0.0961
1960年	249	1.77	1996年	6	0.0409
1961年	151	1.17	1997年	28	0.1981
1962年	63	0.64	1998年	4	0.0286
1963年	137	0.68	1999年	32	0.1867
1964年	106	0.51	2000年	20	0.0996
1965年	336	1.63	2001年	24	0.1286
1966年	436	1.00	2002年	1	0.0053
1967年	351	1.00	2003年	4	0.0227
1968年	263	0.60	总公司合计	406	0.1284
1969年	373	0.58			
1970年	404	0.70			
1971年	536	1.30			
1972年	371	0.71			
1973年	254	0.61			
1974年	291	0.67			
1975年	263	0.56			
1976年	257	0.74			
1977年	216	0.64			
1978年	193	0.58			
1979年	192	0.51			
1980年	177	0.58			
1981年	116	0.52			
1982年	121	0.62			
1983年	76	0.47			
铁道兵合计	8173	0.88			

制表：程明薪

设备运输物资

【设备运输物资部】 总公司负责设备、运输、物资管理的职能部门。定员6人，现员5人。部长1人、副部长1人；教授级高级工程师1人，高级工程师2人。主要职责是：贯彻执行国家有关设备、运输、物资工作的方针、政策和法规，制定总公司系统设备、运输、物资管理规章制度，实行行业归口管理；利用国家外汇和国外贷款购置设备、物资，组织计划申报、采购招标、评标、签订合同、接港、索赔、培训等工作；指导、协调国产大型设备、车辆和主要物资的选型和批量采购工作；负责总公司系统大型工程项目和总公司总承包工程项目施工机械、大型车辆的调配和物资供应工作；负责铁路专供物资的计划和协调工作；掌握本系统设备、车辆的数量及技术状况，组织设备、车辆检查和物资执法监察工作，表彰优秀单位和先进个人，交流推广设备、运输、物资管理经验；组织、协调本系统的铁路运输，向铁道部申报困难区段的路料运输和装车计划，办理架桥机、铺轨机、大型设备等超限货物运输，组织桥梁、轨枕、道碴等主要工程物资的专列和成组直达运输；负责本系统新线铁路机车车辆选型、购置申报和报废审批工作；办理总公司系统工程路用车的计划、审核和报批工作，并督促、检查使用管理情况；负责建立总公司本级自有设备台帐，负责设备的调拨和报废审批工作；收集、汇总总公司系统设备、运输、物资统计资料，上报有关统计报表；协助有关部门组织设备运输物资管理、操作人员的业务、技术培训；参与总公司管理评审、内部质量审核和其他相关程序。 （白云飞）

【工作综述】 2003年，认真贯彻执行国家关于设备、运输、物资工作的方针政策，始终坚持以施工生产为中心，全面履行检查、指导、监督、协调、服务职能，为生产经营提供了有力保障，取得较好成绩。全年完成铁路运输101 537车，运送各类物资610万吨。经铁道部批准使用工程路用车903辆，运输桥梁3 805.5孔/23 466车，轨枕269.8万根/29 247车，岔枕1 934组/1 934车，保证了新线铺架运输需要。全年更新设备3 768台，投入更新资金7.56亿元。利用德国政府贷款采购63台(套)施工设备。提交利用芬兰政府贷款(约500万美元)采购施工设备项目的可行性研究报告，向国家财政部申请利用比利时政府贷款(496万美元)采购施工设备。充分发挥物资供应主渠道作用，年内共组织供应钢材176.42万吨，木材16.01万立方米，水泥844.2万吨，油料36.9万吨，炸药5.62万吨，满足了施工生产需要。 （白云飞）

【规章制度建设】 适应企业改制后设备管理工作的需要，年内修订颁发《总公司机械动力设备管理规定》，提高了总公司系统的设备管理水平。 （白云飞）

【主要技术设备】 2003年，总公司系统保有机械动力设备40 133台(套)，其中主要施工机械设备8 697台(套)，进口机械设备1 085台(套)。设备固定资产原值83.43亿元，净值45.01亿元，机械设备总功率2 192 032.3千瓦，人均技术装备率和动力装备率分别达到2.27万元和11.07千瓦。拥有铁路专用车辆设备632台(套)，其中铁路自轮运转特种设备270台(含铁路架桥机17台、铺轨机12台，以及电务施工设备、轨道起重设备、重型轨道车、轨道平板车和大型机械化捣固车、配碴整形车、动力稳定车等)，自备机车122台，自备铁路准轨货车148辆，自备铁路客车92辆。总公司系统机械设备成新率54%，主要施工机械设备完好率93%，利用率70.17%，闲置率9.82%。年内更新设备3 768台，价值75 627.4万元。报废设备4 014台，设备原值41 387.5万元。 （白云飞）

【设备管理专业人员】 总公司系统现有设备管理专业技术人员5 337人，其中高级工程师297人，工程师1 269人；设备操作技工26 086人，其中机械司机13 217人，汽车驾驶员11 395人，修理工4 399人。全年完成专业技术培训465期，培训5 501人次。 （白云飞）

【总公司设备管理工作研讨会】 7月8日～11日在内蒙古自治区包头市召开，所属单位设备部门领导及设备管理人员37人到会。会议研讨京沪高速铁路施工设备选型及配置问题，修订设备管理统计报表，达到预期目的。 （白云飞）

【总公司铁路运输管理干部培训班】 10月28日～11月4日在中铁十一局集团公司襄樊培训中心举办，79人参训。邀请铁路运输专家、教授讲授新的铁路运输规定、计划和超限货物运输等知识，学习铁道部关于路料运输、铁路自轮运转特种设备及工程路用车管理规定及申报程序，取得良好的培训效果。 （白云飞）

【设备运输物资工作检查】 为进一步加强总公司系统的设备、运输、物资管理基础工作，规范设备、物资采购行为，提高设备使用、维修、保养水平，增强企业机械化施工能力和综合实力，根据总公司《机械动力设备管理规定》和《物资管理办法》的有关规定,年内在全系统开展设备、运输、物资检查工作。总公司在各单位自查的基础上,重点抽查了有关单位设备、物资招标采购制度的建立与实施,以及近年来利用外资贷款采购设备的使用、管理、效益等情况。 (白云飞)

【推广“四新”技术】 积极推广新技术、新工艺、新材料、新设备,先后3次组织全系统设备管理及技术人员、国内外主要厂商就高速铁路轨道设备、架桥机、造桥机、旋挖钻机、打桩锤等施工设备进行技术交流,为高速铁路建设做了大量前期准备工作。组织全系统设备管理人员参观北京国际工程机械展览和技术交流,了解国内外工程机械的技术水平和发展趋势。

(白云飞)

【表彰全国施工企业设备管理优秀单位和优秀工作者】 根据中国建筑业协会建筑机械设备管理分会《关于开展全国施工企业设备管理优秀单位表彰活动的通知》精神,组织参加“全国施工企业设备管理优秀单位和优秀工作者”评选活动。总公司系统有6个单位和10名个人受到表彰。

全国施工企业设备管理优秀单位

中铁十三局集团公司一公司
中铁十四局集团公司隧道分公司
中铁十六局集团公司二公司
中铁十九局集团公司三公司
中铁二十局集团公司
中铁二十局集团公司一公司

全国施工企业设备管理优秀工作者

宫建岗 袁进友 陈启芬 田 虎 贾应明
聂秋祥 杨增祥 王保兴 张和平 曾德才

(白云飞)

【利用外资贷款采购设备】 年内完成利用德国政府贷款采购的63台(套)施工设备的建档、跟踪服务、索赔及售后服务监督工作。积极办理利用芬兰政府贷款约500万美元采购施工设备工作,已提交项目可行性研究报告。向财政部申请利用比利时政府贷款496万美元,为中铁十五局集团公司采购施工设备。(白云飞)

【物资、设备招标采购】 2003年,总公司系统组织物资招标采购2 385次,节约资金28 981.67万元;组织设备招标采购531次,采购设备1 320台(套),节约资金3 489.2万元。 (白云飞)

【组织专列、超限货物运输】 经铁道部批准,年内多次组织桥梁运输专列和成组直达运输,运输桥梁3 805.5孔/23 466车,轨枕269.8万根/29 247车,岔枕1 934组/1 934车,保证了新线铺架任务按时完成;办理架桥机组、铺轨机组、整道设备、桥梁基础钻机等超限货物运输7次,确保了设备及时上场、转场和施工生产的正常进行。 (白云飞)

【办理铁路难点运输】 为解决施工生产急需,经与铁道部联系,全年发运输命令13次,运输货物1 298车77 880吨,保证了施工队伍、设备的及时转场和施工用料的按时供应。 (白云飞)

【工程路用车管理】 为保证渝怀、西安南京、胶新、神朔复线、朔黄复线、金筠、隆叙等铁路铺轨架梁任务按时完成,年内申请工程路用车903辆,使各新线铺架现场的轨排、钢轨、桥梁倒运、职工宿营、机车用煤用水和施工材料物资运输得到有力保障。 (白云飞)

【铁路自轮运转特种设备复查】 根据铁道部关于进一步深化安全生产专项整治的通知精神,由铁道部建设司统一组织,对总公司系统的轨道车、轨道平板车、轨道起重机、架桥机、铺轨机、接触网架线车、放线车、检修车、大型养路机械等铁路自轮运转特种设备进行了全面复查,并由铁道部统一办理年检合格证和准运证。8月,根据铁道部要求,组织人员对重点单位的铺架设备和工程路用车进行抽查核实,对复查合格的轨道车和大型养路机械已办理年检合格证。 (白云飞)

【铁路临管运营】 年内,总公司系统各铁路运营单位在神朔、朔黄、包神、沙蔚铁路完成铁路运输27 636列5 034.97万吨,完成货运周转量614 428.6万吨公里,运输产值7 279万元,未发生重大行车事故。(白云飞)

【协调油料供应】 年内积极协助中铁物资集团公司组织青藏铁路、兰武二线和宜万铁路施工油料供应工作。据统计,青藏铁路供应油料13 000吨,兰武二线供应油料6 000吨,既方便了施工单位,又节约了采购成本。

(白云飞)

【“贯标”认证】 年内总公司质量体系程序文件换版,为配合主管部门做好“贯标”认证工作,精心编写出《物资设备管理程序》,顺利通过外审,取得工程质量、环境保护、职业健康安全管理体系“三证连取”佳绩。

(白云飞)

8月1日，总公司机关召开质量、环境、职业健康安全“三标一体”管理体系认证颁证大会。图为华夏认证中心李存健总经理(中)向总公司王振侯总经理(左)、李国瑞书记(右)颁发认证证书。

(刘建国 摄)

经营管理

本栏责任编辑 **刘贤福**

企业管理

【企业管理部】 总公司负责企业改革与企业管理的综合部门，由企业管理、贯标认证、法律事务、企业管理协会和住房制度改革五部分工作组成。定员14人，设部长1人、副部长2人(其中1人兼任企协秘书长)；附设住房制度改革办公室和贯标认证办公室，各设主任1人。主要职责是：组织拟定总公司发展战略、中长期发展规划、企业改革方案和企业管理相关制度；参与企业改制、结构调整、资产重组等涉及企业权益的重要经济活动；负责企业工商登记、年检及施工企业资质、项目经理资质申报、审查、年检等工作；负责总公司本级质量、环境和职业健康安全管理体系的贯标认证工作；负责法律事务和经济合同管理工作；承担企业现代化管理研究和企业管理协会工作；归口管理总公司系统住房制度改革及本级住房公积金管理；编辑出版《中国铁道建筑管理》杂志。 (李友才)

【企业改革、改制】 企业整合重组工作取得重大进展。9月3日，国务院国有资产监督管理委员会(以下简称国资委)下发《关于中国铁道建筑总公司与中国土木工程集团公司实施重组的批复》(国资改革函〔2003〕153号)，标志着总公司与中国土木工程集团公司成功实施重组。11月30日前，根据中央企业重组工作程序的有关规定，基本完成资产、财务、劳动、人事、组织关系等划转手续，并确定内部重组原则，形成内部重组初步方案。9月27日，国资委、铁道部联合下发《关于将铁道部部属勘察设计院等企业分别划入中国铁路工程总公司、中国铁道建筑总公司有关问题的通知》(国资改革〔2003〕89号)，将铁道第一、第四勘察设计院等企业划入总公司。在铁道部的关心、指导及有关铁路局的积极支持、配合下，总公司与有关铁路局顺利签署交接协议书，平稳地实现企业资产、人员划转。11月19日，国资委、铁道部下发《关于将铁道第一、第四勘察设计院等20户企业划转中国铁道建筑总公司有关问题的批复》(国资改革函〔2003〕372号)，同意将铁道第一、第四勘察设计院等11户国有独资企业的国有产权和有关铁路局持有的哈尔滨铁路建设集团有限责任公司等9户企业的国有股权无偿划转中国铁道建筑总公司，标志着铁道第一、第四勘察设计院等20户企业划转总公司工作顺利完成。12月26日，中铁十四局工程发展股份有限公司在上海正式挂牌成立，股份制改造准备工作全部完成。

主辅分离、改制分流工作稳步推进。年初，总公司转发国家八部委《关于国有大中型企业主辅分离辅业改制分流安置富余人员的实施办法》(国经贸企改〔2002〕859号)，专门召开党政领导干部联席会议，结合传达学习《中共中央、国务院关于进一步做好下岗失业人员再就业工作的通知》(中发〔2002〕12号)精神，深入研究主辅分离、改制分流工作。7月12日～13日，总公司在济南召开改制分流工作会议，交流工作经验，专题研究、部署主辅分离、改制分流工作，确定将总公司系统的“三类资产”与主业分离改制，国有资本从大部分辅业单位中全部退出。 (王 谐)

【施工企业资质管理】 企业资质申报。年内企业资质申报主要针对有实质性重组的企业和少数专业资质有变动的企业，全系统共申报企业资质55家，桥梁、隧道、路基、路面资质占申报企业总数的72%。其中，8家企业由建设部直接签批，2家企业由当地建委转建设部审批，4家企业从母公司分立，申报材料已通过建设部及相关专业部委审查。

项目经理资质申报。根据铁道部规定，年内向铁道部申报并批准二级资质项目经理1 218人。截至年底，总公司系统共有一级资质项目经理3 066人。

(王 谐)

【企业法人工商注册登记及年检】 5月19日，总公司企业法人年检报告及年度财务报表等通过国家工商行政管理总局的年度检查，企业法人营业执照年检结果为“合格”，年检等级为“A”级。3月11日，完成总公司隶属关系和注册资本金变更，总公司企业章程经国资委修改批准后，在国家工商行政管理总局备案。根据建设部《关于贯彻落实〈建设部2003年整顿和规范建筑市场秩序〉开展建筑业企业资质年检工作的若干意见》(建市〔2003〕110号)文件精神，总公司系统81家一级资质企业全部通过建设部年检。 (王 谐)

【贯彻ISO9000、ISO14000、OHSAS18000系列标准】 2003年，贯标认证工作围绕本级贯彻实施ISO9001质量管理标准、ISO14001环境管理标准和OHSAS18001职业健康安全管理标准进行，建立“三标一体”管理体系，探索新的管理模式，调整管理体系载体。3月28日，组织机关各部门、直属项目(指挥)部和中铁工程有限公司、海外公司以及中国铁道建筑(香港)有限公司、中铁(澳门)有限公司，完成质量体系年度监督审核工作。4月，组织机关各部门学习贯彻3个标准，完成总公司《质量管理手册》和《管理体系程序文件》编制，“三标一体”管理体系开始试运行。6月19日～20日，总公司机关各部门、分公司、直属项目(指挥)部接受华夏认证中心第一阶段审核,针对存在问题进行整改,修订完善《质量管理手册》和《管理体系程序文件》。7月8日~10日,接受华夏认证中心第二阶段审核,于7月18日顺利获得华夏认证中心颁发的认证证书,如期实现"三证联取"的既定目标。

此外,指导总公司所属企业建立完善管理体系,提供咨询服务,帮助其通过管理体系认证,实现三个体系的有效整合。其中,成都中铁建西南物资有限公司通过换版后的质量体系认证,中铁工程集团公司和中铁物资集团公司所属东北公司通过质量、环境、职业健康安全"三标一体"认证,帮助中铁物资集团公司、中铁路桥集团公司建立"三标一体"管理体系。 (王 谐)

【法律事务】 年内代理总公司诉讼、执行案件5起,挽回一定的经济损失。参与中铁路桥集团公司内蒙古呼准铁路项目谈判,起草相关法律文书;参与总公司内蒙古准神铁路项目谈判,起草合作协议、公司章程等法律文书;参与总公司承揽南京金陵大学校舍建设项目的可行性调研工作;参与总公司承揽云南安晋高速公路BOT项目和重庆遂渝高速公路BOT项目的洽谈工作;参加总公司与河南金火铝电有限公司建设河南济东高速公路BOT项目、中铁工程集团公司建设广东潮揭高速公路BOT项目和投标山西阳侯高速公路项目的谈判及有关法律文书的起草工作;参与总公司系统有关单位经济纠纷案件的调解工作,为本系统生产经营提供了必要的法律服务。完成总公司系统2003年法律顾问注册工作。参加铁道部建设司、政策法规司组织的《铁路工程项目建设管理办法》的起草工作,参加建设部组织的加强合同管理、规避拖欠工程款风险研讨会,参加中国施工企业管理协会召开的全国施工企业法律工作会议,较好地完成了法律事务工作。

(王 谐)

【企协工作】 组织申报中国企业500强,总公司名列第30位,居全国建筑业第3位。组织审定总公司2003年度企业管理现代化创新成果,评出获奖成果18项,其中一等奖9项,二等奖9项。推荐6项现代化创新成果参加全国施工企业管理现代化创新成果评审,6项全部获奖,其中获一等奖2项,二等奖4项。组织审定2003年度总公司优秀QC小组76个,其中代铁道部评出优秀QC小组40个,评出总公司优秀QC小组35个,中铁二十局集团公司青藏铁路风火山冻土隧道光面爆破QC小组被评为全国优秀QC小组。推荐评定全国重点工程建设优秀项目经理13名,全国建筑业企业优秀项目经理9名,铁道部优秀项目经理50名。申报、评定国家优质工程5项,申报、评定"全国优秀施工企业"4个,申报、评定"全国优秀施工企业家"1名,申报、评定"全国用户满意企业"2个,申报、评定"全国用户满意工程"3项。编辑出版《中国铁道建筑管理》杂志6期,约150万字。 (王 谐)

【住房制度改革】 积极推进全系统住房货币化分配制度,组织房改部门领导参加建设部举办的培训班,借鉴兄弟单位住房货币化分配办法,对资金的转化与管理、职工住房面积的核定、未达标或超标住房的处理等进行深入研讨,使总公司住房制度改革方案更具有针对性和可行性。认真贯彻国务院〔2003〕165号文件精神,积极做好中央企业已购公有住房上市出售的沟通协调工作。截至年底,总公司机关及直属单位住房公积金余额5 028.85万元,住房基金余额447.04万元,维修基金余额2 289.53万元。7月,完成2002年~2003年度结息工作,结息单位25个,结算总人数4 472人,利息金额58.27万元,本息合计5 028.85万元。全年办理住房贷款11笔,金额266.5万元,购房面积1 081.58平方米。 (王 谐)

总公司系统2003年度获全国企业管理协会奖励的单位、个人及工程统计表

获奖名称	获奖单位、个人及工程
全国优秀施工企业	中铁十四局集团公司
	中铁十六局集团公司
	中铁十七局集团公司二公司
	中铁二十局集团公司一公司

续表

获 奖 名 称	获 奖 单 位 、个 人 及 工 程
全国优秀施工企业家	中铁十七局集团公司董事长 瞿观鄞
全国用户满意企业	中铁十四局集团公司建筑安装公司
	中铁十九局集团公司四公司
国家优质工程银质奖	株六铁路复线电气化工程Ⅴ标段(中铁十二局集团公司电气化工程公司承建)
	皖赣铁路复线青弋江特大桥(中铁十六局集团公司三公司承建)
	济泰高速公路崮山立交桥(中铁十二局集团公司一公司承建)
	国道213线云南玉溪至元江高速公路(中铁十二局集团公司参建)
	山西原太高速公路(中铁十七局集团公司五公司参建)
全国用户满意工程	青岛国际航空物流中心监管库(中铁十四局集团公司承建)
	馋(口)柳(沟河)高速公路白虎山隧道(中铁二十局集团公司二公司承建)
	中科院图书馆档案馆(中铁建设集团公司承建)
全国重点工程建设优秀项目经理	中铁十二局集团公司 赵晓文 罗世昌
	中铁十三局集团公司 韦良勤
	中铁十四局集团公司 马 军 薛 峰
	中铁十五局集团公司 马明玉
	中铁十六局集团公司 邬志炯
	中铁十七局集团公司 成志宏 杜志强
	中铁十八局集团公司 魏贤坤
	中铁十九局集团公司 陈宝军
	中铁二十局集团公司 赵崇科
	中铁建设集团公司 赵 伟
全国工程建设优秀项目经理	中铁十二局集团公司电气化工程公司 路 冰
	中铁十三局集团公司一公司 张日洲
	中铁十六局集团公司 章德贤
	中铁十七局集团公司电务工程公司 陈 云
	中铁二十局集团公司四公司 林仰栋
全国建筑业企业优秀项目经理	中铁十一局集团公司 李庆堂
	中铁十二局集团公司一公司 祁玺剑
	中铁十四局集团公司 王建伦 贾开民
	中铁十六局集团公司 吴仕岩
	中铁十八局集团公司 张兴彦 李生宏
	中铁十九局集团公司 张洪杰
	中铁建设集团公司 李金生
铁道部优秀项目经理	中铁十一局集团公司 曾祥旭 荆 山 毕敬环
	中铁十二局集团公司 碗国建 常铁良 邓尤东 贾康田 柴春明 童冠山
	中铁十三局集团公司 孙国景 唐忠亮 宁登贵

续表

获 奖 名 称	获 奖 单 位 、个 人 及 工 程
铁道部优秀项目经理	中铁十四局集团公司 赵克东 刘广和 苑子辉 王守慧 王建伦
	中铁十五局集团公司 张国军 杨玉德 刘 岗 李权福
	中铁十六局集团公司 赵家明 孟军芬 赵玉坤 黄四清 袁德佑
	中铁十七局集团公司 王夫亮 伍丛佳 杨永宏 郭发明 李新月 徐 峰
	中铁十八局集团公司 张树根 武守恩 席居法 刘大贵 庄会祝 池洪恩
	中铁十九局集团公司 张洪杰 肖雪峰 王必军 刘海军 邝学军
	中铁二十局集团公司 周玉山 苗文怀 曾宪奇 宋四保
	中铁建设集团公司 林凤臣 李金生
	中铁工程集团公司 陈宏伟

制表:华明芳

【表彰优秀QC小组】 2003年,总公司系统评选、表彰优秀QC小组76个,其中全国优秀QC小组1个,铁道部优秀QC小组40个,总公司优秀QC小组35个。

全国质量管理优秀QC小组

中铁二十局集团公司青藏铁路风火山冻土隧道光面爆破QC小组

铁道部质量管理优秀QC小组

中铁十八局集团公司一公司铁路边坡防护喷混凝土植生技术QC小组

中铁十二局集团公司建安公司西安基地项目部QC小组

中铁二十局集团公司三公司新郑项目部钢筋连接QC小组

中铁十三局集团公司五公司火烧沟隧道格栅拱架QC小组

中铁十六局集团公司六公司“西气东输”黄河顶管QC小组

中铁十七局集团公司电务公司宝兰铁路信号项目部QC小组

中铁十一局集团公司一公司吊钟岩特大桥QC小组

中铁十二局集团公司二公司雁门关隧道防排水QC小组

中铁十九局集团公司一公司软基施工QC小组

中铁建设集团公司十三分公司无梁楼盖板柱帽QC小组

中铁十四局集团公司二公司张伟QC小组

中铁二十局集团公司一公司京沪高速铁路昆山试验QC小组

中铁十六局集团公司二公司超量动态塌陷区线路加固QC小组

中铁十九局集团公司四公司少洛高速公路SL03标段QC小组

中铁十八局集团公司三公司连续箱梁混凝土标高控制QC小组

中铁十五局集团公司四公司深圳地铁项目部QC小组

中铁十五局集团公司一公司富山大桥环境管理QC小组

北京房桥中铁路桥工程公司孙洁QC小组

中铁十七局集团公司四公司西合项目部第2QC小组

中铁二十局集团公司电务公司第2QC小组

上海铁路城市轨道交通设计研究院明珠线北延伸段QC小组

中铁十八局集团公司二公司混凝土施工QC小组

中铁建设集团公司第21项目部厚板焊接QC小组

中铁十一局集团公司二公司构皮滩乌江大桥桥墩施工QC小组

中铁十三局集团公司二公司深基坑钢板桩围堰施工QC小组

铁道第四勘察设计院车辆段初步设计QC小组

铁道第一勘察设计院青藏线隧道设计QC小组

中铁十四局集团公司三公司孙晓迈QC小组

中铁十九局集团公司三公司沈大高速公路新旧路基结合部施工QC小组

中铁十一局集团公司三公司秦沈客运专线无缝线路铺架QC小组

中铁二十三局集团公司一公司柳玉超QC小组

中铁十六局集团公司五公司高原钻孔灌注桩 QC 小组

中铁十二局集团公司四公司建安项目部王仰家 QC 小组

中铁十七局集团公司四公司沈长项目部 QC 小组

中铁十九局集团公司一公司 40 米连续梁 QC 小组

中铁十三局集团公司一公司挂篮施工 QC 小组

中铁十五局集团公司五公司兰武之梦 QC 小组

中铁十八局集团公司建筑公司叶曙光 QC 小组

中铁十三局集团公司四公司松花江汉河桥预应力箱梁 QC 小组

中铁十六局集团公司三公司张家港 3 标项目部 QC 小组

总公司质量管理优秀 QC 小组

中铁十一局集团公司三公司渝怀项目部 QC 小组

中铁十二局集团公司一公司兰武二线第 1 项目部 QC 小组

中铁建设集团公司第 21 项目部钢骨混凝土施工 QC 小组

铁道第一勘察设计院陇海线宝兰段接触网设计 QC 小组

中铁二十局集团公司六公司朔黄铁路项目部涵洞 QC 小组

中铁十四局集团公司六公司李家亮 QC 小组

中铁十七局集团公司一公司禹阎项目部 QC 小组

铁道第四勘察设计院一分院邵武项目部 QC 小组

中铁十八局集团公司五公司国防路高架桥 QC 小组

中铁十二局集团公司二公司洋勉项目部 QC 小组

中铁十七局集团公司二公司神大项目部 QC 小组

中铁十六局集团公司一公司黄延高速公路 QC 小组

中铁二十局集团公司四公司青银高速公路项目部 QC 小组

上海铁路城市轨道交通设计研究院概预算 QC 小组

上海铁路城市轨道交通设计研究院声屏障 QC 小组

中铁建设集团公司第 45 项目部 QC 小组

中铁十三局集团公司一公司大连码头钢栈桥 QC 小组

中铁十五局集团公司七公司一分公司 QC 小组

中铁二十局集团公司六公司咸阳渭河 3 号大桥项目部 QC 小组

中铁十二局集团公司电气化公司 110KV 双回铁塔线路工程 QC 小组

中铁十八局集团公司金属结构公司承钢 48 米箱型梁生产制作 QC 小组

中铁十九局集团公司二公司祁临项目部 QC 小组

中铁十一局集团公司四公司郑徐项目部挤密桩施工 QC 小组

中铁二十三局集团公司一公司孙俏康 QC 小组

中铁十四局集团公司隧道分公司赵衍发 QC 小组

铁道第一勘察设计院二连浩特口岸站设计 QC 小组

中铁十一局集团公司电务公司陇海铁路电气化工程 QC 小组

中铁十四局集团公司三公司吴庆忠 QC 小组

中铁十六局集团公司四公司海南乐东项目部 QC 小组

中铁十一局集团公司五公司重庆轻轨较场口站折返线 QC 小组

中铁十七局集团公司一公司青藏铁路项目部混凝土入模温度 QC 小组

中铁十九局集团公司五公司隧道防水板施工 QC 小组

中铁十五局集团公司电务公司道岔转辙装置安装 QC 小组

铁道第一勘察设计院兰州分院勘探队 QC 小组

中铁十三局集团公司电务公司福宁高速公路隧道通风、照明 QC 小组 （华明芳）

工 程 经 营

【经营部】 总公司负责工程经营的职能部门。定员 18 人，在位 13 人（不含在工程指挥部 4 人），设部长、副部长各 2 人；高级技术职务 7 人，中级技术职务 6 人。主要职责是：组织策划、研讨总公司系统工程经营思路、经营战略，制定年度工程任务承揽计划并监督实施；跟踪、承办工程总承包和项目建设管理任务，负责 BOT、BT、BOO、PPP 等资本运作项目的经营开发；疏通与国家和地方政府基建管理部门、工程业主、设计单位、监理单位、招标代理机构及其他社会中介组织的关系，为企业从事全方位工程经营创造条件；搜集、筛选并向所属单位及时提供工程信息；负责审核、承办以总公司名义从事工程经营活动所需的法人委托、营业执照、资质证书等有关投标手续；本着“双赢”、“多赢”的指导思想，加强与内外单位的纵、横向联合，做好“孤孤联合”的经营开发工作；组织、指导以总公司名义参加的工程项目投标，协调、解决工程投标中出现的问题，充分发挥总公司的集团优势；承办总公司直属项目部经济责任合同的签订及中标合同的概算分辟，指导施工现场办理工程索赔补差工作，提出创收、增效决策性建议；归口管理总公司系统概预算、工程造价、定额管理及工程经营基础业务建设；统计、分析全系统工程任务承揽情况，为总公司领导及时提供工程经营动态信息。 （刘发林）

【工程经营工作综述】 2003年，总公司系统坚持一手抓抗击“非典”，一手抓生产经营，树立全员经营理念，大力开拓新的经营领域，全年编制工程投标文件8 600余套(约328亿字)，承揽工程任务1 098亿元，比2002年的580亿元增长89.3%，超额完成年度工程任务承揽计划139%，实现工程经营跨越式发展。

1. 新签工程合同额再创历史新记录。全年新签工程合同2 400项，合同总额1 021.43亿元，再创历史最高水平。其中，铁路工程199.57亿元，占合同总额的19.57%，占铁路招标总额的48.63%；公路工程485.94亿元，占合同总额的47.57%，占全国公路招标总额的20%；城市轨道交通工程26.59亿元，占合同总额的2.6%，逐渐形成行业优势。工程施工领域还涉及市政工程、工业与民用建筑工程、水利水电及机场建设等项目。全年新签合同额超过100亿元的单位有中铁十八、二十、十二局集团公司，特别是中铁二十局集团公司扭转承揽任务被动局面，一跃成为工程经营战线上的排头兵。

2. 勘察设计、工程监理实现新突破。年内原铁道部管理的11个设计院划归总公司，大大增强了总公司的设计能力，扩大了总公司在勘察设计、工程监理领域的市场占有率。铁道第一勘察设计院新签合同6.26亿元，铁道第四勘察设计院新签合同4.06亿元，其他设计院、监理公司新签合同3.78亿元，全年总计新签勘察设计、工程监理合同14.1亿元。

3. 海外经营取得新发展。总公司认真贯彻国家“走出去”的发展战略，积极开拓海外市场。全年新签海外经营合同额40余亿元。其中，中国土木工程集团公司新签合同24.81亿元，总公司海外公司新签合同3.94亿元，中铁十八局集团公司新签合同5.5亿元，中铁十四局集团公司新签合同4.4亿元，中铁十一局集团公司在阿拉伯联合酋长国的桥梁分包及孟加拉国的铁路改造工程中承揽到部分工程。

4. 工业物贸经营取得新成绩。工业物贸单位加强营销队伍建设，不断开辟新的经济增长点，积极参与市场竞争，取得较好成绩。中铁昆明大型养路机械集团公司全年订货突破16亿元大关。

5. 经营模式探索取得新进展。经过摸索实践，总公司先后承揽到上海地铁2号线西延伸段建设管理(代理业主)项目和陕西咸阳渭河3号桥BOT经营项目，经营模式创新取得重大进展，初步闯出资本运作、工程总承包和建设管理等经营模式，在全国同行业中处于领先地位。在内蒙古，总公司作为12亿元投资主体的项目法人控股股东，以BOO模式建设全长110公里的呼准铁路，并通过投标竞争取得项目施工总承包资格。在广东，总公司与汕头锦峰集团公司合作，以项目业主模式承建全长29.24公里、投资17.2亿元的潮州—揭阳高速公路项目。在河南，总公司与河南金火铝电有限公司合作，以项目法人模式建设全长51.9公里、投资20.3亿元的济源至东明高速公路获嘉—新乡段工程。中铁十五局集团公司与西安海星科技控股有限公司合作，作为业主代表承揽到阿深高速公路开封—通许段工程项目建设管理任务。在房地产开发项目中，中铁二十局集团公司、中铁建设集团公司和中铁工程有限公司稳中求进，项目运作情况良好，取得较好经济效益。 （刘发林　吕琳）

【总公司经营工作会议】 1月27日，总公司在北京召开经营工作电话会议，总结2002年经营工作，分析经营工作形势任务，研究对策措施，部署2003年经营工作任务，王振侯总经理、李国瑞书记、何能金副总经理等出席会议并讲话。

2月25日，总公司在京召开部分单位工程经营工作座谈会，分析2002年经营工作情况，研究经营工作中存在的问题，提出2003年度生产经营计划及经营工作思路，要求总公司机关迅速转变职能，切实做好对所属单位经营工作的扶持与服务，进一步培育企业的核心竞争力。

3月1日～3日，总公司在北海召开经营工作研讨会，所属单位经营工作分管领导和经营部门负责人近40人出席会议。会议总结、部署经营工作，考察、观摩施工现场，交流经验，着重对企业经营战略、调整经营格局、加强市场开发、拓展经营模式、加强经营队伍建设、完善经营管理机制、发挥总公司集团优势等问题进行了研讨。

5月20日，面对突如其来的“非典”疫情，总公司召开生产经营工作紧急会议，分析“非典”疫情对生产经营活动的严重影响，研究加强经营承揽工作的办法措施，提出“一手抓抗击‘非典’，一手抓生产经营”的紧急措施，要求把“非典”对经营工作的影响降低到最低限度。

7月8日～9日，总公司在重庆召开经营工作分析会，总结全系统上半年经营工作，分析面临的形势及存在的问题，部署下半年经营工作任务，重点研讨了在西部大开发进程加快、西南地区基础设施建设提速的形势下，如何以资本经营带动西南地区的工程经营，争取“双赢”或“多赢”问题，总公司李国瑞书记及何能金、扈振衣副总经理等出席会议并讲话。会后，与会人员对重庆市建设市场与投资环境进行了现场考察，对拟建的宜万铁路特邀设计院专家到会作了详细介绍，为工程投标创造了良好的条件。

（刘发林　王旭永　吴文钊）

【中标济源至东明高速公路获嘉—新乡段项目法人】 总公司与河南省金火铝电有限责任公司组成联合体，参加济源至东明高速公路获嘉—新乡段项目法人投标，于10月20日中标。该项目线路全长51.9公里，双向四车道，总投资20.3亿元，工期24个月。该项目中标，是总公司以BOT经营方式参与高速公路建设取得的又一突破，对总公司进行资本运作具有重要意义。

（孙国富　王旭永）

【中标潮州—揭阳高速公路项目业主投资项目】 7月28日，总公司与广东省汕头锦峰集团有限公司合作，中标潮州—揭阳高速公路项目业主投资项目。该工程位于广东省东部，全长29.24公里，总投资17.21亿元，项目业主特许经营年限30年（含施工建设期3年）。（高　勇）

【采用BOO方式投资建设呼准铁路】 呼准铁路位于内蒙古自治区中西部，由呼和浩特市至准格尔旗，线路全长116.013公里，设计为单线、地方铁路Ⅰ级，总投资12.17亿元，49.3%为项目资本金，50.7%为项目贷款（包括申请科威特政府贷款3 500万美元）。经国家发展和改革委员会和内蒙古自治区批准，由总公司采用BOO模式投资、建设、运营，计划工期3年，预计全部投资回收期（含建设期）12.2年。由总公司发起组建的内蒙古呼准铁路有限公司负责该项目的融资、建设及运营，注册资金800万元。1月12日，内蒙古呼准铁路有限公司第一届董事会第一次会议决定，由控股股东、中铁路桥集团公司董事长兼党委书记王长留担任该公司董事长兼总经理，股东之一的鄂尔多斯国有资产投资经营有限责任公司副总经理于永亮担任监事会主席。11月10日，总公司通过投标竞争方式，中标呼准铁路工程施工总承包。

呼准铁路有限公司股权构成表

股东单位	股东代表	代表股权	备　注
中铁路桥集团有限公司	王长留	35%	
鄂尔多斯国有资产投资经营有限责任公司	袁翠玲	32%	
内蒙古伊泰煤炭股份有限公司	李成才	25%	
内蒙古创业集团有限公司	王根树	5%	
呼和浩特铁路局	王惠川	3%	以其下属建设集团名义出资

（孙国富　苟昭杰）

【总公司与西康铁路秦岭隧道工程指挥部签订经济承包合同书】 4月20日，总公司与西康铁路秦岭隧道工程指挥部本着“包死基数，确保上缴，超额有奖，欠缴受罚”的原则，协商签订《西安—安康铁路土建6B标段经济承包合同书》。合同承包基数是西安—安康铁路土建6B标段中标价75 044.85万元及与分包单位待分配费用414万元。合同规定指挥部以货币资金方式，于2003年4月底前上缴总公司2 523万元，2003年年底前上缴总公司220万元，工程移交前上缴总公司210万元。工程竣工验收并经审计后，根据各项指标完成情况实施奖罚。（孙国富　苟昭杰）

【铁道部内昆铁路建设指挥部与总公司签订内昆铁路施工承包补充合同】 10月26日，经过近两年的洽商，铁道部内昆铁路建设指挥部代表铁道部工程管理中心与总公司在昆明签署内昆铁路施工承包补充合同，补充合同金额为29 118万元。总公司内昆铁路施工承包合同总额由349 742万元增加到378 860万元。

（姜晋南）

【“经营信息管理及统计报表软件系统”通过鉴定】 7月2日，总公司经营部与石家庄铁道学院联合开发的“经营信息管理及统计报表软件系统”通过由河北省科技厅、教育厅组织的技术鉴定。专家一致认为，该成果居国内同行业领先水平。（罗　芳　吕　琳）

总公司2003年新签合同额统计表(一)

单位:万元

投资 项目 / 单位	任务承揽		施工总承包		建设管理		设计、监理		工业、物资		合计	
	项数	投资	项数	投资	项数	投资	项数	投资	项数	投资	项数	投资
中铁十一局集团公司	137	697256									137	697256
中铁十二局集团公司	176	1017361									176	1017361
中铁十三局集团公司	214	708255									214	708255
中铁十四局集团公司	204	898295									204	898295
中铁十五局集团公司	216	762316			1	140000					217	902316
中铁十六局集团公司	259	853108									259	853108
中铁十七局集团公司	135	828705									135	828705
中铁十八局集团公司	211	1085997									211	1085997
中铁十九局集团公司	152	920794									152	920794
中铁二十局集团公司	149	1081180									149	1081180
中铁建设集团公司	34	218666									34	218666
中铁工程集团公司	48	121446									48	121446
海外公司	9	77340									9	77340
铁道建筑研究设计院	70	9359					16	2077			86	11436
中铁路桥集团公司	15	37601	1	120000					4	12431	20	170032
中铁物资集团公司	7	8620							1	2653	8	11273
昆明中铁大型养路机械集团公司									1	163642	1	163642
北京铁城建设监理公司							1	2198			1	2198
北京铁建工贸集团公司									1	2048	1	2048
总公司本级					1	203000					1	203000
合计	2036	9326299	1	120000	2	343000	17	4275	7	180774	2063	9974348

注:凡从内部中标单位分包的工程任务,一律不作为新签合同额统计,如呼准铁路项目统计在施工总承包内,其中中铁十一局集团公司分包5 530万元,中铁十四局集团公司分包12 000万元,中铁十七局集团公司分包3 100万元、中铁十八局集团公司分包6 500万元,中铁工程集团公司分包5 500万元未列入此表;凡从总公司系统外分包的各类任务均作承揽任务数统计。

制表:吕 琳

总公司2003年新签合同额统计表(二)

单位:万元

单位 \ 投资 \ 项目	任务承揽		施工总承包		建设管理		设计、监理		工业、物资		合计	
	项数	投资	项数	投资	项数	投资	项数	投资	项数	投资	项数	投资
铁道第一勘察设计院							61	62606			61	62606
铁道第四勘察设计院							19	40553			19	40553
哈尔滨铁路建设集团公司	58	49908									58	49908
哈尔滨铁路勘测设计院							10	5614			10	5614
齐齐哈尔铁路建设集团公司	35	27151									35	27151
齐齐哈尔铁路勘测设计院							69	1377			69	1377
乌鲁木齐铁路工程集团公司	19	47332									19	47332
乌鲁木齐铁路勘测设计院							58	1592			58	1592
兰州铁路建设集团公司	33	97790									33	97790
兰州铁路勘测设计院							74	1900			74	1900
南昌铁路工程集团公司	101	96577									101	96577
南昌铁路勘测设计院							142	1232			142	1232
上海铁路建设集团公司	29	93132									29	93132
上海铁路城市轨道交通设计研究院							79	4723			79	4723
柳州铁路工程集团公司	62	31622									62	31622
柳州铁路勘测设计院							14	1360			14	1360
广州铁路工程集团公司	66	120549									66	120549
广州铁路勘测设计院							31	2577			31	2577
福建铁路建设集团公司	40	75887									40	75887
福州铁路勘测设计院							60	750			60	750
中国土木工程集团公司	20	248100									20	248100
合　　计	463	888048					617	124284			1080	1012332
总　　计	2400	10214347	1	120000	2	343000	634	128559	6	178726	3143	10986680

制表:吕 琳

总公司2003年承揽任务投资分类统计表(一)

单位:万元

投资 项目 / 单位	铁路工程		公路工程		机场码头工程		水利电力工程		房建工程		城市轨道交通工程		市政工程		设计监理		工业物资		国外工程		其他工程		合计	
	项数	投资	项数	投资	项数	投资	项数	投资	项数	投资	项数	投资	项数	投资	项数	投资	项数	投资	项数	投资	项数	投资	项数	投资
中铁十一局集团公司	33	169466	65	410112	1	265	16	31113	7	6627	3	5235	2	32612					1	1050	9	40776	137	697256
中铁十二局集团公司	27	203636	76	645284	2	254	23	29074	25	96124	4	18102	2	10611					1	1436	16	12840	176	1017361
中铁十三局集团公司	16	65979	58	376862	3	3031	24	69623	31	24443	10	47665	26	62169							46	58483	214	708255
中铁十四局集团公司	26	96972	74	495529	6	6540	11	15186	33	70196	2	33001	49	136379					2	43780	1	713	204	898295
中铁十五局集团公司	24	157036	107	626486			25	38051	22	24829			25	34567							14	21347	217	902316
中铁十六局集团公司	44	186475	77	329550	9	13420	23	53639	27	54785	8	80246	55	112096							16	22897	259	853108
中铁十七局集团公司	27	175946	56	486510	1	3500	1	1678	21	70737	3	23992	19	55865					3	6455	4	4022	135	828705
中铁十八局集团公司	18	146890	63	542778			22	54641	19	49925	2	9019	53	181935					4	55080	30	45729	211	1085997
中铁十九局集团公司	18	98649	64	475519	2	2623	22	88509	7	29226	8	44605	21	107058							11	74605	153	920794
中铁二十局集团公司	40	126309	60	515557			6	4847	13	254127			11	130072					1	6634	18	43634	149	1081180
中铁建设集团公司									34	218666													34	218666
中铁工程集团公司	5	32499	9	55496			14	4179	6	16506	1	4000	7	6414	2	101					4	2251	48	121446
海外公司													1	14000					4	54469	4	8871	9	77340
中铁路桥集团公司	4	12122	2	2131			4	10520					5	12828			4	12431			1	120000	20	170032
铁道建筑研究设计院	7	4254	7	2283					40	637			3	55	16	2077					13	2131	86	11436
北京铁建工贸集团公司																	1	2048					1	2048
中铁物资集团公司			3	4890					1	1730			2	1740			1	2653			1	260	8	11273
昆明中铁大型养路机械集团公司																	1	163642					1	163642
北京铁城建设监理公司															1	2198							1	2198
总公司本级																					1	203000	1	203000
合计	496	1995620	769	5005823	24	29633	215	402748	441	1000278	41	265865	328	926885	636	128658	21	121315	36	417004	206	454203	3148	10986680
占总投资(%)		18.2		45.56		2.69		3.66		9.1		2.42		8.44		1.17		1.1		3.79		4.13		

制表:吕 琳

总公司2003年承揽任务投资分类统计表(二)

单位:万元

投资 项目 / 单位	铁路工程		公路工程		机场码头工程		水利电力工程		房建工程		城市轨道交通工程		市政工程		设计监理		工业物资		国外工程		其他工程		合计	
	项数	投资	项数	投资	项数	投资	项数	投资	项数	投资	项数	投资	项数	投资	项数	投资	项数	投资	项数	投资	项数	投资	项数	投资
铁道第一勘察设计院															61	62606							61	62606
铁道第四勘察设计院															19	40553							19	40553
哈尔滨铁路建设集团公司	5	20598	6	4488					41	20063			5	4713			1	46					58	49908
哈尔滨铁路勘测设计院															10	5614							10	5614
齐齐哈尔铁路建设集团公司	13	21342	4	3860					16	1705											2	244	35	27151
齐齐哈尔铁路勘测设计院															69	1377							69	1377
乌鲁木齐铁路工程集团公司	12	43736							5	3239			2	357									19	47332
乌鲁木齐铁路勘测设计院															58	1592							58	1592
兰州铁路建设集团公司	23	71027	3	4617			3	600	20	20209			1	400							3	937	33	97790
兰州铁路勘测设计院															74	1900							74	1900
南昌铁路工程集团公司	49	80082	11	7075					25	7118							13	2226			3	76	101	96577
南昌铁路勘测设计院															142	1232							142	1232
上海铁路建设集团公司	17	84347											10	8146							2	639	29	93132
上海铁路城市轨道交通设计研究院															79	4723							79	4723
柳州铁路工程集团公司	32	15056	8	3168			4	293	34	5594			14	7390							4	121	62	31622
柳州铁路勘测设计院															14	1360							14	1360
广州铁路工程集团公司	37	85418	12	12584			17	795	11	21752													66	120549
广州铁路勘测设计院															31	2577							31	2577
福建铁路建设集团公司	14	65152	4	1044					3	2041			15	7477							4	173	40	75887
福州铁路勘测设计院															60	750							60	750
中国土木工程集团公司																			20	248100			20	248100
合　计	202	486758	48	36836			24	1688	155	81721			47	28483	617	124284	14	2272	20	248100	18	2190	1080	1012332
占总投资(%)		48.08		3.64				0.16		8.07				2.81		12.27		0.22		24.5		0.22		100

制表:吕　琳

计划统计

【计划统计部】 总公司负责计划统计管理工作的综合职能部门,附属电算统计中心。主要负责制定总公司生产经营中、长期发展规划,编制年度施工生产、基本建设、更新改造及外资使用计划,综合平衡财务、物资、劳动工资、科技发展、工业计划;负责小型基本建设、更新改造限额内项目的立项审批,承办北京地区房建规划及计划指标的申报、审批、下达及验工计价工作;参与总公司本级项目部组建、工程项目计划管理及施工过程中的环境保护控制;参与对各单位年度经济效益指标实现情况及投资回报的考核工作;组织、协调、监督总公司机关及所属单位的统计工作,归口管理、发布各种统计数据资料;分析通报季度、年度主要经济技术指标完成情况,统一上报建筑业、基本建设、更新改造、工业、劳动工资、勘察设计统计报表和分析报告;归口管理电算统计中心工作。定员 8 人,现员 9 人,其中电算统计中心定员 4 人,现员 5 人;部长 1 人、副部长 1 人,电算中心主任 1 人;高级工程师 2 人,高级统计师 1 人,工程师 1 人,经济师 2 人,统计师 1 人。

(霍天道)

【总公司计划暨中长期规划工作会议】 12 月 14 日～16 日在北京召开,各集团公司、公司、设计院主管计划工作的领导、计划部门负责人出席会议。会议研究总公司 2004 年生产经营计划,部署总公司"十五"规划部分指标修改工作,提出总公司"十一五"规划编制工作意见和建议,总公司王振侯总经理、何能金副总经理等到会并讲话。 (鞠怀英)

【编制下达 2003 年总公司生产经营发展计划】 2003 年,依据总公司"十五"发展规划总体目标,根据各单位在建工程项目投资规模、建设工期、承揽工程合同额积蓄量、拥有股本金、净资产总额、职工平均人数等情况,结合各单位生产能力、内部条件、外部环境等因素,编制下达 2003 年总公司系统生产经营发展计划指标:计划新签工程合同额 480 亿元, 比 2002 年增长 28%;企业总产值 480 亿元, 比 2002 年增长 33%;施工产值 437.86 亿元,比 2002 年增长 31%;实现利润 6.76 亿元,比 2002 年增长 13%。其中,控股子公司计划新签工程合同额 456.1 亿元,企业总产值 456.1 亿元,实现利润 6.06 亿元;全资子公司计划新签工程合同额 13 亿元,企业总产值 11 亿元,实现利润5 700万元;直属单位计划新签合同额 10.9 亿元,企业总产值 13 亿元,实现利润1 300万元。 (鞠怀英)

【上报国家更新改造计划】 根据总公司 2001 年更新改造投资实际完成情况和 2002 年预计完成情况,向国家经贸委申报 2003 年更新改造投资计划116 000万元,资金全部由企业自筹。 (霍天道)

【上报铁道部大型养路机械生产计划】 2003 年,计划生产 D09－32 型连续式捣固车、SRM80 型枕底清筛机等 6 种大型养路机械设备 65 台,保证铁道部对各铁路局大型养路机械设备的合理配置。 (霍天道)

【编制下达小型基本建设、更新改造计划】 2003 年,总公司下达小型基本建设投资计划60 060万元,其中各单位自筹资金 19 300 万元,职工住宅个人集资35 140万元,贷款5 620万元;更新改造项目计划投资141 500万元,其中总公司本级计划投资1 570万元,各单位自筹资金115 000万元,贷款24 930万元。

(霍天道)

【申报北京市房建计划】 2003 年,总公司驻京单位计划房屋建设总面积48 312平方米,计划投资5 984万元。其中,2002 年结转的施工项目计划6 720平方米,计划投资1 203万元;2002 年结转的规划设计项目计划20 862平方米,计划投资2 998万元;2003 年新申请计划20 730平方米,计划投资1 783万元。年内驻京单位房建竣工面积5 854平方米,完成投资 650 万元。

(霍天道)

【总公司机关 29 号楼工程结算】 总公司机关 29 号高层住宅楼于 1999 年 12 月 12 日开工,2001 年 5 月 16 日完工,移交住户自行装修。系全现浇钢筋混凝土剪力结构,地下 2 层、地上 14 层,总建筑面积22 785.5平方米。该工程建设单位为总公司机关基建办公室,设计单位为铁道建筑研究设计院,建筑结构及公共设施由中铁建设集团公司施工,燃气工程由北京市燃气公司施工。通过联审,核定工程总投资为4 903.2万元,其中建设前期费用 251.73 万元,工程建造期费用4 325.2万元,建设单位管理费 27.78 万元,返还住户自行装修费 298.49 万元。2 月 19 日,以中铁建计函〔2003〕26 号文正式批复工程竣工结算。同时,还清理批复了机关临时用电工程。 (邵洪博)

【审核建设项目概(预)算】 2 月～3 月,参与南京金陵科技学院东谷新建校区的投资估算。10 月～11 月,对

总公司干部学校提出的改造方案进行投入产出分析，提出审查意见。此外，对总公司办公楼外装修工程进行了审核。　(邵洪博)

【报批总公司机关大院总体规划】　10月29日，总公司与北京中联环建文建筑有限公司签订《中国铁道建筑总公司大院规划报批协议》，于10月31日将控制规模调整论证文件送达北京市规划局。经北京市规划局审定后，已送首都规划委员会批准，为总公司机关大院实施总体改造和合理开发奠定了基础。　(邵洪博)

【建立总公司机关固定资产投资数据库】　自5月开始，全面收集整理总公司机关大院基础资料，运用CAD绘制全院现状示意图，包括各类房屋、采暖、排污、市政自来水、生活用水、自备井供水、高压电引入、居民低压配电、公共设施配电、天燃气走向、通讯网、有线电视网、人防通道、权属地界、绿化、道路、地沟、围墙等19种图纸资料，并运用Access和Excel数据互动转换，建立起总公司机关基建项目、现有设备数据库和总公司系统固定资产(基建、更改、大修)投资库。截至2003年7月31日，总公司机关大院现有楼房200 995平方米，平房6 182平方米，其中办公用房12 024平方米；高压电9 600千伏安；空调、计算机等在用设备2 062台(套)，生产、生活和办公在用设备1 561台(套)。　(邵洪博)

【总公司统计工作会议】　12月8日～9日在北京召开。会议传达国家统计工作会议精神，总结2003年统计工作，布置建筑业、勘察设计、固定资产投资和劳动工资等统计工作任务，下发与新报表制度配套的统计软件，并对2004年统计工作提出具体要求。　(曹　军)

【统计年报获奖】　在国家统计局统计质量评比中，总公司获2002年度建筑业统计数据质量特等奖，固定资产投资统计数据质量一等奖。　(曹　军)

【信息化建设】　总公司网站 www.crccg.com 经逐步完善后，部分办公内容已通过内部网传送，并为总公司领导和机关各部门设立电子信箱。机关办公楼网络重新布线后，因特网上网专线扩容至1.5M。　(曹　军)

【统计工作业务培训】　8月，在太原举办总公司劳动工资统计软件培训班；9月，在大连举办总公司建筑业统计软件培训班，运用桑原库表工具软件开发的劳动工资统计和建筑业统计软件，保证了统计数据的准确性和及时性。　(曹　军)

11月4日，总公司在北京召开2003年清产核资工作会议。　(冀　涛　摄)

总公司2003年度主要经济技术计划指标

指标名称 / 单位	发展指标				目标指标												控制指标	
	新签合同额(万元)		企业总产值(万元)		非生产性营业收入(万元)	利润总额(万元)	资本保值增值率(%)	资产负债率(%)	净资产收益率(%)	总资产报酬率(%)	产值利润率(%)	科技进步贡献率(%)	工程质量		机械设备		安全生产	
	合计	其中：新签工程合同额	合计	其中：施工产值									合格率(%)	优良率(%)	综合新度系数(%)	综合机械化水平(%)	重伤率(‰)	死亡率(‰)
总计	4800000	4681000	4801000	4378560	22980	67550	103	74	5.0	2.0	1.41	51	100	95	60	80	0.6	0.17
其中：控股子公司	4561000	4561000	4561000	4378560		60550	103	74	5.0	2.0	1.33	51	100	95	60	80	0.6	0.17
全资子公司	130000	30000	110000		1400	5700	106	76	12.0	5.0	5.18	51	100	95	60	90	0.6	0.17
直管单位	109000	90000	130000		12680	1300	103	70	2.0	1.8	1.00	51	100	95	60	80	0.6	0.17
其他单位					8900													

（计划统计部提供）

总公司2003年度控股子公司主要经济技术计划指标

指标名称 / 单位	发展指标			目标指标											控制指标	
	新签合同额	企业总产值(万元)		利润总额	资本保值增值率	资产负债率	净资产收益率	总资产报酬率	产值利润率	科技进步贡献率	工程质量		机械设备		安全生产	
	(万元)	合计	其中：施工产值	(万元)	(%)	(%)	(%)	(%)	(%)	(%)	合格率(%)	优良率(%)	综合新度系数(%)	综合机械化水平(%)	重伤率(‰)	死亡率(‰)
总计	4561000	4561000	4378560	60550	103	74	5.0	2.0	1.33	51	100	95	60	80	0.6	0.17
中铁十一局集团公司	430000	430000	412800	5450	103	75	5.0	2.0	1.27	51	100	95	60	80	0.6	0.17
中铁十二局集团公司	460000	460000	441600	6000	103	73	5.0	2.0	1.30	51	100	95	60	80	0.6	0.17
中铁十三局集团公司	420000	420000	403200	5250	103	76	5.0	2.0	1.25	51	100	95	60	80	0.6	0.17
中铁十四局集团公司	440000	440000	422400	5650	103	73	5.0	2.0	1.28	51	100	95	60	80	0.6	0.17
中铁十五局集团公司	420000	420000	403200	5250	103	71	5.0	2.0	1.25	51	100	95	60	80	0.6	0.17
中铁十六局集团公司	440000	440000	422400	5650	103	72	5.0	2.0	1.28	51	100	95	60	80	0.6	0.17
中铁十七局集团公司	440000	440000	422400	5650	103	70	5.0	2.0	1.28	51	100	95	60	80	0.6	0.17
中铁十八局集团公司	460000	460000	441600	6000	103	75	5.0	2.0	1.30	51	100	95	60	80	0.6	0.17
中铁十九局集团公司	430000	430000	412800	5350	103	74	5.0	2.0	1.24	51	100	95	60	80	0.6	0.17
中铁二十局集团公司	430000	430000	412800	5350	103	75	5.0	2.0	1.24	51	100	95	60	80	0.6	0.17
中铁建设集团公司	190000	190000	182400	4900	103	80	5.0	2.0	2.58	51	100	70	60	80	0.6	0.17
北京铁城建设监理公司	1000	1000	960	50	103	70	5.0	2.0	5.00	51						

（计划统计部提供）

总公司2003年度全资子公司及其他单位主要经济技术计划指标

指标名称 / 单位	新签合同额（万元）	企业总产值或工业总产值(现价)（万元）	工业销售产值(现价)（万元）	非生产性营业收入（万元）	利润总额（万元）	产值利润率（%）	科技进步贡献率（%）	产品(工程)质量		安全生产	
								合格率（%）	优良率（%）	重伤率（‰）	死亡率（‰）
总　计	239000	240000	83330	22980	7000	2.92	51	100	95	0.6	0.17
一、全资子公司合计	130000	110000	82500	1400	5700	5.18	51	100	95	0.2	0.17
昆明中铁大型养路机械集团公司	70000	60000	48000		3000	5.00	51	100	95	0.2	0.17
中铁路桥集团公司	60000	50000	34500	1400	2700	5.40	51	100	95	0.2	0.17
二、直管单位	109000	130000	830	12680	1300	1.00	51	100	95	0.6	0.17
中铁物资集团公司	10000	30000			200	0.67	51				
北京铁建工贸集团公司	9000	9000	830	8200	50	0.56	51				
中铁工程有限公司	60000	50000		280	450	0.90	51	100	95	0.6	0.17
海外公司	20000	35000			300	0.86	51	100	95	0.6	0.17
铁道建筑研究设计院	10000	6000		4200	300	5.00	51	100	95	0.6	0.17
三、其他直属单位				8900							
干部学校(党校)				300							
总医院				5800							
石家庄铁路职业技术学院				2800							

（计划统计部提供）

总公司2003年度境外工程经营计划

指标名称 / 单位	新签合同额(万美元)			完成营业额(万美元)			备注
	合计	工程承包总产值	劳务合作	合计	工程承包施工产值	劳务合作	
总计	20000	19700	300	9000	8800	200	已折合人民币计入各单位。
中铁十一局集团公司	1200	1200		300	300		
中铁十二局集团公司	1200	1200		300	300		
中铁十三局集团公司	1200	1200		300	300		
中铁十四局集团公司	1200	1200		300	300		
中铁十五局集团公司	1200	1200		300	300		
中铁十六局集团公司	1200	1200		300	300		
中铁十七局集团公司	1200	1200		300	300		
中铁十八局集团公司	2200	2200		1800	1800		
中铁十九局集团公司	1200	1200		300	300		
中铁二十局集团公司	1200	1200		300	300		
中铁建设集团公司	1200	1200		300	300		
海外公司	5800	5500	300	4200	4000	200	

（计划统计部提供）

财　务

【财务部】 总公司负责资产管理、财务管理、会计核算和会计监督的综合职能部门,附设资金结算中心和国有资产管理办公室。定员18人,现员22人,其中高级会计师6人、会计师9人;部长1人,副部长2人,资金结算中心主任1人,国有资产管理办公室主任1人。主要职责是:贯彻执行国家财经方针、政策、法规,制定总公司财务管理内控制度、内部标准和管理办法;负责全系统财务预算和财务报告的编制;负责组织收入和安排支出;负责总公司内部资金筹集和融通;组织实施总公司系统财会制度改革、财务监察工作;指导所属单位的财务管理、资产管理、会计核算和会计基础工作;负责会计学会工作,组织开展学术活动;组织财会人员继续教育、业务培训及财会科研课题研究;参与经济合同签订,办理银行保函和证明文件;参与企业改革,负责国有资产监管,指导国有资产产权占有、变更、注销等登记工作;参与制定企业效绩评价考核办法并组织实施。 (李世钰)

【会计人员】 总公司系统共有持证在岗会计人员10 746人。按文化程度划分,硕士以上学历18人,大学本科学历1 905人,大专学历5 029人,中专学历2 103人,其他文化程度1 691人;按专业技术职务划分,高级会计师292人,会计师1 862人,助理会计师3 256人,会计员2 970人,其他专业技术人员243人,无专业技术职务人员2 123人。 (李　彤)

【企业效绩评价】 2003年是总公司第一次在系统内部开展效绩评价。效绩评价包括定量评价和定性评价两部分,严格按照既定的程序进行:定量评价根据2002年度会计决算进行,3月20日完成;定性评价3月30日由4个专家评议小组完成,评价小组对每个企业都出具了评价报告。通过效绩评价,了解了企业在全国同行业和总公司系统内部所处的位置和水平,明确了今后的工作目标和发展方向,收到很好的效果。参加效绩评价的所属企业共19家,有4个单位评为"优",6个单位评为"良",5个单位评为"中",2个单位评为"低",2个单位评为"差",评价结果基本符合总公司所属企业实际情况。由于是第一次开展效绩评价,不可避免存在一些问题,针对发现的问题,对《总公司效绩评价暂行办法》进行了修改完善,使之更趋科学合理、客观公正、符合实际。

2004年企业效绩评价根据2003年会计决算进行,19家企业参评(铁道部新划入的21户企业未参加评价)。依据财政部《2003年企业效绩评价标准值》的相关规定,本次效绩评价取消定性评价,改设内部评价指标,投资回报率的权重由原来的40%调整为30%。评价结果,有6家企业评为"优",8家企业评为"良",2家企业评为"中",1家企业评为"低",2家企业评为"差"(详见附表)。评价结果为"低"或"差"的企业,主要是历史遗留问题和企业特性等客观因素造成的。 (曹锡锐)

总公司2003年度企业效绩评价结果统计表

序号	单位名称	定量评价		内部评价		总分	评价级别	投资回报率(%)
		得分	权重分	得分	权重分			
A	B	1	2=1×0.7	3	4=3×0.3	5=2+4	6	7
1	中铁十一局集团公司	68.6	48.0	90	27	75	RP B—良	6.4
2	中铁十二局集团公司	69.3	48.5	130	39	88	RP A—优	9.0
3	中铁十三局集团公司	66.5	46.6	80	24	71	RP B-—良	5.9
4	中铁十四局集团公司	72.2	50.5	128	38	89	RP A—优	8.9
5	中铁十五局集团公司	62.0	43.4	60	18	61	RP C-—中	4.7
6	中铁十六局集团公司	71.7	50.2	70	21	71	RP B-—良	5.3
7	中铁十七局集团公司	72.7	50.9	90	27	78	RP B—良	6.0

续表

序号	单　位　名　称	定量评价		内部评价		总分	评价级别	投资回报率(%)
		得分	权重分	得分	权重分			
8	中铁十八局集团公司	72.9	51.0	100	30	81	RP B+—良	6.5
9	中铁十九局集团公司	77.4	54.2	90	27	81	RP B+—良	6.0
10	中铁二十局集团公司	77.6	54.3	152	46	100	RP A++—优	10.1
11	中铁建设集团公司	70.3	49.2	170	51	100	RP A++—优	11.1
12	中铁工程集团公司	56.6	39.6	20	6	46	RP E—差	1.6
13	中铁物资集团公司	64.6	45.2	55	17	62	RP C-—中	4.0
14	中铁路桥集团公司	59.5	41.7	45	14	55	RP D—低	3.4
15	北京铁建工贸集团公司	66.8	46.8			47	RP E—差	-
16	昆明中铁大型养路机械集团公司	68.8	48.2	294	88	100	RP A++—优	17.2
17	海外公司	74.6	52.2	100	30	82	RP B+—良	6.6
18	北京铁城建设监理公司	72.3	50.6	1164	100	100	RP A++—优	60.7
19	铁道建筑研究设计院	75.0	52.5	80	24	77	RP B—良	5.5

制表：曹锡锐

【执行《企业会计制度》准备工作】 《企业会计制度》将于2004年全面执行，这对于规范会计核算行为，统一会计核算标准，提高会计信息质量，具有重大意义和作用。根据国资委、财政部要求，总公司做了大量的准备工作，先后制订多项规章制度，编写有关培训教材，并征求各单位意见。12月18日，总公司以单行本形式印发《施工企业会计核算办法》《资产减值准备的暂行规定》《执行建造合同的暂行规定》《转轨调账实施方案》《固定资产目录》等文件，总公司编写的近60万字的培训教材由财经出版社公开发行。通过组织培训，实现新旧会计制度的平稳过渡。（曹锡锐）

【2002年度财务决算】 2002年度财务决算工作量大、时间紧，各级领导高度重视，在人力物力上给予大力支持。各级编报人员加班加点，加强报表数据审核，确保数据真实准确，圆满完成年度财务决算编报任务，为总公司对所属单位进行效绩评价奠定了坚实基础，得到财政部肯定。（王　磊）

【2003年度财务预算】 年内，多数单位按照总公司要求成立预算管理委员会，制定预算管理办法，预算工作从组织、制度上得到健全，基本步入正常轨道，26个预算编制单位按时上报了2003年度财务预算。全年预计主营业务收入480亿元，实际完成676.5亿元，实际比预算增加196.5亿元，增长40.9%；预计利润总额6.75亿元，实际实现利润7.05亿元，增长4.4%。（冀　涛）

【国有资产管理】 总公司认真贯彻《企业国有资本与财务管理暂行办法》，以资本为纽带，以产权管理为基本手段，逐步健全母子公司管理体制。通过完善财务预算管理制度、内部控制制度，加强资金管理、对外投资管理，对企业的设立、资产重组、产权转让、股份制改造等进行重点监管，加强了国有资本的存量、流量和增量管理。为保障总公司所属子公司的国有权益，总公司还参与中铁十六局集团公司土地利用等资产管理方面的具体事宜，积极向国资委反映情况，全面协调与地方有关部门的关系，保障了企业的重大利益。（黄健民）

【清产核资】 年内根据国资委的部署和要求，总公司成立清产核资工作领导小组和清产核资工作办公室，制定《中国铁道建筑总公司清产核资工作方案》，召开总公司清产核资工作会议，明确清产核资范围，聘请符合资质要求的中介机构，制定清产核资报表软件参数，全面开展了清产核资工作。结合总公司资产重组实际，经请示国资委同意，总公司清产核资工作分两批进行：第一批为新划入总公司的 20 户铁路企业，清产核资基准日确定为 2003 年 9 月 30 日；第二批为总公司原所属单位和中国土木工程集团公司，清产核资基准日确定为 2003 年 12 月 31 日。通过开展清产核资工作，摸清了总公司“家底”，核实了所属企业资产，为执行《企业会计制度》、进行企业效绩评价与业绩考核、确保国有资本保值增值提供了可靠的依据。同时，通过对 20 户新接收企业开展清产核资工作，为核实接收企业资产、负债和所有者权益，进一步进行企业重组整合奠定了基础。 （黄健民）

【工程成本管理】 2003 年，总公司工程总成本 561.2 亿元，占主营业务成本的 92.8%。在工程总成本中，直接成本 514.9 亿元，占总成本的 91.8%；间接成本 46.3 亿元，占 8.2%，分别比 2002 年高出和低出 0.2 个百分点。 （王 磊）

总公司 2003 年工程成本构成统计表

成本构成 \ 数量 \ 项目	金额（亿元）	占总成本比重（%）	2002 年所占比重（%）	增减百分点
一、直接成本	514.9	91.8	91.6	0.2
人工费	70.3	12.5	12.9	－0.4
材料费	304.3	54.2	54.1	0.1
机械使用费	93.2	16.6	17.2	－0.6
其他直接费	47.1	8.4	7.5	0.9
二、间接成本	46.3	8.2	8.4	－0.2
总成本	561.2			

制表：王 磊

【资产重组】 年内 20 户铁路企业并入总公司，财务部积极参与企业调研、听取企业汇报、与铁道部和铁路局洽谈移交协议，要求铁道部解决困难企业的资金和债务问题，研究企业面临的困难及国家有关政策，积极开展接收工作。在移交协议签订后，总公司及时向国资委上报资产划转的请示并得到批复。为解决总公司与铁道部脱钩时襄樊内燃机车厂、株洲电机厂与总公司的欠款和担保问题，协调解决中国铁路物资总公司与株洲桥梁厂和都匀桥梁厂的债务纠纷问题，财务部多次与铁道部、中国铁路物资总公司、中国南方机车车辆工业集团公司及有关债务单位进行协调，出具有关文件，为解决上述资产重组遗留问题奠定了基础。

（黄健民）

【资产评估和企业改制】 按照国有资产评估管理的有关规定，对产权转让和改制单位的资产进行评估，并对评估结果进行初审。年内完成中铁十四局集团股份公司、中铁十六局集团公司铁路运输处、北京中铁装饰工程公司等单位的评估备案工作，将中铁十四局集团公司设立发展公司、监理公司的改制评估结果上报国资委备案。及时批复有关单位的股权设置方案和“百含”划转方案，保证了企业股份制改造工作顺利进行。

（黄健民）

【产权登记】 总公司认真贯彻《企业国有资产产权登记管理办法》，及时布置国有资产产权登记工作，按时向国资委上报产权登记资料，顺利完成所属单位的产权登记和年检。年内全系统共办理占有产权登记 2 户，变动产权登记 2 户，注销产权登记 15 户，受国资委委托办理产权登记年检 74 户。 （黄健民）

【配合监事会工作】 按照国务院监事会的统一部署，完成总公司本级《企业基础材料》的编制汇总工作，实事求是地反映总公司生产经营全貌，受到监事会好评。按照监事会的要求，积极配合监事会了解总公司及下属企业生产经营的重大事项，并对有关单位和项目部进行检查。通过检查，使监事会对企业的基本情况有了进一步了解，为做好国有资产监督工作奠定了良好基础，同时也为监事会对总公司的经营业绩进行评价提供了依据，监事会对此给予较高评价。 （黄健民）

【总公司机关及直属单位财务管理】 2003 年，由于突发“非典”疫情、企业重大整合重组、历史遗留问题处理等客观因素，增加了机关本级费用开支，财务部采取积极措施催收欠款和上缴款，严格控制各项费用开支，较好地处理了历史遗留问题和固定资产清理净损失，全面完成 2003 年度预算指标。全年实际收入22 411万元，其中投资收益现金分红17 823万元，其他收入4 588万元；实际开支10 905万元，其中机关本级开支7 749万元，直属单位补贴等1 867万元，其他开支1 289万元。 （于凤丽）

【总公司机关固定资产清查】 根据总公司领导批示精

神，组成总公司机关固定资产清查小组，从2003年8月～2004年2月，采取单位自查与专门小组核查相结合的形式，对总公司机关固定资产进行全面清查。清查范围包括房屋建筑、运输设备、办公设备、生产生活设备、仪器仪表、文体用品、炊事及医疗用具等，核定固定资产总额为1.5亿元。通过清查，为准确掌握总公司机关固定资产状况，规范固定资产管理，理顺产权关系提供了可靠的依据。 （刘新龙）

【直管项目部财务检查】 根据总公司领导的要求，先后于一季度、三季度对总公司直管项目部的财务管理情况进行检查，重点检查了项目部的制度建设、内控制度执行、资金管理、会计核算和会计基础工作情况。通过检查，掌握了直管项目部财务管理基本情况，针对存在的薄弱环节和问题，有的放矢地采取加强措施，提高了直管项目部财务管理及会计基础工作水平。目前，财务部正在起草总公司直管项目部会计核算办法，逐步探索BOT、BT项目的财务管理方法。 （王 磊）

【总公司资金结算中心】 2003年，总公司资金结算中心的结算业务基础工作达标，经济效益进一步提高。全年实现业务收入1 508万元，净收益656万元。按时完成RFS网络二期工程建设，实现与铁道部资金结算中心和总公司所属资金中心的联网，顺利通过铁道部资金结算中心结算业务基础工作达标验收；组织全系统结算业务培训，提高了结算人员的业务水平；各资金结算分中心配备了备用服务器，结算业务安全系数有了保障，为资金结算中心的持续健康发展打下坚实基础。 （冀 涛）

【财会学会工作】 2003年，总公司财会学会申报的3个软科学课题，在中国铁道财会学会组织的评审中全部获奖，其中中铁十六局集团公司申报的“企业财务风险及其防范研究”、中铁十一局集团公司申报的“施工企业资本运营研究”获二等奖，总公司财务部申报的“施工企业执行《企业会计制度》衔接的研究”获特等奖。全系统年内参加全路性课题研究52项，各集团公司立项研究10项，所属单位立项37项，其中获部级奖励12项，省级奖励1项，集团公司级奖励7项。组织开展总公司优秀论文评比，中铁十七局集团公司推荐的“谈新形势下的纳税筹划”，中铁十一局集团公司推荐的“试用矛盾分析法谈会计信息披露问题”和中铁十八局集团公司推荐的“非正常情况下工程项目收入确认之探讨”3篇论文获一等奖。这3篇论文代表总公司财会学会参加全路优秀论文评比，分获优秀论文二等奖和优秀奖。全年共举办优秀论文评比13次，300篇论文参评，45篇获奖，其中获部级奖励14篇。此外，还出版刊物7种、理论及业务书籍7种。（李东京）

【会计人员继续教育】 年内举办会计人员从业资格证书培训班17期，772人次参训；初级电算化培训班5期，227人次参训；学历进修班6期，1 027人次参训；岗位培训班69期，3 664人次参训；专业培训班46期，2 776人次参训。会计人员继续教育从2000年开始实行属地管理，全系统（不含驻京单位）已办理会计人员从业资格证书2 950人。2003年，驻京单位会计人员继续教育工作在国务院事务管理局的统一组织下，培训高级会计人员60人，中级会计人员228人，初级会计人员1 015人，参训人员经考试全部合格，顺利通过国务院事务管理局验收并得到巡视组一致好评。

（李东京）

【财务信息化】 2003年，总公司在继续推广用友U8管理软件（中铁专版）的基础上，进一步探索财务集中管理模式，完善信息化基础设施建设，并在中铁二十局集团公司四公司开展财务集中管理试点工作，为建立统一的会计核算和财务信息共享平台，实现财务集中管理奠定了基础。 （李 彤）

审　　计

【审计局】 总公司负责内部审计监督的职能部门。定员8人，现员9人，其中高级技术职务4人，中级技术职务3人，初级技术职务2人；局长、副局长各1人。主要职责是：负责总公司本级及所属单位的审计监督；贯彻执行国家有关审计工作的方针、政策、法规，制定总公司审计工作规章制度和实施细则；督促、指导所属单位建立健全审计机构、配备审计人员，并按照有关规定开展审计工作；制定审计计划，下达审计工作任务；负责处理所属审计机构或被审计单位有异议的审计事项；负责内部审计学会工作，组织开展审计人员继续教育、业务培训和审计理论研究；总结交流审计工作经验，评选、表彰审计工作先进单位和先进个人。

（季 钊）

【审计工作综述】 2003年，总公司各级审计机构认真贯彻落实《审计署关于内部审计工作的规定》和《中国内部审计准则》，紧紧围绕把总公司做强做大的总体目标和重点工作开展审计，在防止国有资产流失、促进企业管理、提高经济效益、加强廉政建设等方面发挥了重要作用，取得显著成绩。全系统共完成各类审计项目1 305个，查出违规违纪金额48 602万元，提交审计报告1 082份，提出审计建议3 630条，违规违纪资金基本得到纠正，避免经济损失或促进企业增收节支10 807万元。通过审计，移交纪检监察部门立案查处的案件9起，给予行政处分27人。在加强全系统审计业务指导的同时，配合企业结构调整、资产重组，先后完成对总公司财务部的同级审计，对中铁物资集团公司、中铁十五局集团公司、中铁十九局集团公司原法定代表人的离任经济责任审计，对内昆、西康、秦沈、渝怀铁路等工程项目审计，对总公司机关社会保险基金、医疗保险基金的专项审计，对中铁十一局集团公司、总医院、北京五棵松饭店的跟踪审计。对跨年度审计的8个单位，下发了审计报告及处理决定。对年内新并入总公司的21个单位的内审工作进行摸底调查，截至12月底，新并入单位共设立审计机构12个，有专职审计人员47人。全年完成审计项目112个，查出有问题金额33 214万元，其中违规违纪金额10 316万元，损失浪费金额424万元，不良资产22 443万元，账目差错32万元，提出审计建议291条，促进企业增收节支400万元。（季 钊）

【审计机构和审计人员】 总公司系统有科以上内部审计机构103个，专职审计人员324人，其中高级职务37人，中级职务185人，初级职务112人；兼职审计人员284人。（季 钊）

【审计制度】 认真贯彻《审计署关于内部审计工作的规定》，适应企业改制的需要，修订《总公司内部审计工作规定》，从8个方面对审计工作制度进行完善、规范。各单位从实际出发，积极整章建制，强化企业的监督约束机制，年内全系统共制定、修订内部审计工作制度、办法26项，有力地促进了审计工作的制度化、规范化建设。（季 钊）

【审计例会】 4月8日，王振侯总经理主持召开总公司第16次审计例会，在京的三副总师以上领导及机关有关部门负责人参加会议。会上，审计局通报关于对中铁十四局原局长王培君、对原中铁工程有限公司（含机械工程公司）经理刘国志、总公司电务工程分公司原经理熊升品、总公司内昆铁路工程指挥部原指挥赵之义等人的离任经济责任审计以及对昆明中铁大型养路机械集团公司和原铁路运营指挥部移交审计等情况。经会议研究，分别对有关问题作出处理决定：关于审计报告中反映的中铁十四局集团公司存在的问题，由该集团公司现任领导班子抓好整改落实；关于昆明中铁大型养路机械集团公司存在的资金管理问题，责成该集团公司结合改制，切实加强财务管理，彻底纠正“乱投资、乱借款、乱担保”现象，对已经投资或借出的资金要积极追回，并视其性质和损失情况，追究相关人员的责任；关于总公司内昆铁路工程指挥部的问题，总公司的态度是打击犯罪绝不手软，经济损失要尽力挽回，企业形象要尽力维护，其他项目部要引以为戒，吸取教训，严格管理；关于原中铁工程有限公司、总公司电务工程分公司和铁路运营指挥部的有关问题，属总公司牵头的由总公司处理，属3个单位经营管理中的违规违纪问题，由接收单位牵头处理，并酌情追究相关人员的责任。王振侯总经理强调，对审计工作反映的突出问题，要下发审计例会纪要，督促整改落实；财务部门要从财务检查的角度，抓好工作规范，提高财务管理水平。（季 钊）

【审计项目】 资产重组审计。各级审计机构配合企业改制、资产重组工作，对28个撤销、合并、移交单位进行审计，对历史遗留问题提出处理意见和建议，并及时进行整改，确保了企业资产重组和生产经营有序进行。

经济责任审计。各级审计机构年内完成领导干部离任经济责任审计项目187项，查出不良投资、借款、担保金额2 470万元，损失浪费金额4 907万元，提出审计建议663条。总公司审计局完成对中铁物资集团公司、中铁十九局集团公司、中铁十五局集团公司等原法人代表的离任经济责任审计，为各级领导科学决策、正确选人用人提供了重要依据，促进了党风廉政建设。

工程项目审计。全系统共完成工程项目部财务收支审计128项、成本效益审计264项、外部劳务审计156项，促进被审计单位增收节支2 470万元。总公司审计局完成对西康、西安南京、秦沈、渝怀铁路工程指挥部的资金管理和成本效益审计，揭示出有的项目设备物资采购透明度不高、目标成本控制不力、内部控制制度落实不到位等深层次问题，并将查出问题与规范项目管理结合起来，有力地发挥了审计工作在促进项目完善机制、堵塞漏洞、规范管理方面的积极作用。

小型基建项目审计。年内全系统共完成小型基建项目审计32项，审减投资2 130万元，规范了基建项目管理，遏制了高估冒算、虚列成本等行为，维护了企业和职工的利益。

配合审计。各级审计机构积极配合总公司统一布置的工程项目经济效益执法效能监察工作，抽调280余名专职审计人员参与本单位组织的经济效益执法效能监察。通过监察整改，扭亏项目40个，纠正质量隐患462处，清收外欠工程款46 680万元。（季 钊）

【审计理论研究与培训】 适应内部审计工作发展需要，组织审计人员积极钻研审计业务，学习国际、国内内审前沿理论，总结审计工作经验，指导审计工作实践。年内全系统撰写审计论文或经验材料92篇，在省级报刊杂志刊登78篇。总公司与中国内审协会联合出版一期《中国内部审计》专刊，刊登总公司系统审计论文及经验材料65篇，提高了总公司审计工作在全国内审系统的知名度。经过努力，总公司审计局取得中国内审协会关于铁道建筑系统内审人员资格证书和后续教育的管理授权。12月15日～19日，总公司在北京培训中心举办审计业务培训班暨审计工作研讨会，65人参训。通过系统学习《审计署关于内部审计工作的规定》《中国内部审计准则》和《国际内部审计标准》，结合实际进行研讨和交流，提高了审计人员的业务素质，为审计工作的深入开展奠定了基础。组织全系统审计人员参加中国内部审计协会举办的“内部审计规定、准则百题有奖知识竞赛”活动，有3人获奖。中铁十七局集团公司审计处被山西省审计厅评为“内部审计先进集体”；中铁十八局集团公司审计处参加天津市内审协会举办的“经济责任审计评比”活动，荣获第二名。（季　钊）

【计算机辅助审计】 全系统审计机构共配备计算机147台。总公司审计局与北京城创公司联合开发的《易通审计.NET2003》（中铁建专用版）审计软件已进入调试阶段，2004年将全面推广应用。（季　钊）

【表彰审计工作先进集体和先进个人】 2003年，总公司表彰审计工作先进集体25个，先进个人25名。

审计工作先进集体

中铁十一局集团公司审计处
中铁十六局集团公司审计部
中铁十七局集团公司审计处
中铁十八局集团公司审计处
中铁建设集团公司审计部
中铁十一局集团公司四公司审计部
中铁十一局集团公司电务工程公司审计科
中铁十二局集团公司一公司审计科
中铁十二局集团公司四公司审计科
中铁十三局集团公司一公司纪审监察部
中铁十三局集团公司三公司审计部
中铁十四局集团公司一公司审计部
中铁十四局集团公司三公司审计部
中铁十五局集团公司六公司审计科
中铁十五局集团公司电务工程公司审计科
中铁十六局集团公司四公司审计部
中铁十六局集团公司五公司审计部
中铁十七局集团公司四分公司审计科
中铁十七局集团公司电务工程公司审计科
中铁十八局集团公司三公司审计部
中铁十八局集团公司五公司审计部
中铁十九局集团公司一公司审计科
中铁十九局集团公司二公司审计科
中铁二十局集团公司四公司审计考核部
中铁二十局集团公司六公司审计部

审计工作先进个人

袁麦辰　冉景贵　李　森　刘江涛　王　宁
方中文　管延东　李西青　田仲荣　侯孝安
胡　舜　郭增会　张清江　史真和　乔王虎
白家祥　郭　凤　刘帅军　李森莉　王再中
李明军　韩　强　黄靖宇　潘吉江　李德玮

（季　钊）

4月12日，铁道建筑公安局在四川乐山召开2003年度派出所等级评定总结表彰暨经验交流会。图为颁奖场面。（刘金平　张念宏 提供）

综合管理

本栏责任编辑　**刘贤福**

机关政务 事务

【总公司办公室】 总公司机关行政系统综合办事机构,具有综合协调和服务职能。主要职责是:综合协调总公司机关行政部门工作;负责总公司行政领导的秘书工作;组织起草综合性文电、领导讲话、会议材料、调研报告及会议记录、纪要;负责综合信息、调研工作;负责总公司机关行政管理制度制订并组织实施;负责总公司组织的综合、行政会议的计划、审批、会务工作及行政接待、机关办公用品供应;负责总公司机关文件收发、公文审稿、用印及文件材料打印工作;负责总公司机关行政系统信访事务处理;归口管理、指导全系统档案及史志鉴编纂业务;负责本级档案管理及《中国铁道建筑总公司年鉴》的编辑出版工作。业务上接受国资委、国家档案局的指导,并对所属单位的文书、秘书、信息、调研、信访、档案及史志鉴工作实施业务指导。定员25人,现员26人,设主任1人、副主任3人;办公室附设档案馆,设馆长1人,工作人员4人。

2003年,办公室紧紧围绕企业改革和生产经营中心工作,加强政治理论与专业技术学习,强化办公室自身建设,积极主动地为领导、机关和基层服务,较好地完成了各项工作任务。一是围绕中心工作,积极参政议政,完成重要会议、重要文件及领导讲话的起草工作,较好地发挥了参谋助手作用;二是结合企业改制改革、铁路建设会战、兵改工20周年,撰写发表了部分文章,发挥了企业宣传与舆论导向作用;三是热情办文、办会、办事,在机关工作中较好地发挥了综合协调作用;四是有针对性地开展信息、调研工作,总结推广典型经验,为基层建设发挥了指导与服务作用;五是加强信访工作制度建设与业务建设,妥善处理来信来访事务,维护了企业与社会稳定;六是档案管理、年鉴编纂工作取得新突破,档案管理软件开发获总公司技术创新成果二等奖,《中国铁道建筑总公司年鉴》(2003年版)获铁道部年鉴质量综合评比四项一等奖。

(孙化同 刘贤福)

【总公司2003年工作会议暨党委一届五次全委(扩大)会议】 4月17日~18日在北京召开,各集团公司、公司,铁道建筑研究设计院、总公司党校(干校)、总医院、石家庄铁路职业技术学院和总公司直属项目(指挥)部党政正职及机关职能部门负责人、总公司三副总师以上领导116人出席会议。会议传达贯彻中央经济工作会议和中央企业工委工作会议精神,总结2002年工作,部署2003年工作任务,表彰先进,兑现效绩评价。王振侯总经理作题为《以十六大精神统揽全局,一心一意开拓经营,聚精会神谋求发展》的行政工作报告,李国瑞书记作题为《认真贯彻党的十六大精神,进一步把总公司做优做强》的党委工作报告,何能金副总经理作会议总结。国务院监事会第39办公室丹笑山主席及杨涛主任等出席会议。

(戴开扬)

【参政服务】 年内围绕生产经营中心和机关重点工作,通过起草重要文稿、交流传播信息、开展调查研究,积极参政议政、协调服务,较好地完成了各项工作任务。一是完成重要会议、领导讲话、汇报材料等文稿起草工作,较好地发挥了参谋、助手作用。先后起草了总公司工作会、上半年生产经营和防治"非典"工作电话会、重组单位董事长座谈会,以及部分重要业务会议的会议材料、领导讲话等文稿;起草和参与起草王振侯总经理在世界经济宣言大会上的演讲发言,总公司向国资委关于防治"非典"与生产经营情况、2004年工作思路以及向铁道部陆东福副部长关于铁路跨越式发展情况等汇报材料和向离退休干部关于生产经营情况的通报材料;起草和参与起草总公司与国际225家承包商、与中国企业500强、与中央企业中建筑业的定性定量分析和总公司主业与核心竞争力等分析材料。全年共起草各类文稿48篇。二是结合纪念兵改工20周年,在《人民日报》等重要新闻媒体发表了一批有份量、有影响的反映总公司改革发展、生产经营和铁路建设会战等方面的文章,较好地发挥了企业宣传作用。三是围绕中心工作和领导意图组织开展工作调研,为企业改革和生产经营提供决策服务。年内组成两个调研组,先后深入11个集团公司和部分重组单位,调查了解企业生产经营、改革发展状况,研究当前面临的制约企业发展的突出问题,发掘典型,从不同的侧面总结出中铁十二、十八、二十局集团公司和中铁建设集团公司、中铁路桥集团公司等单位在确保国有资产保值增值、开拓国内外市场、跨越式发展、管理创新、技术创新等方面的新鲜经验,并在总公司工作会上推广。此外,还发现并总结出中铁十六局集团公司四公司以工序单价承包方式解决息工待岗问题的经验,以总公司党政名义转发各单位,为解决息工待岗人员就业问题提供了有益借鉴。四是加强信息主渠道建设,为机关工作和经营决策提供信息服务。全年编发《铁建信息》55期,刊载信息109篇(条),印发8 600份。重点交流反映了各单位工作思路,对上级指示、部署的贯彻落实情况,重难点工程进展,法人治理结构运作,体制创新、技术创新、管理创新、工程创优成果及典型经验等方面的信息,综合采写了各单位夺取防治"非典"和生产经营全面胜利的信息，较好地发挥了信息交流与工作指导作用。年内参加国资委信息化建设培训班，添置信息传输设备，办公自动化跨上新台阶。

（韩明莉　任保义）

【秘书工作】 牢固树立为领导、为机关、为基层服务的思想，围绕中心工作，通过办会、办文、办事，较好地发挥了参与政务、管理事务、搞好服务的职能作用。全年承办各类会议52次，其中承办总公司党政领导干部联席会、总经理办公会、总公司领导碰头会及工作汇报会、座谈会29次，承办总公司工作会、董事长座谈会、划转并入单位领导干部座谈会、总公司系统出席全路建设工作会及国资委副主席吴晓华、铁道部副部长陆东福到总公司调研座谈会等7次，协助总公司分管领导安排相关业务会议16次，记录并整理会议纪要17万字。承办各类文件、材料、信函3 670余件，接转各类会议通知153件。随同总公司领导出差、下工地26次，协助领导起草讲话材料、出差报告、调研材料28份。填报《企业基础材料》等各类材料、报表79份。协助国务院监事会组织召开机关有关部门和直属单位领导干部座谈会，并负责会务工作。为方便总公司领导和机关各部门进行工作联系，主动收集、编发了划转并入单位领导干部及两办主任电话号码，受到机关好评。此外，还承担了大量日常事务、公务接待工作，较好地发挥了机关"窗口"作用。（胡贵荣）

【文书处理】 遵循"及时、准确、安全"的公文处理原则，优质高效地做好总公司机关各类文件的收发、分办、传递、清退、销毁等工作。全年共收发各类文件材料2 513件22 754份，其中上级文件1 510件12 792份，本级文件368件8 876份，下级文件635件1 086份；保证了机关各项工作的顺利进行。全年共审核公文稿件448份，在审核中按照公文制发程序严格把关，保证了公文质量。遵循《文件控制管理程序》和《能源、资源管理程序》要求，加强了受控文件及能源、资源的管理工作。（詹荣华　陈丽娜）

【印章管理】 认真执行总公司印章管理规定，严格把好总公司印章及领导名章使用的制度关、审核关，围绕生产经营中心，增强服务意识和大局意识，凡符合印章使用规定的，一律及时办理、热情服务；不符合用印规定的，耐心说明理由，坚持手续完善后再办。随着工程经营力度加大，用印量大量增加，全年用印7.5万份，其中节假日加班用印72次，满足了企业生产经营急需。（詹荣华）

【电子公文传输系统启用】 8月，国资委非涉密电子公文、简报传输系统投入试运行，总公司机关设备运行稳定，应用状况良好。从11月10日起，总公司上报、国资委下发的电子公文、简报，全部正式通过该系统传输，提高了办事效率和办公自动化水平。（詹荣华）

【立卷归档】 年内整理归档2002年度文书档案26卷332份，其中永久卷7卷44份，长期卷4卷33份，短期卷15卷255份。（詹荣华　陈丽娜）

【打字复印】 打字室全年承办文件材料6 171件，其中打印文件1 277件，305万字；复印文件材料3 753件，219 503张；胶印文件材料1 141件，637 471张；制版4 225张，及时满足了机关工作需要。（郭庆华）

【行政管理】 年初，与机关物业管理部门签订2003年度《物业管理有偿服务合同》和《物业管理供暖协议》，做到服务有承诺，工作有目标，管理有制度，使机关管理逐步走向规范化、制度化轨道。坚持依法行政，建立健全机关行政管理制度，加强节日值班，定期对室内外卫生进行检查，为机关创造了良好的办公环境，维护了正常的办公秩序。严格坚持会议计划审批制度，全年压减会议16个，节省了会议经费开支。对来机关办事的内部、外部人员，热情接待，周到服务，密切了内外关系。（牛凤忠）

【受理来信来访】 总公司系统年内受理来信来访2 035件次，其中建议74件次，申诉236件次，检举223件次，工资福利538件次，医疗82件次，职工生活367件次，就业75件次，集体经济22件次，精简分流274件次，路外伤亡6件次，表扬15件次。各级领导亲自阅批群众来信、接待群众来访2 023件次，占信访总数的99%。通过对来信、来访的及时处理，化解了企业矛盾，确保了职工队伍稳定。年内全系统信访立案107件次，结案103件次，结案率94%。（樊祐修）

【信访专项治理工作】 根据国资委《关于贯彻落实〈国家信访局关于开展群众重复上访问题专项治理工作的通知〉》（国信发〔2003〕5号）精神，结合总公司实际，及时转发文件并提出具体要求，在全系统开展信访专项治理工作。通过专项治理活动，使一些上访老户的问题得到解决。（樊祐修）

【信访案件】 11月，徐州机械厂集体分厂200余名退休职工选派代表到总公司上访，反映总厂拖欠退休职工工资和取暖费等问题，并向总公司领导作书面汇报。

王振侯总经理、李国瑞书记和邹才华副总经理当即批示，要求中铁十四局集团公司研究处理。中铁十四局集团公司领导极为重视，很快作出决定，拨款81万元，并派工作组进驻徐州机械厂，对信访问题进行妥善处理。事后，退休职工又选派代表分别给总公司和信访部门送来“体察民意关心备至，为民解忧身体力行”的锦旗。

（樊祐修）

【档案工作目标管理认定取得新进展】 根据总公司系统资产重组、企业重构实际，档案馆集中精力狠抓重组企业和科技事业型单位的档案基础业务建设，先后多次派员到这些单位进行档案业务指导，使其高起点、高标准地开展档案工作目标管理，取得良好进展。年内中铁工程集团公司（国内工程公司）、东北办事处通过档案工作目标管理国家二级认定；铁道建筑研究设计院、中铁路桥集团公司及所属养马河分公司、成都中铁建西南物资有限公司等单位通过档案工作目标管理省部级认定，提高了全系统档案工作整体管理水平。

（郭美孝）

【重点工程竣工文件编制指导工作取得新成绩】 档案馆紧紧围绕企业生产经营中心，坚持把国家重点工程竣工文件编制指导工作作为为工程创优服务的切入点。年内按照铁道部新颁发的《铁路建设项目竣工文件编制移交办法》，配合建设单位和成都、郑州铁路局，先后对渝怀铁路及西安南京铁路总公司丹凤指挥部、中铁十一局集团公司指挥部的竣工文件编制工作进行检查指导。成都、郑州铁路局对总公司管段的竣工文件编制工作非常满意，特别是渝怀铁路竣工文件均采用电子计算机制作，编制标准规范，竣工文件质量有很大提高。施工单位对档案馆急施工一线所急、帮施工一线所需给予一致称赞。3月，档案馆与总公司科技部协商，并征得总公司渝怀铁路工程指挥部的同意，专门下文明确了渝怀铁路竣工文件进馆范围和进馆办法，为基建档案进馆奠定了良好基础。

（侯艳晨　郭美孝）

【中铁建版综合档案管理系统软件获奖】 档案馆与北京飞狐灵通软件公司经过三年的辛勤努力，开发的中铁建版综合档案管理系统软件已在50余家企业推广应用，取得良好效果。7月，该软件系统通过总公司评审，获技术创新成果二等奖。年内对推广应用软件的单位进行跟踪服务，帮助解决软件应用中出现的问题，并征求对软件系统的改进意见，进行集中修订。由于国家档案局、铁道部对文书档案管理办法作了较大修改，与此相适应，需要对该软件系统进行进一步补充开发。

（晋爱萍）

【机关档案业务建设取得新突破】 年内，总公司所属企业全部改制挂牌，建立现代企业制度。档案馆及时下发总公司系统档案工作全宗编号和档案单位名称代号，明确所属单位档案工作新的全宗定位，为档案工作开展创造了条件。根据国家档案局、铁道部新颁发的《文件管理规则》，结合总公司系统文书档案管理实际，起草了总公司文书档案管理办法，在征求部分单位意见后，作为中铁建版综合档案管理软件系统的修改依据，对软件系统进行修改完善。加强与有关部门的联系与协作，千方百计疏通照片档案进馆途径，攻克照片档案归档的“老大难”问题，每年有上千张重要照片收集进馆，在生产经营中发挥了重要作用。为方便部门利用，在编纂《中国铁道百科全书》的4名返聘老干部的帮助下，已整理归档照片档案6 000余张。

全年共收集进馆基建档案82卷，房地产档案23卷；归档2002年度文书档案186卷1 820份，整理上架240卷2 296份；归档会计档案218卷；归档录像带1盘，照片档案80卷6 581张。总公司机关全年利用档案2 090卷份/411人次，其中文书档案385卷份/232人次，科技档案1 095卷份/82人次，会计档案515卷份/72人次，声像档案75卷份/21人次。利用档案在工程投标、基建改造、史料编纂、减免税费等方面发挥了较好的经济与社会效益。

（晋爱萍　靖广华　郭美孝）

【档案专业技术职务评审】 9月，召开总公司档案系列中级职务评审会议，11人参评。评定档案系列中初级职务4人，推荐档案系列副研究馆员任职资格评审6人、图书系列副研究馆员任职资格评审1人。12月，经国家档案局高级职务评委会评审，6名档案系列副研究馆员全部获得任职资格。

（郭美孝）

【承办中央企业档案工作协作组会议】 1月8日，总公司在北京五棵松饭店承办中央国家机关和中央企业档案工作协作组长会议，中央国家机关、中央企业档案工作协作组长及国家档案局领导共40余人出席会议。由于会议组织周密，服务热情，受到国家档案局领导及与会人员一致好评。

10月，总公司和神华集团公司作为中央企业协作组组长单位，在上海成功地组织举办了中央企业第六档案协作组第一次会议，23个成员单位到会。会议讨论通过协作组活动章程，参观宝钢集团公司档案信息化建设成果，取得良好效果，并在国家档案局召开的有关会议上介绍协作组工作经验。

（晋爱萍）

【刘贤福、吴设新获"全国优秀档案工作者"称号】 12月20日,在国家档案局召开的全国档案工作暨表彰先进会议上,总公司档案馆馆长刘贤福、中铁十一局集团公司档案馆馆长吴设新荣获"全国优秀档案工作者"称号,受到通报表彰。刘贤福、吴设新从事档案工作30余年,在档案战线辛勤耕耘,默默奉献,开拓进取,率先垂范,为企业档案工作的规范与发展倾注心血,做出了突出贡献。刘贤福于1995年荣获"全国模范档案工作者"称号,此次是再次获得全国档案工作最高荣誉。

(郭美孝　晋爱萍)

人　　事

【人事(干部)部】 负责总公司行政、党群系统人事工作的职能部门。人事部与党委干部部为一个机构两块牌子,附设人才交流中心。定员9人,现员5人,设部长1人,副部长2人(其中1人兼人才交流中心主任)。

2003年,干部人事工作以邓小平理论和"三个代表"重要思想为指导,认真贯彻落实党的十六大和全国组织工作会议精神,与时俱进,开拓创新,逐步规范和完善公司法人治理结构,建设高素质的领导干部队伍和后备干部队伍,努力形成朝气蓬勃、奋发有力的领导层;进一步深化人事制度改革,建立健全适应现代企业制度的选人用人新机制;狠抓培养、吸引和使用人才三个环节的工作,着力建设党政人才、经营管理人才和专业技术人才三支队伍,不断提高干部队伍的整体素质,为推进企业改革与发展、实现总公司长远发展目标提供了强有力的组织保证。

(李本来)

【干部任免】 全年共任免干部138人次,其中提拔39人,试用期满继续任职9人,退休39人,平调45人,免职2人,兼任专业技术职务4人。提拔的39人中,局集团公司21人,直属单位13人,总公司机关5人,平均年龄47.6岁,大学本科以上文化程度25人,大专14人,高级技术职务20人,1982年后毕业的大学生8人,年龄最小的32岁。总公司所属单位纪委书记全部由党委副书记兼任。配备22个所属单位领导班子成员244人,其中1982年后毕业的大学生50人,占领导班子成员总数的20.5%。

(杜庆吉)

【领导班子建设】 总公司领导班子建设:总公司党委常委、工会主席夏良振和总会计师张惠江免职退休;丁原臣任总公司副总经理、党委常委。

局集团公司领导班子建设:年内总公司组成考核组,对中铁十一、十二、十三、十四、十八、十九、二十局集团公司领导班子缺员进行考核、调整和补充。同时,调整了中铁十二、十三、十五、十八局集团公司国有股股东代表及其有关人选。对新提拔的领导人员全部进行公示,并由总公司党政主管和纪委领导分别进行任职谈话和廉政谈话。对需要征求地方省、市意见的人选,及时将考核材料、任免审批表和征求意见函送达各省、市委,做好协调沟通工作,保证了领导人员任免工作的顺利进行。局集团公司年内提拔21人,平均年龄45岁;大学本科以上学历16人,大专5人;高级技术职务15人,中级技术职务6人;年龄最小的36岁,1982年后毕业的大学生7人。

直属单位领导班子建设:总公司组成考核组,对海外公司、总医院、乌鲁木齐铁路工程集团公司领导班子及中铁物资集团公司、昆明中铁大型养路机械集团公司法人治理结构人选进行全面考核,调整、补充了缺员。直属单位年内提拔13人,平均年龄45.8岁;大学本科以上学历5人,大专8人;高级技术职务3人,中级技术职务8人;年龄最小的32岁,1982年后毕业的大学生1人。

(杜庆吉)

【领导人员调整】 中铁十一局集团公司:覃为刚、谢敬平任副总经理;徐凤奎任国有股专职董事,免去副总经理职务;副总经理兼总工程师邹振华调铁道部高速铁路办公室工作。

中铁十二局集团公司:邝代章任党委副书记、纪委书记,史道泉任党委副书记兼副总经理,余绍水任副总经理,王爱民任党委副书记、纪委书记,刘永年任工会主席。

中铁十三局集团公司:李亚武任副总经理;吴焕通任总工程师;谭振武任副总经理,免去总工程师职务;赵华任党委副书记、纪委书记;免去尹殿祥纪委书记职务,保留原待遇;赵文祥任国有股董事。

中铁十四局集团公司:李振刚、郑修杰、张挺军任副总经理。

中铁十五局集团公司:王炳祥调铁道部高速铁路办公室工作,免去董事长、党委书记职务;张璠琦任董事长、党委书记。

中铁十七局集团公司:王关平任党委副书记、纪委书记,吴万良任副总经理。

中铁十八局集团公司:张璠琦不再担任总经理、副董事长、党委副书记、国有股股东代表、国有股董事职务,荆长华任国有股股东代表。

中铁十九局集团公司:栾显国改任副总经理,孙功新任副总经理,侯希成任总工程师,王景华任总经济师，施化祥任总会计师。

中铁二十局集团公司：唐万夫任党委副书记、纪委书记，不再担任副总经理职务；唐万夫任副董事长，免去其党委副书记、纪委书记职务；陈文珍改任副总经理；刘代文、张志军任副总经理；王玉松任总经济师；康义初任党委副书记、纪委书记。

中铁建设集团公司：许仕靖任党委副书记、纪委书记。

总医院：孙世允任院长、党委副书记，阴瑞任党委书记，张翠任党委副书记、纪委书记。

石家庄铁路职业技术学院：赵宝善任党委副书记、纪委书记。

中铁物资集团公司：孙廷台任董事长、党委副书记，刘茂芝任党委书记、副董事长，申兆军任总经理、副董事长、党委副书记，黄济洪、张长根、王琳任副总经理，李锦云任总会计师，杜宝新任党委副书记、纪委书记、工会主席。

北京铁建工贸集团公司：党委书记唐烈兼任纪委书记，王保民任党委副书记兼工会主席。

昆明中铁大型养路机械集团公司：董朝兴任董事长、党委副书记，王尊贤任党委书记、副董事长，马云昆任总经理、副董事长，苏太贤、黄兆祥、江河任副总经理，沈德明任总工程师，王学武任总会计师，张天祯任党委副书记、纪委书记、工会主席。

乌鲁木齐铁路工程集团公司：崔松盛改任副总经理；李继明任副总经理；增补罗宗良为党委委员、纪委委员，任党委副书记、纪委书记。

乌鲁木齐铁路勘测设计院：免去李继明副院长职务。

总公司机关：彭江鸿任副总经济师，马玉亮任离退休职工管理部党总支书记兼副部长，吕殿义任机关基建办公室主任，冯代德、赵顺卿任总公司国有股股权代表委员会董事，李德琛任国有股股权代表委员会综合办公室主任，韩恭成任总公司政研会副秘书长，戴淑兰任女职工委员会副主任兼工会生活保险女工部部长。

试用一年期满继续任职：中铁十一局集团公司党委副书记雷佳民，中铁十六局集团公司党委副书记、纪委书记郭品云，投资部经理余兴喜，北京铁城建设监理公司经理王鉴，海外公司副总经理郝桂林（兼中铁香港公司经理）、武宪功（兼中铁新加坡公司经理）、李学元、屈京康（兼纪委书记），总工程师初厚才。（杜庆吉）

【制订《总公司企业领导人员考核暂行办法》】 根据国资委《中央企业负责人经营业绩考核办法》和中组部《国有重要骨干企业领导人员任期目标和考核评价指标体系研究》《党政领导干部考核工作暂行规定》精神，草拟了《总公司企业领导人员考核暂行办法》。遵照总公司领导指示，于12月6日成立调研组，分赴中铁十一、十二、十七、十八、二十局集团公司，对《总公司企业领导人员考核暂行办法》边调研、边修改。在广泛听取党政领导意见，召开财务、审计、企业管理、劳资、人事、组织、纪委、工会等相关部门负责人座谈会的基础上，调研组先后进行了五次修改，得到总公司领导肯定。

（杜庆吉）

【"树组工干部形象"学习教育活动】 总公司党委认真贯彻中央组织部和国资委党委指示精神，在组织人事系统开展以公道正派为主要内容的"树组工干部形象"集中学习教育活动。9月8日～28日，人事部多次组织集中学习，深化认识，收集总公司机关和所属单位意见、建议52条，联系工作和思想实际，认真查找差距，剖析存在问题的原因，制定11项改进措施。通过学习教育，提高了组工干部的整体素质。（杜庆吉）

【专业技术职务任职资格评聘】 年内总公司下发《关于做好2003年度专业技术职务评聘工作的通知》《关于做好2003年度政工专业职务评定工作的通知》，要求各单位继续完善和规范专业技术职务评聘制度，加大考核力度，规范操作程序，并提出加强专业技术队伍建设的具体措施。全系统年内通过各类高级技术职务任职资格评审735人，其中教授级高级工程师17人，高级工程师333人，高级经济师69人，高级会计师84人，副主任医师40人，副研究馆员6人，高级政工师123人。总公司系统（包括新并入单位）累计有技术干部63 281人，其中工程技术人员37 945人（教授级高级工程师67人，高级工程师4 284人），会计人员6 859人（高级会计师400人），经济人员5 532人（高级经济师295人），卫生技术人员4 204人（副主任医师以上443人）。政工系列干部6 329人，其中高级政工师632人。

（陈建军）

【总公司取得高级政工师审批权】 3月24日，中央企业工委政工职称评审领导小组下发《关于同意中国铁道建筑总公司对高级政工师任职资格进行审批的批复》（中企政职〔2003〕13号文），从2003年起，总公司取得高级政工师评审权和审批权。（陈建军）

【深化专业技术职务评审改革】 6月20日，根据《人事部关于全国专业技术人员计算机应用能力考试的通知》精神，总公司下发《关于专业技术资格评审实行全国专业技术人员计算机应用能力考试的通知》，从2004年起，凡晋升专业技术资格的人员，与全国同步

实行计算机应用能力考试。 （陈建军）

【专家队伍建设】 年内组织参加铁道部第六届詹天佑铁道科学技术奖和总公司第三届詹天佑铁道科技专项基金奖的申报和评选工作。总公司系统有59人申报詹天佑铁道科技专项基金奖评选，经评审，有23人获奖，其中邹振华、谭振武、吴洪波、李余华、沈德明等5人获成就奖，武明静、汪文忠、肖金凤、张开柏、庄纪栋、王炳祥、陈野、侯希承、苗文怀、胡振文等10人获人才（管理）奖，何志勇、崔耀华、曹玉新、徐万鹏、刘国玉、陈鹏、陈浩、于洋等8人获青年奖。推荐18人参加铁道部詹天佑铁道科学技术奖评审。经评审，总公司设备运输物资部沙明元、中铁路桥集团公司田宝华获詹天佑人才奖，中铁建设集团公司贾洪获詹天佑青年奖。

（陈建军）

【博士后科研工作站设立】 经国家人事部专业技术人员管理司批准，同意总公司成立博士后科研工作站，同时获准成立博士后科研工作站的单位有中铁十三局集团公司和铁道第四勘察设计院。此举为企业技术创新开辟了新的渠道。 （陈建军）

【工资调整】 年内，根据总公司中铁建劳〔2002〕118、119号文件精神，为总公司机关干部和直属单位领导班子成员办理岗位工资调整手续；根据总公司中铁建劳〔2003〕11、176号文件精神，为总公司机关干部和直属单位领导班子成员办理2002年～2003年度技能工资调整手续；根据总公司《专业技术人员岗位工资标准调整办法》，为总公司机关2002年度评审通过和达到任职年限的52名专业技术人员办理岗位工资调整手续，并完成工资调整材料的审批与归档工作。

（杜庆吉）

【干部培训】 全年组织干部培训303人，其中组织62人参加在国家行政学院举办的总公司第五、六期领导干部培训，选送4名局集团公司领导参加中央党校培训，选调68名干部参加中央党校中央企业工委分校进修学习；在总公司党校举办领导干部和青年干部岗位培训班各一期，126人参训；举办优秀大学毕业生培训班一期，43人参训。 （杜庆吉）

【干部进京落户】 根据国家人事部要求，年内对在京单位干部队伍状况和因工作需要进京干部情况进行摸底调查，对总公司本级和在京单位的人才需求进行分析预测，呈报了京外调干指标。经国家人事部批准，年内为10名因工作需要调京的干部办理了进京落户手续。同时，按有关政策规定办理夫妻分居进京落户8人。

（杜庆吉）

【接收高等院校毕业生】 2003年，全系统共接收应届大、中专毕业生2 930人，其中接收进京应届高校毕业生332名（含硕士研究生2名，本科毕业生330名；京外生源317名，京内生源13名）。接收对象主要是铁路、公路、市政、水电、建筑、财经管理等专业毕业生，其中土木工程专业占75%。 （陈建军）

【干部统计与文件归档】 年内按时完成干部年度统计工作，并顺利通过国资委审查。总公司系统年末实有职工22万余人，其中干部72 396人。干部中有专业技术干部63 281人，政工干部6 645人；新并入单位干部19 276人。全年向档案馆移交档案14卷358份，其中永久卷2卷，长期卷7卷，短期卷5卷。 （陈建军）

【因公出国（境）人员审查】 年内按照因公出国（境）人员政治审查的有关规定，办理因公出国团组政审115个503人次，没有发现违法违纪现象。 （陈建军）

【因私出国（境）人员登记备案】 9月1日，国家、北京市实行因私出国（境）人员按需申领出入境证件新规定，凡在北京市公安局出入境管理处备案人员仍按原管理办法执行，未备案人员持户口簿、身份证直接到出入境管理处申领证件。结合总公司实际，确定备案人员范围为国有大中型企业中层以上管理人员、涉密人员及单位需要控制和掌握的因私出国人员，并将在京单位需要备案的1 564名人员的基本情况录入管理系统，报北京市公安局出入境管理处备案。 （杜庆吉）

总公司干部基本情况统计表

（2003年度）

单位	总数（人）			各类干部（人）												学历（人）						政治情况（人）				年龄（人）									
	干部总数	其中														高等院校																	55岁至59岁		
		女	少数民族	局长	副局长	相当局级职务	处长	调研员	副处长	相当处级职务	科长	副科长	相当科级职务	科员、办事员	专职专业技术人员	研究生毕业	大学本科毕业	专科毕业	中专毕业	高中	初中以下	共产党员	共青团员	民主党派	无党派	25岁以下	26岁至30岁	31岁至35岁	36岁至40岁	41岁至45岁	46岁至50岁	51岁至54岁	计	女	60岁以上
总公司机关	285	63	9	15	30		30		25					183		6	134	92	14	24	15	215	15		55	2	10	33	46	49	51	32	62		
中铁十一局集团公司	4314	728	73	3	12	2	86	22	140	45	392	290	173	938	2211	20	1168	1454	540	750	382	1998	483	6	1827	365	857	695	519	612	564	398	304		
中铁十二局集团公司	5234	1203	78	2	10		95	20	173	44	630	421	151	280	3408	9	1628	1680	1029	634	254	2237	921		2076	670	698	1298	603	646	597	476	246		
中铁十三局集团公司	5166	1036	246	3	12		53	6	105	18	421	496	86	589	3377	8	1768	1898	657	497	338	2240	1574	1	1351	609	1389	964	483	856	501	251	113		
中铁十四局集团公司	4851	859	54	2	10		137		193		869	615	152	755	2118	22	1590	1686	774	497	282	2640	1530		681	307	1335	958	585	633	525	311	197		
中铁十五局集团公司	4973	1048	104	2	10		81	18	150	28	578	609	201	444	2853	13	1211	2188	696	464	401	2490	1082		1401	547	1092	628	630	754	793	370	159		
中铁十六局集团公司	4724	866	155	3	10		117		214	65	527	537	165	491	2598	39	1520	1623	654	399	489	2536	726		1462	415	921	807	566	717	650	371	275		2
中铁十七局集团公司	4031	767	51	2	11		96	29	216	74	682	597	107	941	1276	10	1232	1641	494	352	302	2272	872	3	884	333	887	698	501	645	564	268	132		3
中铁十八局集团公司	5872	1202	181	2	12		84	36	227	45	1105	634	317	500	2910	15	1807	2099	780	487	684	2749	962	3	2158	1048	1624	909	512	584	572	399	222		2
中铁十九局集团公司	4342	943	358	3	7		10	71	81	10	384	382	531	801	2065	6	1066	1902	674	574	120	1957	1120		1265	254	1267	927	397	663	383	242	202		7
中铁二十局集团公司	5228	1095	32	3	9		92	9	226		454	493		1020	2922	16	1214	1637	1130	795	436	1956	1051	1	2220	529	1293	859	656	915	654	244	78		
中铁建设集团公司	1248	238	24		3		10	3	63	4	44		32	92	997	3	694	399	54	76	22	693	220		335	234	313	250	107	181	108	35	20		
北京铁城建设监理公司	20	6	1				1			7	3		2	7			14	5		1		11	3		6	4	4	2	2	5	3				
中铁物资集团公司	392	74	16		3		30		1	54	4	11	146	66	77	1	84	179	27	48	53	286	15		91	21	39	34	39	89	70	55	45		
中铁路桥集团公司	603	163	10		2		8		12		28	80	53	258	162	5	102	251	98	63	84	304	64		235	28	86	95	101	51	67	102	69		4
北京铁建工贸集团公司	315	129	8		2		25	1	34	1	28	32	16	51	125		75	140	23	50	27	234	3		78		18	28	34	100	69	45	21		
昆明中铁大型养路机械集团公司	343	111	16		3		6					4			330	1	152	105	45	14	26	134	89	1	119	25	74	74	70	22	41	25	12		
中铁工程集团公司	365	76	4		2		23		30		20	10	1	34	245	2	219	116	20	6	2	314	50	1		87	60	51	50	67	30	14	6		
海外公司	57	5	1		1		14	1	6	2			1	1	31	11	30	12	2	2		38			19		13	14	13	5	4	6	2		
铁道建筑研究设计院	209	45	7		2		21		22	2	1		3	2	156	10	157	26	9	6	1	116	25	2	66	16	40	65	43	12	15	11	6		1
总公司干校（党校）	32	6	5		1		2	5	10	1	4	2	7			1	21	7	2		1	29		1	2		1	2	7	5	8	4	5		
总医院	429	305	9		2		5	1		2	48	5	13	15	338	2	109	156	149	10	3	175	56	3	195	9	58	93	74	68	79	31	17		
石家庄铁路职业技术学院	214	79	7		2				4				25	40	143	26	155	29	2	2		129	31		54	50	29	32	32	37	16	9	9		

续表

数量 项目 单位	总数(人) 干部总数	其中 女	其中 少数民族	各类干部(人) 局长	副局长	相当局级职务	处长	调研员	副处长	相当处级职务	科长	副科长	相当科级职务	科员、办事员	专职专业技术人员	学历(人) 高等院校 研究生毕业	大学本科毕业	专科毕业	中专毕业	高中	初中以下	政治情况(人) 共产党员	共青团员	民主党派	无党派	年龄(人) 25岁以下	26岁至30岁	31岁至35岁	36岁至40岁	41岁至45岁	46岁至50岁	51岁至54岁	55岁至59岁 计	55岁至59岁 女	60岁以上
铁道第一勘察设计院	3411	838	78	2	9	1	58	10	128	29	159	100	29	362	2524	22	1674	1038	417	168	92	1127	735	15	1534	205	423	689	652	517	520	256	149		
铁道第四勘察设计院	3245	1044	40	2	5	1	44	6	98	23	76	78	153	260	2499	61	1792	851	295	131	115	1508	183	33	1521	208	345	750	703	460	491	172	115		1
哈尔滨铁路勘测设计院	121	36	8				2		4		14	2	2	20	77	3	75	27	10	5	1	35	6		80	4	24	17	24	15	18	12	7		
齐齐哈尔铁路勘测设计院	122	38	2				2		4		22	6		3	85		53	45	23		1	73	5	2	42		14	21	13	17	22	20	15		
上海铁路城市轨道交通设计院	166	71	1				2		2		10	11		19	122	12	104	19	9	8	14	44	20		102	15	19	18	17	22	28	12	35		
福州铁路勘测设计院	101	20	1							3	15	11	1	7	64	2	67	23	4		5	36	19	4	42	8	11	13	20	13	13	9	14		
南昌铁路勘测设计院	126	29	1				2		3		11	10			100		100	22	1	3		49	27		50	10	26	26	18	11	17	10	8		
广州铁路勘测设计院	130	36	3				2	1	4		9	10	2	3	99	2	86	22	10	10		55	24		51	13	24	21	20	8	23	13	8		
柳州铁路勘测设计院	167	42	14				2	1	4		9	8		8	135	4	109	31	19	4		49	22	4	92	18	21	39	36	17	19	6	11		
兰州铁路勘测设计院	143	54	6				1		3		13	8	2		116	1	79	44	11	8		62	2	2	77	1	8	20	49	24	18	13	9		1
乌鲁木齐铁路勘测设计院	141	45	6				2		3		4	6			126		75	43	10	13		35	35	2	69	22	27	31	17	15	17	7	5		
哈尔滨铁路建设集团公司	1244	299					1		16	2	67	87	28	489	554		245	532	284	183		748	65		431	86	179	195	167	168	202	170	77		
齐齐哈尔铁路建设集团公司	1120	296	33				2		19		73	101	33	355	537		117	438	424	60	81	575	45	1	499	34	99	160	162	181	191	144	149		
上海铁路建设集团公司	1128	144	10				2		15		58	45	2	485	521	1	190	261	426	75	175	606	141	1	380	101	97	110	144	122	240	163	148		3
福建铁路建设集团公司	883	127	5		1		1		13	1	47	73	21	436	290	1	196	254	263	82	87	407		1	475	68	182	137	152	95	76	44	129		
南昌铁路工程集团公司	1591	297	6				2		23	8	113	25	59	707	654		312	632	288	169	190	975	210		406	160	164	211	292	227	229	183	123		2
广州铁路工程集团公司	1870	416	25				2		11	15	51	101	248	627	815	7	430	553	519	155	206	827	288		755	192	343	308	256	158	245	248	120		
柳州铁路工程集团公司	1010	206	180				2		14	5	60				929	1	200	359	293	157		570		1	439	23	210	131	157	76	179	147	87		
兰州铁路建设集团公司	1383	349	47				4		11	4	65	70	50	227	952		301	438	330	176	138	741	272	2	368	103	174	209	238	210	227	146	72		4
乌鲁木齐铁路工程集团公司	594	148	38				2		3	1	25	57	18	39	449		95	283	112	98	6	356	50	2	186		124	107	93	55	130	62	23		
中国土木工程集团公司	453	78	16	1	5		40	1	64		43	31	268			26	287	66	32	37	5	254	50		149	25	75	91	55	87	68	39	13		
合计	72396	15660	1969	42	176	4	1201	241	2374	493	7166	6058	3098	11555	39990	369	22737	25306	11653	7293	5038	34885	13091	92	24328	6849	14697	12820	9355	10214	9337	5575	3519		30

制表：陈建军

总公司技术干部情况统计表

（2003年度）

单位 \ 项目	总数(人)					工程技术人员(人)				卫生技术人员(人)				教师(人)				经济人员(人)				统计人员(人)				政工人员(人)				会计人员(人)				文案人员(人)	翻译人员(人)	新闻人员(人)	文艺人员(人)	农艺研究体育律师(人)
	技术干部总数	其中副处领导	其中高级	其中中级	其中初级	小计	高级工程师	工程师	助工、技术员及未聘职务	小计	正副主任医师	主治医师	医、护师及未聘职务	小计	教授、副教授	讲师	助教、助讲、教员及未聘职务	小计	高级经济师	经济师	助经、经济员及未聘职务	小计	高级统计师	统计师	助统、统计员及未聘职务	小计	高级政工师	政工师	政工员	小计	高级会计师	会计师	助会、会计员及未聘职务					
总公司机关	268	92	145	75	48	95	48	30	17	7	4	3						29	17	8	4	1		1		66	45	11	10	38	14	10	14	7	1	21	3	
中铁十一局集团公司	3852	243	405	1222	2225	2131	221	678	1232	348	35	109	204	133	13	70	50	379	30	95	254	10		6	4	430	64	175	191	399	38	80	281	16		2	3	1
中铁十二局集团公司	5091	171	428	2069	2594	3036	282	1286	1468	430	58	232	140	38	2	15	21	532	19	145	368	33		2	31	371	41	94	236	650	26	53	571			1		
中铁十三局集团公司	4661	117	314	1551	2796	2644	207	831	1606	372	41	148	183	53	7	24	22	498	20	186	292	45		3	42	463	49	232	182	572	21	179	372	14				
中铁十四局集团公司	4262	193	403	1261	2130	2498	280	923	1295	230	24	68	138	64	10	29	25	483	28	146	309	27		2	25	469	23	231	215	476	47	98	331	13	1	1		
中铁十五局集团公司	4274	100	315	1449	2510	2302	177	721	1404	379	29	152	198	262	15	123	124	436	23	160	253	12		4	8	441	48	160	233	439	23	216	200	3				
中铁十六局集团公司	3994	361	331	1282	2376	2249	207	769	1273	317	22	85	210	58	6	5	47	343	19	94	230	45		7	38	527	46	223	258	443	30	88	325	8		3		1
中铁十七局集团公司	3583	351	355	1314	1914	2055	208	698	1149	261	28	115	118	31		14	17	328	31	116	181	22		7	15	499	49	249	201	375	38	98	239	8		1	3	
中铁十八局集团公司	4622		407	1353	2862	2888	229	812	1847	234	37	75	122	141	20	76	45	311	17	75	219	38		6	32	456	70	203	183	536	31	95	410	3	9	3		3
中铁十九局集团公司	3480	111	229	709	2449	2144	81	366	1697	265	38	77	150	7		1	6	320	38	56	226	57		4	53	287	20	60	207	384	51	143	190	8		1	2	5
中铁二十局集团公司	4492	330	313	1240	2939	2327	175	465	1687	473	46	115	312	112	17	62	33	527	11	238	278	20		4	16	402	36	132	234	608	28	204	376	20	2	1		
中铁建设集团公司	1156	63	89	424	643	928	65	346	517	2		2						48	6	18	24					65	11	42	12	113	7	24	82					
北京铁城建设监理公司	20	8	6	7	7	14	6	4	4																	2		2		4		1	3					
中铁物资集团公司	222	80	8	106	108	61		32	29	15		12	3					78	6	36	36	1		1		27	5	14	8	35	1	7	27	5				
中铁路桥集团公司	491	22	35	194	262	165	21	57	87	33	1	11	21	56	1	38	17	86	2	34	50	9		4	5	68	7	24	37	70	2	24	44	2		2		
北京铁建工贸集团公司	173	63	15	86	72	30	2	10	18	46	4	32	10					41	3	18	20	1			1	21	4	11	6	31	2	15	14	2	1			
昆明中铁大型养路机械集团公司	332	52	49	138	145	196	44	59	93	23		12	11	22		14	8	24	2	7	15	3		1	2	24	3	19	2	40		26	14					
中铁工程集团公司	341	30	64	88	189	253	49	66	138									14	4	7	3					26	8	7	11	48	3	8	37					
海外公司	51	21	17	23	11	33	13	15	5									10	4	4	2					1		1		6		2	4		1			
铁道建筑研究设计院	199	43	98	51	50	159	91	34	34	4		3	1	1			1	6		3	3					9	4	5		12	2	5	5	4	4			
总公司干校（党校）	27	18	4	17	6					2		1	1	17	2	12	3	1			1					4	2	1	1	3		3						
总医院	404		57	153	194	8	1	3	4	369	52	146	171	1			1	6	1		5					11	3	3	5	9		1	8					
石家庄铁路职业技术学院	214	6	67	59	67	26	2	12	12	4	2	1	1	166	55	40	71	2		2						10	7	3		6	1	1	4					

续表

项目 数量 单位	总数（人）					工程技术人员（人）				卫生技术人员（人）				教师（人）				经济人员（人）				统计人员（人）				政工人员（人）				会计人员（人）				文案人员（人）	翻译人员（人）	新闻人员（人）	文艺人员（人）	农艺研究体育律师（人）
	技术干部总数	其中 副处领导	高级	中级	初级	小计	高级工程师	工程师	助工、技术员及未聘职务	小计	正副主任医师	主治医师	医、护师及未聘职务	小计	教授、副教授	讲师	助教、助讲、教员及未聘职务	小计	高级经济师	经济师	助经、经济员及未聘职务	小计	高级统计师	统计师	助统、统计员及未聘职务	小计	高级政工师	政工师	政工员	小计	高级会计师	会计师	助会、会计员及未聘职务					
铁道第一勘察设计院	3230	145	643	1523	1064	2528	577	1211	740	87	4	47	36	134	27	86	21	91	2	29	60	12		5	7	129	19	81	29	218	11	54	153	15	4	3		9
铁道第四勘察设计院	3013	178	753	1510	675	2144	677	1098	369	132	11	67	54	188	30	105	50	81	2	37	42	35	2	22	11	152	20	77	55	227	6	69	152	40	8	3	3	
哈尔滨铁路勘测设计院	114	6	29	49	36	108	29	46	33									1			1					3		2	1	2		2						
齐齐哈尔铁路勘测设计院	113	3	27	63	23	104	26	56	22																	5	1	4		4		3	1					
上海铁路城市轨道交通设计院	147	4	46	57	44	138	44	55	39																	3	2	1		5		1	4	1				
福州铁路勘测设计院	100	3	24	45	31	90	24	41	25																	5		3	2	4			4	1				
南昌铁路勘测设计院	126	5	28	62	36	111	27	57	27									2			2	1			1	5	1	2	2	5		3	2	2				
广州铁路勘测设计院	126	6	2	4	120	113	18	61	34									4		1	3	1		1		2	1	1		5			5	1				
柳州铁路勘测设计院	166	4	23	85	44	158	23	82	53									3		2	1					1		1		4			4					
兰州铁路勘测设计院	137	3	56	63	18	124	54	58	12									2	1	1		1		1		5	1	4		5			5					
乌鲁木齐铁路勘测设计院	135	3	25	56	54	128	25	51	52									6		4	2					1		1										
哈尔滨铁路建设集团公司	1073	20	47	394	632	639	36	251	352	31	1	8	22	5		3	2	121	1	30	90					122	8	57	57	145	1	40	104	5	5			
齐齐哈尔铁路建设集团公司	991	19	32	355	604	537	27	234	276	54	2	13	39	6		2	4	145	1	30	114	2		1	1	97	1	48	48	147	1	27	119	2	1			
上海铁路建设集团公司	989	17	49	279	661	613	44	173	396					1		1		73		13	60	5		1	4	171	4	55	112	122	1	34	87	2	1			1
福建铁路建设集团公司	793	13	39	252	502	524	34	172	318					4		2	2	60		16	44	2			2	109	4	29	76	92	1	32	59	2				
南昌铁路工程集团公司	1283	25	37	444	802	807	25	306	476					4		1	3	107	1	38	68					219	8	73	138	140	2	25	113	5			1	
广州铁路工程集团公司	1557	11	36	445	1071	975	27	288	660	34		11	23	6		3	3	144	1	46	97	6		4	2	190	3	55	132	200	2	36	162	2				
柳州铁路工程集团公司	873	16	30	264	579	565	24	176	365									46		13	33	3		1	2	135	6	46	83	119		24	95		3		2	
兰州铁路建设集团公司	1165	14	74	402	689	741	65	248	428	51	3	14	34	4		3	1	35	1	20	14	125	2	26	97	208	3	91	114	1			1					
乌鲁木齐铁路工程集团公司	554	6	11	237	306	364	7	153	204					2		1	1	68		32	36	2		1	1	73	4	39	30	45		11	34					
中国土木工程集团公司	387	305	111	134	142	192	62	62	68	1	1							41	4	16	21	1			1	15	1	7	7	72	10	19	43		65			
合计	63281	3281	6276	21594	34730	37945	4284	13096	20565	4204	443	1559	2202	1516	205	730	578	5532	295	1776	3461	520	4	115	401	6329	632	2579	3118	6859	400	1761	4698	191	106	42	17	20

制表：陈建军

总公司政工干部情况统计表

（2003年度）

单位	总数（人）合计	其中 选聘	女	少数民族	共产党员	民主党派	已取得专业职务	局级	处级	部门情况（人）党委政治部门	纪委	工会	共青团	其他	学历（人）本科及以上	专科毕业	专科肄业	中专毕业	中专肄业	高中	初中以下	年龄（人）35岁以下	36岁至40岁	41岁至45岁	46岁至50岁	51岁至54岁	55岁至59岁	60岁以上
总公司机关	58		12	3	52		58	16	15	29	12	14	3		24	23		2		5	4	5	3	12	13	10	15	
中铁十一局集团公司	387	80	39	4	323		326	4	71	189	16	83	6	93	62	118		34		123	50	57	24	80	95	66	65	
中铁十二局集团公司	570		51	9	503		570	1	54	137	32	81	21	299	96	172		181		103	18	41	202	182	97	33	15	
中铁十三局集团公司	463	103	57	19	385		463	3	50	155	24	44	6	234	130	181		26		73	53	85	47	127	107	65	32	
中铁十四局集团公司	641		79	9	525		588	3	92	233	26	75	15	292	178	187		101		113	62	172	56	121	136	92	64	
中铁十五局集团公司	491	108	45	10	450		412		67	148	41	102	20	180	51	232	2	42		87	77	97	36	117	126	88	25	2
中铁十六局集团公司	418		38	13	390		372	4	97	227	35	96	21	39	111	120		52		72	63	52	35	98	115	82	36	
中铁十七局集团公司	503		57	10	464		438	4	114	199	62	75	32	135	112	191		55		75	70	74	39	130	144	76	40	
中铁十八局集团公司	555		79	17	424		144	4	106	161	24	82	15	273	155	185		54		70	91	222	37	94	96	78	26	2
中铁十九局集团公司	423	423	53	22	353		139	4	66	162	15	61	9	176	76	160		39		86	62	90	27	124	86	42	53	1
中铁二十局集团公司	380	137	36	5	331		321	3	76	183	31	86	24	56	59	104		44		123	50	37	39	124	112	52	16	
中铁建设集团公司	49		5		49		49	1	24	4	4	5	1	35	17	27				5		5	4	15	13	10	2	
北京铁城建设监理公司	2		1		1									2	1					1				1	1			
中铁物资集团公司	38		7	2	34		33	1	19	11	3	7		17	13	15		2		2	6	5	2	8	8	7	8	
中铁路桥集团公司	86	43	14	2	73		70	3	17	16	5	8	2	55	22	37		6		12	9	19	13	15	18	13	7	1
北京铁建工贸集团公司	21		5		21		15	1	3	18	1	1	1		12	8				1		1	3	7	6	4		
昆明中铁大型养路机械集团公司	24		4	3			24	1	12	17	2	3		2	5	13		3		1	2	7	4	1	6	4	2	
中铁工程集团公司	30		14		22		26	2	2	3	1	1	1	24	15	13		2				2	10	11	2	4	1	
海外公司	4				4		1	1	3	1	1	1	1		3	1						1				3		
铁道建筑研究设计院	6		1		6		6	1	3	3	1	1	1		5	1						3		1		2		
总公司干校（党校）	6				6		4	1	1	1	1	1		3	4	2								2	2		2	
总医院	7		2		7		7		2	3	2	2			5	2							1	2			4	
石家庄铁路职业技术学院	10	3	1	1	10		10		1	7				3	9	1						1	2	3	1	1	2	

续　表

单位	总数（人）合计	其中：选聘	其中：女	其中：少数民族	其中：共产党员	其中：民主党派	其中：已取得专业职务	其中：局级	其中：处级	部门情况（人）党委政治部门	纪委	工会	共青团	其他	学历（人）本科及以上	专科毕业	专科肄业	中专毕业	中专肄业	高中	初中以下	年龄（人）35岁以下	36岁至40岁	41岁至45岁	46岁至50岁	51岁至54岁	55岁至59岁	60岁以上
铁道第一勘察设计院	129		23	2	107		129	3	30	9	10	25	2	83	38	63		8		13	7	9	21	23	37	26	13	
铁道第四勘察设计院	129	16	38	1	107		87	3	38	49	13	23	7	37	51	49		15		8	6	20	13	25	31	22	18	
哈尔滨铁路勘测设计院	3		2	1	3		3		2	2		1			1	2										3		
齐齐哈尔铁路勘测设计院	5		1		5		5		2	4		1			3	2							1			2	2	
上海铁路城市轨道交通设计院	3				3		3		1	2		1			2					1							3	
福州铁路勘测设计院	5				5		5		1	3		1		1	2	3							2		2	1		
南昌铁路勘测设计院	3				3				2	2		1			3							1	1		1			
广州铁路勘测设计院	3				3		3		2	1		1		1	2			1							3			
柳州铁路勘测设计院	3				3		3		1	2		1			3									2			1	
兰州铁路勘测设计院	1				1				1			1			1									1				
乌鲁木齐铁路勘测设计院	1				1				1	1						1								1				
哈尔滨铁路建设集团公司	137		26		135		122		6	82	12	15	5	23	29	68		11		29		23	12	26	29	30	17	
齐齐哈尔铁路建设集团公司	134	55	33	6	116		99		8	54	8	23	9	40	13	73		28		7	13	35	6	14	27	26	26	
上海铁路建设集团公司	103	28	14	1	97		102		7	44	5	25	2	27	16	39		26		10	12	11	7	10	38	21	16	
福建铁路建设集团公司	115	16	17		99		109		5	3	3	20	5	84	11	34		21		22	27	12	18	26	16	11	32	
南昌铁路工程集团公司	192	83	22		184		172		16	128	15	34	5	10	30	91		18		20	33	29	29	31	45	36	21	1
广州铁路工程集团公司	181	38	31		154		151		11	103	15	31	9	23	52	58		31		14	26	51	22	15	37	39	17	
柳州铁路工程集团公司	96		13	16	93					59	10	16	4	7	16	38		18		10	14	10	12	14	20	25	15	
兰州铁路建设集团公司	160		32	6	143		150		8	67	15	28	7	43	31	71		13		26	19	37	25	26	41	21	9	1
乌鲁木齐铁路工程集团公司	55	17	5	4	54		55		2	28	4	10	3	10	8	33		6		8		5	11	7	19	11	2	
中国土木工程集团公司	15		2		15				5	2	1	1	1	10	5	5		3		1	1	2		6	4	2	1	
合　计	6645	1150	859	166	5764		5274	64	1044	2552	450	1088	238	2317	1482	2423	2	842		1121	775	1221	764	1502	1534	1008	608	8

制表：陈建军

劳动工资

【劳动工资部】 负责总公司行政机构编制、劳动工资、劳动合同、工人调配、技师评聘、职业技能鉴定、职工管理与奖惩、劳动定额等工作的职能部门。定员 12 人，现员 13 人，设部长 1 人，副部长 1 人。其中，附设社会保险事业管理中心，负责养老保险、工伤保险、失业保险、生育保险等工作，定员 3 人，现员 4 人，设主任 1 人；附设外部劳务管理办公室（再就业服务指导中心），负责外部劳务管理和下岗职工再就业及基本生活保障工作，定员 2 人，现员 2 人，设主任 1 人；附设职业技能鉴定指导中心，负责职业技能鉴定工作，定员 3 人，现员 2 人，设主任 1 人。

2003 年，围绕总公司生产经营中心任务，积极抓改革、促稳定，劳动工资工作取得新进展：按照总公司整体改革部署，做好新划入单位的交接和重组工作；配合企业改制，研究新的劳动用工和收入分配制度；加大利润考核力度，实行新的工效挂钩办法；采取有力措施狠抓"三个确保"，社会保险等项工作步入良性发展轨道，保证了企业和队伍稳定；强化基础建设，深化职业技能鉴定、外部劳务管理和高新技术劳动定额测定工作，为施工生产服务做出新贡献。（王占科）

【总公司贯标认证办公室成立】 4 月 10 日，根据总公司本级贯标认证工作需要，经总公司党政领导干部联席会议研究决定，成立总公司贯标认证办公室，为总公司企业管理部附属机构，定员 2 人。（陈 维）

【部分单位名称变更】 石家庄铁路工程职业技术学院更名为石家庄铁路职业技术学院；总公司国内工程公司更名为中铁工程集团有限公司；总公司离退休职工管理处更名为离退休职工管理部。（陈 维）

【总公司西安南京铁路协调组与秦岭隧道工程指挥部合并办公】 经总公司研究决定，将总公司西安南京铁路协调组与西康铁路秦岭隧道工程指挥部合并办公，为一个机构两块牌子，原承担的工作职责、任务不变，由总公司扈振衣副总经理担任指挥长。（陈 维）

【总公司呼准铁路工程指挥部成立】 总公司中标呼和浩特—准格尔地方铁路工程总承包任务，为确保优质、高效、如期完成该项铁路建设任务，经总公司研究，决定成立呼准铁路工程指挥部，为总公司派出的项目管理机构，受总公司法人委托，负责呼和浩特—准格尔地方铁路项目的施工组织、工程质量、安全生产等全面管理工作。指挥部下设工程部、安全质量部、计划合同部、物资设备部、财务部、综合办公室，总定员 35 人，由总公司副总经理靳尚忍任指挥长。（陈 维）

【总公司本级工程项目部】 根据本级生产经营需要，年内总公司成立青成复线工程项目部、东莞水质净化厂工程项目部、重庆排水工程项目部、四川德格八一水电站工程项目部和新乡高速公路建设管理指挥部等 5 个本级工程项目部。（陈 维）

【铁道建筑公安局警察培训中心管理关系调整】 根据总公司、总公司党委《关于改进铁道建筑公安机关管理办法有关问题的通知》（中铁建公〔2002〕181 号）精神，经研究决定，将原由石家庄铁路职业技术学院、铁道建筑公安局实施双重管理的铁道建筑公安局警察培训中心调整为铁道建筑公安局直属单位，由铁道建筑公安局直接管理；将警察培训中心定员并入铁道建筑公安局机关定员；将警察培训中心现有人员的行政管理关系、党组织关系、工资关系转入铁道建筑公安局机关。警察培训中心划归铁道建筑公安局管理后，其职责任务不变，继续负责铁道建筑系统新民警初任培训、警衔晋升与职务晋升培训、警察专业与岗位培训工作。（陈 维）

【劳动工资计划】 根据劳动和社会保障部关于编制 2003 年劳动和社会保障事业发展计划的通知要求，总公司于 5 月 22 日下达 2003 年劳动工资计划：年末职工计划人数173 074人，其中长期职工171 464人，临时工1 610人；职工工资总额计划227 720万元。要求各单位严格控制接收统配人员，严格控制从总公司系统外调入职工；对实行新的工效挂钩办法企业的工资总额计划实行指导性管理，使职工收入增长与工作效率的提高、经济效益的增长相适应；对实行正常经费包干的内部事业性单位的工资总额计划实行指令性管理；建筑施工企业劳动生产率要比 2002 年提高 5% 以上，工业企业要提高 3% 以上。（靖 菁）

【追加新划入单位工资总额计划】 为认真做好新划入单位的工资计划工作，总公司专门下发传真电报，对新划入单位工资总额计划执行情况进行审核，并于 12 月 22 日对中国土木工程集团公司、铁道第四勘察设计院等 16 家单位下达正式工资总额追加计划。（靖 菁）

【劳动工资计划执行情况】 （1）职工人数。年末职工总数225 296人,其中在岗职工197 113人,非在岗职工28 183人。职工总数比2002年增加52 294人,主要是新划入21个单位增加的职工人数。其他从业人员为26 603人,主要是施工生产一线所用的非建制外部劳务。使用建制单位外部劳务184 253人。(2)工资总额与平均工资。全年支出工资总额348 442.1万元。年内支出在岗职工工资总额328 744.6万元,其中计时计件标准工资167 085.3万元,奖金及超额工资73 371.5万元,津贴和补贴79 387.6万元,加班加点工资及其他工资8 900.2万元。全年发放非在岗职工生活费19 697.5万元。在岗职工人均工资16 863元,比2002年增长27%。非在岗职工人均生活费7 708元,比2002年增长28%。(3)劳动生产率。全年完成企业总产值6 945 059万元。企业总产值劳动生产率165 889元,比2002年提高11.4%。 (靖 菁)

【下达工资工效挂钩基数、系数】 6月11日,总公司下达2003年度企业单位工资总额基数、实现利润基数、"百含"系数。要求各单位努力实现国有资本保值增值,未实现国有资本保值增值的单位,不得提取新增效益工资;加强对企业工资总额的管理,合理使用效益工资,做到留有结余,以丰补歉。 (靖 菁)

【新划入单位实行新的工效挂钩办法】 从2003年起,新划入的21个单位正式执行总公司工资总额与经济效益挂钩办法,对新划入单位近四年产值、利润、工资情况进行测算,于12月23日下达工资工效挂钩基数、系数,保证新划入单位工效挂钩办法正常运行。 (靖 菁)

【经营管理者奖惩】 依据总公司《企业经营管理者奖罚办法》和各单位2002年度主要经济技术指标完成情况,4月下发《总公司、总公司党委关于给予企业经营管理者奖励的通知》(中铁建劳〔2003〕51号),对51名企业经营管理者实施奖励,最多的奖励23万元,最少的奖励1万元。 (宋旭东)

【2002年工资补调】 1月,对总公司机关工作人员2002年度应正常调整的技能工资和岗位津贴进行补调,技能工资根据不同岗位职务按照7、8、9、10四个档次增加,岗位津贴以本人岗位工资为基数每人增加3倍。 (宋旭东)

【2003年工资调整】 8月,对总公司机关工作人员岗位技能工资进行正常调整,技能工资根据不同岗位职务按照7、8、9、10四个档次增加,岗位津贴以本人岗位工资为基数每人增加2倍。 (宋旭东)

【外部劳务管理】 针对总公司系统施工现场连续发生外部劳务群体性事件情况,总公司、总公司党委下发《关于切实加强外部劳务管理保持队伍稳定的通知》,要求各级党委、各级领导、各级机关充分认识维护社会稳定的极端重要性,增强政治责任心,正确处理改革发展稳定的关系,将外部劳务的使用管理工作融入企业改革,按照"谁使用谁负责、谁主管谁负责"的原则,认真落实外部劳务管理责任制;建立外部劳务工资保证金制度,解决拖欠民工工资问题;制定应急措施,防范突发事件。 (陈 维)

【下岗职工基本生活保障】 2003年,认真贯彻《中共中央、国务院关于进一步做好下岗失业人员再就业工作的通知》(中发〔2002〕12号)和全国再就业工作会议精神,积极做好下岗职工基本生活保障工作,加强对下岗职工基本生活保障中央财政补助资金的使用管理和监督检查,积极探索下岗职工再就业的办法和途径。全系统年初下岗职工人数6 299人,年末下岗职工人数为3 437人。全年共筹集下岗职工基本生活费2 227.82万元,其中申请中央财政补助资金1 588万元,企业筹集639.82万元,全年实际发放下岗职工基本生活费1 623.47万元。各单位结合主辅分离、辅业改制工作,积极帮助下岗职工再就业。截至年底,申请下岗职工基本生活保障财政补助资金的困难企业仅有6家。 (张介鹏)

【职业技能鉴定】 根据总公司职业技能鉴定"十五"总体规划目标,2003年度下达职业技能鉴定计划16 097人,其中初级工1 388人,中级工5 491人,高级工8 095人,技师879人,高级技师244人,涉及150个职业(工种)。经资格审查,全年实际参加职业技能鉴定11 528人,其中初级工357人,中级工1 963人,高级工8 032人,技师1 040人,高级技师136人。经鉴定考核通过10 176人,总通过率88.3%。其中初级工327人,通过率91.6%;中级工1 595人,通过率81.3%;高级工7 459人,通过率92.9%;技师704人,通过率67.7%;高级技师91人,通过率66.9%。 (吴靖文)

【职业技能鉴定考评员培训】 根据劳动和社会保障部要求,年内总公司系统有191人参加国家职业技能鉴定管理人员和高级考评员资格培训。经考试并报劳动和社会保障部资格认证,总公司聘任49人为职业技能鉴定管理人员,聘任142人为高级考评员。 (吴靖文)

【技师、高级技师任职资格评审】 经过职业技能鉴定和各级技师、高级技师评审委员会评审，年内批准704人的技师任职资格，批准91人的高级技师任职资格。（吴靖文）

【建立技师、高级技师培训与考核基地】 根据劳动和社会保障部要求，为确保技师、高级技师考评质量，总公司印发《关于对申报技师、高级技师人员统一进行职业培训、技能鉴定和综合评审工作的实施意见》，决定在中铁十一局集团公司襄樊技校、中铁十二局集团公司湘潭技校、中铁十三局集团公司长春技校、中铁十四局集团公司职工培训中心、中铁十七局集团公司职工培训中心、中铁十八局集团公司天津技校、中铁二十局集团公司渭南技校分别建立总公司技师、高级技师培训与考核基地，并明确培训与考核技师、高级技师的职业(工种)范围、条件和职业标准等。从2004年起，对企业申报技师、高级技师人员，通过培训与考核基地统一进行职业培训和技能鉴定。（吴靖文）

【铁道部脱钩企业特有工种职业技能鉴定纳入总公司统一管理】 为理顺铁道行业特有工种职业技能鉴定管理工作关系，经铁道部请示劳动和社会保障部批准，同意将铁道部脱钩企业特有工种职业技能鉴定工作纳入总公司统一管理，在劳动和社会保障部指导下开展工作。（吴靖文）

【劳动定额管理】 2003年，总公司原各局集团公司和新划入的原铁路局工程(建设)集团公司实行劳动定额管理人数共89 904人，占期末职工总数的60%，占直接生产人员总数的88%；实行计件工资管理人数共70 355人，占实行劳动定额管理人数的79%。定额工作实用小时占实际总工作小时的81.4%，工时利用率94.7%。综合完成劳动定额水平为115.8%。2002年实行劳动定额管理人员完成劳动定额的均衡率为95.7%。（苗振林）

【“秦沈客运专线施工应用工业工程原理研究”获奖】 8月7日，劳动工资部和中铁十四局集团公司共同承担的全国劳动定额定员标准化技术委员会和总公司科研课题“秦沈客运专线施工应用工业工程原理研究”，在北京通过由劳动和社会保障部劳动工资司、建设部人事教育司、铁道部科学技术司和建设管理司、国家标准化委员会、中国劳动标准专业委员会、北方交通大学等单位专家、学者组成的评审委员会评审，获2003年度总公司科技进步二等奖。（苗振林）

【“城市地铁盾构法施工定额研究”通过评审】 12月26日，劳动工资部和中铁十六局集团公司共同承担的全国劳动定额定员标准化技术委员会和总公司科研课题“城市地铁盾构法施工定额研究”，在北京通过由劳动和社会保障部劳动工资司、铁道部科学技术司和建设管理司、北京市科技成果奖励办公室、北京市科学技术评价研究所、北方交通大学等单位专家、学者组成的评审委员会评审。（苗振林）

【调整退休退职人员基本养老金最低标准】 1月14日，根据北京市劳动和社会保障局《关于调整北京市城镇企业退休退职人员基本养老金最低标准的通知》精神，总公司在京单位按照统一部署，对退休人员、占地农转工月基本养老金最低标准调整为466元，退职人员调整为405元，其费用在养老金统筹中支付。（衣守义）

【调整伤残抚恤金和护理费标准】 8月1日，总公司下发通知，从2003年7月1日起，对企业职工伤残抚恤金和护理费标准进行调整：一级伤残月增45元，二级伤残月增40元，三级伤残月增35元，四级伤残月增30元，五六级伤残月增25元；完全护理依赖调整为每月640元，大部分护理依赖调整为每月530元，部分护理依赖调整为每月420元。（衣守义）

【调整离休人员基本养老金】 10月27日，总公司转发北京市《关于2003年调整城镇企业离休人员基本养老金的通知》，对在京统筹单位离休人员基本养老金进行调整。12月15日，根据北京市《调整城镇企业离休人员基本养老金的通知》精神，对离休人员基本养老金再次进行调整。在京单位离休人员最高月增220元，最低月增50元。（衣守义）

【调整退休人员基本养老金】 根据北京市劳动和社会保障局的统一部署，总公司下发《关于2003年参加北京市养老统筹企业退休人员基本养老金调整的通知》，对2002年12月31日前按月领取养老金人员的基本养老金进行调整，调整标准按缴费年限和退休时间分别进行，高级职称和军转干部享受特殊政策。（衣守义）

【总公司工伤保险培训班】 10月10日～15日在昆明举办，120余人参训。培训班学习贯彻新《工伤保险条例》，邀请劳动和社会保障部医保司工伤保险处负责人及有关专家到会授课。（衣守义）

【社会保险稽核检查与审计】 11月27日，总公司下发文件，明确京外单位基本养老保险、失业保险的稽核审计工作由地方政府负责；工伤保险、生育保险、企业补充保险的稽核审计工作由总公司社会保险中心负责。 （衣守义）

【规范社保基金帐户管理】 12月1日，总公司下发文件，对规范和加强社会保险基金帐户设立与管理问题作出规定：各项社会保险基金帐户由社保机构管理，社保基金帐户设立按国家、省市和总公司有关规定办理，建立社会保险基金帐户设立报批制度，对基金帐户设立情况进行检查清理。 （衣守义）

【基本养老保险工作与地方并轨】 12月15日，总公司下发《关于做好原行业基本养老保险并轨和社会保险管理工作有关问题的通知》，原行业移交地方五年过渡期于2003年底结束，从2004年1月1日起，原行业计算办法及相关政策均停止执行，基本养老保险完全与地方并轨。《通知》要求妥善处理并轨前后退休人员的企业负担关系，确保并轨工作平稳顺利。 （衣守义）

【总公司系统社会保险统计】 截至2003年12月31日，全系统参加基本养老保险职工225 011人（含新划入单位），离退休（退职）人员65 004人；缴费总额82 470万元，其中职工个人缴纳21 948万元，企业缴纳60 522万元；养老金支付62 512万元，差额上缴19 958万元，企业负担9 585万元。 （衣守义）

公　安

【铁道建筑公安局】 国家公安机关的组成部分，是国家派驻企业、对铁路建设治安秩序实施管理的治安行政机构。依法行使国家赋予公安机关惩治违法犯罪、维护内部稳定和保卫国家经济建设的职能。根据中央机构编制委员会办公室〔2001〕82号文件和公安部〔2002〕173号批复、公安部十局《关于改进铁路工程、铁道建筑公安机关管理办法的通知》（〔2002〕1号）及总公司、总公司党委《关于改进铁道建筑公安局机关管理办法有关问题的通知》精神，进一步理顺和改革公安管理体制，改革后的公安局、处增加政工、督察、财务等内设部门。铁道建筑公安局下辖10个公安处、2个直属公安分处。

2003年，铁道建筑公安局紧紧围绕企业改革、发展、稳定大局，充分发挥职能作用，认真履行“保一方平安”的政治责任，以施工现场为重点，以改进公安管理办法为契机，以贯彻公安部“五条禁令”为切入点，坚持不懈地开展队伍专项整治，大力推进队伍建设和各项公安工作开展。一是充分发挥职能作用，严厉打击各类刑事犯罪活动。全年共破获刑事案件1 042起，协破地方案件241起，抓获犯罪嫌疑人1 121名，收缴赃款赃物折款1 152.8万元。特别是在抗击“非典”的特殊情况下，广大公安民警恪尽职守，无私奉献，坚持战斗在第一线，积极参加公安部统一部署的“蓝盾”打击行动，在京秦、西安南京、武九、兰武、宝兰二线、赣龙、渝怀、青藏等8个重点铁路施工区段对各类违法犯罪活动发起凌厉攻势。同时，利用法律手段严厉打击各类经济犯罪活动，侦破诈骗、侵占等经济类犯罪案件96起，为企业挽回经济损失929.44万元。二是认真贯彻“预防为主、打防结合、标本兼治、综合治理”的方针，按照“谁主管，谁负责”的原则，将爆炸物品安全管理与企业“贯标”紧密结合起来，纳入企业质量、环境、职业健康安全管理体系的“贯标”程序。积极开展创建安全文明小区和治安模范工地活动，开展治安专项整治，大力整治治安秩序。全年受理治安案件5 649起，查处5 632起，处罚各类违法人员5 825人次。认真开展矛盾纠纷的排查调处工作，调解处理各类阻工事件和矛盾纠纷5 825起，果断处置了12起重大群体性械斗事件。三是积极开展队伍建设专项整治活动，以“贯彻十六大，全面建小康，公安怎么办”大讨论为主线，以牢固树立执法为民思想为核心，坚持不懈地加强公安队伍建设。按照公安部十局〔2002〕1号文件和总公司〔2002〕181号文件精神，精心筹划、积极协调、稳妥运作，努力推进改进公安管理办法的落实。依照公开、公平、公正的原则，实行全员竞聘上岗制度。严格执行公安部“五条禁令”，开展公务用枪、警用车辆专项清理整顿，加大督察力度，严肃处理民警违法违纪问题。通过“大讨论”，执法为民思想深入警心，基层基础工作进一步加强，执法行为更加规范，执法质量逐步提高，队伍的组织机构、勤务方式、内务管理、监督机制和民警的思想觉悟、组织纪律、教育训练发生深刻变化，队伍整体战斗力明显加强，职工群众的满意度不断提高。民警积极参加抢险救灾、扶危救困等活动，年内为群众做好事7 949起，新闻媒体刊载宣传公安机关和公安民警先进事迹的稿件150余篇，涌现出袁辉伟、吴炎森等一批优秀民警，有20个先进集体和161名民警立功受奖。 （刘彦照）

【光荣榜】

全路优秀人民警察

袁辉伟　吴炎森

荣立三等功的集体

第十一公安处五分处“5.19”特大抢劫案专案组

第十一公安处四分处“7.1”专案组

第十六公安处二分处“5.16”专案组

第十七公安处五分处

第十七公安处一分处“2.16”专案组

第十九公安处一分处“5.29”专案组

第十九公安处二分处第二派出所

第十九公安处三分处第三派出所

第十九公安处“5.15”系列盗窃自行车案专案组

第十九公安处“11.4”恐吓、敲诈勒索案件专案组

第二十公安处“5.29”专案组

公安局直属二分处“5.25”特大盗窃工程电缆案专案组

荣立三等功的个人

刘全彩　崔宝科　于国良　王乃忠　苏荣德
常金光　刘　奎　邱晓武　梁冠义　方绍刚
刘春贺　刘玉岫　曹卫国　王忠轩　樊晓湖
杨全国　王建华　孙海宁　章忠全　周必武
刘　波　白云飞　王贤能　梁兴厚　马智前
林京闽　言智辉　郝彩军　任爱民　孙家新
张念宏　潘炼刚　张光辉　李　文　陈国忠
倪训付

铁道建筑公安局优秀人民警察

秦晓辉　王富强　袁辉伟　韩晓光　张希义
马　龙　付建平　肖增红　宋绍文　郑茂旺
郭乃瑞　袁志光　任二社　冯文智　江克高
言智辉　张元生　吴炎森　李锦锋　马建来
王金岭　石振波　于保友　崔景柱　刘　勇
冯利军

铁道建筑公安局通令嘉奖集体

铁道建筑公安局刑侦处

第十九公安处刑警支队

第十九公安处治安支队

第二十公安处刑警支队

第十五公安处一分处

第十三公安处一分处

第十六公安处八分处万水泉南站派出所

第二十公安处一分处第二派出所

铁道建筑公安局通令嘉奖个人

徐成林　郑顺宽　葛学刚　罗红星　杨少华
张　琼　辛向东　赵安民

（张念宏）

【改进公安管理办法】　铁道建筑公安局认真贯彻公安部十局〔2002〕1号文件和总公司〔2002〕181号文件精神，先后三次召开会议进行专题部署，精心筹划、积极协调、稳妥运作，做了大量工作。一是开展“以有为争有位”的思想教育，引导民警找准自己位置，增强使命感和危机感；二是先后出台队伍整顿、组织编制和干部、经费管理等一系列配套措施和办法，为改进公安管理办法奠定了基础；三是加大领导班子考核力度，局党组先后对所辖10个公安处领导班子进行认真考核。四是依照公开、公平、公正的原则，实行全员竞聘上岗，进一步理顺管理机制，公安队伍的整体素质和战斗力明显提高。

（张念宏）

【全力以赴抗击“非典”】　在抗击“非典”战斗中，各级公安机关和全体民警恪尽职守，以务实、严谨、科学的工作作风，积极参与“非典”疫情处置工作。年内共张贴防控“非典”标语、发放宣传材料2万余份，积极参与清理出租房屋、清查暂住人口、审核外来人口、封闭人员聚集的公共场所及办理人员、车辆出入证及临时通行卡等工作，坚持24小时值班和每日疫情报告制度，出警156人次参与11起“非典”疫情和疑似病例的处置，民警无一例感染。

（张念宏）

【“蓝盾”行动】　根据上级统一部署，结合总公司实际，于5月15日～7月15日组织开展“蓝盾”行动。各级公安机关以高昂的斗志和大无畏的精神，坚持一手抓抗击“非典”，一手抓打击犯罪、整治辖区治安，在短短两个月的时间里，共破获各类刑事案件702起，捕获犯罪嫌疑人656名，逮捕劳教68人，打掉犯罪团伙24个，抓获团伙成员142人；查处治安案件1 167起，处罚违法人员1 132人，收缴赃款赃物折款178.5万元；清查外部人员6万余名，清理辞退民工1 438名。

（谢红海）

【认真开展“大讨论”，促进公安队伍建设】　在公安部统一组织开展的“贯彻十六大，全面建小康，公安怎么办”的大讨论中，公安局党组周密部署，精心组织，以转变执法观念、实践执法为民为重点，结合实际，坚持边学习、边讨论、边查找、边整改，采取下发宣传教育提纲、组织知识竞赛和观看专题录像片等形式，认真抓学习贯彻、抓组织领导、抓思想教育、抓正反典型、抓基层建设、抓领导作风、抓监督管理、抓制度落实，不断将“大讨论”活动引向深入，有力地促进了公安队伍建设。

（张念宏）

【案件侦破】　全年共立刑事案件1 290起，破获1 042起，协破地方案件241起，抓获犯罪嫌疑人1 120名，打掉犯罪团伙42个，抓获成员192名，逮捕、劳教142

名，收缴赃款赃物折款1 152.75万元。

5月中旬，第十八公安处一分处在渝怀铁路打掉一个专盗铁路工程物资的犯罪团伙，抓获涉案成员7人，破获盗窃工程材料系列案件9起，为企业挽回直接经济损失2万余元。

5月15日，铁道建筑公安局针对“非典”流行期间，总公司机关多次发生入室盗窃案件的情况，组织警力蹲守，历时半个月，侦破轰动一时的系列入室盗窃案，受到总公司领导和机关职工群众的称赞。

5月下旬，第十六公安处在西安南京铁路施工现场连续奋战一个月，一举破获盗窃案件12起，打掉一个以青少年为主的盗窃团伙，抓获犯罪嫌疑人11名，为企业挽回经济损失10余万元。

7月28日，第十一公安处三分处民警先后奔赴武汉、鄂州、宁乡，跟踪监守18天，将逃至湖南宁乡的犯罪嫌疑人程时胜抓获，侦破一起震惊黄石市的特大纵火案。

10月8日，第十三公安处四分处从一起入室盗窃案着手，深入电子市场调查取证，迫使嫌疑人丁某供认盗窃汽车、电脑、手机等价值30余万元物品的犯罪事实。

11月20日，第十九公安处根据企业领导人报案，经多方查证，将恐吓和敲诈勒索五公司领导人邢某30万元现金的犯罪嫌疑人从宁夏银川和辽宁抓获归案，及时消除了社会隐患。（谢红海）

【打击经济犯罪】 年内侦破诈骗、侵占等经济犯罪案件96起，追缴赃款赃物折款929.44万元，避免经济损失2 674.16万元。

5月19日，第十九公安处将1995年诈骗货款38万元的犯罪嫌疑人李周延抓获归案。

6月9日，第十六公安处二分处民警冒着感染“非典”的危险，深入云贵地区调查取证，侦破内部材料员沈月祥侵占二公司25万元工程材料的犯罪事实，有力地打击了职务犯罪行为。

9月4日，第十九公安处对一公司山东籍包工头侵占民工工资案果断立案，帮助民工追回拖欠工资182万元，抓获犯罪嫌疑人王光贞，有效地维护了弱势群体的合法权益。

10月，第十四公安处针对一公司、四公司在经营中被骗案，经与法律专家和检察机关商定后果断立案，将7名犯罪嫌疑人移诉法院，为企业避免经济损失130余万元。

此外，第二十公安处通过办理“970”诈骗案件，不仅将犯罪嫌疑人送上法庭审判，同时为企业避免经济损失720万元，深受企业领导和职工称赞。（谢红海）

【刑侦工作座谈会】 11月27日～12月1日在北京大兴召开。会议总结刑侦工作经验，分析刑侦工作和刑侦队伍建设存在的问题，研究刑侦工作的基本思路，形成《关于加强和改进刑侦工作的意见》，强调要以贯彻《中共中央关于加强和改进公安工作的决定》为契机，大力加强刑侦队伍业务素质培训，努力提高侦查破案水平和攻坚能力。（谢红海）

【建立刑事案件定期审核把关制度】 针对刑侦破案捕教数量偏低、办案质量不高问题，铁道建筑公安局决定从8月开始，实行刑事案件定期审核把关制度。要求各级刑侦部门每月对管辖的刑事案件进行逐案审查，特别是要对立案、定性、强制措施使用和嫌疑人处置等环节实施监督检查，狠抓执法过错责任追究，减少执法随意性，进一步提高办案质量。（谢红海）

【成立法制督察处】 为加强铁道建筑系统公安队伍的正规化、法制化建设，适应新时期队伍建设需要，根据总公司、总公司党委《关于改进铁道建筑公安机关管理办法有关问题的通知》精神，于9月成立公安局法制督察处。其主要职责是为公安工作提供法律咨询，进行执法监督，规范执法行为，提高办案质量，并做好行政复议、行政诉讼应诉工作，保障和监督铁道建筑公安机关及人民警察依法履行职责、行使职权。（邱晓武）

【执法质量考评】 根据《铁路公安机关执法质量考核评议实施办法》的规定，从10月起，公安局先后派出9个工作组，对各公安处的执法质量进行考核评议。共查刑事案卷983卷，治安案卷2 536卷。总体看，各单位如实立案、按程序办案，所办案件事实清楚、证据充分、法律手续完备，无超期羁押、滥用强制措施现象，执法质量显著提高，在铁道部公安局执法质量考核评议中被评为优秀。（邱晓武）

【建立警风警纪监督机制】 各级公安机关根据队伍值勤点面广、高度分散的特点，聘请警风监督员391名，充分发挥警务督察部门和警风督察员的作用；积极推行民警请示报告制度和委托工程项目部对在驻民警进行监督考核制度，从而建立了警风警纪的内部、外部监督机制。（邱晓武）

【专项警务督察活动】 1月22日，公安部颁布“五条禁令”，为使“五条禁令”在全体民警中贯彻落实，公安局组织12个督察小组深入基层明查暗访。国庆节期间，公安局派出5个督察组，对各单位值班备勤、民警警务状态进行现场督察。年内共检查民警2 087人次，查出3名民警违反“五条禁令”，并给予相应的处分。通过开展警务督察活动，有效遏制了民警违反“五条禁令”案件的发生。（邱晓武）

【清理整顿公务用枪、警用车辆专项行动】 根据铁道部公安局《关于开展清理整顿枪支、警用车辆专项行动的通知》精神，针对铁道建筑系统警用车辆多、分布广、管理乱和非警务人员驾车多次违纪的现状，公安局党组决定自11月1日～12月31日，在全系统范围内开展清理整顿公务用枪、警用车辆专项行动。通过清理整顿，对民警的配枪资格进行重新审核，对203辆手续不全、达到报废年限或非公安机关使用的警车予以封存、停用、报废或改换民用号牌。（邱晓武）

【建立信息报告制度】 针对铁道建筑公安系统信息报告相对滞后的状况，公安局决定自10月起，在局域网上设立“每周信息”栏目，要求各单位落实人员，每周按时将上周的公安工作、队伍建设、治安动态、各类案件信息综合整理上报，并建立信息报告评比制度，使公安信息在互通情况、交流经验、推动工作和协助领导决策中发挥了积极作用。通过评比，第十一、十九、十七公安处分获前三名。（张念宏）

【建立报表评分制度】 为提高公安报表质量，促进公安统计工作规范化建设，公安局于5月建立公安报表评分制度。经试运行，不报、错报、迟报、漏报及上报不规范等问题明显减少，报表质量明显提高，第十七、十三、十一公安处和田晓莉、尹希刚、赵夏玲等单位和个人表现突出，受到公安局通报表彰。（谢红海）

【爆炸物品安全管理】 年内全系统推广使用爆炸物品流向监控管理办法，在爆炸物品的购买、建库、保管、领发、清退等环节建立12种台帐簿册，并纳入《中国铁道建筑总公司管理体系程序文件》，对爆炸物品安全管理进行全过程监控，保障了安全生产。（张恒友）

【治安专项整治行动】 年内重点针对渝怀、西安南京铁路铺架期间拆盗铁路扣件和朔黄二期、武九铁路施工中拦路断道、阻工等188处治安“乱点”，先后投入警力15 487人次，开展治安专项整治行动，及时制止哄抢、械斗等群体性事件816起，为企业避免经济损失2 168万元，挽回经济损失1 062万元，确保重点工程施工生产顺利进行。（张恒友）

【群防群治】 各级公安机关充分发挥“两会一队”及治安联防队、巡逻队、保安等群防群治组织的作用，年内组建治保会886个3 928人，联防队、巡逻队260个1 460人，提供案件线索550条，协助调解纠纷1 920起，有效地维护了辖区的治安秩序。（刘金平）

【派出所等级评定】 根据铁道部公安局《铁路公安派出所等级评定工作实施办法》的规定，本着“起点要高、标准要严”的要求，公安局从9月起组织力量对派出所进行逐级检查考核，评定三级派出所27个，申报二级派出所2个。各公安处评定四级派出所95个，五级派出所26个。（张恒友）

【治安案件查处】 年内共发现并受理治安案件5 649起，查处5 632起，处罚各类违法人员5 825人次，罚没款总金额19.33万元；调解各类纠纷5 825起。（刘金平）

【公务用枪安全检查】 公安局认真贯彻公安部《公安民警违反公务用枪管理使用规定行政处分若干规定》和“五条禁令”，自3月5日～5月25日，组织开展公务用枪安全管理检查活动。先后组织80多个工作组，对183名各驻地携枪民警进行抽查，对不具备保管条件的枪支全部收回公安机关集中保管，同时投入资金10余万元新购双门双锁专用枪柜9个、枪纲78个、枪锁271个，落实公务用枪安全管理措施。（刘金平）

【消防安全教育与检查】 以衡阳“11.3”特大火灾事故和莫斯科人民友谊大学、韩国大邱地铁火灾等典型案例为教材，利用广播、板报和“119”宣传日，对职工群众进行防火安全和消防法律法规宣传教育，提高全员防火安全意识。年内全系统先后组织3次消防安全大检查，派出工作组150个754人次，发现火险隐患448处，整改430处，发整改通知书314份，有效地消除了火灾隐患，确保了消防安全。（关开健）

【国家领导人视察建设工地期间的安全警卫工作】 7月3日，全国人大常委会副委员长韩启德一行16人，视察青藏铁路南山口—三岔河特大桥建设工地。根据上级公安机关的要求，公安局严密部署、周密安排，圆满完成警卫任务，受到上级领导的好评。（刘金平）

【新民警培训】 3月18日～4月28日，在石家庄举办一期新民警初任培训班，78名民警参加为期40天的培训。（宁翔鹏）

【警衔晋升】 国务院总理温家宝签发命令，批准刘彦照晋升为二级警监警衔。公安部部长周永康签发命令，批准朱德全、赵金茂晋升为三级警监警衔，郭辉等52人晋升为一级警督警衔，吴成杰等140人晋升为二级警督警衔，杜成晏等14人晋升为三级警督警衔。铁道部公安局局长姜战林签发命令，批准盛鹏飞等45人晋升为一级警司警衔，陶继东等67人晋升为二级警司警衔，惠玉成等50人晋升为三级警司警衔。（宁翔鹏）

【开通公安局网络办公主页】 年内公安局购置专用服务器，组织人员开发本局主页，为全局网上办公提供平台，并于10月1日正式运行。公安局主页包括新闻发布、信息传输、业务交流和信息服务等内容，为铁道建筑系统提供了一个展示公安工作的窗口。（谢红海）

【开通公安电子邮件系统】 根据铁道部公安局的统一部署，公安局于12月初开通电子邮件，与铁道部公安系统电子邮件联网，为各单位提供规范、便捷的公安信息服务。（谢红海）

【“卫士之光”书法、美术、摄影作品展】 7月14日～17日，公安局在北京举办第三届全国公安系统“卫士之光”书法、美术、摄影作品展预展暨第一届铁道建筑公安系统“卫士之光”书法、美术、摄影作品展。入选作品75件，其中书法作品39件，美术作品8件，摄影作品28件。经评选，有33件作品获奖，展示了铁道建筑公安民警的书法、美术、摄影创作成果，推动了公安系统的文化建设，丰富了民警的业余生活，得到有关专家、领导和参观者好评。（常金光）

2003年侦破刑事案件统计表

单位＼数量＼项目	立案			破案				捕获犯罪嫌疑人				追缴赃款赃物（万元）	侦办经济案件	
	总数（起）	当年案件（起）	年前案件（起）	总数（起）	当年案件（起）	年前案件（起）	地方案件（起）	总数（人）	其中 团伙（个）	其中 成员（人）	其中 捕教（人）		追缴赃款（万元）	避免经济损失（万元）
第十一公安处	109	105	4	89	81	3	5	74	3	15	16	22.587	15	40
第十二公安处	65	65		53	49		4	42	1	4		59.001		
第十三公安处	86	65	21	108	62	21	25	74			2	26.700	19.6	20
第十四公安处	40	40		38	29		9	32			4	33.137	30	103
第十五公安处	143	138	5	107	90	4	13	138	4	17	8	48.860	25.54	34.86
第十六公安处	189	186	3	153	138	3	12	147	9	54	7	98.581	39.8	25
第十七公安处	172	172		240	149		91	200	11	42	28	201.004	186.5	501.3
第十八公安处	144	133	11	136	123	11	2	143	4	26	27	29.363	12	130
第十九公安处	146	146		170	128		42	111	6	22	35	27.943	11	200
第二十公安处	166	165	1	173	134	1	38	138	4	12	4	122.197	110	1120
直属二分处	14	13	1	8	8			20			10	2.860		
直属四分处	16	16		8	8			2			1	480.518	480	500
合计	1290	1244	46	1283	999	43	241	1121	42	192	142	1152.751	929.44	2674.16

制表：谢红海

2003年查处治安案件统计表

项目		序号	发现受理(起) 合计	城区	郊区	镇	乡村	其他	查处(起) 合计	机关团体企事业单位	车站码头	居民区	宾馆饭店	文体场所	娱乐场所	服务场所	城区	郊区	镇	乡村	其他	查处违法人员(人) 合计	移交有关部门	劳教少教	治安处罚 小计	警告	罚款	拘留	其他
			1	2	3	4	5	6	7	8	9	10	11	12	13	14	15	16	17	18	19	20	21	22	23	24	25	26	27
合计		1	5649	955	251	2322	1998	123	5632								952	246	2325	1989	120	6418	2	2	5921	1630	4183	108	493
扰乱社会秩序	扰乱工作、公共秩序	2	1104	416	33	318	320	17	1104								416	33	318	320	17	1186			1139	379	739	21	47
	结伙斗殴、寻衅滋事	3	23	3	2	11	7		23								3	2	11	7		47			45	24	19	2	2
	侮辱妇女及其他流氓活动	4	16	2	1	5	8		16								2	1	5	8		17			16	5	11		1
	阻碍国家工作人员执行职务	5	15	5		2	8		13								5		2	6		16			16	6	9	1	
	其他	6	25	7	1	7	8	2	25								7	1	7	8	2	31			20	6	13	1	11
危害公共安全	违反枪支管理规定	7	6			1	5		6										1	5		6			6	1	5		
	违反经营旅店、饭店安全规定	8																											
	违反剧毒、放射性物品管理规定	9																											
	违反爆炸物品管理规定	10	337	1	7	207	107	15	337								1	7	207	107	15	354			354	57	293	4	
	非法持有、私藏爆炸物品	11	25			16	9		24										15	9		26			26	4	22		
	丢失爆炸物品	12	1				1		1											1		1			1		1		
	非法制造、销售烟花爆竹	13																											
	其他	14	210	72	17	55	63	3	209								71	17	55	63	3	220			187	44	141	2	33
侵犯人权	殴打他人	15	967	49	37	467	382	32	962								48	37	467	379	31	1213			99	402	564	33	214
	其他	16	58	11	6	18	15	8	56								11	4	18	15	8	63			58	23	33	2	5
侵犯公私财物	偷窃少量财物	17	1388	317	44	470	540	17	1381								317	41	471	536	16	1465		2	1351	333	991	27	112
	骗取、抢夺、敲诈、勒索财物	18	36		6	17	13		35									6	16	13		48			45	19	18	8	3
	哄抢公私财物	19	13		3	3	7		14									3	4	7		21			20	4	16		1
	故意损坏公私财物	20	166	10	18	66	71	1	166								9	18	67	71	1	198			154	53	97	4	44
妨害社会管理秩序	伪造倒卖票券、证件	21	3			1		2	3										1		2	3			3		3		
	毒品违法案件	22	1				1		1											1		2			2		2		
	私种毒品原植物	23																											
	吸食、注射毒品	24	1				1		1											1		1							1
	利用迷信扰乱秩序或骗财	25	2	1			1		2								1			1		2			2	1	1		
	违反严禁淫秽物品管理规定	26	4			2	2		3										1	2		3			3		2	1	
	卖淫、嫖宿暗娼	27	7	2		4	1		8								2		5	1		15	2		13	7	6		
	介绍容留卖淫、嫖宿暗娼	28																											
	赌博	29	120	21	10	48	40	1	119								21	10	47	40	1	364			363	85	277	1	1
	其他	30	225	25	6	39	145	10	227								25	6	41	145	10	213			207	46	160	1	6
违反户口管理规定		31	1		1	38	3		42									1	38	310		42			42	7	35		
违反居民身份证管理规定		32	42	3	9	27	10		49								3	9	27	10		49			49	12	37		
其他		33	832	10	50	516	241	15	831								10	50	516	241	14	840			827	116	711		13

制表：刘金平

离退休职工管理

【离退休职工管理部】 原为离退休职工管理处，经总公司研究决定，于4月16日更名为离退休职工管理部。负责总公司机关离休、退休、提前离岗、内部退养职工日常管理与服务的职能部门，归口管理总公司关心下一代工作委员会工作。定员10人，现员20人。设部长1人、副部长2人，年内增设专职党总支书记（兼副部长）1人；干部15人，工人5人。

2003年，总公司系统有离休、退休、退职人员21 574人，其中离休职工2 208人，退休职工19 861人，退职人员1 525人。总公司机关及驻京直属单位的离休、退休、提前离岗、内部退养职工809人，其中总公司机关505人，驻京直属单位304人。（孙启业）

【离退休职工管理与服务】 (1)认真落实离退休职工政治、生活待遇。全年为离退休职工订阅、分发报纸15 632份、刊物200余份，收转信件4 000余封。阅览室订报16种、刊物17种，传阅文件500余份，为年大体弱、行走不便的离退休职工传阅文件350余份、88人次。离退休职工的养老金按月足额发放，基本医疗费得到较好落实，全年为离退休职工发放补贴432万元，500余人参加年度健康体检，并注射抗“非典”疫苗和预防流感疫苗，为33位70岁以上的老职工祝贺生日，慰问生病老职工281人次，为离退休干部出车服务543台次，累计33 563公里。(2)积极组织离退休职工开展老年文体活动。年内组织老年文体活动16项，承办总公司老年体协和参与铁道部火车头体协举办的文体竞赛10项，为退休干部张达春举办个人根雕、木雕展览，丰富、活跃了离退休职工的文化生活。(3)开展为困难离退休职工“送温暖”活动。元旦春节期间，看望慰问特困职工28户、困难职工37户、烈属遗属29户，把党组织的关怀、企业的温暖送到离退休职工家中。(4)先后组织召开铁道兵老首长、总公司老领导、离退休职工代表迎春茶话会，由总公司领导通报企业改革和生产经营成果，听取心系企业的离退休职工为企业改革发展稳定出谋献策。（孙启业）

【总公司离退休职工工作座谈会】 10月20日～22日在北京召开。会议总结离退休职工工作情况，交流离退休职工管理经验，研讨离退休职工向社区管理过渡新情况下加强离退休职工管理与服务工作的新思路、新途径，王振侯总经理、李国瑞书记、邹才华副总经理、霍金贵副书记等到会讲话。（孙启业）

【关心下一代工作】 (1)传达贯彻全国铁路关心下一代工作座谈会精神。1月，向总公司党委上报贯彻会议精神的专题报告，2月下发文件，对关心下一代工作提出明确要求。(2)组织开展《学雷锋精神，树时代新风》读书教育活动。各级关工委与团委协同配合，读书教育活动起步早，抓得紧，行动快，组织指导有力，全系统购买各种读本8 553册，对青少年读书教育活动进行督促检查，及时通报情况，排除“非典”疫情干扰，取得良好效果。中铁十二局集团公司青藏铁路第7项目部组织青工开展读书教育活动的经验在《学习与交流》和《中国火炬》杂志先后作了报道，产生良好影响。在全国读书活动组委会组织的评奖活动中，中铁十九局集团公司关工委获得特别奖，有4个单位、10名干部、100名学生、6名青工获得奖励。其中中铁十五局集团公司子弟小学学生吴优获二等奖，中铁十四局集团公司王言衡、石家庄铁路职业技术学院张世勇获三等奖。(3)组织开展理论研讨。8月中旬，根据总公司党委和铁路关工委关于学习“三个代表”重要思想的通知要求，总公司关工委在学习、研讨的基础上，紧密联系工作实际，就如何以“三个代表”重要思想为指导推进关工委工作问题，向总公司党委上报书面报告，经李国瑞书记和邹才华副总经理阅批后下发各单位，起到交流情况、沟通思想、指导工作的作用。(4)组织参加业务培训。4月，总公司和中铁十六局集团公司关工委参加全国铁路关工委在铁道部党校举办的关工委专职干部培训班。总公司关工委还组织本级常务副主任和北京铁建工贸集团公司、中铁工程集团公司等单位20多名从事关心下一代工作的人员，到铁道部党校听取中央关工委常务副主任闵振环在全国铁路关工委专职干部培训班上所作的关心下一代工作报告。(5)10月21日，召开总公司关心下一代工作座谈会，总结、布置关心下一代工作。(6)11月11日，总公司关工委参加全国铁路关工委在成都召开的关心下一代工作研讨会议，常务副主任张宏正在会上作典型发言，介绍总公司关心下一代工作的做法和经验，受到与会人员好评。(7)积极做好宣传报道工作。年内在各种宣传媒体刊稿15篇，其中《学习交流》7篇、《中国火炬》1篇、太原电视台1篇、《辽阳日报》1篇、《中国铁道建筑报》5篇，较好地反映了总公司系统关心下一代工作和青少年精神文化生活面貌。（吴瑞芳　黄科山）

基 建

【基建办公室】 负责总公司机关基本建设的业务部门。定员4人,现员5人,设主任1人。主要职责:根据首都规划委员会批准的总公司机关大院总体建设规划方案,适时提出新建和改扩建工程项目可行性研究报告;根据总公司下达的工程建设立项批复,负责基建项目的方案选择及报批工作;负责签订基建工程的设计合同、工程承发包合同及监理合同;负责审查工程项目概预算、结算,编报工程竣工结算及资金使用计划;负责工程项目安全、质量、工期监督控制;负责施工单位与北京市政府相关部门及院内有关单位的工作协调,确保工程建设顺利实施。 (吕殿义)

【基建项目管理】 年内完成电力增容改造高压路由工程、低压电缆改造、配电室油式变压器更换等工程,共完成基建投资740万元、更新改造及大修投资333万元。总公司王振侯总经理、李国瑞书记多次听取施工进展情况汇报,何能金、邹才华副总经理多次到施工现场督促指导工作,保障了机关正常供电。

高压路由工程。由沙窝配电站到总公司配电室全长3.2公里,沿途经72家门脸商铺,15家单位大门,穿绿地680延长米,由北京市供电局供用电承发包公司负责施工,5月30日竣工。基建办公室在北京市供电局及有关部门配合下,排除"非典"疫情影响,于6月10日将9 600千伏安高压电缆敷设到总公司配电室,保障了机关用电高峰期的正常供电。该项工程投资545万元,比原计划节约55万元。

低压电缆改造工程。由北京铁建工贸集团公司物业管理中心施工,电缆由基建办公室招标采购,节约投资65万元。该项工程总投资160万元。

配电室油式高压变压器更换。原配电室2台油式变压器及旧环网柜通过招标销售,销售收入7.7万元。新变压器以出厂优惠价采购,节约投资近30万元。

房屋设施更新及大修工程。全年完成更新改造项目7项,投资169.5万元;完成大修项目22项,投资163.8万元。 (范富平)

铁道建筑公安局第十六公安处在北京地铁八通线北苑车站勘察现场。 (刘金平 张念宏 提供)

11月18日，总公司系统第一个BOO资本经营项目——呼准铁路奠基仪式在内蒙古自治区准格尔旗举行。图为奠基仪式会场。 （罗良生 提供）

资产经营

本栏责任编辑 **刘贤福**

股权管理

【总公司(国有股)股权代表委员会】 成立于2001年8月3日,是总公司派出的国有股股权代表管理组织,通过股权代表体现出资人权益的工作机构。主要职责是:参与控股企业股东会、董事会、监事会的工作,通报控股企业经营管理情况;负责向股权代表传达总公司的决定、决议和有关部门对有关问题的处理意见和建议。股权代表(股东代表、董事、监事)的工作职责是:按照总公司的决定,依照《公司法》和《公司章程》的规定行使职权;以国有资产保值增值为目标,根据总公司对重大问题的决策,代表国有资产投资主体履行工作职责;负责了解控股企业高级管理人员履行职责情况,向总公司提出使用意见或建议;调查研究控股企业生产经营和资本运作过程中的重大问题,定期以书面形式向总公司股权代表委员会报告工作。

总公司(国有股)股权代表委员会定员暂为17人,设主任1人、副主任3人。主任由王振侯总经理兼任,副主任由靳尚忍副总经理、霍金贵副书记、张惠江总会计师兼任。下设3个办公室和综合办公室。3个办公室由派往控股企业的股东代表、副董事长、董事、监事会主席、监事组成,分别负责若干控股企业。综合办公室设主任1人,秘书2人。其工作职责是:负责总公司(国有股)股权代表委员会的日常工作;负责总公司股权代表委员会及股权代表与各控股企业的工作联系;负责处理总公司派出的股权代表提出的工作议案和报告;收集整理并通报各控股企业股东会、董事会、监事会工作情况;负责总公司领导交办的其他工作。

(李德琛)

【总公司股权代表委员会全体会议】 1月9日在北京召开。会议学习贯彻《公司法》和总公司、总公司党委《关于公司改制企业法人治理结构运作机制若干问题的指导意见》,对子公司提交的公司章程修改方案进行讨论并形成原则意见;听取财务部关于2002年财务情况汇报;研究部署2003年股权代表委员会工作任务。王振侯总经理、李国瑞书记到会讲话,强调股权代表参加子公司会议要重点把握企业经营管理和年度决算、利润分配及企业改制后的制度建设等方面的议题、议案的审议。

(李德琛)

【集团公司股东会、董事会、监事会定期会议】 1月20日~3月下旬,各集团公司顺利召开股东会、董事会、监事会年度定期会议。4月10日,总公司党政领导干部联席会议听取股权代表委员会工作汇报,原则同意2003年股权代表委员会的工作安排建议;3个办公室分别汇报参加子公司股东会、董事会、监事会情况。根据总公司领导指示,会后综合办公室将部分集团公司请求总公司解决和帮助协调的若干问题进行汇总整理,呈领导阅示后,由有关部门抓紧落实。根据生产经营和人事变动需要,年中,中铁十一、十三、十五、十六、十七、十八、十九、二十局集团公司及中铁建设集团公司、中铁路桥集团公司召开董事会半年定期会议,有的单位同时召开股东会临时会议。昆明中铁大型养路机械集团公司、中铁物资集团公司年内召开第一次股东会、董事会、监事会会议,产生公司法人治理结构,完成企业改制工作。

(李德琛)

【工作调研】 为了解公司改制后《公司法》《公司章程》贯彻执行情况,推动公司制企业法人治理结构和公司制度建设,根据总公司领导指示,于七八月分别对部分集团公司董事会及公司法人治理结构运作和秘书处建设、基础工作情况进行调研,并对中铁二十局集团公司董事会工作情况写了专题报告,在《铁建信息》上转发。

(李德琛)

【公司董事会秘书长工作会议】 12月23日~24日在北京召开,各集团公司董事会秘书长、办公室主任参加会议。会上,就公司董事会工作、公司制度建设、法人治理结构运作情况进行交流与研讨,总公司王振侯总经理到会讲话,充分肯定企业改制工作成绩和公司法人治理结构运作情况,对进一步推进现代企业制度建设提出要求。

(李德琛)

投资经营

【投资部】 总公司机关事业部。主要负责对总公司授权的资产和资金进行投资经营,以盈利为目的,选择投资项目,提出可行性建议;根据总公司决策,实施具体的经营运作,运作范围包括房地产开发、项目投资及证券投资等。投资部的主要职责是:选择投资项目并进行项目调研、立项、论证和效益评估;实施具体的投资经营,参与投资项目管理,并对投资项目日常管理实施监督;归口管理总公司本级的对外投资和总公司历史上形成的投资;从事证券投资业务;参与总公司资产重组、兼并、收购等资本运作的分析论证。投资部实行独立核算，按照事业部的管理办法，制定考核和激励措施并组织实施。投资部暂编 8 人，现员 4 人，设经理 1 人、副经理 2 人。

2003 年，除调研论证属于投资部投资范围的项目外，还按照总公司领导的安排，参与广东粤赣、潮揭高速公路，河南济源—东明高速公路项目法人招标；参与山西晋侯高速公路关门—侯马段 BT 项目招标和京承高速公路二期等多项工程投标工作；配合经营部门对部分工程承包项目进行了分析论证。全年实现利润 824 万元，比 2002 年增长 68.9%。（余兴喜）

【投资项目调研论证】 投资部对投资项目的调研论证与决策一般要经历信息筛选、初步调研、合同谈判与分析论证、项目决策等四个阶段。年内共运作投资项目 73 个，其中 2002 年结转项目 17 个，新立调研项目 56 个；房地产投资项目 24 个，股权投资项目 5 个，BT、BOT 投资项目 33 个，其他投资项目 11 个；进入合同谈判与分析论证阶段的项目 41 个，进入投资决策阶段的项目 14 个。年内有 9 个项目经总公司领导集体决策同意投资或继续运作，有 4 个项目已经签订合同并投资运作。（王宗刚）

【咸阳渭河 3 号大桥项目】 1 月 24 日经总公司总经理办公会议通过，成为总公司第一个以 BOT 投资经营方式运作的项目。2 月 16 日举行合同签字仪式，并成立项目公司——咸阳中铁路桥有限公司。3 月 13 日领取企业法人营业执照，4 月 25 日通过工程初步设计审查，5 月 8 日正式开工。概算总投资 1.198 亿元。咸阳中铁路桥有限公司注册资本金3 900万元，总公司投入资金2 200万元，占 55% 的股份；中铁二十局集团公司占 35% 的股份；咸阳市城市建设投资公司占 10% 的股份。该项目经测算内含报酬率为 20.18%，按 6% 折现率净现值为18 630万元，投资回收期为 7.15 年（不含建设期）。年内，该项目遭遇“非典”影响、持续 3 个多月的洪水和材料价格大幅上涨等诸多困难，但工期仍可比计划提前约 4 个月，工程造价仍控制在概算之内，项目建设进展顺利，预计于 2004 年 7 月 1 日建成通车。（王宗刚）

【西安天创数码大厦项目】 该项目为海南金牌科技股份有限公司（原金牌港）投资设立的西安天创房地产有限公司开发的房地产项目。7 月，总公司与西安天创房地产有限公司签订合作开发西安天创数码大厦项目的合同协议。该项目是一栋地下 2 层、地上 28 层的综合高级写字楼，总建筑面积 5.8 万平方米。按照协议，海南金牌科技股份有限公司以其持有的海南金牌港和西安天创数码大厦的股权作质押，由总公司投入1 500万元资金，并由总公司指定施工单位承包施工，垫资到西安天创数码大厦封顶，承包价按预算和定额计算。总公司投入的资金（包括垫资款）全部按 1 年～3 年期银行贷款利率计息，西安天创房地产有限公司另支付总公司部分固定投资收益。总公司派人参与西安天创数码大厦的管理，资金由双方共同控制。该项目是一个效益不错的短平快项目，预计税前内含报酬率可达 49%。（王宗刚）

【总公司商业保险工作座谈会】 根据王振侯总经理关于由投资部归口管理总公司保险业务的批示精神，投资部立即对开发总公司系统保险资源问题进行调查研究，并与部分保险公司进行研讨和商谈，编制出可行性研究报告。12 月 10 日，组织召开总公司商业保险工作座谈会，各集团公司和直属单位分管领导及主管业务部门负责人 40 余人参加会议。王振侯总经理、扈振衣副总经理到会讲话，北京世纪保险经纪有限公司总经理柴海波在会上作专题演讲，投资部介绍发起设立中国建筑业职工人身意外伤害保险自保联盟的初步方案。会后，下发《总公司商业保险工作座谈会纪要》，为总公司系统开展商业保险业务奠定了基础。（王宗刚）

【总公司历史形成对外投资的管理】 总公司历史上形成的对外投资，主要是对交通银行股份有限公司、国泰君安股份有限公司、海南金牌科技股份有限公司和北京铁道大厦有限责任公司的投资。年内，投资部加强对几家公司经营状况的了解，特别是加强对总公司担任董事、监事的海南金牌科技股份有限公司和北京铁道大厦有限责任公司经营及财务状况的分析研究，借助与西安天创房地产有限公司合作开发西安天创数码大厦的机会，加强对海南金牌科技股份有限公司的影响和控制，维护了总公司的股东权益。（王宗刚）

7月4日，中铁十七局集团公司开发的“石家庄南环大桥设计施工综合研究与应用”成果通过河北省科技厅组织的鉴定，整体技术居国内领先水平，钢导梁原位同步驱动技术达到国际先进水平。图为鉴定会会场。（倪宝光摄）

科技 教育卫生 文化

本栏责任编辑　**刘贤福**

科　　技

【科技部】 总公司负责科技开发、新技术推广、科研管理、设计和学会管理的职能部门。主要职责是:贯彻国家有关科技工作的方针、政策、法规,执行有关技术标准,组织制订科研、技术、设计管理的有关规章制度和办法;归口管理科技计划和科研成果申报工作;编拟总公司科技发展规划、年度科技发展项目计划和科研项目资助经费计划并组织实施;组织重大科研课题的立项论证、方案审查、技术评议,负责科研项目的合同管理、鉴定申报、成果评审、科技进步奖励、成果转化推广及产品技术评审工作;负责专业技术建设、施工技术指导及铁路工程设计文件管理;负责组织重点、难点工程的重大科技攻关工作;负责组织工法编制、评审及推广工作;组织参加科技信息、学术交流活动,负责优秀施工技术总结、学术论文评选;负责科技成果、工法、优秀施工技术总结、学术论文汇编;归口管理本系统勘察设计单位资质。作为总公司技术中心办公室,还负责总公司技术中心的日常事务管理工作。业务上接受国家科技部、铁道部、建设部等部委的指导,并对所属单位的科技工作实施业务指导。定员11人,现员9人。部长1人、副部长1人;教授级高级工程师2人,高级工程师5人,副研究馆员1人,工程师1人。　(况　勇)

【科技工作综述】 2003年,认真贯彻"以人为本,科技兴企"方针,以生产经营为中心,以科技工作为先导,锐意进取,开拓创新,全系统科技工作成果显著。

一、科技工作成果丰硕

1. 科技进步硕果累累。年内获科技进步奖80项,其中总公司和中铁十八局集团公司开发的"秦岭特长隧道修建技术"获国家科技进步一等奖,中铁十八局集团公司参与开发的"公路工程灾害预防及工程应用"获国家科技进步二等奖;总公司系统承建或参建的西康铁路秦岭隧道、国道227线青海大坂山隧道、广渝高速公路华蓥山隧道、朔黄铁路神池—西柏坡段综合工程、芜湖长江大桥等5项工程获第三届詹天佑土木工程大奖,占詹天佑大奖的22.7%;20项工程获省部科技进步奖;评定总公司科技进步奖58项。

2. 工法开发成绩显著。总公司有13项工法被评为国家级工法,占国家级工法总数的15.7%,是获得国家级工法最多的企业,工法开发保持行业和国内领先水平。评出总公司优秀工法69项,其中43项被推荐参加铁道部优秀工法评选。编辑出版的《总公司优秀工法汇编》受到所属单位普遍欢迎,在工程建设、工程投标中发挥了重要作用。

3. 科技鉴定成绩优良。年内有31项科技成果通过省部级鉴定或评审,其中居国际领先水平4项、国际先进水平14项、国内领先水平10项、国内先进水平3项。此外,各单位申报科技论文245篇,评出优秀论文105篇。

4. 科研开发进展顺利。年内新立科研开发项目39项,其中9项为省部重大科研项目,多数项目进展良好,架桥机、500米长轨条铺设设备等高速铁路科研项目开发进度居领先地位。

5. 科技投入稳定增长。全年科技投入4 258万元,其中国家有关部委资助经费1 200万元,总公司资助298万元,所属单位资助2 760万元。

二、科技领域有效拓宽

1. 科技开发项目拓展了新渠道。除继续承担铁道部科技开发项目外,总公司系统承担的"中跨连续梁造桥机的研制"、"地基承载力技术标准建设与地基承载力动态检测系统的研制开发"课题分别被国家科技部、财政部确定为科技开发项目;铁道建筑研究设计院等承担的"现代轨道交通新型轨枕材料"研究课题首次纳入国家863科技计划;中铁十三局集团公司开发的《穿越铁路既有线、超浅埋暗挖大跨度隧道施工技术》和《独塔无背索斜拉桥施工技术》被吉林省列入科技发展计划。

2. 科技成果申报开辟了新途径。在铁道部不再接受非铁路科技成果评奖的情况下,积极加强与有关省部科技主管部门的联系,开辟新的科技成果申报渠道,积极拓展工程所在地鉴定渠道,鉴定工作取得了较好的成绩。年内有25项科技成果通过12个省部鉴定,向社会展示了总公司的科技实力。中铁十一、十七局集团公司继续保持高新技术企业地位,获得国家税收优惠政策,增加了企业利润。

三、施工技术不断提高

全系统施工技术不断创新,施工能力得到快速提升。在桥梁工程方面,中铁十二局集团公司承建的兰州小西湖斜拉桥顺利建成通车,该局还建成中国第一座自锚式悬索桥广西桂林丽泽大桥;中铁十七局承揽到石家庄仓安路跨越编组站19股道的双塔双索面斜拉桥工程;中铁十八局集团公司建成苏州竹园主跨90米的自锚式悬索桥,标志着总公司成功地进入所有桥梁形式的施工领域。中铁十四局集团公司承建的东营黄河大桥基础桩长115米、钻孔深度121米为全国最长,是目前全国突破百米长桩为数不多的几家单位之一;中铁工程有限公司承建的韶关五里亭大桥为变截面(5.0米、3.5米、3.0米)钻孔桩基础,是总公司目前承建的变截面钻孔桩最大直径的钻孔桩，已顺利灌注成功；中铁十五局集团公司承建的渝怀铁路阿篷江大桥，外径23米、水深18米的带插板的双壁钢围堰基础施工技术已通过评审；中铁二十局集团公司承建的陕西洛河大桥墩高143米，为国内最高桥墩；中铁十六局集团公司承建的陕西葫芦河特大桥墩高138米。目前国内墩高超过百米的桥梁基本上均由总公司承建，标志着总公司高墩及桩基础施工技术居国内领先水平。中铁十三局集团公司承建的渝怀铁路黄草乌江大桥168米跨的刚构悬灌梁已顺利合龙，是目前铁路钢筋混凝土桥梁的最大跨度；中铁十四局集团公司承建的东营黄河大桥钢筋混凝土梁跨度220米，是总公司系统首次突破200米跨度的桥梁；中铁十八局集团公司济南顺河桥首次成功开发移动模板架桥施工新技术，最快达到5.5天制一孔梁，为常规跨度桥梁施工开创了新的施工方法；中铁十一局集团公司承建的赣龙铁路吊钟岩特大桥为140米劲性骨架拱桥，采用转体法施工，是同类铁路桥梁的最大跨度，已顺利合龙；中铁十三局集团公司承建的东莞水道大桥跨度达280米，是目前总公司系统承建的最大跨度的拱桥。这些都标志着总公司系统桥梁及拱桥施工技术的不断突破。总公司系统制造并架设了中国第一片磁悬浮列车轨道梁和城市轻轨交通PC梁。中铁十六局集团公司的磁悬浮列车轨道梁架设精度和中铁十一局集团公司的城市轻轨交通PC梁架设精度均居国内领先水平，标志着总公司高精度制架梁技术取得重大突破。

在地下工程方面，中铁十六局集团公司在深圳地铁施工中率先采用盾构施工技术，保持着月进尺540米的全国纪录；中铁十七、十四、十三、十五、十八局集团公司等单位先后承揽到盾构施工任务。中铁十二局集团公司广州地铁施工中应用超长63.45米水平冻结法施工技术，创造水平冻结法施工全国新纪录；中铁十三局集团公司在南京地铁施工中开发出国内首创软流塑地段地铁隧道施工技术；中铁十五局集团公司在深圳地铁施工中，成功地运用垂直冻结止水帷幕隔水、快速堵水、桥梁桩基托换等技术，解决了单洞双层重叠暗挖隧道穿越繁华闹市、地下水极为发育的施工难题。中铁十二局集团公司在秦岭终南山公路隧道施工中创造最高月成洞429.5米，平均月成洞超过300米的钻爆法施工新纪录；中铁十一局集团公司在渝怀铁路歌乐山隧道施工中，第一个成功实践"以堵为主，限量排放"的隧道施工新理念；中铁二十局集团公司在施工中开发的世界第一高隧——青藏铁路风火山隧道施工技术通过青海省组织的鉴定，达到世界领先水平；中铁十六、十七、十八局集团公司等开发的三亚大型地下洞室群复杂断面立体交叉综合施工技术取得成功。中铁十六局集团公司顺利完成西气东输郑州黄河顶管工程任务，独头顶管长度1 250米、管径1.8米，是全国最长的顶管工程。

在路基和轨道工程方面，总公司系统攻克多项技术难关，建成最高时速321.5公里的秦沈客运专线路基试验段，掌握了长轨条铺设、焊接、应力放散、养护以及CA砂浆和无碴轨道铺设等国内先进技术；参与昆山、宁启、沂长等高速铁路路基试验段建设，为参加京沪高速铁路建设进行技术储备；开发应用波纹管、片石通风路堤、热棒等技术，基本攻克高原冻土施工世界性难题。昆明中铁大型养路机械集团公司生产的成套大型养路机械设备，占国内市场份额的80%以上；中铁二十局集团公司西安工程机械公司研制的YZ20型全液压双驱动自行式压路机和中国首台大功率冲击压路机牵引车，整机性能达到国内领先或国际先进水平，俏销市场。

在市政工程方面，中铁建设集团公司承建的北京中关村金融大厦总高150米，是总公司首次承建的超高层混凝土—钢结构组合工程，标志着总公司在房建工程领域又有新的突破。全系统参加了北京、天津、上海、重庆、武汉、长春、大连等城市轨道交通工程建设和许多城市的大型立交桥工程建设，建成一批国家优质工程。

四、技术交流成效明显

年初，总公司在深圳组织召开盾构施工技术现场观摩研讨会，介绍深圳地铁盾构施工技术，探讨盾构施工特点、难点与关键技术。7月～10月，组织一系列高速铁路建设座谈会、研讨会、经验交流会，提前做好高速铁路建设的前期技术准备工作。编辑出版《桥梁施工新技术论文选编》和《高速铁路施工技术研讨会论文集》，着重介绍总公司近几年在桥梁深水基础、悬索桥、斜拉桥和高速铁路等相关领域的施工技术。9月下旬，参加在上海举办的"国际轨道展览会"，10月中旬参加在北京举办的"第六届中国国际现代化装备展览会"，利用图片、简介及影视作品，展示总公司总体技术水平、科技成果与企业实力，取得较好的效果，与众多大型企业达成合作意愿。积极支持、协助筹备2003年基建科技情报网成立30周年庆祝年会，受到与会代表和领导好评。

（王清明）

·科技管理·

【**总公司科技计划**】 2003年，总公司共安排科技开发项目68项，其中延续项目30项，新立项目38项。新立项目以京沪铁路前期技术研究及渝怀铁路等在建重难点工程施工技术研究和高速铁路造桥机等新型施工设备、检测设备研制为重点，共资助经费298万元。
（贾志武）

【现场技术指导】 年内，组织人员对中铁十三局集团公司广东东莞水道大桥施工技术方案进行审查；组织开展青藏铁路越岭段施工情况及技术难题调研，积极提供技术支持；参与中铁十七局集团公司六洼河21节段拼装式钢筋混凝土箱型拱桥的技术指导工作；积极对中关村金融中心、兰州小西湖斜拉桥、西气东输黄河顶管、济南顺河桥、重庆轻轨交通PC梁制架、渝怀铁路等重难点工程进行现场指导，提供技术支持。
（王清明）

【总公司地铁盾构施工技术现场观摩研讨会】 1月4日在深圳召开，所属单位40余名工程技术人员参加会议。会上，介绍地铁盾构施工技术，探讨盾构施工特点、难点和关键技术，参观盾构施工现场，对于推广盾构施工技术起到积极推动作用。（康 琳）

【总公司高速铁路施工技术座谈会、研讨会、交流会】 7月～10月，为充分做好高速铁路建设前期技术准备工作，总公司召开了一系列高速铁路施工技术座谈会、研讨会、交流会，介绍高速铁路建设形势，交流施工技术，分析技术准备情况和存在的不足，制定出切实可行的措施，并编印出《高速铁路施工技术论文集》，为高速铁路工程投标和工程施工奠定了良好基础。（康 琳）

【技术中心工作】 主动与建设部、国家发展改革委员会等科技主管部门沟通、联系，积极探索适合建筑企业的技术中心组织模式。9月，组织总公司系统技术中心管理人员就技术中心建设与评估体系进行培训、研讨和交流，聘请国内知名理论权威和建筑企业技术中心主管人员授课，取得较好效果。总公司技术中心网站于年底开始试运行，为企业内部技术交流提供了应用平台。为及时反映科技动态，交流科技信息，将总公司原《铁道建筑技术信息》改版为《科技信息》，并增加了科技动态、施工技术、信息园地、重难点工程及行业新技术、新装备、学术信息等内容。（王清明）

【总公司技术中心网站开通试运行】 12月5日，总公司技术中心网站（www.crcctc.com）开通试运行。网站设有组织机构、政策法规、标准规范、施工工法、科技专家、科技论文、成果展示、在研项目、技术装备、咨询服务等栏目，为企业内部进行技术交流创造了条件。
（贾志武）

【京沪高速铁路建设技术准备】 6月，铁道部提出铁路跨越式发展思路，京沪高速铁路建设提上议事日程。总公司围绕京沪高速铁路建设，开展了一系列投标前的技术准备工作。7月2日，召开有关单位总工程师参加的京沪高速铁路建设研讨会，研究布置京沪高速铁路建设前期准备工作。7月10日，召开各局集团公司总工程师和专业人员参加的京沪高速铁路架桥机、造桥机、铺轨机研讨会，加快高速铁路专业课题研究工作。8月上旬，组织所属单位相关人员参加铁道部召开的京沪高速铁路架桥机、铺轨机研制技术研讨会，及时了解京沪高速铁路建设动向；8月31日，召开各局集团公司总工程师参加的架桥机研讨会，研究应对措施。9月10日，召开京沪高速铁路桥梁施工技术研讨会，交流高速铁路桥梁施工等相关技术。10月，针对总公司系统高速铁路无缝线路铺轨技术与工程总公司进行比较研究，成立总公司高速铁路铺轨专业组，帮助指导各局集团公司参与高速铁路铺轨工程竞争。
（王清明）

【13项工法被认定为国家级工法】 经国家工法审定委员会认定，总公司系统开发的13项工法被认定为2002年度国家级工法，占该年度国家级工法总数83项的15.7%，是获得国家级工法最多的企业，标志着总公司工法开发保持行业和国内领先地位。（康 琳）

【69项工法被评为总公司优秀工法】 经总公司工法评审委员会评审，69项工法被评为总公司优秀工法，其中一等奖21项，二等奖48项。（康 琳）

【编印《工程建设工法汇编》】 总公司积极推广应用先进工法，编印出《工程建设工法汇编》第7期，收录近两年各专业开发的优秀工法70篇，对工程施工、工程管理和工程投标具有较大指导作用。（康 琳）

【优秀科技论文评选】 1月3日，总公司召开2002年～2003年度优秀科技论文评选会，共收到科技论文245篇，评出优秀论文105篇，其中一等奖24篇，二等奖81篇，是历年获奖论文最多的一次，反映了总公司科技发展现状，具有较好的推广价值。（黄 宁）

【参加高速铁路建设标准制定】 受铁道部高速铁路建设办公室委托，完成《高速铁路铺轨机技术条件》编写；参与《高速铁路架桥机研制技术条件》编写。受铁道部建设司、高速铁路建设办公室委托，组织编写的《高速铁路轨道工程施工质量验收暂行标准》，即将修订发布。
（王清明）

【《京沪高速铁路铺轨机组技术条件》颁布】 受铁道部高速铁路建设办公室委托，总公司组织编写的《京沪高速铁路铺轨机组技术条件》通过评审，评委给予高度评价，铁道部以高速办函〔2003〕24号文颁布，供高速铁路铺轨机研制、引进、改造使用。 （康 琳）

【参加“中国国际城市轨道交通展览会”】 9月3日～5日，总公司参加在上海举办的“2003年中国国际城市轨道交通展览会”，全面系统地介绍了总公司在城市轨道交通建设方面强劲的施工能力、先进的施工技术和显著的施工业绩，进一步提高了总公司的社会知名度。 （康 琳）

【参加第6届中国国际现代化装备展览会】 10月16日～19日，总公司参加在北京国际展览中心举办的“第六届中国国际现代化装备展览会”，以图片、画册、音像资料等形式参展，展示了总公司工程装备实力和工程建设业绩，达到较好的宣传效果。 （黄 宁）

【铁道基建科技信息网年会】 11月14日～17日，铁道基建科技信息网2003年年会暨建网30周年庆祝大会在唐山市召开，57名代表出席会议。会上，表彰2002年～2003年优秀活动项目4项，优秀调研项目17项，网上活动积极分子42名。中铁二十局集团公司开发的《青藏铁路风火山隧道施工技术》和中铁十八局集团公司开发的《济南顺河高架桥现浇箱梁全钢模、全液压整体滑移模架设计及施工技术》获一等奖；铁道建筑研究设计院研制的《高速铁路制架梁设备》《新型路基施工质量检测设备——DBM型动态变形模量测试仪》和中铁十八局集团公司开发的《秦沈客运专线A18标段软土路基施工技术》获二等奖；中铁二十局集团公司《青藏铁路风火山隧道供氧系统研制与应用》获三等奖。 （梁爱珍）

【学会工作】 围绕鼓励青年科技人员献身科技、多出成果、早日成才的目标，学会办事处先后向中国铁道学会推荐优秀论文15篇，获一等奖1篇、二等奖3篇、优秀奖4篇；向铁道工程分会推荐论文26篇，获二等奖3篇，三等奖4篇。向北京铁道学会推荐高级会员25人。 （梁爱珍）

·科技开发·

【5项工程获詹天佑土木工程大奖】 通过中国土木工程学会第三届詹天佑土木工程大奖评委会评选，总公司和中铁十八局集团公司承建的西康铁路秦岭Ⅰ线隧道，中铁十六局集团公司承建的国道227线青海大坂山隧道，中铁十八、二十局集团公司共同承建的广渝高速公路华蓥山隧道，中铁十六、十四局集团公司共同承建的朔黄铁路神池—西柏坡段综合工程，中铁十六局集团公司参建的芜湖长江大桥等5项工程荣获2003年度詹天佑土木工程大奖，占获奖总数22项的23%，是中国建筑行业年度获奖最多的企业之一。至此，总公司累计获得詹天佑土木工程大奖9项。 康 琳

【2项科技成果获国家科技进步奖】 由铁道第一勘察设计院、总公司和中铁十八局集团公司等单位共同开发的“秦岭特长铁路隧道修建技术”获2003年度国家科技进步一等奖；由中铁十八局集团公司等单位开发的“公路工程灾害预防与治理综合技术研究及工程应用”成果获国家科技进步二等奖。 （康 琳）

【20项科技成果获省部科技进步奖】 2003年，总公司有20项成果获省部科技进步奖，是获省部科技进步奖最多的年度，标志着总公司系统总体技术水平取得新的进展。 （康 琳）

【58项科技成果获总公司科技进步奖】 经总公司科技进步奖评审委员会评审，共评出2003年度总公司科技进步奖58项，其中特等奖2项，一等奖11项，二等奖27项，三等奖18项。 （康 琳）

【31项科技成果通过鉴定、评审】 年内共有31项科技成果分别通过铁道部、有关省市及总公司组织的鉴定、评审。其中鉴定25项，评审6项；评定为国际领先水平4项、国际先进水平14项，国内领先水平10项，其他3项。 （康 琳）

【“汉江航线青龙桥工程预应力连续槽形梁建造技术”通过鉴定】 3月15日，由中铁十一局集团公司开发的“汉江航线青龙桥工程预应力连续槽形梁建造技术”，在襄樊通过湖北省科技厅主持的技术鉴定。评审意见认为，该成果总体技术达到国内领先水平。 （贾志武）

【“磁悬浮轨道梁运架与精密调位技术研究”通过评审】 11月8日，由中铁十六局集团公司开发的“磁悬浮轨道梁运架与精密调位技术研究”通过总公司组织的成果评审。评审意见认为，该成果属国内首创，总体技术达到国际先进水平。 （康 琳）

【“深圳地铁单洞双层重叠暗挖隧道施工技术”通过评

审】 11月24日,中铁十五局集团公司开发的“深圳地铁单洞双层重叠暗挖隧道施工技术”通过总公司组织的成果评审。评审意见认为,该成果达到国内领先水平。 (康 琳)

【“秦沈客运专线通信信号施工技术研究”通过评审】 11月23日,由中铁十五局集团公司开发的“秦沈客运专线通信信号施工技术研究”通过总公司组织的成果评审。评审意见认为,该成果综合技术达到国内先进水平。 (康 琳)

【“秦沈客运专线B26标段跨区间无缝线路铺设综合技术”通过鉴定】 3月11日,中铁十一局集团公司开发的“秦沈客运专线B26标段跨区间无缝线路铺设综合技术”通过湖北省科技厅组织的成果鉴定。鉴定意见认为,该成果达到国际先进水平。 (康 琳)

【“复杂地质条件下特大断面导流洞综合施工技术研究”通过鉴定】 4月6日,由中铁十八局集团公司开发的“复杂地质条件下特大断面导流洞综合施工技术研究”通过天津市科委组织的成果鉴定。该成果应用于湖北省水布垭电站导流洞施工,导流洞洞口开挖断面达到20.92米×24.30米。鉴定意见认为,大断面洞室施工方案决策、周边导洞施工综合技术达到国际先进水平。 (康 琳)

【“YZ20型全液压双驱动自行式振动压路机研制”通过鉴定】 10月,中铁二十局集团公司西安工程机械公司自主开发的“YZ20型全液压双驱动自行式振动压路机研制”通过陕西省科技厅组织的成果鉴定。鉴定意见认为,该机整体性能达到国内先进水平,主要创新部分达到国内领先水平。 (康 琳)

【“09—32CSM连续式捣固车国产化研制”通过鉴定】 9月,昆明中铁大型养路机械集团公司完成的“09—32CSM连续式捣固车国产化研制”成果通过铁道部组织的科技成果鉴定。鉴定意见认为,该车是集机、电、液、计算机、激光等先进技术于一体的高新技术产品,性能稳定、作业高效、质量可靠、运行安全,整车技术性能达到国际先进水平,可替代进口产品,具有显著的社会和经济效益。 (康 琳)

【“桃花铺2号隧道工厂化施工综合技术”通过鉴定】 3月15日,中铁十一局集团公司开发的西安南京铁路“桃花铺2号隧道工厂化施工综合技术”通过河北省科技厅组织的技术鉴定。鉴定意见认为,该成果达到国内领先水平。 (黄 宁)

【“重庆轻轨佛图关—大坪区间隧道及大坪车站隧道综合施工技术”通过鉴定】 3月23日,中铁十一局集团公司开发的“重庆轻轨佛图关—大坪区间隧道及大坪车站隧道综合施工技术”通过重庆市科委、建委组织的技术鉴定。鉴定意见认为,该项成果在国内城市轨道建设中尚属首次,具有国内领先、国际先进水平。 (黄 宁)

【“渝怀铁路歌乐山隧道岩溶富水区施工技术”通过鉴定】 7月7日,中铁十一局集团公司开发的“渝怀铁路歌乐山隧道岩溶富水区施工技术”通过铁道部科技司组织的鉴定。鉴定意见认为,该成果总体技术达到国内领先水平,堵水限排设计与施工技术、岩溶富水隧道注浆堵水技术达到国际先进水平。 (黄 宁)

【“跨座式单轨PC轨道梁运架设备的研制”通过鉴定】 7月18口,中铁十一局集团公司开发的“跨座式单轨PC轨道梁架运设备的研制”成果通过湖北省科技厅组织的鉴定。鉴定意见认为,跨座式单轨PC轨道梁运架设备为国际首创,其综合技术达到国际先进水平。 (黄 宁)

【“无粘接张拉设备研制”通过鉴定】 4月8日,中铁十二局集团公司承担的山西省科技项目——“无粘接张拉设备研制”课题通过山西省科技厅组织的科技成果鉴定。鉴定意见认为,该成果达到国际先进水平。 (黄 宁)

【“秦岭终南山特长公路隧道安全快速施工综合技术”通过鉴定】 10月19日,中铁十二局集团公司开发的“秦岭终南山特长公路隧道安全快速施工综合技术”通过山西省科技厅组织的鉴定。鉴定意见认为,该成果达到钻爆法山岭隧道修建技术的国际先进水平。 (黄 宁)

【“广州地铁过清泉街断裂带超长水平冷冻法施工技术”通过鉴定】 10月19日,中铁十二局集团公司开发的“广州地铁过清泉街断裂带超长水平冷冻法施工技术”通过山西省科技厅组织的鉴定。鉴定意见认为,该成果在富水条件下复杂断裂破碎带采用超长水平冷冻法加固土体,一次水平钻孔、冻结长度达63.45米,为目前国内最长,解决了地铁特殊不良地质施工的技术难题,达到国内领先水平。 (黄 宁)

【"地下工程格构式止水帷幕施工技术"通过鉴定】 10月19日，中铁十二局集团公司开发的"地下工程格构式止水帷幕施工技术"通过山西省科技厅组织的鉴定。鉴定意见认为，该成果成功地解决了城市地铁施工中降低地下水位和控制地表沉降之间的矛盾，具有创新性，达到国内领先水平。（黄 宁）

【"自锚式柔性悬索钢桁梁桥施工技术"通过鉴定】 11月11日，中铁十二局集团公司开发的"自锚式柔性悬索钢桁梁桥施工技术"通过山西省科技厅组织的鉴定。鉴定意见认为，广西桂林丽泽桥是中国建成的第一座自锚式悬索钢桁梁桥，施工全过程采用信息化监测监控施工工艺，保证施工质量和安全，其成果居国内领先水平。（黄 宁）

【"复杂条件下地铁区间隧道施工技术"通过鉴定】 12月14日，中铁十三局集团公司开发的"复杂条件下地铁区间隧道施工技术"通过吉林省科技厅组织的鉴定。鉴定意见认为，该成果具有创新性和实用性，达到国际先进水平。（黄 宁）

【"浅埋隧道穿越楼房基础技术研究"通过鉴定】 7月25日，中铁十四局集团公司开发的"浅埋隧道穿越楼房基础技术研究"通过上海市科委组织的鉴定。鉴定意见认为，该成果总体技术达到国内先进水平，截桩技术达到国内领先水平。（黄 宁）

【"高原严寒条件下桥梁高墩成套快速施工技术"通过鉴定】 10月25日，中铁十四局集团公司开发的"高原严寒条件下桥梁高墩成套快速施工技术"通过青海省科技厅组织的鉴定。鉴定意见认为，该成果居国内领先水平，其中高寒地区混凝土施工综合监控新技术达到国际先进水平。（黄 宁）

【"软流塑状淤泥质地层建筑物下地铁隧道综合施工技术"通过鉴定】 11月16日，中铁十四局集团公司开发的"软流塑状淤泥质地层建筑物下地铁隧道综合施工技术"通过山东省科技厅组织的鉴定。鉴定意见认为，该成果达到国际先进水平。（黄 宁）

【"石家庄市南环大桥设计、施工综合技术研究与应用"通过鉴定】 7月4日，中铁十七局集团公司开发的"石家庄市南环大桥设计、施工综合技术研究与应用"通过河北省科技厅组织的鉴定。鉴定意见认为，该成果整体技术居国内领先水平，钢导梁原位同步驱动技术具有国际先进水平。（黄 宁）

【"复杂地质条件下彭水长隧道综合施工技术"通过鉴定】 7月3日，中铁十八局集团公司开发的"复杂地质条件下彭水长隧道综合施工技术"通过天津市科委组织的鉴定。鉴定意见认为，该成果首次提出施工安全风险预测与规避理论与方法，有效地预测并防止施工过程中涌水、突泥、瓦斯、塌方等风险因素，综合防水技术有突出特点，综合施工技术达到国际先进水平。（黄 宁）

【"松软土地基轻轨超长高架桥设计、施工控制技术研究"通过鉴定】 8月7日，中铁十八局集团公司开发的"松软土地基轻轨超长高架桥设计、施工控制技术研究"通过天津市科委组织的鉴定。鉴定意见认为，该成果整体施工技术达到国内领先水平。（黄 宁）

【"富水软弱围岩特长高速公路隧道快速施工技术研究"通过鉴定】 11月16日，中铁十八局集团公司开发的"富水软弱围岩特长高速公路隧道快速施工技术研究"通过河北省科委组织的鉴定。鉴定意见认为，该成果整体技术水平达到国内领先水平。（黄 宁）

【"青藏铁路风火山多年冻土隧道施工技术"通过鉴定】 12月5日，中铁二十局集团公司开发的"青藏铁路风火山多年冻土隧道施工技术"通过青海省科技厅组织的鉴定。该课题研究并建成世界上海拔最高的隧道制氧站，创造性地开发出制氧工艺流程、隧道弥散式供氧和氧吧车供氧新方法；建立并完善医疗卫生保障体系；解决高原高寒隧道喷射混凝土技术难题；研制出一套负温混凝土的施工方法及保养工艺；成功开发出冻土隧道光面爆破工艺；研究出高原低温缺氧环境下施工机械设备合理配套技术及维修保养方法；通过对隧道环境温度、围岩温度、冻胀力、渗透压及变形信息监测与反馈，为高海拔、高寒隧道设计与维护提供了宝贵资料；首次采用"防水板+隔热层+防水保护层"的防水、隔热保温不渗不漏结构新形式，攻克了高原高寒隧道施工的一系列世界性难题。鉴定意见认为，风火山多年冻土隧道综合施工技术居国际领先水平。（黄 宁）

【"土体刚度仪在路基压实质量检测控制中应用的试验研究"通过评审】 7月16日，铁道建筑研究设计院开发的"土体刚度仪在路基压实质量检测控制中应用的试验研究"成果通过铁道部建设司组织的评审。评审意见认为，土体刚度仪携带方便、操作简单、性能稳定，为细粒土路基压实质量快速检测提供了一种新的途径。（黄 宁）

【“跨座式单轨PC梁制造技术”通过鉴定】 5月21日，中铁养马河工程股份有限公司开发的“跨座式单轨PC梁制造技术”通过四川省科技厅组织的鉴定。鉴定意见认为，单轨PC梁制造技术属国内首创，达到国际先进水平，其中模板技术居国际领先水平。取得具有自主知识产权的PC梁梁体、模板和工法三项国家专利。 （黄 宁）

【“磁悬浮列车轨道梁制造技术”通过鉴定】 5月21日，中铁养马河工程股份有限公司开发的“磁悬浮列车轨道梁制造技术”通过四川省科技厅组织的鉴定。鉴定意见认为，磁悬浮列车轨道梁制造技术属国内首创，具有国际领先水平，取得具有自主知识产权的模板和工法两项国家专利。 （黄 宁）

【“渝怀铁路阿蓬江大桥深水基础施工技术研究”通过评审】 11月25日，由中铁十四局集团公司开发的“渝怀铁路阿蓬江大桥深水基础施工技术研究”通过总公司组织的专家评审。评审意见认为，该成果具有国内先进水平。 （贾志武）

【“秦沈客运专线施工应用工业工程原理研究”通过评审】 8月7日，由总公司劳动工资部承担的“秦沈客运专线施工应用工业工程原理研究”课题通过总公司组织的专家评审。该课题以秦沈客运专线路基、桥梁、涵洞及轨道工程为实测对象，所取得的成果对铁路客运专线施工合理配置劳动力资源、组织施工生产、进行人工成本核算等具有指导和借鉴作用。 （贾志武）

总公司2003年度获国家专利项目汇总表

序号	专利名称	权属	授权时间	专利号	专利类型
1	枕底道碴清筛机	昆明中铁大型养路机械集团公司	2月12日	ZL02222125.5	实用新型
2	一种连续式轨枕更换机	昆明中铁大型养路机械集团公司	5月7日	ZL02222494.7	实用新型
3	一种轨枕更换机	昆明中铁大型养路机械集团公司	5月20日	ZL02222892.6	实用新型
4	多功能枕底道碴清筛机	昆明中铁大型养路机械集团公司	6月4日	ZL02222124.7	实用新型
5	磁悬浮预应力钢筋混凝土轨道梁制造工艺	中铁路桥集团公司	7月2日	1427124（公告号）	实用新型
6	跨座式单轨预应力钢筋混凝土轨道梁制造工艺	中铁路桥集团公司	7月2日	1427123（公告号）	实用新型
7	现浇混凝土楼板的钢结构早拆支撑装置	中铁建设集团公司	1月14日	03243084.1	实用新型
8	螺旋式可调钢结构梁卡具	中铁建设集团公司		03275604.6	实用新型

制表：康 琳

总公司2003年度国家及省部级科技进步奖获奖项目表

序号	成果名称	授奖机关	奖励等级	获奖单位
1	秦岭特长铁路隧道修建技术	国家	一等奖	铁道第一勘察设计院、总公司、中铁十八局集团公司
2	公路工程灾害预防与治理综合技术研究及工程应用	国家	二等奖	中铁十八局集团公司
3	长大隧道施工通风成套技术	河北省	一等奖	中铁十八、十五局集团公司
4	粤海铁路通道南港栈桥综合施工技术	海南省	一等奖	中铁十六局集团公司
5	青藏铁路风火山隧道制氧供氧系统研制与应用	铁道学会	二等奖	中铁二十局集团公司
6	ZQJ_{800}型箱型梁移动支架造桥机	铁道学会	二等奖	中铁十三局集团公司
7	铁路隧道矽肺危险度评价	铁道学会	二等奖	总公司教育卫生部、中铁十一局集团公司
8	无粘结预应力制冷控制张拉仪的研制与应用	山西省	二等奖	中铁十二局集团公司
9	高边坡分台阶路堑条型洞室加预裂一次成型爆破技术	山西省	二等奖	中铁十七局集团公司
10	复杂地质条件下特大断面导流隧洞综合施工技术	天津市	二等奖	中铁十八局集团公司
11	天津地区高层建筑超长结构无缝设计与施工全过程控制研究	天津市	二等奖	中铁十八局集团公司
12	磁悬浮轨道梁制造技术研究	四川省	二等奖	中铁路桥集团公司
13	秦沈客运专线路基施工质量监控测试仪(动态变形模量测试仪)	铁道学会	三等奖	铁道建筑研究设计院
14	浙江平湖通天桥工程空间预应力索桥改造技术	公路学会	三等奖	中铁十一局集团公司
15	双洞公路隧道环境监控信息化施工配套技术研究	公路学会	三等奖	中铁十四局集团公司
16	深水急流大直径钻孔桩连续刚构和连续梁组合体桥施工技术	公路学会	三等奖	中铁十七局集团公司
17	新型加筋土挡土墙的应用研究	建设部华厦奖	三等奖	中铁十八局集团公司
18	隧道掘进和城市露天开挖水压爆破技术	重庆市	三等奖	中铁十一局集团公司
19	重庆轻轨佛图关—大坪区间及大坪车站隧道综合施工技术	重庆市	三等奖	中铁十一局集团公司
20	浅埋大跨地铁隧道中横洞进入正洞的施工转换技术	山东省	三等奖	中铁十四局集团公司
21	石家庄南环大桥设计、施工综合技术研究与应用	河北省	三等奖	中铁十七局集团公司
22	水平旋喷预支护施工技术	陕西省	三等奖	中铁二十局集团公司

制表:康 琳

总公司 2003 年度科技进步奖获奖项目表

序号	成果名称	完成单位	主要人员	奖励等级	奖金额（元）
1	渝怀铁路歌乐山隧道岩溶富水区施工技术	中铁十一局集团公司	谢敬平、李小红、孟乔然、邹振华、刘鹤松、韩文忠、覃为刚、杨明亮、张旭东、赵高启、高　杨、袁　勇、谯龙江、李文俊、李泽龙	特等奖	12000
2	高精度轨道梁制造技术	中铁路桥集团公司	田宝华、王长留、石元华、王　红、黄素英、余　洋、李　奎、陈　兵、刘顾集、文　超、贾志武、张显军、陈猷忠、张庆军、张玉萍	特等奖	12000
3	秦沈客运专线跨区间无缝线路铺设综合技术	中铁十一局集团公司	段昌炎、邹振华、金守华、杨进华、吴久义、况　勇、何长安、赵东田、陈　浩、曾宗根、康　琳	一等奖	9000
4	重庆轻轨佛图关—大坪区间隧道及大坪车站隧道综合施工技术	中铁十一局集团公司	徐凤奎、张东明、朱泽兵、仇文革、张旭东、冯跃龙、谢先武、刘华军、张树海、唐双林、蒋国云	一等奖	9000
5	浙江平湖通天桥工程空间预应力索桥建造技术	中铁十一局集团公司	孟乔然、欧阳平、刘学庆、耿　杰、廖礼坤、王能宇、胡昌虎、李正鸿、金可云、易奇雄、周　虹	一等奖	9000
6	高原严寒条件下桥梁高墩成套快速施工技术	中铁十四局集团公司	许兰民、曹玉新、尹德学、严学斌、李学乾、梁乐文、朱永全、祝景寰、李西亚、王森鹤、刘广合	一等奖	9000
7	深圳地铁单洞双层重叠暗挖隧道施工技术	中铁十五局集团公司	许东坤、董　志、金国海、赵　林、赵　炜、刘福康、甄宝山、王孝敬、刘刚立、杨明君、杜万强	一等奖	9000
8	高边坡分台阶石方路堑条形洞室加预裂一次成型爆破技术研究	中铁十七局集团公司	郝占胜、刘宏刚、赵政伟、汤茂宁、王书新、赵奎银、李建华、李艳丽、李小对、刘远征、敬佩仁	一等奖	9000
9	相邻隧道安全施工技术研究	铁道建筑研究设计院	温向东、张成满、王慨慷、王明年、侯希承、曲桂友、栾显国、刘兰利、于祖清、高　嵩、肖雪峰	一等奖	9000
10	密度试验气囊法与常规法对比试验研究	铁道建筑研究设计院	富志根、王安升、唐　沛、张贵珍、李小勇、孙浩杰、冯英会、秦培文、李庆民、黄直久、郑林春	一等奖	9000
11	CD08－475 型道岔捣固车国产化研制	昆明中铁大型养路机械集团公司	胡　斌、徐绍山、宋慧京、沈德明、马世宏、李　胜、程胜楠、杜荣长、李海昆、张利杰、章培德	一等奖	9000
12	高血压病、糖尿病、高血压合并糖尿病患者肾功能及肾血流动力学变化的临床研究	总医院	白玉芝、邹艳秋、于　洋、王　晶、张琴茹静、徐　雯、尹北丽、肖志华、赵　红、宋建梅	一等奖	9000
13	西南高原山区铁路综合施工技术	总公司内昆铁路工程指挥部	陈永鹏、王清明、秦正刚、姜晋南、彭　锋、许和平、刘明杰、张焕成、彭道富、文　珂、荆　山	一等奖	9000
14	长大单线铁路隧道工厂化施工技术	中铁十一局集团公司	张丕界、冯卫星、曾祥旭、王　睿、徐加兵、王克丽、靳明君、雷代洲、张数才	二等奖	6000
15	秦岭终南山特长公路隧道安全快速施工综合技术研究	中铁十二局集团公司	张金柱、武明静、霍玉华、宋津喜、高连成、徐家定、孙富军、吴　波、石　斌	二等奖	6000
16	地下工程格构式止水帷幕施工技术	中铁十二局集团公司	彭少中、姜建民、雷　军、徐家定、彭　斌、范　文、张爱军、王启龙、吴　波	二等奖	6000
17	无粘结预应力智能控制张拉仪的研制与应用	中铁十二局集团公司	赵红鹰、李　耀、王有才、黄亚飞、张建元、王兆强、智　伟、徐家定、吴　波	二等奖	6000
18	浅埋隧道穿越楼房基础技术研究	中铁十四局集团公司	郅友成、黄茂松、庄纪栋、王显春、钱建固、王明波、杨继彦、李进军、周　健	二等奖	6000

续表

序号	成 果 名 称	完成单位	主 要 人 员	奖励等级	奖金额（元）
19	黄河三角洲地区超长钻孔灌注桩施工技术	中铁十四局集团公司	刘宏文、杨玉强、王爱国、刘美良、刘成和、尤昌龙、李会凌、宁尚勇、杨积才	二等奖	6000
20	富含水黄土质隧道综合施工技术	中铁十四局集团公司	管振祥、刘全清、田执祥、冯复兴、韩道勇、胡文涛、刘振军、王华峰	二等奖	6000
21	秦沈客运专线施工应用工业工程原理研究	中铁十四局集团公司	白福音、李景元、王兴臣、苗振林、韩栋梁、宋安华、蔡治奎、张西刚、鞠　峰	二等奖	6000
22	颈后路加环锯一次性手术治疗颈椎管狭窄并椎间盘突出症	中铁十四局集团公司	李敬朝、安国民、毕复海、魏同俊、马素华、曾庆芸	二等奖	6000
23	渝怀铁路阿蓬江大桥深水基础施工技术研究	中铁十五局集团公司	王红生、林仁坤、王引富、张建辉、颜德森、张冀举、赵旭洲、唐春轩、梁国权	二等奖	6000
24	铁路客运专线通信系统工程施工和开通技术	中铁十五局集团公司	张立华、蔡俊福、周朝宣、李海亮、李云峰、柴建春、陈　俞、雷欣欣	二等奖	6000
25	秦沈客运专线 SEI 列控联锁一体化设备安装及测试技术	中铁十五局集团公司	张立华、王继军、陈克伟、樊海港、毛又成、吕仁权、乔建敏	二等奖	6000
26	磁悬浮轨道梁运架与精密调位施工技术研究	中铁十六局集团公司	江拔其、孟宪忠、赵旭清、刘进良、徐善华、魏　锋、公　庆、刘　超、王韩逊	二等奖	6000
27	粤海铁路通道南港栈桥综合施工技术	中铁十六局集团公司	李庆进、孙吉堂、杨建胜、马振江、薛　普、张志清、王武现、程知毅、刘弈富	二等奖	6000
28	浅埋暗挖大断面地下平顶方厅多导洞施工技术	中铁十六局集团公司	李树荣、孙吉堂、李从超、马振江、胡方田、薛　普、冯宝军、王英茹、王会英	二等奖	6000
29	金刚砂灰粉研制混凝土活性掺合料	中铁十七局集团公司	孙开华、侯永生、贾凤林、温爱明、李　琳、张艳润、孙开锋	二等奖	6000
30	工程项目信息管理系统的开发与应用	中铁十七局集团公司、中铁建设集团公司	成育军、王书君、赵　平、窦宏冰、侯洵炜、李　刚	二等奖	6000
31	富水软弱围岩特长高速公路隧道快速施工技术研究	中铁十八局集团公司	苏在林、冯卫星、罗伯文、郎　珉、解培为、李贤松、靳明君、王克丽、李万林	二等奖	6000
32	济南顺河高架桥现浇箱梁全钢模、全液压整体滑移模架设计及施工技术	中铁十八局集团公司	杨利全、张运书、崔连友、雷升祥、刘金良、晁庚奇、张世华、王保哲、闫利亚	二等奖	6000
33	苏州索山大桥自锚式悬索桥主缆架设与安装技术	中铁十八局集团公司	陈　野、于长彬、柳胜秀、周　艇、刘春华、杨洪涛、田红旗、张思兵、冯俊川	二等奖	6000
34	复杂地质条件下彭水长隧道综合施工技术	中铁十八局集团公司	雷升祥、冯　涛、马　民、钱　兵、崔永杰、张守同、薛新广、徐纪永、金文宏	二等奖	6000
35	加入世贸组织后铁路建筑企业人力资源开发与管理对策研究报告	中铁十八局集团公司	王岳森、李学甫、王兴周、陈华东、张永远、赵月霞、任立新、刘爱波、袁炜刚	二等奖	6000
36	大直径长距离顶管施工技术	中铁十八局集团公司	冯希民、杜殿锁、刘晏斌、杨福增、谭玉宝、林集体、武伟明、仲志武、刘同乐	二等奖	6000
37	津滨轻轨预应力钢筋混凝土箱梁工后沉降、徐变及变形试验研究	中铁十八局集团公司	杜殿锁、张兴彦、仲志武、王国栋、杨少玉、谭伟姿、翁卫军、张建辉、郭晓彦	二等奖	6000
38	YZ20 全液压双驱动自行式振动压路机	中铁二十局集团公司	王必强、刘育贤、余　量、张周魁、李步让、张　华、李光明、姬文翔、朱正如	二等奖	6000

续表

序号	成果名称	完成单位	主要人员	奖励等级	奖金额（元）
39	青藏铁路隧道卫生保障措施研究	中铁二十局集团公司	丁守全、况成明、刘应书、贾建厚、朱水全、陈文珍、周文郁、侯安刚、郑　刚	二等奖	6000
40	左心功能不全肺静脉超声定量研究	总医院	刘守莲、武莲芬、逄坤静、张　勇、朱维平、程显声、蒋士良	二等奖	6000
41	武汉轻轨移动模架造桥机现浇25米～30米箱梁技术	中铁十一局集团公司	覃为刚、龙信桥、韩文忠、尹社联、李　明、王治斌、张黎明	三等奖	3000
42	秦沈客运专线试验段时速300公里轨道施工工艺和参数研究	中铁十一局集团公司	杨进华、吴久义、赵东田、顾秋来、伍　林、张传祥、陈新洋	三等奖	3000
43	梅花山110/27.5千伏牵引变电所施工技术	中铁十一局集团公司	徐晓明、陈宪祖、刘圣辉、李成林、傅俊武、陈　亮、冯乔治	三等奖	3000
44	用粉煤灰及改良填料填筑的路堤结构形式研究	中铁十一局集团公司	邹振华、傅代正、覃为刚、龙信桥、李　明、卢　鹏、孙　昱	三等奖	3000
45	丹东月亮岛钢管混凝土系杆拱桥施工技术	中铁十三局集团公司	孙长治、唐坤尧、赵瑞锁、刘亚丽、闫丹丹、李东恺、宋国辉	三等奖	3000
46	伯阳隧道综合施工技术	中铁十三局集团公司	史克臣、裴生艳、吴建辉、毕树峰、阚宝成、付军恩、段春凯	三等奖	3000
47	超厚道面混凝土高频振捣施工技术	中铁十四局集团公司	范荣刚、陆方勋、徐美华、姜　斌、刘云涛、刘福彦、高艳花	三等奖	3000
48	大体积混凝土温度、强度发展规律和配合比优化	中铁十四局集团公司	王佃效、王建伦、李海东、孙继民、毋拂晓、张　桔、孙旭堂	三等奖	3000
49	空中连廊（六四式军用梁支撑）劲性混凝土梁的施工与变形控制	中铁十四局集团公司	王佃效、王爱国、王建伦、李海东、孙继民、毕春杰、陈智勇	三等奖	3000
50	新建铁路长大隧道无缝线路500米轨节铺设技术	中铁十五局集团公司	刘谭升、郭长印、陈明庚、郭献珍、范学峰、王枫梅、王高才	三等奖	3000
51	150米跨薄壁箱肋钢筋混凝土拱桥无支架缆索吊单箱合龙施工技术	中铁十七局集团公司	席红星、孙江民、姜昆义、景改萍、闵召龙、史利广、杨社廷	三等奖	3000
52	Co2激光加中药次性治疗尖锐湿疣	中铁十七局集团公司	任兴杰、李双林、卢万勤、王志平、马辰英	三等奖	3000
53	模块加筋挡土墙施工技术	中铁十八局集团公司	熊　乾、李学甫、葛　军、韩正伟、丁　磊、王福江、陈　铛	三等奖	3000
54	南京地铁TA16标段南京站过站区矿山法大跨浅埋暗挖隧道施工技术	中铁十九局集团公司	马天文、杜　敏、曲　华、李长春	三等奖	3000
55	活血化淤法治疗高血压动脉硬化性脑出血	中铁十九局集团公司	凌国喜、霍玉琳、邵桂满、李中伟、凌　云、刘君萍、李淑莲、庄玉铃、刘树新	三等奖	3000
56	财务网络化管理系统应用成果	中铁二十局集团公司	王昭权、尤敦同、郭祥军、王树文、段永毅、刘　峰、张宗靓	三等奖	3000
57	卒中后言语障碍的治疗及评价	中铁二十局集团公司	巩晓英、幕廷民、王梅芳、王继恒、赵雄飞、杜晓霞	三等奖	3000
58	土体刚度仪在路基压实质量检测控制中的应用研究	铁道建筑研究设计院	李小勇、曹新文、李彬峰、富志根、谢　强、冯伟凯、汪明福	三等奖	3000

制表：康　琳

总公司2003年度获国家级工法项目表

序号	工　法　名　称	开发单位	工法编号
1	采用ZK－1018型扩底钻具施工扩底桩工法	铁道建筑研究设计院	YJGF05－2002
2	隧道水平旋喷预支护施工工法	中铁二十局集团公司	YJGF11－2002
3	高海拔高寒隧道防冻胀施工工法	中铁十六局集团公司	YJGF15－2002
4	高墩大跨度连续悬灌梁施工工法	中铁十七局集团公司	YJGF19－2002
5	大跨度刚构—连续组合弯梁桥施工工法	中铁十一局集团公司	YJGF20－2002
6	大跨度可调式无支墩钢拱架混凝土拱桥施工工法	中铁十七局集团公司	YJGF21－2002
7	大距离索鞍横移缆索吊架设拱桥工法	中铁十七局集团公司	YJGF22－2002
8	桥上长枕埋入式无碴轨道施工工法	中铁十一局集团公司	YJGF24－2002
9	板式无碴轨道CA砂浆施工工法	中铁十一局集团公司	YJGF25－2002
10	弹性整体道床施工工法	中铁十八局集团公司	YJGF26－2002
11	大吨位箱梁的运输与架设工法	中铁十七局集团公司	YJGF27－2002
12	高桥墩顶杆外置式液压提升平台爬模施工工法	中铁十一局集团公司	YJGF42－2002
13	新建铁路基地长钢轨接触焊焊接工法	中铁工程有限公司	YJGF76－2002

制表:康　琳

总公司2002年～2003年度优秀工法项目表

序号	工　法　名　称	开发单位	作　者	奖励等级
1	K920焊机固定式小型焊轨施工工法	中铁十一局集团公司	许建军	一等奖
2	新线机械化整道作业车组施工工法	中铁十一局集团公司、中铁工程有限公司	赵东田、赵巨宏、杨华兵、吴延江梁同刚	一等奖
3	空间预应力索桥结构制索及调索工法	中铁十一局集团公司	刘学庆	一等奖
4	高原多年冻土区耐久混凝土施工工法	中铁十二局集团公司	黄直久、邸建玄、张俊青	一等奖
5	地铁隧道水平冷冻法施工工法	中铁十二局集团公司	武明静、杨红艳	一等奖
6	自锚式悬索桥施工工法	中铁十二局集团公司	张喜胜、杜振兵、晋显富、张瑞森	一等奖
7	UM71－98型无绝缘轨道电路自动闭塞施工工法	中铁十二局集团公司	马　坤、杨明华	一等奖
8	机场道面混凝土高频排式振捣机组振捣施工工法	中铁十四局集团公司、中铁十九局集团公司	陆方勋、吴　迪、姜　斌、邢桥生王　梁	一等奖
9	车站改造信号过渡工程施工工法	中铁十四局集团公司	万　刚、于山海	一等奖
10	秦沈客运专线试验箱梁预制工法	中铁十四局集团公司	石桂柳、周兆春	一等奖

续表

序号	工法名称	开发单位	作者	奖励等级
11	泥水式顶进钢筋混凝土管施工工法	中铁十六局集团公司	杨亚增	一等奖
12	加泥式复合型土压平衡盾构施工工法	中铁十六局集团公司	黄昌富、陈广亮、郭秀琴、王暖堂	一等奖
13	磁悬浮轨道梁精密调位施工工法	中铁十六局集团公司	赵旭清、江拔其	一等奖
14	可变式支盘扩底桩施工工法	中铁十七局集团公司	李永胜、张盛朝、郭志强	一等奖
15	现浇连续梁滑移模架施工工法	中铁十八局集团公司	杨利全、张运书、崔连友、闫利亚	一等奖
16	高原铁路多年冻土区GPS控制测量工法	中铁十八局集团公司	陈 鹏、于英洲、任博云、闫利亚	一等奖
17	高墩大跨刚构—连续梁桥快速施工工法	中铁十八局集团公司	陈 野、刘治德、于长彬、刘春华	一等奖
18	模块加筋挡土墙施工工法	中铁十八局集团公司	许晓霞、刘 冀、熊 乾	一等奖
19	自平衡测桩工法	中铁十九局集团公司	马天文	一等奖
20	低温条件下早强耐久性混凝土施工工法	中铁二十局集团公司	李培安、汪君睿、谷炼平	一等奖
21	悬吊模板现浇梁施工工法	铁道建筑研究设计院、中铁十二局集团公司	王合希、郭仲尤、纪尊众、王国炜陈春华	一等奖
22	带状光缆施工工法	中铁十一局集团公司	贾爱军	二等奖
23	大跨度薄壁连续槽形梁桥支架法施工工法	中铁十一局集团公司	陈 明、李正鸿	二等奖
24	青藏铁路多年冻土区通风管路基施工工法	中铁十二局集团公司	杨希文、丁兆军	二等奖
25	多年冻土区钻孔灌注桩(旋挖钻机成孔)施工工法	中铁十二局集团公司	杨希文、郭文军、邸建玄、任文胜黄直久	二等奖
26	青藏铁路多年冻土区桥涵埋入式基础基坑开挖施工工法	中铁十二局集团公司	宋晓兵、张爱忠	二等奖
27	弧形建筑物描线施测工法	中铁十二局集团公司	薛晓田、信国民、王 强、王宇红殷 宏	二等奖
28	高级彩色镜面水磨石施工工法	中铁十二局集团公司	刘晓勇、赵 慧、武 军	二等奖
29	钢筋接头现场无损张拉检测工法	中铁十二局集团公司	张建元、刘 坚	二等奖
30	地铁暗挖隧道洞内深孔注浆施工工法	中铁十二局集团公司	王红岩、刘广钧	二等奖
31	大断面隧道钻爆法快速施工工法	中铁十二局集团公司	高连成	二等奖
32	湿喷钢纤维混凝土施工工法	中铁十二局集团公司	杨红艳、邓蜀鑫	二等奖
33	接触网定位装置安装施工工法	中铁十二局集团公司	董建林	二等奖
34	牵线变电所二次回路整体调试工法	中铁十二局集团公司	杨景华、韩红点	二等奖
35	双壁钢围堰无导向船下沉施工工法	中铁十二局集团公司	崔耀华、张复平、贾国盛	二等奖
36	公路后张T梁桥位预制架设工法	中铁十二局集团公司	万安林、霍元盛	二等奖
37	自锚式混凝土悬索桥施工工法	中铁十三局集团公司	李文良	二等奖

续表

序号	工 法 名 称	开发单位	作 者	奖励等级
38	超浅埋隧道挖孔桩帷幕暗挖施工工法	中铁十四局集团公司	许京华、袁 松	二等奖
39	BG－X型旋挖钻机钻孔桩施工工法	中铁十四局集团公司	祝景寰、尹德学、夏晓忠、曹玉新	二等奖
40	承压动水砂卵石层的注浆加固工法	中铁十五局集团公司	赵世永、顾 刚	二等奖
41	钢轨轨端连接线放热焊接工法	中铁十五局集团公司	王继军、乔建敏	二等奖
42	高填方地段级配碎石路基通号光电缆过道顶管施工工法	中铁十五局集团公司	李海亮、樊海港、蔡俊福	二等奖
43	青藏铁路多年冻土区保温板路基施工工法	中铁十六局集团公司	苏庆国、曹伟宏	二等奖
44	石拱桥主拱圈砌筑施工工法	中铁十七局集团公司	崔建伟	二等奖
45	大段落膨胀土路堤施工工法	中铁十七局集团公司	杨 顺、王艳峰、李建华、孙 伟	二等奖
46	运营铁路无缝线路大型人机换枕、换碴施工工法	中铁十七局集团公司	杨建国	二等奖
47	低温热水地板辐射采暖地埋式交联管(PEX)施工工法	中铁十七局集团公司	王竹青、景改萍	二等奖
48	光缆接续环回测试工法	中铁十七局集团公司	尹建军、冯海英	二等奖
49	预应力混凝土斜拉桁架连续梁施工工法	中铁十八局集团公司	农升河	二等奖
50	旋转钻机泥浆护壁钻孔施工工法	中铁十八局集团公司	韩学勤、刘春华、陈 野	二等奖
51	水平长大管棚超前支护施工工法	中铁十九局集团公司	黄庆华、杜 敏	二等奖
52	软土深基坑复合式土钉支护工法	中铁十九局集团公司	黄庆华、龚洪祥、杜 敏	二等奖
53	镦粗钢筋直螺纹连接施工工法	中铁十九局集团公司	张孟春、冯华春	二等奖
54	钢纤维混凝土地面施工工法	中铁十九局集团公司	张英卓、刘晓光、戴前锋、李 伟	二等奖
55	采用劈裂管进行隧道光面爆破施工工法	中铁十九局集团公司	樊忠祥、付秀英、安文杰、高仕贤	二等奖
56	永冻层插入桩施工工法	中铁二十局集团公司	王 勇、郭小鹏、王永顺、徐润平	二等奖
57	高原冻土区旋挖钻干法成孔施工工法	中铁二十局集团公司	杜 锋、王永顺、郭忠强	二等奖
58	多年冻土隧道施工工法	中铁二十局集团公司	任少强、余 量、张永鸿、吴应明 张爱玲、王永顺	二等奖
59	瓦斯隧道施工工法	中铁二十局集团公司	田 荣、程世吉、吴应明、陈文珍 左兴旺、史常青、冀胜利、卫永毅	二等奖
60	用贝雷架作移动模架分段浇注箱型连续梁工法	中铁工程有限公司	辛双六、周光忠	二等奖
61	预制顶推竖曲线箱型连续梁工法	中铁工程有限公司	辛双六、周光忠	二等奖
62	基础CFG桩复合地基施工工法	中铁建设集团公司	熊小龙	二等奖
63	转换层大梁混凝土施工工法	中铁建设集团公司	张永春	二等奖
64	ASA泡沫建筑轻板隔墙安装工法	中铁建设集团公司	王长锴	二等奖
65	屋面避雷网(带)及均压环施工工法	中铁建设集团公司	金 飞	二等奖

续表

序号	工 法 名 称	开发单位	作 者	奖励等级
66	套接紧定式钢导管施工工法	中铁建设集团公司	杨志强	二等奖
67	卫生器具及给水配件安装工法	中铁建设集团公司	方宏伟	二等奖
68	UPVC 排水塑料管施工及灌水试验工法	中铁建设集团公司	房 震	二等奖
69	防排烟系统测量调试工法	中铁建设集团公司	景竹溪	二等奖

制表:康 琳

2002 年～2003 年度总公司优秀论文、技术总结汇总表

序号	论文、技术总结题目	单 位	作者姓名	奖励等级
1	通天桥工程空间预应力索桥建造技术	中铁十一局集团公司	刘学庆	一等
2	泸州长江大桥大体积混凝土裂缝控制技术	中铁十二局集团公司	贾国盛、张复平、崔耀华	一等
3	湿喷混凝土技术在隧道施工中的应用	中铁十二局集团公司	邓蜀鑫	一等
4	泸州大桥基础施工方案比选	中铁十二局集团公司	崔耀华	一等
5	多种施工技术在广州地铁 2 号线纪越区间隧道的综合应用	中铁十二局集团公司	武明静	一等
6	倾填片石通风路基施工技术	中铁十二局集团公司	董化瑞	一等
7	ZQJ800 型移动支架造桥机结构设计与结构分析	中铁十三局集团公司	肖新华、王新敏	一等
8	地下连续墙围护基坑施工监测技术	中铁十三局集团公司	陈铁骑、朱 青、乔险涛	一等
9	穿越深水填石、斜坡、溶洞钻孔桩施工技术	中铁十三局集团公司	牛希顺、李朝智、刘绍石	一等
10	基于 UNIX 系统的网络方案设计与分析	中铁十三局集团公司	张云飞	一等
11	复杂地质条件下水中超长超密群桩成孔控制技术	中铁十四局集团公司	薛 峰	一等
12	预应力混凝土箱形连续梁支架法现浇施工技术探析	中铁十四局集团公司	王爱国、杨少宏	一等
13	暗挖地铁冻结止水帷幕施工技术	中铁十五局集团公司	金国海	一等
14	京秦铁路提速改造工程秦皇岛站改造过渡施工技术	中铁十六局集团公司	谢新民	一等
15	微预应力连杆桁架式膺架	中铁十七局集团公司	曹英煊、刘烈生、刘钟仁	一等
16	万梁高速公路土地潭特大桥混凝土箱拱预应力斜拉扣挂悬拼架设技术	中铁十八局集团公司	杜殿锁、王存江	一等
17	南京地铁奥体中心站软土边坡复合式土钉支护技术	中铁十九局集团公司	黄庆华、叶祖圣、杜 敏	一等

续表

序号	论文、技术总结题目	单　　位	作者姓名	奖励等级
18	高速铁路路基水泥搅拌桩施工及质量控制	中铁二十局集团公司	宋红红、杜　越	一等
19	铁路轮渡栈桥跳板梁受扭问题的探讨	铁道建筑研究设计院	刘长勇	一等
20	路基的地基系数与容许承载力的探讨	铁道建筑研究设计院	肖金凤	一等
21	隧道衬砌雷达检测疑难解译问题剖析	铁道建筑研究设计院	付国强	一等
22	节能环保工程水压爆破研究与应用	铁道建筑研究设计院	何广沂、段昌炎、荆　山	一等
23	RM80 分动齿轮箱箱体树脂砂工艺生产实践	昆明中铁大型养路机械集团公司	刘　霄	一等
24	快拆体系在全现浇剪力墙结构和框架结构中的应用	中铁建设集团公司	费洪伟、周　捷	一等
25	武汉城市高架轻轨整体道床开放式无缝线路应力放散及锁定技术	中铁十一局集团公司	江　波	二等
26	新线机械化作业车组整道施工技术	中铁十一局集团公司	杨华兵	二等
27	一次铺设跨区间无缝线路施工及设备配套	中铁十一局集团公司	许建军	二等
28	秦沈客运专线 250 米长轨施工技术	中铁十一局集团公司	赵东田、吴久义	二等
29	渝怀铁路歌乐山隧道帷幕注浆止浆岩盘施工技术	中铁十一局集团公司	杨明亮	二等
30	高液限粘土路基填筑技术总结	中铁十一局集团公司	刘传秋	二等
31	重庆轻轨大坪隧道信息化施工监控量测技术总结	中铁十一局集团公司	朱泽兵、张旭东、张开顺	二等
32	公路连续槽形梁综合施工技术	中铁十一局集团公司	李正鸿	二等
33	接触网负荷开关监控系统的安装调试	中铁十一局集团公司	陈宪祖	二等
34	隧道塌方分析与处理	中铁十二局集团公司	剧仲林	二等
35	大型水池抗渗混凝土施工技术	中铁十二局集团公司	王汉林、王有才	二等
36	电气化铁道接触网工程道岔避免承力索磨线浅析	中铁十二局集团公司	马功民	二等
37	青藏高原冻土区钻孔灌注桩施工	中铁十二局集团公司	郭文军	二等
38	大直径钢筋混凝土钻孔咬合桩施工技术控制要点及方法	中铁十二局集团公司	张爱军	二等
39	铁路栈桥升降设备安装施工技术	中铁十二局集团公司	张晓宏	二等
40	净水厂清水池地基加固施工技术	中铁十二局集团公司	王海旺、王鸿峰	二等
41	地质雷达在隧道质量控制中的应用	中铁十三局集团公司	齐占国、胡国双、刘金山	二等
42	光纤传感测试技术在桥梁建设上的应用	中铁十二局集团公司	刘俊民、王忠良	二等

续表

序号	论文、技术总结题目	单　位	作者姓名	奖励等级
43	深谷高墩施工中的测量控制	中铁十三局集团公司	李振永、王丽娜、顾金权	二等
44	城市地铁既有建筑物下浅埋暗挖大跨度洞室群施工技术	中铁十三局集团公司	张百岩、刘耀平、冯宝泉	二等
45	风积砂隧道进洞施工技术	中铁十三局集团公司	崔玉明	二等
46	城市地铁相邻小间距隧道施工技术	中铁十三局集团公司	姚明会、魏利韧、陈　军	二等
47	机场水泥混凝土道面施工新工艺	中铁十四局集团公司	范荣刚、陆方勋、刘云涛	二等
48	泥浆护壁旋挖成孔灌注桩施工技术	中铁十四局集团公司	梁　钊	二等
49	嘉兴互通立交桥现浇连续梁施工技术	中铁十四局集团公司	刘树爱	二等
50	武隆隧道出口段穿越汇邦制药厂楼房施工技术	中铁十四局集团公司	王显春、杨继彦	二等
51	DWDM 在城域网中的应用	中铁十四局集团公司	马向存	二等
52	OTN 在城市轨道交通中的应用	中铁十四局集团公司	郝敬全	二等
53	五里亭大桥 190 米竖曲线连续箱梁多点连续顶推施工技术	中铁十四局集团公司	赵长青	二等
54	武隆隧道横洞工区有轨运输机械设备的选型配套	中铁十四局集团公司	王守慧、李卫华	二等
55	建筑给水聚丙烯管道设计与施工技术	中铁十四局集团公司	殷　涛、刘建军、李秀东	二等
56	青藏铁路多年冻土区涵洞基础施工工艺探讨	中铁十四局集团公司	马天明、曹玉新	二等
57	新型改性沥青结构在高速公路中的应用	中铁十四局集团公司	鲁爱民	二等
58	广深铁路桥支座反力测试及标高调整施工方案	中铁十五局集团公司	赵　林	二等
59	城市生活垃圾卫生填埋场“三水”分流施工技术	中铁十五局集团公司	贺进来、曹　勇、陈迪兵	二等
60	SEI 列控联锁一体化系统的调试技术	中铁十五局集团公司	王继军	二等
61	小湾电站祥云物资转运站胶凝材料系统施工技术	中铁十五局集团公司	张爱琴	二等
62	大型液压钢模台车的设计安装和曲线段改造技术	中铁十五局集团公司	张爱琴	二等
63	暗挖地铁穿越广深铁路桥的桩基托换施工技术	中铁十五局集团公司	金国海	二等
64	薄壁桥台前倾的纠正技术	中铁十六局集团公司	陈　刚	二等
65	连续刚构桥 V 型墩“平衡支架法”施工技术	中铁十六局集团公司	褚人猛、潘寿东、杜　彬	二等
66	预应力锚索在高边坡病害治理中的应用	中铁十六局集团公司	郑　翔	二等
67	微型钢管桩施工及试验研究	中铁十六局集团公司	毛建林	二等

续表

序号	论文、技术总结题目	单　　位	作者姓名	奖励等级
68	既有桥高锥体近接工程支护新技术	中铁十六局集团公司	谢新民	二等
69	高原高冰冻土地段路堤工程施工技术	中铁十六局集团公司	常彦博	二等
70	高性能混凝土在青藏铁路工程中的应用	中铁十六局集团公司	朱卫东	二等
71	石方路堑高边坡多台阶爆破技术设计与实施	中铁十七局集团公司	赵政伟、李建华	二等
72	粗粒土路基压实标准、路基强度及测定方法研究	中铁十七局集团公司	敬佩仁	二等
73	洞室水压爆破提高能量利用率和保护环境新技术	中铁十七局集团公司	冯伟凯、陈振国、郭明芳	二等
74	整体吊弦安装工程总结	中铁十七局集团公司	张红艳	二等
75	高温条件下无缝线路大型人机配合换枕碴施工安全技术	中铁十七局集团公司	杨建国	二等
76	150 米跨薄壁箱肋钢筋混凝土拱桥裸拱横向稳定性验算及横向变形控制	中铁十七局集团公司	姜昆义	二等
77	桥梁深长钻孔灌注桩施工技术	中铁十七局集团公司	吕　品、刘烈生、林华柱	二等
78	夯实水泥土桩复合地基施工技术	中铁十八局集团公司	熊　乾	二等
79	京福高速公路压力分散型锚索施工技术	中铁十八局集团公司	张　新、常治平、雷升祥	二等
80	易风化崩解砂质页岩基础的处理	中铁十八局集团公司	高　江、洪　武	二等
81	填石压实的一种理想方法	中铁十八局集团公司	陈　鹏	二等
82	南京地铁南北线一期工程南京站过轨区隧道穿越既有铁路站场施工技术	中铁十九局集团公司	黄庆华、杜　敏、龚洪祥	二等
83	地铁大断面浅埋暗挖渡线段隧道施工技术	中铁十九局集团公司	杜　敏、祁世亮	二等
84	SBS 改性沥青的生产技术	中铁十九局集团公司	于　涛	二等
85	后张法 54 米简支 T 梁现浇施工难题及对策	中铁十九局集团公司	孙鸿雁	二等
86	场道工程混凝土道面板断裂原因分析与防治措施探讨	中铁十九局集团公司	陈天明、罗俊国、王彩荣	二等
87	超前地质预报技术在隧道施工中的应用	中铁二十局集团公司	卫永毅、陈国庆	二等
88	青藏铁路高原冻土区混凝土裂缝的成因与防治	中铁二十局集团公司	谷练平	二等
89	喷膜防水层在白马 1 号隧道中的应用	中铁二十局集团公司	梁缄鑫	二等
90	高等级公路桥头跳车的原因及解决方案	中铁二十局集团公司	王文池、王永丽	二等
91	关于 PE/XLPE 橡塑绝缘电缆竣工实验方法的探讨	中铁二十局集团公司	杨有福	二等
92	内昆铁路路基岩溶塌陷注浆整治施工工艺探讨	铁道建筑研究设计院	李彬峰	二等

续表

序号	论文、技术总结题目	单 位	作者姓名	奖励等级
93	青藏铁路高原多年冻土区路基工程的几种保护措施	铁道建筑研究设计院	李庆民	二等
94	信息化建没:提高企业核心竞争力	昆明中铁大型养路机械集团公司	程 迢	二等
95	关于机加工车间数控数据管理的方案探讨	昆明中铁大型养路机械集团公司	赵雪玉	二等
96	企业物流管理的几点思考	昆明中铁大型养路机械集团公司	王春燕	二等
97	浅析 YZ－1 型空气制动系统的两个缺陷与改进方法	昆明中铁大型养路机械集团公司	方健康	二等
98	数控加工中进给量与表面粗糙度值的定量分析	昆明中铁大型养路机械集团公司	赵永孟	二等
99	D08－32 捣固车两次起道作业衔接接头处理技术	中铁工程有限公司	赵巨宏	二等
100	灌注式石膏条板与裂缝控制	中铁建设集团公司	赵 伟、王 伟	二等
101	高层板式住宅楼外挑廊模板施工技术	中铁建设集团公司	鲁爱民	二等
102	水源热泵系统的分析与研究	中铁建设集团公司	贾学斌	二等
103	中鑫花园工程消防水系统的调试与验收	中铁建设集团公司	唐长领	二等
104	建筑给排水“以塑代钢”技术经济分析	中铁建设集团公司	刘 政、李 茜	二等
105	机电安装工程量统计分析软件开发	中铁建设集团公司	汪诗超	二等

制表:黄 宁

总公司系统设计单位勘察、设计资质汇总表

单位名称	勘察、设计资质	隶属单位
铁道第一勘察设计院	建筑工程甲级、市政公用行业(道路、桥隧、地铁轻轨)甲级、铁道行业铁路综合甲Ⅰ资质、公路行业(公路、特大隧道)甲级。	总公司
	智能建筑(系统工程设计)甲级。	
	电子通信广电行业电子系统工程类、通信工程类(有线通信、无线通信、通信铁塔)、广电类(广播电视传输)乙级,公路行业(交通)乙级,市政公用行业(给水、排水)乙级。	
	环境污染防治工程设计(水、固废)甲级,声、气乙级。	
	工程勘察综合类甲级。	

续表

单 位 名 称	勘 察 、设 计 资 质	隶 属 单 位
铁道第四勘察设计院	铁道、公路、建筑工程、市政公用行业、通信工程甲级。	总公司
	人防、给排水、建材、电子系统乙级。	
	智能建筑(系统工程设计)甲级。	
	环境污染防治工程设计(水、声、气、固废)甲级。	
	工程勘察综合类甲级。	
铁道建筑研究设计院	建筑工程甲级。	总公司
	铁路综合乙级、市政公用行业(道路、桥隧)乙级。	
	工程勘察专业类(岩土工程、工程测量)甲级。	
上海铁路城市轨道交通设计研究院	铁道行业铁路综合甲级(Ⅱ,不含电气化),市政公用行业(地铁、轻轨、桥隧)甲级。	总公司
	建筑工程及相应的工程咨询和装饰设计乙级,电子通信广电行业通信工程类(专用通信网)乙级,环境污染防治工程(废水、噪声)乙级。	
	工程勘察专业类(岩土工程、工程测量)甲级。	
中铁十一局集团公司勘测设计研究院	建筑工程设计乙级,工程勘察(岩土工程勘察)乙级。	总公司、中铁十一局集团公司
中铁十二局集团公司山西勘测设计院有限公司	建筑工程设计乙级	总公司、中铁十二局集团公司
北方交通大学勘察设计研究院第一分院	建筑工程设计甲级,铁路设计乙级,工程勘察(岩土工程勘察)乙级,测量乙级。	总公司、中铁十六局集团公司
山西兴华建筑设计院	建筑工程设计乙级	总公司、中铁十七局集团公司
天津中铁滨海建筑设计院	建筑工程设计乙级,市政公用行业(道路、桥隧)乙级,工程勘察(岩土工程勘察)乙级。	总公司、中铁十八局集团公司
中铁十九局集团公司设计院	建筑工程设计乙级	总公司、中铁十九局集团公司
中铁二十局集团公司建筑勘察设计公司	建筑工程设计乙级	总公司、中铁二十局集团公司

制表:黄 宁

教育卫生

【教育卫生部】 总公司负责教育培训、医疗卫生的职能部门。定员9人,现员11人,设部长、副部长各1人;附设医疗保险中心,定员2人,设主任1人。主要职责:负责职工素质教育、成人学历教育和专业技术培训;负责所属高校、中专、培训中心的教育管理;负责卫生防疫、医政管理、职业病防治;负责劳动卫生、劳动能力鉴定;归口管理医疗保险工作。

2003年,总公司系统有高等职业技术学院1所、成人中专学校1所、培训中心10所、高级工培训基地7个,中小学校18所。遵照国家教育方针政策法规和总公司教育培训"十五"规划,制定年度培训计划,编审职工培训教材,检查教学、培训质量,指导、协调院校招生工作,组织职工学历教育、继续教育、岗位培训和适应性培训。全年培训职工6.03万人,其中干部培训1.87万人,工人培训4.16万人;大专以上学历教育1 614人。

在举国上下抗击"非典"的斗争中,总公司坚持把保护职工健康和生命安全放在第一位,从组织领导、工作机制、科学防治、资金投入、物资保证、舆论宣传等方面采取一系列有力措施,不仅稳定了职工队伍,而且为地方抗击"非典"斗争做出了重要贡献。总医院和中铁十八局集团公司医院被当地政府指定为防治"非典"定点医院,全系统有1 840名医务人员走上防治"非典"第一线,展示了"白衣天使"风采。各级党组织在抗击"非典"斗争中,充分发挥战斗堡垒作用和党员的先锋模范作用,期间有89人向党组织递交入党申请书,8人火线入党;总医院党委被中组部和国资委党委分别授予全国和中央企业防治"非典"工作先进基层党组织荣誉称号;中铁二十局集团公司中心医院,中铁十一局集团公司中心医院及一、二、三工程公司,中铁十三局集团公司中心医院内科,中铁十六局集团公司北京建筑工程公司及地铁指挥部党支部,中铁十七局集团公司,中铁十九局集团公司中心医院等单位受到所在省、市表彰;有227人分别受到驻地省市和总公司表彰,其中1人被评为全国卫生系统抗击"非典"工作先进个人,1人被评为全国防治"非典"优秀科技工作者,1人获全国防治"非典"工作优秀共产党员称号。

(阴 瑞 李学甫)

·教育培训·

【总公司获"全国企业培训工作先进单位"称号】 7月30日～31日,中国企业联合会培训工作委员会第12次会议在浙江湖州召开,总公司作为培训工作委员会的常务理事单位出席会议。会上,总公司被评为全国企业培训工作先进单位,3人被评为全国企业培训工作先进个人。

(李学甫)

【本级教育培训】 年内,总公司直接举办各类教育培训班56期,培训3 341人。其中,处级以上领导干部任职资格培训班3期,培训180人;青年干部任职资格培训班2期,培训80人;股东会、董事会、监事会成员培训班1期,培训160人;基层管理人员培训班15期,培训950人;岗位培训班11期,培训634人;继续教育培训班9期,培训600人;适应性培训班8期,培训385人;高级工培训班7期,培训352人。

(孙久红)

【关键岗位职工培训】 年内总公司系统举办关键岗位职工(十一大员)培训班17期,培训2 175人,加上免试免考人员2 829人,共有5 004名"十一大员"持证上岗。目前,全系统累计有45 736名"十一大员"持证上岗,占职工总数的27.91%。

(孙久红)

【研究生培养】 年内总公司与北方交通大学联合组织举办工商管理在职研究生培训班,委托石家庄铁道学院、上海交通大学联合举办土木工程在职研究生培训班。9月～10月,选拔123名管理干部、技术骨干及后备干部进行集中辅导。11月,有94人参加全国统考,考取工商管理在职研究生23人、土木工程在职研究生42人。

(刘爱波)

【高级工培训】 年内共举办高级工培训班7期,培训327人。其中培训高级线路工21人、高级吊装工26人、高级电工47人、高级汽车修理工33人、高级电焊工44人、高级测量工64人、高级实验工92人。参训人员均通过国家职业技能鉴定考核,分别获得高级或中级工职业资格证书。经检查评估,中铁十三局集团公司长春培训中心,被确定为总公司高级汽车修理工培训基地。至此,总公司共设立7所高级工培训基地。

(耿杰明)

【高等职业教育】 石家庄铁路职业技术学院设有土木工程、建筑、工商管理、计算机、外语、人文社科等6个系26个专业。年内计划招生1 800人,实际招生2 116

人。在校生5 714人,其中五年制2 243人,三年制3 257人,两年制122人,成人教育92人。（刘爱波）

【中等职业教育】 年内,总公司系统10所技工学校全部改制为集团公司培训中心,中铁十五、十六、十七、十九局集团公司培训中心已停止招收社会普通技校生,其他集团公司培训中心根据企业需求和社会需要,继续招收“双向选择、择优录用”的技校生,着重加大了对在职职工的培训力度。中铁十二局集团公司湘潭技工学校扩建为湘潭铁路工程学校,面向路内和社会招收普通中专生。总公司系统全年共招收技校生1 252人、中专生224人,培训职工2 000余人。（刘爱波）

【国际项目管理专业资质认证培训】 自2002年3月以来,共举办6期国际项目管理专业资质认证C级培训班,培训210名管理人员,有168人取得C级资格证书,平均通过率85%,最高通过率97%,每次认证通过率都是全国最高的,受到社会各界好评。年内举办4期国际项目管理专业资质认证C级培训班,培训管理人员132名,有111名取得C级资格证书、1名取得B级资格证书,通过率90%。（孙久红）

【职工教育培训质量检查】 4月和10月,总公司分别对职工教育培训中心和基地进行了检查和抽查,通过召开学员座谈会、查看教学设备设施、检查教育教学质量记录、了解师资力量、评估后勤保障等方法,促进了教育培训工作的进一步规范与提高。（孙久红）

【庆祝教师节】 结合庆祝第19个教师节,总公司系统开展了表彰、慰问系列活动。一是经各单位评选推荐、总公司审批决定,授予中铁十一局集团公司电务工程公司等13个单位“总公司教育培训先进单位”称号,授予朱本林等16人“总公司尊师重教先进个人”称号,授予李凌燕等78人“总公司优秀教育工作者”称号,分别颁发奖牌、奖金和荣誉证书,以资鼓励;二是根据国资委和总公司的统一安排,在全系统开展庆祝、联欢、座谈、走访慰问等活动,走访慰问退休教职员工,开支慰问金35万余元;三是积极开展捐资助教活动,向驻地学校捐款28万元。（孙久红）

【企业职业教育管理干部培训】 12月15日～22日,总公司在中铁二十局集团公司乐山基地举办企业职业教育管理干部培训班,56人参训。培训班采取专题讲座和座谈讨论等形式,认真学习贯彻《国务院大力推进职业教育改革与发展的决定》,统一思想,提高认识,理清思路,提高了职业教育管理干部的业务素质和开拓创新能力,取得良好效果。（孙久红　耿杰明）

【总公司技工思想政治工作研究年会】 10月16日～18日在中铁二十局集团公司培训中心召开。会议总结、布置技工思想政治工作研究会工作,交流工作经验和改革情况,总公司教育卫生部领导出席会议。（刘爱波）

【总公司技工教育研究年会】 11月6日～8日在中铁十一局集团公司培训中心召开,各技工学校校长、培训中心主任出席会议。会议总结、布置技工教育工作,研究新时期教育改革问题,交流改革经验,评选出15篇优秀论文。会上,推选中铁十八局集团公司技工学校校长王清美担任技工教育研究会新任会长,中铁二十局集团公司技工学校校长徐寅忠任副会长。（李学甫）

【总公司教育培训综合统计工作会议】 12月16日～22日在中铁二十局集团公司乐山基地召开。会议期间,完成年度干部培训统计、职工培训统计、技工学校统计和职业技术学院统计工作,并召开统计工作座谈会,对继续做好综合统计工作提出新要求。（刘爱波　孙久红）

【招生协调工作】 在普通高校、中专、技校招生期间,坚持为企业定向培养人才的工作思路,努力克服网上录取协调难度大等不便因素,及时主动地与有关招生办公室和高等院校沟通联系,协助解决职工子女的升学就读问题,解除了部分一线职工的后顾之忧。（刘爱波）

【中小学逐步分离】 根据国家关于“分离企业办社会职能”的要求,总公司对所属中小学进行撤并、停办、移交地方、“企有民办”等改制活动,中小学由1999年的36所减至目前的18所,其中移交地方4所、停办6所、撤并8所。继续开办的中小学将实行“企有民办”的管理模式,逐步实现社会职能剥离。（孙久红）

【优秀论文评选】 年内总公司系统积极参加铁路教育系统教育理论研究与交流,有8篇论文被中国铁道学会铁道教育委员会评为优秀论文。（孙久红　刘爱波）

【总公司机关业余英语培训】 年内总公司机关举办第三期英语业余培训班,140人参加培训。通过两个月的刻苦学习,部分学员能用英语进行日常用语会话,并能用英语进行演讲,受到好评。（孙久红）

·医疗卫生·

【预防控制“非典”疫情，保障职工生命安全】 自2002年底广东发生“非典”疫情后，总公司系统积极关注疫情动态，及时下发《关于做好冬季预防呼吸道传染病的通知》，要求各单位做好预防“非典”工作。3月24日，教育卫生部专发电报《关于认真做好非典型肺炎预防工作的通知》，要求各单位加强对预防“非典”工作的领导，正确把握宣传尺度；严格按照地方政府卫生行政部门的要求开展工作，接受省市疾病控制中心和本系统卫生防疫部门的技术指导和服务；积极引导、教育职工保持生活、工作环境的空气流通，使局部病原体达不到感染浓度；医护人员要做好自身防护。3月～7月，总公司专门成立预防控制“非典”领导小组及其办公室，每天收集全系统疫情报告，指导有关单位及时采取控制措施；每天早8时前，向总公司领导呈报24小时疫情动态；每天下午，领导小组召开例会分析疫情，协调检查防控措施落实；每周进行疫情动态分析。在此期间，领导小组及办公室先后下发22份加急电报，及时指导全系统防治“非典”工作。“非典”流行初期，全系统有4个单位在不知情的情况下发生“非典”感染7例（死亡2例），由于及时采取有力的控制措施，在“非典”疫情高发期没有发生新的感染和流行，取得防治“非典”工作决定性胜利。（赵恩金）

【贯彻落实《职业病防治法》】 2003年下半年，总公司先后组织参加两期卫生部和国家疾病预防控制中心委托全国职业卫生标准委员会和职业卫生与中毒控制所举办的《职业病防治法》培训班，46人参训。参训人员紧密结合贯彻《职业病防治法》，积极参加本单位“职业安全健康管理体系”“贯标”工作，组织专业人员进行基础数据准备，起草相关程序文件，既保证了“贯标”工作的顺利进行，也推动了《职业病防治法》的深入贯彻落实。（赵恩金）

【艾滋病预防工作】 鉴于国内艾滋病明显上升的严峻形势，根据卫生部预防艾滋病战略规划和铁道部制定的铁道建筑队伍预防艾滋病总体计划要求，总公司教育卫生部与中铁十六、十七、十八局集团公司参与铁道部和玛丽斯特普国际组织中国代表处联合组织的调研活动。8月，对在兰武铁路乌鞘岭隧道施工的518名职工进行铁路工人性病、艾滋病预防知识需求调查，对工人的性需求及安全套使用相关情况进行研究。通过对工人、管理人员及医务工作者的定性访谈和定量调查结果显示：从工人对自我健康状况的认定及处理方式看，进行适当的干预是必要的；从工人对性病及艾滋病的认知状况看，进行一定的知识普及也是必要的；从工人性需求的解决方式及安全套使用状况看，也需要对其进行安全卫生知识的传授。9月9日，在北京进行研讨，针对存在问题提出“预防干预策略”，决定依据铁道部与国际组织签约的内容和工地实际需求，组织所属单位对职工进行正面的预防艾滋病知识的宣传教育，所需宣传资料和技术支持由玛丽斯特普国际组织和铁路卫生技术中心免费提供。10月24日，应中国企业联合会邀请，总公司派代表参加中国企业联合会与国际劳工组织举办的“创造良好的工作环境”企业论坛，对预防艾滋病工作进行深入研讨，并发出《倡议书》。（赵恩金）

【企业医疗机构体制改革】 12月17日～19日，总公司在中铁二十局集团公司召开卫生工作座谈会，听取中铁二十局集团公司医疗机构改制情况汇报，参观考察该集团公司中心医院、疗养院和唐城医院，学习推广其在医疗机构改制中的成功经验，对涉及产权、法人治理结构、基本管理模式和职工思想观念转变等深层次问题进行研讨，取得预期效果。（赵恩金）

【参与组建激光净血医院集团和推广激光净血疗法】 1月9日～12日，总公司教育卫生部与沈阳激光抗栓净血医院在沈阳共同组织召开中国净血医院集团筹建大会，总公司系统43人参加会议。会议听取有关专家关于激光净血机理、“光药疗法”的临床应用及发展历程报告，参观沈阳激光抗栓净血医院总部及激光抗栓净血医院附属和平医院，考察采用“光药疗法”的治疗过程及治疗效果，并就激光净血的有关问题进行理论探讨和学术交流 。3月，在中铁二十局集团公司中心医院开展临床推广工作，取得阶段性成果。（赵恩金）

【“铁路隧道工矽肺危险度评价”获铁道部科技进步奖】 总公司组织中铁十一、十五、十六、十七、十八、二十局集团公司与东南大学（原南京铁道医学院）公共卫生学院历时3年合作开展的“铁路隧道工矽肺危险度评价”科研课题，通过对5 482名隧道接尘工人的35年回顾性队列动态研究，建立预测模型、高危人群筛选方法和环境检测、健康监护制度，为早期发现矽肺病高危人群、积极控制和延缓矽肺病发生以及为修订职业卫生标准提供了科学依据。该成果获2003年度铁道部科技进步二等奖。（赵恩金）

总公司卫生事业基本情况统计表

（2003年度）

单位	机构数（个）	床位数（张）				人员数（人）																												
		合计	正规病床	简易病床	疗养、休养床	总计	卫生技术人员																							其他技术人员	管理人员			工勤人员
							合计	中医师	西医师	中西医结合医师	护师	中药师	西药师	检验师	其他技师	中医士	西医士	护士	助产士	中药剂士	西药剂士	检验士	其他技士	其他中医	护理员	中药剂员	西药剂员	检验员	其他初级技术人员		合计	业务管理人员	行政管理人员	
总公司合计	410	3503	3103		400	4905	3934	31	1432	14	827	17	208	114	96	14	374	375	20	5	40	34	28		132	8	39	16	110	62	455	232	223	454
中铁十一局集团公司	46	220	220			499	393	5	138		73	1	24	13	15	1	31	45	1	2	6	3	4		19	1	5	4	2	8	43	25	18	55
中铁十二局集团公司	42	790	390		400	650	464		176		113		30	18	7	6	25	27	2						14		6	2	38	14	69	27	42	103
中铁十三局集团公司	33	266	266			371	299	5	137	1	85	3	16	15	1	20	14			2										2	44	33	11	26
中铁十四局集团公司	6	144	144			189	177		50		97	1	10	7	2		2	8													7		7	5
中铁十五局集团公司	68	370	370			583	497	7	168		56	2	20	10	4	3	89	66	3	1	7	9	5		32	1	3	1	10	3	46	23	23	37
中铁十六局集团公司	20	149	119			239	195		66	2	34		8	6	3	1	11	30	1		6	4	9		1			3	10	1	31	16	15	12
中铁十七局集团公司	60	311	311			440	355	3	102	3	44	4	10	5	12		26	36			2	2	1		43	3	11	6	42		43	19	24	42
中铁十八局集团公司	48	205	205			518	454	4	159		45	1	23	11	15	1	73	67	7	1	10	7	7		15	2	1		5	2	47	35	12	15
中铁十九局集团公司	56	200	200			409	313	1	104	7	64	1	22	10	6	2	55	23		1	2	3	1		6		5				49	18	31	47
中铁二十局集团公司	30	500	500			476	412	2	184	1	69	2	18	7	5		41	55	5		3	5	1		2	1	8		3	4	35	19	16	25
总医院	1	348	348			531	375	4	148		147	2	27	12	26		1	4	1		2	1								28	41	17	24	87

制表：周鲜茹

总公司医院医疗工作统计表

（2003 年度）

单位	机构数（个）	总诊疗数（人次）总计	其中：门诊	其中：急诊	期末实有病床数（张）	住院者动态（人）原有人数	他科转入	入院人数总计	入院人数其中路内	出院人数总计	其中：出院病人数计	治愈	好转	未愈	死亡	转往他科	期末实有人数	实际开放总床日数	平均开放病床数	实际占用总床日数	出院者占用总床日数	治愈率（%）	病死率（%）	平均病床周转率（次）	平均病床工作日（日）	实际病床使用率（%）	出院者平均住院日（日）
总公司合计	392	1542190	1310654	96398	2958	1942	154	40257	9476	40205	37014	25899	9812	954	349	141	2007	1102917	3145	556043	470787	69.97	0.99	12.78	176.80	50.41	11.71
中铁十一局集团公司	44	185094	173882	9675	220	138	16	4370	475	4392	3887	3525	300	38	24	16	116	82855	220	34288	41001	90.69	0.62	19.96	155.85	41.38	9.34
中铁十二局集团公司	39	92776	86222	4421	290	395	9	3269	2662	3135	2992	2051	788	114	39	9	529	171118	490	65164	54655	68.55	1.30	6.4	132.99	38.08	17.43
中铁十三局集团公司	33	186213	165425	20788	266	286	18	4941	357	5013	3688	2231	1244	153	60	18	214	97090	266	65711	58310	60.49	1.63	18.85	247.03	67.68	11.63
中铁十四局集团公司	5	10582	9971	611	144	93		1172	55	1152	1147	1033	77	32	5		113	73000	200	50370		90.06	0.44	5.76	251.85	69	
中铁十五局集团公司	67	175807	161572	9728	370	129		3036	1447	2983	2657	2081	449	98	29		182	135050	370	39212	32983	78.32	1.09	8.06	105.98	29.04	11.06
中铁十六局集团公司	19	134108	107183	24048	149	46		1206	512	1211	1108	808	292	3	5		41	38240	149	16084	14295	72.92	0.45	8.13	107.95	42.06	11.8
中铁十七局集团公司	55	116258	96009	5094	311	185	32	2563	257	2543	2346	1512	690	118	26	32	205	88220	311	34920	27196	64.45	1.11	8.18	112.28	39.58	10.69
中铁十八局集团公司	43	140779	122234	4706	205	102	43	4654	361	4619	4389	3182	1131	50	26	30	150	83958	231	40111	37644	72.5	0.59	20	173.64	47.78	8.15
中铁十九局集团公司	56	224131	219169	1591	200	96	3	3146	518	3121	2968	888	1918	110	52	3	121	74810	200	40950	41219	29.92	1.75	15.61	204.75	54.74	13.21
中铁二十局集团公司	30	191194	94420	6553	455	362		10019	2469	10099	9957	7800	1959	166	32		282	182500	500	140922	132630	78.34	0.32	20.2	281.84	77.22	13.13
总医院	1	85248	74647	9183	348	110	33	1881	363	1937	1875	788	964	72	51	33	54	76076	208	28311	30854	42.03	2.72	9.31	136	37.21	16

制表：周鲜茹

总公司医院卫生经费收支情况统计表

（2003年度）

项目 / 数量 / 单位	经费总收入(万元)						经费总支出（万元）									
	合计	上级拨款		路外医疗	家属医疗	其他	合计	行政管理费	工资支出	工资附加费	医药费支出					其他支出
		计	其中工资								合计	住院药材费	门诊药材费	路外医疗费	其他	
总公司合计	23323.18	2897.30	1873.8	14715.84	2124.61	585.43	21408.1	3042.32	5970.85	1495.2	9954.53	5173.74	3603.19	317	860.6	945.2
中铁十一局集团公司	1657.5	240	240	1098	183	136.5	1714	219	630.7	113	629	219	272	7	131	122.3
中铁十二局集团公司	2260.1	707.2	536.1	1147.6	331	74.3	2538.3	700.2	691.1	97.6	825	439	178.2	15	192.8	224.4
中铁十三局集团公司	2247.4	170	100	1647.2	270.6	159.6	2181	409.4	525.3	244	1002.3	514.7	299.5	174.3	13.8	
中铁十四局集团公司	385	65		300	20		329	47	124	23	135	77	34	24		
中铁十五局集团公司	1303	425	415	511	359	8	1504	231	691	83.9	498.1	149.39	136.71	58	154	
中铁十六局集团公司	270.17	148.7	71.4	121.47			1667.6	54.2	129.3		1484.1	404.7	1008.2		71.2	
中铁十七局集团公司	1233	312.2	132.4	815	65.8	40	1368.5	201	460.9	122.8	581.8	288.5	41.3	26	226	2
中铁十八局集团公司	1030	120	120	780	120	10	1139	190	350	69	520	202	298		20	10
中铁十九局集团公司	2074.2	279.2	258.9	1651.8	50.7	92.5	2054	531.4	561.3	114.9	845.9	584.4	252	7.7	1.8	0.5
中铁二十局集团公司	3878.81			3810.77	46.51	21.53	2743.7	95.12	533.25	60	2016.33	1499.05	474.28		43	30
总医院	3984	430		2833	678	43	4178	364	1274	567	1417	796	609	5	7	556

制表：周鲜茹

总公司卫生事业基本建设、更新改造、大修投资完成情况统计表

（2003 年度）

项目 / 数量 / 单位	建设项目（个）	完成投资（万元）						固定资产（万元）			本年房屋竣工面积（平方米）	年底实有房屋建筑面积（平方米）
		总计	建筑安装工程	设备工具购置	更新改造费用	大修费用	其他	本年新增固定资产 总计	其中本年医疗卫生设备投资	年底实有固定资产		
总公司合计	14	678.15	56	177.85	172.5	271.80		4750.68	1970.08	33255.28	990	357723.74
中铁十一局集团公司	1	16		16				402.6	16	9341		25430
中铁十二局集团公司	4	120	33	11	17	67		344	10	4319		97906
中铁十三局集团公司		80		24	40	8		24	24	570.54		19231
中铁十四局集团公司	3	55		40		15		40	40	770		20133.1
中铁十五局集团公司		113			84	29.8		36.23	36.23	1545.51		39336
中铁十六局集团公司								39.4	12.7	797.02		12157
中铁十七局集团公司	5	39.85		0.85		39		562.65	376.85	896.68		39093.56
中铁十八局集团公司										2220.28		12157
中铁十九局集团公司								1796.5	340.5	79.75		16374.2
中铁二十局集团公司	1	23.5			23.5			1194.3	827.8	4197.5	990	25995.88
总医院		222	23	86		113		311	286	8518		61987

制表：周鲜茹

文　　化

·史志工作·

【总公司史志编审委员会】 成立于1992年12月。编审委员会由党委书记孙有礼兼任第一主任，总经理翟月卿兼任第二主任，副总经理吕连亭、调研员刘毓珊兼任副主任，成员由总公司机关各部门负责人和工厂局、物资局行政主管领导组成。1994年11月，翟月卿总经理调铁道部任职，由王振侯总经理接任编审委员会第二主任。1997年12月，党委书记孙有礼、副总经理吕连亭退休，由党委书记李国瑞接任编审委员会第一主任，邹才华副总经理接任编审委员会副主任。总公司史志编审委员会的主要职责是：领导总公司机关及所属单位的史志工作，制定史志工作规划，确定编纂任务，研究解决史志工作中的重大问题，并对史志编纂成果进行审定。史志工作基本告一段落后，主要负责《中国铁道建筑总公司年鉴》的编审工作。其办事机构为史志办公室，1998年11月总公司机关机构改革后为档案馆。（刘贤福）

【2003年版《中国铁道建筑总公司年鉴》】 10月，由中国铁道出版社出版发行。全书收集资料170余万字、图片400余幅，编辑成书110万字、刊用图片270余幅，集中反映了总公司系统2002年度国内外工程施工、工程创优、体制创新、技术创新、管理创新及党群工作等方面的新成果、新经验和出现的新情况、新问题，真实再现了全体干部职工顽强抗击“非典”，再创生产经营历史佳绩的感人事迹和为把总公司建设成为国内行业排头兵具有国际竞争力的现代大型企业集团而艰苦奋斗、团结拼搏、开拓进取、无私奉献的时代精神、企业风采，较好地弘扬了企业文化，扩大了总公司的社会知名度。（刘贤福　杨启燕）

【《中国铁道建筑总公司年鉴》(2003年版)获全路年鉴质量评比四项第一】 11月，在铁道部组织的有近60家单位参加的全路年鉴质量综合评比中，《中国铁道建筑总公司年鉴》(2003年版)获综合评比一等奖和编校质量、版式装帧、框架设计3个单项评比一等奖，是在全路年鉴质量综合评比中获得全部4个最高奖项的两个单位之一，受到参评单位的赞扬。总公司系统有5个单位参加全路年鉴质量综合评比，其中《中铁十一局集团年鉴》也获得4个一等奖，《铁道第四勘察设计院年鉴》获综合评比一等奖和编校质量、版式装帧2个单项评比一等奖，《铁道第一勘察设计院年鉴》获综合评比二等奖和版式装帧一等奖，《中铁十五局集团年鉴》获综合评比三等奖。

《中国铁道建筑总公司年鉴》自1993年创刊以来，一贯坚持以“读者第一、质量第一、服务第一、信誉第一”为宗旨，坚持“务实、创新、求精”的办刊指导思想，严格按照国家新闻出版总署及中国版协年鉴研究会的有关规定，与时俱进，不断进行规范与创新，着力为企业的改革发展和“两个文明”建设服务，为弘扬企业文化服务，为增进社会各届朋友对总公司的了解与合作服务，取得较好成绩，曾3次获得全国年鉴校对质量评比优秀奖。（刘贤福　杨启燕）

【《中国铁道年鉴》和《中国铁道百科全书》资料提供】 总公司档案馆除承担《中国铁道建筑总公司年鉴》编辑出版工作外，还承担铁道部主编的《中国铁道年鉴》和《中国铁道百科全书》等相关资料、图片提供和书稿审核工作。年内向《中国铁道年鉴》提供资料2万字和部分图片，向《中国铁道百科全书》提供资料8万字和近70幅图片。4位返聘老干部以认真负责的工作态度、精益求精的敬业精神，高质量完成铁道部分配的铁路工程、铁路人物、铁路工业等相关资料的撰写、审改工作，多次受到铁道部表扬。（刘贤福）

【年鉴论文入选】 11月，在中国版协年鉴研究会学术委员会组织召开的第9届全国年鉴学术年会上，总公司办公室杨启燕撰写的《浅谈铁路施工企业年鉴工作中存在的问题及对策》、中铁十一局集团公司办公室王贤诗撰写的《关于企业年鉴强化实用价值的思考》和中铁十八局集团公司办公室王千永撰写的《推进年鉴创新，服务现代企业》3篇论文入选，并在会上交流。（杨启燕）

·企业文化建设·

【总公司企业文化建设领导小组】 成立于2003年4月16日。由总公司总经理王振侯、党委书记李国瑞兼任组长，靳尚忍副总经理、霍金贵副书记兼任副组长，姜世杰、孙化同、李友才、李廷柱、张克明、徐士淮、吴志义为成员。领导小组下设办公室，由李友才、张克明兼任主任，霍广安、鞠小华、李昌明为成员。企业文化建设领导小组的主要职责是：推进企业文化创新和管理创新，提升全系统的管理水平和整体素质，进一步增强企业的核心竞争力，把总公司建设成为国内行业排头兵和具有国际竞争力的现代企业集团。

（企管部 宣传部）

【企业文化建设工作全面启动】 4月16日，总公司、总公司党委颁发《关于推进企业文化建设的通知》，成立企业文化建设领导小组及其办事机构企业文化建设办公室。同日，总公司企业文化建设领导小组颁发《关于做好总公司CI策划方案征集工作的通知》，全面启动企业文化建设工作。年内广泛征集CI策划方案，陆续收到来自本系统单位、个人和原铁道兵老战友的应征稿件25份，其中比较系统的5份，企业徽标5份，企业歌曲2份，企业理念和行为规范14份。总公司CI策划方案坚持“从群众中来到群众中去”的指导思想，在广泛征集群众提案、充分听取各方面意见的基础上，经过集中整合、反复修改，形成总公司CI策划初步方案，于11月18日在《中国铁道建筑报》上发表，再次向全系统征求意见，以期形成最佳方案。 （王 谐）

11月30日，上海铁路城市轨道交通设计研究院在上海铁路文化宫举行建院50周年庆典。图为庆典大会会场。 （李鲁平 提供）

9月～10月，总公司党委在全系统组织开展"树组工干部形象"集中学习教育活动。图为李国瑞书记为驻京单位组织人事干部上党课。（杜学文 摄）

党的工作

本栏责任编辑　**杨启燕**

综合工作

【总公司党委】 中国共产党中国铁道建筑总公司委员会(以下简称总公司党委)是国务院国有资产监督管理委员会(以下简称国资委)党委领导下的对下属单位党组织实行统一领导的党组织。总公司党委在企业中处于政治核心地位,发挥政治核心作用,主要负责统一领导并组织实施全系统党的建设和思想政治工作。党委常委由李国瑞、王振侯、霍金贵、彭树贵、夏良振、丁原臣、靳尚忍、邹才华等8人组成(夏良振7月免职退休,丁原臣11月任职);李国瑞任党委书记,王振侯、霍金贵、彭树贵任党委副书记。总公司党委职能机构设党委办公室、组织部、宣传部、干部(人事)部、直属机关党委工作部。总公司纪委是总公司党委和国资委纪委领导下的纪检监察机关,履行党的纪律检查和行政监察两种职能。彭树贵任纪委书记,王京利、王新武任纪委副书记。根据中组部和原中央企业工委及国资委党委批复精神,总公司分布在全国各地的下属单位,党的领导关系继续实行由总公司党委和所在省、自治区、直辖市党委双重领导,以总公司党委垂直领导为主的体制。按照中共中央中发〔1999〕18号、中发〔2003〕6号文件和中组部对中央企业工委组织部就中央企业党的建设有关问题的请示的答复意见(组厅函字〔2000〕99号),这些单位的领导班子成员以总公司党委管理为主,地方党委协助管理。总公司工会接受总公司党委和中华全国铁路总工会的领导,党委常委夏良振任工会主席;夏良振退休后,由总公司党委副书记霍金贵兼管工会工作。总公司团委是总公司系统各级团组织和青年工作的领导机构,钱桂林任团委书记。

2003年,总公司党委认真贯彻落实党中央和国资委一系列重要指示、决定,紧密围绕中心工作,坚持抓方向、议大事、促改革、谋发展、保稳定,集中精力抓了七件大事:一是紧密联系实际,认真学习贯彻"三个代表"重要思想和党的十六大、十六届三中全会精神;二是在抗击"非典"中,充分发挥党组织的战斗堡垒作用和党员的先锋模范作用;三是宣传学习青藏铁路建设先进典型,弘扬青藏铁路建设精神;四是积极做好整合重组中党的工作;五是下力气开展工程项目经济效益执法效能监察;六是积极推进企业文化建设;七是组织考核组对有关单位领导班子进行考核,调整补充领导班子成员。 (李廷柱　赵登善)

【总公司党委办公室】 总公司党委的综合职能部门,协助党委领导处理日常工作的机构。定员5人,现员5人,其中主任1人、副主任1人、秘书3人。主要职责是:负责党委会和党委召开的全局性会议的筹备及会务工作,协助领导组织会议决定事项的实施;协助党委领导组织制订、起草工作计划、总结、报告和有关会议文件、材料;审核以党委或党委办公室名义发布的公文;督促检查党委各部门及下属单位党委对中央和上级重要指示、决议、重要会议精神,以及总公司党委、领导有关指示的落实情况,并跟踪调研,及时反馈信息;协调党群部门之间的工作关系;协助党委领导组织处理需由党委直接处理的突发事件和重大政治事故;组织政治工作专题调查研究,了解掌握下属单位党委的工作情况和政治工作动态,做好政工信息的收集、整理、上报、通报,编发《政工情况》,整理、编辑《总公司党委大事记》;处理群众来信来访,办理党委领导交办的有关信访事项;负责党委和党委领导的文电收发运转、党委印鉴和信件管理工作;负责党委保密委员会的日常工作;办理党委领导交办的其他事项。

2003年,党委办公室坚决贯彻党委的各项决议、决定和领导指示,积极协助党委抓好抗击"非典"的组织、检查、慰问工作,确保抗击"非典"和生产经营双丰收;抓好企业整合重组的调研、论证和接收的组织、协调工作,确保企业稳定和职工队伍稳定;协助抓好青藏铁路建设先进典型的发掘、提炼、推广工作,组成先进事迹报告团在人民大会堂接受中央领导接见并作先进事迹报告;参与企业文化建设、党风廉政建设等重点工作的调研、指导,较好地发挥了参谋助手作用、督促检查作用和综合协调作用。 (李廷柱　赵登善)

【信息工作】 2003年,紧紧围绕总公司改革发展稳定大局,以党委中心工作为重点,以权威性、参考性、内部性为目标,报送政工信息150余条,整理、编辑《政工情况》46期,刊稿84篇,其中总公司本级24篇、所属单位60篇,内容涉及深入学习贯彻党的十六大精神、企业改革重组、贯彻落实总公司工作会议暨一届五次全会精神、领导班子建设、防治"非典"、宣传青藏铁路建设先进典型、"树组工干部形象"教育和党建工作创新、党风廉政建设和反腐败工作、维护企业稳定等方面情况;向国资委报送的部分信息被《国资委通报》《国资委党委通报》和国资委网站采用,为所属单位交流情况、沟通信息、指导工作发挥了较好作用。 (谢华刚)

【信访工作】 全年接待群众来信来访69人次,处理信件106封,对因企业改革重组、离退休职工养老金发放、职工住房分配、企业领导人员廉洁自律等引发的职工来信来访和历史遗留问题引发的群众上访等问题均

做了妥善处理，用政策和情感释义解惑、化解矛盾，解决了实际问题，维护了企业稳定。（赵登善）

【党委保密委员会】 总公司党委领导下的负责领导和管理全系统保密工作的机构。保密委员会主任由总公司党委常委、副总经理邹才华兼任，副主任由孙化同、李廷柱兼任，成员由机关有关部门负责人组成。保密委员会下设办公室，日常工作由党委办公室负责。其职责是：认真贯彻党中央和国资委有关保密工作的决定、指示，提出加强新形势下保密工作的意见和建议，建立健全工作制度，督促指导各级机关人员认真做好保密工作，及时解决保密工作中存在的问题。2003年，总公司主要针对新形势下中央企业个别领导人员出国携带秘密载体及保密工作出现的失窃密问题，加强宣传教育和制度建设，做到举一反三，防患于未然。（赵登善）

【定点扶贫工作】 总公司对口扶贫河北省张家口市万全、尚义两县，高尚升、李克建分别挂职任两县县委副书记，负责两县的调查研究、联络协调和对口帮扶工作。总公司党委、总公司领导高度重视定点扶贫工作，成立以党委副书记霍金贵、副总经理邹才华为组长，机关有关部门负责人参加的总公司扶贫开发工作领导小组。高尚升、李克建在定点扶贫的万全、尚义县，工作作风扎实，站位准确，热情随和，有位有为，赢得当地赞誉；多方协调，多角度、全方位宣传贫困县的优势，促进两县与外界的交流与合作，并采取教育扶贫、医疗下乡、劳务输出和帮助企业解决实际困难等形式进行对口帮扶，取得较好成绩。2003年，先后为两县争取企业扶贫款、扶贫物资67万元，销售农副产品26万元，医疗创收41万元，总价值134万元。（赵登善）

组　　织

【组织部】 总公司党委主管党的建设工作的职能部门。主要职责是：贯彻执行党中央、国资委和总公司党委关于加强党的建设的指示精神，研究制定本系统党建工作有关规划、制度、规定和措施；指导各单位领导班子思想作风建设、工程项目部党组织建设、党支部建设、党员教育管理和发展党员工作；负责党内奖励、党内统计、党费收缴管理、党员组织关系转移、党员培训以及党群系统组织机构设置和编制定员等工作。定员7人，设部长、副部长各1人；现员5人，其中部长1人。（王子利）

【党组织和党员队伍状况】 截至年底，总公司系统共有党的基层委员会906个，其中局党委24个，处党委150个，工程项目部党委569个，其他党委165个；党支部5 184个，其中工程队党支部1 272个，工程项目部党支部1 370个，其他党支部2 542个。党员89 649名，其中在岗职工党员69 845名，占在职职工总数的34%；干部党员43 050名，工人党员26 795名，女党员9 362名，离退休党员17 729名。党员队伍年龄结构：35岁以下18 652名，占党员总数的21%；36岁～45岁30 712名，占党员总数的34%；46岁～54岁23 158名，占党员总数的26%；55岁～59岁6 636名，占党员总数的7%；60岁以上10 491名，占党员总数的12%。党员文化结构：大专以上31 371名，占党员总数的35%；高中、中专30 862名，占党员总数的34%；初中以下27 416名，占党员总数的31%。年内发展党员2 364名，其中女党员423名。全系统出党党员61名，其中开除党籍25名，退党除名14名，劝退除名2名，自行脱党14名，取消预备党员资格6名。（王子利）

【总公司党委一届五次全委(扩大)会议】 4月17日～18日在北京召开，总公司党委委员及各单位党委书记、行政主管和总公司机关有关部门负责人参加会议。会议以邓小平理论和“三个代表”重要思想为指导，认真贯彻党的十六大、十届全国人大和中央经济工作会议、中央企业工委工作会议精神，研究、部署总公司2003年生产经营、改革发展和党的建设等工作，总公司党委书记李国瑞、总经理王振侯在会上作党委、行政工作报告。（杨　赳）

【党内统计工作会议】 总公司党内统计工作会议暨党内统计软件培训班于12月1日～3日在中铁十六局集团公司福州大厦召开。会议总结2002年党内统计工作，布置2003年统计工作任务，表彰党内统计“全优报表”单位14个、优秀统计工作者14人。（王子利）

【王振侯总经理当选全国政协委员】 2003年1月23日，王振侯总经理作为总公司17万员工的代表，被第9届全国政协常务委员会第20次会议推选为中国人民政治协商会议第10届全国委员会委员。（高学存）

【国资委党委调研总公司党员队伍状况】 6月3日，国资委党委调研组组长闫进通和党建局组织处处长车家发、纪委党风廉政教育室处长关秀云一行3人，到总公司机关和中铁建设集团公司第21项目部，采取听取

党委汇报、召开有关人员座谈会等方式，对中央企业如何开展党员先进性教育活动进行前期调研。（高学存）

【总结推广使用《党员手册》的经验】 中铁十七局集团公司党委针对近年来党员教育管理工作出现的新情况、新特点，在全集团公司推行使用《党员手册》，收到很好效果，使党员在高度分散流动的情况下，始终处在党组织的可控管理和严格监督之下，及时参加党的组织生活、及时缴纳党费、及时接受党的教育管理，党员的先锋模范作用得到充分发挥。鉴于该集团公司的经验对新形势下加强党员教育管理具有较强指导作用，总公司党委在《政工情况》上及时进行了总结推广。

（高学存）

【发展党员】 2003 年，总公司系统共发展党员2 364名。其中，生产一线职工1 718名，占 72.67%；工人 462 名，占 19.54%；管理、技术人员 1 810 名，占 76.57%；年龄在 35 岁以下的1 867名，占 78.98%；大专以上文化程度1 506名，占 63.71%；女职工 423 名，占 17.89%。年内总公司党委下发文件，对在参加青藏铁路建设的职工中发展党员进行专门部署，加强了重点工程党员队伍建设。（郑秀兰）

【中组部、国资委党委表彰抗击“非典”先进单位和先进个人】 6 月，总公司总医院党委分别荣获中央组织部和国资委党委授予的全国和中央企业“防治非典型肺炎工作先进基层党组织”称号；中铁十三局集团公司中心医院内科护士长杨雪荣获中央组织部授予的“全国防治非典型肺炎工作优秀共产党员”称号，总医院急诊科主任吴雨龙荣获国资委党委授予的“中央企业防治非典型肺炎工作优秀共产党员”称号。（郑秀兰）

【中国土木工程集团公司党组织关系转隶总公司党委领导】 12 月，根据国资委《关于中国铁道建筑总公司与中国土木工程集团公司实施重组的批复》（国资改革函〔2003〕153 号）和《国资委党委关于调整中国土木工程集团公司党组织领导关系的批复》（国资党委党建〔2003〕71 号）精神，将中国土木工程集团公司党委由国资委党委领导调整为由中国铁道建筑总公司党委领导。（高学存）

【铁道部所属 20 户企业党组织关系转隶总公司党委领导】 11 月，根据国资委、铁道部《关于将铁道部部属勘察设计院等企业分别划入中国铁路工程总公司、中国铁道建筑总公司有关问题的通知》（国资改革〔2003〕09 号）和《关于将铁道第一、第四勘察设计院等 20 户企业划转中国铁道建筑总公司有关问题的批复》（国资改革函〔2003〕372 号）精神，铁道部政治部组织部将铁道第一、第四勘察设计院等 20 户企业党组织关系移交中国铁道建筑总公司党委领导。（高学存）

【总公司党委组织部长岗位职务培训班】 9 月 8 日～26 日在总公司党校举办，全系统 91 名组织部长参加培训，考试成绩优良率达到 100%。这期党委组织部长岗位职务培训是按照中共中央《2001 年～2005 年全国干部教育培训规划》要求举办的，培训班坚持以党的十六大精神、“三个代表”重要思想和胡锦涛总书记“七一”重要讲话为指导，以提高组工干部综合素质和履行岗位职务所需要的业务能力为重点，邀请中央党校、国资委、新华社的教授、专家和领导授课。通过培训，开阔了视野，丰富了知识，武装了头脑，增长了才干，进一步认清企业党建工作的地位、作用，坚定了做好党的组织工作的信心。（高学存）

【“树组工干部形象”集中学习教育活动】 遵照中共中央组织部《关于在全国组织系统兴起学习贯彻“三个代表”重要思想新高潮，开展以公道正派为主要内容的“树组工干部形象”集中学习教育活动的意见》和国资委党委指示精神，总公司党委于 9 月初作出部署，在全系统所属集团子公司以上单位组织人事干部中开展“树组工干部形象”集中学习教育活动，850 名组织人事干部参加学习教育。各单位组织人事部门和组织人事干部认真学习中共中央组织部和国资委党委有关文件精神，对照“对己清正、对人公正、对内严格、对外平等”要求，认真检查存在问题，深刻剖析原因，总结经验教训，制定改进措施，完善规章制度。总公司党委还组织各单位组织人事部门积极参加中组部、国资委党委组织开展的“树组工干部形象”集中学习教育征文活动，中铁十一局集团公司党委干部部部长黎良智撰写的文章被中央组织部“树组工干部形象”集中学习教育活动办公室录用。大家普遍反映，这次集中学习教育活动党委领导重视，组织严肃认真，解决问题深透，取得明显成效：促进了组织人事部门学习贯彻“三个代表”重要思想新高潮的兴起，加深了对公道正派精神实质和深刻内涵的理解，解决了组织人事工作中存在的主要问题，制定完善了坚持公道正派的规章制度，有力地推动了组织人事工作。（杨 赳）

【评选表彰“四好领导班子”】 4 月 15 日，总公司党委、总公司作出决定，批准 4 个单位的领导班子为 2002 年度总公司“四好领导班子”。

四好领导班子

中铁十二局集团公司领导班子
中铁十一局集团公司领导班子
中铁建设集团公司领导班子
昆明中铁大型养路机械集团公司领导班子

（杨 赳）

【领导班子民主生活会】 遵照国资委党委和总公司党委要求，各单位领导班子以“三个代表”重要思想和十六大精神为指导，认真贯彻党中央、国务院和国资委党委关于一手抓防治“非典”、一手抓经济建设的重要指示，结合学习领导干部的优秀代表郑培民的先进事迹，紧密联系思想和工作实际，先后召开一年一度的领导班子专题民主生活会。总公司及有关部门领导深入各单位进行指导。中铁十一局集团公司领导班子民主生活会准备工作充分，剖析问题深刻，开展批评严肃，整改措施有力，总公司党委在《政工情况》上转发了该集团公司领导班子民主生活会报告。（杨 赳）

【3个单位党群组织更名】 根据总公司关于昆明机械厂、中铁物贸集团有限公司、国内工程公司现代企业制度总体实施方案的批复，经总公司党委研究决定，其党委、纪委、工会和团委相应更名。中国共产党中国铁道建筑总公司昆明机械厂委员会更名为中国共产党昆明中铁大型养路机械集团有限公司委员会，中国共产党中铁物贸集团有限公司委员会更名为中国共产党中铁物资集团有限公司委员会，中国共产党中国铁道建筑总公司国内工程公司委员会更名为中国共产党中铁工程集团有限公司委员会；中国共产党中国铁道建筑总公司昆明机械厂纪律检查委员会更名为中国共产党昆明中铁大型养路机械集团有限公司纪律检查委员会，中国共产党中铁物贸集团有限公司纪律检查委员会更名为中国共产党中铁物资集团有限公司纪律检查委员会，中国共产党中国铁道建筑总公司国内工程公司纪律检查委员会更名为中国共产党中铁工程集团有限公司纪律检查委员会；中国铁路工会中国铁道建筑总公司昆明机械厂委员会更名为中国铁路工会昆明中铁大型养路机械集团有限公司委员会，中国铁路工会中铁物贸集团有限公司委员会更名为中国铁路工会中铁物资集团有限公司委员会，中国铁路工会中国铁道建筑总公司国内工程公司委员会更名为中国铁路工会中铁工程集团有限公司委员会；中国共产主义青年团中国铁道建筑总公司昆明机械厂委员会更名为中国共产主义青年团昆明中铁大型养路机械集团有限公司委员会，中国共产主义青年团中铁物贸集团有限公司委员会更名为中国共产主义青年团中铁物资集团有限公司委员会，中国共产主义青年团中国铁道建筑总公司国内工程公司委员会更名为中国共产主义青年团中铁工程集团有限公司委员会。（杨 赳）

【铁道建筑研究设计院党委换届选举】 3月18日，铁道建筑研究设计院召开第四次党员代表大会，顺利完成党委换届选举。会议选举产生新一届党委和纪委，张良才当选为院党委书记，娄德兰当选为院党委副书记；张良才当选为院纪委书记。（杨 赳）

【专题调研】 根据中央企业党建思想政治工作研究会的要求和总公司党委的安排，组织部对总公司系统部分建立现代企业制度单位进行关于现代企业制度条件下如何发挥党委政治核心作用的专题调研，形成调研报告，并在国资委召开的课题会上作专题发言，受到国资委党委组织部的好评。（杨 赳）

【增补部分单位党委委员】 经总公司党委研究决定，同意增补黄济洪、张长根、王琳、李锦云为中铁物资集团有限公司党委委员；增补刘顾集、张庆军、刘衍堂为中铁路桥集团有限公司党委委员。（杨 赳）

【成立总公司青藏铁路工程指挥部党工委】 经研究，总公司党委决定由彭江鸿、朱桐春、李学智、谢敬平、余绍水、臧守杰、许兰民、张海亮、徐泽林、霍世禄、李继业、程章来、陈文珍等13人组成中国共产党中国铁道建筑总公司青藏铁路工程指挥部工作委员会，彭江鸿任党工委书记。（杨 赳）

【开展向况成明、余绍水学习活动】 8月13日，总公司党委、总公司作出决定，号召在总公司系统开展向中铁二十局集团公司青藏铁路工程指挥部指挥长况成明、中铁十二局集团公司青藏铁路工程指挥部指挥长余绍水学习活动。学习他们不畏艰险、不辱使命、吃苦奉献、恪尽职守的敬业精神，勇于创新、奋发有为、刻苦钻研、严谨实干的科学态度，关心群众、心系职工、以人为本、牢记宗旨的服务意识，大公无私、秉公办事、清正廉洁、率先垂范的高尚品德。（杨 赳）

宣　　传

【宣传部】 总公司党委主管宣传思想工作的职能部门。主要职责是：宣传贯彻党中央、国务院、国资委和总公司党委关于宣传思想工作的指示、决定，研究制订本系统思想政治工作的规划、措施及指导意见；负责总公司党委和所属单位党委的政治理论建设；负责全系统职工的政治理论教育、时事政策教育及经常性的思想教育工作；负责施工生产中的思想政治工作，特别是抓好重难点工程建设及企业改革中的宣传教育工作；组织指导企业精神文明建设和重大典型的宣传工作；组织策划企业文化建设，开展对外宣传报道；负责企业统战工作；开展企业党建和思想政治工作研究，编辑出版《铁建政工》刊物；负责影视摄制及报道工作。定员12人，现员11人，其中部长1人、副部长1人。附设思想政治工作研究会、影视摄制组。

2003年，宣传部深入贯彻党的十六大精神和十六届三中全会《决定》，掀起学习贯彻“三个代表”重要思想新高潮，下大力组织青藏铁路建设先进事迹宣传，加强企业改革中的思想政治工作，为推进改革深入、加快企业发展、保持队伍稳定提供了可靠的思想保证和精神动力支持。（韩恭成）

【学习贯彻党的十六大和十六届三中全会精神】 总公司各级党委组织广大党员和职工群众认真收听、收看党的十六届三中全会实况报道，各级党委中心组及时组织学习、举办培训班。领导干部深入基层宣讲十六大精神及十六届三中全会《决定》，使广大职工较好地理解十六大精神，明确十六届三中全会提出的完善社会主义市场经济体制的各项任务，坚定搞好企业改革与发展的信心。

12月5日，总公司党委中心组以学习贯彻党的十六大精神为主线，结合企业实际，特邀国资委企业改革局副局长贾小梁就国有企业重组与改制中的若干问题、如何深化国有企业改革问题等作专题报告。总公司党委中心组成员、机关和直属单位处以上干部300余人参加报告会。（刘 文）

【组织企业经营业绩宣传报道】 2003年，总公司采取上下联手、内外联手的方式，卓有成效地组织企业经营业绩的宣传报道。以青藏铁路和上海磁悬浮列车示范工程为重点，全方位、大力度、多层次地组织重点工程建设宣传战役，先后在《人民日报》推出《今得倚天塑昆仑》《中国，在加速》等重大报道，在中央电视台连续推出系列报道，《人民日报》（华南版）以整版篇幅刊登总公司青藏铁路建设先进典型事迹报道。这些宣传报道规格高、影响大，提高了企业的社会知名度。（韩恭成）

【组织青藏铁路建设先进事迹报告团】 遵照国资委党委指示和总公司党委的安排，组织以中铁二十局集团公司青藏铁路工程指挥部指挥长况成明、中铁十二局集团公司青藏铁路工程指挥部指挥长余绍水、中铁十七局集团公司青藏铁路唐古拉山工地副总工程师邵尧霞、中铁十四局集团公司三公司青藏铁路青年突击队代表刘燕、中铁十六局集团公司五公司机械队党支部代表王会明、中铁十九局集团公司青藏铁路工程指挥部医院院长徐英为成员的总公司青藏铁路建设先进事迹报告团，并与中国铁路工程总公司的代表联合组成国资委青藏铁路建设先进事迹报告团，于9月23日、25日在国资委机关作事迹报告；9月27日，在北京人民大会堂作事迹报告。报告会前，中共中央政治局常委、国务院副总理黄菊亲切接见报告团全体成员，并发表热情洋溢的讲话。黄菊副总理赞扬中国铁道建筑总公司等中央企业的参建单位和全体建设者挑战生命极限，攻克三大世界性难题，创造了人间奇迹；赞扬青藏铁路建设精神是国有企业特别是中央企业精神的集中体现，是我们的政治优势和宝贵精神财富。他代表党中央、国务院向青藏铁路建设者表示亲切慰问并致以崇高敬意。报告会由国资委党委书记李毅中主持，国资委主任李荣融在讲话中，号召中央企业大力学习宣传青藏铁路建设者的先进事迹，认真学习、大力弘扬青藏铁路建设精神，将青藏铁路建设精神转化为推动国有企业改革发展的强大物质力量，夺取国有企业改革发展的新胜利。新华社、《人民日报》、中央电视台对报告会作了高规格的报道。

11月上、中旬，国资委党委宣传部副部长曾鉴等率领总公司报告团赴成都、广州、深圳等地中央企业作巡回报告，引起强烈反响。《人民日报》（华南版）用整版篇幅摘登事迹材料，当地报纸均做了突出报道。12月下旬至2004年1月中旬，总公司报告团在10个局集团公司和部分直属单位继续作巡回报告，受到广大职工的热烈欢迎。总公司党委对青藏铁路建设先进事迹报告非常重视，当作头等重要的大事来抓，党委领导付出大量心血，宣传部投入极大精力，对典型层层筛选，事迹过硬；对材料反复修改，高度凝炼；演讲精彩，催人泪下，不仅成功地宣传了总公司系统青藏铁路建设者的突出业绩，弘扬了青藏铁路建设精神，鼓舞了士气，同时在中央企业系统乃至全国展示了“中国铁建”这支队伍的精神风貌，扩大了企业的社会影响。

（韩恭成）

【抗击“非典”先进单位典型事迹宣传报道】 在北京“非典”肆虐、严重威胁人民生命安全的关键时刻，总公司顾全大局，迅速将总医院改为北京防治“非典”定点医院，数百名医护人员全力以赴投入抗击“非典”第一线，为取得防治“非典”胜利做出了贡献。总公司大力宣传总医院抗击“非典”的先进事迹，将事迹材料上报国资委和中组部,并在《经济日报》上刊登。经评比,总医院党委被国资委树为“中央企业防治非典型肺炎先进基层党组织”,同时被中央组织部授予“全国防治非典型肺炎工作先进基层党组织”称号。总公司机关专门召开大会,对总医院党委和有关人员进行表彰和奖励。(韩恭成)

【完成国资委重点调研课题】 2003年,总公司作为牵头单位或参加单位,先后接受中央企业党建思想政治工作研究会确定的“现代企业制度下党组织如何发挥政治核心作用,保证法人治理结构协调运转,有效制衡”和“构建政治工作质量管理体系,加强政治工作全过程控制——关于开展政治工作模拟‘贯标’的做法”两个重点调研课题,并于年内完成。12月19日,在国资委召开的思想政治工作创新经验交流会上,两项调研课题作为书面材料在会上进行了交流。(钮鲁生)

【纪念铁道兵赴朝作战胜利50周年】 9月,近百名铁道兵抗美援朝老战士相聚北京,纪念铁道兵赴朝作战胜利50周年。原铁道兵政治部主任徐诚之,总公司党委书记李国瑞、党委副书记霍金贵及副总经理何能金、邹才华会见抗美援朝老战士并一同座谈。大家回顾铁道兵光辉战斗历程和光荣传统,介绍总公司兵改工后的重大发展变化和在社会主义建设中取得的巨大成就,使老战士倍受鼓舞。座谈会后,组织抗美援朝老战士在北京参观游览,并举行联谊活动。(盛玉宽)

纪检监察

【总公司纪律检查委员会】 是总公司执纪、监督组织,是党的纪检工作和行政监察工作的领导机构,履行党的纪律检查和行政监察两项职能,在总公司党委和上级纪委的双重领导下开展工作,纪检业务以上级纪委领导为主。主要职责和任务是:维护党规党法和国家的法律法规;协助党委和行政领导加强党风廉政建设和组织协调反腐败工作;检查党和国家的路线、方针、政策和决议的执行情况。总公司纪律检查委员会由王占科、王京利、王新武、张伟、李河川、黄少军、曹焕斌(9月退休)、彭树贵、廖大球组成,彭树贵任书记,王京利、王新武任副书记。总公司纪委下设办公室(挂案件审理室牌子)、案件检查室和执法监察室。总公司纪委、监察局定员12人,现员11人。

2003年,是总公司加快做强做大步伐、取得历史性新发展的一年,也是党风建设和反腐倡廉工作继续深化、取得丰硕成果的一年。所属单位全面落实中央纪委二次全会精神和2003年中央企业纪检监察工作会议部署的各项任务,紧紧围绕企业改革发展稳定,坚持标本兼治、综合治理方针,反腐倡廉各项重点工作不断推进,企业党风建设和反腐倡廉工作取得明显成绩,纪检监察队伍的自身建设得到进一步加强。据统计,专职纪检监察干部中,72人被评为优秀共产党员,68人被评为先进工作者。(王兆刚)

【纪检监察机构及队伍状况】 总公司系统处以上单位共建纪检监察机构227个。配备专职纪检监察干部532人,其中局级干部17人,处级干部186人,科级干部237人,科级以下干部92人;女干部50人;少数民族干部11人;具有大专以上学历的451人,占84.7%;年龄在56岁以上的21人,46岁～55岁的210人,36岁～45岁的219人,35岁以下的82人,46岁以上干部约占纪检监察干部总数的43.4%。(王兆刚)

【纪检监察干部队伍建设】 总公司系统各集团公司及其子公司、分公司基本落实关于纪委书记由同级党委副书记担任的要求,多数单位合理设置内设机构和编制定员,一些素质较高的复合型干部充实到纪检监察干部队伍中来,纪检监察队伍的组织建设进一步加强。有些纪检监察组织还加强内部制度建设,制定纪检监察工作效绩评价暂行办法,对纪检监察各项工作实行定量定性目标管理,并按规定兑现奖惩,提高了纪检监察干部的工作积极性。通过开展专题研讨、举办培训班、开设纪检监察网页等形式,组织纪检监察干部学习法律法规知识、财务会计知识和现代科技知识,提高政策水平和执纪执法水平,纪检监察干部队伍的综合素质进一步提高。年内全系统共举办各类培训班17期,参训人员351人次。(王兆刚)

【总公司党风廉政建设工作会议】 4月19日～20日在北京召开,各集团公司、公司、院校等单位的党委书记、纪委书记、监察处(部)长和总公司纪委委员及机关各部门负责人109人出席会议。会议传达贯彻党的十六大、中央纪委二次全会、中央企业纪检监察工作会议和总公司工作会议精神,总结党风廉政建设工作,部署2003年任务,交流经验,表彰先进。总公司党委书记李国瑞、总经理王振侯到会讲话,纪委副书记、监察局局长王京利作工作报告。(王兆刚)

【总公司纪委书记座谈会】 8月下旬～9月上旬,总公司纪委、监察局先后在中铁十六局集团公司厦门分公司和昆明中铁大型养路机械集团公司召开纪委书记座谈会，22个单位的37名纪委书记、监察处长出席会议。会议检查总公司党风廉政建设工作会议部署的各项任务的落实情况，围绕如何落实中纪委二次全会对国有企业领导人员提出的新的“五项要求”和如何围绕防止国有资产流失做好纪检监察工作两个专题进行深入研讨。国资委监察局副局长熊皓、总公司党委副书记兼纪委书记彭树贵出席会议并讲话。（王兆刚）

【王振侯在中央企业效能监察工作研讨会上介绍经验】 11月26日，总公司王振侯总经理作为惟一的中央企业主管特邀代表出席国资委在江苏仪征召开的中央企业效能监察工作研讨会，并在会上介绍总公司开展效能监察工作的经验和体会。（王兆刚）

【彭树贵在全国国有企业纪检监察工作座谈会上介绍经验】 10月23日～25日，总公司党委副书记兼纪委书记彭树贵出席中央纪委、监察部在辽宁省沈阳市召开的全国国有企业纪检监察工作座谈会，并在会上介绍总公司系统狠抓廉洁自律规定落实、规范企业领导人员从业行为方面的经验，获得中央纪委、监察部、国资委有关领导和与会代表的一致好评。这是总公司首次在中央纪委召开的会议上介绍经验。（王兆刚）

【彭树贵到渝怀铁路施工一线调研指导工作】 11月上旬，总公司党委副书记兼纪委书记彭树贵在总公司渝怀铁路工程指挥部指挥长宋抗常陪同下，带领工作组深入渝怀铁路总公司管段施工一线，对总公司系统开展工程项目经济效益效能监察工作情况进行认真检查，分别听取8个局集团公司及其所属项目部就有关项目领导班子与职工队伍建设，成本管理、资金管理及对外借款、投资、担保情况，物资设备采购管理、机械设备租赁、劳务分包和外部劳务管理等情况汇报。工作组通过个别交谈、召开座谈会、查阅项目部相关财务帐目等形式，对各项目部管理现状进行全面了解。从检查情况看，各单位基本建立健全了各项规章制度，管理规范到位，对大额资金的运作经过集体决策，未出现重大经济损失，企业经济效益比较好。工作组针对一些项目部资金管理存在不规范的问题，提出了纠正意见。彭树贵高度赞赏中铁二十局集团公司渝怀铁路工程指挥部实行的“一级项目”管理模式，认为该管理模式可以最大限度地减少管理信号的衰减，提高项目管理水平；最大限度地降低管理成本，提高经济效益；最大限度地减少管理环节，防止各类违规违纪问题的发生。（王兆刚）

【表彰先进纪检监察组织和优秀纪检监察干部】 4月11日，总公司纪委、监察局表彰在党风建设和反腐倡廉工作中成绩显著、事迹突出的15个先进纪检监察组织和25名优秀纪检监察干部。

先进纪检监察组织

中铁十二局集团公司纪委、监察处
中铁十六局集团公司纪委、监察处
中铁十七局集团公司纪委、监察处
中铁十八局集团公司纪委、监察处
中铁建设集团公司纪委、监察部
中铁十一局集团公司二公司纪委、监察科
中铁十二局集团公司四公司纪委、监察科
中铁十三局集团公司四公司纪委、监察科
中铁十四局集团公司三公司纪委、监察科
中铁十五局集团公司一公司纪委、监察科
中铁十六局集团公司一公司纪委、监察科
中铁十七局集团公司四公司纪委、监察科
中铁十八局集团公司五公司纪委、监察科
中铁十九局集团公司二公司纪委、监察科
中铁二十局集团公司二公司纪委、监察科

优秀纪检监察干部

郭景涛　马政学　吴烈斌　罗海滨　孙岗山
李　丽　田友成　许香翠　宋鹤山　李允勤
翁思栋　戚崇龙　袁　栋　桑传禄　席应明
刘芳德　綦湘豁　刘俊林　杨晓山　夏志英
马玉亮　何永超　王兆刚　李克建　杜经红

（王兆刚）

【新并入单位党风建设和反腐倡廉工作】 新并入单位的各级纪检监察组织认真贯彻全路和路局党风廉政建设工作会议精神，加大落实力度，企业党风建设和反腐倡廉工作取得明显成绩。深入开展“工程优质、干部优秀”等各种形式的反腐倡廉宣传教育活动，坚持述廉、评廉和考廉制度，领导人员廉洁自律意识不断增强；围绕企业生产经营中心，严肃查办各类违纪违法行为，维护企业和职工利益；针对企业经营管理中的薄弱环节和职工群众关注的“热点”问题，深入开展多项效能监察活动，进一步完善内部规章制度，有效地堵塞了管理漏洞。12月5日，总公司召开工程项目经济效益效能监察工作座谈会之后，新并入单位认真贯彻会议精神，紧密结合企业实际，作出周密部署和具体安排。在总公司作出对并入单位进行整合重组的工作部署之后，各单位纪检监察组织加大整合重组中遵守政治纪律、组织人事纪律和财经纪律等方面的监督检查力度，保证了整合重组工作的顺利进行。（王兆刚）

【依法经营、廉洁从业知识学习与测试】 8月下旬～9月上旬，总公司直属机关党委根据国资委纪委和总公司纪委的要求，在机关部门以上领导中开展依法经营、廉洁从业知识学习和测试活动。总公司机关29个党支部及时组织党员干部学习新党章、《党员领导干部廉洁从政手册》《关于中央企业领导人员廉洁自律若干规定实施办法》《企业国有资产监督管理暂行条例》等有关法律法规，参加学习和测试的领导人员都能按要求认真答卷，特别是总公司领导在繁忙的工作中挤时间亲自答卷。总公司机关共有69人参加测试，平均得分99.4分，其中有6名总公司领导得100分。（王兆刚）

【调研成果】 各单位组织纪检监察干部开展调查研究活动，推出一批调研成果。全系统年内共完成调研课题79个，撰写调研文章147篇，有13篇文章获奖。其中，在国资委纪委组织的“以‘三个代表’重要思想指导反腐倡廉工作征文”活动中，总公司纪委办公室王兆刚和中铁二十局集团公司纪委执法监察处副处长杨志分获二、三等奖。《中国纪检监察报》《中国监察》等报刊多次在突出位置刊登总公司的调研成果。（王兆刚）

【党风廉政教育】 总公司各级纪检监察机关按照国资委纪委和总公司党委、纪委关于党风廉政教育工作的总体部署，结合企业实际，运用灵活多样的形式深入开展系列教育活动。一是强化反腐倡廉形势任务教育。各单位把反腐倡廉形势任务教育作为一项全局性的重要工作进行部署，组织广大党员干部认真学习贯彻党的十六大、中央纪委二次全会、中央企业纪检监察工作会议和总公司党风廉政建设工作会议精神，引导党员干部深刻领会反腐倡廉的指导思想，充分认识反腐倡廉的紧迫感和责任感。二是认真开展“三个代表”重要思想和“两个务必”教育活动。引导广大党员干部牢固树立正确的世界观、人生观和价值观，增强党性修养，提高拒腐防变能力，自觉实践“三个代表”重要思想。中铁十三局集团公司结合“两个务必”教育，制定《关于坚决禁止用公款铺张浪费等行为的规定》，有效地遏制了铺张浪费现象的发生。三是深化“学党纪、学法规”的“双学”活动。各单位把“双学”教育活动纳入党委宣传教育的总体部署，不断创新工作思路，拓展教育层面，增强教育的针对性和有效性。中铁十九局集团公司结合“双学”活动，开展以基层领导班子成员为对象的“评廉活动”，收到良好效果。四是开展典型示范教育和案例警示教育，深化“利用身边事教育身边人”活动。总公司党委组织开展向况成明学习活动，号召全系统广大职工学习况成明不畏艰险、勇于创新，关心群众、大公无私，勇创高原铁路建设佳绩的动人事迹。中铁十六局集团公司收集整理近5年来处理的47个典型案例以及受处分人员的悔过书，深刻剖析案件发生的原因，强化党员领导干部正确行使权力的思想意识，提高反腐倡廉的自觉性。（王兆刚）

【领导人员廉洁自律】 各级党委、纪委坚持把落实廉洁自律规定作为领导人员廉洁从业的重点。一是细化廉洁自律规定，增强针对性。各单位结合实际，对企业重要决策、物资购销、项目开发、投资借贷、租赁承包等方面的规章制度进行补充完善，特别强调加强与企业有关联交易、依托关系、业务往来的劳务分包商、材料供应商的监督，不准企业领导人员在这些合作单位投资入股，不准企业领导人员的亲友参与这些合作单位的经营；针对企业员工入股参股与企业改制的实际情况，对股权变现特别是企业领导人员抽套股金问题作出三年之内不动的限制性规定；重申不准下级给上级送“红包”，不准企业领导人员集资购买、使用机械设备与本企业争利。二是搞好自查自纠，增强主动性。各单位把落实“新五项要求”的情况列入领导班子民主生活会的重要内容，班子成员在民主生活会上严格按照国有企业领导人员“新五项要求”逐一对照检查，有问题的立即纠正，没有问题的也要作出明示。中铁十八局集团公司通过对照检查及时解决了部分干部向与集团公司有依托关系的民营企业——上海舜成工程公司集资参股的问题，共退出股金150多万元，其中处级以上干部40多万元。三是严格执行总公司党委制定的领导干部廉洁自律三项监督制度，进一步健全企业领导人员定期谈话制度，促进“新五项要求”的贯彻落实。总公司所属单位的党政主要领导年内都向总公司纪委作出本人亲笔签名的廉洁自律情况书面报告。各级党委、纪委认真落实总公司党委规定的领导人员定期谈话制度和新提拔干部任前廉政谈话制度。据统计，全系统对处级以上领导人员定期谈话1 362人次，处级以上新提拔领导人员任前廉政谈话434人次。各单位普遍建立健全企业领导人员廉政档案，对于加强干部队伍思想作风建设发挥了明显作用。四是继续落实中央纪委十五届四次全会对企业领导人员提出的“五项规定”，总公司系统还专门开展了专项检查。自查和重点检查的结果表明，各级贯彻落实“五项规定”总的情况是好的，总公司、集团公司和所属子公司没有发现个人擅自决定企业大额度资金运作、生产经营与企业改革重大决策和重要人事任免的问题。（王兆刚）

【党风廉政建设责任制】 各单位认真落实党风廉政建设责任制，以党政主管负总责、领导班子成员各负其责和以贯彻执行廉洁自律各项规定情况为重点进行检查考核,发现先进典型及时总结宣传,发现违纪线索及时调查处理。继续加大责任追究力度,细化责任追究办法,增强可操作性。年内全系统实行责任追究169人,其中处级以上领导人员29人。（王兆刚）

【印发《纪检监察工作文件选编》】 10月,《纪检监察工作文件选编(十)》由总公司纪委、监察局编辑出版。《选编》收入领导讲话4篇、文件资料11篇、经验材料7篇、论文3篇,共12万字。（王兆刚）

【案件查处】 各级纪检监察组织充分发挥信访主渠道作用,同时通过效能监察、审计监督、专项清理、干部考核等渠道积极拓宽案源,深挖案件线索,建立办案目标管理责任制,对重要案件实行联合办案、领导包案,全系统案件查办工作继续保持良好势头。年内全系统共受理群众来信来访、电话举报396件,初核267件,立案177件,结案172件,处分239人,其中给予党纪处分84人,政纪处分195人,党纪、政纪双重处分40人,移送司法机关处理8人;通过办案为企业挽回直接经济损失274.86万元。在查办案件工作中,一是坚持查办案件与改进经营管理相结合,充分发挥查办案件的综合治理作用。总公司内昆铁路工程指挥部原财务负责人朱文龙利用职务之便,采取篡改单据等手段擅自决定将内昆铁路建设资金1 000万元借给个体经营户进行营利活动,构成严重犯罪,给国家和企业造成严重损失,被贵州省六盘水市中级人民法院以挪用公款罪判处无期徒刑,剥夺政治权利终身。总公司针对朱文龙案件暴露出的问题,深刻吸取教训,及时出台《中国铁道建筑总公司直管项目部会计控制及核算办法》,财务、审计、纪检监察等有关部门进一步加大对派出机构经营管理、财务管理的监督检查力度,避免类似问题发生。二是坚持查办案件与解决职工反映强烈的"热点"问题相结合,努力保持职工队伍稳定。各级纪检监察组织注重从职工最关心的问题入手,对个别人以权谋私、接受贿赂、侵害群众利益的违纪违法问题及时立案,认真调查核实,坚决果断处理,增强广大职工反腐倡廉的信心。三是坚持履行惩处职能与发挥保护作用相结合,旗帜鲜明地维护企业利益。各级纪检监察组织在对违纪违法者依纪依法严肃查处的同时,对受到指责非议和诬告陷害的无辜者,都在查清事实的基础上公开给予正名,消除不良影响,同时注意维护企业的社会形象和合法权益。四是坚持严肃执纪与正确执纪相结合,提高办案质量。（王兆刚）

【案件质量检查】 年内,各单位普遍开展以处分决定执行情况为主要内容的办案质量检查活动。2000年～2002年共办理党纪、政纪案件597件,自查576件,自查率96.5%,其中优质案件390件,占67.7%;合格案件167件,占29%;基本合格案件18件,占3.1%;不合格案件1件,占0.17%。总公司纪委、监察局组成检查组,对10个局集团公司的115件案件质量进行抽查,其中优质案件85件,占抽查总数的73.9%;合格案件30件,占26.1%,表明绝大多数单位办案质量是好的,做到事实清楚,证据确凿,定性准确,处理恰当,手续完备,案卷规范,处分决定执行情况落实较好。通过案件质量检查,各单位发现并及时纠正未及时宣布和送达处分决定、部分案卷材料不齐全、处分手续不完备等问题,使办案质量有了明显提高。（王兆刚）

【源头治腐】 各单位认真贯彻总公司提出的治本措施,普遍加大对企业管理薄弱环节和重点部位的监控。继续推行工程物资、设备采购和外部劳务录用"三项招标",修订完善管理办法,使招标工作逐步走上规范化轨道。据统计,年内工程项目原材料、物资共招标采购4 141项,节约资金52 050万元。普遍推行会计委派制,有的单位在实行信息化管理方面进行了有益尝试,有的单位在推行资金集中管理方面迈出了可喜步伐。继续实行干部任前公示和廉政谈话制度,加强对职务推荐、考察考核、讨论决定等环节的监督检查,提高了任用干部的质量。企务公开工作向纵深发展,从年内抽查的917个建制单位的情况看,公开的程序越来越规范,公开的内容越来越实在,公开的范围越来越广泛,公开的方式越来越细致。总公司被中央纪委、中组部、中华全国总工会等5部委授予"全国推行厂务公开工作先进单位"称号。（王兆刚）

【工程项目经济效益效能监察】 2003年,总公司系统统一立项开展工程项目经济效益效能监察。各级党政领导高度重视,精心组织,行政主管亲自挂帅,纪检监察组织加强协调,有关部门密切配合。据统计,各单位派出检查组312个1 243人次,发放各类调查表7 978份,对全系统2 172个在建项目进行自查和抽查,自查率100%,抽查率17%。通过效能监察,一是摸清了在建项目盈亏情况。全系统在建项目2 172个,其中盈利项目1 558个,占71.7%;盈亏持平项目370个,占17%;潜亏或亏损项目244个,占11.3%,潜亏或亏损金额5.83亿元。二是摸清了影响项目经济效益的主要问题。查出并纠正违规使用外部劳务队伍137项,清退亲属包工队94个、不合格包工队521个;清查超计价拨款72起,涉及金额2 950万元;清理物资材料突破责任预算项目41个,折算金额5 383万元;机械设备使用、租赁超责任预算项目78个,折算金额1 675万元;清收工程外欠款95 645.39万元。三是坚持边检查边整改,集中清理整顿了一批管理混乱、潜亏严重的工程项目部。检查中共发出监察建议书1 397份,纠正安全质量隐患 989 起,查处"小金库"金额 180 万元,建章立制1 195项;109 个工程项目扭亏为盈,扭亏金额2.28亿元;一批项目减少亏损,一批潜亏项目化解了经营风险。四是发现并严肃查处了一批违纪违法案件。检查中发现案件线索 135 件,立案 81 件,给予党纪、政纪处分 87 人,组织处理 68 人,罚款 165.8 万元,移交司法机关处理 2 人。五是总结推广中铁十二、十五、十六、二十局集团公司等单位项目管理和效能监察工作经验,促进了项目管理,提高了项目管理水平。

除总公司统一立项开展的工程项目经济效益效能监察外,各单位还紧密结合实际,分别开展合同管理、财务管理等方面的效能监察,取得较好效果。据统计,年内各单位开展效能监察 49 项,提出监察建议1 564条,协助建章立制1 385项,发现案件线索 153 件,立案 81 件,处理 114 人,避免和挽回经济损失 2 亿余元。

(王兆刚)

机关党务

【直属机关党委】 主管总公司直属机关党的建设和思想政治工作的职能部门。主要职责:负责所属单位职工的政治理论学习和思想教育,组织开展精神文明建设;指导所属党组织加强自身建设,发挥保证监督和政治核心作用;组织开展党员教育、培训、考评和处置不合格党员;培养入党积极分子和发展新党员;组织开展党内创先争优活动,表彰先进典型;督促检查所属党总支、党支部的换届选举;负责所属单位党费的收缴、管理、使用及党内统计和办理党员组织关系转移;负责所属单位的纪律检查工作;负责所属单位的共青团和青年工作;负责所属单位的成人文化教育、统战工作和出国(境)人员的审批工作;负责直属机关及复兴路 40 号院内总公司所属各单位的计划生育工作;负责直属机关公民义务献血、社会救助和机关大院的社区居委会工作。总公司直属机关党委管辖 1 个党总支、52 个党支部,785 名党员。直属机关党委书记夏良振(兼)退休后,12 月由总公司党委书记李国瑞分管机关党委工作,常务副书记吴宝生。下设机关党委工作部,定员 8 人,设部长 1 人、副部长 1 人;现员 6 人,其中副部长 1 人,居委会 3 人(含主任 1 人)。

(杜学文)

【政治理论教育】 3 月,直属机关党委布置所属党支部组织收看第 10 届全国人大和第 10 届全国政协会议实况,学习"两会"文件和总公司工作会议暨总公司党委一届五次会议精神。8 月 7 日,下发《关于贯彻落实〈总公司党委关于兴起学习贯彻"三个代表"重要思想新高潮的通知〉的意见》,购买《"三个代表"重要思想学习纲要》和《干部群众关心的 25 个理论问题》发至全体党员干部。9 月 9 日~12 日,根据总公司党委指示,直属机关党委举办两期机关部门领导学习贯彻"三个代表"重要思想培训班,38 人参加培训。期间,听取总公司党委书记李国瑞《关于贯彻"三个代表"重要思想,做强做大主业,争当中国建筑业排头兵》的主题报告,学习胡锦涛在"三个代表"重要思想理论研讨会上的重要讲话和国资委主任李荣融、党委书记李毅中在中央企业负责人会议上的讲话,围绕"如何在新形势下做强做大主业、争当行业排头兵"、"如何进一步转变机关职能和工作作风"展开深入讨论。11 月 6 日,下发《关于学习贯彻党的十六届三中全会精神的通知》,组织全体党员干部认真学习《中共中央关于完善社会主义市场经济体制若干问题的决定》,认真研究企业做强做大问题。11 月 21 日和 12 月 5 日,分别邀请中央政策研究室经济局局长李连仲教授和国资委企改局贾小梁副局长为总公司机关全体干部和驻京单位领导班子成员作学习十六届三中全会《决定》辅导。组织直属机关党员干部 30 人参加中央党校函授大专班学习。(杜学文)

【征求对总公司领导班子及成员的意见和建议】 遵照总公司党委的要求,直属机关党委召开部分党支部书记座谈会,征求机关各部门及全体党员干部对总公司领导班子及成员的意见和建议,未参加座谈会的党支部提出书面意见和建议。各支部对总公司领导班子及其成员的工作给予充分肯定,同时也提出了中肯的意见和建议。

(杜学文)

【征求对总公司人事部、党委组织部及其工作人员的意见】 结合中组部在全国范围内开展的"树组工干部形象"教育活动,直属机关党委工作部组织机关 17 个部门及时书面反馈对人事部、组织部及其工作人员的意见和建议。

(杜学文)

【机关党的建设】 (1)组织建设。批准成立总公司股权代表委员会综合办公室党支部和离退休职工党总支第 10、11、12 党支部;批准机关基建办公室党支部和离退休职工党总支直属第 1、第 5 党支部改选;批准 1 个党支部增补支部委员。(2)党支部基础工作。针对机关少数党支部基础工作存在的薄弱环节,直属机关党委于7月22日下发《关于进一步加强直属机关党支部基础工作的意见》，对党员教育管理、党支部"三会一课"制度、支委民主生活会制度和日常工作制度进行统一规范。(3)召开民主生活会。督促机关各支部于6月20日～8月4日召开民主生活会，绝大部分支部上报书面材料。8月25日，直属机关党委向总公司党委呈报《关于机关各党支部召开民主生活会的情况报告》。(4)组织参加"学习新党章"知识竞赛。3月7日，下发《关于参加"学习新党章"知识竞赛活动的通知》，组织所属单位党员和入党积极分子610人参加中宣部宣教局与《党建》杂志社联合举办的该项活动，参赛率79.5%，获一、二、三等奖各1人。(5)培养、培训入党积极分子。年内批准3人列为入党积极分子培养考察对象，培训入党积极分子9人。(6)发展党员。年内批准5人为中国共产党预备党员，批准2名预备党员按期转正。 （杜学文）

【表彰先进党支部和优秀共产党员、优秀党支部书记】 经总公司直属机关党委研究决定，授予办公室、企业管理部、财务部、劳动工资部、公安局、党委办公室、党委组织部、青藏铁路工程指挥部等8个党支部"先进党支部"称号，授予35名党员"优秀共产党员"称号，授予8名党支部书记"优秀党支部书记"称号。 （杜学文）

【表彰先进集体和先进工作者】 经总公司直属机关党委研究决定，批准办公室、企业管理部、经营部、安全质量管理部、人事部(党委干部部)、劳动工资部、审计局、党委办公室、党委组织部、总公司纪委执法监察室、总公司工会生产保护部等11个部门为总公司直属机关2002年度先进集体，批准56人为先进工作者。

（杜学文）

【党风廉政建设】 按照国资委纪委《关于在中央企业党员干部中组织开展依法经营、廉洁从业知识学习和测试活动的通知》精神，直属机关纪委于9月9日下发《关于在机关部门以上领导中开展依法经营、廉洁从业知识学习和测试活动的通知》，总公司领导、三副总师、纪委副书记及机关部门正、副职领导共69人参加学习和测试，参试率88.5%，平均测试成绩99.4分，43人获得满分。直属机关纪委全程参与基建办公室采购电缆招标工作，确保投标公平、公正、公开进行，节约资金60万元。 （杜学文）

【"非典"防控】 4月下旬～6月上旬，直属机关党委按照总公司领导和地方政府的要求，协助医疗部门全力抓好总公司机关和大院的"非典"防控工作。成立以邹才华副总经理为组长、吴宝生副总经济师为副组长的总公司机关和大院"非典"防控领导小组，赵连成、赵恩金、刘占强、苏荣德、牛风忠为小组成员。领导小组每天召开一次例会，通报疫情，研究对策。制作"非典"疫情公示栏和预防"非典"知识宣传展板，编发预防"非典"宣传品5 000余份，张贴防"非典"宣传画60余张，向大院居民进行广泛宣传和动员，采取切实有效措施，实现机关大院"非典"零感染。社区防"非典"的做法被北京市公布上网，同时被总公司党委上报国资委党委，并转发所属单位。 （杜学文）

【思想政治工作】 机关各党支部坚持定期分析党员、职工思想动态，通报重要情况，及时发现和解决问题。元旦、春节和人大、政协"两会"期间以及其他敏感时期，注意对原"法轮功"修炼人员的管理防范工作，保持职工队伍稳定。春节前与有关部门一道开展"送温暖"活动，走访慰问直属机关100多户困难职工，对5户特困职工每户发放10 000元特殊救济金。 （杜学文）

【海淀区人大代表及社区居委会换届选举】 北京市海淀区人大换届选举工作从9月开始，12月15日结束。总公司机关大院选区成立以邹才华副总经理为组长的换届选举领导小组，根据《选举实施细则》规定，设立选民登记站，张榜公布选民名单，依法推荐初步候选人、确定正式候选人。12月10日进行正式投票选举，2 010名选民参加投票，投票率94.1%，总公司党委副书记霍金贵当选为海淀区第13届人大代表。

机关大院社区居委会换届选举工作从3月开始筹备，6月24日进行正式选举，全国政协委员、总公司总经理王振侯和海淀区人大代表、总公司副总经理邹才华等84名社区代表参加投票，选举赵连成等7人组成新一届社区居委会。 （杜学文）

【机关团的工作】 组织机关团员和大院青少年参加"学雷锋精神，树时代新风"读书教育活动和"学雷锋志愿者"活动。在青年中开展评选"岗位能手"活动，总公司党委办公室政工师谢华刚、财务部高级会计师曹锡锐被总公司团委授予"岗位能手"称号。组织青年学习"贯标"知识，参加"贯标"知识竞赛，取得较好成绩。

（杜学文）

【军民共建活动】 按照地方政府工作部署，积极开展军民共建社会主义精神文明活动，被北京市海淀区"双拥"工作委员会评为"军民共建先进单位"。（杜学文）

【扶贫济困活动】 1月，直属机关党委动员机关全体

职工向总公司定点扶贫对象——河北省万全县、尚义县募捐衣物1 793件。（杜学文）

【公民义务献血】 按照北京市政府关于公民义务献血的有关规定，组织直属机关9人参加体检，其中5人光荣献血，完成地方政府规定的义务献血任务。（杜学文）

【社区居委会工作】 总公司机关大院被北京市海淀区定为复兴路40号社区，现有户籍户2 255户，户籍人口6 674人，解放军官兵、无户籍离退休干部、外来人口等2 455人，常住社区人口9 192人。(1)获奖情况。2003年，连续9年被首都精神文明建设委员会评为“文明社区”，被首都精神文明建设委员会授予“首都绿色社区”称号，被海淀区人民政府授予“示范社区”称号，复兴路40号院治安综合治理委员会被海淀区评为“治安综合治理先进单位”；总公司机关获“中央国家机关绿化先进集体”和“首都绿化美化花园式单位”称号，总公司直属机关计划生育工作连续13年被评为“海淀区红旗标兵单位”。(2)社区单位及党组织建设。社区辖中国铁道建筑总公司和中国人民解放军总政治部玉泉路离休干部管理处两个机关及所属单位，现有党支部100个，其中社区单位管理97个，社区居委会管理3个，共有党员1 784名。3月，社区临时党总支及所属3个党支部进行改选，改选后的社区党总支由5人组成。(3)计划生育工作。年初，与47个单位签订《计划生育目标管理责任书》186份，所管辖的1 942名育龄妇女全部纳入计划生育合同管理，直属机关计划生育率100%、晚婚晚育率100%、创优达标率100%、优质服务群众满意率95%以上。举办计划生育宣传员培训班，学习《北京市人口与计划生育条例》和《北京市计划生育相关规定》，47人参训，两次在社区举办计生宣传咨询。为22名育龄妇女办理生育服务证，为133名育龄妇女建卡和转卡，为19名独生子女父母办理一次性奖励，为53名在人才、职介所存档妇女办理独生子女奖励手续，为18名新生儿办理独生子女证和入户手续，为23名外地妇女建立绿卡，为2名外地户籍子女办理入京手续。(4)精神文明创建。3月5日，在社区弘扬雷锋精神大型活动中，居委会组织计划生育咨询、美容美发、磨刀等深受居民欢迎的活动，组织153人参加健康知识讲座、37人参观科技馆；组织社区文体活动队两次参加北京市大型义演，参加海淀区人大换届选举宣传，参加总公司门球比赛开幕式表演，参加万寿路地区秧歌比赛，在北京市62个队参加的健身操舞比赛中荣获“优秀表演奖”和“最佳风采奖”。年内，评选“五好家庭”和“好家长”337户(人)。(5)便民服务。居委会便民供水站为居民提供饮水3 000余桶，为居民美容美发6 000余次，擦洗抽油烟机400余台；为95名居民办理北京市老年优待证，为93名居民办理居民身份证，为45名适龄青年办理兵役证，为188名外来人员办理暂住证，为63名居民办理档案存档，为73名烈、军属发放政府慰问品，慰问4户困难家庭和6名90岁以上老人。(6)治安保卫。组织25名治安巡逻员长年在院内值班巡逻。年初与15名呆傻、精神病及解刑人员亲属签订责任书，年内无一人发生问题。加大对原33名“法轮功”练习人员的教育和管理，保证创建“四无”社区工作顺利开展，得到海淀区610办公室的充分肯定。全年调解纠纷10起，成功率100%。(7)青少年教育。购买《学雷锋精神树时代新风》100本，免费发给青少年阅读，购买50本家教丛书发给家长。寒、暑假组织60名学生到中国革命历史博物馆、71名学生到野山坡、35名学生到西海子公园参观。对社区考入重点大学的13名学生张榜宣传，并给每人500元物质奖励。帮助11名小学生、3名初中生解决入学困难。对口支援河北省万全县、尚义县两所小学，与太平洋保险投保咨询处联合为社区学生办理投保、理赔服务。(8)公共卫生。居委会先后召开5次会议，研究布置公共卫生及防疫工作，以100分通过全国爱卫会和北京市爱卫会的检查验收。年内评选“先进卫生之家”670户，先进卫生楼门28个，社区被北京市评为“无违法建设社区”。(9)为企业发展服务。两次为在外阜施工的总公司直属单位开具计划生育证明，为中铁路桥集团公司参加工程投标出借计划生育责任书4份，将常住社区的2 255户6 714人的基本情况全部输入电脑并与北京市联网。（赵连成　杜学文）

报　　纸

【中国铁道建筑报社】《中国铁道建筑报》是中国铁道建筑总公司党委主办的行业报。报社定员25人，设社长、副社长、总编辑、副总编辑，下设办公室、总编室、经济新闻部、政工部、文艺部、记者通联部、广告部。（韩传荣）

【报纸恢复周三刊】 本报自2003年1月1日起恢复周三刊，每周二、四、六出版，仍为对开四版，全年出版156期，订价93元。（韩传荣）

【十六大精神宣传报道】 遵照总公司党委要求，报社对党的十六大精神进行深入宣传报道。在一版先后开辟《董事长访谈录》《学习贯彻十六大精神，开创改革发展新局面》两个专栏，分别刊登所属集团公司董事长、党委书记近40人学习十六大精神，联系本单位改革发展实际，对企业发展中重大问题的思考和探索。这些报道对指导企业改革发展产生了重要影响。（韩传荣）

【重点工程宣传报道】 2003年，以青藏铁路建设为重点进行施工生产报道。上半年，刊发《回望瀚海八百里》的长篇通讯及相关深度报告6篇，形成宣传强势；下半年，总编辑朱海燕再次率采访组深入青藏铁路建设工地进行为期一个月的专题采访和系列报道，在《青藏铁路精神赞》专栏陆续刊稿80余篇。一篇篇来自一线的鲜活报道，再次形成宣传强势。与此同时，对兰武二线、上海磁悬浮列车示范线、粤海铁路通道、高速铁路、西气东输郑州黄河顶管、城市轨道交通等重点工程适时进行了报道。（韩传荣）

【纪念《中国铁道建筑报》诞生55周年】 10月15日，报社全体同仁在一片欢笑声中迎来《中国铁道建筑报》诞生55周年纪念日。总公司党委书记李国瑞，副书记霍金贵、彭树贵，副总经理何能金及机关有关部门领导出席纪念座谈会。本报创刊50多年来，真实地记录了各个历史时期的重大变革历程，宣传树立了一批批在全国有一定影响的先进模范人物，培育造就了大批新闻骨干人才、文学艺术人才和企业管理人才，为服务社会、推动企业发展做出了重要贡献。兵改工以来，本报先后有17篇稿件获全国铁路好新闻一等奖，20多篇稿件获全国产业报好新闻一等奖，3篇稿件获中国新闻奖，现任总编辑朱海燕获范长江新闻提名奖。

（韩传荣）

【抗击“非典”报道】 4月～5月，面对突如其来的“非典”疫情，作为新闻单位和新闻工作者，深知自身担负的社会责任，不顾个人安危，立即投入抗击“非典”的宣传报道。采写了各级机关沉着应对、精心组织，施工一线坚持一手抓防控“非典”、一手抓生产经营，夺取抗击“非典”和生产经营双胜利的宣传报道60余篇，编发系列评论20余篇，真实地反映了总公司系统职工特别能战斗、特别能奉献的精神风貌，为夺取抗击“非典”的胜利做出了积极贡献。（韩传荣）

【朱海燕获抗击“非典”优秀记者称号】 报社总编辑朱海燕被中宣部、全国记协授予“全国新闻界抗击‘非典’新闻宣传优秀记者”荣誉称号，受到中宣部领导的接见和表彰。（韩传荣）

【典型人物宣传报道】 总公司党委、总公司作出表彰青藏铁路建设先进典型况成明、余绍水的决定后，报社先后编发系列评论和长篇通讯，为弘扬青藏铁路建设精神、鼓舞士气、推进队伍素质建设发挥了应有作用。本报副刊先后推出《工程队作品选》《青藏铁路》《青藏颂歌》等专版，增强报纸的贴近性，受到基层好评。

（韩传荣）

【承办第12届大路画展】 结合纪念兵改工20周年，总公司党委决定由中国铁道建筑报社承办第12届大路画展。经过精心筹备，大路画展于11月在总公司机关预展，12月4日～9日在中国美术馆展出。12月9日，中国美协主办的《美术》杂志专门举办大路画展专题学术研讨会。大路画展坚持现实主义的创作方向所取得的创作成果，得到中国美术界、新闻界以及国资委、铁道部、总公司领导的一致好评，为加强总公司企业文化建设、繁荣美术创作、培育美术工作者发挥了重要作用。（韩传荣）

【参加编辑记者资格培训】 7月21日～8月1日，按照新闻出版总署的要求，报社组织32名编辑、记者参加国家新闻出版总署统一举办的新闻采编人员资格培训班，参训人员全部取得合格证书。报社社长吴志义参加社长、总编资格培训班，也取得合格证书。

（韩传荣）

【全国好新闻评选】 在由中国记协主办的第13届中国新闻奖评选中，报社总编辑朱海燕采写的消息《请过路吧，亲爱的藏羚羊》获二等奖，该篇消息同时获第17届中国产业经济好新闻消息一等奖；朱海燕采写的《铁路客票价格听证会》获好新闻消息三等奖；安剑承采写的《高原不知北》、沈艾红采写的《我家够大的》获通讯三等奖；朱海燕采写的《今天火车登陆海南》获全国产业协会举办的头条大奖赛金奖，《当祖国需要的时候，我们上》获铜奖。（韩传荣）

【获奖消息收入《新闻写作教程》】 由中国人民大学新闻学院选编的《新闻写作教程》，将报社总编辑朱海燕和记者江耀明、王维采写的《青藏铁路全线开工》消息收入，此消息曾获中国新闻奖二等奖。（韩传荣）

【《回望瀚海八百里》在路内外引起强烈反响】 总编辑朱海燕采写的长篇通讯《回望瀚海八百里》在本报6月12日刊出后，引起强烈反响，曾参加过或正在参加青藏铁路建设的人员纷纷打来电话，谈论阅读文章后的感受，回忆起在青藏高原度过的那些难忘的日日夜夜。

有的单位召开专题座谈会，交谈中有的激动得热泪盈眶。铁道部副部长蔡庆华专门打电话对《回望瀚海八百里》一文提出表扬。蔡庆华称赞：文章有深度、厚度，震撼人心，披露了许多鲜为人知的故事，向人们讲述了昨天在柴达木盆地那个激情燃烧的岁月，不仅有新闻价值，而且有史料价值。（韩传荣）

【资助贫困县学生】 6月底，总编辑朱海燕一行到总公司对口扶贫的河北省尚义、万全两县进行为期3天的采访，以《长城外面是故乡》为题，在本报头版头条真实地报道了对口扶贫单位的经济发展和教育情况。报社捐款4万元，资助考上大学而又没钱上学的贫困学生，在当地引起强烈反响。（韩传荣）

【广告经营】 2003年，报社广告经营收入稳步增长，比2002年增长2%左右。（杨晓志）

【表彰2003年度新闻报道先进单位和先进个人】

新闻报道先进单位（39个）

中铁十六局集团公司
中铁十七局集团公司
中铁十八局集团公司
中铁十九局集团公司
中铁二十局集团公司
中铁建设集团公司
中铁十一局集团公司二公司
中铁十一局集团公司四公司
中铁十二局集团公司二公司
中铁十二局集团公司三公司
中铁十二局集团公司四公司
中铁十三局集团公司三公司
中铁十四局集团公司二公司
中铁十四局集团公司三公司
中铁十四局集团公司四公司
中铁十六局集团公司一公司
中铁十六局集团公司二公司
中铁十六局集团公司三公司
中铁十六局集团公司四公司
中铁十六局集团公司五公司
中铁十七局集团公司一公司
中铁十七局集团公司二公司
中铁十七局集团公司三公司
中铁十七局集团公司四公司
中铁十七局集团公司五公司
中铁十八局集团公司一公司
中铁十八局集团公司二公司
中铁十八局集团公司三公司
中铁十八局集团公司四公司
中铁十八局集团公司五公司
中铁十九局集团公司一公司
中铁十九局集团公司二公司
中铁十九局集团公司三公司
中铁十九局集团公司四公司
中铁二十局集团公司一公司
中铁二十局集团公司二公司
中铁二十局集团公司三公司
中铁二十局集团公司四公司
中铁二十局集团公司六公司

优秀记者（9人）

江耀明　李佩山　刘德联　成海忠　王立武
曾正贤　姜书范　王昌尧　陶信山

新闻报道一等奖（18人）

严茂林　周广宽　张永胜　孔祥文　崔继松
冯广泉　周金龙　董国隆　杨卧龙　张本国
张天国　高宗成　伍　振　陈永富　张丽英
杨英梅　倪作霖　蒋小军

新闻报道二等奖（45人）

洪进祥　刘国占　安剑承　何跃平　傅英家
刘志鹏　牛士红　朱洪山　高进忠　李广勤
黎时明　沈建明　张禾青　邓　华　倪宝光
余其平　高　锋　杨春杰　范　琢　宋占印
刘保良　刘艳萍　张建友　曹战锋　姜　琳
刘　征　王超英　张德英　武新才　龙　艳
蔡庆荣　范佳欣　向清明　孙丽华　张殿友
王成忠　王　玲　唐兴荣　苟小平　赵　伟
尹登明　史亚茹　唐相彦　许　岗　刘宝来

新闻报道三等奖（71人，略）

（韩传荣）

9月，国资委党委、铁道部、共青团中央联合在青藏铁路施工现场举办“我为青藏铁路建功勋”表彰活动。图为总公司部分获奖单位和个人代表合影。（卜钦祥 摄）

工会 共青团

本栏责任编辑 **杨启燕**

工　　会

·综合工作·

【总公司工会】 中国铁道建筑总公司工会委员会是根据《工会法》和中国工会章程的有关规定，经总公司党委和中华全国铁路总工会批准，依法建立的群众组织。总公司工会以接受同级党委领导为主，同时接受中华全国铁路总工会和国资委的领导。工会的主要职责是：统一组织、规划和指导全系统的工会工作，推动和促进党的全心全意依靠工人阶级根本方针的贯彻落实，依法代表和维护职工群众的政治利益和经济利益，发挥党联系群众的桥梁和纽带作用。总公司工会下辖10个局集团公司工会及中铁建设集团公司、中铁物资集团公司、中铁路桥集团公司、北京铁建工贸集团公司、昆明中铁大型养路机械集团公司、中铁工程集团公司、海外公司、铁道建筑研究设计院、总公司党校（干校）、总医院、石家庄铁路职业技术学院、总公司机关工会和年内新划转并入总公司的中国土木工程集团公司、铁道第一勘察设计院、铁道第四勘察设计院、哈尔滨铁路勘测设计院、齐齐哈尔铁路勘测设计院、上海铁路城市轨道交通设计研究院、福州铁路勘测设计院、南昌铁路勘测设计院、广州铁路勘测设计院、柳州铁路勘测设计院、兰州铁路勘测设计院、乌鲁木齐铁路勘测设计院、哈尔滨铁路建设集团公司、齐齐哈尔铁路建设集团公司、上海铁路建设集团公司、福建铁路建设集团公司、南昌铁路工程集团公司、广州铁路工程集团公司、柳州铁路工程集团公司、兰州铁路建设集团公司、乌鲁木齐铁路工程集团公司工会。

总公司工会第二届委员会现有委员28人，常务委员5人。总公司工会设党组，由5人组成（暂缺2人），直接对总公司党委负责，主要研究决定工会的重大事项，党组书记由工会主席夏良振兼任。总公司工会定员15人，现员12人，设主席1人，副主席2人。总公司工会设有经费审查委员会和女职工委员会，下设办公室（财务部）、组宣部（体协）、生产保护部、生活保险女工部。总公司工会主席夏良振（7月退休），经费审查委员会主任徐士淮，女职工委员会副主任戴淑兰、张伟、郑秀兰；办公室主任郭亨春（12月退休），组宣部部长徐士淮，生产保护部部长胡国志，生活保险女工部部长戴淑兰（4月兼任）。（李青颖）

【工会办公室（财务部）】 总公司工会负责综合协调的职能部门，协助工会领导处理日常事务的工作机构。定员5人，现员5人，设主任、副主任各1人。主要负责综合协调工会各部门的工作；负责总公司工会机关刊物《铁建工运》的编辑出版和工会信息调研工作；落实、督办领导交办的事项；汇总整理工会大事记、年鉴、统计资料；负责总公司工会印章的管理使用和文电审核、收发、传递、归档；负责总公司系统工会财务管理工作，制定财务制度和实施办法；负责汇总工会经费收支预、决算和上报财务报告；负责本级工会经费收缴、使用、上解并对所属单位工会经费的收缴、使用、上解及财务管理实施监督检查；组织财务人员业务培训，负责工会资产产权登记和年检工作。（李青颖）

【编辑出版《铁建工运》】 《铁建工运》是经铁道部政治部、北京市新闻局批准的总公司工会内部刊物，为双月刊，由总公司工会主办，工会办公室具体承办。编委会主任由总公司工会主席夏良振担任。编委会下设主编、责任编辑，主编郭亨春，责任编辑李青颖、程玉鹤。该刊主要任务是传达贯彻上级工会、本级党委和工会的指示、工作部署，指导所属工会开展工作，交流经验，推动工会事业发展。（李青颖）

【文件及印章管理】 认真做好印章管理和上级、本级、下级来文登记、传阅、清退、审核等工作，积极提供各部门所需文件资料。年内办理文电1 702份，整理归档档案13卷142份，其中永久卷4卷，长期卷5卷，短期卷4卷。（程玉鹤）

【信息工作】 各级工会重视信息工作，强化精品意识，突出维护特色，反映热点问题，撰写了大量质量高、指导性强，具有前瞻性、可操作性，紧跟形势、与时俱进的好文章。中铁十二局集团公司实行拖欠工资赔偿制度的信息，分别被国资委、《工人日报》《铁总信息》和《中国铁道建筑报》等多家报刊采用，国资委党委副书记王瑞祥、总公司党委书记李国瑞均做了重要批示。总公司工会信息工作继续位居全路前列，被评为“全路工会信息工作先进单位”，受到中华全国铁路总工会表彰。

全路工会信息工作先进工作者

李青颖

总公司工会信息工作先进单位

中铁十六局集团公司工会

中铁十一局集团公司工会

总公司工会重视信息工作领导

吴秀义　陈文举

总公司工会信息工作先进个人

文字一等奖

俞仁华　顾中久

文字二等奖

杨家川　董世峙　潘小力　刘洪文　迟同方

张犁儒　王裕建　淮行舟　宋清泉　代生堂

张玉琴　卓顺贵　赵澄明　寻红霞　刘　杰

李云光　赵月芬　安绪才　张宝军

摄影奖

刘岐峰　刘国占　成海忠　赵德勋

（李青颖）

【总公司工会组团赴德国考察培训】 经总公司领导同意，中华全国总工会和外国专家局批准，10月13日～11月3日，总公司工会首次组织为期21天的工会干部赴德国考察培训团，先后在德国汉堡、沃尔夫斯保和柏林等地接受工会组织、职业教育和社会保障等课程培训，并参观德国铁路总公司、大众汽车公司等大型企业。赴德国考察培训团团长向晋山，副团长陈文举，秘书长顾中久，成员有朴文精、陈戈、吴秀义、宋占波、户海印、张天祯、李廷柱、李左军、李青颖、李晓波等。

（李青颖）

【工会财务管理】 经费收入。全系统行政拨交工会经费收入4 332.2万元，比2002年增加12.6万元，为年计划的103.1%；会费收入353.2万元，比2002年增加24.1万元，为年计划的123.9%；行政补助收入517.9万元，比2002年增加120.7万元，为年计划的368%；其他收入174.9万元，比2002年减少35.4万元，为年计划的80.4%。全年总收入5 383.7万元，比2002年增加16.1万元，为年计划的111.1%。

经费支出。全年支出工会经费4 155.9万元，为年计划的105.6%。其中，会员活动费支出320.9万元，为年计划的112.5%；职工活动费支出1 245.7万元，为年计划的98.9%；工会业务费支出1 842.7万元，为年计划的111.8%；工会行政费支出205.8万元，为年计划的99.4%；其他支出382.8万元，为年计划的100.8%；上解经费支出129.1万元，为年计划的102.5%。全年结余经费1 227.7万元。

（黄玉莲　胡连义）

【财务竞赛评比】 总公司工会本级获中华全国铁路总工会财务工作竞赛评比特等奖。4月，总公司工会对全系统工会财务工作组织竞赛评比，评出一等奖7个、二等奖3个。（黄玉莲　胡连义）

【会计基础工作规范化建设考核验收】 11月，总公司工会对中铁十二、十七局集团公司和中铁路桥集团公司及所属4个子（分）公司的会计基础工作规范化建设进行了检查验收。（黄玉莲　胡连义）

【理论研究与职称考评】 年内，总公司工会系统财会人员在中华全国总工会及省总工会的财会期刊、工运杂志上发表论文9篇；通过全国会计师资格考试1人、助理会计师资格考试1人，通过高级会计师资格评聘3人。（黄玉莲　胡连义）

【工会主席任期经济责任审计】 7月，中华全国铁路总工会经费审查委员会对总公司工会主席夏良振进行任期经济责任审计。审计认为，总公司工会严格财经纪律，财务管理规范，会计制度健全，积极收缴经费，严格控制支出。（黄玉莲　胡连义）

·组织　宣传　体协·

【组宣部】 负责各集团公司、公司和直属单位工会的组织建设、民主管理、宣传教育、群众体育工作的职能部门。主要职责是：组织本级、指导各单位召开会员代表大会、职工持股会会员代表大会、工会全委会，审批工会委员会和经费审查委员会的组成和成员增免；负责职权内工会干部的考察、配备及干部培训工作；指导基层工会开展“职工之家”建设，验收直属单位及其下属分公司的职工之家和公司、分公司的“模范职工之家”；负责本级、指导所属单位的企业民主管理工作，指导所属单位召开职工代表大会，建立平等协商和集体合同制度及企务公开制度，开展参政议政和民主监督，发挥工会的民主渠道作用；负责职工宣传教育，培育“四有”职工队伍；指导工地文化线建设，活跃职工文化生活；归口管理体协工作，组织指导群众性体育活动和业余体育训练。业务上受中华全国铁路总工会组织部、生产宣教部和体协领导，对下实行对口指导。定员3人，现员3人，其中部长1人，高级政工师1人、政工师1人。（孙秀伟）

【组织建设】 2003年，国资委、铁道部划转总公司11个设计院、10个工程集团公司，全系统下辖工会（工委）2 794个，设有专职工会干部的基层工会794个，工会小组10 880个；工会会员195 529人，占职工总数的99%，其中女会员50 203人，工会积极分子25 946人。

3月18日～20日，总公司工会在北京召开二届八次全委（扩大）会，52人出席会议。中央企业工委群工部副部长李学东，总公司总经理王振侯、党委书记李国瑞到会讲话，工会主席夏良振作工作报告。会议免去魏臣义、熊发吉、沈义美、邓光煜、袁益友、董印清、叶如春、金国造、翟仕英、孙中新、夏之才、何明泽、曾广荣、吴震、曹明久、何广沂等16人的总公司工会第二届委员会委员和魏臣义、熊发吉、沈义美3人的常委及魏臣义、熊发吉2人的副主席职务；按照程序替补胡国志、史道泉、朴文精、陈戈、吴秀义、宋占波、户海印，增补王保民、张天祯、王怀尧、李学元等11人为总公司工会第二届委员会委员，选举胡国志为常委；免去魏臣义、章国水2人的经费审查委员会委员职务，选举徐士淮为经费审查委员会主任。

参加并指导改制后昆明中铁大型养路机械集团公司、中铁物资集团公司、中铁十一局集团公司工会首届会员代表大会，顺利产生第一届工会委员会。

（孙秀伟）

【干部队伍及干部培训】　截至年底，全系统有工会专职干部1 460人，占职工总数的0.75%。年龄结构：45岁以下806人，占56%；46岁以上644人，占44%。文化程度：大学本科以上372人，占25.5%；大专623人，占43%。全系统子（分）公司及直属单位以上工会主席、副主席297人，其中45岁以下136人，占46%；大专以上学历118人，占40%。具有专业技术职务的工会干部1 373人，占专职工会干部总数的94%，其中高级职务105人，中级职务720人，初级职务548人。年内培训专职工会干部915人，兼职工会干部1 458人。

（孙秀伟）

【职工之家建设】　全系统已建职工之家2 287个，其中合格职工之家709个，占应建总数的31%；先进职工之家899个，占应建总数的39%；模范职工之家679个，占应建总数的30%。已建职工小家8 432个，其中合格职工小家3 309个，占应建总数的39%；先进职工小家3 096个，占应建总数的37%；模范职工小家2 027个，占应建总数的24%。

3月，中华全国铁路总工会表彰总公司系统全路模范职工之家5个，全路模范职工小家10个，全路优秀工会工作者6人，全路优秀工会积极分子10人，全路优秀职工之友3人。9月，中华全国总工会表彰总公司系统全国模范职工之家8个，全国模范职工小家3个，全国优秀工会工作者3人，全国优秀工会积极分子3人，全国优秀工会荣誉积极分子1人。

全国模范职工之家

中铁二十局集团公司工会

中铁二十局集团公司三公司工会

中铁十七局集团公司工会

中铁十一局集团公司工会

中铁十[illegible]局集团公司电务公司工会

中铁十二局集团公司工会

中铁十三局集团公司电务公司工会

中铁十六局集团公司四公司工会

全国模范职工小家

中铁十二局集团公司电气化公司电化分公司一分会

中铁十三局集团公司二分公司南京项目部工会

中铁十五局集团公司一公司一分处104队工会

全国优秀工会工作者

向晋山　陈文举　宋占波

全国优秀工会积极分子

王文武　罗宇刚　江志明

全国优秀荣誉工会积极分子

周玉成

全路模范职工之家

中铁十一局集团公司四公司工会

中铁十四局集团公司建筑分公司工会

中铁十五局集团公司五公司七分公司工会

中铁十七局集团公司二公司工会

中铁十九局集团公司三公司工会

全路模范职工小家

中铁十一局集团公司二公司九队二工班工会小组

中铁十二局集团公司电气化公司电化分公司宝兰项目部工会小组

中铁十三局集团公司二公司西安南京铁路项目部六队一工班工会小组

中铁十四局集团公司三公司七队工会

中铁十五局集团公司六公司二分公司第二工会小组

中铁十六局集团公司四公司一分公司渝怀铁路项目部工会小组

中铁十七局集团公司三公司机运二队机械工班工会小组

中铁十八局集团公司一公司山临项目部工会小组

中铁十九局集团公司四公司铺架一公司调车班工会小组

中铁二十局集团公司三公司第18工程队隧道作业队工会小组

全路优秀工会工作者

厉建宗　汪作范　王崇普　户海印　殷灿千　王嘉福

全路优秀工会积极分子

罗绍洲　黄应生　董建芬　袁　梅　郑金华　张天祯　顾裕伟　谢红峰　赵玉谦　胡贵荣

全路优秀职工之友

[illegible]

（孙秀伟）

【基层“建家建线”】 2003年，总公司工会以青藏铁路建设为重点，加大投入，推动“建家建线”工作深入开展。8月，总公司行政、工会为参加青藏铁路建设后上场的6个局集团公司和总公司青藏铁路工程指挥部拨款95万元用于“建家建线”(先上场的4个局集团公司已拨付60万元)，改善青藏铁路参建职工的物质文化生活。各局集团公司和子公司陆续筹款1 000余万元，推动“建家建线”工作再上新台阶。10月，《铁建工运》转发中铁十九局集团公司工会根据施工队伍点多线长、流动分散的特点，总结出适合基层的“吃、住、行、医、乐、学、护、利、主、赛”10字“建家建线”标准，推动了工程项目部的“建家建线”工作。 (孙秀伟)

【企务公开】 总公司系统全面贯彻中央办公厅、国务院办公厅关于推行厂务公开的《通知》精神和国资委关于深化厂务公开制度的意见，重点探讨在市场化建设中如何深化企务公开工作，加强民主监督。各级工会组成联合工作组定期检查企务公开情况，公开的程序越来越规范，公开的形式越来越广泛，公开的内容越来越实在，公开的过程越来越细化。中铁十一局集团公司在国资委召开的深化厂务公开推进会上介绍企务公开的经验。3月，总公司荣获中纪委、中组部、国资委、监察部、中华全国总工会联合授予的“全国推行厂务公开工作先进单位”称号。 (孙秀伟)

【职工代表大会】 总公司系统应建职代会(职工大会)的单位2 773个，坚持每年召开一次或两次职代会的2 683个，实行投票表决的855个，实行职工代表述职的328个。年内培训职工代表9 832人。大多数单位坚持按时召开职代会(职工大会)，按规定行使职代会职权，凡是出台的改革方案都经职代会审议通过后才付诸实施。多数单位重视职代会评议干部工作，坚持做到有述职、有评议、有公布、有表态、有反馈。年内子公司以上职代会共评议局处领导干部1 818人。职代会闭会期间，多数集团公司、公司不定期召开职代会联席会，组织职工代表定期巡视督查，有效地促进了职代会职权和决议的落实。年内在全系统推广中铁十四局集团公司开展“职代会星级创建评比活动”的经验，推动企务公开工作不断深化。 (孙秀伟)

【学习贯彻中国工会十四大精神】 中国工会十四大召开后，总公司立即下发《关于认真学习贯彻中国工会十四大精神的通知》，要求各单位组织职工认真学习、深入贯彻。总公司党委书记李国瑞对学习贯彻大会精神、进一步做好工会工作专门提出意见，将中国工会十四大精神传达学习提纲印发各单位，广泛进行宣传。总公司本级购买《中国工会十四大文件汇编》，总公司领导和工会干部人手一册。各局集团公司工会也为基层订购、发放学习材料及书籍，并利用内部刊物、黑板报、宣传橱窗、组织宣讲、召开座谈会等方式，把工会十四大的主要精神宣传、灌输到全体职工。 (孙秀伟)

【宣传报道】 各级工会认真履行工会职责，紧紧围绕中心工作，加大宣传报道力度。据不完全统计，全年在省部以上报刊发表文章376篇。中铁十九局集团公司工会被评为全路工会宣传报道先进集体，王粉祥被评为全路优秀工会通讯员。 (宋卫国)

【学习十六大精神系列活动】 全国职工学习党的十六大精神系列活动于4月15日正式启动，8月23日结束。各级工会按照中华全国总工会和中华全国铁路总工会的统一部署，积极行动，狠抓落实。据统计，总公司系统有近8万名职工参加“全面建设小康社会职工百题问答”竞赛，收回答题卡79 630份；组织“十六大精神在我心中”演讲比赛80余场。中铁十九局集团公司工会生产宣教部部长韩万宝获全国职工学习党的十六大精神系列活动答题竞赛二等奖；中铁十九局集团公司电务公司办公室主任刘铭郁获全国职工学习党的十六大精神系列活动演讲比赛三等奖。 (宋卫国)

【演讲比赛】 10月，总公司工会表彰“十六大精神在我心中”演讲比赛优秀选手。

演讲比赛一等奖

王红娟　刘铭郁　李晓静　张　桔　武　强
马朝光　夏凤秀　毕　莹　姜小明　马　琳
张丽丽　冯素月　张金君　汪菲娜　(宋卫国)

【表彰全民健身活动先进单位和先进个人】 5月29日，总公司工会表彰10个全民健身活动先进单位和41名先进个人。

总公司全民健身活动先进单位

中铁十一局集团公司一公司
中铁十二局集团公司一公司
中铁十三局集团公司社会事业管理中心
中铁十四局集团公司二公司
中铁十五局集团公司电务公司
中铁十六局集团公司四公司
中铁十七局集团公司四公司
中铁十八局集团公司二公司
中铁十九局集团公司二公司
中铁二十局集团公司五公司

总公司全民健身活动先进个人

蒋德仁	李由柏	陈继存	李　毅	成殿树
秦爱林	苏如成	杜玉芬	徐丽波	张建顺
朱继福	郭文娣	王聪太	刘树锋	董恩情
刘国岩	李德元	陈海良	周毅力	佘守国
王安民	张金生	张习语	姜　琳	刘敬华
高炳荣	杨　瑞	林月荣	杨汝芳	殷灿千
张建强	王成伟	杨金有	屈京康	王　锋
李光焯	陈　锋	彭元福	杨雁群	周兆欣
张文忠				

（雷国权　宋卫国）

【组队参加全路第10届运动会】　8月3日～9月6日，全国铁路第10届运动会在哈尔滨举行。本届运动会设14个项目，分黑龙江哈尔滨、牡丹江、佳木斯、齐齐哈尔和北京安定、青海西宁6个赛区，哈尔滨为主会场。总公司组成以工会主席夏良振为团长、体协秘书长徐士淮为副团长的体育代表团，率中铁十一局集团公司毽球队、中铁十二局集团公司保龄球队、中铁十六局集团公司男子乒乓球队、中铁十七局集团公司门球队、中铁十五和十九局集团公司田径队、总公司机关老年男子气排球队一行51人参加竞赛。经过全体参赛人员奋力拼搏，获毽球女子团体第2名，男子单打第2名，女子单打第2、5名，女子双打第2、5名，男女混合双打第3名；门球第2名；乒乓球男子团体第3名，男子单打第7名，男子双打第7名；田径男子800米第6名，女子800米第7名，男子1 500米第6名；保龄球男子单人第8名。共获银牌17枚，铜牌6枚，总分88分，在全路27个参赛单位中排名第15位，是兵改工后组队参加全路4次大型运动会中成绩最好的一次。为鼓励取得优异成绩的代表队、运动员和教练员，经王振侯总经理、李国瑞书记批准，分别给予一定的物质奖励。

（雷国权　宋卫国）

【铁路总工会表彰群众体育先进集体和先进个人】　全路第10届运动会期间，中华全国铁路总工会、中国火车头体协表彰总公司系统3个群众体育先进集体和15名先进个人。

全国铁路群众体育先进集体

中铁十一局集团公司一公司
中铁十五局集团公司电务公司
中铁十七局集团公司四公司

全国铁路群众体育先进个人

蒋德仁	成殿树	苏如成	朱继福	王聪太
刘国岩	佘守国	张金生	高炳荣	殷灿千
张建强	王　锋	李光焯	周兆欣	张文忠

（雷国权　宋卫国）

【组织百万老年人健步走通讯赛】　4月～6月，结合庆祝中国火车头老年体协成立20周年，根据铁道部老年体协的统一安排，在总公司系统组织开展“健康快车”百万老年人健步走通讯赛。根据人员居住分布情况，全系统成立4 860个小组，组成22个大赛区、132个小赛区，35 800人参加竞赛活动。赛后，共评出优秀赛区38个，优秀小组156个，活动积极分子460名，并分别颁发奖牌、荣誉证书和奖品。中国火车头老年体协向总公司颁发了优秀组织者奖杯，并表彰11个优秀赛区。

百万老年人健步走通讯赛优秀赛区

中铁十一局集团公司路桥公司
中铁十二局集团公司机关
中铁十三局集团公司长春二道区社管中心
中铁十四局集团公司四公司
中铁十五局集团公司六公司
中铁十六局集团公司机关
中铁十七局集团公司物业公司离退办公室
中铁十八局集团公司二公司
中铁十九局集团公司机关
中铁二十局集团公司五公司
中铁路桥集团公司

（雷国权　宋卫国）

【总公司第15届门球赛】　10月11日～15日在北京举行，由总公司机关工会承办，15支代表队参赛。中铁十七、十八、十九、十四、二十、十五局集团公司代表队取得前6名，机关一队获体育道德风尚奖；评出优秀运动员15名，优秀裁判员4名。中国老年体协常务副主席、火车头老年体协副主席韩统武及在京总公司领导出席开幕式并观看比赛。（雷国权　宋卫国）

【总公司老年体协第8次会议】　11月19日～23日在海南省海口市召开，由中铁十二局集团公司海南分公司承办，55人出席会议。会上，总公司工会主席、老年体协常务副主席夏良振介绍总公司企业改革和生产经营情况，中国老年体协常务副主席、火车头老年体协副主席韩统武和总公司体协顾问刘秉顺出席会议并讲话，总公司老年体协主席姜培敏作工作报告，老年体协秘书长雷国权传达铁道部老年体协两次会议精神，中铁十五、十六、十七局集团公司体协秘书长介绍老年体育工作经验。（雷国权　宋卫国）

·生产保护·

【生产保护部】　负责总公司系统群众性经济技术创新、评先创模、劳动竞赛、劳动保护、职工素质工程、合理化建议与技术改进及职工技协等工作的职能部门。定员2人,现员2人,其中部长1人、政工师1人。

(胡国志　吕向东)

【评先创模】　年内全系统广泛开展建功立业活动,争先创模工作取得好成绩。4人获中华全国总工会授予的“全国五一劳动奖章”,11人获省市劳动模范称号,31人获中华全国铁路总工会授予的“火车头奖章”,8个单位获“火车头奖杯”。年初,组织青藏铁路170名参建员工参加中央电视台《高原彩虹》文艺晚会排演和铁道部青藏铁路建设表彰大会。编写的4位“全国五一劳动奖章”获得者的事迹入编《全国五一劳动奖章文献画册》。《总公司首届劳动模范和先进集体事迹汇编》即将出版。(胡国志　吕向东)

【劳动竞赛】　2003年,各单位紧紧围绕企业生产经营中心,坚持抓重点带全面,深入扎实地开展以“五比四创”为主要内容的多种形式的劳动竞赛,青藏铁路等重点工程施工现场劳动竞赛搞得有声有色。年初,组织全系统2002年度劳动竞赛评比,表彰14个竞赛优胜单位和94名竞赛优秀组织者。年内编写《劳动竞赛简报》16期,及时交流典型经验和竞赛信息。8月,总公司工会派出工作组,对青藏铁路参建单位开展“六比六看”劳动竞赛和“建家建线”工作进行专题检查指导,对新上场的6个局集团公司项目部有关人员进行逐个单位集中培训。年底,在铁道部青藏铁路建设总指挥部组织的全线综合评比中,总公司10个参建局集团公司取得3个并列第一名、7个并列第二名的好成绩。

总公司劳动竞赛优胜单位

工程赛区

中铁建设集团公司
中铁十一局集团公司三公司
中铁十二局集团公司二公司
中铁十二局集团公司一公司
中铁十九局集团公司一公司
中铁十一局集团公司电务公司
中铁十五局集团公司六公司
中铁十八局集团公司一公司
中铁十六局集团公司三公司
中铁十七局集团公司二公司

物资赛区

石家庄中铁物资有限公司

卫生赛区

中铁十二局集团公司中心医院
中铁十六局集团公司一公司
中铁十五局集团公司二公司

总公司劳动竞赛优秀组织者

谢敬平　吴　强　汪发明　陈志明　杨进华
杨明亮　曾令富　万传军　霍玉华　师加明
梁太生　王连政　张金柱　张凤华　高治双
赵红鹰　李迎敏　刘京亮　迟　军　贺胜槐
刘　宽　岳永福　逄凤禄　康树林　郭福臣
刘运平　杜学贵　彭化安　曹德岗　郑修杰
庄纪栋　刘永成　于丽荣　王贵周　杨景良
李海涌　曹鹏飞　韩世礼　赵天熙　赵长乾
曹仁文　东光宝　胡阳峰　陈　震　高增发
徐泽林　赵国旗　于国书　刘志武　赵玉林
程全恩　刘　鹤　胡集贤　宋占波　李忠信
徐德云　韩保军　刘福海　寻红霞　杨相勤
雷志全　李洪奇　孔庆亮　翟玉奎　徐崇铭
何湘生　赵树林　李广华　范成国　李克金
韩万保　侯希承　席　振　申志平　张根荣
全庆华　施培千　刘伟兵　陈益发　雷积贤
戴云福　陈架忠　林月荣　詹自成　王树文
张仁高　杨增华　吴玉兰　张　亮　张建强
王泽民　汪益斌　张淑珍　毛　宪

(胡国志　吕向东)

【劳动保护】　各级工会宣传贯彻《安全生产法》《职业病防治法》和新《工会法》中劳动保护有关条款,认真落实工会劳动保护工作“三个条例”。中铁十二局集团公司工会制定《劳动保护工作责任制实施办法》,对集团公司、公司、基层工会的责任、奖励和处罚作出详细规定,明确各级工会主席、分管副主席、劳动保护工作部门和监督检查员的责任及奖罚办法。中铁十五局集团公司工会积极推行劳动保护“一法三卡”制度,对现有工会劳动保护监督检查员进行重新登记,更换检查证。

(胡国志　吕向东)

【合理化建议与群众经济技术创新】　各单位认真贯彻落实上级工会关于开展职工技术创新活动的要求,积极开展岗位练兵和技术比武活动,为提高职工技能搭建平台。按照总公司《合理化建议和技术改进奖励条例实施细则》,广泛开展群众性合理化建议、技术改进和经济技术创新活动,形成定期评审制度,在企业生产经营中发挥了积极作用。7月,经总公司合理化建议和技术改进评审委员会审核评定,有27个项目分获一、二、三等奖。(胡国志　吕向东)

总公司2002年度合理化建议和技术改进获奖项目表

序号	成果名称	获奖单位	奖励等级
1	格尔木主副食加工厂设置方案	中铁十二局集团公司青藏铁路工程指挥部	一等奖
2	盾构机国产配套设备选型与参数优化	中铁十六局集团公司六公司	一等奖
3	铁路机车空气制动旁路装置	昆明中铁大型养路机械集团公司	一等奖
4	经皮冠状动脉球囊扩张加支架置放术	总医院	一等奖
5	Ⅲ型无挡肩轨枕预埋件定位尺寸合格率的改进技术	中铁十一局集团公司株洲桥梁厂	二等奖
6	深孔分段注浆固结技术在桥梁基础防水中的应用	中铁十三局集团公司一公司	二等奖
7	青藏铁路格拉段DK1086+650～DK1090+650优化设计方案	中铁十四局集团公司青藏铁路工程指挥部	二等奖
8	点式玻璃幕墙施工技术改进	中铁十四局集团公司建筑公司	二等奖
9	心肺复苏的临床研究	中铁十五局集团公司中心医院	二等奖
10	高原工程作业呼吸机	中铁十五局集团公司卫生防疫站	二等奖
11	渝怀线金洞隧道通风技术	中铁十六局集团公司二公司	二等奖
12	大跨度隧道衬砌变形台车	中铁十八局集团公司二公司	二等奖
13	X光线受检者防护服	中铁十八局集团公司中心医院	二等奖
14	造桥机过超大桥墩下托梁技术改进	铁道建筑研究设计院	二等奖
15	综合档案管理系统软件	总公司档案馆	二等奖
16	简易保温板切割机	中铁十二局集团公司四公司	三等奖
17	无张力疝修补术	中铁十三局集团公司中心医院	三等奖
18	反拱圆弧形底板钢管滚动碾形成工法	中铁十五局集团公司三公司	三等奖
19	高架桥预应力连续梁支架横移及纵向拖拉技术	中铁十七局集团公司二公司	三等奖
20	营业线更换病害梁施工安全防护技术	中铁十七局集团公司五公司	三等奖

续表

序号	成　果　名　称	获　奖　单　位	奖励等级
21	简易门式支架在高速公路施工 50 米现浇梁中的应用	中铁十八局集团公司三公司	三等奖
22	暖气室外排气罐应用技术	中铁十八局集团公司三公司	三等奖
23	隧道施工供水措施改进	中铁二十局集团公司二公司	三等奖
24	高原多年冻土地区钻孔桩、插入桩施工技术改进方法	中铁二十局集团公司六公司	三等奖
25	拖式振动压路机传动系统改进	中铁二十局集团公司西安工程机械公司	三等奖
26	秦沈客运专线现浇梁无沉降施工技术	铁道建筑研究设计院	三等奖
27	西门子大型 X 光设备维修与延长 CT 球管使用寿命	总医院	三等奖

制表:胡国志　吕向东

【群众生产理论研究】 年内,总公司各级工会群众生产理论探索与研究取得好成绩,产生一批具有推广、借鉴价值的典型经验和优秀论文。各单位上报信息 195 条,经验材料 34 篇,论文 40 篇,总公司工会从中评选出获奖论文 11 篇、经验材料 9 篇、好信息 10 条,连同 2 个优秀组织单位一并通报表彰。全年编发《劳动竞赛简报》16 期,及时推广典型经验 19 篇,对工会群众生产的创新与发展起到重要推动作用。选送 5 篇劳动竞赛和技术创新论文参加全路劳动竞赛论文研讨和评选,分获一、二等奖各 1 篇。总公司青藏铁路参建单位开展"六比六看"建功立业劳动竞赛的经验先后在全路和国资委召开的会议上交流,受到一致好评。中铁十五局集团公司在国资委召开的中央企业实施职工素质工程现场推进会上作经验介绍。 (胡国志　吕向东)

·生活保险　女工·

【生活保险女工部】 负责职工生活保障、劳动保险、维护职工经济利益和女职工合法权益与特殊利益的职能部门,也是工会女职工委员会的办事机构。 (戴淑兰)

【"送温暖"工程】 元旦春节期间,全系统共筹集"送温暖"资金1 521.9万元,其中总公司党委、行政、工会筹集"送温暖"资金 116.5 万元,组织 581 个慰问组,走访困难单位 51 个,送慰问金 160.4 万元;走访困难职工、下岗职工、伤病残职工、离退休职工、军烈遗属、劳动模范16 136人,送慰问金 947.1 万元。据统计,全系统年内支出"送温暖"资金1 762.2万元,年底结存"送温暖"基金2 436.9万元。 (戴淑兰)

【职工互助合作保险】 总公司工会采取下拨资金资助的形式,年内帮助中铁物资集团公司、北京铁建工贸集团公司、中铁工程集团公司、海外公司和总公司干校(党校)建立起职工互助合作保险。至此,除总公司机关外,全系统均已建立职工互助合作保险。全年有3 160人次享受保险待遇,共支付保险金 317 万元。年底职工互助合作保险基金结存7 644.2万元。 (戴淑兰)

【特困职工纳入当地最低生活保障范围】 各单位认真落实上级工会关于做好特困职工最低生活保障工作的《通知》精神,积极配合有关部门将特困职工纳入地方最低生活保障范围。据统计,全系统共有 676 户职工家庭享受地方"低保"待遇。 (戴淑兰)

【领导干部联系困难职工制度】 全系统有困难职工16 140人,其中特困职工1 780人、重困职工4 090人、一般困难职工10 270人。参加联系困难职工的领导干部2 089人,联系困难职工家庭2 223户。 (戴淑兰)

【职工互助储金会】 全系统有 51 个职工互助储金会,年底结存储金 230.2 万元。 (戴淑兰)

【工地生活线建设】 各级工会协助、监督行政加强施工一线职工生活“一条龙”建设，本着实事求是、因地制宜、量力而行的原则，尽力为职工安好家，办好职工食堂、浴池等生活福利事业，保证职工生活基本需要。据统计，年内全系统工地生活线建设投入资金3 100.2万元。（戴淑兰）

【劳动争议案件处置】 年内，全系统共发生劳动争议案件341件，其中个人争议333件，集体争议8件。劳动争议案件涉及开除除名4件，辞职解除合同18件，工资福利保险232件，工龄11件，休息休假23件，安全卫生8件，女职工特殊权益保护6件，其他39件。对劳动争议案件进行协商处理106件、调解233件、仲裁2件。（戴淑兰）

【总公司工会女职工委员会二届七次扩大会议】 4月16日～18日在中铁建设集团公司珠海分公司召开，25人参加会议。戴淑兰代表女职工委员会作工作报告，10位女工委主任在会上介绍经验；替补姜艳、陈玉平、胡彦茹、吴玉兰、高广玲、张亮、郑金华、于宝宏、卞媛9人为总公司工会女职工委员会委员，免去王秀英、沈宏芝、史秀英、肖金凤、李秀菊、谢华6人的总公司工会女职工委员会委员职务。（戴淑兰）

【总公司表彰女职工先进集体和先进个人】 “三八”节期间，总公司工会表彰10名巾帼建功立业标兵、14名学习模范、26名岗位明星、18名科技女杰、18名管理精英和14个“三八”红旗集体。

巾帼建功立业标兵

常冰华　武　华　董桂秋　李红英　王云霞
黄立新　孙学梅　徐　英　王　利　蒋淑芬

学习模范

安菊洁　吕雅妮　范广侠　杨桂珠　裴璐辉
闻淑梅　蔺双平　李惠青　魏　阳　郑　彤
袁　梅　姚　红　周喜英　李秀华

岗位明星

王　英　卞凤霞　蓝志捷　张　洁　王　秀
邵尧霞　齐莉莉　高明秀　洪　梅　马　英
黄梅英　王晓霞　王春仙　朱英爱　王旭红
雷海粟　钱　鸣　刘晓燕　殷福英　王　敏
张学玉　谢青春　李湘华　杨延霞　刘金英
李素焕

科技女杰

陈香珠　孙玉春　常红霞　王亚凡　杨雪飞
张慧芳　严蜀平　何　姗　吴海虹　白玉芝
杨　秀　胡晓红　侯桂清　黄　琳　梁杰红
杨凤萍　杨　忠　昝　星

管理精英

李兰秀　杨廷俊　张文霞　张红莉　吴利红
韩小英　赵月芬　乔丽艳　夏亚茹　王玉芝
张玉萍　解亚文　陈　芳　万　英　赵玉伦
赵　毅　裴　晋　黎　萍

“三八”红旗集体

中铁十一局集团公司中心医院妇产科
中铁十二局集团公司二公司物业管理公司
中铁十三局集团公司中心医院妇产科
中铁十四局集团公司建安分公司财务部
中铁十五局集团公司六公司朔黄运输处女工班
中铁十六局集团公司铁运公司工会女职工委员会
中铁十七局集团公司三公司经营部施工组织科
中铁十八局集团公司四公司医院药剂科
中铁十九局集团公司青藏铁路工程指挥部中心医院救治小组
中铁二十局集团公司电务公司通信管理中心
中铁路桥集团公司川东水泥公司一分厂破碎工段
中铁工程集团公司电务处通信中心
哈尔滨铁路建设集团公司三公司哈齐提速项目部女工班
齐齐哈尔铁路建设集团公司电务分公司第二信号项目部二工班

（戴淑兰）

【全国妇联、铁路总工会表彰2名先进女职工】 中铁十七局集团公司四分公司青藏铁路项目部副总工程师邵尧霞被全国妇联评为“全国三八红旗手”；中铁十六局集团公司四公司总工程师黄立新荣获中华全国铁路总工会授予的“火车头奖章”。（戴淑兰）

【编写女职工劳动保护程序】 4月28日，总公司工会起草的《女职工劳动保护管理程序》被收入《总公司管理体系程序文件汇编》，用以指导全系统女职工劳动保护工作。（戴淑兰）

【女职工劳动保护工作调研】 5月～6月，各单位按照中华全国铁路总工会女工委的要求，采取召开座谈会、专访、电话采访、调查问卷等形式，普遍开展女职工劳动保护工作调研，既是对女职工劳动保护工作的监督检查，也是对劳动保护工作的推动落实。总的看，全系统女职工劳动保护工作比较到位。一是施工一线女职工生产岗位受关照。总公司是一个兵改工企业，继承了人民军队关爱、照顾女性的优良传统，一般在施工生产岗位尽量不安排或少安排女职工，重体力及高空、危险的岗位不准许有女性。全系统50%的女职工被安排在离家较近的第三产业、机关后勤服务和教育卫生战线，被分配到施工一线的院校女大中专毕业生主要从事技术、财会、计划、劳资、材料保管和后勤服务等工作。中铁十六局集团公司在改革中制定机关各科室必须有一名女职工的政策，为女职工就业提供了更多的工作岗位。中铁十七局集团公司将施工一线有困难和怀孕7个月以上的76名女职工调整工作岗位，其中安排到机关、基地工作56名。为解决夫妻两地分居的困难，一些单位尽量将夫妻调整到同一项目部工作。许多单位在改革分流中都规定产期、哺乳期的女职工不能落聘，单亲职工、工伤遗属给予照顾。二是女职工"四期"保护工作比较落实。全系统没有女职工从事禁忌劳动和超强劳动；无一例因怀孕、产期、哺乳期解除劳动合同；女职工"四期"期间基本没有从事"高空、低温、冷水"作业；对怀孕7个月以上的女职工不安排夜班，照顾轻松工作；对哺乳不满一周岁婴儿的女职工，在每班劳动时间内给予两次哺乳时间；女职工卫生费一般由原来的2元提高到8元～10元。三是女职工妇科病普查已形成制度。各单位基本做到每两年进行一次妇科病普查，有的单位坚持一年进行一次妇科病普查。为使施工一线女职工也能接受妇科病检查，一些集团公司、公司医院组成体检医疗小分队，深入基层项目工地，为女职工送诊送药。年内全系统有29 100人参加妇科病普查，占女职工总数的50.3%。多数单位为女职工建立健康检查手册，有的单位还为女职工购买商业性安康保险。各单位聘请专家、教授开办健康知识讲座，提高了女职工的自我保健意识。

（戴淑兰）

【女职工组织建设】 随着总公司所属单位改制后新一届工会委员会的成立，及时进行了女职工委员会的换届选举工作。中铁十六、二十局集团公司和昆明中铁大型养路机械集团公司通过召开女职工代表大会，选举产生新一届女职工委员会；中铁十一、十五、十七、十八、十九局集团公司和中铁物资集团公司、北京铁建工贸集团公司采取同级工会提名、充分协商后组成新一届女职工委员会，并配齐专职或兼职女职工干部。全系统已建女职工委员会668个，组建率达99%。

（戴淑兰）

·机关工会·

【简况】 总公司机关工会是根据《工会法》和中国工会章程规定，经总公司直属机关党委和总公司工会批准，依法成立的群众组织。机关工会以接受总公司直属机关党委领导为主，同时接受总公司工会领导。主要职责是：组织实施机关民主管理工作，依法代表和维护职工群众的政治经济利益，充分发挥党联系群众的桥梁和纽带作用；负责机关文娱活动的组织安排和机关有线电视接收、传输、维修，以及新三楼会议室、礼堂、图书馆的使用管理工作。定员2人，设主席1人；附属机关文化宫定员5人，现员6人，其中主任1人。

（李青颖）

【工作综述】 (1)履行维护职责。积极参加总公司机关有关职工工资、福利等事关职工切身利益的重大会议和政策制定，代表职工提出建议和意见，做到源头维护、政策维护、整体维护。元旦春节期间，走访慰问生病职工和困难职工，把党的温暖和企业的关怀送到困难职工的心坎上。3月28日，机关工会到上海铁路局考察了解职工互助合作保险情况，为机关建立职工互助合作保险进行前期调研准备。(2)女职工工作。3月6日，机关工会女职工委员会邀请邦定医学美容专家为机关和直属单位女职工做题为"健康与美容"的专题讲座。3月7日～8日，机关工会女职工委员会组织40余名女职工到北京平谷进行为期二天的参观游览和健身活动。(3)图书阅览。配合开展"创建学习型组织，争做知识型职工"活动，充分发挥工会组织在弘扬企业精神、建设企业文化和丰富职工精神文化生活、提高职工文化品位方面的积极作用，机关工会图书馆全年向机关和驻京单位职工开放。图书馆购进新书2 600余册、杂志100余种，馆藏图书约10万册。为方便借阅，图书一律上架，分类摆放，杂志逐年更新；图书馆窗明几净，静谧有致，为读者提供一流的阅览环境；工作人员服务热情周到，赢得职工赞扬。据不完全统计，图书馆全年接待用户近3 000人次，整理馆存杂志2 000册。(4)有线电视维护。机关工会文化宫负责复兴路40号社区1 400余户用户的电视接收、信号调试及线路故障排除工作。全年调试有线电视系统20次，调试卫星接收设备22次，维修有线电视线路150次，为用户调试维修家用电器50次，并为总公司在京和友邻单位多次免费调试有线电视系统，有效地保证了千家万户及时收看到中央电视台等频道的节目。(5)会议服务。全年为总公司机关及在京单位提供会议场所服务近70次，受到用户好评。(6)群众体育活动。8月，机关工会组织机关老年气排球队参加全路老年气排球比赛。10月11日～15日，机关工会承办并组队参加总公司第15届门球赛，总公司所属单位和总政治部玉泉路干休所的15支代表队约180人参加比赛，机关一队获"体育道德风尚奖"。比赛期间，机关工会提供的热情接待和周到服务，博得参赛运动员、裁判员、领队和到会领导的好评。(7)举办抗击"非典"故事会。

8月5日，机关工会与总公司教育卫生部联合主办“北京市卫生系统全民抗‘非典’故事会”，弘扬白衣战士拼搏奉献的精神。(8)工会经费审查。5月，机关工会主席张文忠退休，根据有关规定，工会经费审查委员会及时对其进行离任审计并出具审计报告。(9)扶贫帮困。经总公司领导批准，机关工会将2台电影放映座机和2台提包式放映机分别无偿捐献给总公司对口扶贫的河北省尚义县和万全县，为贫困地区的精神文明建设、活跃当地的群众文化生活起到应有作用。（李青颖）

团委

【简况】 中国共产主义青年团中国铁道建筑总公司委员会于2002年11月成立，在国资委和总公司党委的领导下开展共青团和青年工作。主要负责全系统团的组织建设、干部队伍建设、团的生产活动及团员青年的思想政治工作。2003年9月，在国有企业机构合并、资产重组中，新并入21个单位。总公司团委下辖10个局集团公司团委、17个公司团委、12个设计院团委和石家庄铁路职业技术学院团委、总医院团委、总公司机关团委。全系统有511个基层团委，183个团总支，2 143个团支部；专职团干部261人，兼职团干部2 579人，团员37 046人。总公司团委定员3人，设团委书记1人。

2003年，总公司团委以党的十六大和团的十五大精神为指导，紧紧围绕青藏、渝怀、兰武铁路等国家重难点工程建设，加强青年思想教育，强化团的自身建设，激励青年抗击“非典”，大力开展青年“创新创效”、“双争”竞赛、“青藏铁路青年建功成才”、“我为重点工程建功勋”、“青年安全生产示范岗”、“青年环境保护”等活动，带领广大团员青年在企业生产经营中较好地发挥了生力军和突击队作用，为企业做强做大作出积极贡献。据统计，全年有92名先进青年和121个先进青年集体受到共青团中央、中央企业团工委及省部团组织的表彰，其中全国优秀团干部1人、优秀团员2人，“全国五四红旗团委”1个，“全国五四红旗团支部”3个，“全国青年文明号”4个，“全国青年岗位能手”1人，“全国青年创新创效先进集体”1个，“全国保护母亲河行动先进个人”1人，“国家重点工程建设青年贡献奖”19个，“全国防治非典型肺炎工作先进基层团组织”1个，“全国防治非典型肺炎工作优秀共青团员”1人，“中国青年志愿者行动10年特别贡献奖”1人。

（钱桂林）

【“三个代表”学习教育活动】 2003年，总公司团委把学习党的十六大精神、贯彻“三个代表”重要思想作为首要政治任务，组织所属单位团委书记学习党的十六大精神，在京举办由118名基层团干部参加的培训班；以“贯彻十六大、创造新业绩”为主题，先后组织开展第七届共青团“活力杯”征文、党的十六大和团的十五大知识竞赛、企业创新理论讲座、企业文化建设论坛等活动，在全系统广大团员青年中掀起学习贯彻党的十六大和团的十五大精神热潮，组织引导团员青年深刻认识十六大的重要意义，全面理解“三个代表”的深刻内涵，准确把握与时俱进的理论品质。（李 睿）

【开展“学雷锋精神，树时代新风”活动】 3月5日，由总公司团委牵头，中铁建设集团公司、北京铁建工贸集团公司、中铁物资集团公司、中铁工程集团公司、海外公司、铁道建筑研究设计院、总公司直属机关等单位团委联合开展“纪念毛主席题词‘向雷锋同志学习’40周年青年志愿者活动”，80多名团员青年和300多名群众参加活动，总公司党委书记李国瑞到现场看望。年内总公司团委和关工委联合在全系统青少年中广泛开展“学雷锋精神，树时代新风”读书活动，有2名团干部和20名学生受到表彰，中铁十二局集团公司获“全国青少年‘学雷锋精神，树时代新风’读书教育活动优秀组织奖”。

（李 睿）

【共青团“活力杯”征文活动】 2月25日，总公司团委与中国铁道建筑报社联合举办第6届共青团“活力杯”征文活动，收到论文85篇，评出特等奖3篇、一等奖8篇、二等奖10篇、三等奖12篇，中铁十二、十五局集团公司团委获优秀组织奖。结合深入贯彻党的十六大精神，全面提高团员青年的创新意识、创新能力和综合管理素质，推进企业管理创新，总公司团委与中国铁道建筑报社联合开展以“青工管理创新”为主题的第7届共青团“活力杯”征文活动，收到论文158篇，其中在《中国铁道建筑报》发表18篇，在《铁建政工》发表6篇。

（李 睿）

【机关团的活动】 3月28日，总公司团委和机关团委组织20余名团员青年参观奥运会主体育场建筑概念设计方案。7月11日，配合总公司机关贯标认证工作，总公司团委与企管部、机关团委联合举办“贯标知识竞赛”，并组织参加“贯标知识竞赛”活动的70余名青年赴白洋淀参观，接受爱国主义教育。（李 睿）

【制度建设】 3月3日，总公司团委下发《关于评选总公司“两优两红”以及申报总公司“五四红旗团委(团支部)”创建单位有关要求的通知》,进一步规范优秀团干部、优秀团员和“五四红旗团委(团支部)”的推荐条件。11月26日,根据共青团中央和中央企业团工委关于团费管理的有关规定,总公司团委下发《关于印发〈关于总公司团费交纳和管理使用的规定〉的通知》,进一步规范总公司系统团费的收缴管理制度。（曹 烈）

【换届选举】 2003年,指导中铁十三、十四、二十局集团公司和中铁建设集团公司、昆明中铁大型养路机械集团公司、中铁物资集团公司、铁道建筑研究设计院、石家庄铁路职业技术学院团委顺利完成团组织机构的换届选举工作,一批年纪轻、学历高、素质好、热爱共青团工作的优秀青年走上团的领导岗位。（曹 烈）

【“党建带团建”工作检查】 2月25日,总公司党委组织部和团委联合对各单位贯彻落实“党建带团建”工作进行检查。3月～6月,各单位进行自查并写出一份总结报告、一份基层单位的经验材料上报总公司团委和组织部。6月～9月,总公司党委组织部和团委组成联合检查组对有关单位进行抽查。7月23日,总公司党委副书记彭树贵、团委书记钱桂林一行在中铁十六局集团公司党委副书记侯向东陪同下,分别到六公司、北京地铁工程指挥部及北京地铁5号线东四、灯市口车站和民航总局办公楼加固改造装修工程工地检查“党建带团建”及共青团工作开展情况。8月11日～12日,彭树贵副书记率工作组在中铁十八局集团公司党委副书记刘树洪陪同下,分别到天津津滨轻轨工程指挥部及建设工地检查“党建带团建”工作。

（曹 烈 李 睿）

【总公司“党建带团建”工作经验交流会】 10月19日,总公司党委组织部和团委在京联合召开“党建带团建”工作经验交流会,全系统118名团委书记参加会议。国资委群工局副局长彭诚强、总公司党委副书记彭树贵等出席会议并讲话,总公司党委书记李国瑞亲切接见与会代表并合影留念。会上,中铁十二局集团公司二公司党委,中铁十四、十七局集团公司团委及中铁二十局集团公司青藏铁路工程指挥部党委等单位分别从不同侧面介绍“党建带团建”工作经验,12个单位作书面经验交流。（钱桂林 李 睿）

【总公司团委一届二次全委(扩大)会议】 10月21日在北京五棵松饭店召开。会议总结2003年工作,研究布置2004年团的工作任务,免去原中铁十八局集团公司团委书记钟兴兵的总公司团委委员、常委职务。

（曹 烈）

【3人当选共青团中央十五大代表】 7月22日～26日,中铁十四局集团公司团委书记刘德顺、中铁十五局集团公司团委书记张启亮、中铁十七局集团公司建筑工程公司团委书记李慧敏当选共青团中央十五大代表,分别作为山东省、河南省和中央企业代表团成员,在京参加共青团中央十五届代表大会。（曹 烈）

【推优入党】 2003年,总公司系统有785名团员在团组织的推荐下光荣地加入中国共产党。（曹 烈）

【共青团中央、中央企业团工委表彰“两红两优”】

全国五四红旗团委创建单位

中铁十五局集团公司电务公司团委

全国优秀团干部

中铁十四局集团公司团委书记 刘德顺

中央企业优秀团干部

中铁十六局集团公司团委书记 勾文青（曹 烈）

【总公司团委表彰“两红两优”】 5月4日,总公司团委命名表彰“五四红旗团委”22个,“五四红旗团支部”28个,优秀团干部60名,优秀团员49名;确定24个团委、29个团支部为总公司“五四红旗团委(团支部)创建单位”。

优秀共青团干部

李 睿	应广军	余忠娥	郑 武	高 鸿
田春珍	刘振斌	张来有	渠玲玲	黄艳蕾
段 伟	蔡晓斌	赵国华	李昭明	刘新峰
吴大鹏	贺永梅	刘明才	阎 博	段 兵
牟建文	张晓宏	黄会贤	刘亚林	吴 辉
付宝君	马建军	李志峰	郭志芳	祁国华
李建斌	李慧敏	马辰英	高纯根	于晓畏
蔚 国	白志伟	王 丹	马 静	邓春岭
郭晓曼	李海明	赵东生	谢妍琳	杜金凤
凌罗兆	何燕军	姚雅娟	周 翔	钟常青
韩 晶	杨 扬	童 梅	屈立军	郝银根
严佐魁	张元波	方长安	徐 莉	李俊征
时 雪	王立敏			

优秀共青团员

余 勇	吴颜萍	张娇燕	何 魏	安 云
刘晓斌	张 娟	肖 静	宋艳华	王庆恒
赵丽梅	刘桦莹	董向荣	刘新华	孙 鹏
孙亚磊	程翠丽	秦 坤	舒艳萍	孙 颖
鲍海峰	曾新虎	章 寰	东贵涛	周永峰
王小勇	吴冬梅	黄善龙	史晓东	李新举
刘 朋	蔺军军	伍淑北	薛艳洪	李智军
孙 鹏	王春燕	南红茁	胡 蓉	李 英

黄　玮　陈　剑　赵会芳　阚　巍　谢登云
陆　洋　王红兵　张海宝　周　淳　苏静敏
曹启明　张海燕　赵光远

五四红旗团委

中铁十一局集团公司二公司团委
中铁十一局集团公司五公司团委
中铁十二局集团公司一公司团委
中铁十二局集团公司二公司团委
中铁十三局集团公司团委
中铁十三局集团公司建筑公司团委
中铁十四局集团公司路桥分公司团委
中铁十四局集团公司房桥中铁路桥公司团委
中铁十五局集团公司五公司团委
中铁十五局集团公司七公司团委
中铁十六局集团公司路桥公司团委
中铁十六局集团公司三公司二分公司团委
中铁十七局集团公司一公司团委
中铁十七局集团公司电务公司团委
中铁十八局集团公司五公司团委
中铁十八局集团公司路桥公司团委
中铁十九局集团公司一公司团委
中铁十九局集团公司四公司团委
中铁二十局集团公司二公司团委
中铁二十局集团公司一公司禹阎高速公路项目部团委
中铁路桥集团公司养马河工程股份公司团委
中铁物资集团公司东北办事处团委

五四红旗团支部

中铁十一局集团公司基建公司机械厂团支部
中铁十一局集团公司株洲桥梁公司一分公司团总支
中铁十二局集团公司三公司马平高速公路项目部团支部
中铁十二局集团公司四公司渝怀铁路项目部团支部
中铁十三局集团公司四公司十二队团支部
中铁十三局集团公司技校013班团支部
中铁十四局集团公司一公司青藏铁路项目部团支部
中铁十四局集团公司长虹商场团支部
中铁十五局集团公司一公司二分处二〇二队团支部
中铁十五局集团公司六公司神朔二线铺架指挥部团支部
中铁十六局集团公司二公司机关团支部
中铁十六局集团公司四公司三分公司第二团支部
中铁十七局集团公司中心医院内科团支部
中铁十七局集团公司建工处胶新铁路项目部团支部
中铁十八局集团公司五公司三分公司直属团支部
中铁十八局集团公司技工学校2000级铁工三班团支部
中铁十九局集团公司二公司润扬长江公路大桥项目部团支部
中铁十九局集团公司青岛流亭机场项目部团支部
中铁二十局集团公司五公司西延指挥部团支部
中铁二十局集团公司六公司三队团支部
中铁建设集团公司设备安装分公司团支部
中铁建设集团公司第五项目部团支部
中铁工程集团公司进口机械服务中心团支部
昆明中铁大型养路机械集团公司组装车间团支部
铁道建筑研究设计院机关团支部
石家庄铁路职业技术学院30112班团支部
石家庄铁路职业技术学院40121班团支部
总医院鲁谷分院团支部　（曹　烈）

【表彰“青年文明号”和“青年岗位能手”】　2003年，一批先进集体和先进个人受到共青团中央、中央企业团工委和总公司团委命名表彰。

“全国青年文明号”命名单位

中铁十二局集团公司四公司西安南京铁路木籽桩淮河特大桥项目部
中铁十七局集团公司青藏铁路工程指挥部
中铁十二局集团公司二公司西安南京铁路工程项目部
中铁十六局集团公司三公司上海磁悬浮列车示范线项目部
铁道第四勘察设计院桥梁处设计技术研究室
铁道第四勘察设计院城建院武汉轻轨项目部
铁道第一勘察设计院地质路基处青年突击队
铁道第一勘察设计院桥隧处青年突击队

全国青年岗位能手

宁远思

“中央企业青年文明号”命名单位

中铁十一局集团公司河南洛三高速公路许沟特大桥项目经理部
中铁十四局集团公司三公司青藏铁路青年突击队

中央企业杰出青年岗位能手

陈志明

中央企业青年岗位能手

李海峰　黄昌富

总公司“青年文明号”（命名单位或工程）

中铁十一局集团公司四公司渝怀铁路歌乐山隧道进口工程

中铁十一局集团公司电务公司株六复线电气化工程

中铁十一局集团公司河南洛三高速公路许沟特大桥项目经理部

中铁十二局集团公司三公司苏州辛庄立交桥工程

中铁十二局集团公司四公司兰州小西湖黄河特大桥工程

中铁十三局集团公司一公司北方分公司渝怀铁路黄草乌江大桥工程

中铁十三局集团公司二公司南京地铁一期 TA12 标段工程

中铁十四局集团公司五公司天津轻轨工程

中铁十四局集团公司二公司宝兰二线渭滩渭河特大桥工程

中铁十五局集团公司五公司青藏铁路爬贡中桥工程

中铁十五局集团公司电务公司新月铁路信号工程

中铁十六局集团公司六公司西气东输郑州黄河顶管工程

中铁十六局集团公司四公司渝怀铁路金洞隧道工程

中铁十七局集团公司一公司桥隧二公司杨公山隧道工程

中铁十七局集团公司六公司丹拉高速公路天津南段第 9 合同段工程

中铁十八局集团公司大运高速公路雁门关隧道工程

中铁十八局集团公司津滨轻轨工程指挥部

中铁十九局集团公司三公司沈大高速公路改扩建韩家岭隧道工程

中铁十九局集团公司四公司郑少公路项目部

中铁二十局集团公司二公司遂渝铁路鹭鸶溪大桥工程

中铁二十局集团公司四公司崇遵高速公路韩家店 1 号特大桥工程

中铁路桥集团公司重庆轻轨较新线一期 PC 轨道梁预制工程

昆明中铁大型养路机械集团公司树脂砂工艺

中铁建设集团公司北京大学科技大楼工程

北京中铁建北方路桥工程公司渝怀铁路锦和锦江特大桥工程

北京铁建工贸集团公司五棵松饭店客房部总服务台

中铁工程集团公司昆石高速公路阳宗隧道工程

中铁物资集团公司东北公司徐州中铁建物工贸公司

总公司“青年岗位能手”

范家林　陈　谦　王云波　黄　蓉　嵩敬恪
刘文臣　王光祥　武志远　张二卫　左军锋
赵胜利　丁希平　李兴旺　丁全文　鲍　金
黄　勇　张彦宏　王必军　杨洪伟　李夏阳
田培忠　陈　清　王惊雷　谭浩楠　铁　铮
徐志勇　黄永明　刘小东　刘建立　曹锡锐
谢华刚　田恒勇

（钱桂林　李　睿）

【李国瑞、彭树贵为“青年文明号”、“青年突击队”授牌、授旗】 7 月 2 日，总公司党委书记李国瑞到东莞运河樟村水质净化工程检查工作，并授予该项目部总公司“青年文明号”创建示范点匾牌和“青年突击队”队旗。8 月 8 日，总公司党委副书记彭树贵到中铁十八局集团公司津滨轻轨工程指挥部检查工作，并授予该指挥部总公司“青年文明号”创建示范点匾牌。11 月 22 日，总公司党委副书记彭树贵到中铁十八局集团公司二公司苏州南环高架快速路项目部检查工作，并授予该项目部总公司“青年文明号”匾牌和“青年突击队”队旗。

（李　睿）

【青年“创新创效”活动】 2003 年，总公司团委授予中铁十一局集团公司建安公司浙江平湖通天桥工程项目部等 14 个单位总公司青年“创新创效”先进集体荣誉称号，授予中铁十一局集团公司五公司总工程师张旭东等 25 人总公司青年“创新创效”先进个人称号。

总公司青年“创新创效”先进集体

中铁十一局集团公司建安公司浙江平湖通天桥工程项目部

中铁十二局集团公司二公司

中铁十三局集团公司一公司北方分公司渝怀铁路黄草乌江大桥青年突击队

中铁十四局集团公司房桥中铁路桥公司桥梁分厂

中铁十五局集团公司深圳地铁 4A 标段项目部

中铁十六局集团公司三公司陈宏铭青年突击队

中铁十七局集团公司乌鞘岭隧道工程项目部

中铁十八局集团公司三公司青藏铁路工程项目部

中铁十九局集团公司润扬长江公路大桥 D1 标段项目部

中铁二十局集团公司一公司苏州西环路项目部

中铁工程集团公司机械化工程处青藏铁路项目部

中铁建设集团公司第 21 项目经理部

铁道建筑研究设计院北方路桥公司赣龙铁路森坑 1 号大桥箱形简支梁项目部

昆明中铁大型养路机械集团公司组装车间

总公司青年"创新创效"先进个人

张旭东　李　青　邵宝泉　卫明博　蔡维放
路好成　孙晓迈　王寿强　赵　林　薛学勇
徐　昔　郑怀洲　张　胜　邵尧霞　王江涛
孙兴波　梅洪斌　鄢文仿　鲍　辉　蒙　涛
冯　鹏　伍中平　吕纪伟　吴　平　丁宝强

（李　睿）

【表彰抗击"非典"先进团组织和先进团员青年】　抗击"非典"期间，总公司总医院被北京市石景山区政府定为"非典"防治定点医院，广大团员青年主动争上抗击"非典"一线，成为抗击"非典"的主力军。5月13日，总公司团委对奋战在抗击"非典"斗争一线的年轻医务工作者进行表彰。6月3日，总公司团委授予黄丽慧等32人"总公司抗击'非典'先进青年"和"青年岗位能手"、"优秀团干部"、"优秀共青团员"等荣誉称号。7月16日，共青团中央授予总公司总医院内科团支部"全国防治非典型肺炎工作先进基层团组织"称号，授予总医院麻醉科护师茹丽超"全国防治非典型肺炎工作优秀共青团员"称号。

全国防治非典型肺炎工作先进基层团组织

总医院内科团支部

全国防治非典型肺炎工作优秀共青团员

茹丽超

总公司抗击"非典"先进青年

黄丽慧　王　璐　南　萍　汤莉莹　霍继亮
王　晶　郭爱华　郭　莹　许　倩　王云雷
樊晓琳　王　晶　张燕宏　白　莉　曹　旭
林　岩　王　红　赵　静　于建慧　刘玉敏
李　娟　郭玉青　田朝辉　薛亚萍　马　新
李　娜　王玉梅　杨　娜　茹丽超　王晓庆
毛敏泓　付稼荣

总公司抗击"非典"优秀共青团员

黄丽慧　王　璐　南　萍　汤莉莹　王　晶
林　岩　王　红　赵　静　李　娜　付稼荣

总公司抗击"非典"优秀团干部

茹丽超

总公司抗击"非典"青年岗位能手

霍继亮　王　晶　郭爱华　郭　莹　许　倩
王云雷　樊晓琳　张燕宏　白　莉　曹　旭
于建慧　刘玉敏　李　娟　郭玉青　田朝辉
薛亚萍　马　新　王玉梅　杨　娜　王晓庆
毛敏泓

（曹　烈　李　睿）

【开展青藏铁路"青年建功成才"活动】　自青藏铁路建设开工以来，总公司系统各参建单位团组织积极响应上级号召，紧紧围绕施工生产目标，团结带领广大团员青年广泛开展"青年建功成才"竞赛活动，充分发挥团员青年在国家重点工程建设中的生力军和突击队作用，为青藏铁路建设做出重要贡献。2月25日，总公司团委下发《关于进一步深化青藏铁路"青年建功成才"活动的通知》。8月21日，总公司团委命名表彰一批在青藏铁路建设中表现突出的先进集体和先进个人，并确定一批"青年文明号创建示范点"、"青年环保工程创建示范点"。9月3日～10日，全国铁道团委书记蔡双亭一行对总公司系统青藏铁路参建单位团组织开展青藏铁路青年突击队暨"青年建功成才"活动中涌现出的先进青年集体和个人进行现场表彰。10月～11月，《中国青年》杂志和《中国青年报》分别对慰问表彰活动进行连续报道。

总公司青年文明号

中铁十二局集团公司青藏铁路工程指挥部第二项目部

中铁十四局集团公司青藏铁路工程指挥部第一项目部

中铁二十局集团公司青藏铁路工程指挥部格尔木预制厂

总公司青年文明号创建示范点

中铁十一局集团公司青藏铁路铺架工程项目部道岔队

中铁十一局集团公司株洲桥梁公司青藏铁路南山口制梁场编梁班

中铁十二局集团公司电气化工程公司青藏铁路工程指挥部

中铁十三局集团公司青藏铁路第三项目部一队

中铁十三局集团公司青藏铁路第一项目部站场施工队

中铁十四局集团公司青藏铁路第四项目部路堑开挖段

中铁十五局集团公司青藏铁路第二项目部柴曲特大桥

中铁十五局集团公司青藏铁路第五项目部爬贡中桥

中铁十六局集团公司青藏铁路第一项目部布曲2号特大桥

中铁十六局集团公司青藏铁路第二项目部路基工程

中铁十七局集团公司青藏铁路唐古拉特大桥

中铁十七局集团公司青藏铁路布曲顺河大桥

中铁十八局集团公司青藏铁路安多中心试验室

中铁十八局集团公司青藏铁路第四项目部安多车

站青年突击队

中铁十九局集团公司青藏铁路四公司项目部

中铁十九局集团公司青藏铁路五公司那曲特大桥钻孔桩桩基队

中铁二十局集团公司青藏铁路路桥一队

总公司青年环保工程

中铁十二局集团公司青藏铁路路基土石方工程

中铁十四局集团公司青藏铁路第三项目部三岔河特大桥

中铁二十局集团公司青藏铁路路桥二队西风图大桥

总公司青年环保工程创建示范点

中铁十一局集团公司电务工程公司青藏铁路临时通信工程

中铁十三局集团公司青藏铁路深挖高填路基工程

中铁十五局集团公司青藏铁路第一项目部湿地草皮移植工程

中铁十六局集团公司青藏铁路第三项目部布强格车站工程

中铁十八局集团公司青藏铁路热棒路基试验工程

中铁十九局集团公司青藏铁路错那湖环保工程

总公司青藏铁路建设青年功臣

仇　发　全国君　李伟军　李庆丰　盛治水

崔学东　郭建波　秦志军　张云平

总公司优秀青年管理者

赵　健　张亦军　李勇舟　苏庆国　李新月

谢中奇　解方亮

总公司杰出青年岗位能手

洪　记　罗　勇　丁兆军　黄旭良　李　莹

黄　海　徐　峰　李方东　罗国君　许　涛

朱卫东　刘国玉　窦新生　丁愿文　刘中华

邹秀兰　白志强　石　峰　王永顺　吕小科

总公司优秀共青团员

宗增光　任德生　张文鹤　吴则沛　侯永强

李汉青　吕　强　刘艳华　屈振学　经　莲

总公司优秀团干部

苏治军　杜惠军　李少亮　杨绍平　张仁群

董化龙　卢成俊　刘保良　李广威　公相鹏

全国铁道团委表彰的青藏铁路优秀青年突击队(标杆)

中铁十二局集团公司青藏铁路工程指挥部青年突击队

中铁十四局集团公司青藏铁路三岔河特大桥青年突击队

中铁十八局集团公司青藏铁路头二九特大桥青年突击队

中铁二十局集团公司青藏铁路风火山隧道队

全国铁道团委表彰的青藏铁路优秀青年突击队

中铁十一局集团公司青藏铁路电务公司通信工程青年突击队

中铁十二局集团公司青藏铁路第七项目部测量大队

中铁十三局集团公司青藏铁路第二项目部第六工程队

中铁十四局集团公司青藏铁路第六项目部桥梁工程队

中铁十六局集团公司青藏铁路第三项目部郑翔青年突击队

中铁十七局集团公司青藏铁路三公司机运队青年突击队

中铁十八局集团公司青藏铁路第六项目部唐古拉车站青年突击队

中铁十九局集团公司青藏铁路四公司机械一队

中铁二十局集团公司青藏铁路路桥三队

中铁二十局集团公司青藏铁路机械一队

（钱桂林　李　睿）

【"我为青藏铁路建功勋"表彰大会】 9月10日,国资委党委、铁道部、共青团中央在青藏铁路拉萨河特大桥施工现场联合召开"我为青藏铁路建功勋"表彰大会,授予13个青年集体、32名先进个人"国家重点工程建设青年贡献奖",总公司系统5个先进青年集体和14名先进个人受到表彰。国资委副主任王瑞祥,西藏自治区副主席洛桑江春,国资委群工局副局长赵钊、彭诚强,全国铁道团委书记蔡双亭和总公司党委副书记霍金贵出席大会。

国家重点工程建设青年贡献奖(集体)

中铁十二局集团公司青藏铁路工程指挥部第五项目部

中铁十四局集团公司青藏铁路工程指挥部第三项目部

中铁十六局集团公司青藏铁路工程指挥部

中铁十八局集团公司青藏铁路工程指挥部

中铁二十局集团公司青藏铁路工程指挥部风火山隧道队

国家重点工程建设青年贡献奖(个人)

刘景新　余绍水　胡国明　孟万隆　朱仰存

马天明　张海亮　程红彬　高泽辉　韩利民

卓　磊　况成明　郑　刚　任少强

（钱桂林　李　睿）

【编印《团旗在世界屋脊高高飘扬》】 8月,配合共青团中央、中央企业团工委和全国铁道团委开展的"我为青藏铁路建功勋”活动，大力宣传先进青年和先进青年集体的感人事迹，弘扬青藏铁路建设精神，总公司团委编印《团旗在世界屋脊高高飘扬》宣传册。主要包括青藏铁路概况，胡锦涛总书记考察青藏铁路建设工地时的讲话及相关报道，国务院副总理曾培炎、国资委党委书记李毅中、铁道部部长刘志军、铁道部副部长孙永福关于学习况成明的批示以及团员青年青藏铁路建设中的先进事迹等内容。　（钱桂林　李　睿）

【青年安全示范岗】　8月5日，总公司团委授予11个单位总公司“青年安全示范岗”称号。

总公司“青年安全示范岗”

中铁十一局集团公司电务公司宝兰二线信号工程项目部

中铁十二局集团公司电气化公司渝怀铁路工程指挥部

中铁十三局集团公司一公司华北分公司天津轻轨项目部

中铁十四局集团公司五公司天津轻轨项目部桥梁八队

中铁十五局集团公司三公司山临高速公路项目部

中铁十六局集团公司铁运工程公司沙蔚铁路分处西合营派出所第一警务区

中铁十七局集团公司一公司漳龙铁路项目部路桥一公司

中铁十八局集团公司二公司苏州南环项目部第一工程队

中铁十九局集团公司四公司银古高速公路项目部

中铁二十局集团公司五公司铁运分公司电力车队

中铁建设集团公司第34项目部　（李　睿）

【团干部培训】　10月15日～25日，总公司团委在北京五棵松饭店举办首期团干部培训班，118名专兼职团干部参训。培训班邀请中国青年政治学院、国家行政学院、人事部人事科学研究院、中国科技馆、中国企业文化研究会的有关学者、教授，分别就“三个代表”重要思想、团的十五大精神、企业团队建设、中国现代科技发展趋势、企业人力资源开发、企业文化建设等内容作专题讲座，并就新形势下共青团工作的难点、重点问题进行深入研讨。培训期间，国资委群工局副局长彭诚强及总公司党委书记李国瑞、党委副书记彭树贵看望学员并合影留念。　（钱桂林　李　睿）

【黄明玉荣获“中国青年志愿者特别贡献奖”】　中铁十二局集团公司青海工程指挥部指挥长黄明玉荣获共青团中央授予的“中国青年志愿者行动10年特别贡献奖”。　（李　睿）

【余绍水入选“全国十大杰出青年”人选】　9月26日，中铁十二局集团公司青藏铁路工程指挥部指挥长余绍水参加第14届“全国十大杰出青年”评选，入围前30名。　（曹　烈　李睿）

【典型经验介绍】　1月22日～23日，总公司团委书记钱桂林参加中央企业工委共青团工作会议，并在会上介绍围绕企业生产经营发挥团员青年生力军和突击队作用的典型经验。　（李　睿）

中铁十八局集团公司职工培训中心大楼获2003年度天津市优质工程“海河杯”奖。（王永芳 摄）

所属单位

本栏责任编辑　**刘贤福**

中铁十一局集团有限公司

【简况】 中铁十一局集团有限公司(以下简称集团公司),是铁路工程施工总承包特级,房屋建筑工程、公路工程、市政公用工程施工总承包一级,水利水电工程施工总承包二级,机场场道工程、城市轨道交通工程、公路路基工程专业承包一级资质企业。公司机关驻湖北省襄樊市七里河路113号。前身系中国人民解放军铁道兵第一师,1984年1月1日集体转业并入铁道部,改编为铁道部第十一工程局;2001年8月1日改称现名。下辖第一至第五工程有限公司、电务工程有限公司、建筑安装工程有限公司、中铁株洲桥梁有限公司、鹰潭战备材料总厂有限公司,路桥工程分公司(2003年9月与四公司合并)、基建安装工程分公司及宁波、北方、西南、福州、昆明、广州、西北、上海分公司,生活服务中心、教育培训中心、中心医院。职工15 757人。资产总值376 678万元,其中固定资产原值115 268万元、净值68 115万元,流动资产288 911万元。机械运输设备1 647台(辆),其中机械设备1 105台、汽车542辆、内燃机车17台、铁道客货车30辆。总功率153 788千瓦,动力装备率7.43千瓦/人,技术装备率25 000元/人,新度系数0.56,机械化施工程度88%。年施工能力50亿元。

2003年,承揽工程任务702 800万元。完成企业总产值431 758万元,其中施工产值420 250万元,附营收入11 508万元,实现利润5 450万元。完成主要实物工程量:土石方4 361万立方米,隧道22 287延长米,桥梁24 998延长米,涵渠73 912横延米,铁路正线铺轨203.28公里,站线铺轨39公里,铺道岔112组,铁路架梁835孔,通信线路2 887条公里,供电线路329正线公里,接触网53正线公里,公路321.3公里(其中高速公路219.5公里),公路路面1 125 025平方米,城市轻轨8.116公里,地铁21米,公路架梁2 540片,房屋建筑面积14.79万平方米。分项工程优良率96.39%,单位工程优良率97.1%。全员劳动生产率149 222元/人年,人均创利3 226元,职工年人均收入12 500元。国有资产保值增值率102.59%,净资产收益率6.11%,产值利润率1.3%,应上缴款完成率100%,资产负债率78.13%,投资回报率6.38%。

1984年兵改工以来,获国家和省部优质工程奖41项,总公司优质工程奖35项;取得科技进步奖103项,其中获总公司科技进步奖74项。集团公司先后获湖北省“最佳文明单位”、“全国优秀施工企业”、“全国精神文明建设工作先进单位”等称号和“全国五一劳动奖状”。2003年,集团公司承建的洛三高速公路许沟特大桥获中国建筑工程鲁班奖(国家优质工程)。

(叶超英)

【领导人员】

股东会

国有股代表	何能金
	段昌炎
	王国平
	孟乔然
	耿杰明
职工股代表	陈文举
	徐凤奎
	王桂林
	邹振华
	潘延凯

董事会

董事长	段昌炎
副董事长	王国平
	孟乔然
	尚清喜
	徐凤奎(3月任)
国有股董事	段昌炎
	王国平
	孟乔然
	尚清喜
	陆凤鸣
	徐士淮
职工股董事	徐凤奎(专职,3月任)
	朱本林
	李玉棋
	雷佳民
职工代表董事	陈文举

监事会

监事会主席	姜世杰
国有股监事	姜世杰
	李忠心
职工股监事	潘延凯
	袁麦辰
职工代表监事	陈兆林

经理层

总经理	孟乔然
副总经理	李玉棋
	徐凤奎(3月免)

王桂林
邹振华
朱本林
郑　斌
覃为刚(3月任)
谢敬平(3月任)

总工程师　邹振华(兼)
总会计师　陆凤鸣

党群领导

党委书记　王国平
党委副书记　段昌炎
孟乔然
雷佳民
潘延凯
纪委书记　潘延凯(兼)
工会主席　陈文举

(黎良智)

【工程项目指挥机构】 渝怀铁路工程指挥部　驻重庆市沙坪坝区沙正街174号。指挥长谢敬平,党委书记毛梓南,副指挥长赵高启、袁勇,总工程师李小红。

赣龙铁路(江西段)工程指挥部　驻江西省于都县黄麟乡政府院内。指挥长荆山,党委书记王庆宏,副指挥长王发明,总工程师赵正旺(5月免)。

赣龙铁路(福建段)工程指挥部　驻福建省龙岩市新罗区大池镇。指挥长吴建元,党委书记许金波,副指挥长包晓东、郑明辉,总工程师陈海学。

青藏铁路工程指挥部　驻西藏自治区那曲县。指挥长兼党委书记谢敬平,常务副指挥长尹社联,党委副书记张洪龙,副指挥长兼总工程师龚安波。

兰武二线工程指挥部　驻甘肃省兰州市定西路208号。指挥长李玉棋,常务副指挥长沈淑章,副指挥长兼总工程师唐达昆。

郑徐铁路工程指挥部　驻安徽省砀山县银都小区金碧山庄。指挥长王睿,常务副指挥长陈声铿,总工程师刘国平。

武九铁路工程指挥部　驻江西省南昌市青云谱区。指挥长李庆堂,副指挥长陈志明。

浙赣铁路工程指挥部　驻江西省鹰潭市党校。指挥长李庆堂,党委书记苗忠稳(12月任),副指挥长袁勇,总工程师王祖华。

武汉建设工程指挥部　驻武汉市中山路378号广通大厦。指挥长史书荣,党委书记苗忠稳(12月免),总工程师袁定安。

新长铁路工程指挥部　驻江苏省盐城市新兴镇。指挥长郑开明。　(叶超英)

【职工队伍】 干部4 314人,其中专业技术干部3 852人,占干部总数的89.29%。本科以上学历1 188人(含研究生20人),占干部总数的27.54%;大专学历1 454人,占干部总数的33.7%。35岁以下干部1 917人,占干部总数的44.4%;36岁~45岁1 131人,占干部总数的26.2%;46岁以上干部1 266人,占干部总数的29.4%。专业技术干部中高级职务337人(其中正高级职务3人),中级职务1 290人,初级职务2 225人,分别占专业技术干部总数的8.75%、33.49%、57.76%。全年调入干部6人,调出干部16人。接收高校毕业生309人,其中大学本科217人、大学专科92人。

工人11 443人,其中技术工人9 522人,占工人总数的83.2%。大专以上学历765人,占工人总数的6.7%;中专学历848人,占工人总数的7.41%;高中学历3 612人,占工人总数的31.6%。30岁以下工人3 622人,占工人总数的31.7%;31岁~40岁3 635人,占工人总数的31.8%。技术工人中初级工154人,中级工2 799人,高级工4 070人,技师161人,高级技师17人。年内安置退伍军人16人。职工调入12人,调出48人。年内有21人实现再就业,发放下岗职工基本生活费116万元。　(彭　刚)

【铁路工程施工】 在建铁路工程40项,竣工21项。完成工程任务总额146 399万元,占施工产值的34.8%。重点工程有:

渝怀铁路　承担DK0+000~DK313+720.65正站线301.989公里铺架工程施工任务。2003年2月26日正式开铺,创日架32米梁9孔和月铺轨21公里、架梁117孔、铺道岔9组的好成绩,12月22日提前6天到达白涛车站。完成施工产值28 138万元。完成主要实物工程量:正线铺轨140.1公里,站线铺轨27.2公里,架梁835.5孔,上道碴4.2万立方米。

赣龙铁路(福建段)　承担第18标段15.86公里线下工程施工任务。2002年7月开工。2003年完成施工产值14 599万元,占年度计划的190.1%。完成主要实物工程量:路基土石方66万立方米,涵洞642横延米,桥梁776延长米,隧道6 445延长米。

赣龙铁路(江西段)　承担第4标段15.7公里线下工程施工任务。2002年7月开工。2003年完成施工产值8 653万元,占年度计划的150%。完成主要实物工程量:路基土石方197万立方米,桥梁779延长米,涵洞702横延米,隧道1 285延长米。

青藏铁路　承担第33标段441.656公里铺架和第3标段电力工程施工任务。2003年5月上场。年内完成安多基地生活区和铺架生产区建设和帕那河便道施工任务,完成投资6 700万元。

兰武二线　承担 A8 标段 5.588 双线公里线下工程施工任务，总投资19 866万元。2003 年 5 月开工，年内完成施工产值9 798万元。完成主要实物工程量：路基土石方 90 万立方米，桥梁 78 延长米，涵洞 790 横延米，隧道1 180延长米。

郑徐铁路提速改造工程　承担 DK241＋700～DK354＋000 段 112.3 公里线下工程施工任务，总投资16 000万元。2003 年 10 月正式开工，年内完成施工产值1 988万元。完成主要实物工程量：路基土石方 2.55万立方米，桥梁 127.6 延长米，涵洞 77.23 横延米，更换轨枕11 260根，铺碴 1.65 万立方米。

武九铁路扩能提速工程　承担 DK211＋000～DK214＋700 段 3.7 公里线下工程施工任务，总投资 5 850万元。2003 年 6 月开工，年内完成投资2 480万元。完成主要实物工程量：路基土石方 40.4 万立方米，桥梁1 137延长米，涵洞 226.83 横延米，铺轨 8.66 公里。

宁启铁路　承担第 5 标段 24.32 公里线下工程施工任务，总投资19 832万元。2001 年 12 月开工。2003 年完成施工产值6 615万元。完成主要实物工程量：路基土石方 135 万立方米，桥梁 189 延长米，涵洞 602.7 横延米，房建4 367平方米。　（叶超英）

【路外工程施工】　在建工程 114 项，其中公路工程 71 项，水利水电工程 18 项，其他工程 25 项，竣工 49 项。完成工程任务总额273 851万元。重点工程有：

孝襄高速公路　承担第 15 合同段15.195公里工程施工任务，总投资41 296万元。2002 年 10 月开工。2003 年完成施工产值11 443万元。完成实物工程量：路基土石方 202 万立方米，桥梁1 335延长米，涵洞 1 163横延米，制梁 475 片。

襄荆高速公路　承担 K130＋209～K159＋600 段 29.4 公里路面工程施工任务，总投资 14 818 万元。2003 年 10 月开工。年内完成施工产值11 717万元。

京福高速公路　承担 K319＋954～K352＋149 段 32.195公里路面工程施工任务，总投资 14 112 万元。2003 年 10 月开工，年内完成施工产值 824 万元。

沈大高速公路　承担第 6 标段 33.1 公里路面工程施工任务，总投资23 868万元。2003 年 7 月开工，年内完成施工产值12 453万元。

禹阎高速公路　承担 K0＋000～K11＋750 段 11.75 公里工程施工任务，总投资16 000万元。2002 年 9 月开工，2003 年完成施工产值6 067万元。完成主要实物工程量：路基土石方 144 万立方米，桥梁1 300延长米，涵洞 540 横延米，制梁 700 片。　（叶超英）

【经营管理】　工程任务承揽。全年承揽工程任务 138 项，合同金额 70.28 亿元，完成总公司下达年度计划的 163.4％，创承揽任务历史最高水平。其中，铁路17.96 亿元，占承揽任务总额的 25.56％；公路 41.01 亿元，占承揽任务总额的 58.35％；其他工程 11.31 亿元，占承揽任务总额的 16.09％。

企业管理。进一步完善资质结构，拓宽经营领域，本年申报 21 项资质，通过 19 项。加大项目管理力度，建立健全成本管理体制，出台《工程项目管理暂行办法》《工程项目成本管理指导意见》等管理措施。11 月底，集团公司机关按照精干高效目标进行功能性、结构性重大调整，设职能部门 31 个，定员 203 人。株洲桥梁公司率先迈出主辅分离、辅业改制步伐，取得较好经济效益和社会效益。2003 年，集团公司和所属 7 个子公司顺利通过质量、环保、职业健康安全管理体系认证审核。

安全质量。认真组织开展全国安全生产大检查和全国"安全生产月"活动，以施工现场为重点，进行安全生产监督检查和专项整治。修订下发《安全生产管理办法》，全面落实各级安全生产包保责任制，全年安全生产形势稳定，有 3 个子公司连续安全生产6 400天以上。年内发生职工因工亡人事故 2 起，亡 2 人；发生职工轻伤事故 5 起，轻伤 6 人。3 个工地被评为总公司"安全质量标准工地"，集团公司获湖北省"安全生产红旗单位"称号。按照集团公司质量目标，落实创优措施，组织开展 QC 小组活动，工程质量稳步提高。全年单位工程合格率 100％，优良率 97.1％；房建工程合格率 100％，优良率 80.43％。集团公司评出优质工程 61 项，创总公司优质工程 4 项，铁道部优质工程 3 项，湖北省和贵州省优质工程各 1 项，洛三高速公路许沟特大桥获中国建筑工程鲁班奖（国家优质工程）。集团公司评出优秀 QC 小组 20 个，被评为总公司优秀 QC 小组 2 个、铁道部优秀 QC 小组 3 个、湖北省优秀 QC 小组 5 个、全国工程建设优秀 QC 小组 1 个。

财务管理。适应现代企业管理需要，逐步完善资本监管体系，科学评价企业经营效绩，强化激励与约束机制，年初组织实施集团公司企业内部效绩考评，以此取代资产经营责任制。8 月，集团公司组织财务大检查，采取现场盘点、查阅会议记录等形式重点检查资产管理、债权债务管理、成本管理和经济效益情况，总结先进经验，纠正不规范做法。按照总公司统一部署，集团公司成立以董事长为组长的清产核资工作领导小组，设立专项工作办公室，制定工作方案，召开清产核资会议，全面开展清产核资工作。集团公司连续 10 年保持"AAA"最高信用等级，分别获得中国建设银行湖北省分行 20 亿元人民币和中国工商银行 8.5 亿元人

民币的授信额度。年内,财务部被湖北省财政厅评为“财会工作先进集体”。 (叶超英)

【科技教育】 科技开发。全年安排科技开发项目24项,资助金额200万元;验收2002年度集团公司与子(分)公司签订的科技开发项目12项,兑现资助金额189万元。攻克赣龙铁路吊钟岩特大桥主跨140米劲性骨架转体新技术,解决贵州乌江大桥主要施工技术难题,开发禹阎高速公路金水沟特大桥超百米深桩施工技术。年内,“秦沈客运专线无缝线路铺设综合施工技术”等6项科技成果分别通过湖北省、河北省、重庆市和铁道部科技部门组织的科技成果鉴定,技术成果分别达到国内领先或国际先进水平。年内集团公司评出科技进步奖27项,获总公司科技进步奖9项,中国铁道学会科技进步二等奖1项,中国交通学会科技进步三等奖1项,重庆市科技进步三等奖2项。

教育培训。全年完成干部岗位规范化培训658人次,完成各类高、中级技术干部继续教育450人次。举办测量工、试验工、劳资员、安全员、会计电算化等岗位培训班12期,参训人员742人次。(蔡金火 叶超英)

【公安与综合治理】 铁道建筑公安局第十一公安处下辖8个公安分处、13个派出所,有公安干警160人。年内,公安处以改进公安机关管理办法为契机,深入开展队伍教育整顿,组织开展“严打整治”、“治爆缉枪”、“蓝盾行动”等专项斗争,全力维护铁路施工现场和企业内部稳定。全年受理各类刑事案件109起,破案85起,抓获犯罪嫌疑人74名,逮捕16名,摧毁犯罪团伙4个、捕获成员14名;追缴赃款赃物价值225 872元,挽回直接经济损失42万元,处罚各类违法人员462人次,罚没款10 103元。调解各类纠纷500余人次,为企业避免经济损失110余万元。严厉打击“法轮功”邪教组织破坏活动,抓获2人,搜缴反动光盘14盘、传单288份、录音带29盒、书籍9本、图片3幅,被评为全路同“法轮功”邪教组织作斗争先进单位1个、先进个人1名。 (唐学斌 叶超英)

【党群工作】 党的工作。集团公司下辖二级党委22个、基层党委68个、党总支17个、党支部342个、党小组597个,有党员6 549人,其中预备党员188人。(1)党组织建设。坚持用“三讲”标准按“四新”要求,把学习贯彻十六大精神作为主线贯穿全年工作,促进企业全面建设。根据总公司、总公司党委指导意见,在深入调查研究的基础上,制定下发《集团公司领导人员管理暂行办法》《集团公司领导人员磋商机制和联席会议制度暂行规定》,规范改制单位领导班子建设,形成“各负其责,协调运转,有效制衡”的法人治理结构运行机制。集团公司及所属单位领导班子召开“应对新形势、谋求新发展”专题民主生活会,查找领导班子及领导人员存在的影响企业发展的突出问题,制定整改措施13条。年内,集团公司6个单位被评为湖北省企业工委“先进基层党组织”。(2)宣传思想工作。年初,集团公司举办机关干部学习十六大精神骨干培训班和处级干部学习十六大精神培训班。8月,下发《关于兴起贯彻“三个代表”重要思想新高潮的通知》,各级党委紧密联系实际,着力解决企业改革、发展、稳定中的重大问题,学习经验得到湖北省企业工委肯定。深入开展“四五”普法教育,落实《公民道德建设实施纲要》,集团公司继续保持“全国精神文明建设先进单位”和湖北省“最佳文明单位”称号,集团公司党委、行政联合表彰2001年~2002年度文明单位56个、文明职工24人、文明职工标兵49人。加大重点工程施工业绩和创新成果宣传报道力度,年内在路内外报(台)刊(播)稿1 263篇,歌乐山隧道攻克地下堵水难关等4篇报道分别在《人民日报》《工人日报》《光明日报》和中央电视台播发,企业知名度和影响力进一步扩大。《铁建工人报》坚持团结、稳定、鼓劲的宣传方针,全年编发34期、增刊3期,约81万字。编发《企业研究》3期,刊文60余篇,约12万字。集团公司获湖北省“政研工作先进单位”、“思想政治工作最佳企业”称号。(3)党风廉政建设。按照总公司开展“五项规定”专项检查的要求,集团公司先后抽调219人组成67个工作组,深入15个处级单位、103个项目部检查指导工作,收集职工意见303条,新建制度120条。在工程项目经济效能执法监察中,抽调72人组成12个清查小组,重点执法监察管理混乱、严重亏损的10个工程项目部,对违纪和失职人员给予政纪处分和经济处罚,同时授予管理有方、经济效益好的7个工程项目“优秀工程项目部”称号。全年收到群众来信来访举报36件,立案查处违纪案件19件,结案率100%,受党纪处分6人、政纪处分41人。年内,被评为湖北省企业工委“先进纪检监察单位”1个、“先进纪检监察干部”2人。

工会工作。各级工会把坚持平等协商和落实集体合同工作作为维护职工整体利益的大事来抓,通过座谈会、民意测评、问卷调查等形式进行抽查,集体合同履约率和职工满意率分别为92%和89%。坚持职代会制度,按法定程序通过各项议案,抓好职代会提案落实,做到件件有登记、条条有回音。4月,对困难职工群体进行专题调研,重点调查息工人数多、收入偏低、经济亏损的单位,发放职工问卷调查表856份,收回841份。积极开展“建家建线”工作,改善一线职工生产、生活条件,增强了企业的凝聚力。年内,获湖北省

"五一劳动奖状"1个、"五一劳动奖章"1人,获"火车头奖杯"1个、"火车头奖章"2人。集团公司工会和电务工程公司工会获"全国模范职工之家"称号,四公司工会获"全国铁路模范职工之家"称号。全年筹集职工互助补充保险基金96.5万元,"送温暖"活动支出98.6万元;筹集20万元用于解决困难职工子女上学和下岗职工个体经营资金补助。11月,组建新一届女职工委员会。体协组织职工参加铁道部第10届运动会毽球比赛,获男女单打、女子双打、女子团体4枚银牌。

共青团工作。集团公司团委下辖二级团委12个、团总支1个、团支部166个,有团员1 882名。按照共青团湖北省委的统一部署,实行"青年志愿者"注册制度,开展生活照料、医疗保健、慰问演出和法律、科技咨询等各类志愿者服务活动。3月5日,参加襄樊市"青年志愿者进社区"启动仪式。4月5日,组织200余名团员青年赴武当山老营烈士陵园扫墓。年内,评出首届"十佳青年技术工人"10人,获铁道部"青藏铁路建设优秀青年突击队"称号1个,获总公司"青年文明号"、"青年环保工程"各1项。刘景新荣获"国家重点工程建设青年贡献奖"。 (叶超英)

【第一工程有限公司】 市政公用工程施工总承包一级,铁路工程、公路工程施工总承包二级,土石方工程、地基与基础工程施工专业承包一级资质企业。公司机关驻湖北省襄樊市航空路43号。前身为铁道兵第一师第一团,1984年1月1日集体转业并入铁道部,改称铁道部第十一工程局第一工程处;2001年9月26日企业改制改称现名。代董事长、党委书记汪发明,总经理龙信桥。下辖13个工程队、14个专业队、4个机运队及修造厂、职工医院、生活服务中心、机械设备管理中心、郑州工程指挥部、武汉工程指挥部、长荆铁路维修养护中心,派出工程项目部34个。职工1 950人,其中干部583人,工人1 367人;专业技术干部546人,占干部总数的93.7%;技术工人1 221人,占工人总数的89.3%。资产总额34 051万元,其中固定资产原值11 487万元、净值7 111万元,流动资产26 646万元。机械运输设备216台(辆),总功率21 127千瓦,动力装备率10.7千瓦/人,技术装备率37 771元/人。年施工能力6亿元。

2003年,承揽工程任务103 201万元。完成企业总产值61 069万元,其中施工产值60 964万元,附营产值105万元。国有资产保值增值率101.7%,净资产收益率1.41%,产值利润率6.98%,资产负债率78.92%,应上缴款完成率100%。完成主要实物工程量:土石方678万立方米,桥梁4 821延长米,涵渠7 348横延米,隧道3 266延长米,公路制梁1 817片,公路架梁1 520片。全员劳动生产率192 013元/人年,人均创利2 985元,年人均收入17 136元。年底实现连续安全生产7 305天。年内,公司获湖北省"五一劳动奖状"和湖北省"先进建筑业企业"称号。 (秦炎冰)

【第二工程有限公司】 市政公用工程、公路工程施工总承包一级,铁路工程施工总承包二级,房屋建筑工程施工总承包三级,公路路基、公路路面工程专业承包一级资质企业。公司机关驻湖北省十堰市白浪中路8号。前身为铁道兵第一师第二团,1984年1月1日集体转业并入铁道部,改称铁道部第十一工程局第二工程处;2001年9月18日企业改制改称现名。董事长汤英杰,党委书记彭兴文,总经理刘大伟(5月免)、卢朋(5月任)。下辖2个分公司、8个工程队、4个机械化专业队、4个专业队及铁丰工贸有限公司、铁达机械有限工程公司、设备租赁公司、职工医院、2个办事处,派出工程项目部29个。职工1 770人,其中干部621人,工人1 149人;专业技术干部477人,占干部总数的76.8%;技术工人878人,占工人总数的76.4%。资产总额38 002万元,其中固定资产原值13 419.8万元、净值7 162.6万元,流动资产30 168万元。机械运输设备252台(辆),总功率21 536千瓦,动力装备率12.17千瓦/人,技术装备率31 500元/人。年施工能力7亿元。

2003年,承揽工程任务124 600万元。完成企业总产值78 411万元,其中施工产值77 345万元,附营收入1 066万元。国有资产保值增值率137.5%,净资产收益率31.6%,产值利润率1.05%,资产负债率83%,应上缴款完成率100 %。完成主要实物工程量:土石方822万立方米,桥梁4 241延长米,隧道3 357延长米,房建17 209平方米。全员劳动生产率443 000元/人年,年人均收入12 460元。年底实现连续安全生产4 030天。年内被湖北省工商银行评为信用等级"AA+"企业。 (林赤喜)

【第三工程有限公司】 铁路工程、市政公用工程施工总承包一级,铁路铺轨架梁工程专业承包一级资质企业。公司机关驻湖北省十堰市武当路28号。前身为铁道兵第一师第三团,1984年1月1日集体转业并入铁道部,改称铁道部第十一工程局第三工程处;2001年9月26日企业改制改称现名。董事长何长安,党委书记韩锡燕,总经理李晏春(5月任)。下辖鹰潭基地、第一铺架运输公司、8个工程分公司、3个机械化公司、西藏分公司、经营信息管理中心、路兴实业总公司、房地产开发公司、计量测试中心、物业管理服务中心、通信中心、职工医院和北京、合肥、成都、兰州、拉萨办事处，派出工程项目部 10 个。职工2 875人，其中干部1 094人，工人1 781人；专业技术干部 592 人，占干部总数的 54%；技术工人 944 人，占工人总数的 53 %。资产总额53 711万元，其中固定资产原值25 060万元、净值14 240万元，流动资产37 350万元。机械运输设备 381 台(辆)，其中内燃机车 17 台、铁道车辆 60 辆，总功率26 305千瓦，动力装备率 9.15 千瓦/人，技术装备率17 200元/人。年施工能力 12 亿元以上。

2003 年，承揽工程任务44 450万元。完成企业总产值95 200万元，其中施工产值95 018万元，附营收入182 万元。国有资产保值增值率 84.56%，净资产收益率－23.38%，产值利润率－1.54%，资产负债率85.24%，应上缴款完成率 29.57%。完成主要实物工程量：路基土石方1 434万立方米，桥梁5 715延长米，涵渠5 287.4横延米，隧道1 761延长米，铺轨 137.76 公里，架梁 836孔，铺设道岔 85 组。全员劳动生产率171 377元/人年，年人均收入11 290元。年底实现连续安全生产5 890天。 (徐新斌)

【第四工程有限公司】 公路工程施工总承包一级，铁路工程施工总承包二级，土石方工程、桥梁工程、公路路基工程专业承包一级资质企业。公司机关驻湖北省随州市青年路 39 号。前身为铁道兵第一师第四团，1984 年 1 月 1 日集体转业并入铁道部，改称铁道部第十一工程局第四工程处；2001 年 9 月 28 日企业改制改称现名。董事长郝生德(5 月任)，党委书记束道法，总经理杨明亮(5 月任)。下辖 11 个工程队、7 个机械化工程公司、路桥公司、隧道公司、建筑公司、修理厂、医院、物业管理服务中心和莆田、呼和浩特、肖湾基地办事处，派出工程项目部 37 个。职工2 441人，其中干部 799 人，工人1 642人；专业技术干部 662 人，占干部总数的 82.85%；技术工人1 189人，占工人总数的72.4%。资产总额42 936万元，其中固定资产原值15 142万元、净值8 939.6万元，流动资产32 600万元。机械运输设备 378 台(辆)，总功率21 619千瓦，动力装备率 8.85 千瓦/人，技术装备率62 200元/人。年施工能力 10 亿元。

2003 年，承揽工程任务135 475万元。完成企业总产值78 923万元。国有资产保值增值率 127.6%，净资产收益率 11.6%，产值利润率 1%，资产负债率 74%，应上缴款完成率 46%。完成主要实物工程量：土石方1 264万立方米，桥梁7 413延长米，涵渠7 204横延米，隧道6 345延长米，房屋建筑面积10 102平方米。全员劳动生产率196 000元/人年，人均创利3 300元，年人均收入12 300元。年底实现连续安全生产 169 天。

(安春生)

【第五工程有限公司】 市政公用工程施工总承包一级，铁路工程、房屋建筑工程、公路工程施工总承包二级，地基与基础工程专业承包一级，土石方工程专业承包二级资质企业。公司机关驻重庆市沙坪坝区新桥新村 71 号。前身为铁道兵第二十九团，1984 年 1 月 1 日集体转业并入铁道部，改称铁道部第十一工程局第五工程处，2001 年 9 月 28 日企业改制改称现名。董事长、党委书记刘华军，总经理张树海。下辖 12 个工程队、3 个机械运输队、8 个分公司和特种设备租赁公司、职工医院、中心试验室、生活物业管理中心、山东大理石厂、铁山坪度假村、通信公司，派出工程项目部 13 个。职工1 701人，其中干部 483 人，工人1 218人；专业技术干部 378 人，占干部总数的 78.26%；技术工人1 130人，占工人总数的 92.77%。资产总额22 531万元，其中固定资产原值9 619万元，净值5 319万元，流动资产16 046万元。机械运输设备 297 台(辆)，总功率20 180.5千瓦，动力装备率 13.7 千瓦/人，技术装备率22 604元/人。年施工能力 8 亿元。

2003 年，承揽工程任务86 700万元。完成企业总产值31 809万元，其中施工产值31 275万元，附营产值534 万元。国有资产保值增值率 103%，净资产收益率2.7%，产值利润率 0.44%，资产负债率 77.63%，应上缴款完成率 19%。完成主要实物工程量：土石方 408 万立方米，桥梁1 571延长米，涵洞1 233横延米，隧道6 268延长米，房建 342 平方米，公路制梁 470 片。全员劳动生产率187 001元/人年，年人均收入10 640元。年底实现连续安全生产 276 天。 (张 帆)

【电务工程有限公司】 铁路电务、电气化、电信工程专业承包一级，送变电工程专业承包二级资质企业，公司机关驻湖北省襄樊市航空路 45 号。前身为铁道兵第一师通信信号工程营，1984 年 1 月 1 日集体转业并入铁道部，改称为铁道部第十一工程局电务工程段；1986 年 4 月改为铁道部第十一工程局电务工程处；2001 年 9 月 26 日企业改制改称现名。董事长苑芳亭，党委书记王久祥，总经理万传军。下辖通信、信号、电力、电气化、恒通、华通、上海、通电、中南等 9 个分公司和物业分公司、北京办事处、通信站，派出工程项目部 21 个。职工1 195人，其中干部 439 人，工人 756 人；专业技术干部 384 人，占干部总数的 87%；技术工人 679 人，占工人总数的 89%。资产总额23 719万元，其中固定资产原值4 777万元、净值2 930万元，流动资产18 749万元。机械运输设备 93 台(辆)，仪器、仪表 90 台(套)，总功率8 453千瓦，动力装备率 7.1 千瓦/人，技术装备率18 000元/人。年施工能力 5 亿元以上。

2003 年，承揽工程任务66 171万元。完成企业总产值28 324万元,其中施工产值28 285万元,附营收入39.1万元。国有资产保值增值率109%,净资产收益率2.28%,产值利润率17.17%,资产负债率81.43%,应上缴款完成率100%。完成主要实物工程量:敷设通信光缆5 770条公里、电缆23 377对公里,中间站27站,联锁道岔68组,自动闭塞77公里;输变电线路490公里,低压线路154公里,变配电所6座,车站电力21站;通信设备安装4站;信号电气集中6站。全员劳动生产率138 833元/人年,人均创利4 163元,年人均收入18 700元。年底实现连续安全生产6 496天。年内公司获"全国优秀施工企业"、"全国模范职工之家"称号。

(東 贞)

【建筑安装工程有限公司】 工业与民用建筑工程施工总承包二级资质企业。驻湖北省襄樊市长虹路338号。前身为铁道部第十一工程局勘测设计研究院,1996年6月改称为建筑安装工程处,2001年9月20日企业改制改称现名。董事长、党委书记葛道福,总经理耿杰。下辖3个工程公司和勘测所、设计所、建筑工程公司、装饰工程公司、物业管理服务公司、物资设备管理站。职工556人,其中干部251人,工人305人;专业技术干部193人,占干部总数的76.89%;技术工人199人,占工人总数的65.25%。资产总额7 603万元,其中固定资产原值1 696万元、净值1 021万元,流动资产6 251万元。机械运输设备47台(辆),仪器30台(套),总功率2 739千瓦,动力装备率4.93千瓦/人,技术装备率111 900元/人。年施工能力2亿元。

2003年,承揽工程任务18 600万元。完成企业总产值15 635万元,其中施工产值15 543万元,附营收入92万元。国有资产保值增值率99.91%,净资产收益率0.11%,产值利润率0.02%,资产负债率70.45%,应上缴款完成率100%。完成主要实物工程量:土石方51万立方米,桥梁1 681延长米,涵渠526横延米,隧道2 180延长米,房屋建筑面积37 192平方米。全员劳动生产率224 964元/人年,人均创利66.5元,年人均收入10 230元。年底实现连续安全生产6 676天。年内,"江汉航线青龙桥工程预应力连续槽形梁建造技术"获总公司科技进步一等奖、中国公路学会科技进步三等奖;公司获"湖北省优秀建筑业先进企业"称号。

(何德群)

【基建安装工程分公司】 驻湖北省襄樊市春园路32号。前身为铁道兵第一师修理营,1984年1月1日集体转业并入铁道部,改称铁道部第十一工程局修理厂;1999年10月更名为铁道部第十一工程局基建安装工程处;2001年8月1日改称现名。总经理韩阁,党委书记钦醒。下辖机械厂、印刷厂,派出工程项目部11个。职工430人,其中干部145人,工人285人;专业技术干部145人,占干部总数的100%;技术工人228人,占工人总数的80%。资产总额6 975万元,其中固定资产原值2 337万元、净值1 253万元,流动资产4 876.5万元。机械运输设备115台(套),总功率1 834.8千瓦,动力装备率4.27千瓦/人,技术装备率13 700元/人。年施工生产能力2亿元。

2003年,承揽工程任务16 556万元。完成企业总产值10 500万元,其中施工产值10 109万元,工业产值391万元。国有资产保值增值率100%,净资产收益率4.3%,产值利润率10%,资产负债率67.7%,应上缴款完成率100%。完成主要实物工程量:土石方45万立方米,公路架梁1 244片,设备安装168台(套),管道安装76 259米,结构件制作安装3 084吨。全员劳动生产率258 620元/人年,人均创利2 279元,年人均收入11 935元。年底实现连续安全生产5 461天。年内获湖北省"先进基层党组织"称号和"火车头奖杯"。

(桂玉兰)

【株洲桥梁有限公司】 中南地区最大铁路轨下产品及相关产品的国有企业,湖南省综合工程施工二级资质企业。驻湖南省株洲市建设北路58号。前身为铁道部株洲桥梁工厂,组建于1958年6月20日;2000年8月15日划归中国铁道建筑总公司管理,2001年11月28日划归中铁十一局集团有限公司管理,2003年7月1日企业改制改称现名。董事长、总经理刘飞香,党委书记彭盛林。下辖工程部、扣件分公司、山河实业有限公司、桥梁工程集团、劳动服务公司、湖南分公司。职工2 707人,其中干部523人,工人2 184人;专业技术干部403人,占干部总数的77.1%;技术工人1 941人,占工人总数的88.9%。资产总额29 891万元,其中固定资产原值14 058万元、净值8 166万元,流动资产19 511万元。机械运输设备301台,铁道机车2台,船舶5艘,铁路专用线22条,总功率9 900千瓦,动力装备率3.59千瓦/人。年生产能力2亿元。

2003年,承揽生产任务44 000万元。完成企业总产值20 140万元,主营业务收入20 020万元。国有资产保值增值率100.09%,净资产收益率0.14%,资产负债率79.97%,应上缴款完成率100%。完成主要生产量:铁路桥梁744.5孔,公路桥梁198片,轨枕143.2万根,道钉代帽78.5万个,弹条77.6万个,挡板99.5万个。全员劳动生产率12 918元/人年,人均创利114.77元,年人均收入9 249元。年底实现连续安全生产864天。

(谢 静)

【鹰潭战备材料总厂有限公司】 集工业、贸易、物资储运、房地产开发、战备器材储备与租赁于一体的国有企业。驻江西省鹰潭市南站路24号。前身为铁道兵鹰潭仓库,1984年1月1日集体转业并入铁道部,改称铁道部工程指挥部鹰潭材料总厂;1989年更名为鹰潭战备材料总厂,2001年11月28日划转中铁十一局集团有限公司管理,2003年7月1日企业改制改称现名。董事长、党委书记李海成,总经理林敦旺。下辖物业中心、轨枕分厂、战备办公室、配件分厂、工程安装分公司、物资储运分公司、物资分公司、多种经营分公司、房地产开发分公司、铁路器材分公司。职工268人,其中干部50人,工人218人;专业技术干部28人,占干部总数的56%;技术工人160人,占工人总数的73.4%。资产总额5 418万元,其中固定资产原值780万元、净值465万元,流动资产1 856万元。机械运输设备52台(辆),铁路专用线3 140米,库房10万平方米,年最大吞吐能力40万吨。

2003年,完成企业总产值1 650万元。国有资产保值增值率101.18%,净资产收益率1.06%,资产负债率87.4%,应上缴款完成率100%。生产轨枕13.2万根,销售11.38万根。全员劳动生产率61 567元/人年,人均创利1 541元,年人均收入13 802元。年底实现连续安全生产7 305天。年内公司获江西省"全国投入产出调查工作省级先进集体"和鹰潭市"安全生产目标管理先进单位"称号。 (张少华)

【重要记载】

▲1月7日　电务工程公司参建的粤海铁路通道开通。国务院副总理吴邦国,铁道部部长傅志寰、副部长蔡庆华等在海口为开通剪彩。集团公司副总经理李玉棋、电务工程公司党委书记王久祥参加开通庆典。

▲1月9日　集团公司董事长段昌炎当选为湖北省第10届人民代表大会代表。

▲1月15日　中央精神文明建设指导委员会批准集团公司继续保持"全国精神文明建设工作先进单位"荣誉称号。

▲1月29日　三公司承建的水柏铁路六丘田大桥被评为2002年度贵州省优质工程。

▲2月19日　建筑安装工程公司承建的襄樊熙特大市场工程被评为2002年度湖北省建筑结构优质工程。

▲3月2日~5日　集团公司一届二次职工代表大会在襄樊召开,会议邀请河南省许昌市知名企业许继集团高层管理人员作企业改革报告,引起与会人员的强烈反响。

▲3月10日　国务院地铁安全检查组对三公司承建的武汉轻轨轨道工程进行现场检查,对安全工作给予充分肯定。

▲3月11日　湖北省科技厅组织15名铁路专家对集团公司开发的"秦沈客运专线无缝线路铺设综合施工技术"进行鉴定,认定该项技术填补了国内空白,居国际先进水平。

▲3月14日　总公司批准集团公司机关迁往武汉。

▲3月15日　河北省科技厅组织专家对集团公司和石家庄铁道学院在西安南京铁路桃花铺2号隧道联合完成的"铁路单线长隧道工厂化施工综合技术研究"项目进行鉴定,认定该项技术达到国内领先水平。

▲3月23日　重庆市科委和重庆市建委组织9名专家对五公司完成的"重庆轻轨佛图关—大坪区间隧道及大坪车站隧道综合施工技术"进行技术鉴定,认定在同类工程中具有国内领先、国际先进水平。

▲3月26日　集团公司颁发《资产监管及企业效绩评价考核暂行办法》和《企业经营管理者奖罚办法》。

▲4月5日　铁道部部长刘志军一行在江苏省副省长黄卫及扬州市有关领导陪同下视察宁启铁路建设工地,集团公司党委书记王国平、项目经理卢朋陪同视察。

▲4月15日　集团公司领导班子被总公司评为2002年度"四好领导班子"。

▲4月19日　集团公司在铁道部建设管理司发布的2002年投标承诺与合同兑现评议中获平均值94.56分,其中总评价A类12个。

▲4月22日　电务工程公司被中国施工企业管理协会评为2002年度"全国优秀施工企业"。

▲4月29日　集团公司注册地址由襄樊市七里河路113号变更为武汉市东湖区华光大道18号。

▲4月30日　集团公司秦沈客运专线无缝线路QC小组、湖南铁通电缆QC小组、青龙桥项目部QC小组、武汉轻轨轨道工程QC小组、歌乐山隧道注浆止水QC小组获湖北省"优秀质量管理小组"称号。

▲5月1日　原铁道部第十一工程局总工程师仇永燮因病在山东省淄博市逝世。

▲5月13日　集团公司党委、行政颁发《集团公司领导人员管理暂行办法》和《集团公司领导人员磋商机制和联席会议制度暂行规定》。

▲5月18日　集团公司纪委颁发《关于各级纪委领导同志同本级党委管理的领导干部任前廉政谈话制度的规定》。

▲6月25日　集团公司工会主席陈文举当选为中华全国铁路总工会第12届执行委员会委员。

▲6月26日　集团公司董事会批准电务工程公

司总部迁往武汉市新技术开发区。

▲7月7日　铁道部科技教育司组织专家对集团公司开发的“渝怀铁路歌乐山隧道岩溶富水区施工技术”进行鉴定，认定总体技术水平达到国内领先，其中堵水限排设计施工技术、岩溶富水隧道注浆堵水技术达到国际先进水平。

▲7月18日　湖北省科技厅组织专家对基建安装工程分公司开发的“跨座式单轨PC轨道梁架运设备的研制”成果进行技术鉴定，认定该设备为国际首创，其综合技术达到国际先进水平。

▲7月25日　集团公司被湖北省企业联合会授予2002年度“湖北省优秀企业”称号。

▲7月26日　湖北省科技厅组织专家对建筑安装工程公司开发的“江汉航线青龙桥连续槽形梁建造技术”进行鉴定，认定总体技术达到国内领先水平。

▲8月16日　一公司承建的赣龙铁路吊钟岩特大桥钢管拱架转体工程合龙，集团公司总经理孟乔然参加合龙仪式。该桥为全国首座铁路劲性骨架转体铁路拱桥，主跨140米，全长510.63米。

▲8月21日　集团公司工会主席陈文举当选为湖北省总工会第10届委员会委员。

▲8月29日　三公司秦沈客运专线无缝线路QC小组获“全国工程建设优秀质量管理小组”称号。

▲9月6日　集团公司党委书记王国平、副总经理兼青藏铁路工程指挥部指挥长谢敬平等陪同国务院国有资产监督管理委员会副主任王瑞祥视察集团公司安多铺轨基地。

▲9月10日　株洲桥梁公司青藏铁路安多制梁场副经理刘景新获“国家重点工程建设青年贡献奖”。

▲9月22日～26日　集团公司工会主席陈文举在北京参加中国工会第14次全国代表大会期间，受到中央领导亲切接见，中共中央政治局委员、中华全国总工会主席王兆国与其亲切握手。

▲9月25日　印发《集团公司章程》《集团公司股东会制度》《集团公司董事会工作制度》《集团公司监事会工作制度》和《集团公司总经理工作制度》。

▲9月　集团公司工会和电务工程公司工会被中华全国总工会授予“全国模范职工之家”称号，集团公司工会主席陈文举被授予“全国优秀工会工作者”称号。

▲10月15日　集团公司《适应现代企业制度要求，扎实推进企务公开向纵深发展》的经验材料在国资委召开的中央企业深化厂务公开推进会上交流，并被选入经验材料汇编。

▲10月19日　建筑安装工程公司获中国企业联合会、中国企业家协会颁发的“中国企业新纪录奖”。

▲10月21日～24日　集团公司总经理助理兼办公室主任、《中铁十一局集团年鉴》主编王贤诗在成都召开的第一届全国地方专业年鉴研讨会上介绍年鉴工作经验，受到与会领导和同行的高度评价。

▲10月22日　集团公司秦沈客运专线无缝线路QC小组、歌乐山隧道帷幕注浆QC小组、浙江平湖项目部QC小组获铁道部“优秀质量管理小组”称号。

▲11月11日～12日　集团公司工会第一次会员代表大会在襄樊召开，选举产生首届工会委员会和经费审查委员会，表彰一批先进基层工会和优秀工会工作者。

▲11月12日　集团公司通过质量、环境、职业健康安全管理体系认证。

▲11月28日　集团公司行政、党委颁发《关于集团公司机关执行新编制的通知》。集团公司机关新编制设职能部门31个、职能科室26个，总定员203人。

▲12月5日　《中铁十一局集团年鉴》(2003年版)在全国铁路年鉴质量评比中获综合一等奖、编校质量一等奖、版式装帧一等奖和框架设计一等奖。

▲12月15日　集团公司中标阿拉伯联合酋长国桥梁工程，合同投资人民币1 050万元。这是集团公司首次中标的国外工程。　（张国忠）

中铁十二局集团有限公司

【简况】　中铁十二局集团有限公司是铁路工程施工总承包特级，房屋建筑、公路、水利水电、市政公用工程施工总承包一级，桥梁、隧道、公路路面、公路路基专业承包一级，城市轨道交通专业承包和地质灾害防治工程甲级资质企业，并享有对外经营权。公司机关驻山西省太原市西矿街130号。下辖第一、二、三、四工程有限公司及建筑安装工程有限公司、电气化工程有限公司、第七工程有限公司，广州、华东、海南、西北、川渝、云贵工程指挥部，物资公司、铁道大厦、中心医院、兴城疗养院、铁路工程学校、北京办事处、物业管理中心、资金调度中心等单位。职工总数15 304人，其中干部5 234人，工人10 070人；专业技术干部5 091人，占干部总数的97.27%；技术工人7 563人，占工人总数的75.1%。主要机械设备2 394台(套)，总功率199 952千瓦，设备原值8.2亿元、净值4.64亿元，新度系数0.57，动力装备率14.7千瓦/人，技术装备率3.4万元/人。新购设备382台，原值11 092万元，综合机械化施工程度82.2%。年施工能力60亿元以上。

2003年，承揽工程任务176项，合同总额101.73亿元。完成企业总产值595 087万元，其中施工产值566 868万元，附营产值28 219万元，实现利润6 872万元。完成主要实物工程量：土石方4 542万立方米，桥梁35 029延长米，隧道49 338延长米，架梁5 999孔，公路130公里，房建379 363平方米，公路路面178.5万平方米，通信线路102条公里，电力线路924公里。年末资产总额335 330万元，其中流动资产244 206万元（货币资金130 061万元），固定资产净值86 214万元。全员劳动生产率127 781元/人年，职工年人均收入12 898元。资本金收益率10.93%，净资产收益率8.85%，产值利润率1.10%，资产负债率74.87%，国有资产保值增值率104.55%。全年完成单位工程507项，工程质量合格率100%，优良率96.3%；获国家优质工程4项，省部优质工程5项，总公司优质工程6项；有2个QC小组获全国优秀QC小组称号，5个QC小组获省部优秀QC小组称号，2个QC小组获总公司优秀QC小组称号。全年未发生职工因工死亡事故。集团公司荣获全国"守合同、重信用单位"称号。

（张林祥）

【领导人员】

股东会

国有股代表	靳尚忍
	金普庆
	胡莫愁
	李左军（3月任）
职工股代表	邝代章
	史道泉
	霍玉华
	尹在圣
	宋津喜
	佘家斌
	般先凯
	袁德木
	刘　奉
	庄学海
	杜普元
	赵玉林

董事会

董事长	金普庆
副董事长	胡莫愁
	王兆林（3月任）
国有股董事	金普庆
	胡莫愁
	王兆林（3月任）
	鲁久荣
	张宗言
	尹在圣
	李友才（3月任）
职工股董事	王敦厚
	陈汉彪
	霍玉华
	王汉林
职工代表董事	史道泉

监事会

监事会主席	邝代章
国有股监事	邝代章
	王新武（3月任）
	汪起帆（3月任）
职工股监事	佘家斌
	庄学海
	杜普元
职工代表监事	窦光武

经理层

总经理	金普庆（兼）
副总经理	鲁久荣
	王敦厚
	陈汉彪
	霍玉华
	王汉林
	张宗言
总工程师	宋津喜
总会计师	尹在圣

党群领导

党委书记	胡莫愁
党委副书记	金普庆
	邝代章
纪委书记	邝代章（兼）
工会主席	史道泉

（张林祥）

【工程项目指挥机构】 广州工程指挥部　指挥王汉林，党委书记徐桃义。驻广东省广州市天河区棠下广海花园。

华东工程指挥部（兴浦公司）　指挥郭富君，党委书记张冬生。驻上海市闵行区鹤庆路58弄11号。

西北工程指挥部（陕西工程公司）　指挥兼党委书记张宗言。驻陕西省西安市徐家湾红旗东路2号。

海南工程指挥部（振海公司）　指挥贾定民，党委书记杜显路。驻海南省海口市面前坡东村1号。

川渝工程指挥部　指挥兼党工委书记朱远鹏。驻成都市菊乐路燃灯寺西北街3号。

云贵工程指挥部　指挥兼党工委书记汪博精。驻云南省昆明市关上中路117号。

渝怀铁路工程指挥部　指挥兼党工委书记陈汉彪。驻重庆市秀山县中和镇东风路9号。

青藏铁路工程指挥部　指挥兼党工委书记余绍水。驻青海省格尔木市盐桥南路9号。

兰武铁路工程指挥部　指挥兼党工委书记霍玉华。驻甘肃省古浪县十八里堡水泥厂。

胶济铁路工程指挥部　指挥兼党工委书记王敦厚，常务副指挥黄晏清。驻山东省胶州市李歌庄镇迎宾大道农行大厦。

京秦铁路工程指挥部　指挥易继武，党工委书记曹光星。驻天津市蓟县兴华大街30号。

朔黄铁路工程指挥部　指挥赵晓文，党工委书记曹志友。驻河北省沧州市北环东路9号石化招待所。

（张林祥）

【职工队伍】　年末职工总数15 304人，其中在岗职工12 417人，非在岗职工2 887人。干部5 234人，干部中有专业技术人员5 091人，占干部总数的97.27%，其中高级职务345人，中级职务2 154人，初级职务2 592人。文化结构：大学本科以上1 637人，大学专科1 680人，中专1 119人，高中及以下798人。年龄结构：30岁及以下1 483人，31岁～35岁1 298人，36岁～40岁603人，41岁～45岁646人，46岁～50岁597人，51岁～54岁379人，55岁以上228人。年内接收大学毕业生330人。

工人10 070人，其中技术工人7 563人，占工人总数的75.1%。技术工人中高级技师17人，技师493人，高级工2 729人，中级工849人，初级工203人。文化程度：初中以下4 452人，高中3 782人，技校949人，中专591人，大专以上296人。年龄结构：30岁以下2 245人，31岁～40岁3 051人，41岁～50岁4 531人，51岁～55岁243人。

（李华强）

【铁路工程施工】　全年承担铁路工程任务38项，合同总额60亿元。主要项目进展情况：

遂宁—重庆铁路　承建第9标段工程，位于重庆合川市境内，全长13.65公里，总投资2.4亿元。2003年3月正式开工。主要工程量：路基土石方226.8万立方米，临渡河特大桥526.25延长米，大中桥4座1 126.4延长米，公路立交桥1座36.94延长米，涵洞38座1 343.55横延米，隧道6座3 493延长米。2003年完成施工产值12 594万元。完成主要实物工程量：路基土石方371.3万立方米，桥梁1 115.5延长米，隧道2 056延长米，涵洞1 216横延米。

宣杭铁路二线　承建K109+500～K127+000段工程，全长17.5公里，合同投资1.68亿元。合同工期29个月，2003年1月开工。主要工程量：路基土石方55.2万立方米，站场土石方34万立方米，抛填片石3.37万立方米，大桥2座315.24延长米，中小桥4座182延长米，涵洞70座751.87横延米，隧道1座246延长米，铺轨29.39公里，通信信号17.5条公里，电力及牵引供电17.5条公里。2003年完成施工产值4 581万元。完成主要实物工程量：路基土石方29万立方米，桥梁289延长米，隧道205延长米。白鹤岭隧道12月28日贯通。

武九铁路扩能改造工程　承建第5标段工程，位于湖北省大冶市境内，合同投资1.9亿元。合同工期2003年1月～2005年6月。主要工程包括增建二线、大冶站改建及路基、桥涵、隧道、轨道工程。年内由于设计变更，工程未全面展开。

兰武铁路二线　承建乌鞘岭隧道部分工程和A－10标段工程。承担乌鞘岭隧道右线正洞2.7公里施工任务，工程位于海拔3 100米的高原，施工条件艰苦。合同投资约2亿元，合同工期28个月。主要工程：5号斜井2 182.39米，坡度12%，正洞施工1 800米；7号斜井3 361.97米，坡度13%，正洞施工900米。A－10标段工程全长10.069公里，合同投资2.16亿元，合同工期2003年2月～2006年2月。主要工程量：土石方202万立方米，桥梁1 656.7延长米，涵洞14座452.14横延米，渡槽1座69.86横延米，隧道1座213延长米，铺轨20.148公里。2003年完成施工产值11 888万元。乌鞘岭隧道5号斜井开工累计掘进1 881米，占设计量的86.2%；7号斜井开工累计掘进1 437米，占设计量的42.7%；右线正洞开工累计上导坑掘进101米。A－10标段完成主要实物工程量：路基土石方154万立方米，桥梁804延长米。

神朔铁路复线　承建神木北—大柳塔段第2标段工程，全长9.24公里，合同投资4 100万元。2003年3月开工。主要工程：刘家梁乌兰木伦河特大桥967.5延长米，大中桥3座384.9延长米，涵洞20座195.59横延米，土石方30.13万立方米。2003年完成施工产值3 882万元。完成主要实物工程量：路基土石方28万立方米，桥梁1 438延长米。

朔黄铁路二线　承建肃黄段线下综合第10标段工程，全长9.6公里，位于黄骅市境内。合同工期2003年5月～2004年4月30日。主要工程量：路基土石方31万立方米，路基加固及防护圬工2.63万立方米，特大桥1座601.52延长米，大中桥4座325.97

延长米,改建涵洞 20 座 160.34 横延米,铺道床22 858 立方米,铺轨 9.79 公里。2003 年完成施工产值3 578 万元。完成主要实物工程量:路基土石方 29 万立方米,桥梁 970 延长米。

兰新铁路提速改造工程 承建吐鲁番—后沟段第 2 标段工程,全长 5 公里。主要工程量:隧道 665 延长米,路基 800 米,涵洞 2 座。2003 年 8 月 18 日开工,12 月 31 日完工。年内完成施工产值3 217万元。

新长铁路石塘湾站改造工程 工程投资3 558万元,合同工期 2002 年 11 月 15 日~2003 年 4 月 30 日。2003 年完成施工产值4 616万元,主体工程全部完工并通过初验。完成主要实物工程量:路基土石方 5.1 万立方米,涵洞 66.5 横延米,正线铺轨 1.798 公里,站线铺轨 3.917 公里,铺设道岔 21 组。 (庄碧涛)

【路外工程施工】 全年承担路外工程任务 185 项,合同总额 119 亿元。主要工程进展情况:

开县—万县高速公路 为重庆市城口—黔江高速公路中的一段,全长 2.6 公里,合同投资8 017万元。重点工程南山隧道设计为双洞,长2 410米,净宽 9.25 米,净高 5 米。2003 年完成施工产值2 297万元,开工累计完成成洞1 270延长米,占设计量的 53%。

武胜—合川高速公路 承担土建工程 G 合同段施工任务,长 1.385 公里,合同投资13 400万元,合同工期 30 个月。2003 年 1 月 15 日开工。主要工程量:路基挖方 20.4 万立方米,路基填方 6.4 万立方米,路面底基层9 182平方米,桥梁 2 座1 081.74延长米,涵洞 67 横延米。年内完成施工产值2 812万元。完成主要实物工程量:路基土石方 17 万立方米,桥梁 268 延长米。

黄陵—延安高速公路 承担 A 标段和 N 标段施工任务,全长 8.676 公里,总投资31 200万元。A 标段位于陕西省黄陵县境内,长 4.176 公里,合同投资17 000万元。重点工程道南隧道2 910延长米,其中上行线1 623延长米,下行线1 287延长米。2003 年完成施工产值10 511万元,完成隧道2 095延长米。N 标段长 4.5 公里,合同投资14 200万元。总工期 29 个月。主要工程量:路基土石方 130 万立方米,大中桥 4 座 462.32 延长米,4 号沟隧道长1 385延长米,南沟隧道 875 延长米。2003 年完成施工产值5 552万元。完成主要实物工程量:路基土石方 9 万立方米,桥梁 260 延长米,隧道 837 延长米。

肇松公路松花江特大桥 全长2 678延长米,宽 25.5 米,分左右两幅。基础为钻孔灌注桩,主桥上部为预应力混凝土刚构连续箱型梁,引桥上部为 40 米装配式预应力混凝土简支转连续 T 梁。2003 年完成施工产值10 339万元。开工累计完成路基土方填筑 40.64万立方米,全桥桩基完成,左右幅墩身完成,引桥墩身完成 27 个,盖梁完成 36 片。

荆州—东岳庙高速公路 承建第 4 合同段工程,全长 8.68 公里,合同总额27 300万元,合同工期 26 个月。主要工程为 3 座特大桥,其中虎渡河特大桥1 490 延长米,松东河特大桥1 556延长米,松西河特大桥 940 延长米。2003 年完成施工产值3 004万元。完成主要实物工程量:路基土石方 18 万立方米,桥梁 649 延长米。

上海嘉金高速公路 承担一期工程第 2 标段施工任务,全长 5.45 公里,合同投资23 686万元,合同工期 2003 年 4 月 8 日~2004 年 8 月 21 日。主要工程量:特大桥 2 座1 437.25延长米,大桥 1 座 447.96 延长米,小桥 6 座 177.86 延长米,互通内匝道桥 9 座 979.41延长米,路基土方 28.9 万立方米。2003 年完成施工产值8 875万元,完成桥梁 652 延长米。

广州沙湾特大桥 全长2 439.06延长米,主桥采用现浇预应力混凝土连续刚构梁,悬臂灌注法施工;引桥与主跨过渡采用 50 米预制 T 梁。合同投资 2.9 亿元。合同工期 2003 年 5 月~2004 年 8 月。2003 年完成施工产值6 996万元,完成桥梁 987 延长米。

烟台牟平养马岛大桥 全长 507.64 延长米,共 15 跨,主桥为一联 3 孔钢管混凝土系杆拱桥,南北引桥为 12×25 米空心板简支梁。合同投资6 100万元。合同工期 2003 年 4 月 10 日~2004 年 7 月 10 日。2003 年完成施工产值3 683万元。桥梁下部结构全部完工,上部结构完成 63%。

崇遵高速公路 承担第 8 合同段施工任务,是崇溪河—遵义高速公路关键控制性工程,全长 5.485 公里,合同投资23 643万元,合同工期 40 个月。主要工程量:隧道 2 座8 170延长米,大中桥 3 座 516 延长米,路基土石方 26 万立方米,浆砌圬工 6 万立方米,涵洞 4 座 102.3 横延米。2003 年完成施工产值9 700万元,完成隧道4 250延长米。

广州大学城工程 总建筑面积 18 万平方米,14 栋楼房均为框架结构,楼高 7 层,合同投资33 000万元,总工期 240 天。2003 年完成施工产值5 053万元,完成房建9 482万平方米。 (庄碧涛)

【经营管理】 工程任务承揽。全年参加工程投标 282 项,中标 176 项,中标率 62.4%,合同总额 101.73 亿元。其中,铁路工程 26 项,合同额 20.17 亿元,占合同总额的 19.8%;公路工程 77 项,合同额 65.74 亿元,占合同总额的 64.6%;房建工程 27 项,合同额 9.8 亿元,占合同总额的 9.6%;市政工程 4 项,合同额1.73

亿元;水利、水电工程22项,合同额2.53亿元;机场工程1项,合同额198万元;其他项目19项,合同额1.73亿元。工程任务承揽首次突破100亿元大关,标志着区域经营责任制得到较好落实,各工程公司的自主经营能力得到显著提升。

工程项目管理。对在建项目实行分级分类管理,强化基础工作,完善预警机制,工程项目管理取得新突破。一是重难点工程相继取得突破。雁门关隧道顺利完工,贵州崇遵高速公路凉风垭隧道安全穿越溶洞、瓦斯地段,松花江大桥进入墩身和梁体施工,投资近亿元的苏州辛庄立交桥实现当年开工当年完工。二是专业施工能力得到提升。全年建成隧道49.34公里,秦岭终南山隧道于10月创造月掘进1 011米的高产记录;建成桥梁35.03公里,兰州小西湖黄河大跨度悬索桥成功合龙;建成黑色公路路面51公里,在新原、惠河、勉宁公路路面施工中取得佳绩。三是项目管理不断规范。强化测量、试验等基础工作建设,出台劳务管理、项目部岗位责任制、物资逐日消耗台帐等项目管理新举措,从机制、源头上加强了工程项目管理。

安全质量管理。认真落实安全质量管理责任制,逐级签订《安全质量工作包保责任状》,广泛开展工程质量创优和安全质量标准工地建设活动,推进质量、环境和职业健康安全管理体系有效运行。年内完成单位工程507项,工程质量合格率100%,优良率96.3%。济泰高速公路第1合同段、株六铁路复线电气化工程Ⅴ标段、213国道玉元高速公路、重庆鹅公岩长江大桥等4项工程获国家优质工程奖,5项工程获省部优质工程奖,6项工程获总公司优质工程奖。建筑安装公司第10项目部QC小组、兰州小西湖黄河大桥QC小组获全国优秀QC小组称号。全年消灭职工因工死亡事故,秦岭终南山隧道等4个工程项目被总公司评为安全质量标准工地。

财务管理。全面推行集团公司西安南京铁路责任成本管理经验,项目责任成本管理工作进一步深化,项目收益率提高,上缴款与责任预算挂钩全面落实,项目评价机制取得新的突破。对集团10个有代表性的项目进行调研,为深化责任成本管理奠定基础,“工程项目责任成本预控机制的应用”获第七届“全国工程建设企业管理现代化创新成果一等奖”。加强国有资产监管,继续将国有资产保值增值率纳入资产经营责任制考核指标体系,结合主辅分离、辅业改制工作,对所属单位进行清产核资。加强对资金的集中管理,以“清欠”为重点,继续实行代扣代交资金政策,强化集团公司的资金宏观调控能力,年内收回外部拖欠款2.4亿元,有效债权和刚性债务基本保持平衡。广泛开展增收节支活动,事业单位和工程指挥部的管理经费得到压减,机关招待费、差旅费、小型项目建设得到控制。

企业改革。劳动人事制度改革继续深化,先后出台《改革用工、人事、薪酬制度的若干规定》《减员增效实施意见》,对现有人员全面实行劳动合同制管理。严格控制职工总量增长,大学毕业生接收、退伍转业军人安置以及职工子女内部就业进一步规范。人事管理民主化进一步深入,用人失控、失察、失误现象得到有效控制。干部队伍年轻化、知识化、专业化进程进一步加快,年内选拔、调整处级领导干部61名,15名1982年以后毕业的大学生走上处级领导岗位。稳步推进主辅分离工作,对“三类资产”及富余人员进行摸底调查,制定主辅分离改制分流初步方案,对兴城疗养院等单位进行资产重组。

(张林祥)

【科技教育卫生】 科技攻关。结合工程施工积极推广新技术,在桥梁、隧道等施工领域取得新成果。全年科技开发立项36项,投入科研开发经费306.11万元。“榆次八层钢结构框架工程制作与安装技术”获准总公司立项,6项科研成果和20项工法通过省级鉴定,其中“秦岭终南山特长公路隧道安全快速施工技术”、“无粘结预应力智能控制张拉仪的研制与应用”成果达到国际先进水平,“地下工程格构式止水帷幕施工技术”、“广州地铁过清泉街断裂带超长水平冷冻法施工技术”、“自锚式柔性悬索钢桁梁施工技术”、“双塔单索面预应力混凝土部分斜拉桥施工技术”达到国内领先水平。年内申报科技进步奖8项,有1项获山西省科技进步奖,3项获总公司科技进步奖,20项工法被评为山西省省级工法。

教育培训。围绕生产经营中心任务,本着实用、实效原则,组织职工学历教育、继续教育和岗位培训。全年举办各类培训班226期,培训在职人员8 500人次。组织11名项目管理人员参加国际项目管理专业资质认证培训,组织14名工程技术人员参加高速铁路施工技术培训,组织47名项目经理参加铁路营业线施工安全培训。继续开展“一长十员”培训取证工作,有4 333人取得“一长十员”岗位合格证书。

卫生防疫。认真贯彻《职业病防治法》,对34座在建隧道进行监测,检测接尘者196人,获检测数据1 760项;监测工地职业危害项目9次,监测机械噪声67台次;制作有毒有害气体监测公布栏、有害物质警示牌、施工现场卫生防护措施宣传栏90余块。对兰武铁路二线、黄延高速公路等6个施工新区进行卫生流行病学调查,检测施工现场生活饮用水28份,传染病发病率得到有效控制。全年发生传染病43人,发病率1‰。

防治“非典”。各级均成立以党政主管为组长的

"非典"防治领导小组,设立专门办公室,采取多种形式,宣传普及"非典"防治知识。各级卫生防疫部门充分发挥职能作用,建立联防联控机制,集团公司建立181个防控点计1 032人的防控报告网络,坚持每日疫情报告制度,对各级机关、住宅区和建筑工地实行封闭式管理。建立快速反应和应急机制,在集团公司中心医院设立发热门诊,在三公司医院设立隔离病房,制定应急预案,投入资金227.5万元,用于购置防治设备、改造卫生设施和配发防护用品。由于各级领导高度重视,群防群控工作落实到位,全集团公司职工、家属和外部劳务人员未发生一例"非典"病例,保证了生产经营的正常进行。集团公司向山西省红十字会捐款100万元,积极支援驻地"非典"防治工作。

(石斌　王淑云　孙学群)

【公安与综合治理】　公安工作。全年接警975件,处警938件,出动警力2 831人次,车辆3 217台次;受理治安案件298起,查处298起,处罚341人;立刑事案件65起,破53起,抓获、处理犯罪嫌疑人42人,追缴赃款赃物价值59万元。组织车管民警深入施工一线对机动车及驾驶员进行检验,检查机动车541辆,审验驾驶员2 084人,办理新车上户40台,报废车辆销户44台。年内有2人被铁道建筑公安局荣记三等功,3人被评为铁道建筑公安系统优秀人民警察。

综合治理。坚持实行治安综合治理目标责任管理,年初集团公司与所属20个处级单位签订《治安综合治理目标管理责任书》。各单位认真落实综合治理工作目标,建立健全领导责任制,完善工作机制和综合治理措施,为企业改革发展营造了良好的治安环境。

(肖燕)

【党群工作】　党的工作。集团公司党委下辖党委92个、党组2个、党支部364个,有党员5 230名。(1)领导班子建设。各级领导班子以《"三个代表"重要思想学习纲要》和党的十六届三中全会精神为主要内容,开展多种形式的学习教育活动,加强对所属单位领导班子民主生活会的督促指导,民主生活会质量得到提高。把创建"四好领导班子"活动贯穿于日常工作当中,年内考察领导班子13个,对其中10个进行了调整充实,表彰"四好领导班子"5个,集团公司领导班子被总公司党委、总公司评为"四好领导班子"。(2)党组织建设。认真落实基层党组织工作年度考评制度,在基层党委、支部自查的基础上,对188个基层党组织进行抽查,对3个不达标的党组织进行了组织调整。加强党员教育管理,积极开展"创先争优"、"创岗建区"活动,有8个先进基层党组织、23名优秀党员、8名优秀党务工作者受到集团公司党委表彰。(3)宣传思想工作。围绕用工、人事、分配三项制度改革和主辅分离、减员增效工作,编发宣传教育提纲,讲明改革的重要性和迫切性,讲透改革的内容和政策,引导员工理解和支持改革。针对生产经营任务繁重、重难点工程多的特点,深入进行工程任务动员教育,强化员工的安全、质量、工期、效益和信誉意识,激发员工顽强拼搏、争创一流的劳动热情。加强名优工程、创誉工程的对外宣传工作,全年在省部以上报纸、电台刊(播)稿件1 650余篇,提高了企业声誉。(4)党风廉政建设。各级纪检监察组织以领导人员廉洁自律、查办案件和效能监察三项工作为重点,坚持标本兼治、综合治理,全面落实中纪委二次全会提出的国有企业领导人员廉洁自律"新五项要求",为257名处级和1 192名科级干部建立廉政档案,对新提拔干部任前廉政谈话156人次。全年受理信访举报37件,核实案件线索30件,立案查处28件,给予党纪政纪处分43人,为企业挽回直接经济损失53.71万元。对228个在建项目进行效能监察,排除安全质量隐患198起,帮助建立完善制度165项,辞退不合格施工队伍45个,集团公司被总公司评为"工程项目效能监察先进单位"。

工会工作。集团公司工会下辖工会基层组织265个,有工会会员15 106人,专职工会干部91人。(1)群众经济技术创新活动。在松花江特大桥、苏州辛庄立交桥、秦岭终南山公路隧道、广州沙湾特大桥等20多项重难点工程开展以"七比一争"为主要形式的劳动竞赛活动,组织开展三次大规模的施工会战。开展形式多样的技术练兵、技术比武、科技攻关活动,举办试验工技术比武大赛,10名技术能手受到表彰。积极开展职工合理化建议和技术改进活动,2 600余名职工提出各类合理化建议和技术改进措施2 100件,有15项获得奖励。(2)职工民主管理。集团公司和子公司召开职代会,审议《行政工作报告》《财务工作报告》和67项议题,民主评议处以上领导干部162名,答复落实提案132条。集团公司领导与职工代表在职代会上进行对话,回答职工代表提出的有关企业发展和职工关心的问题。全集团公司257个基层单位全部实行企务公开,56个基层单位工会主席实行直接选举。(3)职工权益维护。集团公司和10个子公司签订新一轮《集体合同》,并率先实行支付欠薪补偿金制度,被山西省总工会、国资委宣传推广。建立领导干部帮扶困难职工制度,210名领导干部与重困、特困职工结成帮扶对子。职工互助合作保险基金和"送温暖"基金分别达到600万元和180万元,年内为9户特困职工办理"低保",为251名出险职工支付互助保险金66.1万元。元旦春节期间派出32个慰问组,走访慰问3个困难单位和1 009名困难职工，发放慰问金 129 万元。(4)职工文化生活。各级工会以提高职工素质、活跃职工文化生活为重点，组织万名职工参加党的十六大知识竞赛、集团公司工会业务知识竞赛，组织举办纪念兵改工20周年文艺演出、群众健身表演、消夏文艺晚会及篮球赛、羽毛球赛等文体活动，活跃了职工文化生活。(5)“建家建线”活动。年内投入 420 万元经费加强“建家建线”工作，推动职工之家建设和工地生活线、文化线建设向高水平发展。加强工会经费管理，开展财务达标活动，在中华全国铁路总工会经费管理评比中获一等奖。全年有 520 余篇工会信息和新闻报道被《工人日报》《中国工运》《工会信息》等全国和省部级刊物刊用。

共青团工作。集团公司团委下辖基层团组织 253 个，有团员2 181名，青年6 156名。各级团组织围绕企业中心工作，大力加强团员青年的思想政治教育，以“创新创效”、“双争”竞赛、争创“青年安全生产示范岗”和“五四红旗团委”等活动为主要载体，带领团员青年在施工生产中发挥生力军和突击队作用，年内有 39 个集体和 44 人获得总公司以上表彰。（张林祥）

【中铁十二局集团股份有限公司】 由中铁十二局集团公司、郑州铁路局、济南铁路局、太原机车车辆厂、铁道第四勘察设计院和石家庄铁道学院等 6 家单位共同发起，于 2001 年 8 月成立。注册资本21 640万元。注册地为太原高新技术开发区学府街小区长治路东 454 号。经营范围：承担各类型工业、能源、交通、民用等工程建设项目施工总承包，工程科技开发，提供劳务和技术服务，房地产开发，成套设备采购及安装等。公司主营业务覆盖铁路、公路、机场、码头、市政、高层建筑、水利水电等工程施工领域。

2003 年，按要求与中国证监会太原特派办公室联系办理公司延期辅导验收的相关手续，继续接受国信证券有限公司的上市辅导，及时向中国证监会太原特派办公室报送辅导备案报告。召开股份公司 2002 年度股东大会、第一届董事会第三次会议和第一届监事会第三次会议，审议通过总经理工作报告、董事会工作报告和监事会工作报告，审议通过年度决算报告和利润分配方案。（李新芳）

【第一工程有限公司】 铁路工程、市政公用工程施工总承包一级，桥梁工程、水工隧洞工程专业承包一级，公路路面工程专业承包三级资质企业。公司机关驻山西省临汾市育红路 9 号。公司董事长兼总经理赵晋华，党委书记贾喜恩。下辖 15 个项目部，路面公司、基础公司、制桥公司、制梁公司、混凝土运输公司、北海公司、劳动服务公司，物业管理中心、职工医院及南充、广州、宜昌基地等。职工3 583人，其中，干部1 027人，工人2 556人。干部中专业技术干部 823 人，占干部总数的80.14%；工人中技术工人1 513人，占工人总数的59.19%。资产总额61 515万元，其中固定资产原值27 719万元、净值17 823万元，流动资产42 861万元。主要机械设备 544 台(套)，原值23 357万元、净值15 276万元，总功率54 292千瓦，新度系数 0.65，完好率 92.3%，技术装备率 4.4 万元/人，动力装备率 15.5 千瓦/人。年施工能力 12 亿元以上。

2003 年，承揽工程任务 25 亿元。完成企业总产值120 394万元，其中施工产值119 505万元，附营产值 889 万元。实现利润 207 万元。全员劳动生产率160 301元/人年，年人均收入10 207元。完成主要实物工程量：土石方1 018.7万立方米，浆砌圬工 81.6 万立方米，隧道及引水洞10 516.6延长米，桥梁7 749延长米，架梁1 019孔，建成公路 93.55 公里。单位工程合格率 100%，优良率 100%。年内取得质量、环境、职业健康安全管理体系认证证书。获铁道部优秀 QC 小组 1 个，被集团公司评为 2003 年度工程经营特殊贡献单位。（张广红）

【第二工程有限公司】 公路工程施工总承包一级，市政公用工程、房屋建筑工程施工总承包二级，隧道工程、公路路基工程专业承包一级资质企业。公司机关驻山西省太原市小店区人民南路 71 号。公司董事长兼总经理和万春，党委书记陈小山，下辖 35 个工程项目部和物业管理公司、建筑安装工程公司、机械化工程公司和物资工程公司。职工2 498人，其中干部 898 人，工人1 600人。干部中专业技术干部 833 人，占干部总数的 93%；工人中技术工人1 347人，占工人总数的 84%。资产总额82 784万元，其中流动资产63 242万元(货币资金15 632万元)，所有者权益8 003万元；固定资产原值28 730万元、净值19 529万元。主要施工机械 685 台(套)，总功率62 125千瓦，动力装备率 24 千瓦/人，技术装备率 5.3 万元/人，机械化施工程度 85%以上。年施工能力 15 亿元以上。

2003 年，承揽工程任务 22.93 亿元。完成企业总产值127 393万元，其中施工产值122 763万元，实现利润 285 万元，人均年收入11 532元。完成主要实物工程量：土石方 954 万立方米，隧道20 949延长米，桥梁4 463延长米，地铁 388 延长米，架梁 660 孔，建成公路 33 公里，房建5 500平方米。年内有 2 项工程获国家优质工程奖，2 项工程获省部优质工程奖，1 项工程获总公司优质工程奖，5 项工程获集团公司优质工程奖；有 3 项科研成果通过山西省鉴定，其中 1 项达到国际先进水平，2 项达到国内领先水平；获山西省省级工法 5 项，总公司优秀工法 4 项。公司获得山西省“五一劳动奖状”、山西省“安康杯”竞赛优胜企业和省级文明单位等荣誉。截至年底，公司实现连续安全生产 20 年。

（袁红艳）

【第三工程有限公司】 公路工程施工总承包一级，市政公用工程、铁路工程施工总承包二级，土石方工程、公路路基工程专业承包一级，水工隧洞工程专业承包三级资质企业。公司机关驻山西省太原市西线街。公司董事长兼总经理张喜胜，党委书记张仲理。下辖 37 个工程项目部、4 个专业工程公司及修理厂、物业中心、劳动力中心、职工医院等单位。职工2 748人，其中干部 953 人，工人1 795人。干部中专业技术干部 856 人，占干部总数的 89.82%；工人中技术工人 775 人，占工人总数的 43.2%。拥有主要施工机械设备 478 台(套)，总功率45 908千瓦，设备原值14 372.45万元、净值8 326.51万元，动力装备率 16.6 千瓦/人，技术装备率 3.03 万元/人，新度系数 0.58，机械化施工程度 86%。年施工能力 10 亿元以上。

2003 年，承揽工程任务 19.35 亿元。完成企业总产值 10.27 亿元。实现利润 200.35 万元。全员劳动生产率 14.13 万元/人年，年人均收入10 727元。完成主要实物工程量：土石方1 390万立方米，桥梁13 882延长米，隧道9 477延长米。5 月，公司通过质量、环境和职业健康安全管理体系认证。工程质量合格率 100%，优良率 99.2%。承建的云南昆玉高速公路获国家优质工程奖。

（王 庆）

【第四工程有限公司】 公路工程施工总承包一级，铁路工程、市政公用工程施工总承包二级，房屋建筑工程施工总承包三级，土石方工程、公路路基工程、机场场道工程专业承包一级资质企业。公司机关驻山西省介休市裕华路 175 号。公司董事长兼党委书记刘士权，总经理高治双。下辖 34 个工程项目部、2 个土石方工程公司、预应力工程公司、混凝土工程公司、建安工程公司、架桥公司、物业管理中心、劳动力配置及管理中心、结构件厂、职工医院等单位。职工2 449人，其中干部 804 人，工人1 645人。干部中专业技术干部 696 人，占干部总数的 87%；工人中技术工人 897 人，占工人总数的 55%。资产总额49 607万元，其中固定资产原值14 917万元、净值9 321万元，流动资产 39 879万元。机械运输设备 473 台，总功率40 859千瓦，技术装备率 2.93 万元/人，动力装备率 16.67 千瓦/人，机械化施工程度 88%。年施工能力 10 亿元以上。

2003 年，承揽工程任务 18.2 亿元。完成施工产值 10.8 亿元。实现利润 201 万元，全员劳动生产率 71 786.8元/人年，年人均收入10 529元。完成主要实物工程量：土石方1 147万立方米，圬工 57.77 万立方米，桥梁 10 677 延长米，隧道 5 335.9 延长米，涵洞 10 767横延米，铺轨 6.3 公里，铺道岔 4 组，铁路架梁 10 孔，公路架梁3 139片，建成公路 62.63 公里，铁路站房13 790 平方米。工程质量合格率 100%，优良率 93.6%。获总公司安全质量标准工地 2 项，集团公司安全质量标准工地 5 项，集团公司优质工程 3 项；获国家工程建设优秀质量管理小组成果奖 1 项，铁道部优秀质量管理小组成果奖 1 项，集团公司优秀质量管理小组成果奖 1 项。年内公司顺利通过质量、环境、职业健康安全管理体系认证，实现连续安全生产1 880天。推广应用“四新”成果 20 项，兰州小西湖黄河大桥“双塔单索面预应力混凝土部分斜拉桥施工技术”通过甘肃省鉴定。获总公司优秀工法 1 项、山西省省级工法 4 项，获集团公司科技进步奖 2 项。公司被山西省评为“企务公开先进单位”，被山西省总工会评为“模范职工之家”。

（孟彩红）

【建筑安装工程有限公司】 房屋建筑工程施工总承包一级，市政公用工程、铁路工程施工总承包二级资质企业。公司机关驻山西省太原市迎泽西大街 599 号。董事长兼党委书记王爱民，总经理赵红鹰。下辖 36 个工程指挥(项目)部、专业分公司和辅业单位。职工1 328人，其中干部 512 人，工人 816 人。干部中专业技术干部 481 人，占干部总数的 94%；工人中技术工人 503 人，占工人总数的 62%。资产总额44 364万元，其中固定资产净值2 930万元，流动资产41 328万元。机械、运输设备 360 台(套)，总功率11 381千瓦，动力装备率 8.57 千瓦/人，技术装备率 0.827 万元/人。年施工能力 6 亿元以上。

2003 年，承揽工程任务 10.01 亿元。完成施工产值 6.36 亿元，实现利润 151 万元，全员劳动生产率 130 327元/人年，年人均收入14 809元。完成房屋建筑面积 36 万平方米。公司实现连续安全生产6 004天。全年创省级“安全文明工地”6 个，地市级“安全文明工地”5 个；有 2 项工程获山西省建筑工程质量最高奖——“汾水杯”奖，4 项工程获山西省优质工程奖，13 项工程被评为地市级优质工程，1 项工程获“山西省建筑业用户满意工程”称号；获国家优秀 QC 小组 1 个，山西省优秀 QC 小组 1 个；“无粘结预应力智能控制张拉仪的研制与应用”成果通过山西省科技厅鉴定，达到国际先进水平，分别获山西省和总公司科技进步二等奖。公司连续 6 年被评为“山西省优秀建筑企业”，荣获“山西省建筑业用户满意施工企业”称号，3 名项目

经理被评为“山西省优秀项目经理”。（赵云臻）

【电气化工程有限公司】 铁路电气化工程、电信工程、电务工程、送变电工程、机电设备安装工程专业承包一级资质企业。公司机关驻山西省太原市迎泽西大街869号。公司董事长兼总经理李章锁，党委书记杜志祥。下辖成都、长沙、西北、武汉、朔黄、上海、秦沈、渝怀、兰州等9个区域性工程指挥部，25个施工项目部以及电气化、通信信号、建筑安装分公司和实业开发公司。职工1 280人，其中干部626人，工人654人。干部中专业技术干部591人，占干部总数的94%；工人中技术工人654人，占工人总数的100%。资产总额34 378万元，其中固定资产净值5 989万元，流动资产26 390万元。主要施工机械设备68台(套)，设备原值4 253.53万元、净值2 977.2万元，总功率4 300千瓦，技术装备率41 800元/人，动力装备率6.04千瓦/人，设备利用率68.2%，新度系数0.69；各类汽车35辆，原值876.5万元、净值211.7万元。年施工能力5亿元以上。

2003年，承揽工程任务3.63亿元。完成企业总产值22 351万元，其中施工产值22 327万元，附营产值24万元。实现利润101万元，全员劳动生产率326 418元/人年，年人均收入15 637元。产值利润率0.46%，资产负债率83.4%，国有资产保值增值率100.73%，资本金收益率2%。完成主要实物工程量：接触网90.3条公里，通信线路102条公里，供电线路924公里，电力变配电所设备安装35座，牵引变电所设备安装3处，房建5 303平方米。工程质量合格率100%，优良率98%。株六铁路复线电气化工程Ⅴ标段获国家优质工程奖，3项工程获省部优质工程奖，3项工程获总公司优质工程奖。年底实现连续安全生产6 070天，被总公司评为“安全生产先进单位”。（何英飞）

【重要记载】

▲1月7日　成立集团公司胶济铁路工程指挥部，集团公司副总经理王敦厚兼任指挥。

▲1月14日　成立集团公司福建经营部，原军任经营部部长。

▲1月21日～22日　集团公司工会暨山西省中铁十二局员工持股会第二次代表大会在太原铁道大厦召开。

▲1月22日～24日　集团公司一届八次党委全会、二届一次职代会暨2003年度工作会议在太原铁道大厦召开。

▲1月　集团公司中标兰武铁路二线乌鞘岭隧道工程，中标金额17 238万元。

▲1月　集团公司荣获“全国守合同、重信用单位”称号。

▲2月20日　中标兰武铁路二线A—10标段工程，中标金额21 605万元。

▲3月5日　成立集团公司兰武铁路二线工程指挥部，集团公司副总经理霍玉华兼任指挥。

▲3月12日　集团公司团委被共青团中央、国家经贸委等部委评为“全国青年创新创效活动先进单位”。

▲3月14日　集团公司党委、集团公司授予二公司、电气化公司、西北工程指挥部、川渝工程指挥部、物资公司等5个单位领导班子2002年度“四好领导班子”称号。

▲3月19日　集团公司董事长兼总经理金普庆荣获2002年度“全国优秀施工企业家”称号。

▲3月21日　集团公司组建北方经营部，易继武任经营部部长。

▲3月22日　集团公司股东会临时会议、第一届董事会第十次会议、第一届监事会第五次会议和2002年度股东大会在太原铁道大厦召开。

▲3月25日～26日　集团公司在太原召开党风廉政建设暨工程项目经济效益执法监察工作会议。

▲3月30日　总公司党委书记李国瑞在集团公司董事长兼总经理金普庆陪同下，到兰州小西湖黄河大桥建设工地检查指导工作。

▲3月　总公司效绩评价小组对集团公司进行效绩评价。

▲4月14日　中标上海嘉金高速公路一期工程第2标段，合同投资23 686万元。

▲4月15日　集团公司领导班子被总公司党委、总公司评为2002年度“四好领导班子”。

▲4月26日　集团公司副总经理张宗言、三公司工人和建忠荣获“火车头奖章”。

▲4月28日　集团公司团委荣获共青团中央授予的“全国五四红旗团委”称号。

▲4月29日　集团公司党委书记胡莫愁荣获山西省“五一劳动奖章”；二公司荣获山西省“五一劳动奖状”。

▲同日　二公司云南昆石高速公路小团山隧道工程指挥部和二公司西安南京铁路工程项目部荣获共青团中央授予的“全国青年文明号”称号。

▲5月8日　中标湖北荆州—公安高速公路第4标段工程，中标金额27 372万元。

▲5月16日　集团公司抗击“非典”、奉献爱心，向山西省红十字会捐款100万元。

▲6月18日　四公司承建的兰州小西湖黄河大

桥顺利合龙。

▲7月1日　集团公司党委表彰8个先进基层党组织、23名优秀共产党员、8名优秀党务工作者。

▲7月9日　陕西省副省长洪峰在集团公司副总经理张宗言陪同下，视察西安—汉中高速公路建设工地。

▲7月11日　集团公司党委、集团公司授予青藏铁路工程指挥部指挥长余绍水“优秀党员干部”称号。

▲8月22日　铁道部副部长陆东福视察集团公司承建的胶新铁路施工现场。

▲8月26日　集团公司一届九次党委(扩大)会议在太原铁道大厦召开。

▲8月27日　集团公司主辅分离和资质管理工作会议在太原铁道大厦召开。

▲8月　总公司党委、总公司作出《关于开展向况成明、余绍水同志学习的决定》。

▲9月2日　中标广西平乐—钟山公路土建工程第9标段，中标金额12 300万元。

▲9月10日　二公司参建的大运高速公路雁门关隧道顺利竣工。

▲9月12日　中标江西泰和—井冈山高速公路A7标段，中标额22 054万元。

▲9月22日～26日　集团公司在三公司机关举行试验工技术比武，6支代表队41人参加。

▲9月26日　集团公司工会和电气化工程公司电化分公司一分会分别荣获中华全国总工会授予的“全国模范职工之家”和“全国模范职工小家”称号。

▲9月28日　集团公司“工程项目责任成本预控机制的应用”获第七届全国工程建设企业管理现代化创新成果一等奖。

▲10月21日　中标广州大学城校区房建第9标段工程，中标金额33 500万元。

▲11月5日　集团公司青藏铁路工程指挥部指挥长余绍水、二公司青藏铁路项目部技术员杜卫青、四公司青藏铁路项目部经理李庆光荣获“青海省劳动模范”称号。

▲11月15日　中标宜万铁路第32标段工程，中标金额20 840万元。

▲11月30日　中标北京地铁10号线苏州街站工程，中标金额11 302万元。

▲12月10日　集团公司中标西安—柞水高速公路第7、9合同段工程，合同投资23 597万元。

▲12月15日　中标上海嘉金高速公路二期工程第1标段，中标额22 440万元。

▲12月30日　集团公司300平方米的荣誉室正式开放。

▲12月31日　集团公司在太原铁道大厦召开兵改工20周年纪念大会。

▲12月　一公司承建的济泰高速公路第1合同段，电气化公司承建的株六铁路复线电气化工程V标段，一、二、三、四公司共同承建的213国道玉元高速公路获国家优质工程银质奖；二公司承建的重庆鹅公岩长江大桥获中国市政工程金杯示范工程奖。(张林祥)

中铁十三局集团有限公司

【简况】　中铁十三局集团有限公司为铁路工程施工总承包特级，房屋建筑工程、公路工程、市政公用工程、水利水电工程施工总承包一级，桥梁工程、隧道工程、公路路基工程、公路路面工程专业承包一级及城市轨道交通工程专业承包资质企业。公司机关驻吉林省长春市岭东路2138号。前身系中国人民解放军铁道兵第三师，1984年1月1日集体转业并入铁道部，改编为铁道部第十三工程局；1999年12月1日更名为中铁第十三工程局，2000年9月划归中央企业工委管理；2001年6月企业改制改称现名。下辖第一、二、四、六、建筑工程公司和特种设备等7个分公司，第三、五、电务工程有限公司和物资贸易、深圳中铁达实业、深圳中铁达储运有限公司、赣州铁龙大酒店等7个子公司及北京、赣州办事处、中心医院、培训中心、物业公司。职工12 953人。其中干部5 166人，工人7 787人；干部中专业技术干部4 661人，占干部总数的90.2%。资产总额344 134.26万元，其中固定资产原值92 072.84万元、净值50 872.54万元，流动资产278 526.69万元，其他资产14 735.03万元。机械运输设备2 853台(套)，现值23 187.10万元，总功率161 056.5千瓦。新购设备403台(套)，原值5 416万元。主要施工设备完好率90%以上、利用率60%以上，新度系数0.47。人均动力装备率12.3千瓦、技术装备率17 720.37元，综合机械化施工程度85%。

2003年，承揽工程任务211项，合同总额717 841万元。完成企业总产值480 457万元，其中施工产值474 458万元，附营产值5 999万元。实现利润4 518.28万元，人均创利3 413.11元。国有资产保值增值率102.6%，经营性资产收益率1.31%，产值利润率0.93%，资产负债率82.55%，投资收益上缴率100%，应上缴款完成率100%。全员劳动生产率177 706元/人年，职工年人均收入13 236元。完成主要实物工程量:土石方2 802万立方米,隧道28 266延长米,桥梁36 967延长米,涵渠15 740横延米,铁路铺轨76公里,通信线路607条公里,供电线路123公里,圬工146万立方米,地铁2 631延长米,城市轻轨2 252延长米,公路145公里,公路架梁3 453片,房建556 656平方米。工程质量合格率100%,分项工程优良率97.2%,单位工程优良率95.7%。职工因工重伤率、死亡率均未突破控制指标。

兵改工20年来,集团公司获国家优质工程奖8项,省部优质工程奖29项,总公司优质工程奖36项;取得科技成果300余项,其中国家级科技成果3项,省部级科技成果11项,总公司科技成果44项。1998年8月通过ISO9002国际标准质量体系认证,2003年通过ISO900:2000质量管理体系认证,同时建立并实施环境和职业健康安全管理体系。被中国建设银行吉林省分行评定为"AAA信誉企业",被吉林省工商局命名为"重合同、守信用单位",曾多次获吉林省和长春市优秀建筑企业、思想政治工作先进企业、精神文明建设先进单位等殊荣,两次被评为吉林省明星企业。2003年分别被吉林省和长春市授予"优秀建筑企业"称号,并被吉林省评为精神文明建设先进单位。 (王惠敏)

【领导人员】

股东会

国有股代表	霍金贵
	文普津
	王治忠
	王学伟
	李左军(3月免)
	吴靖文(3月任)
职工股代表	张景生
	邹玉发
	谭振武
	梁　君
	朴文精

董事会

董事长	文普津
副董事长	王治忠
	王学伟
	姜世杰(3月免)
	刘士彦(3月任)
国有股董事	文普津
	王治忠
	王学伟
	姜世杰(3月免)
	刘士彦(3月任)
	翁行焱
	李友才(3月免)
	曾庆道(3月任)
职工股董事	邹玉发
	梁　君
	赵文祥(3月任)
	董太祯(3月任)
职工代表董事	朴文精

监事会

监事会主席	王新武(3月免)
	黄少军(3月任)
国有股监事	王新武(3月免)
	佘兴喜(3月免)
	黄少军(3月任)
	刘国秀(3月任)
职工股监事	尹殿祥(7月退休)
	杨德印
职工代表监事	张向阳

经理层

总经理	王学伟
副总经理	张景生
	邹玉发
	谭振武
	翁行焱
	姜永军
	李亚武(5月任)
总工程师	谭振武(兼,5月免)
	吴焕通(5月任)
总经济师	翁行焱(兼)
总会计师	赵文祥

党群领导

党委书记	王治忠
党委副书记	文普津
	王学伟
	梁　君
	赵　华(5月任)
纪委书记	尹殿祥(5月免,7月退休)
	赵　华(兼,5月任)
工会主席	朴文精

(莫春义　王玉相)

【工程项目指挥机构】 西安南京铁路工程指挥部　驻河南省南阳市宛城区长江路东段。指挥谭振武,常务副指挥程建铝。

渝怀铁路项目经理部　驻重庆市涪陵区兴华中路40号。项目经理吴焕通,党工委书记迟军。

青藏铁路工程指挥部　驻拉萨市当雄县当曲镇河东路8号当雄公路段。指挥兼党工委书记臧守杰。

朔黄铁路工程指挥部　驻陕西省神木县职中路昌图楼4楼。指挥韦良勤,党工委书记谭学河。

遂渝铁路项目经理部　驻重庆合川市渭沱镇交通街232号粮站院内。项目经理安熔南。

兰武铁路二线工程指挥部　驻甘肃省古浪县黑松驿镇振华门市。指挥谷金富。

宣杭铁路项目经理部　驻浙江省德清县国防园。项目经理张洪利。

武九铁路项目经理部　驻湖北省鄂州市泽林镇工商银行大楼。项目经理吴建辉。　(王惠敏)

【职工队伍】 职工总数12 953人。其中,干部5 166人,占职工总数的39.9%;女干部1 036人,占干部总数的20.1%;各类专业技术干部4 661人,占干部总数的90.2%。专业技术干部中高级职务269人,占技术干部总数的5.8%;中级职务1 596人,占技术干部总数的34.2%;初级职务2 796人,占技术干部总数的60%。工程技术人员2 644人,占技术干部总数的56.7%;经济管理人员613人,占技术干部总数的13.15%;会计统计人员617人,占技术干部总数的13.23%;政工人员463人,占技术干部总数的9.9%。年内增加干部346人,其中大学毕业生转正定级237人;干部减少249人,其中退休、解聘、除名、辞职等105人,死亡12人。干部实际增长97人,增幅1.9%。年内接收高校毕业生398人,其中本科生占78%。

工人总数7 787人,其中技术工人5 381人,占工人总数的69.1%。技术工人中高级技师24人,技师183人,高级工2 215人,中级工1 987人,初级工512人。年龄结构:30岁以下2 192人,31岁～40岁2 346人,41岁～50岁3 157人,51岁～55岁92人。年内新增工人8人,调出、解除劳动合同、办理失业等34人。

(王惠敏　王玉相)

【工程施工】 2003年,集团公司在建工程176项,其中新开工112项,续建64项,年内竣工75项。铁路工程21项,新开工13项,续建8项,年内竣工5项;路外工程155项,新开工99项,续建56项,年内竣工70项。主要工程施工情况:

渝怀铁路　承担第8、14标段施工任务,全长25.348公里,合同投资48 867万元。2001年1月开工。2003年完成投资16 327万元,开工累计完成投资49 172万元,占设计量的101.2%。主要实物工程量:桥梁27座6 688延长米,主体工程全部完成(含3座乌江大桥),剩余部分桥面系工程;隧道7座3 848延长米,开工累计完成3 806延长米,占设计量的99%;路基土石方248万立方米,涵洞51座1 373.83横延米,均全部完工;车站房建7 799平方米,开工累计完成590平方米,占设计量的6%;上道碴5.6万立方米,占设计量的74%;铺架工程于11月30日顺利通过集团公司承建标段。

遂渝铁路　承担第7标段施工任务,全长11.845公里,合同投资9 300万元,合同工期3年。2003年2月25日开工,年内累计完成投资8 084万元,占设计量的86.9%。主要实物工程量:路基土石方151万立方米,全部完工;桥梁1 890.2延长米,6座大桥完成3座,中小桥全部完工;涵洞649横延米,完成633横延米,占设计量的97.5%;隧道1 089延长米,完成775延长米,占设计量的71.1%。

武九铁路扩能工程　承担第2标段施工任务,全长22.95公里,设计投资9 148万元(设计变更后投资额未定),合同工期2003年9月30日～2005年2月20日。2003年10月1日开工,年内完成投资1 200万元。主要实物工程量:路基土石方73万立方米,完成12.8万立方米,占设计量的17.5%;隧道1 127延长米,完成上导坑掘进43米;涵洞35座817横延米,完成83横延米,占设计量的10.2%。

宣杭铁路二线　承担第9标段施工任务,全长12.3公里,合同投资16 990万元,合同工期3年。2003年9月25日开工,年内完成投资3 544万元,占设计量的20.6%。主要实物工程量:土石方124万立方米,完成37万立方米,占设计量的29.8%;桥梁16座1 318延长米,完成395延长米,占设计量的30%;涵洞54座1 139横延米,年内全部完工;大型临时便道施工已完工。

兰武铁路二线　承担A9标段施工任务,全长3.838公里,合同投资18 492万元,合同工期2003年3月～2005年10月。2003年5月20日开工,年内完成投资4 863万元,占设计量的27%。主要实物工程量:路基土石方14 466立方米,全部完成;桥梁213延长米,完成100延长米,占设计量的46.9%;隧道3 586延长米,完成1 180延长米,占设计量的32.9%。

青藏铁路　承担第25、26标段施工任务,全长58.7公里,合同投资36 571万元。2003年5月15日开工,年内完成投资17 390万元,占设计量的47.6%。主要实物工程量:路基土石方368万立方米,完成207万立方米,占设计量的56.2%;大桥2 071延长米,完成1 180延长米,占设计量的57%;中桥678延长米,完成310延长米,占设计量的45.8%;小桥98延长米,完成60延长米,占设计量的61.1%。

辽宁省大伙房水库输水工程　承担DB1和DB2

标段施工任务。DB1 标段长3 600延长米,合同投资5 053万元,合同工期 4 年。2003 年 10 月 5 日开工,年内完成投资 104 万元,占设计量的 2%。DB2 标段长8 300延长米,合同投资13 822万元,合同工期 4 年。2003 年 8 月 20 日开工,年内完成投资 347 万元,占设计量的 2%。

南京地铁 承建 TA12 和 TA25 标段工程。TA12 标段左线长1 063.1延长米,右线长1 063.6延长米,总投资10 119万元。2001 年 8 月开工,工程已全部完工,11 月 28 日通过竣工初验,其软流塑淤泥粉质粘土层浅埋暗挖及粉质粘土层大跨度隧道暗挖施工技术通过专家鉴定,达到国际领先水平。TA25 标段,全长1 473 延长米,合同投资10 869万元。2002 年 11 月 1 日开工。工程已全部完工,年内完成投资10 476万元,开工累计完成投资10 827万元。

苏州外环路 HA-2 合同段 全长 1.9 公里,合同投资5 858万元。合同工期 2002 年 6 月～2003 年 7 月。2002 年 4 月 15 日开工。2003 年完成投资 3 799 万元,占设计量的 91.4%;开工累计完成投资4 979万元,占设计量的 85%。土石方工程全部完成;桥梁 888 延长米,开工累计完成 820 延长米,工程处于收尾阶段。

广州地铁 4 号线仑大盾构区间 全长2 826.5延长米,合同投资20 400万元,合同工期 2003 年 8 月 15 日～2005 年 4 月 30 日。2003 年 8 月 15 日开工,年内完成投资 934 万元,占设计量的 4.6%。盾构机始发井导墙全部完成,始发井地下连续墙 218.84 延长米,完成 88 延长米;吊出井钻孔桩 61 根,完成 27 根。

广州南部快速路 SD16-1 标段 全长1.934公里,合同投资10 681万元,合同工期 2003 年 8 月 23 日～2004 年 7 月 23 日。2003 年 10 月 11 日开工,年内完成投资2 000万元,占设计量的 18.7%。

东莞水道特大桥 全长 744.84 延长米,合同投资15 770万元,合同工期 16 个月。2002 年 12 月 26 日开工,累计完成投资5 854万元,占设计量的 37.1%;大桥完成 159 延长米,占设计量的 21.3%。

新疆奎赛高速公路 承建第 6 标段工程,全长 22 公里,合同投资 10 714 万元,合同工期 40 个月。2002 年 7 月 20 日开工,累计完成投资2 875万元,占设计量的 27%。土石方 118 万立方米,开工累计完成 104 万立方米,占设计量的 88%;桥梁 293 延长米,开工累计完成 252 延长米,占设计量的 86%。

黄延高速公路 承建 HY-7 合同段工程,长 3 公里,合同投资16 895.6万元,合同工期 2003 年 8 月 23 日～2004 年 7 月 23 日。2003 年 5 月 10 日开工,年内累计完成投资4 130万元,占设计量的 24.4%。土石方 357 万立方米,完成 207 万立方米,占设计量的 58%;桥梁 932 延长米,完成 168 延长米,占设计量的 18%;隧道 850 延长米,完成 182 延长米,占设计量的 21.4%。

三福高速公路 承建 SA9 合同段工程,全长11.1 公里,合同投资24 800万元,合同工期 2001 年 9 月 1 日～2003 年 4 月 30 日。2001 年 9 月 6 日开工。2003 年完成投资12 507万元,开工累计完成投资24 800万元。主要工程量:土方 197 万立方米,石方 95.8 万立方米,换填土 7.2 万立方米,特大桥1 039.56延长米,大桥2 352.1延长米,涵洞 617.7 横延米。截至 2003 年底,主体工程全部完工,部分地段达到验收标准。

崇遵高速公路 承建第 13 合同段工程,全长5.67 公里,合同投资7 689万元,合同工期 2002 年 5 月 1 日～2005 年 8 月 1 日。2002 年 5 月 1 日开工。开工累计完成投资7 477万元,占合同额的 97.2%。主要工程量:路基土石方 82 万立方米,桥梁 800 延长米,隧道 2 326延长米,除部分地段外,工程已接近尾声。

昆明掌鸠河引水供水工程 承建第 3、5 标段工程。3 标段全长7 270.238延长米,合同投资6 007万元,合同工期1 368天。2002 年 5 月 10 日开工,累计完成投资5 100万元,占设计量的 85%。隧洞7 081延长米,开工累计完成2 709延长米,占设计量的 38%。5 标段全长8 604.129延长米,合同投资6 031万元,合同工期 55 个月。2002 年 4 月 18 日开工,累计完成投资 4 631 万元,占设计量的 77%。隧洞8 217延长米,开工累计完成4 287延长米,占设计量的 52%。

沈阳—长白公路 承建临江老岭隧道段工程,全长 5 公里(其中老岭隧道长2 755延长米),合同投资 8 194万元,合同工期 30 个月。2002 年 7 月 28 日开工,累计完成投资3 400万元,占设计量的 41.5%。老岭隧道累计完成2 645延长米,衬砌完成1 611延长米。

(王惠敏 冷 静)

【经营管理】 2003 年,集团公司着力于管理体制与运行机制创新,紧紧围绕生产经营中心,外抢市场、内抓管理,各项经营目标全面实现。

任务承揽。集团公司承揽任务再创历史新高,全年承揽工程 211 项,合同总额717 841万元,为年度计划的 159.5%,同比增长297 351万元。其中,铁路工程 16 项,合同总额65 979万元,占承揽总额的 9.32%;公路工程 58 项,合同总额383 181万元,占承揽总额的 53.37%;水利水电工程 25 项,合同总额71 043万元,占承揽总额的 10.03%;市政工程 25 项,合同总额 64 016万元,占承揽总额的 9.04%;房屋建筑工程 31 项,合同总额24 443万元,占承揽总额的 3.45%;城市轨道交通工程 10 项，合同总额47 665万元，占承揽总额的 6.73%；机场、码头工程 3 项，合同总额3 031万元，占承揽总额的 0.43%；其他工程 46 项，合同总额58 483万元，占承揽总额的 8.26%。各子(分)公司均全面超额完成承揽任务，一公司至四公司均突破 10 亿元大关；承揽质量有所提高，一些科技含量高的高难新项目，如海上深水桥、高墩大跨刚构桥、地铁盾构施工等占有一定比例；承揽地域和施工领域有所拓展，既有市场得到巩固，逐步向沿海沿江等发达地区发展，地铁、水利水电、市政工程等成为新的主攻方向，并首次进入盾构施工领域；全面实施区域开发战略，逐步构筑地域优势，发展势头良好。

企业改革。年内集团公司出台《关于完善管理体制若干问题的指导意见》，对事关企业改革发展的母子公司规范管理、基层职能定位等重大问题进行明确，提出理顺管理体制、推行项目法施工、建立内部市场机制和区域经营格局、深化三项制度改革、分离社会职能、精简机关、转变职能等管理思路，积极探索、大胆实践，相继推出一系列改革创新举措。结合新上项目，对部分三级公司进行整合，子(分)公司直管项目部、项目部直管作业层的模式得到推广，二、三公司尝试项目经理竞聘上岗及个人风险抵押制。集团公司完成区域、专项市场开发指挥部的组建，加强经营力量和对区域项目的监控，积极筹建人力资源、机械设备和材料周转租赁三大市场。进一步改革收入分配制度，实行新的薪酬办法，加大浮动效益工资比例，并出台单位效绩考核评价、经营者年薪兑现、项目经理承包兑现、市场开发薪酬管理等一系列配套改革办法。修订公司章程及相关制度，公司运作渐趋规范。三、五、电务工程公司和物资贸易公司按照现代企业制度要求进行体制改革，运行比较平稳；一、四公司为企业改制挂牌作了大量准备。集团公司机关定员 167 人，减编 67 人，各子(分)公司机关也相继进行了精简。围绕“三大优势”构筑，继二公司南迁深圳后，年内电务公司成功迁入天津，实现战略布局的重大调整。积极推进主辅分离，撤销多种经营公司，分流人员 292 人，印刷厂、服装厂设备整体出售，企业资本全部退出。特种设备公司、储运公司、赣州办事处、中心医院、技工学校等单位不断完善经营方式，闯市场能力明显增强。结合学习贯彻党的十六届三中全会精神，集团公司多次深入基层调研，并召开研讨会，形成投资主体多元化、向混合所有制方向发展的共识。

项目管理。集团公司多次派出工作组，到有关工程项目进行帮扶指导，针对存在问题及时纠偏，优化施工方案，扭转了一些项目的施工被动局面，年内派出 19 个督查组，对 176 个项目进行督查，针对项目评估、施工方案、现场管理中的问题提出建议 171 条，下达整改通知书 120 份，进一步规范了项目管理。按照《工程项目评估办法》，依据项目招投标文件、设计文件、施工合同、市场物价调查等资料，优化施工方案，编制实施性工序施工组织设计和工程预算，先后对遂渝、宣杭、朔黄复线、兰武二线等 78 个工程项目进行评估，评估投资511 461万元，对已评估的 44 个项目进行跟踪考核，考核投资220 945万元。

安全质量。年内以施工现场作业控制为重点，以开展安全质量标准工地建设为载体，强化现场作业监控，加强重点工程专项整治，东莞水道特大桥等 3 个项目被评为总公司安全质量标准工地，11 个项目被评为集团公司安全质量标准工地。坚持“安全第一，预防为主”方针，认真落实安全生产责任制，规范现场安全管理，广泛开展“安全生产月”、安全教育培训和安全生产大检查活动，强化施工过程监控，安全生产形势相对稳定。集团公司被吉林省和长春市政府评为安全生产先进单位，长春市政府综合楼等 4 个项目被长春市建委评为安全达标优秀工地。全年发生伤亡事故 8 起，死亡 1 人，重伤 2 人，轻伤 5 人，死亡率和重伤率均未突破控制指标。建立健全质量管理制度，逐级落实工程质量责任制，推动工程质量全面提高。分项工程合格率 100%，优良率 97.2%，单位工程优良率 95.7%。石中高速公路吴忠黄河特大桥、广州地铁 2 号线公园前—纪念堂区间、205 国道滨博段淄博西特大桥、盘海高速公路双台子河特大桥、成都三环路老川藏路跨线桥等 5 项工程被评为“火车头优质工程”，5 项工程被评为总公司优质工程，12 项工程被评为集团公司优质工程。年内集团公司顺利通过 ISO9001:2000 版质量管理体系认证，建立、实施环境和职业健康安全管理体系，并通过第一阶段外审。

财务管理。加强对国有资产的有效监管，实现国有资产保值增值目标。利用国家清理建设领域拖欠工程款方面的政策，研究清欠工作新思路、新方法、新举措，年内收回历年外部拖欠款27 323万元。制定《企业效绩评价暂行办法》，以提高经济效益、改善财务状况为主要目标，重点从企业财务收益、资产运营、偿债能力和发展能力等方面考核经营者业绩，并首次将货币资金增长和偿还贷款数量纳入内部评价指标。出台《改善财务状况的指导性意见》，对提高工程承揽质量、降低债权额度、调整债务结构、降低成本挂帐等 7 个方面提出明确要求。

物资设备管理。积极推行大宗物资招标采购制度，全年招标采购物资 255 项，中标金额18 610万元，节约资金1 771万元。钢材、木材、水泥、油料节约率分别为 1.9%、1.3%、1.9% 和 2.2%。机械设备招标采购25次，购置设备51台(套)，节省费用185.75万元。

（王惠敏　陈习文　马　杰　唐治国　冷　静）

【科技教育】 科技工作。健全科技开发与管理机构，制定《科技立项管理规程》《科技成果管理规程》《论文管理规程》《工法管理规程》，进一步完善技术管理制度。自主开发成功"科技开发管理系统软件"，并将技术模块化。年内集团公司评出科技成果21项，"丹东月亮岛钢管混凝土系杆拱桥施工技术"、"伯阳隧道综合施工技术"2项成果获总公司科技进步奖，"秦沈客运专线ZQJ800型箱型梁移动支架造桥机"获中国铁道学会科技进步二等奖。"大跨度刚构梁悬灌技术"已在渝怀铁路成功应用，结合东莞水道特大桥施工开发的"台风平原地区大跨度大吨位索吊设计与施工技术"已应用施工生产。在南京地铁施工中开发的"复杂条件下地铁区间隧道施工技术"年内通过专家鉴定，达到国际先进水平。集团公司年内评出三级工法18项，"自锚式混凝土悬索桥施工工法"获总公司优秀工法奖；评出优秀论文65篇，其中3篇被吉林省建筑施工学会评为优秀论文，12篇获总公司优秀论文奖。企业信息化建设进一步推进，集团公司机关基本实现网上办公，正在积极推进项目网络化管理，初步实现技术资料信息网上共享。

教育培训。年内集团公司培训各类人员1 928人次，其中自办培训班46期，1 631人次参加培训；送外培训297人次。先后选送5名集团公司领导参加中央党校、国家行政学院举办的理论培训；组织17名中层管理人员参加总公司党校和国家会计学院举办的岗位培训；集团公司与交通部联合举办1期公路专业项目经理培训班，79名项目经理参加培训；选送9人参加总公司组织的国际项目管理人员专业资质认证与培训(IPMP)，6人通过认证；组织23人参加铁道部建设管理司、安全监察司联合举办的项目经理铁路营业线施工安全培训，全部取得合格证书。年内组织24名技术骨干报考同济大学工程硕士研究生，2000年选送石家庄铁道学院土木工程专业专升本班的53名学员如期毕业。采取内训与外培相结合的方式，对284名"十一大员"进行强化培训。组织22个工种的初、中、高级技术工人进行职业技能鉴定前的强化培训，有503人通过鉴定，23人取得技师任职资格，5人取得高级技师任职资格。

（王惠敏　柳杨春　王玉相）

【公安与综合治理】 以贯彻总公司《关于改进铁道建筑公安机关管理办法》为契机，对公安队伍进行清理整顿，基层领导干部经过竞聘产生。先后制定《民警管理办法》等8项制度18种台帐，同时建立考核机制，以分定奖，直接与工资挂钩。结合队伍清理整顿，积极开展"贯彻十六大，全面建小康，公安怎么办"大讨论活动，成立9个明查暗访小组，对发现的问题及时现场解决。结合派出所等级评定工作，公安处制定18条便民、利民措施。全年受理治安案件329起，查处329起，处罚各类违法人员424人，为企业挽回经济损失230万元。严格枪支弹药和爆炸物品安全管理，对辖区内的15个爆炸物品临时储存点、47座库房进行安全检查，消除隐患17处，督促整改7处，收缴雷管787枚、炸药240公斤。查处消防行政案件26起，处理违法人员33人，处罚单位4个。全年共立刑事案件86起，破案83起，协破地方案件25起，抓获犯罪嫌疑人74人，缴获赃款赃物折款27.2万元，为企业挽回经济损失60余万元。加强机动车管理和驾驶员教育，签订警车司机遵守"五条禁令"责任状47份，发放警示卡80张。认真做好车辆和驾驶证年审工作，全年办理免检车60台次，车辆年检、春检125台次，驾驶员年审511人次。集团公司成立各级综合治理组织17个，成员98人，在搞好辖区内重点要害部位人防、物防、技防的基础上，广泛开展职工群众的防火、防盗、防毒、防治安灾害事故等方面的安全防范教育，提高自防自救能力；广泛开展严打整治活动，整治治安乱点6个，清除外包队伍3个，清除外包人员346人，从根本上净化了施工现场治安秩序。

（王惠敏　刘桦莹）

【党群工作】 党的工作。集团公司下辖党委96个、党工委8个、党总支4个、党支部333个，有党员4 315人。集团公司党委围绕加快发展这一主题，着眼于体制创新、机制转换，着力于外抢市场、内抓管理，大力强化领导班子建设、基层党组织建设和企业文化建设，荣获吉林省2002年～2003年度精神文明建设先进单位称号。(1)领导班子建设。党委中心组通过学习党的十六大、十六届三中全会精神，深入开展研讨，为加快推进市场化改革奠定了思想基础。以重优化、抓交流、储后备为重点，加强子(分)公司领导班子组织建设。年内对部分子公司领导班子进行考核调整，提拔处级干部13人，子(分)公司领导班子中，大专以上学历占95.6%，高级技术职务占48.3%，平均年龄42.9岁。建立动态的子(分)公司领导班子后备干部队伍，积极营造环境，提供平台，让年轻干部在实践中锻炼成长。子(分)公司领导班子后备人员平均年龄37岁，其中40岁以下的占75%，大学本科毕业生占57%。(2)基层党组织建设。为巩固、深化"三个代表"重要思想学习教育成果，集团公司党委对基层单位整改措施落实情况组织回访复查，认真抓好落实。与此同时，按照加速培养复合型人才的要求，提出加强基层两级书记队伍建设的指导意见,要求基层公司党委书记中全日制大中专毕业生达到30%,到2005年底力争达到70%;工程队党支部书记中全日制大中专毕业生达到20%,到2005年底力争达到50%,以此加强基层党组织建设,推动基层全面建设。(3)党员队伍建设。加大在施工一线职工和青年知识分子中发展党员工作的力度,使党员队伍的年龄、知识和专业结构有了新的改善,年终在全集团公司开展民主评议党员工作。在抗击“非典”战斗中,充分发挥党员的先锋模范作用,中心医院内科护士长杨雪被中组部授予“全国防治非典型肺炎工作优秀共产党员”称号。(4)思想政治教育。以党委中心组学习会、座谈会、开辟专栏等形式,广泛开展学习贯彻党的“十六大”精神活动,并在全集团范围内召开一次以“加快企业发展”为主题的理论研讨会。在全体员工中开展“上好青藏线、岗位做奉献”的主题宣传教育活动。多次组织党委中心组学习扩大会,分别召开3次规模较大、规格较高的研讨会,总结20年企业发展经验,谋划企业发展良策。(5)宣传报道工作。全年在《人民日报》《工人日报》《科技日报》等全国性报纸刊稿139篇,《中国铁道建筑报》刊稿242篇,地方报刊、电台刊播稿件453篇。集团公司《铁道前锋》报全年编发48期,刊稿2 025篇。(6)纪检监察工作。狠抓党风廉政教育,开展“学先进典型、做廉政公仆、创一流业绩”教育及廉政警示教育、艰苦奋斗教育,认真落实企业领导人员廉洁自律情况三项制度和五项规定,坚持对新提拔干部进行廉政谈话制度。年内对新提拔的31名中层干部和52名基层干部进行了任前公示和廉政谈话。积极推行工程项目签订工程廉政合同制度,年内与建设单位签订工程廉政合同50余份,并对合同条款进行审核把关、跟踪监控。严肃查处违法违纪案件,全年受理群众来信来访29件,初查核实案件线索27件,立案14件,结案13件,党纪政纪处分14人,组织处理1人,为企业挽回经济损失42.1万元,避免经济损失49万元。开展了工程项目经济效益执法效能监察和清理“小金库”专项检查。

工会工作。集团公司有基层工会组织197个,专职工会干部71人,兼职工会干部70人,工会会员13 165人。职工入会率98%。集团公司制定下发《关于普遍推行职工代表巡视质询制度,开展职工代表巡视质询活动的指导意见》,对职工关注的热点、难点问题进行巡视质询,以党政工名义联合下发《关于解决当前职工经济利益几个突出问题的通知》,并督促各单位狠抓落实,使拖欠职工工资和“四险一金”问题得到较好解决,受到职工衷心拥护。对“建家建线”标准进行修订,使具体条款体现时代性、针对性、指导性和可操作性。8月,在二公司南京地铁项目部召开集团公司“建家建线”现场观摩经验交流会,从不同层面、不同角度推出以南京地铁项目部为代表的8个单位的典型经验,推进“建家建线”工作深入开展。年内仅集团公司工会就投入“建家建线”资金140余万元,电务公司和二公司南京地铁项目部分别被中华全国总工会授予“模范职工之家”和“模范职工小家”称号,五公司西南公司被吉林省总工会授予“模范职工小家”称号。紧紧围绕重点、难点工程施工,深入开展多种形式的群众性经济技术创新和劳动竞赛活动,1个单位获“火车头奖杯”,2人获“火车头奖章”,7人获总公司“劳动竞赛优秀组织者”称号。扶贫帮困救助机制得到拓展,集团公司、子(分)公司两级职工互助合作基金会累计结存保险基金300余万元,为46人次提供补偿金近20万元。筹集“送温暖”资金84万元,为1 263户次困难职工、下岗职工、伤病残职工、劳动模范和离退休职工“送温暖”。坚持领导干部帮扶特困职工制度,集团公司86名处级以上领导干部每人包保1户特困职工。积极与地方民政部门联系,为57户特困职工办理了城镇居民最低生活保障。在女职工中开展“我和企业的小康未来”、“加快发展、文化先行”、“向陋习宣战、做文明员工”等征文、签名活动,收到征文120多篇,企业精神、企业理念、企业宗旨1 000多条。加强工会经费管理,使历年拖欠的工会经费得到较好解决。广泛开展丰富多彩的文体活动,活跃了职工的精神文化生活。

共青团工作。集团公司团委下辖275个基层团组织,有青年7 102人,团员3 296人。年内召开集团公司第一次团代会,选举产生新一届团委会,各子(分)公司团委进行了换届选举。开展第三届集团公司“十大杰出青年”评选活动,与企业文化部联合开展“加快发展文化先行”企业精神、经营理念、企业宗旨征集活动,1 094人参加活动,392人的1 096条征集方案参加评委会评审。为抗击“非典”,组织开展“向陋习宣战、做文明员工”主题系列活动,1 800多名员工参加签名活动,庄严承诺:“文明新风从我做起,健康生活从现在做起”。开展“绿色环保在身边”系列活动,在全集团开展“绿色承诺,天天环保”行动及“青年安全生产示范岗”竞赛,取得较好效果。开展“青年创新创效”活动,涌现小发明、小创造、小革新、小设计、小建议172项,126项成果参加集团公司评审,71项优秀成果获奖。集团公司青藏铁路工程指挥部孟万隆被共青团中央命名为“国家重点工程青年建设功臣”。

(王惠敏　梁　越　黄玉兰　刘新峰　尹希慧　郭冬雪)

【第一工程公司】 原为中铁十三局集团公司第一工程处,2002年11月1日更名为中铁十三局集团公司第一工程公司,为集团公司综合分公司。公司机关驻辽宁省大连市沙河口区沙跃街9号。总经理关兴华，党委书记王振江。下辖西北、沈阳、华北分公司及医院、机械厂、银川办事处等24个单位和3个项目部。职工2 519人，其中干部986人，工人1 533人；专业技术干部822人，占干部总数的83.4%；技术工人1 074人，占工人总数的70.1%。资产总额6 903.12万元，其中固定资产原值1 857万元、净值1 045.8万元，流动资产5 732.13万元，其他资产1 251.86万元。机械运输设备194台(套)，现值4 810.01万元，总功率19 793.8千瓦，新度系数0.50。人均动力装备率7.9千瓦、技术装备率19 094.9元，机械化施工程度85%。

2003年，承揽工程任务52.5项，合同总额145 419万元。完成企业总产值108 387万元，其中施工产值107 340万元，附营产值1 047万元。实现利润578.33万元，人均创利2 349.02元。全员劳动生产率22.65万元/人年，职工年人均收入14 576元。完成主要实物工程量：土石方393万立方米，隧道2 005延长米，桥梁8 476延长米，涵渠2 808横延米，铁路铺轨14公里，圬工35万立方米，城市轻轨2 252延长米，公路55公里，公路架梁1 647片，房建25 620平方米。分项工程合格率100%，优良率98.48%，单位工程优良率88%。安全生产达标。

兵改工以来，获集团公司以上优质工程奖68项，其中国家优质工程4项，省部优质工程2项；获集团公司以上科技进步奖84项，其中省部级科技进步奖5项；获集团公司以上工法47项，其中国家级工法2项，部级工法2项。1988年，企业被辽宁省评为“省级先进企业”；1995年，被辽宁省评为“重合同、守信用单位”；1998年8月，通过ISO9002国际标准质量体系认证；2001年，荣获中国施工企业管理协会授予的“全国质量效益型先进施工企业”称号。

(王惠敏　王晓清　赵　杰　王　馨)

1 349.04万元。机械运输设备212台(套)，现值2 658.68万元，总功率20 161千瓦，新度系数0.41。人均动力装备率8.63千瓦、技术装备率1.14万元，机械化施工程度85%。

2003年，承揽工程任务29项，合同总额164 303万元。完成企业总产值103 923万元，其中施工产值103 908万元，附营产值15万元。实现利润560.71万元，人均创利2 502.04元。全员劳动生产率15.23万元/人年，职工年人均收入15 150元。完成主要实物工程量：土石方499万立方米，隧道3 255延长米，桥梁7 952延长米，涵洞3 156横延米，圬工42万立方米，地铁2 481延长米，公路23公里，公路架梁1 060片，房建52 971平方米。工程质量合格率100%，分项工程优良率99%。安全生产达标。

兵改工以来，获中国建筑工程鲁班奖、詹天佑土木工程大奖、国家优质工程金质奖及中国市政工程金杯奖各1项，省部优质工程奖及总公司优质工程奖各9项，集团公司优质工程奖26项；1个QC小组获国家优秀QC小组奖，13个QC小组获省部优秀QC小组奖，11个QC小组获总公司优秀QC小组奖，67个QC小组获集团公司优秀QC小组奖；开发科技成果42项，其中获总公司科技进步奖4项；开发工法12项，撰写优秀论文57篇。1990年企业被评为“吉林省先进企业”，2000年被长春市命名为“重合同、守信用单位”，先后5次获吉林省、总公司“安全生产先进单位”、长春市“精神文明建设先进单位”称号。1998年通过ISO9002国际标准质量体系认证，2003年2月通过ISO9001:2000版质量体系认证审核。2人获省、市劳动模范称号，1人当选长春市“十大杰出青年”，4人获“火车头奖章”。1995年获中华全国总工会授予的“模范职工之家”称号。

(王惠敏　汪　英　赵　杰　唐治国)

【第二工程公司】 原为中铁十三局集团公司第二工程处，2002年11月1日更名为中铁十三局集团公司第二工程公司，为集团公司综合分公司。公司机关驻广东省深圳市盐田区东海大道盐田港9号小区中铁大厦。总经理李永利，党委书记井耀明。下辖1个办事处、8个综合工程公司、3个专业工程公司、14个直属项目部、17个工程队、4个汽车队、2个机械运输队及多种经营公司、物业公司和职工医院。职工2 291人，其中干部53人，工人1 438人；专业技术干部775人，占干部总数的90.86%；技术工人857人，占工人总数的59.6%。资产总额46 009.64万元，其中固定资产原值12 941.85万元、净值6 104.86万元，流动资产30 666.[illegible]万元（货币资金6 768万元），其他资产

【第三工程有限公司】 原为中铁十三局集团公司第三工程处，2002年12月26日改制为中铁十三局集团公司第三工程有限公司。为铁路工程、公路工程施工总承包一级，房屋建筑工程、矿山工程、市政公用工程施工总承包二级，桥梁工程、隧道工程、公路路基工程专业承包一级，铁路铺轨架梁工程、水工隧洞工程专业承包二级资质企业。公司机关驻辽宁省盘锦市双台子区延湖路2号。董事长兼总经理秦树春，党委书记武敏。下辖10个分公司及浙江、湖南办事处和职工医院。职工2 373人，其中干部907人，工人1 446人；专业技术干部797人，占干部总数的87.9%；技术工人930人，占工人总数的64.3%。资产总额57 512.88万元，其中固定资产原值14 463.79万元，净值6 882.22万元，流

动资产49 524.08万元，其他资产1 106.57万元。机械运输设备530台，现值3 707.71万元，总功率38 687.5千瓦，新度系数0.37，人均动力装备率16.3千瓦、技术装备率15 626.13元，机械化施工程度85%。

2003年，承揽工程任务16项，合同总额132 191万元。完成企业总产值78 197万元，其中施工产值77 720万元，附营产值477万元。实现利润117万元，人均创利489.02元。全员劳动生产率151 031元/人年，职工年人均收入12 277元。完成主要实物工程量：土石方854万立方米，隧道3 129延长米，桥梁5 510延长米，涵洞6 131横延米，铁路铺轨36公里，圬工14万立方米，公路5公里，房建33 178平方米。分项工程合格率100%，优良率98.5%；铁路工程合格率100%，优良率99.4%。

兵改工以来，荣获集团公司以上优质工程奖32项，其中国家优质工程奖2项，省部优质工程奖4项，总公司优质工程奖7项；获集团公司以上科技进步奖27项，开发企业三级工法14项。企业1998年通过ISO9002国际标准质量体系认证。2001年获“全国优秀施工企业”称号。2002年、2003年被评为辽宁省“守合同、重信用企业”，并获“AAA级信誉单位”称号。

（王惠敏　姜宇轩　赵杰　王馨）

【第四工程公司】　原为中铁十三局集团公司第四工程处，2002年11月1日更名为中铁十三局集团公司第四工程公司，为集团公司综合分公司。公司机关驻黑龙江省哈尔滨市太平区先锋路459号。总经理孙正良（6月调离）、苏宝伶（6月任），党委书记赵华（6月调离）、丁培聚（6月任）。下辖9个工程分处、11个工程队、8个机械工程队及中山装饰有限公司、社会事业管理中心、新都基地、职工医院。职工2 332人，其中干部937人，工人1 395人；技术干部868人，占干部总数的92.6%；技术工人1 075人，占工人总数的77%。资产总额52 186.78万元，其中固定资产原值13 619.64万元、净值7 489.28万元，流动资产43 449.01万元，其他资产1 248.49万元。机械运输设备1 149台（套），现值4 897.07万元，总功率34 893.9千瓦，新度系数0.50，人均动力装备率14.91千瓦、技术装备率2.1万元，机械化施工程度85%。

2003年，承揽工程21项，合同金额112 749万元。完成企业总产值89 077万元，其中施工产值88 947万元。实现利润117.58万元，人均创利513.02元。全员劳动生产率19.42万元/人年，职工年人均收入17 196元。完成主要实物工程量：土石方520万立方米，隧道6 999延长米，桥梁11 351延长米，涵洞1 445横延米，铁路铺轨21公里，圬工45万立方米，公路42公里，公路架梁373片，房建17 535平方米。单位工程合格率100%，铁路工程优良率85%以上。安全生产达标。

兵改工以来，获集团公司以上优质工程奖60项，其中国家优质工程奖3项，省部优质工程奖17项，总公司优质工程奖18项；获集团公司以上科技进步奖26项，其中国家科技进步奖1项，省部科技进步奖1项，总公司科技进步奖3项；获集团公司以上工法15项，其中国家级工法2项，部级工法2项；公司先后获黑龙江省“先进企业”、“文明单位”、“文明企业标兵”、“全省用户满意企业”及“AAA级信用等级企业”称号，4人分别获全国、省、铁道部劳动模范称号，6人获“火车头奖章”，400多人次受到集团公司、总公司、铁道部、全国和省市表彰奖励。

（王惠敏　刘长龙　赵杰　王馨）

【第五工程有限公司】　原为中铁十三局集团公司第五工程处，2002年12月26日改制为中铁十三局集团公司第五工程有限公司。为房屋建筑工程、市政公用工程施工总承包一级，铁路工程、公路工程施工总承包二级，钢结构工程、机电设备安装工程专业承包一级资质企业。公司机关驻吉林省长春市二道区公平路2299号。董事长兼总经理李亚武（6月调离），党委书记赵培玉（6月调离）；董事长兼党委书记王涛（6月任），总经理李龙（6月任）。下辖6个分公司及建筑安装公司、建筑装饰公司、修造厂、物业公司和门诊部。职工1 744人，其中干部799人，工人945人；技术干部622人，占干部总数的78%；技术工人431人，占工人总数的46%。资产总额38 108万元，其中固定资产原值8 172.89万元、净值4 971.33万元，流动资产30 889.11万元，其他资产2 247.55万元。机械运输设备347台（套），现值2 322.37万元，总功率26 384.9千瓦，新度系数0.52，人均动力装备率15.1千瓦、技术装备率13 316.3元，机械设备完好率92%、利用率65%，机械化施工程度85%。

2003年，承揽工程32项，合同金额62 225万元。完成企业总产值52 699万元，其中施工产值52 439万元，附营产值260万元。实现利润56.44万元，人均创利323.1元。全员劳动生产率134 031元/人年，职工年人均收入10 286元。完成主要实物工程量：土石方189万立方米，隧道11 236延长米，桥梁2 237延长米，涵渠1 170横延米，房建83 868平方米。工程质量合格率100%，优良率94.1%。

兵改工以来，企业先后获总公司“优秀思想政治工作研究会”、“八五”双文明建设先进单位、“四好领导班子”、“先进纪检监察组织”等多项荣誉。

（王惠敏　宁纪维　赵杰　王馨）

【第六工程公司】 原为中铁十三局集团公司直属工程公司,2002年11月1日更名为中铁十三局集团公司第六工程公司,为集团公司综合分公司。公司机关驻吉林省长春市二道区岭东路2138号。总经理翟延军,党委书记谭学河。下辖4个分公司和12个项目部。职工509人,其中干部213人,工人296人;技术干部182人,占干部总数的85.4%;技术工人266人,占工人总数的89.9%。资产总额14 928.85万元,其中固定资产原值3 479.89万元、净值1 620.1万元,流动资产13 167.75万元,其他资产141万元。机械运输设备190台(套),现值664.8万元,总功率6 127千瓦,新度系数0.29,人均动力装备率12千瓦、技术装备率13 060.1元,机械化施工程度85%。

2003年,承揽任务18.5项,合同总额30 299万元。完成企业总产值20 762万元,其中施工产值20 735万元,附营产值27万元。实现利润187.99万元,人均创利3 767.42元。全员劳动生产率411 409元/人年,职工年人均收入12 722元。完成主要实物工程量:土石方236万立方米,隧道1 642延长米,桥梁1 441延长米,涵洞1 030横延米,圬工2万立方米,房建42 748平方米。工程质量合格率100%,优良率90.8%。年内各有1项工程被评为总公司安全质量标准工地和优质工程。

公司组建以来,获集团公司以上优质工程奖6项,其中国家优质工程奖1项,省部优质工程奖2项,总公司优质工程奖2项;获集团公司科技进步奖1项,开发企业三级工法4项。

(王惠敏 高东成 赵杰 唐治国 王馨)

【电务工程有限公司】 原为中铁十三局集团公司电务工程处,2002年12月26日改制为中铁十三局集团公司电务工程有限公司。为铁路电务工程专业承包一级,电信工程专业承包二级,铁路电气化工程专业承包三级,公路交通通信、监控、收费综合系统工程专业承包及吉林省通信管线施工和安全防范工程专业承包二级资质企业。2003年9月,公司机关由吉林省长春市绿园区长沈路40号迁至天津市河北区志成道志成里41号。董事长兼党委书记许英顺,总经理宋俊伟。下辖通信、信号、电力、电气化、机电设备安装、土木建筑、网络信息6个专业分公司、房地产公司和长春基地。职工373人,其中干部100人,工人273人;技术干部81人,占干部总数的81%;技术工人202人,占工人总数的74%。资产总额13 346.52万元,其中固定资产原值1 574.4万元、净值1 056.36万元,流动资产11 959.52万元(货币资金6 816万元),其他资产330.64万元。机械运输设备28台(套),现值343.11万元,总功率2 329.4千瓦,新度系数0.5,人均动力装备率6.2千瓦、技术装备率9 198.7元,机械化施工程度85%以上。

2003年,承揽任务22项,合同总额15 298万元。完成企业总产值15 027万元,实现利润17.63万元,人均创利511元。全员劳动生产率351 501元/人年,职工年人均收入14 745元。完成主要实物工程量:通信线路607条公里,供电线路123公里;防洪工程完成大堤填筑290米,土方开挖41.24万立方米,填方32.63万立方米;水利工程完成污水截流管道5 060米。工程质量合格率100%,优良率98%。年内未发生重大伤亡事故。

兵改工以来,获集团公司以上优质工程奖31项,其中国家优质工程奖3项,部优质工程奖1项,总公司优质工程奖5项;获集团公司以上QC成果奖14项,其中国家级QC成果奖1项,省级QC成果奖3项;38篇科技论文、16项工法、8项科技成果获集团公司以上奖励。企业1995年被总公司评为"八五"期间生产经营先进单位,1997年被总公司授予"京九铁路大会战先进集体"称号,2002年被总公司评为"先进集体"、被长春市评为"重合同、守信用单位"和"AAA"级资信企业,1995年以来连续8年被集团公司评为"四好领导班子"和"双文明单位",公司工会先后被集团公司、总公司、吉林省和中华全国总工会授予"全国模范职工之家"称号。 (王惠敏 郭崇强 赵杰 王馨)

【建筑工程公司】 为集团公司专业分公司。公司机关驻吉林省长春市二道区岭东路2138号。总经理王德君,党委书记郑树林。下辖6个分公司及混凝土搅拌站和中心试验室。职工158人,其中干部117人,工人41人;技术干部80人,占干部总数的67.7%;技术工人20人,占工人总数的50%。资产总额8 875.24万元,其中固定资产原值1 428.6万元、净值938.32万元,流动资产7 626.45万元,其他资产310.46万元。机械运输设备127台(套),现值853.25万元,总功率4 225千瓦,新度系数0.67,人均动力装备率26.7千瓦、技术装备率54 041元。

2003年,承揽任务17项,合同总额11 002万元。完成企业总产值8 065万元,其中施工产值7 662万元,附营产值403万元。实现利润78.02万元,人均创利5 099.18元。全员劳动生产率521 633.67元/人年,职工年人均收入21 544.33元。年内完成房屋建筑300 736平方米。工程质量合格率100%。年内未发生安全责任事故。

公司自1994年组建以来,获集团公司以上优质工程奖16项,科技进步奖8项,开发企业三级工法14

项。获沈阳、长春、哈尔滨三市安全联检金、银牌奖各1项。2001年，公司试验室通过国家认证，并被吉林省评为一级建筑试验室。

（王惠敏　康　毅　赵　杰　王　馨）

【特种设备公司】　为集团公司专业分公司，主要负责大型、特种设备的租赁、管理。公司机关驻吉林省长春市二道区岭东路2138号。经理张新文，党委书记王登田。职工24人，其中干部11人，工人13人。资产总额1 504.23万元，其中固定资产原值3 011.4万元、净值1 967.37万元，流动资产－679.85万元，其他资产216.71万元。机械运输设备13台(套)，现值1 967.21万元，总功率2 463千瓦，新度系数0.66。人均动力装备率102.6千瓦、技术装备率819 670元，机械化施工程度100%。

2003年，完成机械设备租赁产值428万元，实现利润34.17万元，人均创利14 856.33元，职工年人均收入16 032元。净资产收益率3.41%，产值利润率7.96%，资产负债率33.38%，投资收益上缴率100%，应上缴款完成率100%。

（王惠敏　张淑云　赵　杰　王　馨）

【物资贸易公司】　为集团公司直属的物资营销企业。公司机关驻吉林省长春市二道区岭东路2138号。总经理许东儒，党委书记王新文。职工37人，其中干部23人，工人14人。下辖储运部、大连和福州项目部及物资供应部。资产总额1 341.46万元，其中固定资产原值189.15万元、净值132.13万元，流动资产1 209.33万元。车辆3台(套)，总功率315千瓦。人均动力装备率8.5千瓦、技术装备率2 848.6元。

2003年，完成总产值367万元，实现利润2.69万元，人均创利301.76元。

（王惠敏　宋丽萍　赵　杰　唐治国　王　馨）

【重要记载】

▲1月10日　集团公司成功推行网上办公。

▲1月12日～13日　召开集团公司一届二次职工代表大会。

▲1月14日　召开集团公司党委扩大会暨2004年工作会议。

▲2月15日　总公司党委书记李国瑞一行在集团公司党委书记王治忠等陪同下，到渝怀铁路3座乌江大桥建设工地检查指导工作。

▲2月17日　集团公司铁路工程施工资质由总承包一级升为总承包特级。

▲2月　集团公司团委与企业文化部联合开展“加快发展文化先行”企业精神有奖征集活动。

▲3月1日～2日　召开集团公司2003年度市场开发工作会议。

▲3月11日　经集团公司党委常委会议研究决定，成立董事会生产经营督导委员会。

▲3月13日～14日　召开集团公司2003年股东会、一届三次监事会和一届七次董事会会议。选举黄少军为监事会主席，刘士彦为副董事长；批准公司章程、五项制度修订稿及总经理在董事会、监事会上的工作报告和财务预决算、利润分配方案。

▲3月17日～4月6日　集团公司组织公司领导、机关有关部门及所属公司领导，对中铁建设集团公司、中铁二局集团公司、成都铁路局工程总公司、长春亚泰集团和上海城建集团、建工集团进行参观考察。

▲3月24日　颁发《公司章程及法人治理五项制度》。

▲4月9日　撤销集团公司多种经营公司。

▲4月14日　集团公司荣获“吉林省建筑业优秀企业”称号。

▲4月中旬　在全集团公司组织开展深化改革、加快发展大讨论。

▲5月13日　根据中铁建人任〔2003〕23号和中铁建党任〔2003〕18号文件精神，李亚武任集团公司副总经理，吴焕通任集团公司总工程师，免去谭振武兼任集团公司总工程师职务；赵华任集团公司党委副书记兼纪委书记，免去尹殿祥集团公司纪委书记职务。

▲5月　一公司被评为“全国施工企业设备管理优秀单位”。

▲6月1日　集团公司成功开发出“科技开发管理系统软件”。

▲6月4日　经集团公司党委常委会议和总经理办公会议研究决定，对四公司、五公司主管领导或法人治理结构进行调整，成立董事会战略决策研究委员会。

▲6月5日　召开一届八次董事会会议，分别聘任李亚武、吴焕通为集团公司副总经理和总工程师；决定五公司新任董事长、副董事长、总经理人选。

▲6月24日～8月底　集团公司团委开展“向陋习宣战，做文明员工”主题活动。

▲6月26日　集团公司成立西南、华中与西北、华东和北方地区4个区域性市场开发指挥部及1个专项市场开发经营指挥部。

▲6月28日　集团公司中心医院内科护士长杨雪被中组部授予“全国防治非典型肺炎工作优秀共产党员”称号。

▲7月10日　集团公司召开工作会议，总结上半年生产经营工作，全面部署下半年任务。

▲7月11日　召开集团公司一届二次职代会联席会，审议通过《关于完善管理体制若干问题的指导意见》《企业效绩评价暂行办法》和《薪酬试行办法》。

▲7月21日～23日　集团公司在渝怀铁路项目部召开桥梁施工技术现场交流会。

▲7月23日　吉林省总工会授予五公司西南分公司工会“模范职工小家”称号。

▲7月25日　召开集团公司一届九次董事会会议，审议通过《关于完善管理体制若干问题的指导意见》《薪酬试行办法》《企业效绩评价暂行办法》《集团公司机关机构设置、编制定员调整方案》《企业精神、企业理念、企业宗旨和企业作风的议案》，批准电务公司迁往天津和一、四公司改制等事宜。

▲同日　下发《集团公司机关机构设置、编制定员调整的通知》。机关调整后总定员为167人，其中董事会8人，监事会1人，行政系统128人，党群系统30人。

▲7月25日～12月　集团公司组成执法效能监察组，对26个工程项目进行重点抽查。

▲7月26日　集团公司《企业效绩评价暂行办法》下发执行。

▲7月27日　铁道部副部长陆东福一行在总公司总经理王振侯、集团公司董事长文普津等陪同下，视察集团公司承建的渝怀铁路涪陵乌江大桥建设工地。

▲7月28日　集团公司《薪酬试行办法》下发执行。

▲7月30日　集团公司下发《关于完善管理体制若干问题的指导意见》。

▲8月12日～13日　集团公司“建家建线”现场会在二公司南京地铁项目部召开。

▲8月25日　发布中铁十三局集团公司企业文化有关内容。企业精神：艰苦奋斗，争创一流。企业理念：市场第一，诚信为本。企业宗旨：强企富工。企业作风：说到做到。

▲9月4日　铁道部副部长陆东福视察集团公司承建的满洲里口岸站扩能改造工程，集团公司党委书记王治忠等陪同视察。

▲9月26日　中华全国总工会授予电务工程公司工会“全国模范职工之家”称号，授予二公司南京项目部工会“全国模范职工小家”称号，授予四公司工会副主席王文武“优秀工会工作积极分子”称号。

▲9月　集团公司开展安全质量大检查。

▲10月14日～15日　一公司研制的秦沈客运专线“ZQJ800型箱型梁移动支架造桥机”获2003年度中国铁道学会科技进步奖。

▲10月17日　铁道部部长刘志军及吉林省有关领导在集团公司董事长文普津、党委书记王治忠、总经理王学伟陪同下，视察集团公司参建的长春站改建工程，对地下通道、北站房站前广场等工程给予高度评价。

▲10月23日　集团公司党政工联合下发《关于解决当前职工经济利益三个突出问题的意见》。

▲10月30日　集团公司荣获吉林省2002年～2003年度精神文明建设先进单位称号。

▲11月27日　电务公司机关由长春迁至天津。

▲12月2日　集团公司在长春召开改制后的第一次团代会。

▲12月3日　集团公司对外经营资质由铁路工程扩大为所有工程及境外工程所需的设备材料出口、对外派遣工程所需的劳务人员。

▲12月14日　由集团公司和同济大学共同完成的“复杂条件下地铁区间隧道施工技术”成果通过吉林省科技厅在南京主持的鉴定，综合施工技术达到国际先进水平。

▲12月29日～30日　集团公司召开学习贯彻十六届三中全会精神研讨会。

▲本年　集团公司连续4年被吉林省工商行政管理局授予“守合同、重信誉单位”称号。

▲本年　集团公司被长春市授予“优秀建筑企业”称号。

（王惠敏）

中铁十四局集团有限公司

【简况】　中铁十四局集团有限公司是铁路工程施工总承包特级，公路工程、市政公用工程、房屋建筑工程施工总承包一级，水利水电工程施工总承包二级，地基与基础工程、隧道工程、公路路面工程、机场场道工程专业承包一级和城市轨道交通工程专业资质企业，并经国家商务部批准享有对外经营权。公司机关驻山东省济南市和平路1号。前身系中国人民解放军铁道兵第四师，1984年1月1日集体转业并入铁道部，改编为铁道部第十四工程局；1999年12月与铁道部脱钩，更名为中铁第十四工程局；2001年12月26日企业改制改称现名。下辖9个子公司、5个经营性分公司和北京、上海、广州、成都、青岛、西安等6个区域性分公司。职工16 687人，其中技术干部4 262人，高级技术职务383人，中级技术职务1 562人；一级项目经理325人，二级项目经理192人，其中68人被评为全国或省部优秀项目经理。集团公司注册资本金总额7.2亿元。机械设备2 278台(套),固定资产原值46 865万元、净值22 234万元,总功率126 562千瓦,技术装备率1.74万元/人,动力装备率7.66千瓦/人,机械设备完好率95%,利用率67.7%,新度系数0.46。年施工能力50亿元以上。

2003年,集团公司承揽工程任务82.42亿元,创历史新高。完成企业总产值528 882万元,其中施工产值501 170万元,实现利润8 691万元。全员劳动生产率250 940元/人年,职工年人均工资13 296元。国有资产保值增值率103.07%,净资产收益率7.6%,产值利润率1.64%,投资回报率8.91%,应上缴款完成率100%,资产负债率73.85%。完成主要实物工程量:土石方3 192万立方米,桥梁46 035延长米,涵洞27 142横延米,隧道21 558延长米,房建43 960平方米,正线铺轨160公里,铺道岔12组,铁路架梁941孔,公路制架梁10 363片,通信电缆410条公里,通信光缆284条公里,电气集中72站,联锁道岔72组,输变电线路211公里,变配电所33座。工程质量合格率100%,优良率96%。年内集团公司及子公司分别通过质量、职业健康安全和环境管理体系认证并取得证书;获詹天佑土木工程大奖1项,省部优质工程奖8项,总公司优质工程奖9项;获国家企业管理现代化创新成果奖和省部企业管理现代化创新成果奖各2项;3项科技成果通过省部鉴定,3项科技成果获省部科技进步奖;集团公司获2003年度“全国优秀施工企业”称号,被中国建设银行评为“AAA级资信企业”,继续保持“重合同、守信用单位”称号。

“八五”以来,集团公司获詹天佑土木工程大奖2项,国家优质工程奖8项,中国建筑工程鲁班奖6项,省部优质工程奖38项;有16项管理成果、12项科技成果获国家或省部优秀成果奖。1998年,集团公司及所属单位全部通过ISO9000质量体系认证。(刘 宁)

【领导人员】

股东会

国有股代表	霍金贵
	韩风险
	杨有诗
	白福音
	吴靖文
职工股代表	陈保京
	刘运平
	顾中久
	徐明新
	曹希彬

董事会

董事长	韩风险
副董事长	杨有诗
	白福音
	刘士彦
国有股董事	韩风险
	杨有诗
	白福音
	刘士彦
	于立中
	曾庆道
职工股董事	陈保京
	张海舟
	李景元
职工代表董事	顾中久

监事会

监事会主席	黄少军
国有股监事	黄少军
	刘国秀
职工股监事	戴绍勋
	厉永乾
职工代表监事	任建国

经理层

总经理	杨有诗
副总经理	白福音
	张海舟
	李景元
	徐明新
	曹希彬
总工程师	刘运平
总会计师	于立中

党群领导

党委书记	韩风险(兼)
党委副书记	杨有诗(兼)
	陈保京
	戴绍勋
纪委书记	戴绍勋(兼)
工会主席	顾中久

(李尊启)

【工程项目指挥机构】 青藏铁路工程指挥部 驻青海省格尔木市。指挥长许兰民,党工委书记高霜,副指挥长曹玉新,总会计师秦世选,总工程师尹得学,工委主任杜贵学。

渝怀铁路工程指挥部 驻重庆市武隆县。指挥长叶禄林,党工委书记马玉学,副指挥长夏吉军,总会计师曾庆超，总工程师夏吉军(兼)。

胶新铁路工程项目经理部 驻山东省临沂市。项目经理王元生，党工委书记周祖富，副经理兼总工程师胡安沁。

宣杭铁路工程指挥部 驻浙江省杭州市。指挥长兼党工委书记严学斌，副指挥长兼总工程师孙胜考。

(侯景德)

【职工队伍】 年末职工总数16 687人，其中在岗职工14 660人，非在岗职工2 027人；干部4 851人，工人11 836人。学历结构：研究生以上学历22人，大学本科1 590人，大学专科1 686人，中专774人，高中及以下779人；大学本科和大学专科以上学历分别占干部总数的33.2%和68%。年龄结构：30岁以下1 642人，31岁～50岁2 701人，51岁～60岁508人。专业技术结构：专业技术干部4 262人，其中高级职务383人，中级职务1 562人，初级职务2 317人。

(李遵启　韩栋梁)

【铁路工程施工】 年内，铁路在建工程22项，完成工程总投资99 680万元。主要工程进展情况：

青藏铁路格拉段 承担第3、12标段土建工程施工任务，全长80.888公里，合同投资66 850万元。其中第3标段51.72公里，海拔3 570米～4 360米，合同投资36 965万元。主要工程量：桥梁46座5 199.8延长米，涵洞128座2 937.2横延米，路基土石方469万立方米，车站2座，其中三岔河特大桥系全线重点控制工程。2001年7月开工，2003年6月工程顺利竣工。第12标段全长29.168公里，平均海拔4 680米，合同投资29 885万元。主要工程量：桥梁18座3 042.83延长米，涵洞插入桩1 675根9 862延长米，通风路基倾填片石69万立方米，浆砌骨架护坡预制块9 124立方米，风沙路基干砌片石10 413立方米，土工格栅386 924平方米，复合土工膜15 307平方米，聚胺脂板36 973平方米，车站2座。2002年4月开工，计划2004年5月完工。该标段新增工程量大，铺架工期提前，年内通过开展"建功立业百日劳动竞赛"活动，不断创造高原施工高产纪录，于8月20日提前完成铺架。

渝怀铁路 承担第12标段线下土建工程施工任务，全长17.47公里，合同投资39 198万元。主要工程量：土石方106.45万立方米，隧道2座13 143延长米，桥梁4座1 405.07延长米，涵洞13座402.55横延米，车站3座，房建10 370平方米。合同工期2001年12月～2004年5月。年内杨家坝隧道、杨家坝车站及站场土石方工程、桥梁下部主体工程全部完工，已具备架梁条件。全线重点控制工程武隆隧道[illegible]施工作取得较大进展，正洞衬砌余648米，沟槽余2 616米。

胶新铁路 承担ZH－21标段铺架工程施工任务。主要工程量：925孔桥梁架设，160.755公里正线铺轨，以及临沂北站站场填土、上碴等站前工程。合同工期2001年11月～2004年2月，合同投资26 545.6万元。正线于6月20日提前铺通，累计架梁860孔，正线铺轨160.692公里，站线铺轨5.439公里，铺道岔18组。

宣杭铁路复线 承担第13标段9.024公里土建工程施工任务。主要工程量：土石方53万立方米，桥梁10座3 997延长米，涵洞12座282横延米，正线铺轨10.59公里，站线铺轨0.966公里，铺道岔4组。合同工期2003年12月～2005年9月，合同投资14 880万元。

赣龙铁路 承担第2标段全长17.414公里的土建工程施工任务。主要工程量：路基土石方223.8万立方米，桥梁7座1 901.88延长米，涵洞96座2 497.63横延米，隧道2座995延长米。合同工期2002年6月～2004年3月，合同投资14 100万元。年内工程基本完工。

(侯景德)

【路外工程施工】 年内承建公路、市政、机场、水利电力、房建等工程146项，其中公路工程完成222 436万元，市政工程完成69 132万元，机场工程完成5 454万元，水利电力工程完成12 465万元，房建工程完成40 307万元，其他工程完成51 696万元。主要工程进展情况：

韶关五里亭大桥 全长525米，集团公司承担主桥190米施工任务，桥跨结构为35米＋120米＋35米。主桥主孔采用120米无推力刚性系杆无横向风构集束钢管混凝土双肋拱和双箱单室连续梁组合结构，钢管混凝土拱高30.6米，重652吨；190米长的顶推连续箱梁重4 560吨；主墩基础是水中单排双柱变截面大直径(5米～3.5米)钻孔桩，过度墩为单排三柱直径(2.5米～2米)变截面钻孔桩，水中顶推临时墩采用4根直径1.5米钻孔桩。合同工期2000年11月18日～2003年10月18日，合同投资2 700万元。年内大桥主体工程全部完成，工程质量全部合格，优良率达90%以上，受到业主与监理单位的一致好评。

东营黄河大桥 全长1 146.55米，其中主桥长852米，南引桥长294.55米。集团公司承担主桥施工任务。主桥为116米＋200米＋220米＋200米＋116米预应力钢筋混凝土刚构—连续结合梁，左右两幅为分离式设计，采用超长超细群桩基础；桥墩采用矩形截面和双薄壁矩形截面，高度在17米～22米之间；主桥箱梁截面为单箱单室，采用挂篮法施工，悬臂施工梁段最

大重量为255吨。主桥合同投资12 237万元。合同工期2002年8月～2005年2月。主要工程量：混凝土9.04万立方米，钢筋9 067吨，钢绞线2 194吨，精轧螺纹钢507吨。年内完成施工产值5 029万元，开工累计完成产值6 755万元，占合同投资的55.4%。

北京地铁 承建5号线第3标段工程，位于北京市三环路以外，为一站一区间。浦黄榆站—天坛东门站区间长1 690.5米，区间标准断面开挖宽度5.8米，高6.28米。天坛东门站长186.3米，总宽度23.776米，为地下双层岛式车站，主体工程为三拱两柱双层结构，车站最大开挖高度15.066米。合同工期2003年12月～2004年12月，合同投资26 400万元。

广州地铁盾构工程 主要工程量：隧道3 853.521延长米，盾构始发井100米，到达井31.8米。合同工期2002年12月1日～2004年11月1日，合同投资9 977万元。年内盾构机始发井按期完成，盾构机吊出井明挖段围护结构已完工。第一台盾构机于11月24日运到工地，已安装调试完毕。

广州地铁3号线 承担广州东站及站后折返线工程施工任务，线路长569.182双线米。主要包括广州东站、站后折返线及相关辅助工程。合同工期2002年11月1日～2004年11月1日，合同投资6 269万元。年内折返线暗挖隧道完成486米，占工程总量的81%；二次衬砌完成18米，占工程总量的3%。车站主体暗挖隧道完成331米，占工程总量的69%；南站厅竖井开挖完成12 000立方米，占工程总量的76%。1号线桩基托换完成70%。北站厅人工挖孔桩围护结构完成3 400立方米，占工程总量的73%。（侯景德）

【经营管理】 工程任务承揽。全年承揽工程任务82.42亿元，创历史新高。其中，铁路工程25项，合同投资10.3亿元，占承揽总额的12.5%；公路工程68项，合同投资44.5亿元，占承揽总额的53.9%；城市轨道交通工程1项，合同投资2.7亿元，占承揽总额的3.2%；水利水电工程11项，合同投资1.5亿元，占承揽总额的1.8%；房建工程30项，合同投资5.8亿元，占承揽总额的7%；市政工程48项，合同投资12.7亿元，占承揽总额的15.5%；国外工程2项，合同投资4.4亿元，占承揽总额的5.3%。

企业管理。年内完成主辅分离辅业改制总体方案和徐州机械厂主辅分离方案的报批工作，国资委批复同意设立中铁十四局工程发展股份有限公司，总股本8 000万元。公司于2003年12月26日在上海浦东新区挂牌成立。

年内集团公司取得建设部核准的城市轨道交通工程专业资质，至此，集团公司本级已拥有5项总承包资质，为经营承揽工作提供了必备条件。建设部核准一级资质项目经理11人，二级资质项目经理145人。路桥分公司承建的马鞍山市政府招待所（南湖宾馆）和二公司承建的蚌埠火车站站房工程被评为“全国用户满意工程”。集团公司董事长兼党委书记韩风险荣获第十一届“山东省优秀企业家”称号。集团公司青藏铁路工程指挥部主创的“高原复杂环境条件下的铁路施工管理”成果，获国家企业管理现代化创新成果二等奖；建筑分公司秦沈客运专线项目部主创的“‘量化创新’管理法在项目施工中的应用”成果，获全国工程建设企业管理现代化创新成果二等奖；集团公司青藏铁路工程指挥部主创的“高原恶劣条件下的铁路绿色施工管理”和渝怀铁路工程指挥部主创的“长大铁路隧道施工中的‘三优一化’管理”成果，分别获山东省企业管理现代化创新及优秀应用成果一等奖。2人被评为“全国重点工程建设优秀项目经理”，5人被铁道部评为“铁路施工企业优秀项目经理”。

安全质量。认真贯彻执行国家《建设工程质量管理条例》等质量法规，工程质量稳步上升。工程质量合格率100%，分项工程优良率94.12%，单位工程优良率96%。坚持“安全第一，预防为主”方针，认真贯彻执行《安全生产法》，落实安全生产责任制，严格施工现场和生产车间安全控制，组织开展“安全质量标准工地（车间）建设”、“安全生产月”和安全大检查等活动，及时消除事故隐患，促进了安全生产。年内一公司、三公司、五公司和徐州机械厂、北京房桥中铁路桥工程公司等单位连续杜绝职工因工和非因工死亡事故，被集团公司授予“安全工作先进单位”称号。年内发生职工伤亡事故1起，死亡1人。集团公司评出“安全质量标准工地（车间）”26个，被总公司评为“安全质量标准工地”4个，被山东省评为“安全质量标准工地”5个。集团公司评出优质工程34项，获总公司优质工程奖9项，铁道部优质工程奖2项，交通部优质工程奖2项，山东省优质工程奖2项，浙江省优质工程奖1项。评出集团公司优秀QC小组29个，被评为总公司优秀QC小组4个、山东省优秀QC小组3个、铁道部优秀QC小组2个。

财务管理。修订完善《财务内控制度》《预算管理办法》《成本费用管理细则》《会计委派制度》《效绩考核办法》等规章制度。从预算执行情况看，全集团公司单位预算率100%，工程结算收入预算实现率116%，利润总额预算完成率142%，成本管理预算实现率154%，机关经费、物业管理费、事业单位经费等始终处于受控状态。加快会计信息网络化建设步伐，年内完成软件公司的考察、硬件设备的配置设计等工作。充分发挥资金中心的作用，加强与银行的合作，坚持多领域、多渠道、多形式、低成本筹集资金，银行授信额度达到17亿元，从8家银行获得贷款3.5亿元，有力地支持了企业生产经营。集团公司加大外欠款催收工作力度，与各单位主管签订外欠款回收合同，并纳入年终绩效考评指标体系，取得显著效果，年末应收账款总额比2002年下降35 701万元。集团公司继续保持“AAA级信用企业”荣誉。

审计工作。全面贯彻“突出重点，全面审计”的工作方针，年内完成各类审计项目139个，提交审计报告129份，查出有问题金额1 696万元，针对发现的问题提出审计建议507条，促进增收节支619万元。年内一公司、三公司被总公司评为“审计工作先进单位”，2人被评为总公司审计工作先进个人。（刘　宁）

【科技教育】 科技开发。健全以各级总工程师为首的技术创新管理体系，加强技术创新机构建设，成立集团公司技术中心。年内集团公司科技投入400多万元，保证“大跨深桩连续刚构桥综合施工技术”等21项科技开发项目正常开展。渝怀铁路武隆隧道“浅埋隧道穿越楼房基础技术研究”通过上海市科委组织的技术鉴定，居国内领先、部分达到国际先进水平；青藏铁路“高原严寒条件下高墩桥梁成套快速施工技术”通过青海省科技厅组织的技术鉴定，居国内领先、部分达到国际先进水平。南京地铁“软流塑状淤泥质地层建筑物下地铁隧道综合施工技术”通过山东省科技厅组织的技术鉴定，达到国际先进水平。年内集团公司评出科技进步奖12项，朔黄铁路神池—西柏坡段综合工程获詹天佑土木工程大奖，获交通部科技进步三等奖1项，山东省科技进步三等奖1项，河北省科技进步三等奖1项，总公司科技进步一等奖1项、二等奖5项、三等奖3项。

教育培训。年内集团公司组织各类培训35期，培训各级各类人员2 594人次。其中，委外培训20期，培训1 101人次；内部培训15期，培训635人次；高级技工培训8期，培训155人。学历培训：专科班1个，学员30人；本科班3个，学员110人；工程硕士班12人。组织200名职工参加全国成人教育统一考试，82人达到山东省录取分数线。为351人换发质量监察岗位证书。高层管理人员培训：监事会主席、督察员培训14人，项目经理继续教育及管理人员法律法规合同知识培训169人，项目经理施工安全培训32人，国际项目管理专业资质认证培训2人。

（廖大恳　赫连玉良　刘　宁）

【公安与综合治理】 铁道建筑公安局第十四公安处下辖公安分处1个、公安派出所6个，有公安干警94人，实行公安处、公安分处、派出所三级管理体制。各级公安机关加强队伍管理，认真践行“三个代表”重要思想，以“人要精神，物要整洁，说话和气，办事公道”为目标，以“全国奔小康，公安怎么办”大讨论为动力，深入贯彻十六大精神，开展“再塑公安形象”活动，切实解决队伍建设中存在的问题。全年立刑事案件44起，侦破34起，抓获犯罪嫌疑人33人，其中逮捕4人，移送起诉3人，为企业避免或挽回经济损失151.54万元。受理各类治安案件118起，查处118起，处理各类违法人员135人次，其中警告53人次，罚款78人次，治安拘留4人次。调解纠纷217起。年内根据上级公安机关要求，组织开展“蓝盾”专项治理行动，破各类案件40起，其中刑事案件21起，治安案件19起。开展警用车辆清理整顿工作，共转出、收缴、报废警车68台，公安处警用车辆由原来的114台减少到46台。（万　中）

【党群工作】 党的工作。集团公司党委下辖基层党委106个、党组2个、党总支43个、党支部486个，有党员6 320人。(1)党组织建设。集团公司党委认真开展项目治理结构的试点和推广工作，推广三公司淮安项目部项目治理结构三个层面的议事规则及工作制度，对规范项目管理起到较好作用。完善法人治理结构，建立分公司专职督察员队伍。年内选拔46名优秀人才走上各级领导岗位，为加快企业发展提供组织保证。狠抓制度建设，全年制发10项制度和办法，对规范企业管理起到促进作用。组织“青藏铁路建设精神”宣讲团，在集团公司进行巡回演讲，弘扬时代主旋律，特别是青藏铁路三岔河特大桥建设先进事迹在全国作巡回报告，提升了企业的社会知名度。年内，集团公司评出“四好领导班子”11个，“先进基层党委”6个，“五好党支部”18个，“六好共产党员”52名。(2)宣传思想工作。9月27日～29日，集团公司党委中心组召开“三个代表”重要思想研讨会，掀起践行“三个代表”思想新高潮。年内，在中央及省部等新闻媒体刊播稿件1 265篇，二公司、三公司、四公司被《中国铁道建筑报》评为新闻报道先进单位，2人被评为优秀记者，11人被评为优秀通讯员。集团公司党委表彰新闻报道先进单位17个，先进个人59人，优质稿件30篇。(3)精神文明建设。坚持“两手抓，两手硬”的方针，把“三个文明”建设的内容纳入政治工作目标责任制，与生产经营责任书的内容同步考核，保证思想政治工作与企业生产经营同步发展。集团公司党委签订政治工作目标责任书的经验，在《中直党建》等10余家省部以上刊物发表，并在中国施工企业管理协会举办的政工干部培训班上进行经验介绍。指导工会、共青团组织开展重难点项目攻难克险、“安康杯”劳动竞赛、“创优创效”和为国家重点工程建功立业等活动，为企业发展发挥了积极作用。年内受到省部级表彰的先进集体 41 个，先进个人 40 名。集团公司机关被山东省委、省直机关工委评为“文明机关”，2 个单位获山东省省直机关“先进基层党组织”称号，3 人获“优秀共产党员” 称号，2 人获“优秀党务工作者”称号。(4)党风廉政建设。按照“立足于教育防范，筑牢思想道德防线”的要求，狠抓党风廉政教育，认真落实企业领导干部廉政谈话制度和对新提升领导干部廉政谈话制度。下发《关于做好领导干部廉洁自律工作的指导意见》，建立领导干部廉政档案，进一步强化领导干部廉洁勤政意识。年内查处违纪案件 17 件，结案 15 件，处分 16 人，其中党纪处分 5 人，行政处分 13 人，党纪、政纪双重处分 2 人。

工会工作。集团公司工会下辖 9 个子公司工会、4 个专业分公司工会、6 个区域性分公司工会、154 个项目部工委、126 个基层工会，有专职工会干部 93 人，工会会员16 125人。各级工会围绕实施集团公司“三步走”发展战略和全面推进内部市场化建设开展工作。一是抓学习，开展党的十六大和工会十四大精神学习系列活动。通过组织参加“全面建设小康社会职工百题问答”、举办职工演讲比赛等形式，加强改革宣传教育、形势任务教育，引导职工转变观念，提高改革的心理承受能力，保持职工队伍稳定。集团公司和二公司、四公司分别获全国职工学习党的十六大精神系列活动(山东赛区)优秀组织奖，7 人受到山东省总工会表彰。二是尽职责，积极探索加强基层民主管理、依法维权工作的新路子。配合企业改制和内部市场化建设，制定《在“两个直管”、“五大市场”改革中加强基层工会组织建设的指导意见》和《关于开展职代会星级创建活动的实施办法》，重新修订《项目部民主管理委员会工作条例》，加强市场化建设中的基层民主管理，推动企务公开工作。年内，各子(分)公司机关干部全部实行竞聘上岗，新上项目部的项目经理、党工委书记实行竞争上岗。多数项目部大宗物资、设备和外部劳务选用坚持阳光采购、公开招标。各级工会以落实集体合同为主，进一步加大集体合同履约中的监督检查和困难职工的救助力度，全年兑现拖欠职工工资 860 万元，筹集“送温暖”资金 168 万余元，支付职工互助合作保险补偿金 43 万元，保障了困难职工的基本生活。2 个公司被山东省总工会评为“集体合同工作先进单位”。三是创业绩，大力开展“五比四创”劳动竞赛和经济技术创新活动。各级工会围绕生产经营中心，克服“非典”疫情影响，对重难点工程坚持重点组织、重点竞赛，组织开展“百日大干”竞赛活动，集团公司现场颁发“建功立业奖杯”10 个、“建功立业奖章”98 枚，慰问一线职工3 200余人，总结推广典型经验 26 份。年内 1 个分公司、1 个项目部、1 个女工班分获山东省“富民兴鲁劳动奖状”、铁道部“火车头奖杯”和“先进女职工集体”称号；1 人获“全国五一劳动奖章”，5 人被评为山东省和青海省劳动模范，4 人获“富民兴鲁劳动奖章”和“火车头奖章”；集团公司再次荣获“全国‘安康杯’竞赛优胜企业”称号。四是求实效，推行各项工作深入开展。各级工会在抓好重点工作的同时，统筹兼顾，协调推进，积极开展基层“建家建线”、女职工工作、职工持股会和工会财务管理等工作，取得明显成效。年内集团公司工会继续保持全国和全省“模范职工之家”称号。集团公司桥牌队在山东省桥牌比赛中勇夺冠军。工会财务工作通过财政部驻山东办事处的审计检查，并在全路工会财务评比中获一等奖。

共青团工作。集团公司团委下辖二级团委 17 个、项目团委 39 个、团总支 18 个、团支部 51 个，专职团干部 15 人，团员3 454人，35 岁以下青年7 991人。年内，集团公司团委开展第三届“十大杰出青年”评选活动，曹德岗、于自清、田执祥、孙成贵、张禄、孙洁、曹玉新、王守慧、李长捷、孙长秀当选集团公司“十大杰出青年”。集团公司团委表彰 8 个“五四红旗团委”、13 个“五四红旗团支部”和 15 名优秀团干部、21 名优秀团员，4 个团委、4 个团支部和 9 名团干部、7 名团员受到总公司以上团组织表彰，集团公司团委被评为“山东省先进团委”，五公司团委被评为“山东省五四红旗团委”，电务公司京九铁路复线团支部被评为“山东省五四红旗团支部标兵”。全年上报“五小”科技成果 49 项，评出一等奖 1 项、二等奖 4 项、三等奖 20 项。隧道分公司、五公司天津轻轨项目部八队分别被评为山东省和总公司“青年安全生产示范岗”。全年创省部级“青年文明号”4 个。

(张举凤　董建军　刘德联　马俊凤　刘　宁)

【第一工程有限公司】 公路工程、市政公用工程施工总承包一级，铁路工程、房屋建筑工程施工总承包二级，公路路面工程、桥梁工程专业承包一级，机场场道工程、堤防工程专业承包二级资质企业。公司机关驻山东省日照市黄海二路 65 号。前身系中国人民解放军铁道兵第四师第十六团，1984 年 1 月 1 日集体转业并入铁道部，改编为铁道部第十四工程局第一工程处；1999 年 12 月与铁道部脱钩，改称中铁第十四工程局第一工程处；2002 年企业改制改称现名。董事长袁全祥，党委书记张子健，总经理朱红卫。职工2 306人，其中专业技术人员 506 人。资产总额52 000万元，其中固定资产原值10 600万元、净值4 400万元。机械设备 247 台(套)，总功率32 404千瓦。年施工能力 8 亿元以上。

兵改工以来，公司奉行“创新求强，永争一流”的企业精神和“诚信双赢，客户满意”的经营理念，坚持走科技创新、管理创新、制度创新的发展道路，先后获得山东省“先进企业”、“文明单位”、“重合同、守信用企业”和“AAA特级信用企业”称号，连续多年名列“山东省建筑施工企业综合实力50强”行列。1998年通过ISO9002质量体系认证并取得认证证书。公司承建的20项工程获省部优质工程奖，其中1项获詹天佑土木工程大奖，2项获中国建筑工程鲁班奖，3项获国家优质工程银质奖。

2003年，承揽工程任务8.7亿元。完成企业总产值6.1亿元，实现利润860万元。职工年人均收入11 230元。年内通过质量、环境、职业健康安全管理体系认证并取得证书。（农光鲜）

【第二工程有限公司】 公路工程、市政公用工程施工总承包一级，铁路工程、房屋建筑工程施工总承包二级，桥梁工程、公路路基工程、公路路面工程、机场场道工程专业承包一级资质企业。公司机关驻山东省泰安市东岳大街西首。前身系中国人民解放军铁道兵第四师第十七团，1984年1月1日集体转业并入铁道部，改编为铁道部第十四工程局第二工程处；1999年12月1日改称中铁第十四工程局第二工程处；2002年1月18日公司改制改称现名。董事长毕经实，党委书记张砚伦，总经理郭衍敬。下辖25个工程项目部、26个专业施工队。职工2 593人，其中专业技术人员544人。资产总额4.23亿元，其中固定资产原值1.71亿元、净值8 100万元，流动资产3.4亿元。机械设备201台(套)，总功率21 780千瓦，动力装备率8.7千瓦/人，技术装备率1.54万元/人。

2003年，承揽工程任务11亿元。完成企业总产值69 509万元，实现综合利润808万元。职工人均年收入14 433元。

公司始终坚持“质量第一、信誉为本”的方针，工程质量合格率100%，优良率96.3%。参建的京九铁路吉赣定段获中国建筑工程鲁班奖和詹天佑土木工程大奖，承建的京福高速公路泰安西天平立交桥获中国建筑工程鲁班奖；京九铁路卫运河特大桥、杭州铁路枢纽疏解特大桥获铁道部优质工程奖；济青高速公路、105国道东平流泽特大桥、京九铁路卫运河特大桥获山东省优质工程奖；上海逸仙路高架桥获中国市政工程金杯奖和上海市市政工程金奖；2003年，蚌埠火车站站房工程获“全国用户满意工程”称号。青藏铁路项目部荣获“青藏铁路建设先进集体”称号。公司继续保持山东省“重合同、守信用企业”、“建筑企业50强企业”、“质量管理先进企业”、“思想政治工作优秀企业”和“AAA特级信用企业”等荣誉称号。（张峰　刘宁）

【第三工程有限公司】 铁路工程、市政公用工程施工总承包一级，房屋建筑工程施工总承包二级，机场场道工程、桥梁工程专业承包一级，公路路基工程专业承包二级资质企业。公司机关驻山东省兖州市北环城路16号。前身系中国人民解放军铁道兵第四师第十八团，1984年1月1日集体转业并入铁道部，改编为铁道部第十四工程局第三工程处；1999年12月1日改称中铁第十四工程局第三工程处；2002年1月企业改制改称现名。董事长郑修杰，党委书记曲宝臻，总经理孟繁亚。公司下辖16个工程项目部、12个工程队、6个专业化公司、3个办事处及多种经营公司、物业管理中心、职工医院、修理厂。职工2 220人。资产总额36 404万元，其中固定资产原值10 706万元、净值4 720万元，流动资产31 684万元。机械设备383台(套)，总功率21 354千瓦，设备完好率95%，利用率70%，动力装备率6.7千瓦/人，技术装备率1.32万元/人。

2003年，承揽工程任务14项，合同总额101 654万元。完成企业总产值65 903万元，其中施工产值65 803万元，多种经营收入100万元，实现利润811万元。职工年人均收入12 013元。完成主要实物工程量：土石方171.11万立方米，隧道2 816延长米，桥梁9 878.52延长米，涵渠1 224.7横延米，公路26.21公里。工程质量合格率100%，优良率95%。公司参建的宝兰铁路复线新松树湾隧道、莱新高速公路第2合同段综合工程获总公司优质工程奖，宁波同三高速公路第1、7标段综合工程和莱新高速公路第2合同段综合工程获铁道部“火车头优质工程”奖。公司保持山东省“文明单位”、“优秀政工企业”、“重合同、守信用企业”、“AAA特级信用企业”称号。（办公室）

【第四工程有限公司】 市政公用工程、公路工程施工总承包一级，铁路工程施工总承包二级，公路路基工程、公路路面工程、桥梁工程、机场场道工程专业承包一级资质企业。公司机关驻山东省临沂市银雀山路205号。前身系中国人民解放军铁道兵第四师第十九团，1984年1月集体转业并入铁道部，改编为铁道部第十四工程局第四工程处；1999年12月脱离铁道部，更名为中铁第十四工程局第四工程处；2002年1月18日企业改制改称现名。董事长商有才，党委书记梁世山，总经理王明波。公司下辖23个工程项目部、1个物业中心、1所职工医院。职工2 126人，其中干部533人，工人1 593人；专业技术干部465人，占干部总数的87%；技术工人1 311人，占工人总数的82%。企业注册资本6 000万元。资产总额34 226万元，其中固定资产原值16 168万元、净值6 576万元，流动资产27 341万元。机械设备 176 台(套)，设备原值11 873万元、净值5 154万元，设备总功率14 852千瓦，人均动力装备率 7 千瓦、技术装备率 2.4 万元。年施工能力 6.5 亿元以上。

公司坚持以市场为导向，以发展为目标，致力改革，开拓创新，综合实力不断增强。1998 年 8 月通过 ISO9000 质量管理体系认证，2003 年通过质量、环境、职业健康安全“三标一体”综合管理体系认证。连续多年保持山东省“文明单位”、“思想政治工作优秀企业”、“重合同、守信用企业”称号，曾被铁道部评为“全国铁路先进集体”和 “全国铁路安全生产先进单位”，多次被业主评为“高速公路建设先进单位”，公司团委多次被铁道部、山东省团委评为“青年文明号”和“红旗团委”；1 人荣获“全国劳动模范”称号，1 人荣获“全国五一劳动奖章”，3 人被评为省部劳动模范，16 人获“火车头奖章”和山东省“富民兴鲁劳动奖章”。

2003 年，承揽工程任务 14.98 亿元，完成企业总产值 6.25 亿元，实现利润 860 万元。全员劳动生产率 44 440.1 元/人年，职工人均年收入11 704元。国有资产保值增值率 102.6%，净资产收益率 9.7%，产值利润率 1.4 %。完成主要实物工程量：土石方1 040万立方米，隧道1 607延长米，桥梁2 906延长米，公路 46.98 公里，公路路面 49 万平方米。单位工程合格率 100%，优良率 93.8%。获交通部优质工程 1 项，总公司优质工程 1 项，集团公司优质工程 5 项，集团公司安全质量标准工地 2 项。年内公司继续保持山东省“重合同、守信用企业”、“思想政治工作优秀企业”称号，公司政研会被评为山东省“优秀政研会”，1 人获山东省机关党工委“优秀共产党员”称号，1 人获山东省“富民兴鲁劳动奖章”。 (周绪凤　刘　宁)

【第五工程有限公司】 市政公用工程、公路工程施工总承包一级，铁路工程施工总承包二级，桥梁工程、铁路铺轨架梁工程、公路路基工程专业承包一级资质企业。公司机关驻山东省兖州市北站路口。董事长兼党委书记张小民，总经理刘永成。职工1 545人，其中干部 346 人。下辖铺架、桥梁、杭州、太原、南方等工程分公司，13 个工程项目部，以及物业管理中心、设备管理中心、兖州材料厂等单位。资产总额28 057万元，其中固定资产原值10 775万元、净值5 140万元，流动资产22 917万元。机械设备 289 台(套)，车辆 78 辆，设备原值6 436万元、净值3 037万元，总功率19 414千瓦，设备完好率 93.8%，利用率 65%，新度系数 0.45，技术装备率 2.44 万元/人，动力装备率 12.64 千瓦/人。本年新增机械设备 10 台(套)，原值 377 万元。

2003 年，承揽工程任务 12 项，合同总额51 016万元。完成企业总产值53 161万元，实现利润 525 万元。上缴集团公司各种费用 638 万元，完成计划的 100%。国有资产保值增值率 102%，产值利润率 0.99%，净资产收益率 7.41%，股利率8.44%，分红率6.08%。职工人均年收入11 828元。单位工程合格率 100%，优良率 99%。公司被集团公司评为“安全文明生产先进单位”，2 个项目部被评为集团公司“安全质量标准工地”；大莱龙铁路制梁工程被集团公司评为“青年文明号”工程，天津轻轨工程被总公司评为“青年文明号”示范工程；4 项工程获集团公司优质工程一等奖，杭州上塘高架桥获铁道部优质工程一等奖；开发应用科技成果 8 项，获集团公司科技进步奖 3 项、总公司科技进步奖 1 项。公司继续保持山东省“文明单位”、“重合同、守信用企业”和“优秀政工企业”称号，年内获山东省“职业道德建设‘双十佳’先进单位”、“‘安康杯’竞赛先进单位”和山东省“五四红旗团委”等荣誉称号，顺利通过质量、职业健康安全和环境“三标一体”认证并取得认证证书。 (刘炳进　朱　诚　刘　宁)

【电务工程有限公司】 铁路电务工程专业承包一级，电信工程专业承包二级，铁路电气化工程、送变电工程专业承包三级资质企业。公司机关驻山东省济南市和平路 16 号。前身系中国人民解放军铁道兵第四师发电营，1987 年开始独立承担电务工程施工，2001 年年底企业改制改称现名。董事长兼党委书记李自华，总经理孙文鹏。下辖 14 个工程项目部、4 个专业化培训中心、电气化分公司、通信中心、物业管理中心。职工 725 人，其中干部 270 人，工人 455 人；技术干部 243 人，占干部总数的 90%；技术工人 391 人，占工人总数的 86%。资产总值 1.471 亿元，其中固定资产原值 4 118万元、净值2 205万元。机械设备 85 台(套)，专业检测仪器仪表 98 台(套)，总功率2 646.56千瓦，动力装备率 3.65 千瓦/人，技术装备率31 176.59元/人。年施工能力 2.5 亿元以上。

2003 年，承揽工程任务24 453万元。完成企业总产值22 830万元，实现利润 423 万元。职工年人均收入15 424元，人均创利5 834元，全员劳动生产率31.49 万元/人年。国有资产保值增值率 102%，经营性资产收益率 8.7%，产值利润率 1.85%，应上缴款完成率 100%。工程质量合格率 100%，优良率 96%。获总公司优质工程奖 1 项，集团公司优质工程奖 3 项，优秀 QC 成果奖 2 项。11 月通过质量、职业健康安全、环境管理体系认证并取得认证证书。公司先后获山东省“文明单位”、“优秀政工企业”称号，被总公司评为“学习型企业创建业绩突出单位”，并被推荐为“全国创建

学习型企业示范单位”。 （刘红梅　刘　宁）

【北京房桥中铁路桥工程有限公司】 由原中国铁道建筑总公司房山桥梁厂改制而成，为国有大型二档混凝土制品企业。位于北京市房山区大件路1－7号。董事长兼党委书记杨景良，总经理鄂宝生。下辖5个分厂、2个分公司、1个子公司。职工963人，其中干部192人，工人771人；专业技术干部158人，占干部总数的84%；技术工人603人，占工人总数的78%。资产总额2.18亿元，注册资金6 000万元。占地面积142万平方米，建筑面积13.4万平方米。

公司是铁道部定点生产预应力钢筋混凝土铁路桥梁、轨枕的主要厂家之一，首批取得铁道部桥梁和轨枕生产许可证，并取得北京市建委混凝土预制构件专业二级资质证书，通过ISO9001质量体系认证并取得国内和国际认证证书，被选定为铁道部铁道器材开发中心研究发展基地。拥有微机控制的桥梁生产线3条，轨枕和岔枕生产线各1条，构件生产线1条。具有年产铁路桥梁1 000孔或公路桥梁4 000片、轨枕100万根、岔枕2 000组、异型构件10万立方米的生产能力。公司生产的32米和24米预应力钢筋混凝土后张梁被评为铁道部优质产品，16米预应力钢筋混凝土先张梁获铁道部科技进步二等奖，秦沈客运专线24米双线整孔简支箱梁研制生产和磁悬浮列车悬浮技术与预制桥梁被评为北京市经济技术创新工程优秀成果。获国家科技进步奖3项，省部科技进步奖14项，2项工艺填补国内空白并获全国科技大会奖。公司先后获“全国绿化先进单位”、“首都文明居民区”、“北京市花园式单位”、“北京市AAA级信誉企业”、“北京市重合同、守信誉单位”、“北京市用户满意企业”、“首都文明单位标兵”、“首都文明单位标兵‘五连冠’企业”、“北京市经济技术创新先进单位”、“山东省思想政治工作优秀企业”、“山东省优秀思想政治工作研究会”等称号。

2003年，承揽任务14 982.8万元。完成工业总产值17 141.6万元，销售收入21 114.5万元，回收货款23 315.1万元，上缴税金677.7万元，实现利润155.1万元。职工年人均收入2万元。国有资产保值增值率100.28%，经营性资产收益率1.84%，产值利润率0.73%。 （黄梅英）

【隧道工程分公司】 集团公司所属专业分公司，以隧道和地下工程为主营业务，同时具备桥梁、土石方等工程综合施工能力。公司机关驻山东省济南市十六里河镇兴隆山庄。总经理宫建岗，党委书记徐进玮。原为铁道部第十四工程局隧道公司，1994年10月组建；1995年12月更名为铁道部第十四工程局隧道工程处，1999年9月更名为中铁第十四工程局隧道工程处，2001年更名为中铁十四局集团公司隧道工程分公司；2003年9月更名为中铁十四局集团工程发展有限公司隧道工程分公司。下辖24个项目部、2个办事处、1个多种经营公司和1个门诊部。职工711人，其中干部231人，工人455人；专业技术干部216人，占干部总数的93.5%；技术工人284人，占工人总数的62.4%。资产总额24 013万元，其中固定资产原值5 641万元、净值2 929万元，流动资产20 713万元。机械运输设备125台（套），原值5 381万元、净值2 670万元，技术装备率3.8万元/人，动力装备率12.4千瓦/人，机械化施工程度93%。

2003年，承揽工程任务8项，合同总额6.89亿元。完成企业总产值47 132万元，其中施工产值47 094万元，附营产值38万元，实现利润868万元。国有资产保值增值率100%，经营性资产收益率4.16%，产值利润率1.87%，成本降低率8%。人均创利1.2万元，全员劳动生产率3.4万元/人年，职工人均年收入17 800元。韶关五里亭大桥突破水中大直径桩成孔及穿越溶洞处理、190米箱梁多点顶推施工和120米钢管拱预制与安装等技术难题，代表了中国桥梁施工技术先进水平。南京地铁“软流塑状淤泥质地层建筑物下地铁隧道综合施工技术”于11月16日通过山东省科技厅组织的鉴定，获集团公司科技进步特等奖。工程质量合格率100%，优良率91.4%。公司承建的济南隧道获山东省优质工程“泰山杯”奖，南京新庄立交桥获总公司优质工程奖；北京地铁5号线工程被北京市建委评为“安全文明工地”，南京赛虹立交桥被总公司评为“安全质量标准工地”。10月通过质量、环境和职业健康安全管理体系认证。公司始终坚持“质量兴业”方针，荣获国家优质工程奖4项，省部优质工程奖9项。 （隽方庆　刘　宁）

【路桥工程分公司】 集团公司所属专业分公司，具有铁路、公路、机场、港口、码头、桥梁、矿山、水利、电力、市政、工业与民用建筑工程综合施工能力。公司机关驻济南市十六里河镇兴济河路15号。总经理陈益刚，党委书记李春才。下辖16个工程指挥（项目）部。职工693人，其中干部255人，工人438人；技术干部233人，占干部总数的91.4 %；技术工人320人，占工人总数的73%。资产总额19 076万元，其中固定资产原值6 396万元、净值2 535万元，流动资产16 541万元。机械设备71台（套），总功率4 854千瓦，主要机械完好率94%，利用率80%。年施工能力5亿元以上。

2003年，承揽工程任务63 977万元。完成企业总产值31 786万元，其中施工产值31 703万元，实现利润

116万元。产值利润率0.4%，经营性资产收益率15%。职工人均年收入13 299元。工程质量合格率100%，优良率100%。年内创优质工程21项，3个QC小组分别被评为集团公司、总公司、山东省优秀质量管理小组。公司继续保持山东省“文明单位”、“重合同、守信用单位”称号。（朱方惠　刘　宁）

【建筑工程分公司】 集团公司所属专业分公司。前身为铁道部第十四工程局第一建筑安装工程公司，组建于1992年11月；2002年9月改称中铁十四局集团公司建筑工程分公司，2003年9月改称中铁十四局集团工程发展有限公司建筑工程分公司。公司机关驻济南市历下区和平路1号。总经理李长捷，党委书记王道福。下辖18个工程项目部。职工360人，其中干部184人，工人176人；专业技术干部165人，占干部总数的89.8%；技术工人81人，占工人总数的46%。资产总额13 451万元，其中固定资产原值1 994万元、净值1 228万元，流动资产12 170万元。机械运输设备152台(套)，总功率5 614千瓦，动力装备率15.6千瓦/人，技术装备率1.94万元/人。

2003年，承揽工程任务71 917.7万元，完成企业总产值25 993万元，实现利润608.9万元。人均创利17 650元，全员劳动生产率52 542元/人年，职工人均年收入12 026元。国有资产保值增值率100%，产值利润率3.87%，应上缴款完成率100%。工程质量合格率100%，优良率97%。公司继续保持山东省“文明单位”称号，年内获山东省“学习雷锋、志愿服务先进集体”称号；开发科技成果7项，获集团公司科技进步奖4项，优秀工法2项；获国家企业管理现代化创新成果二等奖1项，集团公司企业管理现代化创新成果奖2项，山东省“科技应用示范工程”1项；连续11年杜绝安全质量等级事故，实现连续安全生产4 075天；获“火车头优质工程”奖2项，山东省优质工程“泰山杯”奖1项，济南军区优质工程奖2项；被评为济南军区、山东省、济南市“安全文明工地”各1项。（文家珍　刘　宁）

【建筑安装工程分公司】 集团公司所属专业分公司。以工业与民用建筑工程施工为主，兼营公路、管网等市政工程。公司机关驻济南市东外环路山航大厦17层。公司成立于2002年7月1日。总经理王建伦，党委书记岳焕鹏。下辖1个办事处、17个项目部、医院和卫生防疫站。职工283人，其中干部106人，工人177人；专业技术干部86人，占干部总数的81%；技术工人50人，占工人总数的61%。资产总额18 000万元，其中固定资产原值1 682万元、净值1 240万元，流动资产17 000万元。

公司组建以来，获“全国用户满意工程”1项，山东省优质工程奖1项，山东省优质工程“泰山杯”奖1项，总公司优质工程奖1项，集团公司优质工程奖3项，青岛市“青岛杯”奖和优质工程奖各1项；公司获济南市“建筑施工安全生产先进单位”称号。

2003年，承揽工程任务27 800万元。完成企业总产值19 380万元，实现利润295万元。上缴国家税收640万元，职工年人均收入15 198元。投资收益上缴率102%，产值利润率4.25%，工程成本降低率4.39%。工程质量合格率100%，优良率88%。承建的青岛国际航空物流中心监管库工程获“全国用户满意工程”称号，公司财务部获总公司“三八红旗集体”称号，王建伦获“全国优秀项目经理”称号。（汪丽霞）

【徐州机械厂】 驻江苏省徐州市中山北路254号，占地面积25.88万平方米。厂长白毅平，党委书记周振良。职工917人，其中干部206人，专业技术人员121人。资产总额14 671万元，其中固定资产原值5 982.7万元、净值4 887万元，流动资产9 784万元。机械设备184台，设备原值1 250万元，净值927万元，设备成新率0.74。主要产品有空气压缩机、隔膜式压缩机、铁路线路器材、浮动端面密封环、烟草机械、压力容器、钢结构件及商品配件等。下辖3个分厂、物业公司、职工医院、铁城实业开发总公司、工程公司和服务中心等单位。（刘玉江　刘　宁）

【重要记载】

▲1月15日　集团公司承建的京沪高速公路服务区工程被评为“火车头优质工程”。

▲2月　集团公司承建的京沪高速公路化马湾—临沂段被评为“交通部优质工程”。

▲3月12日　集团公司、集团公司党委下发《关于深入开展“源头工程”管理年活动的决定》。

▲3月15日　二公司承建的蚌埠火车站站房工程荣获“全国用户满意工程”称号。

▲3月23日　集团公司党委召开一届二次全委(扩大)会议。

▲3月24日　集团公司召开一届三次职代会、党委扩大会、党委会暨党风廉政建设工作会和经营工作会议。

▲3月　电务公司荣获“山东省政治工作优秀企业”称号。

▲4月3日　江西省省委书记孟建柱在省交通厅厅长蒲日新陪同下，视察四公司承建的京福高速公路A8－2标段建设工地，称赞“中国铁建大军是一支特别能战斗、敢于打硬仗的队伍”。

▲4月10日　曹德岗等10名优秀青年当选集团公司第三届“十大杰出青年”。

▲4月24日　集团公司董事长兼党委书记韩风险荣获“山东省优秀企业家”称号。

▲4月28日　董事长兼党委书记韩风险和建筑工程分公司副经理王为民荣获“山东省劳动模范”称号。

▲5月1日　山东省省委书记张高丽、省长韩寓群和济南市市委书记孙淑义在韩风险董事长、杨有诗总经理陪同下，视察集团公司承建的济南顺河高架桥、燕山立交桥建设工地并检查“非典”防治情况。

▲5月20日　集团公司生产的国内首片24米整孔简支试验箱梁通过铁道部专家主持的静载试验，各项指标达到设计要求。

▲6月25日　渝怀铁路武隆隧道横洞再次爆发特大涌水，日涌水量达1 190万立方米，造成直接经济损失850余万元。

▲6月28日　集团公司党委被命名为“山东省省直机关先进基层党组织”。

▲7月3日　全国人大常委会副委员长韩启德在杨有诗总经理陪同下视察集团公司青藏铁路建设工地。

▲7月8日　北京市副市长刘敬民在集团公司董事长韩风险、副总经理徐明新陪同下，视察北京地铁5号线集团公司建设工地。

▲8月10日　国家环保局、水利部、国家林业局、国土资源管理局、铁道部等五部委检查集团公司青藏铁路环境保护工作。

▲8月22日～24日　集团公司在三公司承建的江苏宿淮高速公路HA6标段召开市场化建设现场会。

▲9月27日　三公司青藏铁路建设先进事迹报告人刘燕在北京人民大会堂作事迹报告，受到中共中央政治局常委、国务院副总理黄菊等的亲切接见。

▲10月29日　集团公司承建的中国人民解放军404医院病房楼工程分别被评为“火车头优质工程”和“济南军区优质工程”。

▲11月1日　集团公司参建的朔黄铁路工程获第三届詹天佑土木工程大奖。

▲11月16日　集团公司在南京地铁施工中开发的“软流塑状淤泥质地层建筑物下地铁隧道综合施工技术”成果在济南通过山东省科技厅组织的鉴定，专家认定该项成果达到国际先进水平。

▲12月15日　集团公司中标北京地铁黄庄车站工程，合同投资2.67亿元。

▲12月16日　集团公司承建的济南军区“221工程”被评为“山东省新技术应用示范工程”。

▲12月25日　隧道工程分公司获山东省“‘安康杯’竞赛优胜企业”称号。

▲12月26日　中铁十四局集团工程发展股份有限公司在上海浦东新区成立，国资委及总公司领导出席成立大会。

▲12月30日　全国最大的城市道路立交桥——南京赛虹桥立交桥建成通车，江苏省省委常委、南京市市委书记罗志军出席通车典礼并剪彩。

▲12月　建筑安装工程分公司承建的青岛国际航空物流中心监管库工程先后获青岛市优质工程“青岛杯”奖、山东省“优质工程”奖和“全国用户满意工程”称号。

（刘　宁）

中铁十五局集团有限公司

【简况】　中铁十五局集团有限公司是铁路工程施工总承包特级资质企业。机关驻河南省洛阳市四通路2号院。前身系中国人民解放军铁道兵第五师，1984年1月1日集体转业并入铁道部，改编为铁道部第十五工程局；1999年12月与铁道部脱钩，更名为中铁第十五工程局；2001年10月12日企业改制改称现名。下辖第一至第七工程有限公司及电务工程有限公司、贵州中铁路桥有限公司、科技工贸有限公司、机械设备工程有限公司、物资有限公司、上海分公司和西南、中原、中南、西北、华北、华南、青藏、新疆、四川指挥部。职工22 271人，其中干部4 973人，工人17 298人；技术干部4 263人，占干部总数的85.7%；技术工人12 137人，占工人总数的70.1%。资产总额36.8亿元，其中固定资产原值12.2亿元、净值6.6亿元，流动资产28.9亿元，其他资产1.3亿元。主要机械运输设备3 610台（套），原值61 904万元、净值31 103万元，总功率104 582千瓦，设备完好率93.7%，利用率77.9%，技术装备率1.4万元/人，动力装备率4.72千瓦/人，设备新度系数0.48。年施工能力50亿元以上。

2003年，承揽工程任务903 000万元，为年度计划的186.16%。完成企业总产值416 709万元，其中施工产值410 799万元，实现利润4 292万元。完成主要实物工程量：路基土石方3 076万立方米，桥梁14 017延长米，隧道28 731延长米，涵渠14 717横延米，正线铺轨287.4公里，站线铺轨58.4公里，架梁1 311孔，铺设道岔179组，铺上道碴21.4万立方米，通信光（电）缆铺设653条公里，通信、信号、电力设备安装158台

(件),房建20.86万平方米。工程质量合格率100%,优良率96.7%。全员劳动生产率170 600元/人年,人均创利1 115.6元。国有资产保值增值率102%,净资产收益率7.87%,投资回报率5.9%。

兵改工20年来,集团公司获中国建筑工程鲁班奖2项,国家优质工程奖5项,省部优质工程奖47项,总公司优质工程奖47项;获国家科技进步奖2项,省部科技进步奖14项。1994年在全国500家大型建筑企业排名中名列第22位,在中国行业100家最大经营规模建筑企业排名中名列第12位。1996年～1997年在全路基建系统率先通过ISO9002质量体系和国际质量体系双认证。先后获得"河南省先进企业"、"AAA级信用企业"、"重合同、守信用企业"、"全国优秀施工企业"、"全国精神文明建设先进单位"、"全国五一劳动奖状"等荣誉称号。 (王建光)

【领导人员】

股东会

国有股代表 何能金

耿杰明

张播琦

张汉云

职工股代表 柴顺林

张志才

许东坤

张忠璞

陈　戈

董事会

董事长 王炳祥(9月离任)

张播琦(9月任)

副董事长 尚清喜

张汉云

国有股董事 王炳祥(9月离任)

张播琦(9月任)

尚清喜

张汉云

徐士淮

王大贤

季　田

刘世发

职工股董事 柴顺林

张海亮

陈　戈

监事会

监事会主席 姜世杰

国有股监事 姜世杰

李忠心

职工股监事 史保魁

田仲荣

赵玉祥

经理层

总经理 张汉云

副总经理 王大贤

刘世发

张忠璞

张志才

张海亮

总工程师 许东坤

总经济师 张海亮(兼)

总会计师 季　田

党群领导

党委书记 王炳祥(9月离任)

张播琦(9月兼任)

党委副书记 张汉云(兼)

柴顺林

史保魁

纪委书记 史保魁(兼)

工会主席 陈　戈

(杨　超　陈富良　王建光)

【工程项目指挥机构】 西南工程指挥部　驻昆明市人民路40号。指挥长兼党委书记王大贤,专职党委副书记康增飞,副指挥长胡春生、杜胜录,总工程师张建辉。

西北工程指挥部　驻乌鲁木齐市青海路4号。指挥长柴顺林,党委书记李新民,总会计师孔德库。

宝兰二线工程指挥部　驻甘肃省陇西县诚信宾馆。指挥长柴顺林,党委书记李新民,副指挥长陈柏章,党委副书记杨兴法,总工程师范学林。

北疆工程项目经理部　驻新疆维吾尔自治区奎屯市。项目经理陈生军,党委书记张治国,总工程师尹象胜。

华东工程指挥部　驻上海市闵行区莘沥路232号。指挥长王令振,党委书记申宝龙(11月免)、田璐郅(11月任),总会计师刘拉仁,副总经济师王小川,副总工程师杨荣。

华南工程指挥部　驻广东省东源县。指挥长李俭仁(7月免),党委书记张宝魁(7月主持工作),副指挥长刘宪章、刘连松、金国海(11月免)。

中南工程指挥部　驻河南省南阳市北京大道。指挥长田福元,党委书记张春生,副指挥长吕春元、冯忠荣,总工程师冯忠荣(兼)。

中原工程指挥部　驻河南省郑州市工人南路81

号。指挥长张海庆，党委书记李庆林，党委副书记杨安怀，总工程师徐通礼，安全监察长董庆秘。

四川工程指挥部　驻四川省成都市花牌坊街131号。指挥长杨玉德，党委书记兼副指挥长李祥福，总工程师徐文明(11月免)。

青藏铁路工程指挥部　驻西藏自治区当雄县。指挥长兼党委书记张海亮，党委副书记张启亮，副指挥长张国军，总工程师赵存。

开通工程指挥部　驻河南省通许县人民北路。指挥长李文越，副指挥长张希，总工程师张天科。

(邢宝柱　王建光)

【职工队伍】 现有干部4 973人，其中局级干部15人，处级干部311人，科级以下干部1 902人；专业技术干部4 263人，占干部总数的85.9%。本科以上学历1 214人，占24.5 %；大专学历2 194人，占44.2%；中专学历677人，占13.6%；高中以下880人，占17.7%。年龄在30岁以下的1 646人，31岁～54岁3 197人，55岁以上148人。党员干部2 466人，占干部总数的49.7%。各类专业技术干部中，工程专业2 345人，经济专业400人，会计专业434人，卫生专业379人，教师专业262人，政工专业424人，其他专业19人，其中高级技术职务263人，占技术干部总数的6.2%；中级技术职务1 499人，占35.2%；初级技术职务2 501人，占58.7%。年内接收大中专毕业生395人，其中本科学历168人，大专学历190人，中专学历37人；土木工程专业217人，占54.9%。

工人17 298人，其中技术工人12 137人，占工人总数的70%。大专以上学历1 276人，占工人总数的7%；中专1 074人，占6%；高中以下14 930人，占86%。30岁以下4 231人，31岁～40岁5 117人，41岁～50岁7 550人，51岁～55岁343人，56岁～60岁56人。1983年以前参加工作的8 610人，1984年～2000年参加工作的7 551人，2001年以后参加工作的1 050人。技术工人中初级工1 393人，中级工3 422人，高级工3 757人，技师279人，高级技师24人。工人中女工5 323人，中共党员3 880人，共青团员2 133人，少数民族280人。　(张宝家　胡三清　王建光)

【铁路工程施工】 年内在建铁路项目55项，完成工程任务总额14 117万元。重点工程进展情况：

青藏铁路　承担第28标段36.45公里的线下土建工程施工和220万根混凝土轨枕生产任务。开工累计完成实物工程量：路基土石方167万立方米，占设计量的67.8%；桥梁707.9延长米，占设计量的65.7%；涵渠1 276.3横延米，占设计量的50%；预制混凝土轨枕695 213根，占调整后合同总量的72.2%。

渝怀铁路　承担土建工程第5、20标段全长33.798公里施工任务，合同投资54 400万元。第5标段线下工程全部竣工，6月17日铺架顺利通过。第20标段开工累计完成实物工程量：土石方204.1万立方米，占设计量的96.3%；桥梁4 518延长米，占设计量的88.8%；涵渠1 139.5横延米，占设计量的91%；隧道3 201延长米，占设计量的100%。阿蓬江大桥主跨悬灌梁于10月29日顺利合龙，实现优质、安全和工期阶段目标。

西安南京铁路　承担A土18标段铺架工程施工任务，正线全长309.9公里，合同投资49 262万元。铺架工程于6月12日比合同工期提前197天全线铺通，受到业主表彰奖励；站前、站后工程均于11月10日顺利通过验收。

神朔铁路复线　承担神木北—神池南段131.06公里铺架工程和府谷—神池南段土建工程施工任务，合同投资34 826万元。铺架工程比合同工期提前27天于4月18日全部完工。

郑徐电化技改第3标段工程　开工累计完成土石方8 700立方米，占设计量的5%；涵洞开工累计完成65横延米，占设计量的50%；桥梁累计完成169.7延长米，占设计量的56%。　(王建光)

【路外工程施工】 在建路外工程306项，完成工程任务总额270 072万元。重点工程进展情况：

京福高速公路MA8标段　开工累计完成土石方160.5万立方米，占设计量的70.3%；桥梁完成591延长米，占设计量的41.2%；涵渠完成611.5横延米，占设计量的76.6%；隧道完成2 130延长米，占设计量的42.9%。

奎赛公路第10标段　开工累计完成路基土石方97.24万立方米，占设计量的88.6%；桥梁510.8延长米，占设计量的89%；涵洞1 083.3横延米，占设计量的89%。

西汉高速公路　开工累计完成土石方98.72立方米，占设计量的74.2%；桥梁703延长米，占设计量的53.5%；涵洞407横延米，占设计量的89%。年内在业主组织的综合业绩考评中获第一名。

深圳地铁一期4A标段隧道工程　主体工程于7月18日竣工，比计划工期提前24天，受到业主表彰奖励。

江珠高速公路珠海段荷麻溪特大桥　预制厂设备安装基本完工，主桥桥墩钻孔桩施工已全面展开。

(顾卫平　王长安　王建光)

【经营管理】 工程任务承揽。全年承揽工程任务234项,合同金额90.3亿元,创承揽任务历史最好水平。其中,铁路工程16.1亿元,占承揽任务总额的18%;公路工程63.47亿元,占承揽任务总额的70%;其他工程10.71亿元,占承揽任务总额的12%。

企业管理。集团公司资质就位取得满意结果,一公司取得隧道专业承包一级资质,二公司取得桥梁、隧道专业承包一级资质,五公司取得桥梁、隧道专业承包一级资质,六公司取得公路工程施工总承包一级和公路路面、公路路基专业承包一级资质,为生产经营提供了必需的市场准入保证。在集团公司董事长更替的情况下,及时到政府有关主管部门办理了营业执照、资质证书、法人代表证书的变更和年检工作。集团公司于11月27日通过ISO9001:2000版标准质量管理体系认证并取得认证证书;12月3日通过环境、职业健康安全管理体系认证,取得环境、职业健康安全管理体系认证证书。

安全质量。坚持"安全第一、预防为主"方针,认真贯彻《安全生产法》和《建筑法》,落实安全生产责任制,健全安全管理队伍,开展以"实施安全生产,人人事事保安全"为主题的"安全生产月"活动,积极开展安全标准工地建设活动,从健全完善各项规章制度入手,抓职工安全教育培训、抓施工现场规范管理、抓违章违纪现象纠正,全年未发生重大职工伤亡事故,实现安全生产目标。金筠铁路铺架工程、洛阳友谊苑商住楼被总公司评为"安全质量标准工地",20个项目部被集团公司评为"安全质量标准工地建设先进单位"。认真贯彻国家和行业有关质量法律、法规,规范施工行为,加强施工现场质量管理,工程质量合格率100%,分项工程优良率100%,单位工程优良率96.7%,房建工程优良率85.2%。集团公司评出优质工程24项,"优质示范工程"6项;集团公司评出优秀QC小组26个,被总公司评为优秀QC小组5个,被铁道部评为优秀QC小组2个,被评为全国工程建设优秀QC小组1个。

财务管理。集团公司认真贯彻财政部《会计人员继续教育暂行规定》,举办三期以新《会计制度》《企业内控制度》为内容的会计人员继续教育培训班。配合外部单位做好财务审计、检查工作,加强成本管理和资金管理,控制财务支出。制订集团公司《企业内部效绩评价办法》,强化激励与约束机制,促进企业加强基础管理工作。

审计工作。年内完成审计项目117项,其中财务收支审计23项,资产经营责任审计1项,离任经济责任审计13项,工程项目审计32项,经济效益审计24项,外包工程审计8项,其他审计16项。发现有问题金额1 933万元,其中违规违纪金额640万元,损失浪费58万元,不良资产828万元,帐目差错407万元,提出审计建议274条,促进增收节支16万元。(王建光)

【科技教育】 科技开发。全年安排科技开发项目19项,资助金额289万元。年内完成科技开发项目13项。"长大隧道施工通风成套技术"通过河北省科技厅组织的鉴定,"深圳地铁单洞双层重叠暗挖隧道施工技术"、"秦沈客运专线通信信号施工技术研究"、"渝怀铁路阿蓬江大桥深水基础施工技术"通过总公司组织的专家评审,其中"深圳地铁单洞双层重叠暗挖隧道施工技术"属国内首例,获总公司科技进步一等奖;"渝怀铁路阿蓬江大桥深水基础施工技术研究"获总公司科技进步二等奖。年内获河北省科技进步奖1项,总公司科技进步奖5项,开发企业级工法3项,6篇论文获总公司优秀论文奖,取得历史最好成绩。6月,试验工作通过国家复查验收,取得国家计量认证合格证书。

教育培训。年内参加各种干部培训102人,举办干部任职资格培训班2期,培训82人。举办技工培训班140期,培训技工1 396人。组织职业技能鉴定1 235人,其中高级工1 061人,中级工17人,技师29人。

(常锋 王银生 王建光)

【公安与综合治理】 全年共立各类刑事案件143起,破107起,其中重(特)大案件立19起,破6起,抓获犯罪嫌疑人138人,逮捕8人,劳教1人,追缴赃款赃物折款48.86万元。通过严厉打击各种刑事犯罪活动,保证了企业生产经营的顺利进行。

(贯兆录 李东明 王建光)

【党群工作】 党的工作。集团公司党委下辖基层党委109个、党支部393个,现有党员6 700人。(1)领导班子建设。集团公司党委以"三个代表"重要思想和党的十六大精神为指导,以建立科学、规范、有效的法人治理结构和做优做强企业为目标,以创建"四好领导班子"活动为载体,大力加强领导班子思想政治建设,狠抓基层基础建设,努力转变工作作风,保证企业健康稳步发展。(2)党支部建设。各级党委重视党支部建设,做到党组织与生产管理组织在机构设立、人员配备、制度建设、工作开展、奖励惩罚上"五同步五到位",从配齐配强党支部书记入手,建立健全工作制度,年内全集团公司生产一线的307个党支部均已配齐党支部书记。各级党组织积极开展创建"五好党支部"和争当"六好共产党员"活动,评出先进党支部128个,达标党支部375个,整顿后进党支部18个。组织广大党员深入开展"创岗建区"、"创建先锋战士号工程"、"党员一面旗"等活动,加强对党员的教育管理,全面提高党员素质,保持党的先进性。集团公司党委年内评出“五好党支部标兵”29个,“六好共产党员标兵”60人,“优秀党务工作者标兵”16人。(3)宣传思想工作。各级党委深入学习贯彻党的十六大精神,开展“牢记‘两个务必’、继续艰苦创业”的主题教育,掀起学习贯彻“三个代表”思想和十六大精神新高潮。企业文化建设深入现场,做到工程指挥部机构与现场文化领导小组同步建立,施工动员与现场文化布置同步展开,落实创优目标与现场文化管理同步启动。开展纪念兵改工20周年系列庆祝活动,一是与中央电视台联合编辑制作反映集团公司20年发展壮大历程的电视专题片《大路军魂》;二是在《中国建设报》、《中国企业报》推出五个专版的大型宣传报道;三是举办以反映20年企业发展业绩为主题的美术、书法、摄影展览;四是以“20年辉煌再回首”为主题,推出12版大型图片展览,塑造了企业良好的社会形象。在第12届《大路画展》评奖中获重点作品创作奖和金奖1项、银奖2项,优秀奖3项。年内在全国各类报刊、电台、电视台刊(播)稿件1 290篇,其中中央级报(台)刊(播)稿件283篇,地市级报(台)刊(播)稿576篇,《中国铁道建筑报》刊稿384篇。(4)党风廉政建设。深入开展领导人员廉洁自律工作,严肃查处违法乱纪案件,积极开展工程项目经济效益执法效能监察,取得明显的效果。深入开展牢记“两个务必”专题教育、案例警示和预防职务犯罪教育,深化“学党纪、学法规”的“双学”活动,下发《关于贯彻落实企业领导人员廉洁自律若干规定实施细则》和《关于对新提拔的领导干部进行廉政谈话教育的规定》,不断加强纪检监察工作的制度建设。年内共受理群众来信来访44件,初查核实案件线索30件,立案16件,结案18件,追究党纪政纪处分21人,其中党纪处分8人,政纪处分13人,3人受到党纪、政纪双重处分,1人受到刑事处理,17人受到经济处罚。

工会工作。集团公司工会认真学习贯彻党的十六大和中国工会十四大精神,以劳动竞赛为主的经济技术创新活动取得新的突破,职工民主管理工作取得新的发展,“建家建线”工作有新的起色,维护职工利益、协调劳动关系有新的进展。组织开展“五比四创”劳动竞赛活动,评出综合优胜单位1个、优胜单位8个、先进单位6个,优秀组织者15人。积极开展“送温暖”活动,筹集“送温暖”资金159.88万元,走访慰问困难单位27个,困难职工2 188户,先进职工53人,离退休职工168人,军烈属20户,息工待岗职工152人。清理解决拖欠职工工资482.8万元,为1 792名职工补发工资。开展扶贫帮困活动,138名特困中小学生得到资助。年内集团公司工会获河南省“模范职工之家”称号,五公司第七分公司工会被评为“全路模范职工之家”,六公司第二分公司工会被评为“全路模范职工小家”。河南省总工会表彰“优秀工会工作者”1人,“优秀工会积极分子”1人,“荣誉工会积极分子”1人。年内被评为洛阳市劳动模范3人,总公司劳动模范7人,河南省“五一劳动奖章”获得者2人,铁道部“火车头奖章”获得者2人,“全国五一劳动奖章”获得者1人。

共青团工作。集团公司团委下辖基层团委64个,团支部227个,有团员3 123人,35岁以下青工6 707人,专职团干部20人。各级团委积极开展青年“创新创效”和“双争”竞赛活动,取得突出成效。集团公司团委联合全国铁道团委、总公司团委在青藏铁路当曲特大桥建设工地召开“青年建功成才”表彰大会暨“青年突击队”授旗仪式。年内被评为省部级先进集体5个,先进个人6人;获总公司表彰的先进集体6个,先进个人8人,优秀团干部5人,优秀团员5人。

(王 玲　淮行舟　王 辉　王建光)

【第一工程有限公司】 公路工程施工总承包一级,铁路工程、水利水电工程、市政公用工程施工总承包二级,土石方工程、桥梁工程、隧道工程、公路路面及公路路基工程专业承包一级资质企业。公司机关驻山西省侯马市浍滨路20号。前身为中国人民解放军铁道兵第五师第二十一团,1984年1月1日集体转业并入铁道部,改编为铁道部第十五工程局第一工程处;1999年12月与铁道部脱钩,更名为中铁第十五工程局第一工程处;2001年7月31日企业改制改称现名。董事长李文越(11月离任)、贺爱民(11月兼任),党委书记贺爱民,总经理李成水。下辖4个分处,8个路桥公司,6个工程指挥部。职工2 600人,其中专业技术人员690人。固定资产9 438万元,流动资产21 123万元。机械运输设备523台(套),原值5 710.22万元、净值2 269.8万元,设备总功率18 264.9千瓦,动力装备率6.68千瓦/人,技术装备率0.83万元/人。年施工能力10亿元。

2003年,承揽工程任务50 733万元。完成企业总产值51 762万元,主营业务收入52 854万元。完成主要实物工程量:路基土石方6 058万立方米,公路137公里,桥梁2 606延长米,涵洞2 941横延米,铁路铺轨11.7公里,房建1 431平方米,架梁64孔。全员劳动生产率19.9万元/人年,人均创利20元。11月通过质量、环境、职业健康安全管理体系认证。

(昝金林　宁江平　王建光)

【第二工程有限公司】 公路工程、房屋建筑工程、市政公用工程施工总承包一级,铁路工程施工总承包二级,水利水电工程施工总承包三级,公路路基工程、公路路面工程、桥梁工程、隧道工程专业承包一级，建筑幕墙工程专业承包二级资质企业。公司机关驻河南省焦作市工业路518号。前身为中国人民解放军铁道兵第五师第二十二团，1984年1月1日集体转业并入铁道部，改编为铁道部第十五工程局第二工程处；1999年12月与铁道部脱钩，更名为中铁第十五工程局第二工程处；2001年7月31日企业改制改称现名。董事长陈文秀，党委书记锁社状，总经理古尊勇。公司下辖17个指挥(项目)部、分公司，3个办事处和35个建制工程队。资产总额3.57亿元。职工2 707人，其中专业技术人员496人。机械设备760台(套)。年施工能力8亿元以上。

2003年，承担任务41项，合同总额123 481万元。完成企业总产值55 915万元，实现利润580万元。全员劳动生产率23.2万元/人年，人均创利2 410元。产值利润率1.04%，国有资产保值增值率101.6%，净资产收益率5.6%，资产负债率78%。完成主要实物工程量：路基土石方565.75万立方米，桥梁3 455.75延长米，隧道3 975.73延长米，涵洞2 935.27横延米，挡墙及加固圬工15.7万立方米，房建108 542平方米。单位工程合格率100%，优良率91%。公司继续保持"AAA级信用企业"、河南省及焦作市"守合同、重信用企业"、省"精神文明建设先进单位"称号；公司领导班子连续9年荣获总公司"四好领导班子"称号，公司团委保持共青团中央授予的"全国五四红旗团委"称号。11月，通过质量、环境、职业健康安全管理体系认证。

(王延术　马金荣　王建光)

【第三工程有限公司】 公路工程、市政公用工程施工总承包一级，水利水电工程、房屋建筑工程、铁路工程施工总承包二级，桥梁工程、隧道工程、公路路面工程、公路路基工程专业承包一级资质企业。公司机关驻山西省临汾市五一东路301号。前身为中国人民解放军铁道兵第五师第二十三团，1984年1月1日集体转业并入铁道部，改编为铁道部第十五工程局第三工程处；1999年与铁道部脱钩，更名为中铁第十五工程局第三工程处；2001年5月公司改制改称现名。董事长高峰，党委书记谷成伦，总经理杨鑫。下辖7个分处、1个指挥部、12个综合工程队、8个机械队、2个永久性基地，以及建筑安装大队、橡胶厂、采供站、医院等单位。职工2 481人，其中干部489人，工人1 992人；专业技术干部269人。机械设备129台(套)，原值6 265.9万元、净值3 427.9万元，新度系数0.55，设备总功率14 267.5千瓦，动力装备率5.75千瓦/人，技术装备率1.78万元/人。年施工能力6亿元以上。

2003年，承揽工程任务64 268万元。完成企业总产值35 088万元，其中施工产值35 060万元。全员劳动生产率118 976元/人年，年人均工资收入10 365元。完成主要实物工程量：土石方362.5万立方米，桥梁1 325延长米，隧道14 652延长米，涵渠1 526.96横延米，公路路面26.74公里。公司继续保持山西省"先进企业"、"守合同、重信用企业"和"AAA级信用企业"称号，连续10年被临汾市政府评为"重合同、守信用单位"。12月，通过质量、环境、职业健康安全管理体系认证。

(杨　玲　王建光)

【第四工程有限公司】 市政公用工程、公路工程施工总承包一级，铁路工程、房屋建筑工程施工总承包二级，土石方工程、桥梁工程、隧道工程、公路路基工程、水工隧洞工程专业承包一级资质企业。公司机关驻山西省侯马市呈王路41号。前身为中国人民解放军铁道兵第五师第二十四团，1984年1月1日集体转业并入铁道部，改编为铁道部第十五工程局第四工程处；1999年12月与铁道部脱钩，改称中铁第十五工程局第四工程处；2001年7月公司改制改称现名。董事长兼党委书记谢金康，总经理董志。下辖9个分公司、3个指挥部、1个办事处、5个直属单位和5个直属项目部。职工3 118人，其中专业技术干部618人，技术工人1 936人。机械设备191台(套)，设备原值5 142.5万元、净值2 230.7万元，设备新度系数0.43，设备总功率14 545千瓦，动力装备率5.08千瓦/人，技术装备率1.79万元/人。年施工能力6亿元以上。

2003年承揽工程任务19项，合同总额62 869万元。完成企业总产值45 199万元，实现利润223.48万元。国有资产保值增值率100.7%，产值利润率0.49%。全员劳动生产率140 000元/人年，职工人均年收入10 242元。完成主要实物工程量：路基土石方585.2万立方米，涵渠2 834横延米、铁路桥梁1 061延长米，公路桥梁598延长米，隧道3 612延长米。公司连续4年保持山西省"文明单位"称号，连续8年被中国建设银行山西省分行评为"AAA级信用企业"。10月，顺利通过质量、环境、职业健康安全管理体系认证。

(谢天华　王秋莲　王建光)

【第五工程有限公司】 公路工程、市政公用工程施工总承包一级，铁路工程施工总承包二级，房屋建筑工程施工总承包三级，公路路面工程、公路路基工程、桥梁工程、隧道工程专业承包一级，水工隧洞工程专业承包三级资质企业。公司机关驻河南省洛阳市廛河区买家街123号。前身为中国人民解放军铁道兵第五师第二十五团，1984年1月集体转业并入铁道部，改编为铁道部第十五工程局第五工程处；1999年12月与铁道部脱钩，更名为中铁第十五工程局第五工程处；2001年11月企业改制改称现名。董事长仵运动（11月离任）、曹仁文（11月兼任），党委书记欧先聪（11月离任）、曹仁文（11月任），总经理曹仁文（11月离任）、宫元生（11月任）。下辖8个分公司、4个专业化公司、16个工程队、1个电务工程队、1个路桥工程队、8个机械队、1个桥涵顶进队及职工医院、物业管理中心等单位。职工2 865人，其中干部858人，工人2 007人。技术工人1 438人，占工人总数的71.6%；专业技术干部677人，占干部总数的78.9%。公司固定资产原值14 732万元，净值7 181万元。机械设备418台（辆），主要设备完好率93.6%，利用率73.5%，综合机械化施工程度88%，技术装备率1.1万元/人，动力装备率6.89千瓦/人。年施工能力5亿元以上。

2003年，承揽工程任务65 547万元。完成企业总产值46 063万元，实现利润241.9万元。全员劳动生产率160 000元/人年，年人均收入11 247元。完成主要实物工程量：土石方504万立方米，桥梁2 367延长米，涵渠1 977横延米，隧道4 630延长米，架梁60孔，公路路面75.9公里，铺轨5公里。公司承建的临侯高速公路赵康枢纽被山西省评为优质工程，同时获山西省最高质量奖——“汾水杯”奖和中国建筑工程鲁班奖；朔黄铁路滹沱河特大桥获铁道部优质工程奖。公司先后荣获“全路安全生产先进单位”、“河南省安全生产先进企业”、“河南省先进企业”、“河南省质量管理先进企业”，并连续保持“河南省文明单位”称号。10月，顺利通过质量、环境、职业健康安全管理体系认证。

（赵栓富　赵文彦　王建光）

【第六工程有限公司】　铁路工程、公路工程、市政公用工程施工总承包一级，房屋建筑工程、水利水电工程施工总承包二级，公路路基工程、公路路面工程、土石方工程专业承包一级，铁路铺架工程、建筑装修装饰工程专业承包二级资质企业。公司机关驻河南省洛阳市邙山路4号院。前身为中国人民解放军铁道兵南疆线新建铁路管理处，1984年1月1日集体转业并入铁道部，改编为铁道部第十五工程局新线铁路运输处；1988年4月10日改组为铁道部第十五工程局第六工程处；1999年12月与铁道部脱钩，更名为中铁第十五工程局第六工程处；2001年12月6日公司改制改称现名。董事长兼党委书记东光宝，总经理胡亚峰。下辖7个工程分公司、4个铺架公司及机械化工程公司、公路工程公司、基础公司、隧道公司、朔黄铁路运输处、工业贸易公司、综合服务公司、职工医院等单位。职工1 963人，其中专业技术干部414人。固定资产原值13 402.96万元。机械运输设备429台（套），总功率95 963千瓦，技术装备率41 393元/人，动力装备率49千瓦/人，机械化施工程度85%。

2003年，承揽工程任务103 302万元。完成企业总产值67 231万元，实现利润527万元。全员劳动生产率48 587元/人年，人均创利2 812元，职工年人均收入16 543元。主营业务利润率5.12%，净资产收益率5.02%，总资产报酬率2.38%，成本费用利润率0.79%，资产负债率77.49%，国有资产保值增值率101.41%。完成主要实物工程量：土石方148.25万立方米，挡墙圬工12.69万立方米，桥梁1 092.6延长米，隧道357延长米，涵洞1 155.8横延米，正线铺轨257.4公里，站线铺轨41.5公里，铺设道岔156组，架梁1 187孔，房建26 432平方米。11月，通过质量、环境、职业健康安全管理体系认证。（陈应娣　王建光）

【第七工程有限公司】　公路工程、房屋建筑工程、铁路工程施工总承包二级，土石方工程、桥梁工程、隧道工程、公路路基工程、水工隧洞工程专业承包二级资质企业。机关驻河南省洛阳市洛常路6号。前身为铁道兵第五师后勤部汽车营，1984年1月1日集体转业并入铁道部，改编为铁道部第十五工程局汽车大队；1994年1月，与局运输处合并成立铁道部第十五工程局机械化公司；1999年12月与铁道部脱钩，更名为中铁第十五工程局机械化公司；2001年8月16日，由机械化公司、建筑公司和实业总公司合并组建中铁第十五工程局第七工程处；2001年12月6日公司改制改称现名。董事长欧庆堂，党委书记田璐郢，总经理李朝云。下辖6个分公司、运输公司、11个直属项目部及金属构件厂、化工厂、实业开发部。职工1 346人，其中干部354人，工人992人；专业技术干部300人，占干部总数的84.7%。固定资产原值5 700万元，净值2 707万元。机械设备203台（套）。

2003年，承揽工程任务11 504万元。完成企业总产值31 056万元，其中施工产值28 657万元，附营产值2 399万元。全员劳动生产率230 000元/人年，职工年人均工资8 094元。完成实物工程量：土石方286.68万立方米，挡墙及加固圬工18.4万立方米，桥梁1 412.34延长米，隧道1 503延长米，涵渠1 346.49横延米，房屋建筑67 516平方米。11月，通过质量、环境、职业健康安全管理体系认证。（黄建民　王建光）

【电务工程有限公司】　铁路电务工程专业承包一级，铁路电气化工程、电信工程、城市及道路照明工程专业承包二级资质企业。公司机关驻河南省洛阳市白马寺镇。前身为铁道兵直属第二通信信号工程营，1984年1月1日集体转业并入铁道部，改编为铁道部第十五工程局电务工程处;1999年12月与铁道部脱钩,更名为中铁第十五工程局电务工程处;2001年12月6日公司改制改称现名。董事长兼党委书记李如东,总经理王志国。下辖9个分处。职工1 646人,其中工人1 325人,干部321人。机械运输设备72台,原值1 919.76万元,净值845.27万元。

2003年,承揽工程任务14 909万元。完成企业总产值16 870万元,其中施工产值16 674万元。全员劳动生产率102 490元/人年。完成主要实物工程量:敷设光缆840.3条公里,敷设电缆429条公里,通信站及中继站安装22站,通信改造9站;敷设信号电缆418.2条公里,信号站安装19站,微机检测设备安装16站;牵引高低压线路105公里,高压钠灯安装4 700套,机场照明灯安装433套;房建3 577平方米,路基土石方2 207立方米,铺设公路通信管道16公里。

（张　彦　马舟丽　王建光）

【科技工贸有限公司】 主营黑色与有色金属、机电设备、建筑材料、电工产品、铁路线路材料、建筑工程机械、工矿车辆及汽车零部件等。驻河南省郑州市二七区新圃东街17号。前身为西南铁路建设工地指挥部郑州材料基地,组建于1965年1月;1970年4月整编为中国人民解放军第158仓库,1977年改名为铁道兵郑州仓库;1984年1月1日集体转业并入铁道部,改编为铁道部工程指挥部郑州材料总厂;1990年更名为中国铁道建筑总公司郑州材料总厂,2000年1月1日划归中铁第十五工程局,改称中铁第十五工程局郑州材料总厂;2002年1月企业改制改称现名。董事长兼党委书记王海顺,总经理谢德亮。职工202人,其中干部79人,工人123人。固定资产净值3 313万元,库房面积5.1万平方米,铁路专用线3条2.1公里,天车5台,机械运输设备26台。

2003年,完成企业总产值4 551.8万元,实现营业收入617.8万元。全员劳动生产率220 000元/人年。

（邵庆颜　王建光）

【贵州中铁路桥工程有限公司】 市政公用工程施工总承包二级,混凝土预制构件、预应力工程专业承包二级资质企业。驻贵州省都匀市北工区。前身为铁道部第二工程局都匀混凝土预制厂,始建于1958年3月;1961年10月与铁道部基建总局都匀工程机械厂合并成立都匀桥梁厂,先后隶属于铁道部第二工程局、铁道部贵阳铁路局、铁道部基建总局、西南铁路建设总指挥部、交通部工电局、铁道部工务局、中国铁路物资总公司;2000年8月划归中国铁道建筑总公司管理,2001年12月划归中铁十五局集团公司管理,2003年3月企业改制改称现名。董事长兼党委书记彭修炳,总经理柏文模。下辖3个公司、3个分厂。职工1 270人,其中干部352人,工人918人。干部中专业技术干部237人,占干部总数的71%。固定资产原值8 900万元,净值6 508万元。机械设备391台,原值2 509万元、净值1 661万元,动力装备率5.15千瓦/人,技术装备率12 936元/人。

2003年,承揽生产任务12 000万元。完成工业总产值现价13 379.5万元。完成各型桥梁339孔,各型轨枕901 072根,销售收入11 709万元,实现利润11万元。国有资产保值增值率100.23%,资产负债率76.75%,总资产报酬率1.38%。全员劳动生产率15 000元/人年。

（张庆平　王建光）

【物资有限公司】 房屋建筑工程、铁路工程、地基与基础工程、土石方工程专业承包三级资质企业,主要经营金属材料、建筑材料、木材、轨料及配件、工程机械、五金工具、石油制品、化工原料等。驻河南省洛阳市西工区红山乡火车西站北500米。前身为铁道兵第五师后勤仓库,1984年1月1日集体转业并入铁道部,改编为铁道部第十五工程局材料总厂;1994年1月成立铁道部第十五工程局物资总公司,2001年12月24日更名为中铁十五局集团公司物资有限公司。董事长兼总经理李秀山,党委书记刘振生。下辖3个分公司、4个物资供应站。职工292人,其中干部76人,工人216人。固定资产1 901万元。标准化油库1座,储油量4 000立方米,加油站1座;库房3 240平方米,库区专用线3.474公里,货物站台1 500平方米,永久性料棚11 936平方米,料场18 000平方米;内燃机牵引车2台,年吞吐量8万余吨。

2003年,承揽工程任务800万元。完成营业额6 586万元,营业收入1 012万元,实现利润11万元。国有资产保值增值率101.9%,经营性资产收益率3.49%,产值利润率1.09%,资产负债率77.83%,上缴款完成率100%。全员劳动生产率220 000元/人年,职工人均年收入11 564元。

（李定瑞　王建光）

【机械设备工程有限公司】 地基与基础工程、钢结构工程、基建设备安装工程专业承包二级及压力管道安装、锅炉安装资质企业。驻河南省洛阳市火车西站。前身为中国人民解放军铁道兵第五师后勤部修理营,1984年1月1日集体转业并入铁道部,改编为铁道部第十五工程局机械厂;2001年12月24日更名为中铁十五局集团公司机械设备有限公司。董事长刘贵江,党委书记孙兴发,总经理黄先琪。下辖5个分公司。职工335人,其中干部68人,工人267人。资产总额

4 921万元，其中固定资产1 569万元。机械设备 114 台，厂房 10 万平方米。

2003 年，承揽工程任务6 460万元。完成企业总产值5 226万元，实现利润 51 万元。全员劳动生产率 15 万元/人年，年人均收入14 932元。（李新民　王建光）

【重要记载】

▲1 月 15 日　二公司承建的渝合高速公路西山坪隧道、五公司承建的东青高速公路第 5 合同段获“火车头优质工程”一等奖。

▲1 月 26 日　陕西省省委副书记、西安市市委书记栗战书及西安市市长孙清云在集团公司总经理张汉云陪同下，视察西安东二环建设工地。

▲2 月 2 日　五公司承建的洛阳市滨河路涧河大桥获河南省建设工程“中州杯”奖。

▲3 月 2 日　二公司承建的北京北四环苏州街立交桥工程获北京市优质工程“长城杯”奖。

▲3 月 6 日　集团公司工会获河南省“模范职工之家”称号。

▲3 月 14 日　集团公司召开 2003 年度工作会议。

▲3 月 15 日　集团公司召开一届三次职代会及股东会。

▲同日　集团公司荣获中华全国总工会、国家安全生产监督管理局授予的“全国‘安康杯’优胜企业”称号。

▲3 月 18 日　五公司荣获中华全国总工会、国家安全生产监督管理局授予的“全国‘安康杯’竞赛优胜单位”称号。

▲4 月 18 日　神朔铁路复线铺架工程比计划工期提前 18 天完工。

▲4 月 19 日　中华全国铁路总工会授予五公司七分公司工会“全路模范职工之家”称号，授予六公司二分公司工会“全路模范职工小家”称号。

▲4 月 28 日　二公司工会主席锁社状荣获河南省“五一劳动奖章”。

▲同日　电务公司七分公司三队团支部获共青团中央授予的“全国五四红旗团支部”称号；五、七公司团委获共青团河南省委授予的“五四红旗团委”称号；集团公司团委书记张启亮获中央企业团委授予的“优秀团干部”称号。

▲4 月 29 日　六公司副总经理李权福被共青团河南省委授予“新长征突击手”称号。

▲同日　集团公司召开党风廉政建设会议。

▲7 月 16 日　集团公司党委书记兼董事长王炳祥调任铁道部京沪高速铁路筹备工作领导小组副组长。

▲7 月 17 日　集团公司渝怀铁路工程指挥部宁远思获河南省“青年岗位能手”称号。

▲7 月 18 日　杨光获“河南省第三届青年‘创新创效’活动能手”称号。

▲7 月 19 日　五公司承建的临侯路工程获河南省“青年文明号”称号。

▲7 月 20 日　二公司建筑公司青年突击队、七公司洛阳项目部青年突击队获河南省“优秀青年突击队”称号。

▲8 月 8 日　集团公司、集团公司党委召开半年工作会暨一届二次党委全会。

▲8 月 15 日　铁道部副部长孙永福视察集团公司青藏铁路建设工地。

▲8 月 25 日　中华全国铁路总工会副主席冯子彬率慰问团到集团公司青藏铁路工程指挥部慰问。

▲同日　总公司党委书记李国瑞到集团公司宣布张璠琦任集团公司党委书记、董事长的任命。

▲8 月 29 日　集团公司青藏铁路工程指挥部指挥长张海亮荣获“国家重点工程建设青年贡献奖”。

▲同日　集团公司青藏铁路工程指挥部当曲特大桥青年突击队被全国铁道团委、青藏铁路公司授予“青藏铁路建设优秀青年突击队”称号。

▲9 月 28 日　六公司副总经理陈明庚在去神延铁路翅膀沟隧道建设工地途中不幸因工殉职。

▲10 月 10 日　五公司承建的洛阳东出入口顶涵工程创中国企业新记录。

▲10 月 18 日　二公司青藏铁路工程指挥部青年突击队获全国铁道团委、国资委联合授予的“全国优秀青年突击队”称号。

▲10 月 20 日～29 日　集团公司举办第五届“兴业杯”职工男子篮球赛，六公司、电务公司、七公司获前三名。

▲12 月 2 日　集团公司开发的“秦沈客运专线通信信号施工技术”、“深圳地铁单洞双层暗挖隧道施工技术”、“渝怀铁路阿蓬江大桥深水基础施工技术”成果通过总公司组织的专家评审。

▲12 月 18 日　二公司副总经理马明玉荣获“全国重点工程建设优秀项目经理”称号。　（王建光）

中铁十六局集团有限公司

【简况】 中铁十六局集团有限公司系铁路工程施工总承包特级，公路工程、市政公用工程、房屋建筑工程、水利水电工程施工总承包一级，城市轨道交通工程、公路路面工程、建筑装修装饰工程、隧道工程施工专业承包一级，预应力工程专业承包二级，地质灾害防治工程施工甲级资质企业；同时拥有对外承包工程、劳务合作经营资质。公司机关驻北京市朝阳区红松园北里2号。其前身系中国人民解放军铁道兵第十一师、十三师合编后的铁道兵第十一师，1984年1月集体转业并入铁道部，改编为铁道部第十六工程局；2000年1月更名为中铁第十六工程局，2002年5月10日企业改制改称现名。集团公司下辖9个控股子公司、5个专业分公司、8个办事处及福州铁道大厦、职业培训中心、北京万杰医院等单位。职工14 370人。其中，干部4 724人，专业技术干部4 103人，占干部总数的87.43%；工人9 646人，技术工人8 472人，占工人总数的87.83%。资产总额413 526万元，其中流动资产299 910万元，长期投资6 009万元，固定资产93 312万元。机械设备1 475台(套)，原值75 013万元、净值49 195万元，总功率200 147千瓦，人均技术装备率3.26万元、动力装备率13.27千瓦。

2003年，集团公司承揽工程215项，投资总额851 992万元。完成企业总产值511 768万元，其中施工产值502 193万元，实现利润5 004万元。净资产收益率4.4%，产值利润率1%，国有资产保值增值率102%，资产负债率78.64%，成本费用利润率1.03%，投资回报率5.5%。完成主要实物工程量：土石方3 483万立方米，隧道38 574延长米，桥梁30 086延长米，涵洞18 148横延米，铺轨29.5公里，公路167.7公里，房建11.4万平方米。荣获詹天佑土木工程大奖3项，国家科技进步二等奖1项；荣获“北京市质量管理优秀企业”、“全国优秀施工企业”称号，被列入中国优秀企业数据库。

兵改工20年来，集团公司秉承“同心创业、永做更好”的企业精神，以“建设管理科学、技术精湛、信誉最佳、行业领先的工程总承包企业”为目标，坚持“精品兴企、诚信立业”，先后参加大秦、京九、南昆、内昆、西安南京、渝怀、朔黄、秦沈、青藏等铁路，312国道、成渝高速公路、青银高速公路、京福高速公路、北京八达岭高速公路，北京、上海、广州、南京、深圳地铁和上海磁悬浮列车示范线等一大批国家重点工程建设，施工领域遍及铁路、公路、市政、城市轨道交通、房建、水利、电力、机场、码头等行业。先后荣获国家优质工程奖4项，中国建筑工程鲁班奖6项，詹天佑土木工程大奖6项，省部优质工程奖46项；有3项施工技术荣获国家科技进步奖，3项工法被评为国家级工法，2项成果荣获国家企业管理现代化创新成果二等奖。2003年，被中国企业联合会、企业家协会认定在深圳地铁盾构、上海磁悬浮快速列车交通系统和西气东输穿越郑州黄河顶管工程施工中创3项中国企业新纪录。先后获得“全国先进施工企业”、“全国施工技术进步先进企业”、“全国思想政治工作先进企业”、“全国‘安康标’竞赛优胜企业”、“全国施工企业管理优胜奖”、“全国工程建设质量管理优秀企业”、“全国行业质量示范企业”、“全国质量服务诚信示范企业”，北京市“重合同、守信用单位”、“北京质量诚信企业”称号，并通过质量管理、环境管理、职业健康安全管理体系认证。 （刘承宝）

【领导人员】

股东会

国有股代表	霍金贵
	沈柏铭
	陈树林
	汪昭富
	吴靖文
职工股代表	张永宝
	刘安金
	江拔其
	吴秀义

董事会

董事长	陈树林
副董事长	沈柏铭
	汪昭富
	刘士彦
国有股董事	陈树林
	沈柏铭
	汪昭富
	刘士彦
	李忠钦
	曾庆道
职工股董事	侯向东
	王北京
	刘再华
	覃正标
职工代表董事	吴秀义

监事会

监事会主席　　黄少军
国有股监事　　黄少军
　　　　　　　刘国秀
职工股监事　　郭品云
　　　　　　　徐成才
职工代表监事　李禄宁

经理层

总经理　　　　汪昭富
副总经理　　　王北京
　　　　　　　刘再华
　　　　　　　张永宝
　　　　　　　刘安金
　　　　　　　覃正标
总工程师　　　江拔其
总经济师　　　覃正标(兼)
总会计师　　　李忠钦

党群领导

党委书记　　　沈柏铭
党委副书记　　陈树林
　　　　　　　汪昭富
　　　　　　　侯向东
　　　　　　　郭品云
纪委书记　　　郭品云(兼)
工会主席　　　吴秀义

(阎晓萍)

【工程项目指挥机构】 朔黄复线工程项目经理部　项目经理崔久忠,党工委书记冯礼槐。驻河北省黄骅市迎宾路惠丰实业公司二层。

北京地铁工程指挥部　指挥长李瑞华,党工委书记李怀亮。驻北京市朝阳区西大望路19号金港国际2号楼2单元502室。

青藏铁路工程指挥部　指挥长程红彬,党工委书记徐泽林。驻青海省格尔木市黄河东路23号。

三福高速公路工程项目经理部　项目经理赵国旗。驻福建省尤溪县联合乡林业站。

北京铁路工程指挥部　指挥长陈中飞。驻北京市宣武区南蜂窝路9-2号。

西安南京铁路工程指挥部　指挥长郑太平。驻陕西省商南县物资局院内。

渝怀铁路工程指挥部　指挥长易国华。驻重庆市黔江区新华西路建行大楼西楼。

兰武二线乌鞘岭隧道工程指挥部　指挥长陈海初,党工委书记李禄宁。驻甘肃省天祝县天堂路4号(电力宾馆4楼)。

(刘承宝)

【职工队伍】 年末职工总数14 370人。干部4 724人,其中女干部866人,占干部总数的18.3%;少数民族干部155人,占干部总数的3.28%;专业技术干部4 103人,占干部总数的87.43%。学历结构:研究生以上学历39人,大学1 520人,大专1 623人,中专654人,高中及以下888人,分别占干部总数的0.83%、32.18%、34.36%、13.84%、18.79%。年龄结构:30岁以下1 336人,31岁～35岁807人,36岁～40岁566人,41岁～45岁717人,46岁～50岁650人,51岁～54岁371人,55岁以上277人。专业技术干部中,高级职务308人,占技术干部总数的7.51%;中级职务1 398人,占技术干部总数的34.07%;初级职务2 397人,占技术干部总数的58.42%。专业结构:工程系列2 330人,经济系列344人,会计系列465人,卫生系列321人,统计系列45人,教育系列58人,档案、新闻、艺术系列12人,政工系列528人。

工人9 646人,其中技术工人8 472人,占工人总数的87.83%;初级工217人,占工人总数的2.25%;中级工2 536人,占工人总数的26.29%;高级工5 498人,占工人总数的57%;技师214人,占工人总数的2.22%;高级技师7人,占工人总数的0.07%。学历构成:大专以上451人,占工人总数的4.68%;中专、技校1 222人,占工人总数的12.67%;高中4 204人,占工人总数的43.58%;初中及以下3 769人,占工人总数的39.07%。年龄构成:30岁以下1 758人,占工人总数的18.22%;31岁～40岁2 636人,占工人总数的27.33%;41岁～50岁4 730人,占工人总数的49.04%;50岁～55岁472人,占工人总数的4.89%;56岁～60岁50人,占工人总数的0.52%。

(阎晓萍　危跃荣)

【铁路工程施工】 2003年,集团公司承担铁路建设项目40余项,完成投资10.21亿元,其中施工产值10.18亿元。主要工程施工情况:

西安南京铁路　承担A土-14标段施工任务,长45.688公里,合同投资50 400万元。主要工程量:土石方916万立方米,桥梁23座7 420延长米,隧道7座3 215延长米,涵渠164座6 747横延米,车站5座,房建8 015平方米。2000年5月开工,2003年12月验交,累计完成投资55 474万元,其中年内完成投资3 327万元。

渝怀铁路　承建第21、22标段工程,全长16.136公里,合同投资42 166万元,其中第21标段22 889万元,第22标段19 277万元。主要工程量:土石方22万立方米,桥梁6座1 630.21延长米,隧道2座13 653延长米,车站1座。2001年1月开工,开工累计完成投资43 645万元,其中年内完成投资11 600万元。2003年12月主体工程完工。

胶新铁路　承建ZH－1标段工程,位于山东省胶州市境内,全长12.76公里,合同投资9 438万元。合同工期2001年10月～2004年4月。主要工程量:路基土石方85.4万立方米,桥梁13座1 648.99延长米,涵渠55座1 155.32横延米,正线铺轨18.712公里。2003年12月完工,工程质量合格。

宁启铁路　承建第7标段工程,全长25公里,合同投资14 601万元。主要工程量:土石方218.2万立方米,桥梁28座1 413.9延长米,涵洞177座2 770.4横延米。2002年1月开工,2003年4月竣工,工程质量合格。

赣龙铁路　承建第8标段工程,长9.95公里,合同投资14 818万元。主要工程量:土石方143万立方米,桥梁11座2 405延长米,隧道10.5座3 234延长米,涵洞92座1 057横延米,车站1座。2002年8月开工,计划2004年8月完工。2003年,土石方、隧道、涵洞工程完工,桥梁完成设计量的99%,累计完成投资10 698万元,其中年内完成投资7 292万元。

青藏铁路　承担第16标段施工任务,全长46.5公里,合同投资46 458万元。主要工程量:土石方305万立方米,桥梁21座3 826延长米,其中特大桥2座1 240延长米,大桥9座2 023延长米,中桥6座473延长米,小桥4座87延长米;涵洞88座1 648横延米;车站1座。2003年8月,铁道部青藏铁路建设总指挥部下达补充设计计划,第16标段增加以桥代路桥梁6座2 336.95延长米。2002年4月开工,计划2005年8月竣工。开工累计完成投资51 361万元,其中年内完成投资23 038万元。工程形象进度:站场土石方全部完成,路基区间土石方完成设计量的97%,特大桥完成设计量的56%,大桥完成71%,中桥完成70%,小桥完成89%,涵洞完成97%。

兰武二线乌鞘岭隧道　位于甘肃省天祝县、古浪县境内,全长20.05双线公里,是亚洲第一长隧。集团公司承建第2标段工程,隧道左线进口段长6 465延长米和2号、4号斜井,其中2号斜井长291.44米,采用无轨运输;4号斜井长552.84米,采用有轨运输。工程投资2.9亿元。2003年2月18日开工,计划2006年10月21日建成通车。开工后投入劳动力1 200人,设备392台(套),年内完成投资10 200万元,占年度计划的100%。

昆明客站改扩建工程　位于昆明火车南站原址,由地下广场9 755.42平方米、高架平台2 991.48平方米、高架东西引桥157米和地面广场四部分组成,包括土石方、桩基础、土建、安装、初装修等项目。主要工程量:土石方6.09万立方米,混凝土圬工1.67万立方米,合同投资6 421万元。2003年7月开工,计划2004年6月主体工程完工。年内完成投资1 571万元。

(刘承宝)

【路外工程施工】　2003年,集团公司承建路外工程200余项,其中公路工程76项、房建工程19项、市政工程55项、水利电力工程22项、机场工程4项、地铁及城市轨道交通工程16项,完成投资40.04亿元。重点项目施工情况:

北京地铁　(1)八通线04标段,全长1 700.06米,由北苑车站和区间高架桥两部分组成,合同投资6 849万元。2001年12月开工,2003年12月28日正式通车。质量评定优良,其中区间高架桥获结构工程"长城杯"金奖,北苑站获结构工程"长城杯"银奖。(2)5号线07标段,包括灯市口站、东四站2座车站,总投资近2亿元。2003年1月开工,计划2004年12月竣工。其中,灯市口站总建筑面积11 726平方米,南接东单站、北连东四站,车站设盾构调头井及盾构接收始发井;东四站为换乘站,总建筑面积13 642平方米,南、北场100米为明挖施工,中间99.1米为暗挖施工。年内完成投资4 512万元,实现年度计划目标。(3)5号线10标段,包括和平里北街站、和平西桥站及其区间隧道工程,总投资2.1亿元,合同工期2003年8月15日～2005年7月31日。其中,和平里北街站建筑面积11 070平方米;和平里西桥站建筑面积10 067平方米;区间隧道长878.2延长米。两座车站采用明挖法施工,区间隧道采用浅埋暗挖法施工。年内完成投资747万元。(4)10号线国贸站。位于东三环中路与建国门外大街交叉路口、CBD中央商务区,合同投资19 253万元,建筑面积18 955.8平方米,合同工期2003年12月20日～2006年5月30日。采用洞桩支撑法、台阶法施工。

广州地铁3号线　(1)客村—大塘区间隧道,长479.33延长米,合同投资5 738万元,2001年12月开工,截至2003年12月底,完成隧道开挖,二次衬砌完成98%。开工累计完成投资5 643万元,其中年内完成投资2 608万元。(2)石牌桥—体育西路区间隧道,左线长1 113.486延长米,右线长1 277.859延长米,合同投资4 570万元。2002年10月开工,计划2004年5月竣工。开工累计完成投资3 700万元,年内完成投资3 580万元。

深圳地铁盾构项目　(1)华强—岗厦区间隧道,承担设计、施工总承包任务。区间隧道左线1 743.5延长米,右线1 728.1延长米,总投资12 109万元。2001年4月开工,2002年5月28日第一台盾构机开始作业,

2003年3月竣工。该项目以单台盾构机日最高掘进28.8米,月成洞540米,创国内地铁施工行业新纪录。(2)华侨城—世界之窗区间隧道,全长1 947.322延长米,总投资6 598.4万元。2003年8月8日,第一台盾构机始发作业,计划2004年4月竣工。年内完成左线开挖,右线掘进成洞694延长米,占设计量的86%,完成投资6 263万元。

南京地铁　承担张府园站、新街口站施工任务,合同总额21 166万元。(1)张府园站,全长216米,宽17.6米,为地下两层岛式结构,车站标准段长142米,站台宽10米,埋深15.4米,采用明挖法施工,合同投资6 233万元。2000年12月开工,2003年4月主体结构完工。年内完成投资120万元。(2)新街口站,全长362米,宽24.2米(局部宽36.55米),为地下三层岛式结构,总建筑面积33 844平方米,采用盖挖逆作法施工,合同投资14 933万元。2001年12月开工,2003年12月竣工。年内完成投资6 059万元。

西气东输郑州黄河顶管工程　是国家西气东输的"咽喉"工程。北起武陟县大封寨上村,南至荥阳市王村镇司村,由西北向东南方向顶管穿越黄河。顶管全长3 600米,管径1.86米,埋深23米～25米,设工作井3座、接收井1座,分3段顶管。2002年3月开工,2003年10月竣工。开工累计完成投资7 838万元,其中年内完成投资3 694万元。该项目以其千米钢管一次性顶进成功,创"中国企业新纪录"。

新疆引额济乌一期工程　该工程由新疆额尔齐斯河引水到乌鲁木齐市,集团公司承担第11标段即顶山引水隧洞出口段施工任务。顶山隧洞位于阿勒泰地区福海县,全长15.16公里,分两个标段。出口段长7 806米,其中隧洞7 569延长米,明渠237米,合同投资13 953万元。2001年7月开工,计划2005年12月竣工。2003年完成投资5 672万元,开工累计完成投资8 833万元。隧洞开工累计完成4 787延长米,其中年内完成3 163延长米。

福建三福高速公路SA7合同段　为京福高速公路三明段的组成部分,地处尤溪县联合乡,全长8.19公里,合同总额17 095.48万元。主要工程量:路基土石方375.57万立方米,大中桥6座单幅2 327.85延长米,隧道2座815延长米,涵洞25座1 161.8横延米,护坡浆砌圬工9.47万立方米。2001年9月开工,2003年9月竣工,质量评定合格。

昆洛公路改扩建工程第1标段　位于昆明市昆洛公路与呈黄公路相交处,包括主线跨线加地面环岛三层立交桥、部分土石方与防护工程,桥梁总长1 106延长米,路基长1 140米,合同总额10 972万元,工期2003年9月～2004年12月。年内完成投资809万元。

哈磴高速公路土建工程第23标段　位于内蒙古五原县,长6.967公里,合同投资12 057万元。主要工程量:路基土石方130万立方米,中桥2座,分离式立交桥1座,跨径8米～13米通道桥11座,涵洞17座,合同工期2003年8月25日～2005年8月30日。年内完成投资5 908万元。

梅河高速公路第5标段　位于广东省兴宁市永和镇与径南镇交界处,长4.1公里,合同投资19 890万元,工期2003年9月20日～2005年1月20日。主要工程量:路基挖方152.29万立方米,路基防护及排水11公里,桥梁3座1 273延长米,分离式隧道2座1 783延长米。年内完成投资3 560万元。

锡太一级公路XT4标段　位于江苏省常熟市沙家浜镇,长3.5公里,合同投资10 022万元。主要工程量:路基土石方47.31万立方米,粉喷桩11.48万延长米,石灰稳定土基层6.86万立方米,互通式立交桥1座931.6延长米,分离式立交桥1座910.58延长米。2003年8月23日开工,计划2005年1月12日竣工。年内完成投资1 354万元。

首都国际机场1号航站楼改造工程A标段　工程建筑面积7.9万平方米,合同投资17 858万元,工期2003年6月28日～2004年4月30日。主要施工项目为整修改造建筑平面使用功能及设施,抗震加固,内外装修等。年内完成投资9 100万元。　(刘承宝)

【经营管理】　2003年,集团公司紧紧把握发展第一要务,牢牢抓住生产经营主线,与时俱进,开拓创新,克服"非典"疫情冲击及市场竞争中的诸多困难,实现"经营要上新台阶,生产要有新规模,管理要出新举措,队伍建设要创新局面"的目标,取得生产经营跨越式发展。

工程经营跨上新台阶。建立集团公司、子公司及分公司、办事处三级投标体系,以强项、特色和精品优势取信市场,参与竞争。积极整合企业资质、业绩等经营资源,加强投标组织协调,努力发挥整体优势。全年承揽任务85.2亿元,比2002年增加35亿元。其中,铁路项目投资22.6亿元,占承揽总额的26.53%;公路项目33.81亿元,占39.68%;房建工程2.67亿元,占3.13%;市政工程18.53亿元,占21.75%;机场、码头工程2.74亿元,占3.22%;水利、电力工程3.52亿元,占4.13%;其他项目投资1.33亿元,占1.56%。年内,工程经营有三个特点:一是所属单位发展比较均衡,都比上年有较大幅度增长;二是承揽质量有所提高,集团公司及所属单位坚持项目筛选和标书评审制度,注重从源头上规避经营风险;三是区域经营效果明显,滚动发展势头良好。

施工生产创出新水平。集团公司针对施工生产规模大、重难点工程项目多的实际,充分发挥机关与现场、上级与下级、领导与员工协调互动的整体效应,牢牢把握施工生产大局,确保施工生产上规模、创信誉。一是完成产值创历史新高。全年完成企业总产值51.17亿元,比2002年同期增长26%。完成施工产值50.22亿元,其中铁路10.18亿元,占总产值的20.2%;公路20.96亿元,占总产值的41.7%;房建1.77亿元,占总产值的3.4%;市政7.67亿元,占总产值的15.2%;地铁4.62亿元,占总产值的9.1%;水利、电力2.42亿元,占总产值的4.8%。二是重难点工程取得实质性突破。西气东输穿越黄河顶管工程9月15日贯通,破世界顶管纪录、创中国企业新纪录;乌鞘岭隧道业主要求的3个节点目标均提前实现,创出日掘进38米的好成绩;京福高速公路美菰林隧道开挖、衬砌全部完成,其光面爆破技术、二次衬砌水平受到国内隧道专家高度评价;深圳地铁盾构工程一直保持月进尺500米以上的高速度,3个半月完成1 800米区间隧道施工,创盾构施工新纪录;昆明掌鸠河引水隧洞比计划工期提前6个月贯通,创出良好的信誉;海南乐东工程攻克40米大跨度洞室掘进,亚龙湾洞库工程攻克60度大坡度斜井和洞室群开挖难关,两项工程主体结构均于12月底全部完工;二公司承建的天津输煤廊道是世界上运距最长、运能最大的胶带输煤工程,180天完成主体工程,受到天津市政府赞扬;包兰铁路东岗隧道改造工程,67天完成346米换衬整治,以时间短、工艺新、质量好赢得兰州局赞誉。三是安全质量管理水平明显提高。全年未发生等级事故,所属单位安全生产全部达标,集团公司连续2年实现安全生产无事故目标。特别是防控"非典"时期,不少单位和项目地处重灾区,由于各级预防措施得力,现场管理秩序井然,出色地做到"非典"零感染,建筑工程公司被北京市评为防控"非典"先进集体。全面贯彻"开工必优、一次成优、全面创优"的方针,坚持高起点、高标准,工程质量有较大提高。227国道青海大坂山隧道荣获国家优质工程银质奖,二郎山隧道获四川省"天府杯"金奖,北京地铁八通线北苑车站和高架桥分别获得北京市"长城杯"银奖、金奖,广州奥林匹克中心道路和芜湖青弋江大桥分别获得"火车头优质工程奖"和铁道部优质工程二等奖。有27个项目受到业主通报奖励,16个工点被甲方评为劳动竞赛先进单位。顺利通过质量、环境、职业健康安全管理体系监督审核,成为总公司系统第一家集团公司和子公司两级法人全部通过三个体系认证的单位。

经济运行质量实现新突破。2003年,集团公司各项经济技术指标均好于上年,效绩考核评价自评得分70分以上。一是坚持项目管理"五个到位"、"四条标准",积极推行"十制管理",增强了项目创收能力,集团公司直管、托管项目大多完成或超额完成上缴款指标。变更设计索赔和"三项招标"成效明显,全集团公司通过变更设计索赔增加投资3亿余元,组织材料设备招标采购降低成本1 000余万元。加强项目监控,对109个项目进行审计,对110个工点进行效能执法监察,确保项目经济良性运行。二是加大清欠工作力度,有效处理债权债务。年内集团公司共收回外欠款9 000余万元,减少债务3 058万元,缓解了资金紧张状况。三是强化辅业经营,盘活"三类资产"。铁运公司、顺昌分公司、福州铁道大厦等单位努力改善经营状况,拓宽创收渠道,获得较好经济效益。四是加强资金集中管理与使用。三公司建立内部网上银行,集中调度使用和监控项目资金,加速资金周转,提高了资金使用效率;集团公司发挥资金结算中心的融资功能,增加理财收入1 000余万元。集团公司坚持依法经营,按章纳税,连续4年被评为"北京市纳税先进单位"。

企业核心竞争力得到新提升。集团公司在加大科研力度、培育科技人才、发展关键技术上下功夫,形成多个领域独有的施工技术优势。黄河顶管积累了大管径、长距离顶管穿越大江大河的施工经验;三亚国防工程攻克大跨度拱顶、大坡度斜井、洞内油罐圆柱体开挖及超厚大体积混凝土施工等技术难题,进一步完善了洞室群施工综合技术,提升了地下工程施工优势;深圳地铁盾构施工通过改进工艺,总结成熟工法,创出盾构施工品牌;广州、南京、北京地铁暗挖施工,注重在实践中不断创新,积累不同地质、不同环境的施工新经验,使地铁暗挖核心技术日臻成熟;青藏铁路施工围绕高原高寒、多年冻土和环境保护三大难题总结出路基施工综合技术、片石通风技术、热棒技术和高原卫生保障技术等一批科研成果;京福高速公路美菰林隧道采用新材料、新工艺,运用整体大模板技术,解决加宽带衬砌施工难题,并开发出钢纤维混凝土拌和、喷射参数控制、大涌水排治、微振爆破等多项技术。所有这些,都大大增强了企业核心竞争力。

企业内部改革取得新成果。围绕"聚精会神搞经营、抓管理,一心一意谋发展、图振兴"的经营方针,抓住改制契机,着力加强和深化企业内部改革,集团公司所属9个子公司全部完成改制,南昌办事处并入三公司,实施资产重组。集团公司机关进行编制调整,按新编制定员、定岗、定薪。一公司推行资源有偿使用,公司与基层、基层与基层单位之间在生产要素和无形资产的使用上形成内部市场,改变了过去靠行政手段无偿调拨的做法。积极探索人事制度改革,建立人才竞争与激励相结合的机制。路桥公司取消干部行政级别,聘任的部门领导、分公司经理不定行政级别;五公司在任务不足的情况下，将部分大学生集中到机关参与编标，改变过去有的大学生“毕业分到处、处里下到队、队里放回家”的不良现象；电务公司优先安排大学生到一线，使之有岗有位有为，对吸引、培养人才起到积极作用。积极改革用工制度，以使用内部职工为主，注重职工技能培训，尽可能给职工提供适合的就业岗位。朔黄铁路二期和胶新铁路项目鼓励职工自带劳务承包小型及附属工程，培养职工当“老板”的意识和能力。四公司为缓解职工息工待岗的压力，在新上项目为他们提供就业岗位，在保证每月 300 元基本生活费的基础上，鼓励职工上一线，多干多得、少干少得，干与不干有区别，由职工自己选择。这一做法得到总公司肯定并在全系统推广。三公司充分利用国家和地方政策，解除富余人员劳动合同 228 人，支付经济补偿金 195 万元，精干了施工队伍。按照“效益优先、兼顾公平”的原则，分别实行年薪、岗薪、效益工资等不同的分配方式。新上场的乌鞘岭隧道、朔黄二期工程均实行工资模拟股份分配制度。六公司应用 P3 软件辅助项目管理，设置“职能人”岗位，按岗位分配报酬、按绩效实施奖罚，极大地调动了项目职工的劳动热情。路桥公司推行年薪、岗薪和多种要素参与分配的新分配方式，将部分设备作价卖给职工，并动员职工出资购买 3 000多万元设备，实行绩效、资金、技术和劳动收益并举，一线职工年收入高的可达 5 万元～20 万元，从而大大提高了企业的凝聚力。 （刘承宝）

【科技工作】 认真贯彻实施“科技兴企”战略，以重难点工程为突破口，加强科技攻关，促进科技成果转化，推广应用“四新”技术，完善技术创新体系，取得显著成绩。年内 227 国道青海大坂山隧道、朔黄铁路神池—西柏坡段综合工程、芜湖长江大桥等 3 项工程荣获詹天佑土木工程大奖；“复杂地质条件下特长双线隧道综合施工技术研究”荣获国家科技进步二等奖，“高海拔高寒隧道综合施工技术研究”、“大跨地铁车站洞桩支撑法施工技术”获北京市科技进步奖，“电气化铁路既有线扩堑石方控制爆破安全快速施工技术”、“高海拔高寒隧道综合施工技术”获中国铁道学会科技进步奖，“城市地下铁道工程暗挖法劳动定额研究”、“松散含水地层紧邻建筑物大断面浅埋洞室施工环境综合控制技术”、“连续刚构桥 V 型桥墩‘平衡支架法’施工技术”和“广州地铁江南西站施工关键技术研究”获总公司科技进步奖；“DF450 型架桥机架设 24 米单线简支箱梁施工工法”、“移动式气压焊接钢轨工法”、“高海拔高寒隧道防冻胀施工工法”和“大型地下厂房洞室群施工工法”被评为铁道部部级工法；“磁悬浮轨道运架与精密调位技术研究”于 11 月 8 日通过总公司科技成果评审。年内评出集团公司科技进步奖 17 项，工法 15 篇，优秀论文 67 篇。 （郭秀琴）

【公安与综合治理】 2003 年，公安处认真贯彻落实公安部提出的“贯彻十六大，全面建小康，公安怎么办”大讨论活动指示精神，扎扎实实地开展立警为公、执法为民教育，不断加强公安队伍建设，全面维护企业稳定。全年出动警力3 617人次，严厉打击刑事犯罪，切实加强铁路重点工程治安保卫工作，共破获刑事案件 142 起，抓获犯罪嫌疑人 147 人，查处治安案件1 100起，调解路地纠纷1 487起，查处违法人员1 238人，追缴赃款赃物价值 98.6 万元。先后开展“蓝盾”行动、爆炸物品管理专项整治、公务用枪专项治理、警用车辆清理整顿、督察暗访、公安机关执法考评检查、派出所等级评定以及刑侦、治安业务竞赛等活动，组织消防检查 180 次，整改火灾隐患 133 处。认真落实治安综合治理领导责任制，加大量化考核力度，深入开展立功创模和为人民群众办好事活动，全年做好事1 671起，收到锦旗 4 面、表扬信 18 封。1 人被评为全路优秀民警，3 人荣立个人三等功，3 人被评为铁道建筑公安局优秀人民警察。 （陆 菲）

【党群工作】 党的工作。(1)政治理论教育。集团公司党委精心部署，编发提纲，把“三个代表”重要思想、党的十六大报告和十六届三中全会精神作为政治理论学习的主要内容，党委中心组结合企业实际，对改革发展中的问题组织专题研讨，解放思想，开拓思路，推动了企业快速发展。副处以上干部人人填写《领导干部理论学习鉴定表》，积极参与“学习党的十六大精神领导干部征文”活动，撰写学习体会文章 235 篇。(2)领导班子建设。改制后，公司党委健全议事规则和决策程序，明确党组织参与企业决策的内容、范围和方法，建立参与决策的一系列制度，从而使党委在企业中的政治核心地位进一步巩固。继续推进领导班子年轻化、知识化建设，选拔一批优秀年轻知识分子担任领导职务，子公司领导班子成员中 1982 年后的大学毕业生由原来的 59 名增加到 72 名，班子成员平均年龄由原来的 48 岁降至 46 岁，大学本科以上学历占班子成员总数的 85%，领导班子年龄和知识结构得到改善。继续推进“四好领导班子”创建活动，有 9 个单位领导班子跨入“四好领导班子”行列。铁运公司领导班子思想解放，勤政务实，认真践行“三个代表”思想，企业全面建设逐年迈上新台阶，走上良性循环的发展轨道，其经验被总公司和北京市委组织部推广。对各级领导班子民主生活会加强督促指导，切实按照“三讲”方式，着重抓住会前征求意见、会上开展批评与自我批评、会后进行整改三个关键环节，民主生活会质量明显提高。(3)基层党组织建设。根据队伍结构变化，及时调整党组织设置，做到有队伍的地方就有党的工作，有党员的地方就有党的组织，有党组织的地方就有党的活动，并实行"流动党员活动证"制度。(4)党风廉政建设。领导干部廉洁自律、查处违纪案件、执法效能监察三项重点工作稳步推进，在全体党员中印发新的"五个不准"和"廉政台历"，开展党风廉政建设宣传教育月活动，推出10名廉洁自律先进典型，印发5个受到党纪国法惩处的原领导人员的忏悔书，提高了党员领导干部的廉洁自律意识。年内查处违纪违规人员18人，对121个项目部进行执法效能监察，查出违规金额282万元，挽回经济损失19万元。(5)两个文明建设。狠抓《文明工地建设管理办法》《文明工地标准》《文明工地考核评比办法》等文件的落实，工地安全、质量、进度、效益取得较好成绩。在"非典"肆虐的4月～6月，各级党组织高度重视，严密防控，确保"非典"零感染，保障生产经营顺利进行。加大对外宣传力度，全年在报上发表新闻稿件251篇，在中央和省市电视台播放新闻160条，28篇经验介绍和论文被省部级刊物采用。五公司青藏铁路机械队红旗党支部被国资委选入青藏铁路建设英模事迹报告团，先后在全国巡回报告10余场。加快企业文化建设步伐，在集团公司全面征集企业精神、企业理念、企业作风，并召开专题研讨会，确定企业的理念识别系统、行为识别系统和视觉识别系统，增强了全员的凝聚力、向心力和认同感。

工会工作。集团公司工会紧紧围绕施工生产中心开展工作，取得丰硕成果。(1)"三项教育"生动活泼。组织开展"十六大精神在我心中"演讲比赛，分别获北京市总工会、总公司工会二等奖和三等奖；在全体职工中开展"全面建设小康社会职工百题问答"知识竞赛，集团公司工会被北京市总工会评为"优秀组织单位"；认真组织"学习十六大精神征文比赛"，出版1期征文专刊，一批优秀征文先后被总公司《铁建工运》、北京市《工会博览》杂志刊用。(2)"五比四创"劳动竞赛成效显著。有27个重点工程项目受到业主表彰奖励，16个项目被业主评为劳动竞赛第一、二名，累计获得奖金170余万元；有6条合理化建议和5项技术创新成果荣获北京市"优秀合理化建议"和"优秀经济技术创新成果"；集团公司青藏铁路工程项目部"呵护高原生态"QC成果被铁道部评为一等奖；一、三公司被总公司评为"劳动竞赛优胜单位"，六公司提出的"盾构机国产配套设备选型与参数优化"和二公司实施的"渝怀铁路金洞隧道通风技术"分别被总公司评为合理化建议和技术改进一、二等奖；一公司被评为"全国'安康杯'竞赛优胜企业"，集团公司被评为"全国'安康杯'竞赛优秀组织单位"。(3)"建家建线"工作取得新成果。有24个基层单位被评为集团公司"模范职工之家"，5个单位建成省(市)级"模范职工之家"，四公司工会建成"全国模范职工之家"。(4)职工权益维护取得新进展。各级工会积极为职工解决实际问题，联合劳资、社保等部门组织开展对年龄较大、技能较低以及长期待岗、重病、重残、生活困难的弱势群体调查，下发调查问卷6 000余份，召开困难职工座谈会130余次，与120余名困难职工个别交谈，掌握困难职工基本情况，并按有关政策落实弱势群体的生活待遇。(5)宣传报道取得突出成绩。年内在《人民日报》《工人日报》《中国工运》《工会理论与实践》《工会信息》等全国性报刊杂志刊稿180篇，在《工会博览》《铁路工运》《中国铁道建筑报》《铁建工运》等刊物刊稿339篇，有18篇经验材料和论文被中央和省部级刊物采用，有的被《中国创新与发展文库》收录，是历年来刊稿数量最多的一年，在总公司工会系统排名第一。集团公司工会被总公司工会评为"工会信息工作先进单位"，被中华全国铁路总工会评为"通讯报道工作先进单位"。(6)体协工作。根据"全民健身工程规划"要求，先后在各子公司机关基地开辟运动场所，安装健身器材，组织开展健身活动。集团公司乒乓球队代表总公司参加全路"十运会"，获男子团体第三名，四公司被北京市总工会评为"全民健身工作先进单位"。

共青团工作。集团公司团委下辖46个基层团委、11个团工委、7个团总支、135个团支部，有36名专职团干部，1 327名团员。各级团组织坚持服务企业改革发展稳定、服务青年成长成才的工作方向，扎实开展青年思想教育，全面推进创新创效活动，充分发挥实践育人功能，以改革的精神和务实的行动，为企业两个文明建设做出新的贡献。(1)"双争"竞赛。年内有5支青年突击队获"北京市优秀青年突击队标杆"、7支青年突击队获"北京市优秀青年突击队"、2支青年突击队获"北京市重大工程建设优秀青年突击队"称号，4人获"北京市青年岗位能手"称号，1支青年突击队获"青藏铁路建设优秀青年突击队"称号；集团公司青藏铁路工程指挥部获"国家重点工程建设青年(集体)贡献奖"，程红彬获"国家重点工程建设青年(个人)贡献奖"和"西藏第六届十大优秀青年"称号；三公司上海磁悬浮列车示范线工程项目部获"全国青年文明号"、集团公司黔西路工程指挥部获重庆市"青年文明号"、3个项目部获总公司"青年文明号"称号；1人获"青藏铁路建设青年功臣"、1人获"优秀青年管理者"、2人获"杰出青年岗位能手"称号。(2)创新创效。集团公司团委在北京市首届青年创新创效竞赛活动中获优秀组织奖，16项"五小"成果分获一至三等奖。(3)"活力杯"

征文。在总公司第六届“活力杯”征文比赛中，有4篇征文分获一至三等奖。(4)“双优”、“双红”表彰。一公司团委和集团公司团委书记勾文青分获北京市“五四红旗团委”和“优秀团干部”称号，程红彬获北京市“五四青年奖章”；8人分获总公司“优秀团干部”和“优秀团员”称号，4个团委获“五四红旗团委”、4个团支部获“五四红旗团支部”称号。集团公司团委获“2001年～2003年度北京市保护母亲河行动优秀组织奖”。

（唐 嘉 陈晓林 孙小平）

【第一工程有限公司】 公路工程、市政公用工程施工总承包一级，房屋建筑工程、铁路工程施工总承包二级，桥梁工程、隧道工程、水工隧洞工程专业承包一级，预拌商品混凝土专业承包二级资质企业。公司机关驻北京市顺义区府前东街15号。董事长艾有高，党委书记周万义，总经理刘玉良。下辖8个工程分公司、职工医院、基地物业管理中心、机关服务中心等单位。职工1 958人，其中干部606人，工人1 352人；技术干部占干部总数的80%，技术工人占工人总数的84%。资产总额39 082万元，其中固定资产原值13 799万元、净值8 136万元，流动资产26 966万元，其他资产3 980万元。机械运输设备203台(套)，原值7 461万元、净值4 687万元，总功率19 507千瓦，人均动力装备率9.85千瓦，人均技术装备率2.37万元。

2003年，承揽工程任务8.9亿元，完成企业总产值6.78亿元，其中施工产值6.75亿元，实现利润505万元。完成主要实物工程量：土石方698万立方米，桥梁6 902延长米，隧道1 831延长米，涵洞3 818横延米。净资产收益率4.3%，产值利润率0.74%，成本费用利润率0.82%，投资回报率4.18%，国有资产保值增值率102.04%，资产负债率78%。

公司先后被评为“北京市先进企业”、“北京市优秀管理企业”、“北京市资信一级企业”、“首都精神文明单位”、北京市及全国“安康杯”竞赛优胜单位。曾有21项工程被评为国家或省部优质工程，其中获詹天佑土木工程大奖2项，中国建筑工程鲁班奖3项，国家优质工程奖1项。有35项科技成果获集团公司以上科技进步奖。2003年，公司承建的227国道青海大坂山隧道获詹天佑土木工程大奖、“全国新纪录”奖，北京地铁八通线北苑车站和高架桥分获北京市“长城杯”金、银奖。公司通过质量、环境、职业健康安全管理体系认证。

（办公室）

【第二工程有限公司】 市政公用工程施工总承包一级，房屋建筑工程、铁路工程施工总承包二级，公路路基工程、桥梁工程、隧道工程、土石方工程专业承包一级，建筑装修装饰工程专业承包二级资质企业。公司机关驻天津市河东区万新村三区。董事长王正寿(10月离任)、赵玉坤(10月任)，党委书记马金彪，总经理詹小徐。下辖8个工程分公司及秦皇岛分公司、溏沽分公司、机运工程公司，秦皇岛办事处、沧州办事处和6个直属单位。职工2 500人，其中干部958人，工人1 542人；技术干部794人，占干部总数的82.8%；技术工人1 149人，占工人总数的74.5%。资产总额54 042.82万元，其中固定资产原值20 093.37万元、净值13 828.49万元，流动资产37 780.66万元，其他资产2 433.67万元。机械设备262台，设备原值11 928万元、净值7 924万元，总功率24 368千瓦，技术装备率2.65万元/人，动力装备率9.75千瓦/人，机械化施工程度80%。年施工能力7亿元以上。

2003年，承揽工程任务10.67亿元，完成企业总产值7亿元，其中施工产值6.75亿元，实现利润643万元。国有资产保值增值率101.72%，净资产收益率6.81%，产值利润率0.86%，成本费用利润率0.87%，投资回报率7%，资产负债率81%。

兵改工以来，公司有26项工程获国家和省部优质工程奖，其中大秦铁路Ⅱ期、京九铁路吉赣段获中国建筑工程鲁班奖，引滦入津、天津铁路枢纽南曹线改造获国家优质工程奖；1项科技成果获国家科技进步二等奖，3项科技成果获省部科技进步奖，10项科技成果获总公司科技进步奖；获国家及省部优秀QC成果奖28项，其中江垭电站大型地下厂房洞室群综合施工技术、北京地铁西单车站浅埋暗挖施工技术、朔黄铁路长梁山双线隧道机械化全断面掘进技术，以及青藏铁路西(宁)格(尔木)段关角隧道病害整治综合施工技术分别达到国际、国内同类工程先进水平。顺利通过质量、环境、职业健康安全管理体系认证。公司先后荣获“全国优秀施工企业”、“全国设备管理优秀单位”、“天津市先进施工企业”、“天津市重合同、守信用企业”等称号，被评为“全国模范职工之家”、“北京市模范职工之家”、“总公司模范职工之家”，被总公司评为“先进党组织标兵”、“四好领导班子”。企业信用等级为“AAA”级。

（办公室）

【第三工程有限公司】 公路工程、市政公用工程施工总承包一级，铁路工程、房屋建筑工程施工总承包二级，桥梁工程、隧道工程、机场场道工程、土石方工程、公路路基工程专业承包一级资质企业。公司机关驻浙江省湖州市湖东铁路新村。董事长孔文亚，党委书记王恒平，总经理朱赤。下辖7个建筑安装工程分公司和1个物业分公司。职工1 696人，其中专业技术人员520人。资产总额45 405万元，其中固定资产9 599万元，流动资产33 391万元，长期投资2 090万元，其他资产325万元。注册资本金6 800万元。机械设备248台(套)，设备原值5 614万元、净值2 978万元，总功率28 354千瓦，动力装备率15.24千瓦/人，技术装备率2.48万元/人。年施工能力10亿元以上。

2003年，承揽工程任务8.9亿元，完成企业总产值9.01亿元，其中施工产值8.9亿元，实现利润526万元。国有资产保值增值率113%，净资产收益率1.68%，产值利润率0.58%，成本费用利润率0.59%，投资回报率5.9%，资产负债率83.05%。单位工程合格率100%，优良率98.9%。芜湖长江大桥获詹天佑土木工程大奖，皖赣铁路复线青弋江特大桥获国家优质工程银质奖，上海磁悬浮列车示范工程获"上海市政工程金奖"，义乌宗泽大桥"V型墩平衡支架法"施工技术获总公司科技进步二等奖。

公司先后被评为"国家二级企业"、"北京市优秀政工企业"、"北京市思想政治工作先进单位"、"首都文明单位"、"全路先进党组织"、"总公司思想政治工作先进单位"、"四好领导班子"，荣获"浙江省先进企业"、"守合同、重信用单位"等称号。年内顺利取得质量、环境、职业健康安全管理体系认证证书。 （周　通）

【第四工程有限公司】 房屋建筑工程、公路工程施工总承包一级，市政公用工程、铁路工程施工总承包二级，桥梁工程、隧道工程、建筑装饰装修工程、公路路基工程专业承包一级资质企业。公司机关驻北京市怀柔区迎宾中路2号。董事长汤世明，党委书记孙金海，总经理孙克林。下辖10个工程分公司和1个物业管理中心。职工2 015人，其中管理干部799人。资产总额48 632万元，其中固定资产原值16 194万元、净值9 904万元，流动资产35 814万元，长期投资2 089万元，其他资产824万元。机械运输设备176台(套)，总功率19 767千瓦，设备原值8 049万元、净值4 837万元，人均动力装备率9.8千瓦、技术装备率24 004元，机械化施工程度84%。

2003年承揽任务17项，投资总额123 917万元。完成企业总产值68 752万元，实现利润501万元，人均创利2 486元，人均年收入11 722元。产值利润率0.78%，净资产收益率6.75%，成本费用利润率0.84%，投资回报率7.35%，国有资产保值增值率102%，资产负债率66.5%，应上缴款完成率100%。完成主要实物工作量：土石方631万立方米，隧道4 511延长米，桥梁2 446延长米，涵渠3 792横延米，公路路面76 627平方米，房建64 601平方米。

公司注重以诚信为本，走规模经营、精细管理、追求效益最大化的发展之路，坚持"兑现合同承诺、留下时代精品"的质量方针，顺利通过质量、环境和职业健康安全管理体系认证，工程质量合格率100%，优良率83%。有2项工程获省部优质工程奖，参建的神朔铁路工程获2003年度詹天佑土木工程大奖。公司连续2年被评为北京市"质量效益型企业"、"先进基层党组织"，先后荣获"全国诚信建设示范单位"、"中央企业'五四'红旗团委创建单位"、"全国模范职工之家"等称号。 （韦增贵）

【第五工程有限公司】 铁路工程、公路工程、市政公用工程施工总承包一级，房屋建筑工程施工总承包二级，桥梁工程、隧道工程、公路路基工程专业承包一级，铁路铺轨架梁工程专业承包二级资质企业。前身是铁道兵第十一师第五十五团，1984年1月1日集体转业并入铁道部，改称铁道部第十六工程局第五工程处，2002年7月企业改制改称现名。公司机关驻河北省唐山市丰润区光华道2号。董事长潘登华，党委书记焦森华，总经理马栋。下辖10个专业队、3个直属单位、26个项目部。职工1 792人，其中干部638人，工人1 154人。资产总额42 287.27万元，其中流动资产35 968.21万元，固定资产原值9 569.14万元、净值5 462.4 2万元，所有者权益8 402.2万元。机械车辆188台，原值6 187.14万元、净值3 364万元，总功率19 788千瓦，动力装备率11.04千瓦/人、技术装备率1.99万元/人，机械化施工程度70%。

2003年，承揽任务101 000万元，完成企业总产值59 590万元，实现利润335.08万元。国有资产保值增值率101%，净资产收益率0.79%，产值利润率0.66%，成本费用利润率0.72%，投资回报率4.91%，资产负债率64%。完成主要实物工程量：土石方463.8万立方米，桥梁4 972延长米，隧道5 892延长米，涵渠3 724横延米，铺轨5.2公里，铺道岔27组。年内顺利通过质量、环境、职业健康安全管理体系认证审核。实现连续安全生产4 448天，连年被评为集团公司"安全管理先进单位"；连续12年获"唐山市重合同、守信用企业"、连续9年获"河北省重合同、守信用企业"称号。 （办公室）

【第六工程有限公司】 市政公用工程施工总承包一级，房屋建筑工程施工总承包三级，地基与基础工程、起重设备安装工程专业承包一级，建筑防水工程专业承包二级资质企业。公司机关驻北京市通州区新华大街226号。董事长陈广亮，党委书记张化海，总经理赵臣川。下辖市政工程公司和第一分公司。职工615人，其中干部328人，工人287人。资产总额35 162万元，其中固定资产原值15 800万元、净值14 329万元，流动资产18 959万元，长期投资1 408万元，其他资产466万元。公司拥有先进的德产盾构设备、日产顶管设备和架桥机等机械设备170台(套)，原值1.48亿元、净值1.43亿元，总功率8 190千瓦，人均技术装备率18.5万元、动力装备率13.3千瓦，综合机械化施工能力达90%。

2003年，承揽任务8.7亿元，完成施工产值4.1亿元，实现利润262万元。国有资产保值增值率101.07%，净资产收益率0.93%，产值利润率0.64%，资产负债率85.36%。公司承建的北京地铁复八线王府井—建国门段工程获北京市“长城杯”奖和中国建筑工程鲁班奖，上海地铁2号线江苏路站获上海市“市政工程金奖”和“全国用户满意工程”称号，南京地铁张府园站、新街口站工地被评为江苏省“文明工地”。开发应用新技术30余项，其中“城市地铁松散含水地层复杂洞群浅埋暗挖施工技术”获国家科技进步二等奖，西气东输郑州黄河顶管工程千米钢管一次性顶进成功和深圳地铁盾构施工月成洞540米均创“中国企业新纪录”，广州地铁施工中开发的“基于信息平台的地下工程项目管理”成果获中国企业管理现代化创新成果二等奖。公司先后荣获“北京市技术创新先进企业”、“北京市‘安康杯’竞赛优胜企业”和“首都文明单位标兵”称号，连续多年被评为“北京市重合同、守信誉单位”。年内公司通过质量、环境和职业健康安全管理体系认证。

(王艳文)

【铁运工程有限公司】 集铁路运输、工程施工、多种经营为一体的铁路工程施工总承包二级资质企业。公司机关驻河北省高碑店市兴华北路17号。2003年6月18日，由原中铁十六局集团公司铁路运输处改制为中铁十六局集团公司铁运工程有限公司。董事长葛传国，党委书记赵雨章，总经理李照中。下辖5个专业段、2个铁路运营指挥部、3个多种经营公司、1个站修所、3个基地物业管理公司、3个工程项目部和1个办事处。职工1 838人(含劳务输出职工1 042人)，其中干部380人，工人1 458人。专业技术干部284人，占干部总数的74.7%；技术工人1 168人，占工人总数的80.1%。资产总额10 571万元，其中流动资产3 478万元，长期投资784万元，固定资产6 309万元；负债总额7 876万元，所有者权益3 596万元。机械设备46台(套)，设备原值8 043万元、净值6 072万元，人均技术装备率43 800元、动力装备率27.78千瓦。

2003年，承揽任务6 930万元，完成企业总产值6 521万元，其中施工产值1 516万元，实现利润155万元，超额完成集团公司下达的考核指标。国有资产保值增值率101.59%，净资产收益率1.15%，产值利润率2.37%，成本费用利润率2.45%，投资回报率3.21%，资产负债率74.5%。神朔铁路全年完成重车牵引1 781列，发送货运量704万吨，完成货物周转量116 539万吨公里，日产量218万吨公里，总走行650 588公里，机车运用率96%，实现连续安全生产1 095天。沙蔚铁路完成货物周转量5 050万吨公里，总走行73 434公里，安全运行387天，受到业主好评。安全、优质、高效、按期完成工程施工项目，实现炼队伍、创“品牌”目标。

(马召清)

【路桥工程有限公司】 土石方工程专业承包一级，桥梁工程、隧道工程专业承包二级资质企业。公司机关驻北京市密云县新北路9号。董事长李志军，党委书记李新权，总经理周灿华。下辖3个综合分公司和2个专业公司。职工804人，其中干部290人，工人514人；专业技术干部201人，占干部总数的69.31 %；技术工人367人，占工人总数的71.4 %。资产总额17 439万元，其中流动资产11 265万元，固定资产原值8 652万元、净值4 758万元。机械设备80台(套)，原值7 964万元、净值4 950万元，总功率9 973千瓦，人均动力装备率12.4千瓦、技术装备率6.2万元。年施工能力3亿元以上。

2003年，承揽工程任务5项，合同总额48 700万元。完成施工产值30 247万元，实现利润200万元。全员劳动生产率33万元/人年。国有资产保值增值率123%，净资产收益率2.95%，产值利润率0.66%，成本费用利润率0.66%，资产负债率82%。完成主要实物工程量：土石方178万立方米，桥梁2 157延长米，隧道1 926延长米，涵洞972横延米，上道碴3万立方米。单位工程合格率100%。公司顺利通过质量、环境和职业健康安全管理体系认证。兵改工以来，公司参建项目获国家和省部优质工程奖各1项，中国建筑工程鲁班奖1项。

(赵春生　崔凤英)

【电务工程有限公司】 铁路通信、信号及电力工程专业承包一级资质企业。公司机关驻北京市朝阳区楼梓庄乡皮村北巷甲2号。董事长王志林，党委书记周瑾，总经理陈义明。下辖3个分公司和通信服务中心。职工305人，其中干部119人，工人186人。资产总额4 996万元，其中流动资产3 804万元，固定资产原值1 122万元、净值599万元，长期投资593万元。年施工能力2亿元以上。

2003年，承揽工程任务13 700万元，完成企业总产值7 578万元，其中建安产值6 206万元，实现利润112万元。单位工程合格率100%，优良率95%。国有资产保值增值率100%，净资产收益率4.56%，产值利润率 1.48%，成本费用利润率 9.7%，投资回报率 2.36%，资产负债率 50.87%。

兵改工以来，获中国建筑工程鲁班奖 1 项，省部优质工程奖 5 项，总公司优质工程奖 8 项，被业主评为优质样板工程 5 项。年内顺利取得质量、环境和职业健康安全管理体系认证证书。（邢桂华）

【重要记载】

▲1 月 1 日　北京市副市长刘敬民在市城建工委书记张凤朝、集团公司总经理汪昭富等陪同下，视察集团公司承建的北京城市铁路东直门车站施工现场。

▲1 月 4 日　总公司盾构施工技术现场观摩研讨会在集团公司深圳地铁盾构项目部召开。深圳地铁盾构工程是总公司系统在城市地铁领域的第一个盾构施工项目。

▲1 月 9 日　湘桂铁路二线开通典礼在广西南宁举行，集团公司董事长陈树林出席开通典礼。

▲1 月 26 日　建设部部长汪光焘乘坐新客车视察集团公司承建的北京城市铁路东直门车站工程。

▲1 月　集团公司承建的广东奥林匹克体育中心外围道路工程获 2002 年度"火车头优质工程奖"。

▲2 月 13 日　铁道部副部长蔡庆华在上海铁路局、福建省有关领导陪同下，视察集团公司赣龙铁路建设工地。

▲2 月 17 日　总公司党委书记李国瑞在集团公司党委副书记侯向东陪同下，到渝怀铁路集团公司建设工地检查指导工作。

▲2 月 28 日　集团公司研究开发的"复杂地质条件下特长双线隧道综合施工技术"荣获 2002 年度国家科技进步二等奖。

▲2 月　三公司承建的皖赣铁路火宣段青弋江特大桥获铁道部优质工程二等奖。

▲3 月 30 日　铁道部兰武二线开工动员大会在甘肃省天祝县打柴沟火车站隆重举行。会后，铁道部部长刘志军，甘肃省省委书记宋照肃、省长陆浩，兰州军区副司令员陈秀一行在汪昭富总经理陪同下，视察集团公司承建的乌鞘岭隧道左线正洞进口和 2 号斜井建设工地，亲切慰问参建职工。

▲4 月 9 日　铁道部副部长孙永福利用出席青藏铁路建设工作会议间隙，视察集团公司青藏铁路工程指挥部，查看职工食党、宿舍及办公情况，勉励参建职工发扬成绩，再接再厉，在青藏铁路建设攻坚战中再创佳绩。

▲4 月 10 日　北京城市铁路工程建设表彰大会在银龙苑宾馆召开。会上，集团公司被评为"北京城市铁路工程建设先进单位"，二公司李树荣、四公司陈伟文荣获"优秀项目经理"称号。

▲4 月 19 日～21 日　2003 年国际工程项目管理高峰论坛暨 Icpumu 首届年会在北京友谊宾馆举行，集团公司董事长陈树林作为嘉宾出席会议，总经理汪昭富、五公司董事长潘登华荣获"全国优秀项目管理工作者"称号。

▲4 月 30 日　国务院总理温家宝在广东省省委书记张德江、省长黄华华陪同下，到集团公司广州地铁工程项目部考察"非典"防控工作，称赞"中铁十六局集团公司是一支能打硬仗的队伍"。

▲5 月 30 日　西藏自治区政府副主席杨海滨视察集团公司承建的青藏铁路工程，对施工管理、工程进度和环保工作给予充分肯定。

▲5 月　集团公司 4 支青年突击队获"北京市保持优秀青年突击队标杆"称号，2 支青年突击队获"北京市重大工程建设优秀青年突击队"称号，8 支青年突击队获"北京市优秀青年突击队"称号。

▲6 月 5 日　广东省人大副主任黄伟鸿一行 20 余人检查集团公司承建的广州地铁体育西路站施工现场防控"非典"情况，对项目部抗击"非典"取得的成绩给予充分肯定。

▲6 月 12 日　四川省省委副书记刘鹏在雅安市委领导陪同下，视察集团公司承建的瀑布沟交通桥工程，勉励参建职工为西部大开发再立新功。

▲6 月 18 日　集团公司中标北京首批开工的奥运建设项目首都国际机场 1 号航站楼改造工程 A 合同段，该段建筑面积78 841平方米，合同投资 1.785 亿元。

▲6 月 24 日　中国石油天然气总公司副总裁任传俊到集团公司承建的西气东输郑州黄河顶管工程施工现场检查工作。

▲6 月 26 日　广州地铁 2 号线建成通车，集团公司项目部被业主评为"优秀施工单位"，项目经理赵巨川被评为"优秀项目经理"。

▲6 月 30 日　宝兰二线宝天段举行开通典礼，集团公司副总经理刘再华应邀出席开通仪式。

▲6 月　五公司承建的川藏公路二郎山隧道工程荣获四川省工程建设最高奖——"天府杯"金奖。二郎山隧道是国内埋藏最深、地应力最大、地质条件最复杂的公路特长隧道。

▲7 月 18 日　中铁十六局集团公司铁运工程有限公司在河北省高碑店市挂牌成立，集团公司董事长陈树林、总经理汪昭富、副总经理刘再华、党委副书记郭品云出席成立大会。

▲7 月 22 日　铁道部副部长陆东福在集团公司总经理汪昭富、副总经理张永宝陪同下，视察集团公司

参建的兰武二线乌鞘岭隧道建设工地。

▲7月26日　建设部部长汪光焘在南京市副市长戴永宁、集团公司总经理汪昭富陪同下，视察六公司承建的亚洲最大盖挖地铁车站——南京地铁新街口站，对该公司在南京地铁建设中取得的成绩给予充分肯定。

▲7月　集团公司被银通投资咨询公司评为“信用等级AAA级单位”。

▲8月5日　共青团北京市委、北京市青年突击队协会组织首都青年代表到集团公司青藏铁路建设工地慰问，并为青年突击队授旗。

▲8月8日　中共中央政治局常委、国务院总理温家宝，中共中央政治局常委、国务院副总理黄菊，中共中央政治局委员、国务院副总理曾培炎，国务委员、国务院秘书长华建敏等领导在中共中央政治局委员、北京市市委书记刘淇等陪同下，到集团公司承建的北京城市铁路东直门车站调研视察。总公司王振侯总经理、李国瑞书记及集团公司陈树林董事长、汪昭富总经理等陪同中央领导视察。

▲8月8日　国资委纪委执法监察室主任熊小先一行6人，在总公司党委副书记兼纪委书记彭树贵陪同下，到集团公司调研执法效能监察工作。

▲8月11日　国家环保总局、铁道部、交通部、水利部、国土资源部组成环境保护检查组，到青藏铁路建设工地检查环保工作，对集团公司环保工作给予充分肯定。

▲8月12日　铁道部副部长陆东福在济南铁路局局长左慎湘、副局长于永祥等陪同下，乘专列视察胶新铁路集团公司承建标段工程，称赞“中铁十六局集团公司干得好！”

▲8月28日　集团公司举办首届美术书法摄影展，共展出作品173幅，其中美术作品46幅，书法作品72幅，摄影作品55幅。

▲9月2日　集团公司承建的深圳地铁盾构工程通过业主初验，工程质量评为优良。

▲9月25日　铁道部副部长孙永福率部机关人员到青藏铁路建设工地亲切慰问建设者。

▲9月29日　集团公司被评为2003年度“北京市质量管理优秀企业”。

▲9月　集团公司获“北京质量诚信企业”称号。

▲10月11日　西藏自治区政府副主席杨海滨率西藏歌舞团、西藏军区歌舞团到集团公司青藏铁路建设工地慰问演出。

▲10月28日　集团公司被列入“中国优秀企业数据库”。

▲10月30日　福建省常务副省长兼高速公路建设总指挥黄小晶视察集团公司承建的邵三高速公路MA13合同段际口大桥及制梁场工地，对工程进度、质量表示满意。

▲11月1日　集团公司承建的国道227线青海大坂山隧道，参建的朔黄铁路神池—西柏坡段综合工程和芜湖长江大桥等3项工程获詹天佑土木工程大奖。

▲11月　二公司开发的“粤海铁路通道南港栈桥综合施工技术”获海南省科技进步一等奖。

▲12月16日　集团公司开发的“基于管理信息平台的地下工程项目管理”成果获中国企业管理现代化创新成果二等奖。

▲12月18日～21日　西安南京铁路通过铁道部初验委员会初验。集团公司承建的A土－14标段工程全长46公里，工程质量合格率100%，优良率96%。

▲2003年　集团公司及所属8个子公司全部通过质量、环境、职业健康安全管理体系认证。

▲2003年　集团公司荣获“全国优秀施工企业”称号。

（刘承宝）

中铁十七局集团有限公司

【简况】　中铁十七局集团有限公司系铁路工程施工总承包特级，公路工程、市政公用工程施工总承包一级，房屋建筑、水利水电工程施工总承包二级，桥梁工程、隧道工程、机场场道工程、公路路基工程专业承包一级，城市轨道交通工程专业承包资质企业。公司机关驻山西省太原市平阳路266号。前身系中国人民解放军铁道兵第七师，1984年1月1日集体转业并入铁道部，改编为铁道部第十七工程局；1999年12月改称中铁第十七工程局；2001年9月改制为现名。下辖第一、二、三、五、六工程有限公司，建筑工程有限公司，电务工程有限公司，远通工程有限公司，物资有限公司，第四工程公司，重庆工程公司，通信电力工程公司，物业公司，株洲战备材料总厂，中心医院，职业教育培训中心，华东、华南、华中、华北、西南、西北、东北、山西等8个工程开发部。职工13 984人。资产总值322 267万元，其中流动资产233 651万元，固定资产原值115 953万元、净值67 507万元。机械动力设备2 348台（套），原值69 111.6万元、净值38 568.6万元，总功率176 521千瓦，人均动力装备率14.26千瓦、技术装备率28 194元，设备成新率55.8%。年施工能力50亿元以上。

2003年,承揽工程任务135项,合同总额830 640万元。完成企业总产值501 410万元,其中施工产值487 748万元,附营产值7 808万元,实现利润5 167万元。完成主要实物工程量:土石方4 123.4万立方米,桥梁40 368.6延长米,隧道26 568.1延长米,涵洞26 365.8横延米,铺轨12.9公里,房建110 362平方米,公路183公里。单位工程合格率100%,优良率96.6%。连续9年实现安全生产年目标,累计安全生产3 447天。全员劳动生产率163 715元/人年,职工年人均收入15 581元。国有资产保值增值率102.2%,产值利润率1.06%,净资产收益率6.39%,资产负债率72.42%,投资收益上缴率100%,应上缴款完成率100%,社会贡献率15.8%,社会积累率31.7%。获中国建筑工程鲁班奖(国家优质工程)1项,省部优质工程奖6项,总公司优质工程奖5项。顺利通过北京华夏认证中心质量管理体系换证复审和环境、职业健康安全管理体系年度监督审核。集团公司被中国建筑业协会评为"全国工程建设质量管理优秀企业";获山西省"五一劳动奖状"和"全国模范职工之家"称号。

兵改工以来,先后参加30多条铁路干线、20多条铁路专用线、40条高等级公路以及机场、市政、工业与民用建筑、城市地铁、轨道交通等工程建设,荣获国家优质工程奖2项,中国建筑工程鲁班奖(国家优质工程)6项,省部优质工程奖48项,总公司优质工程奖35项;获国家科技进步奖2项,省部科技进步奖15项,总公司科技进步奖88项。先后被评为"全国优秀施工企业"、"全国先进建筑施工企业"、"全国建筑安全生产先进集体"、国家"守合同、重信用单位",连续16年保持"全国思想政治工作优秀企业"称号。 (宋育英)

【领导人员】

股东会

国有股代表	靳尚忍
	瞿观鄞
	薛之桂
	唐佑光
	李左军
职工股代表	郑余近
	孙中林
	段东明
	熊立坤
	宋占波

董事会

董事长	瞿观鄞
副董事长	薛之桂
	王兆林
国有股董事	瞿观鄞
	薛之桂
	王兆林
	李忠信
	李友才
职工股董事	赵　平
	万敦炎
	熊立坤
职工代表董事	宋占波

监事会

监事会主席	王新武
国有股监事	王新武
	汪起帆
职工股监事	王关平
	徐炳信
职工代表监事	张文田

经理层

总经理	薛之桂
副总经理	赵　平
	郑余近
	万敦炎
	唐佑光
	孙中林
	吴万良(6月任)
总工程师	段东明
总会计师	李忠信

党群领导

党委书记	瞿观鄞(兼)
党委副书记	薛之桂(兼)
	熊立坤
	王关平(4月任)
纪委书记	王关平(兼)
工会主席	宋占波

(宋育英)

【工程项目指挥机构】 宝兰铁路二线工程指挥部 驻甘肃省兰州市榆中县兴隆路194号。指挥长兼党工委书记段东明,副指挥长兼总工程师张秋生(10月离任),党工委副书记单联香。

西安南京铁路工程指挥部 驻河南省内乡县内峠路2号。指挥长兼党工委书记孙中林(8月离任),指挥长毛承祖(8月任),副指挥长刘玉杰(5月离任),总工程师郑雁翎(2月离任)、冀聪明(2月任),党工委副书记杨帆(2月离任)。

洛湛铁路工程指挥部 驻湖南省益阳市朝阳东路10号。指挥长兼党工委书记李新国。

渝怀铁路工程指挥部　驻重庆市黔江区交通北路62号。指挥长王国钧,党工委书记许同禄,总工程师刘高飞。

渝怀铁路涪陵工程指挥部　驻重庆市涪陵区望州路20号川东电力集团大厦。指挥长文珂,党工委书记梁运胜,常务副指挥长眭爱宏(3月任)。

京秦铁路工程指挥部　驻天津市蓟县渔阳南路36号。指挥长兼党工委书记陈国生,副指挥长兼总工程师辛文军,副指挥长吕现明。

胶新铁路工程指挥部　驻山东省莒县文心中路1号。指挥长王夫亮,党工委书记程贵启,副指挥长兼总工程师王波。

南京地铁工程指挥部　驻江苏省南京市迈皋桥合班村123号。指挥长兼党工委书记董谦,副指挥长席红星,总工程师王喜峰。

三亚工程指挥部　驻海南省三亚市亚龙湾91003部队招待所。指挥长兼党工委书记万敦炎,常务副指挥长赵瑞亮,副指挥长兼总工程师赵奎银,党工委副书记明东林(10月任)。

粤海铁路工程指挥部　驻海南省儋州市军屯商业街东一路SA栋3-4号。指挥长邵光堂,党工委书记明东林(10月离任),副指挥长兼总工程师李进驹。

青藏铁路工程指挥部　驻青海省格尔木市站前二路车务段。指挥长董现富,党工委书记霍世禄,副指挥长兼总工程师冯广利。

赣龙铁路工程指挥部　驻福建省龙岩市登高东路28号东宝宾馆二楼。指挥长兼党工委书记郑余近,常务副指挥长赵俊武,副指挥长孟广友(3月任)、曹支仁,总工程师刘海东,党工委常务副书记杜树铭。

遂渝铁路工程指挥部　驻重庆合川市太和镇交通街173号。指挥长王月幸,党工委书记陈宗火,副指挥长何万发,副指挥长兼总工程师霍兴家。

上海地铁项目经理部　驻上海市虹口区大连路261号。项目经理刘艳滨,党工委书记黄炳忠,副经理武有根(兼总工程师)、杨保升、宋晓波。

胶济铁路工程指挥部　驻山东省淄博市临淄区大武路50号。指挥长王夫亮,党工委书记程贵启,副指挥长时均新,总工程师冀光明。

兰武二线乌鞘岭隧道工程指挥部　驻甘肃省天祝县祝贡南路34号。指挥长文珂,副指挥长刘友平(兼总工程师)、曾树林(4月离任),党工委副书记李德禄。

兰武二线工程指挥部　驻甘肃省天祝县祝贡南路34号。指挥长文珂,常务副指挥长张秋生,副指挥长金本生、郭兵,党工委副书记李德禄。

兰新铁路工程指挥部　驻新疆维吾尔自治区鄯善县火车站镇振兴社区居委会后楼301号。指挥长杨明雨,副指挥长兼总工程师黄仲奇。

宜万铁路工程指挥部　驻重庆市万州区五桥百安大道建行三楼。指挥长蔚东绪,党工委书记徐海清,副指挥长兼总工程师阎文生。

浙赣铁路第9标段工程指挥部　驻浙江省金华市丹溪路1171号华威4F。指挥长赵俊武,副指挥长兼总工程师刘海东。

浙赣铁路第12标段工程指挥部　驻江西省新余市仰天西大道仰天别墅山庄2号楼。指挥长邵光堂,副指挥长兼总工程师李进驹。　（宋育英）

【职工队伍】　干部4 031人,其中女干部767人,少数民族干部51人。各类专业技术干部3 583人,其中高级职务321人,中级职务1 348人,初级职务1 914人;工程技术人员2 055人,卫生技术人员261人,其他技术人员1 236人。文化结构:研究生10人,大学本科1 232人,大专1 541人,中专494人,高中及以下654人。年龄结构:30岁以下1 220人,31岁~35岁698人,36岁~40岁501人,41岁~45岁645人,46岁~50岁564人,51岁~54岁268人,55岁~59岁135人。年内增加干部170人,其中接收高等院校应届毕业生159人,企事业单位调入11人;减少干部120人,其中退休、辞职等95人,调出25人。

工人8 927人,其中女工1 765人,少数民族34人,技术工人7 280人。文化结构:大专以上866人,中专1 287人,技校1 358人,高中2 603人,初中以下3 063人。年龄结构:30岁以下2 885人,31岁~40岁2 389人,41岁~50岁3 489人,51岁~55岁149人,56岁~60岁15人。技术工人中,初级工183人,中级工1 974人,高级工1 027人,技师291人,高级技师26人。年内新增工人273人,其中接收复员退伍军人31人,接收高职(中专)毕业生233人,调入9人;减少工人277人,其中调出10人,退休26人,终止劳动合同10人,解除劳动合同6人,非因工死亡6人,内部退养207人,除名12人。使用外部劳务17 701人。　（宋育英）

【铁路工程施工】　2003年,铁路在建工程51项,完成投资148 829万元。完成主要实物工程量:土石方1 252.45万立方米,桥梁15 666.21延长米,隧道8 465.69延长米,涵洞8 823.18横延米,铺轨12.9公里。重点工程进度:

渝怀铁路第9标段　位于重庆市涪陵区,长9.969公里,合同投资22 356万元,工期46个月。2001年1月1日开工。主要工程量:区间路基土石方30万立方米,站场土石方110万立方米;隧道2座5 965延长米,其中龙桥隧道2 989延长米,磨溪1号隧道2 976延长

米；大桥1座478.87延长米，中桥1座87.8延长米；涵洞15座587.32横延米，铺道碴3.3万立方米，车站2座，房建20 949平方米。年内路基、桥涵、隧道全部完工，房建完成8 000平方米，给排水完成60%，站场设备安装完成41%。年内完成投资4 495万元，开工累计完成投资21 132万元。

渝怀铁路第18标段　位于重庆市黔江区，长13.824公里，合同投资27 457万元，工期53个月。主要工程量：区间路基土石方14万立方米，站场土石方70万立方米；隧道5座9 191延长米，其中干溪沟隧道3 878延长米、万家山隧道3 715延长米；大桥4座980.75延长米，中桥4座372.62延长米；涵洞10座486横延米，铺道碴3.8万立方米，车站2座，房建1 636平方米。2001年2月10日开工。年内路基、隧道、涵洞全部完工，大中桥剩余桥面系。年内完成投资7 320万元，开工累计完成投资26 185万元。

宝兰铁路二线第15标段　位于甘肃省榆中县，长30.9公里，合同投资约1.6亿元，工期3年。主要工程量：区间路基土石方75.1万立方米，站场土石方67.4万立方米；大桥1座123延长米，中桥7座421延长米，公路跨铁路立交桥6座434(顶部)平方米；涵洞48座540横延米；铺轨37.5公里。2000年7月开工。截至2003年底，剩余约100万元的变更设计增加工程。年内完成投资736万元，开工累计完成投资16 038万元。

西安南京铁路第16标段　位于河南省南阳市，长58.165公里，合同投资约4亿元，工期5年。主要工程量：路基土石方741万立方米；特大桥4座2 748延长米，大桥3座884延长米，中桥9座703延长米，小桥9座172延长米；涵洞227座5 272横延米；铺道碴21.9万立方米；房建14 395平方米。2000年5月开工，工程已全部完工。年内完成投资4 492万元，开工累计完成投资43 395万元。

洛湛铁路益阳—娄底第2标段　位于湖南省益阳市，长12.033公里，合同投资约1亿元，工期3年。主要工程量：路基土石方139万立方米；隧道2座2 053延长米；中桥3座196延长米，小桥3座147延长米，立交桥1座45延长米；涵洞59座1 157横延米；铺道碴8 960立方米。2000年12月27日开工，工程已全部完工。年内完成投资872万元，开工累计完成投资10 469万元。

京秦铁路提速改造工程A4标段　长27.5公里，其中天津市蓟县境内9.43公里，河北省玉田县境内18.07公里，合同投资约1.5亿元，工期2年。主要工程量：路基土石方10.65万立方米，级配碎石2.78万立方米，路基加固水泥土挤密桩43.72万米，砂桩6.9万米，土工格栅3.52万平方米；桥梁梁部加固24座42孔，框构小桥接长4座316.88延长米，涵洞接长41座249.07横延米；更换Ⅰ级道碴13.8万立方米，抽换轨枕9.02万根，拆铺道岔23组；接建信号房258平方米。2001年8月25日开工，工程已全部完工。年内完成投资2 189万元，开工累计完成投资15 279万元。

京九铁路复线龙川北—东莞东段A3标段　位于广东省河源市，长27.96公里，合同投资约1亿元，工期2年。主要工程量：区间路基土石方143.74万立方米，站场土石方12.58万立方米；大桥6座1 158.54延长米，中桥10座637.7延长米，小桥1座62.2延长米，公路跨铁路立交桥1座；隧道2座411延长米；涵洞133座1 427.77横延米；铺道碴1.82万立方米。2001年3月开工，工程全部完工。年内完成投资649万元，开工累计完成投资10 673万元。

胶州—新沂铁路ZH－11标段　位于山东省莒县，长19.88公里，合同投资约1.3亿元，工期2年。主要工程量：区间路基土石方120.94万立方米，站场土石方40.1万立方米；特大桥1座1 307.11延长米，大桥3座948.08延长米，中桥4座276.78延长米，框构中桥2座436.1延长米，小桥2座54.87延长米；涵洞52座979.44横延米；铺道碴5.97万立方米，站线铺轨4. 25公里；房建8 294平方米。2001年11月20日开工，工程已开通运营。年内完成投资7 015万元，开工累计完成投资13 463万元。

神朔铁路复线第12标段　位于陕西省府谷县，长6.018公里，合同投资约5 000万元，工期1年。主要工程量：区间路基土石方16.68万立方米，站场土石方3.12万立方米；隧道1座190延长米；特大桥1座1 076.14延长米，大桥3座828.68延长米；涵洞4座30.33横延米；铺道碴2万立方米，房建611平方米。2002年1月10日开工，工程已全部完工。年内完成投资533万元，开工累计完成投资5 149万元。

赣龙铁路第3标段　位于江西省于都县，长7公里，合同投资3 575万元，工期2年。主要工程量：区间路基土石方134万立方米，中桥1座92延长米，隧道1座484延长米，涵洞47座1 387横延米，铺道碴17 287立方米。2002年8月开工，2003年线下主体工程完工。年内完成投资2 745万元，开工累计完成投资3 375万元。

赣龙铁路第7标段　位于江西省瑞金市，长17.85公里，合同投资13 214万元，工期2年。主要工程量：区间土石方226.5万立方米，站场土石方132.6万立方米；特大桥1座1 223延长米，大桥1座143延长米，中桥2座115.79延长米，小桥3座53延长米；隧道1.5座645延长米；涵洞83座2 282横延米。2002年8

月开工,2003 年线下主体工程完工。年内完成投资6 575万元,开工累计完成投资12 514万元。

赣龙铁路第 12 标段　位于福建省长汀县,长 15 公里,合同投资12 535万元,工期 2 年。主要工程量:区间路基土石方 206 万立方米,站场土石方 18.58 万立方米;大桥 5 座1 333延长米,中桥 1 座 106 延长米;隧道 5 座3 389延长米;涵洞 57 座2 287横延米;铺道碴42 648立方米。2002 年 8 月开工,2003 年线下主体工程完工。年内完成投资5 930万元,开工累计完成投资11 035万元。

赣龙铁路第 15 标段　位于福建省连城县,长14.5 公里,合同投资15 368万元,工期 2 年。主要工程量:区间土石方 133 万立方米,站场土石方 80 万立方米;大桥 11 座2 862延长米,中桥 8 座 790 延长米;隧道 16 座3 641延长米;涵洞 38 座1 652横延米;铺道碴36 806 立方米,房建1 201平方米。2002 年 8 月开工,2003 年线下主体工程完工。年内完成投资7 812万元,开工累计完成投资14 168万元。

青藏铁路格拉段第 17 标段　长 38.3 公里。主要工程量:区间路基土石方 258 万立方米,土工格栅32.7 万平方米;特大桥 4 座2 829延长米,大桥 8 座1 985延长米,中桥 8 座 770 延长米,小桥 5 座 93 延长米;涵洞 52 座 763 横延米。望唐—安多施工道路长151.16公里,主要工程量:路基土石方144.32万立方米,土工格栅11.16万平方米,泥结碎石路面48.9万平方米;中桥 19 座1 234.76延长米,小桥 17 座308.48延长米;波纹管涵 135 座1 775.9横延米,箱涵 27 座794.08横延米。工程总投资约 6 亿元,工期 4 年。第 17 标段于 2003 年 4 月 23 日开工,年内完成投资20 418万元,占设计量的 40%。望唐—安多施工道路于 2002 年 10 月 5 日开工,2003 年完工。年内完成投资6 313万元,开工累计完成投资13 290万元。

遂渝铁路第 6 标段　位于重庆合川市,长 18.773 公里,合同投资27 135万元,工期 2 年。主要工程量:区间路基土石方 190 万立方米,站场土石方 71 万立方米;特大桥 1 座 567 延长米,大桥 14 座3 430延长米,中桥 5 座 554 延长米;隧道 11 座3 919延长米;涵洞 38 座1 400 横延米。2003 年 4 月开工,年内完成投资22 064万元。

兰武铁路二线 A7 标段　位于甘肃省天祝县,长 29.7 公里,合同投资14 366万元,工期 30 个月。主要工程量:土石方 59 万立方米,特大桥 1 座 877 延长米,涵洞 12 座 255 横延米,改造车站 2 座,铺轨 59 公里。2003 年 8 月开工,年内完成投资1 810万元。完成主要工程量:区间土石方 91%,站场土石方 51%;特大桥桩基完成,墩台身完成设计量的 20%;涵洞完成设计量的 95%。

兰武铁路二线乌鞘岭隧道　位于甘肃省天祝县,集团公司担负 6 号斜井2 135.38米及隧道左线平行导坑 934 米的施工任务,合同投资4 451万元,工期 16 个月。2003 年 2 月 20 日开工,年内斜井完工,完成投资2 517万元。

朔黄铁路二线第 8 标段　位于河北省沧州市,长 11.95 公里,合同投资5 738万元,工期 2 年。主要工程量:路基土石方 35 万立方米,桥梁 9 座 923 延长米,涵洞 41 座 285 横延米,铺道碴 3.17 万立方米。2003 年 5 月开工,年内完成投资2 651万元。

兰新铁路防风提速改造工程　位于新疆维吾尔自治区鄯善县,长 7.528 公里,合同投资3 500万元,工期 1 年。主要工程量:路基土石方 65 万立方米,中桥加固 1 座 41 延长米,涵洞 13 座 212 横延米,铺道碴 1.8 万立方米,拆除既有线 7.6 公里,铺轨 7.528 公里,拨移线路 1.8 公里,筑挡风墙3 457米。2003 年 7 月开工,年内完成投资1 124万元。　(李　媛　宋育英)

【路外工程施工】　2003 年,路外在建工程 179 项,完成投资 338 919 万元。完成主要工程量:土石方2 870.95万立方米,桥梁 24 702.35 延长米,隧道18 102.41延长米,涵洞17 744.92横延米。重点工程进度:

陕西禹门口—阎良高速公路 C10 合同段　位于陕西省合阳县,长 11.65 公里,合同投资约 1.6 亿元,工期 30 个月。主要工程量:土石方 206 万立方米;大桥 2 座 389 延长米,中小桥 12 座 782 延长米;涵洞及通道 24 座 547 横延米;路基基层 106 万平方米,面层 98 万平方米。2003 年 3 月开工,年内完成投资2 629万元。完成主要工程量:路基土石方 131 万立方米,占设计量的 64%;桥梁 290 延长米,占设计量的 25%;涵洞 401 横延米,占设计量的 73%。

陕西黄陵—延安高速公路 Q 合同段　位于陕西省黄陵县,长 3.24 公里,合同投资约 1.2 亿元,工期 20 个月。主要工程量:路基土石方 106 万立方米,大中桥 2 座2 016延长米,隧道 2 座2 000延长米,涵洞 10 座 270 横延米。2002 年 12 月开工,累计完成投资8 300万元。完成主要工程量:土石方 30%,大桥 70%,中桥 32%,隧道 82%,涵洞 14%。

福建漳州—龙岩高速公路 A9 标段　位于福建省漳州市,长 5.558 公里,合同投资约 2 亿元,工期 20 个月。主要工程量:土石方 287 万立方米;大桥 1 座 395 延长米,中桥 1 座 52 延长米,分离式立交桥 1 座 64 延长米;隧道 2 座1 415延长米;涵洞及通道 17 座1 006横延米。2002 年 7 月开工,2003 年线下主体工程基本完工。年内完成投资13 655万元,开工累计完成投资15 329万元。

京福高速公路FA13-2标段 位于福州市闽侯县,标段内有特大桥1座1 826.3延长米,合同投资1亿元,工期17个月。2002年9月开工,2003年主体工程已完工。开工累计完成投资近1亿元。

内蒙古老爷庙—集宁高速公路第2合同段 位于内蒙古自治区集宁市,长15公里,合同投资约1.5亿元,工期32个月。主要工程量:土石方332万立方米;大桥3座339延长米,中桥2座88延长米,钢筋混凝土板桥6座105延长米;涵洞及通道18座666横延米。2003年1月开工。年内土石方工程基本完工,桥梁完成511延长米,涵洞完成666横延米,完成投资5 883万元。

石家庄仓安路高架道路工程 长2.3795公里,合同投资约1.4亿元,工期16个月。主要工程量:路基土石方14万立方米,桥梁1 676延长米。2003年6月开工。年内桥梁完成820延长米,完成投资5 200万元。

深圳地铁一期工程第23标段 区间长1.3公里,合同投资约4 500万元。2002年11月开工,2004年3月竣工。开工累计完成投资3 445万元。

南京地铁南北线一期工程TA18标段 区间长1 408延长米,合同投资约7 500万元,工期26个月。主要工程量:区间高架桥933.15延长米,车站及折返线474延长米,站房5 420平方米,主变电站房建2 900平方米。2001年10月1日开工。2003年,高架区间、车站及折返线土建工程全部完工,剩余迈皋桥站钢结构雨蓬及部分变更增加工程。年内完成投资2 364万元,开工累计完成投资6 293万元。

海南三亚洞库工程 合同投资约2.5亿元,2002年1月开工。年内完成投资11 081万元,开工累计完成投资21 623万元。

南京赛虹桥交通枢纽工程C1标段 合同投资9 800万元,工期1年。主要工程量:道路632延长米,桥梁912延长米,排水道685米。2003年4月10日开工,年内完成投资4 718万元。

上海地铁M8线一期土建工程VB标段 合同投资18 518万元。主要工程量:曲阳车站长312.3米,宽13米~25.9米,开挖深15.5米~17.47米;曲阳路站—虹口足球场站区间隧道长1 256米,轴线埋深9.2米~21.4米。2003年4月28日开工,年内完成投资7 542万元。主要工程形象进度:区间盾构推进200米,管片制作完成设计量的37%;车站基础开挖及支撑完成设计量的10%,连续墙施工便道及A、B区全部完工。（李 媛 宋育英）

【经营管理】 工程经营。为强化经营职能,更好地发挥区域优势和集团优势,集团公司原工程经营一、二部合并为工程经营部。集团公司原临时派出的华东、西南、西北、华南、华北和华中等6个工程指挥部撤销,新成立华东、西南、西北、华南、华北、华中、山西和东北等8个常设工程开发部,同时充实工程经营力量。全年承揽工程135项,合同总额830 640万元,完成年度计划的161%,比上年增长60.25%。其中,铁路工程28项179 046万元,占承揽任务总额的21.56%;公路工程56项486 510万元,占58.57%;市政、轻轨工程22项79 857万元,占9.61%;房建工程21项70 737万元,占8.52%;机场、码头工程1项3 500万元;水利电力工程1项1 678万元;海外工程3项6 455万元;其他工程3项2 857万元。

企业管理。根据《总公司法人治理结构运行机制若干问题的指导意见》精神,修订公司章程和配套制度,健全决策管理体制,落实可追溯责任制度,减少决策失误。建立管资产和管人员相结合的产权管理制度,有效规避经营风险,保证资产安全和保值增值。强化资本纽带功能,清晰管理权限责任,进一步理顺母子公司管理体制。规范产权代表管理行为,依法决策,保证集团公司各项决策落到实处。

项目管理。根据重点工程多、实物工程量大、技术含量高、困难问题突出的特点,坚持企业是管理主体、项目是派出机构、项目经理对授权管理的项目全面负责的原则,调整内部责权利关系,优化生产要素配置,提高工程项目的履约能力。从项目评估入手,健全责任指标,全面落实项目管理责任制。优化施工管理模式,理顺项目与参建队伍的经济关系,规范管理制度和运作程序,全面提高项目质量效益水平。以“两严三控”(即严格项目经理等重要岗位人员选聘管理、严格工程项目“失信”行为责任追究,实施工程项目施工方案预控、工程项目目标成本控制和工程项目过程管理服务与监控)为重点,全面推行工程项目规范化管理,确保所有在建工程处于受控状态。集团公司“施工企业项目管理责任体系”获“全国工程建设企业现代化管理成果二等奖”。

安全质量。全年未发生因工亡人事故,实现连续安全生产3 447天,名列总公司榜首,受到总公司通报表彰和奖励。顺利通过质量管理体系换证复审和环境、职业健康安全管理体系年度监督审核。抓好过程和工序质量控制,全面开展“创优质、树信誉”活动,在建工程质量稳步提高。年内集团公司评定单位工程886个,合格率100%,优良率96.6%,“四电”工程优良率98%;评出优质工程18项,其中一等奖8项、二等奖10项,支付奖金198 160元;评出优秀QC小组14

个，其中一等奖2个、二等奖4个、三等奖8个。获中国建筑工程鲁班奖1项，省部优质工程奖6项，总公司优质工程奖5项；被评为“全国工程建设优秀QC小组”2个、“山西省工程建设优秀QC小组”2个、“铁道部优秀QC小组”2个，“总公司优秀QC小组”3个。集团公司被中国建筑业协会评为“2003年度全国工程建设质量管理优秀企业”。

财务管理。一是服务经营，确保实现财务增收目标。积极支持、参与经营工作，为投标承揽及时提供资金保障，先后承办担保、证明、财务报表等1 260份，同时坚持算好账、收好钱、清外欠、多增收，全年完成营业收入50.33亿元，实现利润5 167万元，消化潜亏4 890万元，亏损项目比2002年减少9个，超额完成年度财务预算指标。二是求实创新，积极做好企业理财工作。开展项目效益评估和项目效能执法检查活动，建立“二严三控”机制，规范项目财务行为，增加区域经营预算，保障经费支出；继续推行积极的财务政策和办法，降低资金管理费计缴比例，支持重点项目设备购置，鼓励部分单位减亏脱困。三是管好资金，严控成本开支。建立健全经营、项目、区域、事业和机关经费五大预算管理体系，加大资金集中统管力度，清理撤并银行账户48个，集中闲散资金3 680万元，吸纳所属单位存款2.8亿元，调剂内部资金余额1.8亿元，节约财务费用219万元。年内召开清欠暨项目效益评估座谈会议，完成8个工程项目效益评估，规范完善招待费、差旅费、通信费、维修费等控制办法，压减会议和评比奖励项目，各项费用得到有效控制。四是诚信守约，依法纳税。规范完善合同管理办法，统一合同文本，实行双审联签制，严把合同的审签、付款、结算关，提高履约创誉水平；制定企业纳税管理与核算办法，做到依法诚信纳税，争取税收优惠政策，年内为企业减税2 003万元。五是建好队伍，提高企业理财水平。在总公司系统率先启动企业财务管理信息化建设工程，吸纳建行投资270万元；与用友软件公司签订NC—财务集中管理系统合同，组织会计基础工作观摩评比，编印出版《优秀财会审计论文选》，为664名财会人员申办《从业资格证书》，举办两期财会人员培训班，在“会计呼唤诚信”知识竞赛活动中获得优胜奖。年内发表优秀财会论文26篇，有11个单位、66名财会人员分别被评为先进单位和先进个人。

审计工作。以提高企业管理水平、增强市场竞争力、推动廉政建设、维护投资者合法利益为目标，加大过程审计和查处问题的力度，全年完成审计项目121个，查出有问题金额2 170万元，其中违规违纪995万元，损失浪费757万元，不良资产226万元，账目差错192万元，提出审计建议402条，为企业增收节支685万元。（宋育英）

【科技教育】 科技开发。集团公司制定《技术中心管理办法》《聘用工程技术专家管理办法》《科技开发资金使用管理办法》，修订完善《科技进步奖励办法》，投入2 600万元用于科技开发。年内在盾构穿越不良地层、地铁隧道半土半石断面开挖支护、斜拉桥施工等关键技术上完成科技攻关项目23项，推广应用“四新”技术37项。获省部科技进步奖4项，山西省新技术应用示范工程1项，总公司科技进步奖9项；4项工法被认定为国家级工法，7项工法被认定为省部级工法，15项工法被认定为总公司优秀工法，10项工法的关键技术通过山西省鉴定，其中5项达到国内领先水平、5项达到国内先进水平。集团公司年内评出科技进步奖12项，三级工法14项，优秀论文41篇。先后组织参加青藏铁路施工技术交流会、京沪高速铁路桥梁施工技术交流会、上海国际隧道工程研讨会等13项技术交流活动，推荐和交流论文46篇。

教育培训。年内共培训职工3 802人次，其中干部2 092人次，工人1 710人次。3月，集团公司组织各子(分)公司总经理、主管施工的副总经理、重点工程项目经理等140余人，举办继续教育培训班，其中104人取得项目经理继续教育证书。3月和8月，先后举办两期170人参加的工程队(工班)长培训班，经考核全部取得建设部颁发的施工员培训合格证书。根据科技开发和重点工程施工需要，采取进修、短训、请专家授课、组织专题研讨等形式，实施专业技术干部教育852人次，送外培训高级工47人。3月，选送30名专业技术干部到西南交通大学攻读工程硕士学位；6月，选送21名经营管理干部到北方交通大学攻读工商管理硕士(MBA)学位。23名职工被录取参加全国成人高等学历教育，其中本科9人，专科14人。职工子女本科录取定向生29人，专科录取定向生10人。年内接收本科大学生417人。（田朝霞　汪文革　宋育英）

【公安与综合治理】 公安工作。根据公安部、总公司和铁道建筑公安局有关要求，经集团公司党委常委会议研究决定，于4月调整公安处内部机构及编制定员，总定员166人，下设8个公安分处。全年共立各类刑事案件172起，侦破149起，综合破案率86.6%；抓获犯罪嫌疑人197人，其中捕教28人，打掉犯罪团伙11个，涉案人员42人；侦办经济犯罪案件为企业追回经济损失215万元。1月～4月，组织开展“春季严打整治”行动，期间破获各类刑事案件25起，责令整改治安隐患19处。5月～7月，在铁道部组织的“蓝盾”行动中，破获各类刑事案件21起，受到铁道建筑公安局表彰。8月～12月,在重点工程项目先后13次组织开展专项整治行动,破获刑事案件89起,维护了建设工地治安秩序。全年共查处各类治安案件523起,处罚违法人员625人,集团公司被山西省评为“治安先进单位”。加强交通安全管理,对529台机动车和1 938名驾驶员进行年检审验,为763台机动车、1 960名驾驶员进行审证换卡,为126台车辆办理延缓报废手续。

治安综合治理。坚持“打防结合、预防为主、标本兼治、重在治本”的方针,强化综合治理领导责任制,完善打、防、管体系,为企业改革发展和职工群众安居乐业创造了稳定的内部政治、治安环境。1月20日,集团公司主要领导与各子(分)公司及专业单位领导分别签订综合治理责任书。11月下旬～12月下旬实施全面考核评比,二公司、电务公司、远通公司被评为综合治理标兵单位,一、三、五公司和建筑公司被评为综合治理先进单位,共兑现责任奖6万元。集团公司被山西省评为2003年度“综合治理先进单位”,12个单位被驻地评为“安全文明单位”或“安全文明小区”,2个单位被评为“治安先进单位”,工程项目部创“治安模范工地”达60%以上。 (赵庆栋　马梦玉)

【党群工作】 党的工作。集团公司下辖党委43个、党工委134个、党总支8个、党支部439个,有党员5 252人。(1)理论学习。集团公司和各子(分)公司党委中心组学习做到年初有计划,每月有安排,年终有考核。编印《中心组理论学习参考资料》,开辟理论动态、专家观点、经济观察、学习新论等栏目,以此提高领导干部理论素养,领导班子成员的80余篇文章在报刊发表,5个基层党委和5个基层党工委中心组受到集团公司党委表彰。2月,根据总公司党委通知精神,派出35个工作组,召开500多次座谈会,发出3 000余份调查问卷,对393个基层党组织“三个代表”学习教育活动进行“回访复查”,各基层单位落实整改措施均在95%以上。(2)制度建设。先后制定《中铁十七局集团公司党委常委会制度》《中铁十七局集团公司重大事项决策实施办法》,明确议事规则,强调必须坚持“重大问题党委讨论、董事会统一决策、经理层组织实施、监事会有效监督”的基本制度。全面贯彻党管干部、党管人才的原则,党委与行政共同制定《中铁十七局集团公司企业领导人员管理暂行办法》《中铁十七局集团公司人事管理暂行办法》和《中铁十七局集团公司项目经理等重要岗位人员选聘管理暂行办法》等文件,把党管干部、党管人才、党管领导班子建设与董事会、总经理依法行使用人权有机结合起来,逐步形成公司制条件下党管干部、党管人才、党管领导班子建设的合法有效机制。集团公司16个处级单位改制以来,领导班子成员调整33人,新进66人,其中年轻大学生32人,处级领导班子成员的年龄、知识结构发生了根本改变。加大人才吸纳和干部培训工作力度,全年接收高校毕业生417人,联系接收2004届大学本科生525人,送外参加脱产、半脱产攻读硕士学位108人。(3)思想政治工作。集团公司党委在全集团兴起学习贯彻“三个代表”重要思想、党的十六大和十六届三中全会精神的学习热潮,撰写出52篇优秀文章,编辑出版《党建思想政治工作研究成果选编》,在基层干部中引起反响。4月～10月,在全集团组织开展以艰苦奋斗、职业道德和工人阶级先进性教育为主要内容的“三项教育”活动,组织开展“五比五杯”劳动竞赛,取得良好效果。在抗击“非典”期间,坚持群防群治,严防死守,合理安排职工的工作和生活,保证企业和队伍稳定,受到太原市政府的通报表彰。继推出马鸿臣、王宜强、赵海生、谭芳桃、徐春光等典型模范人物之后,年内又成功推出青藏铁路建设巾帼英雄邵尧霞,先后参加由国资委、总公司组织的英模事迹报告团做巡回事迹报告。(4)党组织自身建设。制定领导班子民主生活会实施办法,按时召开母子(分)公司领导班子民主生活会。集团公司和16个子(分)公司分别召开党员代表大会,完成换届选举,基层党组织覆盖面和书记配备率始终保持在100%,建制单位党组织专职书记配备率保持在95%左右。修订《工程项目部党的建设暂行规定》,编印集党员学习自律、党员教育管理两种功能为一体的《党员手册》,深入开展创建“四好领导班子”、“五好党支部”和争当“六好共产党员”活动。(5)党风廉政建设。围绕企业生产经营,加大查办案件工作力度,全年初核案件线索18件,立案15件,查结11件,移送审理部门11件,结案11件。集团公司先后抽调114人组成28个检查组,分别对213个工程项目部实施经济效能执法监察,对检查中发现的问题和责任人及时给予追究处理。

工会工作。集团公司工会下辖17个处级单位工会、267个基层工会、645个工会小组,有工会会员13 526人,专职工会干部102人。(1)职工教育。深入开展“五项教育”(即邓小平理论、“三个代表”重要思想和党的十六大、铁路工会十二大、中国工会十四大精神教育),组织巡回宣讲,举办演讲比赛,参与知识竞答,集团公司工会选送的《用创造拥抱新小康》获总公司“十六大精神在我心中”演讲评比二等奖,8人分别获山西省“工会十四大精神知识竞赛”一、二、三等奖。(2)权益维护。狠抓政治维护、具体维护和环境维护三方面工作:政治维护主要体现在企业民主管理上,通过召开职代会、企务公开、推选董事会和监事会中的职工代表促进三项制度的落实;具体维护主要体现在“四帮一问”上,即帮助职工解决拖欠工资问题、帮助职工解决医疗费报销难问题、帮助困难职工解决基本生活问题、帮助部分下岗职工解决上岗问题、慰问青藏铁路全体参建职工,年内解决拖欠职工医疗费 14 万元,为特困职工子女上学救助 19 万元,100 余名长期待岗的职工重新上岗,为青藏铁路参建职工发放慰问金 80 万元,解决了一线职工看病难、医疗费报销难、看书难的问题,发动母、子(分)公司两级机关干部为一线职工捐书17 300余册,分别送到 5 个工地。(3)开展"三大活动",即"双争双学"(争创学习型组织、争当学习型职工)、经济技术创新和劳动竞赛。引导职工开发、推广应用新技术 12 项,推出各类小发明、小创造和技术革新成果 35 项,开展劳动竞赛 68 项、技术比武 12 次,获业主竞赛奖金 330 余万元。(4)选树典型。完成集团公司首届劳模大会的筹备工作,通过民主推荐、层层把关,产生各类先进典型 68 个。四公司青藏铁路项目部工程部部长邵尧霞,于 11 月在人民大会堂作先进事迹报告,受到黄菊副总理接见,集团公司工会授予其"巾帼建功立业标兵"称号。(5)工会自身建设。集团公司工会健全理论学习制度,全年集中学习 12 次,发表理论文章 9 篇。通过送出去、请进来等形式,先后培训工会干部 36 人次。工会工作实施目标责任制,按优秀、良好、较差三个档次兑现奖惩。年内推荐 2 名工会干部分别担任子公司党委副书记、工会主席,培养、吸纳年轻工会干部 5 名。

共青团工作。集团公司团委下辖基层团委 16 个、团支部 215 个,有团员2 541名,专兼职团干部 23 人,35 岁以下青工5 479人。年内创建山西省"青年文明号"4 个,总公司"青年文明号"5 个,2 个单位获山西省"青年文明号优秀组织单位"奖,3 人获"优秀组织个人"奖。先后 4 次在重点工程项目举行青年突击队授旗仪式,组织开展生产突击竞赛 31 次,举办青工技术比武 15 次。9 月,参加共青团中央、国资委和铁道部在拉萨河特大桥举办的"我为青藏铁路建功勋"活动,三公司机运队获铁道部授予的"优秀青年突击队"称号。在"创新创效"活动中,创造"五小"成果 46 项,获总公司"先进集体"1 个、"先进个人"2 名、"优秀青年管理者"2 名、"杰出青年岗位能手"2 名。创总公司和山西省"青年安全生产示范岗"各 1 个。5 月 20 日,集团公司团委表彰 3 个"红旗团委"、28 个"红旗团支部"、30 名"优秀团员"和 31 名"优秀团干部"。

(杨 帆　赵澄明　赵卓峰　宋育英)

【第一工程有限公司】 铁路工程、公路工程、市政公用工程施工总承包一级,隧道工程、公路路基工程专业承包一级,房屋建筑工程施工总承包三级,铁路铺轨架梁工程专业承包二级资质企业。公司机关驻山西省太原市小店区人民北路 266 号。董事长兼总经理李春道,党委书记潘喜发。下辖 7 个路桥公司、2 个工程公司、6 个机械运输公司、4 个桥隧公司及卫生所等单位,派出 20 个项目经理部。职工2 199人,其中干部 595 人,工人1 604人;技术干部 505 人,技术工人1 558人。资产总额42 804万元,其中固定资产原值18 413万元、净值10 325万元,流动资产31 979万元。主要机械运输设备 701 台(套),原值12 985万元、净值6 488万元,总功率37 292千瓦,设备成新率 50%,人均动力装备率 17 千瓦、技术装备率29 505元,机械化施工程度 78%。年内新购设备 55 台,原值 436 万元。

2003 年,承揽工程 18 项,合同总额88 699万元。完成企业总产值75 981万元,其中施工产值75 441万元,多种经营产值 540 万元,实现利润 217 万元。完成主要工程量:土石方 808 万立方米,桥梁6 757延长米,隧道6 373延长米,涵洞4 872横延米,房建5 495平方米,圬工 58.06 万立方米,建成公路 51 公里。工程质量合格率 100%,优良率 97.8%。顺利通过华夏认证中心质量体系换证复审和环境、职业健康安全管理体系认证。实现连续安全生产3 447天。全员劳动生产率187 839元/人年,职工年人均收入16 656元。国有资产保值增值率 100.6%,经营性资产收益率 0.4%,产值利润率 0.3%,净资产收益率 2.2%,资产负债率 78.9%,应上缴款完成率 101%。年内获集团公司优质工程奖 2 项,总公司优质工程奖 1 项,山西省"青年文明号"工程 1 项;开发应用科技成果 18 项,被评为国家级工法 1 项、企业三级工法 1 项;获中国公路协会科技进步奖 1 项、总公司科技进步奖 1 项。公司被山西省荣记集体一等功,荣获山西省"文明单位"、"青年文明号活动优秀组织单位"、太原市"文明单位标兵"等称号。

(张成贵　宋育英)

【第二工程有限公司】 公路工程施工总承包一级,房屋建筑工程、铁路工程施工总承包二级,公路路面工程、土石方工程、桥梁工程专业承包一级,隧道工程专业承包二级资质企业。公司机关驻山西省忻州市建设北路 14 号。董事长兼党委书记吴建顺,总经理孙旺。下辖 20 个专业工程公司、26 个项目经理部、4 个多种经营公司和西安总公司、职工医院。职工1 892人,其中干部 581 人,工人1 311人;技术干部 390 人,技术工人1 245人。资产总额33 191万元,其中固定资产原值13 378万元、净值8 320万元,流动资产23 719万元。主要机械、运输设备 371 台(套),原值11 799.9万元、净值6 577.8万元,总功率42 069千瓦,设备成新率 65%,人均动力装备率 22.2 千瓦、技术装备率34 087元,机械化施工程度 85%。年内新购设备 55 台,原值

1 289.6万元。

2003年,承揽工程8项,合同总额87 837万元。完成企业总产值70 942万元,其中施工产值70 915万元,多种经营产值27万元,实现利润262.8万元。完成主要工程量:土石方935.5万立方米,桥梁8 917延长米,隧道1 036延长米,涵洞5 200横延米,铺道碴12.5万立方米,铺轨2.175公里,房建21 662平方米,建成公路38公里,公路架梁1 534片。工程质量合格率100%,优良率95.9%。顺利通过华夏认证中心质量管理体系换证复审和环境、职业健康安全管理体系年度监督审核。实现连续安全生产3 447天。全员劳动生产率391 255元/人年,职工年人均收入14 071元。国有资产保值增值率101%,经营性资产收益率0.8%,产值利润率0.4%,资产负债率80%,净资产收益率3.3%,投资收益上缴率100%,应上缴款完成率100%。年内获集团公司优质工程奖5项,总公司优质工程奖1项,铁道部优质工程奖1项;获集团公司科技成果奖1项,三级工法1项,优秀科技论文8篇。公司先后获全路"模范职工之家"、山西省"职业道德建设先进单位"和"全国'安康杯'竞赛优胜企业"、"全国优秀施工企业"等荣誉。 (李秀琴　宋育英)

【第三工程有限公司】 公路工程、市政公用工程施工总承包一级,铁路工程施工总承包二级,房屋建筑工程施工总承包三级,土石方工程、公路路基工程、公路路面工程专业承包一级资质企业。公司机关驻河北省石家庄市中山西路。董事长兼总经理史金洪,党委书记张学安。下辖25个工程项目部、26个工程队及工贸公司、物业公司、职工医院等单位。职工1 906人,其中干部587人,工人1 319人;技术干部358人,技术工人1 060人。资产总额30 925万元,其中固定资产原值16 832万元、净值8 587万元,流动资产20 953万元。主要机械运输设备282台(套),原值11 842万元,总功率24 601千瓦,设备成新率67%,人均动力装备率12.88千瓦、技术装备率29 802元,机械化施工程度78%。年内新购设备16台,原值716万元。

2003年,承揽工程10项,合同总额77 235万元。完成企业总产值50 231万元,其中施工产值50 131万元,多种经营产值100万元,实现利润632万元。完成主要工程量:土石方324.3万立方米,桥梁6 045延长米,隧道3 042延长米,涵洞4 531横延米,房建2 604平方米,建成公路33公里。工程质量合格率100%,优良率95.7%。顺利通过华夏认证中心质量体系换证复审和环境、职业健康安全管理体系第一阶段监督审核。实现连续安全生产3 648天,获山西省安全资格证和安全资格认可证。全员劳动生产率123 654元/人年,职工年人均收入14 545元。国有资产保值增值率100.1%,经营性资产收益率0.12%,产值利润率0.09%,净资产收益率0.12%,资产负债率77.86%,投资收益上缴率100%,应上缴款完成率100%。年内获集团公司优质工程奖2项,铁道部优质工程奖1项;省部科技进步奖2项;国家级工法1项,省级工法2项。公司被山西省评为"AAA"级信誉企业,获石家庄市和河北省"文明单位"称号。

(郭永吉　嘉世芳　宋育英)

【第四工程公司】 为集团公司综合分公司。公司机关驻山西省晋中市榆次区道北街39号。总经理高洪丽,党委书记王志英。下辖22个项目经理部和工程经营部、铁华大厦、职工医院、综合服务部等单位。职工1 925人,其中干部384人,工人1 541人;技术干部348人,技术工人723人。资产总额29 311.7万元,其中固定资产原值13 478.2万元、净值7 881.4万元,流动资产20 595.4万元。主要机械运输设备264台(套),原值11 433.12万元、净值6 616.7万元,总功率34 548千瓦,设备成新率57%,人均动力装备率17.95千瓦、技术装备率34 400元。年内新购设备34台,原值2 674.3万元。

2003年,承揽工程5项,合同总额20 893万元。完成企业总产值63 527万元,其中施工产值63 027万元,多种经营产值500万元,实现利润214.6万元。完成主要工程量:土石方628万立方米,桥梁5 932延长米,隧道2 521延长米,涵洞3 034横延米,圬工30万立方米,建成公路4公里。工程质量合格率100%,优良率97.6%。顺利通过华夏认证中心质量体系监督审核。实现连续安全生产5 076天。全员劳动生产率166 281元/人年,职工年人均收入12 330元。国有资产保值增值率100.59%,经营性资产收益率3.6%,产值利润率0.34%,资产负债率76.7%,投资收益上缴率100%,应上缴款完成率114.7%。年内获集团公司优质工程奖3项,总公司优质工程奖2项,省优质工程奖2项;获省科技成果奖2项,省、国家级工法各1项,企业级工法3项。公司被评为"全路体育工作先进单位"、全国"安康杯"竞赛优胜企业。 (苟朝虎　宋育英)

【第五工程有限公司】 公路工程、市政公用工程施工总承包一级,铁路工程施工总承包二级,隧道工程、土石方工程、公路路基工程专业承包一级资质企业。公司机关驻山西省太原市小店区人民北路25号。董事长周生文,党委书记田志明,总经理郝占胜。下辖33个工程项目部、19个工程队、1个机械厂、2个基地和西宁办事处。职工2 041人,其中干部526人,工人

1 515人;技术干部457人,技术工人1 168人。资产总额35 865万元,其中固定资产原值14 947万元、净值8 866万元,流动资产25 480万元。主要机械运输设备424台(套),原值11 725.9万元、净值7 084.9万元,总功率29 680千瓦,设备成新率66%,人均动力装备率14.56千瓦、技术装备率35 778元,机械化施工程度77%。年内新购设备66台,原值1 153万元。

2003年,承揽工程18项,合同总额85 442万元。完成企业总产值49 411万元,其中施工产值49 224万元,多种经营产值187万元。完成主要工程量:土石方682万立方米,桥梁2 486延长米,隧道3 421延长米,涵洞4 897横延米,房建1 482平方米,铺轨5公里,建成公路36公里。工程质量合格率100%,优良率93.6%。顺利通过华夏认证中心质量管理体系换证复审和环境、职业健康安全管理体系认证。实现连续安全生产6 935天。全员劳动生产率176 973元/人年,职工年人均收入12 997元。国有资产保值增值率100%,资产负债率81.6%,应上缴款完成率100%。年内获集团公司优质工程奖2项,国家优质工程银质奖1项,中国建筑工程鲁班奖1项;获省科技进步奖1项,总公司科技进步奖3项;开发企业级工法4项,省级工法3项,国家级工法1项。公司连续13年保持太原市"文明单位标兵"、连续10年保持山西省"文明单位"称号。

(李会平　宋育英)

【第六工程有限公司】 公路工程、市政公用工程施工总承包一级,铁路工程施工总承包二级,房屋建筑工程施工总承包三级,桥梁工程、公路路基工程专业承包一级资质企业。公司机关驻福建省厦门市莲花南路7号经协大厦8楼。董事长刘元豹,党委书记董金周,总经理陈治波。下辖机运公司、南方饭店、同安基地、人力资源管理中心及16个工程项目经理部。职工423人,其中干部197人,工人226人;技术干部148人,技术工人118人。资产总额30 738万元,其中固定资产原值5 331万元、净值3 232万元,流动资产26 571万元。主要机械运输设备60台(套),原值2 566万元、净值1 113万元,总功率8 217千瓦,设备成新率43%,人均动力装备率19.24千瓦、技术装备率26 100元,机械化施工程度65%。年内新购设备6台,原值270万元。

2003年,承揽工程9项,合同总额100 119万元。完成企业总产值49 618万元,其中施工产值49 113万元,多种经营产值662万元,实现利润463万元。完成主要工程量:土石方610万立方米,桥梁2 772延长米,隧道3 666延长米,涵洞1 916横延米。工程质量合格率100%,优良率100%。通过华夏认证中心质量体系换证复审和环境、职业健康安全管理体系认证,实现安全生产目标。全员劳动生产率131 252元/人年,职工年人均收入26 638元。国有资产保值增值率102.2%,经营性资产收益率1.3%,产值利润率1.28%,净资产收益率5.6%,资产负债率76.87%,应上缴款完成率100%。年内获集团公司优质工程奖2项,总公司优质工程奖和"火车头优质工程"奖各1项;1项科技成果获总公司科技进步奖。公司获厦门市"守合同、重信用企业"、"资信AAA级企业"、"文明单位标兵"和福建省"思想政治工作优秀企业"、"企业100强"等荣誉。

(陈　燕)

【建筑工程有限公司】 房屋建筑工程施工总承包一级,市政公用工程施工总承包三级,建筑装修装饰工程专业承包二级,土石方工程专业承包三级资质企业。公司机关驻山西省太原市学府街387号。董事长范作民,党委书记王国柱,总经理罗玉华。下辖3个工程公司、5个专业公司及山西兴华建筑设计院、试验室。职工639人,其中干部315人,工人324人;技术干部255人,技术工人190人。资产总额20 319万元,其中固定资产原值2 793万元、净值1 771万元,流动资产16 058万元。主要机械运输设备134台(套),原值1 214万元、净值915万元,总功率3 326千瓦,成新率75%,人均动力装备率5.2千瓦、技术装备率14 000元,机械化施工程度50%。年内新购设备29台,原值105万元。

2003年,承揽工程19项,合同总额21 097万元。完成企业总产值20 845万元,其中施工产值20 625万元,多种经营产值63万元,实现利润182万元。完成主要工程量:土石方13.5万立方米,桥梁1 127延长米,涵洞363横延米,铺轨3.9公里,房建109 040平方米,建成公路1.1公里。房建单位工程合格率100%、优良率66.7%,分项工程优良率89%。通过华夏认证中心质量体系换证复审和环境、职业健康安全管理体系认证,实现连续安全生产5 778天。全员劳动生产率57 755元/人年,职工年人均收入14 366元。国有资产保值增值率100.58%,经营性资产收益率0.9%,净资产收益率0.46%,产值利润率0.78%,资产负债率68.73%,投资收益上缴率100%,应上缴款完成率143.9%。年内获集团公司优质工程奖1项,太原市优良工程奖2项,太原市结构样板工程奖1项,获山西省优秀QC小组2个;获集团公司科技进步奖1项,企业级工法3项,省级工法1项,科技示范工程1项。公司获太原市"文明单位标兵"、山西省"优秀建筑企业"、山西省"实施用户满意工程先进单位"、全国"实施用户满意工程先进单位"等荣誉。　(陈云龙　宋育英)

【电务工程有限公司】 铁路电务工程、铁路电气化工程专业承包一级，电信工程专业承包二级，送变电工程专业承包三级资质企业。公司机关驻山西省太原市昌盛西街18号。董事长兼总经理冯学彬，党委书记燕正安。下辖人力资源中心、设备管理中心、材料厂及9个工程项目部。职工586人，其中干部209人，工人377人；技术干部188人，技术工人167人。资产总额17 989万元，其中固定资产原值3 543万元、净值1 887万元，流动资产15 842万元。主要机械运输设备50台(套)，原值1 256万元，总功率4 215千瓦，设备成新率46%，人均动力装备率7.2千瓦、技术装备率9 915元。年内新购设备6台，原值211.76万元。

2003年，承揽工程7项，合同总额13 335万元。完成企业总产值19 298万元，实现利润295万元。完成主要工程量："四电"分项工程2 766项、单位工程95项，其中电力线路730.5公里，变电所5座；通信线路1 634.6条公里，站场38站，无线列调38公里；信号线路39.95公里，站场17站，道口81个；电气化接触网164条公里，牵引变电所6所，开闭所及分区亭4所；土石方144万立方米，桥梁107延长米，涵洞834横延米，铺道碴56万立方米，房建1 106平方米。"四电"工程质量合格率100%、优良率98.9%，其他工程质量合格率100%、优良率95.4%。通过华夏认证中心质量体系换证复审和环境、职业健康安全管理体系监督审核，实现安全生产目标。全员劳动生产率43 727元/人年，职工年人均收入18 210元。国有资产保值增值率101.98%，经营性资产收益率1.73%，净资产收益率7.01%，产值利润率1.5%，资产负债率81.6%，投资收益上缴率100%，应上缴款完成率101.6%。年内获集团公司优质工程奖5项，总公司优质工程奖2项，铁道部优质工程奖2项；获集团公司、总公司科技进步奖各1项，企业级和省级工法各1项。公司获集团公司"党建工作目标管理先进单位"，太原市"文明小区"等称号。

(高　森　宋育英)

【远通工程有限公司】 公路工程施工总承包一级，市政公用工程、房屋建筑工程施工总承包二级，公路路基工程专业承包一级，隧道工程专业承包二级资质企业。公司机关驻福建省福州市福马路前屿。董事长陈命珠，党委书记陈家宝，总经理黄祖勇。下辖机械化工程公司、锌兴房地产公司、唐城大厦和9个工程项目部。职工380人，其中干部207人，工人173人；技干部195人，技术工人50人。资产总额24 736万元，其中固定资产原值6 433万元、净值3 629万元，流动资产19 676万元。机械运输设备84台(套)，原值3 121万元、净值1 595万元，总功率10 977千瓦、设备成新率51%，人均动力装备率28.7千瓦，技术装备率41 750元，机械化施工程度68%。年内新购设备10台，原值378万元。

2003年，承揽工程5项，合同总额76 486万元。完成企业总产值48 151万元，其中施工产值47 501万元，多种经营产值650万元，实现利润205万元。完成主要工程量：土石方747万立方米，桥梁5 503延长米，隧道3 236延长米，涵洞3 704横延米，建成公路16公里。工程质量合格率100%，优良率100%。通过华夏认证中心质量体系换证复审，实现连续安全生产6 570天。全员劳动生产率1 286 868元/人年，职工年人均收入18 754元。国有资产保值增值率100.53%，经营性资产收益率0.51%，净资产收益率1.89%，资产负债率74.42%，投资收益上缴率100%，应上缴款完成率100%。年内获集团公司优质工程奖1项，福建省优质工程奖1项；罗长高速公路悬灌梁QC小组被评为福建省和全国工程建设优秀QC小组。公司获福州市"先进职工之家"、"安全生产先进单位"和福建省"最佳信用企业"、"思想政治工作优秀企业"及"中国企业文化建设优秀单位"、"中国企业文化建设优秀成果奖"、"中国企业文化建设20年实践奖"等荣誉。

(王明凤　宋育英)

【重要记载】

▲1月7日　集团公司被总公司评为2002年度安全生产先进单位，获奖金6万元。

▲1月13日　集团公司中标上海地铁M8线VB标段工程，合同投资1.88亿元。

▲1月18日　经建设部核准，集团公司有99人获国家二级项目经理资质。

▲1月20日～22日　集团公司召开党委四届八次全会暨2003年工作会、一届一次职工代表大会，与各单位签订资产经营、党委工作目标管理、项目管理、区域经营、安全生产、治安综合治理等责任(合同)书。

▲2月18日　集团公司撤销原临时派出的华东、西南、西北、华南、华北、华中工程指挥部，成立华东、西南、西北、华南、华北、华中等6个工程开发部，担负集团公司区域经营任务；原集团公司工程经营一部、二部合并，新成立工程经营部，为集团公司经营职能部门，总定员40人。

▲3月10日　四公司被国家安全质量监督管理局、中华全国总工会评为"安康杯"竞赛优胜企业。

▲4月22日　集团公司召开专题会议，部署"非典"防控工作。年内集团公司未发生"非典"疫情。

▲4月25日　集团公司对2002年度资产经营、区域经营和项目管理责任制进行考评兑现：给予一公司等14个单位兑现奖金172.4万元，给予华东指挥部等5个单位兑现奖金30.9万元，给予京秦铁路工程指

挥部等16个单位兑现奖金93.15万元。

▲同日　六公司中标京福高速公路邵武—三明段MA5合同段工程，合同投资2.62亿元。

▲4月30日　集团公司荣获山西省“五一劳动奖状”。

▲5月15日　六公司中标邵三高速公路南平段土建工程PA2合同段，合同投资2.69亿元。

▲6月20日　集团公司承建的京秦铁路A4标段竣工，移交接管单位。

▲同日　聘任吴万良为集团公司副总经理。

▲7月4日　铁道部部长刘志军、副部长孙永福、西藏自治区副主席杨海滨等视察集团公司承建的青藏铁路管段工程。

▲同日　三公司开发的“石家庄市南环大桥设计施工综合技术研究与应用”成果通过河北省鉴定，专家认定该成果整体技术居国内领先水平，其中钢导梁原位同步驱动技术达到国际先进水平。

▲7月18日　集团公司授予王宜强等10人“2002年度十佳项目经理”称号。

▲7月23日　成立集团公司东北工程开发部，负责东北区域工程经营工作。

▲7月29日　五公司中标西昌—攀枝花高速公路工程，合同投资2.5亿元。

▲8月7日　集团公司印发《关于建立工程项目“两严三控”管理机制的决定》。

▲8月19日　集团公司有6人通过建设部核准的国家一级项目经理资质。

▲8月22日　总公司党委书记李国瑞到集团公司青藏铁路建设工地检查指导工作。

▲8月26日　一、二、三、五公司及建筑、电务工程公司通过山西省建设厅安全生产资格认证审核并取得证书。

▲8月27日　集团公司“施工企业项目管理责任体系”获“全国工程建设企业管理现代化成果二等奖”。这是集团公司连续5年获国家企业管理现代化成果奖。

▲9月6日　国务院国有资产监督管理委员会副主任王瑞祥及铁道部、共青团中央领导一行20余人视察集团公司青藏铁路建设工地。

▲9月8日～11日　集团公司工会主席宋占波携带40万元到青藏铁路建设工地慰问参建职工。

▲9月23日　集团公司工会荣获“全国模范职工之家”称号。

▲9月27日　国务院副总理黄菊及国资委主任李荣融、党委书记李毅中等领导在北京人民大会堂接见青藏铁路建设先进事迹报告团全体成员时，四公司青藏铁路项目部副总工程师邵尧霞作为报告团成员受到亲切接见。

▲同日　集团公司承建的洛湛铁路益娄段第2标段工程通过铁道部检查验收。

▲9月29日　集团公司领导联席会议通过《企业文化建设初步安排意见》，集团公司企业文化建设工作全面启动。

▲10月26日　三公司中标日照至南阳高速公路菏泽—关庄段第5合同段工程，合同投资1.73亿元。

▲10月27日　一公司中标太原—长治高速公路第10、25标段工程，合同投资2亿元。

▲10月　集团公司顺利通过华夏认证中心质量体系换证复审和环境、职业健康安全管理体系年度监督审核。

▲11月7日　集团公司中标浙赣铁路第9标段工程，合同投资1.92亿元。

▲11月22日　三公司中标安徽铜陵至黄山高速公路汤口—屯溪路基工程第4合同段，合同投资2.05亿元。

▲12月8日　一公司中标江西乐化—温家圳高速公路A8、A11合同段工程，合同投资2.5亿元；11日，中标安徽阜阳—周集高速公路路基工程第5合同段，合同投资1.8亿元。

▲12月9日　集团公司承建的西安南京铁路A土16、W4、W5标段工程顺利通过铁道部竣工初验。

▲12月21日　集团公司市政工程总承包一级、一公司隧道工程专业承包一级、二公司公路路面工程专业承包一级、五公司隧道工程专业承包一级、六公司桥梁工程专业承包一级、远通公司隧道工程专业承包二级资质通过建设部评审认定。　（李志峰　宋育英）

中铁十八局集团有限公司

【简况】　中铁十八局集团有限公司是铁路工程施工总承包特级，公路工程、水利水电工程、市政公用工程、房屋建筑工程施工总承包一级，隧道工程、桥梁工程、城市轨道交通工程、机场场道工程、公路路面工程专业承包一级和地质灾害防治工程施工甲级资质企业，同时拥有对外承包工程资质和对外经营权。公司机关驻天津市河西区柳林。前身系中国人民解放军铁道兵第八师，组建于1958年11月1日；1984年1月1日集体转业并入铁道部，改编为铁道部第十八工程局；1999年9

月与铁道部脱钩,更名为中铁第十八工程局,先后隶属于中央企业工委和国资委;2001 年 4 月 18 日企业改制注册为现名。下辖 9 个控股子公司、8 个分公司、1 个办事处和技工学校、中心医院、子弟学校以及 18 个工程指挥部。职工总数19 975人,其中干部5 872人,工人14 103人;专业技术干部4 622人,占干部总数的78.7%;技术工人10 394人,占工人总数的 73.7%。资产总额436 691万元,其中固定资产原值213 745万元、净值113 441万元,流动资产302 509万元 。机械运输设备3 585台(套),原值104 505.9万元、净值46 951.5万元。总功率340 567.5千瓦,人均动力装备率 18.6千瓦、技术装备率26 000元,设备新度系数 0.449,主要施工设备完好率 93.8%,利用率 73.8%,机械化施工程度 85%。年施工能力 60 亿元以上。

兵改工以来,公司获中国建筑工程鲁班奖 8 项,詹天佑土木工程大奖 2 项,国家优质工程金质奖 2 项、银质奖 8 项,全国用户满意工程 5 项,中国市政工程金杯奖 3 项,省部优质工程 50 项;获国家科技进步奖 4 项,省部科技进步奖 21 项;先后荣获“全国优秀施工企业”、“社会公认满意单位”、“中国市场知名企业”,“天津市质量自律守信誉单位”、“天津市企业信用等级AAA 企业”、“天津市重合同、守信誉企业”称号。

2003 年,承揽工程任务 210 项,合同总额1 090 000万元。完成企业总产值643 575万元,其中施工产值618 560万元,附营产值25 015万元,实现利润6 369万元。完成主要实物工程量:土石方1 990万立方米,隧道52 608延长米,桥梁30 105延长米,涵渠9 042横延米,房屋建筑面积 32.7 万平方米,均超额完成年度计划指标。工程质量合格率 100%,优良率 94.3%。人均创利3 228元,职工年人均收入15 980元。国有资产保值增值率 104.5%,净资产收益率 7.5%,产值利润率 1%,资产负债率 80.5%,投资回报率 6.5%,投资收益上缴率 100%,应上缴款完成率 100%。年内获詹天佑土木工程大奖 2 项,中国建筑工程鲁班奖 2 项,国家科技进步奖 2 项,全国用户满意工程 1 项,省部优质工程 12 项,总公司优质工程 5 项。顺利通过长城质量保证中心职业健康安全管理、质量管理、环境管理体系认证审核,并取得认证证书。在“天津市百强企业”排序中名列第 19 位,在建筑业企业中名列第 3 位。公司被评为“天津市优秀企业”、“天津市文明单位”、“天津市社区交通安全先进单位”,集团公司机关被评为“天津市安全示范小区”。 (王千永)

【领导人员】

股东会

国有股代表	霍金贵
	赵广发
	李永军
	张播琦(10 月离任)
	吴靖文
职工股代表	李洪奇
	彭道富
	刘金林
	户海印

董事会

董事长	赵广发
副董事长	李永军
	张播琦(10 月离任)
	刘士彦
国有股董事	赵广发
	李永军
	张播琦(10 月离任)
	刘士彦
	曾庆道
	荆长华
职工股董事	钱延年
	杨玉刚
	翟仕英
	刘树洪
职工代表董事	户海印

监事会

监事会主席	黄少军
国有股监事	黄少军
	陈松金
	刘国秀
职工股监事	谭明锋
职工代表监事	孔庆亮

经理层

总经理	张播琦(10 月离任)
副总经理	钱延年
	翟仕英
	杨玉刚
	李洪奇
	彭道富
	刘金林
总工程师	雷升祥
总经济师	董广田
总会计师	荆长华

党群领导

党委书记	李永军
党委副书记	赵广发(兼)
	张播琦(兼,10 月离任)

	刘树洪
	陈松金
纪委书记	陈松金(兼)
工会主席	户海印

（王千永）

【工程项目指挥机构】 西康铁路秦岭隧道工程指挥部　驻陕西省柞水县营盘镇。指挥长魏贤坤,党委书记苗安洲,党委副书记兼工会主席陶启贵,党委副书记徐启平,副指挥长李培忠,副指挥长兼总经济师杨继明,总工程师郭志强,总会计师种国庆。

株六铁路复线工程指挥部　驻贵州省六盘水市。指挥长姚维新,党工委书记吴星丞(5月离任)。

四川工程指挥部　驻四川省雅安市宝兴县。指挥长刘以升(8月离任)、李兰勤(8月任),党工委书记乔治亚。

秦沈客运专线工程指挥部　驻辽宁省辽中县中心街60号。指挥长赵明传,党工委书记万铁堂,副指挥长张庆伟,总工程师吴忠良。

渝怀铁路工程指挥部　驻重庆市彭水县外河坝。指挥长雷升祥,党工委书记刘胜,副指挥长冯涛、黄成恒、张宪国,总会计师胡景平。

清江水布垭工程指挥部　驻湖北省宜昌市夷陵路。指挥长李生宏,党工委书记马伟峰,副指挥长范家炎,总工程师苏睿。

京秦铁路提速改造工程指挥部　驻河北省迁安市沙河驿宏圆宾馆。指挥长杨国良,党工委书记江朝兴,副指挥长鲍金,总工程师张雪锋。

津滨快速交通工程指挥部　驻天津市塘沽区新河镇。指挥长张兴彦,党工委书记鲁连江,副指挥长黄健(4月离任)、岳运明、秦忠强,总工程师翁卫军(8月离任)。

青藏铁路工程指挥部　驻西藏自治区安多县。指挥长韩利民,党工委书记李继业,副指挥长李继平、李正仕、刘卓,党工委副书记刘保良,总工程师陈鹏。

沙特阿拉伯工程指挥部　驻沙特阿拉伯东部省朱拜尔工业区。指挥长宋霖,副指挥长李铎、王福安、薛德稳,总工程师胡瑞海,总经济师吴少松。

雁门关隧道工程指挥部　驻山西省代县。指挥长罗伯文,党工委书记钱守良,副指挥长兼总工程师苏在林,副指挥长郎民。

海南工程指挥部　驻海南省三亚市亚龙湾。指挥长李铁翔,党工委书记范业昌,副指挥长童启发(1月离任),总工程师李春杰。

天津铁路枢纽改造工程指挥部　驻天津市。指挥长刘东,总工程师丁迎华。

神朔铁路复线工程指挥部　驻河北省黄骅市渤海路。指挥长熊也良,党工委书记周常平,副指挥长杨国才,总工程师王保国。

遂渝铁路工程指挥部　驻四川省遂宁市开发区宾江小区。指挥长兼党工委书记贾振功,党工委副书记隋建丛,总工程师兼常务副指挥长马民,副指挥长张海龙。

乌鞘岭隧道工程指挥部　驻甘肃省天祝县打柴沟镇。指挥长杨福清,党工委书记刘永清,副指挥长张旭则、杨继成。

云南工程指挥部　驻云南省昆明市关平路9号。指挥长杜洪举,党工委书记苏金忠(8月任)。

南京工程指挥部　驻南京市江宁开发区佳湖绿岛公寓。指挥长王英祖,党工委书记矣成辉,副指挥长闫广天(8月任)。

浙赣铁路工程指挥部　驻江西省新余市铁路三公司分公司大院。指挥长张明泉。

平锁公路工程指挥部　驻云南省红河州开远市和营乡太平寨。指挥长金永福,总工程师晁要斌。

（王千永）

【职工队伍】 现有职工19 975人,其中干部5 872人,工人14 103人。干部中,专业技术干部4 622人,占干部总数的78.7%,其中初级技术职务2 862人,中级技术职务1 416人,高级技术职务344人;女干部1 202人,占干部总数的20.5%。文化结构:研究生学历15人,本科学历1 808人,大专学历2 100人。参加工作时间:1983年以前2 271人,1984年～2000年3 163人,2001年以后438人。年龄结构:30岁以下2 674人,31岁～40岁1 421人,41岁～50岁1 156人,51岁～59岁621人。

工人中,有技术工人10 394人,占工人总数的73.7%,其中初级工1 667人,中级工3 467人,高级工4 677人,技师517人,高级技师66人。文化结构:大专以上1 597人,中专1 013人,技校1 485人,高中毕业7 015人,初中以下2 993人。参加工作时间:1983年以前6 121人,1984年～2000年7 385人,2001年以后597人。年龄结构:30岁以下5 802人,31岁～40岁3 799人,41岁～50岁4 002人,51岁～59岁500人。

（杨　君　王千永）

【铁路工程施工】 2003年,集团公司承担铁路重点建设项目12项,其中新上项目1项,完成投资129 212万元。主要工程施工情况:

青藏铁路格拉段　承建第9、18合同段工程。第9合同段线路全长18.6公里,其中桥梁13 328延长米涵洞1 400横延米，土石方274万立方米，道碴15万立方米，投资约57 000万元。第18合同段线路全长31.16公里，其中路基土石方151.3万立方米，站场土石方20.5万立方米，路基防护工程8 622米，桥梁34座2 075延长米，涵洞59座847横延米，道碴10.1万立方米，投资约25 000万元。合同工期2002年5月～2004年6月。年内创造3个半月完成投资82 000万元纪录，完成土石方293万立方米、桥梁12 717延长米、涵渠916横延米，占设计工程量的75%，在铁道部青藏铁路建设总指挥部组织的检查中多次名列前茅。

兰武二线乌鞘岭隧道　全长20.05公里，集团公司承担进口段6 500米施工任务，投资26 973万元，合同工期2003年2月～2005年4月。年内完成施工产值9 500万元，完成土石方27万立方米、隧道2 430延长米、涵渠57横延米，占设计工程量的35%。在1号斜井施工中，9月取得Ⅴ级微膨胀性围岩隧道施工独面月成洞160米的好成绩，3号斜井和3号斜井支洞分别于9月20日和22日到达正洞交点。

西康铁路　承担秦岭隧道左右线各8 951米施工任务，投资75 045万元，合同工期1995年1月～2003年12月。年内完成施工产值7 344万元，开工累计完成72 514万元，占设计工程量的97%。秦岭隧道Ⅱ线衬砌最高月完成1 097米，4月～8月连续4个月超900米；整体道床最高月完成2 400米，实现铁道部提出的9月达到铺轨程度的目标。

渝怀铁路　施工管段长24.123公里，投资45 198万元。主要工程量：隧道6座14 419延长米，桥梁5座438延长米，涵洞48座1 209横延米，车站2座，土石方221万立方米。合同工期2001年1月～2005年6月。年内完成施工产值11 018万元，开工累计完成34 032万元，累计完成隧道11 419延长米、桥梁438延长米、土石方209万立方米。

赣龙铁路　峡山隧道全长3 768延长米，投资7 500万元。集团公司承担出口段2 637延长米施工任务，合同工期2002年1月12日～2003年11月。年内完成投资3 449万元，开工累计完成投资7 920万元。年内完成1 099延长米，开工累计完成2 637延长米。3月11日隧道顺利贯通，比原计划提前142天，衬砌于7月11日完成。5月17日，全国人大常委会吴邦国委员长视察峡山隧道，对工程施工给予高度评价。

京秦铁路提速改造工程　工程投资14 866万元，合同工期2001年4月～2003年10月，投资14 866万元。年内完成施工产值1 000万元。2003年是京秦铁路提速改造工程决战决胜的一年，集团公司指挥部精心组织，科学施工，克服工期紧、质量要求高、施工战线长、多工种交叉作业等困难，于6月20日安全顺利地实现全线第一重点工程——狼窝铺车站过渡开通，施工进度在全线各标段中名列前茅。

（张秋祥　张运山　王千永）

【路外工程施工】　2003年，集团公司承建路外工程200余项，其中新开工项目100余项，竣工项目70余项，完成投资444 551万元。重点项目施工情况：

雁门关隧道　集团公司担负出口段左线2.575公里、右线2.625公里施工任务。合同工期2001年10月～2003年8月，合同投资24 100万元。年内完成施工产值7 790万元，完成隧道1 784延长米。8月隧道全部完工，9月28日全线通车，12月10日顺利通过竣工验收。隧道平均月成洞246延长米，创造长大隧道国内施工史上的新纪录。

美菰林隧道　是京福高速公路上下行分离式四车道长隧道，左线全长5 563.4延长米、右线全长5 580延长米，是目前国内第二特长公路隧道，也是全线的重点控制工程。集团公司承担美菰林隧道进口段左线长2 730.5米、右线长2 720米的施工任务，合同工期2001年10月～2003年12月，投资26 000万元。年内完成施工产值6 810万元。创造连续7个月单口独头开挖超200米的全国长大公路隧道施工新纪录，左线于5月28日贯通，右线于9月3日贯通，比合同工期提前3个月优质高效完成任务。

秦岭Ⅱ线隧道　上行线全长6 135延长米，下行线全长6 095延长米。集团公司承担上行线3 060延长米、下行线3 040延长米、路基140米、小桥2座20延长米的施工任务。合同工期2002年11月～2005年2月，投资23 275万元。年内完成施工产值2 080万元，开工累计完成2 380万元，完成隧道665延长米。上行线累计完成全断面开挖及支护1 120米，仰拱及填充420米，二次衬砌96米；下行线累计完成全断面开挖及支护1 190米，仰拱及填充450米，二次衬砌180米。

海南国防工程　合同工期2001年11月8日～2003年12月，投资17 561万元。年内完成施工产值9 300万元，开工累计完成17 200万元。主坑区大跨度被复混凝土施工于3月24日完成，比计划提前36天，得到业主奖励60万元；主洞库岩锚梁混凝土施工于5月31日完成，主洞库岩板开挖8月全部完工，12月8日入水工区第一组混凝土开始浇注。

深圳河改造工程　工期2001年12月～2003年12月，投资10 100万元。年内完成施工产值4 080万元，开工累计完成施工产值7 347万元。9月29日，深圳河整体一次横移到位，中央电视台等多家新闻媒体作了报道。

苏州竹园大桥　工期2002年6月15日～2003

年7月31日,投资5 826万元。主桥长156米,东西引桥长222米,主桥及东引桥宽37米,西引桥宽34米,引坡宽40米。年内完成施工产值3 943万元,开工累计完成施工产值5 957万元。8月全桥主体工程完工,10月1日全桥通车。

南京赛虹桥　合同工期2002年11月11日～2003年9月6日,投资7 425万元。年内完成投资7 171万元。12月25日工程全部完工,被评为江苏省"文明工地"。

遂宁涪江三桥　工期2003年1月～2004年7月18日,投资4 100万元。年内完成投资3 200万元,完成成桥711延长米。(张秋祥　张运山　王千永)

【经营管理】　任务承揽。全年承揽工程210项,合同总额1 092 497万元,为年度计划的218.5%。其中,铁路工程19项,合同额153 390万元,占承揽任务总量的14%;公路工程64项,合同额596 371万元,占承揽任务总量的54.6%;水电工程23项,合同额56 498万元,占承揽任务总量的5.2%;房建工程19项,合同额49 924万元,占承揽任务总量的4.6%;市政工程55项,合同额190 954万元,占承揽任务总量的17.5%;其他工程30项,合同额45 360万元,占承揽任务总量的4.2%。

企业管理。年内协助二、四公司申请增项资质,帮助建筑安装公司重新申报资质。8月,全集团公司顺利通过建设部企业资质网上年检和国土资源部地质灾害防治工程甲级资质年检。指导涿州金属结构总厂实施改制,成立金属结构工程有限公司。全集团公司共有资质项目经理593人,其中一级资质项目经理309人,二级资质项目经理284人,项目经理总人数和一级资质项目经理人数在总公司名列第一。"'优生基准'法在项目管理中的应用"成果获总公司管理创新成果二等奖和天津市现代化管理创新成果一等奖。年内有1人被评为"全国重点工程建设优秀项目经理",2人被评为"全国建筑业企业优秀项目经理",2人被评为"天津市优秀项目经理",5人被评为"全路优秀项目经理"。

安全质量。坚持"安全第一,预防为主"的方针,以全面实施《安全生产法》为主线,以落实安全生产责任制为核心,广泛开展安全生产月、安全生产评估、安全生产专项整治、安全标准工地建设、安全大检查等活动,建立"以企业为主体、以人为本、科技兴安、标本兼治、强化监管"的安全生产长效机制,全面提升安全生产管理水平,集团公司实现安全生产目标,3个工地被总公司评为"安全标准工地"。认真贯彻落实国家和行业质量法规,坚持"质量第一"、"质量建企"方针,重视施工过程控制,狠抓现场标准化作业,规范施工行为,全年工程质量合格率100%,优良率96.1%,房建工程合格率100%。

财务管理。集团公司以财务管理为核心,以提高经济效益为目的,以资金管理为主线,以成本控制为主题,以债务控制为重点,加大财务监察力度,加强财务制度和财务队伍建设,提高了项目管理水平。完成年度国有产权登记年检工作。贯彻落实《会计法》,确保会计信息真实完整,顺利通过年度财务审计和税务检查。(王千永)

【科技教育】　科技工作。全年科技投入500万元,围绕集团公司《"十五"科技发展计划》确定的总体目标和发展战略,坚持"整体推进,局部突破,重点突出"的原则,不断开发新技术、新工艺,技术进步综合评价95分,科技进步贡献率51%。年内"自锚式悬索桥主缆架设与安装技术研究"、"MMS架空移动模架预应力连续箱梁施工技术"2项科研课题获总公司立项。集团公司开发的"大跨度高边墙超大断面洞室开挖衬砌通风综合施工技术研究"、"乌鞘岭隧道中软围岩快速施工技术研究"和"苏州竹园大桥自锚式悬索桥施工技术研究"等重点科技攻关项目,解决了施工中出现的重大技术难题。清江水布垭枢纽"复杂地质条件下特大断面导流隧洞综合施工技术"、渝怀铁路彭水隧道"复杂地质条件下彭水长隧道综合施工技术"、天津轻轨"松软土地基轻轨超长高架桥设计、施工控制技术研究"年内通过天津市科委技术鉴定,分别达到国际先进和国内领先水平;"富水软弱围岩特长高速公路隧道快速施工技术研究"通过河北省科技厅技术鉴定,居国内领先水平。年内集团公司评出科技进步奖39项,其中获国家科技进步一等奖1项、二等奖1项,获天津市科技进步三等奖1项,获总公司科技进步奖10项,评出集团公司科技进步特等奖2项、一等奖4项、二等奖11项、三等奖9项;获总公司优秀工法一等奖4项、二等奖2项;获总公司优秀论文一等奖1篇、二等奖4篇。

教育培训。根据企业发展需要,本着紧缺人员加紧培训、优秀人才优先培训、重点人才重点培训的原则,加大管理人员和工程技术人员的培养力度,选送在职干部到石家庄铁道学院等有关院校重点培养。年内举办适应性、继续教育、管理人员、技术等级、学历教育等五大类共37个培训班,培训1 890人次;完成"十一大员"培训120人,专业技术干部继续教育345人,高级工培训70人。举办各类规范化岗位培训班28期,受训1 400人次,年度全员培训率4.89%。

(晁庚奇　张永远　王千永)

【公安与综合治理】 公安工作。坚持“立警为公、执法为民”指导思想，以新思路、新举措推动公安工作和公安队伍建设全面发展，年内有21人受到表彰，6人分别荣立铁道建筑公安局和天津市公安局三等功，2个派出所分别荣立铁道建筑公安局集体三等功并被评为天津市消防先进单位。“非典”期间，认真进行治安巡逻、通道检查、证件审查、紧急情况处置，切断传染源，保证职工“非典”零感染。全年破获刑事案件126起，抓获犯罪嫌疑人137人，打掉盗窃、职务侵占等犯罪团伙4个，涉案成员26人，缴获赃款赃物折款287 700元；查处治安案件330起，处罚359人，调解纠纷897起，通过办案或提供法律援助使企业免遭经济损失330万元。为群众办好事680余件，义务捐款22 800元，收到感谢信、锦旗、匾牌30余封(面)。

治安综合治理。年初，集团公司党政主管与天津市规划建设工委综合治理委员会签订《2003年～2004年社会治安综合治理领导目标责任书》，同时与各子公司、分公司党政主管签订《社会治安综合治理领导目标责任书》19份，签订率100%。年内14个工地被评为“安全标准工地”，其中天津地铁第26标段、北京五环路四期工程第14标段分别被评为天津市和北京市“文明安全工地”。集团公司机关大院被天津市授予“安全文明小区”称号，一公司机关光明小区被涿州市授予“安全文明示范小区”称号。

(马国武　于三德　王千永)

【党群工作】 党的工作。集团公司党委下辖党(工)委104个、党组2个、党总支11个、党支部492个，有党员7 220人。(1)党组织建设。集团公司党委全面贯彻“三个代表”重要思想和党的十六届三中全会精神，深入落实集团公司第一届党代会部署，围绕生产经营中心开展工作，重点加强项目部党组织建设，积极探索、研究发挥项目部党组织政治核心作用的方式、方法和途径，提出“六抓六强化”工作思路，推动项目部党组织朝着“管理科学、行为规范、工程优质、干部优秀、效益最佳”的方向健康发展。年内有1名党员受到天津市委表彰，6个基层党组织、13名党员受到天津市规划建设工委表彰；30个基层党组织、66名优秀党员、22名优秀党务工作者受到集团公司党委表彰。不断加强企业领导班子建设，有7个单位领导班子被评为集团公司“四好领导班子”。(2)宣传思想工作。各级党委坚持“靠理论打基础、靠理论作先导、靠理论促发展”的工作思路，发挥宣传思想工作的理论指导、舆论引导、思想疏通和典型示范作用。规范实施“四心工程”教育，制定“四心工程”考核标准，考核不合格的具有“一票否决”权。抗击“非典”时期，集团公司成立思想政治工作领导小组，为取得抗击“非典”胜利和中心医院平稳移交地方发挥了积极作用。《中铁工人报》全年出版36期，发行201 600份；《企业政工》出版4期，刊稿320余篇；《中心组学习》出版4期，刊发资料120余篇。对外新闻报道全年刊播稿件1 387篇，在《中国铁道建筑报》刊稿547篇，在中央电视台播发新闻34条、专题片4部，在省市电视台播放新闻、专题片29部(条)。10月16日，集团公司政研会第6次年会表彰5个思想政治工作先进单位、4个优秀思想政治工作研究会、21名优秀思想政治工作者、17名优秀政研会工作者和17篇优秀论文。(3)党风廉政建设。组织39个处级单位的党政主管签订廉政建设目标责任书244份。集团公司党委派出2个考核组，对16个子(分)公司进行考核，党风廉政建设责任制综合评分95分，职工群众满意率达92%以上。全年受理群众信访举报42件，立案19件，结案14件，处分违纪人员14人，其中党纪处分9人，政纪处分11人，党纪、政纪双重处分6人，移送司法机关处理5人，为企业避免经济损失1 780万元，挽回经济损失110万元。年内集团公司纪委、监察处被评为天津市规划建设系统“先进纪检监察组织”，2人分别被评为天津市和天津市规划建设系统“优秀纪检监察干部”，4个单位纪委、监察科和13人分别被评为集团公司“先进纪检监察组织”和“优秀纪检监察干部”。

工会工作。各级工会组织按照“围绕中心有新成效、突出维护有新进展、活跃基层有新突破、自身建设有新亮点”的总体要求，重点抓载体、抓特色、抓重点，服务大局，把握主题，体现特色，落实职权。1月，召开集团公司一届二次职工代表大会，审议通过《行政工作报告》《财务工作报告》《集体合同实施情况报告》和《提案征集处理情况报告》。企业民主管理不断深化，11月，召开集团公司一届二次职代会团(组)长和专门委员会联席会议，审议通过《集团公司岗位效益工资制实施办法》，对职工反映工资改革等方面的问题，经民主协商全部采纳。3月，集团公司在青藏铁路开展“建家建线”和建功立业劳动竞赛活动，评出劳动竞赛综合优胜单位工程赛区3个、多种经营赛区3个、单项奖杯7个。根据天津市素质工程五年规划目标要求，集团公司全部建立职工个人素质档案。全年筹措“送温暖”资金170.2万元，走访慰问困难职工家庭1 246户，慰问劳动模范和先进人物39人，伤病残职工103人，离退休职工195人。筹措245.6万元资金为6个困难单位解决拖欠职工工资问题。10月，体协组队参加总公司第15届门球赛，获得第二名。年内，被评为天津市劳动模范5人、天津市劳模集体1个，天津市“十五”立功先进个人11人、先进集体6个、先进单位2个，天津市职工素质工程先进单位2个、先进个人2人,"火车头奖章"获得者2人,总公司"三八"红旗手3人、先进女职工标兵1人。

共青团工作。集团公司团委下辖14个团委、9个团工委,有专职团干部30人、兼职团干部136人,团员2 157人。4月,完成集团公司机关团委重组,结合工程施工开展"青年建功成才"活动。4月～10月,开展以"青工管理创新"为主题的"共青团活力杯"征文活动。年内,集团公司渝怀铁路工程指挥部被共青团中央命名为"全国青年文明号",集团公司苏州竹园大桥项目部被评为"天津市青年文明号",二公司苏州南环项目部等3个单位被评为总公司"青年文明号",武九铁路复线等3项工程被评为总公司"青年文明号创建示范点"。年内获总公司表彰的先进集体4个、先进个人8人,获天津团市委表彰的先进集体2个、先进个人4人。 (肖乾文　陈仕奇　高纯根　王千永)

【第一工程有限公司】 公路工程、市政公用工程施工总承包一级,铁路工程施工总承包二级,土石方工程、桥梁工程、隧道工程、水工隧洞工程、公路路基工程专业承包一级资质企业。机关驻河北省涿州市冠云路86号。前身系中国人民解放军铁道兵第八师第三十六团,1984年1月1日集体转业并入铁道部,改编为铁道部第十八工程局第一工程处;1999年9月改称中铁第十八工程局第一工程处;2001年8月28日企业改制改称现名。董事长兼总经理邓中才,党委书记马庆武。下辖9个项目部、8个工程指挥部和机械化工程公司、工贸公司、职工医院。职工2 328人,其中干部947人,工人1 381人;专业技术干部379人,占干部总数的40%;技术工人1 173人,占工人总数的85%。资产总额38 952万元,其中固定资产原值16 936万元、净值9 510万元,流动资产28 962万元。机械设备316台(套),净值5 142万元,总功率35 405千瓦,人均动力装备率15.9千瓦、技术装备率23 000元。年施工能力8亿元以上。

2003年,承揽工程12项,合同总额85 277万元。完成企业总产值54 385万元,其中施工产值54 106万元,附营产值279万元。实现利润612万元,人均创利2 629元,产值利润率1.13%。全员劳动生产率29 904元/人年,职工年人均收入15 028元。完成主要实物工程量:土石方226万立方米,隧道12 667延长米,桥梁3 048延长米,涵渠1 193横延米。单位工程合格率100%,优良率96%,实现连续安全生产1 345天。年内获总公司优质工程奖1项,海南国防工程被评为总公司"安全质量标准工地",邯济铁路跨京广铁路特大桥被评为"全国用户满意工程"。 (张　锋　王千永)

【第二工程有限公司】 铁路工程、公路工程、市政公用工程、房屋建筑工程施工总承包一级,电力工程施工总承包三级,桥梁工程、土石方工程、地基与基础工程、公路路基工程专业承包一级,铁路铺轨架梁工程专业承包二级资质企业;河北省AAA级资信企业。机关驻河北省唐山市丰润区光华道8号。前身系中国人民解放军铁道兵第八师第三十七团,1984年1月1日集体转业并入铁道部,改编为铁道部第十八工程局第二工程处;1999年9月改称中铁第十八工程局第二工程处;2001年10月10日企业改制改称现名。董事长兼总经理刘洪德,党委书记陈涛。下辖29个工程项目部、1个分公司、1个办事处和职工门诊部、裕园大酒店。职工2 259人,其中干部878人,工人1 381人;专业技术干部447人,占干部总数的51%;技术工人1 300人,占工人总数的94%。资产总额38 488万元,其中固定资产原值12 690万元、净值5 305万元,流动资产28 314万元。机械设备230台(套),原值9 598万元、净值5 348万元,总功率29 148千瓦,人均动力装备率12.9千瓦、技术装备率23 674元。年施工能力10亿元以上。

2003年,承揽工程30项,合同投资114 000万元。完成企业总产值96 694万元,其中施工产值95 312万元,附营产值982万元。实现利润606万元,人均创利2 825元。全员劳动生产率160 618元/人年,职工年人均收入18 709元。完成主要实物工程量:土石方403.7万立方米,隧道5 490延长米,桥梁7 867延长米,涵洞2 183横延米,房屋建筑24 709平方米。工程质量合格率100%,优良率94.7%,实现连续安全生产1 460天。顺利通过质量、环境、职业健康安全管理体系认证。年内获中国建筑工程鲁班奖2项,中国市政工程金杯示范奖1项。 (刘继泽　王千永)

【第三工程有限公司】 公路工程、市政公用工程、房屋建筑工程施工总承包一级,铁路工程施工总承包二级,水工隧洞工程、公路路基工程、桥梁工程、隧道工程专业承包一级,送变电工程专业承包二级资质企业。机关驻河北省涿州市冠云路。前身系中国人民解放军铁道兵第八师第三十八团,1984年1月1日集体转业并入铁道部,改编为铁道部第十八工程局第三工程处;1999年9月改称中铁第十八工程局第三工程处;2001年10月15日企业改制改称现名。董事长马德山,党委书记李金生,总经理崔连友。下辖6个分公司、29个项目部和工贸分公司、通信分公司、物业管理中心、职工医院。职工2 652人,其中干部1 111人,工人1 541人;专业技术干部702人,占干部总数的63%;技术工人1 541人,占工人总数的100%。资产总额47 869万元,其中固定资产原值21 705万元,净值9 282万元。

机械设备 534 台(套),原值17 733万元、净值7 741万元;车辆 257 台,原值8 035万元、净值2 508万元。机械运输设备总功率61 512千瓦,人均动力装备率 23.4 千瓦、技术装备率29 500元。年施工能力 8 亿元以上。

2003 年,承揽工程 21 项,合同投资105 446万元。完成企业总产值77 303万元,其中施工产值76 094万元,附营产值1 209万元。完成主要实物工程量:路基土石方 193.2 万立方米,桥梁8 061延长米,涵渠 411 横延米,隧道9 008延长米,架设电力线 45 公里。全员劳动生产率80 286元/人年,职工年人均收入13 866元。工程质量合格率 100%,优良率 90%,实现安全生产年目标。国有资产保值增值率 90.4%,应上缴款完成率 100%,资产负债率85.9%。年内获总公司优质工程奖 1 项,邯济铁路跨京广铁路特大桥被评为“全国用户满意工程”,广渝高速公路华蓥山隧道获中国建筑工程鲁班奖和詹天佑土木工程大奖。

(姬红伟　王千永)

【第四工程有限公司】 公路工程、水利水电工程、市政公用工程、房屋建筑工程施工总承包一级,铁路工程施工总承包二级,铁路铺轨架梁工程、公路路基工程、隧道工程专业承包一级,预应力工程专业承包二级资质企业。机关驻河北省高碑店市和平路 39 号。前身系中国人民解放军铁道兵第八师第三十九团,1984 年 1 月 1 日集体转业并入铁道部,改编为铁道部第十八工程局第四工程处;1999 年 9 月改称中铁第十八工程局第四工程处;2001 年 10 月 18 日企业改制改称现名。董事长程文才,党委书记刘月秋,总经理王德仙。下辖 9 个分公司、8 个项目部和桥梁、海外、设备租赁、工贸公司及物业管理中心、职工医院。职工3 223人,其中干部1 264人,工人1 959人;专业技术干部 851 人,占干部总数的 67%;技术工人1 643人,占工人总数的 84%。固定资产原值22 108万元、净值9 232万元。机械运输设备 680 台(套),总功率74 402千瓦,人均动力装备率 22.6 千瓦、技术装备率 28 093 元。年施工能力 8 亿元以上。

2003 年,承揽工程 27 项,合同投资169 307万元。完成企业总产值110 412万元,其中施工产值109 279万元,附营产值1 133万元。实现利润 606 万元,人均创利1 866元。职工年人均收入15 508元,全员劳动生产率194 911元/人年。完成主要实物工程量:土石方 424 万立方米,隧道7 830延长米,桥梁5 412延长米 ,涵渠3 379横延米,铁路架梁 86 孔,公路架梁1 241片,房屋建筑面积109 086平方米,公路 20 公里。单位工程合格率 100%,优良率 93%,许昌—漯河高速公路获交通部优质工程三等奖。年内被评为天津市“十五”先进集体 1 个、先进个人 1 人,天津市劳动模范 1 人,铁道部青藏铁路建设先进个人 1 人,总公司劳动模范 1 人、青年功臣 1 人和“青年文明号创建单位”1 个。

(郭建军　王千永)

【第五工程有限公司】 市政公用工程、公路工程、房屋建筑工程施工总承包一级,铁路工程施工总承包二级,水工隧洞工程、桥梁工程、隧道工程、公路路基工程专业承包一级资质企业。机关驻河北省高碑店市兴华北路 10 号。前身系中国人民解放军铁道兵第八师第四十团,1984 年 1 月 1 日集体转业并入铁道部,改编为铁道部第十八工程局第五工程处;1999 年 9 月改称中铁第十八工程局第五工程处;2001 年 10 月 24 日企业改制改称现名。董事长范成国,党委书记刘勇霖,总经理苗福启。下辖 9 个工程分公司、12 个专业分公司、6 个项目部和材料厂、经营开发公司、生活服务中心、医院、职工学校。职工3 120人,其中干部1 346人,工人1 774人;专业技术干部 861 人,占干部总数的 64%;技术工人1 514人,占工人总数的 85%。资产总额52 547万元,其中固定资产原值32 865万元、净值15 620万元,流动资产32 517万元。机械运输设备 562 台(套),原值19 334万元、净值6 429万元,总功率59 876千瓦,人均动力装备率 19.3 千瓦、技术装备率20 700元,机械化施工程度 80%。年施工能力 10 亿元以上。

2003 年,承揽工程 34 项,合同投资106 464万元;与集团公司共同承揽工程 5 项,合同投资38 300万元。完成企业总产值100 288万元,其中施工产值100 260万元。实现利润 608 万元,人均创利2 185元。职工年人均收入18 083元,全员劳动生产率61 190元/人年。完成主要实物工程量:土石方 333 万立方米,隧道5 040延长米 ,桥梁2 872延长米,涵渠1 554横延米,房屋建筑61 047平方米,公路 78.9 公里。工程质量合格率 100%,优良率 93.6%。国有资产保值增值率 101.4%,经营性资产收益率 5.7%,产值利润率 0.6%,资产负债率 86.4%,投资收益上缴率 100%,应上缴款完成率 100%。年内获中国建筑工程鲁班奖 1 项、“全国用户满意工程”1 项、国家优质工程奖 1 项、省部优质工程奖 5 项。

(熊会清　王千永)

【电务工程有限公司】 铁路电务工程专业承包一级,铁路电气化、送变电、电信工程专业承包二级资质企业。机关驻河北省高碑店市兴华北路 5 号。原为铁道部第十八工程局电务工程处,1999 年 9 月改称中铁第十八工程局电务工程处;2001 年 10 月 16 日企业改制改称现名。董事长兼党委书记田恒开,总经理刘兴晨。下辖 8 个工程项目部和 1 个多种经营公司。职工

1 275人，其中干部340人，工人935人；专业技术干部282人，占干部总数的82.9%；技术工人724人，占工人总数的77.4%。资产总额8 851万元，其中固定资产原值2 476万元、净值1 304万元，流动资金7 156万元。机械运输设备60台(套)，仪器仪表设备600台(件)，总价值1 000万元，总功率4 224千瓦，人均动力装备率9.1千瓦、技术装备率12 400元。年施工能力3亿元以上。

2003年，承揽工程10项，合同总额10 387万元。完成企业总产值12 967万元，其中施工产值12 840万元，附营产值127万元，实现利润367万元。全员劳动生产率101 700元/人年，职工年人均收入19 458元。国有资产保值增值率106.4%，经营性资产收益率6.4%，产值利润率2.8%，资产负债率55.6%，投资收益上缴率100%，应上缴款完成率139.4%。完成主要实物工程量：通信站7个，敷设通信光缆、电缆430条公里，车站信号24站，区间自动闭塞126正线公里，联锁道岔451组，架设电力线44公里。单位工程合格率、优良率均为100%，实现连续安全生产3 913天。顺利通过质量、环境、职业健康安全管理体系认证审核。年内获铁道部优质工程奖1项。 (刘占雄　王千永)

【建筑安装工程有限公司】 市政公用工程、房屋建筑工程、机电设备安装工程施工总承包二级，钢结构工程、化工石油设备管道安装工程专业承包二级资质企业；同时具有锅炉安装A级，压力管道安装GA1级、GB类、GC1级，压力容器安装Ⅰ级和起重、电梯施工二级资质。机关驻河北省高碑店市迎宾路8号。原为铁道部第十八工程局建筑安装工程处，1999年9月改称中铁第十八工程局建筑安装工程处，2001年10月19日企业改制改称现名。董事长傅建军，党委书记李铁军，总经理张合贵。下辖2个分公司、16个项目部、3个办事处和材料总厂、新型建材厂、华宇燃气公司。职工741人，其中干部196人，工人545人；专业技术干部88人，占干部总数的44.9%；技术工人160人，占工人总数的29.4%。资产总额19 375万元，其中固定资产原值7 893万元、净值5 652万元，流动资产12 253万元。机械设备426台(套)，总功率3 820千瓦，人均动力装备率10.4千瓦、技术装备率19 300元，机械化施工程度90%。年施工能力3.5亿元以上。

2003年，承揽工程24项，合同金额50 346万元。完成企业总产值20 911万元，其中施工产值20 563万元，人均完成施工产值27.4万元。职工年人均收入19 456元。完成主要实物工程量：土石方39.1万立方米，桥梁842延长米，公路8.6公里，给排水管路20.4公里，房屋建筑面积9 222平方米。工程质量合格率100%，优良率95.1%，实现连续安全生产2 007天。年内被评为铁道部优秀QC小组1个，天津市“十五”立功奖章获得者1人，总公司青年岗位能手1人，获集团公司优质工程奖1项、安全质量标准工地1个。

(张国艳　王千永)

【北京中铁大都工程有限公司】 房屋建筑工程施工总承包一级，市政公用工程施工总承包二级，建筑装修装饰、公路路基工程专业承包二级资质企业。机关驻北京市大兴区西红门镇。原为中铁第十八工程局北京中铁大都工程公司，2001年10月26日企业改制改称现名。董事长兼党委书记兰伯超，总经理秦培文。下辖8个项目部和机械租赁公司、物业公司。职工1 650人，其中干部420人，工人1 230人；专业技术干部290人，占干部总数的69%；技术工人480人，占工人总数的39%。资产总额5 000万元，其中固定资产原值1 500万元、净值750万元。机械设备91台(套)，原值1 350万元、净值690万元，总功率3 207千瓦，人均动力装备率10千瓦、技术装备率21 500元，机械化施工程度80%。年施工能力8亿元以上。

2003年，承揽工程8项，合同总额38 266万元。完成企业总产值16 200万元，其中施工产值16 200万元。实现利润149万元，人均创利4 760万元。职工年人均收入15 361元，全员劳动生产率118 725元/人年。完成主要实物工程量：土方62.8万立方米，涵渠42.7横延米，房屋建筑面积47 214平方米。工程质量合格率100%，优良率100%，连续安全生产3 000天。年内通过质量、环境管理和职业健康安全管理体系认证。年内获北京市“安全文明工地”1个、“结构长城杯”奖工程1项，获总公司优秀工法一等奖1项、科技进步三等奖1项。 (赵国利　王千永)

【金属结构工程有限公司】 高层建筑钢结构、电站锅炉支架、工业厂房钢结构、桥梁钢结构产品制作与安装专业承包一级资质企业。机关驻河北省涿州市涿固路31号。前身为中国人民解放军6619工厂；1997年改名为涿州中铁建筑金属结构总厂，隶属于总公司工厂局；2001年11月改名为中铁十八局集团公司涿州中铁建筑金属结构总厂，2003年6月20日企业改制改称现名。董事长兼党委书记叶桂秋，总经理邓勇。下辖4个分公司和1个铁路罐车检验站。职工1 047人，其中干部188人，工人859人；专业技术干部165人，占干部总数的87.8%；技术工人769人，占工人总数的89.5%。资产总额29 889万元，其中固定资产原值92 681万元、净值5 143万元，流动资产12 414万元。钢结构加工设备463台，原值3 818.7万元、净值2 085万元,设备总功率11 392千瓦,人均动力装备率 10.9 千瓦、技术装备率18 800元。年钢结构生产能力50 000吨,产值 3.5 亿元。

2003 年,承揽任务 40 项,合同总额33 363.6万元。完成钢结构产量 2.7 万吨,工业总产值16 100万元。产品质量合格率 100%,优良率 85%以上。职工年人均收入13 000元。资产负债率 94%。通过质量体系复审验收。年内获集团公司优质工程奖 1 项、优秀 QC 成果奖 1 项,被集团公司评为安全生产先进单位,被中国农业银行河北省保定市支行命名为“AAA 级信用企业”。 (庞国辉　王千永)

【重要记载】

▲1 月 7 日　中共中央政治局委员、国务院副总理吴邦国出席在海南省海口市举行的粤海铁路通道轮渡开通典礼。

▲1 月 7 日～8 日　陕西省终南山隧道公司及铁道部工程管理中心公路、铁路总指挥部联合对终南山公路和西康铁路秦岭隧道进行安全质量综合大检查,集团公司荣获第二名。

▲1 月 8 日　三公司承建的广渝高速公路华蓥山隧道荣获国家优质工程银质奖。

▲1 月 18 日　二公司中标武汉绕城高速公路一期工程第 15 合同段,合同投资10 920万元。

▲1 月 26 日～28 日　集团公司召开一届二次职工代表大会暨 2003 年工作会议,总结 2002 年主要成绩和基本经验,部署 2003 年工作任务。

▲1 月　经国家对外贸易经济合作部批准,集团公司在原已获得的对外工程承包经营权的基础上,又取得对外“自营和代理各类商品和技术的进出口”经营权。这是集团公司第三次对外经营扩权。

▲2 月 4 日　总公司党委书记李国瑞检查集团公司承建的渝怀铁路彭水隧道、保家楼车站等施工现场。

▲3 月 5 日　四公司中标南阳—邓州高速公路第 7 合同段,合同金额13 807万元。

▲3 月 18 日　隧道工程分公司经理陆晓辉被评为陕西省劳动模范。

▲3 月 30 日　兰武二线乌鞘岭隧道举行开工典礼。铁道部部长刘志军、副部长蔡庆华,甘肃省省委书记宋照肃、省长陆浩,兰州军区副司令员陈秀等在集团公司总经理张璠琦陪同下,视察乌鞘岭隧道Ⅰ线正洞建设工地。

▲3 月　二公司被中国施工企业管理协会评为“全国用户满意施工企业”。

▲3 月　隧道工程分公司被陕西省授予“重点工程建设立功竞赛先进单位”称号。

▲4 月 6 日　集团公司研究开发的“复杂地质条件下特大断面导流洞综合施工技术研究”成果通过天津市科委组织的鉴定,获天津市科技进步二等奖。

▲4 月 7 日　山西省省长刘振华在集团公司副总经理钱延年陪同下视察雁门关隧道建设工地。

▲4 月 19 日　二公司承建的哈尔滨市二环中山路立交桥获中国市政工程金杯奖。

▲4 月 30 日　华东公司中标福建邵三高速公路三明段 MA4 合同段,合同金额26 659.2万元。

▲5 月 7 日　陕西省省委书记李建国视察隧道工程分公司承建的西安咸阳机场高速公路六村堡立交桥工程。

▲5 月 9 日　一公司承建的甘肃省引硫济金工程冷龙岭隧洞竣工通水。

▲5 月 10 日　二公司石迎新、五公司杨勇、集团公司经营开发部刘宏伟被评为“天津市新长征突击手”;三公司新原项目部衬砌队被评为“天津市新长征突击队”。

▲5 月 17 日　中共中央政治局常委、全国人大常委会委员长吴邦国在铁道部部长刘志军、江西省省委书记孟建柱和省长黄智权陪同下,冒雨视察三公司承建的赣龙铁路峡山隧道施工现场。

▲5 月 28 日　华东公司承建的全国第二公路长隧——京福高速公路美菰林隧道进口提前 3 个月到达分界线。

▲5 月　集团公司工会主席、华东公司总经理户海印荣获“天津市劳动模范”称号。

▲5 月　二公司周顺海荣获“全国五一劳动奖章”。

▲7 月 1 日　建筑公司承建的天津市地铁 1 号线第 26 合同段被天津市规划建设工委评为“最佳党性实践活动先进单位”。

▲7 月 4 日　铁道部部长刘志军、副部长孙永福和西藏自治区副主席杨海滨在青藏铁路建设总指挥部总指挥长卢春房及总公司总经理王振侯、集团公司董事长赵广发等陪同下,视察集团公司承建的青藏铁路最高点——唐古拉车站。

▲7 月 6 日　集团公司中标阿曼库瑞亚特—苏尔公路第 2 标段,合同金额24 278万元人民币。

▲8 月 4 日　集团公司中标阿曼古莱亚特—苏尔公路工程,合同投资48 800万元人民币。

▲同日　建安公司中标河南漯河—平顶山段高速公路工程,合同投资14 380万元。

▲8 月 27 日　土木公司中标北京通典铭居二期工程,合同投资12 092万元。

▲8 月 28 日　全国政协常委程安东视察秦岭终

南山公路隧道工程。

▲9月13日　中央军委委员、中国人民解放军总后勤部部长廖锡龙上将等30位将军视察三公司承建的舟山洞库工程。

▲9月21日　总公司总经理王振侯、副总经理扈振衣、集团公司董事长赵广发赴阿曼参加库瑞亚特—苏尔公路二期工程合同签字仪式，拜见中国驻阿曼大使馆邓绍勤大使。

▲10月18日　五公司承建的北京地铁八通线九棵树—梨园站区间高架桥荣获北京市结构"长城杯"奖。

▲11月3日　四公司中标平顶山—临汝高速公路土建工程第3标段，合同金额11 676万元。

▲11月　一公司中标安徽省阜阳—周集高速公路路基工程第3合同段，总投资22 217万元。

▲12月5日　三公司参建的广渝高速公路华蓥山隧道荣获詹天佑土木工程大奖。

▲12月11日　四公司中标安徽省阜阳—周集高速公路路基工程第13合同段，合同金额20 190万元。

▲12月17日　集团公司参加与中机公司联合组展、国家商务部在印度尼西亚首都雅加达举办的中国工程技术大型国际展览活动。

▲12月29日　建筑公司承建的集团公司职工培训中心大楼荣获天津市建设工程"海河杯"奖。

▲12月31日　西康铁路秦岭Ⅱ线隧道交付郑州铁路局运营。

▲12月　二公司承建的西安绕城公路帽耳刘立交桥、内昆铁路李子沟特大桥荣获中国建筑工程鲁班奖。

▲12月　五公司王务本创作的《桥之曲》系列版画在第12届大路画展中获铜牌奖，并被评为"天津市职工艺术家"。

▲2003年　集团公司清江水布垭工程指挥部指挥长李生宏被评为"全国建筑业企业优秀项目经理"。

（王千永）

中铁十九局集团有限公司

【简况】　中铁十九局集团有限公司系铁路工程施工总承包特级，公路工程、市政公用工程施工总承包一级，水利水电工程施工总承包二级，房屋建筑工程施工总承包三级，公路路基工程、桥梁工程、隧道工程、机电设备安装工程专业承包一级及城市轨道交通工程专业承包资质企业。前身系中国人民解放军铁道兵第九师，1984年1月1日集体转业并入铁道部，改编为铁道部第十九工程局；1999年12月改称中铁第十九工程局；2001年12月企业改制改称现名。公司机关驻辽宁省辽阳市和平路17号。下辖第一至第五工程有限公司，电务工程有限公司、华南工程有限公司、机械化工程公司、建筑工程公司、物资总公司，物业管理中心、计量测试中心、设计院、职工中心医院及大连、北京办事处。职工14 885人，其中干部4 342人，工人10 543人；技术干部3 945人，占干部总数的90.9%；技术工人8 166人，占工人总数的77.5%。资产总额298 165万元，其中固定资产原值100 804万元、净值49 344万元，流动资产241 213万元。机械运输设备4 876台(辆)，年内新购设备964台。机械运输设备原值73 912万元、净值32 528万元，总功率182 818.4千瓦，动力装备率12.1千瓦/人，技术装备率2.2万元/人，设备完好率88.9%、利用率71.4%，成新率48.1%。

2003年，承揽工程任务920 796万元，占年度计划的153.5%。完成企业总产值555 176万元，其中施工产值553 483万元，实现利润5 116万元。完成主要实物工程量：土石方5 195万立方米，桥梁34 772延长米，隧道37 813延长米，涵洞22 405横延米，铁路铺轨85公里，架梁2 875片，公路路面327.5万平方米，房屋建筑11.4万平方米。单位工程合格率100%，优良率97.6%。全员劳动生产率182 950元/人年，职工年人均收入11 288元。国有资产保值增值率102.9%，产值利润率0.9%，总资产报酬率2.42%，净资产收益率6.23%。年内株六复线新花苗隧道和南京长江二桥获中国建筑工程鲁班奖，京沈高速公路被交通部评为"三优"工程，成都市三环路宝成铁路立交桥、云南省大保高速公路大箐隧道等8项工程申报铁道部优质工程。集团公司团委被辽宁省团委评为"五四红旗团委"。集团公司通过环境、职业健康安全管理体系认证，取得环境管理体系国内、国际认证证书和安全管理体系国内认证证书。

（张　莹）

【领导人员】

股东会

国有股代表	何能金
	李克金(8月免)
	左春文
	葛永利(8月任)
	刘汝臣
	耿杰明
职工股代表	刘汉志
	史俊奉
	陈尚贵
	栾显国
	向晋山

董事会

董事长	李克金(8月免)
	左春文(8月任)
副董事长	葛永利(8月任)
	尚清喜
	刘汝臣
国有股董事	李克金(8月免)
	左春文
	葛永利(8月任)
	刘汝臣
	尚清喜
	徐士淮
职工股董事	刘汉志
	史俊奉
	王振明
职工代表董事	向晋山

监事会

监事会主席	姜世杰
国有股监事	姜世杰
	李忠心
职工持股会监事	李志国
	张玉华
职工代表监事	张　辉

经理层

总经理	刘汝臣
副总经理	刘汉志
	史俊奉
	陈尚贵
	王跃进
总工程师	栾显国

党群领导

党委书记	左春文(8月免)
	葛永利(8月任)
党委副书记	李克金(8月免)
	左春文(8月兼任)
	刘汝臣(兼)
	王振明
纪委书记	王振明(兼)
工会主席	向晋山

(董事会秘书处提供)

【工程项目指挥机构】 青藏铁路工程指挥部　驻西藏自治区那曲市浙江路唐拉公司院内。指挥卓磊。

西南工程指挥部　驻重庆市渝中区菜园路209号。指挥侯希承。

武九铁路工程指挥部　驻湖北省大冶市东风东路。指挥向晋山。

遂渝铁路工程指挥部　驻重庆市北碚区澄江镇幸福村。指挥侯希承。

上海工程指挥部　驻上海市闵行区新镇路1675号。指挥王跃进。

胶新铁路工程指挥部　驻山东省莒县城阳镇墩头。指挥马才彦。

洛湛铁路(邵永段)工程指挥部　驻湖南省永州市东安县芦红镇吴家桥。指挥高仕贤。

洛湛铁路(益娄段)工程指挥部　驻湖南省桃江县灰山岗镇国土管理所。指挥许兴伟。

西安南京铁路工程指挥部　驻湖北省随州市沿河路113号1号楼。指挥东升华。

粤海铁路通道西环线工程指挥部　驻海南省儋州市八一农场总场。指挥邢贵升。　(张　莹)

【职工队伍】 年末职工14 885人,其中干部4 342人。干部中专业技术干部3 945人,占干部总数的90.9%。大学本科以上学历1 072人,占干部总数的24.7%;大专学历1 902人,占干部总数的43.8%。30岁以下1 521人,31岁～35岁927人,36岁～40岁397人,41岁～45岁663人。专业技术干部中高级职务275人,中级职务968人,初级职务2 702人,分别占专业技术干部的7.0%、24.5%和68.5%。年内接收高校毕业生125人,其中大学本科69人,大学专科56人。

工人10 543人,其中技术工人8 166人,占工人总数的77.5%。大专以上学历826人,占工人总数的7.8%;中专学历1 515人,占工人总数的14.4%;高中学历3 236人,占工人总数的30.7%。30岁以下3 950人,占工人总数的37.5%;31岁～40岁2 878人,占工人总数的27.3%。技术工人中初级工1 241人,中级工3 609人,高级工1 839人,技师284人,高级技师9人。全年接收技校、中专、高职毕业生215人,其中技校

118人,中专48人,高职49人;安置退伍军人36人。

（程克林　王立昆）

【工程施工】 2003年,在建铁路工程37项,竣工20项,完成投资11亿元;在建路外工程211项,竣工68项,完成投资44.3亿元。重难点工程施工情况:

青藏铁路　承担第20、22标段施工任务,工期2003年4月～2006年4月,总投资53 471万元。第20标段全长49.3公里,路基土石方363.5万立方米,年内完成287.3万立方米;桥梁9座2 967.4延长米,年内完成1 641.5延长米;涵洞94座1 549.7横延米,年内完成1 239横延米。第22标段全长33.9公里,路基土石方441.5万立方米,年内完成165.7万立方米;桥梁5座3 601.8延长米,年内完成1 795.4延长米。全年完成产值46 748万元,超额完成年度计划,获业主"2003年度青藏铁路建设劳动竞赛综合评比第一名";环保工作受到国家环保总局高度评价,获得西藏自治区那曲地区"铁路施工环保先进单位"称号;实现高原病零死亡目标。

遂渝铁路　承担第10标段施工任务,总投资19 367万元,工期2002年12月30日～2004年12月30日。主要工程量:隧道1座4 267延长米,路基土石方23万立方米,涵洞2座61.1横延米。年内主要进行隧道施工,荆竹岭隧道2月26日开工,12月26日贯通,实现长大铁路隧道当年开工当年贯通目标。

武九铁路　承担第4、9标段施工任务,工期2003年1月～2005年7月,总投资23 444万元。第4标段全长7.4公里,特大桥1座2 600延长米,涵洞13座,车站1座,顶进桥1座。因设计方案变更,年内未施工。第9标段全长10.32公里,土石方21.1万立方米,特大桥1座3 234.53延长米,中桥1座60延长米,立交桥2座110.7延长米,涵洞21座,房建1 541平方米。年内完成土石方19.6万立方米,中桥主体工程完工,阳新湖特大桥完成1 653延长米,涵洞开工19座、主体工程完成14座。在业主组织的2次检查评比中均获第一名。

赣龙铁路金华山隧道　全长5 149延长米,年内完成成洞2 651延长米,开工累计完成成洞3 269延长米。

渝怀铁路黄草隧道　全长7 186延长米,年内完成3 084延长米,10月29日隧道贯通,12月18日完成衬砌。

扬州西北绕城高速公路京杭运河特大桥　全长1 118.2延长米,工期2002年1月～2003年8月,总投资7 825万元。7月8日大桥全幅合龙,8月底竣工,连续11次取得业主优质优价考核第一名。

扬中夹江二桥　长1 761延长米,工期2002年9月～2004年7月。投资总额6 758万元。开工累计完成1 030延长米,桥梁下部结构全部完工,浇注梁5孔,剩余14孔。

沈大高速公路改扩建工程　承担路面工程第9标段施工任务,公路路面35公里,投资32 189万元,工期2003年7月～2004年8月。路面基层全部完工,下面层完成80%。

北京五环路四期工程第5合同段　长1.36公里,特大桥1座821.936延长米,投资8 457万元。2003年2月开工,8月竣工。北京五环路是集团公司首次承建的北京市重点工程,在工期紧、技术含量高、施工难度大的情况下,克服"非典"影响,科学组织施工,被业主评为优秀项目部。

漳州—龙岩高速公路A2标段　全长13.54公里,工期2002年10月26日～2004年3月25日,投资7 766万元。主要工程量:土石方138.1万立方米,桥梁15座1 826延长米,通道8座201延长米,涵洞51座1 433横延米。年内完成土石方200万立方米,桥梁下部结构和通道、涵洞全部完工。

昆明掌鸠河输水工程　承担第6标段施工任务,长16.61公里,隧洞3座16 275延长米,投资8 269万元。年内完成隧洞开挖支护9 487延长米,开工累计完成14 672延长米,衬砌完成1 232.4米,综合管理名列全线第一。

南京地铁工程　承担TA16、TA17、FA26标段施工任务,总投资21 937万元。TA16标段为南京站站,长285.32米,工期2001年9月～2003年11月,投资7 628万元。TA17标段高架车站2 857.9平方米,高架桥94.98延长米,地下区间隧道1 631.6延长米,工期2001年11月～2003年4月,投资4 658万元。TA26标段为奥体中心站及折返线,地面厅建筑面积4 091平方米,地下车站9 279.8平方米,站前折返线143.3米,站后折返线278.5米,地下广场5 531.7平方米,工期2002年10月～2003年12月,投资9 651万元。12月10日工程贯通。

（尹兴盛　张　莹）

【经营管理】 工程承揽。全年承揽工程157项,合同总额920 796万元,完成年度计划的153.5%。其中,铁路项目15项,投资85 954万元,占承揽总额的9.3%;公路项目73项,投资590 156万元,占承揽总额的64.1%;房建项目13项,投资39 703万元,占承揽总额的4.3%;城市轨道交通项目6项,投资35 181万元,占承揽总额的3.8%;机场、港口项目2项,投资2 623万元,占承揽总额的0.3%;水利电力项目27项,投资109 903万元,占承揽总额的11.9%;市政项目11项,投资31 433万元,占承揽总额的3.4%;其他项目10

项，投资25 843万元，占承揽总额的2.8%。亿元以上项目35个，累计投资49.91亿元。经营工作实现跨越式发展，承揽数量与2002年同比增长75%，集团公司被总公司评为2003年度经营工作先进单位。承揽质量提高，水利电力工程、公路工程等效益含量高的项目增多。经营区域和施工领域有效拓展，以上海邯郸路地道工程、北京五环路和地铁10号线、浙赣铁路第11标段、贵昆铁路沾益段为标志，成功打入上海、北京、南昌、昆明市场，进入盾构施工、大断面长距离地下通道、跨海大桥等高难施工领域。区域、行业滚动发展优势逐渐显现，各子公司都有几个滚动发展较好的支柱公司。

项目管理。年内集团公司扎实开展“项目管理年”活动，对全集团公司450个项目部实施项目管理跟踪考核。考核内容包括工程经营、合同管理、项目评估、工程管理、安全质量管理、设备物资管理、财务运行、“五金”收缴、班子建设等11项指标，采取自评、考核和重点督查三个步骤逐季自下而上进行。各单位每季组织一次自评，将自评与资料汇总上报；集团公司机关相关部门按照业务分工对各单位上报的自评资料逐一考核，并提交考核结果；集团公司项目管理领导小组依据各部门考核结果，定期公布，重点督查，推进项目管理水平全面提升，实现效绩最大化。

安全质量。安全质量工作坚持四级管理，重点放在项目，着重做好三方面工作：一是加大安全教育与检查力度，层层签订包保责任状，针对项目不同特点，制定简便有效的安全防护措施，项目安全形势相对稳定；二是工程质量亮点突出，全年工程质量合格率100%，优良率97.6%，株六复线新花苗隧道和南京长江二桥获中国建筑工程鲁班奖，一公司被评为“全国质量管理小组活动优秀企业”，京沈高速公路被交通部评为“三优”工程，成都市三环路宝成铁路立交桥、云南省大保高速公路大箐隧道等8项工程已申报铁道部优质工程；三是推行质量、环境和职业健康安全管理体系，为企业规范管理和经营承揽创造了有利条件。

财务管理。围绕开展“项目管理年”活动，制定《项目部财务管理办法》，严格考核项目部成本降低额、资金管理、债权与债务等指标，促进了项目财务管理。建立上缴款责任制，各子(分)公司与三级公司及项目负责人签定缴款责任状，年终对各单位上缴款额和经营水平、盈亏状况进行综合考核，采取行政、经济办法，促进了上缴任务的完成。加强资金集中管理，合理调度资金，年内调剂内部资金12 310万元，满足了重点工程和告急工程的资金需求。深化成本效益管理，努力降低经营成本，推行设备、物资招标采购，降低工程成本，加强预算管理，严格控制非生产性支出。协调税企关系，搞好效绩评价，为企业发展创造良好外部环境，被辽宁省评为“2003年度诚信纳税先进企业”。

审计工作。年内先后制定下发《工程项目部审计办法》《内部审计处理、处罚规定》，完善企业监督约束机制。完成各类审计项目141项、审计报告141份，提出审计建议429条，纠正违纪金额6 250万元，促进增收节支127万元。集团公司被辽阳市、辽宁省评为“内部审计先进集体”，一公司、二公司被总公司评为“审计工作先进集体”。

科技开发。集团公司年内下达科研计划项目40项，其中工程类36项，卫生类3项，管理类1项。评选集团公司科技进步奖30项，获总公司科技进步奖2项。开发三级工法20项，获总公司优秀工法7项。对南京地铁、青藏铁路、扬中夹江二桥等重难点工程进行技术指导，开展技术攻关。南京地铁下穿南京站是国内外首例采用矿山法施工穿越既有铁路的大跨隧道，研究开发的过站区矿山法大跨浅埋暗挖隧道施工技术获总公司奖励。（张 莹）

【党群工作】 党的工作。各级党组织以学习贯彻十六大精神和“三个代表”重要思想为动力，紧密围绕生产经营中心任务，推进“项目管理年”活动深入开展，取得生产经营和抗击“非典”双胜利。集团公司党委在协助总公司党委做好本级领导班子考核补充的同时，调整配备部分单位和项目部班子成员。以弘扬青藏铁路精神、促进生产经营为主线，在党员队伍中大力宣传青藏铁路参建职工“艰苦不怕吃苦，缺氧不缺精神，海拔高斗志更高”的精神，有力地促进了施工生产。着眼夯实基础，加强基层党建工作，对88个基层党委、242个基层党支部进行“三个代表”思想学习教育“回访复查”，基层党组织书记队伍三年规划基本落实，基层书记队伍的年龄、文化结构明显改善。继续深入开展党内“争先创优”活动，二公司第一建安公司三队党支部被辽宁省委评为先进党支部。围绕开展“项目管理年”活动，以“全面工作争第一”为重点，开展“项目管理大家谈”主题教育，收到有价值的建议和意见868条。加强对企业文化建设工作的领导，成立集团公司企业文化建设领导小组及办公室，征集适合企业特点的CI策划方案53套，上报总公司9套，完成集团公司行为规范(BI)设计。全年在省部级以上报台刊(播)稿248篇，在《中国铁道建筑报》刊稿827篇。《铁道工人》报全年出刊21期，刊发稿件705篇。年内对12个单位落实党风廉政建设责任制情况进行检查考核，表彰优胜单位2个，通报达标单位10个。母子(分)公司党政主管、纪委书记对口签订党风廉政建设责任状，形成一级抓一级、层层抓落实的局面。根据总公司统一部署，开展工程项目经济效益执法效能监察，发放调查表 386 份，发出监察建议(决定)书 37 份，取缔违规小金库 3 个，纠正超拨工程款 3 笔，累计金额 100.2 万元，对造成项目亏损的责任人员进行严肃处理，2 名分公司党政主管被免职，3 名项目经理被淘汰，纪律处分 5 人，调离岗位 3 人，经济处罚 13.6 万元。受理各类案件线索 22 件，立案 9 件，结案 9 件，给予 18 人党纪、政纪处分。二公司被总公司评为先进纪检监察组织，2 人被评为总公司优秀纪检监察干部。

工会工作。扎实推进"职工权益保障年"活动，将"建家建线"纳入目标管理，作为"项目管理年"活动的重点内容，与施工生产同步运筹、同步实施、同步考核，三公司被中华全国铁路总工会评为"模范职工之家"，四公司铺架一公司调车班被评为"模范职工小家"。企务公开工作不断深化，公开形式灵活，内容规范，集团公司被辽阳市评为"厂务公开先进单位"。全面履行集体合同，编印《职工权益保障手册》，建立工作督查制度，深入基层现场办公，解决基层存在的倾向性问题，推动了集体合同的落实兑现。将劳动竞赛贯穿于生产经营全过程，集团公司青藏铁路工程指挥部获全线劳动竞赛第一名，被铁道部青藏铁路建设总指挥部评为"建功立业先进集体"，荣获"火车头奖杯"。元旦春节期间，组成 36 个慰问组，筹集资金 116 万元，走访慰问 1 560户困难职工家庭。职工互助合作补充保险由 8 个险种拓展为 14 个，动用资金 52 万元，救助遇险会员 672 人次。强化工会自身建设，集团公司工会分别被中华全国铁路总工会和辽宁省总工会评为宣传报道和理论研究先进单位，女职工委员会被辽宁省总工会评为"三八"红旗集体，女工委主任胡彦茹被评为"全路先进女职工工作者"。

共青团工作。集团公司团委组织开展"团组织创新创效年"，共收集管理创新提案 103 条，技术创新提案 247 条，创效1 000余万元。年内 3 项工程被评为辽阳市"青年文明号"工程，2 项工程被总公司评为"青年文明号"工程，7 人被辽阳市评为"青年岗位能手"，4 人被总公司评为"青年岗位能手"，二公司宋庆涛、四公司王纯玉分别被共青团辽宁省委、中央企业团工委评为"青年岗位能手"，三公司陈宝军被辽阳市评为"十大杰出青年企业家"。各级团组织在急、难、险、重工程中充分发挥突击队作用，成立青年突击队 118 支，其中 21 支青年突击队受到各级表彰。集团公司青藏铁路工程指挥部指挥卓磊获"国家重点工程建设青年突出贡献奖"，秦志军被评为全国"保护母亲河行动"先进个人，四公司青藏铁路机械一队青年突击队被全国铁道团委授予"优秀青年突击队"称号，集团公司团委被中央企业团工委命名为"五四红旗团委创建单位"，被共青团辽宁省委命名为"五四红旗团委"，二公司洛湛铁路项目部王茂昌被共青团中央评为"全国优秀共青团员"。

(张 莹)

【第一工程有限公司】 公路工程、房屋建筑工程、市政公用工程施工总承包一级，铁路工程施工总承包二级，地基与基础工程、钢结构工程、隧道工程、公路路基工程、水工隧洞工程专业承包一级资质企业。前身系铁道兵第九师第四十一团，1984 年 1 月 1 日集体转业并入铁道部，改称铁道部第十九工程局第一工程处；1999 年 12 月改称中铁第十九工程局第一工程处；2001 年 12 月企业改制改称现名。公司机关驻辽宁省辽阳市白塔区卫国路九号。董事长兼总经理孙公新，党委书记富德春。下辖 11 个工程公司、14 个项目部及职工医院、物业公司、日照基地等单位。职工3 186人，其中干部 734 人，工人2 452人 。资产总额62 072万元，其中固定资产原值10 719万元、净值6 378万元，流动资产54 062万元。机械运输设备 503 台，原值8 199.3万元、净值4 719.5万元，总功率29 725.4千瓦，人均动力装备率 9.6 千瓦、技术装备率 1.5 万元。

2003 年，承揽工程 33 项，合同总额172 877万元。完成企业总产值119 826万元，其中施工产值119 826万元。实现利润 201 万元，年人均收入10 784元。完成主要实物工程量：路基土石方1 416万立方米，桥梁9 433延长米，涵渠7 940横延米，隧道12 021延长米，铺轨 10.92 公里，架梁 934 片，公路路面 46 万平方米，房建 9 万平方米，设备安装64 473台(套)。工程质量合格率 100%，优良率 94%。马平高速公路 H7 标段被评为"辽宁省用户满意工程"，成都三环路宝成铁路立交桥被评为铁道部优质工程。年内公司通过环境、职业健康安全管理体系认证，荣获"全国质量管理小组活动优秀企业"称号。

(刘学静)

【第二工程有限公司】 公路工程施工总承包一级，房屋建筑工程、市政公用工程、铁路工程施工总承包二级，水利水电工程施工总承包三级，桥梁工程、隧道工程、机场场道工程、公路路基工程专业承包一级资质企业。公司前身系铁道兵第九师第四十二团，1984 年 1 月集体转业并入铁道部，改称铁道部第十九工程局第二工程处；1999 年 12 月改称中铁第十九工程局第二工程处；2001 年 12 月企业改制改称现名。公司机关驻辽宁省辽阳市南郊街 135 号。董事长兼党委书记郑振志，总经理李华伟。下辖 5 个路桥公司、5 个隧道公司、5 个建安公司及华东、华南、西南、上海、中原、地铁工程公司、储运公司、物业管理公司、职工医院和北京、广州、大连办事处等单位。职工2 719人，其中干部 767

人,专业技术干部 622 人;工人1 952人,技术工人 972 人。资产总额55 755万元,其中固定资产原值12 680万元、净值6 547万元,流动资产48 395万元。机械设备 404 台,总功率23 383.1千瓦,动力装备率 8.6 千瓦/人,技术装备率18 161元/人,机械设备完好率 93%,利用率 72%。

2003 年,承揽工程 19 项,总投资额162 385万元。完成施工产值124 070万元,实现经济效益1 174万元。全员劳动生产率228 406元/人年,职工年人均收入12 761元。完成主要实物工程量:土石方 361.25 万立方米,隧道11 604.17延长米,桥梁10 232.65延长米,涵渠3 238.99横延米,架梁 220 孔。工程质量合格率 100%,优良率 95.4%。获中国建筑工程鲁班奖 2 项,创部优质工程 3 项、总公司优质工程 3 项、集团公司优质工程 8 项,南京长江二桥北汊桥获“火车头优质工程奖”;获部级 QC 成果奖 1 项,总公司 QC 成果奖 1 项,辽宁省优秀 QC 成果奖 2 项;获“辽宁省用户满意工程”1 项,“辽宁省质量信得过班组”1 个;获总公司安全质量标准工地 1 个。全年消灭安全质量等级事故。

(刘英华)

【第三工程有限公司】 公路工程施工总承包一级,铁路工程、市政公用工程施工总承包二级,隧道工程、公路路面、公路路基工程专业承包一级资质企业。前身系铁道兵第九师第四十三团,1984 年 1 月集体转业并入铁道部,改称铁道部第十九工程局第三工程处;1999 年 12 月改称中铁第十九工程局第三工程处;2001 年 12 月企业改制改称现名。公司机关驻辽宁省辽阳市太子河区南郊街 137 号。董事长兼总经理王学忠,党委书记江志明。下辖 9 个工程公司和辽阳基地、金堂基地、盘锦农场、成都办事处、广州办事处等单位。职工2 570人,其中干部 724 人,专业技术干部 610 人;工人1 764人,技术工人 814 人。资产总额 4.2 亿元,其中固定资产原值 2.7 亿元、净值 1.2 亿元,流动资产 2.9 亿元。机械运输设备 593 台(套),总功率48 020千瓦,动力装备率 22.3 千瓦/人,技术装备率 4.2 万元/人,主要机械完好率 91.6%、利用率 74.3%,成新率 44%。

2003 年,承揽工程任务169 500万元。完成企业总产值123 000万元,全员劳动生产率 47.8 万元/人年,年人均收入11 506元。完成主要实物工程量:土石方 634.3 万立方米,桥梁3 647延长米,隧道3 941延长米,涵渠2 897横延米,铺轨 19.8 公里,房建2 000平方米。工程质量合格率 100%,优良率 96.1%。京沈高速公路绥中—沈阳段获交通部“三优”工程奖,朔黄铁路、株六复线获铁道部优质工程奖;锦阜高速公路 SBS 改性沥青加工 QC 小组获全国优秀 QC 成果奖。公司被评为第六届“全国施工企业设备管理优秀单位”。

(房思文)

【第四工程有限公司】 铁路工程施工总承包一级,房屋建筑工程、水利水电工程、市政公用工程施工总承包二级,铁路铺轨架梁工程专业承包一级,桥梁工程专业承包二级资质企业。前身系铁道兵第九师第四十四团,1984 年 1 月集体转业并入铁道部,改称铁道部第十九工程局第四工程处;1999 年 12 月改称中铁第十九工程局第四工程处;2001 年 12 月企业改制改称现名。公司机关驻内蒙古自治区通辽市和平路 16 号。董事长兼总经理孔令健,党委书记匡福。下辖 8 个工程公司、3 个铺架公司、3 个工程项目部、2 个物业公司及建筑安装工程公司、建筑工程公司、中南工程公司、北方工程公司、重庆工程公司。职工2 821人,其中干部 624 人,专业技术干部 336 人;工人2 197人,技术工人2 169人。资产总额42 998万元,其中固定资产5 761万元,流动资产36 159万元。机械设备1 052台,原值15 832.7万元、净值5 487.5万元,总功率282 353千瓦,技术装备率27 374元/人,动力装备率 12.6 千瓦/人。机械设备完好率 87%,利用率 74%。

2003 年,承揽工程任务167 381万元。完成企业总产值83 819万元,实现经济效益4 000万元。全员劳动生产率158 568元/人年,年人均收入12 465元。年内完成土石方 917.36 万立方米,桥梁3 164.3延长米,涵渠2 442.2横延米,隧道4 963延长米,铺轨 3.8 公里,房建 402 平方米。工程质量合格率 100%,优良率 98.5%。株六复线新花苗隧道荣获中国建筑工程鲁班奖,汕梅高速公路莲花山隧道荣获铁道部 QC 成果一等奖并被广东省评为优质工程,鸡冠石污水处理厂被重庆市评为“安全质量先进单位”。公司荣获“全国精神文明建设先进单位”称号。 (许丽波)

【第五工程有限公司 】 房屋建筑工程施工总承包一级,市政公用工程、铁路工程施工总承包二级,机场场道工程专业承包二级,预应力工程专业承包三级资质企业。公司前身系铁道兵第九师建筑给水营和修理营,1984 年兵改工分别改称铁道部第十九工程局建筑工程公司和机械修造厂;1993 年 3 月合并组建建筑安装工程处,1997 年改称第五工程处,2001 年 12 月企业改制改称现名。公司机关驻辽宁省大连市金州区拥政街 586 号。董事长兼总经理安康,党委书记姜春林。下辖 9 个分公司、4 个项目部及机械厂、北京办事处。职工1 448人,其中干部 582 人,专业技术干部 376 人;工人 866 人,技术工人 663 人。固定资产原值10 680

万元、净值6 004万元,流动资产26 151万元。机械设备645台,总功率27 409千瓦,动力装备率25.5千瓦/人,技术装备率31 300元/人,设备完好率86.8%,利用率67.6%。机械化施工程度79%。

2003年,承揽工程任务14项,总投资72 766万元。完成企业总产值60 562万元,其中施工产值60 485万元。实现利润111万元。全员劳动生产率138 714元/人年,年人均收入10 069元。完成主要实物工程量:桥梁4 111延长米,涵渠5 166横延米,公路架梁303片,公路路面45.2万平方米,房建3.5万平方米,土石方613万立方米。工程质量合格率100%,优良率95.8%。全年未发生职工因工责任死亡事故,创省部优质工程3项。继续保持辽阳市"文明单位"、"重合同、守信用企业"和辽宁省"AAA级信用企业"称号。

(杨志林)

【电务工程有限公司】 铁路电务工程专业承包一级,铁路电气化工程、送变电工程、电信工程专业承包三级资质企业。前身系铁道兵第九师通信科,1984年1月集体转业并入铁道部,称铁道部第十九工程局通信处;1995年改称铁道部第十九工程局电务工程公司,1997年组建为铁道部第十九工程局电务工程处,2002年企业改制改称现名。公司机关驻辽宁省辽阳市和平路6号。执行董事兼总经理崔吉林,党委书记杨迪文。下辖通信、信号、电力、电气化、设备安装工程公司和通信总站。职工865人,其中干部230人,专业技术干部171人;工人635人,技术工人395人。资产总额3 728.5万元,其中固定资产原值875.3万元、净值443.6万元,流动资产3 607万元。机械设备及仪器仪表298台(套),总功率2 840千瓦,人均动力装备率13.3千瓦、技术装备率3.4万元,主要机械设备完好率90%、利用率100%。

2003年,承揽工程任务25 000万元。完成企业总产值35 000万元,其中施工产值20 000万元。全员劳动生产率3.4万元/人年,年人均收入12 320元。完成通信线路2 500条公里、电力线路750公里。工程质量合格率100%,优良率96%。朔黄铁路通信工程获总公司优质工程奖。

(姜海威)

【华南工程有限公司】 房屋建筑工程、铁路工程、公路工程施工总承包二级,水利水电工程施工总承包三级资质企业。公司机关驻广东省珠海市拱北港昌路111号中铁大厦。董事长兼总经理邓万宝,党委书记夏志炳。下辖3个工程公司、4个项目(指挥)部及海南公司、工贸公司。职工155人,其中干部88人。专业技术干部75人,工人67人,技术工人56人。资产总额7 733万元,其中固定资产原值3 087万元、净值2 177万元,流动资产5 178万元。机械动力设备83台,总功率6 540.7千瓦,动力装备率42.2千瓦/人,技术装备率3.24万元/人,主要机械设备完好率96%、利用率73%。

2003年,承揽工程任务37 660万元,完成企业总产值5 230万元,实现综合经济效益173万元。全员劳动生产率10.7万元/人年,职工年人均收入20 247元。完成主要实物工程量:土石方21.85万立方米,桥梁940.28延长米,涵渠113.83横延米,地铁377延长米。工程质量合格率100%,优良率99.4%。洛湛铁路工程指挥部获湖南省"先进施工单位"称号。

(刘金曼)

【机械化工程公司】 1994年5月由直属汽车运输大队和机械化施工段合并组建,2001年企业改制后为集团公司分公司。公司机关驻辽宁省辽阳市南郊街13号。经理孙殿富,党委书记唐国荣。下辖6个分公司和青藏铁路工程指挥部。职工628人,其中干部182人,专业技术干部163人;工人446人,技术工人356人。资产总额9 261万元,固定资产原值3 466.38万元、净值1 583.4万元,流动资产6 905万元。机械车辆360台,总功率3 266千瓦,动力装备率5.16千瓦/人,技术装备率4万元/人,设备完好率80%、利用率70%。

2003年,承揽工程21 563万元,完成施工产值27 811万元。全员劳动生产率44.3万元/人年,年人均收入14 610元。完成主要实物工程量:路基土石方216万立方米,矿山土石方896.5万立方米;特大桥465.3延长米,大桥658.21延长米,中桥502.67延长米,小桥30延长米;涵洞1 245.67横延米。工程质量合格率100%,优良率99%。

(王思教)

【建筑工程公司】 前身系铁道兵第九师后勤仓库,1984年集体转业并入铁道部,称铁道部第十九工程局材料厂;1999年5月更名为建筑工程处,2001年企业改制改称现名,为集团公司分公司。公司机关驻辽宁省辽阳市白塔区徐往子街3号。经理王树功,党委书记刘佩锋。下辖3个工程分公司及物资储运经销公司、道路桥梁工程公司、预制件厂。职工265人,其中干部68人,技术干部61人;工人198人,技术工人91人。资产总额3 398万元,其中固定资产原值2 609万元、净值937万元,流动资产1 559万元。机械设备166台,总功率3 005千瓦,人均动力装备率11.33千瓦、技术装备率3.6万元,主要机械完好率92%、利用率32%。

2003年，承揽工程任务1 382万元，完成企业总产值4 722万元，其中施工产值4 118万元。全员劳动生产率17.8万元/人年，年人均收入12 600元。完成主要实物工程量：土石方91万立方米，桥梁1 221延长米，涵渠185横延米。工程质量合格率100%，优良率97%。（韦廖冰）

【物资总公司】 1999年6月，由局物资公司与局机关物资处合并组成，2001年企业改制后为集团公司分公司。公司机关驻辽宁省辽阳市和平路17号。副总经理侯忠。2003年销售总额2 000万元，实现销售收入110万元。（董本田）

【重要记载】

▲1月　四公司被中央精神文明建设委员会命名为“全国精神文明建设先进单位”。

▲1月　一公司荣获“辽宁省先进建筑业企业”称号，一公司董事长兼总经理孙公新荣获“辽宁省优秀建筑业企业经理”称号。

▲2月9日～14日　召开集团公司项目经理培训暨项目管理研讨会。

▲2月13日　铁道部副部长蔡庆华视察五公司承建的赣龙铁路第一长隧——金华山隧道出口段施工现场。

▲2月17日～19日　集团公司党委一届四次全委(扩大)会、集团公司工作会暨首届二次职代会在辽阳召开。

▲2月20日　召开集团公司第20次QC成果发布会，发布QC成果21项。

▲2月26日　二公司华东公司张俊宏获江苏省“十佳项目经理”称号。

▲2月28日　一公司中标苏州南环高架快速路工程，投资1.28亿元。

▲2月　三公司中标北京五环路第5合同段工程，投资8 450万元。

▲2月　辽宁省省长薄熙来在大连市市长孙春兰陪同下，视察一公司承建的大连市上海路下沉广场工程。

▲2月　三公司承建的京沈高速公路绥中—沈阳段工程获2002年度交通部优质工程一等奖。

▲3月25日　交通部副部长胡希捷率辽宁、上海等8省市交通厅厅长、62位专家视察三公司承建的沈大高速公路改扩建工程韩家岭隧道，称赞工程干得好。

▲同日　二公司洛湛铁路项目部获辽宁省第二届“十大杰出青年创业团队”称号，项目部助理工程师王茂昌被共青团中央评为“全国优秀共青团员”。

▲4月1日～2日　集团公司召开“项目管理年”暨财务工作会议，布置“项目管理年”工作及考核评比办法。

▲4月18日　三公司金筠铁路项目部获“全国地方铁路建设先进单位”称号。

▲4月25日　三公司承建的国内跨度最大的韩家岭隧道胜利贯通。

▲4月29日　二公司承建的中国最长的城市湖底隧道——南京玄武湖隧道竣工通车。

▲4月　三公司被中国建筑业协会评为“2001年～2002年度全国施工企业设备管理优秀单位”。

▲4月　四公司铺架一公司调车班工会小组获“全路模范职工之家”称号。

▲5月6日　三公司被四川省评为“连续三年无质量投诉示范单位”。这是该公司继获得“四川省重点建设先进单位”、“四川省质量信得过企业”后获得的又一殊荣。

▲5月8日　总公司王振侯总经理到三公司承建的北京五环路第5合同段检查“非典”防范工作，称赞项目部“非典”预防措施好，工程干得好。

▲5月17日　二公司地铁公司青年突击队被评为“江苏省重点建设项目优秀青年突击队”。

▲5月20日　一公司中标苏州—太仓公路第7合同段工程，投资2.2亿元。

▲5月21日　三公司被辽宁省建设银行评为“信誉等级AAA级”企业。这是该公司连续14年获此殊荣。

▲5月29日　西藏自治区副主席杨海滨到集团公司青藏铁路建设工地检查工作。

▲同日　三公司承建的目前国内连拱式最大跨径公路隧道芜湖龙山隧道开工。隧道全长87米，M型双向6车道，最大开挖宽度31.17米，净宽27.7米。

▲5月　三公司工会被中华全国铁路总工会授予“模范职工之家”称号，集团公司董事长(原党委书记)左春文、三公司工人卞建华获“火车头奖章”。

▲5月　五公司被辽宁省工商行政管理局评为“守合同、重信用企业”。这是该公司连续7年获此殊荣。

▲5月　集团公司与铁道第四勘察设计院联合中标上海中环线地道工程，成功进入上海建筑市场，合同投资1.96亿元。

▲5月　二公司中标淮盐高速公路第11标段工程，投资1.2亿元。

▲5月　集团公司团委被共青团辽宁省委评为“五四红旗团委”，卓磊、秦志军分别被评为“全国重点工程建设青年贡献奖”和全国“保护母亲河行动”先进

个人。

▲5月　集团公司通过环境、职业健康安全管理体系认证并取得认证证书。

▲6月5日　三公司中标丹东至大连高速公路丹东—庄河段第4合同段工程，投资1.13亿元。

▲6月17日　华南公司荣获全国“守合同、重信用企业”称号。

▲6月　一公司中标苏州高新区世纪大道建设工程A2标段，投资1.03亿元。

▲7月4日　铁道部部长刘志军、副部长孙永福到集团公司青藏铁路工程指挥部视察工作。

▲7月26日　铁道部副部长陆东福视察荆竹岭隧道进口工地，对隧道光面爆破给予高度评价。

▲7月　一公司被辽宁省经济体制改革研究会评为“辽宁省信誉优秀企业”。

▲7月　机械化公司中标邢台—威县高速公路第4标段工程，投资1.49亿元。

▲8月22日　总公司党委书记李国瑞率工作组检查集团公司青藏铁路建设情况，称赞集团公司是总公司系统青藏铁路建设的标杆单位。

▲8月29日　四公司青藏铁路耐久性混凝土施工技术经多次试验获得成功，22家参建单位到四公司工地观摩学习。

▲8月30日　集团公司召开党委一届五次全委(扩大)会暨工作会议，部署下半年党政主要工作。

▲8月　总公司、总公司党委调整集团公司领导人员：葛永利为国有股股权代表，国有股董事人选；左春文为董事长人选，葛永利为副董事长人选；李克金不再担任国有股股权代表、国有股董事、董事长，调总公司工作；任命葛永利为集团公司党委书记，免去左春文党委书记职务，改任党委副书记；免去李克金集团公司党委副书记职务；批准集团公司调研员张有仁退休。

▲8月　五公司中标京承高速公路第5合同段工程，投资1.49亿元。

▲8月　五公司中标西安天创数码大厦工程，投资1.2亿元。

▲8月　集团公司被辽宁省评为2002年度“安全生产先进单位”。

▲8月　一公司西北公司环境保护QC小组、西南公司回填土隧道QC小组获辽宁省优秀QC小组一等奖，尚尔海被评为辽宁省质量管理小组活动卓越领导者。

▲9月26日　三公司党委书记江志明获“全国优秀工会积极分子”称号。

▲9月30日　二公司中标南京火车站广场地下停车场工程，中标价1.09亿元。

▲9月　集团公司青藏铁路工程指挥部获藏北地区“铁路施工环境保护先进单位”称号。

▲10月20日　华南公司中标广东梅河高速公路第8标段工程，合同投资1.67亿元。

▲10月24日　四公司中标世界最长的跨海大桥—杭州湾跨海大桥IX－B标段，合同总额4.1亿元。

▲同日　三公司中标靖边—安塞段高速公路LⅡ01合同段工程，投资1.24亿元。

▲10月29日　集团公司承建的渝怀铁路黄草隧道顺利贯通，比计划工期提前32天。

▲10月30日　集团公司青藏铁路工程指挥部在2003年青藏铁路建设劳动竞赛综合评比中荣获第一名。

▲10月　一公司被中国质量协会、中华全国总工会、中国科学技术协会、共青团中央联合评为“全国质量管理小组活动优秀企业”。

▲11月1日　三公司参建的北京五环路全线通车，中共中央政治局委员、北京市市委书记刘淇参加通车典礼。

▲11月　四公司中标河南长封高速公路工程，合同投资1.97亿元。

▲12月　集团公司青藏铁路工程指挥部获“火车头奖杯”、“劳动竞赛先进集体”两项殊荣。

▲12月　株六复线新花苗隧道、南京长江二桥获2003年度中国建筑工程鲁班奖(国家优质工程)。

▲12月　集团公司被评为2003年度“辽宁省文明单位标兵”。

▲12月　一公司承建的青海马场垣—平安高速公路第7合同段获2003年度“辽宁省用户满意建筑工程”称号。

▲2003年　三公司被评为“全国施工企业设备管理优秀单位”，公司总工程师聂秋祥被评为“全国施工企业设备管理优秀经理”。

▲2003年　一公司张洪杰获2003年度“铁路施工企业优秀项目经理”、“全国建筑业企业优秀项目经理”称号，李程获2003年度“辽宁省建筑业企业优秀项目经理”称号。

▲2003年　集团公司董事长左春文被评为“全路职工之友”，工会主席向晋山被评为“全国优秀工会工作者”，被辽宁省总工会评为“优秀工会主席”，并授予“五一劳动奖章”；三公司党委书记江志明被评为“全国优秀工会积极分子”。

▲2003年　集团公司在2003年度总公司经营业绩综合评价中名列前三名，在定量指标评价中名列第一，客观反映集团公司综合实力，受到总公司通报表扬。

（张　莹）

中铁二十局集团有限公司

【简况】 中铁二十局集团有限公司为铁路工程施工总承包特级,公路工程、市政公用工程施工总承包一级,水利水电工程施工总承包二级,公路路基工程、地基与基础工程、土石方工程、桥梁工程专业承包一级资质企业,同时具有境外工程施工资质。公司机关驻陕西省咸阳市文林路。前身系中国人民解放军铁道兵第十师,1984年1月1日集体转业并入铁道部,改编为铁道部第二十工程局;1999年12月1日改称中铁第二十工程局,2002年6月28日企业改制改称现名。下辖第一、二、三、四、六工程有限公司、电务工程有限公司、房地产开发有限公司,海外工程公司、北京工程公司、川渝工程公司、西安工程公司、深圳分公司、西安大华科技开发实业公司、医疗教育产业总公司、工程机械厂。职工15 901人,其中干部5 228人,工人9 968人;专业技术干部4 492人,占干部总数的85.9%;技术工人6 846人,占工人总数的68.6%。资产总额35.3亿元,其中固定资产原值11.3亿元、净值7.13亿元,流动资产24亿元。机械设备3 519台(套),原值8.12亿元、净值5.46亿元,成新率67.3%,完好率93.8%,利用率70%;总功率246 386千瓦,人均技术装备率34 300元、动力装备率15.49千瓦。年内新增固定资产0.8亿元,其中施工机械0.6亿元,运输设备0.2亿元。年施工能力60亿元以上。

2003年,承揽工程145项,合同总额108亿元。完成企业总产值63.8亿元,其中施工产值60.4亿元,附营产值3.4亿元,实现利润0.73亿元。完成主要实物工程量:土石方4 910万立方米,隧道15 042延长米,桥梁38 534延长米,涵渠18 081横延米,正线铺轨17公里,铺道岔11组,公路架梁7 008片,房建90 583平方米,供电线路534公里,给排水管路13公里,建成公路157公里(其中高速公路98公里),城市轻轨1 536延长米,地铁1 010延长米。单位工程合格率100%,优良率93.5%;房建工程合格率100%,优良率100%。全员劳动生产率22万元/人年,职工年人均收入10 205元。国有资产保值增值率107.19%,资产负债率80.8%,产值利润率1.2%,资本收益率12.83%。

兵改工以来,获国家和省部优质工程奖48项,总公司优质工程奖52项;获国家和省部科技进步奖8项,总公司科技进步奖69.5项,集团公司"一级管理模式"获国家管理创新成果奖;获国家和省部优秀工法11项,总公司优秀工法30项。集团公司先后获"全国优秀施工企业"、"全国精神文明建设先进单位"、"全国守合同、重信用企业"、"全国施工企业设备管理优秀单位"、四川省"工程信得过单位"和陕西省"模范职工之家"等荣誉称号。集团公司和6个子公司分别取得质量、环境、职业健康安全管理体系认证证书。(孟繁荣)

【领导人员】

股东会

国有股代表	靳尚忍
	余文忠
	周玉成
	郝趁义
	李左军
职工股代表	马登峰
	陈文珍
	余　量
	王景柱
	李克林

董事会

董事长	余文忠
副董事长	周玉成
	郝趁义
	周　富
	王兆林
国有股董事	余文忠
	周玉成
	郝趁义
	周　富
	王兆林
	李友才
职工股董事	唐万夫
	王冠峰
	王景柱
	王昭权
职工代表董事	李克林

监事会

监事会主席	王新武
国有股监事	王新武
	汪起帆
职工股监事	吴凤仪
	危　江
职工代表监事	辛平安

经理层

总经理	郝趁义
副总经理	周　富

唐万夫
王冠峰
马登峰
总工程师　余　量
总经济师　陈文珍
总会计师　王昭权

党群领导

党委书记　周玉成
党委副书记　余文忠(兼)
王景柱
郝趁义
吴凤仪(6月退休)
唐万夫(8月任)
纪委书记　吴凤仪(6月退休)
唐万夫(8月兼)
工会主席　李克林

(孟繁荣)

【工程项目指挥机构】 西安南京铁路工程指挥部　指挥长赵崇科,党委书记雷积贤。驻陕西省丹凤县。

渝怀铁路工程指挥部　指挥长兼党委书记张志军。驻重庆市武隆县白马镇。

青藏铁路工程指挥部　指挥长况成明。驻青海省格尔木市。

胶新铁路工程指挥部　指挥长周玉山,党委书记何先平。驻山东省诸城市。

宜万铁路工程指挥部　指挥长张文峰,党委书记陈益发。驻重庆市万州区。　(孟繁荣)

【职工队伍】 年末职工15 901人。干部5 228人,其中专业技术干部4 492人,占干部总数的85.9%。本科以上学历1 214人,占干部总数的23%;大专学历1 637人,占干部总数的31.3%。35岁以下干部2 773人,占干部总数的53%;36岁～45岁干部1 655人,占干部总数的31.6%;46岁以上干部800人,占干部总数的15.3%。专业技术干部中有高级职务267人,中级职务1 286人,初级职务2 939人,分别占专业技术干部的5.9%、28.6%和65.4%。专业技术干部中有工程技术干部2 327人,占专业技术干部总数的51.8%。本年新增干部293人,其中干部转正定级241人;干部减少126人。接收高校毕业生273人,其中本科生268人,大专生5人;土木专业类毕业生186人,占68.1%。

工人9 968人,其中技术工人6 846人,占工人总数的68.6%。大专以上学历380人,占工人总数的3.8%;中专学历867人,占工人总数的8.6%;初高中毕业7 235人,占工人总数的72.5%。30岁以下3 093人,占工人总数的31%;31岁～40岁3 170人,占工人总数的31.8%;41岁～50岁3 565人,占工人总数的35.8%。技术工人中初级工207人,中级工2 753人,高级工3 278人,技师208人,高级技师19人,分别占工人总数的2%、27.6%、32.9%、2.1%、0.19%。全年接收安置中专生92人,技校生202人,复转军人30人。　(孟繁荣)

【铁路工程施工】 在建铁路工程35项,完成工程任务总额8.06亿元,重点工程有:

渝怀铁路　承建第11标段工程,长19.106公里,合同投资41 600万元。2001年1月1日开工,合同工期42个月。主要工程量:隧道6座16 018延长米,桥梁7座2 479.44延长米,桥隧占线路长度的97%;车站1座,路基540米,土石方15.16万立方米,涵洞4座44.27横延米。2003年完成投资7 980万元,开工累计完成投资36 400万元。完成主要工程量:隧道16 018延长米,桥梁2 372延长米,土石方12.03万立方米,涵洞20横延米。两昌河特大桥、白马1号隧道出口、白马1号三线大桥分别被建设单位评为"精品工程";白马隧道出口、白马2号三线桥、白马2号隧道进口分别被建设单位评为"优质样板工程"。施工中采用"瓦斯隧道超前钻探"、"机制砂和特细砂混合使用"、"混凝土施工过程的机械化操作"等新技术、新工艺,保证了安全质量。

青藏铁路　承建格拉段第7标段工程,位于五道梁—沱沱河之间,长36.02公里,包含北麓河厚层地下冰路基试验段及风火山隧道试验段,合同投资84 800万元。2001年6月29日开工,合同工期43个月。主要工程量:路基土石方358.8万立方米,铺设土工格栅27.56万平方米,铺设土工膜6.55万平方米,通风路堤设混凝土管及PVC管7 866米,铺设保温板6.34万平方米;车站2座,站场土方30万立方米;特大桥3座3 728.93延长米,大桥11座3 027.55延长米,中桥5座491.02延长米,小桥13座381.183延长米,涵洞40座1 029横延米;隧道1座1 338延长米。北麓河厚层地下冰试验段长3.933公里,为青藏高原多年冻土地区地下冰最发育的地区,主要针对厚层地下冰进行路基新结构、路基支挡新结构、路堤和路堑过渡带、路基和桥(涵)过渡带、保温材料、土工合成材料、拼装式矩涵、钻孔插入桩、冻土开挖技术和混凝土拼装式骨架护坡等项目开展试验研究。风火山隧道试验段长1 338米,为高原多年冻土隧道,海拔高度4 996米,主要针对多年冻土隧道项目开展试验研究。施工中采用21项新工艺,两段试验段被建设单位评为"优质样板工程"。2003年10月20日,铁道科学研究院采用雷达遥感技术对风火山隧道进行质量检测，评定为"不开、不裂、不渗、不漏，综合技术具有国际领先水平"。2003年完成投资24 000万元，开工累计完成投资70 100万元。11月20日铺架通过本标段。风火山隧道被共青团中央、中央企业团工委、全国铁道团委联合授予"青年文明号工程创建示范点"、"青年创新创效示范点"、"青年环保示范点"称号；集团公司指挥部被青藏铁路建设领导小组、中华全国铁路总工会、青海省政府、青藏铁路公司联合评为"青藏铁路建设先进集体"、"2002年～2003年青藏铁路建设环保先进单位"。

宜万铁路　承建第37标段工程，位于重庆市万州区，长6.381公里，合同投资18 000万元。2003年12月12日开工，合同工期45.6个月。主要工程量：土石方47.7万立方米，特大桥1座680.37延长米，大桥1座206.15延长米，中桥1座97.5延长米，涵洞6座268.7横延米，隧道2座4 334延长米。桥隧占线路全长的81%，其中别岩槽隧道全长3 772延长米，穿越以碎屑岩和碳酸盐岩为主的地层岩组，有岩溶、岩溶水、断裂破碎带和地下暗河、煤系地层及瓦斯等不良地质，技术含量高，施工难度大。年内主要完成临时设施工程。

京沪高速铁路昆山软土地基路桥设计参数试验项目　位于江苏省昆山市境内，全长850米，合同投资1 055万元。2002年12月开工，合同工期18个月。主要工程量：路基土石方2.14万立方米，浆喷桩42 388延长米，粉喷桩35 955延长米，箱涵20.77横延米，桥梁钻孔桩860米，管桩625米和路基填筑碎石土等。2003年11月主体工程全部完工，试验项目全部完成，取得宝贵的试验数据。

遂渝铁路　承建第5标段工程，位于重庆市潼南县，全长9.763公里。合同投资15 899万元。2002年12月开工，合同工期24个月。主要工程量：路基土石方273万立方米，大桥5座1 889.05延长米，中桥1座109.1延长米，小桥1座14延长米，隧道3座1 099延长米，涵洞19座595.6横延米。年内完成投资12 159万元；路基土石方全部完成，站场土石方挖方完成77.7万立方米，填方完成42.8万立方米，桥梁完成2 285延长米，涵洞全部完成，隧道完成839延长米。

浙赣铁路X标段　全长9.7公里，合同投资13 183万元，合同工期16个月。2003年11月18日开工。主要工程量：土石方66万立方米，挡土墙1.8万立方米，软土路基2 500米，双线大桥1座414延长米，涵洞37座814横延米，双线隧道1座1 200延长米，铺轨7500米。年内主要完成临时设施工程。

兰武铁路二线　承建A2标段工程，位于甘肃省永登县，全长2.85公里，合同投资15 393万元，合同工期36个月。2003年4月开工。主要工程量：土石方10.89万立方米，大桥5座，涵洞12座。由于业主变更设计，大部分工程未开工。

朔黄铁路二线　位于河北省黄骅港市，全长5.5公里，合同投资6 383万元，合同工期15个月。2003年5月开工。主要工程量：路基土石方13.91万立方米，黄骅港特大桥长2 432延长米，涵洞4座43横延米，道碴1.68万立方米。年内完成路基土石方8.47万立方米，黄骅港特大桥主体工程和4座涵洞全部完工。

（靳太荣　杨米柱　温素华　孟繁荣）

【铁路运输】　神朔铁路运输　年内完成运输总产值1 999万元，连续安全行车2 734天。

西延铁路运输　年内完成运输总产值1 677万元，连续安全行车1 143天。　（孟繁荣）

【路外工程施工】　在建路外工程111项，完成工程任务总额43.6亿元。重点工程有：

京福高速公路三明段第10标段工程　位于福建省沙县，全长5.593公里，合同投资14 584万元，合同工期17个月。2003年6月6日开工。主要工程量：土石方130.7万立方米，大桥3座1 048延长米，分离式立交桥1座70延长米，互通式立交桥1座。年内完成投资6 401万元。

苏州绕城公路HD3标段工程　全长3.91公里，合同投资39 600万元，合同工期18个月。2003年7月1日开工。主要工程量：桥梁3座1 707.323延长米，互通匝道桥4座1 167.91延长米，上跨分离式立交桥1座298.2延长米，通道2座，涵洞15座，路基填筑156.16万立方米。年内完成投资5 318万元。

苏州友新路高架快速干道YXA2标段工程　主线高架桥1 704延长米，互通匝道桥1 000延长米，合同投资15 508万元。2003年3月10日开工，12月20日竣工。年内完成投资13 312万元。

连盐高速公路响水第3标段工程　位于江苏省盐城市，全长14.85公里，合同投资24 000万元，合同工期23个月。2003年9月10日开工。主要工程量：水泥搅拌桩120.46万延长米，粉喷桩39.29万延长米，塑料排水板262.31万延长米，土工布27.7万平方米，碎石垫层10.5万立方米，等超载预压土方16.3万立方米，土方230万立方米，梁板992片。

新郑高速公路第9标段工程　位于河南省郑州市金水区姚桥乡，长1 261.18米，合同投资29 000万元。2002年7月开工。主要工程量：土方138万立方米，涵洞与通道39座1 261.18横延米，分离式立交桥6座297.24延长米，互通式立交桥1座3 310.44延长米，圬工9万立方米。年内完成投资13 331万元，累计完成投资25 641万元。完成主要工程量：土方138万立方米，桥梁3 090延长米，涵洞与通道1 261.18横延米，水泥稳定矿石底基层26.6万平方米，基层25.9万平方米。主体工程刘江互通式立交桥被业主评为"河南省形象工程"。

金丽温高速公路第16标段工程　位于浙江省青田县，全长3.908公里，合同投资17 800万元，合同工期28个月。2003年4月1日开工。主要工程量：路基土石方92万立方米，鹤城隧道左线1 765延长米、右线1 770延长米，特大桥1座1 032.5延长米，互通式立交桥1座105.04米，涵洞3座146.95横延米。年内完成桩基95根，隧道开挖支护2 518延长米。

崇遵高速公路C2、C9合同段工程　C2合同段位于贵州省遵义市桐梓县境内，长3.91公里，合同投资22 700万元，合同工期40个月。2002年3月1日开工。主要工程量：土石方40.7万立方米，隧道6座3 106.2延长米，特大桥1座1 456.31延长米，大桥5座931.6延长米，涵洞1座12.26横延米。其中，韩家店1号特大桥是国内公路建设中罕见的大跨度整幅式悬灌连续钢构梁，主跨210米。年内完成投资12 586万元，开工累计完成投资17 716万元，累计完成路基土石方40.25万立方米，隧道2 810延长米，特大桥485延长米，大桥602延长米，抗滑桩1 523米。C9合同段位于桐梓县楚米镇境内，合同投资13 794万元，合同工期40个月。2002年7月1日开工。主要工程量：土石方302万立方米，桥梁9座1 330延长米，立交桥4座368.3延长米，涵洞56座1 454横延米，圬工13万立方米。开工累计完成土石方22万立方米，桥梁985延长米，涵洞1 439横延米。

云南安楚公路5－1a合同段工程　位于云南省易门县，合同投资11 700万元，合同工期28个月。2002年12月开工。主要工程量：土石方67.75万立方米，小桥1座20延长米，涵洞7座331横延米，隧道1座1 320延长米。开工累计完成土石方46.5万立方米，涵洞302横延米，隧道650延长米。

青岛至银川高速公路冀鲁界—石家庄段第7合同段工程　位于河北省新河县，长6.5公里，合同投资13 000万元，合同工期26个月。2003年4月1日开工。主要工程量：土石方55.3万立方米，特大桥1座2 096延长米，中桥2座125延长米，圬工11万立方米。年内完成投资5 608万元。完成主要工程量：土石方27.9万立方米，特大桥779.76延长米，中桥76.92延长米，圬工4.28万立方米。

昌金高速公路A8合同段工程　位于江西省宜春市，长13.9公里，合同投资6 201万元，合同工期16个月。2002年10月12日开工。主要工程量：土石方517.2万立方米，涵洞及通道2 766.81横延米，互通、分离立交与跨线桥9座701.48延长米。年内完成投资3 672万元，开工累计完成投资5 075万元。

太长高速公路第11合同段工程　位于山西省晋中市太谷县境内，长2.18公里，合同投资12 000万元，合同工期11个月。2003年11月28日开工。主要工程量：土石方26.5万立方米，混凝土抗滑桩977米，预应力锚索1.4万米，大桥5座1 960.76延长米，隧道2座1 050延长米。年内主要完成临时设施工程。

咸阳渭河3号大桥工程　位于咸阳市秦都区，全长1 889.98米，合同投资12 000万元，合同工期13个月。2003年3月28日开工。该工程为集团公司、总公司与咸阳市投资公司共同运作的BOT项目。

（陈　凤　靳太荣　杨米柱　韩德新　刘桂忠　温素华　孟繁荣）

【尼日尔津得尔市供水工程】　位于尼日尔共和国津得尔省津得尔市，工程总投资6 633万元，总工期16.6个月。2003年11月6日开工。主要工程量：联络管网10 300米，输水管25 000米，水厂1座1 438平方米，清水池1座600平方米，高位水塔1座，输电线路30公里。年内完成输水管道基岩人工开挖1.8公里，弱风化岩开挖500立方米，水塔基础石方开挖200立方米，平整场地500平方米，修筑便道300米。11月6日，中国政府援尼供水项目开工奠基仪式在尼日尔共和国津德尔市隆重举行，尼日尔总统马马杜·坦贾率议会及政府官员50多人专程从首都尼亚美赶到施工现场，津德尔和阿龙古丈两省省长及政府官员、当地酋长500多人，中国驻尼大使孙兆通率领包括总公司海外公司武宪功副总经理、集团公司周富副董事长等中方人员30余人出席奠基庆典。从津德尔市区到施工现场沿途25公里数十万当地群众载歌载舞，以独特的民族方式欢迎中国援建专家组和工程技术人员。

（王庆文　孟繁荣）

【经营管理】　工程承揽。全年承揽工程145项，合同总额108.12亿元，是2002年承揽工程的2.4倍，在总公司系统排名第二。其中，铁路工程35项，合同额12.63亿元，占承揽总额的11.7%；公路工程60项，合同额52.9亿元，占承揽总额的48.9%；房建工程14项，合同额23.42亿元，占承揽总额的21.7%；市政工程13项，合同额14.43亿元，占承揽总额的13.3%；其他工程17项，合同额4.25亿元，占承揽总额的3.9%。

项目管理。集团公司全面推行《施工成本定额》，结合现场实际进行项目评估，年内新开工项目93个，项目评估81个。根据工程施工实际，进一步完善《施工成本定额》《工程技术承包工费定额》和《工程项目部承包定额》。实行全员岗位责任目标合同管理，根据职责分工，按照分级管理和责、权、利相结合的原则，逐级签订岗位责任目标合同。工程项目实行“一级管理、两层分离、分级核算”的管理模式，指挥长、党委书记、总工程师实行竞争上岗，物资、设备、劳务实行公开招标，对项目进行综合评估，签订年度生产经营责任目标合同和工程项目承包经营责任目标合同，充分调动项目指挥部的积极性。集团公司总结编写的“集团型施工企业工程项目的一级管理”获总公司企业管理创新成果一等奖和全国企业管理创新成果二等奖。

设备物资管理。重新修订《设备综合管理办法》和《物资管理办法》。全年供应钢材127 201.23吨，木材14 847立方米，水泥612 809.6吨，油料127 273吨，炸药6 698吨，供应总值199 841.35万元。实行招标采购168批/次，招标金额86 091.7万元，招标采购节约成本4 390.1万元。通过开展成本核算，严格实行限额发料，钢筋、木材、水泥、油料节约率分别为3%、3%、5%、4.5%。年内更新设备车辆105台，价值4 907.66万元，新购设备全部实行招标，降低成本365.19万元。集团公司和一公司分别获“全国施工企业设备管理优秀单位”称号。

企业改革。一是积极推出资本经营。年内参与融资承建的咸阳渭河3号大桥BOT项目，参股准神铁路项目，招商引资开发眉县疗养院旅游业；与西安普明房地产开发有限公司合资成立西安中铁投资有限公司，开发西安新西部信息产业基地的住宅项目；与乐山市仁和房地产开发公司联合对中铁二十局集团公司乐山市老年专科医院进行改制，由双方出资组建新的股份制医院——乐山市老年病专科医院；与上海民营企业陆振建材公司合资组建上海联谊混凝土有限公司。二是继续推进人事制度改革。坚持德才兼备、注重政绩、群众公认，坚持“五湖四海”和能者上、平者让、庸者下，坚持不用庸人、不养懒人、不要闲人的用人原则，先后出台《关于明确职工调动审批权限的补充通知》《会计委派制办法》《房产公司、分公司、直属单位人事管理办法》《关于处级领导干部管理的补充意见》。三是改革分配制度。制定下发《集团公司机关岗位绩效薪酬分配制度试行办法》，集团公司、公司机关实行岗位责任年薪制，作业层实行内部定额计件工资制，形成能力与贡献挂钩的利益驱动机制。四是资质管理。年内集团公司和7个子公司顺利通过资质年检，进一步拓宽资质领域，提升了企业资质等级。五是“贯标”认证。12月集团公司和7个子公司质量、环境、职业健康安全管理体系顺利通过长城质量保证中心现场审核，总结编写的“质量、环境、职业健康安全一体化管理的建立与实践”获总公司企业管理创新成果一等奖。

安全质量。深入贯彻落实《安全生产法》，以人为本，落实责任，狠抓源头，积极开展以“关注安全、关爱生命”为主题的“安全生产月”活动，与所属单位党政主管分别签订年度安全包保责任状，全面推进安全文明工地建设，强化现场作业监控，消除事故隐患，促进安全生产。年内集团公司评出“安全质量标准工地”20个，4个工点获总公司“安全质量标准工地”称号，3个工点获“陕西省文明工地”称号。深入开展“创精品、树名牌”活动，落实工程质量责任制，加强施工过程控制，组织4次安全质量检查，单位工程合格率100%，优良率93.5%；房建工程合格率100%，优良率100%。苏州市官渎里立交桥获中国建筑工程鲁班奖，广渝高速公路华蓥山隧道获詹天佑土木工程大奖，馋柳高速公路白虎山隧道获“全国用户满意工程”奖，4项工程获铁道部优质工程奖，4项工程获省优质工程奖，7项工程获总公司优质工程奖，集团公司评出优质工程17项。获全国优秀质量管理小组2个，铁道部优秀质量管理小组3个，陕西省优秀质量管理小组5个，总公司优秀质量管理小组5个，陕西省“质量信得过班组”2个。

财务审计。一是完善资产经营责任制，加大绩效考核工作力度。集团公司全面实行资产经营和绩效评价，与所属单位党政主管签订效绩评价责任目标合同，并加大考核与奖罚力度，保证责任目标兑现。二是加强资金管理，把握资金流向和流量。制发《关于核定2003年集团公司各单位贷款额度的通知》，加大资金清欠力度，年内收回外欠款2.9亿元。三是健全制度，规范管理。先后制订《集团公司机关经费管理办法》《关于建立财务风险监控预警机制的通知》，进一步增强财务风险意识，规范并加强财务管理。四是加强成本管理。深入开展项目“一级管理”模式，推行定额成本核算，控制成本支出。在西南指挥部召开项目“一级管理”成本核算与成本管理现场观摩会，推行成本核算到工班、工号、工序及个人，对每一个新开工的工程项目进行成本预测和效益评估，对已完工项目进行竣工审计。年内共审计工程项目158个，审计金额26.8亿元，查处违规违纪金额2 796万元，提交审计报告141份，提出审计建议488条。（孟繁荣）

【科技教育】 科技工作。年内安排科技开发项目17项，其中2项列入总公司科研计划，投入科研经费200万元。“青藏铁路多年冻土带风火山隧道施工技术”等2项科研成果通过省级鉴定；“青藏铁路风火山隧道制氧供氧系统研制与应用”获中国铁道学会科技进步二等奖，“高海拔变压吸附制氧技术及其在青藏铁路风火山隧道工程中的应用”获教育部科技进步二等奖，“黄土隧道水平旋喷预支护施工技术”获陕西省科技进步三等奖，“YZ20型全液压双驱动自行式压路机”等4项科研成果获总公司科技进步奖，15项科研成果获集团公司科技进步奖；“黄土隧道水平旋喷预支护施工工法”被评为国家级工法，5项工法被评为总公司优秀工法，9项工法被评为企业级工法。

教育培训。年内举办各类培训班29期，培训1 578人。参加企业主辅分离、国际项目经理资质、海外工程管理英语、高等级公路与桥梁施工技术、高速铁路施工技术与管理培训132人，参加各类高级技工培训48人。12人考取土木工程专业硕士研究生，专升本57名，大专83名。招收高职生80人、技校生172人。对考入普通高校的21名大学生及7名获国家级学科竞赛前3名的机关职工子女颁发奖金3.1万元。

（赵传琴　孟繁荣）

【公安与综合治理】 集团公司设公安处1个、公安分处6个、公安派出所12个，有公安干警118人。年内受理并查处治安案件671起，处罚各类违法人员749人，调解纠纷1 370起。立刑事案件167起，破获135起，抓获犯罪嫌疑人138人，逮捕4人，打掉犯罪团伙3个，抓获成员9人，缴获赃款赃物价值122.5万元。公安处“5.29”专案组在“蓝盾”行动中荣立集体三等功，刑警支队受到通令嘉奖，3人荣立三等功。在首届铁道建筑公安系统举办的“卫士之光”书法、美术、摄影作品展中，1人获一等奖、2人获三等奖、2人获优秀奖。集团公司评出治安综合治理先进单位4个，治安模范单位5个，治安综合治理先进个人18人。

（许学君　孟繁荣）

【党群工作】 党的工作。集团公司下辖党委33个、党总支4个、党支部256个，有党员5 350人。2003年，集团公司党委深入学习贯彻党的十六大精神，以“三步走”发展战略统揽全局，深化改革，强化管理，与时俱进，开拓创新，为实现企业改革发展目标提供强有力的思想和组织保证。(1)领导班子建设。组织学习“领导干部的优秀代表”郑国民的先进事迹，深入开展创建“四好领导班子”活动，年内对所属19个单位领导班子及唐城医院进行全面考核，一、二、三、四公司及乐山基地、中心医院、技工学校、物业公司等8个单位领导班子被评为集团公司“四好领导班子”。(2)党组织建设。3月，集团公司党委在所属238个工程队和项目部基层党组织中普遍开展“三个代表”学习教育活动“回访复查”工作，组成46个工作组，按照“四查四看”、“三不放过”原则要求，对基层职工不满意的突出问题进行整改，发放民主评议表2 679份，征集群众意见1 166条，召开座谈会327次，个别谈话2 000余人次。9月，举办党支部书记培训班，37人参加培训。深入开展“创岗建区”等活动，33个党支部被集团公司党委评为“五好党支部标兵”。(3)党员队伍建设。集团公司党委在全集团公司开展向“党员干部的楷模”况成明学习、争当“六好共产党员标兵”活动，46人被集团公司党委评为“六好共产党员标兵”，20人被评为“优秀党务工作者”。(4)宣传思想工作。集团公司党委作出《关于开展“提高文明程度，提升企业形象”主题教育活动的决定》，大力开展对况成明先进事迹的宣传。作为青藏铁路建设英模事迹报告团的成员，况成明的先进事迹受到中央领导的特别关注，国务院副总理曾培炎、黄菊先后题词和接见，随代表团在全国各地巡回报告40余场，提升了企业的社会形象，扩大了企业的社会影响。年内在全国性报（台）用稿441篇，在《中国铁道建筑报》用稿727篇，集团公司及一、二、三、四、六公司分别被评为总公司宣传报道先进单位。集团公司《开路先锋》报全年出版52期，《企业建设》出版6期。(5)精神文明建设。开展“创建学习型企业”活动，被国家教育部评为“创建学习型企业成绩突出单位”，并确定作为全国108家学习型企业重点联系单位之一。12月，集团公司31件版画、国画、油画作品在中国美术馆参展，被中国美术家协会和中国铁道建筑总公司评为“美术创作先进单位”。集团公司年内荣获“全国精神文明建设工作先进单位”称号，电务公司被陕西省委、省政府评为省级“文明单位”，技工学校被陕西省委、省政府评为省级“文明校园”。(6)党风廉政建设。年内狠抓党风廉政建设“三项重点”工作，制定集团公司党风廉政建设工作目标，下发《领导人员廉洁自律若干规定实施细则》《关于实行党风廉政谈话制度的规定》，对62名新提拔的中层干部进行党风廉政谈话，并赠送《国有企业党风廉政建设必备》一书学习。年内收到各类举报66件，立案18件，结案17件，挽回直接经济损失53万余元，处理违纪人员20人。围绕成本管理、资金管理、物资采购与机械租赁、工程分包、外部劳务使用、验工计价等重点环节进行经济效益执法效能监督检查，查处违规金额901万元，挽回经济损失92万元，纠正违规金额92万元，避免经济损失175万元，撤换项目经理4人、党委书记1人、总工程师3人；发现案件线索8件，立案查处8件，党纪处分2人，政纪处分6人。

工会工作。集团公司工会下辖工会、工委153个，工会小组522个，有工会专职干部148人，会员15 512人。1月21日～23日，集团公司工会召开一届二次职工代表大会和第一次会员代表大会，选举产生第一届工会委员会常务委员、主席、副主席和经费审查委员会委员,对集团公司12名领导干部进行民主评议。1月19日,召开集团公司职工持股会一届二次理事会会议,讨论通过《职工持股会职工股董事、职工股监事工作制度》《职工持股理事会常务理事会议议程规则》《职工持股会股金收益分配管理办法》,实施职工二次出资配股工作,共出资1 350.9万元;制定下发《中铁二十局集团公司职工股收益分配方案》,对2002年度职工股收益进行分配。年内建立"职工之家"148个、"职工小家"522个,集团公司三公司被中华全国总工会命名为"全国模范职工之家",集团公司工会被陕西省总工会命名为"陕西省模范职工之家",1个工程队被中华全国铁路总工会命名为"模范职工小家",2个工程队被陕西省总工会命名为"模范职工小家"。组织实施"送温暖"工程,集团公司领导与102户困难职工结成帮扶对子,参与"家对家""送温暖"活动的家庭100户,捐款4.9万元;年内走访慰问劳动模范、先进个人、离退休、困难、伤病残职工和职工遗属1 317户,发慰问金86.28万元。建立并推行企务公开制度,集团公司评出企务公开先进单位21个、先进个人22人,集团公司被命名为"陕西省厂务公开先进单位"。将以往的劳动竞赛考核评比创新为以承揽任务、施工生产、施工安全、质量创优、技术创新、经济效益为主要内容的综合评比。年内参与创新活动13 439人,创经济效益469万元;参与合理化建议2 677人,创经济效益277万元;技术发明18项,创经济效益400万元。2人被铁道部授予"火车头奖章",4人被评为陕西省"重点工程建设先进个人",2人被评为陕西省"职工经济技术创新活动标兵",15人被集团公司评为先进生产(工作)者,15人被集团公司评为劳动模范,工程机械厂荣获铁道部授予的"火车头奖杯",一公司被评为陕西省"'安康杯'竞赛优胜企业",2个队被评为陕西省"职工经济技术创新活动优胜单位"。12月23日,召开集团公司工会第一次女职工代表大会,选举产生第一届女职工委员会。年内集团公司评出"创新示范岗"9个、"创新能手"12名、"自学成才标兵"11名、"五好文明家庭"13户、"女职工之友"14名,1人被陕西省总工会命名为"先进女职工干部",电务公司通讯管理中心被总公司工会命名为"三八红旗集体",4人分别被总公司工会命名为"科技女杰"、"管理精英"、"学习模范"、"岗位明星"。

共青团工作。集团公司下辖团委13个、团总支2个、团支部146个,有团员3 285名。8月7日~8日,召开集团公司第一次团代会,选举产生第一届团委。组织团员青年在急、难、险、重工程中大力开展"创新创效"、"青年突击队"、"导师带徒"等活动,将"开发新产品、创造新工艺、推广新技术、转化新成果"和青工"五小"科技攻关活动有机结合起来,取得显著成效。年内1人被共青团中央、劳动和社会保障部评为"青年岗位能手",1个团支部被共青团中央评为"五四红旗团支部",3人和1个队获中央企业团工委授予的"国家重点工程青年贡献奖",集团公司团委被中央企业团工委命名为"五四红旗团委"创建单位;1个项目部被共青团陕西省委评为"青年文明号标兵单位",1人获陕西省"五四青年奖章",1人被共青团青海省委评为"青年岗位能手",1人获陕西省"青年企业家";1个青年突击队被全国铁道团委评为"优秀青年突击队标杆",2个青年突击队被全国铁道团委评为"优秀青年突击队",1个青年突击队被评为陕西省"青年突击队";1人被评为陕西省"青年突击手",1人被共青团陕西省委评为"杰出青年岗位能手";2个项目部分别被共青团陕西省委授予"青年安全生产示范岗"、"青年文明号"称号;9人分别被总公司团委评为"优秀共青团干部"、"优秀共青团员",2个团委被评为"五四红旗团委",2个团支部被评为"五四红旗团支部",7项工程被评为"青年文明号",5人被评为总公司"青年岗位能手",1个项目部获总公司"创新创效先进集体"称号,2人获总公司"创新创效先进个人"称号。

(张权伟　王岗　许文忠　何毓轩　孟繁荣)

【第一工程有限公司】 公路工程施工总承包一级,铁路工程施工总承包二级,房屋建筑工程施工总承包三级,公路路基工程、桥梁工程、隧道工程专业承包一级,预拌商品混凝土专业二级资质企业。公司机关驻江苏省苏州市新区长江路561号。董事长兼总经理刘代文,党委书记赵斌。前身系中国人民解放军铁道兵第十师第四十六团,1984年1月1日集体转业并入铁道部,改编为铁道部第二十工程局第一工程处;1999年12月1日改称中铁第二十工程局第一工程处;2002年7月22日企业改制改称现名。职工2 838人,其中干部838人,工人2 000人;专业技术干部686人,占干部总数的81.86%;技术工人1 378人,占工人总数的69%。下辖40个专业工程队,8个专业公司。资产总额6.8亿元,其中流动资产5.18亿元,固定资产原值1.92亿元、净值1.29亿元,其他资产0.33亿元。机械设备1 057台(套),原值1.7亿元、净值1.2亿元;车辆150台,原值0.42亿元、净值0.27亿元;设备总功率60 954千瓦,人均动力装备率21.48千瓦、技术装备率4.28万元。年施工能力15亿元以上。

2003年,承揽工程20项,投资总额25亿元。完成企业总产值15.18亿元,其中施工产值13.99亿元,附营产值1.24亿元,实现综合效益0.61亿元,职工年人均收入1万元以上。完成主要实物工程量:路基土石方519.1万立方米，钻孔灌注桩30.58万米，箱梁及墩台身混凝土57.98万立方米，桥梁钢筋59 478吨，钢绞线4 293吨，涵洞3 098横延米。单位工程合格率100%，优良率95.4%。公司先后获“全国先进集体”、“全国五一劳动奖状”，被中国建设银行批准为“AAA级信用企业”；承建的苏州青秋浦大桥获国家优质工程奖。年内公司获陕西省“文明单位”、“江苏省质量管理优秀企业”、“全国守合同、重信用企业”、“全国施工企业设备管理优秀单位”称号，承建的苏州官渎里立交桥获中国建筑工程鲁班奖和江苏省“扬子杯”优质工程奖，1个项目获“全国工程建设优秀质量管理小组”称号。顺利通过工程质量、环境保护、职业健康安全管理体系认证并获得认证证书。（陈凤　孟繁荣）

【第二工程有限公司】　公路工程施工总承包一级，铁路工程施工总承包二级，公路路基工程、隧道工程、公路路面工程专业承包一级，地基与基础工程、混凝土预制构件专业承包二级资质企业。公司机关驻云南省昆明市官渡区关上中路星河明居。董事长郑国民，党委书记刘杰，总经理王广建。前身系中国人民解放军铁道兵第十师第四十七团，1984年1月1日集体转业并入铁道部，改编为铁道部第二十工程局第二工程处；1999年12月1日改称中铁第二十工程局第二工程处；2002年7月21日企业改制改称现名。职工2 110人，其中干部573人，工人1 537人；专业技术干部518人，占干部总数的90%；技术工人1 208人，占工人总数的78.6%。下辖30个队(分公司)。资产总额6.8亿元，其中流动资产5.6亿元，固定资产原值1.6亿元、净值0.98亿元，其他资产0.21亿元。机械运输设备536台(套)，原值1.74亿元、净值1.2亿元，设备总功率43 718千瓦，人均动力装备率20.7千瓦、技术装备率5.62万元。年施工能力12亿元以上。

2003年，承揽工程18项，投资总额16亿元。完成企业总产值12.3亿元，其中施工产值11.8亿元，附营产值0.48亿元，实现综合效益0.81亿元。国有资产保值增值率116%，产值利润率0.5%，净资产收益率6.3%，资产负债率87.83%。单位工程合格率100%，优良率95.4%。年内馋兰高速公路白虎山隧道获甘肃省优质工程“飞天奖”和“全国用户满意工程”称号，玉元高速公路获云南省优质工程一等奖，大宝二期工程大箐隧道获总公司优质工程奖，获陕西省优秀QC成果奖1项；公司被昆明市政府授予“文明单位”称号，路面摊铺队团支部被共青团中央授予“全国五四红旗团支部”称号。顺利通过工程质量、环境保护、职业健康安全管理体系认证并取得证书。（靳太荣　孟繁荣）

【第三工程有限公司】　公路工程施工总承包一级、市政公用工程、铁路工程施工总承包二级，桥梁工程、公路路基工程、隧道工程专业承包一级资质企业。公司机关驻陕西省咸阳市迎宾路。董事长王继红，党委书记陈宗和(3月离任)、张超民(3月任)，总经理梁荣(4月离任)。前身系中国人民解放军铁道兵第十师第四十八团，1984年1月1日集体转业并入铁道部，改编为铁道部第二十工程局第三工程处；1999年12月1日改称中铁第二十工程局第三工程处；2002年7月18日企业改制改称现名。职工2 643人，其中干部903人，工人1 740人；专业技术干部707人，占干部总数的78.3%；技术工人1 430人，占工人总数的82.2%。下辖27个工程队(分公司、办事处)。资产总额4.96亿元，其中流动资产3.5亿元，固定资产原值1.93亿元、净值1.2亿元，其他资产0.26亿元。机械设备550台(套)，原值1.4亿元、净值1.04亿元，设备总功率37 671千瓦，人均动力装备率14.24千瓦、技术装备率3.93万元。年施工能力8亿元以上。

2003年，承揽工程12项，投资总额10.6亿元。完成企业总产值7.9亿元，其中施工产值7.9亿元。人均创利2 491元，全员劳动生产率19.63万元/人年，职工年人均收入8 285.86元。国有资产保值增值率101.91%，净资产收益率6.8%，产值利润率0.83%，资产负债率83.43%，投资收益上缴率100%，应上缴款完成率100%。单位工程合格率100%，优良率91%。年内广渝高速公路华蓥山隧道获詹天佑土木工程大奖，成都绕城路高架桥获铁道部优质工程奖，青藏铁路风火山隧道工程和风火山隧道青年突击队分别被国资委、铁道部、共青团中央联合授予“国家重点工程建设青年贡献奖”和“优秀青年突击队标杆”称号，4个项目部获省级“文明示范工地”称号，3项工程被总公司评为“青年文明号”示范工程和“青年环保工程”。公司被中华全国总工会授予“全国模范职工之家”称号。年内顺利通过工程质量、环境保护、职业健康安全管理体系认证并取得证书。（韩德新　孟繁荣）

【第四工程有限公司】　铁路工程施工总承包一级，土石方工程专业承包一级，钢结构工程、预应力工程、铁路铺轨架梁工程、公路路基工程专业承包二级资质企业。公司机关驻山东省青岛市高科技工业园区。董事长兼总经理郭祥军，党委书记王树文。前身系中国人民解放军铁道兵第十师第四十九团，1984年1月1日集体转业并入铁道部，改编为铁道部第二十工程局第四工程处；1999年12月1日改称中铁第二十工程局第四工程处；2002年7月18日企业改制改称现名。职工3 797人，其中干部1 064人，工人2 733人；专业技术干部 962 人，占干部总数的 90.4%；技术工人1 957人，占工人总数的 71.6%。下辖 32 个工程队（分公司、办事处）。资产总额 5.78 亿元，其中流动资产3.85 亿元，固定资产原值 2.64 亿元、净值 1.72 亿元，其他资产 0.21 亿元。机械设备 418 台（套），原值2.03亿元、净值 1.32 亿元，设备总功率56 371千瓦，人均动力装备率 14.8 千瓦、技术装备率 3.48 万元。年施工能力 15 亿元以上。

2003 年，承揽工程 30 项，投资总额 14.1 亿元。完成企业总产值 10.3 亿元，其中施工产值 9.6 亿元，附营产值 0.07 亿元。人均创利1 709.2元，全员劳动生产率 15.9 万元/人年，职工年人均收入 1.3 万元。国有资产保值增值率 101.5%，净资产收益率 5.3%，产值利润率 0.76%，资产负债率 82.3%，应上缴款完成率 100%。单位工程合格率 100%，优良率 95.5%。天水市外环路 A 段市政工程荣获甘肃省优质工程“飞天奖”，崇遵高速公路韩家店 1 号特大桥被总公司评为“青年文明号”工程，青银项目部被陕西省评为“青年安全生产示范岗”；公司被青岛市评为“精神文明建设先进单位”，连续 10 年被陕西省评为“重合同、守信用企业”。年内顺利通过工程质量、环境保护、职业健康安全管理体系认证并取得证书。（刘桂忠　孟繁荣）

【第六工程有限公司】 房屋建筑工程施工总承包一级，铁路工程施工总承包二级，土石方工程专业承包一级资质企业。公司机关驻陕西省咸阳市迎宾路。董事长兼总经理杨惠民，党委书记黄锦波。前身系中国人民解放军铁道兵第十师新建铁路管理处，1984 年 1 月 1 日集体转业并入铁道部，改编为铁道部第二十工程局新建铁路运输处，后又更名为建筑公司、建筑工程处；1999 年 12 月 1 日改称中铁第二十工程局建筑工程处，2001 年 1 月改称中铁第二十工程局第六工程处；2002 年 7 月 18 日企业改制改称现名。职工1 622人，其中干部 586 人，工人1 036人；专业技术干部 496人，占干部总数的 84.6%；技术工人 901 人，占工人总数的 86.9%。下辖 22 个工程队（分公司、办事处）。资产总额 3.03 亿元，其中流动资产 2.28 亿元，固定资产原值 1.05 亿元、净值0.65亿元，其他资产0.15亿元。机械设备 667 台，原值0.88亿元、净值0.53亿元，设备总功率30 128千瓦，人均技术装备率 3.48 万元、动力装备率 18.58 千瓦。年施工能力 8 亿元以上。

2003 年，承揽工程 18 项，投资总额 8.8 亿元。完成企业总产值 6.67 亿元，其中施工产值 6.67 亿元。人均创利 0.24 万元，全员劳动生产率 3.34 万元/人年，职工年人均收入 1.2 万元。国有资产保值增值率 101.51%，净资产收益率 1.21%，产值利润率 0.59%，资产负债率 83.67%。单位工程合格率 100%，优良率 95%。年内获铁道部优质工程奖 2 项，获陕西省优秀 QC 成果奖 1 项、“质量信得过班组”1 个、“文明工地”2 个，获咸阳市“文明工地”2 个。顺利通过工程质量、环境保护、职业健康安全管理体系认证并取得证书。

（温素华　孟繁荣）

【电务工程有限公司】 铁路电务工程专业承包一级资质企业。公司机关驻陕西省咸阳市迎宾路。董事长兼总经理李国华（8 月离任）、张西（11 月任），党委书记扈库生。前身系中国人民解放军铁道兵第十师司令部通信科，1984 年 1 月 1 日集体转业并入铁道部，改编为铁道部第二十工程局电务处；1999 年 12 月 1 日改称中铁第二十工程局电务工程处；2002 年 6 月 29 日企业改制改称现名。职工 330 人，其中干部 177 人，工人 153 人；专业技术干部 141 人，占干部总数的 80%；技术工人 143 人，占工人总数的 93.5%。下辖 7 个专业队（分公司）。资产总额6 218.3万元，其中流动资产5 146万元，固定资产原值1 702.93万元、净值 863.82 万元。机械设备 330 台（套），原值 359 万元、净值 93 万元，设备总功率2 600千瓦，人均动力装备率 7.87 千瓦、技术装备率 0.28 万元。年施工能力 1.2 亿元以上。

2003 年，承揽工程 11 项，投资总额18 000万元，完成企业总产值10 000万元。人均创利5 220元，全员劳动生产率 19.38 万元，职工年人均收入 2.01 万元。国有资产保值增值率 101.5%，净资产收益率 5.2%，产值利润率 1.6%，资产负债率 55.6%，应上缴款完成率 100%。单位工程合格率 100%，优良率 96%。年内获总公司优质工程奖 2 项，获陕西省 QC 成果奖 2 项；公司获陕西省“文明单位”称号。顺利通过工程质量、环境保护、职业健康安全管理体系认证并取得证书。

（白晓波　孟繁荣）

【房地产开发有限公司】 房地产开发二级资质企业。公司机关驻陕西省咸阳市文林路。董事长兼总经理左西宁（2 月离任）、周玉山（2 月任），党委书记张广元。前身系中国人民解放军铁道兵第十师第四十八团二营，1984 年 1 月 1 日集体转业并入铁道部，改编为铁道部第二十工程局第三工程处第二工程段，后改称铁道部第二十工程局城建开发总公司；2002 年 1 月企业改制改称现名。职工 43 名。资产总额2.3亿元，其中流动资产2.29亿元。年施工能力 6 亿元以上。

2003 年，承揽工程 2 项，投资总额 17 亿元，完成企业总产值 5.8 亿元。上缴利润1 101万元，人均创利 31.46 万元，职工年人均收入 2.5 万元。国有资产保值增值率100.07%,资产负债率91.6%。单位工程合格率100%,优良率98%。年内获陕西省"文明工地"1个,被集团公司评为"企务公开先进单位"、"综合治理先进单位"、"安全质量先进单位",1人获"全国铁路工程优秀项目经理"称号。顺利通过质量管理体系认证并取得证书。 (张建设　孟繁荣)

【西安工程公司】 为集团公司分公司。公司机关驻陕西省西安市华清路127号。总经理赵继宏,党委书记王保兴。2003年3月成立,由集团公司六公司工程分公司与三公司西安工程指挥部合并而成。职工321人,其中干部161人;专业技术干部128人,占干部总数的80%。下辖9个工程项目部和1个工贸公司。固定资产原值2 240万元,净值1 327万元。机械设备98台,原值2 204万元、净值1 327万元,总功率7 499千瓦,人均动力装备率23.36千瓦,设备完好率98%,利用率85%。年施工能力1.5亿元以上。

2003年,承揽工程5项,投资总额20 063万元。单项工程合格率100%,优良率93%。年内获陕西省"文明工地"1个,总公司"安全质量标准工地"1个,集团公司"安全质量标准工地"、"青年文明号"工程、"青年文明号示范工程"各1项;公司被评为重庆市"安全生产先进单位"。 (陈　晖　孟繁荣)

【海外工程公司】 为集团公司分公司。公司机关驻陕西省咸阳市文林路。总经理张望珍,党委书记梁永玺。2002年1月成立;2003年3月在公司基础上组建中铁二十局集团公司路桥工程公司,实行一个机构两块牌子。职工72人,其中干部65人,工人7人;专业技术干部60人,占干部总数的92.3%。下辖尼日尔工程指挥部和3个项目经理部。资产总额3 868万元,其中固定资产原值365万元、净值363万元,流动资产3 484万元,其他资产21万元。机械设备10台,净值248万元,总功率1 519千瓦,设备完好率99.2%。年施工能力1亿元以上。

2003年,承揽工程3项,投资总额1.3亿元。

(王庆文　孟繁荣)

【川渝工程公司】 为集团公司分公司。公司机关驻四川省乐山市人民西路25号。总经理梁荣,党委书记覃贤明。前身系中国人民解放军铁道兵第十师后方基地;1984年1月1日集体转业并入铁道部,改称铁道部第二十工程局后方基地;1999年12月1日改称中铁第二十工程局乐山基地,2003年4月成立中铁二十局集团公司川渝工程公司,与乐山基地一个机构两块牌子。职工133人,其中干部56人,工人77人;专业技术干部40人,占干部总数的71%;技术工人48人,占工人总数的62%。下辖铸钢厂、制氧厂、塑料厂、服装厂、宾馆、物业管理公司、物资公司及2个项目部。

2003年,完成产值、营业额2 050万元,实现综合经济效益125.5万元,全员劳动生产率13万元/人年。

(川渝公司　孟繁荣)

【医疗教育产业总公司】 为集团公司分公司。公司机关驻陕西省咸阳市文林路。总经理张群,党委书记王启录。2003年4月成立。职工756人,其中干部566人,工人190人;专业技术干部554人,占干部总数的98%;技术工人97人,占工人总数的51%。下辖中心医院、西安唐城医院、乐山基地医院、渭南技工学校、西安卫校、咸阳子弟小学、幼儿园、物业管理公司、工贸总公司。2003年8月1日,乐山基地医院与乐山市仁和房地产公司合作投资设立股份制医院——乐山医院。年内有3个单位被评为"陕西省文明单位",技工学校被陕西省评为"职业教育先进集体",2个单位领导班子被集团公司评为"四好领导班子"。

(邓仁平　孟繁荣)

【工程机械厂】 为集团公司分公司。机关驻陕西省西安市辛家庙。厂长李步让,党委书记李俊。前身系中国人民解放军铁道兵第十师修理营,1984年集体转业并入铁道部,改编为铁道部第二十工程局修理厂;1999年12月改称中铁二十工程局机械厂,2003年7月26日改称中铁第二十局集团公司工程机械厂。职工460人,其中干部126人,工人334人;专业技术干部96人,占干部总数的76%;技术工人214人,占工人总数的64%。下辖5个车间。资产总额5 346万元,其中流动资产2 405万元,固定资产原值3 014万元、净值1 832万元,其他资产1 156万元。机械设备105台,原值650万元、净值307万元,设备总功率2 134千瓦,人均动力装备率4.86千瓦、技术装备率1.48万元。

2003年,销售压路机128台,完成工业总产值4 256万元,销售额3 218万元。全员劳动生产率7.1万元/人年,职工年人均收入17 304元。年内YZT20、YCT25型冲击压路机和YZ20型自行式压路机、QCY360型冲击式压路机引机通过鉴定并进入市场。工厂获铁道部"火车头奖杯",顺利通过质量管理体系认证并获得认证证书。 (李　琳　孟繁荣)

【重要记载】

▲1月6日　铁道部青藏铁路建功立业劳动竞赛表彰大会在北京举行,集团公司风火山隧道队和路桥一队职工万栋斗分别荣获"火车头奖杯"和"火车头奖

章”。

▲1月16日　集团公司及4个子公司分别获得中国建设银行授予的“AAA级企业信誉”资质。

▲1月21日～23日　集团公司一届二次党委全会、一届二次职工代表大会、2003年工作会议在咸阳召开,会议总结2002年工作和实现“三步走”战略第一步目标的经验,并就2003年～2007年实施“三步走”战略第二步目标进行部署。

▲1月23日　集团公司第一次工会会员代表大会在咸阳召开,工会主席李克林作《凝聚智慧,激奋活力,团结带领全体职工为实现第二步战略目标而努力奋斗》的工作报告。

▲2月1日　苏州市市长杨卫泽在一公司董事长刘代文陪同下,看望春节期间坚持施工的沪宁高速公路苏州西出入口工程职工。

▲2月14日　集团公司工会荣获陕西省总工会授予的“模范职工之家”称号。

▲2月16日　由总公司、中铁二十局集团公司和咸阳市建设投资公司采取BOT方式进行投资建设并经营的咸阳渭河3号大桥签字仪式在咸阳市秦宝宾馆举行,总公司总经理王振侯、副总经理扈振衣、投资部经理余兴喜,中铁二十局集团公司董事长余文忠,咸阳市市委书记宋洪武、副书记杨光明等领导出席签字仪式。

▲2月18日　总公司党委书记李国瑞在集团公司党委书记周玉成陪同下,到集团公司渝怀铁路施工现场检查指导工作。

▲2月19日　将六公司太白山疗养院划归深圳分公司。

▲2月25日　国务院副总理李岚清在江苏省、苏州市有关领导陪同下,视察由一公司承建的苏州现代物流园建设工地。

▲3月6日　成立北京工程公司、路桥工程公司、西安工程公司。

▲3月17日　辽宁省省委副书记、大连市市委书记孙春兰视察三公司承建的大连港口矿石专用线施工现场。

▲3月18日　总公司党委书记李国瑞、副总经理靳尚忍一行8人到昆明二公司机关检查指导工作。

▲3月19日　集团公司荣获“全国优秀施工企业”称号。

▲3月27日　宁夏回族自治区党委书记陈建国视察集团公司承建的国家重点扶贫项目——宁夏扬黄固海扩灌东线工程时,称赞“中铁二十局集团公司是值得信赖的建设伙伴”。

▲4月1日　陕西省在西安市人民大厦为集团公司荣获“全国精神文明建设工作先进单位”举行授牌仪式。

▲4月2日　成立工程经营中心、医疗教育产业总公司。

▲4月4日　成立川渝工程公司(与乐山基地一个机构两块牌子)。

▲4月8日　集团公司荣获“全国施工企业设备管理优秀单位”称号。

▲4月27日～29日　集团公司在西安南京铁路工程指挥部召开2003年度财务工作暨项目一级管理成本核算现场经验交流会。

▲4月29日　集团公司在咸阳召开领导干部会议,传达总公司工作会议暨党委一届五次全会精神,研究集团公司生产经营形势、对策和有关管理办法。

▲同日　集团公司西安南京铁路工程指挥部指挥长赵崇科荣获“陕西青年五四奖章”。

▲4月　全国人大常委会副委员长许嘉璐、全国政协副主席罗豪才、陕西省省委书记李建国等参观第七届中国东西部合作与投资贸易洽谈会主展区,到集团公司西安工程机械厂展位仔细询问新产品研制开发及科技创新、创效情况。

▲5月1日　况成明荣获青海省劳动竞赛委员会、青海省总工会联合授予的“十五创新立功先进个人”称号。

▲5月4日　二公司路面摊铺队团支部荣获“全国五四红旗团支部”称号。

▲5月5日　铁道部副部长孙永福视察集团公司承建的青藏铁路北麓河厚层地下冰路基试验段工程。

▲5月16日　全国人大常委会环境保护委员会副主任朱育理率全国人大常委会环保执法检查组,到集团公司承建的重庆唐家沱污水处理厂一期工程工地视察。

▲6月4日　陕西省省长贾治邦、省委副书记张宝庆、副省长王寿森视察西安工程公司承建的南沙河加固工程。

▲6月8日　国务院副总理曾培炎在新华社《国内动态清样》一篇文章上批示:“全体青藏铁路建设者要学习况成明同志不畏艰险、勇于创新、关心群众、大公无私的精神,在世界屋脊的青藏高原上一展新时代铁路建设者风貌,夺取青藏铁路建设的全面胜利”。

▲同日　江苏省省委书记李源潮和苏州市市委书记王珉、市长杨卫泽、副市长姜人杰在一公司董事长刘代文陪同下,视察该公司承建的苏州市人民桥改造工程。

▲6月17日　集团公司荣获陕西省“厂务公开先进单位”称号。

▲6月23日　集团公司党委、集团公司作出授予况成明“党员干部的楷模”称号、开展向况成明学习活动的决定。

▲7月4日　铁道部部长刘志军、副部长孙永福在总公司总经理王振侯、集团公司董事长余文忠陪同下，视察集团公司承建的青藏铁路风火山隧道。

▲7月10日　西安工程机械厂自行研制的QCY360型冲击压路机专用牵引机问世。

▲7月29日～30日　集团公司党委一届三次全会暨2003年上半年生产经营分析会在陕西眉县太白山国际俱乐部召开。

▲7月31日　将集团公司第五工程有限公司整体并入第四工程有限公司。

▲8月1日　集团公司与四川省乐山市仁和房地产开发有限公司合作投资设立乐山市中铁二十局集团公司乐山基地医院签字仪式在陕西眉县太白山国际俱乐部举行。

▲8月6日　将第四工程有限公司工程机械厂单列，成立集团公司工程机械厂。

▲8月6日～8日　集团公司第一次共青团代表大会在咸阳召开。

▲8月12日　铁道部副部长陆东福到集团公司承建的胶新铁路建设工地视察。

▲8月22日　总公司党委书记李国瑞在集团公司党委书记周玉成陪同下，到集团公司承建的青藏铁路风火山隧道建设工地检查指导工作。

▲8月28日　河南省省委书记李克强在商丘市市委书记刘满仓、市长毛凤兰陪同下，视察四公司承建的商亳高速公路建设工地，称赞“中铁二十局集团公司干得很好！”

▲8月30日　宁夏自治区党委书记陈建国视察六公司承建的扬黄灌溉工程试通水情况。

▲9月4日　总公司副总经理范德到二公司承建的亚洲占地面积最大的立交桥——郑州刘江互通立交桥工地检查指导工作。

▲9月6日　国资委副主任王瑞祥、总公司党委副书记霍金贵在集团公司党委副书记王景柱、总经济师陈文珍陪同下，视察集团公司承建的青藏铁路风火山隧道，并题词：“风火精神，弘扬久远”。

▲同日　全国铁道团委、总公司团委联合在风火山隧道举行青藏铁路青年建功立业表彰活动，集团公司6个先进集体和5名个人受到表彰。

▲9月7日　全国政协副主席白立忱视察集团公司承建的宁夏扬黄灌溉工程八泵站。

▲9月11日　集团公司中标尼日尔共和国津德尔市市政供水工程。

▲9月27日　国资委在北京人民大会堂举办青藏铁路建设先进事迹报告会，集团公司青藏铁路工程指挥部指挥长况成明作为报告团成员到会做事迹报告，受到中共中央政治局常委、国务院副总理黄菊，国资委主任李荣融、党委书记李毅中、副主任王瑞祥，铁道部副部长王兆成等亲切接见。

▲10月20日　铁道科学研究院采用雷达遥感技术对青藏铁路风火山隧道进行质量检测，创下“不开、不裂、不渗、不漏”的高原隧道施工奇迹。

▲10月22日　总公司副总经理兼总工程师夏国斌到二公司承建的郑州刘江互通立交桥检查指导工作。

▲10月26日　铁道部高速铁路办公室主任华德洪在集团公司副总经理王冠峰陪同下，到一公司承建的京沪高速铁路试验段工程检查工作。

▲10月28日　二公司承建的甘肃省馋柳高速公路白虎山隧道、四公司承建的天水市天北快速干道A段获甘肃省优质工程“飞天奖”。

▲11月3日　总公司党委副书记彭树贵到集团公司承建的渝怀铁路第11标段检查工作。

▲11月6日　尼日尔总统马马杜·坦贾率政府部长、议会及其他政府官员50多人，津德尔和阿龙古丈两省省长及当地酋长等500多人，中国驻尼日尔大使孙兆通、总公司海外公司副经理武宪功、集团公司副董事长周富、海外公司经理张望珍等30余名中方人员出席尼日尔共和国津德尔市举行的供水项目奠基仪式。

▲11月7日　集团公司青藏铁路工程指挥部被国家青藏铁路建设领导小组、中华全国铁路总工会、青海省政府、青藏铁路公司联合评为“青藏铁路建设先进集体”、“2002年～2003年青藏铁路建设环保先进单位”。

▲11月8日　交通部副部长洪善祥、国家安全委员会副主任兼海事局常务副局长刘功臣、贵州省交通厅厅长彭伯元一行，专程视察四公司承建的崇遵高速公路第2标段建设工地。

▲11月10日　一公司与国际环境开发株式会社(日本)合资成立苏州轨道交通建设有限责任公司。

▲11月13日　集团公司西安南京铁路工程指挥部指挥长赵崇科荣获“全国重点工程建设优秀项目经理”称号。

▲11月16日　集团公司西安工程机械厂研制的国内第一台大功率、双频率、双振幅振动、整机全液压、全轮驱动的YZ20型自行式振动压路机通过陕西省科技成果鉴定。

▲11月23日～25日　总公司党委副书记彭树贵、团委书记钱桂林到一公司苏州片区检查指导工作。

▲12月5日　集团公司开发的青藏铁路风火山隧道施工技术通过青海省技术鉴定。　（孟繁荣）

中铁建设集团有限公司

【简况】　中铁建设集团有限公司(以下简称公司)是房屋建筑工程施工总承包特级资质企业,拥有对外承包工程经营权。公司机关驻北京市丰台区吴家村路1号。其前身为铁道兵独立建筑团,1984年1月集体转业并入铁道部,曾先后称铁道部工程指挥部建筑工程处、中国铁道建筑总公司北京工程公司、北京中铁建筑工程公司;2001年8月改制为北京中铁建设有限公司,2003年12月更为现名。公司下辖成都、珠海、广州、西北、山东、上海、山西等7个区域性分公司和机械运输、设备安装、建筑装饰、商品混凝土生产、模板加工与租赁等5个专业分公司及物资公司、安装工程公司、电梯工程公司、装饰工程公司、北京佳汇房地产开发公司、陕西京创房地产开发公司等6个控股子公司。职工2 427人。资产总额23.62亿元,其中固定资产原值1.92亿元、净值1.16亿元,流动资产21.36亿元。机械运输设备1 266台(辆),原值1.07亿元、净值0.59亿元,总功率24 000千瓦,动力装备率10千瓦/人,技术装备率4.45万元/人,新度系数0.55,主要设备完好率94.8%、利用率78.2%。

2003年,承揽工程任务34项,合同总额21.87亿元。完成企业总产值18.58亿元,其中施工产值16.54亿元。完成房建实物工程量106.5万平方米。实现利润0.64亿元,上缴税金0.98亿元。全员劳动生产率95万元/人年,人均创利2.67万元,年人均收入3.15万元。国有资产保值增值率107.6%,经营性资产收益率1.7%,产值利润率3.47%,资产负债率85.6%,投资收益上缴率100%,应上缴款完成率100%,主营业务利润率6.03%。

兵改工以来,获优质工程奖170余项,其中市、部以上优质工程奖70余项;获北京市"文明安全工地"75个,建设部"建筑安全奖"1项,总公司"安全质量标准工地"16个;获科技进步奖16项。公司先后获得"全国最佳施工企业"、"全国优秀施工企业"、"全国用户满意施工企业"、"全国质量效益型先进单位"、"火车头奖杯"和"全国五一劳动奖状"等荣誉。顺利通过ISO9000国际质量管理体系、ISO14000环境管理体系和OSHMS职业安全健康管理体系认证。公司连续11年被北京市评为"重合同、守信用单位"、"全国重合同、守信用单位",连续15年保持资信等级"AAA"级,各项经济技术指标居全国同行业领先水平,名列中国建筑业50强。　（李　琳）

【领导人员】

股东会

国有股代表	靳尚忍
	李左军
	李　黎
	王　军
	汪文忠
职工股代表	王嘉福
	许士靖
	庄初最
	孙金城
	郭剑平

董事会

董事长	李　黎
副董事长	王　军(兼)
	王兆林
	汪文忠
国有股董事	王兆林
	李友才
	李　黎
	王　军
	汪文忠
职工股董事	张允顺
	齐进军
	易善健
	王嘉福

监事会

监事会主席	王新武
国有股监事	王新武
	汪起帆
职工股监事	许士靖
	张建强
职工代表监事	赵文泉

经理层

总经理	汪文忠
副总经理	张允顺
	庄初最
	孙金城
	郭剑平
	吴成木
总工程师	贯　洪

总会计师　　　　易善健

党群领导

党委书记　　　　王　军

党委副书记　　　齐进军

　　　　　　　　许士靖

纪委书记　　　　许士靖（兼）

工会主席　　　　王嘉福

（李　琳）

【职工队伍】 管理人员1 248人，其中专业技术人员1 018人，占管理人员总数的82%。学历结构：本科以上学历663人，占管理人员总数的53%；大专学历376人，占管理人员总数的30%。年龄结构：36岁～45岁202人，占管理人员总数的16%；46岁以上221人，占管理人员总数的18%。专业技术人员中有高级职务56人，中级职务414人，初级职务548人，分别占专业技术人员的5.5%、40.7%和53.8%。全年调入管理人员3人，调出管理人员12人，接收大学毕业生96人。

工人总数1 179人，其中技术工人896人，占工人总数的76%。大专以上学历56人，占工人总数的5%；中专学历32人，占工人总数的3%。30岁以下22人，占工人总数的2%；31岁～40岁177人，占工人总数的15%；41岁～50岁971人，占工人总数的82%。技术工人中有初级工549人，中级工330人，高级工175人，技师28人，高级技师7人。（李　琳）

【工程施工】 在建工程70项，其中新开工40项，竣工22项。全年完成企业总产值185 838万元，其中施工产值165 416万元。重点工程进度：

万达广场　由公司负责施工总承包。该工程位于北京市朝阳区建国路郎家园11号，总建筑面积296 000平方米，其中一期工程123 000平方米，由B、D两座三塔连体塔楼和地下车库及两栋两层配楼组成，总投资14 258.75万元。工程系全剪力墙结构，地上30层、地下2层，是集高档外销公寓、豪华商业区和现代车库为一体的大型综合社区，总工期582天。2003年8月6日开工，计划2004年5月底结构封顶。年内完成施工产值2 327万元，完成工程量21 539平方米。

春晓花园　由公司负责施工总承包。工程位于北京市海淀区双榆树供热厂厂区北侧，总建筑面积136 890平方米，总投资2.2亿元。工程包括1幢商用裙楼，2幢20层～24层连体式办公塔楼，3幢14层～18层酒店式服务公寓。2002年9月开工，2003年12月初主体结构封顶，预计2004年底竣工交付使用。开工累计完成工程量72 564平方米，年内完成67 638平方米；年内完成产值12 988万元，开工累计完成产值13 988万元。

中关村金融中心　由公司负责施工总承包。该工程地处中关村科技园区的核心地带，为北京西部最高建筑，总占地面积1.76公顷，总建筑面积111 818平方米，总投资40 061万元。2002年11月18日开工。年内配楼完成基础底板及地下三层结构施工；塔楼基础底板厚2.8米，总量9 400立方米，为公司首次施工的超厚大体积混凝土，历时68小时一次浇注成功；钢结构施工于6月21日开工，12月28日提前封顶，历时190天，安装工程量约1.5万吨，安装速度在同类钢结构施工中处于绝对领先水平，受到业界好评，获北京市钢结构金奖。年内完成施工产值18 900万元。工程转入内外装修，计划2004年9月30日竣工交付使用。

怡禾国际中心　由公司负责施工总承包。该工程位于北京市朝阳区光华西里，建筑面积87 890平方米，合同投资11 645万元，是北京市重点工程。工程包括1号～4号4栋楼，地上16层～31层、地下4层，框架剪力墙结构，建筑总高98.8米。2002年11月15日开工，计划2004年6月18日竣工。主体结构完成12层，开始装修施工。年内完成57 738平方米，产值11 581万元。

神州数码大厦　由公司负责施工总承包。该工程位于北京市海淀区上地信息产业基地北区，建筑面积80 500平方米，合同投资22 599.06万元。工程为单体建筑，地下2层、地上7层，框架剪力墙结构，檐高29.73米。2003年10月28日开工，计划2005年3月31日竣工。

湖南大厦　由公司负责施工总承包。该工程位于北京市西城区官园桥东南角，为五星级大酒店，建筑面积70 000平方米，合同投资9 500万元，地下5层、地上12层～19层，框架剪力墙结构。2003年12月1日开工，计划2005年3月25日竣工。

南京全民健身中心　由公司负责施工总承包，建成后将成为全国面积最大、高度最高的公益性群众体育健身场馆和江苏省第一座高层钢框架结构建筑。该工程位于南京市中山东路145号，建筑面积690 000平方米，合同投资25 000万元。工程分为主楼和裙楼两部分：主楼19层采用全钢框架结构，每层分设健身、网球、篮球、排球、乒乓球、体育舞蹈、击剑、航模、武术等不同功能的体育健身项目；裙楼4层，分设休闲池、标准池和小池3个室内游泳馆。2003年10月开工，计划2005年6月竣工。（李　琳）

【生产经营】 工程承揽。2003年，针对北京市01定额和工程量清单实施，适时调整经营战略和经营定位，加大资金到位的工程项目的承揽力度,积极承揽高、精、尖工程,施工领域向机场、体育馆、医院、航站、码头等方面拓展,基本形成全员承揽的大经营格局。全年承揽工程 34 项,总投资 21.87 亿元,总建筑面积 199 万平方米,其中珠海、西安、山西等京外市场承揽工程 9 项,投资 2 亿元。

工程质量。公司加强和完善风险机制、激励机制,实行工程项目承包风险抵押金责任制,从而进一步提高项目管理人员的质量意识、风险意识和效益意识。坚持名优战略,大力开展工程创优活动,全面质量管理水平有较大提高,工程质量合格率 100%,分项工程优良率 93.85%,19 项竣工工程全部达到优质标准。全年创优质工程 24 项,其中区、县级样板工程 3 项,火车头优质工程 2 项,北京市"建筑长城杯"奖工程 4 项、"建筑结构长城杯"奖工程 14 项,是公司创优质工程最多的一年。北京大学科技大楼获中国建筑工程鲁班奖。年内获总公司 QC 成果奖 1 项,部级 QC 成果奖 2 项。

安全施工。公司坚持"安全第一、预防为主"的方针,进一步完善安全生产规章制度,落实安全生产责任制,大力推进施工现场标准化建设,积极开展安全质量标准工地及文明安全工地创建活动,实现安全生产年目标。年内有 15 项工程被评为"北京市文明安全工地",3 项工程被评为"总公司安全质量标准工地",被总公司评为"2003 年度安全生产先进单位",被建设部评为"2002 年～2003 年度全国建筑安全生产先进集体"。

企业管理。公司营业执照、资质年检工作顺利完成,新取得钢结构工程专业承包一级资质,新申报 7 名一级项目经理、49 名二级项目经理资质,15 名大学生获得 IPMP 国际项目 B 级认证资格。公司名称经国家工商行政管理总局审核注册。企业质量管理体系、职业健康安全管理体系、环境管理体系通过外部审核。信息化建设进一步完善,"中铁信息集成系统"的开发与应用提高了企业管理水平。年内公司被中国质量协会评为"全国质量效益型先进单位"。

成本管理。召开季度成本分析会,加强分供方、分包方合同评审控制工作,规范分供方、分包方合同及招投标文件,推进了合同管理信息化建设。全年共评审各类合同2 586份,总额 14.4 亿元。招标采购全面放开,打破合格分供商界限,择优录用。建立劳务费、主要材料最高限价制度,商品混凝土采用集中议价的方式采购,由公司总部负责谈判,选定社会信誉好、质量可靠、价格具有竞争力的混凝土供应商为长期合作伙伴,混凝土单价比市场单价降低 8%,降低工程成本3 600万元。为适应工程量清单报价模式,编制完成主体结构工程内部定额,于 2004 年 1 月 1 日实行。实行项目部目标成本责任制,六大非实体性消耗指标数量化,界定承包集团,实行模拟股份承包制,加大分配比例,缩小分配范围,集团承包人员根据责任大小缴纳风险抵押金,当目标利润不能足额上缴公司时,用风险抵押金进行弥补,从而增强了承包集团人员的危机感和责任感,解决了长期以来负盈不负亏的问题。推行成本管理、合同管理和分包商档案管理三位一体的数据库管理软件开发,为有效利用社会资源、加快信息传递和控制工程成本奠定了良好基础。全面推行承包经营责任制,通过制度建设和有效的激励机制,增强了全员风险意识、成本意识,提高了公司的经济效益。

科技攻关。年内以工程项目为载体构建课题,围绕施工生产广泛开展技术创新活动。公司开发的"钢筋混凝土框架梁模板支撑快拆体系",相对普通支撑体系降低工程成本 30%。"超高层钢结构综合施工技术研究"、"高性能混凝土施工技术"等项目的成功开发,为中关村金融中心工程提供了技术保障。年内申报专利技术 2 项,获批准 1 项。"工程项目信息管理系统的开发与应用"获总公司科技进步二等奖。年内获总公司企业级工法 16 项,总公司优秀工法 8 项,部级工法 2 项,申报国家级工法 2 项。

人才管理。积极实施人才战略,借助咨询公司完善企业人力资源发展规划。出台专业技术人员考核、聘任办法,加强了人力资源管理。全年举办安全员、工长、试验员培训班 3 期,73 人考核合格并充实到项目管理岗位,8 人被评为高级技师;委外培训 328 人次。公司有1 618人取得各类专业岗位证书。对新接收的 95 名大学生进行了岗前培训和定级考核。

财务管理。公司按现代企业运作模式规范财务基础管理工作,以内控制度为核心,严格财务监管,确保国有资产安全和保值增值。全面实行预算管理,将资金回收纳入目标管理内容,加强各项经济活动的事前、事中、事后监管,加大工程款回收力度,全年共催收工程款 23.8 亿元,其中通过协商、仲裁、诉讼等形式收回拖欠 3 年的工程款 1.43 亿元,办理承兑汇票 6.3 亿元,减轻了公司的资金压力。企业信誉等级保持"AAA"级,银行授信 8.5 亿元,年内公司被评为北京市纳税信誉 A 级企业。

物资设备管理。全年完成物资采购 10.48 亿元,采购钢材 231 488 吨,水泥 662 918 吨,商品混凝土 688 911立方米。建立物资价格监控体系,积极应对建材价格大幅上涨的挑战,扩大物资材料集中采购范围,加强设备采购、租赁、报废等环节的公开招投标工作,有效地控制了生产成本。全年新购设备 31 台(辆),价值1 451万元,通过招投标采购节约资金 90.6 万元。

项目部统一配备生产指挥用车，减少车辆租赁费用321万元。通过招标，引进目前国内最先进、起重力矩最大的K80/115塔式起重机，用于北京市重点工程—中关村金融中心施工。加强全员交通安全教育，实行以车管人、以责论处的管理模式，全年未发生重大交通事故，被北京市丰台区评为交通安全管理先进单位。

劳务管理。根据公司战略发展需要，不断加强对劳务队伍和分包商的管理，修改外部劳务管理办法，制定外部劳务招标工作细则，扩大引进范围，强化外部劳务考察、评估、引进、考核、淘汰等过程控制，在提高外部劳务队伍综合素质的同时，提高了公司的施工能力。全年向北京市建委申请20 000名用工指标，审查外部劳务队伍232支，会审劳务合同232份，签订外部劳务安全健康和环境保护协议139份，满足了公司施工生产需要。

综合治理。所属单位均已成立综合治理领导小组，由主管领导亲自负责，加大内部治安管理力度，配合施工生产处理劳务纠纷，加强施工现场管理，努力做好民工队伍的稳定工作，确保了企业内部稳定和生产经营的顺利进行。加大治安整治力度，全年受理案件16起，抓获作案分子11人，处理内部纠纷66起，有效控制了辖区违法犯罪活动的发生，为企业挽回经济损失60余万元。

后勤保障。健全完善社会保险工作体系，为调出和退休职工支付企业补充养老保险和一次性追加养老保险20万元。帮助职工办理住房公积金购房贷款，56户职工搬进新居。加强后勤管理工作，建立物业管理制度，强化基础，挖潜增效，全年节省开支85万元。年内公司获北京市"爱国卫生先进单位"、"无偿献血先进单位"和石景山区"绿化先进单位"称号。（李　琳）

【抗击"非典"】 4月，面对突如其来的非典型肺炎肆虐，公司坚决贯彻落实北京市政府、市建委和总公司指示精神，迅速成立抗击"非典"工作领导小组，建立24小时值班和疫情日报制度，公司领导分片包干，深入施工现场，检查督促各项防范措施的落实。4月30日，公司下发加强民工管理的10项强制性措施，投入资金700万元，为民工购置消毒、预防药物，定时测量体温，改、扩建临时住房，配发洗衣机，做好深入细致的思想工作，稳定人心。为使民工家属放心，公司特向每位家属发了慰问信，把防"非典"工作延伸到每位民工家庭。通过扎实有效的防范措施，在京施工的1 000余名职工和14 600余名民工无一人感染"非典"，即使是受"非典"严重干扰的第二季度仍完成4.5亿元产值，取得抗击"非典"和生产经营双丰收。有3个项目部被北京市评为抗击"非典"英雄集体，8个项目部受到市、区建委表扬。（李　琳）

【党群工作】 党的工作。各级党组织紧密围绕生产经营中心，以领导班子建设和完善现代企业制度为重点，按照十六大和十六届三中全会精神切实加强和改进党的工作。定期召开领导班子民主生活会，完善党政领导联系制度，增强了领导班子贯彻民主集中制的自觉性和解决自身问题的能力。加强基层党组织建设，年内增补党支部委员12人，撤销施工队党工委、机关党工委、直属党委，成立直属机关党委，调整、任免党组织书记21人。顺利完成安装工程公司、电梯工程公司和装饰工程公司等改制子公司党支部的换届选举工作。3月5日～4月5日，对45个基层党委、党支部开展"三个代表"思想学习教育活动情况进行"回访复查"，收到良好效果。年内发展新党员25人，表彰优秀共产党员15人、优秀党务工作者12人，先进基层党组织11个。抗击"非典"斗争中，有10个先进基层单位、52名先进个人受到公司表彰。年内组织36次党委中心组学习，评选表彰文明单位9个，文明职工22人。加强项目服务教育，及时总结推广项目总包服务制、售后服务制、服务承诺制、首问负责制，提高项目管理人员的服务水平，得到业主的信任。年内在各种报刊、电台、电视台刊(播)稿件138篇，提高了企业的社会知名度，树立了良好的企业形象。公司党委举办企业知识竞赛、卡拉OK、征文、书画、摄影比赛等系列活动，纪念兵改工20周年。按照总公司党风廉政建设工作会议的部署，开展公司中层以上领导廉洁自律"五项规定"和"新五条要求"执行情况专项检查。建立党政主管廉洁自律报告制度，92名党政主管全部上交了廉洁自律报告。参与物资集中招标采购和废旧设备拍卖监督，对6个分公司和23个项目部使用临时工情况进行专项检查。年内评选表彰廉政建设先进单位5个，先进个人8人。

工会工作。3月，召开公司一届一次职工代表大会，审议通过董事长工作报告，签订"公司集体合同"，对13名公司领导干部进行民主评议，胜任率达94%。维护企业整体利益和职工切身利益，对解除劳动合同和调整工作岗位的职工进行耐心细致的思想工作。结合施工生产，积极开展各种形式的劳动竞赛，获总公司劳动竞赛优胜单位第一名。认真推行企务公开制度，覆盖率达100%。节日期间，走访慰问特困职工和患病职工48户，送救济款56 200元。职工互助补充保险基金会筹集资金35 000元。开展基层文化建设达标活动，为基层单位配发电视机9台、VCD音响4套。5月，组织1 300名职工参加"全面建设小康社会职工百题竞赛"，评出组织奖5个，纪念奖100个。

共青团工作。3月，召开公司首届团代会，选举产生第一届团委。开展“两红两优”活动，获总公司“五四红旗团支部”2个、“五四红旗团支部创建单位”1个、“优秀团支部”2个、“优秀共青团员”1人。年内“保持北京市青年突击队标杆”3支，创“北京市青年突击队标杆”2支、“北京市优秀青年突击队”4支。被评为“北京市优秀青年工程”1项，“北京市优秀青年工程指挥”1人。（李　琳）

【重要记载】

▲1月　公司党委书记王军当选为北京市人大代表。

▲1月　公司被中国建设银行北京分行授予“AAA”级信誉等级企业称号，获银行综合授信8.5亿元。

▲2月10日　召开公司2003年度工作总结暨表彰大会，国务院监事会第39办公室主任杨涛、总公司副总经理范德到会讲话。

▲2月14日～16日、21日～23日　分两批组织公司党委成员、所属单位党政主管和机关有关部门负责人117人参加党委中心组（扩大）学习会，就坚持“两个务必”、企业发展战略、深化企业改革、利用社会资源、建立学习型企业、创新党建工作等问题进行深入研讨。

▲3月26日　公司召开一届一次职工代表大会，审议通过董事长工作报告，签订“公司集体合同”，对公司领导干部进行民主评议。

▲5月15日　北京市副市长范伯元在总公司总经理王振侯陪同下，到公司承建的北京中关村金融中心建设工地检查指导防治“非典”工作，高度赞扬公司在抗击“非典”斗争中取得的非凡成绩。

▲6月3日　国资委党建工作调研组到中关村金融中心项目调研，对该项目部党建工作给予很高评价。

▲6月20日　公司召开首届团代会，选举产生首届团委。

▲6月21日　北京中关村金融中心钢结构工程举行吊装典礼，北京市副市长范伯元、中国建筑业协会副会长张青林及总公司总经理王振侯、副总经理范德等出席典礼。

▲7月　怡禾国际中心、亿城大厦、中国印刷物资总公司住宅楼项目部获北京市建委授予的“北京市建委系统防控‘非典’英雄集体”称号。

▲8月25日　顺利通过OSHMS职业健康安全管理体系年度审核。

▲9月6日　聘请咨询公司参与公司发展战略规划方案制定。

▲10月　公司被北京市评为纳税信誉A级企业。

▲10月9日　总经理助理赵伟获“中国第二届国际杰出项目经理”荣誉证书，受到建设部副部长黄卫的亲切接见。

▲10月22日　公司承建的北京大学科技大楼荣获2003年度中国建筑工程鲁班奖。

▲11月　项目经理铁铮被评为“北京市优秀项目经理”。

▲12月8日　经北京市工商行政管理局核准，公司更名为中铁建设集团有限公司。

▲12月10日　副总经理孙金城当选为北京市石景山区第13届人大代表。

▲12月28日　北京中关村金融中心举行隆重的封顶仪式。

▲12月　铁铮青年突击队被共青团北京市委评为“北京优秀青年突击队标杆”。

▲12月　公司获“中央国家机关文明单位”称号。

▲12月　公司被中国质量协会评为“2002年度全国质量效益型先进企业”。（李　琳）

中铁路桥集团有限公司

【简况】　中铁路桥集团有限公司成立于2002年3月18日。公司机关驻四川省成都市东门街84号。下辖中铁养马河工程股份有限公司、川东水泥有限公司、成都中铁建西南物资有限公司、建设工程有限公司、上海工程分公司、珠海工程分公司、重庆新华铁轨道工程有限公司、养马河工程分公司、水城工程分公司。主要从事铁路、公路、城市轨道交通、磁悬浮列车轨道工程、市政工程、工业与民用建筑工程施工，各类钢筋混凝土制品、钢结构的生产与销售，各类水泥产品的研制开发、产销，以及物资流通、酒店服务等业务。拥有铁路桥梁工程、市政公用工程施工总承包一级资质，通过ISO9001国际标准质量体系认证。公司生产的铁路桥梁和“华蓥山”牌水泥被评为铁道部优质产品。现有职工2 787人，其中专业技术人员491人。资产总值57 874万元，其中流动资产30 867万元，固定资产原值34 208万元、净值18 529万元。主要机械设备2 216台（套），总功率31 314千瓦，设备完好率92%、利用率75%。

2003年，承揽任务50 035万元。完成产值56 839万元，其中工业产值36 055万元，物资营销产值14 155

万元，施工产值5 251万元。实现利润1 662万元。

（罗良生）

【领导人员】

股东会

国有股代表　　霍金贵
　　　　　　　王长留
　　　　　　　千天成
　　　　　　　钟安明
　　　　　　　田宝华
　　　　　　　幸　义
　　　　　　　吴靖文
其他法人股代表　罗兴武

董事会

董事长　　王长留
副董事长　　千天成
　　　　　　刘士彦
国有股董事　王长留
　　　　　　千天成
　　　　　　刘士彦
　　　　　　曾庆道
　　　　　　钟安明
　　　　　　田宝华
　　　　　　幸　义
其他法人股董事　毋朝均

监事会

监事会主席　黄少军
国有股监事　黄少军
　　　　　　吴玉兰
　　　　　　刘国秀
职工代表监事　陈哲华
其他法人股监事　万显华

经理层

总经理　　王长留（兼）
副总经理　钟安明
　　　　　田宝华
　　　　　廖礼坤
　　　　　喻丕金
　　　　　张庆军
　　　　　刘衍堂
总工程师　田宝华（兼）
总经济师　刘衍堂（兼）

党群领导

党委书记　千天成
党委副书记　王长留
　　　　　　幸　义
纪委书记　幸　义（兼）
工会主席　刘顾集

（罗良生）

【经营管理】　生产经营。2003年承揽任务50 035万元。完成产值56 839万元，其中工业产值36 055万元，施工产值5 251万元，物资营销产值14 155万元，其他产值1 378万元。实现利润1 662万元。

机构改革。年内，集团公司推行扁平化管理模式，将中铁养马河工程股份有限公司机关并入集团公司机关，将原两级机关的14个部室撤并为8个，四分之一的机关人员充实到基层，合并后的机关定员不足百人。将原属中铁养马河工程股份有限公司的养马河、上海、珠海、重庆、六盘水等分公司划归集团公司直接指挥。为适应市场竞争需要，成立华东、华南、西南、内蒙古四个区域性指挥部和水泥制品、钢结构开发与生产的专业化公司——养马河工程分公司。通过实施区域化战略，为进一步开拓市场提供了必要条件；专业化公司的建立，有效地提升了集团公司的核心竞争力。年底，上海、珠海、重庆三个分公司分别在当地注册，成为具有独立法人资格的子公司。

管理创新。集团公司开展"管理效益年"活动，采取一系列管理创新措施：在集团公司和子（分）公司机关实行逐月绩效考核、年终综合评分、末位淘汰制度，提高了机关人员的工作责任心和工作效率；成立集团公司资金调度中心，建立网上银行，实行资金统一调配，提高了资金运用效益；实行项目部会计委派制，推广重庆、珠海分公司精细化成本管理经验，使成本管理责任落实到每个岗位、每道工序、每个员工，有效地降低了工程成本。

科技开发。年内完成国家重点攻关课题"京沪高速铁路箱梁制造模型及制造技术3米梁节"的开发试验，并申报国家专利；"跨座式单轨PC梁制造技术"、"磁悬浮列车轨道梁制造技术"通过四川省科技厅组织的技术鉴定；完成国家"863计划"项目"磁悬浮轨道梁制造技术"优化研究课题；开发的多种新规格先张法、后张法桥梁、轨枕和隧道管片已投入生产。此外，还为杭州湾特大跨海桥施工和京沪高速铁路建设做了大量技术准备。

教育培训。年内组织送外培训243人次，参加地方卫星教育培训266人次，中高层管理人员任职资格培训44人次，5人参加博士生或研究生在职学习，25人参加本科生学习。全年集团公司组织内部培训634人次，各子（分）公司组织培训3 829人次。（罗良生）

【企业改制】　2003年，集团公司新成立的内蒙古呼准铁路有限公司和建设工程有限公司实行产权多元化，建立起“各负其责、协调运转、有效制衡”的法人治理结构运行机制，运转平稳顺畅。9月，总公司辅业改制试点单位——川东水泥有限公司的改制剥离工作正式进入实施阶段，养马河职工子弟学校于年底顺利移交地方政府，川东水泥有限公司职工子弟学校和养马河职工医院的分离移交工作正在进行协商。 （罗良生）

【资本运作】 内蒙古呼准铁路是集团公司资本运作项目。年初，内蒙古呼准铁路有限公司挂牌成立，集团公司以33%的股权控股。年底呼准铁路建设正式开工。该项目的成功运作，不仅为企业栽下一棵“摇钱树”，对企业的持续健康发展奠定了基础，也为总公司系统进行BOO(建设—拥有—经营)经营模式提供了一个成功的范例。 （罗良生）

【党群工作】 党的工作。集团公司党委下辖基层党委6个、党支部39个，有党员1 257人。集团公司党委及所属党组织认真探索加强党建和思想政治工作的新路子，深入开展十六届三中全会精神学习，加强领导班子民主集中制建设，进一步发挥了领导班子的整体功能。以领导人员廉洁自律、查处违纪案件和执法效能监察三项工作为重点，深入开展党风廉政建设和反腐败工作。围绕生产经营、改革改制中的重点、难点问题开展经常性的思想政治工作，保证了企业和员工队伍的稳定。年内集团公司党委被四川省委组织部评为“共产党员实践‘三个代表’示范党组织”，总公司党委转发了《中铁路桥集团公司2003年党建工作实施“七项工程”》的做法。

工会工作。集团公司工会下辖基层工会组织9个，有会员2 584人。各级工会组织机构健全，人员配备到位，依法独立开展工作，参与“三重一大”决策制度和深入推进企务公开等工作得到较好落实。在劳动竞赛和经济技术创新活动中，创造经济效益120余万元。年内有1人被中华全国总工会授予“全国优秀工会积极分子”称号，4人受到总公司工会表彰，养马河工程分公司工会荣获四川省企业工委颁发的“双十佳单位”称号。

共青团工作。集团公司团委下辖5个基层团委、1个团总支、18个团支部，有团员526人。各级团组织结合重点工程、重点项目施工生产，积极开展“双争双创”活动，年内被总公司评为“优秀团干部”、“优秀共青团员”各1人，“五四红旗团委”1个，“青年岗位能手”1人，“青年文明号”工程1项。

企业文化建设。集团公司和集团公司党委高度重视企业文化建设，提出“保饭碗、干绝活、栽摇钱树”的企业发展战略，下发企业文化建设指导意见，倡导“创新求强、永争一流”的企业精神，系统地提出领导理念、管理理念、经营理念、员工形象理念及职业道德理念，确立企业标识，企业文化建设取得新进展。 （林礼明）

【中铁养马河工程股份有限公司】 是由原养马河桥梁厂投资控股，联合铁道专业设计院、中铁道桥股份有限公司等5家公司共同发起，依照《公司法》于2001年12月组建的股份制企业。公司机关驻四川省成都市东门街84号。员工881人。公司董事长王长留，总经理张庆军，党委书记刘顾集。下辖上海、珠海、重庆、水城及桥梁、金属结构等6个分公司。公司拥有铁路桥梁、市政公用工程施工总承包一级和房建、钢结构、预应力桥梁工程施工二级资质，是四川省高新技术企业、中国500家最大建材工业企业之一。曾获“全国五一劳动奖状”。2003年6月，集团公司推行扁平化管理模式后，其管理职能由集团公司取代。 （罗良生）

【川东水泥有限公司】 驻四川省渠县三汇镇。其前身为总公司川东水泥厂，是全国重点建材企业之一，连续12年荣获四川省“重合同、守信用单位”称号。创建于1968年，2002年7月企业改制改称现名。总经理(法人代表)吕保华，党委书记周家治。公司位于襄渝、达成铁路交汇的三汇镇火车站，占地面积63万平方米，建筑面积11.34万平方米。职工1 014人，其中专业技术人员134人。固定资产原值15 400万元、净值6 496万元。拥有2条Ø3.0×100.94米湿法回转生产线，2条Ø2.8×10米机立窑生产线，日产熟料1 000吨。主要产品有“华蓥山”牌矿渣硅酸盐P·32.5、P·42.5和普通硅酸盐P·O32.5R、P·O42.5R水泥以及水电站大坝专用的中热水泥，其中矿渣硅酸盐P·32.5等级和普通硅酸盐P·O32.5R、P·O42.5R水泥通过国家质量认证。同时，还可根据用户需求生产普通P·O52.5R水泥和高速公路半刚性路面施工专用水泥。

2003年，生产水泥42.6万吨，销售水泥42.3万吨，实现工业总产值8 528万元，销售收入(含税)10 170万元，清收欠款1 131万元。全年新签合同57份，合同总量36.8万吨。年内水泥生产、矿石开采、熟料生产、清收欠款、职工工资收入、承揽任务均创历史最好水平。 （方清明）

【成都中铁建西南物资有限公司】 驻成都市一环路北一段113号。其前身是铁道兵指挥部西南办事处，始建于1983年；1984年集体转业并入铁道部，2001年12月企业改制改称现名。董事长干天成，总经理陈怀润，党委书记杨秀安。主要担负总公司系统路内物资材料供应任务，与全国30余家大型生产企业有稳固的联营、供销和联销经营业务，是攀枝花钢铁公司钢轨销售国家级代理单位之一。现有员工107人，其中专业技术人员27人。资产总额7 712万元，其中固定资产原值1 579万元、净值986万元，流动资产5 829万元，其他资产897万元。公司通过ISO9001:2000版质量体系认证，多次荣获铁道部、四川省、成都市授予的“质量信得过先进单位”、“文明企业”、物资“销售百强企业”等称号。

2003年，公司完成经营产值14 155万元，实现利润96.3万元，创历史较好水平。妥善解决与中铁二局集团公司长达20年的住房交换历史遗留问题，收回成都铁宾饭店南楼，并开始正常营业。（郝 静）

【建设工程有限公司】 成立于2002年7月，2003年6月改制为股权多元化的有限责任公司。公司机关驻成都市一环路北三段11号。董事长王长留（兼），总经理刘衍堂，党委书记禹富初。下辖4个分公司、4个项目经理部。职工106人，其中技术干部98人。资产总额2 048万元，其中流动资产1 122万元、固定资产176万元。

2003年，承揽工程4项，合同投资12 700万元。完成施工产值3 207万元，实现利润323万元。产值利润率10.06%，投资收益110万元，利润61万元，人均创利8.3万元。职工人均年收入超30 000元。工程质量合格率100%、优良率85%。（廖 迪）

【养马河工程分公司】 组建于2003年7月，为集团公司实行扁平化管理模式后成立的直属分公司，由养马河管理公司与原铁马股份公司桥轨分公司、金属结构分公司、宝鸡桥梁基地、吉安项目部、赣龙桥梁基地、水城分公司合并组建。公司机关驻四川省简阳市养马镇铁东街612号，占地面积40.07万平方米。总经理孙永康，党委书记石帮远。主要负责铁路桥梁、轨枕、混凝土预制品、金属结构加工的生产和销售。现有员工609人，其中管理人员110人，工人499人；管理人员中从事技术管理工作的49人，占管理人员总数的44.55%；技术工人289人，占工人总数的57.92%。资产总额6 435万元，其中流动资产4 589万元，固定资产原值4 412万元、净值1 846万元。机械设备601台（套），铁路专用线7.4公里，总功率4 196千瓦，人均动力装备率6.89千瓦、技术装备率2.6万元，机械设备完好率99.3%、利用率51.7%。

2003年，承揽任务17项，合同总额10 877.46万元。完成工业总产值4 801万元，销售收入5 417万元，实现利润172万元。职工年人均收入8 715.38元。（黄 静）

【上海工程分公司】 驻上海市南汇区新场镇。为集团公司直属分公司。总经理张庆军。职工94人。资产总额3 524万元，其中固定资产原值3 402.5万元、净值3 201万元，流动资产323万元。机械设备60台（套），现值286万元，总功率1 296.8千瓦，设备完好率100%、利用率80%。年生产能力：钢筋混凝土加工量11.5万立方米，磁悬浮导轨梁1 800榀，地铁管片10 000片。公司主要担负上海磁悬浮列车导轨梁生产任务，曾获上海市“精益杯”奖。（马万民）

【重庆工程分公司】 又称重庆市新华铁轨道有限公司，系集团公司直属分公司。驻重庆市巴南区李家沱申家沟。总经理张玉萍。资产总额1 623万元，其中固定资产原值607万元、净值424万元，流动资产1 079万元。机械设备96台（套），总功率1 064.9千瓦，设备完好率98%、利用率84%。年生产能力：混凝土加工量50 000立方米，城市轻轨交通PC梁672榀。主要承担重庆轻轨交通较新线PC轨道梁生产任务。

2003年，公司完成总产值3 255万元，人均创利2.98万元，员工年人均收入2.82万元。国有资产保值增值率131%，净资产收益率30.38%，产值利润率8.6%。（余 洋）

【珠海工程分公司】 驻广东省珠海市斗门区开岸镇工业大道178号。为集团公司直属分公司。总经理刘顾集。职工240人。固定资产1 103万元，流动资金1 500万元，占地面积24 159.63平方米。年生产能力：钢筋混凝土40 000立方米。公司成立三年来，相继中标香港西部铁路CC－1810、CC－1820、CC－230标段和东部铁路CC－1850标段的FST板、轨枕、岔枕、电缆槽生产及香港地铁挡土墙施工任务，为国家和企业创汇1亿港元。（田和平）

【水城工程分公司】 驻贵州省六盘水市双水开发区。经理吴伟。职工47人。资产总额3 808万元，其中固定资产原值1 869万元、净值1 127万元，流动资产1 983万元，其他资产721万元。机械运输设备12台，现值90万元，总功率1 975.7千瓦，人均动力装备率41.2千瓦，设备完好率91.67%、利用率41.67%，机械化施工程度80%。公司具有月产桥梁50孔，存梁120孔；年产轨枕25万根，存轨枕47万根；月产预应力楼板600立方米，月储运发车600车的生产能力。（吴 伟）

【重要记载】

▲1月8日　川东水泥有限公司正式挂牌成立。

▲2月17日　重庆市副市长赵公卿一行到重庆工程分公司检查指导工作。

▲2月19日　总公司党委书记李国瑞一行5人到重庆工程分公司检查指导工作，对公司专业技术上的领先优势给予充分肯定。

▲2月26日　内蒙古呼准铁路有限公司正式挂牌成立。集团公司占33%的控股权。

▲3月9日　集团公司2003年度工作会议在成都召开。

▲4月3日　日本交通事业部KM部本部长及日本PC梁轨道专家石川正和一行3人，到重庆工程分公司参观PC梁工程。

▲5月22日　集团公司为越南生产的轨枕生产线在越南首都河内举行隆重开工剪彩仪式，越南交通部部长、铁路联合协会主席等出席开工仪式。

▲5月23日　集团公司开发的"跨座式单轨PC梁制造技术"和"磁悬浮列车轨道梁制造技术研究"成果通过四川省科技厅组织的成果鉴定，专家认定PC梁和磁悬浮轨道梁制造技术为国内首创，达到国际先进水平，其中模板技术居国际领先水平。

▲6月4日　集团公司宣布中铁养马河工程股份有限公司暂停上市准备，其机关并入集团公司。集团公司开始实施扁平化管理模式。

▲6月15日　成都中铁建西南物资有限公司收回与中铁二局集团公司换住的铁宾饭店南楼，解决了历时20年的历史遗留问题。

▲6月25日　四川省省委、省政府授予集团公司副总经理兼总工程师田宝华"四川省有突出贡献的优秀专家"称号，享受政府特殊津贴。

▲6月30日　四川省委组织部授予上海工程分公司党支部"实践'三个代表'示范党组织"称号。

▲同日　集团公司决定成立华东、华南、西南、呼准四个区域性指挥部和养马河工程分公司。

▲6月　经国家工商行政管理总局批准，建设工程有限公司由分公司改制为股权多元化的有限责任公司。

▲7月9日　总公司何能金副总经理到重庆工程分公司检查指导工作。

▲7月10日　原川东水泥有限公司董事长张永华涉嫌受贿被渠县检察院批准逮捕。

▲7月11日　总公司王振侯总经理到成都中铁建西南物资有限公司检查指导工作。

▲7月16日　四川省企业工委授予重庆新华铁轨道工程有限公司"2001年～2002年度职业道德建设先进单位"称号，授予养马河工程股份有限公司副总经理王长安"职业道德建设先进个人"称号。

▲7月31日　重庆工程分公司完成重庆城市轻轨交通较新线一期工程PC梁灌注任务，生产PC梁727榀，创造出曲线半径75米的世界纪录，梁体外观、混凝土强度、弹膜等多项技术指标超出国际先进水平。

▲7月　养马河工程分公司完成国家重点攻关课题——京沪高速铁路箱梁模型制造技术3米梁节的开发试验。

▲7月　中铁养马河工程股份有限公司开发的"磁悬浮轨道梁制造技术研究"项目获四川省科技进步奖。

▲8月7日　集团公司董事长兼总经理王长留荣获"四川省优秀创业人才"称号。

▲8月25日　珠海工程分公司被香港九广铁路公司评为"质量信得过企业"。

▲8月26日～31日　集团公司董事长兼总经理王长留作为成都市人大代表出席成都市第14届人民代表大会。

▲11月18日　呼准铁路奠基典礼在内蒙古准格尔旗举行，内蒙古自治区主席助理余德辉、鄂尔多斯市市委书记云峰及总公司副总经理靳尚忍、集团公司董事长王长留出席奠基典礼。

▲11月26日　成都中铁建西南物资有限公司通过ISO9001:2000国际质量体系换版复查，获得国家CNACR认证证书和国际UKAS认证证书。

▲12月1日　养马河职工子弟学校正式移交四川省简阳县政府。这是集团公司主辅分离中第一个被彻底剥离的单位。

▲12月　川东水泥有限公司顺利通过ISO9001:2000版质量体系换版复查，矿渣32.5等级水泥通过国家质量认证。

（罗良生）

中铁物资集团有限公司

【简况】　中铁物资集团有限公司机关驻北京市复兴路40号。其前身为中国人民解放军铁道兵后勤部物资处，1984年兵改工后改称铁道部工程指挥部物资处；1990年3月组建中国铁道建筑总公司物资局，1999年9月27日改组为中铁建物贸公司，2000年12月4日更名为中铁建物资集团有限公司，2003年企业改制改称现名。主要承担铁路物资供应和国家统配物资、铁路专用物资采购供应及外资材料的招标采购工作，从事现代物流和第三方物流。集团公司机关设职能部门8个，经营部门5个，直属公司2个。现有职工751人，其中干部392人，工人359人；专业技术干部222人，技术工人162人。下辖东北公司、上海华东实业公司、湖北中铁工程公司、西北公司、石家庄公司和深圳鸡公山隧道项目部。资产总额53 449万元，其中固定资产净值9 995万元，流动资产34 888万元，其他资产8 566万元。库房9.93万平方米，机械47台，车辆33台。曾被总公司、总公司党委评为“四好领导班子”和“‘八五’双文明建设先进集体”，被内贸部和国家统计局评为“中国物资流通百强企业”，名列第40位。

2003年，完成企业总产值50 017万元，实现利润393万元，人均创利税1.79万元。全员劳动生产率74 527元/人年，职工人均年收入2.54万元。国有资产保值增值率101.3%，净资产收益率1.8%，产值利润率0.8%，资产负债率73%，投资收益率3.5%，投资收益上缴率100%，应上缴款完成率100%，超额完成总公司下达的各项经济技术指标。　　（刘忠河）

【领导人员】

股东会

国有股代表	何能金
	耿杰明
	孙廷台
	刘茂芝
	申兆军
	张长根
	王　琳
职工股代表	于洪合
职工代表	杜宝新

董事会

董事长	孙廷台
国有股董事	孙廷台
	尚清喜
	刘茂芝
	申兆军
	徐士淮
职工股董事	李锦云
职工代表董事	杜宝新

监事会

监事会主席	姜世杰
国有股监事	姜世杰
	李忠心
	李公文
职工股监事	靳　霞
职工代表监事	杜　强

经理层

总经理	申兆军
副总经理	黄济洪
	张长根
	王　琳
总会计师	李锦云

党群领导

党委书记	刘茂芝
党委副书记	杜宝新
纪委书记	杜宝新（兼）
工会主席	杜宝新（兼）

（刘忠河）

【职工队伍】　年末职工751人，其中干部392人，工人359人。干部中专业技术人员222人，其中高级职务6人，中级职务108人，初级职务108人；工人中技术工人162人。干部与技术干部比例为1.77:1，工人与技术工人比例为2.22:1。　　（李利平）

【资产与技术装备】　资产总额56 839万元，其中固定资产原值13 943万元、净值9 995万元，流动资产34 888万元，其他资产8 566万元。铁路专用线8条1 548延长米，库房9.93万平方米，车辆33台，机械47台。

（靳　霞　吴玉波）

【经营管理】　坚持以物流为主、适度多元经营的发展思路，经济运行质量明显提高，生产经营取得历史最好成绩。

子公司经济效益有新起色。东北公司依靠科学管理，发挥物流主业优势，先后成立徐州、上海分公司和鞍山、包头办事处，积极发挥鞍钢、包钢国家级代理的优势，并与南钢、淮钢、莱钢建立稳定的业务关系，先后供应渝怀、宁启、朔黄铁路建设用轨，承担南京地铁、天津地铁、上海大屯能源运煤专线等一批地方铁路建设的钢轨供应，全年完成产值39 128万元。石家庄公司坚持“发挥地域优势，立足仓储物流，拓展多元经营和外向经济”的经营战略，全年完成产值1 465万元。华东公司坚持“强化管理、平稳过渡、稳步发展”的经营方针，进一步完善社会服务业、物资经营、工程经营三位一体的经营格局，突出主业求生存，狠抓物资经营和工程经营谋发展，全年完成产值1 535万元。西北公司坚持工程经营、物资供应、旅游服务协调发展的经营格局，全年完成产值344万元。湖北中铁工程公司面对复杂的市场形势和沉重的债务负担，艰苦拼搏，全年完成产值3 121万元。

本级经营呈现良好势头。全年完成产值10 980万元,比 2002 年增加8 446万元,同比增长 3.33 倍。金属部积极参与社会投标,连续中标漯阜、西延铁路钢轨供应任务,全年供应钢轨9 511吨,完成销售收入2 850万元。非金属部以成品油供应为主线,兼顾煤炭、民爆器材供应工作,多方筹集油料资源,先后设立青藏铁路、兰武二线油料供应站,全年完成产值 830 万元。成立仅半年的物资设备部,积极抢占市场,先后在北京地质库、百子湾库开辟现货市场,积极寻求新的经济增长点,全年完成产值1 100万元。工程经营部承建的深圳鸡公山隧道主体工程已完工,工程质量优良,全年完成产值1 800万元,可望取得较好经济效益。通达工程公司千方百计承揽任务,全年完成产值1 500万元。新成立的进出口贸易部与莱钢达成销售协议,为其在石家庄代理销售钢材1 200吨,同时开展汽车销售业务,全年完成产值2 900万元。11 月,集团公司取得鞍钢直供户头和包钢代理权,与其建立战略合作伙伴关系。

主业经营稳中有升。集团公司积极参与渝怀、漯阜、西延、神朔、西安南京铁路和南京、天津地铁物资供应,全年销售钢材近 20 万吨,油料 15 万吨,炸药 1 万吨,雷管 800 万发,导火索 700 万米,煤炭 4 万吨。其中东北公司销售钢材 13.2 万吨;华东公司完成物资供应1 014万元,实现销售利润 48 万元;西北公司南阳物资供应基地以铺架轨料供应为龙头,以设备配套物资供应为重点,全年接运各类物资 603 车35 577吨,以优质的服务多次赢得铁道部西安南京铁路建设总指挥部和施工单位好评。西北公司还在宜万铁路物资基地投标中一举中标巴东物资仓储基地。

仓储装卸业务明显提升。东北公司利用现有资源,加大管理力度,强化服务意识,对外出租库房16 416平方米,实现仓储和装卸收入 750 万元。石家庄公司对外出租库房57 780平方米,实现仓储和装卸收入 550 万元。华东公司仓储和停车场实现收入 275 万元。全系统年内实现仓储装卸收入1 575万元。

企业改革取得重大进展。集团公司集中部署,分步实施,先后完成资产评估、债转股、"百含"划转及职工参股工作,顺利完成股份制改造,于 3 月 31 日正式注册"中铁物资集团有限公司"。各公司均已建立股东会、董事会、监事会和经理层,形成"各负其责、协调运转、有效制衡"的法人治理结构和运行机制。对内部职能部门和经营创收单位进行整合,有效地改变分散、弱小、割据状况,强化集中统一管理。集团公司机关增设物资设备部和进出口贸易部,已取得初步成效;将华铁公司和宏远销售中心合并组建中铁物资集团华南公司,有利于开拓华南市场。东北公司撤消原综合管理部,设立办公室和人力资源部;撤消企业管理计划部,将其职能分别划入生产经营管理部和财务部。石家庄公司发挥地域优势,新成立信息经营部。湖北中铁工程公司引进人才成立物资分公司,积极开展物资贸易工作。集团公司先后印发《关于企业法人治理结构运行机制若干问题的指导意见》《企业领导人员管理暂行办法》《中铁物资集团有限公司企业经营管理者奖励办法》和《中铁物资集团有限公司总经理工作制度》等一系列规章制度,各子公司也制定相关规章制度,初步形成责权分明、管理科学、激励与约束相辅相成的运行机制。

内部管理得到加强。一是财务管理逐步规范。集团公司机关加强资金管理和财务控制,将各经营部门的财务实行集中统一管理,提高了资金使用效率。集团公司和子公司均成立清产核资和清收欠款工作机构,对内部资产进行全面清理,制定清欠工作计划、措施,分工负责,责任到人,采取多种手段并取得一定效果。湖北中铁工程公司年内收回欠款 146.67 万元。二是质量管理上新台阶。集团公司于 11 月 10 日正式启动质量管理、环境管理和职业健康安全管理体系"三合一"贯标认证工作,东北公司于 12 月 26 日顺利通过"三合一"认证。三是安全生产成效显著。年内集团公司未发生安全责任事故,石家庄公司储运公司被总公司评为"安全标准车间",集团公司受到总公司表彰。四是加大基础设施投入。东北公司投资 108 万元购置 L 型单门梁门式起重机,投入 16 万元对1 000平方米货场进行硬化处理,投入 108 万元在停车场新建3 200平方米库房并整体出租。华东公司投入 170 万元新建综合楼1 108平方米,所属铁城实业公司投入 30 万元用于库房、招待所改扩建。湖北中铁工程公司投入 31 万元对物业分公司现有房屋进行维修和加层改造。五是综合管理得到加强。初步建立企业自主用工,就业者自主择业,能进能出、能上能下、全员竞争上岗的新型用工机制。改革分配办法,制定以岗位效益工资为主的工资制度,调动了广大职工的工作热情。"三个确保"工作得到贯彻落实,社会保险工作常抓不懈,解除了职工的后顾之忧。加强审计工作力度,治安综合治理作用明显,档案管理取得有效进展。六是队伍建设富有成效。党风廉政建设和反腐败工作得到加强,效能监察发挥积极作用。企业文化建设富有特色,确立"团结、诚信、责任、创新"的企业精神,树立"追求卓越,与您共同发展"的经营理念,制定"立足现代物流,依托铁路市场,发挥区域优势,适度多元经营"的经营战略。

(刘忠河)

【党群工作】 理论学习成效明显。各级党委紧密联系企业生产经营、深化改革、班子建设和员工思想实际,认真学习贯彻党的十六大精神和十六届三中全会作出的《中共中央关于完善社会主义市场经济体制若干问题的决定》，深刻领会精神实质，注重在提高认识、指导实践、推动工作上下功夫，将学习活动不断引向深入。石家庄公司党委把抓学习、强素质，创建学习型企业作为重要工作来抓，坚持党委中心组学习制度，领导班子成员坚持写读书笔记，积极撰写理论文章，促进了领导干部理论素质的提高。集团公司改制后，组织党员干部认真学习《企业国有资产监督管理暂行条例》，增强了保证国有资产保值增值的责任感。

法人治理结构运作水平逐步提高。集团公司党委对5个子公司领导班子进行全面考核，调整配备领导人员29名，委派子公司国有股股东、董事、监事25人次，调整18人次，初步建立集团公司和子公司法人治理结构。企业领导层的年龄结构和文化结构得到较大改善，29名领导班子成员平均年龄47岁，大专以上文化程度23人，占79%。年内集团公司下发《关于企业法人治理结构运作机制若干问题的指导意见》和《企业领导人员管理暂行办法》，派出调研组对4个子公司法人治理结构运作情况进行调研考察，提出改进意见，进一步完善了法人治理结构运作机制。

基层党组织建设进一步加强。各级党委认真贯彻总公司《关于加强基层党的建设和思想政治工作的决定》，相继制定《公司党委日常工作制度》，对党委参与重大问题决策的范围和途径、党委议事规则、党委中心组学习制度等作出明确规定，凡属重要人事任免、重大投资项目、重大经营决策和大额资金使用等问题，都按照集体领导、民主集中的原则经集体研究决定，避免决策失误和经济损失。积极开展创建"四好领导班子"活动，东北公司和石家庄公司注重发挥领导班子整体功能，法人治理结构运转顺畅，经营业绩名列前茅，被评为2003年度集团公司"四好领导班子"。3月中旬，集团公司党委组织开展"三个代表"重要思想学习教育活动"回访复查"工作，各单位党支部认真落实整改措施，发挥了党支部的战斗堡垒作用。面对突如其来的"非典"疫情，认真贯彻"两手抓"要求，采取积极预防措施，利用现代化通信工具，跟踪信息，联系业务，狠抓生产经营不放松，取得抗击"非典"和生产经营双胜利。各单位党委坚持从严治党的方针，采取自我教育、个人剖析、小组评议、支部审查方法，认真开展民主评议党员活动。全系统共评议党支部28个，评议党员472名，占党员总数的98.9%，党员队伍整体素质明显提高。

思想政治工作取得新成效。集团公司29名组织、人事工作者认真开展"树组工干部形象"集中学习教育活动，按照"对己清正，对人公正，对内严格，对外平等"的要求，通过自查和互查方式，实事求是地评价自我，查找存在的问题，制定整改措施取得良好效果。集团公司党委把企业文化建设作为思想政治工作的重要内容来抓，成立企业文化建设领导小组，开展集团公司CI方案征集活动，全体员工献计献策，积极参与，确定集团公司标识、企业精神、经营理念、经营战略，明确企业发展方向，为企业规范化建设奠定了基础。8月，集团公司创办《物资政工简报》，及时反映公司党建和思想政治工作动态。东北公司党委利用网站和《东办之声》，在第一时间宣传公司改革发展重大举措。石家庄公司党委重视新闻报道工作，连续五年被《中国铁道建筑报》评为新闻报道先进单位。年内全系统共刊稿73篇，较好地提高了企业知名度。各级党委加强企业改革和生产经营中的思想政治工作，特别是在企业改制中，涉及职工入股金额1 436万元，通过扎实有效的宣传教育，领导干部带头缴款，使这项事关全局改革的大事进行得比较顺利。政研会深入开展调查研究，党政领导积极撰写调研论文，党委书记刘茂芝撰写的《提高领导综合素质，确保法人治理结构协调高效运转》一文被中国政研会《政工研究动态》刊发；华东公司党委书记季树龙撰写的论文《对发挥党委政治核心作用，确保法人治理结构协调运转的几点思考》，被总公司政研会作为重点调研课题在《铁建政工》发表。

领导干部廉洁自律工作取得新进展。各级党委、纪委一边抓企业改制、一边抓党风廉政建设，要求领导干部做廉政建设的带头人，将企业领导人员廉洁自律新"五条要求"和老"五项规定"编印成册，分发给党委和纪委成员加深理解。年内集团公司专门成立由纪检监察部门牵头、工程经营和财务部门共同组成的工程项目执法效能监察小组，对5个工程项目部进行全面检查，没有发现严重亏损项目和违纪违法现象。全年受理群众来信6件，初查核实1件，群众来信来访的数量较往年大幅度下降。

群团组织建设出现新起色。年内召开集团公司第一次工会会员代表大会，选举产生集团公司首届工会委员会。集团公司工会制定《职工持股会章程》和《职工持股会管理办法》，圆满完成职工出资入股工作。建立、完善职工代表大会制度，明确职代会与股东会的职权关系和劳动者与股东的利益关系。华东公司工会把企务公开作为健全公司民主管理制度的重要内容，制定《企务公开实施办法》和《企务公开监督考核暂行办法》，把公司管理、职工利益、劳动人事和党风廉政建设等四大类20项工作列为企务公开的内容，及时检查考评，确保企务公开内容落到实处。积极开展平等协商、签订集体合同，处理职工劳动争议，依法维护了职工的合法权益。建立职工互助合作保险基金会，开展"送温暖"活动，年内组织7个慰问组，筹集慰问金11.8万元，看望困难职工74户。成立女职工委员会，维护女职工的合法权益和特殊利益。集团公司于9月召开第一次团员代表大会，选举产生集团公司首届团委。各级团组织履行职责，积极组织团员青年开展"争创青年文明号，争当青年岗位能手"竞赛活动和"青年安全生产示范岗"活动，取得良好效果。 （刘林华）

【深圳鸡公山隧道项目经理部】 驻广东省深圳市龙岗区布吉镇。2002年11月26日组建，为总公司派出机构，由集团公司直接领导和管理。项目经理王金锋。承担鸡公山隧道正洞500延长米施工任务，投资2 400万元。2002年11月26日开工，计划2004年3月31日竣工。年内完成投资1 800万元，工程质量被业主评为全线第一名。 （王金锋）

【中铁物资集团东北有限公司】 驻辽宁省沈阳市大东区东北大马路337号。其前身为中国人民解放军铁道兵东北办事处，1984年1月1日集体转业并入铁道部，改编为铁道部工程指挥部东北办事处；1989年更名为中国铁道建筑总公司东北办事处，2003年4月企业改制改称现名。董事长张宝起，总经理李庆生，党委书记董佃俭。现有员工274人，其中管理岗位100人，生产服务岗位99人，离岗和外出劳务75人。下辖辽宁铁兵物流有限公司、鞍山有限公司、上海佳拓贸易有限公司、徐州有限公司和包头办事处。公司占地面积12万平方米，有库房25栋，面积22 756平方米，铁路专用线6条。主营物资贸易、仓储运输、设备租赁、餐饮住宿、第三方物流和国内外贸易等业务。

2003年，完成产值39 128万元，实现利润206万元(净利润156.3万元)，员工人均年收入2.4万元。投资回报率3.3%，上缴税金490万元。公司充分利用品牌优势和经营网络优势，及时调整经营策略，先后承担渝怀、朔黄二期、漯阜铁路和南京、天津地铁等重点工程的供货任务，全年销售总量显著提高，销售钢材13.2万吨，现场装卸30万吨，库房出租率达96%。新建钢结构库房2 800平方米，购置32吨龙门吊1座。公司年内顺利通过国际质量、环境和职业健康安全管理体系认证，先后获得国家级"守合同、重信用单位"、"AAA级信用单位"、"档案工作目标管理国家二级"、"四好领导班子"和沈阳市"文明单位"等荣誉。

（王　玲）

【上海华东实业有限公司】 驻上海市长乐路462号。原为中国铁道建筑总公司华东办事处，2003年企业改制改称现名。董事长张家荣，党委书记季树龙，总经理程建峰。现有职工51人，其中管理人员28人，工人23人。下辖上海铁城实业有限公司、上海铁城物资有限公司和工程经营部。

2003年，公司坚持"三位一体"的经营发展战略，社会服务业稳步发展，物资经营有新的起色，工程经营取得突破性进展，生产经营和经济效益创近年最好水平。全年完成产值1 535万元，实现利润85万元。先后承揽到上海地铁2号线西延伸段30多亿元及市政基础设施建设20多亿元的工程任务。 （陈贤好）

【湖北中铁工程有限公司】 驻湖北省武汉市武昌区丁字桥路27号。其前身是中国铁道建筑总公司中南办事处，2003年4月企业改制改称现名。董事长兼总经理朱玉良，党委书记周焰宏。职工86人，其中干部41人，工人45人。主要负责总公司系统在中南地区的物资保障，承揽、承建工程，开展多种经营。

2003年，承揽工程项目4项，合同总额4 500万元。完成企业总产值3 174万元，其中施工产值3 121万元，物业经营收入43万元，其他产值10万元。公司积极创办实业，寻求企业发展突破口。加大债权债务清理力度，年内收回欠款146万元。 （雷本乐　周之茹）

【中铁物资集团西北有限公司】 驻陕西省西安市友谊东路150号。其前身为中国人民解放军铁道兵西北办事处，1984年1月1日集体转业并入铁道部，改编为铁道部工程指挥部西北办事处；1989年更名为中国铁道建筑总公司西北办事处，2003年4月企业改制改称现名。董事长兼总经理王保权，党委书记宁普选。现有员工93人，其中干部47人，工人46人。主要为西安南京铁路建设提供物资供应，收集工程信息、承揽工程任务，同时负责总公司系统的接待服务和驻陕单位的牵头、协调工作。

2003年，完成企业总产值344万元，实现综合效益35.5万元。公司坚持工程经营、物资供应、旅游服务协调发展的经营格局，西安南京铁路南阳物资供应基地全年接运物资603车35 577吨，供应水泥9 631吨，被总公司评为先进单位。物资设备部以再用轨收购、经销为重点，全年完成2 646吨钢轨发送任务。夏威夷酒店积极采取补救措施，全年接待23 784人次，实现营业收入300万元，上缴管理费20万元。企业改制顺利完成，已建立法人治理结构。 （俞海泳　马晓鹏）

【中铁物资集团石家庄有限公司】 驻石家庄市桥东区工人街22号。其前身为中国铁道建筑总公司石家庄材料总厂，2003年改制为中铁物资集团石家庄有限公司。董事长聂怀德，党委书记季军，总经理刘振兴。现有职工180人，其中干部118人，工人62人。主要担负总公司系统施工机械设备、汽车配件、机电设备、通信器材、钢轨及铁路构件供应任务。房屋建筑面积10.93万平方米，其中仓储面积8.48万平方米；车辆16台，机械设备36台，铁路专用线2条，20吨龙门吊1辆，可向全国各地发运整车、零担货物，开展库房出租及物资代储代发业务。

2003年，公司以改制改革为动力，以市场营销为导向，立足仓储物流，发展多元经营和外向经济，全年完成产值1 465万元，实现利润113万元，国有资产保值增值率101.1%。年内公司被石家庄市地税局评为“纳税先进单位”，荣获河北省工商局授予的“守合同重信用企业”称号。 （丰利生）

【重要记载】

▲1月28日　东北公司荣获全国“守合同重信用单位”称号。

▲3月31日　集团公司在国家工商行政管理总局成功注册，标志企业改制顺利完成。

▲5月9日　集团公司建立以董事长孙廷台、党委书记刘茂芝、总经理申兆军为代表的法人治理结构。

▲7月1日　国务院监事会第39办公室负责人到集团公司听取工作汇报。

▲8月8号　召开集团公司工会第一次会员代表大会，选举产生集团公司首届工会委员会。

▲8月22日　召开集团公司生产经营分析会暨企业发展战略座谈会，明确发展现代物流主业。

▲9月12日　总公司总经理王振侯、党委书记李国瑞、副总经理何能金及总公司派出的国有股股权代表出席集团公司揭牌仪式，王振侯、李国瑞为集团公司揭牌。

▲9月23日　召开集团公司第一次团员代表大会，选举产生集团公司首届团委。

▲10月　西北公司中标宜万铁路巴东物资仓储基地。

▲10月22日　总公司党委副书记兼纪委书记彭树贵到东北公司检查指导工作。

▲12月26日　东北公司顺利通过国际质量、环境和职业健康安全管理体系认证，取得国家认可委和英国皇家认可委颁发的证书。 （刘忠河　王玲）

北京铁建工贸集团公司

【简况】 北京铁建工贸集团公司驻北京市复兴路40号。2001年11月28日组建。2002年1月，集团公司按照有利于集约化经营、集团化发展的战略目标，对所属15个建制单位进行结构调整和资产重组，初步建立两级法人体系。职工1 158人。下辖北京海石丰工业科技开发公司、北京中铁建商贸中心、北京中铁建印刷厂、北京五棵松饭店、北京铁建宾馆、中铁奥博物业管理中心、北京铁建医院和玉泉东市场。

2003年，集团公司按照“以服务为宗旨，以经济效益为中心，以深化改革为动力，推进服务工作规范化，求得经济效益最大化”的工作思路，齐心协力，开拓进取，一手抓抗击“非典”，一手抓生产经营，保住了总公司机关大院的一方净土，夺取了生产经营和抗击“非典”的良好成绩。全年完成营业收入8 500万元，圆满完成年度经济指标，集团公司全面建设水平得到提升。 （杨扬）

【领导干部】

行政系统

总经理	李晓莹
副总经理	王成贵（2月病逝）
	郝振福
	刘占强
总会计师	任大有

党群系统

党委书记	唐　烈
党委副书记	李晓莹（兼）
	王保民
纪委书记	唐　烈（兼）
工会主席	王保民（兼）

（杨扬）

【职工队伍】 年末在编职工1 158人，其中在职职工951人，离退休职工207人。在职职工中干部324人，工人627人；在岗职工764人，提前离岗12人，内部退养213人（含病残15人），外出劳务38人，长期待岗3人。大学文化36人，大专文化163人，中专文化45人，高中以下文化675人。 （杨扬）

【经营管理】 生产经营指标圆满完成。2003年，集团公司进一步建立和完善激励机制，全面实行内部经营承包责任制，有效地激励了经营管理者的积极性，促进了集团公司经营与服务工作的开展。集团公司全年实现营业总收入8 500万元，圆满完成年度预算指标。北京海石丰工业科技开发公司进一步完善内部经营承包责任制，加大经营工作力度，广开渠道承揽任务，钢结构项目取得突出进展，全年完成产值2 089万元，营业收入1 809万元，实现利润3.5万元。北京中铁建商贸中心以房屋租赁为依托，加大装修装饰工程承揽力度，将中心办公楼加层改造，当年增加收入 70 万元，全年完成营业收入1 025万元，实现利润 6.5 万元。北京中铁建印刷厂以机械设备更新为契机，加强业务公关，积极发展客户，狠抓内部管理，全年完成营业收入 836 万元，实现收支平衡。北京五棵松饭店完善激励机制，开展特色服务，加强成本管理，经济效益再创历史最好水平，全年完成营业收入1 088万元，实现利润 57.2 万元。北京铁建宾馆改善硬件设施，推行优质服务，全年完成营业收入 974 万元，实现利润 10.6 万元。中铁奥博物业管理中心在开展优质服务的同时，完善有偿服务收费办法，全年完成营业收入1 954万元，实现利润 3.3 万元。北京铁建医院抓住改为社区定点医疗机构的机遇，加强医护人员培训，开展联合办医，扩大医疗服务范围，取得较好的社会效益和经济效益，全年完成营业收入 730 万元，实现利润 1.1 万元。集团公司本级经营取得一定成绩，房地产部、工程承包部、市场开发部均超额完成年度经济指标。

经营结构顺利调整。为规范企业管理行为，合法合规地开展经营活动，从 2003 年 4 月 1 日起，挂靠集团公司的北京中铁天宏建筑工程有限公司正式与集团公司顺利脱钩。按照总公司党政领导干部联席会议关于撤销机关幼儿园的决定，7 月 10 日机关幼儿园平稳撤销，对在园的 272 名幼儿办理退园或转园手续，52 名教职员工在集团公司内部进行转岗安置，对幼儿园财产进行了清理登记和善后处理，员工队伍稳定，幼儿家长表示理解和满意。年内集团公司接收已停止经营活动 8 年的原工厂局惠州铁建实业公司，7 月 1 日公司经营活动正式启动。

财务、审计工作得到加强。集团公司以资金管理为中心，以完善基础管理、建立健全内部控制制度和提高会计人员业务素质为基础，不断加强企业财务管理工作。年内为所属单位筹措资金1 500万元，缓解了流动资金的紧张状况。在总公司组织的企业效绩评价工作中，由于组织得力、工作细致、数据准确，受到专家组好评。根据国资委和总公司的统一部署，组织开展全系统清产核资工作，全面执行新《企业会计制度》，组织业务骨干参加总公司组织的培训，并举办全体财会人员参加的业务考试、考核活动，有效地促进了财会人员业务水平的提升。各单位增强成本管理意识，按照预算成本目标将成本费用指标层层分解，切实把成本费用控制住、管理好，通过增收节支、挖潜降耗，提高了企业经济效益。5 月，集团公司增设审计部，所属单位均配备专兼职审计人员，健全了企业内部审计监督体系。年内重点组织开展对撤销单位领导的离任经济责任审计和 5 个单位的跟踪回访审计，加强了集团公司内部审计工作。

整体服务水平有新的提高。集团公司以提高全员服务水平为目标，组织开展"优质服务创品牌"活动。中铁奥博物业管理中心开展"阳光服务"活动，公开收费标准，兑现服务承诺，建立回访制度。年内新建花园绿地4 260平方米，启动高压水泵解决 300 户居民水压不足问题，重新安装办公区、居民区彩色照明系统，在短期内完成办公楼楼道粉刷，在居民区设置 220 个固定停车位，解决了院内居民停车难问题，整体服务水平有较大提高。北京五棵松饭店细化、完善服务标准和服务承诺，为宾客提供超常服务、细微服务，树立了饭店的服务品牌。北京铁建宾馆对职工餐厅进行装修改造，改善就餐环境，服务质量明显提高。北京中铁建印刷厂耗资1 200多万元购置德国罗兰四色对开印刷机、书报两用轮转印刷机等新设备，提高印刷品档次和质量，受到客户赞扬。（杨　扬）

【抗击"非典"】 面对突如其来的"非典"疫情，公司上下团结一心，迅速行动，落实各项防控措施，全力以赴投入抗击"非典"的战斗中，成为总公司机关抗击"非典"的主力军。集团公司成立抗击"非典"领导小组，对机关大院实施封闭式管理，先后关闭 8 处出入口和南北大门，迅速办理 1 万余张人员和车辆出入证件，关闭所有娱乐场所和大部分餐饮场所；职工餐厅在完善防范措施的前提下确保每日三餐正常供应；医院除坚持正常医疗外，还增设了"发热病"特殊门诊；物业管理中心保证供水供电和生活垃圾及时清运。据统计，"非典"期间，每天喷药面积11 700平方米、药液1 000多公斤，总共喷洒药液85 000公斤；为4 800余人19 240人次注射胸腺肽。通过全体职工的艰苦努力，确保了大院一方净土，实现总公司、总公司党委提出的"创无'非典'企业"、"创'无非典'社区"的目标，集团公司受到总公司表彰奖励，同时被北京市万寿路地区评为"抗击'非典'先进单位"。（杨　扬）

【北京铁建工贸集团公司工作会议】 2 月 13 日～2 月 14 日在北京召开，71 人出席会议。会议总结 2002 年工作，部署 2003 年任务，研究集团公司发展规划；对 2002 年度经营承包实施奖罚兑现，签订 2003 年经营承包责任书和安全包保责任状。李晓莹总经理、唐烈书记到会做工作报告。（杨　扬）

【房地产管理】 集团公司房地产部为总公司机关房地产管理职能部门，负责住房调配、售购及相关手续办理和房屋修缮、改造工作。年内上报海淀区售房档案 556 册，填报新分配住房人员购房申请表及购房契约

书2 500份，实施住房大修及小型更改项目 41 项，完成投资 908.2 万元。（杨　扬）

【社会事务】 集团公司负责总公司机关大院的爱国卫生、交通安全、消防安全、卫生防疫、绿化环保等社会事务工作。年内总公司机关被评为中央国家机关绿化先进单位、爱国卫生先进单位，北京市交通安全先进单位、消防安全先进单位、爱国卫生红旗单位和首都绿化美化花园式单位等荣誉；7 人分别被评为中央国家机关绿化先进个人、爱国卫生先进工作者，北京市绿化先进个人、爱国卫生先进工作者，海淀区绿化先进个人、优秀交通安全管理干部和消防安全先进个人。（杨　扬）

【党群工作】 党的工作。集团公司下辖党委 8 个、党支部 31 个，有党员 426 人。各级党组织以"三个代表"重要思想为指导，以防控"非典"和扭亏增盈为重点，为企业改革发展稳定提供了强有力的思想保证和组织保证。(1)学习贯彻十六大精神。集团公司党委中心组分三个阶段学习贯彻党的十六大和十六届三中全会精神，召开党委中心组(扩大)学习会 7 次，组织研讨会 2 次，做到制度、内容、效果"三落实"。(2)领导班子建设。以考核领导班子成员和干部等形式对民主集中制执行情况进行检查指导，修订完善领导班子重大问题集体决策制度。全年分两批考核领导班子 5 个，考核领导干部 71 人次，交流领导干部 15 名，提拔优秀干部 10 名，并对 37 名财务干部进行考试和考核，采取竞聘形式择优选拔任用惠州公司领导干部。(3)基层党组织建设。对所属 7 个党委、26 个党支部进行"三个代表"重要思想学习教育活动"回访复查"，北京五棵松饭店被集团公司评为"四好领导班子"。集团公司举行"七一"表彰大会，表彰先进集体 17 个，先进个人 70 名。举办党支部书记和入党积极分子培训班，开展民主评议党员活动，进行"树组工干部形象"系列教育活动，学习贯彻《中国铁道建筑总公司党的组织工作细则》，推广党支部"四抓"工作法，进一步加强了基层党组织建设。(4)宣传思想工作。全国人大、全国政协会议召开前后，对职工思想动态进行排查分析和教育引导。抗击"非典"期间，召开动员、检查等会议 50 多次，发倡议书、宣传资料16 000余份，调动了职工防控"非典"的积极性，稳定了职工队伍。对于工资调整、职工内部退养和幼儿园撤销等重大问题反复研究政策，积极做好政策宣传和思想疏导工作，保证了改革的顺利进行。(5)党风廉政建设。纪委开展"学党纪、学法规"活动和进行警示教育，认真贯彻落实中纪委关于领导干部廉洁自律的两个"五条规定"。开展执行财经纪律的自查自纠活动，与两级领导班子成员和机关部门领导签订 62 份从业承诺书，与 53 名党员干部进行了廉政谈话教育。加大案件查处力度，全年共受理群众来信来访 13 件，初查核实 3 件，立案 5 件，移送地方检察机关调查处理 1 件，分别给予 5 名违纪党员干部党纪政纪处分；对集团公司组建前的遗留案件进行了调查处理。

工会工作。集团公司工会指导所属单位建立健全职代会制度，开展企务公开大检查，征集提案 365 条，立案 186 条。开展激励职工的主题教育活动，举办庆"十一"暨优质服务创品牌演唱会。开展"送温暖"系列活动，分别对 11 户特困职工、32 户重困职工、65 户困难职工和 4 户遗属、40 名离退休职工进行走访慰问。开展女职工先进个人、先进集体评选活动，12 名女职工被集团公司评为"三八红旗手"，4 个班组被评为"三八红旗集体"，1 名女职工被评为总公司"三八红旗手"。计划生育和职工义务献血等活动富有成效。

集团公司团委组织开展学雷锋、读书学技、义务植树等活动，积极开展争创"青年文明号"、争当"青年岗位能手"等活动，北京五棵松饭店团支部被总公司、集团公司分别授予"五四红旗团支部"称号，1 个集体被评为总公司"青年文明号"示范单位，1 人被评为总公司"青年岗位能手"。以"党建带团建"工作为动力，加强团组织自身建设。集团公司关心下一代工作委员会在青少年中开展以"学雷锋精神 树时代新风"为主题的读书教育活动，被中国关心下一代工作委员会授予优秀组织奖。（韩　晶）

【北京海石丰工业科技开发公司】 驻北京市石景山区玉泉路 65 号。为自主经营、独立核算、自负盈亏的法人实体。2001 年 11 月，由工厂局机关、机关服务中心和海石丰工业科技开发公司重组成立，划归北京铁建工贸集团公司管理。总经理王成贵(2 月病逝)、孟昭忠，党委书记张燕峰。下设北京中铁钢结构有限责任公司、装饰装修公司、租赁公司、物贸公司、种苗公司(12 月撤销)、物业管理中心和招待所。职工 60 人。

2003 年，公司坚持以市场为导向，以提高经济效益为中心，完善内部管理，强化优质服务，积极挖潜降耗，完成上级下达的各项经济指标。进一步完善经营承包责任制，确定"独立经营，自负盈亏，包死基数，确保上交"的承包原则，与各分公司签订经营承包合同。制定任务承揽奖励办法，动员全体职工积极承揽任务。年内装饰装修公司承揽到大兴党校装修工程和秦皇岛体育训练基地训练馆1 200万元的建筑装修工程；北京中铁钢结构公司签订3 000余吨生产任务，合同金额1 500余万元；塔吊租赁公司出租率达 100%。面对"非典"疫情,公司上下齐心协力,一手抓抗击"非典",一手抓生产经营,积极采取应对措施,确保工期和质量。全年承揽任务2 600万元,为年度计划的173.3%;完成企业总产值2 089万元,为年度计划的149.2%;完成营业收入1 745.9万元,实现盈亏平衡目标。（张春英）

【北京中铁建商贸中心】 驻北京市海淀区复兴路40号。2003年5月,由原北京铁建工贸公司中铁京玉贸易中心变更为北京中铁建商贸中心,为独立核算、自负盈亏的法人实体。注册资金100万元,固定资产1 045万元。总经理陈平,党委副书记薛玉山。下设工程部、商贸部、租赁站。职工153人,其中干部50人,工人103人。

2003年,商贸中心转变经营观念,调整经营思路,加大内部改革力度,组建商贸部、工程部和租赁站,完善激励机制,员工优化组合,制定企业三年发展规划。投资近70万元将原文工团排练厅进行改造,增加房屋40余间,面积1 000余平方米,当年增加房租收入100余万元。对原铁建商场地下室进行改造,房屋租赁收入由原来的560万元增加到636万元,实现利润36万元。全年完成产值1 058万元,实现利润7万元,职工年人均收入比2002年增长12%,取得商贸中心重组以来的最好成绩。（李保国）

【北京中铁建印刷厂】 驻北京市海淀区复兴路40号。原为总公司机关直属企业,2001年11月划归北京铁建工贸集团公司管理。是经国家新闻出版署批准的国家级书刊定点印刷企业,产品多次获得国家和市级优质产品称号。厂长王春仙,党委书记马桂荣。下辖照排车间、印刷车间、装订车间、劳务服务中心、铁印宾馆。职工200余人,其中技术人员40人。拥有德国曼罗兰和海德堡四色胶印机,高斯多色胶轮印刷机,北京产JJ204、PJS1880轮转胶印机、"赛天使"扫描仪、激光照排机、彩色桌面制版系统、晒版机、显影机、骑马联动机、全张沃伦贝格裁纸刀等50多台(套)设备。设备先进,技术力量雄厚,具有设计、制版、印刷、装订综合生产能力,主要生产期刊、彩色报纸、画册、图书、广告宣传品等产品。

2003年,在巩固原有30多种期刊、报纸印刷任务的同时,又承揽到6种固定期刊,临时性任务比往年大大增加。工厂从降耗增效入手,加强成本管理,严格控制支出,成效显著,实现扭亏增盈目标。全年完成工业总产值2 302万元,销售收入836万元,上缴利税41万元,月平均加工值达到61万元。8月,更新书报轮转两用印刷机、骑马联动机、多功能折页机等设备,提高了企业竞争实力;彩报印刷机投入运行,进一步拓宽了经营领域,实现报刊印刷业务多样化的目标,带来可观的经济效益。11月通过ISO9001:2000版质量体系认证并取得认证证书,完善了工艺流程,提高了产品质量。年内向国家新闻出版署送检书刊11种,全部被评为一等品,被北京市质量管理协会评为"质量管理十佳企业"。年内高薪聘请高级技术顾问和技术工人,成功建立ICC彩色印刷管理体系,产品质量有了质的飞跃。工厂承印的《中国铁道建筑总公司年鉴》(2003年版),在铁道部年鉴质量综合评比中获得四项第一名的优异成绩。在北京市"守信企业"公示活动中,荣获首批北京市"守信企业"称号。（阚　薇）

【北京五棵松饭店】 驻北京市海淀区五棵松路91号。前身系总公司第一招待所,1997年5月更名为北京中铁五棵松饭店,2001年11月划归北京铁建工贸集团公司管理,2002年8月更名为北京五棵松饭店,为旅游定点二星级饭店。总经理周步科,党委书记赵虎山。饭店占地面积2.2万平方米,房屋建筑占地2.1万平方米。设客房201间,床位362张,餐厅可同时容纳300人就餐。饭店设有歌舞厅、多功能厅、美容美发厅、KTV包房及预定车票、打字复印、传真等配套服务设施。职工205人,其中干部31人。

2003年,饭店层层分解经济责任指标,实行风险抵押等激励约束机制,增强员工的责任感。坚持用新观念拓宽新思路,不断推出新举措,强化经营销售,以优质服务打造饭店品牌。全年完成营业收入1 088万元,实现利润57.2万元,再创历史最好水平。年内饭店被评为北京市海淀区"旅店业先进单位"、"社会治安综合治理先进单位"和"消防安全先进单位",饭店领导班子再次被集团公司评为"四好领导班子",客房部总服务台被总公司团委授予"青年文明号"称号,饭店团支部被总公司团委评为"五四红旗团支部";总经理周步科被北京市旅游局和北京市公安局评为"安全先进个人",被总公司评为"安全先进工作者"。（王永红）

【北京铁建宾馆】 驻北京市海淀区复兴路40号。由北京铁建招待所、中铁建第三招待所、机关食堂和神州国旅玉泉路门市部4个原总公司直属单位重组而成,为集团公司所属全资子公司。总经理石兴国,党委书记解亚文。宾馆建筑面积8 257平方米,客房163间,床位386张,餐厅可同时容纳500人就餐。宾馆设美容美发、洗衣、订票、传真和北京一日游及国内、国外旅游一条龙服务。职工102人,其中干部21人。

2003年,宾馆开展"优质服务创品牌"活动,完善经营承包责任制,对职工食堂进行装修改造,服务环境明显改善,全面提升了市场竞争能力。"非典"疫情给宾馆造成98万元的亏损，领导班子成员各把一方领导扭亏增盈工作，将扭亏指标细划到月，责任到人。经过全体员工半年的扭亏增盈攻坚战，全年完成营业收入794万元，实现利润10.5万元，实现年初提出的确保国有资产保值增值和确保职工队伍稳定的工作目标。党委书记解亚文被总公司工会评为“管理精英”。

（黑志华）

【惠州铁建实业公司】 驻广东省惠州市菱湖新城市花园12栋7楼B号。公司原由工厂局管理，于1993年在广东省惠州市组建，主要经营建筑材料、五金化工、铁路专用器材、技术咨询服务等业务，注册资金183万元；2003年总公司将其划归集团公司管理。总经理周廷玉。现有职工4人。

2003年，公司在停止经营活动8年后正式启动，积极寻求新的效益增长点，先后考察、论证10余个经营项目，妥善处理历史遗留问题，盘活资产，为公司经营发展奠定了基础。

（宋秋生）

【中铁奥博物业管理中心】 驻北京市海淀区复兴路40号。为集团公司所属非法人实体。现有职工247人，其中干部59人，工人188人。总经理黄潭，党委书记李荣辉。下辖收费所、工程部、维修部、服务部、汽车队、机关活动中心、机关幼儿园（2003年6月撤销）。主要负责总公司机关大院20余万平方米的物业管理、环境绿化、水电暖安装维修、车场管理、房屋租赁、健身娱乐等。

2003年，完成经营收入2 000万元，实现保零不亏目标。中心确立“以物业管理为主业，以小型基建项目为依托，以房屋租赁等收入为补充”的经营思路，年内对原营业执照进行变更，获得物业管理资格，疏通纳税渠道，为进入市场做好了准备。深化改革，强化管理，实行双向选择、竞争上岗、易岗易薪、能上能下的用人机制，较好地解决了大院用水、用电、停车和收费等难题。防控“非典”期间，喷洒消毒药1 152万平方米，办理出入证13 000张，发放防疫宣传资料2 300余份，出色完成防控“非典”任务，受到机关好评。顺利完成幼儿园撤销工作，妥善安置272名幼儿和全体教职工，保持了队伍的稳定。组建工程部，理顺工程项目与主业之间的关系，规范了施工队伍的管理。加强大院治安综合治理，年内扑灭火灾1次，处理火灾隐患2次，抓获盗窃犯6人，破获系列盗窃案2起。全年供电1 024.5万度，供水48万吨，完成水电小修4 314次；接待会议658次，供应开水1 550炉；清运垃圾4 055吨，种植花卉、树木11 955棵，栽种草坪1 168平方米；收费所全年收费1 620万元，汽车队出车2 200台次，安全行车88万公里，实现经营收入330万元。机关文化活动中心实现经营收入240万元。总公司机关大院连续3年被评为“北京市文明居民区”，连续10年被评为“首都绿化美化花园式单位”，连续5年被评为中央国家机关“爱国卫生先进单位”。年内被评为北京市“爱国卫生先进单位”、“绿化先进单位”、“供暖先进单位”，汽车队被海淀区评为“安全先进单位”，游泳馆被评为“北京市先进场馆”和总公司“安全质量先进单位”，总公司机关大院被海淀区政府授予“示范社区”称号。（杨晨华）

【北京铁建医院】 驻北京市海淀区复兴路40号院。为一级综合性医院，北京市基本医疗保险定点机构。院长孟令平，党委书记刘国华。6月30日，经北京市海淀区卫生局、劳动和社会保障局批准，医院取得对外医疗服务资格。医院努力开拓外部医疗市场，积极引进新技术，与301医院、北京儿童医院等专家合作，开展以骨科为主的外科手术业务。

2003年，医院共接诊患者47 743人次，健康体检1 748人次，医疗收入730余万元，经济效益创医院历史最好水平。年内总公司拔款120万元，新购全自动生化仪、C型臂移动式X光机、全自动血球计数仪、半导体激光治疗机、美迪兰手术床、眼科裂隙灯、消毒炉、塑封机等医疗设备，改善了医院医疗条件。在抗击“非典”的战役中，全院医务工作者日以继夜地投入预防“非典”工作，发放预防性中草药6 400付、西药1 600盒，注射胸腺肽25 000人次，并负责总公司机关大院办公场所和住宅区的消毒指导，确保机关大院没有一例“非典”或“非典”疑似病例发生。在“非典”肆虐的关键时刻，医务工作者不顾个人安危，积极响应政府号召，勇跃报名赴防控“非典”一线，五官科副主任张翔、副主任医师蒋兆林、主管护师周志红和护士李倩为派往“非典”一线的第一批待命人员。5月1日，总公司总经理王振侯、副总经理邹才华亲临医院为奔赴“非典”一线进行岗前培训的医务工作者送行。副院长毛宪被海淀区政府授予“抗击‘非典’先进个人”称号，办公室主任刘翠花被集团公司评为“抗击‘非典’先进个人”。

（包从伟）

昆明中铁大型养路机械集团有限公司

【简况】 昆明中铁大型养路机械集团有限公司驻昆明市官渡区金马镇羊方旺384号,占地面积31.2万平方米。前身系中国铁道建筑总公司昆明机械厂,2003年3月12日以中国铁道建筑总公司为发起人,由职工持股会、株洲电力机车研究所、戚墅堰机车车辆工艺研究所、铁道科学研究院、铁道专业设计院共同参股组建本公司,于3月18日正式挂牌成立。公司注册资本18 798.4万元。现有职工1 098人,其中专业技术人员319人。各类设备475台(套),其中大型进口数控设备16台(套)。公司专门从事铁路养路机械设计、开发、制造和修理,为铁道部大型养路机械定点生产企业、云南省高新技术企业。已通过ISO9001:2000版质量管理体系认证。通过引进国外先进技术进行国产化自主开发,现已形成大、中、小型养路机械系列产品结构,共有14个大中型机械品种和19个小型机械品种,产品多次获得国家科技进步奖和铁道部科技进步奖,在全国各铁路局、铁路施工单位及地方铁路得到广泛应用。截至2003年底,共生产大中型养路机械480台,在国内铁路养路机械市场中占主导地位,是中国乃至亚洲最大的铁路养路机械开发与制造企业。

2003年,承揽任务109台车,合同总金额107 200万元。完成工业总产值(现价)56 278万元,销售收入52 282万元,实现利润3 490万元,投资回报率17.2%。

(莫 斌)

【领导人员】

股东会

国有股代表	靳尚忍
	董朝兴
	王尊贤
	马云昆
职工股代表	苏太贤
	张天祯
	沈德明
	王学武
其他法人股代表	叶阳升
	武 农
	申宇翔
	王 奇

董事会

董事长	董朝兴
副董事长	王尊贤
	马云昆
国有股董事	董朝兴
	王尊贤
	马云昆
	王兆林
	李友才
职工股董事	苏太贤
	沈德明
	王学武
职工代表董事	张天祯

监事会

监事会主席	王新武
国有股监事	王新武
	汪起帆
职工股监事	秦瑞生
	郭 云
职工代表监事	熊泽民

经理层

总经理	马云昆
副总经理	苏太贤
	江 河
	黄兆祥
总工程师	沈德明
总会计师	王学武

党群领导

党委书记	王尊贤
党委副书记	董朝兴(兼)
	张天祯
纪委书记	张天祯(兼)
工会主席	张天祯(兼)

(莫 斌)

【经营管理】 任务承揽。全年承揽任务109台车,合同总金额107 200万元,同比增长32.67%。其中,签订2003年~2004年铁道部内资采购合同76 600万元,70台车;铁路局采购招标29台车,合同金额27 881万元;签订大型养路机械大修合同2 758万元,10台车。

生产经营。2003年共制造和修理大中型养路机械54台,完成工业总产值(现价)56 278万元,为年计划的133.41%,比2002年增长38.17%。实现销售收入52 282万元,为年计划的111.71%,同比增长

30.5%。实现利润3 490万元,同比增长 52.66%。净资产收益率 3.85%,总资产报酬率 3.91%,总资产周转率 0.43 次,流动资产周转率 0.47 次,资产负债率 80.73%,已获利息倍数 3.68,资本积累率 96.72%,国有资产保值增值率 130.48%,投资回报率 17.2%。

产品质量与安全管理。公司始终坚持"质量第一"、"安全第一"的方针,产品质量稳定,合格率 100%,一次交验合格率 92.4%;实现安全生产目标,年内未发生重大伤亡事故,轻伤率 3.6‰。

企业管理。年内在深圳桑尔公司指导下,在全公司范围推行 5S 管理,取得明显效果,施工现场井然有序,办公场所整洁规范,工作效率有了提高,公司环境得到改善,受到上级领导和来访客户一致好评。引入先进的管理理念和方法,借助外力推动公司管理水平提高,是公司企业管理的一条成功经验。 (莫 斌)

【科技创新】 2003 年,新产品开发和科研项目进展顺利,与奥地利 Plasser 公司合作开发的 08-32C 型捣固车样机在奥地利林茨制造完毕,已交付哈尔滨铁路局使用;与瑞士 Speno 公司合作生产 16 头钢轨打磨车项目,已签订合作生产协议及配件合同(分工协议),预计 2004 年 5 月下图生产;自主开发的 SL-40 型物料运输车、QPJ-450 型抛碴机已下图生产;完成高原型稳定车和高原型配碴车的开发制造,已交付用户使用;QQS-450Ⅱ型清筛机完成技术设计和工艺设计;道岔铺换设备完成方案评审和初步技术设计;适应高速铁路和客运专线需要,提高捣固车作业精度研究项目经过多次试验,初步效果良好;D09-32 型连续式捣固车通过铁道部鉴定。年内获得 4 项实用新型专利权,同时又申报 4 项专利技术。 (莫 斌)

【党群工作】 2003 年,公司党委紧紧围绕企业改制,深入贯彻党的十六届三中全会精神,深化对铁路跨越式发展战略的认识理解。根据总公司党委的统一部署,开展基层党组织"三个代表"重要思想学习教育"回访复查",各党支部针对职工群众提出的 142 条意见、建议,制定 86 条整改措施,在公司内部掀起学习"三个代表"重要思想的新高潮。在领导班子成员中开展学习郑培民"立党为公、执政为民"和"两个务必"教育,在民主生活会中对照廉洁自律"五项规定"和新"五条要求"进行自查,使班子成员较好地保持艰苦奋斗、谦虚谨慎的工作作风和团结奋进、开拓创新的工作干劲。组织中层干部对"十五"之后公司如何发展进行研讨,收集政研会论文 24 篇。加强干部队伍建设,选送 12 名中层干部参加昆明干校学习,对 261 名一般干部进行综合考核和论文考核。深化以廉洁自律为主题的党风廉政教育,参加大型设备招标采购,节约资金 62.43 万元;加强外协加工效能监察,提出 3 项工作建议和 6 条监察意见;追回欠款 20 万元。对改制企业党建工作进行探讨,完善争创"五好党支部"、争当"六好共产党员"和"创岗建区"活动的相关考核标准。以公司改制挂牌为契机,加快企业文化建设步伐,塑造公司新形象。年内公司 3 名团员青年、1 个团支部受总公司团委表彰;"QQS550 型清筛机"项目、"树脂砂工艺突破"项目分别被总公司团委命名为"青年文明号"和"青年文明号"创建示范点;参加云南省青少年发展基金会发起的"爱心助学"活动,501 名职工捐款56 650元,资助 101 名边远地区贫困中小学生上学,促进了公司"两个文明"建设。 (汪菲娜)

【重要记载】

▲1 月 11 日 工厂召开七届九次职工代表暨"双文明"建设表彰大会。

▲1 月 16 日～20 日 铁道部 2003 年度内资采购合同签订会在厦门召开,工厂与 11 个铁路局签订内资采购合同3.56亿元,共 30 台车。铁道部运输局副局长卢祖文等出席订货会。

▲3 月 16 日 公司首次股东会议在昆明召开,会议由总公司副总经理靳尚忍主持,通过《昆明中铁大型养路机械集团有限公司章程》;选举董朝兴、王尊贤、马云昆、王兆林、李友才、苏太贤、王学武、沈德明、张天祯为公司董事,组成公司董事会;选举王新武、汪起帆、秦瑞生、郭云、熊泽民为公司监事,组成公司监事会。

▲同日 公司一届一次董事会会议在昆明召开。会议选举董朝兴为公司董事长,王尊贤、马云昆、王兆林为公司副董事长;聘任马云昆为总经理,苏太贤、黄兆祥、江河为副总经理,沈德明为总工程师,王学武为总会计师。

▲同日 召开公司一届二次董事会会议,讨论并通过公司与瑞士 SPENO 公司合作生产 16 头钢轨打磨车项目。

▲同日 公司一届一次监事会会议在昆明召开,会议选举王新武为公司监事会主席。

▲3 月 18 日 以中国铁道建筑总公司为发起人,由职工持股会、株洲电力机车研究所、戚墅堰机车车辆工艺研究所、铁道科学研究院、铁道专业设计院共同参股组建的昆明中铁大型养路机械集团有限公司成立大会在昆明官渡国际会议中心隆重召开,铁道部副总工程师兼科技司司长鞠家星、总公司党委书记李国瑞为公司揭牌。

▲同日 公司与奥地利 Plasser 公司正式签订 08-32C 型捣固车合作生产合同。

▲4月22日　公司自主开发的QQS－550型清筛机、DG－32Ⅱ型捣固车现场作业演示评议会在张家口市召开。评议结果表明，两种产品作业效率和相关性能达到设计要求，可以在全路推广使用。

▲6月29日　公司联合体共同研制的GWD320高原型稳定车下线出厂，交付兰州局使用。

▲7月11日　公司召开首届一次工会会员、职工代表大会，选举产生新的工会委员会，张天祯当选为公司工会主席。

▲8月12日　“D09－32型连续式捣固车国产化研制”成果在昆明通过由铁道部科技司主持的技术鉴定。铁道部有关部门领导和总公司副总经理夏国斌等出席鉴定会议。

▲8月18日　缅甸联邦铁道部副部长THURA先生和缅甸联邦驻昆明总领事吴登佐先生到公司参观考察。

▲8月31日～9月1日　总公司纪委书记座谈会在昆明召开，国资委监察局副局长熊皓、总公司党委副书记兼纪委书记彭树贵等出席会议。

▲9月18日　国务院监事会第39办公室主任杨涛、处长宋绍曾、总会计师薛辉到公司检查指导工作。

▲10月14日　总公司总经理王振侯一行到公司考察指导工作，看望因病住院的公司董事长董朝兴。

▲12月24日　铁道部2004年度大型养路机械内资采购合同签订会在南宁召开，公司与11个铁路局签订内资采购合同4.1亿元，共40台车。

▲12月　公司与瑞士SPENO公司签订合作生产16头钢轨打磨车配件合同及合作生产协议。（莫　斌）

中铁工程集团有限公司

【简况】　中铁工程集团有限公司是铁路工程、公路工程施工总承包一级，公路路基工程、土石方工程专业承包一级，铁路铺轨架梁工程、电务工程专业承包二级资质企业。前身为中国铁道建筑总公司国内工程公司，于2003年3月在国家工商总局注册；2003年10月31日改称现名。公司机关驻北京市复兴路40号。下辖厦门中铁建设公司、机械化工程处、桥隧工程处、线路工程处、电务工程处、天津分公司、重庆分公司、海南分公司、深圳工程部、卡特彼勒产品北京服务部、进口机械服务中心、铁路运营指挥部、良乡基地。职工498人，其中干部374人，工人124人；专业技术干部299人，占干部总数的63%。公司注册资金7 000万元，总资产78 000万元，其中固定资产原值25 036万元、净值19 023万元。机械设备159台（套），总功率20 759千瓦，动力装备率42千瓦/人，技术装备率50万元/人，机械化施工水平达90%。公司已通过质量、环境、职业健康安全管理体系认证和档案工作目标管理国家二级认证，获得“AAA级信用企业”和北京质量协会颁发的“用户满意企业”称号。

公司成立以来，先后参加多项国家重点铁路、公路工程建设，公司承建的朔黄铁路庄子上2号隧道和庄子上3号隧道工程被评为朔黄铁路优质样板工程；内昆铁路六盘水南编组站工程获总公司“青年文明号”创建示范点称号，并被评为总公司“安全质量标准工地”；西安南京铁路桃花铺2号隧道工程被业主评为路基优质样板工程和精品工程，并被总公司评为“安全质量标准工地”；公司长钢轨焊轨中心工程被铁道部秦沈客运专线建设总指挥部评为样板工程和精品工程；昆石高速公路8－2合同段被总公司评为“安全质量标准工地”；三峡库区巴东滑坡与坍塌治理工程A标段被总公司评为“安全质量标准工地”。

2003年，承揽工程49项，总投资126 946万元。完成企业总产值52 100万元，其中施工产值51 500万元，实现利润603万元，上缴税金1 423万元，人均实现利润1.24万元。完成主要实物工程量：土石方38.71万立方米，桥梁1 878.06延长米，隧道1 317.5延长米，整道831.176公里，房建1 476平方米，电力线路198.95公里，通信线路758.54条公里，光电缆521.6条公里。国有资产保值增值率100.2%，产值利润率1.2%，投资收益率1.6%，资产负债率57%，上缴总公司利润501万元。（万红梅　李玉珠　邓长斌）

【领导干部】

行政系统

总经理	刘国志
副总经理	许顺生
	熊升品
	琚建明
总工程师	王在仁
总会计师	柴　纹
副总工程师	郝明泉
	刘明杰（10月任）
总经理助理	魏清华
	李国华（9月任）

党群系统

党委书记	王参军
党委副书记	刘国志（兼）

牛树江

纪委书记　　牛树江(兼)

工会主席　　王怀尧

（钟秋菊）

【工程项目指挥机构】 浙赣铁路工程指挥部　驻浙江省龙游县衢龙西路65号。指挥长兼党工委书记李国华。

巴东工程项目经理部　驻湖北省恩施州巴东县城黄土坡。项目经理兼党工委书记张泽。

五里亭大桥工程指挥部　驻广东省韶关市武江北路62座。指挥长王参军，党工委书记辛双六。

（万红梅）

【职工队伍】 年末职工总数498人，其中男职工381人，女职工117人；干部374人，工人124人。学历结构：研究生12人，大学本科毕业195人，大专毕业134人，中专毕业27人，高中及以下130人，大专以上文化程度占职工总数的68%。专业技术结构：各类专业技术人员299人，占干部总数的63%，其中高级职务54人，中级职务143人，初级职务102人。年龄结构：35岁以下224人，占45%；36岁～44岁203人，占41%；45岁～49岁61名，占10%；50岁以上10名，占2%。

（钟秋菊）

【铁路工程施工】 浙赣铁路电气化提速改造工程　承建DK220+900～DK258+700段电气化改造工程，全长39公里，包括4个区间、3座车站的路基、桥涵、轨道工程和车站房屋、通信信号、电气化工程，合同投资19 238万元。2003年12月18日开工，计划2005年9月30日竣工。

青藏铁路土建工程　承建青藏铁路第21标段工程，线路全长7.45公里，工程投资为1.1亿元。主要工程量：2座大桥，1座小桥，10座涵洞。2002年8月开工。年内完成施工产值8 000万元，为年度计划的145%。安全、环保、医疗保障工作全部达标。

青成铁路工程　承担青成铁路复线DK661+700～DK665+000段3公里线下工程施工任务。2003年2月3日开工，年内完成施工产值1 300万元，顺利完成年度施工计划。

西安南京铁路镇平工程　年内主要进行收尾配套，完成线路补碴、曲屯车站房屋装修及附属工程施工，施工进度与施工质量得到建设单位肯定。

桑蓝铁路工程　由内蒙古自治区集通公司投资兴建。公司承建中铁十三局集团公司标段内的闪电河大桥工程，大桥全长302.3米。2003年11月8日，大桥第一根桩开钻成功，受到业主、监理好评。

神朔复线第10标段工程　位于陕西省榆林市府谷县孤山镇。起讫里程为K82+076.855～K86+926.515，线路全长4.849公里，合同投资4 007万元。主要工程量：路基土石方21.18万立方米，大桥4座1 380.89延长米，中桥3座202.55延长米，小桥1座29.42延长米；隧道1座379延长米；涵洞16座194.39横延米。2002年3月12日开工，2003年11月12日全部工程通过验收并移交。在神朔复线质量检查评比中，有9项单位工程被评为全线优质样板工程。

朔黄铁路改建工程　位于河北省平山县，全长63公里，投资约1 000万元。2003年5月30日开工。主要工程量：浆砌片石25 000立方米，干砌片石13 00立方米，植树14万株，站内排水沟810延长米。8月主体工程提前竣工，工程质量合格率100%，优良率95%。

渭河3号桥工程　位于陕西省咸阳市秦都区渭滨镇两寺渡东村，工程投资2 600万元。主要工程量：桩基础2 904延长米，混凝土挡护换填3 264立方米，混凝土1 715立方米，路基填土48 664立方米。2003年5月8日开工，年内完成工程总量的60%。

机械化整道工程　承担西安南京铁路南阳西—东秦岭隧道出口段688公里和汉丹联络线历山站—小林站140公里的大型养路机械整道任务。2003年3月3日开工，6月10日汉丹联络线整道完工，6月13日经轨道动态检测车检验，工程质量合格率100%，优良率98%；9月8日南阳西—东秦岭隧道出口段整道完工，12月1日经轨道动态检测车检验，工程质量合格率100%，优良率99.6%，开通速度达到80公里/小时。全年共整道828延长公里，完成产值703万元。

铁路电务电信监理工程　年内完成神朔复线神木北—神池南段“四电”工程监理、朔黄铁路神肃段电力第2标段工程监理和朔黄铁路神肃段通信信号工程监理任务。（李坛　谢丽　胡爱民　万红梅）

【路外工程施工】 三峡库区湖北省巴东县黄土坡塌岸防治工程　是三峡库区地质灾害治理重点工程，工程总投资4 300万元。根据三峡工程蓄水时间安排，工程分两期完成：一期工程施工区分布于135米高程以下，工期为2002年9月25日～2003年4月30日，主要为削坡整形、岸坡压脚、挖孔桩、三道沟工程及部分格构锚护坡作业区；二期工程施工区为135米～180米高程，工期为2003年12月12日～2004年5月30日。2003年完成工程投资2 800万元。一期工程于2003年4月20日完工，完成主要工程量：削坡整形246 004立方米，挖孔桩32条，格构混凝土4 142.16立方米，锚杆

3 453根,干砌石护坡11 082.75立方米,三道沟土方开挖51 881.5立方米,占合同总工程量的61.5%。一期工程共两个单位工程、125 项分项工程,经国土资源部、湖北省政府、湖北省国土资源厅、省地质灾害防治中心、施工监理单位等联合检查,工程质量全部合格,其中 77 项分项工程达到优良标准,受到国土资源部、湖北省政府及业主单位的高度赞扬,荣获“三峡库区黄土坡治理先进单位”称号。

五里亭大桥工程 广东韶关五里亭大桥全长 525 米,分主桥和东西引桥,其中主桥长 190 米,宽 33 米;两侧引桥长 335 米。主桥下部结构采用大直径变截面桩基础、圆形墩,上部结构采用 120 米钢管拱与 190 米连续梁组合结构,为两幅单箱梁,采用预制拼装顶推法施工;引桥下部结构采用无承台、无盖梁单桩单柱结构,上部结构为单幅六箱边梁,采用移动模架全宽分段现浇;基础采用 3.5 米大直径桩、单桩单柱墩、钢管拱—预应力混凝土边梁组合结构,宽 30 米。全桥设计为双向 6 车道,桥面建筑面积16 320平方米。合同投资6 300万元。2001 年 1 月 1 日开工,主体工程于 2003 年 10 月 25 日竣工验收。该桥施工成功地采用岩溶地质大直径钻孔桩成孔技术、大吨位连续箱梁在竖曲线上预制拼装顶推技术、30 米宽移动模架法边箱梁施工技术、先梁后拱法钢管拱拼装技术及5 000吨钢球型支座、钢管拱纤维防腐材料、3.5 米直径钻机、钢管拱竖转提升设备、轻便移动模架等 10 余项“四新”成果。

砚平高速公路工程 位于云南省砚山县境内,线路全长 7.472 公里,合同投资5 353万元。年内完成产值 750 万元,开工累计完成产值7 200万元,于 2003 年 1 月 25 日提前 3 个月通过云南省交通厅组织的验收,总评分 99.97 分,多次受到云南省交通厅、业主及工程监理的表扬,并被评为“重合同守信誉单位”。

菊寿公路庆元段改建工程 位于浙江省丽水市庆元县会溪村,合同投资2 059万元,工期 15 个月。主要工程量:龙山隧道 815 延长米,祝家洋大桥 154.5 延长米,涵洞 4 座,路基土石方 9.71 万立方米。龙山隧道累计掘进 468 延长米,祝家洋大桥灌注桩全部完工,路基填方累计完成20 048立方米,挖方累计完成44 715立方米,涵洞完成 1 座。

龙南高速公路工程 位于江西省龙南县里仁镇,管段长 860 米,合同投资5 200万元。主要工程为两桥两隧,其中濂江大桥长 734.08 延长米。2002 年 8 月 1 日开工,2004 年 2 月 15 日濂江大桥完工。

玉环堵坝工程 总公司与浙江围海工程公司联合中标,由中铁工程集团公司承建的水利工程。位于浙江省玉环县分水山和鹰公山之间,坝顶长1 080米,坝顶高程 7.5 米,坝底高程 −7.2 米～8 米,最低 −25 米,坝顶宽 6 米,坝底宽 190 米,工程投资3 833万元。年内完成坝上混凝土防浪墙砌筑工程及块石护坡埋砌工程,完成投资 171 万元。已完工程优良率达 95%以上。 (李玉珠 王建忠 谢丽 陈平)

【经营管理】 任务承揽。2003 年,承揽工程 49 项,总投资 126 946 万元,其中铁路工程 6 项,合同投资37 999万元;公路工程 9 项,合同投资55 496万元;房建工程 6 项,合同投资16 506万元;市政工程 7 项,合同投资6 414万元;水电工程 14 项,合同投资4 179万元;城市轨道交通工程 1 项,合同投资4 000万元;其他工程 6 项,合同投资2 352万元。公司小型基本建设计划投资1 090万元,其中各单位自筹 320 万元,职工住宅个人集资 770 万元。更新改造计划投资 570 万元,其中各单位自筹 489 万元,总公司拨款 106 万元。

施工生产。全年完成企业总产值52 100万元,其中施工产值51 500万元,实现利润 603 万元。工程质量稳步提高,安全生产形势稳定,重难点工程取得突破性进展,施工管理水平又上新台阶,实现年初提出的生产经营总体目标。

企业管理。年内申报并取得铁路工程、公路工程施工总承包一级,公路路基工程、土石方工程专业承包一级,铁路铺轨架梁工程、电务工程专业承包二级资质,为公司开拓市场奠定了良好基础。公司顺利通过质量、环境、职业健康安全管理体系认证,于 12 月 15 日获得认证证书。10 月,公司顺利通过档案工作目标管理国家二级认证,并获得认证证书。年内公司机关由鲁谷搬回总公司大院内办公。

人事管理。进一步推进劳动人事、分配制度改革,继续推行干部聘任制。建立与企业发展相适应的职工收入分配制度,实行岗位效益工资。项目经理实行公开竞聘,规范了项目管理。全年接收高校毕业生 58 名,对 14 名大学毕业生进行考核定级,调入各类专业技术人员 27 名,调出 6 名。12 名职务提升的干部,全部实行任前公示,22 人通过专业技术职务任职资格评审。公司有高级技师、技师 8 人,高级工 38 人,占工人总数的 37%。不断健全完善基本养老保险制度和企业年金制度,开设企业年金单独帐户,明确专人管理,为在京职工建立了失业保险。

财务管理。9 月公司取得 AAA 资信等级证书,为生产经营奠定了良好基础。11 月,组织全公司会计人员培训,提高了全体会计人员的业务素质。根据总公司全面开展清产核资的要求,年内组织工作人员培训,召开动员及工作布置会,为清产核资工作做了充分准备。

安全质量。年内全公司安全质量工作明显增强,全年未发生职工因工重大伤亡事故,实现安全生产目标。工程质量合格率100%,优良率90%以上。东深供水工程优良率达到97%,已申报总公司优质工程和国家优质工程;三峡库区巴东滑坡与坍塌岸防治工程A标段被建设单位授予“质量优胜单位”称号,并被总公司评为“安全质量标准工地”;神朔铁路有9项工程被建设单位评为优质样板工程;秦沈客运专线焊轨工程被建设单位评为优质样板工程。厦门公司承建的云顶隧道工程计划申报中国建筑工程鲁班奖;晋江中谷国家粮食储备库工程被甲方、监理、设计单位评为优质工程,并已申报市优工程;厦门航空港国际会议中心工程被评为市优工程;泉州江滨路A标段获市优质工程奖,C标段获省优质工程奖;厦门174医院大楼工程已申报南京军区优质工程。(万红梅)

【科技创新】 2003年线路工程处开发的“新建铁路基地长钢轨接触焊接技术”获总公司科技进步二等奖,并被建设部评为国家级工法;“900吨级架桥机桥梁架设综合施工技术研究”列入总公司2003年度科研开发项目,并向铁道部申报列入2004年度部级科研计划项目;“新建铁路基地长钢轨接触焊焊接工法”、“300公里/小时无缝线路机械化整道机组施工工法”被评为总公司优秀工法;秦沈客运专线焊轨中心QC小组被评为总公司优秀QC小组;“D08－32捣固车两次起道作业衔接接头处理技术”获总公司优秀科技论文奖;五里亭大桥工程“用贝雷架作移动模架分段浇注箱型连续梁工法”、“预制顶推竖曲线箱型连续梁工法”分别被评为总公司优秀工法。(万红梅)

【党群工作】 党的工作。集团公司党委下辖8个基层党委、9个党工委和45个党支部,有248名党员。2003年,公司党委全面实施公司第二步发展战略,一手抓党建和思想政治工作,一手抓企业改革和生产经营,取得“两个文明”建设的全面丰收,展示了强劲的发展势头。(1)领导班子建设。坚持和完善党委中心组学习制度,深入学习贯彻党的十六大和十六届三中全会精神,深入学习邓小平理论和“三个代表”重要思想,保持了领导班子成员思想的与时俱进;组织各级领导班子召开民主生活会,开展批评与自我批评,促进工作作风转变,增进了领导班子团结;进一步完善民主集中制“三项制度”,规范领导班子议事规则,强化“三重一大”问题集体决策机制,领导班子整体功能得到较好发挥;疏通领导班子成员送培渠道,先后选送一批班子成员到发达国家考察,到国家行政学院、国资委培训中心和总公司党校学习,开阔视野,增长见识,提高了班子成员的决策水平。认真贯彻落实党风廉政建设责任制和领导干部廉洁自律“五项规定”,结合典型案例抓警示教育,增强了班子成员的防腐拒变能力,保持了领导班子的清正廉洁。(2)政治理论学习。公司党委以学习贯彻党的十六大、十六届三中全会和“三个代表”重要思想为契机,在全公司范围内掀起学习“三个代表”重要思想和党的十六大、十六届三中全会精神的热潮,在抓好党委中心组学习的同时,给各单位配发学习辅导材料,提出学习重点和要求,促进了广大党员、干部政治素质的提高。公司党委积极响应中组部、总公司党委号召,从9月18日开始,在公司组织人事干部中开展为期一个月的“树组工干部形象”学习教育活动,促进了组织人事干部思想作风的进一步转变。(3)思想政治工作。在“非典”肆虐期间,各级党组织把抗击“非典”作为一项重要政治任务,精心组织,调配物资,确保各项防控措施落实到位,保证公司职工及家属无一人感染“非典”。紧紧围绕生产经营中心,在施工一线广泛开展宣传鼓动工作,渲染会战气氛,为职工加油鼓劲。广泛开展经常性的思想政治工作,及时掌握职工思想动态,帮助职工解决实际困难。成立由公司党委工作部、工会、人事劳资部人员组成的后勤服务保障小组,深入每户青藏铁路参建职工家庭,嘘寒问暖,解除后顾之忧。各项目部党组织因地制宜,积极开展健康向上的文化娱乐活动,丰富职工业余生活,保持了职工队伍的稳定。此外,通过思想观念创新和理论创新,探讨新时期做好思想政治工作的新方法,推动了思想政治工作的深入开展。(4)基层党组织建设。公司党委把加强基层党组织建设作为工作重点,配齐专(兼)职书记,规范党的工作程序和日常工作制度,加强对基层党组织的业务培训与指导,由党政领导牵头组成考核小组,分赴基层单位考核领导班子,促进了基层建设。“七一”期间,公司党委选树和表彰7个先进党组织、2名优秀党务工作者和12名优秀共产党员。(5)党风廉政建设。公司党委认真落实党风廉政建设责任制,实行“一岗双责”,完善党风廉政建设责任制网络。普遍开展反腐保廉形势任务教育和法律法规、党纪政纪条规教育,广泛开展党风廉政建设知识竞赛活动,集中精力狠抓领导人员廉洁自律、查办违纪违法案件和执法效能监察三项重点工作,结合实际开展新“五条规定”落实情况专项检查。进一步加大治本力度,继续推进和完善会计委派制、干部任前公示制和外部劳务、物资、设备三项招标等治本措施,促进了党风廉政建设。(6)精神文明建设。公司加强企业文化建设,制定企业文化发展战略,初步导入企业形象识别系统,设计制作公司徽标,确定企业宗旨、企业精神和经营理念。加大对外宣传力度,印制公司画册,举办通讯报道骨干培训班,在中铁工程集团公司成立之际开展大型系列报道,在总公司内外取得良好宣传效果。在施工一线积极开展路地共建活动,帮助当地群众修桥补路、扶危济困,建立了良好的路地关系。

工会工作。集团公司下辖6个基层工会、7个工委、43个工会小组,有正式会员498人。集团公司工会围绕传达贯彻中国工会十四大精神,继续学习贯彻新《工会法》,组织参加全国职工学习党的十六大精神知识竞赛活动,参赛率达70%以上。召开"建家建线"现场会,对线路工程处整道分公司"先进职工之家"建设情况进行观摩和验收。6月,对青藏、青城铁路项目部"建家建线"情况进行专题调研,并先后2次委托公司领导带队的工作组前往这两个项目部,对"建家建线"情况进行专项检查,促进了基层"建家建线"工作开展。围绕生产经营中心,在全公司开展劳动竞赛活动,机械化工程处荣获金杯奖,桥隧、线路工程处和巴东项目部荣获银杯奖;王怀尧等6人分别被评为公司、总公司劳动竞赛优秀组织者。年内筹措"送温暖"资金5万余元,对18户特困职工、9户参加青藏铁路建设的职工家庭和参加抗击"非典"战斗的职工家属进行走访慰问。成立集团公司互助合作保险基金会,制定职工互助合作保险暂行办法,解决职工意外灾害等特殊困难。"三八"节前夕,表彰奖励1个"三八红旗集体"、5名"三八红旗手"、2名先进女职工工作者;郑金华被评为全路优秀工会积极分子,杨红梅被评为总公司"三八红旗手"。举办女工维权、科普知识、新世纪女职工工作、新《婚姻法》和新《计划生育法》专题讲座,计划生育工作连续3年被评为总公司先进单位。北京发生"非典"疫情后,公司行政、工会拨出专项资金36 000元,为职工、家属购买预防药品、消毒用品、防护用品,开展扎实有效的预防工作,公司无一例"非典"疫情发生。工会充分发挥职能作用,积极投身改革发展大局,先后参与公司更名及资质申报工作,在集团公司改制过程中,牵头起草《中铁工程集团有限公司持股会章程》《职工持股会股权设置方案》等文件,在北京市总工会注册登记取得工会法人资格证书,为依法建立职工持股会以及企业全面改制奠定了基础。12月26日,公司举办别开生面的迎新春歌咏比赛;春节前夕,工会举办300多名职工及家属参加的迎春联欢晚会,收到良好效果。

共青团工作。公司团委在团员青年中深入学习贯彻党的十六大和团的十五大精神,广泛开展"创新创效"、争创"青年文明号"、争当"青年岗位能手"和"青年突击队"等富有青年特点的活动,1人被评为总公司优秀共青团员,2人被评为总公司优秀团干部,1人被评为总公司"创新创效"先进个人,1人被评为总公司"青年岗位能手",3个单位被评为总公司"五四红旗团委"和"五四红旗团支部",昆石高速公路阳宗隧道工程被评为总公司"青年文明号"。同时,公司团委积极开展向灾区捐款捐物、捐资助教和青年职工读书成才活动,开展"学雷锋,树新风"、"义务植树"等社会公益活动和丰富多彩的文化娱乐活动,取得明显成效。

(屈立军　亓海民　刘世春)

【厦门中铁建设公司】 驻福建省厦门市莲花新村香莲里23号。总经理徐才宝,党委书记刘兆平。公司下辖福州分公司、泉州工程处和漳州工程处。主要从事市政、公路、水利水电、铁路、房建工程施工以及房地产开发等经营业务。现有职工181人,其中干部132人。资产总额19 979.7万元,其中固定资产原值4 314.7万元、净值3 538万元,流动资产16 405万元,其他资产3 574万元。机械设备45台(套),设备原值2 689万元、净值2 308万元,总功率4 735千瓦,人均动力装备率26.3千瓦、技术装备率14.9万元。

2003年,公司坚持以生产经营为中心,以改革为动力,以提高经济效益为目标,认真贯彻"适度规模、精耕细作、最佳效益"的经营方针,积极引进人才,充分发挥设备优势,盘活土地资产,提高资产运行质量。全年承揽工程20项,投资总额16 462万元。完成施工产值18 302万元,实现利润280万元。公司投资6 000万元兴建的"中铁·时代家园"住宅小区,建筑面积4万平方米、住宅281套,将于2004年年底建成。年内竣工的厦门云顶隧道,总投资4 858万元,工程质量优良;174医院病房大楼工程,建筑面积29 079平方米,总投资8 700万元,获南京军区优质工程奖;晋江中谷国家粮食储备库,建筑面积15 000平方米,总投资2 320万元,工程质量优良;泉州江滨路A、C标段工程,总投资5 000万元,工程质量优良,其中A标段获省优质工程奖;永定战备公路工程,总投资1 387万元,工程质量优良;莆田434国防工程,总投资355万元,获南京军区优质工程奖。

(刘　毅)

【机械化工程处】 机关驻北京市石景山区鲁谷路74号。2002年1月成立,为中铁工程集团有限公司所属非法人独立核算单位。处长兼党委书记赵成堂。现有职工62人。机械设备48台,设备原值6 906.76万元、净值5 159.25万元,总功率10 391千瓦。

2003年,是工程处实施"四步走"发展战略的第二年。全年承揽任务6 000万元,占年度计划的200%。完成施工产值11 300万元,占年度计划的93%,机械设备租赁收入160万元。工程质量合格率99%,优良率80%以上。全年未发生安全质量事故。

(陈　平)

【桥隧工程处】 机关驻北京市石景山区鲁谷路74号。

成立于2002年1月，是中铁工程集团有限公司所属非法人独立核算单位。处长兼党委书记汪益斌，党委副书记杨勤化。下辖基础公司及丹凤、昆石、神朔、朔黄、龙南、渭河、庆元、浙赣等工程项目部，具有长大隧道和大中桥梁施工能力，同时开展对外设备租赁业务。

2003年，完成施工产值9 700万元，承揽工程任务7 000万元，上缴利税927万元。工程质量合格率100%，优良率90%以上。全年未发生安全质量事故。处开发的“施工项目‘四项控制’管理”被总公司评为企业管理现代化创新成果二等奖，昆石高速公路阳宗隧道工程被总公司团委评为“青年文明号”，龙南高速公路工程项目部被公司党委授予“先进基层党组织”称号。（解 丽）

【线路工程处】 机关驻北京市石景山区鲁谷路74号。2002年1月成立，是中铁工程集团公司所属非法人独立核算单位。处长雷丁，党委书记张开柏。职工33人，其中干部21人，工人12人；劳务输入24人。装备有近亿元的长轨焊接、跨区间无缝线路铺设、大吨位箱梁架设和大型机械化整道等工程设备，形成焊、铺、架、整道一条龙作业施工格局，在京九、西康、内昆、秦沈铁路建设中创造了一流的速度和业绩。北京房山设备基地占地面积93 750平方米，3条铁路专用线，是设备存放、租赁、大修、保养基地。10月31日，铁道部原副部长蔡庆华到房山设备基地视察工作时指出，处现有的焊轨、铺架、整道等先进设备是进军京沪高速铁路的有力保障。

2003年，承担西安南京铁路688公里和汉丹联络线140公里的机械整道任务，工程质量合格率100%，优良率99.6%，开通速度达到80公里/小时。全年承揽任务1 704万元。完成施工产值703万元，房山基地完成产值126万元，合计完成产值854万元，超额完成集团公司下达的任务指标。焊轨中心QC小组被评为总公司优秀质量管理小组，“新建铁路基地长钢轨接触焊焊接工法”被评为国家级工法，焊轨中心团支部被总公司评为“五四红旗团支部”创建单位，副处长吴延江荣获总公司“青年岗位能手”称号，党委书记张开柏荣获詹天佑铁道科技专项基金人才管理奖。

（杨永芳 吴金玲 朱秀琴）

【电务工程处】 机关驻北京市复兴路40号。2002年1月成立，是中铁工程集团公司所属非法人独立核算单位。处长兼党委书记陈洪峰。下辖工程公司、监理公司、通信中心和销售中心。职工72人，其中干部39人，技术干部35人；工人33人，技术工人32人。资产总额1 738.24万元。配有全套进口光通信施工仪表机具和一点多址数字微波通信设备，可承担通信、信号、电力及送变电等工程施工和工程监理任务。

2003年，承揽工程39项，总投资3 786.04万元。完成企业总产值2 733.29万元，实现利润17.86万元，人均创利2 447.47元，全员劳动生产率37.44万元/人年。国有资产保值增值率109.4%。年内增加电务工程专业承包二级资质和送变电工程专业承包三级资质，首次通过质量、环境、职业健康安全管理体系认证，为企业发展开创了良好环境。完成主要实物工程量：光缆通信线路1 040条公里，送电线路58公里。年内销售中心被集团公司评为先进集体，通信中心被总公司评为“三八红旗集体”。（胡爱民）

【天津分公司】 驻天津市经济技术开发区黄海路8号森泰小区。主要担负任务承揽和房建施工任务。公司经理刘振国。现有职工9人。资产总值367万元，其中固定资产原值195万元、净值172万元。

2003年，主要承建北京市通州区香秀苑居民小区2栋住宅楼工程，建筑面积20 000平方米，完成施工产值2 000万元。（万红梅）

【重庆分公司】 驻重庆市渝中区中山2路99号华安大厦A栋19楼。原为总公司直属单位，1999年3月组建，2002年1月划归中铁工程集团公司管理。主要从事工程任务承揽和家具商场经营。公司经理马万里。现有职工16人。北碚家具商场建筑面积3 673平方米，固定资产590万元。

2003年，重庆分公司与中铁十九局集团公司一公司合作承揽永胜—片角公路第2合同段工程，合同金额2 377万元。北碚商场全年完成营业额76万元。下半年，分公司配合集团公司成立工作组，赴四川解决原总公司重庆分公司历史遗留问题，取得一定进展。

（王金强）

【海南分公司】 驻海南省海口市海甸东路富怡公寓8－1号。原为总公司直属单位，1994年6月组建，2002年1月划归中铁工程集团公司管理。分公司经理兼党工委书记李同果。现有职工11人。主要从事工程任务承揽和物业管理。固定资产423万元。

2003年，中标深圳深平快速公路特区内连接段第7标段工程，合同额6 500万元。年内继续清理催收海口美兰机场拖欠工程款问题，海南西环铁路债权清理取得新进展。（苏合领）

【深圳工程部】 驻深圳市罗湖区新安路森威大厦雍景园12层。指挥长兼党工委书记李同果。在编职工10

人。主要任务是跟踪工程信息、承揽工程任务。

2003 年,围绕生产经营中心,加强内部管理,各项工作取得较好成绩。深圳工程部组织施工的东深供水改造工程 B-Ⅲ2 标段,于 6 月 28 日建成通水,获得建设单位授予的安全生产、文明施工、优秀工程单位、施工质量优秀单位等荣誉,指挥长李同果获“先进工作者”称号。全年跟踪工程信息 16 项,通过资格预审 9 项,参加投标 7 项,中标 2 项。特别是与汕头锦峰集团联合中标潮揭高速公路 BOT 项目,开创总公司作为国有企业与民营企业联合中标的先河,该项目线路长 27.9 公里,投资 17.6 亿元,项目建成后通过收取车辆通行费偿还投资本息。 (杨能文)

【卡特彼勒产品北京综合服务部】 驻北京市丰台区小屯路 4 号。是中国铁道建筑总公司、中国机械进出口总公司、北京丰台区小瓦窑农工商联合总公司三方共同投资的全民与集体所有制联营企业,挂靠中国铁道建筑总公司管理。中铁工程集团公司党委书记王参军兼任董事长,王峰担任总经理兼党委书记。经营面积 10 700平方米,营业楼2 000平方米,仓库1 700平方米,维修车间1 850平方米。2001 年底美国卡特彼勒公司取消合作,撤销保税库。服务部在没有主营业务的情况下,继续为部分用户维修、保养美国卡特彼勒工程机械,经销卡特彼勒公司工程机械零配件,兼营提供卡特彼勒公司工程机械技术咨询,同时开发房产资源。现有在岗职工 41 人,待岗、内退人员 14 人。资产总额 1 654万元,其中固定资产原值 809 万元、净值 333 万元,流动资产1 201万元,其他资产 120 万元。

2003 年,面对繁杂、棘手的历史遗留问题,继续深化用人机制改革,完善各项规章制度,调整经营结构,职工队伍基本稳定,经济效益实现大幅减亏。全年完成企业总产值 653 万元,实现销售收入 237 万元,亏损 64 万元,与 2002 年相比减亏 132 万元。国有资产保值增值率 91.39%,净资产收益率 -9.38%,产值利润率 -9.8%,资产负债率 58.76%。 (王德运 刘 静)

【进口机械服务中心】 由北京英格索兰、沃尔沃、力寰机械产品服务部合并组成。经理徐政志,党工委书记吴烨。现有职工 35 人。主要经营设备租赁、整机销售、设备维修;美国英格索兰公司、瑞典沃尔沃公司、香港力寰股份有限公司和德国维尔特公司产品零配件销售;美国柴油机附厂配件中国销售代理及高压油泵实验台校泵等业务。

2003 年,积极开拓经营渠道,加强零配件经营工作,拓宽整机销售市场,发展设备租赁和技术咨询业务,巩固技术维修市场。配件部全年做报价 221 份,下定单 181 份,结算单 183 份;发动机大修 4 台,项修 10 台,整机销售 4 台;加强集团公司进口设备的强制保养工作,确保设备性能。全年完成产值1 340万元,国有资产保值增值率 105.9%。 (张 艳)

【铁路运营指挥部】 成立于 1998 年 10 月,代表总公司全面负责本系统铁路运营单位与铁道部、神华集团等单位的协调工作。2002 年 1 月 1 日划归中铁工程集团公司管理。指挥长田更生。现有在编职工 4 人。适应神朔铁路电力机车牵引大列运输需要,于 2001 年成立总公司系统运营联合体神朔铁路运输部。铁路运营指挥部办公地点分别设在北京总公司机关和神朔铁路神木北站。

2003 年,铁路运营指挥部以神朔铁路运营为重点,以电力机车运用检修和乘务员管理为基础,以安全生产为龙头,以提高经济效益为根本,在激烈的市场竞争中发扬艰苦创业、团结协作精神,实现生产经营、运输安全和经济效益全面丰收。电力机车牵引运营货运量突破2 000万吨大关,运输收入实现较大幅度增长,创造了总公司铁路运输历史最好水平。 (杨继彤)

【良乡基地】 驻北京市房山区长阳镇葫芦垡乡夏场村南,占地面积 40.2 万平方米。始建于 60 年代末,1999 年划归中铁工程集团公司,是独立核算、自负盈亏的全民所有制企业。现有职工 12 人。基地主任兼党支部书记覃耀佳。主要经营种植业和养殖业,现有葡萄 110 亩、果树4 700棵、杨树 16 万棵,并进行土地资源开发。全年完成施工产值 150 万元,生产产值 28 万元。 (覃耀佳)

海 外 公 司

【简况】 总公司海外公司于 2001 年 8 月在原总公司海外部的基础上改组设立,保留总公司海外部和总公司外事办公室牌子,按一个实体三块牌子运作。海外公司按总公司所属分公司登记注册,实行内部模拟法人管理,独立核算,自负盈亏,根据总公司确定的经济指标,实行经济责任制和总经理负责制,成立党委和党的纪律检查委员会。其主要职责是:经总公司授权,代表总公司行使对外经营权,自行组织和实施对外工程承包、劳务输出、进出口贸易等经营活动;负责总公司境外机构的经营活动和日常管理,保证总公司授权管理的国有资产保值增值;带领和组织、协调总公司所属单位走向国际市场;负责总公司外事工作。

海外公司机关定员30人,领导职数9人。机关设办公室、工程部、劳务部、贸易部、计划财务部。下辖中铁(澳门)有限公司、中国铁道建筑(香港)有限公司、中国铁道建筑(新加坡)有限公司、珠海分公司。职工58人,其中干部57人,工人1人。经审核批准的项目经理15人,其中一级项目经理7人,二级项目经理8人。年末资产总额35 515.88万元,资产负债28 623.23万元。中铁(澳门)有限公司、中国铁道建筑(香港)有限公司通过质量、环境、职业健康安全管理体系认证并获得证书。年内连续8年入选"全球225家最大承包商"和"国际225家最大承包商",分别名列第17位和第117位。

2003年,签订工程承包和劳务、贸易合同总额12.17亿元,其中工程合同额7.73亿元,劳务合同额0.38亿元,贸易合同额4.06亿元;完成营业额10.24亿元,其中工程营业额8.2亿元,贸易营业额1.49亿元,劳务合同额0.026亿元。实现利润1 038万元,全年上缴利润319.42万元,缴纳各种税金645.37万元。对外承包工程和劳务合作年末在外人数984人。职工年人均工资12.35万元。 (郭子岩)

【领导干部】

行政系统

总经理 林荣新

副总经理 龙兴邦(兼)

陈东生(兼中铁澳门公司经理)

郝桂林(兼中铁香港公司经理)

武宪功

屈京康

李学元

总工程师 初厚才

党群系统

党委书记 龙兴邦(10月退休)

党委副书记 林荣新(兼)

纪委书记 屈京康(兼)

工会主席 李学元(兼)

(郭子岩)

【职工队伍】 年末职工58人,其中管理和技术干部57人,工人1人。干部中专业技术干部51人,占职工总数的87%%,其中高级职务14人,中级职务26人,初级职务11人。 (郭子岩)

【香港工程】 西部铁路CC-212合同段,即兆康车站工程。业主为香港九广铁路公司,工程监理为茂盛(亚洲)工程顾问有限公司。总公司与香港建设、艾铭、光大集团联合体中标,合同额13.85亿港元,总公司占联合体25%的股份。合同工期1999年8月~2003年10月。兆康站高架于屯门新市镇北边的屯门河上,毗邻兆康苑轻轨铁路车站,是西部铁路与轻轨铁路的主要交汇站。车站总长1 488米,建筑面积约5万平方米。车站主体为现浇钢筋混凝土框架结构,钢结构屋顶,车站两端为高架桥结构,钻孔桩基础,共1 344根钻孔桩,孔径205毫米~2 500毫米,总长31 000延长米。2003年10月,香港九广铁路公司颁发了兆康站实体完工证书。

西部铁路CC-213合同段,即屯门中心站工程。业主为香港九广铁路公司,工程监理为茂盛(亚洲)工程顾问有限公司。总公司与香港建设、艾铭、光大集团联合体中标,合同额13.53亿港元,总公司占联合体25%的股份。合同工期1999年8月~2003年12月。屯门站位于屯门市中心,在屯门河上兴建,占地面积约18万平方米。车站以北建造一座双轨铁路高架桥,与兆康站连接。重建轻轨铁路新发站,使车站大堂相连,成为西部铁路与轻轨铁路的交汇站。车站长390米、宽55米,建筑面积54 000平方米。桩基础采用抓斗、回流液压切削机及螺旋钻等设备,建造290根大口径钻孔桩,灌注混凝土5万立方米,钢筋7 500吨,钢结构3 100吨。2003年10月工程如期完工,香港九广铁路公司颁发了屯门站实体完工证书。

西部铁路CC-202合同段,即元朗及朗屏车站工程。业主为香港九广铁路公司,工程监理为奥雅纳工程顾问有限公司。总公司与香港艾铭、建设联合体中标,合同额17.6亿港元,总公司占联合体15%的股份。合同工期1999年10月~2003年10月。元朗站位于元朗新市镇东,建于高架桥上,乘客可在该站转乘轻轨铁路。朗屏站位于元朗旧市中心北,高架于元朗明渠上。两座车站主体均为三层现浇钢筋混凝土框架结构,建筑面积约8万平方米。元朗站长420米,基础为钻孔灌注桩225根,屋面为现浇钢筋混凝土平板结构。朗屏站长378米,基础为钻孔灌注桩445根,椭圆形钢屋顶结构。2003年10月工程如期完工,香港九广铁路公司颁发了元朗站和朗屏站实体完工证书。

西部铁路CC-1820合同段,即北段铺轨工程。业主及工程监理均为香港九广铁路公司。总公司与香港俊和、恒利、昆士兰联合体中标,合同额4.3亿港元,总公司占联合体20%的股份。合同工期1999年10月~2003年10月。轨道主要采用特别设计的浮动平板,路轨以橡胶和铁板拼合而成的避震底座承托,有效降低列车运行所发出的噪音和震荡,再配合其他噪音舒缓措施，将使西部铁路成为全球最宁静铁路之一。主要工程量：铺轨 14.25 双线公里，使用钢轨4 000吨，橡胶垫片 16.5 万吨，预制混凝土构件 6.5 万块，电缆槽 2.7 万延长米，避震底座2 300吨，混凝土 2 万立方米。2003 年 10 月工程如期完工，香港九广铁路公司颁发了北段铺轨工程实体完工证书。

东部铁路 CC－1850 合同段，即东部铁路支线 12.7公里路轨工程。业主和工程监理均为香港九广铁路公司。总公司与香港俊和、恒利联合体中标，合同额 3.7 亿港元，总公司占联合体 25％的股份。合同工期 2001 年 5 月～2004 年 12 月。轨道工程包括两条支线：马鞍山支线长 11.4 公里，9 个车站；尖沙嘴支线长 1.3 公里，1 个车站。

香港地铁 582 合同段，即东涌铁路—迪斯尼公园 4.5 公里铺轨工程。业主为香港地铁公司。总公司与香港中电工程有限公司、恒利建筑有限公司联合体中标，合同额6 803万港元，总公司占联合体 30％的股份。合同工期 2002 年 10 月～2005 年 12 月。该项目是竹篙湾铁路铺轨和高架电缆的设计、施工项目，是迪斯尼公园的配套专用线。从阴奥站直达迪斯尼站，全长4.5 公里，其中 2.885 公里为有砟轨道，0.864 公里隧道段及 0.46 公里的站场采用减震轨道。

香港铁路 CC－1860 项目，即落马州支线铺轨工程。业主为香港九广铁路公司。总公司与香港俊和、恒利、昆士兰联合体中标，合同额 1.85 亿港元，总公司占联合体 20％的股份。合同工期 2003 年 10 月～2006 年 10 月。主要工程为落马州支线 14 公里非道砟轨道供应及安装。（郭子岩）

【澳门工程】 年内承建澳门后加工程 2 项，合同总额4 598.58万澳门元。全年完成营业额24 190万澳门元。

VU3.1 公路及新航道开挖工程。VU3.1 公路工程合同额4 214万澳门元，于 2001 年 11 月 5 日开工。2002 年 2 月 28 日后加新航道开挖合同额 197.44 万元，2003 年后加增高路堤填沙、开拓专用航道等合同额 680.77 万澳门元，合同总额5 092.21万澳门元，工期 2001 年 11 月～2003 年 3 月。工程于 10 月底竣工。

澳门半岛—凼仔岛第三座跨海大桥。由总公司与中铁大桥局集团公司联合中标，2002 年 8 月 6 日签订合同，工程合同额 5.06 亿澳门元；2003 年后加工程合同额3 917.81万澳门元，合同总额 5.45 亿澳门元。总工期 28 个月，计划 2004 年底建成通车。大桥主体全长1 720米，主桥为 110 米＋180 米＋110 米预应力混凝土回拉桥；引桥均为 60 米跨度预应力混凝土等高连续箱型梁桥。大桥上层为双向六车道，中间设有栅栏，两边均有人行道和护栏；下层为双向四车道，预留轻轨铁路位置，可在台风季节通车。横向设两个分离的单箱单室截面，每个单箱桥面宽 12.95 米。年内完成主桥 Ø2.2 米钻孔桩 30 根，占总数的 100％；主桥和南北引桥及匝道桥 Ø1.5 米钻孔桩 196 根，占总数的 77.8％；承台 36 个，占全桥总数的 62.07％；预制梁节 132 榀，占总数的 27.5％；侧箱涵 Ø0.8 米钻孔桩 67 根，占总数的 35.64％；北引桥填海和钢板桩防护工程全部完工，北引桥排水系统完成 90％；大桥北侧道路完成 60％，箱涵基础灌注完成 55％。大桥整体设计完成 90％。（郭子岩）

【境外工程】 毛里塔尼亚阿塔尔水坝项目。业主为毛里塔尼亚伊斯兰共和国政府，资金来源为中国政府援助，由海外公司牵头，使用总公司援外资质，以中铁十八局集团公司名义投标并中标，合同额148.8万元人民币，工期 2003 年 9 月 27 日～2004 年 6 月 12 日。阿塔尔水坝项目主要是补充区域地下水，改善区域环境，形成地区居民生活和灌溉备用水源的水利工程。坝长 293 米，坝高 11 米，水库库容 120 万立方米，由拦河坝、坝体放水管、上坝道路和管理用房组成。

尼日尔津德尔供水项目。业主为尼日尔共和国政府，资金来源为中国政府援助，以总公司名义中标，由中铁二十局集团公司施工，合同额6 633.62万元人民币。2003 年 11 月 6 日开工。该项目建成后，最高日供水量为4 500立方米。主要工程量：铺设水源地 12 眼井的联络网管10 300米，输水管线总长25 000米；建设总建筑面积1 437.97平方米的水厂 1 座，容积 600 立方米的清水池 1 座，建高 24 米、最大直径 22 米、容积2 000立方米的高位水塔 1 座；铺设电力线路 30 公里及配套设施加压泵 4 台、电气设备、自动化监控系统和通讯系统。（郭子岩）

【境内工程】 珠海铁城实业公司年内承建工程 13 项，合同总额24 762万元，年内完成产值15 432万元。

东莞运河樟村水质净化厂项目。位于广东省东莞市，合同额14 079万元。年内完成产值9 500万元，主要为土建和安装工程。项目建成后，日处理污水能力 260 万吨，是迄今为止亚洲最大的污水处理项目。

三灶科技工业园填土工程，合同额3 500万元，年内完成产值2 700万元。平沙华厦阳光填土工程，合同额 200 万元，完成产值 200 万元。平沙用地填土工程，合同额 630 万元，完成产值 630 万元。唐家乐园路道路工程，合同额 900 万元，完成产值 814 万元。三灶东路、E 路、F 路道路工程合同额 609 万元，完成产值 369 万元。三灶春园路市政道路工程，合同额 581 万元，完成产值581万元。保税区用地填沙工程，合同额1 029万元，完成产值360万元。江苏亿邦用地填土工程，合同额133万元，完成产值133万元。永利工业园三期填土工程，合同额145万元，完成产值145万元。三灶科技工业园三期市政道路工程，合同额1 800万元，2003年9月中标。平沙沙美工业区填土工程，合同额436万元，10月中标。联港工业区双林片区北扩填土工程，合同额2 810万元，11月中标。（郭子岩）

【经营管理】 2003年，海外公司强化经营管理，以大型工程项目为重点，积极参与国际市场竞争，先后组织中铁十三、十四、十七、十八、二十局集团公司等单位参加马来西亚、阿富汗、安哥拉、赞比亚、毛里塔尼亚、尼日尔、沙特阿拉伯、阿曼、阿联酋、香港等国家和地区的工程投标并中标，承揽范围涉及公路、桥梁、水坝、房建、微波通讯等领域，全年新签合同额2亿余美元，是2002年新签合同额的2.2倍，超额完成总公司下达的年度计划。总公司在非洲先后中标毛里塔尼亚阿塔尔水坝和尼日尔津德尔供水等援建项目，首次打开援外工程大门。在阿富汗及海湾地区连续中标，扩大了总公司对外经营区域和规模。

开拓援外工程市场。援外工程项目是中国政府投资，在国内投标，由国内单位设计和监理，采用国内工程技术标准，大部分工程材料和设备从国内采购的政府间援助项目，是降低经营风险、稳步进入国际市场的良好方式。年内由海外公司牵头，分别以中铁十八局集团公司和总公司名义，组织中铁十八、二十局集团公司参加毛里塔尼亚、尼日尔两个项目的投标并一举中标。尼日尔津德尔供水项目是目前以总公司资质承揽的最大的援外项目，总投资6 633万元，工期16.6个月。11月6日在津德尔市举行开工典礼，尼日尔总统马马杜·坦贾和中国驻尼大使孙兆通等参加开工仪式，当地报纸、电台、电视台等新闻媒体进行了报道。

重点工程项目管理。年内海外公司以香港东部铁路与西部铁路、澳门澳凼三桥和VU3.1公路、东莞运河水质净化厂等项目为重点，改变过去以揽为主为以管为主，切实加强项目管理。加强香港西部铁路收尾工程管理，与联合体一道加大索赔力度，促使业主及时拨款，逐步返还内部股东单位流动资金。VU3.1公路填海项目及时撤换分包商，抽调得力人员进入现场，扭转工程被动局面，项目已顺利完工。澳凼三桥施工管理实行联合体项目部即管理委员会和辅助工程项目部两个管理层，管委会管全局、负总责，从总体上对项目施工、管理进行控制；辅助项目部根据施工需要，组织工程分包、设备租用、人员调配和招聘等具体工作，配合大桥施工。澳凼三桥项目进展顺利，得到澳门特区政府和何厚铧特首的肯定。东莞运河水质净化厂项目是亚洲目前最大的污水处理工程，是总公司直属重点项目之一，珠海铁城实业公司采取内内联合与内外联合的方式组成项目部，通过明确权益、责任范围，发挥各方资源优势管理项目施工。切实加强工程资金管理，先后制订并实施项目财务管理办法、项目经费承包管理办法、经费承包责任书等相关管理规定，对项目资金进行控制；建立项目责任制，严格控制非生产性费用，降低工程成本，防止效益流失。

进出口贸易与劳务输出。通过国际融资为中铁十四、十五、十八局集团公司进口急需的盾构机等先进施工设备60台(套)，共3.6亿元人民币。通过援外项目实施带动设备出口，总公司外贸进出口资质从D类企业上升为A类企业，被商务部确定为“中国外贸企业信用体系指定示范单位”。全年新签劳务合同12份，合同额3 800万元，年末在外人数984人。年内举办国际项目管理专业资质培训班4期，参加培训132人，其中111人通过认证，储备了外经人才。

清欠工作成效明显。加强资金回收工作，抓紧处理历史经营中形成的不良资产，澳门美景花园、南湾湖项目的欠款已全部收回，出口贸易库存积压物资已全部处理；与福星来合资公司、中建(南洋)公司和南岛项目的有关债权债务，已签订股权转让协议。

人事与工资制度改革。海外公司机关实行全员竞聘制，竞争上岗，经过人员整合，中坚骨干力量发挥了良好作用。年内进行工资制度改革，制定不同的岗位工资基数和系数，按岗论能确定工资。

目标经营责任制。强化经营责任，明确内部经营关系，与各单位、各部门签订《目标经营责任书》，严格考核、监督和奖惩，经营成效显著。（郭子岩）

【中国铁道建筑(香港)有限公司】 驻香港九龙九广铁路红磡铁路大楼207室。2000年1月27日，经对外贸易经济合作部、铁道部和中央人民政府驻香港特别行政区政府联络办公室批准，同意总公司在香港设立一次性项目公司，负责香港西部铁路4个标段工程建设项目的组织实施。2002年4月，总公司所在联合体中标香港东部铁路CC－1850合同段后，对外贸易经济合作部于11月20日批复同意将中国铁道建筑(香港)有限公司转为在港永久性公司，为总公司驻香港常设机构，直属总公司海外公司领导。经营范围为在港承建工程项目及与工程项目有关的设备、物资等进出口贸易。公司注册资金600万港元。董事会主席王振侯，副主席扈振衣，董事郝桂林、张惠江、龙兴邦、李世钰、林荣新、于洪忠；经理郝桂林，副经理于洪忠，经理助理朱南海。现有工程技术及管理人员28人，其中内派人员 20 人，聘用当地雇员 8 人。

2003 年，公司组建 8 个联合体，参与 3 个项目资格预审和 8 个项目投标，中标 CC－1860 合同段即落马州路轨支线工程，合同额 1.85 亿港元。年内承建香港工程 9 项，营业额 14.59 亿港元，净增合同额 3.51 亿港元。CC－212、CC－202、CC－1820、CC－213 合同段主体工程已完工，均有一年的维护期，业主已颁发实体完工证书，12 月西部铁路举行通车典礼。年内新签物资供货贸易合同 2 项，合同额 447 万港元。年内以总公司名义通过香港 SGS 公司质量认证，标志总公司质量管理体系在港获得认可。该认证适用范围：土木工程建造、地盘平整、水务工程、道路和渠务工程。所辖中铁国际贸易公司获九广铁路公司批准，成为九广铁路公司认可的混凝土轨枕供应商；中铁土力工程有限公司通过香港品质局 ISO9001:2000 版质量管理体系认证，覆盖范围包括滑坡防治、斜坡、挡土墙修茸工程。CC－1850 项目在安全施工中，荣获东部铁路支线“承建商安全奖亚军”和“零意外率奖”两项殊荣。

（郭子岩）

【中铁（澳门）有限公司】 驻澳门新口岸友谊大马路南方大厦 1 楼 M 座。1989 年 6 月 28 日，经对外贸易经济合作部、铁道部、国务院港澳办公室批准，同意总公司在澳门设立一次性项目公司，并在澳门正式注册，主要负责澳门松山隧道建设。在新华社澳门分社的关心支持下，公司陆续承建多项后续工程。对外贸易经济合作部于 1993 年 4 月 19 日批准将中铁（澳门）有限公司转为永久性公司，为总公司驻澳门常设机构，直属总公司海外公司领导，继续在澳门承建工程。经营范围：承包工程建筑和工程勘测设计；从事进出口贸易和房地产开发；从境内向澳门输出劳务；为总公司系统提供境外工程信息。1994 年，公司被澳门中国企业家协会接纳为集体会员；1996 年 5 月，当选为董事会单位；1998 年 12 月，当选为常务董事会董事成员；2001 年 8 月，当选为副会长单位。公司下设工程部、劳务部、财务部和办公室；下辖珠海中铁实业公司。现有工程技术和管理人员 35 人，其中内派人员 19 人，当地雇员 16 人。董事兼经理陈东生，董事陈炬烨，总工程师张军（外聘）。

2003 年，公司利用在建工程发展空间和业主对工程建设新的要求，积极拓展工程范围，争取后加任务。年内参加 7 项工程投标，承揽工程合同额4 600万元，完成营业额 24 190 万元，实现利润 100.7 万元。VU3.1公路于 10 月底完工，并报送工程竣工报告。加强资金管理，建立、完善财务管理制度，制定并实施财务管理规定、项目经费承包管理办法、经费承包责任书等，建立项目责任制，严格控制非生产性费用，降低工程成本，有效地防止了效益流失。（郭子岩）

【珠海铁城实业公司】 驻珠海市情侣南路 455 号九州花园一幢二单元 2A。原为总公司直属分公司，1999 年 10 月划归海外公司管理。经理黄兴富，副经理张万华、朱晓刚。主要职能是代表总公司在华南地区承揽工程任务并开办第三产业。公司下设工程部、财务部、预算部、办公室。现有职工 12 人。

2003 年，公司根据经营区域市场潜力，有的放矢地扩大总公司资质使用范围，重点加强珠海三灶开发区、大亚湾中海壳牌石化基础设施和广东水利工程建设，建立稳固的经营根据地。全年中标工程 14 项，承揽任务27 329万元，完成投资15 432万元。东莞运河樟村水质净化厂工程，填补了总公司污水处理工程建设中的空白。年内公司改革管理模式，撤销机关职能科室，将集中管理转变为分散管理，成立珠海和东莞两个项目部，除财务由公司统一管理外，其他职能部门由项目部按需设置。公司将经营权、职工聘用权、奖金分配权、项目工程成本范围内的资金支配权和生产管理权授予项目部。由项目经理与公司签订《生产经营责任书》，明确承揽任务指标、上缴管理费指标，做到无重大伤亡事故、无重大质量事故、无违法犯罪案件，年终兑现奖惩，充分调动了职工积极性。（郭子岩）

北京铁城建设监理有限责任公司

【简况】 北京铁城建设监理有限责任公司成立于 1996 年 1 月，前身是中国铁道建筑总公司建设监理分公司，1998 年 11 月完成股份制改革。公司机关驻北京市复兴路 40 号。下辖成都分公司、电信分公司、西安分公司、北京第一分公司、东莞分公司和 19 个项目监理站。监理业务范围：铁道建筑、公路建筑、工业与民用建筑、市政工程（含地下铁道）、机场、水电及通信、信号、电力工程建设监理及技术咨询、工程咨询、技术服务。公司具有建设部、国土资源部核发的甲级监理企业资质证书，并通过 ISO9001:2000 版质量体系认证。公司现有在编人员 20 人（在册人员 248 人），实有监理工程师 286 名，其中高级工程师 78 人，高级经济师 3 人，工程师 165 人，初级技术人员 40 人；39 人取得全国监理执业资格证书,32人取得各行业总监理工程师资格证书,226人取得铁道部及其他省部级监理执业资格证书。有检测设备23台(套),汽车19台。

2003年,承揽工程23项,监理工程建安总投资约59亿元。完成企业总产值1 910万元,实现利润69万元。公司监理的成都市三环路人南立交桥工程获2003年度中国建筑工程鲁班奖,并被成都市市委、市人民政府授予“监理先进单位”称号;青藏铁路监理站被青海省人民政府评为2003年度劳动竞赛第一名,并被中华全国铁路总工会授予“火车头奖杯”;西安南京铁路商州监理站被授予“监理先进单位”称号。2003年12月,公司被中国铁道工程建设协会评为“监理先进单位”。

(梁振文)

【领导干部】

总经理	王　鉴
总工程师	伍玉江
总经理助理	蔡梅群
	葛　强

(梁振文)

【工程项目监理机构】 青藏铁路监理站　驻青海省格尔木市。总监理工程师敬廷银,副总监理工程师李忠龙。

青藏铁路三江源监理站　驻青海省格尔木市。总监理工程师王有鹏。

青藏铁路拉萨监理站　驻西藏自治区堆龙县。总监理工程师方路。

赣龙铁路监理站　驻福建省龙岩市。总监理工程师尹玉练,副总监理工程师刘晖。

黄石山南铁路监理站　驻湖北省大冶市。总监理工程师王德林,副总监理工程师虞传海。

遂渝铁路监理站　驻四川省遂宁市。总监理工程师刘三友,副总监理工程师宋玉库。

宜万铁路监理站　驻湖北省巴东县。总监理工程师葛强。

成都沙河监理站　驻四川省成都市。总监理工程师郝静,副总监理工程师樊亮。

大梁隧道监理站　驻河北省井陉县。总监理工程师翁世炎。

衢州监理站　驻浙江省衢州市。总监理工程师袁仲国,副总监理工程师张武斌。

吉安监理站　驻江西省吉安市。总监理工程师赵连友。

渝江公路监理站　驻吉林省蛟河市。总监理工程师黄世炎。

成都车站风雨棚改造监理站　驻四川省成都市。总监理工程师陈九香。

(梁振文)

【监理工程】 陕京二线输气管道大梁隧道监理工程　该工程是为满足京、津、冀、鲁、晋地区天燃气市场发展需要和北京2008年奥运会需求的重点工程建设项目。大梁隧道穿越太行山,横跨山西、河北两省,是西气东输重点控制工程。监理站设在河北省井陉县。总监理工程师翁世炎率4名监理工程师,于2003年8月进驻现场。该工程质量、安全、进度全面达到合同预定目标,多次受到建设单位表扬,在全线工程综合评比中排名第一。

成都市沙河综合整治监理工程(河道、道路)　主要工程量:河堤桩板式防护1 506.57米,排水工程ABC线污水管道1 378米,污水检查井64座,雨水管道1 406米,道路工程1 320米26 417平方米。总投资547万元。总监理工程师郝静、副总监理工程师樊亮率6名监理工程师于2003年进驻现场,负责施工准备阶段、施工阶段和保修期阶段的工程监理。

成都市沙河综合整治监理工程(园林绿化)　工程总投资2 285万元。主要负责成都市46.9公顷园林绿化工程及园林土方与园林土建工程监理。工程质量、进度、投资目标控制均满足业主要求。

江西吉安市白鹭大桥、滨江大道监理工程　吉安白鹭大桥由引道、引桥、主桥、互通立交、辅路及附属工程组成,全桥长1 744.9延长米,桥面宽23米。主桥536米,孔跨形式为36米+138米+138米+138米+36米五跨钢管混凝土中承式系杆拱桥,结构复杂,技术含量高,钢横梁和钢管拱制造、安装精度要求高,焊接质量要求严格,涂装和施工难度大。主桥拱圈制作、安装是该桥关键,拱圈钢管为1 000毫米直径、16毫米厚的上弦钢管,实心段内填C50微膨胀混凝土,钢横梁、风撑、钢桁架、骑跨式钢丝绳吊杆、31束预应力钢绞线系杆结构复杂,集钢梁和拱桥于一身。西引桥长305.65米,东引桥长903.25米。全桥有钻孔桩基础169根,水中基础最大桩径2.5米,最小桩径1.5米。滨江大道全长4.891公里,下穿赣江大桥和白鹭大桥,幅宽80米,柔性路面。工程总投资3.05亿元,工期2年。赵连友任总监理工程师,刘洪拴、赵恩杰、韩彩亭先后担任副总监理工程师,有15人担任桥梁、测量、地质、钢结构专业监理工程师。服务态度和工程质量多次受到业主通报表彰。

遂渝铁路第1监理标段工程　负责遂渝铁路DK0+910.85～DK48+447标段工程监理,全长47.536公里。主要工程量:特大桥2座1 607延长米,大桥26座7 356延长米,隧道11座2 938延长米,桥隧总长10 294延长米，占标段线路总长的21.7%；涵洞142座4 316横延米，土石方778万立方米，附属圬工35万立方米，粉喷桩175 532延长米，碎石桩77 121延长米，土工格栅82万平方米，土工布26万平方米。遂宁市明月钢拱大桥、薛家坝涪江特大桥及软土路基为重点控制工程。总监理工程师葛强、刘三友率12名监理工程师于2002年12月进驻工地。目前，各项监理工作进展顺利。

绥芬河口岸站扩能改造第2监理标段工程 该工程为既有站场改造扩建。主要工程量：路基土石方106.5万立方米，附属圬工2万立方米，涵洞186横延米，轨道23.6公里，通信、电力线路22公里，房建14 320平方米。该站场列车到发频繁，施工干扰大，安全、文明施工要求高。总监理工程师邵青海率10名监理工程师分设2个监理组。目前，各项监理工作进展顺利。

神朔复线监理工程 该工程地处山西、陕西境内。主要工程量：土石方266 798立方米，圬工17 560立方米，桥梁7座1 060延长米，涵洞13座183.58横延米，隧道13座1 005延长米，铺碴16 275立方米，联锁道岔155组，接触网152.56公里，10千伏动力电缆2.5公里，控制电缆6.9公里，架空线1公里，敷设电缆3公里，低频电缆7公里，无线列调3公里。监理站设在山西省神木县和神池县，2003年3月进驻现场。总监理工程师李长仁，分设5个监理组，共18名监理工程师。监理站把桥梁桩基础、路基涵洞基础、路基填筑密度及原材料质量检验、“四电”隐蔽工程作为监理重点，从施工工艺操作入手，实行桥涵基础工程旁站监理，严格执行监理现场验收签证制度，保证了施工质量，在全线检查评比中多次受到业主表彰。年内线下主体工程全部完工。

青藏铁路第9监理标段工程 位于青藏高原腹地，海拔高度4 500米～4 700米，属高原冰雪型气候区。标段线路长87.012公里。主要工程量：路基土石方579.88万立方米，站场土石方39.2万立方米，圬工9.75万立方米；特大桥3座1 940.8延长米，大桥14座3 402.9延长米，中桥6座562.7延长米，小桥12座；矩形涵127座4 186横延米；车站2站。监理站设在三江源。总监理工程师王有鹏，设2个监理分站，有45名监理工程师。根据特定自然环境，把监理工作重点放在多年冻土给工程质量造成的影响和环境保护上。遵循“守法、诚信、公正、科学”的监理准则，严格履行合同条款，加强旁站监理，狠抓工程质量、工期和投资三大控制，工程进展顺利，监理工作多次受到建设单位表扬。

青藏铁路第17监理标段工程 位于青藏铁路达琼郭—拉萨站，线路长34.25公里，其中桥梁10座2 262.2延长米，车站3座。监理站设在拉萨市。总监理工程师方路，下设三个监理组，有监理工程师15人。监理人员签订《质量责任书》，岗位责任明确，落实到人。针对青藏铁路施工特点，建立环境保护检查台帐和混凝土统计台帐、总监巡视记录和抽查记录以及原材料、机械设备详细记录，不定期召开现场会议，总结分析现场施工情况，制订相应控制措施。监理人员经常深入现场，按照合同、规章制度进行旁站监理，对进度目标进行风险分析，制定防范措施，各项工程进度良好，受到业主通报表彰。 （梁振文）

【经营管理】 2003年，公司以经营管理为中心，建立现代企业管理制度，加强员工岗位技术培训，充分利用社会资源，大量招聘高技能监理人员，不断增强企业经营实力。全面实行经营管理责任制，建立激励和风险机制，充分发挥各级管理职能，加大对现场监理机构的管理力度，制定并实施高于行业标准的铁路、市政、房屋建筑业工程监理标准，进一步完善ISO9001:2000版质量体系，深入贯彻“公正科学，优质创新”的质量方针和“合同兑现率100%，顾客满意率100%”的质量目标，以先进的管理和优质的服务赢得市场，并有效地拓展市场。公司全年承揽监理工程任务23项，建安投资总额59亿元。完成企业总产值1 910.5万元，实现利润69.3万元，人均创利1.5万元。全员劳动生产率4.2万元/人年，职工年人均收入70 900元。国有资产保值增值率181.25%，净资产收益率7.95%，产值利润率3.63%，资产负债率65.8%。年末资产总额808.2万元，负债总额531.8万元，所有者权益276.4万元。 （梁振文）

【教育培训】 年内根据公司教育培训计划，选送146名品学兼优、年富力强的中青年监理骨干参加建设部、铁道部、交通部、北京市建委、西南交通大学等单位主办的各类监理培训，125人通过资格考试，取得监理工程师执业资格证书；6人取得铁道部总监理工程师执业资格证书，15人取得铁道部监理员执业资格证书。14人参加全国监理工程师执业资格考试，7人取得基桩检测合格证书。在加强员工业务培训的同时，还组织部分人员参加地方举办的在职继续教育。（梁振文）

【重要记载】

▲1月26日 公司中标遂渝铁路第1监理标段工程，全长47.5公里，建安总投资5.9亿元。

▲4月1日 公司青藏铁路监理站获“青藏铁路建功立业劳动竞赛先进集体”称号，李忠龙获“青藏铁

路建功立业劳动竞赛先进个人”称号,敬廷银获“青藏铁路建功立业劳动竞赛十大标兵”称号。

▲4月7日　王鉴总经理出席铁道部在北京举办的全国铁路监理工作座谈会议,并在会上作典型经验介绍。

▲8月12日　公司顺利通过北京市和建设部2003年度甲级监理资质年度审验。

▲9月26日　公司技术负责人由葛强变更为伍玉江。

▲8月29日　公司顺利通过北京九千标准质量体系认证中心的年度评审。

▲10月30日　公司青藏铁路监理站获铁道部青藏铁路建设总指挥部社会主义劳动竞赛监理系统第一名。

▲11月1日　公司成都三环路人南立交桥监理站监理的人南立交桥工程荣获中国建筑工程鲁班奖(国家优质工程)。

▲11月7日　青海省人民政府授予公司青藏铁路监理站“青藏铁路建设先进集体”称号。

▲12月9日　中华全国铁路总工会授予公司青藏铁路监理站“火车头奖杯”。　(梁振文)

铁道建筑研究设计院

【简况】　铁道建筑研究设计院又称中国铁道建筑总公司技术中心。驻北京市大兴区康庄路9号。前身是中国人民解放军铁道兵科学研究院,成立于1958年。1984年1月1日集体转业并入铁道部,改编为铁道部工程指挥部科学技术研究所;1990年10月1日改称现名。是集科研开发、工程咨询、勘测设计、项目管理于一体,以铁道建筑应用技术开发研究、工程测察设计为主的综合性科技型企业,涵盖工程施工技术研究、施工机械研制、工业与民用建筑勘测设计、道路交通勘测设计、铁道工程建设与抢修、岩土与地基处理、工程爆破、工程监理、工程技术咨询以及工程实验检测等领域。下辖土木工程研究所、机电设备研究所、交通工程抢修研究所、交通工程设计所、岩土工程设计所、建筑设计所、科技信息中心、《铁道建筑技术》编辑部、北京铁研建设监理有限责任公司、铁兵爆破公司、北京中铁建北方路桥公司、工程实验检测中心及各专业实验室,分别在上海市和福建泉州市设立分院。具有工程咨询、工程勘察、建筑设计和工程监理甲级资质,市政设计乙级及跨行业多项专业勘察、设计和施工资质。先后获得108项国家及省部科技成果奖,荣获铁道部科技进步先进单位、全国交通战备工作先进单位、全国造林绿化300佳单位、中央国家机关文明单位等称号。

2003年,全院职工抓住机遇,深化改革,开拓市场,强化管理,一手抓科研设计,一手抓防控“非典”,取得兵改工以来生产经营的最好成绩,全年完成产值8 178万元,实现利润395万元。完成产值、实现利润和人均收入创历史最好水平。　(徐万良)

【领导干部】

行政系统

院　长	娄德兰
副院长	王从贵
	陈国芳
总工程师	纪尊众

党群系统

党委书记	张良才
党委副书记	娄德兰(兼)
	韩恭成(5月调离)
纪委书记	张良才(兼)
工会主席	周书传

(郝淑平)

【职工队伍】　年末在职职工总数289人,其中男职工229人,女职工60人;干部225人,工人64人。退休职工118人。学历构成:研究生10人,大学本科174人,大专30人,中专15人,高中以下60人。干部中,专业技术干部210人,行政干部9人,政工干部6人。专业技术职务人员199人,其中高级职务83人,中级职务66人。　(郝淑萍)

【科技经营】　年内全院承揽任务112项,其中科技研发(技术服务)24项,勘测设计、工程检测65项,项目管理、工程监理5项,科研产业、专项施工8项,其他10项,合同总额11 436万元,与2002年同比增长32%,创历史新高。

全年承担科研计划项目32项,其中部级项目12项,包括新立项3项、延续9项;总公司项目17项,包括新立项4项、延续7项、收尾6项;院内项目3项,包括新立项1项、延续2项。全年实现科技性收入1 200万元。院自筹资金200万元,用于科研项目经费补贴,其中补贴院内预研项目150万元,补贴战备科研项目50万元。　(刘　嘉)

【科技成果】　2003年,本院开发研制的“水泥试件标准养护箱”获国家实用新型专利授权;“秦沈客运专线路基施工质量监控测试仪——动态变形模量测试仪”获中国铁道学会科学技术进步三等奖，“隧道掘进和城市露天开挖水压爆破技术”获重庆市科技进步三等奖，“相邻隧道安全施工技术研究”和“密度试验气囊法与常规法对比试验研究”分别获总公司科技进步一等奖，“土体刚度仪在路基压实质量检测控制中应用的研究”获总公司科技进步三等奖；“节能环保工程水压爆破工法”被评为总公司企业级工法，“悬吊模板现浇梁施工工法”被评为总公司优秀工法。（刘 嘉）

【科技设施】 年内投资125万元用于科研基础设施建设，购买数台电脑、打印机及计算机辅助设备，充实并完善院内部局域网；建成总公司技术中心网站，并已开通试运行。购入TSP－203超前地质预报系统和地质雷达等科研测试仪器，购进大量科技图书、资料。

（刘 嘉）

【科技活动】 1．抓住高速铁路建设机遇，提高施工技术装备水平。7月11日，总公司和本院共同主持召开高速铁路施工装备研究情况发布会，邀请铁道部高速铁路建设办公室、鉴定中心、科技司及有关铁道勘察设计院、工程局集团公司的40余位专家到会，介绍本院开展高速铁路施工技术研究和施工设备研制取得的系列成果，展示本院在这一领域的科研技术水平，起到良好的宣传效果。针对高速铁路施工需要，先后承担总公司立项项目高速铁路造桥机和高速铁路架桥机研制任务。年内高速铁路造桥机和高速铁路架桥机已完成方案设计，其中高速铁路架桥机项目于10月30日通过铁道部高速铁路建设办公室组织的方案设计审查。审查意见认为：该架桥机采用前后支腿可调式支撑，一跨式简支架梁，结构合理，受力明确；小导梁高位设置，并可实现架桥机自行短距离转移；起升机构采用变频调速，能满足作业精度和安全施工操作要求；架桥机和运梁车有效配合，可实现拖梁同步运行；方案设计合理，构思精巧，运架分体，作业效率较高，同意在方案优化的基础上进行技术设计。“高速铁路铺轨机组”研制项目已与中铁十四、十八局集团公司达成联合投标协议。高速铁路施工技术装备的研制为提高本院自主研发能力、促进先进装备的国产化研制奠定了良好基础。

2．明确技术创新发展方向，积极承担国家级科研项目。2003年，部分新立科研项目获得国家科技部、财政部批准，整体水平和科技含量较高，完成情况较好，体现了本院科研开发优势。“中跨连续梁造桥机的研制”项目是国家科技部专项资金项目，同时得到国家财政部的资金支持。8月23日，总公司主持召开该项目技术设计审查会，国家科技部、铁道部及有关设计院专家认为，该机充分考虑直线与曲线简支、连续箱梁施工情况，总体设计合理，工作系统完备，结构设计力学模型正确，在铁路曲线连续箱梁施工技术与装备上有创新，经设计优化后可投入生产。本院与中科院化学所、北京房桥中铁路桥工程公司合作承担的国家高新技术研究课题——“现代轨道交通的新型轨枕材料”项目属高性能结构材料技术的重大科研项目，也是本院首次承担国家“863计划”课题。通过产学研结合，充分利用科技创新资源，在基础性、战略性和前瞻性科技创新活动中进行科技合作，积极参与市场竞争，提升科研开发水平。目前，该项目已进入方案研究阶段。此外，本院还承担国家科技部仪器设备升级改造项目——“地基承载力技术标准建设与地基承载力动态检测系统研制开发”，与清华大学合作，已完成建筑领域具有行业特点的支撑条件的硬件系统设计及软件系统开发，正在进行基于建筑地基统一标准的操作平台设计及动态变形模量测试系统的适应性试验研究。

3．在研延续项目进展顺利，部分项目已通过评审验收。铁道部科技开发项目“高速铁路路基模量测定仪和压路机械集成系统的研制”，经课题组进行国内外调研、分析，提出三个技术比选方案。2月11日，铁道部科技司组织召开技术方案评审会，认为该课题立项正确，三个比选方案中第一、二方案既可单独应用，也可集成为一体，有效地提高路基施工质量，降低工程成本。目前，该项目已完成技术设计。铁道部战备科研项目“铁路通用便梁（B型梁）”课题，进行了设计改进与完善。7月7日，铁道部运输局、战备办公室主持召开上道试用技术评审会，认为“铁路通用便梁（B型梁）”在实现通用性、扩大使用范围、保障行车安全等方面有技术创新，设计指标先进，结构构造合理，可进一步完善设计、小批量上道试用。7月16日，铁道部建设司主持召开“土体刚度仪在路基压实质量检测控制中应用的试验研究”成果评审会。评审认为：该项目引进美国生产的土体刚度仪测定土体的原位刚度和杨氏模量，通过对试验数据的统计分析，建立土体刚度与干密度、K30的相关关系；土体刚度仪携带方便、操作简单、性能稳定，为细粒土路基压实质量快速检测提供了一种新的途径。铁道部科研项目“提速线路道床脏污状态红外测量技术的研究”、“提速区段路基加固作业车的研制”已完成方案研究；秦沈客运专线试验项目“一般填料路基施工工艺、质量检测方法和标准的试验研究”、“整孔简支箱形梁桥综合试验”已顺利结题；铁道部战备科研项目“六四式铁路军用梁改进研究”已完成生产招标，并协助工厂完成试制生产。总公司重点项目“雷达信号定量解释在铁路地质工程病害检测中应用”，已完成方法优选与技术流程，正在进行软件系统的开发、试验;“企业改制后集团科技运行模型及应对WTO企业科技发展战略研究”,主要探讨大型建筑企业的科技发展模式,分析中国加入WTO后面临的机遇和挑战,年内制定出总公司短期科技发展计划和长期科技发展战略;“填石路基压实及检测技术研究”已完成可靠性试验研究,年底提交研究报告并结题;“现浇梁膺架参考图册”,年底提交修改后的全部图册并结题;“钢筋混凝土拱桥悬臂灌筑施工工艺及装备研究”,已与北方交通大学签订委托协议书,年内完成施工工艺研究,提交研究报告并结题;“水泥试件标准养护箱研制”,获得国家实用新型专利授权。

4. 瞄准行业关键技术,开展科研立项申报工作。年内以铁路跨越式发展为主题,结合本院实际,组织科研人员集思广议,研究如何在铁路跨越式发展中有所作为,如何提高铁路建设技术标准、工程质量和铁路装备水平,以新标准、新装备带动铁路产业现代化发展,加大自主研发力度,瞄准行业关键技术进行立项研究,分别向国家科技部、铁道部和总公司申报20余个科研项目。

5. 实行科研项目课题制管理,推动企业技术创新。为确保科研课题高质量完成,对课题进行全过程跟踪把关,及时发现和解决课题执行中存在的问题。按季进行课题验收,对敷衍科研课题的课题组,实行无条件转让制度;对不称职的课题组组长及时更换。在实行课题制管理过程中,为确保科研课题完成质量,课题结题报告或阶段报告实行专家组、科研开发部、院总工程师三级审查制度,并针对课题存在的问题形成整改意见,及时进行整改。加快企业技术中心建设步伐,积极做好技术中心进行国家认定的准备工作。9月2日~5日,总公司在本院举办企业技术中心考核认定培训班,聘请长期从事技术中心研究工作的专家授课,还聘请上海建工集团总经理传授技术中心通过国家认定的经验,通过研讨,明确了工作重点和各自的分工。积极参加铁道部组织编写的《中国铁路桥梁史》的资料提供工作,8月14日~15日,总公司在本院召开《中国铁路桥梁史》第一次编写工作会议,明确了编写提纲和资料分工。　(刘　嘉)

【综合管理】 行政事务管理。年内修订《院业务招待费管理办法》等10项规章制度,组织全院职工成功防控“非典”疫情。顺利完成院属企业工商、资质年检,工程咨询甲级资质换证,市政道路、公路设计乙级资质增项及泉州分院、路桥公司营业执照申办工作。检测中心顺利通过国家计量认证评审,档案工作目标管理顺利通过省部级认证,交通安全再次获得北京市先进单位荣誉。建立固定资产管理制度,年内处理废旧物资收回资金76 205元,登记验收新增固定资产110台(套),报废设备50台套。开展“安全质量月”活动,树立安全质量意识,全年未发生安全质量事故。

人事管理。1月,院属机构进行调整重组,新成立土木工程研究所、机电设备研究所(机电设备仪器公司)、岩土工程勘察设计所和人力资源部(党委干部部)、劳动工资部,造桥公司更名为桥梁工程公司,劳动服务公司更名为服务公司,安全质量监察部更名为安全质量监察部(含审计处),交通工程抢修研究所更名为交通工程设计所;撤消院属道路工程研究所、桥梁工程研究所、隧道及地下工程研究所、工程机械研究所、仪器设备开发公司、岩土公司、物业管理部、劳资人事部。7月,恢复工程咨询公司;9月,将审计职能从安全质量监察部划出,新成立审计处(纪检监察处)。加大人事制度改革力度,先后对36名中层干部进行任期考核,重新聘任中层领导干部40名,对8名新提拔干部进行任前公示,3个院属单位正职和1个单位的副职实行竞争上岗。实行全员聘任制,修订《全院聘任制暂行办法》,出台《院中层干部考核办法》《工资分配制度改革试行办法》《职工请休假暂行规定》《职工参加各类考试、鉴定暂行办法》。全年接收大学毕业生18名,干部调入8名、调出7名、辞退1名、除名1名,退休1名。年内评审专业技术初级职务13名,中级职务7名,高级职务14名,教授级高级工程师2名。

劳动工资管理。建立适应现代企业制度的劳动工资管理体系,制定《院工资分配制度改革试行办法》和《院工资管理暂行办法》,按岗位效益工资制标准,确定员工岗位系数,建立工资台帐,重新核定工资。加强劳动工资统计与分析,进一步完善养老保险、工伤保险、生育保险制度,全院职工正式进入北京市养老保险统筹。完成工人技能鉴定工作,3名职工取得技师资格,5名职工取得高级工资格。

财务管理。坚持财务管理以资金管理为中心,不断强化企业资金管理,在资金筹集和使用上取得实效。强化成本管理和成本核算,健全国有资产管理制度,确保国有资产保值增值。修订《院财务管理暂行办法》《院属经济实体财务管理暂行办法》《院财务预算管理办法》和《北方路桥工程有限公司财务管理办法》,逐步完善院财务内控制度,强化了财务监督,并争取到院本级企业所得税减免到2005年的有利政策。年内对监理公司、路桥公司及爆破公司的部分项目进行财务专项检查,及时发现问题并进行整改。全院财务人员分别参加国家和总公司举办的继续教育培训,全部取得会计人员从业资格。

审计监督。1月,院成立审计处,制定《院内部审计工作规定》《院经济责任审计实施细则》和《内部审计例会制度》。年内完成经济责任审计2项，审计路桥工程公司、爆破工程公司和监理公司工程项目10个，提出审计建议47条。（于宝宏　徐万良　安惠泽　朱　霖　石耀伟　李德玮）

【党群工作】 党的工作。院设党委1个，党支部15个，有党员210人。3月，院党委组织召开第四次党员代表大会，选举产生第四届党委和纪委。院党委全面加强领导班子思想政治建设，先后8次组织党委中心组成员学习党的十六大、十六届三中全会精神，学习领导干部的优秀代表郑培民的事迹，组织召开民主生活会，征求职工对院领导班子建设和改革发展的意见和建议，进一步提高了领导班子成员的政治理论水平和思想政治素质。在组工部门开展以公道正派为主要内容的“树组工干部形象”教育活动，向中层以上领导干部分发《党员领导干部廉洁从政手册》，组织党员干部观看廉政教育和警示教育专题片，增强了干部的廉洁从政意识。年内复核检查案件4件，接待信访10余人次，对院属10个工程项目进行经济效益执法效能监察，提出整改建议16条。院党委始终把党支部建设和党员队伍建设作为基础工作来抓，年初调整设立15个党支部，配齐配强了党支部书记和支委；年中，组织开展十六届三中全会决定系列学习教育活动，12名党员被评为“六好共产党员”，3个支部被评为“五好党支部”；年末，组织开展民主评议党员活动，通过评议，全院216名党员全部合格。

工会工作。组织职工学习贯彻党的十六大精神，参加学习十六大精神知识竞赛，214名职工参加答题，占在职职工的77%。年内评选表彰院先进集体4个、先进个人12名、优秀工会积极分子12名，2人受到总公司表彰。组织召开职代会代表团(组)长联席会议，审议通过院工资改革办法。开展“送温暖”活动，为患病职工、困难职工及离退休人员发放慰问费58 460元，组织262名职工向灾区捐款4 060元。组织院以上先进个人休息疗养。组织153名职工及其家属、子女利用双休日到京郊凤凰岭自然风景区休息游览。定期开放图书阅览室、棋牌室、乒乓球室、台球室，举办台球、羽毛球、扑克、棋类比赛，举办春节游艺活动和迎春趣味运动会、田径运动会，丰富活跃了职工文化生活。

共青团工作。12月24日，院召开第一届团员大会，选举产生第一届团委。年内组织团员青年参加学习党的十六大精神知识竞赛，开展“学雷锋奉献日”活动，利用专业特长为群众提供咨询服务。院机关团支部被总公司团委评为“五四红旗团支部”，研究所团支部被总公司团委评为“五四红旗团支部创建单位”，有2名团干部受到总公司表彰。

（徐万良　周书传　于宝宏）

【土木工程研究所】 现有工程技术人员17人，其中教授级高级工程师1人、高级工程师4人。下设桥梁室、隧道室、路基室等。全年新签合同220万元，完成产值268万元。年内承担纵向科研课题3项，其中“路基碾压混凝土密实度研究”项目通过铁道部评审，《现浇梁膺架参考图册》设计及制图基本完成，“管棚钻机研究”正在进行技术攻关。完成横向任务18项，在重点、难点工程科技攻关方面取得重大突破。为中铁十二局集团公司连云港—盐城高速公路项目部提供技术咨询服务，在国内首次实现先张梁无筋传力柱设计与施工，已生产20米T梁196片，16米、13米T梁各98片；承担总公司系统修建的第一座矮塔斜拉桥—兰州小西湖黄河斜拉桥的技术服务工作，该桥获甘肃省科技进步一等奖；参与中铁十九集团公司在北京五环路跨京山铁路和京良公路高架桥的施工和技术攻关；第一次与北京城建集团合作，参与浙江省金华—丽水—温州高速公路建设。（梁志新）

【机电设备研究所】 年内主要针对拟建的京沪高速铁路工程开展科技攻关，主要承担高速铁路造桥机、高速铁路架桥机、高速铁路铺轨机组研制和高速铁路制梁场研究，同时承担中跨连续梁造桥机、路基加固作业车、水泥试件养护箱研制及标养设备改造等项目。高速铁路造桥机研制通过铁道部高速铁路建设办公室组织的技术设计审查，批准开展样机试制工作。完成的国家科技部科研项目“ZQL32/64型中跨连续梁造桥机研制”成果将应用于兰武二线河口南黄河特大桥施工。完成PG1520型铺轨机研制，于7月完成样机制造，已在蒙古国投入使用。（陈　浩）

【岩土工程勘察设计所】 现有工程技术人员12人，其中高级工程师3人，工程师3人。下设工程勘察部、工程部、工程检测部、经营部和土工实验室。年内完成任务50余项，新签合同890万元。承担的铁道部科研项目“秦沈客运专线路基工艺、检测方法与标准试验研究”已通过铁道部评审，承担本院主持的“一般填料秦沈客运专线路基施工工艺、检测方法与标准试验研究”子项目获得专家的一致好评，承担的铁道部科研课题“密度试验气囊法与常规法对比试验研究”获总公司科技进步一等奖。在承担横向任务方面，完成岩土工程勘测10余项，合同额200万元；岩土工程施工6项，合同额490万元；工程检测、监测项目30余项，合同额约200万元。（富志根）

【交通工程设计所】 在原交通工程抢修研究所的基础上组建，现有工程技术人员18人，其中高级工程师5人，工程师7人，本年吸纳应届大学毕业生6人。科研经营以泉州分院、莆田项目部为依托，全年承揽任务500万元，完成合同300万元，实现利润200万元。承揽道路设计6条，桥梁4座，共计30公里。年内完成"六四式铁路军用梁改型研究"的生产招标，"铁路高墩器材研究"通过技术设计审查，自行研制并生产出试制套"多用途轻型钢塔架器材"。 （陆立太）

【建筑设计事务所】 具有建筑工程设计、建筑工程监理、建筑工程咨询甲级资质。现有正式职工32人、实习生5人、外聘人员6人，其中高级建筑师、高级工程师16人。下设设计部、监理部和经营办公室、文档资料室等部门，主要从事建筑工程设计、监理以及技术咨询等业务。年内签订建筑设计合同1 300余万元，监理合同80余万元，总营业收入940余万元。完成初步设计建筑面积约30万平方米，完成施工图设计建筑面积约28万平方米。年内完成北京小汤山医院水疗保健中心二期工程、北京长松园住宅三期工程、北京同仁堂科技有限公司物流中心、北京亦庄鹿海苑二期工程、美然一动力街区A1区、北京大兴休闲健康社区、北京亦庄镇幼儿园和北京铅丝网加工厂等工程的施工图设计，完成北京亦庄鹿海苑邻里中心、北京瑞威杰办公楼、北京疾病预防控制中心防病业务楼、呆呆熊娱乐城、金大都食品城、徐州市图书馆、国际贵族游艇会北戴河基地、大兴种植业服务中心农技大厦等工程的方案设计。在北京生物工程与医药基地建筑设计方案国际竞赛中，本院选送的方案既考虑到建筑功能，又考虑体量和外观，充分体现时代感、艺术性和独特创意的结合，体现以人为本的设计宗旨，经专家评审获得三等奖。设计的北京同仁堂科技公司物流中心是目前北京最大的现代化物流中心，建筑面积18 250平方米，由立体库区、进货区、发货区、退货区、低温库区、控制中心、办公区等组成，立体库区单层净高22米，工程采用全钢结构，库区储运全部实现自动化操作，中央控制室统一管理，每一件物品的储运、登记自动完成。工程共设七个防火分区，每个防火分区均设有消防自动报警系统、自动喷淋系统、应急照明系统、监控系统等。监理部完成北京亦庄鹿海苑居住小区一期工程二标段、室外工程、大凉台住宅、大兴金星公园二期工程等监理任务。 （原文奎）

【测试中心】 现有工程技术人员10人，其中教授级高级工程师1人，高级工程师5人。下设工程检测部、检测技术部和仪器管理部。业务范围包括地质雷达法检测隧道混凝土质量，基桩低应变、大应变、超声波检测，基桩混凝土钻芯取样，桩基、复合地基静载测试，桥梁结构及构件试验与检测工程现场质量监测，桥梁结构物合格性评价，混凝土结构物超声波测量缺陷、超声——回弹综合法测强、混凝土钻芯法测强。年内承担胶济铁路、浙赣铁路提速线路路基和福建邵三高速公路桥梁结构检测任务，合同额82万元；完成青藏铁路拉萨检测标段等检测任务35万元。完成"现代轨道交通的新型轨枕材料"等科研课题11项，其中国家科研项目3项、铁道部科研项目3项、总公司项目5项。完成国家科技部"新型光电应变测试及全数字控制试验机系统研究开发"项目，总公司"隧道衬砌质量无损检测技术应用的研究"、"水溶剂固态速凝剂的研制"、"青藏铁路多年冻土路基施工技术与质量检测控制技术研究"和"西安南京铁路膨胀土路基施工技术"研究项目。12月，检测中心通过国家计量认证验收评审。

（杨永强）

【科技信息中心】 现有专业技术人员7名，其中高级职务3名、中级职务2名。下设图书馆、情报资料组、计算机组。图书馆负责图书、期刊的订阅管理工作；情报资料组负责主持铁道部基建信息网第三分网日常工作；计算机组负责管理、维护全院计算机设备，收集、发布信息，结合市场需要开发商品软件，并承担总公司技术中心网站建设与维护。年内承担科研项目5项，结题2项，销售软件30余套；总公司技术中心网站完成框架设计和网站搭建，于11月开通试运行；编辑出版《科技资料信息》6期。 （欧勇明）

【《铁道建筑技术》编辑部】 《铁道建筑技术》是由铁道部主管、中国铁道建筑总公司主办、国内外公开发行的土木工程、交通工程、实用技术杂志，双月刊，是铁道部优秀科技期刊和中国科技论文统计源期刊。编辑部坚持"读者至尊，服务为本"的办刊宗旨，坚持稿件"三审"制度和规范化稿件处理流程，积极报道相关领域的新技术、新设备、新材料。2003年，开拓广告业务市场初见成效，全年实现综合利润比2002年增长20%。

（余春红）

【北京中铁建北方路桥工程有限公司】 1996年12月，在原总公司南昆铁路造桥指挥部的基础上组建总公司造桥工程分公司，2003年12月与铁兵爆破工程公司合并组建北京中铁建北方路桥工程有限公司，注册资金3 000万元，具有桥梁工程、爆破与拆除工程专业承包一级，地基与基础工程专业承包二级资质。经营范围包括：铁路、公路、机场、港口、码头、水利、电力、市政、民用住宅工程施工，隧道及地下工程、桥梁、栈桥、便桥、建筑基础施工，岩土工程、爆破工程、软弱不良地质处理施工，桥梁动静载检测及与经营范围有关的技术咨询。固定资产3 650万元，拥有本院自行研制的移动支架式系列造桥机4套，机械设备182台(套)。年施工能力2亿元以上。

10年来，采用移动式支架造桥机先后在灵武、南昆、神延、内昆、秦沈、渝怀、赣龙、遂渝、兰武等铁路工程建设中，承建17座7 800延长米的预应力混凝土PC箱形简支梁，为国家节约投资9 600万元。承建的每座桥梁均被评为全线优质工程，其中内昆铁路老煤洞特大桥获铁道部优质工程一等奖。同时，还承建北京东五环、南五环2座立交桥和5座高速公路桥。先后荣获总公司、铁道部及国家科技进步奖、发明奖12项，其中“复杂地质艰险山区修建大能力南昆铁路干线成套技术”获铁道部科技进步特等奖和国家科技进步一等奖。

2003年，新签合同额6 923万元，与2002年同比增长48.8%；完成产值2 678万元，同比增长24.9%；人均创利9.9万元，同比增长17.9%，各项指标均创历史新高。年内承建工程7项，提前完成4项，单位工程合格率和工程质量优良率均达100%。渝怀铁路锦和锦江特大桥被铁道部评为全线“精品工程”，细沙河大桥被评为优质样板工程；承建的兰武二线河口黄河特大桥为连续弯梁桥，是国家科技部、铁道部确定的高新技术重点科研项目，建造坡度8.5‰、600米曲线半径连续弯梁桥属国内首次，无国际先例，填补了国内桥梁施工技术空白。 (王立新　沈子法)

【北京铁研建设监理有限责任公司】 现有人员249人，其中191人获建设部、铁道部监理工程师资格证书，46人获培训证书，15人获铁道部总监证书，9人获北京市总监证书。12月4日取得GB/T19001－2000 idt ISO9001:2000标准质量管理体系认证证书。年内组织人员参加铁道部总监资格培训，2人获得一级总监资格证书。在建监理工程3个项目，其中乌鞘岭特长隧道全长20.05公里，投资20多亿元，是铁道部新监理模式的试点工程，乌鞘岭隧道第2标段监理站在年终评比中被评为第一名；渝怀铁路监理第9标段监理站受到各方好评；青藏铁路监理站按“三高”标准组织监理，完善管理制度，提高管理水平，促进了监理工作全面提高。竣工监理工程8项，其中西安南京铁路铺架监理站在工程监理过程中严格把关，受到建设单位表扬，已顺利通过验交；北京房建监理站监理的鹿海苑等4项工程均已完工，总投资1.6亿元；大兴公路监理站完成黄村永兴路、兴业路、金星路工程监理任务，工程质量得到甲方好评。 (张振富)

【北京铁兵爆破有限责任公司】 现有工程技术人员38人，其中教授级高级工程师4人、高级工程师12人、工程师15人；经公安部认证的高级爆破工程技术人员11人，中级爆破工程技术人员12人；建设部认定的一级项目经理3人，二级项目经理5人。现有实验仪器设备60台(套)，可进行各种爆破实验研究和检测，实验室已通过国家认证。公司经北京市公安局认定为A级公司，具有建设部核定的爆破与拆除工程专业承包一级资质。经营范围包括：各类大型爆破工程、复杂环境深孔爆破、拆除爆破及城市控制爆破工程，爆破技术开发、技术咨询、技术服务和技术培训。年内承担大连港矿石码头场平工程、山东莱钢大H型钢生产线场平工程、湖北利川忠武输气管道等工程施工任务，完成产值近3 000万元；承担高难技术咨询项目8项；承担铁道部、总公司科研课题3项。 (高　嵩)

【重要记载】

▲2月11日　院研制的“高速铁路路基模量测定仪与压路机械集成系统”通过铁道部科技司技术方案审查。

▲3月18日　院党委召开第四次党员代表大会，审议通过第三届院党委工作报告和纪委工作报告，选举产生第四届党委和纪委。

▲7月5日　院召开高速铁路造桥机研讨会，对造桥机立项和研制进行论证和研讨。

▲7月7日　院研制的“铁路通用便梁(B型梁)”通过铁道部运输局主持的上道试用评审，同意小批量上道试用。

▲7月11日　总公司与本院联合召开高速铁路施工装备研究情况发布会，介绍高速铁路装备研究成果。

▲7月16日　院开发研制的“土体刚度仪在路基压实质量检测控制中应用的试验研究”通过铁道部建设司主持的科技成果评审，专家认定该项目为细粒土路基压实质量快速检测提供了一种新的途径。

▲8月14日～15日　总公司在院召开《中国铁路桥梁史》编写工作会议。

▲8月23日　院开发研制的“中跨连续梁造桥机的研制”成果通过国家科技部和总公司主持的技术设计审查，同意在兰武二线黄河特大桥施工中应用。

▲8月31日　总公司在院召开高速铁路架桥机研制研讨会。

▲9月2日～5日　总公司在院举办技术中心考核认定培训班。

▲10月　建筑设计事务所在北京生物工程与医药基地建筑设计方案国际竞赛中获三等奖。

▲10月　院首次承担国家高新技术研究发展计划(863计划)“现代轨道交通的新型轨枕材料”课题。

▲10月30日　院开发研制的“900吨架桥机及运梁车”通过铁道部高速铁路建设办公室主持的方案设计审查,批准在方案优化的基础上进行技术设计。

▲12月4日　北京铁研建设监理有限责任公司取得质量管理体系认证证书。

▲12月12日　院开发研制的“高速铁路路基模量测定仪与压路机械集成系统”通过铁道部科技司主持的技术设计审查,专家同意课题组对技术设计作相应改进后投入样机试制。

▲12月26日　院开发研制的“铁路高墩抢修器材”通过铁道部科技司和计划司主持的技术设计审查,同意进一步完善技术设计后进行器材试制生产。

▲12月　检测中心计量认证通过国家验收评审。

(徐万良)

党校(干部学校)

【简况】 中国铁道建筑总公司党校(干部学校)驻北京市大兴区龙河路16号。前身是1983年12月组建的中国人民解放军铁道兵指挥部干部学校,1984年1月集体转业并入铁道部,更名为铁道部工程指挥部干部学校;1990年10月,改称中国铁道建筑总公司干部学校;1991年1月1日,定名为中国铁道建筑总公司党校、干部学校;2002年3月19日,总公司批准成立中国铁道建筑总公司北京培训中心,实行一套班子,兼有党校、干校、北京培训中心三种职能,接受总公司党委、行政领导,实行党委领导下的校长负责制。1997年10月,经铁道部批准作为全路大中型企业领导干部培训基地;1999年12月,经总公司批准作为铁路会计继续教育培训单位;2002年7月3日,经中共中央党校中央企业工委分校批准,列入中央企业工委分校管理;2003年7月14日,列入中央国家机关会计人员继续教育培训单位,进一步拓宽培训范围,迎来新的发展机遇。校园占地面积1.8万平方米,建筑面积1.54万平方米。现有图书2万余册,教学微机、电教设备价值96万元,固定资产净值1 283万元。下辖办公室(党委办公室)、教育培训处、综合教研室、财务处、物业管理中心、经营开发处。职工43人。已形成200名学员的办学规模,可举办300人或60人以上3个不同班次的培训班。17名专兼职教学人员中,副教授2人,讲师13人,助教2人。

(顾传智)

【领导干部】

校长	邓光煜
副校长	詹耀坤
党委书记	邓光煜(兼)
纪委书记	陈继柏
工会主席	刘爱武
调研员	杜户才(10月退休)

(顾传智)

【教学管理】 年内体现与时俱进精神,课程设置和教学方法有所改进。紧紧围绕邓小平理论和“三个代表”重要思想组织教学,突出贯彻落实党的十六大和十六届三中全会精神,着眼于提高学员综合素质、加强人才培养和提高企业核心竞争力调整课程设置,改进教学方法。一是在教学上突出“三个代表”思想和十六大、十六届三中全会《决定》等重要内容,根据时事变化,适时调整课程,让学员在第一时间领会中央精神和政策。二是在教学方法上取众家之长为我所用,借鉴中央党校和部分兄弟单位的经验,精选教学内容,开拓学员视野,拓宽学员知识面,注重理论贴近企业实际(如采取请总公司党委书记李国瑞或校领导亲自授课等形式),增强培训效果。三是有针对性地增加健康知识讲座,保证学员以良好的身体素质投入到企业改革发展实践中。四是改进教学手段,全年采用图文并茂的多媒体教学97次,占总授课日的93.27%。五是共享教育资源,在中央党校国资委分校中铁建进修班教学中,建成中央党校远程教学网,与中央党校联合组织进修培训,既提高了培训档次,又节约了教学成本。在教学方式上,大力推行电化教学、案例教学、外聘名师或行业专家教学,购置专家、教授、学者的授课光盘或录像带,运用讲座方式穿插播放,既有案例研讨,又有参观学习;既有课堂面授,又有交流讨论;全方位、立体式的教学层次使学员能够及时补充新知识、获取新信息、悟得新经验。教学中坚持“四个结合”,即教员讲课与聘请专家学者授课相结合,教员辅导与电视录像辅导相结合,自学、作业与讨论、考试相结合,理论学习与党性锻炼相结合,保证了授课质量,增强了学习效果。围绕教学中心,全校教职工放弃暑假和大部分双休日,全身心投入教学和后勤服务,教学管理与服务水平有所提高。认真贯彻“坚持教育创新,深化教育改革”,“提高教育质量和管理水平”,“发展继续教育,构建终身教育体系”的教育方针,学员管理指导思想明确,要求规范严格,树立了良好的培训信誉。10月30日,国务院事务

管理局领导到校巡视时,称赞北京培训中心"管理严格,培训质量好"。 (翟基生)

【函授教育】 主要负责总公司系统中央党校函授的教学、教务和管理工作。函授教育招生名额、课程设置、学制均由中央党校函授学院确定。自1986年以来,组织总公司系统6 435名党员干部参加中央党校函授大专班和本科班学习,已有4 016人取得中央党校函授学院大专毕业证书,2 451人取得中央党校函授学院本科毕业证书。年内有注册学员307人,其中2001级大专生81人;2002级本科生65人,大专生50人;2003级本科生63人,大专生48人。 (郝慧晶)

【培训服务】 坚持"诚信为本,服务为根,宾客为尊,情谊为重"的"四为"宗旨和以"您的光临是对我们的直接关照,您的满意是对我们的最高奖赏,您的批评是对我们的真诚鞭策,您的愉悦是对我们的最大激励"的服务理念,改过去学员报到分散服务为"一条龙"服务,方便学员;改过去"分餐制"为"自助餐",满足学员饮食要求;改过去"天天开放浴池"为24小时为客房供应热水;改过去送水到房间为饮水机进房间,全校服务意识不断增强,服务氛围日渐浓厚。 (刘爱武)

【办学方针】 针对企业办学的特点和难点,提出"教学立业、科研兴业、人才强业、多经辅业"的办学方针,以教学为中心,夯实立业之基;以科研为品牌,树立教学形象;以人才为根本,提高教学质量;以多经为辅佑,拓宽教育市场。 (顾传智)

【办学情况】 年内认真贯彻中组部"大规模培训干部"的要求,加大领导干部和专业技术干部培训力度,全年举办各类培训班20期,学员1 885人,在校学员达20 234人天。其中,举办"十五"领导干部岗位任职资格培训班1期,66人参训;青年干部岗位任职资格培训班1期,60人参训;优秀大学本科毕业生培训班1期,43人参训;举办10期会计人员继续教育培训班,1 243人参训;承办中央党校国资委分校进修班2期,67人进修,该班办学层次高、教学方式活、课程设置新,颁发中央党校毕业证书;总公司系统党委组织部长培训班1期,91人参训;总公司审计人员继续教育培训班1期,65人参训。承办铁道建筑公安局刑侦工作座谈会、总公司财务决算会等会议接待工作,为200余人提供会议服务。在总公司有关部门的支持帮助下,取得全国专业技术人员计算机应用能力考试培训资格,并成功地实施第一期(26人)计算机应用能力考试,通过率达98.6%,创造了较好的社会声誉。此外,还接待北京市大兴区工程技术人员职称考试培训班、万兴建筑集团培训班、中环公司培训班等培训业务。 (顾传智)

【科研成果】 年内全校在报刊杂志发表论文和报道49篇,刊稿数量比2002年增加23篇,为宣传学校工作、扩大学校影响发挥了较好作用。1994年7月经北京市新闻出版局批准创办的《铁建党校》校刊,累计出版37期。校刊无论是刊物定位、主题设计,还是栏目设置、稿件质量、版面编排、色彩搭配,都进行了精心策划,从形式、内容到稿件质量都有所提高,进一步扩大赠阅范围,初步形成自身风格。年内两次接受北京市新闻出版署印刷管理处审检,办刊质量受到好评。 (崔继铭)

【基础建设】 2003年,校党委、校领导把改善办学条件作为全年主要工作任务、作为学校第二次创业的首要大事来抓,办学条件明显改善。在总公司的支持下,总投资600万元的一号楼装修改造及电力增容改造工程于5月16日如期竣工,7月15日第一批学员入住,年平均入住率达60.26%,床位利用率较高。从18个班次1 819人次的使用效果看,服务员微笑服务、热情周到,24小时供应热水、房间配饮水机,宽带网进宿舍等星级服务标准,学员普遍感到满意。 (顾传智)

【党群工作】 党务工作。校党委下设3个党支部,党员37人。校党委始终把政治思想建设作为学校的基础建设来抓,理论学习与工作实际相结合,有针对性地开展思想教育工作。一是认真传达贯彻党的十六大及十六届三中全会精神。校党委结合学校工作实际,组织师资进行六个教学专题备课,既加深了对十六大精神的理解,又指导了教学实践。党的十六届三中全会召开以后,校党委要求党员干部带头深入学习,带头武装思想,带头联系实际,带头进行创造性的工作,自觉践行《决定》精神,形成"以人为本、优化服务、拓展市场、信誉致胜"的发展思路,把思想认识统一到办好学校、办好培训、为总公司做强做大的总体发展目标服务上来。二是深入开展学习贯彻"三个代表"重要思想活动。把学习贯彻"三个代表"重要思想与着力解决学校当前存在的实际问题结合起来,不断增强实践"三个代表"重要思想的自觉性和坚定性,党员干部的思想认识有新提高,各部门的工作切实得到改进。三是加强干部人事管理,提高领导班子整体水平。年内校党委按照规范程序聘任8名处科级干部,进一步提高了教学和服务的整体水平。6月27日,召开校领导班子民主生活会,结合工作实际,总结经验教训,把思想统一到学校改革发展上来，全校职工紧密团结在校领导班子周围，众志成城办学校，一心一意为企业持续、快速、健康发展提供人才保障和智力支持。四是夯实基础，强本固基。年内学校先后9次召开职工大会，在干部职工中系统进行团队精神教育、爱岗敬业教育、服务意识教育和安全卫生教育；在中层以上干部中进行讲大局、讲团结、讲稳定教育，增强了以校为家的责任意识、优胜劣汰的危机意识、合作共事的大局意识、开拓创新的发展意识。五是抗击“非典”成效显著。校党委把防控“非典”作为一段时间全校工作的头等大事，在短时间内建立完备的指挥体系、监控体系和信息体系，使防控“非典”工作有了可靠保证，同时通过层层发动、广泛宣传，保证学校教学、生活秩序稳定，形成同心同德、步调一致、共渡时艰的良好氛围，取得在校400多人无一人感染“非典”的良好成绩，保持了校园的一片净土。通过防控“非典”工作，检验了学校应对突发事件的能力，展示了全校职工强大的凝聚力和战斗力，看到了学校生存发展的希望。

纪委工作。认真落实干部廉洁自律“五项规定”，建立党政主管廉洁自律报告制度，积极参与学校一号楼装修改造及电力增容工程招标采购，从源头上防止了腐败现象发生。

工会工作。密切配合党委、行政开展职工教育，发挥工会组织的桥梁与纽带作用，围绕校务公开加强职工民主管理，认真履行劳动合同，发动职工群众开展有益于学校建设的活动。利用有限财力购置室外健身器材，组织教职工开展丰富多彩的文体娱乐活动，寓教于乐，陶冶情操，对密切人际关系、凝聚人心起到良好作用，有效地促进了“两个文明”建设，增强了团队精神。积极开展“送温暖”活动，对困难职工、去世职工亲属、患病住院职工进行救济、补助和慰问，使工会活动深入到职工的生活、工作和学习全过程。（顾传智）

【重要记载】

▲1月3日～5日　总公司系统2003年函授教育工作会在中铁十五局集团公司党校召开，邓光煜总结2002年函授工作，布置2003年函授教育任务。

▲1月14日　总公司党委副书记霍金贵一行走访慰问学校困难党员家庭。

▲1月16日　学校召开年度工作总结会，邓光煜校长总结2002年度工作，提出2003年工作思路和奋斗目标。

▲3月25日　总公司党委书记李国瑞、党委副书记霍金贵一行出席中央党校国资委分校中铁建进修班开学典礼。

▲3月31日　中央党校国资委分校培训处黄健处长一行来校检查进修班教学情况，对学校教育培训给予充分肯定。

▲4月19日　校党委、校领导果断决定中央党校国资委分校中铁建进修班学员离开“非典”重灾区，返回原单位撰写毕业论文和调查报告。

▲5月16日　学校一号楼装修改造及电力增容工程顺利通过验收，如期竣工。

▲6月4日　根据中央党校函授学院2003年招生录取分数线，校教育培训处下发2003级大专、本科学员录取通知书，录取学员123人。

▲7月15日　总公司“十五”第7期领导干部培训班和第5期青年干部培训班同时开学，总公司党委副书记霍金贵出席开学典礼并作动员讲话。

▲7月17日　铁道部党校分管函授教育的刘炳皓副校长（兼任函授分院院长）和函授分院常务副院长林莉来校考察办学情况。

▲8月11日　总公司党委书记李国瑞为领导干部培训班和青年干部培训班讲授《做强做大主业，争当中国建筑业排头兵》一课。

▲9月1日～10月30日　学校举办10期中央国家机关会计人员继续教育培训班，总公司领导多次来校检查培训情况。

▲9月8日～26日　举办总公司系统党委组织部长培训班。期间，总公司党委书记李国瑞、党委副书记霍金贵到校看望学员。

▲10月14日　总公司党委副书记霍金贵出席中央党校国资委分校中铁建秋季进修班开学典礼。

▲11月27日　铁道建筑公安局刑侦工作座谈会在学校召开。

▲12月23日　中央党校国资委分校校长杨永志在邓光煜校长陪同下，看望秋季进修班学员。

▲12月　学校被评为2003年度“北京市爱国卫生先进单位”。（顾传智）

石家庄铁路职业技术学院

【简况】　石家庄铁路职业技术学院原名石家庄铁路工程职业技术学院，2003年10月经总公司和河北省人民政府批准，更为现名。学院驻石家庄市桥东区四水厂路18号。分南北两个校区，占地面积10万平方米，建筑面积8万平方米。固定资产9 000余万元，图书近

7万册，教学科研设备价值1 000万元。现有在校生7 100人。设有土木工程系、建筑系、工商管理系、计算机系、机电工程系、外语系、人文社科系及五年制高职部、成人教育部和体育部，同时设有桥梁工程研究所、环境工程研究所、软件研究所、机电工程研究所、现代管理研究所等科研机构。学院现有土木工程、道路与桥梁、会计电算化、工程管理、建筑设计、文秘、外语等40个专业。教职工276人，其中教授、副教授76人。学院教学质量被评为河北省高校教育教学质量A类学校。 (郭根群)

【领导干部】

院长	胡振文
副院长	刘广君
	陈飞强
党委书记	张金强
党委副书记	酒晋华
	赵宝善
纪委书记	赵宝善(兼)
工会主席	赵宝善(兼)

(郭根群)

【教学工作】 7月，学院在白洋淀召开教学工作会议，对现有专业进行科学分类，新增6个专业，有5个新增专业实现当年招生。涉外会计、工业与民用建筑专业被河北省定为省级试点专业。学院投资100多万元扩展多媒体教学系统，引进"五网合一"现代化多媒体教学系统并建成投入使用。11月，学院举办青年教师讲课比赛，充分展现多媒体技术在教学中的应用，对提高教学水平起到积极推动作用。学院突出学生技能培养，年内1 301名学生参加高级测量工、建材实验工、计算机操作工、电器设备安装工等专业技术培训，82名学生获得高级实验工技能证书，376名学生分别取得高级和中级测量工技能证书。 (郭根群)

【科研工作】 年内学院组织申报铁道部课题6项，学院立项课题12项，推荐铁路科技专家14名列入铁道部科技专家名录库。学院《学报》经中国科学技术信息研究所评价，被《中国核心期刊(遴选)数据库》收录，全年编辑出版4期，载文82篇，发行200个单位。全院教职工发表论文83篇，出版专著6部。 (郭根群)

【教学管理】 2003年，学院管理工作成效突出，招生2 000余人，在校生达到7 100人。学院每月召开一次学生工作领导小组会议，分析学生思想、学习动态，制订《学生奖励办法》。在预防"非典"工作中，全院教职员工没有发生"非典"疑似和确诊病例，学生处被河北省教育厅评为学生管理先进单位。教职工管理进一步加强，全年引进、接收教师28名，其中博士2名、硕士6名，送培教师3人攻读博士学位，40名教师脱产或在职攻读硕士学位。年内经河北省和总公司评审，晋升教授5人、副教授11人、中级职务8人。学院与路内外用人单位长期合作，积极推荐和引导学生就业，2003年毕业生就业一次签约率为67.7%。 (郭根群)

【后勤管理】 年内学院后勤保障工作卓有成效，饮食服务中心转换经营机制，投资160万元改造、扩建食堂和服务设施。学生公寓管理进一步加强，改善了学生住宿条件，绿化、美化了学校环境。集资建设四类职工住宅52套，申报集资建设正高和副高职务教师住宅48套。 (郭根群)

【党群工作】 党的工作。院党委全面贯彻"三个代表"重要思想，认真贯彻党的十六大和十六届三中全会精神，研究制定《学院2003年宣传思想工作意见》，党委中心组坚持每周集体学习制度，定期召开党委民主生活会，加强领导班子和干部队伍建设，对22名中层干部进行考核和续聘。全年发展党员80名，转正党员30名，配备专职团总支书记5名。积极做好学院稳定工作，宣扬职工先进典型，加强党风廉政建设和反腐倡廉工作。

工会工作。不断强化"四个职能"，密切配合党委和行政做好职工教育与协调工作，举办教职工文体活动，积极参与学院重大问题决策，坚持为职工说话办事，受到职工好评。

共青团工作。坚持"以党建带团建"工作方针，4月召开学院第四次团员及学生代表大会，选举产生新一届团委和学生会，各系、部配备专职团总支书记。开展爱国、爱党主题教育活动，院团委被评为总公司先进团委，16名团员青年受到河北省和总公司表彰。

(郭根群)

【重要记载】

▲4月　全院上下齐动员，同心同德抗"非典"。

▲7月　学院召开教学工作会议。

▲9月　学院举行迎新典礼暨教师节表彰大会，总公司何能金副总经理莅临指导。

▲同月　学院迎接2 000余名新生入学。

▲10月　学院举办第9届田径运动会。

▲同月　经总公司和河北省人民政府批准，学院名称由石家庄铁路工程职业技术学院更改为石家庄铁路职业技术学院。

▲11月　学院举办青年教师讲课比赛。

（郭根群）

总医院

【简况】　中国铁道建筑总公司总医院为北京市二级甲等医院，是北京市大病统筹和基本医疗保险定点医疗机构。医院位于北京市石景山区京原路5号，占地面积18万平方米，建筑面积74 609.72平方米。设病床504张，实际开展380张。有2 000元以上医疗设备1 043台（套）。因"非典"疫情影响，医疗科室整合为内科一病区、内科三病区、综合外科、妇儿科、五官科、麻醉科、心外科，医技科室有门诊部、急诊科、检验病理科、物理治疗科、功能检查科、影像诊断科、药械科；鲁谷分院下设2个门诊部、5个社区卫生服务站。特色专科有心血管病专科、骨科、烧伤外科、影像诊断科、肛肠外科、肿瘤科、老年病科。职工531人，其中干部450人，工人81人。卫生技术人员400人，其中主任医师5人，副主任医师43人，主治医师70人，医师37人，见习医师10人，医士1人；副主任药师3人，主管药师21人，药师6人，药士3人；副主任技师1人，主管技师20人，技师21人，技士2人；副主任护师3人，主管护师35人，护师112人，护士4人；助产师1人，助产士1人；主管营养师1人；其他专业技术人员39人，行政后勤人员92人。（栾川　倪建华）

【领导干部】

院长	阴　瑞（4月免）
	孙世允（4月任）
常务副院长	叶林书
副院长	孙世允（4月免）
	刘铭利
	林佑喜
党委书记	阴　瑞
党委副书记	张　翠
纪委书记	张　翠（兼）
工会主席	赵德勋
调研员	徐仁才（11月退）
	萧　摩（2月退）
	侯凤清

（栾川　倪建华）

【诊疗管理】　全年门诊74 647人次，出院1 875人次，床位周转次数9.31次/年，床位使用率37.21%；急诊14 236人次，手术514人次；治愈率42.03%，好转率51.41%，病房抢救成功率78.84%，病死率2.72%，急诊抢救成功率95.8%，手术死亡率0，出入院诊断符合率为98.76%，7日确诊率97.81%。

抗击"非典"。3月初，"非典"疫情在北京蔓延，截至4月18日，北京市累计确诊病例达482人，人民群众的生命健康受到严重威胁。面对"非典"威胁，总医院快速反应，于4月7日建立发热门诊，共接诊发热病人141例，留观8例，筛查出"非典"病人7例，无误诊、漏诊。4月20日夜，石景山区政府正式宣布总医院为"非典"专科医院。在医院不符合传染病医院条件、防护用品不到位的情况下，讲政治、讲大局、讲奉献，用一天多时间转走180余位住院病人。在人手不足的情况下，院组织机关、后勤和医技、临床科室的相关人员突击整理病房，打扫卫生，使之符合收治"非典"病人的条件。医院成立抗击"非典"领导小组，下设办公室和17个专门小组负责各项具体工作，建立抗击SARS组织指挥与科学决策体系、人力与物力资源保障体系、SARS事件工作制度与操作程序体系、SARS信息反馈与网络体系、SARS医疗救治与防护培训体系、督导检查与协调处理体系等。病房楼1层～9层全部加隔离防护通道，开辟9、8、7三层病区，自上而下逐层收治病人。全院科室进行应急整合，临床分为3个病区、1个发热门诊，医护人员分成9个小组（其中2组支援石景山区SARS治疗中心），先后有177名医务人员进入一线病区。从4月26日收治第1例"非典"病人至5月21日止，全院共收治"非典"病人65例，收治病人数占石景山区的38%，全院职工实现"非典"零感染。总医院被中组部、国资委、北京市、石景山区和总公司授予"先进基层党组织"等荣誉称号，党委书记阴瑞被评为"全国卫生系统抗击非典型肺炎工作先进个人"，副院长叶林书被评为"全国防治非典型肺炎优秀科技工作者"，急诊科主任吴雨龙被评为"中央企业防治非典型肺炎工作优秀共产党员"，168人受到北京市、石景山区和总公司表彰，116人受到总医院表彰奖励，4名医护人员在抗击"非典"一线"火线入党"。对于总医院在抗击"非典"斗争中所表现出的临危不惧、迎难而上、服从大局、勇挑重担的精神，党和政府给予很高评价。5月5日，卫生部副部长、北京防治"非典"联合工作组副组长朱庆生来院视察抗击"非典"工作时，称赞总医院"是一支特别能吃苦、特别能战斗、特别能打硬仗的队伍，不愧是当年的铁道兵。"院编辑出版的反映医护人员抗击"非典"工作实况的《历经风雨见彩虹》一书受到各界好评。

医疗质量管理。5月26日，医院恢复正常医疗秩序，组织全院消毒，一次性通过验收。随着入院病人增加，加强病区医疗质量管理，合理检查、合理用药、合理治疗、合理收费。护理部及院内感染办公室任务繁重，从“非典”时期的院内感染、消毒隔离、护士培训、工作流程，到“非典”后期的发热筛查门诊以及医疗废弃物的强化管理，处理细致、科学、规范，未出现任何差错，受到专家好评。

病历质量管理。进一步规范病历管理，规范病历书写，组织相关科室领导检查病历、处方等医疗文书的书写情况，对查出的问题归纳、整理、分类，及时通报整改。定期组织医护人员学习《医疗事故处理条例》等法律法规，完善病历书写及记录内容。

医疗安全管理。加强医务工作者安全意识教育，学习相关文件，防患于未然。对重点科室、重点人群、重点病人重点管理，减少医疗差错，杜绝医疗事故，做到制度、责任双落实，顺利通过上级检查。严格执行《药品管理法》和《医疗机构药品管理暂行条例》，确保用药安全，制定药品招标采购、验收、保管、使用制度，严格执行医用毒性药品、麻醉药品和精神类药品管理的各项规定，确保医疗安全。

基础医疗工作。进一步完善各项医疗规章制度，督促检查规章制度的落实，推行规范服务。结合新出台的医保日常管理规范措施和检查反馈的问题，组织相关科室人员反复学习医保政策、规定，避免违规现象。年底，顺利通过北京市医保联审互查，在全市1 000余家医保定点医院中，仅有167家获得奖励，其中总医院获“北京市医疗保险管理奖”。

医疗扶贫。根据上级安排，总医院派出康达丽、孔小川等内外科专家赴张家口市万全县、尚义县医疗扶贫一年，圆满完成任务，受到当地政府和群众好评，并赠旗致谢。总医院被石景山区评为“对口支农优秀集体”。（栾川　倪建华）

【医疗科技】 年内医护人员撰写论文137篇，其中41篇SARS医疗护理论文入选石景山区《防治SARS科技资料专集》，在省部级刊物公开发表医药护理论文34篇，在总公司有关刊物发表11篇；2项科研课题分获总公司科技进步一、二等奖。（栾川　倪建华）

【医院管理】 “非典”疫情爆发后，院党委、行政多次召集会议研究，集中群众智慧，发挥群众才干，成立防控“非典”领导小组，制订一系列方案和工作流程，设立行政、安全、后勤保障、医疗护理和人员调配、药品设备器材供应、宣传思想工作等若干小组，由院领导分工负责，确保各项工作有条不紊地开展并圆满完成任务。在这场突发事件中，后勤职能科室的组织、协调作用发挥得淋漓尽致，受到各级领导的高度赞扬和群众的认可。后勤职工积极做好各项保障服务工作，新建医院大门，做屋面防水600平方米，对污水站部分设备进行改造，达到环保要求。通过与北京五环路工程指挥部协商，安装医院隔间板，将五环辅路至院内的路段铺好，节约资金5万元。完成西院100余米暖气管道的更换、50余米蒸汽管道施工，改造安装100余台空调线路，催收外单位取暖费32万元，多种经营收入40余万元。居委会组织居民代表议事会，发动退休职工成立治安巡逻队。总医院继续保持“北京市花园式单位”称号，再次荣获“北京市卫生红旗单位”称号，并被石景山区评为“创建国家卫生区先进单位”。9月17日，北京市卫生局决定将总医院与北京朝阳医院合并，先后进行三次资产清查，由双方认可的北京中路华会计师事务所对医院进行剥离合并前的审计，在规定时间内完成审计报告。（栾川　倪建华）

【党群工作】 院党委全面加强党的思想建设、作风建设、组织建设，党委的政治核心作用、党支部的战斗堡垒作用和共产党员的先锋模范作用发挥突出。尤其是在抗击“非典”斗争中，院党委忠实实践“三个代表”重要思想，临危不惧，勇挑重担；共产党员以身作则，冲锋在前；各级党组织发挥思想政治工作优势，带领全院职工出色地完成了抗击“非典”的艰巨任务。“非典”疫情结束后，院党委适时总结工作，表彰先进，加大宣传报导力度，扩大了医院的社会知名度。加强纪检、审计、监察工作，各级领导和干部队伍廉洁自律情况良好。党委始终重视对法轮功练习者的教育转化工作，收到良好效果。工会在改制过程中注重维护职工权益，积极开展群众文化体育活动，搞好职工福利和“送温暖”工作，为稳定职工队伍发挥了应有作用。团员青年在抗击“非典”和恢复医疗工作中发挥青年突击队作用，为医院建设作出了重要贡献。圆满完成本届石景山区人大代表和政协委员换届选举工作，总医院产生区人大代表、政协委员各一名。（栾川　倪建华）

【重要记载】

▲4月7日　总医院按照石景山区卫生局紧急会议要求，成立发热门诊。

▲4月20日　石景山区委、区政府领导来院宣布，征用总医院为北京市石景山区“非典”收治定点医院。

▲4月21日　全院住院患者安全转移。

▲4月26日　石景山区区委副书记倪国峰宣布对总医院实行封闭隔离，第一批“非典”病人入院。

▲5月4日　北京市防治“非典”指挥部拟将总医

院定为北京市“非典”收治定点医院。北京市政府防治“非典”督察办公室主任罗刚来院检查指导工作。

▲5月5日　卫生部副部长、北京市防治“非典”领导小组副组长朱庆生来院检查“非典”防控工作。

▲5月18日　石景山区区委副书记王英杰、副区长李晓强来院宣布，解除总医院“非典”收治定点医院限制，并赠送锦旗。

▲6月　中共中央组织部授予总医院“全国防治非典型肺炎工作先进基层党组织”称号，国务院国有资产监督管理委员会授予总医院“中央企业防治非典型肺炎工作先进基层党组织”称号，总医院还被评为石景山区卫生系统抗击“非典”先进集体；党委书记阴瑞被评为“全国卫生系统抗击非典型肺炎工作先进个人”，常务副院长叶林书被评为“全国防治非典型肺炎优秀科技工作者”，急诊科主任吴雨龙被评为“中央企业防治非典型肺炎工作优秀共产党员”。

▲6月26日　总医院召开抗击“非典”总结表彰大会，总公司王振侯总经理、李国瑞书记和石景山区区委、区政府领导及其他各届人士出席表彰大会，会议表彰石景山区、总公司抗击“非典”先进个人119名，院表彰先进个人116名。

▲7月　中共北京市委、北京市人民政府、北京防治非典型肺炎联合工作小组授予总医院和鲁谷分院“首都防治非典型肺炎工作先进集体”称号，阴瑞等18人被评为“首都防治非典型肺炎工作先进个人”。

▲9月17日　北京市卫生局致函总公司，决定将中铁建总医院与朝阳医院整体合并。

▲12月31日　总医院社区卫生服务中心颐和山庄门诊开业。

▲12月　总医院获北京市医保管理四等奖，奖金5万元；获“北京市卫生红旗单位”称号；被海淀区评为“义务献血先进集体”，被石景山区评为“对口支农优秀集体”和“创建国家卫生区先进单位”。

（栾川　倪建华）

中国土木工程集团公司

【简况】　中国土木工程集团公司是铁路工程施工总承包特级，房屋建筑工程施工总承包一级资质企业；拥有香港地区房建、道路及渠务、地盘平整、海港和桩基础工程最高级别资质，尼日利亚土建（公路）、房建、电力安装工程最高级别（D级）资质，坦桑尼亚建筑一级资质，博茨瓦纳建筑最高级别（E级）资质，阿拉伯联合酋长国桥梁、隧道工程特级和房建、钢结构一级资质。主营承包国内外工程和境内外资工程，国（境）外工业与民用建筑工程的咨询、勘测、设计，承包工程所需设备、材料的出口，对外派遣工程、生产及服务行业劳务人员，承担中国对外经济援助项目，承包工程、劳务合作和海外企业的技术进出口，自营和代理国家准许的商品及技术的进出口业务；经营进料加工和“三来一补”，以及对销贸易和转口贸易。兼营承包工程的原材料、设备、配件供应与销售，经营范围内进出口商品的国内销售，房地产开发与经营，物业管理。公司机关驻北京市海淀区北蜂窝4号。前身为在铁道部援外办公室基础上组建的中国土木工程公司，于1979年6月1日成立；1996年12月改称中国土木工程集团公司，注册资金6.1亿元；2000年9月与铁道部脱钩，先后划归中央企业工委和国资委管理；2003年9月，以并入方式实现与中国铁道建筑总公司的战略重组。总经理兼党委书记丁原臣。公司下辖培训中心、援外部、劳务部、工程经营部，北京中铁实业公司、国际贸易公司、凯明工程咨询公司、北京中土出租汽车公司、广州中土实业发展公司、上海中土实业发展公司、中土工程（香港）公司、中土工程（澳门）公司、中土尼日利亚公司、中土以色列分公司、中土新加坡分公司、北京中土大厦，中土公司驻吉布提、阿联酋、博茨瓦纳、波兰、尼泊尔、坦桑尼亚、利比亚、乌干达、马来西亚、伊拉克、沙特阿拉伯、日本、欧洲代表处及尼铁、利铁项目经理部。职工528人，其中专业技术干部409人，占职工总数的77.5%。资产总值337 090万元，其中固定资产原值87 153万元、净值52 980万元，流动资产199 948.7万元，其他资产3 970万元。

20多年来，公司经历了三个发展阶段。（1）中东地区的劳务合作。20世纪80年代初，时值中东、北非建设高潮后期，劳务需求量巨大。公司抓住机遇，提出“艰苦创业，劳务先行”的经营方针，全力以赴跻身中东市场，为国际大承包公司提供大量劳务。1979年～1985年，共签订劳务合作合同88个，派遣劳务人员2.37万人次，营业额达2.5亿美元，取得可观的经济效益。中东地区的劳务合作，不仅积累了资金、经验，锻炼了人才，促进了与一些国际大公司的合作与了解，也为公司的发展壮大奠定了坚实基础。（2）香港地区的房地产开发。90年代初，香港地区房地产业发展迅猛，公司抓住市场机遇，果断调整经营结构，连续在港开发房地产项目20多个，特别是香港铁路大厦项目，充分利用香港市场融资条件好、市场管理规范等有利条件，精心运作，取得资金回报率300%的优异成绩，获得了较好的经济效益，树立了公司良好的社会形象。

由于亚洲金融危机的影响,从 1996 年起,香港房地产项目大幅缩水,给公司造成大量的沉淀资产和沉重的还贷负担,教训也是沉痛的。(3)尼日利亚铁路修复改造。1995 年底,公司经过 10 余年锲而不舍的长期跟踪,终于获得尼日利亚铁路修复改造项目。该项目合同总额 5.28 亿美元,是集勘测设计、铁路修复改造、通信信号更新、机车车辆提供、铁路专家派遣为一体的大型综合项目,是迄今为止中国在非洲承揽的最大的工程承包项目。在铁道部、对外贸易经济合作部、外交部和驻尼使馆的大力支持下,公司上下团结协作,精心组织,艰苦奋斗,克服困难,成功地实施了该项目,并取得较好的经济效益。该项目的承揽和实施,实现了公司承包工程经营规模的历史性突破。在此期间,公司还连续承担五期博茨瓦纳铁路换轨工程,组织承建缅甸仰光—丁茵公铁两用大桥、香港将军澳第三期填海及渠务工程、香港电影资料馆项目及坦桑尼亚 140 公里铁路更新改造等工程和尼泊尔国际会议中心、卢旺达体育场、苏丹培训中心等国家援外项目。同时,公司积极贯彻"突出主业,多种经营"的方针,积极稳妥地投资开发实业,以北京中土大厦和上海中土大厦为代表的旅游服务业稳步发展,进出口贸易、设计咨询、劳务合作、房地产开发、实业投资等多种业务平稳发展。经过 20 多年的发展,公司已成为中国国际经济合作行业的骨干企业,在世界 20 多个国家和地区设有常驻机构和子公司,在国内拥有 13 家子公司和 10 余家控股、参股企业,业务范围遍及世界 40 多个国家和地区。近年来,公司以优异的经营业绩,多次获得"全国最大 500 家服务企业"、"国有企业 500 强"、"中国行业 100 强"、"中国建筑业功勋企业"等荣誉,连续多年入选国际 225 家最大承包商行列。

2003 年,公司新签合同额43 215万美元,为年计划的 115.24%,比 2002 年增长 16.75%。其中,境内单位新签合同额14 831万美元,为年计划的 353.96%;境外单位新签合同额 28 384 万美元,为年计划的 85.21%。实现营业额 40 567 万美元,为年计划的 112.69%,同比增长 5.46%。其中,境内单位完成营业额4 680万美元,为年计划的 138.46%;境外单位完成营业额35 887万美元,为年计划的 110.02%。年末在外人数2 555人。全年实现利润1 109.3万元,人均创利4 689.66元。全员劳动生产率56 494元/人年,职工年人均收入 37 510 元。国有资产保值增值率 101.05%,净资产收益率 0.21%,主营业务利润率 9.7%,资产负债率 70.08%。年内在国际 225 家最大承包商评选中名列第 63 位,比 2002 年前进 5 位,已连续 6 年稳居世界百强之内;在国家公布的中国企业 500 强中名列第 407 位;在中国对外承包商会组织开展的 2000 年～2002 年度对外承包工程、劳务合作优秀奖、特别奖评选活动中,荣获对外承包工程优秀奖和劳务合作特别奖。 (冯来刚　寇鲁林)

铁道第一勘察设计院

【简况】 铁道第一勘察设计院(以下简称铁一院)是国家大型综合性勘察设计单位,拥有工程设计、工程勘察、工程咨询、工程建设监理、工程造价咨询、环境影响评价、测绘等 26 项资质证书和国家授予的对外经营权。1995 年在全国甲级勘察设计单位中第一个通过 ISO9001 质量体系认证。机关驻甘肃省兰州市和政路 75 号。前身为铁道部西北设计分局,成立于 1953 年 1 月 1 日;1956 年 1 月 1 日冠名为铁道部第一设计院,20 世纪 80 年代初改称铁道部第一勘测设计院,2001 年 3 月由事业单位改为科技型企业,改称铁道第一勘察设计院;2003 年 11 月与铁道部脱钩,划归中国铁道建筑总公司管理。主营范围为铁路、公路、市政、建筑等行业的工程勘察、工程设计、工程总承包、工程建设监理、工程咨询、岩土工程治理、环境影响评价和对外经济技术合作等。院长林兰生,党委书记吴德增。下辖新疆、西宁、兰州、西安 4 个分院,桥隧、线路运输、建筑、电气化等 11 个生产设计处(院、所、厂),工程承包、监理、物业管理等 6 个公司,在北京、上海、重庆、厦门设有 19 个经营分支机构。在岗职工4 007人,其中干部2 968人,工人1 039人;专业技术干部2 968人,占干部总数的 100%;技术工人 869 人,占工人总数的 83.6%。资产总额 12.51 亿元,其中流动资产 7.69 亿元,固定资产原值 5.82 亿元、净值 3.29 亿元。拥有航测、遥感、测绘、物探等现代化设备及计算机等办公设备4 452台(件)。HYLAVA 航空数字摄影测量工作站、卫星定位仪、全站仪、数字测井仪等先进仪器设备广泛应用于外业勘察,电子计算机进入各专业设计室,内部微机网络建设形成规模,勘测设计数字化与 CAD 辅助设计一体化在生产中大面积推广。

近 20 年来,先后荣获国家和省部优秀工程勘察、设计、优秀软件及科技进步奖 225 项,获全国全面质量管理先进单位和甘肃省、铁道部颁发的质量管理奖;被中国工商银行、建设银行评为"AAA 级信誉单位",获国家工商行政管理总局颁发的"重合同、守信用企业"称号;获"中国外贸企业信用体系示范单位"称号和兰州优秀企业"金奔马奖",一直保持"甘肃省思想政治工作优秀企业”荣誉。

2003年，铁一院经济运行质量和经济效益明显提升，市场竞争能力、企业管理水平进一步提高，企业总收入再创历史新高。(1)全面完成计划指标，企业产值逐年攀升。全年完成企业总产值72 401万元，比2002年增长19%，其中勘察设计产值50 076万元，比2002年增长23%。总支出71 359万元，实现利润1 042万元。年末资产总额125 094万元，负债总额90 941万元，所有者权益34 153万元。(2)设计任务按期完成，质量稳步提高。年内安排勘察设计项目108项，其中部属35项，外委73项。完成生产任务量950.9个线路折算公里，265.9个电化折算公里，钻探117 988米，分别超额完成年计划的5.7%、10.8%、68.8%。年内院审设计文件205件，优秀167件，优良38件，优秀率81%、优良率100%。(3)路外经营势头强劲，承揽任务再创新高。全年签订外委合同156项。路外项目投标38项，中标20项，合同额和进款额不断攀升。承揽到溪洛渡水电站对外交通公路、山东黄大地方铁路等一批标志性的国家和地方重点建设项目；中标南京地铁2号线一期工程、广州地铁4号线通信系统设计；一举中标天津地铁二期工程设计最大单体标，填补近年来无总体标与系统标中标的空白。(4)涉外经营成效明显，文件编制进展顺利。年内完成中吉乌铁路的预可研工作和文件编制，并通过商务部、铁道部组织的评审。伊朗伊斯法罕—设拉子铁路项目前期工作进展顺利。(5)激励机制不断完善，主辅分离稳步推进。对各生产单位由原来的技术经济责任制改为“产值+利润”模式的目标管理与经营绩效考核，对经营机构实行工资、费用与经营合同额、进款额双挂钩的绩效考核，建立起绩效相统一、责权利相一致的薪酬激励机制。积极慎重地推进中小学、职工医院分离实施方案，平稳实现与铁道部“脱钩”和向中国铁道建筑总公司“归并”。(6)科技攻关力度加大，创优创奖成果喜人。全年投入科研经费1 012万元，安排科研项目60项，其中部级45项、院级15项，年内完成5项。电算自主开发9项，引进软件6项。年内以青藏铁路冻土试验科研项目为重点，通过对冻土试验工程一个冻溶循环周期的试验研究，提交两次阶段成果，进一步深化了对冻土工程复杂性的认识，验证了所采取的冻土工程措施的可靠性和适应性，有效地指导了动态设计、动态补强。完成青藏铁路站后专业试验项目研究大纲，该科研项目被列入铁道部2003年科技发展计划，按部统一进度安排组织实施。年内获国家及省部“四优”项目奖10项，甘肃省地质灾害防治优秀成果奖5项，获国家及省部优秀QC小组奖10项。(7)精神文明建设成果显著，先进人物层出不穷。通过深入学习党的十六大精神，党的建设、思想政治工作和党风廉政建设进一步加强，员工主人翁意识、民主意识进一步增强，院务公开规范有序，苦练企业内功的“两建两育”(强化学习型企业建设、强化企业文化建设，强化危机意识教育、强化团队精神培育)活动收到良好效果。年内有15个群体和个人分别获得“全国青年文明号”、“国家重点工程建设青年贡献奖”、青海省劳动模范等荣誉，2人获“火车头奖章”。

(朱　虹)

铁道第四勘察设计院

【简况】 铁道第四勘察设计院是国家大型综合性勘察设计、研究开发单位，连续7次被建设部评为全国勘察设计综合实力百强单位前10名，拥有工程勘察、工程设计、工程咨询、工程承包、工程监理、环境影响评价、测绘甲级资格证书，持有国家A级设计信誉证书，并经对外贸易经济合作部批准，具有对外经营权。已通过国际质量、环境质量和职业健康安全体系认证。机关驻湖北省武汉市武昌杨园。前身为铁道部设计局中南设计分局，1953年2月在湖北省武汉市正式成立；1956年1月扩编为铁道部第四设计院；2001年5月更名为铁道第四勘察设计院，由事业单位改为企业单位；2003年11月，由铁道部划转中国铁道建筑总公司管理。院长周志亮，党委书记李明申。职工总数3 925人(含内退642人)，其中干部3 245人，工人680人。干部中工程技术人员2 600余人，有中国工程设计大师1人，教授级高级工程师68人，高级工程师753人，工程师1 510人；享受政府特殊津贴22人。下辖专业生产处11个，工程公司6个，辅助生产和后勤保障单位4个，文教卫生单位6个，勘测分院2个，驻外机构14个。拥有勘察专用、电算等设备2 967台(套)，设备原值8 793.9万元，其中新购设备1 275.4万元，设备完好率95%、使用率90%。资产总额124 872.2万元，其中固定资产原值33 254.5万元、净值18 736.8万元，流动资产95 738万元。国有资产保值增值率106.9%。

建院以来，共完成41 000公里铁路和19个大型铁路枢纽的勘察设计任务，占新中国成立后全国铁路建设任务的30%，其中有中国铁路建设史上规模最大、投资最多、一次建成里程最长的铁路干线—京九铁路，亚洲最大的铁路枢纽—郑州枢纽，全国最长的双线电气化铁路隧道—大瑶山隧道，中国第一条准高速铁路—广深准高速铁路。改革开放以来，从单一的铁路勘察设计拓展到公路、地铁、城市轻轨、市政工程、高层建筑的设计及工程咨询、工程总承包、工程监理、岩土工程、软土工程、绿茵草坪工程、控制爆破等领域;先后完成210余项公路工程设计,承担北京、上海、广州、深圳、南京、武汉、苏州、长沙等8个城市40多项轨道交通设计任务,是武汉市第一个轨道交通项目——武汉轻轨1号线一期工程和苏州地铁的总体设计单位。作为国际工程咨询工程师联合会(FIDIC)团体会员,先后承担伊拉克高速铁路施工监理,越南、老挝的铁路、公路项目及尼日利亚铁路修复改造勘察设计,与德国、英国、美国、日本、香港等10余个国家和地区设计咨询公司建立合作关系,参与国内外工程建设咨询和投标,取得香港九广铁路公司落马洲支线DB1460标段设计施工总承包任务,首次打入香港铁路建设市场。1978年以来,获得国家科技进步奖24项,省部科技进步奖140项,其中大瑶山长大铁路隧道修建技术获国家科技进步特等奖;90多项勘察设计获省部以上优秀勘察设计奖,其中徐州枢纽扩建及相关工程设计、京九铁路总体设计、广深准高速铁路设计获全国优秀设计金质奖;设计的11项工程获中国建筑工程鲁班奖;21个设计项目列入中国企业新纪录。院坚持"两个文明"一起抓,多次荣获湖北省"优秀企业"和铁道部、湖北省"思想政治工作先进企业"称号,连续三次获得湖北省"最佳文明单位"称号。2003年获"全国模范职工之家"和湖北省"五一劳动奖状"等荣誉。

2003年,实施勘察设计项目156项次,设计文件及图纸审查1 890件次,文件合格率100%,优秀率34%。完成主要实物工作量:线路勘察设计2 000折算公里,电气化449折算公里,地质钻探61.7万实进米,完成总产值75 000万元,实现利润1 915万元;全年新签勘察设计合同55 700万元。全院职工战胜"非典"影响,全面完成年度工作目标和上级下达的考核指标,经济总量快速增长,职工尤其是技术骨干收入稳步提高。(1)主要勘察设计项目进展顺利。年内完成宜万铁路定测及施工图设计,京沪高速铁路勘察设计,宁波—温州铁路、沪杭客运专线初测,江珠高速公路珠海段定测,枝柳铁路石门—怀化电气化工程、武九铁路站前工程、郑徐电化区间技改工程、宣杭铁路增建二线及江珠高速公路珠海段施工图。由于陇海铁路郑徐区间电化、武九铁路提速、宣杭铁路增建二线、宜万铁路等建设标准提高,多次进行补充勘察设计。(2)路内外任务承揽开拓新领域。路内任务中标武广和郑西客运专线工程。路外投标39项,中标17项,中标率44%。通过投标中标北京、上海、广州、深圳、南京、武汉等城市轨道交通设计,并取得长沙城市轨道交通线网规划设计任务。在高速公路设计领域取得突破,继中标广东江珠高速公路勘察设计后,又取得随岳高速公路第一标段45公里的勘察设计任务。在市政道桥领域取得新发展,先后承揽到广州南沙开发区亭角立交桥、市政勘察设计和湖南湘潭湘江公路大桥工程。配合地方和铁道部做好珠江三角洲和长江三角洲城际轨道交通前期工作。积极拓展越江(海)隧道设计领域,继承担武汉越江隧道工程可行性研究后,又参加长江南京段过江通道和浙江舟山越海隧道工程可行性研究。(3)科技开发工作成效显著。年内投入科技经费734万元,其中铁道部投入183万元。开展科技开发项目137项,获省部及以上奖励17项。(4)勘测设计一体化进程加快。年内开发完成的"TOPCON711全站仪铁路标准测量软件"、"LEICA全站仪铁路标准测量软件"、"TOPCON、LEICA全站仪测量软件的内业处理系统"、"微机横断面地质填图软件"广泛运用于外业勘测,"铁路工程项目设计流程控制管理及专业接口系统"、"设计资料审签系统"于4月正式投入运营,实现各专业互提资料的网上传送与签收和计划作业表上网控制。6月1日,院办公自动化系统正式启动,实现网络办公和公文电子传输,并开通远程办公系统。(5)"三项制度"改革顺利推进。对领导干部退居二线的年龄进行界定,对城建院副院长、监理公司副经理等3个处职岗位进行公开竞聘,在生产技术人员中聘用1 339名设计师;实行劳动合同制,与3 530名职工签订不同期限的劳动合同;实行以岗位工资为主的结构工资制度,废止副业工资制。（蒋松涛　金 静）

哈尔滨铁路勘测设计院

【简况】 哈尔滨铁路勘测设计院是国家甲级勘测设计单位,以铁道建筑工程设计为主的科技型企业。驻黑龙江省哈尔滨市南岗区西大直街51号。前身为哈尔滨铁路局设计事务所,成立于1950年;1991年改名为哈尔滨铁路勘测设计院,2003年10月划归中国铁道建筑总公司管理。院长庞建文,党委书记汪树林。院内设11个部室。职工157人,其中干部121人,工人36人;工程技术人员120人,占职工总数的76.4%。现有电子计算机94台,打印设备36台,绘图设备4台,测量设备9台,文整设备9台,地质勘测设备22台,运输设备4台。固定资产原值712万元、现值417万元。

组建以来,设计院先后完成哈大、沈安(丹)等铁路线路、桥隧、房建等修复设计任务;哈长、滨洲、滨绥、哈绥、南佳、汤林等干线新建、改建设计任务;滨洲复线、滨绥复线、牡丹江枢纽、哈尔滨枢纽旧站场改造工程,牡林复线、林口—勃力、林口—鸡西运能加强工程,绥化、北安、南岔、佳木斯、西鸡西、林口、绥芬河等站场改造工程以及黑河、东宁地方铁路工程勘测设计,为提高运输能力、改善运输条件,以及黑龙江省经济发展做出了应有贡献。先后获省部优质工程奖16项,被评为省部劳动模范5人。

2003年,设计院坚持"一业为主,两头延伸"的经营战略,深化质量管理、市场营销、成本控制三项管理,加大企业改革力度,加强职工思想政治工作,克服"非典"影响,圆满完成全年工作任务。年内完成设计项目79项,其中指令性任务21项,外委任务28项,路外任务30项。完成企业总产值1 086万元。 (李文扬)

齐齐哈尔铁路勘测设计院

【简况】 齐齐哈尔铁路勘测设计院是具有铁路勘测设计综合甲级、工程总承包甲级、工程咨询甲级、工程监理甲级及市政工程乙级资质,以铁道建筑、工程勘测设计为主的科技型企业。驻黑龙江省齐齐哈尔市铁锋区太顺街2号。前身为齐齐哈尔铁路局勘测设计事务所,成立于1954年1月;1964年～1983年称齐齐哈尔铁路局勘测设计所,1993年更名为哈尔滨铁路局齐齐哈尔勘测设计院;2003年10月29日划归中国铁道建筑总公司管辖。院长么忠文,党委书记彭志树。下辖线路设计所、桥隧设计所、电务设计所、房建设计所、岩土设计所及工务大修设计所和工程总承包部、蓝图宾馆、汇丰源酒店、劳动服务公司等附属企业。职工162人,其中干部125人,工人37人;技术干部117人,占干部总数的93.6%。固定资产1 215万元。

2003年,设计院以改革、创新、发展为目标,在强化企业内部管理、提高勘测设计质量的同时,积极推进改革,对外开拓市场,推行"一业为主,两头延伸"的经营战略,完成绥佳铁路晨明—威岭4座病害桥整治、榆红铁路改线、绥佳铁路3座病害大桥改建及哈齐铁路提速、平齐铁路504大桥水毁路基复旧等重大勘测设计项目51项;线路正线铺轨48公里,站线铺轨15公里,更换道岔90组;完成土方30万立方米,大修线路132公里,新建桥梁5座,大修桥梁14座,大修路基7处;房屋建筑设计5.4万平方米;通信信号概算总额8 041.54万元。计费合同收入1 292.82万元,财务收入941万元。年内获省级优秀设计1项,市级优秀设计3项,局级优秀设计3项,被评为省部以上优秀论文11篇。 (张翠芬)

上海铁路城市轨道交通设计研究院

【简况】 上海铁路城市轨道交通设计研究院驻上海市闸北区天目中路291号。是从事铁路、城市轨道交通、市政、建筑工程等勘测设计的综合甲级设计院,持有铁道行业铁路综合甲级,市政公用行业(地铁轻轨、桥隧)甲级,工程勘察专业类岩土工程、工程测量甲级,工程咨询甲级以及相应的建筑、通信、环境影响评价、工程总承包、工程监理等资质证书。前身为上海铁路管理局设计事务所,成立于1953年9月;1958年8月更名为上海铁路局基建处设计队,1961年4月恢复上海铁路局设计事务所;1972年成立上海铁路局基建指挥部勘测设计队,1976年1月更名为勘测设计所,1987年10月改称上海铁路局勘测设计院,1998年1月改称现名;2003年10月划归中国铁道建筑总公司管辖。院长柳京京,党委书记梁增尧。下辖线路设计室、桥梁设计室、建筑设计所、通号设计室、勘测队、上海先行建设监理有限公司、工程咨询公司。职工230人,其中干部165人,工人65人;专业技术人员144人,占干部总数的87.2%。

2003年,全院共完成勘测设计合同49项,勘测设计产值4 099万元;完成初步设计23项,投资额97 110万元,建筑面积24 010平方米;完成施工图518项,投资额88 608万元,建筑面积107 412平方米。

线路设计室主要从事铁路和城市轨道交通线路、站场、行车组织设计及公路道路设计。年内承担津浦、沪宁铁路提速改造工程,完成各类曲线改造120.7延长公里,总投资8.89亿元;沪杭铁路提速曲线改造方案研究120延长公里,总投资29亿元;与铁道第四勘察设计院合作,参与浦东铁路初步设计,完成南段30公里初步设计;安徽省淮南矿业集团潘谢矿区铁路改扩建工程,完成矿区铁路总体规划。中标上海轨道交通M7线轨道系统工程;完成上海市交通管理局委托设计院牵头组织、11个单位参加的上海城市轨道交通专业规划—车辆段停车场布局课题研究,并通过上海市科委评审，该规划属国内首创，达到国内领先水平。

桥梁设计室主要从事铁路桥梁、市政桥梁和轨道交通工程设计。年内主要设计工程：京沪铁路曹老集疏解立交桥，总投资约4 017万元；结合京沪铁路提速，设计大中小桥 40 余座，涵洞 60 余座，总投资约8 500万元；昆山市江浦路延伸工程跨沪宁铁路立交桥，总投资约5 100万元；金华市内环南路武义江洪坞大桥，总投资3 500万元；上海轨道交通 3 号线一期工程北延伸车辆基地区间结构工程，总投资约2 700万元。

建筑设计所主要从事铁路和城市轨道交通及民用建筑设计。年内完成上海轨道交通 3 号线北延伸工程车辆基地、张华浜车站、火灾报警系统施工设计及上海铁路大厦大修工程、上海轨道交通莘闵线工程噪声治理声屏障工程等，其中“防雨防尘宽频带阻抗复合型声屏障研制”成果通过上海市科委组织的技术鉴定。

通号设计室主要从事铁路、城市轨道等领域通信、信号、自动售检票系统设计和信息港、联通等领域的通信设计。年内设计的上海轨道交通 1 号线传输系统改造工程、5 号线信号系统调试、上海轨道交通无线系统规划和京九铁路提速、京沪铁路提速等工程设计得到甲方、施工单位、监理单位和国外供货商好评。

勘测队全年完成勘测项目 113 项，钻探实际进尺45 000米，测量 50 平方公里，土工试验8 000余筒。

上海先行建设监理有限公司全年完成监理工程合同 18 项，合同额 140 万元。锦江住宅小区二期 7 号～11 号楼被评为徐汇区优质结构工程，5 号楼被评为年度最佳住宅施工工程。

上海铁路局工程咨询公司全年完成工程咨询合同 6 项，合同额 18.3 万元。公司再次被上海市科委和上海咨询协会评为“上海市咨询信誉企业”。

（李鲁平等提供）

福州铁路勘测设计院

【简况】 福州铁路勘测设计院驻福建省福州市晋安区茶园街道沁园支路 41 号。系铁道综合甲级勘测设计单位，具有铁道工程设计、岩土工程勘察、工程测量、工程咨询、建设工程监理甲级，工程总承包、建筑设计乙级资质，可承担铁路基本建设、更新改造等各类工程的勘测设计、工程咨询、工程监理、工程总承包业务。前身为福州铁路设计事务所，1959 年 1 月成立；1962 年 10 月组建福州铁路局勘测设计处；1965 年 6 月 1 日改称南昌铁路局勘测设计所，后又先后称勘测设计队、设计事务所、福州设计分部、勘测设计所福州分所；1984 年 10 月划归上海铁路局管辖，1987 年 11 月改称上海铁路局勘测设计院福州分院，1992 年 9 月更名为上海铁路局福州勘测设计院；2003 年 10 月 19 日划归中国铁道建筑总公司管辖。院长刘敬，党委书记沈铁锋。下设线站科、桥隧科、电务科、概算科、建筑设计所、岩土工程公司、测量队等生产单位和泉州分院、上海华东监理有限公司福州监理分公司、工程承包部、福建省科技咨询中心福州铁路工程咨询部。职工 172 人，其中干部 101 人，专业技术人员 100 人。现有计算机 112 台，钻探设备 9 台（套），全站仪 2 台，光电测距仪 2 台，水平仪 5 台，经纬仪 3 台，晒图机 3 台，其他生产设备 26 台（套），原值 651.4 万元。资产总值 896 万元。所有者权益 795 万元。

2003 年，设计院坚持“一业为主，两头延伸，立足路内，向外拓展，调整自我，开拓市场”的经营战略，更新经营理念，强化生产管理，积极拓展市场空间，在加强工程设计的同时，不断拓宽技术服务领域和工程总承包业务，广泛开展横向联合，增强企业的生存和发展能力。全年完成折合概算产值33 504万元，实现营业收入 930.2 万元。完成主要折算实物工程量：线路 33.37 公里，桥梁 18 座1 059.34延长米，涵洞 117 座1 608.85横延米，房建44 586.93平方米，测量 31.62 平方公里，钻探3 322标准米；完成给水1 536.04万元，电力2 084.11万元，设备 85.42 万元，通信1 569.4万元，信号1 697.05万元。年内，“慈溪阳光大道工程施工设计”、“福州铁路分局 TMIS 高度自动化施工设计”获局优秀设计一等奖，“金温铁路龙湾货场一期工程施工设计”、“福州梅海园Ⅱ区岩土工程勘察”获局优秀设计二等奖；荣获全国工程建设优秀质量管理小组 1 个、铁道部优秀质量管理小组 1 个，福建省优秀 QC 成果奖 4 项；设计院荣获上海铁路局“文明单位”和福建省“文明单位”称号。

（郑礼福）

南昌铁路勘测设计院

【简况】 南昌铁路勘测设计院拥有铁路工程设计甲级、工程咨询甲级、岩土工程勘察甲级，建筑工程设计乙级、市政工程（桥隧）设计乙级、工程测量乙级和工程总承包乙级等 7 项资格证书。主要承担铁路、公路、桥梁、工业与民用建筑、给水排水、输电线路、电力照明、通信、信号勘测设计和工程监理、工程总承包任务。先后荣获“江西省优秀勘察设计单位”、“江西省质量效益型先进企业”称号。2001年3月获得ISO9001标准质量体系认证证书,2003年12月通过ISO9001:2000版标准质量体系复评审核。机关驻江西省南昌市工人新村2路27号。前身为南昌铁路局设计事务所,成立于1958年10月;1963年3月改称上海铁路局设计事务所南昌勘测设计队,1965年6月以后先后称南昌铁路局勘测设计所、工程团勘测设计队、设计事务所、勘测设计所;1985年1月以后先后称上海铁路局南昌勘测设计所、南昌设计院、南昌勘测设计院;1996年8月改称南昌铁路局勘测设计院;2003年11月划归中国铁道建筑总公司管辖。院长喻伟巍,党委书记徐增堂。下设铁道工程设计所、建筑工程设计所、勘测队、工程总承包部、工程监理部。职工188人,其中技术干部134人,占干部总数的100%;技术工人35人,占工人总数的64.8%。资产总额4 569.51万元,其中流动资产3 878.08万元,固定资产净值612.99万元,长期投资40万元,递延资产38.44万元。全院拥有全站仪、水准仪、红外测距仪、电子经纬仪、工程勘探钻机及大型彩色喷绘仪等勘测设计设备79台,计算机144台,汽车8台,原值670万元、现值453万元。

近20年来,获省部及以上优秀工程设计8项,优秀工程勘测3项,优秀计算机软件5项,其中“城镇商品住宅设计竞赛方案”获全国竞赛三等奖,“铁路新线、既有线圆涵、箱涵计算机辅助设计”获建设部优秀软件铜质奖。

2003年,设计院围绕资产经营责任目标,不断深化企业改革,与时俱进,开拓经营,生产经营保持良好发展势头,企业绩效考核评为优秀。全年完成勘测设计项目168项,其中方案设计37项,初步设计5项,施工设计126项,完成换算概算产值8.03亿元。全年到账资金2 133.77万元,其中勘测设计费1 554.99万元,技协197.2万元,工程监理381.58万元。主业营业收入2 534.81万元,其中勘测设计1 409.74万元,工程总承包692.36万元,信号微机监测开发及技术服务432.71万元。主业成本费用总支出1 637.77万元,其中勘测设计1 043.13万元,工程总承包489.51万元,信号微机监测开发及技术服务105.13万元。工程监理收入353.27万元,成本费用支出349.82万元。全年实现利润205.66万元,其中主业利润202.21万元,监理利润3.45万元。国有资产保值增值率106.3%,净资产收益率6.1%,营业收入利润率3.77%,全面超额完成资产经营责任制考核指标。完成主要换算实物工程量:线路23.4公里,桥梁1 742.9延长米,涵洞1 492.9横延米,通信产值822.8万元,信号产值2 075.4万元,建筑面积101 928.5平方米。勘测设计文件合格率100%,优良率40%。年内未发生勘测设计质量事故和人身伤亡事故。(陈素娟)

广州铁路勘测设计研究院

【简况】 广州铁路勘测设计研究院是铁道行业铁路综合甲(Ⅱ)级、建筑行业建筑工程甲级、工程勘察专业岩土工程甲级、工程监理甲级、工程勘察乙级、市政公用行业(桥隧)乙级、工程总承包乙级资质企业。2001年通过ISO9001质量体系认证。机关驻广东省广州市东山区共和西路6号。前身是衡阳铁路管理局直属设计科,成立于1952年7月;1953年1月更名为广州铁路管理局直属设计科,其后先后称广州铁路局设计事务所、基本建设处设计科、工程总队勘测设计大队、勘测设计所、勘测设计公司、勘测设计院,2001年1月更名为广州铁路勘测设计研究院;2003年11月划转中国铁道建筑总公司管辖。建院以来获国家优质工程银质奖4项,铁道部优质工程奖4项,铁道部优秀设计奖9项,省科技进步奖2项。院长罗会学,党委书记丁沧海。下辖线桥设计所、房建设计所、电务设计所、勘测公司和工程建设监理公司、经济技术开发公司。设计专业有线路、站场、路基、桥涵、隧道、通信、信号、建筑、结构、电力、给排水、机辆设备和岩土工程。职工182人。资产总额2 149万元,其中流动资产1 432万元,固定资产原值528万元。主要生产设备:汽车7辆、微机137台、绘图机5台、扫描仪3台、全站仪3部、光电测距仪3部、经纬仪6部、工程钻机7部。

2003年,完成设计项目41项,勘测设计概算总值88 710.2万元。实现收入2 810万元,其中工程收入204万元,劳务收入2 603万元,其他收入3万元。主营业务成本2 123万元,缴纳税费181万元。完成主要实物工程量:铁路线路27.8公里,房建111 310平方米,桥梁12座1 508延长米,涵洞105座3 103横延米,钻探41 129标准米。完成粤海铁路通道运输调度楼及生产生活房屋、渝怀铁路DK260+000~DK267+300段技术设计、京广铁路提速区段平过道改立交施工图设计和新建地方铁路罗定—岑溪段可行性研究。全年完成设计文件151件,设计优良率100%,优秀率6.62%。年内荣获广东省委、省政府授予的“文明单位”称号。

(何活元)

柳州铁路勘测设计院

【简况】 柳州铁路勘测设计院拥有建筑行业建筑工程甲级、铁道行业铁路综合甲(Ⅱ)级,工程勘察专业类岩土工程、工程测量甲级,施工图设计(建筑工程)甲级,工程总承包甲级,铁路及建筑工程、工程测量、岩土工程咨询甲级,地质灾害防治工程设计和勘察甲级资格证书;工程监理乙级,铁路规划、市政公用工程(路桥隧)咨询乙级,市政公用行业(桥隧、给水)、建筑行业人防工程设计乙级,工程造价咨询乙级,建设项目环境影响评价乙级资格证书。2001 年通过质量体系认证。机关驻广西柳州市鹅山路 41 号。柳州铁路勘测设计院成立于 1953 年 1 月,先后称设计科、勘测设计事务所、勘测设计处、勘测设计队、勘测设计公司,1987 年更名为勘测设计院,为柳州铁路局直管单位;2003 年 11 月 19 日划转中国铁道建筑总公司管辖。院长肖而新,党委书记陈业球。下设线桥科、地路科、房建规划科、水电设备科、电务科、电算科、勘测队、工程承包公司、工程监理公司等单位。职工 211 人,其中工程技术人员 172 人,占职工总数的 81.5%;技术工人 35 人,占职工总数的 16.5%。拥有工程地质钻机、经纬仪、水准仪、全站仪、光电测距仪等测绘仪器和固结仪、剪切仪等试验设备以及计算机、打印机、绘图仪、计算机局域网等。资产总额2 588万元,其中固定资产净值 403 万元。

截至 2003 年底,全院共获市、局级优秀勘察设计、科技进步奖 98 项,获省部及国家优秀勘测设计、优质工程、科技进步奖 28 项。其中,桂林火车站获国家优秀设计奖和国家质量银质奖,湘桂铁路红水河斜拉桥获国家质量银质奖,南宁火车站站房和南宁车辆段修车库分别获自治区和铁道部甲级优质工程奖,柳州市社会福利院老人公寓获自治区优秀设计一等奖,柳州枢纽编组站,桂林北—柳州电力贯通线工程获铁道部优秀勘测设计二等奖,柳州市工业品贸易中心获铁道部优秀设计二等奖,柳州地区变电站、桂林干休所获铁道部乙级优质工程奖,彭莫山隧道自动化帘幕通风获自治区科技进步二等奖,柳州儿童福利院获自治区优秀设计二等奖。此外,获省部 QC 成果奖 21 项,被评为全国劳动模范 1 人、省部劳动模范 2 人。

2003 年,设计院围绕“增吨、压点、加密、提速”工作思路,瞄准“生产经营、贯标工作、企业改革”三大目标,依托设计主业市场,加强工程监理、工程总承包、施工图审查等延伸服务,全面完成年度资产经营责任目标。全年完成勘测设计项目 234 项,其中可行性研究 15 项,规划设计 11 项,方案设计 48 项,初步设计 15 项,施工图设计 145 项。完成勘测设计折合概算产值 9.027 亿元,比 2002 年增长 16.3%,实现利润 14 万元。国有资产保值增值率 100.18%,净资产收益率 1.3%,销售收入利润率 1.4%。质量保证体系有效运行,实现年度勘测设计质量目标。获优秀工程设计院级甲等奖 3 项,局(市)级一等奖 2 项、三等奖 1 项,上报省部二等奖 1 项;获省部优秀 QC 成果奖 1 项,局优秀 QC 成果奖 1 项。勘测设计产品合格率 100%,CAD 出图率 97.5%。此外,年内完成工程监理项目 110 项,合同履约率 100%;完成工程项目 2 项,工程质量合格率 100%,优良率 91%。 (梁国堂　肖而新)

兰州铁路勘测设计院

【简况】 兰州铁路勘测设计院驻甘肃省兰州市城关区民主东路 383 号。是具有甲级资质,集工程勘测、工程设计、工程咨询、工程总承包、工程监理为一体的综合勘测设计单位。院长兼党委书记刘秉春。下辖铁道工程设计所、建筑(电气化)设计所、岩土工程所、经济技术开发公司、监理公司。在职职工 202 人。注册资金 607 万元。兰州铁路勘测设计院前身为兰州铁路局建设设计事务所,创建于 1956 年;1984 年改称勘测设计所,1987 年 7 月更名为勘测设计院,2003 年 10 月划归中国铁道建筑总公司管辖。

在 48 年的勘测设计历程中,70 年代建成的兰州火车站站房被载入英国《世界建筑史》,兰州车站钢筋混凝土门式钢构桥顶管法施工于 1978 年获国家优秀科技成果奖,连城电厂专用线药水沟柔性墩铁路桥是 80 年代初国内首座设计在曲线上的半柔半刚墩铁路桥,武南站场改建工程获国家优秀设计表扬奖,新建西宁铁路水源工程、兰州铁路火车头训练房工程、西宁站房改扩建工程获铁道部优秀设计奖,银川站新建客运站舍调向工程、银川铁西专用线改造工程获宁夏自治区优秀设计奖,兰西加冰所、兰州何家庄幼儿园、兰州车辆段修车库扩建、兰新铁路 K213 路基病害综合整治工程等获甘肃省优秀设计奖。1980 年以来,全院获国家优秀设计表扬奖 1 项,省优秀设计奖 9 项,部优秀设计奖 3 项;1990 年以来,获 10 项省级、11 项部级优秀 QC 成果奖。建院 48 年来,设计院的生产能力大幅度提高。1985 年完成概算产值7 306.2万元，全员劳动生产率 45.77 万元/人年；1995 年完成概算产值21 188万元，全员劳动生产率 144.65 万元/人年；2003 年完成概算产值139 000万元，全员劳动生产率 688.1 万元/人年。

2003 年，设计院完成设计概算产值 13.9 亿元，实现经营总收入3 002万元。其中，完成工程勘测设计合同 60 项，勘测设计费收入1 352万元；工程咨询 9 项，完成合同额 159 万元；工程总承包项目 5 项，实现收入1 007万元；完成工程监理合同 6 项，实现收入 484 万元。全年实现利润 17 万元。年内西宁站改扩建工程获铁道部优秀设计二等奖；宝中铁路 K154 路基病害整治 QC 小组获铁道部优秀 QC 小组称号；虎头崖隧道 QC 小组、空调系统设计 QC 小组获甘肃省先进 QC 小组称号；青藏铁路监理站连续两年被评为工程监理第一名，获“青藏铁路建设建功立业劳动竞赛先进集体”称号。（丁 玮）

乌鲁木齐铁路勘测设计院

【简况】 乌鲁木齐铁路勘测设计院是具有勘察设计工程测量甲级、岩土工程甲级，工程设计建筑行业建筑工程甲级、铁道行业铁道甲（Ⅱ）级，市政公用行业（热力）乙级、公路丙级，工程总承包乙级资质；具有工程咨询工程测量甲级、岩土工程甲级、建筑甲级、铁路甲级、市政公用行业（热力）乙级、公路乙级、通信信号乙级资质的综合性设计院。机关驻乌鲁木齐新市区北京南路59号。前身是乌鲁木齐铁路局设计事务所，成立于1961年 6 月；1975 年 7 月 1 日更名为勘测设计所，1991 年 1 月更名为勘测设计院；2003 年 10 月 27 日划归中国铁道建筑总公司管辖。院长李斌，党委书记丁全旗。下设线桥设计所、建筑设计所、电信自控设计所、岩土所、勘测队、监理部、铁路通达技术开发中心。职工 165 人，其中技术人员 124 人，占职工总数的75%。资产总额3 442.83万元，其中固定资产原值1 371.81万元、净值 794.44 万元，流动资产2 462.09万元，长期投资 163.88 万元，其他资产 22.4 万元。

1985 年以来，设计院共获新疆维吾尔自治区、铁道部以上优秀勘测设计奖 26 项；获自治区、铁道部优秀质量管理成果 17 项。

2003 年，设计院完成产值创建院以来历史最好水平。全年完成勘测设计综合项目 101 项，其中初步设计 3 项，施工设计 98 项；完成工程咨询 5 项，工程总承包 4 项，工程监理 3 项。完成勘测设计概算价值 14.2 亿元，勘测设计费收入1 893万元，比 2002 年增长30%，人均完成产值 12 万元。工程监理部、铁路通达技术开发中心实现收入 242 万元。完成主要实物工作量：线路设计 150 公里，房建设计66 537平方米，无缝线路设计 161 公里，通信设计3 000万元，信号设计6 000万元，工程勘测16 661标准米，工程测量 12 标准平方公里，设计折合 1 号图45 886张，设计合格率100%。国有资产保值增值率 102.7%，净资产收益率0.66%，资产负债率 52.4%，职工年人均收入50 128元。年内评出院级优秀设计 12 项，乌鲁木齐东站站场改扩建工程项目获自治区优秀设计二等奖，铁一中教学楼新建工程、阿拉山口液体换装线铁路专用线工程、兰新线鄯善—乌鲁木齐西站自动闭塞工程等 3 个项目获自治区优秀设计表扬奖；兰新线后沟—达板城换轨大修测量 QC 小组获铁道部优秀质量管理小组称号；丁力、高雪瑞、宗新彦撰写的《无缝线路胀轨跑道的原因及预防和处理措施》《关于框架立交桥裂缝的探讨》《四显示自动闭塞与 6502 电气集中结合设计》等论文获铁道部优秀论文二等奖，其中丁力撰写的《无缝线路胀轨跑道的原因及预防和处理措施》参加在西安召开的十四省（区）“强化安全基础，促进铁路跨越式发展”研讨会上获优秀论文奖。（黄乐新）

哈尔滨铁路建设集团有限责任公司

【简况】 哈尔滨铁路建设集团有限责任公司是建设部认定的铁路工程、房屋建筑工程施工总承包一级，市政公用工程、公路工程施工总承包二级，桥梁工程专业承包一级，机电设备安装工程、铁路铺轨架梁工程专业承包二级资质企业。公司机关驻黑龙江省哈尔滨市南岗区西大直街 113 号。前身为中长铁路大修工程队，组建于 1950 年 4 月；1952 年 5 月改称凤凰城工程总队；1953 年 4 月改称哈尔滨铁路局工程处，其后先后称基本建设处、哈尔滨工程处、哈尔滨第一工程处、哈尔滨工程总公司；1995 年改称哈尔滨铁路工程总公司，2002 年 1 月企业改制改称现名；2003 年 10 月 29 日脱离哈尔滨铁路局，划归中国铁道建筑总公司管辖。董事长兼党委书记毕运昌，总经理王庆国。下辖第一至第五工程公司及机械化公司、锅炉安装公司、外经公司、北方公司、预制厂等10个分公司和电务公司、装饰公司、消防安装公司、设备租赁中心等4个子公司。职工8 493人，其中全民职工3 867人，集体职工4 626人；干部1 250人，专业技术干部1 037人，技术干部占干部总数的82.9%。资产总额86 915万元，其中固定资产原值15 461万元、净值8 724.8万元，流动资产76 135万元。机械运输设备551台（套），原值6 158万元、净值3 183万元，总功率17 020千瓦，动力装备率7.1千瓦/人，技术装备率1.1万元/人。

公司先后获黑龙江省“文明单位标兵”、“思想政治工作标兵单位”、“第九届劳动模范表彰大会模范单位”和“全国先进建筑施工企业”等称号。

2003年，公司面对激烈的市场竞争和“非典”疫情带来的严重影响，团结一致，众志成城，迎难而上，顽强拼搏，全年承揽工程任务79项，投资总额7.7亿元；完成企业总产值7.3亿元，结算收入9亿元，实现利润586万元。全员劳动生产率11.62万元/人年，国有资产保值增值率100.5%，净资产收益率2.4%，产值利润率0.31%，资产负债率86.68%。年内重点工程施工平稳有序，安全生产形势基本稳定。工程质量稳步提升，承建的哈尔滨站高架候车室工程获“全国用户满意工程”奖，佳木斯大学教学楼工程获黑龙江省优质工程“龙江杯”奖，哈尔滨市海城大桥工程获“中国市政金杯示范工程”奖，哈尔滨市二环路工程获黑龙江省“优质样板工程”奖，此外，获哈尔滨铁路局优质工程奖5项；公司承建的黑龙江省科技学院信息中心工程、哈尔滨铁路局体育中心工程已申报省“优质样板工程”奖，胶新铁路及滨洲扩孔桥工程拟申报铁道部优质工程奖。

（李学志　何树胜）

齐齐哈尔铁路建设集团有限责任公司

【简况】 齐齐哈尔铁路建设集团有限责任公司是铁路工程、房屋建筑工程施工总承包一级，市政公用工程施工总承包三级，桥梁工程、铁路电务工程、公路路基工程、混凝土预制构件专业承包二级，消防专业承包及房地产开发三级资质企业。前身为齐齐哈尔铁路管理局工程大队，成立于1952年4月；1958年9月组建齐齐哈尔铁路基本建设处，1961年更名为齐齐哈尔铁路局工程处，1965年1月更名为齐齐哈尔铁路工程基本建设处，1972年更名为齐齐哈尔铁路工程处；1983年10月齐齐哈尔铁路局与哈尔滨铁路局合并，更名为哈尔滨铁路局齐齐哈尔工程处，1985年12月更名为齐齐哈尔铁路第一工程处，1993年1月1日更名为齐齐哈尔铁路工程总公司，2002年6月27日企业改制改称现名；2003年11月29日划归中国铁道建筑总公司管辖。公司机关驻黑龙江省齐齐哈尔市铁锋区站前大街6号。党委书记兼董事长张树福，总经理张克华。下辖9个分公司、7个子公司、8个直属单位、3个附属单位。职工3 210人，其中干部1 120人，专业技术干部991人，技工1 631人。固定资产原值18 023万元、净值10 334万元，流动资产35 834万元。机械设备904台（套），运输车辆86台，设备原值7 833万元、净值3 491万元，总功率27 400千瓦，设备完好率98.6%，利用率63.6%，人均动力装备率0.89千瓦、技术装备率1.05万元，机械化施工程度96%以上。

2003年，承揽工程35项，合同总额2 715万元。完成企业总产值40 576万元，其中施工产值30 280万元，其他产值10 296万元，实现利润－484万元，职工人均年收入13 777元。工程质量合格率100%，优良率76%。年内承建的铁道部重点工程满洲里口岸扩能改造、哈齐铁路提速及渝怀铁路等工程均提前兑现计划工期。年内被中国市场调查研究中心授予“中国诚信单位”称号，顺利通过质量体系认证，实现第11个安全生产年目标。公司承建的哈尔滨市政府办公中心工程分获结构工程“龙江杯”和主体工程“龙江杯”，哈齐铁路提速工程被评为全路优良工程。

52年来，公司先后参加滨洲、牙林、嫩林、平齐、滨绥、绥佳等铁路干线改造和嫩黑、北黑、朔黄、新长、渝怀等新线铁路建设，参与哈尔滨铁路枢纽、哈大电气化、滨洲铁路提速工程建设，独立完成东北铁路重要枢纽—三间房、让湖路编组站改造工程和平齐铁路504公里线路及嫩江特大桥新建工程，承建哈尔滨市锦江大厦、哈尔滨—同江、哈尔滨—大庆两个标段的高速公路工程和满洲里口岸站扩建工程。1980年以来，有35项工程分别荣获铁道部、黑龙江省优质工程奖，被黑龙江省评为钢筋混凝土制品优质生产厂家。80年代初，公司先后在北也门、吉布提、坦桑尼亚、赞比亚、伊拉克承建工程。80年代末，率先进入俄罗斯建筑市场，承建50余项工程。2002年公司荣获中国施工企业管理协会授予的“全国用户满意施工企业”称号和中国企业发展研究中心授予的“中国诚信经营企业”称号，被中国建设银行黑龙江省支行评为“AAA级信用企业”。

（徐淑兰）

上海铁路建设（集团）有限公司

【简况】 上海铁路建设(集团)有限公司是国家施工总承包一级资质企业,同时具有承包境外工程和境内国际招标工程、出口工程设备材料和派遣境外劳务经营权。主要经营工程建设项目总承包、房地产开发、建筑装饰、钢结构加工与安装、机械设备租赁、国内贸易,承包境外铁路工程及境内国际招标工程等。前身为上海铁路局工程处,成立于1953年;先后称基建处、工程总队、基本建设指挥部、基建工程处,1984年9月改称工程公司,1985年1月改称工程总公司,2000年6月企业改制改称现名;2003年11月划归中国铁道建筑总公司管辖。董事长兼党委书记顾金荣,总经理赵元钧。公司机关驻上海市闸北区会文路2号。下辖安徽第一工程有限公司、江苏工程有限公司、第三工程公司、浙江工程有限公司、电务工程公司、建筑装饰有限公司、工程试验检测有限公司、房地产有限公司、上海铁程物业有限公司、上海铁程经济发展有限责任公司、上海铁隆储运有限公司、物资有限公司和设计所。职工4 543人,其中干部1 128人,工人3 415人;技术干部989人,技术工人2 280人。资产总额120 199.04万元,其中流动资产100 414.38万元,固定资产原值28 314.89万元、净值18 556.35万元。机械动力设备1 425台(套),设备原值12 488.1万元、净值6 200.6万元,总功率31 913.8千瓦,人均动力装备率6.92千瓦、技术装备率13 400元。年施工能力20亿元。

2003年,承揽工程任务44项,合同总额93 824万元。完成企业总产值122 028万元,其中施工产值119 492万元,附营产值1 967万元,实现利润517.9万元。完成主要实物工程量:土石方368万立方米,正线铺轨26.9公里,站线铺轨20.9公里,桥梁20 129延长米,架梁83孔,通信线路100条公里。全员劳动生产率105 560元/人年,职工年人均收入19 962元。国有资产保值增值率101.4%,净资产收益率1.4%,营业利润率0.43%,资产负债率79.31%,投资回报率2.32%。实现连续安全生产2 210天。工程质量合格率100%,优良率97.2%。公司承建的苏州官渎里立交桥获中国建筑工程鲁班奖,获安徽省优质工程2项,市政工程金奖1项,路局优质工程2项。顺利通过ISO9001:2000版标准质量管理体系复评审核。公司获国家工商行政管理总局授予的“全国守合同重信用企业”称号,连续6年获“上海市重点工程立功竞赛优秀公司”称号,连续5年获“上海市优秀企业”称号;经上海现代统计产业发展中心统计评价,名列上海综合实力50强建筑企业第17位。

1996年以来,公司获中国建筑工程鲁班奖3项,国家优质工程银质奖1项,安徽省优质工程“黄山杯”奖3项,火车头优质工程一等奖1项。（姚素珍）

福建铁路建设（集团）有限公司

【简况】 福建铁路建设(集团)有限公司是铁路工程施工总承包一级,市政工程、房建工程施工总承包二级,铁路电务工程专业承包一级,铁路铺轨架梁工程、隧道工程、电信工程专业承包二级和城市轨道交通工程专业承包资质企业,同时具有承包境外铁路综合工程及境内国际招标工程,办理境外工程所需设备材料出口和外派劳务人员资质。公司机关驻福建省福州市晋安区沁园路77号。公司前身为福州铁路局基建处,1959年1月成立;先后称基建处、工程处、工程团、工程总队,分别隶属福州、南昌、上海铁路局;1985年1月,成立福州铁路工程总公司;2001年1月9日企业改制组建福建铁路建设(集团)有限公司,2003年11月19日划转中国铁道建筑总公司管辖。下辖泉州工程分公司、第二工程分公司、第三工程分公司、电务工程分公司、厦门分公司、基础装备分公司、福州分公司、工程开发分公司等8个分公司和福州铁建建筑有限公司、福州闽龙铁路工程有限公司、龙岩铁建水泥有限公司、福州铁建工程质量检测有限公司、福州铁建贸易有限公司、永安铁路工程贸易服务有限公司、漳平老鹰山工贸有限公司、南平铁建综合服务有限公司等8个控股子公司。在岗职工3 001人,其中从事建筑业2 691人。现有离退休职工2 825人。资产总额69 813.2万元,其中固定资产原值24 928.3万元、净值13 028.5万元,流动资产54 608.5万元,其他资产176.2万元。机械运输设备1 022台(套),设备原值9 094.8万元、净值3 297.4万元,总功率20 945千瓦,设备新度系数0.36,

技术装备率10 987.54元/人,动力装备率6.98千瓦/人。

公司承建的上海轨道交通明珠线停车场工程获火车头优质工程一等奖,福州东站跨线仓库、鹰厦铁路蛟湖大桥分别获铁道部、福建省优质工程奖,京九铁路沙河街编组站、乐化—永修路基工程以及沙河街配电所、南昌—九江长途光纤通信等工程被评为京九铁路优质工程。公司被福建省命名为"施工技术进步先进企业",获上海市科技进步三等奖1项,国家科技进步三等奖1项。1999年获"全国'安康杯'竞赛优胜企业"称号,连续5年被评为"福建省'安康杯'竞赛先进单位",实现连续安全生产3 635天。1999年5月通过ISO9002国际质量体系认证。公司先后被福建省委、省人民政府授予"全国思想政治工作优秀企业"、"企业管理优秀单位"、"文明单位"、"省级先进企业"、"推行全面质量管理先进单位"等荣誉称号,连续9年被福建省建设银行授予"AAA级信用企业"称号。1992年被国务院发展研究中心、建设部、国家统计局列入"中国建筑业百强企业",1993～1994年被列为"中国500家最大经营规模建筑企业"和"中国500家最佳经济效益建筑企业";1995年被中国施工企业管理协会评为"全国优秀施工企业",1995年～2003年度均被福建省企业评价中心、福建省建设委员会、福建省统计局评为"福建省100家最佳经济效益施工企业"和"福建省100家最大经营规模施工企业";1997年～2003年被福建省工商局评为"守合同、重信用企业"。

2003年,承揽工程75 887万元,其中路内工程66 429万元,路外工程9 458万元,比2002年增加11 879万元。完成企业总产值79 943万元,比2002年增加13 743万元,其中建安产值75 363万元,工副业产值4 580万元,实现利润400万元,人均创利1 333元。全员劳动生产率16.65万元/人年,与2002年同比增长5.14万元。国有资产保值增值率101.89%,净资产收益率2.3%,营业利润率0.9%,资产负债率73.4%。完成主要实物工程量:土石方447.74万立方米,圬工21.59万立方米,隧道3 581.53延长米,桥梁2 762.02延长米,正线铺轨115.24公里,站线铺轨15.65公里,铁路架梁27孔,房建10.7万平方米,通信干线电缆铺设306条公里,其中光缆线路139条公里,通信设备安装2站,自动闭塞信号折合正线128公里,电气集中联锁道岔252公里,供电线路323公里;公路工程折合16.71公里,其中公路混凝土路面8.17万平方米,公路架梁102片。

(李本光　戚磊　柯孙荣　王学杰　俞永坤)

南昌铁路工程(集团)有限责任公司

【简况】 南昌铁路工程(集团)有限责任公司是国家一级大型综合性施工企业,拥有铁路工程、公路工程施工总承包一级,市政公用工程、混凝土预制构件、铁路电务工程、铁路铺轨架梁工程专业承包二级资质,同时拥有进出口贸易资质。通过ISO9001:2000版标准质量管理体系认证,具有铁道、桥隧、机场、公路、房建、电力、给排水、通信、信号、设备安装等综合施工能力及桥梁、轨枕、水泥、电杆等配套生产能力,年综合施工能力超过12亿元。公司机关驻江西省南昌市二七南路109号。前身是南昌铁路局工程处,成立于1958年;1984年10月改称上海铁路局南昌工程处,同年12月改称上海铁路局南昌工程总公司;1996年8月改名为南昌铁路局工程总公司,2002年1月8日企业改制改称南昌铁路工程(集团)有限责任公司;2003年11月19日划归中国铁道建筑总公司管辖。董事长兼总经理陈招团,党委书记虞良珍。公司下辖第一、第二、第四、电务工程公司及贵溪桥梁厂、上海分公司、杭州分公司、技师检测中心等8个分公司,第三工程有限公司、建筑工程有限公司、设备安装工程有限公司、玉征水泥有限公司、工程材料有限公司、洪力实业开发有限公司、江西顺兴房地产开发经营有限公司等7个控股子公司,赣州红辣椒酒店有限公司、九江红辣椒酒店有限公司、贵溪滨桥砂石有限公司等3个控股公司,第二建筑工程公司、江西铁路工程建筑总公司南昌建设工程公司等2个集体企业和参股中外合资企业江西宏达工程实业有限公司。总资产89 849万元,其中固定资产原值29 439万元、净值19 527万元,流动资产69 030万元,长期投资1 040万元,其他资产252万元,所有者权益21 440万元。职工6 147人,其中干部1 591人,工人4 556人;技术干部1 283人,技术工人2 917人。机械设备1 386台(套),总功率6.5万千瓦,设备完好率94%、利用率71.9%。

2003年,承揽工程45项,合同总额145 861万元,工附业产品销售总额6 265万元。完成企业总产值103 681万元,其中建筑业总产值93 143万元,工业总产值8 707万元,其他产值1 831万元,实现利润541万元。完成主要实物工程量:路基土方622.8万立方米,石方12.18万立方米,桥梁6 586.91延长米,涵渠8 269.4横延米,隧道7 370延长米,混凝土104 128.41

立方米，正线铺轨 27.742 公里，站线铺轨 19.89 公里，铺道岔 184 组，上道碴221 581立方米，房屋建筑193 189平方米，敷设通信光电缆 65.1 条公里、信号电缆 70.7 条公里，安装信号机 19 架、联锁道岔 146 组，架设电力明线 7 公里，敷设电力电缆 24.54 公里，生产桥梁 150 孔、电杆2 202根、水泥102 787吨。实现连续安全生产5 997天，连创 16 个安全年。工程质量合格率 100%，优良率 97.86%，获省部优质工程奖 3 项、省优质结构工程奖 1 项、局优质工程奖 18 项，获国家级优秀质量管理小组 1 个、全国工程建设优秀 QC 小组 1 个、金圣杯全国 QC 小组成果奖 1 项、全国重质量讲信誉优秀施工示范单位 1 个。 （程绍玢）

广州铁路工程（集团）有限责任公司

【简况】 广州铁路工程(集团)有限责任公司是铁路工程施工总承包一级资质企业，能独立承担大中型铁路工程、大型铁路枢纽工程及公路工程、市政公用工程、桥梁、隧道、通信信号、电力工程、房屋建筑工程、设备安装等工程施工任务。公司机关驻广东省广州市东山区中山一路 55 号。前身是衡阳铁路局施工处，1952 年 7 月组建；1953 年 1 月改称广州铁路局工程处，其后先后称基本建设处、工程处、工程总队、基建工程处、工程公司；1987 年 4 月改称广州铁路局工程总公司，1997 年更名为广州铁路集团工程总公司，2002 年 4 月 8 日企业改制改称现名；2003 年 10 月 27 日划归中国铁道建筑总公司管辖。公司董事长兼党委书记王力建(7 月免)、王精华(7 月任)，总经理罗会学(4 月免)、陈子安(4 月任)。下辖钢结构有限公司、第二工程有限公司、第三工程有限公司、消防机电工程有限公司、实业有限公司等 5 个子公司和第一分公司、广州电务分公司、长沙电务分公司、第四分公司、第六分公司、深圳分公司、海南分公司等 7 个分公司。职工5 773人，其中干部1 870人，工人3 903人；专业技术干部1 557人，占干部总数的 83.3%。资产总额114 526万元，其中固定资产原值50 832万元、净值35 655万元，流动资产78 109万元，其他资产 762 万元。机械运输设备1 110台(套)，设备原值11 861.77万元、净值5 529.79万元，总功率36 992.6千瓦，技术装备率 1.2 万元/人，动力装备率 7.9 千瓦/人，设备完好率 91.1%，设备利用率58.1%。

2003 年，公司以“三个代表”重要思想和党的十六大精神为指导，以改制为契机，围绕“改革、管理、素质、文明、形象”五大主题，扎实工作，推进改革，加快发展，保持稳定，取得较好经济效益和社会效益。全年承揽工程任务 101 项，合同总额120 551.95万元。完成企业总产值92 870万元，其中施工产值67 568万元，附营产值25 302万元，实现利润 653 万元。全员劳动生产率 9.5 万元/人年，职工人均年收入20 123元。国有资产保值增值率 100.7%，净资产收益率 -2.8%，营业利润率 13.65%，资产负债率 84.23%，成本降低率 14.9%。完成主要实物工程量：土石方 164.3 万立方米，桥梁2 231延长米，涵渠1 083横延米，隧道 292 延长米，铺轨 18.6 公里，铺道岔 146 组，房屋建筑57 823平方米，通信线路 101 条公里，供电线路 124 公里，信号自动闭塞 10 公里。工程质量合格率 100%，优良率 95.3%。年内公司获“全国优秀施工企业”、“全路模范职工之家”称号，获铁道部工程质量管理奖；在中华全国总工会举办的“鲁能杯”首届全国职工太极球、艺术健身操展示赛中，获“百花争艳”一等奖，“爱我中华”、“艺术健身操”二等奖；《广铁工程》报获广东省优秀企业报刊金奖。

1979 年～2003 年，公司修建铁路5 555.7公里，承建中型以上桥梁超百座，承建房屋建筑工程 492.79 万平方米；在国家重点工程建设中，获国家级奖 32 项(其中金奖 1 项，银奖 4 项)，省级奖 19 项，部级奖 29 项；完成技术革新项目 436 项，自行设计制造的长征 160-78-1 型架桥机获国家专利，获国家发明奖 1 项；公司先后获“全国先进施工企业”、“全国优秀施工企业”称号；1994 年在全国 500 家大型建筑企业中名列第 32 位，被广东省评为“首批全省转换经营机制典型企业”和“广东省文明单位”；2000 年通过 ISO9000 标准质量体系国内、国际双认证。 （罗广香）

柳州铁路工程（集团）有限责任公司

【简况】 柳州铁路工程(集团)有限责任公司是铁路工程施工总承包一级，房屋建筑工程、公路工程、市政公用工程施工总承包三级，铁路电务工程专业承包一级，铁路铺轨架梁工程、混凝土预制构件专业承包二级资质企业。公司机关驻柳州市和平路138号。前身是柳州铁路局基本建设施工总队,成立于1953年1月28日;1954年~2001年,机构经过多次变革,先后称工程处、基本建设处、工程段、工程总队、工程公司、工程处,2002年1月8日企业改制改称现名;2003年11月19日划归中国铁道建筑总公司管辖。董事长陆志成(8月调离),董事长兼党委书记黄卫民(8月任),总经理王小青。公司下辖路桥、线路、房建、电务、混凝土预制构件、设备租赁等9个专业分公司,以及物资工业、建筑装璜、房地产开发、爆破、经济技术开发等5个控股子公司和质量检测中心。职工3 374人,其中干部1 043人,工人2 331人;专业技术人员873人,技术工人1 886人。资产总额44 900万元,其中固定资产原值15 148万元、净值9 194万元,流动资产35 600万元,其他资产13万元。机械设备755台(套),设备原值788.8万元、净值423.4万元,总功率120万千瓦,动力装备率14千瓦/人,技术装备率1.3万元/人。年综合生产能力10亿元以上。

公司51年的风雨历程,造就了一支团结拼搏、不畏艰难、技术过硬、能攻善战的施工队伍,用智慧和汗水建成中国第一座高强度螺栓联接的雒容大桥,完成中国第一条非电化单线计轴自动闭塞工程,建成中国第一座预应力钢筋混凝土铁路斜拉桥——红水河斜拉桥等;先后创国家优质工程3项,省部优质工程11项;获4项科技发明国家专利,有10项成果获国家或省部科技进步奖。公司先后被评为中国500家最大经营规模建筑企业第174位、“全国铁路安全生产先进单位”、“广西质量管理先进企业”、“广西重合同守信用单位”、“广西建筑业先进施工企业”、“广西建筑业质量管理优秀施工企业”。2003年,公司名列“广西企业50强”第26位,获得华夏质量认证中心颁发的“技师管理体系认证书(CNAB)”和“国际标准认证书(UKAS)”。

2003年,是公司生产经营最困难的一年,各项生产经营指标比2002年同期有较大幅度的下降。全年承揽任务53 097万元,完成企业总产值39 247万元,为年计划的74.19%,其中施工产值35 858万元,为年计划的71.72%,实现利润501.35万元。全员劳动生产率68 864元/人年,资本金利润率101.33%,国有资产保值增值率101.16%,净资产收益率2.52%,产值利润率1.3%,资产负债率69.21%。完成主要实物工程量:路基土石方94.1万立方米,附属工程圬工12.4万立方米,桥梁563延长米,涵洞671横延米;铺轨17.05公里,铺道岔20组,铺联锁道岔98组,铺道砟16.36万立方米,线路抬道29.05公里,抬道岔12组,更换道枕4 573根;房建7.42万平方米,铺设给排水管道12.03公里;铺设信号电缆110条公里、铺设通信电缆143条公里,架空电力线57.32公里,电力电缆27.6公里,消防工程15宗。工程质量合格率100%,优良率97.6%。实现连续8 066天无工程质量事故,连续1 024天无职工因工死亡事故,连续11 164天无行车重大、大事故,连续5 117天无交通重大、大事故,连续6 355天无火灾重大、大事故。湘桂铁路黎塘Ⅰ场铁道综合工程获广西壮族自治区优质工程奖,获铁路局优质工程奖4项。公司在“广西50强企业”评选活动中名列第26位,再次获得“广西先进建筑施工企业”和“广西建筑业质量管理先进单位”称号。 (冯玉芝)

兰州铁路建设(集团)有限责任公司

【简况】 兰州铁路建设集团有限责任公司是铁路工程施工总承包一级,房屋建筑工程、公路工程、市政公用工程、通信工程施工总承包二级,铁路电务、铁路电气化、土石方工程专业承包一级,铁路铺轨架梁工程、预拌商品混凝土专业承包二级资质企业,同时具有爆破、锅炉安装、压力容器检测、消防、装饰等资质。前身是兰州铁路工程总公司,成立于1956年;2001年12月18日企业改制改称现名,2003年10月27日划归中国铁道建筑总公司管辖。注册资本10 251万元。公司机关驻甘肃省兰州市和平路63号。董事长兼党委书记张克勤,总经理张培众。下辖第一工程公司、第三工程公司、电务工程公司、电气化工程公司、工程材料厂等5个分公司,第二工程有限责任公司、第四工程有限责任公司、实业有限公司、金轮建材有限责任公司、金诚混凝土有限责任公司等5个控股子公司。职工6 230人,其中干部1 383人,工人4 841人。资产总额150 102万元,其中固定资产原值28 147万元、净值18 908万元,流动资产127 503万元,其他资产154万元。机械设备812台,设备原值1.39亿元、净值0.98亿元,机械设备完好率91%、利用率65%,总功率45 137千瓦,新度系数0.6,动力装备率7.25千瓦/人,技术装备率1.57万元/人,机械化施工程度67%。年施工能力10亿元。

2003年,承揽任务新签合同额97 790.6万元,与2002年同比增加45 900.6万元,增长88.5%。完成企业总产值81 624万元,实现利润181万元,全员劳动生产率9.41万元/人年。国有资产保值增值率

100.98%,净资产收益率0.96%,产值利润率0.22%,资产负债率87.29%。完成主要实物工程量:路基土石方371.63万立方米,隧道2 187延长米,桥梁3 722.8延长米,架梁64孔,正线铺轨18.999公里,站线铺轨37.418公里,铺道岔77组,敷设通信线路254条公里,供电线路40.2公里,自动闭塞21公里,电气化接触网26公里;公路折合完成23公里,房屋建筑146 213平方米。年内兰州和政路G4住宅楼和兰州铁路游泳馆获甘肃省优质工程"飞天奖",青藏铁路海宴—哈尔盖光缆工程通过铁道部优质工程初审;获局优秀QC成果奖2项、铁道部优秀QC成果奖1项。公司被评为"全国施工企业设备管理优秀单位"、"甘肃省质量管理活动优秀企业",副总经理杨清江被评为"全国施工企业设备管理优秀经理",物资设备部副部长谷云被评为"全国施工企业设备管理优秀机务干部",总经理张培众被评为"甘肃省质量管理卓越领导者"。

(田爱平　杨正春　仲乃梅　张雷年)

乌鲁木齐铁路工程(集团)有限责任公司

【简况】 乌鲁木齐铁路工程(集团)有限责任公司是铁路工程、房屋建筑工程施工总承包一级,市政公用工程施工总承包二级,公路工程施工总承包三级,铁路电务工程、铁路铺轨架梁工程、建筑幕墙工程专业承包二级,铁路电气化工程专业承包三级资质企业。公司机关驻乌鲁木齐市河南西路12号。前身为交通部第一铁路工程局工程总队;1971年1月1日成立乌鲁木齐铁路局基本建设工程处,1973年11月1日改称基本建设处,1984年3月1日改称基建工程处,1997年4月改称新疆铁路工程总公司,1998年11月更名为工程处,2002年1月16日工程处改制改称现名;2003年10月27日划归中国铁道建筑总公司管辖。董事长兼总经理邹兰明,党委书记赵胜平。下辖哈密分公司、电务分公司、铁诚建筑分公司、第三分公司、集优建筑分公司、建业有限责任公司、采石爆破有限责任公司、路桥有限责任公司、实业有限责任公司、设备安装有限责任公司。职工2 072人,其中干部594人;专业技术干部占干部总数的81%,技术工人占工人总数的61%。资产总额42 943万元,其中固定资产原值13 221万元、净值8 170万元,流动资产48 696万元,其他资产683万元。机械运输设备1 015台(套),现值8 541.23万元,总功率34 846.4千瓦,动力装备率19.19千瓦/人,技术装备率2.55万元/人。

2003年,公司承揽任务47 761万元,完成企业总产值45 991万元,实现利润180万元。国有资产保值增值率100.61%,净资产收益率0.16%,资产负债率81.33%。年内公司被新疆维吾尔自治区工会评为"模范职工之家标兵"。

(赵永宏)

9月27日，国资委在北京人民大会堂召开青藏铁路建设先进事迹报告会，国务院副总理黄菊和国资委领导接见报告团全体成员。图为黄菊副总理(右二)同中铁二十局集团公司青藏铁路工程指挥部指挥长况成明(左一)亲切握手。（刘建国 提供）

人 物

本栏责任编辑　**杨启燕**

新闻人物

【第十届全国政协委员·王振侯】 中国铁道建筑总公司总经理、党委副书记，享受政府特殊津贴的教授级高级工程师。辽宁省营口市人，1943年12月出生，1966年7月参加工作，1972年6月入党。先后被评为“全国优秀施工企业家”、铁道部劳动模范，1997年当选为中国共产党第十五次全国代表大会代表，2002年当选为中央企业工委党代表会议代表。长期以来，他认真学习贯彻党的路线、方针、政策，带头实践邓小平理论和“三个代表”重要思想，解放思想，与时俱进，坚定不移地推进企业的改革与发展，使总公司的生产规模、经济效益、综合实力实现历史性突破，职工生活水平逐年提高。在他的带领下，班子团结，政令畅通，队伍稳定，保持和发扬了兵改工企业的光荣传统。

他任职以来，先后确立“一业为主，立足国内，开拓国际，全面发展”的经营战略和“适度规模，精耕细作，最佳效益”的经营方针，提出“走出去”的经营思路和把总公司建设成为国内一流、国际具有竞争力的特大型企业的奋斗目标。“九五”期间，总公司承揽工程任务1 363亿元，完成企业总产值1 215亿元，上缴利税35.5亿元，分别是“八五”时期的2.86、2.38和2.75倍。2001年在财政部中央直属企业效绩评价中，总公司在资产100亿元以上的61家企业中排名第14位，在100亿元以上建筑业企业中排名第1位。总公司连续7年入选全球和国际225家最大承包商行列。2002年，经建设部审批，总公司获各类一级以上企业资质81家，其中总承包特级资质企业11家，占全国99家特级资质企业的11%。

他正确处理改革、发展与稳定的关系，坚持“总体设计，分步实施，平稳过渡，逐步到位”的方针，推动企业改革稳步前进。所属10个局集团公司和部分直属单位成功进行改制，初步建立现代企业制度。2001年，总公司系统进行资产重组和结构调整，涉及34个单位、2.6万名员工、40余亿元资产，力度之大，为兵改工后所未有，一些历史遗留问题、结构性问题得到较好解决，为企业长远发展创造了良好条件。积极进行劳动用工、人事、分配、医疗、养老、住房等一系列配套改革，并取得成效。

他严格遵守党的政治纪律和组织纪律，认真执行民主集中制，在企业改革发展的重大问题上，特别是在重要项目的安排、重要干部的任免和大额资金的使用上，坚持集体讨论和民主决策，避免了经营失误。他既有强烈的进取精神，又有扎实的工作作风，经常深入基层，调查研究，靠前指挥，解决问题。他自觉贯彻执行国有企业领导人员的“五项规定”，从不利用个人职权和影响为自己和家人谋取私利，在群众中拥有很高威望。 （杨启燕）

【全国新闻界抗击“非典”新闻宣传优秀记者·朱海燕】 《中国铁道建筑报》总编辑。安徽省利辛县人，1957年1月出生，1976年入伍，中共党员。

2003年，在全国人民抗击“非典”的斗争中，他努力实践“三个代表”重要思想，坚决贯彻党中央的决策和部署，充分报道防治“非典”工作的进展和成效，广泛宣传抗击“非典”第一线的先进典型和感人事迹，积极宣传防治“非典”的科学知识，为推动群防群控“非典”的人民战争做出了贡献。7月23日，中共中央宣传部、中华全国新闻工作者协会授予他“全国新闻界抗击‘非典’新闻宣传优秀记者”称号。

他是中国产业新闻工作者协会理事、中国铁路新闻工作者常务理事、国家新闻出版署新闻培训中心客座教授。曾获第三届范长江新闻奖提名奖、中国新闻奖及产业报新闻、中国铁路新闻、广东省新闻一等奖。先后发表各类新闻和文学作品600多万字，出版长篇报告《灿烂与迷茫》《兴邦大业》《北方有战火》等，出版新闻通讯集《留给苍茫大地》《大风起兮》《新闻实录》《时事纪坛》《我们正跨越昆仑》，出版新闻理论集《坛外笔踪》、短新闻集《东风丝柳》、散文集《山川留墨》、报告文学集《沧桑拾零》等。其中《北方有战火》获中宣部颁发的“五个一工程”奖。多次参与中国铁路重大事件的报告。《中国铁道建筑报》2003年第1121期对他的事迹进行了报道。

（韩传荣）

【全国防治非典型肺炎工作优秀共产党员·杨雪】 中铁十三局集团公司中心医院护士长，主管护师。吉林省长春市人，1970年12月出生，1994年8月入党。毕业于吉林医学院高等护理专业。曾被评为铁道部优秀共青团员、总公司“三八红旗手”、长春市“白求恩式医务工作者”。2003年6月，荣获中共中央组织部授予的“全国防治非典型肺炎工作优秀共产党员”称号。

2003年4月，长春市负责“非典”诊治的传染病医院多名护士因受感染被隔离，造成医护人员告急。杨雪主动请战，加入防治“非典”医护人员行列。她凭着过硬的基本功，很快掌握护理“非典”病人的要领，在护理一线挑起大梁。在护理的患者中，有几位危重患者上了呼吸机，呼出的分泌物传染性极强，杨雪主动承担这一感染危险极大的护理任务。有时，病房的多功能监测仪、呼吸机等设备发生故障，为争取时间，她想方设法排除故障，保证设备正常运转。“非典”患者进了病房，难免有恐惧心理、悲观情绪。杨雪以医护人员“病人的安危就是我的安危，病人的需要就是我的需要，病人的快乐就是我的快乐”的高尚职业道德，主动做病人的思想工作，满腔热情地与他们唠家常，给他们尽可能多的安慰，面带笑容为他们量体温、测血压、倒水、送药，用乐观的情绪感染病人，勉励患者鼓起战胜病魔的信心和勇气。杨雪“快乐天使”的形象受到患者的一致赞扬。《中国铁道建筑报》2003年第1097期以《白衣天使的心愿》为题，对她的事迹进行了详细报道。（沈桂馥）

【中央企业防治非典型肺炎工作优秀共产党员·吴雨龙】 总公司总医院急诊科主任。安徽省枞阳县人，1964年4月出生，1990年8月参加工作，1995年1月入党。

2003年4月，当“非典”突袭北京，首都人民的生命安危受到严重威胁的时候，石景山区政府征用总医院作为定点收治“非典”病人的专科医院。作为急诊科主任的吴雨龙率先接受建立发热门诊、筛查“非典”病人的艰巨任务。他立即对全科人员进行战前动员，要求做到一个党员一面旗，在抗击“非典”的战斗中，为党旗增辉添彩。非党员职工在抗击“非典”的紧急关头，受党组织和党员凝聚力、感召力的影响，全部写了入党申请书，护士长赵秉清光荣地“火线”入党。

筛查“非典”病人是一项十分慎重、科学、严肃的工作，吴雨龙亲自检查每一位病人，详细了解发病经过、症状表现，认真查体，不放过一个疑点，不草率作出一个结论。对疑难病例，请院专家组会诊，共同分析研究作出判定。经过严格筛选，95%的病人被排除“非典”嫌疑，确诊病例只占5%，无一人误诊和漏诊，确诊病人最后全部康复出院。

“非典”传染性极强，医护人员与病人零距离接触，感染率更高。因此，吴雨龙制定“讲科学，重防护；吃好饭，保营养；讲张驰，防劳累；多沟通，好心态”四项防护措施。他每天第一个到岗，穿好隔离服，带上防护镜，严格要求大家防护到位才能进入病区。他们建立的发热门诊消毒隔离防护措施与操作流程，科学有效，得到上级主管部门的肯定和表扬，并被其他单位借鉴。对留观病人，给予他们比平时更多的关爱，天天到病床前检查病情，给他们讲科学防治知识，帮助他们树立战胜疾病的信心，与病人家人建立热线电话，互相安慰鼓励，使他们的病情很快好转。吴雨龙在抗击“非典”的战斗中，依靠科学，身先士卒，带领全科医务人员取得“一个职工不掉队、一个病人不漏诊、一个医护人员不感染”的突出成绩。6月30日，国资委党委授予他“中央企业防治非典型肺炎工作优秀共产党员”称号。（杨启燕）

【实践“三个代表”重要思想的模范·况成明】 中铁二十局集团公司总经理助理兼青藏铁路工程指挥部指挥长，高级工程师。安徽省淮北市人。1963年4月出生，1982年1月参加工作，1992年6月入党。

在青藏铁路工程施工准备阶段，他身先士卒，不畏艰险，带领先遣人员战胜严重的高原反映，反复踏勘工地，认真进行施工准备，其间曾两次晕倒在工地。在他的带领下，不到两个月时间工程在全线率先开工，受到铁道部青藏铁路建设总指挥部表扬。施工中，他提出在风火山隧道工地建立大型制氧站的主张，同北京科技大学联合攻关，研制成功世界首座高原制氧站，整个隧道实现弥漫式供氧，解决了高原缺氧这一世界性施工难题。为攻克高原冻土施工难题,他带领科技人员以惊人的毅力在掌子面观测试验,成功地解决隧道冻土施工温度控制的关键性问题,提前胜利贯通世界海拔最高的风火山隧道。该项工程被评为2002年度中国公众关注的十大科技事件之一。他认真贯彻以人为本的方针,关心群众,搞好保障,风火山隧道开工以来,未发生一起安全质量事故和高原病死亡事故。

况成明一身正气,两袖清风,在工程建设中坚持原则,铁面无私,严格管理,多次拒贿。他热情关爱职工,自己却是个"拼命三郎"。他患有严重的角膜炎,白天坚持指挥施工,夜里输液,由于耽误治疗病情恶化,被送进医院治疗,因心系工程、心系职工,病情尚未痊愈,又回到工地。

6月8日,中共中央政治局委员、国务院副总理曾培炎对况成明的先进事迹作出批示:"全体青藏铁路建设者要学习况成明同志不畏艰险、勇于创新、关心群众、大公无私的精神。"他先后被共青团中央、中央企业工委、总公司和集团公司授予"优秀青年管理者"、"青年岗位能手"、"青年科技拔尖人才"、"优秀共产党员"等荣誉称号,荣获铁道部授予的"火车头章奖"。《中国铁道建筑报》2003年第1129期以《雪域高原树丰碑》为题,对他的事迹进行了详细报道。

(沈桂馥)

【实践"三个代表"重要思想的模范·余绍水】 中铁十二局集团公司副总工程师兼青藏铁路工程指挥部指挥长。安徽省六安县人,1964年10月出生,1985年7月毕业于石家庄铁道学院,1995年12月入党。

在青藏铁路建设中,他贯彻落实"以人为本"的管理理念,把职工健康放在首位。从研制"流动厕所"入手,到职工"吃喝拉撒睡"等一件件小事上,一步一个脚印地突破高原生存危机,先后解决高原饮水、后勤保障、工地医疗体系、工地文化生活等一系例事关职工健康的问题,为工程施工奠定了坚实基础。解决高温冻土问题,勘称攻克高原冻土的难中之难。余绍水同科研单位合作,进行反复试验,冒着生命危险,只身下到桥墩基坑底部探察险情,掌握地质结构的第一手材料,探索解决难题的办法。先后在高温冻土条件下的19项科技试验中,获得上万组珍贵科技数据,为攻克这一难关提供可靠保证,取得巨大成功。他具有很强的生态环保意识,坚持施工与环保并重,时刻教育职工既要建好铁路,又要保护生态环境,决不能以牺牲环境为代价去搞工程建设。为给路过工地、远途迁徙产仔的藏羚羊群让道,他果断决定停工20天,300余台机械熄火,800名员工躲在营房里休息。该集团公司被青海省评为"环境保护先进单位",在中华全国总工会组织的劳动竞赛中,集团公司青藏铁路指挥部两次荣获综合评比第一名。他先后获集团公司"优秀共产党员",总公司"十大杰出青年"、劳动模范,铁道部"铁路施工企业优秀项目经理"、"火车头奖章"等荣誉。《中国铁道建筑报》2003年第1130期以《勇于挑战世界极限的人》为题,对他的事迹进行了详细报道。 (沈桂馥)

【全国建筑行业技术能手·范献太】 中铁十二局集团公司电气化工程公司内燃机钳工、技师。四川省南充市人,1952年11月出生,1970年12月入伍,1975年6月入党。

范献太一贯踏踏实实工作,积极钻研技术,成绩显著。曾被评为"山西省职工自学成才先进个人"并记一等功,获得公司劳动模范等称号。他发明的汽油内燃机三极火花塞具有国际先进水平,获得国家专利,并获总公司科技进步二等奖。以他为主研制的五位液压风动隧道接触网钻孔台车通过铁道部科技成果鉴定,获总公司科技进步三等奖。他完成的"修复CA6102发动机拉缸断环故障"成果,获铁道部优秀QC成果奖,有关该成果的论文在山西省汽车工程学会学术年会上交流。此外,他还有多项内燃机维修方面的小改革、小发明。这些科技成果,为企业创造了显著的经济效益和良好的社会效益。《中国铁道建筑报》2003年第1135期对他的事迹进行了报道。

(沈桂馥)

【全国优秀人民警察·袁绪宏】 铁道建筑公安局第十四公安处第二分处处长。山东省东平县人,1963年3月出生,1982年1月入伍,1988年被选为公安干警,1993年10月入党。

他所在的公安分处,担负着分散于20多个省、市、自治区28个重点工程项目的公安警卫工作,任务艰辛繁重。1998 年以来,他先后带领分处干警侦破各类刑事案件 58 起,其中重大、特大案件 23 起,抓获犯罪嫌疑人 49 名,缴获赃款赃物折款 103 万元,挽回经济损失 260 万元。四年多来,为群众做好事 600 多件,排除险情 20 多起。2003 年 5 月 22 日深夜,3 名歹徒在中铁十四局集团公司二公司桃园小区宿舍寻衅滋事,袁绪宏在睡梦中被呼救声惊醒,立即赶往事发现场,只身与数名歹徒展开殊死搏斗,终因寡不敌众,左手前臂、右胸部被连刺数刀倒在血泊中,经紧急抢救脱离危险。

他坚持从严治警,对吃、拿、卡、要现象,一经发现从重处罚。在他的带领下,公安分处年年被上级评为“双文明建设先进单位”,先后被总公司、铁道建筑公安局第十四公安处评为“爆炸品管理先进单位”、“先进公安分处”、“综合治理先进单位”。他先后被铁道建筑公安局授予“优秀民警”称号,多次被中铁十四局集团公司评为“双文明建设先进工作者”、“治安综合治理工作先进个人”,受到铁道建筑公安局及第十四公安处的通令嘉奖和记功奖励,2003 年获“公安部一等功奖章”。《中国铁道建筑报》2003 年第 1128 期以《碧血铸忠诚,英名扬天下》为题,对他的事迹进行了详细报道。　(沈桂馥)

科 技 人 物

【包黎明 ·“茅以升铁道工程师奖”获得者】 铁道第一勘察设计院地质路基处副总工程师、处长助理,高级工程师。1964 年 7 月出生,1984 年毕业于兰州铁道学院铁道工程系,中共党员。

包黎明从事铁路路基工程勘察设计 18 年来,参加或主持了青藏、西安南京、宝兰、阳涉等多条长大铁路干线和扬江等高等级公路的勘测设计工作。组织完成《青藏线多年冻土地区土建工程设计调研研究报告》,主持完成试验段工程路基专业的设计原则、科研立项、试验大纲等编制及设计文件审查和多年冻土区路基工程初步设计、望昆—望唐段施工图设计的原则制定及设计文件审查工作。他曾多次赴青藏铁路试验段和无人区指导初测和定测工作,调查掌握现场资料;多次进行设计回访,及时发现问题,制定解决措施。他主持完成的《青藏铁路试验工程科研项目初步结论》等多篇科研报告,对保证青藏铁路设计质量起到较好的指导作用。在扬江一级公路设计中,他深入调查研究,准确地提出路基工后沉降量预测值,该工程建成后路面使用状况良好,获得建设部优质样板工程奖。他作为主要设计人完成的天水锻压机床厂土锚杆挡土墙,获铁道部优秀工程设计三等奖。

包黎明根据科研、设计与施工水平的发展,主持完成现行《铁路路基设计规范》的全面修订工作。参加铁道部《黄土路基》标准图的编制,承担其中路堤及路堑边坡稳定性检算图表以及路堤工后沉降量经验公式的编制,质量良好地完成了编制任务。他撰写的论文《黄土地区边坡稳定性及路堤工后沉降量分析》和《加筋土及其毗连土体的离心模型试验研究》分别发表在《甘肃工业大学学报》《铁路地质与路基》上。他先后获得院授予的“80 年代优秀大学生”和铁道部、铁路工程总公司“青年科技拔尖人才”称号。　(朱 虹)

【石先明 ·“茅以升铁道工程师奖”获得者】 铁道第四勘察设计院通信信号设计研究处高级工程师。湖北省阳新县人,1965 年 7 月出生,1985 年 7 月毕业于大连铁道学院,1996 年入党。先后获铁道部“电务专业中青年技术专家”、“科技拔尖人才”称号。

石先明自 1985 年参加工作以来,曾参加多项大型铁路基建工程的信号设计工作,取得较好业绩。在 1993 年～1996 年担任京九铁路自动闭塞工程专业设计负责人和院京九铁路自动闭塞工程指挥部副总工程师期间,承担京九铁路带超速防护多信息移频自动闭塞系统商阜试验段工程的设计、施工总承包任务,主持完成中国第一个具有超速防护功能、没有双红灯防护的多信息移频自动闭塞工程的设计、施工、调试、开通等项工作,工程质量优良,被评为“铁路重点建设工程青年全优工程”。1999 年,京九铁路设计获第 8 届国家优秀工程设计金质奖。

石先明参加铁道部科研攻关项目“18 信息无绝缘移频自动闭塞系统”的研制,该项科研成果具有无死段、无补偿电容、传输长、造价低、工程投资小、适合中国国情等特点,于 1999 年通过部级鉴定,达到国际先进水平,2002 年获国家科技进步二等奖。该项目研制成功后,促使国外同类产品价格大幅下降,铁路自动闭塞工程建设指标从每公里 70 万元降到

45 万元左右。石先明负责编制的《18 信息移频自动闭塞电路图册》于 1998 年被评为铁道部标准设计一等奖，1999 年获第 4 届国家优秀标准设计铜奖。他先后发表《多方向发车进路表示器电路的改进》《带反向站间闭塞的双向自动闭塞的设计》等 10 余篇科技论文，不少经验和建议被广泛应用于工程设计，部分论文被编入科技文库。 （蒋松涛）

【罗世东 ·“茅以升铁道工程师奖”获得者】 铁道第四勘察设计院桥梁设计研究处总工程师。湖南省衡阳市人，1957 年 1 月出生，1982 年 7 月毕业于西南交通大学隧道及地下铁道专业，1992 年入党。1997 年被评为“铁道部青年科技拔尖人才”，2003 年获湖北省“有突出贡献中青年专家”称号。

罗世东自 1982 年参加工作以来，参与或负责多项大中型桥梁工程设计及施工监理，解决不少技术难题，取得显著成绩。他负责的广州—深圳准高速铁路石龙特大桥设计，获铁道部优秀设计二等奖和中国建筑工程鲁班奖；主持设计的珠澳莲花大桥获 2003 年度湖北省优秀工程设计一等奖；主持宜昌夷陵长江大桥主桥三塔斜拉桥施工监理，获湖北省优秀工程和中国建筑工程鲁班奖。他主持的宜万铁路宜昌长江大桥设计，在技术上有不少创新。他负责参加投标的湘潭湘江第 4 大桥设计，构思的主跨 400 米斜拉拱组合桥，桥型先进，跨度领先，因其优美的造型、合理的受力性能、良好的经济指标受到好评，以绝对优势一举中标。他负责的广珠铁路虎跳门特大桥 110 米 + 200 米 + 110 米部分预应力混凝土连续刚构设计研究，是同类型亚洲最大跨度的铁路桥梁，处于世界同类型铁路桥梁跨度的第 2 位。他撰写的论文《预应力混凝土 r 形连续弯梁设计》被编入纪念茅以升诞辰 100 周年学术交流会论文集，获湖北省自然科学优秀学术论文三等奖；论文《主跨 200 米预应力混凝土铁路连续刚构设计研究》被载入中国铁道第 6 届桥梁学术交流会论文集，获武汉市自然科学优秀论文二等奖。

罗世东自 2002 年 1 月担任处总工程师以来，加强管理，开拓创新，使全处的技术水平、设计效率显著提高，2003 年有 4 项设计工程入选中国企业新纪录。 （蒋松涛）

【梁文灏 ·“詹天佑成就奖”获得者】 铁道第一勘察设计院副总工程师、教授级高级工程师。1941 年 9 月 18 日出生，1964 年毕业于上海同济大学，中共党员。1997 年获“甘肃省科技先进个人”称号，2000 年获中华全国铁路总工会“火车头奖章”；先后担任中国土木工程学会隧道及地下工程委员会理事等职。

梁文灏从事专业技术工作近 40 年来，先后主持青藏、西康、西安南京等几十条铁路干线的 450 多座铁路隧道，三峡对外交通公路、秦岭终南山公路等 20 多座公路隧道及上海、广州等多处地铁工程的设计、科研工作。90 年代以来，他主持国内最长的秦岭特长铁路隧道（长 18.5 公里）、兰武二线乌鞘岭单线双管特长铁路隧道（长 20.5 公里）、世界排名第二的秦岭终南山公路隧道（长 18 公里）、世界上海拔最高的多年冻土区隧道——青藏铁路昆仑山隧道和风火山隧道（海拔4 905米）的勘测设计。在他主持隧道及地下工程专业勘测设计工作中，对黄土、风积沙、高原多年冻土等特殊地区和特殊地质条件下的隧道修建技术有许多重大突破。由他主持勘测设计的秦岭特长铁路隧道获 2003 年度国家科技进步一等奖，为推动中国隧道及地下工程建设的科技创新和科技进步做出了突出贡献。 （朱 虹）

【汪吉健 ·“詹天佑人才奖”获得者】 铁道第一勘察设计院电化处处长助理，硕士学位。1965 年 9 月 27 日出生，1987 年毕业于西南交通大学，中共党员。曾参加或主持 10 余条电气化铁路的设计、配合施工和地铁设计投标工作，先后获院“技术能手”、“先进科技工作者”、“中青年优秀拔尖人才”、“技术创新先进个人”及铁路工程总公司“青年科技拔尖人才”等称号。他作为主要设计人设计的《电气化铁道接触网安装图》获国家金奖，设计的宝鸡—中卫铁路获国家银奖。他先后组织完成神朔铁路电化施工图设计、配合施工和设备招投标，徐郑、京原铁路电化各专业的设计投标及上海、广州多条地铁项目供电系统的设计投标工作。神朔铁路电气化工程获 2002 年国家优质工程银奖。

他注重科技开发和新成果推广应用。他参加的"秦岭隧道圆形断面不开挖接触网分支补偿下锚成套技术"攻关项目,为国家节省资金上百万元;"电气化铁道接触网刚性悬挂研究"成果填补国内电气化铁路刚性悬挂的技术空白;"青藏铁路隧道净空绝缘试验研究"取得一系列填补世界技术空白的具有重要指导意义的修正公式,该研究成果为青藏铁路隧道工程的按期开工奠定了坚实的基础。他主持开发的多个计算机软件,先后获省、部、院级一、二、三等奖,先后发表学术论文 10 余篇并与西南交通大学合著教材 1 本。 (朱 虹)

模 范 人 物

【李国瑞·"全国五一劳动奖章"获得者】 总公司党委书记,高级政工师。河南省南阳市人。1949 年 9 月出生,1969 年 11 月参加工作,1969 年 6 月入党。他自 1997 年 12 月任总公司党委书记以来,认真学习邓小平理论,自觉实践"三个代表"重要思想,与总经理密切配合,团结带领"一班人",紧紧依靠各级党政工团组织和广大员工,紧密围绕企业生产经营、经济效益中心和改革发展稳定大局,以与时俱进的思想观念、奋发有为的精神状态和脚踏实地的工作作风,创造性地开展工作,从思想上、政治上、组织上有力地保证和促进全系统持续、快速、健康地发展。总公司连续 7 年入选全球和国际 225 家最大承包商行列。在财政部 2001 年对中央直管企业的绩效评价中,总公司综合得分在资产 100 亿元以上的 61 家企业中排名第 14 位,在建筑业企业中排名第 1 位。2002 年,总公司主要经济指标再创历史新高:完成企业总产值 445 亿元、承揽任务总额 580 亿元、实现利税 20 亿元,其中利润 4.8 亿元,与上年同比分别增长 22%、42%、31% 和 66%;安全生产形势平稳,工程质量创新水平,获中国建筑工程鲁班奖 6 项、国家优质工程奖 5 项、詹天佑土木工程大奖 2 项;职工队伍呈现出团结稳定、奋发向上的良好局面。

几年来,他全力加强领导班子建设,一大批优秀年轻干部,特别是 80 年代后的优秀大学毕业生被选进领导班子,10 个局集团公司及所属子公司领导班子的年龄、文化、专业结构显著改善;大力加强领导班子的理论学习、班子团结、"三讲"教育、民主集中制建设和党风廉政建设,领导班子的整体素质、驾御全局的能力和领导水平显著提高。他积极主持党委参与总公司机关机构改革、干部人事制度改革和资产重组、结构调整等重大改革,确立把总公司建设成为"国内一流、具有国际竞争力的大型企业集团"的战略发展目标,较好地发挥了党委的政治核心作用。他重视专业技术干部和专家队伍建设,全系统高级专业技术人才由 1997 年的 900 人增加到3 100多人,涌现出一批新一代科技拔尖人才。他大力加强基层党组织建设和思想政治工作,2002 年在全系统3 000多个基层党组织中开展"三个代表"重要思想学习教育活动,较好地解决了基层建设相对薄弱的问题,促进了"三个代表"重要思想的落实,涌现出一批先进模范人物,其中有"基层干部的榜样"刘清华这个在中央企业乃至全国都有重大影响的先进典型。他坚决遵守党的政治纪律,带头端正党风,勤政敬业,清正廉洁,发挥了领导干部的表率作用。 (杨启燕)

【许兰民·"全国五一劳动奖章"获得者】 中铁十四局集团公司青藏铁路工程项目部项目经理,高级工程师。山东省郓城县人,1965 年 10 月出生,1987 年 7 月毕业于石家庄铁道学院,1989 年 12 月入党。

自 2001 年 6 月任项目经理以来,他团结带领全体员工在青藏铁路建设中屡创佳绩,多次受到上级表彰。他提出"确保部优,争创国优"的工程创优目标,制定《青藏铁路工程项目管理办法》,开展以创优质样板工程为载体的"建功立业劳动竞赛"活动,获得铁道部青藏铁路建设总指挥部评定的 43 项优质样板工程中的 14 项,居青藏铁路各参建单位之首。他要求员工牢固树立"安全重于泰山"的观念,采取行之有效的安全保证措施,施工两年来无一例重大安全责任事故发生,被铁道部青藏铁路建设总指挥部评为"安全生产先进单位"。他注重科技创新,组织技术人员与有关单位共同研究开发出金属波纹管涵技术和三岔河特大桥墩身低温早强耐久混凝土施工技术。他关心职工的安全与健康,科学合理地组织施工,明确规定作业时间和作业强度,经常带领医务人员到施工一线巡诊。他具有高度的环境保护意识,为保证可可西里自然保护区的藏羚羊顺利迁徙,他果断下令第 12 标段停工,为此受到上级有关部门的表彰。他重视思想政治工作和队伍管理，经常深入施工一线，了解职工思想动态，为职工排忧解难，保证了职工队伍的稳定。他领导的项目部先后获青海省“青藏铁路建设先进集体”、“青年突击队”、“青年文明号”称号，被中央企业工委、全国铁道团委联合授予“青年文明号创建示范点”、“青年创新创效示范点”和“青年环保工程示范点”称号。他被授予格尔木地区“十大杰出青年”称号。（杨启燕）

【王炳祥 ·“全国五一劳动奖章”获得者】 中铁十五局集团公司董事长兼党委书记。辽宁省建平县人，1949 年 12 月出生，1968 年 3 月入伍，1968 年 10 月入党。

2001 年 5 月，他任集团公司董事长兼党委书记，面对激烈的市场竞争，提出“把企业做优做强”的明晰思路，带领企业顺利完成企业改制，建立现代企业制度。他善于创新，提出并实施以强项拓展国内市场、敢于走出国门进入海外市场，以及建立专家型人才队伍、靠专业技术提高企业核心竞争力等发展战略，对企业生存发展起到关键性作用。他善于调动各级领导班子、党政工团组织和广大职工的积极性，依靠集体智慧推动企业发展。他坚持用制度管事，用责任管人，建立起抓工程质量、安全管理的有效监控机制。2001 年～2002 年，集团公司承揽任务 220 多项，总投资 83 亿元，完成施工产值 70 余亿元，实现利润 0.8 亿元。

他全心全意依靠职工办企业，支持工会组织建设，坚持职工代表大会制度，推动企务公开，加强企业民主管理。他重视“职工之家”建设和劳动保护，每年投入建家经费 300 余万元，使职工生活及工作条件得到改善。他妥善处理企业改革与精简人员安置的矛盾，千方百计解决下岗、待岗人员的岗位及待遇问题。

近年来，集团公司获中国建筑工程鲁班奖 1 项、国家及省部优质工程奖多项，企业综合实力名列全国 500 家最大规模建筑企业第 22 位，经营业绩居全国 100 家建筑企业第 9 位，先后被评为“全国优秀施工企业”、“全国质量效益型先进施工企业”、“全国重合同守信誉企业”和“全国精神文明建设工作先进单位”。他本人被评为“河南省优秀思想政治工作者”。

（杨启燕）

【周顺海 ·“全国五一劳动奖章”获得者】 中铁十八局集团公司二公司项目经理。重庆合川市人，1946 年出生，1964 年入伍，中共党员。

1994 年，他任国家重点工程、西南最大火力发电厂——云南曲靖电厂项目经理时，带领员工以特别能吃苦的精神，出色完成前期工程施工任务，并赢得投资 1.9 亿元的后续电厂输煤燃油系统主体工程。为创出精品、打造品牌、开拓施工新领域，他坚持严格管理，科学施工，将队伍编成专业化施工班组，定岗定位，把施工工艺要求和质量标准编写为作业指导书，发给员工严格执行。他在设备安装施工中精益求精，一丝不苟，所安装设备均一次验收达标，业主在工程质量评定表上欣然写下：“中铁十八局集团公司二公司达到电力专业施工企业先进水平”，该公司因此先后获得北京华能电厂、内蒙古准格尔电厂、托克托电厂、云南宣威电厂和四川省锦屏山水电站等 11 项电力工程施工任务，实现项目部就地滚动发展目标。1998 年初，他出任内昆铁路重点工程李子沟特大桥指挥长，不顾体弱多病，带领参建人员顽强拼搏，克服工程难度大、自然条件恶劣等困难，先后创下人工挖孔桩单墩月成孔1 002米的全国纪录和三天完成混凝土量3 400立方米的特大承台浇筑、单墩墩身施工月完成 52 米的好成绩，创造了中国铁道桥梁建筑的奇迹。

他十分重视和支持工会工作，各项工作都走在集团公司前列。曲靖电厂项目部职工住房公寓化、食堂餐厅化、宅区园林化，职工收入稳步提高，福利逐年改善，项目部健康发展，连续多年被天津市总工会评为“模范职工之家”。他建立职工互助互济基金会的做法在集团公司推广，被中华全国总工会评为“全国职工互助合作保障体系先进单位”。（杨启燕）

【赵伟 · 中国国际杰出项目经理、“火车头奖章”获得者】 中铁建设集团公司总经理助理，高级工程师。山西省大同市人，1968 年 8 月出生，1988 年 7 月毕业于石家庄铁道学院，中共党员。在 8 年多的项目经理岗位上，他牢固树立“创建精品工程，让建设单位满意，让用户放心”，“建一项工程树一座丰碑，带出一班人才，拓展一片市场”的管理理念，先后承建丹麦威卢克斯中国有限公司工业厂房及办公大楼，铁道部西直门联建住宅1、2号楼，胜古家园2、3号楼，松榆花园1、2号楼等工程施工任务，完成施工产值17.5亿元，竣工面积333 500平方米，实现利润4 673万元；获工程结构“长城杯”奖3项、北京市优质工程奖3项、钢结构金奖1项、“全国青年文明号”1项、总公司“青年文明号”1项、“北京市安全文明工地”4项、“北京市安全文明样板工地”1项。他本人先后被评为“北京市优秀青年工程指挥”、“全国铁路优秀共产党员”、“铁路青年岗位能手”、“铁路施工企业优秀项目经理”、“全国重点工程建设优秀项目经理”、“詹天佑铁道基金青年奖”、“北京市优秀项目经理”。

2002年，赵伟承接由美国KPF公司设计的世界上第一座双曲面摩天大楼——中关村金融中心工程。该工程总建筑面积11.18万平方米，地下4层，地上35层，檐高150米，总投资13亿元，为全新钢结构国家重点工程项目。该工程设计风格独特，施工难度大，科技含量高，每个环节、每道工序都需要精耕细作，精益求精。在重重困难面前，他率领职工顽强攻关，多方聘请钢结构专家，带领工程技术人员外出参观学习、取经；施工中，坚持学中干、干中学，不断“充电”，全力攻克施工中的一道又一道难关，为工程建设扫除障碍，为争创中国建筑工程鲁班奖奠定了坚实基础。他结合施工实践先后发表《大跨度建筑施工探讨》《胶粘瓷砖施工工艺应用》《大片无框模板设计与施工》《增强石膏条板裂缝控制技术》等10多篇科技论文，有5项QC成果分别获总公司、铁道部、全国优秀QC成果奖。（李 琳）

【瞿观鄞·全国优秀施工企业家】 中铁十七局集团公司董事长兼党委书记，高级经济师。湖北省江陵县人，1949年11月出生，1966年8月参加工作，中共党员。2001年获中宣部“全国思想政治工作创新奖特别奖”，2002年获山西省“五一劳动奖章”。

自担任集团公司主管领导以来，他以全面提高企业质量效益水平为核心，加强战略管理，提高创新能力，完善经营管理体系，健全责任制度，严格履行合同承诺，积极推进企业改革和发展。2003年企业承揽任务、完成产值、实现利润比2000年分别增长186%、131%和111%，三年实现利税4.91亿元，各项经济技术指标达到同行业先进水平；获省部优质工程奖18项，中国建筑工程鲁班奖3项，“全国用户满意工程”1项；截至2003年底，集团公司累计安全生产3 447天，职工年人均收入以每年10%以上的速度递增；集团公司先后获“全国先进建筑施工企业”、“全国质量效益型先进施工企业”、“全国守合同重信用企业”、“全国质量月活动先进单位”、“全国工程建设质量优秀企业”、“全国安全生产先进单位”、“AAA级信用等级企业”等荣誉称号。

他具有出色的管理能力，提出以提高核心竞争力为主、以培育资源与技能优势为主、以创造持续的市场占有率和经济高增长率为主的企业战略发展思路，确定“建设同行业最具竞争力的先进企业”的奋斗目标，及时作出培育、提升企业核心竞争力的战略部署。三年来，集团竞争优势和资金实力明显增加，履约能力和社会信誉显著提高。

他具有强烈的开拓进取意识，积极推进企业改革，大力实施结构调整和资产重组，2001年9月完成企业改制工作，逐步健全企业法人治理机构运行机制。明确各子分公司的主业优势和重点发展方向，出台专项政策，扶持各单位优化资源配置，加快专业化队伍建设，发展了企业专业特长。全面推行资产经营责任制和按岗联效计酬制度，深化工资分配制度和用工制度改革。建立企业技术中心和科技专家委员会，大力实施科技创新，2002年被山西省批准为高新技术企业。

他以敏锐的洞察力，随时掌控企业发展进程，适时调整工作重点，及时解决集团公司内外潜在的矛盾，有效规避了企业生产经营中的风险和危机。他要求企业注重提高经营质量，坚持适度规模和理性经营，并出台相关的约束制度和应对措施。他作出加强和规范工程项目管理的决定，组织建立工程项目“两严三控”管理机制，实现目标与责任的联锁，保证工程项目工期、质量、安全、成本处于受控状态，及时化解经营风险，提高了企业偿债能力。

他不断开创企业党建和思想政治工作新局面，充分发挥企业党组织的政治核心作用，紧密结合企业生产经营中心，深入开展政治思想教育和精神文明建设，积极倡导并组织开展“争创学习型组织、争当学习型职工”活动，不断提高广大职工的思想政治素质。他重视解决职工关注的热点问题，着力改善职工的福利待遇和工作环境，保护职工的合法权益，充分调动职工的积极性和创造性。集团公司连续14年被评为“全国思想政治工作优秀企业”，连续5年被山西省授予“文明单位”称号。（杨启燕）

【汪昭富·全国优秀项目管理工作者】 中铁十六局集团公司总经理，高级工程师。安徽省当涂县人，1945年出生，1964年12月入伍，大学文化，中共党员。

1997年，汪昭富临危受命出任北京地铁复兴门—八王坟线项目经理，面对工期严重滞后的状况，他首先理顺内外关系，采取紧急措施保证短期内领导到位、管理到位、设备到位、资金到位、技术到位，为工程顺利施工创造良好的内外部环境。制定“优质、安全、高效”的工作目标，以攻克重难点工序为突破口，全力抢进度、保工期。通过组织开展“百日大干”、“对口竞赛”活动，不断掀起施工高潮；通过在党员中开展“创党员先锋岗、建红旗责任区”和在团员青年中开展“四争一保”活动，迅速掀起“立功在地铁、创业在地铁、奉献在地铁”，人人争当先进、个个争当模范的热潮，从而保证了工程按期完工。他把质量管理和成本管理当作项目外创信誉、内增效益的关键。以“贯标”为契机制订工程创优规划，从下至上建立质量保证体系，不惜代价抓质量。2002年，该工程荣获中国建筑工程鲁班奖。他把工程项目当作企业效益的源头，加强成本控制，努力增收节支，严格把住预算编制关、计价拨款关、成本费用关、变更索赔关，为企业创造了良好的经济效益和社会效益。

汪昭富高度重视科技创新。北京地铁王府井站、东单站均为全国首次采取“浅埋暗挖桩柱支撑法”施工的双层车站，没有成熟的技术和经验可供借鉴。一方面，他注重发挥自身优势，组织专业技术人员成立控制量测、材料力学等课题组，进行技术攻关，开发的格栅支护施工方法，成功地解决了“浅埋暗挖桩柱支撑法”力的转换与平衡问题。另一方面，他采取与科研、设计单位密切合作的方式，解决了监控量测信息反馈、超前支护约束围岩变形、结构综合性系统防水、空间交叉点力的转换、不同工法转换等技术难题。他结合工程施工主持开发的“城市松散含水地层中复杂洞群浅埋暗挖施工技术研究”，2001年获国家科技进步二等奖。（杨启燕）

【潘登华·全国优秀项目管理工作者】 中铁十六局集团公司五公司董事长，工程师。江苏省建湖县人，1957年3月出生，1976年2月入伍，大学文化，中共党员。

潘登华先后从事唐山启新立交桥、中国协和医科大学综合楼、南昆铁路清水河大桥、神延铁路、西安南京铁路的项目管理工作。其中，启新立交桥工程获河北省“优质样板工程”奖，中国协和医科大学综合楼工程获北京市优质工程奖，南昆铁路清水河大桥获中国建筑工程鲁班奖（国家优质工程）和中国企业管理协会颁发的中国企业新世纪记录奖，西安南京铁路被业主评为“全线优质工程”。他在从事项目管理过程中，积极探索项目管理新模式，从管理体制、用人机制、承包办法、管理制度等方面进行大胆的改革与创新，积累了丰富的管理经验，取得较好的经济效益和社会效益。

南昆铁路清水河大桥4号墩高100米、墩基深4米，128米的主跨名列当时中国铁路桥梁跨度榜首，集深基、高墩、大跨于一身，融新设计、新技术、新工艺于一体，是南昆铁路的头号重点工程。施工中，他实行目标管理，落实岗位责任制，绘制总体网络计划和分项网络计划图，抓关键工序，以小目标的完成保大目标的实现。他与建设、设计、科研、监理单位密切协作，在工地成立29人参加的联合科技攻关队伍，先后攻克挂篮移动、滑轮安装、模板快速就位、钢筋整体吊装和混凝土灌注等技术难关，创造112.3小时完成一个悬灌梁段的国内施工最高纪录，开发的“大跨度连续钢结构桥梁结合部施工工法”被评为国家级工法。他在做好思想政治工作的同时，建立经济激励机制，制定奖罚办法，项目部拿出50万元奖励基金兑现奖惩，充分调动了职工的积极性。他推行全面质量管理，制定“创名牌、争一流”的工程创优目标，健全质量保证体系，把创优目标落实到各个部门、各个工作岗位，使质量工作事事有人管，人人有专责。他狠抓劳务管理、物资管理、定额管理，降低人工费用，节约材料成本，采用先进的劳动组合形式，实行均衡、交叉作业，提高劳动生产率。该工程先后获中国建筑工程鲁班奖和詹天佑土木工程大奖。

在西安南京铁路施工中，他对项目管理体制实行大胆改革，变三级管理为二级管理模式，项目部直管作业层，直接对作业班组下达施工计划、签订工序单价承包合同，验工兑现效益工资，使管理人员减少50%左右，成本费用比三级管理降低三四个百分点。他创新项目用人机制，对内部队伍进场实行承诺制，所有上场队伍与项目部、每个职工与工程队全部签订《承诺书》；项目部因事设岗，按岗定人，严格控制管理人员数量；项目管理人员实行试用制，三个月后经民主测评、领导考核、集体研究决定正式定岗；管理岗位实行竞争上岗，竞聘条件张榜公布，按照“个人申请、竞聘演讲、群众测评、组织审批”的程序公平竞争；工人实行竞争上岗、双向选择、优化组合，从而增强了干部职工的危机感、责任感，提高了工作积极性、主动性，受到各级领导好评。他创新项目承包办法，队伍上场前精心测算出单项工程的工序单价明细表，为全面推行工序单价承包做好充分准备。项目部与施工队签订承包合同，变过去的行政管理为合同管理。项目部把每项工程需要发生的材料、机械、人工等费用进行细化分解，使承包人在签订承包合同时心中有数，干明白活。他从强化项目管理制度入手，坚持用严格的制度管人、管事。他努力实践“三个代表”重要思想，注重以先进的理论武装员工、以先进的管理理念引导员工，队伍的全面建设及安全、质量、文明工地建设一直名列集团公司前列。他撰写的《创新项目管理，追求最佳效益》的论文在《中国铁道建筑管理》杂志刊发，并在集团公司所属单位推广。他本人先后被集团公司和总公司评为“优秀共产党员”、“优秀项目经理”和“优秀青年管理者”。

（杨启燕）

【路冰 · 全国工程建设企业优秀项目经理】

中铁十二局集团公司电气化公司副总工程师兼分公司经理，工程师。1968年10月出生，中共党员。1991年毕业于山西工业大学。13年来，他先后参加孝柳、朔黄铁路、株六复线、中条山冶金实验楼、石家庄信通花园小区住宅楼等电气化和房屋建筑工程建设，其中朔黄铁路神肃段电气化工程获山西省“汾水杯”质量奖。

他重视项日科学化管理，建立健全质量管理体系，实现规范化、标准化施工；制定责任制网络，依靠施工技术优势加大监督管理力度，减少人为因素，保证每道工序质量一次成优；注重工艺、工法和现场管理创新，运用科学合理的作业方案，不断提高工程质量和工程进度；建立项目工班责任成本核算机制，制定《工班核算管理办法》，努力降低成本，提高工效，为企业创造了较好的经济效益和社会效益；注重抓人才培养，对分配到施工一线的大专毕业生分配到施工一线，结合其专业特长，因岗定人，量才使用，为企业培养了一批优秀人才。

路冰任项目经理多年来，以项目为家，重质量，守信誉，坚持原则，秉公办事，清正廉洁，1995年被总公司评为“先进科技工作者”，2001年被山西省评为“优秀青年技术创新能手”，2002年被评为“山西省建筑施工企业优秀项目经理”。

（杨启燕）

【张日洲 · 全国工程建设企业优秀项目经理】

中铁十三局集团公司一公司项目经理，高级工程师。1950年6月出生，中共党员。自1987年以来，先后参加大连香炉礁立交桥、沈大高速公路普兰店海湾大桥、宝中铁路中卫黄河特大桥、大古铁路灵武黄河特大桥、包兰二线三盛公黄河特大桥、梅坎铁路和宁夏古王高速公路、石中高速公路吴忠黄河特大桥等重点工程建设。所建工程获中国建筑工程鲁班奖和国家优质工程银质奖各1项、省部级优质工程奖5项；他本人先后获集团公司“科技工作优秀人才”、“专业技术带头人”，总公司“先进科技工作者”，铁道部“铁路施工企业优秀项目经理”和“火车头奖章”等荣誉。

张日洲重视加强项目全面管理，在深入调查研究的基础上，制订出实施性施工方案，精心组织、科学管理，制定工程质量监控措施，积极开展QC小组活动，推行岗位责任制，保证工程质量优良，创造了较好的经济和社会效益。他重视项目合同管理，严格执行项目责任成本核算制度，有效防止效益流失，为企业创收增效做出了突出贡献。他坚持“安全第一，预防为主”的方针，不断完善安全管理制度，安全生产形势稳定，多次被业主评为“先进施工单位”。他注重科技开发和新成果推广应用，先后完成科技开发项目20余项，获集团公司以上科技进步奖19项，开发国家一级工法2项。

（杨启燕）

【章德贤·全国工程建设企业优秀项目经理】

中铁十六局集团公司副总工程师，高级工程师。山西省临川县人，1949年1月出生，1969年4月入伍，中共党员。他先后参加多项国家重点工程建设，其中京九铁路吉安赣江特大桥和芜湖长江大桥获中国建筑工程鲁班奖，皖赣铁路青弋江特大桥获国家优质工程银质奖。他主持研究开发的“深水大面积岩溶钻孔施工技术”先后获总公司科技进步一等奖、铁道部科技进步三等奖。2000年他被中国铁道工程建设协会评为“全国铁路施工企业优秀项目经理”。

1998年9月，他在芜湖长江大桥工程施工中，首创“工序单价承包”管理模式，狠抓工期、质量、安全、成本控制，严格施工现场、合同、信息管理，工程连续三次被业主评为质量管理第一名。1999年11月，他率领职工转战皖赣复线火宣段青弋江特大桥建设工地，施工中克服工期紧、深水墩施工难度大、防汛要求高等困难，按期完成施工任务，施工进度、工程质量始终名列全线前茅。2001年12月，他在宁启铁路第7标段工程施工中，克服管区线路长、工程项目多、管理跨度大、地方关系复杂等困难，合理配置生产资源，精心组织，科学施工，先后10次获业主颁发的“劳动竞赛优胜单位”和“先进单位流动红旗”。2003年9月，在宣杭铁路复线第11标段工程施工中，他严格按照集团公司新上项目“五个到位，四条标准”的要求，实现“上场快、开工快、工程进度快、工程质量优”的“三快一优”工程建设目标，受到业主的赞扬。

（杨启燕）

【陈云·全国工程建设企业优秀项目经理】

中铁十七局集团公司电务公司副总工程师，高级工程师。1958年3月出生，中共党员。自1992年以来，他先后参加呼包、京呼铁路、贵州联通及宝兰二线的电信工程建设，其中京呼铁路长途通信光电缆工程被铁道部评为优质工程；2002年他被铁道部评为“铁路施工企业优秀项目经理”。

在京呼项目施工中，他制定多项施工管理制度，规范各项技术作业标准、检查程序和创优指标，加强施工现场安全、质量和环保管理；强化成本控制，实行成本倒推法，建立项目成本核算制度；加强物资管理，实行定额供应、定额核算、定额考核的“三定”制度；降低人工费支出，实行责任目标浮动工资制；精打细算，严格开支标准和开支范围，努力降低管理费用。他注重安全管理，加强员工安全意识教育，实行安全生产逐级负责制和事故责任追究制，施工中未发生任何安全事故。他坚持标准化施工，加强工程质量过程控制，实施“样板先行，规范操作，工序监控，一次成优”的质量方针，确保工程创优。

（杨启燕）

【林仰栋·全国工程建设企业优秀项目经理】

中铁二十局集团公司四公司项目经理，工程师。1954年2月出生，中共党员。自1992年以来，他先后参加兰新铁路复线、酒泉卫星发射基地、312国道、天（水）北（道）公路快速干道、北（道）贾（家河）高等级公路等9项工程建设，全部按期或提前交付使用，工程质量合格率100%，优良率85%以上，其中酒泉卫星发射基地内燃段综合工程先后获国防科工委优质工程奖和全军优质工程奖；天北快速干道C标段和A标段分别获天水市“麦积奖”和甘肃省建筑工程“飞天奖”。9项工程中大部分是低标价中标的微利项目或潜亏项目，通过他的精心组织、科学施工和成本控制，每项工程都完成利润指标，为企业创造了良好的经济效益和社会效益，在西北建筑市场享有较高声誉。

（杨启燕）

【李庆堂·全国建筑业企业优秀项目经理】

中铁十一局集团公司项目经理，经济师。1950年10月出生，1969年12月参加工作，中共党员。1997年担任项目经理以来，先后参加西康、神延、武九铁路等工程建设，均圆满完成各项施工任务，其中西康铁路线下综合工程被铁道部评为优质工程，神延铁路工程被铁道部神延铁路建设总指挥部评为“文明工地”，有18项工程被评为“精品工程”，45项工程被评为优质样板工程。李庆堂先后获得集团公司劳动模范、总公司铁路建设大会战尖兵、铁道部神延铁路优秀项目经理和“湖北省建筑业优秀项目经理”等荣誉。

在长期的施工实践中，李庆堂总结出一套项目管理工作法：一是把好成本控制关。通过科学合理的“二次预算”分割，明确责任成本，加大项目成本管理力度，建立成本分析制度；加强财务管理，严格按照验工计价拨付资金，压减非生产性开支，提高资金使用效率。二是把好安全质量关。项目部建立各级安全包保责任制，严格规范危险区域、危险工种的作业操作；注重“以人为本”的质量创优意识，强化工程质量管理，提出“卡住一个源头，贯彻两项标准，狠抓三个环节”的管理理念，严禁不合格的原材料进入工地；严格贯彻铁路施工规范和技术规范，采用先进的工艺保证产品完善，用科学合理的工序流程杜绝产品缺陷，用严密的检验制度保证产品内在质量。三是把好工程进度、计量计价、资金管理关。他周密计划、科学安排，保证工程按合同工期完成；及时足额计量计价，保证效益不流失；严格审批制度，加快资金周转率，降低资金成本。四是把好材料费、工本费、管理费及分包费四关。编制材料使用计划，实行公开招标采购；提高员工的素质和效能，大力压缩非生产性开支；加强管理费控制；注重选择施工经验丰富、技术熟练的专业分包队伍，做到优势互补，确保工程优质高效完成。（杨启燕）

【祁玺剑·全国建筑业企业优秀项目经理】

中铁十二局集团公司二公司项目经理，工程师。1962年4月出生，1981年11月参加工作，中共党员。自1995年担任项目经理以来，承建大中型建设项目多项，共完成投资10亿元，工程项目无一亏损，未发生任何安全质量事故，工程质量全部创优。其中，深圳盐坝高速公路大梅沙隧道获铁道部优质工程一等奖、中国建筑工程鲁班奖，武广电气化铁路朱亭隧道被广州铁路集团公司评为优质工程、“安全标准化工地”，山西大运高速公路雁门关隧道项目部被山西省交通厅评为“红旗单位”、“劳动竞赛综合评比第一名”、“文明施工工地”。他本人作为湖南省有突出贡献的科技专家当选为省政协委员，先后获得铁道部“火车头奖章”和山西省“重点工程建设先进个人”、“优秀项目经理”等荣誉。

他注重工程项目的科学化、规范化管理，严密编制施工组织计划，充分体现进度、质量、安全控制体系和管理措施；积极采用新工艺、新材料、新技术、新设备，在西安南京铁路和大运高速公路雁门关隧道施工中，采用先进的防排水方法及良好的防水材料，确保富水隧道无一渗漏；在雁门关隧道施工中，采用大功率通风机，实现独头通风超过3 000米，同时采用瑞典TSP地质超前预报仪等先进设备，实现隧道快速安全施工。他认真贯彻执行ISO9000质量管理体系，在深圳盐坝高速公路大梅沙隧道施工中，带头组织QC小组，攻克隧道施工技术难题120多项，该项目的隧道二次衬砌QC小组被评为全国优秀QC小组，开发的“隧道围岩响应力学在大梅沙隧道中的应用”成果通过交通部科技成果鉴定。他坚持编制科学的成本预算，加强责任成本管理，在西安南京铁路施工中大胆实行技术预控、成本预控的“双预控”措施，创造性地开创成本管理的“西合模式”，被集团公司广泛推广。他注重以人为本，施工中充分展示企业文化，贯彻“诚、信、精、实”的经营理念，文明施工，标准化管理，坚持施工与环保相结合，强化现场管理，确保施工现场整洁有序。（杨启燕）

【贾开民·全国建筑业企业优秀项目经理】

中铁十四局集团公司二公司副总经理兼项目经理，工程师。1968年3月出生，1987年7月参加工作，中共党员。他先后参加津浦铁路、东陇海铁路复线、浙赣复线、杭州枢纽、萧甬铁路、株六复线、长沙机场高速公路、成都铁路枢纽等重点工程建设，取得较好的经济效益和社会效益。施工中，他坚持贯彻项目管理条例，自觉遵守法纪，发扬民主，勇于开拓，攻克一道道技术难关，先后获得集团公司“先进工作者”、“双文明建设先进个人”、“六好共产党员”、“管理岗位能手”，总公司“先进科技工作者”，“全路青年岗位能手标兵”和贵州省“五一劳动奖章”等荣誉。在株六铁路复线施工中，他克服既有线施工的诸多不利因素，通过科技攻关，突破深路堑控制爆破、大药量洞室爆破、站场技术改造等难关，提前优质安全建成，获铁道部优质工程奖。

贾开民注重科技创新，主持研究开发的“无缝线路下桥涵顶进施工技术”、“电气化铁路新增第二线路堑控制爆破施工技术”、“电气化铁路既有线扩堑石方控制爆破安全快速施工技术”分别获集团公司、总公司科技进步奖，其中“电气化铁路既有线扩堑石方控制爆破安全快速施工技术”获铁道部科技进步奖。株六复线光面爆破QC小组被评为总公司优秀QC小组,株六复线QC小组被山东省评为优秀QC小组。他注重成本管理,大力开展降耗增效竞赛活动;重视施工现场管理,坚持把每项工程建成标准化工地;具有良好的环保意识,自觉做好水土保持工作,保持建设工程良好的生态环境。　(杨启燕)

【王建伦·全国建筑业企业优秀项目经理】

中铁十四局集团公司建筑安装分公司副总经理兼项目经理,高级工程师。1961年8月出生,1985年7月参加工作,中共党员。在多年的工程管理实践中,王建伦严格执行《建设工程项目管理规范》和《项目管理目标责任书》,认真履行合同规定。在财务制度管理上,从合同管理、现场签证、业主审计和分包结算入手抓"增收";在生产及非生产性成本控制上,坚持"一支笔"签字抓"节支"。多年来,他负责的项目均按合同指标完成资金回收。在项目管理上,王建伦抓安全有法度、抓质量有精度、抓工期有力度、抓效益有额度,总结出一套行之有效的项目管理模式。一是严格按照安全生产法规和制度进行项目安全管理,做到全员有意识、全员都参与、人人受教育、处处无隐患。他负责的项目未发生任何安全事故,多项工程被业主评为"安全文明示范工地"、"安全文明标准化工地"、"施工安全文明工地"。二是狠抓工程质量管理。承建的青岛模拟机中心工程先后获集团公司优质工程一等奖、青岛市建筑工程质量"青岛杯"奖、山东省建筑工程质量"泰山杯"奖;山东航空大厦工程被评为集团公司优质工程一等奖和山东省"样板工程"。三是注重科技攻关,推广应用"四新"成果。山东航空丹顶鹤大酒店采用铜管输送热水新技术获集团公司科技进步奖;山东航空飞行运输综合楼采用边坡喷锚支护等9项新技术,创造经济效益50余万元,开发的科技成果获集团公司科技进步奖。四是注重诚信经营,干一项工程,创一方信誉,占一方市场。在山东航空公司和青岛、济南、滨州等地形成公司的"四大"市场,实现"以项目开拓市场"的战略目标。五是建立文化型项目管理模式。他通过多年实践,总结出企业生存发展的规律:五年的企业靠产品,十年的企业靠品牌,百年的企业靠文化;逐步形成"谦在反思,硬在务实,勤在主动,精在管理,严在当头,正在干部,重在创新,贵在坚持"等文化管理理念。　(杨启燕)

【吴仕岩·全国建筑业企业优秀项目经理】

中铁十六局集团公司北京建筑工程公司总经理,工程师。浙江省定海县人,1960年10月出生,1978年2月入伍,中共党员。吴仕岩先后担任过摩托罗拉驻中国办事处综合楼、北京爱华大厦、民航总局办公楼加固整修、首都机场1号航站楼改造工程等十几项大中型工程的项目经理。他既有较好的理论功底,又有丰富的实践经验,是一位懂技术、会管理、年富力强的复合型人才,是北京市青年突击队协会副会长、北京市建设工程评标专家。曾先后获得北京市"优秀青年工程指挥"、"经济技术创新标兵"、"青年岗位能手"、"防非典型肺炎工作优秀共产党员"、"优秀项目经理"及"全国优秀项目经理"等荣誉称号,是集团公司连续三届的先进科技工作者,连续6年被评为优秀共产党员。他撰写的《低层建筑利用杂填土地基的实践与探讨》等多篇论文在全国性刊物上发表并获奖。以他的名字命名的"吴仕岩青年突击队"连续3年被评为"北京市优秀青年突击队",2003年被评为"北京市优秀青年突击队标杆"、"新世纪北京市优秀青年突击队标杆"。

2001年6月,吴仕岩在"世界三大男高音"紫禁城广场音乐会看台搭设工程施工中任总指挥。该工程由于地理位置特殊、政治影响大,按照业主要求"谁施工谁设计"的原则,他带领几位技术骨干进行方案设计。整个看台长293米,宽91米,前后落差3.65米,占地约26 512平方米,结果该工程获"大世界基尼斯之最"证书。2001年12月～2003年5月,吴仕岩担任民航总局办公楼项目经理,面对突如其来的"非典"疫情,他认真落实上级指示,建立防治"非典"组织领导体系,防控"非典"和施工生产井井有条,多次受到业主和主管部门的表扬,并荣获"首都防治非典型肺炎工作先进集体"和"首都文明单位"称号。2003年6月,他负责的首都国际机场1号航站楼改造工程既是北京市的重点建设项目,又是北京迎接2008年奥运会的重要公共建筑之一,要在短短的300天内完成近8万平方米的改造工程,任务艰巨,工期紧迫。他每天坚持工程例会制度,对现场安全、消防保卫、质量、环保情况进行督促检查,加强施工队伍管理,施工进展顺利,工程质量优良。

(沈桂馥)

【李生宏·全国建筑业企业优秀项目经理】

中铁十八局集团公司副总工程师兼水布垭工程指挥部指挥长(项目经理),高级工程师。1956年6月出生,1971年4月参加工作。

湖北清江水布垭水利枢纽导流洞工程,是该水利枢纽的控制性工程。导流洞最大断面开挖宽24.3米、高20.92米,是同类水工洞室中前所未有的高、难、险、新、精工程。李生宏担任工程指挥长以来,团结带领职工,群策群力,科学拼搏,运用新工艺、新技术,加强项目全面标准化管理,创造月掘进336米、月开挖54 125立方米、月衬砌328米的水电施工新纪录,提前完成施工任务,工程进度、质量、安全、文明施工、现场管理受到建设、设计、监理单位的一致好评,湖北省政府授予该指挥部“模范建设单位”称号,授予李生宏“优秀工程建设者”称号。

施工中,他注重安全质量管理,健全安全责任制和工程创优保证体系,狠抓安全质量标准工地建设,杜绝职工因工伤亡事故,工程质量合格率100%,优良率95%;注重成本管理,对外加强工程索赔,对内严格控制成本费用,在低标价中标的条件下创造了良好的经济效益;注重文明施工,施工现场平整整洁,材料堆放有序,环保措施有力,职工挂牌上岗,被评为湖北省“文明工地”;注重技术创新,大力开展科技攻关和新技术应用,成功应用10项新技术,他主持开发的“复杂地质条件下特大断面导流洞开挖与支护综合施工技术”,2003年4月通过天津市科委组织的技术鉴定,达到国际先进水平。 (沈桂馥)

【张兴彦·全国建筑业企业优秀项目经理】

中铁十八局集团公司津滨轻轨工程指挥部项目经理,教授级高级工程师。1963年4月出生,1980年7月参加工作,博士研究生,中共党员。张兴彦长期从事项目管理工作,积累了丰富的施工管理经验,并积极探索工程管理新模式。他承建或参建的工程获国家优质工程5项、省部级优质工程8项,为企业创造了良好的经济效益和社会效益。他不仅在工程管理上取得显著成绩,还通过勤奋努力,获得国际项目经理认证(IPMA B级)证书,成为复合型的科技带头人。

2001年5月,张兴彦担任津滨轻轨工程项目经理。该工程全长45公里,总投资65亿元,受业主委托,由中铁十八局集团公司对工程进行全过程、全方位管理。面对工期紧、参建单位多、施工线路长、工序繁多的复杂情况,他率领项目部进行管理创新,科学组织施工,合理配置资源,组织协调4支参建队伍按期、安全、优质地完成工程任务,为津滨轻轨工程1 000天建成通车做出突出贡献,创造了工程立项审批速度最快、工程造价最低、工期最短、技术含量最高、工程质量最优的突出成绩,受到业主、同行和上级领导的高度赞扬。 (沈桂馥)

【张洪杰·全国建筑业企业优秀项目经理】

中铁十九局集团公司一公司项目经理,工程师。1957年7月出生,1977年3月入伍,中共党员。

自1987年以来,张洪杰一直担任工程项目经理。他严格执行《建设工程项目管理规范》,总结出一套先进的施工管理方法,参建的工程多项被评为优质工程,为企业创造了良好的经济效益,赢得很高的社会信誉。

1999年,他主持承建的石家庄引岗黄水库二期工程被评为河北省建筑工程“安济杯”奖(省优质工程)。2001年4月,他担任青海省马平高速公路第7合同段项目经理,提出高起点、高标准、高速度、创国优的奋斗目标,同项目部班子成员一起制订出一整套工程管理办法。本着“开工必优,一次成优,全面创优”的原则,他对每一个施工环节、每一道工序都设专人把关、查验,坚持每天到工地巡视,发现问题及时解决。对重点工程的关键施工环节,同职工一起坚守现场,直至顺利完工。在他的率领下,该标段被业主树为全线标杆单位,项目部被业主评为“先进施工单位”,他本人被业主评为“优秀项目经理”。截至2002年年底,该项目部完成施工产值2.86亿元,实现利润0.86亿元,超额完成公司下达的利润指标。 (沈桂馥)

【李金生·全国建筑业企业优秀项目经理】 中铁建设集团公司第五项目部项目经理，高级工程师。1967年7月出生，1990年7月参加工作，工商管理硕士，中共党员。自1990年7月石家庄铁道学院毕业后，他一直从事工程项目管理工作，从技术员到项目经理，面对艰、难、险、急工程知难而上，开拓创新，取得良好的项目管理业绩。

李金生担任项目经理后，先后承建中国科学院图书馆档案馆工程、住邦2000工程和万达广场一期二区工程。他严格贯彻质量、环境、职业健康安全管理要求，建立健全各种管理组织，强化工期、质量、安全、成本、环境保护和现场形象管理。施工中坚持样板先行，组织科技攻关，强化质量检查监督，消除质量通病，坚持通过优化施工方案和过程监控保证施工质量、安全和保护环境。承建的中科院图书馆档案馆2000年获北京市工程结构“长城杯”奖，2001年获北京市工程质量“长城杯”奖，2002年获中国建筑工程鲁班奖；住邦2000工程创造单月完成主体工程八层半的施工进度，已顺利通过北京市工程结构“长城杯”奖验收，并被公司推荐申报北京市优质工程。以他的姓名命名的“李金生青年突击队”连续两年获“北京市优秀青年突击队”称号，2002年被评为“北京市优秀青年突击队标杆”。承建的几项工程先后被评为“北京市文明安全工地”、总公司“安全质量标准化工地”。他本人曾获总公司科技进步三等奖、安全生产先进个人及集团公司“六好共产党员”、“优秀共产党员”等荣誉。 （沈桂馥）

【刘贤福·全国优秀档案工作者】 总公司档案馆馆长兼《中国铁道建筑总公司年鉴》主编，副研究馆员。重庆市人，1949年5月出生，1969年2月入伍，1971年11月入党。

他30余年如一日，在档案战线辛勤耕耘，埋头苦干，开拓进取，默默奉献，为总公司系统档案事业的发展做出了积极贡献。他重视档案法制宣传教育，采取灵活多样的形式广泛深入地进行档案法制宣传，提高档案工作群体意识，换取企业对档案工作的有力支持。2002年8月，《中国档案报》记者对总公司档案法制宣传教育活动进行专题采访，并在报上连续刊载了两篇经验报道。他紧紧把握国家关于开展企业档案管理升级和档案工作目标管理认定的机遇，率领全系统档案人员采取典型引路、分类指导、培植样板、推广经验、确保质量、稳步推进等方法，促进企业档案工作深入开展，全面提升了全系统档案工作的整体管理水平，在全系统120多个立档单位中，已有110多个通过企业档案工作目标管理省部级以上认证。他把加强对国家重点工程的档案业务指导当作施工企业档案部门直接为经济建设服务的重要环节，先后组织、参加20多项国家重点工程竣工文件编制指导，不仅保证了工程的顺利验交，也全面提高了基建档案的进馆质量，受到铁道部、接收路局和施工企业的一致好评。他大力推进档案管理技术创新和档案信息化建设，组织开发的中铁建版综合档案管理系统软件已在全系统120余家企业推广应用，并获总公司技术创新成果二等奖。他认真贯彻档案工作“三面向、三服务”的宗旨，积极倡导并带领各级档案人员紧紧围绕企业中心工作，全方位地开展档案服务。据不完全统计，“九五”以来，全系统利用档案为企业创造经济效益或避免经济损失近4亿元，用实际行动赢得企业对档案工作的重视和支持，并在国家档案局召开的全国企业档案工作座谈会上作《紧密围绕企业经营，积极开展档案服务》的经验介绍。

他呕心沥血编纂史志年鉴，1996年以来，参与《中国铁道建筑总公司志》的主编，独立主编9部《中国铁道建筑总公司年鉴》，还指导所属单位编纂出版了80余部志书、简史，为全系统档案信息的深度开发利用和弘扬企业文化做出了突出贡献，圆满完成企业史志、年鉴编纂任务。为此，总公司被评为铁道部史志工作先进单位。他在史志、年鉴编纂工作中务实、求精、创新，主编的多部年鉴荣获全国编校质量评比优秀奖，2003年版年鉴在铁道部组织的年鉴质量评比中，获得四个一等奖。 （杨启燕）

【吴设新·全国优秀档案工作者】 中铁十一局集团公司档案馆主任，副研究馆员。山东省寿光县人，1951年1月出生，1968年4月入伍，1970年入党。

吴设新自1973年从事档案工作以来，一贯坚持执着追求、勇创一流的敬业精神，脚踏实地、一丝不苟的工作作风，恪尽职守、无私奉献的高尚品质，工作中严格坚持标准，注重质量，特别是在企业档案工作目标管理认证中，她率领全集团公司档案人员，以服务企业、争创一流的精神，下大力气、练真功夫，将集团公司兵改工近20年来的档案全部按标准从里到外进行重新整理，案卷质量内实外美，被铁道部、所在省市档案部门及国家档案局誉为“一流水平”。12个立档单位先后通过省部级以上认证，其中集团公司机关及所属6个子公司档案工作目标管理全部以优异成绩通过国家一级认证，为企业的振兴与发展做出了突出贡献。为此，总公司专门在该集团公司召开档案工作目标管理现场会议，总结推广该集团公司档案管理的经验。

她注重重点工程竣工文件编制指导工作，举办竣工文件编制培训班，统一标准，加强现场指导，有效地提高了全集团公司的竣工文件编制水平，保证了基建工程和竣工文件的顺利验交。她按照《档案法》和上级要求，每年组织档案执法检查，监督检查集团公司档案工作发展规划和年度工作计划落实情况，有效地促进了集团公司档案工作的持续健康发展。她重视档案人员的业务培训，培养和锻炼了一支高素质的档案工作队伍。她积极开发档案信息资源，近五年来利用档案为企业创造经济效益或避免经济损失达6 000余万元。（杨启燕）

【徐峰 · 青海省劳动模范】 中铁十四局集团公司路桥分公司青藏铁路项目部经理兼党支部书记。山东省沂南人，1976年11月出生，中共党员。2002年初，徐峰作为项目经理担负青藏铁路第12标段的建设任务。该标段地处可可西里无人区腹地，是青藏铁路上有名的“鬼门关”，高寒缺氧，气候恶劣，变化无常，年平均气温－5℃，一年中只有七天在0℃以上。他结合工程实际，制定出“三高”、“三化”、“三快”举措，即高起点、高标准、高速度，上场人员年轻化、工程施工机械化、项目管理规范化，快调遣、快设营、快开工；同时提出在工程质量上出精品、在项目管理上出成果、在医疗保障上出经验、在环境保护上出成效、在全局竞争中出名次、在成本管理上出效益、在高原斗争中出信誉的奋斗目标。项目部的管区有大桥1座、小桥1座、涵洞5座、车站1个、路基土石方35万立方米。他带领技术人员在－28℃的气温下，用15天时间完成交接桩、施工复测、营区建设、拌和站安装、主地材储备以及3.5公里的便道修筑，真正体现了快速、优质、高效的作风。施工区内有效的施工时间只有5个月，集团公司要求当年完成线下工程100%，形势异常严竣。由于设计滞后，耽误了宝贵的两个月施工黄金期，徐峰急得茶饭不思、夜不能眠，嘴上起了一连串的泡。设计图纸到位后，在工期异常紧迫的形势下，他立即组织开展“建功立业百日大干劳动竞赛”，与各施工队、专业工班层层签订军令状，量化考核，奖罚分明。直属的桥梁、路基、涵洞三个工区分别由3名副职挂帅，你追我赶暗中较劲，施工取得可喜成绩，于9月20日在12个标段中率先完成线下所有工程。

因为防护措施得力，两年中项目部没有出现任何高原病伤亡。他负责的项目部多次获集团公司“建功立业劳动竞赛优胜单位”、“质量优胜单位”、“环境保护先进单位”称号，连续两年获集团公司“建功立业奖杯”；2003年项目部桥梁队获总公司“优秀青年突击队”和铁道部“优秀青年突击队标杆”称号；项目部承建的曲北大桥、全管段路基和1座涵洞被国务院青藏铁路建设领导小组办公室评为“优质样板工程”。他本人获总公司“杰出青年岗位能手”、铁道部“青藏铁路建设先进个人”等称号。（沈桂馥）

【高霜 · 青海省劳动模范】 中铁十四局集团公司青藏铁路项目部党支部书记。在青藏铁路建设期间，他带领党工委一班人，以“三个代表”重要思想为指导，积极探索符合青藏铁路建设特点的党建和思想政治工作的新路子，取得青藏铁路攻坚战的阶段性胜利。队伍进场后，他及时制定《队伍进场教育提纲》和《党员专题教育提纲》，对参建员工进行形势、任务、医保、职业健康安全和环保教育，深化参建员工对修建青藏铁路重大意义的认识，增强使命感、光荣感和责任感。工程开工后，他把发挥党组织的战斗堡垒作用和党员的先锋模范作用作为青藏铁路党建工作的主体，积极组织开展“创岗建区”活动，并与“建功立业劳动竞赛”活动相结合，带领党员努力实践“三个代表”重要思想，争做吃苦耐劳、勇于奉献的模范，先后有32名参建职工在青藏铁路光荣入党。他身体力行，身先士卒，不顾严重的高原反应，坚持深入工地，帮助解决施工中遇到的实际问题，并为职工排忧解难。

在防控“非典”的非常时期，项目部坚持一手抓防治“非典”，一手抓施工生产，并组成两套班子。高霜负责“三防”和食品卫生安全工作，他与各单位签订《防治非典型肺炎工作包保责任状》，明确责任和奖罚措施，认真落实“堵防结合”、“严防死守”的方针，不辞劳苦，每天在营地、现场检查指导，努力改善职工与民工的居住和生活条件；加大对营地环境卫生的整治力度，医务人员每天到施工现场和营地巡诊；在营地设置专职“三防”监督员，实行封闭管理，经过艰苦努力，实现“三防”和食品卫生安全目标。他本人被铁道部青藏铁路建设总指挥部评为先进个人。 （沈桂馥）

【曹玉新·青海省劳动模范】 中铁十四局集团公司青藏铁路工程指挥部总工程师。在青藏铁路第一高桥——三岔河特大桥施工中，曹玉新率先采用BG－22旋挖钻机代替冲击钻机进行钻孔桩施工，工效提高近20倍，为青藏铁路全线的桩基施工提供了科学依据。在该桥冬季施工中，他与铁道科学研究院联合进行低温早强耐久混凝土的施工技术开发，使大桥桥墩具有防腐、抗冻、耐久等特性，同时采用搭设暖棚、混凝土蒸汽养生等工法，保证工程质量，提高施工进度。该桥被铁道部青藏铁路建设总指挥部评为优质样板工程。曹玉新大胆推行科技创新，他与北方交通大学联合对金属波纹管涵进行技术开发并获得成功。在五道梁4公里优化段工程施工中，他根据任务重、工期紧、施工条件恶劣等特点，优化施工方案，把基坑开挖、钢筋加工、模板拼装、编织钢筋笼、混凝土浇注与机械设备维修保障等一字排开，并做好上道工序与下道工序之间的紧密衔接，从而加快了施工进度。他注重工程质量管理，严把施工队伍关、物资材料入场关、工序操作关、工程质量检测关，常常是清晨四五点钟手提电筒，顶着寒风，踏着积雪到工地巡视，从没有睡上一个囫囵觉。在他和参建员工的共同奋斗下，优化段工程比业主批准的施工组织设计工期提前58天完成。 （沈桂馥）

【杨占朝·河南省劳动模范】 中铁十五局集团公司朔黄铁路工程指挥部指挥长。2000年底，国家重点工程朔黄铁路开始铺架。集团公司承担铺轨212公里、架梁519孔、铺道岔126组的施工任务，工期8个月。铺架开始后，由于架桥机故障等原因致使铺架工程滞后，受到甲方严厉批评。为尽快扭转局面，杨占朝住到冰天雪地的铺架现场，经过20天的艰苦攻关，解决了铺架中存在的问题，日均铺轨提高到2.8公里以上，创造日架32米梁10孔的高产纪录，并创造单班生产轨排4公里的好成绩，于2001年8月16日比计划工期提前30天铺轨到达黄骅港，受到业主的高度赞扬。

杨占朝以“严格、务实”的作风而著称。2002年，项目部承揽的神朔铁路复线工程开工，他提出“务实创优，工艺创新，实施名牌战略”的工作思路，成立工程创优领导小组，用铁的手腕严抓管理，全面推行工程质量责任制，从材料源头上保证质量创优，开展劳动竞赛全员创优，在神华集团朔黄工程公司组织的几次全线精品工程评比中，项目部先后有32项分项工程被评为样板工程或精品工程，有2项工程获铁道部优质工程奖。杨占朝把安全生产当作一条主线抓住不放，施工中从未发生等级以上事故，获甲方安全生产奖金35万元，项目部连续两年获集团公司“十佳安全工地”称号。他本人多次被上级评为“清正廉洁先进个人”。 （宋清泉　王建光）

【张廷占·河南省劳动模范】 中铁十五局集团公司二公司第三指挥部指挥长。自1976年参加工作以来，长期工作在施工第一线，精通施工技术，善于现场管理，具有求真务实的工作作风。担任第三指挥部指挥长八年来，他带领职工，靠“品牌”创出信誉，靠“诚信”占领市场，靠“业绩”拓展领域，在急、难、险、重工程施工中，为企业创造了良好的经济效益和社会效益。

1999年，他承担重庆长涪公路黄草山隧道施工任务。该隧道地处深山峡谷中，数公里的施工进场便道因山高石坚修筑缓慢，工期将被延误。为使工程顺利进行，张廷占决定靠人工肩扛把施工设备从数公里外运到山顶。设备到场后，因隧道洞口开在悬崖上，给工程施工带来难度。张廷占动员职工发扬“红旗渠”精神，在科学严密组织下，职工腰系绳索在峭壁上打眼放炮，开凿洞门。经过两个多月奋战，创下月成洞160米的好成绩，隧道右洞提前126天贯通，左洞提前240天贯通，被重庆市授予“西部开发快车道青年突击队”、“重合同守信誉、保质量增效益先进单位”等荣誉称号，荣获河南省授予的“五一劳动奖状”。2002年9月,张廷占担任国道209线王家河隧道改造工程施工任务,由于征地拆迁等原因,致使开工日期拖延3个月,业主为控制全线工期,要求该隧道6个月完工,按期奖励200万元,延期罚款200万元。张廷占勇于挑战,带领职工先后战胜隧道涌水、采空区、软土地段等施工困难,隧道提前7天贯通。2003年7月,张廷占承担新疆小草湖隧道提速改造工程施工任务。该隧道属全沙土围岩,稳定性差,完全是用钢筋、水泥堆积而成。他采用CD法分步开挖和多口开挖法,严密组织,科学施工,在气温48℃、8级大风的恶劣环境下,创造干旱地区全沙土铁路双线隧道月成洞170米的全国新纪录。

(宋清泉　王建光)

【董立巍·贵州省“五一劳动奖章”获得者】 中国铁道建筑报社记者。1998年4月,董立巍参加内昆铁路建设,长年奔波于六盘水—威宁—昭通之间,行程上万公里。他用笔书写铁路职工战天斗地的感人事迹,用镜头记录铁路建设者惊心动魄的壮举。5年中,他有近千篇(幅)新闻作品被中央电视台、贵州电视台、六盘水电视台以及《新华每日电讯》《人民日报》《经济日报》《工人日报》《人民铁道报》《中国铁道建筑报》《贵州日报》《贵州工人报》《六盘水日报》等中央、省市电视台和报刊采用。他主编的《内昆铁路建设》大型画册和27万字的反映内昆铁路建设的通讯报告文学集《乌蒙磅礴牵铁龙》,全面记录了内昆铁路建设的艰辛历程和取得的辉煌业绩。他与铁道部影视中心、云南电视台合作编导的《厥功至伟》和《百年内昆》电视专题片,在中央和省电视台播出后,在社会各界引起积极反响。由他编辑制作的VCD光碟《世纪丰碑》,记录内昆铁路建设的恢宏场面,颂扬建设者的拼搏精神,留下珍贵的历史资料。为搞好内昆铁路的宣传报道,他先后组织10个局集团公司的通讯报道骨干,3次举办新闻报道和新闻摄影培训班,培训通讯员100多人次,在新闻宣传中发挥了积极作用。

董立巍从事新闻宣传报道工作20余年,先后有3 000多篇(幅)作品在全国性报台发表,有30多篇作品获国家及省部新闻奖。

(杨启燕)

【姜军·湖北省“五一劳动奖章”获得者】 中铁十一局集团公司经营计划部副部长。湖北省枣阳市人,1969年2月出生,1988年毕业于长沙铁道学院。在任集团公司原施工组织科科长期间,建立起系统的标书技术资料电子文档库和查阅资料库,使投标工作逐步系统化、程序化和规范化,不仅提高了标书的编制质量,而且大大提高了编标的工作效率,使标书编制水平上了一个新台阶,多次获招标单位好评。近年来,他主持秦沈客运专线长轨铺设、青藏铁路高原多年冻土施工、长荆铁路钟祥汉江特大桥深水基础、西安南京铁路桃花铺2号隧道有轨运输等多项国家重点工程的标书编制工作。为编制出具有说服力的施工方案,他带领编标人员收集资料、踏勘工地、潜心研究、精心准备,为工程任务承揽奠定了坚实的基础。近几年来,集团公司承揽铁路工程任务在总公司系统名列前茅,大型项目中标率逐年提高;路外市场逐步扩大,成功打入城市轻轨和地铁领域。在辉煌的成绩背后,姜军付出了艰辛的努力。由于工作成绩突出,他连续两年被评为总公司先进经营工作者。

(沈桂馥)

【王维民·山东省“五一劳动奖章”获得者】 中铁十四局集团公司建筑工程分公司副总经理兼山东省交通规划设计院项目部指挥长。1998年~2003年,王维民先后担任京福高速公路济南收费站工程、京福高速公路山东监控中心、济青高速公路信息中心、济南军区经济适用房、济南军区陈庄高层住宅楼、山东省交通规划设计院等10余项工程的项目经理。他勤于思考、勇于创新,运用方针目标管理将施工任务目标分解到项目部每一个成员,使质量管理、安全管理、成本管理贯穿到施工生产的全过程,所干的工程均被评为省市安全文明工地,创造出较好的经济效益和社会效益。他在抓施工生产的同时,积极跟踪信息、参与工程投标,几年来他先后为公司承揽5项施工任务,总投资达1.5亿元。他重视精神文明建设,卓有成效地对职工进行思想教育,他所在的项目部涌现出总公司“优秀共产党员”、集团公司“十佳技术工人”和“建功立业奖章”获得者等一批先进典型。他注重民主管理，积极推行企务公开，组织职工对项目管理进行民主监督。他廉洁自律，一心扑在工作上，千方百计为职工办实事。他所在的项目部连续5年获公司“双文明建设单位”和山东省“富民兴鲁劳动奖状”。他本人先后获总公司“先进生产者”、山东省交通厅“高速公路建设先进个人”和集团公司“建功立业奖章”等荣誉。

（沈桂馥）

逝世人物

【董朝兴】 昆明中铁大型养路机械集团公司董事长。云南省昆明市人，1945年1月出生，1962年12月入伍，中共党员。2004年1月17日因病去世，终年59岁。

他先后担任铁道兵第一师军务参谋、战勤参谋、汽车营营长、战勤科科长等职，1982年10月调入中国人民解放军第6441工厂任副厂长，2000年任昆明机械厂厂长，2003年3月任昆明中铁大型养路机械集团公司董事长。他为昆明中铁大型养路机械集团公司的振兴与发展、为中国铁路养路机械化事业的发展做出了重要贡献。2001年获中共昆明市委授予的“优秀共产党员”称号，2002年被评为首届总公司劳动模范。

（莫 斌）

模范集体

【铁道第一勘察设计院地质路基处·“全国五一劳动奖状”获得单位】 地质路基处主要从事野外地质勘察和路基设计。在青藏铁路勘察设计会战中，该处是上青藏高原最早、下青藏高原最晚的单位，从新世纪的第一个工作日就开始了多年冻土的冬季调查。职工们发扬“特别能吃苦、特别能战斗、特点能奉献”的青藏铁路精神，克服高原缺氧导致的头痛、呕吐等高原反应，顶着凛冽的寒风，经过不懈的努力和艰辛的工作，出色地完成青藏铁路多年冻土地区不良地质调查，完成青藏铁路长期地温观测孔布置、青藏铁路试验段及试验方案选择、青藏公路病害初步调查四项专题调查报告，完成五大试验段46公里的166座桥梁、涵洞、隧道的地质调查和资料整理工作，为此后的设计及定测工作奠定了基础。青藏铁路施工全面展开后，为解决高原冻土这一世界性的难题，积极组织地质专业、路基专业人员12名，长期驻扎在青藏铁路施工现场，进行青藏铁路的配合施工和冻土科研工作，完成34个项目55个课题的研究，为青藏铁路设计提供了很好的依据，并及时解决了施工中出现的各种技术问题。他们长期工作在高原、奋斗在高原、奉献在高原，默默无闻地为西部大开发、为青藏地区的经济发展做出了积极贡献。（杨启燕）

【中铁十四局集团公司·全国优秀施工企业】 该集团公司建立现代企业制度后，企业改革与发展的步伐明显加快。2003年新签合同额91亿元，比2000年增长3.5倍，完成企业总产值同比增长2倍，经济效益同比增长5倍。企业被山东省评为“省级文明单位”、“重合同、守信用企业”、“安全生产先进单位”、“重点工程建设先进单位”、“特级信用企业”、“现场管理样板企业”；获詹天佑土木工程大奖2项、中国建筑工程鲁班奖和国家优质工程奖8项、“全国用户满意工程”4项、省部级优质工程奖28项；获国家和省部级现代化管理创新成果奖6项，省部级科技进步奖5项；8名项目经理被评为“全国优秀项目经理”、“全国重点工程优秀项目经理”，58名项目经理被评为山东省、铁道部、交通部优秀项目经理；集团公司领导班子被总公司评为“四好领导班子”。

加强党的建设，保证企业快速发展。集团公司党委以创建好班子为目标，紧密联系企业实际，不断提高领导班子成员的政治思想素质和驾驭市场的能力，领导班子始终保持团结和谐、务实求进的良好氛围，有效地防止了各项决策的失误。

建立现代企业制度，推进企业管理创新。集团母子公司于2002年上半年整体完成改制工作，构筑以资产为纽带、以法人治理结构为核心的新型母子公司体制。制定《“十五”企业发展战略规划》和“三步走”发展战略，实现企业跨越式发展。初步建立企业直管工程项目管理体制，建立并完善项目管理责任目标的评估、考核、奖惩和责任追究制度。推行劳动、人事、分配制度改革，实行全员竞争上岗，各子公司主要经营者实行年度效绩考评年薪制，工程项目部实行风险抵押承包、终结考核一次奖罚兑现制，公司机关管理人员实行以岗位贡献为主的岗薪制。率先在总公司系统试行主辅分离改制的试点工作，受到上级的肯定和好评。

重视科技投入，推进科技进步。近几年投入科技研究开发资金2 500万元，购置先进设备15 600万元，加快了科技开发的步伐。相继突破渝怀铁路武隆隧道不良地质技术攻关、青藏铁路冻土施工和高寒缺氧条件下的高桥施工技术、广州地铁盾构施工技术、内昆铁路抗滑治软施工技术、东营黄河公路大桥220米大跨度连续梁施工技术、秦沈高速铁路施工技术，为提升企业核心竞争力积累了丰富的技术储备。

健全管理体系，提高管理水平。集团公司及所属9个单位于2002年通过质量、环境、职业健康安全管理体系认证。确立"诚信、合作、创新、卓越"的企业精神，全面启动企业文化建设，提高了集团公司的整体形象，增强了职工的集团荣誉感。加快企业信息化建设，建立网络信息中心，实现集团母子公司办公自动化和信息网络化，促进了企业综合效益的提升。 （杨启燕）

【中铁十六局集团公司·全国优秀施工企业】 近四年来，该集团公司坚持"精品兴企、诚信立业"的经营理念和"以人为本、精细管理、创新务实、强企富工"的经营方针，以"建设管理科学、技术精湛、信誉优良、行业领先的工程总承包企业"为目标，稳步推动企业持续快速健康发展。集团公司先后被评为"全国工程建设质量管理优秀企业"、"全国质量示范企业"、"全国质量服务诚信及示范企业"、全国"安康杯"竞赛活动优胜企业和北京市"重合同、守信用单位"、"质量诚信企业"、"质量管理优秀企业"。

党建工作扎实到位。建立健全党委参与决策的内容、范围、议事规则、决策程序，开展以"学习、团结、廉洁、勤政"为主要内容的"四好领导班子"创建活动，党委的政治核心和班子的战斗堡垒作用得到较好发挥。集团公司党委连续4年被总公司评为"四好领导班子"，董事长陈树林被评为"全国优秀施工企业家"。

精神文明成果丰硕。以职业道德教育、推行企务公开、强化职工主人翁意识为重点，积极开展"双优"、"双争"活动，促进两个文明建设有机结合、协调发展。先后有6人被评为北京市劳动模范，3人获北京市"五一劳动奖章"、9人获"火车头奖章"，43人被评为北京市精神文明标兵；创建"全国模范职工之家"2个、"全国青年文明号"2个。

企业改革逐步深化。集团公司和所属9个单位全面完成企业改制工作，建立以产权关系和资产经营为纽带的母子公司管理体系，集团公司逐步成为规划、决策、信息和资本营运中心，子公司成为利润中心，项目部和分公司成为成本中心。大力推进劳动、人事、分配制改革，实行结构工资、效益工资、定额工资等多种分配形式，收入向岗位责任重、风险高、贡献大的人员倾斜，并将收入分配与质量、安全、进度、成本控制和文明施工等密切挂钩，调动了员工挖潜增效、争先创优的积极性。

企业管理不断加强。集团公司坚持精细管理，注重管理创新，按照专业化施工要求，组建若干专业化分公司，每个分公司再成立若干专业化作业班组，提高了基层专业化施工水平和独立作战能力。全力推行"扁平式"管理模式，项目部直接管到施工作业队，减少管理层次和费用开支，保证项目资源配置到位。通过长期实践探索，总结出《项目"十项管理"模式的建立与实践》《施工项目规范管理》《以P3为平台的地铁工程项目管理》《基于信息管理平台的地下工程项目管理》等管理创新成果，先后获总公司、铁道部和国家企业管理现代化创新成果奖。

质量安全成绩卓著。坚决贯彻"开工必优、一次成优、全面创优"和"安全第一、预防为主"的方针，坚持高起点、高标准，推动质量创优目标的实现，保持了安全生产的平稳局势。近几年来，集团公司单位工程合格率100%，优良率90%以上，获国家和省部以上优质工程奖40余项，被业主评为优质样板工程400余项。

技术创新成效明显。实施"科技兴企"方针，成立集团公司、子公司两级技术开发中心，负责科研开发、成果推广和创新体系的综合协调，确保技术创新、课题研究、科技攻关目标的实现。结合工程施工开发的"复杂地质艰险山区修建大能力南昆铁路干线成套技术"等6项成果先后获国家和省部科技进步奖，"岩锚梁施工工法"等3项工法被评为国家级工法。 （杨启燕）

【中铁十七局集团公司二公司·全国优秀施工企业】 该公司坚持"诚实守信，质量为本，崇尚科学，追求卓越"的经营宗旨，先后参加多项国家铁路、公路、市政、地铁、水利电力重点工程施工，完成企业总产值从1998年的3.1亿元增加到2003年的8.5亿元，平均每年增长22.4%。三年来，共承建工程599项，工程质量合格率100%，优良率94.4%，获中国建筑工程鲁班奖2项，部优质工程3项，被业主评为"优质样板工程"126项。公司先后获"全国精神文明建设工作先进单位"、"全国守合同重信用企业"和山西省"优秀建筑企业"、"职工职业道德建设先进单位"称号，两次荣立山西省集体一等功，连续5年被山西省工商局评为"守合同、重信用单位"。2002年12月，通过质量、环境、职业健康安全管理体系认证。

公司坚持把用户满意作为追求目标，坚持"以人为本，追求卓越，以优良的工程质量和周到的服务赢得顾客信任"的质量方针，严格贯彻质量、职业健康安全和环境管理体系标准，不断规范管理行为，确保管理体系有效运行。强化工程质量终身责任制和安全生产包保责任制，推进安全质量标准化工地建设，提高文明施工水平,确保开工必优,一次成优。五年来,公司凭借优良的工程质量和信誉,承揽工程任务30余亿元,经营领域和经营地域不断拓展。公司改制后,稳步推进机构编制、人事用工、工资分配等改革,强化制度建设,追求科学管理,提高管理效能,提升了企业综合竞争实力。公司推行内部承包、班组核算等分配管理办法,职工年人均工资在1998年6 200元的基础上,每年以26%的比例增长;职工住房条件大为改善,医疗、养老保险等福利待遇明显提高,职工文化基础设施建设进一步完善。公司实施人才战略,先后完成科技开发项目41项,推广应用新技术52项,获总公司科技进步奖9项,开发省部级工法6项,培养了一批专业技术骨干和管理骨干,企业科技创新能力明显增强。

公司充分发挥党组织的政治核心作用和保证监督作用,深入开展创建"四好领导班子"和"创岗建区"活动,提高基层党组织的战斗力和凝聚力,深化"职工思想道德建设达标"活动;加强党风廉政教育,加大案件查处和执法监察力度,提高领导干部拒腐防变能力,2002年公司领导班子被总公司评为"四好领导班子"。加强企业两个文明建设,连续14年保持省级"文明单位标兵"称号。 (杨启燕)

【中铁二十局集团公司一公司 · 全国优秀施工企业】 2000年以来,公司承揽任务50亿元,完成企业总产值40亿元,产值综合利税率5.07%,固定资产由原来的1 000多万元增加到1.75亿元,资产保值增值率131.5%;职工年人均收入由1999年的4 600元增加到13 000余元,同比增长282.6%,3 300名职工无一息工。工程质量合格率100%,优良率90%,获省部优质工程奖9项、国家优质工程银奖1项、中国建筑工程鲁班奖3项。公司先后被共青团中央等单位授予"双文明建设先进集体"和"全国设备管理优胜单位"称号,连续10年被陕西省评为"重合同、守信用企业"和陕西省"精神文明先进单位"、"思想政治工作优秀企业";被中国建设银行评为"AAA级信用企业",被建设部评为"AAA级信誉企业",被总公司评为"实践'三个代表'先进集体"和"四好领导班子",2002年获"全国五一劳动奖状"和"全国守信用、重合同企业"称号。

公司不断深化企业改革,在人事制度改革方面,推行竞聘上岗,实行风险抵押制度;在工资制度改革方面,推行与绩效挂钩的管理岗位责任年薪制和生产岗位计件工资制;在基础管理方面,修订出台31项管理制度,使各项工作有章可循;在项目管理方面,实行项目管理目标责任制;在人才战略方面,制定配套的激励机制,建立人才中心和再就业培训中心;在效益管理方面,由公司招标领导小组进行物资、设备和劳务公开招标,实行全方位的项目管理过程监察、审计、监督和控制,避免经济效益流失;在安全质量管理方面,严格贯彻质量管理体系标准,强化全员质量意识,建立各级党政领导安全质量包保责任制,全面提升了公司管理水平。

公司党委注重发挥政治核心作用,加强领导班子建设,坚持目标考核,增强班子成员的责任意识;坚持理论联系实际的学风,提高领导班子成员的思想政治素质和解决实际问题的能力;坚持廉洁自律、艰苦奋斗的作风,提高领导班子成员拒腐防变的能力;重视职工思想政治工作,破除"等、靠、要"等旧观念,确立自强自立、开拓进取、创新发展的新观念,为企业脱贫解困和实现跨越式发展提供了坚强有力的思想政治保证,推动了企业快速发展。 (杨启燕)

【中铁十二局集团公司建筑安装公司 · 全国用户满意施工企业】 公司始终坚持"用户至上,质量第一,科学管理,信守合同,确保工期"的服务宗旨,先后承建大量房屋建筑、铁路、公路、环保、市政和国家储备粮库工程,创造了大批优质名牌工程。21项工程获国家及省部优质工程奖,42个QC小组被国家及省部评为优秀QC小组,3项科技成果获建设部科技进步奖;1998年公司获"全国建筑业新技术应用先进集体"称号,2000年荣立山西省集体一等功,先后被山西省评为"职业道德建设十佳单位"、"精神文明建设先进企业"、"质量管理先进单位",连续7年被评为山西省"优秀建筑企业"和太原市"文明标兵"单位,连续9年被山西省建设银行评为"AAA信用等级企业",连续10年被山西省和太原市评为"重合同、守信用单位"。公司2003年5月通过质量、环境和职业健康安全管理体系"三标一体"认证。

2003年,公司承揽任务10亿元,完成企业总产值7亿元。高起点跻身广州大学城工程建设,同全国一流企业同场竞技,并以高质量、高速度受到业主的高度赞扬;承建的铁道第一勘察设计院办公楼被西安市评为"优质样板工程";昆明掌鸠河净水厂工程获云南省、昆明市有关领导表扬;年内2项工程获山西省"汾水杯"质量奖,3项工程获省优质工程奖。年内对近60项工程进行定期回访,用户满意率100%,公司被评为山西省"优秀建筑企业"和"用户满意施工企业"。 (杨启燕)

【中铁十九局集团公司四公司 · 全国用户满意施工企业】 该公司坚持以质量管理为主线,以项目管理为重点，以质量体系为保证，大工程创名牌，小工程出精品，大力实施名优战略。先后参加20余项铁路工程和大量公路、水利电力、市政、环保工程施工，单位工程合格率100%，优良率90%以上，有30多项工程分别获国家及省部优质工程奖。

公司实施“质量兴企、科技强企、依法治企”的发展战略，实行质量终身负责制，实施对工程质量和服务质量的全过程控制，取得科技成果70余项，获部优秀QC成果奖11项、总公司和局优秀QC成果奖52项，获部、总公司优秀工法和科技进步奖21项。1998年通过质量体系认证，2003年通过环境管理和职业健康安全管理体系认证。先后被内蒙古自治区评为“重合同、守信用单位”、“先进企业”，被中华全国总工会评为“全国模范职工之家”。2003年1月被评为“全国精神文明建设工作先进单位”。

公司不断提高管理水平，扩大经营规模，施工领域已拓展到国内的26个省市。2003年，公司承揽工程17亿元，始终坚持“用户至上，信誉第一”的宗旨，遵循“严格执行标准，争创行业一流，坚持优质服务，建造满意工程”的质量方针，恪守合同，确保质量，不断出精品、创名牌，向用户提供满意的优质产品。

（杨启燕）

【总医院党委·全国防治非典型肺炎工作先进基层党组织、中央企业防治非典型肺炎工作先进基层党组织】 总公司总医院是1984年兵改工时组建的一所市级综合医院。在“非典”肆虐京城、首都人民生命安全受到严重威胁的紧要时刻，总医院党委主动为国分忧，决定开设发热门诊，2003年4月20日被石景山区政府定为“非典”病人定点收治医院。院党委从实践“三个代表”重要思想的高度出发，带领全院职工克服重重困难，义无反顾地投入抗击“非典”的战斗，连续奋战45天，收治“非典”和疑似病人65例，治愈出院19例，死亡2例，其余“非典”病人于5月21日前由北京市统一安排转院。在防控“非典”的严峻斗争中，总医院成为北京市实现医护人员“零”感染的两家“非典”定点医院之一。该院还奉命抽调3批26名医务人员到北京市其他“非典”定点医院第一线工作，为首都抗击“非典”斗争做出了重要贡献。北京市“非典”防治指挥部和国家卫生部领导称赞总医院是“一支能打硬仗的医疗队伍”。

顾全大局，临危受命挑重担。4月20日，石景山区政府下达将总医院作为“非典”定点医院的紧急通知，要求一周内正式收治病人。党委书记阴瑞当即表示：要克服一切困难，坚决完成好党和人民交给的光荣任务。院党委连夜召开会议，成立以党委书记为组长、院长和常务副院长为副组长的领导小组和救治机构，按照精兵强将上一线的原则，定岗定人。院党委以党员干部为重点，层层进行思想动员，144名医务人员和3个集体写了决心书和请战书。全院职工众志成城，踊跃参战，迅速办完185名病人的出院手续，昼夜突击，对病房进行结构改造，对设备进行全面整修，对一线人员进行岗前培训，于4月26日正式接收“非典”患者。

依靠科学，创造防治“非典”奇迹。该院党委组织医护人员认真学习胡锦涛总书记关于“依靠科学，战胜‘非典’”的重要指示，一是成立专家组，组织预案研究，学习借鉴广东、北京一些大医院的经验，采取中西医相结合的办法，因人施治，分别作出治疗预案。同时，集中54名医疗骨干上一线，围绕救治、防护和疑似病例检测等课题开展技术攻关，及时制定出“非典”防治办法、医疗管理制度、操作程序，确保医疗质量。二是下大力抓好全员培训和一线人员的强化培训，请北京疾病预防控制中心专家和302医院传染病专家到院讲课，并对一线医护人员进行严格考试。先后组织培训班43期，3 762人次受训，较好地掌握了“非典”诊断标准、治疗方法、抢救措施。三是科学防治和心理治疗紧密结合，以科学治疗和无微不至的人文关怀，帮助患者正确对待疾病，克服焦燥和恐惧心理，提高治疗效果。四是实施科学组织指挥，抓住消毒隔离、医疗护理、医务人员防护和后勤保障等关键环节，增强政治意识、大局意识、责任意识和服务意识，严格监督管理，领导分工负责，层层抓好落实，使防治工作协调有序、工作到位、优质高效。

党委成员率先垂范，党员干部为人表率。院党委把抗击“非典”的战场作为加强党的建设的课堂，充分发挥政治核心作用，党委成员和党员干部模范带头、为人表率，有效地推进了党的建设，增强了医疗队伍的凝聚力和战斗力。党委书记阴瑞全身心带领医务人员工作在一线，女儿生病在家也无暇顾及；常务副院长叶林书持续超负荷工作诱发肺炎，他白天救治病人，晚上抽空为自己输液，边输液边用手机指挥作战。院党委在抗击“非典”斗争中组织开展“一个党员一面旗”活动，共产党员王丽娟，退休后返聘在急诊科，本不在上一线之列，她却说，“我过去是军人，今天抗击‘非典’不能当逃兵！”坚决要求上发热门诊。共产党员、医师于洋，弟弟上了抗击“非典”一线，由她照顾离休的母亲，但她将母亲托付给同事照顾，自己也投入抗击“非典”一线。（杨启燕）

光 荣 榜

“火车头奖杯”获得单位

中铁十一局集团公司基建安装工程分公司

中铁十三局集团公司四公司一分公司

中铁十四局集团公司建筑工程分公司秦沈客运专线项目部

中铁十六局集团公司二公司

中铁十九局集团公司青藏铁路工程指挥部

中铁十九局集团公司一公司西北分公司

中铁二十局集团公司西安工程机械公司

北京铁城建设监理公司青藏铁路监理站

“火车头奖章”获得者

刘鹤松　中铁十一局集团公司副总经济师

蓝仁芬　中铁十一局集团公司路桥工程分公司工人

张宗言　中铁十二局集团公司西北工程指挥部指挥

和建忠　中铁十二局集团公司三公司渝怀铁路项目部工人

韩家飞　中铁十三局集团公司一公司工人

李永利　中铁十三局集团公司二公司总经理

张国华　中铁十四局集团公司青藏铁路工程指挥部项目经理

聂心宽　中铁十四局集团公司四公司渝怀铁路工程指挥部工班长

乐春芮　中铁十五局集团公司三公司一分处工人

刘贵江　中铁十五局集团公司机械设备工程公司董事长

翟大勤　中铁十六局集团公司渝怀铁路工程指挥部总工程师

龚贤平　中铁十六局集团公司五公司项目部工人

吴建顺　中铁十七局集团公司二公司董事长

李新海　中铁十七局集团公司三公司机械运输一队工班长

庄会祝　中铁十八局集团公司三公司赣龙铁路项目部工人

严志成　中铁十八局集团公司五公司党委书记

左春文　中铁十九局集团公司党委书记

卞建华　中铁十九局集团公司三公司公路工程公司工人

况成明　中铁二十局集团公司青藏铁路工程指挥部指挥长

秦玉权　中铁二十局集团公司六公司九队工班长

刘士彦　总公司党委组织部部长

陈金和　中铁建设集团公司设备安装分公司经理

吴大明　中铁养马河工程股份公司金属结构分公司工人

王尊贤　昆明中铁大型养路机械集团公司党委书记

廖德均　中铁十一局集团公司青藏铁路工程指挥部铺架项目部质检员

柴作春　中铁十三局集团公司青藏铁路工程指挥部医院院长

秦　力　中铁十五局集团公司青藏铁路工程指挥部机械设备项目部工人

李德刚　中铁十六局集团公司青藏铁路工程指挥部第二项目部修理工

邵尧霞　中铁十七局集团公司青藏铁路工程指挥部副总工程师

李继平　中铁十八局集团公司青藏铁路工程指挥部副指挥

卓　磊　中铁十九局集团公司青藏铁路工程指挥部指挥

（吕向东）

11 月 2 日，中铁十九局集团公司 24 名新党员在海拔5 231米的青藏铁路唐古拉山口举行入党宣誓仪式。

（任灿伟 摄）

统计资料

本栏责任编辑　**杨启燕**

总公司主要经济技术指标完成情况汇总表

（2003 年度）

单位：万元

序号	指标 / 数量 / 单位	新签合同额			企业总产值					利润总额		
		计划	完成	完成计划（%）	计划	完成			完成计划（%）	计划	完成	完成计划（%）
						合计	施工产值	其他产值				
	总公司合计	4800000	10986680	228.9	4801000	6945059	6386803	558256	145	67550	70541	104.4
1	中铁十一局集团公司	430000	697256	162.2	430000	431758	420250	11508	100	5450	5450	100
2	中铁十二局集团公司	460000	1017361	221.2	460000	592426	566868	25558	129	6000	6872	115
3	中铁十三局集团公司	420000	708255	168.6	420000	480457	474458	5999	114	5250	4518	86
4	中铁十四局集团公司	440000	898295	204.2	440000	528883	521860	7023	120	5650	8691	154
5	中铁十五局集团公司	420000	902316	214.8	420000	434433	411842	22591	103	5250	4292	82
6	中铁十六局集团公司	440000	853108	193.9	440000	511768	502193	9575	116	5650	5004	89
7	中铁十七局集团公司	440000	828705	188.3	440000	501409	487747	13662	114	5650	5167	91
8	中铁十八局集团公司	460000	1085997	236.1	460000	643833	619033	24800	140	6000	6369	106
9	中铁十九局集团公司	430000	920794	214.1	430000	555180	553488	1692	129	5350	5116	96
10	中铁二十局集团公司	430000	1081180	251.4	430000	638240	603938	34302	148	5350	7288	136
11	中铁建设集团公司	190000	218666	115.1	190000	185838	165416	20422	98	4900	6449	132
12	中铁工程集团公司	60000	121446	202.4	50000	60382	51590	8792	121	450	603	134
13	昆明中铁大型养路机械集团公司	70000	163642	272.7	60000	56278		56278	94	3000	3490	116
14	中铁路桥集团公司	60000	170032	340.1	50000	42684	5251	37433	85	2700	1662	62
15	中铁物资集团公司	10000	11273	112.7	30000	50017		50017	167	200	393	197
16	北京铁城建设监理公司	1000	2198	219.8	1000	1911	1911		191	50	69	138
17	海外公司	20000	77340	386.7	35000	90988	90988		260	300	1034	345
18	北京铁建工贸集团公司	9000	2048	22.8	9000	8500		8500	94	50	83	166
19	铁道建筑研究设计院	10000	11436	114.4	6000	5054		5054	84	300	365	122
20	中国土木工程集团公司		248100			335894	293886	42008			1109	
21	哈尔滨铁路建设集团公司		49908			75642	74376	1266			586	
22	齐齐哈尔铁路建设集团公司		27151			38115	30280	7835			−484	

续表

序号	指标 / 数量 / 单位	承揽工程合同额			企业总产值					利润总额		
		计划	完成	完成计划（%）	计划	完成			完成计划（%）	计划	完成	完成计划（%）
						合计	施工产值	其他产值				
23	上海铁路建设集团公司		93132			121449	119492	1957			518	
24	福建铁路建设集团公司		75887			75763	70580	5183			401	
25	南昌铁路工程集团公司		96577			106425	95887	10538			541	
26	广州铁路工程集团公司		120549			74879	67568	7311			653	
27	柳州铁路工程集团公司		31622			37518	34129	3389			501	
28	兰州铁路建设集团公司		97790			84987	81624	3363			182	
29	乌鲁木齐铁路工程集团公司		47332			44829	42148	2681			180	
30	铁道第一勘察设计院		62606			41867		41867			1041	
31	铁道第四勘察设计院		40553			59544		59544			1915	
32	哈尔滨铁路勘测设计院		5614			1086		1086			56	
33	齐齐哈尔铁路勘测设计院		1377			1279		1279			18	
34	上海铁路城市轨道交通设计院		4723			4388		4388			148	
35	南昌铁路勘测设计院		1232			2103		2103			202	
36	广州铁路勘测设计院		2577			2868		2868			31	
37	福州铁路勘测设计院		750			855		855			5	
38	柳州铁路勘测设计院		1360			2548		2548			235	
39	兰州铁路勘测设计院		1900			3002		3002			17	
40	乌鲁木齐铁路勘测设计院		1592			2667		2667			98	
41	石家庄铁路职业技术学院					3135		3135				
42	总公司干校(党校)					202		202				
43	总医院					3975		3975				
44	总公司本级		203000									

制表:扈苏豫

总公司施工单位主要经济技术指标完成情况汇总表

（2003 年度）

单位 \ 数量 \ 指标	主要实物工程量										
	土石方（万立方米）	隧道（设计折合米）	桥梁（设计折合米）	铺轨（公里）		架梁（孔）	通信线路（条公里）	其中：光缆线路（条公里）	公路（折合公里）	其中：高速公路（折合公里）	其中：路面（万平方米）
				正线	站线						
总公司合计	41278	325958	383588	1446	343	14216	9819	6703	2270	1395	19844530
中铁十一局集团公司	4361	22287	24998	203	39	835	2887	1767	321	220	1125025
中铁十二局集团公司	4246	47482	38562	25	4	1056	110	98	204	168	1626341
中铁十三局集团公司	2802	28266	36967	61	15	3463	607	603	145	118	1416745
中铁十四局集团公司	3192	21558	46035	160	1	941	410	284	255	158	3975105
中铁十五局集团公司	3219	40786	17246	285	67	3121	479	340	289	145	2147144
中铁十六局集团公司	3483	38574	30086	24	5	2007	111	111	168	85	932597
中铁十七局集团公司	4123	26568	40369	13	3	658	542	346	207	95	2473540
中铁十八局集团公司	1896	44160	39449	3	1	275	430	406	110	34	1218162
中铁十九局集团公司	5959	28279	31088	67	4	493	876	584	295	185	3013830
中铁二十局集团公司	4910	15042	38534	17	1		328	59	157	98	1638519
中铁建设集团公司											
中铁工程集团公司	122	3766	4501	294		522	1118	880	48	48	
中国土木工程集团公司											
哈尔滨铁路建设集团公司	310		3792	52	48	84	294	145	5		6400
齐齐哈尔铁路建设集团公司	57		375	11	10	14	108	12			
上海铁路建设集团公司	397	1252	16617	33	13	537	84	53	1	1	
福建铁路建设集团公司	461	2713	3017	115	16	27	837	651	18		128953
南昌铁路工程集团公司	721	2746	4456	14	35	100	25	1	17	17	69891
广州铁路工程集团公司	164	292	2168	1	19	12	102	5	2		2678
柳州铁路工程集团公司	104		855	7	6	7	139	61	5		42000
兰州铁路建设集团公司	372	2187	3723	19	37	64	254	249	23	23	27600
乌鲁木齐铁路工程集团公司	379		750	42	19		78	48			

续表

单位 \ 数量 \ 指标	劳动生产率							竣工率				
								按竣工产值计算		按房屋竣工面积计算		
	从业人员平均人数（含外部劳务）（人）	企业总产值（万元）	按总产值计算劳动生产率（元/人年）	施工产值（万元）	按施工产值计算劳动生产率（元/人年）	建筑业增加值（万元）	按增加值计算劳动生产率（元/人年）	竣工产值（万元）	竣工率（%）	房屋竣工面积（平方米）	房屋施工面积（平方米）	竣工率（%）
总公司合计	431800	6560108	151925	6288653	145638	967802	22413	3108625	49	2505404	7821386	32
中铁十一局集团公司	28934	431758	149222	420250	145244	79554	27495	228300	54	53642	147854	36
中铁十二局集团公司	53376	592426	110991	566868	106203	120775	22627	325069	57	268605	992819	27
中铁十三局集团公司	27137	480457	177049	474458	174838	71432	26323	270547	57	146387	556656	26
中铁十四局集团公司	21076	528883	250941	521860	247609	88529	42005	231231	44	147056	235878	62
中铁十五局集团公司	25465	434433	170600	411842	161729	78272	30737	553204	134	116323	429554	27
中铁十六局集团公司	28732	511768	178118	502193	174785	100482	34972	232152	46	114225	373719	31
中铁十七局集团公司	30627	501409	163715	487747	159254	72786	23765	328257	67	61293	154078	40
中铁十八局集团公司	46360	643833	138877	619033	133527	154960	33425	383478	62	498770	560344	89
中铁十九局集团公司	49314	555180	112581	553488	112237	71149	14428	137280	25	17364	193622	9
中铁二十局集团公司	27679	638240	230586	603938	218194	76050	27476	202625	34	37094	201066	18
中铁建设集团公司	18517	185838	100361	165416	89332	43012	23228	184797	112	987883	3887034	25
中铁工程集团公司	3534	60382	170860	51590	145982	10801	30563	31685	61	56762	88762	64
中国土木工程集团公司	5576	335894	602392	293886	527055	45219	81096					
哈尔滨铁路建设集团公司	7237	75642	104521	74376	102772	14331	19802	87970	118	241887	403334	60
齐齐哈尔铁路建设集团公司	2944	38115	129467	30280	102853	10135	34426	34650	114	93211	101019	92
上海铁路建设集团公司	11407	121449	106469	119492	104753	38493	33745	67584	57	26132	37679	69
福建铁路建设集团公司	4722	75763	160447	70580	149471	25919	54890	45930	65	59525	106797	56
南昌铁路工程集团公司	13539	106425	78606	95887	70823	40895	30205	71417	74	59777	172207	35
广州铁路工程集团公司	7871	74879	95133	67568	85844	39361	50008	69235	102	34324	107789	32
柳州铁路工程集团公司	4956	37518	75702	34129	68864	19478	39302	16282	48	49809	129084	39
兰州铁路建设集团公司	7670	84987	110804	81624	106420	25663	33459	70232	86	146213	365606	40
乌鲁木齐铁路工程集团公司	5127	44829	87437	42148	82208	12701	24773	14344	34	31250	105897	30

续表

指标 / 数量 / 单位	安全生产					主要施工机械				财务成本				
	从业人员平均人数（不含外部劳务）（人）	死亡人数（人）	死亡率（‰）	重伤人数（人）	重伤率（‰）	施工机械总功率（千瓦）	动力装备率（千瓦/人）	机械设备净值（万元）	技术装备率（元/人）	实收资本（万元）	年末固定资产合计（万元）	年末流动资产合计（万元）	主营业务利润（万元）	其他业务利润（万元）
总公司合计	236212	6		8		1681661	7	449163	19015	790405	1002953	3879123	413036	9332
中铁十一局集团公司	20914	2				107454	5	26083	12472	64240	71216	288911	32912	641
中铁十二局集团公司	24655					138601	6	46443	18837	53273	86027	244206	35216	1776
中铁十三局集团公司	12567	1		2		114677	9	23187	18451	44481	51633	278527	24700	1968
中铁十四局集团公司	15186					160921	11	45832	30180	51000	63506	330301	36792	581
中铁十五局集团公司	18617					99353	5	21779	11698	50243	66752	288527	28074	83
中铁十六局集团公司	20573					156450	8	49195	23912	64976	93311	299910	32260	604
中铁十七局集团公司	12741					168951	13	38569	30272	64702	67507	233697	28178	408
中铁十八局集团公司	22872	1				212945	9	42132	18421	54331	116714	302509	36705	481
中铁十九局集团公司	30346					121300	4	32528	10719	50938	49711	241213	28688	－140
中铁二十局集团公司	14947			3		181705	12	54629	36548	56566	83421	254977	26438	1370
中铁建设集团公司	2136					19400	9	5914	27687	30000	20847	242905	13397	105
中铁工程集团公司	667					18320	27	19023	285202	30560	30782	47564	4725	383
中国土木工程集团公司										61000	55080	199949	14799	728
哈尔滨铁路建设集团公司	3646					21999	6	4341	11906	11415	8842	76135	4377	－23
齐齐哈尔铁路建设集团公司	2944			1		23430	8	3491	11858	12543	10334	35831	3319	－895
上海铁路建设集团公司	5617					31347	6	6175	10993	12000	18766	100414	10095	409
福建铁路建设集团公司	2955					18851	6	3297	11157	11000	14822	54609	6243	109
南昌铁路工程集团公司	5657	1		1		19832	4	5062	8948	21125	19527	69030	12093	535
广州铁路工程集团公司	7871					28465	4	5610	7127	14243	35655	78109	11871	214
柳州铁路工程集团公司	3198					4032	1	4232	13233	9019	9194	35600	7191	25
兰州铁路建设集团公司	5420			1		24656	5	7016	12945	12668	21131	127503	10080	－99
乌鲁木齐铁路工程集团公司	2683	1				8972	3	4625	17238	10082	8175	48696	4883	69

续表

单位＼数量＼指标	工程成本				工资			主要材料消耗					
								价值量(万元)			实物量		
	工程预算成本(万元)	工程实际成本(万元)	工程成本降低额(万元)	工程成本降低率(%)	在岗职工劳动报酬(万元)	在岗职工平均人数(人)	在岗职工年均工资(元/人)	钢材	木材	水泥	钢材(吨)	木材(立方米)	水泥(吨)
总公司合计	4630697	4777099	-146402	-3	272562	177872	15323	815038	80099	477643	2155593	666603	11646600
中铁十一局集团公司	417838	384497	33341	8	19943	15370	12975	39101	485	17729	73506	5411	457514
中铁十二局集团公司	554728	525867	28861	5	15774	11869	13290	128962	55269	92116	446235	491106	3598281
中铁十三局集团公司	459932	435232	24700	5	17509	12254	14288	39209	921	22153	128057	10360	655409
中铁十四局集团公司	501478	476807	24671	5	19107	14370	13296	40235	1652	34217	157865	27652	1032483
中铁十五局集团公司	380865	355447	25418	7	22318	18550	12031	31987	1362	16991	114740	8125	51368
中铁十六局集团公司	44175	41942	2233	5	20663	12861	16066	37488	1069	27461	120930	11089	858160
中铁十七局集团公司					20164	12741	15826	43731	4487	28384	145174	9251	927772
中铁十八局集团公司	399541	592735	-193194	-48	29776	15498	19213	224515	3485	107216	252373	32751	789413
中铁十九局集团公司	359995	514160	-154165	-43	15070	11378	13245	65660	1733	65115	208078	14031	1281066
中铁二十局集团公司	601430	586277	15153	3	15212	14518	10478	48779	5511	21448	128181	15870	612810
中铁建设集团公司	155000	154360	640		5718	2136	26770	59486	1079	1432	224556	10790	62918
中铁工程集团公司	46405	46096	309	1	1265	469	26972	9932	1419	17024	28377	13139	587035
中国土木工程集团公司	140000	135832	4168	3	8505	1978	42998						
哈尔滨铁路建设集团公司	78713	78051	662	1	4742	3246	14609	6385	408	3582	15963	6802	85290
齐齐哈尔铁路建设集团公司	26931	25994	937	3	3731	2761	13513	755	44	1896	2330	529	52826
上海铁路建设集团公司	107132	104544	2588	2	8986	4281	20990	12796	254	6321	40853	2158	204546
福建铁路建设集团公司	70752	64233	6519	9	4651	2917	15944	2464	55	2305	5600	651	50103
南昌铁路工程集团公司	91765	82239	9526	10	9308	5494	16942	4299	14	3288	13771	140	107289
广州铁路工程集团公司	56251	47349	8902	16	10623	5037	21090	6305	325	4555	14784	3218	130264
柳州铁路工程集团公司	28143	26378	1765	6	6392	3076	20780	1761	184	725	4220	2026	24206
兰州铁路建设集团公司	76632	69007	7625	10	9346	5176	18056	4902	250	2722	10788	614	47591
乌鲁木齐铁路工程集团公司	32991	30052	2939	9	3759	1892	19868	6286	93	963	19212	890	30256

制表：扈苏豫

续表

指标 数量 单位	文件、设备、安全						从业人员年末人数(人)				下岗职工年末人数(人)
	项目文件实交件数(件)	主要生产设备(台)		计算机(台)		工伤事故(人次)	合计	其中			
		合计	其中：完好设备	合计	其中：CAD			在岗职工	聘用人员	临时人员	
总公司合计	2365	12405	11893	6066	2528	7	11066	9226	1708	131	1
铁道第一勘察设计院	159	6705	6423	2856	1554	1	4299	3991	308		
铁道第四勘察设计院	285	3621	3440	1972	71	6	4627	3276	1351		
哈尔滨铁路勘测设计院	79	143	143	92	79		157	156			1
齐齐哈尔铁路勘测设计院	65	244	223	138	107		162	162			
上海铁路城市轨道交通设计院	620	296	279	158	120		230	230			
南昌铁路勘测设计院	132	410	409	144	123		198	182	11	5	
广州铁路勘测设计院	326	404	404	167	123		306	176	7	123	
福州铁路勘测设计院	125	38	35	108	61		172	172			
柳州铁路勘测设计院	231	43	43	165	165		224	211	10	3	
兰州铁路勘测设计院	105	172	172	135	100		203	201	2		
乌鲁木齐铁路勘测设计院	238	243	243	97	20		182	181	1		
铁道建筑研究设计院		86	79	34	5		306	288	18		

总公司勘察设计单位主要经济技术指标完成情况汇总表

（2003 年度）

指标 数量 单位	总产值(万元)							增加值（万元）
	合计	勘察设计产值			技术咨询与技术转让产值	勘察设计延伸经营产值	其他产值	
		合计	其中					
			建设项目产值	三大部类产值				
总公司合计	127260.8	113630.6	106397.6	1862	3550.9	9699.5	380	104129
铁道第一勘察设计院	41867	37826	36814	1012	1030	2797	214	34043
铁道第四勘察设计院	59544	57044	56194	850	318	2182		57888
哈尔滨铁路勘测设计院	1086	1042			44			827
齐齐哈尔铁路勘测设计院	1279	1279	1279					469
上海铁路城市轨道交通设计院	4388	4099	4099		39	95	155	2032
南昌铁路勘测设计院	2103	1403	1403			692	8	1204
广州铁路勘测设计院	2868	2324	2324			541	3	1851
福州铁路勘测设计院	855	771			22	62		447
柳州铁路勘测设计院	2547.6	982.6	982.6			1565		457
兰州铁路勘测设计院	3002	3002	3002					1902
乌鲁木齐铁路勘测设计院	2667.2	2408			17.9	241.5		1247
铁道建筑研究设计院	5054	1450	300		2080	1524		1762

续表

数量 指标 / 单位	专业技术人员年末人数(人)					生产人员年末人数(人)							
	合计	其中				合计	其中						
		高级职务	中级职务	初级职务	其他人员		勘察生产	设计生产	工程总承包	工程监理	工程咨询	工程造价咨询	其他人员
总公司合计	7086	1786	3272	1813	215	6449	1930	3339	160	262	50	179	571
铁道第一勘察设计院	2867	598	1338	833	98	2492	805	1314	90	92	5	113	73
铁道第四勘察设计院	2807	752	1341	639	75	2395	785	1116	39	98	19	28	310
哈尔滨铁路勘测设计院	130	41	45	34	10	113	16	87		10			
齐齐哈尔铁路勘测设计院	121	27	67	27		110	25	85					
上海铁路城市轨道交通设计院	148	51	53	40	4	230	57	110		3	3	7	50
南昌铁路勘测设计院	126	28	62	36		141	34	77	5	8			17
广州铁路勘测设计院	139	19	64	43	13	134	31	76	8	10	1	8	42
福州铁路勘测设计院	100	24	45	31		145	44	60	1	5	2	7	26
柳州铁路勘测设计院	167	28	83	41	15	165	35	89	8	14	3	5	11
兰州铁路勘测设计院	146	66	54	26		185	40	78	7	11	14	6	29
乌鲁木齐铁路勘测设计院	173	66	75	32		178	35	122	2	5		4	10
铁道建筑研究设计院	162	86	45	31		161	23	125		6	3	1	3

续表

指标 / 数量 / 单位	注册执业年末人数(人)							从业人员平均人数(人)	
	合计	其中						合计	其中：勘察设计平均人数
		一级注册建筑师	二级注册建筑师	一级注册结构工程师	二级注册结构工程师	其他注册工程师	其他注册人员		
总公司合计	854	50	80	137	21	557	19	11072	5480
铁道第一勘察设计院	377	8	33	36	13	268	19	5155	2300
铁道第四勘察设计院	229	17	11	42		159		3932	1891
哈尔滨铁路勘测设计院	7	2	1	2	2			157	103
齐齐哈尔铁路勘测设计院	8	2		4		2		160	115
上海铁路城市轨道交通设计院	18	3	4	8		3		230	167
南昌铁路勘测设计院	33	2	4	5	2	20		186	110
广州铁路勘测设计院	43	3	4	11		25		185	107
福州铁路勘测设计院	36	1	5	4		26		173	145
柳州铁路勘测设计院	51	4	6	11	2	38		211	124
兰州铁路勘测设计院	15	2	3	4	2	4		201	118
乌鲁木齐铁路勘测设计院	25	3	7	4		11		181	178
铁道建筑研究设计院	12	3	2	6		1		301	122

续表

指标 数量 单位	工程勘察设计完成合同数（项）	工程勘察设计完成合同额（万元） 合计	工程勘察设计完成合同额（万元） 其中：境外	工程测量（平方公里）	工程地质（实钻米）	水文地质（实钻米）	工程物探（标准点）	工程咨询完成合同数（项）	工程咨询完成合同额（万元）	工程总承包完成合同数（项）	工程总承包完成合同额（万元）	工程监理完成合同数（项）	工程监理完成合同额（万元）
总公司合计	1059	112245.6	1651	5591.4	550116.9	4291.2	305863	75	1595.9	75	5146	266	4579
铁道第一勘察设计院	24	39016	1651	1284	1284	478	168641	23	1030	19	891	8	930
铁道第四勘察设计院	73	53797		690	397452	47.2	137222	22	318	28	1182	3	1000
哈尔滨铁路勘测设计院	79	1042		21	7000			2	9			10	44.1
齐齐哈尔铁路勘测设计院	77	1279			7907								
上海铁路城市轨道交通设计院	49	3596		23	48977			6	18			13	140
南昌铁路勘测设计院	167	2176		36	10413.9					2	136		
广州铁路勘测设计院	87	2324		36.4	9513					14	204	35	337
福州铁路勘测设计院	73	771		3322				8	44			5	92
柳州铁路勘测设计院	231	2547.6		117	32679	3766				3	1565	182	223.3
兰州铁路勘测设计院	60	1182		50	9162			9	159	5	1007	3	484
乌鲁木齐铁路勘测设计院	116	2408		12	16661			5	17.9	4	161	3	80.4
铁道建筑研究设计院	23	2107			9068							4	1248.2

续表

指标 数量 单位	完成主要实物量情况																
	初测铁路正线（公里）	定测铁路正线（公里）	补充定测铁路正线（公里）	预可行性研究铁路正线（公里）	可行性研究铁路正线（公里）	初步设计铁路正线（公里）	施工图铁路正线（公里）	线路（折算公里）	枢纽（个）	枢纽（万元）	桥梁（座）	桥梁（折算米）	隧道（座）	隧道（折算米）	电气化（公里）	电气化（折算公里）	通信信号（公里）	通信信号（电务公里）
总公司合计	3466.1	3082.8	678.5	20416	5175.5	3575.22	2930.96	3251.7			9	478			570	718.9		
铁道第一勘察设计院	994.5	964.7	85.5	7781	1313.3	1193.52	759.46	950.9							570	269.9		
铁道第四勘察设计院	2341	1836	561	12488	3224	1935	1243	2087								449		
哈尔滨铁路勘测设计院	21					72	53	125										
齐齐哈尔铁路勘测设计院	36	22	2	136	45	36	16				9	478						
上海铁路城市轨道交通设计院	6.1	66.4	10		134	30	63											
南昌铁路勘测设计院								26										
广州铁路勘测设计院					46.2	5.2	15.8	27.8										
福州铁路勘测设计院	14	37		11	13		33	35										
柳州铁路勘测设计院																		
兰州铁路勘测设计院	50	122	20		400	300	713											
乌鲁木齐铁路勘测设计院	3.5	34.7				3.5	34.7											
铁道建筑研究设计院																		

续表

数量 指标 单位	年末资产负债：资产(万元) 合计	资产(万元) 流动资产	资产(万元) 固定资产	生产用设备原值(万元)	生产用设备净值(万元)	本年提取固定资产折旧(万元)	负债(万元) 合计	负债(万元) 其中：流动负债	年末所有者权益(万元)	年初所有者权益(万元)	注册资本金(万元)
总公司合计	300716.9	205501.7	89481	45515.2	15879.3	5929.5	220699	187983	80017.9	66117.9	57539.7
铁道第一勘察设计院	125094	76851	42701	22369	3239	2546	90941	66168	34153	26141	32200
铁道第四勘察设计院	126502	96018	35259	12836	6863	2133	101453	93625	25049	20742	15520
哈尔滨铁路勘测设计院	984	508	417	712	417	54	130	130	854	795	605
齐齐哈尔铁路勘测设计院	1428	224	1204	366	217	66	397	397	1031	784	367
上海铁路城市轨道交通设计院	5543	1806	3497			140	670	670	4873	4786	800
南昌铁路勘测设计院	3955	3181	540	1025	540	102	2444	2444	1511	1421	1023
广州铁路勘测设计院	2149	1432	667	1195	667	103	1055	1055	1094	888	790
福州铁路勘测设计院	896	169	696	696	339	45	101	57	795	730	647
柳州铁路勘测设计院	2587.9	2109.7	403	660.2	236.3	74.5	644	644	1943.9	1721.9	901.7
兰州铁路勘测设计院	18349	17712	547	1129	547	307	17029	17029	1320	1111	607
乌鲁木齐铁路勘测设计院	3443	2462	794	1372	794	107	1804	1804	1639	1552	1010
铁道建筑研究设计院	9786	3029	2756	3155	2020	252	4031	3960	5755	5446	3069

续表

指标 / 数量 / 单位	损益及分配（万元）													
	总收入	营业收入									营业税金及附加	营业成本	经营费用	管理费用
		合计	其中		其中									
			境内	境外	勘察收入	设计收入	总承包收入	监理收入	咨询收入	其他收入				
总公司合计	172462.4	172136.4	172136.4		52022.4	62523.5	14853.9	3799.6	3306.9	35630	5714.1	104978.3	12697	47731.2
铁道第一勘察设计院	72401	72104	72104		27541	22534	8690	1003	1030	11306	1766	40240	5935	23300
铁道第四勘察设计院	75942	75942	75942		22243	27185	1182	1000	318	24014	2848	50139	5925	17499
哈尔滨铁路勘测设计院	1056	1042	1042		30	1012					59	801		132
齐齐哈尔铁路勘测设计院	941	926	926			923				3	50		675	189
上海铁路城市轨道交通设计院	3593	3593	3593		31	3120		108	49	285	195	2478		777
南昌铁路勘测设计院	2103	2103	2103		280	1123	692			8	100	1568		370
广州铁路勘测设计院	2811	2811	2811		508	1759	204	337		3	144	2124		495
福州铁路勘测设计院	855	855	855		29	742		51	22	11	46	534		274
柳州铁路勘测设计院	2519.4	2519.4	2519.4		31	728.2	1536.9	223.3			94.1	1748.3		474.2
兰州铁路勘测设计院	3002	3002	3002		302	1050	1007	484	159		115	934	162	1766
乌鲁木齐铁路勘测设计院	2185	2185	2185		577.4	1347.3	161	81.3	17.9		117	1166		811
铁道建筑研究设计院	5054	5054	5054		450	1000	1381	512	1711		180	3246		1644

续表

数量 指标 单位	损益及分配（万元）												科技活动费用支出总额（万元）
	其中				财务费用	营业利润	其他收入	利润总额	其中		应付工资总额	应付福利费	
	税金	劳动保险费	待业保险费	其他保险					应交所得税	应付利润			
总公司合计	190.7	9224.7	692	7858	-1417.9	3494.7	1786.9	4046.7	517.1	203	49783.4	4727.7	3197.3
铁道第一勘察设计院	133	4215	242		-250	1113	296	1041	145		21446	2171	1274
铁道第四勘察设计院	21	3926	392	7852	-1092	1655	1392	1915	129		20372	1474	929
哈尔滨铁路勘测设计院	3	56	2		-1	51	14	56	19	37	393	55	
齐齐哈尔铁路勘测设计院	1	59	6			12	15	14	10		254	27	13
上海铁路城市轨道交通设计院		223	19		-11	154		148	62		1095	196	48
南昌铁路勘测设计院	3	72	3		-14	79	50	125	36		513	68	
广州铁路勘测设计院	4	130		6	17	31		31	36		1246	145	
福州铁路勘测设计院	2	99	7		-1	2		2	0.3		354	51	49
柳州铁路勘测设计院	5.7	103.7	9		-13.9	216.7	19.9	234.7	13.8		868.4	83.7	14.3
兰州铁路勘测设计院	9	50	5		-34	59		17	4		1173	184	
乌鲁木齐铁路勘测设计院	4	72	7		-8	99		98	56		817	98	
铁道建筑研究设计院	5	219			-10	23		365	6	166	1252	175	870

制表：扈苏豫

总公司劳动生产率统计表

（2003年度）

单位 \ 数量 \ 项目	企业总产值（现价）（万元）	企业增加值（现价）（万元）	计算劳动生产率平均人数（人）	企业总产值劳动生产率（元/人年）	企业增加值劳动生产率（元/人年）
总　计	6945059	1071740	418656	165889	25600
中铁十一局集团公司	431758	69577	28934	149222	24047
中铁十二局集团公司	592426	100233	46571	127209	21523
中铁十三局集团公司	480457	53874	27067	177507	19904
中铁十四局集团公司	528883	68663	21076	250941	32579
中铁十五局集团公司	434433	60827	25465	170600	23887
中铁十六局集团公司	511768	88696	28814	177611	30782
中铁十七局集团公司	501409	59166	30627	163715	19318
中铁十八局集团公司	643833	103895	45507	141480	22831
中铁十九局集团公司	555180	61544	30346	182950	20281
中铁二十局集团公司	638240	73299	27679	230586	26482
中铁建设集团公司	185838	40881	18517	100361	22078
总公司机关合并		－960	327		－29358
海外公司	90988	3577	188	4839787	190266
铁道建筑研究设计院	5054	2375	301	167907	78904
总医院	3975	1876	489	81288	38364
党校(干校)	202	324	62	32581	52258
石家庄铁路职业技术学院	3135		239	131172	
北京铁城建设监理公司	1911	1114	260	73500	42846
中铁工程集团公司	60382	10152	3534	170860	28727
中铁物资集团公司	50017	5597	655	763618	85450
中铁路桥集团公司	42684	12282	2460	173512	49927
北京铁建工贸集团公司	8500	4061	908	93612	44725
昆明中铁大型养路机械集团公司	56278	10669	1084	519170	98423
中国土木工程集团公司	335894	16202	1545	2174071	104867
铁道第一勘察设计院	41867	32973	4242	98696	77730
铁道第四勘察设计院	59544	32264	4294	138668	75137
哈尔滨铁路勘测设计院	1086	649	157	69172	41338
齐齐哈尔铁路勘测设计院	1279	568	161	79441	35280
上海铁路城市轨道交通设计院	4388	2177	308	142468	70682
福州铁路勘测设计院	855	447	176	48580	25398
南昌铁路勘测设计院	2103	1460	193	108964	75648
广州铁路勘测设计院	2868	1841	282	101702	65284
柳州铁路勘测设计院	2548	1405	231	110303	60823
兰州铁路勘测设计院	3002	1330	226	132832	58850
乌鲁木齐铁路勘测设计院	2667	1247	158	168797	78924
哈尔滨铁路建设集团公司	75642	10564	7237	104521	14597
齐齐哈尔铁路建设集团公司	38115	6557	2944	129467	22272
上海铁路建设集团公司	121449	28528	11407	106469	25009
福建铁路工程集团公司	75763	21113	4722	160447	44712
南昌铁路工程集团公司	106425	9267	13539	78606	6845
广州铁路工程集团公司	74879	30222	7871	95133	38397
柳州铁路工程集团公司	37518	14317	4956	75702	28888
兰州铁路建设集团公司	84987	18527	7670	110804	24155
乌鲁木齐铁路工程集团公司	44829	8360	5227	85764	15994

制表:张建红

总公司在岗职工和非在岗职工专项指标统计表

（2003年度）

单位	项目 数量	在岗职工和非在岗职工中专业技术人员（人）	从事专业技术工作（人）	从事专业技术管理工作（人）	专业技术人员中 工程技术人员（人）	女性（人）	专业技术人员职务 初级职务（人）	中级职务（人）	高级职务（人）	无技术职务（人）	从事专业技术管理工作之外的其他管理人员（人）	专业技术人员文化程度 合计（人）	初中以下（人）	高中（人）	技校（人）	中专（人）	大学专科（人）	大学本科（人）	研究生（人）
总计		69863	52106	17757	38839	10026	35254	24349	6072	4188	9083	225296	69796	52741	17378	21781	35986	26962	652
总公司原单位	合计	52262	39376	12886	27408	7358	27107	17525	3889	3741	6715	174693	51638	41172	16085	16158	28914	20214	512
	中铁十一局集团公司	4965	3128	1837	2314	734	2318	1900	321	426		16924	4524	3992	1938	1469	3047	1903	51
	中铁十二局集团公司	5262	4338	924	3081	650	2617	2107	360	178	1427	15304	4690	3847	867	1800	2349	1740	11
	中铁十三局集团公司	4661	3607	1054	2650	704	2796	1596	269		505	13165	3568	2610	1334	1159	2344	2141	9
	中铁十四局集团公司	4926	3603	1323	2584	597	2260	1772	449	445	590	16687	4922	3388	1519	2170	2742	1930	16
	中铁十五局集团公司	4722	3752	970	2249	680	2706	1617	236	163		22170	8144	5452	1706	1879	3363	1600	26
	中铁十六局集团公司	4493	3857	636	2530	397	2397	1399	308	389	621	15087	4739	5092	836	386	2163	1820	51
	中铁十七局集团公司	4119	2784	1335	1943	712	1942	1401	325	451	309	13984	3874	3249	1271	1755	2322	1500	13
	中铁十八局集团公司	6475	4453	2022	3598	1078	3403	1876	399	797	1364	19975	5562	4665	2198	1509	3241	2589	211
	中铁十九局集团公司	3859	3166	693	2156	704	2424	953	250	232	759	15097	4063	3343	1893	1727	2880	1183	8
	中铁二十局集团公司	4492	3255	1237	2327	343	2537	1242	267	446	736	15901	4655	3761	1475	1692	2696	1604	18
	中铁建设集团公司	1156	1017	139	928	222	645	442	69			2430	640	534	7	96	399	751	3
	总公司机关	394	313	81	75	112	52	147	143	52	13	407	61	30		17	128	150	21
	海外公司	98	89	9	92	7	17	53	24	4	29	128	2	13		13	21	63	16
	铁道建筑研究设计院	200	157	43	159	44	50	67	83			302	38	36		15	29	174	10
	总医院	438	415	23	8	4	222	161	55		12	532	53	30		136	169	142	2
	党校（干校）	27	9	18		6	6	17	4		5	70	25	9		4	9	22	1
	石家庄铁路职业技术学院	193	153	40	26	4	67	63	63			241	6	3		5	40	161	26
	北京铁城建设监理公司	20	12	8	5	6	7	3	10			20					8	12	
	中铁工程集团公司	359	301	58	226	70	76	125	158		8	498	11	59	4	27	156	228	13
	中铁物资集团公司	306	205	101	50	33	103	125	11	67	155	751	197	140	35	50	218	110	1
	中铁路桥集团公司	516	364	152	168	90	261	201	28	26	182	2787	996	397	792	135	295	167	5
	北京铁建工贸集团公司	240	133	107	31	56	71	89	15	65		1138	344	426	35	72	184	77	
	昆明中铁大型养路机械集团公司	341	265	76	208	105	130	169	42			1095	524	96	175	42	111	147	

续表

单位		在岗职工和非在岗职工中专业技术人员（人）	从事专业技术工作（人）	从事专业技术管理工作（人）	专业技术人员中 工程技术人员（人）	专业技术人员中 女性（人）	专业技术人员职务 初级职务（人）	中级职务（人）	高级职务（人）	无技术职务（人）	从事专业技术管理工作之外的其他管理人员（人）	专业技术人员文化程度 合计（人）	初中以下（人）	高中（人）	技校（人）	中专（人）	大学专科（人）	大学本科（人）	研究生（人）
	合计	17601	12730	4871	11431	2668	8147	6824	2183	447	2368	50603	18158	11569	1293	5623	7072	6748	140
新划入单位	中国土木工程集团公司	503	291	212	221	25	200	172	131		188	1455	340	270	205	123	144	340	33
	铁道第一勘察设计院	3236	2839	397	2249	402	1078	1517	641		197	5150	605	1298	109	685	930	1510	13
	铁道第四勘察设计院	2992	2500	492	2178	502	721	1441	755	75	259	3932	366	336	121	367	888	1793	61
	哈尔滨铁路勘测设计院	130	107	23	108	38	34	45	41	10	1	157	8	17	1	10	28	90	3
	齐齐哈尔铁路勘测设计院	113	81	32	112	36	23	63	27		4	162	15	19	1	25	50	52	
	上海铁路城市轨道交通设计院	147	122	25	129	51	44	57	46			232	56	34	1	9	16	104	12
	福州铁路勘测设计院	100	73	27	90	17	31	45	24		1	172	19	40		5	31	75	2
	南昌铁路勘测设计院	126	86	40	111	29	36	62	28			187	15	29		6	37	100	
	广州铁路勘测设计院	139	112	27	113	33	43	64	19	13	4	182	39	7	3	13	23	95	2
	柳州铁路勘测设计院	166	139	27	158	43	47	82	23	14		211	21	23	1	24	28	110	4
	兰州铁路勘测设计院	137	110	27	124	42	18	55	64		6	202	9	47	1	11	49	84	1
	乌鲁木齐铁路勘测设计院	144	129	15	137	43	54	58	25	7	6	166	5	18	5	10	46	82	
	哈尔滨铁路建设集团公司	1119	788	331	586	146	617	381	46	75	140	3851	1743	791	95	334	634	254	
	齐齐哈尔铁路建设集团公司	991	694	297	537	78	604	355	32		129	3210	1231	641	144	515	573	106	
	上海铁路建设集团公司	993	588	405	616	54	663	281	49		122	4614	2427	1023	55	554	321	233	1
	福建铁路建设集团公司	883	796	87	522	112	517	254	39	73	16	3001	1474	665	31	261	360	209	1
	南昌铁路工程集团公司	1295	755	540	807	248	805	443	37	10	356	6147	3115	1420	15	476	788	333	
	广州铁路工程集团公司	1630	970	660	981	365	1047	456	36	91	505	5773	2107	1603	71	754	713	518	7
	柳州铁路工程集团公司	956	569	387	520	147	584	268	32	72	133	3393	1459	533	151	648	384	218	
	兰州铁路建设集团公司	1165	599	566	741	158	689	402	74		218	6258	2407	2156	217	511	626	341	
	乌鲁木齐铁路工程集团公司	636	382	254	391	99	292	323	14	7	83	2148	697	599	66	282	403	101	

制表：张建红

总公司系统企业人工成本统计表（一）

（2003 年度）

单位 \ 数量 \ 项目		从业人员平均人工成本 合计（元）	劳动报酬（元）	社会保险费（元）	福利费（元）	教育经费（元）	劳动保护费（元）	住房费用（元）	其他（元）	从业人员平均人工成本构成比重 劳动报酬（%）	社会保险费（%）	福利费（%）	教育经费（%）	劳动保护费（%）	住房费用（%）	其他（%）
总计		25369	16178	3372	1708	210	241	951	2709	63.8	13.3	6.7	0.8	0.9	3.8	10.7
总公司原单位	合计	23151	14252	2724	1606	174	241	860	3294	61.6	11.8	6.9	0.7	1.0	3.7	14.2
	中铁十一局集团公司	16927	11517	2506	1430	148	173	1044	108	68.0	14.8	8.4	0.9	1.0	6.2	0.6
	中铁十二局集团公司	20294	12898	2977	1401	114	177	916	1811	63.6	14.7	6.9	0.6	0.9	4.5	8.9
	中铁十三局集团公司	40656	12975	2541	2024	208	125	798	21985	31.9	6.3	5.0	0.5	0.3	2.0	54.1
	中铁十四局集团公司	23781	13047	2074	1176	186	196	713	6389	54.9	8.7	4.9	0.8	0.8	3.0	26.9
	中铁十五局集团公司	16674	12003	2227	1457	150	213	318	307	72.0	13.4	8.7	0.9	1.3	1.9	1.8
	中铁十六局集团公司	17555	13210	2255	1119	111	159	217	483	75.3	12.8	6.4	0.6	0.9	1.2	2.7
	中铁十七局集团公司	26048	15826	2964	1822	210	232	1333	3660	60.8	11.4	7.0	0.8	0.9	5.1	14.1
	中铁十八局集团公司	26063	17018	2648	1514	163	339	945	3437	65.3	10.2	5.8	0.6	1.3	3.6	13.2
	中铁十九局集团公司	21590	13245	4085	1360	198	324	1370	1008	61.3	18.9	6.3	0.9	1.5	6.3	4.7
	中铁二十局集团公司	14054	10341	1525	1026	168	321	236	437	73.6	10.9	7.3	1.2	2.3	1.7	3.1
	中铁建设集团公司	48777	26769	6433	3625	367	792	6668	4122	54.9	13.2	7.4	0.8	1.6	13.7	8.5
	总公司机关合并	170072	88471	23605	39482	1604	1559	13474	1876	52.0	13.9	23.2	0.9	0.9	7.9	1.1
	海外公司	90230	86170	875	3060	28		96		95.5	1.0	3.4			0.1	
	铁道建筑研究设计院	50606	40664	3637	4825	498	231	730	20	80.4	7.2	9.5	1.0	0.5	1.4	
	总医院	27429	27429													
	党校（干校）	28613	28613													
	石家庄铁路职业技术学院	24042	24042													
	北京铁城建设监理公司	35893	31092	2046	1205	369	625	319	237	86.6	5.7	3.4	1.0	1.7	0.9	0.7
	中铁工程集团公司	36577	23711	3978	4287	711	621	1348	1922	64.8	10.9	11.7	1.9	1.7	3.7	5.3
	中铁物资集团公司	39715	26777	8332	2812	381	273	919	220	67.4	21.0	7.1	1.0	0.7	2.3	0.6
	中铁路桥集团公司	23077	15107	4610	2217	222	263	537	121	65.5	20.0	9.6	1.0	1.1	2.3	0.5
	北京铁建工贸集团公司	44867	30138	8051	3676	369	430	1995	208	67.2	17.9	8.2	0.8	1.0	4.4	0.5
	昆明中铁大型养路机械集团公司	87273	65208	9109	9129	381	1077	2369		74.7	10.4	10.5	0.4	1.2	2.7	

续表

单位（数量/项目）		从业人员平均人工成本								从业人员平均人工成本构成比重						
		合计（元）	劳动报酬（元）	社会保险费（元）	福利费（元）	教育经费（元）	劳动保护费（元）	住房费用（元）	其他（元）	劳动报酬（%）	社会保险费（%）	福利费（%）	教育经费（%）	劳动保护费（%）	住房费用（%）	其他（%）
新划入单位	合计	32468	22342	5445	2033	326	239	1245	837	68.8	16.8	6.3	1.0	0.7	3.8	2.6
	中国土木工程集团公司	36405	22676	4656	2078	242	895	1225	4634	62.3	12.8	5.7	0.7	2.5	3.4	12.7
	铁道第一勘察设计院	67457	48130	10536	5135	581	285	2013	777	71.3	15.6	7.6	0.9	0.4	3.0	1.2
	铁道第四勘察设计院	53097	35181	11782	3353	787	36	1476	483	66.3	22.2	6.3	1.5	0.1	2.8	0.9
	哈尔滨铁路勘测设计院	36206	25057	4608	3493	390	1213	946	499	69.2	12.7	9.6	1.1	3.3	2.6	1.4
	齐齐哈尔铁路勘测设计院	23829	16174	4018	2096	240	103	877	320	67.9	16.9	8.8	1.0	0.4	3.7	1.3
	上海铁路城市轨道交通设计院	65277	44968	13554	1501	151	723	3490	892	68.9	20.8	2.3	0.2	1.1	5.3	1.4
	福州铁路勘测设计院	30856	20210	7214	1199	300	237	1298	400	65.5	23.4	3.9	1.0	0.8	4.2	1.3
	南昌铁路勘测设计院	35702	25104	3090	4373	487	816	1118	714	70.3	8.7	12.2	1.4	2.3	3.1	2.0
	广州铁路勘测设计院	51617	43943	4359	612	581	26	1410	684	85.1	8.4	1.2	1.1	0.1	2.7	1.3
	柳州铁路勘测设计院	50540	37597	3671	4899	511	414	1494	1954	74.4	7.3	9.7	1.0	0.8	3.0	3.9
	兰州铁路勘测设计院	62937	50319	2639	149	7481	844	634	872	80.0	4.2	0.2	11.9	1.3	1.0	1.4
	乌鲁木齐铁路勘测设计院	62496	50766	4580	3331	335	232	2260	992	81.2	7.3	5.3	0.5	0.4	3.6	1.6
	哈尔滨铁路建设集团公司	20848	14090	4003	1239	150	106	987	272	67.6	19.2	5.9	0.7	0.5	4.7	1.3
	齐齐哈尔铁路建设集团公司	21831	13529	3130	1735	191	100	940	2206	62.0	14.3	7.9	0.9	0.5	4.3	10.1
	上海铁路建设集团公司	27828	18901	5812	690	234	244	1635	312	67.9	20.9	2.5	0.8	0.9	5.9	1.1
	福建铁路建设集团公司	24612	15917	5204	1252	270	198	1139	633	64.7	21.1	5.1	1.1	0.8	4.6	2.6
	南昌铁路工程集团公司	26836	16907	5508	1864	240	323	1183	810	63.0	20.5	6.9	0.9	1.2	4.4	3.0
	广州铁路工程集团公司	27106	19778	3509	2056	220	188	959	397	73.0	12.9	7.6	0.8	0.7	3.5	1.5
	柳州铁路工程集团公司	31932	20385	6307	2648	321	281	1747	245	63.8	19.8	8.3	1.0	0.9	5.5	0.8
	兰州铁路建设集团公司	21928	17718	2125	1103	139	257	558	28	80.8	9.7	5.0	0.6	1.2	2.5	0.1
	乌鲁木齐铁路工程集团公司	25730	16592	2748	1357	122	178	1158	3576	64.5	10.7	5.3	0.5	0.7	4.5	13.9

制表：张建红

总公司系统企业人工成本统计表(二)

(2003 年度)

单位		从业人员平均人数（人）	在岗职工（人）	销售（营业）收入（万元）	成本费用总额（万元）	利润总额（万元）	人工成本总额：合计（万元）	从业人员劳动报酬（万元）	在岗职工工资（万元）	社会保险费用（万元）	福利费用（万元）	教育经费（万元）	劳动保护费用（万元）	住房费用（万元）	其他人工成本（万元）
总公司总计		218304	194952	6763975	6709760	70541	553815.2	353165.6	328744.6	73611.1	37287.0	4582.5	5257.5	20769.1	59142.5
总公司合并抵销				−6497	−6498	−36399									
总公司原单位	合　计	166340	150740	5785953	5734323	98985	385098.9	237067.1	223833.2	45315.8	26720.1	2886.5	4015.4	14299.9	54794.0
	中铁十一局集团公司	20914	15370	431288	426576	5450	35400.7	24087.2	19943.5	5241.0	2989.9	309.4	362.8	2184.0	226.4
	中铁十二局集团公司	12230	12230	615662	609809	6872	24820.1	15774.2	15774.2	3641.2	1713.4	139.5	217.0	1120.2	2214.6
	中铁十三局集团公司	12497	12254	472613	469255	4518	50808.3	16215.1	16012.2	3176.0	2529.6	260.1	156.0	996.7	27474.8
	中铁十四局集团公司	15186	14370	528883	520731	8691	36114.0	19812.8	19106.5	3150.2	1785.8	282.5	297.5	1082.3	9702.9
	中铁十五局集团公司	18617	18550	414112	409623	4292	31041.2	22345.6	22318.0	4145.3	2712.4	278.4	396.3	591.2	572.0
	中铁十六局集团公司	20573	12861	488400	483962	5004	36115.4	27177.6	20662.6	4639.5	2302.3	229.3	327.0	446.6	993.0
	中铁十七局集团公司	12741	12741	481751	477690	5167	33183.3	20164.2	20164.2	3776.4	2321.4	268.0	296.0	1698.8	4663.4
	中铁十八局集团公司	17481	17355	647355	640805	6369	45561.2	29750.0	29607.0	4629.8	2646.8	284.1	591.7	1651.4	6007.4
	中铁十九局集团公司	11378	11378	558540	553583	5116	24565.1	15069.9	15069.9	4648.4	1547.3	225.8	368.1	1559.1	1146.6
	中铁二十局集团公司	14947	14518	633328	627150	7288	21006.2	15457.2	15212.4	2279.4	1533.0	251.6	479.6	352.4	653.0
	中铁建设集团公司	2136	2136	222206	217888	6449	10418.8	5717.8	5717.8	1374.1	774.4	78.4	169.2	1424.3	880.4
	总公司机关合并	327	327	9996	19100	26069	5561.3	2893.0	2893.0	771.9	1291.0	52.4	51.0	440.6	61.3
	海外公司	188	121	52402	51745	1034	1696.3	1620.0	1527.7	16.4	57.5	0.5		1.8	
	铁道建筑研究设计院	301	288	5054	5060	365	1523.3	1224.0	1197.6	109.5	145.2	15.0	7.0	22.0	0.6
	总医院	489	487				1341.3	1341.3	1338.6						
	党校(干校)	62	62				177.4	177.4	177.4						
	石家庄铁路职业技术学院	239	223				574.6	574.6	567.4						
	北京铁城建设监理公司	260	20	1911	1837	69	933.2	808.4	141.8	53.2	31.3	9.6	16.3	8.3	6.2
	中铁工程集团公司	667	469	52167	52246	603	2439.7	1581.5	1265.6	265.3	285.9	47.4	41.4	89.9	128.2
	中铁物资集团公司	655	655	50017	51077	393	2601.3	1753.9	1753.9	545.8	184.2	25.0	17.9	60.2	14.4
	中铁路桥集团公司	2460	2335	59825	58357	1662	5677.0	3716.4	3579.0	1134.0	545.3	54.6	64.6	132.2	29.8

续表

单位	项目	从业人员平均人数（人）	在岗职工（人）	销售（营业）收入（万元）	成本费用总额（万元）	利润总额（万元）	人工成本总额 合计（万元）	从业人员劳动报酬（万元）	在岗职工工资（万元）	社会保险费用（万元）	福利费用（万元）	教育经费（万元）	劳动保护费用（万元）	住房费用（万元）	其他人工成本（万元）
	北京铁建工贸集团公司	908	906	8161	8557	83	4073.9	2736.5	2734.4	731.0	333.8	33.5	39.0	181.2	18.9
	昆明中铁大型养路机械集团公司	1084	1084	52282	49272	3490	9460.4	7068.5	7068.5	987.4	989.6	41.3	116.8	256.8	
新划入单位	合　计	51964	44212	984519	981935	7954	168716.3	116098.5	104911.4	28295.3	10566.8	1695.9	1242.1	6469.2	4348.5
新划入单位	中国土木工程集团公司	1545	1477	152630	152700	1109	5624.6	3503.4	3444.0	719.4	321.1	37.4	138.2	189.3	715.9
新划入单位	铁道第一勘察设计院	4242	3976	72104	70990	1041	28615.2	20416.9	20017.0	4469.5	2178.1	246.6	120.7	853.9	329.6
新划入单位	铁道第四勘察设计院	4294	3252	74979	74359	1915	22800.0	15106.8	13597.2	5059.2	1439.6	338.1	15.3	633.7	207.3
新划入单位	哈尔滨铁路勘测设计院	157	157	1056	991	56	568.4	393.4	393.4	72.3	54.8	6.1	19.0	14.9	7.8
新划入单位	齐齐哈尔铁路勘测设计院	161	161	1166	1156	18	383.7	260.4	260.4	64.7	33.7	3.9	1.7	14.1	5.2
新划入单位	上海铁路城市轨道交通设计院	308	241	3593	3440	148	2010.5	1385.0	1095.3	417.5	46.2	4.7	22.3	107.5	27.5
新划入单位	福州铁路勘测设计院	176	172	930	925	5	543.1	355.7	351.7	127.0	21.1	5.3	4.2	22.8	7.0
新划入单位	南昌铁路勘测设计院	193	181	2535	2329	202	689.0	484.5	472.6	59.6	84.4	9.4	15.7	21.6	13.8
新划入单位	广州铁路勘测设计院	282	179	2811	2779	31	1455.6	1239.2	1028.0	122.9	17.3	16.4	0.7	39.8	19.3
新划入单位	柳州铁路勘测设计院	231	206	2519	2303	235	1167.5	868.5	841.9	84.8	113.2	11.8	9.6	34.5	45.1
新划入单位	兰州铁路勘测设计院	226	180	3002	2943	17	1422.4	1137.2	1078.9	59.6	3.4	169.1	19.1	14.3	19.7
新划入单位	乌鲁木齐铁路勘测设计院	158	150	2185	2086	98	987.4	802.1	791.4	72.4	52.6	5.3	3.7	35.7	15.7
新划入单位	哈尔滨铁路建设集团公司	3646	3246	90171	90313	586	7601.1	5137.2	4742.0	1459.6	451.6	54.7	38.7	360.0	99.3
新划入单位	齐齐哈尔铁路建设集团公司	2944	2761	30280	30354	－484	6427.0	3983.0	3731.0	921.4	510.8	56.3	29.5	276.7	649.3
新划入单位	上海铁路建设集团公司	5617	4281	120412	120253	518	15630.9	10616.5	8986.3	3264.7	387.4	131.7	137.2	918.4	175.1
新划入单位	福建铁路建设集团公司	2955	2917	79943	79028	401	7273.0	4703.6	4651.3	1537.8	370.1	79.7	58.4	336.4	186.9
新划入单位	南昌铁路工程集团公司	5657	5494	102108	102857	541	15181.0	9564.5	9307.7	3115.7	1054.5	135.8	182.8	669.2	458.5
新划入单位	广州铁路工程集团公司	7871	5037	86969	86614	653	21335.4	15567.0	10623.5	2761.7	1618.1	173.1	148.2	754.8	312.6
新划入单位	柳州铁路工程集团公司	3198	3076	38463	38179	501	10211.9	6519.0	6392.4	2016.9	846.7	102.5	90.0	558.6	78.2
新划入单位	兰州铁路建设集团公司	5420	5176	81624	81382	182	11885.1	9603.1	9346.1	1151.5	598.1	75.4	139.5	302.2	15.3
新划入单位	乌鲁木齐铁路工程集团公司	2683	1892	35039	35954	180	6903.3	4451.5	3759.3	737.2	364.0	32.8	47.8	310.7	959.3

制表：张建红

总公司劳动工资主要指标统计表

（2003 年度）

项目 \ 数量 \ 指标	计算单位	总公司总计	原有单位合计	与2002年相比 增减	与2002年相比 增减（%）	与2002年相比 扣除价格因素增减（%）	新划入单位合计
从业人员（在岗职工＋其他从业人员）年末人数	人	223716	170342	536			53374
其中：在岗职工	人	197113	153098	493			44015
长期职工	人	195529	151948	518			43581
临时职工	人	1584	1150	－25			434
其他从业人员	人	26603	17244	43			9359
聘用的离退休人员	人	1095	262	36			833
零散外部劳务人员及其他	人	25508	16982	7			8526
在岗职工和非在岗职工年末人数	人	225296	174693	1691			50603
其中：非在岗职工	人	28183	21595	1198			6588
内部退养	人	16775	11516	3047			5259
下岗	人	4085	4081	－1712			4
长期病假及其他	人	7323	5998	－137			1325
女性	人	56044	44084	401			11960
建制单位外部劳务人员年末人数	人	184253	162763	36346			21490
离休、退休、退职人员年末人数	人	60434	22331	757			38103
从业人员劳动报酬总额	万元	353165.6	237067.1	21445.5	9.9		116098.5
其中：在岗职工工资	万元	328744.6	223833.2	24164.8	12.1		104911.4
其他从业人员劳动报酬	万元	24421.0	13233.9	－2719.3	－17		11187.1
在岗职工工资和非在岗职工生活费总额	万元	348442.1	236853.0	26238.6	12.5		111589.1
其中：非在岗职工生活费	万元	19697.5	13019.8	2073.8	18.9		6677.7
建制单位外部劳务人员劳动报酬总额	万元	187412.9	150310.8	28931.1	23.8		37102.1
从业人员人均劳动报酬	元	16178	14252	1600	12.6	11.6	22342
其中：在岗职工人均工资	元	16863	14849	1549	11.6	10.7	23729
其他从业人员人均劳动报酬	元	10458	8483	622	7.9	6.9	14431
非在岗职工人均生活费	元	7708	6676	669	11.1	10.1	11034
其中：内部退养职工	元	9958	8862	202	2.3	1.4	12323
下岗职工	元	3550	3541	－332	－8.6	－9.4	6214

制表：张建红

总公司从业人员、非在岗职工及离退休人员统计表

（2003 年度）

单位		从业人员年末人数（人）	在岗职工（人）	长期职工（人）	临时职工（人）	息工放假人员（人）	其他从业人员（人）	聘用离退休人员（人）	零散外部劳务人员（人）	在岗职工和非在岗职工年末人数（人）	非在岗职工年末人数（人）	内部退养（人）	下岗（人）	长期病假及其他（人）	女性（人）	建制单位外部劳务人员年末人数（人）	离休退休退职人员年末人数（人）	离休（人）	退休（人）	退职（人）
总计		223716	197113	195529	1584	15554	26603	1095	25508	225296	28183	16775	4085	7323	56044	184253	60434	1295	57223	1916
总公司原单位	合计	170342	153098	151948	1150	11658	17244	262	16982	174693	21595	11516	4081	5998	44084	162763	22331	198	20585	1548
	中铁十一局集团公司	21251	15297	15297		1054	5954	15	5939	16924	1627	1347	265	15	4185	7887	3944	57	3821	66
	中铁十二局集团公司	12417	12417	12417						15304	2887	1182	572	1133	4290	28721	877	2	865	10
	中铁十三局集团公司	12437	12184	12184		94	253		253	13165	981	734	66	181	2895	14428	593	4	537	52
	中铁十四局集团公司	15730	14660	14561	99	3112	1070	2	1068	16687	2027	401	1162	464	3621	5844	2691	29	2067	595
	中铁十五局集团公司	18259	18190	18190		3178	69	60	9	22170	3980	1777		2203	6470	7498	2324	22	2227	75
	中铁十六局集团公司	22490	13972	13972		2247	8518	7	8511	15087	1115	349		766	2706	8678	2106	13	1768	325
	中铁十七局集团公司	13032	13032	12550	482	154				13984	952	803		149	2933	16875	616	2	584	30
	中铁十八局集团公司	17723	17597	17373	224	676	126	18	108	19975	2378	2138	203	37	5556	31881	1726	9	1610	107
	中铁十九局集团公司	11727	11727	11727		269				15097	3370	747	1813	810	4575	9780	2339	9	2330	
	中铁二十局集团公司	15414	14948	14902	46	874	466	7	459	15901	953	877		76	3709	10293	2351	8	2074	269
	中铁建设集团公司	2114	2114	2114						2430	316	316			378	20007	104		104	
	中铁路桥集团公司	2422	2303	2223	80		119	23	96	2787	484	414		70	924		1269	6	1256	7
	中铁物资集团公司	653	653	653						751	98	89		9	178		153	4	142	7
	北京铁建工贸集团公司	906	904	729	175		2	2		1138	234	208		26	501		225	2	223	
	中铁工程集团公司	737	474	461	13		263	4	259	498	24	7		17	117	871	8		8	
	海外公司	249	122	122			127		127	128	6	3		3	27		2		2	
	昆明中铁大型养路机械集团公司	1083	1083	1083						1095	12	12			374		410	9	396	5
	北京铁城建设监理公司	268	20	20			248	95	153	20					6					
	铁道建筑研究设计院	306	293	280	13		13	13		302	9	9			64		117		117	
	党校（干校）	61	61	43	18					70	9	9			25		9		9	
	石家庄铁路职业技术学院	257	241	241			16	16		241					79		33		33	
	总医院	482	482	482						532	50	12		38	355		86	1	85	
	总公司机关	324	324	324						407	83	82		1	116		348	21	327	

续表

	单位	从业人员年末人数（人）	在岗职工（人）	长期职工（人）	临时职工（人）	息工放假人员（人）	其他从业人员（人）	聘用离退休人员（人）	零散外部劳务人员（人）	在岗职工和非在岗职工年末人数（人）	非在岗职工年末人数（人）	内部退养（人）	下岗（人）	长期病假及其他（人）	女性（人）	建制单位外部劳务人员年末人数（人）	离休退休退职人员年末人数（人）	离休（人）	退休（人）	退职（人）
	合　计	53374	44015	43581	434	3896	9359	833	8526	50603	6588	5259	4	1325	11960	21490	38103	1097	36638	368
新划入单位	中国土木工程集团公司	1527	1450	1043	407		77	77		1455	5			5	510		253	41	212	
	铁道第一勘察设计院	4299	3991	3991			308	308		5150	1159	1137		22	1284		3419	129.	3270	20
	铁道第四勘察设计院	4627	3276	3276			1351	168	1183	3932	656	644	4	8	1235		3189	152	3035	2
	哈尔滨铁路勘测设计院	157	157	157						157					44		109	26	83	
	齐齐哈尔铁路勘测设计院	155	155	155						162	7	1		6	44		104	15	88	1
	上海铁路城市轨道交通设计院	299	232	232			67	67		232					75		264	10	253	1
	福州铁路勘测设计院	176	172	172			4		4	172					37		103	2	99	2
	南昌铁路勘测设计院	193	182	182			11	4	7	187	5	4		1	46		103	4	99	
	广州铁路勘测设计院	306	176	176			130	7	123	182	6	5		1	46		164	8	156	
	柳州铁路勘测设计院	239	211	211			28	28		211					59		149	3	141	5
	兰州铁路勘测设计院	226	178	178			48	48		202	24	18		6	61		86	4	82	
	乌鲁木齐铁路勘测设计院	158	150	145	5		8		8	166	16	11		5	56		63	1	62	
	哈尔滨铁路建设集团公司	3606	3251	3251		899	355		355	3851	600	128		472	648	1251	2269	162	2091	16
	齐齐哈尔铁路建设集团公司	2933	2753	2753		357	180		180	3210	457	261		196	629		2167	115	2038	14
	上海铁路建设集团公司	5705	4253	4253		516	1452	55	1397	4614	361	269		92	763	4645	4954	109	4832	13
	福建铁路建设集团公司	2914	2876	2876			38	13	25	3001	125	70		55	680	1817	2825	25	2758	42
	南昌铁路工程集团公司	5623	5496	5494	2	1342	127	6	121	6147	651	569		82	1428	6952	5623	56	5433	134
	广州铁路工程集团公司	8495	4944	4944		118	3551	9	3542	5773	829	783		46	1366		4016	60	3927	29
	柳州铁路工程集团公司	3081	2976	2957	19	326	105	5	100	3393	417	342		75	630	1969	3165	46	3050	69
	兰州铁路建设集团公司	5505	5239	5239		323	266	34	232	6258	1019	791		228	1716	2141	3398	97	3281	20
	乌鲁木齐铁路工程集团公司	3150	1897	1896	1	15	1253	4	1249	2148	251	226		25	603	2715	1680	32	1648	

制表：张建红

总公司劳动报酬、生活费及工资拖欠情况统计表

（2003 年度）

单位		从业人员劳动报酬总额（万元）	在岗职工工资总额（万元）	其他从业人员劳动报酬总额（万元）	在岗职工工资和非在岗职工生活费总额（万元）	非在岗职工生活费总额（万元）	建制单位外部劳务人员劳动报酬总额（万元）	从业人员人均劳动报酬（元）	在岗职工人均工资（元）	息工放假人员人均生活费（元）	其他从业人员人均劳动报酬（元）	在岗职工和非在岗职工人均工资（生活费）（元）	非在岗职工人均生活费（元）	非在岗职工人均生活费：内部退养（元）	非在岗职工人均生活费：下岗（元）	年末拖欠工资情况：拖欠在岗职工工资人数（人）	年末拖欠工资情况：拖欠在岗职工工资总额（万元）	年末拖欠工资情况：人均拖欠工资额（元）
总计		353165.6	328744.6	24421.0	348442.1	19697.5	187412.9	16178	16863	4780	10458	15802	7708	9958	3550	2092	587.7	2809
总公司原单位	合计	237067.1	223833.2	13233.9	236853.0	13019.8	150310.8	14251.96	14848.96	4780	8483	13913	6676	8862	3541	2092	587.7	2809
	中铁十一局集团公司	24087.2	19943.5	4143.7	21117.0	1173.5	7073.9	11517	12976	5982	7474	12500	7705	8515	4462			
	中铁十二局集团公司	15774.2	15774.2		17516.7	1742.5	38591.1	12898	12898			11675	6282	8470	5143			
	中铁十三局集团公司	16215.1	16012.2	202.9	16629.9	617.7	11349.8	12975	13067	2418	8350	12562	6277	7876	3859	1668	482.5	2893
	中铁十四局集团公司	19812.8	19106.5	706.3	20268.2	1161.7	4192.2	13047	13296	3777	8656	12312	5553	14455	3607	296	27.3	922
	中铁十五局集团公司	22345.6	22318.0	27.6	23613.1	1295.1	5010.1	12003	12031	4356	4119	11156	4951	6479				
	中铁十六局集团公司	27177.6	20662.6	6515.0	21407.1	744.5	7122.9	13210	16066	4800	8448	15480	7691	7215				
	中铁十七局集团公司	20164.2	20164.2		21002.7	838.5	13719.1	15826	15826	4574		15581	11346	11286		20	16.6	8300
	中铁十八局集团公司	29750.0	29607.0	143.0	31526.9	1919.9	21315.8	17018	17060	10116	11349	15980	8087	8754	3037			
	中铁十九局集团公司	15069.9	15069.9		16573.6	1503.7	10891.7	13245	13245	5283		11288	4550	9898	2927	17	19.2	11294
	中铁二十局集团公司	15457.2	15212.4	244.8	15867.4	655.0	6652.2	10341	10478	2704	5706	10282	7166	6521		21	16.7	7952
	中铁建设集团公司	5717.8	5717.8		6030.1	312.3	19812.2	26769	26769			25283	12542	12542				
	中铁路桥集团公司	3716.4	3579.0	137.4	3888.3	309.3		15107	15328		10992	13730	6223	7244				
	中铁物资集团公司	1753.9	1753.9		1891.0	137.1		26777	26777			25623	16518	16518		70	25.4	3629
	北京铁建工贸集团公司	2736.5	2734.4	2.1	3022.3	287.9		30138	30181		10500	27526	14995	15478				
	中铁工程集团公司	1581.5	1265.6	315.9	1282.6	17.0	4579.8	23711	26985		15955	26337	9444	9143				
	海外公司	1620.0	1527.7	92.3	1531.4	3.7		86170	126256		13776	123500	12333	12333				
	昆明中铁大型养路机械集团公司	7068.5	7068.5		7078.9	10.4		65208	65208			64471	7429	7429				
	北京铁城建设监理公司	808.4	141.8	666.6	141.8			31092	70900		27775	70900						
	铁道建筑研究设计院	1224.0	1197.6	26.4	1217.6	20.0		40664	41583		20308	40859	20000	20000				
	党校（干校）	177.4	177.4		192.3	14.9		28613	28613			27085	16556	16556				
	石家庄铁路职业技术学院	574.6	567.4	7.2	567.4			24042	25444		4500	25444						
	总医院	1341.3	1338.6	2.7	1396.0	57.4		27429	27487		13500	25709	10250	9077				
	总公司机关	2893.0	2893.0		3090.7	197.7		88471	88471			75383	23819	24110				

续表

单位	项目	从业人员劳动报酬总额（万元）	在岗职工工资总额（万元）	其他从业人员劳动报酬总额（万元）	在岗职工工资和非在岗职工生活费总额（万元）	非在岗职工生活费总额（万元）	建制单位外部劳务人员劳动报酬总额（万元）	从业人员人均劳动报酬（元）	在岗职工人均工资（元）	息工放假人员人均生活费（元）	其他从业人员人均劳动报酬（元）	在岗职工和非在岗职工人均工资（生活费）（元）	非在岗职工人均生活费（元）	内部退养（元）	下岗（元）	年末拖欠工资情况 拖欠在岗职工工资人数（人）	拖欠在岗职工工资总额（万元）	人均拖欠工资额（元）
	合　计	116098.5	104911.4	11187.1	111589.1	6677.7	37102.1	22342	23729		14431	22201	11034	12323	6214			
新划入单位	中国土木工程集团公司	3503.4	3444.0	59.4	3448.1	4.1		22676	23318		8735	23267	8200					
	铁道第一勘察设计院	20416.9	20017.0	399.9	21684.0	1667.0		48130	50345		15034	42064	14139	14326				
	铁道第四勘察设计院	15106.8	13597.2	1509.6	14552.3	955.1		35181	41812		14488	37010	14046	14252	6308			
	哈尔滨铁路勘测设计院	393.4	393.4		393.4			25057	25057			25057						
	齐齐哈尔铁路勘测设计院	260.4	260.4		261.0	0.6		16174	16174			16111	6000	6000				
	上海铁路城市轨道交通设计院	1385.0	1095.3	289.7	1095.3			44968	45448		43239	45448						
	福州铁路勘测设计院	355.7	351.7	4.0	352.8	1.1		20210	20448		10000	20393	11000	11000				
	南昌铁路勘测设计院	484.5	472.6	11.9	477.6	5.0		25104	26110		9917	25677	10000	11750				
	广州铁路勘测设计院	1239.2	1028.0	211.2	1035.3	7.3		43943	57430		20505	55962	12167	10000				
	柳州铁路勘测设计院	868.5	841.9	26.6	841.9			37597	40869		10640	40869						
	兰州铁路勘测设计院	1137.2	1078.9	58.3	1109.8	30.9		50319	59939		12674	55490	15450	15450				
	乌鲁木齐铁路勘测设计院	802.1	791.4	10.7	806.2	14.8		50766	52760		13375	48566	9250	9455				
	哈尔滨铁路建设集团公司	5137.2	4742.0	395.2	4922.1	180.1	4245.9	14090	14609		9880	13008	3348	7083				
	齐齐哈尔铁路建设集团公司	3983.0	3731.0	252.0	4079.0	348.0		13529	13513		13770	12974	9086	7310				
	上海铁路建设集团公司	10616.5	8986.3	1630.2	9264.2	277.9	8594.5	18901	20991		12202	19962	7719	7718				
	福建铁路建设集团公司	4703.6	4651.3	52.3	4728.0	76.7	6823.2	15917	15945		13763	15558	6287	8887				
	南昌铁路工程集团公司	9564.5	9307.7	256.8	9832.7	525.0	11379.3	16907	16942		15755	16228	9292	9765	5000			
	广州铁路工程集团公司	15567.0	10623.5	4943.5	11550.4	926.9		19778	21091		17444	20123	13185	13685				
	柳州铁路工程集团公司	6519.0	6392.4	126.6	6659.3	266.9	1640.2	20385	20782		10377	19291	7098	7794				
	兰州铁路建设集团公司	9603.1	9346.1	257.0	10501.3	1155.2	2155.8	17718	18057		10533	17395	13417	14730				
	乌鲁木齐铁路工程集团公司	4451.5	3759.3	692.2	3994.4	235.1	2263.2	16592	19869		8751	18815	10177	10644				

制表：张建红

总公司基本建设投资统计表

（2003 年度）

数量 项目 单位	计划总投资（万元）	开工累计完成投资（万元）	本年计划投资（万元）	本年完成投资 合计（万元）	本年完成投资 占计划投资（%）	累计新增固定资产（万元）	资金来源（万元） 总公司自筹	资金来源（万元） 单位自筹	资金来源（万元） 个人集资	资金来源（万元） 利用外资	资金来源（万元） 银行贷款	投资构成（万元） 建筑工程	投资构成（万元） 安装工程	投资构成（万元） 设备购置	投资构成（万元） 其他费用	投资用途（万元） 住宅建设	投资用途（万元） 商品房购置	投资用途（万元） 教育投资
总　计	79930	37386	53250	26311	49.4	23628	203	13385	12603		120	25858	40		413	16315	328	
中铁十一局集团公司	4282	1650	4282	1638	38.3	1705		147	1491			1638				1340		
中铁十二局集团公司	1500	1500	1500	2113	140.9			1262	851			2113				851		
中铁十三局集团公司	8014	606	8014	606	7.6				606			606				606		
中铁十四局集团公司	2000	1811	1811	1800	99.4	1800		400	1400			1800				1800		
中铁十五局集团公司	1450	941	1450	861	59.4	780			861			861				861		
中铁十六局集团公司	4628	1021	4628	541	11.7	1021			541			541				541		
中铁十七局集团公司	7530	6522	2302	3160	137.3	6522		1222	1938			2950			210	2786	210	
中铁十八局集团公司	4185	3533	1534	2974	193.9			1723	1251			2974				1251		
中铁十九局集团公司	2921	1810	2921	1810	62.0	1810		10	1800			1800	10			1800		
中铁二十局集团公司	13061	7975	13061	7975	61.1	7975		7775	200			7945	30			2612		
中铁建设集团公司	5450	2982	3500	292	8.3			292				292						
中铁路桥集团公司	14259		2147															
中铁物资集团公司	3327	320	3327	320	9.6			200			120	320						
北京铁建工贸集团公司																		
中铁工程集团公司	1090	894	1090	894	82.0	894		30	864			894				864		
海外公司	530	118	530	118	22.3	118		118				118					118	
昆明中铁大型养路机械集团公司			150	206	137.3			206				206						
北京铁城建设监理公司																		
铁道建筑研究设计院																		
总公司党校（干校）																		
石家庄铁路职业技术学院	800	800	800	800	100.0	800			800			800				800		
总医院																		
总公司机关	4903	4903	203	203	100.0	203	203								203	203		

续表

单位 \ 数量 \ 项目	投资用途(万元)				房屋建筑							房地产开发				本年拨付外单位投资额(万元)
	卫生投资	生活福利设施	生产设备设施	其他	本年施工面积(平方米)	其中住宅(平方米)	本年竣工面积(平方米)	其中住宅(平方米)	本年竣工价值(万元)	其中住宅(万元)	住宅平均造价(元/平方米)	建筑面积(平方米)	户数(户)	购置均价(元/平方米)	实际支出额(万元)	
总计	308	2130	1611	5619	272522	235109	204672	199170	20408	18785	943	2809	2	7580	210	210
中铁十一局集团公司		208	90		37079	36103	23779	22803	1355	1279	561					
中铁十二局集团公司	204		1058		18048	11448	12954	12954	1031	1031	796					
中铁十三局集团公司					8834	8834										
中铁十四局集团公司					19870	19870	19870	19870	1800	1800	906					
中铁十五局集团公司					21501	21501	13500	13500	780	780	578					
中铁十六局集团公司					7443	7443	7443	7443	1021	1021	1372					
中铁十七局集团公司	14			150	27458	26091	54103	53903	6048	6034	1119	277	2	7580	210	210
中铁十八局集团公司	90		233	1400	41577	38451	15889	11563	2169	646	559	2532				
中铁十九局集团公司				10	26795	26695	18461	18461	1810	1800	975					
中铁二十局集团公司		1922		3441	39245	22845	22845	22845	2612	2612	1143					
中铁建设集团公司				292	3000											
中铁路桥集团公司																
中铁物资集团公司			200	120	3780											
北京铁建工贸集团公司																
中铁工程集团公司			30		7828	7828	7828	7828	864	864	1104					
海外公司									118	118						
昆明中铁大型养路机械集团公司				206	2064											
北京铁城建设监理公司																
铁道建筑研究设计院																
总公司党校(干校)																
石家庄铁路职业技术学院					8000	8000	8000	8000	800	800	1000					
总医院																
总公司机关																

制表:张建红

总公司更新改造投资统计表

（2003年度）

单位（项目/数量）	计划总投资（万元）	开工累计完成投资（万元）	本年计划投资（万元）	本年完成投资 合计（万元）	本年完成投资 占计划投资（%）	累计新增固定资产（万元）	资金来源（万元） 总公司自筹	单位自筹	个人集资	利用外资	银行贷款	其中 中国银行	建设银行	开发银行	交通银行
总计	138958	92605	138874	92561	66.7	77594	2575	78195		601	11190		9190		
中铁十一局集团公司	8432	8684	8432	8684	103.0	8684		8083		601					
中铁十二局集团公司	8000	12698	8000	12698	158.7			12698							
中铁十三局集团公司	10000	6165	10000	6165	61.7	6165		6165							
中铁十四局集团公司	15313	15000	15313	15000	98.0	15000		6000			9000		9000		
中铁十五局集团公司	4000	3243	4000	3243	81.1	3243		3243							
中铁十六局集团公司	10270	5230	10270	5230	50.9	5230		5040			190		190		
中铁十七局集团公司	7000	8716	7000	8716	124.5	8716		8716							
中铁十八局集团公司	24976	11108	24976	11108	44.5	11108		11108							
中铁十九局集团公司	7640	7526	7600	7526	99.0	7526		7526							
中铁二十局集团公司	20000	5434	20000	5434	27.2	5434		5434							
中铁建设集团公司	1160	1390	1160	1390	119.8	1390		1390							
中铁路桥集团公司	16314	300	16314	300	1.8	300	200	100							
中铁物资集团公司	253		253												
北京铁建工贸集团公司	1218	968	1218	968	79.5	694	968								
中铁工程集团公司	570	595	570	595	104.4	595	106	489							
海外公司	30		30												
昆明中铁大型养路机械集团公司	1885	3358	1885	3358	178.1	1401		1358			2000				
北京铁城建设监理公司		82		82		82		82							
铁道建筑研究设计院	566	784	566	784	138.5	784	65	719							
总公司党校（干校）	665	669	621	625	100.6	669	621	4							
石家庄铁路职业技术学院	40	40	40	40	100.0	40		40							
总医院	20	20	20	20	100.0	20	20								
总公司机关基建办	488	477	488	477	97.7	395	477								
总公司机关（办公设备）	118	118	118	118	100.0	118	118								

续表

单位 \ 数量 \ 项目	投资构成(万元)					投资用途(万元)						房屋建筑情况(平方米)				本年拨付外单位投资额(万元)
	建筑工程	安装工程	设备购置	其中:更新	其他费用	住宅建设	教育投资	卫生投资	生活福利设施	生产设备设施	其他	本年施工面积	其中住宅	本年竣工面积	其中住宅	
总计	2017	621	88552	45772	1372	76	568	1090	688	88468	1671					8716
中铁十一局集团公司			8684	8684						8684						
中铁十二局集团公司	1607		11091	11091			20	35		12643						
中铁十三局集团公司			6165	6165						6165						
中铁十四局集团公司			15000							15000						
中铁十五局集团公司			3243							3243						
中铁十六局集团公司			4810		420					4810	420					
中铁十七局集团公司			8716	8716						8177	539					8716
中铁十八局集团公司			11108							11108						
中铁十九局集团公司			7514	7514	12					7526						
中铁二十局集团公司			5434					750		4684						
中铁建设集团公司			1390							1390						
中铁路桥集团公司	9	30	258		3					300						
中铁物资集团公司																
北京铁建工贸集团公司	153	552	263			46		285	628		9					
中铁工程集团公司			595	244						595						
海外公司																
昆明中铁大型养路机械集团公司			3358	3358						3358						
北京铁城建设監理公司			1		81					1	81					
铁道建筑研究设计院	97		687							784						
总公司党校(干校)			117		508		508				117					
石家庄铁路职业技术学院					40		40									
总医院	20							20								
总公司机关基建办	131	39			308	30			60		387					
总公司机关			118								118					

制表:张建红

总公司主要财务指标完成情况统计表(一)

(2003年度)　　单位:万元

单位 \ 项目	企业总产值 金额	企业总产值 名次	利润总额 金额	利润总额 名次	净利润	资产总额	负债总额	所有者权益
中铁十一局集团公司	435164	9	5450	6	4430	376676	294278	73461
中铁十二局集团公司	625581	3	6872	3	5824	335330	251067	65838
中铁十三局集团公司	481511	8	4518	10	3649	344134	284094	53284
中铁十四局集团公司	528883	5	8691	1	6311	404785	298871	84415
中铁十五局集团公司	415504	10	4292	11	3064	368013	280040	62065
中铁十六局集团公司	490915	6	5004	9	3531	413526	325205	80819
中铁十七局集团公司	488048	7	5167	7	4471	322313	233426	70747
中铁十八局集团公司	647355	1	6369	5	4796	436691	351686	66110
中铁十九局集团公司	558540	4	5116	8	3375	298165	232759	54944
中铁二十局集团公司	638240	2	7288	2	7128	353036	285255	64122
中铁建设集团公司	185838	11	6449	4	4269	269349	230560	38017
中铁工程集团公司	52167	23	603	19	568	78484	45353	32801
中铁物资集团公司	50017	24	393	25	187	54512	39919	11619
海外公司	53135	22	1034	17	902	35516	28623	6891
北京铁城建设监理公司	1911	37	69	34	84	808	532	276
铁道建筑研究设计院	5409	30	365	26	406	9488	3822	5667
昆明中铁大型养路机械集团公司	56278	21	3490	12	2966	132667	107099	25568
北京铁建工贸集团公司	8497	29	83	33	55	12871	6326	6372
中铁路桥集团公司	41076	25	1662	14	532	57873	37791	18485
中国土木工程集团公司	152630	12	1109	15	846	337090	236247	100843
铁道第一勘察设计院	72104	20	1041	16	896	125094	90941	34153
铁道第四勘察设计院	74979	19	1915	13	1781	124872	101079	23793
哈尔滨铁路建设集团公司	90292	15	586	20	279	86915	75342	11574
齐齐哈尔铁路建设集团公司	40527	26	−484	40	−505	49317	37071	12053
上海铁路建设集团公司	120412	13	518	22	347	120199	95334	24401
福建铁路建设集团公司	80041	18	401	24	294	70642	51893	18749
南昌铁路工程集团公司	103681	14	541	21	210	89849	65364	21440
广州铁路工程集团公司	87625	16	653	18	−484	114526	96463	15883
柳州铁路工程集团公司	39247	27	501	23	307	44947	31109	12614
兰州铁路建设集团公司	81624	17	182	29	168	150102	131024	15910
乌鲁木齐铁路工程集团公司	35131	28	180	30	67	57729	46952	10490
哈尔滨铁路勘测设计院	1056	39	56	35	37	984	130	854
齐齐哈尔铁路勘测设计院	1166	38	18	37	8	1505	396	1104
上海铁路城市轨道交通设计院	3593	31	148	31	84	5543	670	4825
福州铁路勘测设计院	930	40	5	39	3	942	150	792
南昌铁路勘测设计院	2103	36	202	28	89	4554	2832	1510
广州铁路勘测设计院	2811	33	31	36	−2	2149	1055	1065
柳州铁路勘测设计院	2548	34	235	27	221	2588	644	1944
兰州铁路勘测设计院	3153	32	17	38	13	18461	17141	1320
乌鲁木齐铁路勘测设计院	2185	35	98	32	42	3443	1804	1638
总公司机关	9996		26069		25849	1101297	146740	952757
其中:投资部	584		604		290	29940	11800	16340
总公司对冲往来	−6498		−36399		61176	−937560	−78129	−1138574
总公司合计	6765405		70541		25922	5879425	4488955	952642

制表:王　磊

总公司主要财务指标完成情况统计表(二)

(2003 年度)　　　　单位:万元

项目 数量 单位	少数股东权益	净资产收益率(%)	资产负债率(%)	产值利润率(%)	流动资产	流动负债	主营业务收入
中铁十一局集团公司	8937	6.11	78.13	1.25	288911	291777	431288
中铁十二局集团公司	18425	9.03	74.87	1.10	244206	246701	615662
中铁十三局集团公司	6757	6.93	82.55	0.94	278527	268778	472613
中铁十四局集团公司	21499	7.60	73.83	1.64	330301	292348	528883
中铁十五局集团公司	25908	4.98	76.10	1.03	288527	261556	414112
中铁十六局集团公司	7501	4.42	78.64	1.02	299910	310168	488400
中铁十七局集团公司	18140	6.39	72.42	1.06	233697	227682	481751
中铁十八局集团公司	18895	7.45	80.53	0.98	302509	346459	647355
中铁十九局集团公司	10462	6.23	78.06	0.92	241213	229766	558540
中铁二十局集团公司	3660	11.50	80.80	1.14	254977	266841	633328
中铁建设集团公司	772	11.56	85.60	3.47	242905	229832	222206
中铁工程集团公司	329	1.73	57.79	1.16	47565	33696	52167
中铁物资集团公司	2974	1.79	73.23	0.79	34888	38039	50017
海外公司	1	14.12	80.59	1.95	30883	28123	52402
北京铁城建设监理公司		31.80	65.80	3.63	499	532	1911
铁道建筑研究设计院		7.34	40.28	6.75	4791	3751	5054
昆明中铁大型养路机械集团公司		15.38	80.73	6.20	120803	97504	52282
北京铁建工贸集团公司	173	0.88	49.15	0.97	4567	4038	8161
中铁路桥集团公司	1597	2.92	65.30	4.05	30867	35566	59825
中国土木工程集团公司		0.84	70.08	0.73	199949	110526	152630
铁道第一勘察设计院		2.97	72.70	1.44	76851	66168	72104
铁道第四勘察设计院		7.20	80.95	2.55	95738	93252	74979
哈尔滨铁路建设集团公司		2.41	86.68	0.65	76135	75342	90171
齐齐哈尔铁路建设集团公司	193	-4.10	75.17	-1.19	35834	37044	30280
上海铁路建设集团公司	464	1.41	79.31	0.43	100414	95334	120412
福建铁路建设集团公司		1.55	73.46	0.50	54609	51473	79943
南昌铁路工程集团公司	3045	0.98	72.75	0.52	69030	65360	102108
广州铁路工程集团公司	2181	-2.78	84.23	0.74	78109	89681	86969
柳州铁路工程集团公司	1224	2.52	69.21	1.28	35600	31109	38463
兰州铁路建设集团公司	3168	0.97	87.29	0.22	127503	131024	81624
乌鲁木齐铁路工程集团公司	288	0.62	81.33	0.51	48696	46952	35039
哈尔滨铁路勘测设计院		4.45	13.20	5.29	508	130	1056
齐齐哈尔铁路勘测设计院	5	0.80	26.30	1.58	272	396	1166
上海铁路城市轨道交通设计院	47	1.75	12.09	4.11	1806	670	3593
福州铁路勘测设计院		0.42	15.88	0.56	560	150	930
南昌铁路勘测设计院	211	6.11	62.19	9.62	3862	2832	2535
广州铁路勘测设计院	29	-0.15	49.08	1.12	1432	1055	2811
柳州铁路勘测设计院		12.06	24.89	9.22	2110	644	2519
兰州铁路勘测设计院		1.09	92.85	0.53	17825	17141	3002
乌鲁木齐铁路勘测设计院		2.62	52.41	4.48	2462	1804	2185
总公司机关	1800	3.26	13.32	260.79	180099	143484	9996
其中:投资部	1800	1.79	39.41	103.47	19247	11800	
总公司对冲往来	279143				-48711	-46556	-6.498
总公司合计	437828	2.76	76.35	1.04	4441238	4228169	6763975

制表:王 磊

总公司主要财务指标完成情况统计表(三)

(2003 年度)

项目 数量 单位	成本费用总额(万元)	成本费用占主营业务收入(%)	应收账款周转率(%)	总资产周转率(%)	成本费用利润率(%)	流动比率(%)	已获利息倍数(倍)	年末不良资产及潜亏挂账(万元)	不良资产比率(%)
中铁十一局集团公司	426576	98.91	6.70	1.21	1.28	99.02	9.71	6763	1.80
中铁十二局集团公司	609809	99.05	11.42	1.94	1.13	98.99	12.80	1170	0.35
中铁十三局集团公司	469255	99.29	3.93	1.48	0.96	103.63	2.60		
中铁十四局集团公司	520731	98.46	5.18	1.31	1.67	112.98	6.46	4402	1.09
中铁十五局集团公司	409623	98.92	7.30	1.23	1.05	110.31	3.60	2131	0.58
中铁十六局集团公司	483962	99.09	6.62	1.28	1.03	96.69	3.56	9209	2.23
中铁十七局集团公司	477690	99.16	9.35	1.54	1.08	102.64	4.02	18082	5.61
中铁十八局集团公司	640805	98.99	7.26	1.65	0.99	87.31	3.16	1688	0.39
中铁十九局集团公司	553583	99.11	12.67	2.03	0.92	104.98	4.35		
中铁二十局集团公司	627150	99.02	13.40	1.99	1.16	95.55	3.74	1090	0.31
中铁建设集团公司	217888	98.06	1.96	0.88	2.96	105.69	26.68	3085	1.15
中铁工程集团公司	52246	100.15	3.09	0.70	1.15	141.16	3.94		
中铁物资集团公司	51077	102.12	7.79	1.01	0.77	91.72	2.10	2	
海外公司	51745	98.75	7.93	1.54	2.00	109.81	18.39	5014	14.12
北京铁城建设监理公司	1837	96.14	9.04	2.12	3.77	93.84			
铁道建筑研究设计院	5060	100.12	17.55	0.57	7.22	127.71	36.58	11	0.12
昆明中铁大型养路机械集团公司	49272	94.24	16.62	0.43	7.08	123.90	3.68		
北京铁建工贸集团公司	8557	104.85	26.40	0.68	0.96	113.09	3.71	2081	16.17
中国路桥集团公司	58357	97.55	7.23	0.94	2.85	86.79	4.99	2754	4.76
中铁土木工程集团公司	152700	100.05	7.63	0.45	0.73	180.91	2.03	36460	10.82
铁道第一勘察设计院	70990	98.45	17.87	0.60	1.47	116.15	215.60	6590	5.27
铁道第四勘察设计院	74359	99.17	23.05	0.62	2.58	102.67		23853	19.10
哈尔滨铁路建设集团公司	90313	100.16	2.66	1.08	0.65	101.05	2.34	9979	11.48
齐齐哈尔铁路建设集团公司	30354	100.24	1.97	0.66	−1.59	96.73	−0.17	6543	13.27
上海铁路建设集团公司	120253	99.87	6.07	1.15	0.43	105.33	6.28	3775	3.14
福建铁路建设集团公司	79028	98.86	5.67	1.13	0.51	106.09	4.78	4935	6.99
南昌铁路工程集团公司	102857	100.73	6.26	1.14	0.53	105.62	10.86	10155	11.30
广州铁路工程集团公司	86614	99.59	1.87	0.72	0.75	87.10	2.53	766	0.67
柳州铁路工程集团公司	38179	99.26	2.06	0.77	1.31	114.44	31.32	2055	4.57
兰州铁路建设集团公司	81382	99.70	1.75	0.59	0.22	97.31	1.21		
乌鲁木齐铁路工程集团公司	35954	102.61	1.87	0.66	0.50	103.72	3.64	5178	8.97
哈尔滨铁路勘测设计院	991	93.87	53.26	1.29	5.63	390.98		240	24.43
齐齐哈尔铁路勘测设计院	1156	99.16	10.60	0.83	1.59	68.67		109	7.26
上海铁路城市轨道交通设计院	3440	95.72	1249.86	0.68	4.29	269.53		68	1.23
福州铁路勘测设计院	925	99.49	4.53	1.13	0.56	374.46	65.74	173	18.37
南昌铁路勘测设计院	2329	91.87	2.19	0.65	8.68	136.38		5	0.10
广州铁路勘测设计院	2779	98.88	4.40	1.25	1.13	135.78	2.60	505	23.51
柳州铁路勘测设计院	2303	91.40	5.80	0.95	10.20	327.57		25	0.96
兰州铁路勘测设计院	2943	98.01		0.21	0.57	103.99		79	0.43
乌鲁木齐铁路勘测设计院	2086	95.48	5.14	0.44	4.69	136.45		154	4.47
总公司机关	19100	191.08	1.23	0.01	136.49	125.52	95.70	9741	0.88
其中:投资部	203				405.28	163.10	4.00		
总公司对冲往来	−6498	100.00			560.16	104.63		−706	0.08
总公司合计	6709760	99.20	6.00	1.22	1.05	105.04	3.87	178168	3.03

制表:王 磊

总公司机械动力设备综合统计表

（2003年度）

项目 / 数量 / 单位	职工人数	期末实用机械设备			新购设备		报废设备		大修设备		成新率	设备总功率	技术装备率	动力装备率
	（人）	总台数（台）	原值（万元）	净值（万元）	台数（台）	原值（万元）	台数（台）	原值（万元）	台数（台）	费用（万元）	（%）	（千瓦）	（万元/人）	（千瓦/人）
中铁十一局集团公司	17007	1474	46289.96	25981.01	134	5763.39	176	2949.62	104	687.87	56.1	126417.7	1.53	7.43
中铁十二局集团公司	13564	2394	81868.10	46443.50	382	11091.30	69	1392.71	148	455.66	56.7	199952.2	3.42	14.74
中铁十三局集团公司	12184	2870	49651.97	23187.43	430	6165.40	230	2552.47	221	1.73	46.7	161056.5	1.90	13.22
中铁十四局集团公司	16526	2278	61962.89	28768.05	91	5446.72	445	7114.83	89	638.84	46.4	126562.1	1.74	7.66
中铁十五局集团公司	22145	3610	61904.77	31103.48	70	2897.52	259	1248.04		950.49	50.2	104582.7	1.40	4.72
中铁十六局集团公司	15087	1475	75012.87	49195.04	104	4257.15	281	4055.92	32	207.15	65.6	200147.0	3.26	13.27
中铁十七局集团公司	13930	2348	69111.59	38568.60	320	8088.16	221	4014.04	89	622.84	55.8	198765.7	2.77	14.27
中铁十八局集团公司	18294	3820	104505.9	46951.59	434	11107.56	214	3172.78	147	910.88	44.9	340567.5	2.57	18.62
中铁十九局集团公司	15097	4876	73912.43	32528.11	964	7833.46	341	5304.79	140	1045.87	44.0	182818.4	2.15	12.11
中铁二十局集团公司	15901	3519	81160.70	54629.46	98	4518.71	208	1495.38	130	748.90	67.3	246385.8	3.44	15.49
北京中铁建设有限公司	2400	1266	10672.00	5913.00	31	145.00	135	288.00	39	265.00	55.4	24000.0	2.46	10.00
中铁路桥集团公司	2548	2216	14730.20	6068.03	181	628.80	59	200.57	12	44.13	41.2	31314.0	2.38	12.29
昆明中铁大型养路机械集团公司	1083	519	6385.25	4365.04	60	1242.32	6	8.82	5	11.57	68.4	9841.0	4.03	9.09
中铁工程集团公司	496	159	25036.00	19023.00							76.0	20759.0	38.35	41.85
新划转企业	31692	7309	72107.96	37404.45	469	6441.92	1370	7589.54	298	820.16	51.9	218862.6	1.18	6.91
合计	197954	40133	834312.60	450129.80	3768	75627.42	4014	41387.51	1454	7411.11	54.0	2192032.3	2.27	11.07

制表：沙明元

总公司主要施工设备综合统计表

（2003年度）

项目／数量／单位	期末实有施工设备			进口设备			闲置设备			成新率（%）	闲置率（%）	完好率（%）	利用率（%）
	总台数（台）	原值（万元）	净值（万元）	台数（台）	原值（万元）	净值（万元）	台数（台）	原值（万元）	净值（万元）				
中铁十一局集团公司	523	38141.05	24414.42	33	14437.13	6616.92	38	2245.25	1194.94	64.01	5.89	91.70	51.00
中铁十二局集团公司	912	58354.49	40229.03	112	23054.52	18451.36	33	2388.67	570.02	68.94	4.09	94.70	72.10
中铁十三局集团公司	463	30554.16	15943.79	74	9782.56	4496.17	30	2268.12	692.64	52.18	7.42	90.88	81.66
中铁十四局集团公司	486	46865.43	22234.86	70	20180.33	8137.11	71	12119.65	6669.03	47.44	25.86	95.00	62.70
中铁十五局集团公司	436	34436.84	16794.67	58	9947.43	4410.14	35	4960.38	2407.39	48.77	14.40	93.70	77.90
中铁十六局集团公司	580	54634.15	38000.21	91	25587.65	17905.56	89	7331.69	4627.89	69.55	13.42	91.00	75.00
中铁十七局集团公司	1205	61344.69	34329.92	88	14297.31	7935.09	15	1911.76	882.31	55.96	3.12	94.00	68.00
中铁十八局集团公司	1938	70211.44	32884.32	188	21775.75	11966.32	138	5275.94	2402.84	46.84	7.51	93.80	73.80
中铁十九局集团公司	564	44118.62	21215.08	120	18033.17	8063.23	49	4155.71	1871.37	48.09	9.42	88.90	71.40
中铁二十局集团公司	750	58942.70	42687.86	53	14953.00	11601.71	33	3789.61	2764.41	72.42	6.43	93.80	70.00
中铁建设集团公司	126	5369.00	2713.00	41	2373.00	856.00				50.53		95.30	78.00
中铁路桥集团公司	97	6620.38	2128.68	6	1322.10	124.61				32.15		92.00	76.00
昆明中铁大型养路机械集团公司	22	3035.10	2473.42	8	2132.29	1769.73				81.49		100.00	74.00
中铁工程集团公司	159	25036.00	19023.00	79	20403.00	16514.00	41	8100.00	7326.00	75.98	32.35	87.00	67.00
新划转企业	436	31320.22	19018.14	64	8394.07	5124.95	12	1343.96	288.16	60.72	4.29	93.28	54.04
合计	8697	568984.27	334090.39	1085	206673.31	123972.91	584	55890.75	31697.04	58.72	9.82	93.00	70.17

制表：沙明元

总公司机械设备专业人员综合统计表

（2003 年度）

数量 项目 单位	总人数（人）	专业技术人员（人）						技术工人（人）						主要工种人数（人）			业务培训	
		小计	高级工程师	工程师	助理工程师	技术员	其他管理人员	小计	高级技师	技师	高级工	中级工	初级工	机械司机	汽车驾驶员	修理工	期数	人数
中铁十一局集团公司	2464	353	31	122	77	27	96	2111	5	39	802	1090	175	1209	1332	552	23	149
中铁十二局集团公司	2002	407	16	141	63	52	135	1595	32	117	418	659	369	1114	700	227	15	114
中铁十三局集团公司	2454	437	24	81	136	81	115	2017	38	80	1003	670	226	716	1092	223	15	161
中铁十四局集团公司	3076	329	19	92	62	48	108	2747	10	97	769	1054	817	983	1150	329	8	52
中铁十五局集团公司	2809	424	23	77	70	74	180	2385	6	83	439	1276	581	1606		462	8	162
中铁十六局集团公司	1255	390	24	101	81	30	154	865	10	41	199	398	217	1058	1007	418	36	245
中铁十七局集团公司	3098	358	27	79	63	40	149	2740	12	99	453	1309	867	1299	1265	316	57	169
中铁十八局集团公司	3961	1212	54	242	146	122	648	2749	74	360	934	892	489	1318	1271	423	65	731
中铁十九局集团公司	2334	394	22	98	117	61	96	1940	11	140	665	793	331	615	730	114	26	229
中铁二十局集团公司	2507	287	15	60	54	50	108	2220	16	94	834	1030	246	1125	869	152	24	258
中铁建设集团公司	480	102	6	10	5	3	78	378		18	34	201	125	109	269	78	27	453
中铁路桥集团公司	758	74	5	25	22	9	13	684	5	16	132	295	236	222	73	116	10	475
昆明中铁大型养路机械集团公司	446	16	2	5	1		8	430	2	18	276	106	28	370	28	5	4	15
中铁工程集团公司	205	47	8	15	8	16		158	2	3	18	112	23	85	45	27	2	37
新划转企业	3574	507	21	121	119	46	200	3067		63	677	1963	364	1388	1564	957	145	2251
合计	31423	5337	297	1269	1024	659	2088	26086	223	1268	7653	11848	5094	13217	11395	4399	465	5501

制表：沙明元

总公司机械动力设备招标采购统计表

（2003 年度）

项目 / 数量 / 单位	招标采购机械设备			市场总价（万元）	节约资金（万元）	未招标采购		
	次数（次）	数量（台、套）	中标合同总价（万元）			次数（次）	数量（台、套）	总金额（万元）
中铁十一局集团公司	27	38	1016.8	1091.5	74.8	72	86	2271.7
中铁十二局集团公司	26	155	8387.5	8763.9	376.4	53	155	2307.9
中铁十三局集团公司	32	100	3590.1	3775.8	185.7	122	329	2575.3
中铁十四局集团公司	22	91	3448.3	3693.4	245.1			
中铁十五局集团公司	10	14	1946.0	1981.1	35.1	34	56	909.6
中铁十六局集团公司	17	63	2312.7	2383.0	70.3	13	21	578.3
中铁十七局集团公司	41	95	6147.1	6656.1	509.0	66	172	1824.2
中铁十八局集团公司	70	224	10573.0	10964.3	391.3	72	113	2325.9
中铁十九局集团公司	175	297	6764.5	7037.3	272.8	269	482	1069.0
中铁二十局集团公司	59	98	4518.7	4884.8	366.1			
中铁建设集团公司	5	16	946.3	1036.9	90.6	3	15	505.3
中铁路桥集团公司	15	53	630.0	675.0	45.0	66	80	180.0
昆明中铁大型养路机械集团公司	1	2	638.0	901.7	263.7	8	12	206.0
中铁工程集团公司								
新划转企业	31	74	3823.3	4386.9	563.5	183	381	1878.7
合　计	531	1320	54742.4	58231.6	3489.2	961	1902	16631.9

制表：沙明元

总公司铁路运输完成情况统计表

（2003年度）

类别 / 数量 / 单位	主要材料		桥梁			轨枕				超限货物		自轮运转特种设备		铁路运营				铺架	
	车数	吨位	列数	车数	桥梁孔数	列数	车数	轨枕根数	岔枕组数	次数	车数	设备数量	发运次数	列数	吨数（万吨）	周转量（万吨公里）	产值（万元）	铺轨里程	架梁孔数
合计	46861	2883495	918	23466	3805.5	576	31181	2697614	1934	7	29	270	1790	27636	5034.97	614428.6	7279	4633	5245.5
中铁十一局集团公司	6290	426446	278	5095	855.5	266	7717	824675	246	3	12	25	3					153	829.5
中铁十二局集团公司	1785	107100					15520	341440	80			24	5					194	1500
中铁十三局集团公司												4	1						
中铁十四局集团公司	350	20880	142	10122	1016	71	3021	603162	942	1	4	12	9					180	901
中铁十五局集团公司	1082	55675	348	4942	1152	236	2711	514404	309	1	6	9	24	1117		78515	2120	298	1152
中铁十六局集团公司														11412	2268.21	247550.8	5159		
中铁十七局集团公司												4							
中铁十八局集团公司	189	11300	81	1530	321					1	6	8	3						110
中铁十九局集团公司	175	10500					60	14400	5			5							
中铁二十局集团公司														15107	2766.76	288362.8			
中铁工程集团公司												5							
中铁路桥集团公司	187	11220	57	1070	241		324	78001											
昆明中铁大型养路机械集团公司	131	5945																	
中铁物资集团公司	2440	146400																	
哈尔滨铁路建设集团公司	5317	320623		384	138		750	146334	153			8	104					116	138
齐齐哈尔铁路建设集团公司	6019	360510	4	126	23		366	53214	86	1	1	18						3404	23
上海铁路建设集团公司	3313	197127										21	346					132	416
福建铁路建设集团公司	1367	82020	4	90	20	3	50	12920	14			24	43					142	57
南昌铁路工程集团公司	2720	163402					403	70281				17	51						84
广州铁路工程集团公司												9							
柳州铁路工程集团公司	5402	358707					73	14823				21	120						
兰州铁路建设集团公司	186	11160	4	107	39		186	23960	99			50	1081					13.5	35
乌鲁木齐铁路工程集团公司	9908	594480										6							

说明：总公司系统2003年共完成铁路运输101537车，约610万吨。

制表：白云飞

总公司原材料、能源统计表

（2003年度）

名称＼数量＼类别	计量单位	年初库存量		收入量累计		消费量累计						年末库存量	
				合计		合计		施工生产用		其他消费用			
		数量	金额	数量	金额	数量	金额	数量	金额	数量	金额	数量	金额
总值	万元		51572.2		1656972.9		1641709.0		1635006.7		6702.3		66836.1
（一）能源类	万元		2483.7		186315.7		185828.6		181226.0		4602.6		2970.9
其中：汽油	吨	362.39		42889.10		42723.22		41560.42		1162.80		528.27	
柴油	吨	2330.36		327392.57		326483.65		325706.86		776.79		3239.28	
原煤	吨	10322.67		204833.23		207402.83		193252.21		14150.62		7753.07	
电力	万千瓦时	0.20		65908.40		65899.10		60321.90		5577.20		9.50	
（二）原材料类	万元		49088.4		1470657.2		1455880.4		1453780.7		2099.7		63865.2
1. 黑色金属类	万元		23606.3		603731.2		604242.3		603211.8		1030.6		23095.2
其中：钢材	吨	64347.60		1761148.52		1764223.91		1760943.49		3280.42		61272.21	
重轨	吨	24226.89		126329.40		143482.47		143407.47		75.00		7073.82	
2. 有色金属类	万元		95.5		745.0		735.8		733.4		2.4		104.7
3. 化工类	万元		1117.5		49703.8		49979.9		49972.9		7.0		841.4
其中：炸药	吨	458.39		56565.97		56158.34		56158.34				866.02	
雷管	万发	90.51		5195.22		5152.33		5152.33				133.40	
导火索	万米	1980.62		4509.13		6314.70		6314.70				175.05	
4. 建材类	万元		2189.2		412421.8		410965.2		410650.7		314.5		3645.8
其中：水泥	吨	46165.75		8445017.27		8441902.72		8432490.72		9412.00		49280.30	
5. 木材类	万元		2136.5		22130.0		21615.8		21535.7		80.1		2650.8
其中：原木	立方米	16008.53		87725.37		87442.39		87303.39		139.00		16291.51	
锯材	立方米	5348.87		63322.28		63707.29		63262.29		445.00		4963.86	
胶合板	立方米	235.24		9132.08		8983.28		8959.28		24.00		384.04	
6. 金属制品类	万元		1442.5		23605.0		22079.0		22078.6		0.4		2968.5
7. 一次转值机电类	万元		8630.9		83920.5		81124.0		81089.9		34.1		11427.4
8. 其他类	万元		9869.9		274399.6		265138.2		264507.6		630.6		19131.3

制表：刘宝庆

总公司大宗物资招标采购统计表

（2003年度）

单位 \ 数量 \ 项目	招标次数（次）	市场总价（万元）	中标合同总价（万元）	节约资金（万元）	未招标总金额（万元）
合　　计	2385	507345.32	478363.65	28981.67	59384.52
中铁十一局集团公司	244	50648.50	46637.00	4011.50	
中铁十二局集团公司	392	62165.30	59110.70	3054.60	22374.7
中铁十三局集团公司	255	20381.50	18610.80	1770.70	
中铁十四局集团公司	240	42971.13	39495.23	3475.90	
中铁十六局集团公司	76	31277.00	28824.00	2453.00	
中铁十七局集团公司	148	46950.47	45770.57	1179.90	6611.23
中铁十八局集团公司	190	40107.90	38463.10	1644.80	
中铁十九局集团公司	294	61889.00	58549.00	3340.00	21791.00
中铁二十局集团公司	168	90481.80	86091.70	4390.10	
中铁建设集团公司	258	37914.00	35368.00	2546.00	
中铁路桥集团公司	44	3180.02	2938.83	241.19	
哈尔滨铁路建设集团公司	11	2764.91	2664.47	100.44	
上海铁路建设集团公司	30	10147.38	9882.01	265.37	6144.32
柳州铁路工程集团公司	6	477.90	465.21	12.69	281.27
乌鲁木齐铁路工程集团公司	21	3794.00	3616.80	177.20	2182.00
兰州铁路建设集团公司	8	2194.51	1876.23	318.28	

制表：刘宝庆

《中国铁道建筑总公司年鉴》(2003 年版)获全路年鉴质量综合评比一等奖和编校质量、版式装帧、框架设计 3 个单项一等奖。图为总公司系统年鉴评比获奖单位领奖场面。 (杨启燕 提供)

文献辑要

本栏责任编辑 **杨启燕**

总公司党委 总公司
关于开展“四好领导班子”活动实施办法

（中铁建党组〔2003〕5号）

第一章 总 则

第一条 在总公司系统广泛深入地开展创建“四好领导班子”活动，是落实“三个代表”重要思想、保持党的先进性、加强领导班子建设、为企业改革发展与稳定提供坚强保证的有效载体。为更好地推进这项活动的开展，现根据党的十六大精神和上级的有关要求，制定本办法。

第二条 开展创建“四好领导班子”活动的指导思想和总体要求是：以邓小平理论和“三个代表”重要思想为指导，以保持党的先进性为核心，以形成朝气蓬勃、奋发有为的领导层为重点，紧紧围绕生产经营和提高经济效益开展工作，全面推进领导班子建设，充分发挥领导班子总揽全局、协调各方的作用，为总公司的改革发展与稳定提供坚强的政治保证和组织保证。

第三条 开展创建“四好领导班子”活动的方针原则

（一）坚持党的先进性原则。着眼于把各级领导班子建设成为坚持贯彻“三个代表”重要思想的坚强领导集体，把各级党员领导干部培养成为践行“三个代表”重要思想的模范。

（二）坚持为企业改革发展服务的原则。把促进企业改革发展、加强科学管理、推进科技进步、提高经济效益、实现国有资产保值增值、保证职工队伍稳定，作为开展活动的出发点和落脚点，作为检验活动成效的主要依据。

（三）坚持与时俱进、改革创新的原则。从实际情况出发，既要坚持过去行之有效的好传统好办法，又要积极探索和创新“四好领导班子”活动的方式方法，坚持党的优良传统和弘扬时代精神相统一，努力增强领导班子的生机与活力。

第四条 开展活动的范围

创建“四好领导班子”活动，在集团所属子公司以上单位领导班子中开展。

第二章 评比条件

第五条 “四好领导班子”条件

（一）政治素质好。认真学习邓小平理论，模范实践“三个代表”重要思想，坚决贯彻执行党的路线方针政策、国家的法律法规、中央企业工委的重要指示和总公司的各项要求，顾全大局，把握方向，发挥政治核心作用。具有较强的科学判断形势能力、驾驭市场经济能力、应对复杂局面能力、依法经营能力和总揽全局能力。

（二）团结协作好。班子成员讲党性、讲团结、讲友谊，互相支持，关系融洽；党政正职带头做团结的模范，工作协调，配合默契；认真贯彻民主集中制，重大问题集体讨论决定；保持党内生活的政治性和原则性，认真开展批评与自我批评，能依靠自身能力解决存在的矛盾和问题。

（三）作风纪律好。按照“八个坚持、八个反对”要求，切实转变思想作风、学风、工作作风、领导作风和生活作风；认真执行企业领导人员“五不准”规定，严格要求，严格管理，严格监督，做到自重、自省、自警、自励；自觉克服官僚主义、形式主义，深入实际，调查研究，总结经验，解决问题；牢记党的宗旨，密切联系群众，关心职工疾苦，为群众办实事办好事。班子成员无违纪现象。

（四）经营业绩好。始终抓住发展第一要务，聚精会神搞建设，一心一意谋发展，发展有新思路，改革有新突破，工作有新举措，单位有新局面；生产经营单位经营效绩评价良好（含良好）以上，非经营单位工作成绩突出。无重大安全质量事故和其他重大事件发生，保持企业稳定和职工队伍稳定。

第三章 评比办法

第六条 评比程序

总公司党委、总公司对管理的领导班子每年评比表彰一次“四好领导班子”。评比分三步进行：由总公司有关部门根据企业效绩评价结果、企业经营管理者奖罚兑现情况和班子自身建设状况，酝酿提出意见；召开机关有关责任部门负责同志会议审议；提交总公司党委常委（扩大）会议审批。

第七条 表彰形式

总公司党委、总公司对评出的“四好领导班子”发表彰决定，对被评为“四好领导班子”的公司制企业党委书记、董事长、总经理和其他单位党政正职，按照《中国铁道建筑总公司企业经营管理者奖罚办法》，在总公司对企业经营管理者当年考核确定的奖金数额基础上增加10%奖金，并广泛宣扬他们的先进事迹。

第四章　附　　则

第八条　各单位党委对照本办法，制定实施细则。

第九条　本办法自2003年1月1日起实行。

第十条　本办法由总公司党委组织部负责解释。

总公司党委　总公司
关于开展“五好党支部”和“六好共产党员”
活动实施办法

（中铁建党组〔2003〕6号）

第一章　总　　则

第一条　在总公司系统广泛深入地开展创建“五好党支部”和争当“六好共产党员”活动，是落实“三个代表”重要思想，保持党的先进性，加强基层党组织建设和党员队伍建设，为企业改革发展与稳定奠定坚实基础的有效载体。为更好地推进这项活动的开展，现根据党的十六大精神和上级的有关要求，制定本办法。

第二条　开展活动的指导思想和总体要求是：以邓小平理论和“三个代表”重要思想为指导，以保持党的先进性为核心，紧紧围绕生产经营和提高经济效益开展工作，全面加强党支部建设和党员队伍建设，进一步增强党组织的创造力、凝聚力和战斗力，充分发挥党支部的战斗堡垒作用和共产党员的先锋模范作用，为总公司的改革发展与稳定提供坚强保证。

第三条　开展活动的方针原则

（一）坚持党的先进性原则。着眼于把基层党组织建设成为贯彻“三个代表”重要思想的组织者、推动者和实践者；把共产党员培养成为践行“三个代表”重要思想的模范。

（二）坚持为企业改革发展服务的原则。把完成生产经营任务、提高经济效益、保证队伍稳定，作为开展活动的出发点和落脚点，作为检验活动成效的主要依据。

（三）坚持与时俱进、改革创新的原则。从实际情况出发，既要坚持过去行之有效的好传统好办法，又要积极探索和创新党的活动方式和工作方法，坚持党的优良传统和弘扬时代精神相统一，努力增强党组织的战斗力。

第四条　开展活动的范围

创建“五好党支部”活动，在基层和机关党支部中开展；争当“六好共产党员”活动，在全体在职党员中开展。

第二章　评比条件

第五条　“五好党支部”条件

（一）支部班子好。坚持党支部的集体领导，重大问题经支委会讨论决定；班子成员政治坚定，牢记宗旨；团结和谐，工作胜任；勤政廉洁，职工拥护。

（二）完成任务好。生产经营和管理工作全面过硬。圆满完成上级下达的生产经营指标，经济效益和安全、质量在本企业居先进水平。

（三）党员队伍好。综合素质高，党性观念强，模范作用突出，民主评议党员全部合格，无违犯党纪政纪现象。

（四）思想工作好。有一支较强的思想骨干队伍；思想工作扎实，富有成效；职工思想稳定，精神面貌好，无严重违法违纪现象。

（五）基础建设好。支部班子健全，支部书记在职在位；各项制度落实，组织活动经常，党内生活活跃；支部资料齐全，工作程序规范，各项记录清楚。

第六条　“六好共产党员”条件

（一）政治思想好。认真学习政治理论，模范实践“三个代表”重要思想，理想信念坚定，热爱关心企业，是非分明，坚持原则，道德高尚，经得起各种风浪的考验。

（二）完成任务好。敬业爱岗，尽职尽责，吃苦耐劳，勇挑重担，工作成绩显著。

（三）业务技术好。刻苦钻研科学文化和相关知识，熟练掌握岗位技能，业务考核成绩优良，成为本单位技术骨干。

（四）道德品质好。对党忠诚老实，作风正派；关心集体，助人为乐；廉洁自律，党风端正；模范遵守职业道德和公民道德规范。

（五）联系群众好。熟悉职工状况，善于做思想工作，关心职工疾苦，开展互助活动，成为群众的知心朋友。

（六）遵纪守法好。严格执行党内政治生活准则，模范遵守党纪国法；积极参加党的组织生活，自觉接受党组织和党员群众的教育、管理和监督；维护党的利益，勇于同不良倾向作斗争。

第三章　评比办法

第七条　评比程序

总公司党委每两年评比表彰一次“五好党支部标兵”和“六好共产党员标兵”。评比采取自下而上、层层推荐的办法产生。对各单位推荐的评比对象，提交总公司机关有关部门审议后，报总公司党委领导审批。

第八条　表彰形式

总公司党委对评出的“五好党支部标兵”和“六好共产党员标兵”发表彰决定，给予一定的物质奖励，并采取多种形式广泛宣传他们的模范事迹。

第四章　附　　则

第九条　各单位党委对照本办法，制定实施细则。

第十条　本办法自 2003 年 1 月 1 日起实行。

第十一条　本办法由总公司党委组织部负责解释。

中国铁道建筑总公司内部审计工作规定

（中铁建审〔2003〕131 号）

第一章　总　　则

第一条　为了建立健全中国铁道建筑总公司（下称总公司）内部审计制度，完善企业监督约束机制，适应建立和实行现代企业制度的需要，根据《中华人民共和国审计法》《中华人民共和国会计法》《企业国有资产监督管理暂行条例》《审计署关于内部审计工作的规定》等法律法规，结合总公司实际，制定本规定。

第二条　总公司及所属单位（含占控股地位或主导地位的单位，下同）按照国家有关规定实行内部审计制度，应在公司章程中予以明确。

第三条　总公司内部审计工作为总公司的改革和发展服务。各级审计机构依据国家法律、法规和总公司、本单位的规章制度，通过系统化、规范化的方法，对本单位及所属单位的财务收支及其经济活动的真实性、合法性和效益性进行客观地监督与评价，以促进企业（单位）加强经济管理、实现经济目标。

第四条　总公司各级审计机构在本单位主要负责人的领导下独立行使内部审计职权，对本单位主要负责人负责并报告工作；同时，接受国家审计机关、内部审计协会和上一级审计机构的业务指导和监督。

第二章　审计机构和审计人员

第五条　总公司审计局是总公司履行审计监督、指导所属单位审计工作的职能部门，受总公司总经理领导。在业务上接受国家审计署和中国内部审计协会的指导和监督。

第六条　各集团公司、北京中铁建设有限责任公司、中土公司、勘察设计院设置与本单位职能部门相同级别的独立审计机构；国内工程公司、海外公司、铁道建筑研究设计院、北京铁城建设监理有限公司、总公司干部学校、总医院、石家庄铁路职业技术学院等单位，按规定设置审计机构。

第七条　各集团公司所属的子（分）公司应当建立健全内部审计制度，设置审计机构、配备审计人员。

第八条　根据《审计署关于内部审计工作的规定》第三条“设立内部审计机构的单位，可以根据需要设立审计委员会，配备总审计师”的规定，有条件的单位按规定可实行总审计师制度。

第九条　审计机构根据审计范围、职责、工作量大小，配备相应数量的审计人员，所配审计人员应当具有良好的政治素质和较高的政策水平，具备与其从事的审计工作相适应的专业知识和业务技能。

第十条 审计人员实行岗位资格和后续教育制度。

审计人员的专业技术职务任职资格的评审、聘任和考核,按照国家及总公司现行规定执行。

第十一条 审计机构负责人依照总公司人事管理权限及公司章程规定任免。

第十二条 审计人员办理审计事项应当严格遵守内部审计职业规范,忠于职守、坚持原则、客观公正、保守秘密。

第十三条 审计人员办理审计事项,与被审计单位或者审计事项存在利害关系的,应当回避。

第十四条 审计机构履行职责所必需的经费,应当列入单位财务预算,由本级财务予以保证。

第三章 审计机构的职责

第十五条 总公司审计局负责管理和指导全系统的审计工作,其主要职责:

1. 贯彻执行国家审计工作方针、政策、法规,制定总公司审计工作规划、标准、制度和办法;

2. 对总公司本级及派出机构、各集团公司、公司、设计院、干校、总医院、职业技术学院实施审计监督;

3. 制定审计项目计划,下达审计任务;

4. 指导、监督、检查系统内的审计工作;

5. 复审和裁决下级审计机构与被审计单位有异议的审计事项;

6. 根据审计任务需要,可统一调用所属各级审计人员,以提高全系统审计工作的整体效能;

7. 组织系统内的审计课题研究,负责审计新技术、新方法的推广应用,培训内部审计人员;

8. 总结审计工作,交流、推广审计工作经验,评选和表彰审计工作先进单位和先进个人。

第十六条 各级审计机构对本单位及所属单位的下列经济事项进行审计监督与评价:

1. 国家财经法规、总公司及本单位规章制度的执行情况;

2. 财务收支及其资产、负债、损益状况;

3. 资产经营、资本经营目标责任制的执行情况;

4. 各级领导人员任期经济责任履行情况;

5. 内部控制制度的健全性、有效性及风险管理情况;

6. 财务预算的编制、执行和会计核算、会计决算情况;

7. 成本管理和经济效益情况;

8. 各类经济合同、协议的合法性及履行情况;

9. 各类资金、基金的筹集、管理和使用情况;

10. 基建项目概(预)算、竣工决算及其他固定资产投资项目情况;

11. 内部单位合并、分立、重组、撤销的财产清查、确认,资产转让、抵押、租赁、担保情况;

12. 法律、法规规定和本单位要求的其他审计事项。

第十七条 各级审计机构对本单位所属的境外机构、企业、工程项目,以及与境内、外经济组织兴办的合资、合作经营的企业、合作项目的合同执行情况、经营状况及其经济效益进行审计监督。

第十八条 根据经营管理的需要,审计机构可开展专项审计或审计调查,受理审计举报事项。可直接接受本公司董事会或监事会的委托办理审计事项。

第十九条 各级审计机构根据产权隶属关系或财务隶属关系确定审计范围;上级审计机构可以将其管辖范围内的审计事项授权下级审计机构进行;上级审计机构对下级审计管辖范围内的审计事项必要时可以直接进行审计;未设审计机构的单位应由上一级审计机构履行内部审计职责。

第四章 审计机构的权限

第二十条 审计机构有权要求本单位有关职能部门及所属单位及时提供或报送生产经营计划、财务收支计划、预算执行情况、决算、报表和其他有关文件、资料。

第二十一条 审计机构负责人应当出席本单位资本管理、财务管理和经营决策方面的有关会议。

第二十二条 审计机构和审计人员在审计过程中可以行使下列权限:

1. 召开与审计事项有关的会议;

2. 检查会计凭证、帐簿、报表、各类业务单证、重要经济合同,审查各类资金、财产,现场勘察实物,检测财务、业务软件及电子数据资料,查阅有关文件、资料;

3. 对与审计事项有关的问题,向有关单位和个人进行调查,并取得证明材料,可以录音、摄像、拍照、复制,有关单位和个人应予以配合、协助,不得推诿、拒绝;

4. 对正在进行的严重违反财经法规、严重损失浪费行为,作出临时制止决定;

5. 对可能转移、隐匿、篡改、毁弃会计凭证、帐簿、报表及与经济活动有关的资料,经本单位主要负责人批准,可采取封存账册、物资、冻结资金等临时措施;

6. 提出纠正、处理违反财经法规行为的意见以及改进经营管理、提高经济效益的建议;

7. 对违反财经法规和造成损失浪费的单位和人员,给予通报批评或提出追究行政责任的建议。

第二十三条 审计机构发现被审计单位的合法经济权益受到损害时，应依据国家有关法律、法规的规定予以维护。

第二十四条 对被审计单位违反财经法规的行为，根据情况，分别作出以下处理：

1. 通报批评；
2. 纠正违纪行为(含冲转有关帐目)；
3. 追还被侵占、挪用的资金；
4. 收缴应上交的收入；
5. 没收非法所得；
6. 对单位和责任人进行经济处罚，情节严重的移交纪检、监察部门查处；对触犯刑律的案件，移交司法机关处理。

第二十五条 根据审计工作需要，审计机构可从本单位相关业务部门和所属单位中聘请兼职审计员。兼职审计员执行审计任务时，享有与专职审计员同等的职权。

如有特殊需要，审计机构可聘请专门机构或者专业人员参与特殊项目的审计。

第五章　审计工作程序

第二十六条 审计机构按照本单位和上级审计机构的要求，确定年度审计工作重点，拟订年度审计项目计划，经本单位负责人或审计委员会审定，报送上级审计机构批准后下达执行。遇有特殊情况，可适当调整计划，并抄报上级审计机构备案。

第二十七条 审计机构根据确定的审计事项组成审计组，并应当在实施审计三日前，向被审计单位送达审计通知书。被审计单位应当配合审计组的工作，并提供必要的工作条件。

审计组应根据审计事项，编制审计实施方案，报本单位负责人或审计机构负责人批准后实施。

第二十八条 审计人员在实施审计过程中，对审计事项要查清事实，做好记录，并取得有关证明材料，编制审计工作底稿。审计工作底稿须经审计组长或主审审核签章，对查证过程中的工作底稿应交被审计单位有关职能部门或有关人员签认。

第二十九条 审计组依据审计工作底稿拟定审计报告，经审计组长审核签章后，送交被审计单位征求意见。被审计单位应在收到审计报告之日起十日内，提出书面意见送交审计组或审计机构，逾期视为无异议。

审计组对被审计单位提出的书面意见应进一步核实或说明。

第三十条 审计组将审计报告、被审计单位的书面意见、审计组的核实意见一并报送派出审计组的审计机构审定。

审计机构审定审计报告，对审计事项作出评价，出具审计意见书；对需要处理的问题，作出审计决定，并报请本单位负责人批准或提交审计例会、审计委员会审定后，送达被审计单位执行。被审计单位应在收到之日起三个月内将审计意见的落实情况或审计决定的执行情况书面向审计机构报告。

第三十一条 被审计单位对审计决定如有异议，应在收到审计决定之日起十五日内向审计机构所在单位或上级审计机构提出复议申请。审计机构所在单位或上级审计机构应及时予以受理。复议期间，原审计决定照常执行。

第三十二条 审计机构应当建立后续审计制度，检查被审计单位采纳审计意见和执行审计决定的情况。

经三十三条 审计项目结束后，审计组应按审计档案管理规定立卷、归档。

第六章　审计工作的组织管理

第三十四条 设立审计机构的单位，应当建立健全审计委员会、审计例会制度，研究决定本单位重要审计事项。

第三十五条 各级审计机构应按规定时间向上一级审计机构报送以下资料：

1. 年度审计项目计划和调整计划；
2. 审计统计报表、工作总结；
3. 单位制定的审计规章制度；
4. 重要审计报告；
5. 典型审计工作经验和审计论文；
6. 审计机构和审计人员变动情况；
7. 上级审计机构要求上报的其他审计资料。

第三十六条 根据中国内部审计协会《关于内部审计人员岗位资格证书管理办法》，总公司审计局负责组织全系统审计人员资格证书的培训考试和管理工作；对持证人员进行后续教育及年检；向中国内部审计协会报送资格证书管理相关资料。

第三十七条 各级审计机构应当遵守内部审计准则、规定，自觉接受内部审计协会的行业指导、监督和管理。

第三十八条 各级审计机构应不断提高审计业务质量，并依法接受国家审计机关对内部审计业务质量的检查和评估。

第七章　奖　惩

第三十九条 对审计中发现的违反国家财经法规、总公司及本单位规章制度的单位或个人，审计机构在职权范围内按照有关规定提出处理意见，报本单位领导批准后执行。对负有直接责任的主管人员和其他直接责任人员，应给予行政处分的，提出给予行政处分的建议，被审计单位或其上级主管部门、纪检、监察机构应根据有关规定及时作出处理决定；构成犯罪的，提交司法机关依法追究刑事责任。

第四十条 审计机构对审计工作中发现的遵纪守法、经济效益显著、贡献突出的单位和个人，可给予通报表扬或提出奖励的建议。

第四十一条 对认真履行职责、忠于职守、坚持原则、廉洁奉公、做出显著成绩的审计人员，由本单位给予奖励。

第四十二条 审计机构对有下列行为的单位或者个人，应当根据情节轻重，向本单位或者被审计单位上级主管部门提出给予行政处分的建议；构成犯罪的，提交司法机关依法追究刑事责任。

1. 拒绝审计、拒不提供有关资料及证明材料的；

2. 阻挠审计人员行使职权，报复陷害审计人员或者提供线索人的；

3. 弄虚作假，隐瞒事实，转移、隐匿非法所得的；

4. 拒不执行审计决定的。

第四十三条 对违反本规定滥用职权、徇私舞弊、玩忽职守、泄露秘密的审计人员，由所在单位给予行政处分，并调离审计工作岗位；构成犯罪的，依法追究刑事责任。

第八章 附 则

第四十四条 各集团公司、公司、设计院、干校、总医院、职业技术学院应遵照本规定开展审计工作，或者根据本规定制订实施办法，报总公司备案。

第四十五条 本规定由总公司审计局负责解释。

第四十六条 本规定自发布之日起施行。原发《中国铁道建筑总公司审计工作暂行规定》(中铁建审〔1997〕178 号)同时废止。

2003 年总公司文件目录

文 件 号	文 件 标 题
中铁建计〔2003〕1 号	关于下达 2003 年生产经营发展计划及基本建设更新改造计划的通知
中铁建设运〔2003〕2 号	关于印发《中国铁道建筑总公司机械动力设备管理规定》的通知
中铁建企〔2003〕3 号	关于中国铁道建筑总公司昆明机械厂建立现代企业制度总体方案的批复
中铁建安质〔2003〕4 号	关于兑现 2002 年度安全工作包保责任状的通报
中铁建安质〔2003〕5 号	关于表彰 2002 年度安全生产达标单位的通报
中铁建财〔2003〕6 号	关于印发《总公司德国转贷款核算办法》的通知
中铁建安质〔2003〕7 号	关于 2002 年度安全工作情况的报告
中铁建劳〔2003〕8 号	关于转发北京市劳动和社会保障局《关于 2002 年调整北京市城镇企业退休退职人员基本养老金最低标准的通知》的通知
中铁建企〔2003〕9 号	关于同意总医院与北大西创集团进行股份制合作的批复
中铁建科〔2003〕10 号	关于颁发 2002 年度总公司科技进步奖的通知
中铁建公〔2003〕11 号	关于转发《国有企业治安保卫工作暂行规定》的通知

续表

文　件　号	文　　件　　标　　题
中铁建企〔2003〕12 号	关于中铁十三局集团有限公司资质晋级的请示
中铁建企〔2003〕13 号	关于中铁工程集团有限公司申报企业资质的请示
中铁建劳〔2003〕14 号	关于成立中国铁道建筑总公司青成复线工程项目经理部的通知
中铁建经〔2003〕16 号	关于表彰 2002 年度经营工作先进单位的决定
中铁建劳〔2003〕17 号	关于成立监理公司北京分公司的通知
中铁建劳〔2003〕18 号	关于成立中国铁道建筑总公司惠阳分公司的通知
中铁建监〔2003〕19 号	关于开展工程项目经济效益执法效能监察的通知
中铁建海〔2003〕20 号	关于印发《中国铁道建筑总公司外事工作管理办法(试行)》等 7 个文件的通知
中铁建人〔2003〕21 号	关于做好 2003 年度专业技术职务评聘工作的通知
中铁建计〔2003〕22 号	关于利用外资贷款采购铁路施工机械设备的请示
中铁建财〔2003〕23 号	关于施工新技术研究与开发资金的请示
中铁建企〔2003〕24 号	关于中铁建物贸公司建立现代企业制度总体实施方案的批复
中铁建企〔2003〕25 号	关于印发《中国铁道建筑总公司 2002 年度管理评审决议》的通知
中铁建办〔2003〕26 号	总公司　总公司党委关于印发 2003 年度会议计划的通知
中铁建劳〔2003〕27 号	关于总公司西合铁路协调组与西康铁路秦岭隧道工程指挥部合并的通知
中铁建劳〔2003〕28 号	转发《国务院批转劳动和社会保障部等部门关于辽宁省完善城镇社会保障体系试点情况报告的通知》的通知
中铁建劳〔2003〕29 号	关于 2002 年度劳动定额管理情况的通报
中铁建劳〔2003〕30 号	关于 2002 年度下岗职工基本生活保障中央财政补助资金清算的报告
中铁建审〔2003〕31 号	关于下达 2003 年度审计项目计划的通知
中铁建审〔2003〕32 号	关于表彰 2002 年度审计工作先进单位和先进个人的通报
中铁建劳〔2003〕33 号	关于公布 2002 年度总公司职工平均工资的通知
中铁建劳〔2003〕34 号	关于公布 2003 年度缴费工资基数与社会保险待遇给付有关问题的通知
中铁建办〔2003〕35 号	关于印发《中国铁道建筑总公司系统档案全宗编号及档案单位名称代号》的通知

续表

文件号	文件标题
中铁建办〔2003〕36号	关于明确渝怀铁路竣工文件进总公司档案馆有关内容的通知
中铁建劳〔2003〕37号	关于《2002年度合格劳务分承包商名册》继续留用的通知
中铁建海〔2003〕38号	关于使用中小企业国际市场开拓资金的请示
中铁建教卫〔2003〕39号	关于下达总公司2003年度教育培训计划的通知
中铁建劳〔2003〕40号	关于2002年度职业技能鉴定工作情况的通报
中铁建审〔2003〕41号	转发《审计署关于内部审计工作的规定》的通知
中铁建劳〔2003〕42号	关于同意中铁十一局集团有限公司机关迁址武汉市的批复
中铁建企〔2003〕43号	关于中铁十四局集团有限公司申报资质的请示
中铁建企〔2003〕44号	关于中铁工程集团有限公司申报资质的请示
中铁建财〔2003〕45号	关于2002年度绩效评价情况的通报
中铁建企〔2003〕46号	关于中铁十五局集团公司电务工程有限公司资质晋级增项的请示
中铁建企〔2003〕47号	关于中铁十四局集团有限公司股份制改造的批复
中铁建海〔2003〕48号	关于2002年中小企业国际市场开拓资金拨付的请示
中铁建企〔2003〕49号	关于中铁十九局集团公司第一工程有限公司申报资质的请示
中铁建海〔2003〕50号	关于2002年度中小企业国际市场开拓资金使用情况的报告
中铁建劳〔2003〕51号	总公司 总公司党委关于给予企业经营管理者奖励的通知
中铁建劳〔2003〕52号	关于成立总公司贯标认证办公室的通知
中铁建劳〔2003〕53号	关于离退休职工管理处变更名称的通知
中铁建财〔2003〕54号	关于利用外资贷款购置施工机械设备的请示
中铁建劳〔2003〕55号	关于2002年度工效挂钩工资总额结算的通知
中铁建劳〔2003〕56号	关于成立总公司东莞水质净化厂工程项目经理部的通知
中铁建计〔2003〕57号	总公司关于2002年度主要经济技术指标完成情况的通报
中铁建战〔2003〕58号	关于下达2003年度战备事业费计划的通知

续表

文 件 号	文 件 标 题
中铁建办〔2003〕59号	关于贯彻落实国资委办公厅〔2003〕4号文件的情况报告
中铁建企〔2003〕60号	关于中国铁道建筑总公司主辅分离改制分流情况的报告
中铁建劳〔2003〕61号	关于下达2003年度劳动工资计划的通知
中铁建科〔2003〕62号	关于下发2003年度科技研究开发计划的通知
中铁建科〔2003〕63号	关于下发2003年度总公司科技项目研究经费的通知
中铁建办〔2003〕64号	关于调整总公司机关爱国卫生运动委员会成员的通知
中铁建办〔2003〕65号	关于调整总公司机关安全委员会成员的通知
中铁建工〔2003〕66号	关于中铁十九局集团公司在京施工项目增加民工的请示
中铁建劳〔2003〕67号	关于撤销造桥工程分公司的批复
中铁建海〔2003〕68号	关于确定招标采购代理公司的请示
中铁建办〔2003〕69号	总公司 总公司党委关于调整2003年度会议计划的通知
中铁建财〔2003〕70号	关于2002年度财务决算工作完成情况的通报
中铁建财〔2003〕71号	关于2003年度财务预算情况的通报
中铁建计〔2003〕72号	关于呈报“十五”规划、计划及统计信息的报告
中铁建劳〔2003〕73号	关于下达2003年度工效挂钩基数、系数的通知
中铁建海〔2003〕74号	关于派王振侯同志赴澳门检查指导工作的请示
中铁建劳〔2003〕75号	总公司 总公司党委关于给予在抗击“非典”战斗中作出重要贡献的中铁建总医院通报表彰的决定
中铁建离〔2003〕76号	总公司 总公司党委关于加强离退休职工管理服务工作的意见
中铁建人〔2003〕77号	关于专业技术资格评审实行全国专业技术人员计算机应用能力考试的通知
中铁建劳〔2003〕78号	关于对总公司《关于受处分人员离退休时统筹养老金和统筹外有关项目发放处理意见》有关条款变动的通知
中铁建劳〔2003〕79号	关于成立中国铁道建筑总公司重庆排水工程项目经理部的通知
中铁建海〔2003〕81号	关于中国铁道建筑总公司境外投资年检工作情况的报告
中铁建海〔2003〕82号	关于派李国瑞同志赴香港、澳门考核领导班子并检查指导工作的请示

续表

文　件　号	文　　件　　标　　题
中铁建劳〔2003〕83 号	关于公布《2003 年度合格劳务分包方名册》的通知
中铁建企〔2003〕84 号	关于印发《中国铁道建筑总公司 2003 年度管理体系管理评审决议》的通知
中铁建劳〔2003〕85 号	关于石家庄铁路工程职业技术学院变更名称的批复
中铁建劳〔2003〕86 号	关于明确股权委员会有关问题的通知
中铁建企〔2003〕87 号	中国铁道建筑总公司同意将中铁建总医院整体划转给华润(集团)有限公司的报告
中铁建劳〔2003〕88 号	关于调整机关有关部门工作职责等问题的通知
中铁建办〔2003〕89 号	关于印发《总公司机关办公设备管理规定(暂行)》的通知
中铁建海〔2003〕90 号	关于派王振侯同志赴香港检查指导工作、洽谈有关项目的请示
中铁建企〔2003〕91 号	关于中铁十四局集团有限公司水利水电资质升级的请示
中铁建科〔2003〕92 号	总公司 总公司工会关于公布 2002 年度合理化建议和技术改进项目评审结果的通报
中铁建劳〔2003〕94 号	关于铁道建筑报社增设财务室的通知
中铁建劳〔2003〕95 号	关于同意成立泉州勘测设计分院的批复
中铁建企〔2003〕96 号	关于将两个勘察设计院划转给中国铁道建筑总公司的请示
中铁建企〔2003〕97 号	转发国务院国有资产监督管理委员会等四部门《关于进一步明确国有大中型企业主辅分离辅业改制有关问题的通知》的通知
中铁建财〔2003〕98 号	关于解决中铁十六局集团有限公司北京朝阳区皮村北巷土地有关问题的请示
中铁建企〔2003〕99 号	总公司 总公司党委关于表彰为总公司贯标认证做出突出成绩的先进单位和先进个人的决定
中铁建劳〔2003〕100 号	关于 2003 年度调整企业工伤职工伤残抚恤金和护理费标准的通知
中铁建劳〔2003〕101 号	转发国资委党委办公室《关于贯彻〈离休干部“两费”保障工作的基本要求〉的通知》的通知
中铁建企〔2003〕102 号	关于中铁十九局集团公司第四工程有限公司资质申报的请示
中铁建安质〔2003〕103 号	关于表彰安全先进工作者的通报
中铁建企〔2003〕104 号	关于厦门中铁建设公司资质升级的请示
中铁建劳〔2003〕105 号	关于成立中国铁道建筑总公司四川德格八一桥水电站工程项目经理部的通知
中铁建海〔2003〕106 号	关于派王振侯同志赴阿曼苏丹国出席开工典礼、检查指导工作的请示

续表

文 件 号	文 件 标 题
中铁建劳〔2003〕107号	关于转发建设部《关于表彰全国建设行业技术能手的通报》的通知
中铁建科〔2003〕108号	关于切实做好《中国铁路桥梁史》编写工作的通知
中铁建设运〔2003〕109号	关于价拨 DF_4 型内燃机车的请示
中铁建企〔2003〕110号	关于中国铁道建筑总公司与中国土木工程集团公司实施重组的请示
中铁建劳〔2003〕111号	关于同意总医院设立颐和山庄门诊部的批复
中铁建企〔2003〕112号	关于调整股权设置和规范法人治理结构的批复
中铁建劳〔2003〕113号	关于转发劳动和社会保障部等三部门《关于印发国有大中型企业主辅分离辅业改制分流安置富余人员的劳动关系处理办法的通知》的通知
中铁建办〔2003〕114号	关于转发《国家信访局关于开展群众重复上访问题专项治理工作的通知》的通知
中铁建海〔2003〕115号	关于利用德国政府贷款项目更改转贷银行的请示
中铁建教卫〔2003〕116号	总公司 总公司党委关于表彰教育培训先进单位和先进个人的决定
中铁建教卫〔2003〕117号	关于印发《总公司机关举办培训班管理规定(暂行)》的通知
中铁建海〔2003〕118号	关于派王振侯同志随中国国际贸易促进委员会组团赴埃塞俄比亚出席“中非合作论坛”及“中国—非洲企业家合作大会”的请示
中铁建办〔2003〕119号	总公司 总公司党委关于转发《中铁十六局集团公司四公司深化用工改革以工序单价承包方式解决职工待岗问题》经验的通知
中铁建企〔2003〕120号	关于海外公司并入中国土木工程集团公司的通知
中铁建海〔2003〕121号	关于改派李国瑞同志随中国国际贸易促进委员会组团赴埃塞俄比亚出席“中非合作论坛”及“中国—非洲企业家合作大会”的请示
中铁建计〔2003〕122号	关于上报2004年度固定资产投资计划的报告
中铁建海〔2003〕123号	关于2003年1～8月中小企业国际市场开拓资金拨付的请示
中铁建财〔2003〕124号	关于印发《中国铁道建筑总公司银行承兑汇票管理办法》的通知
中铁建企〔2003〕125号	关于请求国资委协调处理中国铁路物资总公司诉其原下属两工厂案的请示
中铁建海〔2003〕126号	关于调整使用2003年度中小企业国际市场开拓资金的请示
中铁建劳〔2003〕127号	关于北京铁建医院增设防疫保健科的通知
中铁建企〔2003〕128号	关于设立中铁十四局工程发展股份有限公司的请示
中铁建计〔2003〕129号	关于签发《国家鼓励发展内外资项目确认书》的请示

续表

文件号	文件标题
中铁建劳〔2003〕130号	关于总公司国内工程公司更名为中铁工程集团有限公司的批复
中铁建审〔2003〕131号	关于印发《中国铁道建筑总公司内部审计工作规定》的通知
中铁建企〔2003〕132号	关于接收铁道第一、第四勘察设计院等企业的请示
中铁建企〔2003〕133号	关于上报徐州机械厂改制分流方案的请示
中铁建财〔2003〕134号	关于企业亏损补贴的请示
中铁建劳〔2003〕135号	关于成立中国铁道建筑总公司呼准铁路工程指挥部的通知
中铁建财〔2003〕136号	关于解决移交企业资金缺口问题的请示
中铁建财〔2003〕137号	中国铁道建筑总公司关于执行《企业会计制度》的通知
中铁建教卫〔2003〕138号	关于总公司系统做好预防"非典"反复工作的通知
中铁建财〔2003〕139号	关于编报2004年度财务预算的通知
中铁建财〔2003〕140号	关于中国土木工程集团公司办理资产无偿划转手续的请示
中铁建设运〔2003〕141号	转发中国建筑业协会建筑机械设备管理分会《关于表彰"全国施工企业设备管理优秀单位与优秀工作者"的决定》的通知
中铁建财〔2003〕142号	关于铁道第一、第四勘察设计院等20户企业办理资产无偿划转手续的请示
中铁建计〔2003〕143号	关于2003年统计年报和2004年定期统计报表制度有关工作的通知
中铁建劳〔2003〕144号	关于明确对社会保险稽核检查与审计归属权限的通知
中铁建财〔2003〕145号	关于青藏铁路建设期间已交税金的请示
中铁建劳〔2003〕146号	关于切实规范和加强社会保险基金帐户设立与管理问题的通知
中铁建劳〔2003〕147号	总公司 总公司党委关于切实加强外部劳务管理保持队伍稳定的通知
中铁建劳〔2003〕148号	关于批准康定寿等88名同志高级技师任职资格的通知
中铁建劳〔2003〕149号	关于批准苗颖农等22名同志技师任职资格的通知
中铁建财〔2003〕150号	关于减免特殊困难移交企业所欠铁路局债务的请示
中铁建安质〔2003〕151号	关于表彰2003年度总公司安全质量标准工地的通报
中铁建安质〔2003〕152号	关于表彰2003年度中国铁道建筑总公司优质工程的通报

续表

文件号	文件标题
中铁建财〔2003〕154号	关于利用比利时政府贷款购置施工设备的请示
中铁建工〔2003〕155号	关于加强清理工程款拖欠和民工工资拖欠工作的通知
中铁建财〔2003〕156号	关于清产核资工作几个具体问题的请示
中铁建劳〔2003〕157号	关于做好原行业基本养老保险并轨和社会保险管理工作有关问题的通知
中铁建财〔2003〕158号	关于印发《施工企业会计核算办法》等文件的通知
中铁建劳〔2003〕159号	关于成立中国铁道建筑总公司新乡高速公路建设管理指挥部的通知
中铁建监〔2003〕160号	关于印发《王振侯总经理在总公司工程项目经济效益效能监察工作座谈会上的讲话》的通知
中铁建劳〔2003〕161号	关于追加2003年度工资总额计划的通知
中铁建劳〔2003〕162号	关于追加中国土木工程集团公司2003年度工资总额计划的通知
中铁建劳〔2003〕163号	关于理顺铁道建筑公安局警察培训中心管理关系的通知
中铁建劳〔2003〕164号	关于下达新划入单位2003年度工效挂钩基数、系数的通知
中铁建劳〔2003〕165号	关于下达中国土木工程集团公司2003年度工效挂钩基数、系数的通知
中铁建劳〔2003〕166号	关于2003年参加北京养老统筹企业离退休人员基本养老金调整的通知
中铁建劳〔2003〕167号	印发《关于对申报技师、高级技师人员统一进行职业培训、技能鉴定和综合评审的实施意见》的通知
中铁建劳〔2003〕168号	关于设立中国土木工程集团公司驻阿尔及利亚办事处的请示
中铁建劳〔2003〕169号	关于补办中国土木工程集团公司在尼日利亚设立中土尼日利亚有限公司批准手续的请示

2003年总公司党委文件目录

文件号	文件标题
中铁建党组〔2003〕1号	关于中铁十八局集团公司第一次党代会和第一届党委会、纪委会第一次全体会议选举结果的批复
中铁建党组〔2003〕2号	中国铁道建筑总公司党委关于总公司领导班子民主生活会情况的报告
中铁建党干〔2003〕3号	中国铁道建筑总公司党委关于2002年度因公出国(境)人员审批工作的情况报告
中铁建党组〔2003〕4号	关于海外公司工会工作委员会更名的通知
中铁建党组〔2003〕5号	中国铁道建筑总公司党委 中国铁道建筑总公司关于颁发《关于开展"四好领导班子"活动实施办法》的通知
中铁建党组〔2003〕6号	中国铁道建筑总公司党委关于颁发《关于开展"五好党支部"和"六好共产党员"活动实施办法》的通知
中铁建党宣〔2003〕7号	关于印发《中国铁道建筑总公司2003年政治工作要点》的通知
中铁建党组〔2003〕8号	关于铁道建筑研究设计院召开第四次党员代表大会的批复
中铁建党干〔2003〕9号	关于申请企业思想政治工作人员高级专业职务任职资格审批权的请示
中铁建党组〔2003〕10号	关于中国铁道建筑总公司昆明机械厂党委、纪委、工会、团委更名的通知
中铁建党组〔2003〕11号	关于铁道建筑研究设计院第四次党员代表大会和第四届党委会、纪委会第一次全体会议选举结果的批复
中铁建党公〔2003〕12号	关于调整总公司治安综合治理委员会成员的通知
中铁建党组〔2003〕13号	总公司党委 总公司关于表彰2002年度四好领导班子的决定
中铁建党组〔2003〕14号	关于成立总公司青藏铁路指挥部党工委的通知
中铁建党干〔2003〕15号	关于做好2003年度政工专业职务评定工作的通知
中铁建党干〔2003〕16号	关于人才队伍建设基本情况的报告
中铁建党组〔2003〕17号	关于总公司离退休职工管理部设专职党总支书记的通知
中铁建党组〔2003〕18号	总公司党委 总公司关于总公司党校(干校)增设机构和调整部门定员的批复
中铁建党组〔2003〕19号	关于中铁建物贸公司党委、纪委、工会、团委更名的通知
中铁建党组〔2003〕20号	关于增补中铁物资集团有限公司党委委员的批复
中铁建党宣〔2003〕21号	关于开展向郑培民同志学习活动的通知
中铁建党组〔2003〕22号	中国铁道建筑总公司党委关于推荐在防治非典型肺炎斗争中涌现出来的先进基层党组织和优秀共产党员表彰对象的报告

续表

文件号	文件标题
中铁建党组〔2003〕23 号	关于加强青藏铁路施工队伍发展党员工作的通知
中铁建党办〔2003〕24 号	总公司党委 总公司关于做好当前社会政治稳定工作的通知
中铁建党办〔2003〕25 号	中国铁道建筑总公司党委关于学习贯彻曾培炎副总理重要批示的情况报告
中铁建党办〔2003〕26 号	总公司党委关于转发《国资委党委 2003 年工作要点》的通知
中铁建党宣〔2003〕27 号	关于兴起学习贯彻“三个代表”重要思想新高潮的通知
中铁建党组〔2003〕28 号	总公司党委 总公司关于开展向况成明、余绍水同志学习的决定
中铁建党干〔2003〕29 号	关于推荐田宝华同志为第八届中国青年科技奖候选人的请示
中铁建党组〔2003〕30 号	总公司党委 总公司关于在总公司组织人事系统中开展以公道正派为主要内容的“树组工干部形象”集中学习教育活动的意见
中铁建党办〔2003〕31 号	关于增补中铁路桥集团公司党委委员的批复
中铁建党办〔2003〕32 号	总公司党委 总公司关于认真学习贯彻黄菊副总理和国资委领导同志重要讲话的通知
中铁建党组〔2003〕33 号	关于中国铁道建筑总公司组织人事系统开展“树组工干部形象”集中学习教育活动情况的总结报告
中铁建党宣〔2003〕34 号	关于学习贯彻党的十六届三中全会精神的通知
中铁建党办〔2003〕35 号	关于敬请国资委领导莅临第十二届《大路画展》开幕式的请示
中铁建党组〔2003〕36 号	关于中国铁道建筑总公司国内工程公司党委、纪委、工会、团委更名的通知
中铁建党组〔2003〕37 号	中国铁道建筑总公司党委关于中国土木工程集团公司党的关系划转的请示

12 月 4 日，总公司与中国美术家协会在北京中国美术馆联合举办第十二届《大路画展》。图为国资委副主任王瑞祥(左四)等领导为《大路画展》开幕式剪彩。 （刘建国 摄）

附　录

特载	大事记	概况	工程施工	经营管理	综合管理	资产经营	科技 教育卫生 文化	党的工作	工会 共青团	所属单位	人物	统计资料	文献辑要	附录

本栏责任编辑　**杨启燕**

信息资料

国资委主任李荣融在中央企业负责人会议上的讲话

（摘 录）

（2003 年 12 月 15 日）

一、2003 年中央企业改革发展和国有资产监管工作基本情况

2003 年是全面建设小康社会的第一年，也是中国经济发展进程中十分重要又很不寻常的一年。中国经济发展的总体情况，胡锦涛总书记在中央经济工作会议上用三句话做了概括：经济发展遇到的困难比预料的大，取得的成绩比预料的好，呈现出增长比较快、效益比较好、活力比较强的特点。初步预计，全年国内生产总值将达到 11.58 万亿元，比 2002 年增长 8.5%左右；规模以上工业企业盈亏相抵后实现利润8 000亿元，同比增长 40%。特别可喜的是，国有及国有控股工业企业实现利润大幅增长，1 月～10 月全国规模以上工业企业实现利润6 472.8亿元，同比增长 46%；国有及国有控股工业企业实现利润3 174.7亿元，同比增长 54%，增幅比规模以上工业企业高 8 个百分点。中央企业继续保持良好发展势头。1 月～11 月，中央企业累计完成销售收入37 584亿元，比上年同期增加6 767.1亿元，增长 22%；实现利润2 858.5亿元，比上年同期增加 624.1 亿元，增长 27.9%。其中，工业企业完成销售收入23 351.5亿元，同比增长 23%；实现利润1 710亿元，同比增长 41.8%。预计全年中央企业实现销售收入可突破 4 万亿元，实现利润有望突破3 000亿元，而且这是在许多企业加大折旧等费用提留、处理部分历史债务的情况下取得的。中央企业销售收入和实现利润的大幅增长，为国民经济的快速发展做出了重要贡献。年内国际上发生美国对伊位克的战争，国内不少地区发生严重自然灾害，特别是突如其来的“非典”疫情，给不少中央企业的生产经营带来严重影响。据分析测算，“非典”给中央企业造成的经济损失约 300 亿元。

中央企业在改革和发展方面取得的成绩主要表现在五个方面：一是积极推进股份制改革，企业内部三项制度改革取得新进展。中央企业通过规范上市、中外合资、互相参股等多种方式积极进行股份制改革，南航股份、中航科工、长江电力等企业通过股份制改造和境内外上市，不仅筹集了大量发展资金，而且实现了企业内部组织结构的调整和优化，推动了现代企业制度建设，促进了企业法人治理结构的完善。在积极推进股份制改革的同时，中央企业继续深化用工、人事、分配三项制度改革，引入市场机制，实行竞争上岗，以岗定薪，岗变薪变。中海油对全体职工实行竞聘上岗，职工与企业签订新的劳动合同，身份从过去的国家人、企业人变成市场化的社会人，待遇实现市场化，福利实现货币化。到 10 月末，中央企业从业人员 916.9 万人，比 2002 年减少 52.6 万人，减幅为 5.4%。二是突出主营业务，缩短管理链条，辅业改制取得新成效。招商局集团明确将交通基建、金融、房地产与公用设施、能源运输与物流四大产业作为集团主营业务，其他产业逐步退出。广东核电集团抓紧对非主业资产进行清理，只用 3 个月时间就将投资于商业和房地产领域的资金全部退出，同时取消三级以下的全部企业。中粮集团实行扁平化管理，缩减并逐步取消二级法人，目前企业二级法人已由 33 个减少到 7 个。许多企业在精简管理层次、优化管理链条方面加大工作力度，中央企业所属三级以下企业已大幅减少。中央企业主辅分离、辅业改制也取得积极进展。中石油集团的 44 家试点企业已完成分离改制，国有股权完全退出的有 25 家，国有参股 19 家，参股比例不超过25%,共分流安置富余人员7 354人。三是加强联合重组,企业组织结构调整迈出新步伐。根据国有经济布局和结构调整的需要,从企业自身发展实际出发,已有11对22家中央企业经国务院同意自愿重组,实现优势互补。与此同时,中央企业还与跨国公司和民营企业进行并购重组,推进"强强"合作,促进企业发展。东风汽车公司和日产汽车有限公司进行长期战略合作,中国乐凯胶片集团和美国柯达公司签署合作协议,提高了企业的市场竞争力。四是加强财务和资金管理,企业效益水平有新提高。面对日益激烈的市场竞争,中央企业普遍加强财务和资金管理,部分企业积极推行新的《企业会计制度》,不少企业把财务信息化与资金集中管理结合起来,并逐步建立全面预算管理制度。中石化、五矿集团等积极推行财务信息化管理,宝钢集团、中化集团等建立全面预算管理制度,通用集团、一汽集团等对资金进行集中管理,神华集团、中石油等加强成本控制管理,中海油、航天科工集团等加强内部审计,都取得良好效果。五是积极探索企业党建工作新途径,企业文化建设有新发展。中央企业积极探索加强和改进党建工作、发挥党组织政治核心作用的新途径新办法,中建总公司将"支部建在项目上"、中铁工开展"我为重点工程做贡献"活动、宝钢集团党委"围绕经济抓党建,进入管理起作用"的党建工作模式和一汽集团提高党委参与企业重大决策有效性的方式等,都取得积极效果。许多中央企业还通过形式多样的活动,推进企业文化建设,对增强企业凝聚力、提升企业形象起到积极作用。特别值得提出的是,在突如其来的"非典"疫情面前,中央企业一手抓防治"非典",一手抓生产经营,中国医药集团、中国生物技术集团等及时提供防治"非典"急需的药品和医疗器械,中建集团、北京市供电局等参加"非典"收治医院的改造、建设,冶金医院、中国铁道建筑总公司医院等10余所企业医院专门收治"非典"病人或组织医疗队参加其他医院救治"非典"病人工作。承担国防军工任务的企业打破常规,精心安排,保证神舟5号飞船载人飞行圆满成功。承担国家重点工程的企业面对"非典"冲击,知难而上,积极应对,保证三峡工程、青藏铁路、西气东输、西电东送、南水北调等重点工程所需装备、设备研制和生产任务的顺利进行。实践证明,中央企业是有战斗力的,是中国经济发展、国防建设和社会稳定的一支可靠力量。

二、加快建立健全国有资产监督管理体制

党的十六届三中全会根据十六大和十六届二中全会以来新的实践和新的认识,进一步明确国有资产管理体制改革必须坚持的原则和需要采取的措施,强调对授权监管的企业要依法履行出资人职责,建立国有资本经营预算制度和企业经营业绩考核体系,积极探索国有资产监管和经营的有效形式,完善授权经营制度。要着重抓好五个方面的工作:

(一)完善国有资产监督管理法律法规,依法维护所有者权益和所出资企业各项合法权益

继续做好国有资产监督管理的立法工作。抓紧修改授权经营、重要子企业重大事项管理、企业负责人年薪制、企业法律顾问管理等法规和规章,并争取尽快发布实施。配合加快企业股份制改革、推进国有经济布局和结构调整、加强资本运营、健全监督体制、完善企业选人用人与激励约束机制等重点工作,抓紧拟订一批法规和规章。同时继续对现行的200多件涉及国有资产监督管理的法律法规和规章进行清理。依法履行出资人职责。要进一步树立出资人意识,严格按照《条例》履行职责,绝不做"婆婆加老板",切实维护所有者权益和企业作为市场主体依法享有的各项权利。同时,要认真履行职责,确保国有资产保值增值,防止国有资产流失。依法经营、依法决策是提高企业竞争力的重要前提。要进一步加强对案件处理工作的规范和协调,同时进一步完善中央企业法律顾问制度,认真总结企业总法律顾问制度试点工作的经验,加快推行企业总法律顾问制度,将企业法律风险防范和控制与加强企业依法经营管理、防止国有资产流失、实现国有资产保值增值有机结合起来。

(二)完善中央企业经营业绩考核体系,抓紧研究国有资本经营预算制度

2004年是对中央企业实施业绩考核的第一年,我们将按照《中央企业负责人经营业绩考核暂行办法》,扎实细致地做好经营业绩考核的全面起步工作,切实兑现奖惩。对中央企业负责人进行经营业绩考核是国有资产管理体制改革的一项制度创新,也是一项全新的工作。推进经营业绩考核工作是一项系统工程,需要建立健全统计评价制度、企业负责人奖惩制度、干部任期及考核制度和财务监督制度等,各项制度相互衔接、相互配套、共同推进,才能真正把考核工作做好。清产核资是推行经营业绩考核的基础和前提。与经营业绩考核相配套,要在中央企业逐步实行负责人年薪制。起步阶段主要是从企业负责人实际的薪酬水平出发,适当加大激励的力度,先从操作相对简单的年薪制起步,着重解决短期激励问题,将薪酬与经营业绩考核挂钩,加大考核兑现的力度。同时,建

立出资人对企业负责人薪酬的管理机制,改变企业负责人自定薪酬的状况,逐步建立起符合现代企业制度要求、适合企业特点并在管理体制、激励方式和激励水平上与市场机制全面接轨的企业负责人薪酬制度。建立国有资本经营预算制度也是十六届三中全会提出的一项重要任务。初步考虑2004年将这项制度的方案框架确定下来,2005年进行试点。国有资本经营预算主要是满足国有经济布局结构调整和做强做大中央企业的需要,同时也能反映国有资产保值增值的情况。在制定和实施过程中,我们一定会坚持所有权与经营权分开的原则,处理好出资人权利与企业法人财产权的关系,绝不直接干预企业的生产经营活动。

（三）继续探索市场化选聘企业经营管理者的途径和方式,加大中央企业人才的培养和选拔力度

年内,通过公开招聘中央企业高级经营管理者的试点,积累了一定经验。2004年要在认真总结试点经验的基础上,扩大招聘范围,增加招聘数量,继续面向海内外公开招聘中央企业高级经营管理者,同时开展招聘外部董事和独立董事的试点工作。中央企业要在市场竞争中取得优势,不断发展壮大,必须高度重视、认真做好人才培养工作。中央企业要认真贯彻全国人才工作会议精神,把人才队伍培养和建设摆到更加突出的位置,努力建设一支结构合理、素质较高的人才队伍,实现人才强企。要采取有力措施,帮助和推动中央企业做好人才培养工作。要培养和选拔一批具有科学决策能力、市场应变能力、协调处置能力和经营管理能力的职业经理人;培养和选拔一批能够跻身国际国内科技前沿、引导和推动相关技术领域快速发展的科技带头人。为了提高中央企业员工的素质,培育一支高素质的技工队伍,2004年我们将在全面实施职工素质工程的基础上,在中央企业举办职工技能大赛,努力发现和培养一批高技能的人才。

（四）加强国有资产监管,完善国有资产授权经营制度

建立监事会制度,向国家重点企业派出监事会,是党中央、国务院从体制上、机制上加强对国有资产的监督做出的一项重要决策。到目前为止,已向189家中央企业中的186家派出监事会,完成对大部分企业3个年度的监督检查,包括对企业集团内部、主要二级单位以及相当一批三级单位的实地检查,检查涉及的资产占企业资产总额的近70%。监督检查结果表明,企业重大投资失误、经济诉讼等问题多是1998年以前发生的,目前发现的一批违法违纪案件线索多发生在企业二级及以下单位。通过对企业财务的监督检查,促进企业改进经营管理,并为完善企业负责人激励约束机制提供了基础。完善授权经营制度是党的十六届三中全会提出的建立健全国有资产管理体制的一项重要任务。在新的国有资产管理体制下,授权经营的内涵是国有资产出资人将由其行使的部分权利授予其所出资企业中具备条件的国有独资企业、国有独资公司行使。被授权的企业对其全资、控股、参股企业中国家投资形成的国有资产依法进行经营、管理和监督,并承担企业国有资产保值增值的责任。我们要在认真总结以往做法和借鉴国外成功经验的基础上,探索国有资产监督管理机构可以授予其所出资企业的权利,并明确被授权企业的条件、授权程序及相关责任等。

（五）积极推进国有经济布局和结构调整,加快培育和发展一批具有国际竞争力的大公司大企业集团

党的十六大把调整国有经济布局和结构确定为深化经济体制改革的一项重大任务,十六届三中全会强调要加快调整国有经济布局和结构。我们要认真贯彻落实中央的精神,坚持有进有退、有所为有所不为的方针,抓紧研究提出国有经济布局和结构调整的指导意见,进一步明确国有经济战略性调整的方向和重点,推动国有资本更多地投向关系国家安全和国民经济命脉的重要行业和关键领域。其他行业和领域的国有企业,通过资产重组、结构调整,在市场公平竞争中优胜劣汰。发展一批具有国际竞争力的大公司大企业集团是多年来党中央的一贯方针,十六届三中全会再次予以明确。要力争形成30家～50家这样的企业,是就全国企业来讲的,有条件的大型中央企业要积极争取早日加入这个行列。要选定世界一流企业作为"对标"对象,完成逐项对照指标的工作,找准差距,制定措施,不断提高国际竞争力。要抓住加快投资体制改革步伐这个机遇,积极与有关部门协调,落实和扩大中央大型企业的投资决策权。要研究中央大企业跨国经营遇到的问题和困难并努力帮助解决。要进一步加强对提高大企业国际竞争力工作的指导,组织制定评价企业国际竞争力的共性的、基本的条件,并把与国际同行业先进企业指标对比作为评价企业国际竞争力的个性的、专业的条件,引导大企业努力达到这些条件,把提高大企业国际竞争力的工作做实、做细。继续做好资源枯竭矿山和扭亏无望的国有大中型企业的关闭破产工作,是推进国有经济布局和结构调整的一项重要内容。目前全国符合关闭破产条件的资源枯竭矿山和国有大中型企业还有2 500多户,涉及职工近510万人,涉及金融债权2 400多亿元。中央企业中[illegible]

紧制定破产预案并报国资委。从2004年开始，再用4年左右时间，基本解决国有企业关闭破产问题，基本消化历史遗留问题。中央企业特别是大型产业集团都要围绕本企业的发展战略和结构调整总体规划，提出分年度实施企业关闭破产的具体方案，有计划、分步骤地推进这项工作。

三、认清形势，抓住机遇，加快中央企业改革和发展

2004年中央企业改革和发展总的要求是：以党的十六届三中全会和中央经济工作会议精神为指导，认清形势，把握大局，抓住机遇，加快发展，不失时机地加快推进改革和调整，努力保持发展的良好势头，进一步增强科技开发能力、市场竞争能力和抵御风险能力，努力使经济效益比2003年有新的提高，各项工作有新的进展，为实现国民经济持续快速协调健康发展做出新的贡献。

（一）进一步加快企业改革和制度创新步伐

随着进一步深化改革和扩大开放，中央企业面临着越来越激烈的市场竞争。目前世界500强企业已有400多家进入中国，这些公司在规模、技术、资金、品牌等方面具有优势；国内民营企业迅速崛起，实力不断增强。面对跨国公司和民营企业的双重竞争，我们必须化压力为动力，增强危机感、紧迫感和责任感，抓住当前有利时机，按照党的十六大和十六届三中全会关于国有企业改革的部署和要求，加快改革步伐，力争在四个方面取得积极进展。一是加快建立健全现代企业制度，尽快形成规范的法人治理结构。要按照十六届三中全会关于完善公司法人治理结构的要求，逐步使国有独资的中央企业由按《企业法》登记、受《企业法》调整，改变为按《公司法》登记、受《公司法》调整，并逐步建立规范的董事会。2004年我们要在大型中央企业中选择几户企业进行试点，待取得经验后尽快推开。已经建立董事会的企业，要把忠实代表出资人利益作为根本宗旨，以发展战略、重点投融资和内部改革决策以及选聘、考核、激励总经理为重点，进行完善和规范。要加快建立外部非执行董事制度，使其与内部执行董事共同发挥作用。二是加快股份制改革步伐，尽快使股份制成为中央企业的主要实现形式。要以产权制度改革为重点，通过规范上市、中外合资、互相参股等多种途径实现投资主体多元化，调整和优化产权结构。除军工生产等极少数难以实现产权多元化的企业外，其他中央企业都要积极吸引战略投资者，吸引外资、民营等各类资本，发展混合所有制经济。具备条件的中央企业要加快重组上市步伐，集团一级能够上市的应积极上市，提高整体竞争力。积极鼓励中央企业之间相互参股，实现投资主体多元化。科技型中央企业股份制改革步子可以走得更快一些，把实现产权多元化与充分调动设计、科研人员和经营管理者积极性紧密结合起来，鼓励技术骨干、管理骨干持有股权，留住人才，吸引人才。我们将会同科技部在高新技术中央企业进行股权激励试点。三是加快企业内部改革步伐，进一步转换企业经营机制。要深化用工、人事和分配三项制度改革，真正做到员工能进能出、干部能上能下、分配能高能低。要积极推行企业经营管理人员聘任制，中央企业的二级、三级企业都要积极推行经营管理者市场化选聘。要建立健全经营者激励约束机制，推进经营者收入分配制度改革，建立与企业生产经营特点相适应的基本工资制度和分配方式，积极探索资本、技术、管理等生产要素按贡献参与分配的措施和办法。四是加快主辅分离、辅业改制步伐，多种途径分离企业办社会职能。实施主辅分离、辅业改制，是将国有企业改革与再就业有机结合的一项重大举措，是国有企业转换经营机制、分流富余人员重要而有效的形式。据初步统计，中央企业有8.1%的资产属于辅业资产，现有职工中近三分之一属于辅业单位职工，改革潜力很大。中央关于主辅分离的优惠政策执行到2005年底时间只剩两年，中央企业都要增强紧迫感，进一步提高认识，克服畏难情况，抓住辅业产权多元化改制和有偿解除劳动关系两个关键环节，创造性地解决改革中的困难和问题。我们将加强与有关部门的沟通协调，积极争取有关部门的支持，加快改制总体方案的审核进度，帮助和指导企业加快实施步伐。分离办社会职能也是深化中央企业内部改革的一项重要内容。做好这项工作，各级财政要给予支持，同时中央企业也要增强工作主动性，积极探索多种分离办社会职能的途径和方式，加强与地方政府的协商和沟通，争取他们更多的支持。中央企业加快改革步伐要注意把握好三点：一是要规范改制，二是要理顺产权关系，三是要确保企业稳定。

（二）加大企业重组调整的力度

重组调整是实现资源优化配置，提高中央企业整体竞争力的重要措施。由于历史的原因，目前中央企业在资源配置方面不尽合理，存在着业务交叉、无序竞争等问题，无论是招商引资还是工程竞标，中央企业相互之间竞相压价、恶性竞争的现象屡屡发生，不仅影响了经济效益，更影响了中央企业的整体形象，这个问题必须下决心加以解决。面对全球产业结构调整步伐加快、跨国公司加紧进行全球布局的新形势,我们必须增强紧迫感,加快中央企业重组调整步伐。一是积极开展中央企业的联合重组。目前中央企业包括优势企业联合重组的空间比较大,只要是有利于优势互补,有利于优化中央企业结构,有利于提高整体竞争力,我们都给予支持。中央企业联合重组视野要宽,起点要高,立意要远,要真正有利于做强做大,决不能为了一味求大去搞联合重组。要着眼于长期发展战略,以国际一流公司为对象,积极吸引战略投资者,引进国际先进技术和研发能力,引进急需的管理和技术人才,加快缩小与国际一流公司的差距,形成中央企业与跨国公司、民营企业既竞争又合作的局面。有条件的中央企业要积极实施"走出去"战略,参与国际并购重组,提高国际竞争能力。二是要进一步搞好企业内部的组织结构调整。要围绕提高整体竞争力,进一步减少管理层次。中央企业对三级以下的企业要通过多种途径继续进行清理,努力实现企业内部管理的扁平化,提高企业控制力和管理效率。

(三)进一步提高企业管理水平

中央企业要加快发展,进一步提高竞争力,必须做到技术要精,质量要优,成本要低,服务要好,这就要求在加强管理上下功夫,不断提高管理水平。

一是要加强战略管理。目前不少中央企业已经制定中长期发展战略,大多数发展战略目标清晰,定位准确,措施扎实,但也有一些企业的发展战略一味追求做大,对国际国内两个市场、两种资源、企业自身状况和竞争对手情况缺乏全面深入的分析。中央企业特别是优势企业要进一步开展"对标"工作,查找发展差距,确定追赶目标,在此基础上,结合本行业的发展状况,围绕发展主业,制定企业中长期发展战略。要把中长期发展战略与近期规划结合起来,要编制 10 年～15 年的远景发展战略,要根据形势变化搞好 3 年～5 年滚动发展规划的编制,年度发展计划的制定要与经营业绩考核指标结合起来,把实现国有资产保值增值的任务落到实处。二是加强投资管理。重大投资决策失误往往会给企业带来不可挽回的损失,中央企业都要把加强投资管理摆到突出位置。今后国资委对企业重大投融资活动主要从投融资方向和投融资规模两个方面进行监管。同时建立重大投融资项目的后评估制度。一些中央企业经营风险防范意识不强,盲目进入期货、股票、房地产等高风险领域和行业。中央企业都要加强投资风险控制,建立科学决策机制,完善投资决策程序,建立重大投资决策责任追究制度,把投资风险控制到最低程度。在投资时要量力而行,尽力而为,合理确定投资规模,科学安排投资节奏,调整投资资金构成,加强投资项目管理,努力缩短周期,降低成本,提高效益。三是加强财务资金管理。企业之间的竞争主要是价格竞争,价格竞争的背后是成本竞争,同等质量的产品和服务,谁的成本低,谁就能在竞争中取得最后胜利。中央企业都要采取有力措施,努力改变成本费用的管理费用连续数年增长较快的状况。要切实加强财务预算管理,提高财务管理的信息化水平,健全管理制度,加强审计监督,尽快做到对子企业的财务实现集中统一管理。中央企业在抓紧进行清产核资的同时,要认真分析资产损失的原因,建立健全对外担保等风险经营监控制度。四是加强技术管理。要围绕提高企业核心竞争力,瞄准世界先进水平,制定企业技术赶超的规划。与此相适应,要进行资金、物资和人员的调配和整合,尽快掌握本行业的核心技术,提高创新能力,掌握和拥有更多的具有自主知识产权的新技术、新专利和新产品。要努力发挥产学研相结合的优势,加大与世界著名跨国公司的技术合作与交流,充分利用国际先进的研发中心和科技人才,形成我们自己的科技创新优势。五是加强对境外机构的管理。目前中央企业驻外机构和境外企业达2 278家,境外工作人员 12.1 万人,涉及投资额 36.2 亿美元。随着我国进一步扩大对外开放和实施"走出去"战略,中央企业驻外机构和境外企业将会越来越多。加强对这些机构和企业的管理,是中央企业普遍面临的一个问题。要积极探索有效措施,既要使驻外机构和企业放手开展活动,又能对驻外机构和人员进行有效调控和监管。

(四)积极探索加强和改进企业党建工作的新途径新方式

十六届三中全会进一步明确企业党建工作必须坚持的原则和探索的方向,具体说就是企业党组织要发挥政治核心作用,并适应公司法人治理结构的要求,改进发挥作用的方式,支持股东会、董事会、监事会和经营管理者依法行使职权,参与企业重大问题的决策;要坚持党管干部原则,并同市场化选聘企业经营者的机制相结合;要全心全意依靠职工群众,探索现代企业制度下职工民主管理的有效途径。我们要在这三个方面进行积极探索,抓好试点,力争有所突破。

国资委党委书记李毅中在中央企业负责人会议上的讲话

（摘录）

（2003年12月15日）

一、2003年党的建设主要工作

国资委、国资委党委成立以来，在深化国有资产管理体制改革、推进企业改革发展、探索国有企业党建工作新体制新机制等方面取得明显成效，达到开好局、起好步的总体要求。

（一）深入学习贯彻党的十六大精神，兴起学习贯彻“三个代表”重要思想新高潮。按照周密部署、扎实组织、不断深化、联系实际、推动工作的思路，结合学习贯彻党的十六大及十六届二中、三中全会精神，分三个阶段推进“三个代表”重要思想的学习贯彻，中央企业党委（党组）进一步解放思想、转变观念，在积极推进股份制改革、加快建立现代企业制度、制定企业发展战略、提升企业核心竞争力等方面有了新的思路。

（二）认真贯彻党中央、国务院的战略部署，积极推进国有资产管理体制改革和中央企业改革发展。国资委党委认真履行党中央赋予的职责，围绕国资委中心工作，坚持抓方向、议大事、促进发展、保稳定，切实把党中央、国务院关于国有资产管理体制改革的有关决定落到实处，保证党的方针政策在中央企业贯彻执行。围绕国资委近期工作目标，即用三年或更长一些时间，初步建立国有资产管理体制框架，在中央企业初步建立现代企业制度。中央企业党委（党组）坚持围绕中心、服务大局，将促进发展作为第一要务，充分发挥党组织政治核心作用，积极参与企业重大问题决策，支持董事会、监事会和经理班子依法行使职权，围绕带领广大职工群众，奋力拼搏，取得生产经营历史最好成绩。

（三）认真做好改革发展稳定中的党建思想政治工作。面对“非典”疫情，中央企业党委（党组）组织广大党员和职工，在防治“非典”一线、保障生产经营、为社会提供医疗药品及物资供应、电力通信运输保障、捐资救灾等方面发挥了重要作用，做出了重要贡献，展示了中央企业强烈的社会责任感，涌现出一大批先进基层党组织和优秀共产党员。中央企业各级党组织认真做好减员增效、主辅分离、兼并重组、破产关闭等重大改革中的思想政治工作，保证改革顺利进行，维护了企业和社会稳定。积极开展“党员责任区”、“党员先锋岗”等争先创优活动。组织人事系统开展了以树立“公道正派”组工干部形象为主要内容的集中教育活动。中央企业重视培育和弘扬反映时代要求、各具特色的企业精神。中国石油天然气集团公司继承弘扬以铁人精神为代表的“爱国、奉献、求实、创新”的大庆精神；中国航天科技集团公司培育“特别能吃苦、特别能战斗、特别能攻关、特别能奉献”的载人航天精神；中国铁路工程总公司、中国铁道建筑总公司创造了“不畏艰险、拼搏奉献、依靠科技、以人为本、珍爱自然、争创一流”的青藏铁路建设精神。这些精神展现了中国工人阶级的时代风貌，丰富了中华民族的精神宝库。

（四）建立中央企业领导人员管理制度，推进选人用人改革试点。国资委党委研究制定企业领导人员管理工作基本规范，制定《国资委党委管理的企业领导人员职务名称表》《国资委党委管理的企业领导人员任免工作暂行办法》，进行面向海内外招聘中央企业高级管理者的试点。一大批学历高、年纪轻、素质好的人才进入国资委视野，充实了中央企业后备人才库。部分企业实行领导人员竞争上岗，为建立中央企业新的选人用人机制积累了经验。以改善结构、提高素质为重点，认真做好企业领导班子考察调整工作。截至12月中旬，共考察55户企业领导班子，调整、组建66户企业领导班子，任免企业领导人员211名，协助中组部调整中央管理的党政正职17人，有7户企业党委进行了换届。

（五）以推进厂务公开为重点，充分发挥职工民主管理的积极作用。中央企业健全职代会制度，深入推行厂务公开，涌现出一批厂务公开的先进典型。召开中央企业职工素质工程现场推进会，启动职工素质工程。在中央企业团员青年中广泛开展“创新创效”和“我为重点工程做贡献”活动。

（六）加强党风廉政建设，维护国有资产安全。国资委纪委和中央企业广大纪检监察干部，认真贯彻中央纪委二次全会精神，坚持抓好企业领导人员廉洁自律、查办违纪违法案件、效能监察三项重点工作。广泛开展“依法经营、廉洁从业”宣传教育活动，严肃查处违纪违法案件，推动效能监察工作不断深化，促进企业提高管理水平，对规范企业国有产权交易活动等进行调研并提出对策建议，建立国资委党风廉政建设组织协调机制。

总的看，中央企业党组织发挥政治核心作用的方式有了新思路，党管干部原则与市场化选聘经营管理者机制相结合有了新举措，尊重企业职工民主监督管理权利与维护企业领导经营管理权威相结合有了新探索，思想政治工作、精神文明建设与企业文化建设相结合有了新创造，纪检监察工作有了新进展。

二、2004年党的建设的重点工作

（一）认真学习贯彻十六届三中全会精神，不失时机地深化中央企业改革。十六届三中全会《决定》是中国今后一个时期推进经济体制改革的纲领性文件。要把思想认识统一到《决定》精神上来，一是深刻理解完善国有资产管理体制对完善社会主义市场经济体制所具有的重大意义，认真履行出资人职能，维护所有者权益。二是深刻理解加快国有经济布局和结构战略性调整的重大意义，进一步推动国有资本更多地投向涉及国家安全和国民经济命脉的重要行业和关键领域，增强国有经济的控制力、影响力和带动力。在其他领域通过资产重组、结构调整，在市场竞争中优胜劣汰。发展具有国际竞争力的大公司大企业集团，继续放开搞活国有中小企业。三是深刻理解建立健全现代产权制度的重大意义，积极推进中央企业产权改革。完善国有资本有进有退、合理流动的机制，大力发展国有资本、集体资本、非公有制资本相互参股的混合所有制经济，加快推进股份制改革，推进国有企业规范改制，促进国有产权合理流动。四是深刻理解建立现代企业制度的重大意义，建立健全相互制衡的法人治理结构，革除影响企业改革发展的体制性障碍，加强和改进企业党的建设，深化企业内部改革。各级领导干部要自觉地把理论学习当作一种神圣职责，一种精神境界，一种终身追求。首先，要认真抓好各级党委中心组的学习，要着重在联系实际、解决问题上下功夫，真正在武装思想和指导实践两方面取得成效。其次，要加强干部培训工作，努力提高企业干部的素质和能力。

（二）努力创建与现代企业制度相适应的党建工作新体制、新机制。十六届三中全会《决定》强调企业党组织要发挥政治核心作用，适应公司法人治理结构的要求，改进发挥作用的方式，支持股东会、董事会、监事会和经营管理者依法行使职权，参与企业重大问题的决策。中央企业各级领导要认真研究企业体制、组织结构、经营管理机制的新变化，探索改进企业党组织的领导体制和工作机制。在以往“双向进入，交叉任职”的基础上，要按照“集体研究、分别体现、双向反映、科学决策”的要求，建立适应公司法人治理结构发挥企业党组织政治核心作用、参与企业重大问题决策的新机制。2004年全党将开展保持共产党员先进性教育活动，这是全面推进党的建设新的伟大工程的基础工作。我们要总结宝钢集团公司试点经验，探索党员教育管理的新途径新方法，建立和完善党员队伍自我纯洁机制。目前，189家中央企业有二级企业以下的党委1.3万个、基层党支部（党总支）18.3万个、党员354万多名，这是我们的力量之所在，是我们的政治优势。各级党组要大力加强党员队伍的建设和管理，使党组织的政治核心作用、党支部的战斗堡垒作用和党员的先锋模范作用在企业的改革发展稳定中得到充分发挥，把政治优势转化为巨大力量。加强基层党的建设的关键，一是必须紧紧围绕生产经营这个中心，以推进企业发展为目的，才能获得生命力。二是必须抓住提高队伍素质这个根本，通过加强思想政治教育、业务技术培训和队伍作风养成，培养高素质的职工队伍。三是必须健全基层党的组织，增强党员队伍的生机和活力。

（三）建立和完善适应现代企业制度要求的选人用人新机制。十六届三中全会《决定》强调要坚持党管干部原则，并同市场化选聘企业经营管理者的机制相结合，为建立和完善选人用人新机制明确了方向。在管理制度上，要建立与公司法人治理结构相适应的企业领导人员管理新体制。规范公司董事会、监事会和经理班子的权责，逐步实现出资人代表与经理班子分层管理，实行出资人代表委派制和选举制、经理班子聘任制。建立健全有别于党政干部的企业领导人员的标准和评价体系，研究制定出资人决定董事会和监事会成员、董事会选聘经营管理者、经营管理者行使用人权的具体实施办法。在选拔方式上，要扩大选人视野，拓宽选人渠道，通过竞争上岗、公开招聘等方式，逐步加大市场化选聘的力度，进一步扩大招聘范围，结合公司董事会的建立，开展招聘董事的试点工作。要认真贯彻落实全国人才工作会议精神，积极实施“人才强企”战略，把优秀人才吸引和集聚到中央企业的各项事业中来。要紧紧抓住人才培养、吸引、使用三个环节，加强人才资源能力建设，创新人才工作机制，优化人才队伍结构，强化人才激励机制，努力营造优秀人才脱颖而出和人尽其才、才尽其用的良好环境。要积极开发利用国内国际两个人才市场、两种人才资源，吸引国际国内一流人才到企业任职，为做强做大中央企业提供有力的人才资源。培养和造就优秀的企业家是中央企业人才队伍建设的核心。优秀企业家是先进生产力的开拓者和实践者，必须具有创新精神和创新能力，包括战略决策能力、组织协调能力、市场应变能力和经营管理能力。企业家应该运用自己的才智和经营艺术，有效地配置人力、物力、财力等各种资源，并将资源化为财富，同时必须具有良好的职业道德，诚信为本，依法经营，履行社会职责。在新的历史时期，急需加快形成有利于企业经营管理人才成长的新机制，不断提高企业家职业化水平，建设一支忠诚实践“三个代表”重要思想，致力于国有企业建功立业的优秀企业家队伍。

（四）坚持全心全意依靠职工群众，探索现代企业制度下职工民主管理的有效途径。要充分尊重职工群众的民主管理、民主监督的权力，坚持和完善以职代会为主要形式的民主管理制度，继续深化厂务公开工作。要把企业生产经营状况、面临的激烈市场竞争和严峻挑战告诉职工，把攻坚破难的改革任务交给职工，这是相信职工、依靠职工的具体体现，是动员职工的最好方式，是厂务公开的核心内容。要教育广大职工正确认识和处理眼前利益和长远利益、局部利益和整体利益的关系，理解和支持企业改革，自觉维护出资人权益，维护企业领导经营管理权威，支持企业领导严格管理。改制企业职工代表要依法进入董事会、监事会。要加强对职工代表董事、监事的培训，提高他们的民主监督能力。要研究制定《关于中央企业实施职工素质工程的指导意见》，推动中央企业职工素质工程的深化和发展。广泛开展“争创学习型红旗班组、争做学习型先进职工”活动，组织开展职工技能和技术竞赛，造就一批爱岗敬业、技术精湛的高技能人才队伍。要探索完善维权和帮困救助工作机制，维护职工合法权益，依法规范劳动合同关系，积极协调劳资关系。要继续开展“送温暖”活动，协助地方政府做好再就业工作。要加强青年思想道德教育，继续深化青年“创新创效”活动。

（五）发挥思想政治工作优势，把企业文化建设融入精神文明建设的全过程。认真贯彻全国宣传思想工作会议精神，充分发挥思想政治工作统一思想、凝聚力量、释疑解惑、化解矛盾、理顺情绪、激励斗志的作用，坚持把思想政治工作与生产经营和改革实际相结合，把解决思想问题与解决实际问题相结合，增强思想政治工作的时代感，加强针对性、实效性和主动性。随着社会主义市场经济的深入发展，企业文化已经成为提升企业核心竞争力的重要组成部分。许多中央企业在实践中创新了各具特色、健康向上的企业文化。我们要用“三个代表”重要思想统领企业文化建设，使企业文化建设成为精神文明建设和思想政治工作的重要组成部分，为中央企业改革发展提供精神动力。首先，要不断弘扬和升华企业精神，体现爱国主义、集体主义和中国特色社会主义共同理想，教育广大职工自觉地把自身利益和企业利益、国家利益联结在一起，共同为做强做大国有企业，发展壮大国有经济贡献力量。其次，要注入社会主义市场经济理念，从企业丰富的市场实践中提炼出各具特色、充满生机的经营理念、经营宗旨、经营战略、经营目标，增强企业凝聚力，激发职工创造力，使广大职工产生强烈的使命感、荣誉感和责任感。第三，要把坚持“以人为本”的人文观念与培养“四有”职工队伍相结合，塑造良好的企业商誉和职工形象，形成诚实守信、服务优良、行为规范、道德高尚的精神风貌。企业文化建设的目的说到底是培育出高素质的职工队伍，要通过企业文化建设，把企业文化渗透到物质文明和精神文明建设之中，促进企业竞争力的跃升。要认真做好理论宣传和新闻宣传工作，坚持正确的舆论导向。旗帜鲜明地宣传党中央、国务院关于国有经济布局调整、国有资产管理体制改革、国有企业改革发展的方针政策和措施，宣传中央企业改革发展的历史性成就，宣传先进模范事迹，树立中央企业良好形象，增强全社会搞好国有企业的信心，为中央企业改革发展创造良好的舆论环境。

（六）进一步加强和改进纪检监察工作，建立和完善企业监督制约机制。关于纪检监察和监事会工作，一是要严肃政治纪律。国资委机关干部和中央企业领导人员要坚决贯彻党中央、国务院各项方针政策，坚决维护公有制为主体、多种所有制经济共同发展的基本经济制度，决不允许搞上有政策，下有对策。二是要认真履行出资人职责，维护所有者权益。纪检监察工作要进入重组改制、推进股份制、发展混合所有制经济的改革中去，加强对国有资产的监管，既要监管存量资产，也要监管增量资产。加强对企业生产经营管理中重点部位与环节的监督，堵塞效益流失的明沟暗渠。进一步规范国有企业改制和国有产权交易，认真查处在重组改制、产权交易过程中低估贱卖、暗箱操作、内外勾结、藏匿转移、侵吞国有资产的违纪违法行为，防止国有资产流失。三是要建立健全有效的监督约束机制。国资委机关和企业领导班子应率先垂范，管好自己、管好亲属、管好班子、带好队伍。要建立出资人监督、企业内部监督、外部监督相结合的有效监督机制。外派监事会是出资人监督的重要方式，要继续坚持和完善监事会制度，在实践中不断改进，特别要重视监督检查成果的运用落实，更好地维护国有资产所有者权益，促进企业改革发展。

（七）认真落实稳定工作领导责任制，努力维护中央企业的稳定。当前中央企业总体是稳定的，但也存在一些不稳定因素。要科学把握改革力度和进度，充分考虑职工群众和社会的承受能力，尽量减少社会震荡。改革方案的制定要集思广益，周密设计，改革措施出台要选择时机，先试点后推广，循序渐进。执行政策要连续规范，思想政治工作要做深做细，既要把企业的长远利益和职工的切身利益讲清楚，也要妥善解决职工群众面临的实际困难，使广大职工理解、支持改革。要落实稳定工作党委（党组）负责制，企业党委（党组）书记是第一责任人，党政一把手要密切配合，责任要落实到基层，认真排查不稳定因素，努力把矛盾解决在基层。要制定严密防范措施和处置预案，防止发生和妥善处置群体性聚集或群体性上访，防止被极少数别有用心的人利用。要加强与地方党委政府的沟通汇报，配合协助地方党委政府做好“并轨”、再就业和社会保障工作。要高度重视、切实搞好安全生产，坚决防止发生重大事故。要严格责任追究，对发生重大事件和事故的企业，要追究主要领导及相关责任人的责任。

三、大力加强中央企业领导班子建设

（一）必须坚持在政治上、思想上、行动上同以胡锦涛同志为总书记的党中央保持高度一致。推进中央企业改革，发展壮大国有经济，增强国有经济的控制力、影响力和带动力，使国有经济始终成为先进生产力的重要组成部分，这是党中央、国务院交给我们的历史使命，是党和人民赋予我们的神圣职责。与党中央保持一致，就是要坚持正确的政治方向，在重大问题上立场坚定、旗帜鲜明，政治上要成熟，理论上要清醒。要旗帜鲜明地维护公有制为主体、多种所有制经济共同发展的基本经济制度，毫不动摇地巩固和发展公有制经济，毫不动摇地鼓励、支持和引导非公有制经济发展，使各种所有制经济在市场竞争中发挥各自优势，相互促进、共同发展。要有政治鉴别力，始终保护清醒的政治头脑，不要被一些形形色色不正确的理论和观点所迷惑，要把同党中央保持高度一致的要求落实到中央企业改革发展稳定的各项工作中去。

（二）领导班子要议大事、把方向、谋全局。中央要求各级领导班子要议大事、把方向、谋全局。一是要从对国际国内形势的分析判断出发，把握政治、经济大格局和大趋势。要牢牢抓住本世纪头20年的重要战略机遇期，认真分析中央企业改革发展的有利条件和不利因素，扬长避短，趋利避害，发挥优势，快速发展，千万不能因为我们认识迟缓而贻误改革良机，更不要因为我们工作不力而丧失发展机遇。二是要从宏观和微观结合上理解和把握中央企业改革发展的方向。既要看到国有企业改革发展的成绩，也要认真研究分析改革中出现的一些带有倾向性的问题，探索解决问题的方法，促进改革有序健康发展，始终保持正确的方向。三是要从政治和经济的结合上推进改革。国有资产管理体制改革、国有企业改革既是经济问题，也是政治问题。要从政治与经济结合的高度认识改革、推进改革，实现社会主义物质文明、政治文明、精神文明的协调发展。四是要把当前工作与长远规划相结合。中央企业要制定自己的发展规划、近期目标和年度计划，注意长远规划的战略性和近期目标的现实性有机结合，滚动发展。

（三）增强改革的紧迫感、危机感，坚定国有企业改革的信心。当前中央企业改革发展面临前所未有的新形势。新一轮全球生产要素优化重组和产业转移正在加快，中国加入世贸组织的过渡期即将结束，国际跨国公司将以更雄厚的资本、更先进的技术、更优质的商品、更优良的服务、更低廉的成本抢占中国市场。民营经济经过多年的发展和积累，已经具备资本扩张的实力，民营企业体制新、人员少、成本低、社会负担轻，在许多领域与行业，已经成为中央企业的竞争对手。中央企业面临国际跨国公司和民营企业竞争的双重压力。国有企业改革已进入攻坚破难阶段，要解决深层次矛盾和问题，解决体制障碍和历史包袱，必然会有困难、有阻力、有风险。中央企业的领导一定要认清形势，坚定信心，增强紧迫感、危机感和责任感，百折不挠地推进企业深化内部改革，为国有企业健康发展奠定坚实基础。

（四）提高领导班子决策能力，实现国有资产保值增值。中央企业领导班子肩负着经营国有资产的重大责任如何实现企业发展目标,如何实现国有资产保值增值,有赖于企业领导班子的科学决策能力。企业经营活动最终表现为资金和资本运作。企业领导人员财务管理、投资决策能力是经营决策能力的重要方面。总结历史经验教训,不少企业出现过乱投资、乱集资、乱拆借、乱存贷、乱担保等违规违纪行为,一些企业偏离主业,盲目扩张,债台高筑,已造成大量呆坏帐、不良资产,形成巨大经济损失。产生这些问题的重要原因之一,就是企业领导人员缺乏财务、金融、法律知识,缺乏经营决策能力,没有建立科学民主决策程序,导致决策失误,损失惨重,教训极为深刻。实践告诉我们,企业领导必须要当家理财,要懂得财务知识,要了解国家财价税体制,了解国际财会制度,注重财务信息真实,要掌握股票证券、金融保险、咨询评估以及法律法规知识,才能提高财务管理水平和投资决策能力,正确进行资本运作。因此,我们要注重投资行为,包括固定资产投资和资本运作。要管好投资方向和投资总规模,强调突出主业,科学评估,充分论证,要考核投资效果。中央企业要从资金安全、可持续发展的高度防止盲目投资和低水平重复建设,避免投资失误。要建立严格的可追溯的决策责任追究制度,要通过企业财务状况、资本结构、资本运作来考核企业领导人员。

(五)加强团结,转变作风,增强领导班子凝聚力和战斗力。团结是干事业、干成事业的基础,班子不团结,影响凝聚力、削弱战斗力。领导班子成员要爱护团结,既讲党性、纪律,也讲感情、友谊,努力成为政治上志同道合的同志、思想上肝胆相照的知己、工作上密切配合的同事、生活上相互关心的朋友。班子要团结融洽,关键是做好协调配合,党政主要领导的配合、正副职的配合非常重要。领导班子应该把相互沟通作为最基本的工作方法,要多交流、多沟通、多谈心。要坚持民主集中制原则,企业一把手要增强民主意识,注意集中班子成员的智慧,发挥班子成员集体领导的作用,不要独断专行。班子成员要增强大局意识,注意尊重和维护一把手的权威,不能自行其是。要建立科学民主的决策程序和办事规则,形成靠制度管人、按程序办事的工作机制。要加强调查研究,切实转变作风。调查研究是领导干部的基本功,是克服主观主义、提高决策水平的有效途径。改革的新思路、新举措来源于调查研究。

最后,讲一下业绩考核和树立正确的政绩观问题。胡锦涛同志在中央经济工作会议上将树立正确的政绩观作为新时期党的建设新的伟大工程的重要内容,要求通过加强思想政治建设和深化干部制度改革予以确实保证。2004 年中央企业将全面开始经营业绩考核工作,我们要结合行业特点和企业实际情况,进行实事求是的考核,既要看企业当年生产经营业绩,也要看企业可持续发展能力;既要看企业经济效益,也要看企业资本结构和资产质量;既要通过自我纵向对比考核企业,也要逐步通过横向对比考核企业。通过实践不断完善考核体系和奖惩办法,形成正确的用人导向和用人制度。希望中央企业领导树立正确的政绩观和科学的发展观,踏实苦干、求真务实,摒弃弄虚作假、虚报浮夸、急功近利的不良风气,努力在中央企业形成说实话、办实事、求实效的优良作风。

建设部部长汪光焘
在全国建设工作会议上的报告

(摘 录)

(2004 年 1 月 13 日)

关于建筑业改革。当前,建筑业企业数量过多,建筑业生产能力过剩,行业整体效益低下;企业缺乏活力和竞争力;技术密集、资金密集的综合管理型大型企业和企业集团发育缓慢,小型化、专业化企业相对缺乏,没有形成合理的工程总分包体系。国有建筑业企业改革进展缓慢。建筑业从业人员整体素质较低,科技创新能力和技术、管理水平不高，还没有摆脱粗放管理状况。国际建筑市场占有率过低，参与国际竞争的实力不足。一些地方实行地方保护，某些行业进行行业封锁。建筑业改革下一步重点是强化市场机制的作用，改革政府对建筑市场准入管理方式；调整结构，促进建筑市场供求关系基本平衡；改革建设项目组织实施方式，形成合理的工程总分包体系；建立现代企业制度，增强国有建筑业企业活力和竞争力。

要认真研究解决城市交通问题。以缓解大城市交通拥堵为重点，完善交通政策，优先发展城市公共交通，加强城市交通网络和公共交通系统的规划建设，改善交通管理，抓紧研究提出《关于优先发展城市公共交通的意见》。开展“绿色交通示范城市”创建活动，抓好“畅通工程”工作。

深化建筑业改革，加强建筑市场监管，提高工程质量和安全水平。要增强建筑业企业的活力和竞争力，紧紧依靠科学进步，加快科技创新和管理创新，逐步实现建筑业从粗放型向集约型的转变。加快建筑业的结构调整，提高产业集中度，重点培育一批具有一定国际竞争力的大型工程公司，带动建筑业整体素质的提升。积极推进产权制度改革，完善法人治理结构，改善经营管理，建立现代企业制度。加快实施“走出去”战略，鼓励企业对外承包工程和扩大劳务输出。要继续整顿和规范建筑市场秩序。积极推行工程款支付担保制度。继续加强建设领域信用体系建设，建立信用监督和失信惩戒制度。完善建筑市场监管体系，加大对市场主体特别是业主的监督力度。打破行业垄断和地方封锁，加强有形建筑市场建设，改进和完善对工程招标投标活动的监管。严格市场准入和清出制度。加强对工程监理工作的指导。加大对违法违规行为的打击力度。加快推进政府投资工程建设组织实施方式改革，建立权责明确、制约有效、科学规范的运行机制，对公益性政府投资工程和经营性政府投资工程实行不同的管理运作方式。要强化工程质量安全监管。深入贯彻落实《建设工程安全生产管理条例》，抓紧制定配套文件，健全安全生产规章制度和保障体系，全面落实建设主体安全责任，严格责任追究。实施安全生产许可证制度，加强安全生产培训和考核，对建筑施工企业主要负责人、项目负责人、专职安全生产管理人员实施安全考核任职制度。开展对房屋改扩建工程、房屋拆除工程的专项整治和检查，防范重、特大事故发生。做好工程抗震、城市防灾工作。继续完善工程质量监管制度，调整监管内容，改进监管方式，推进监管体制和机制创新，提高监管水平和效果。研究建立工程质量评价体系，规范工程质量检测行为。要改进资质、资格管理。严格准入条件，加强企业资质和专业技术人员的资质、资格管理。改进资质审批授予方式，继续坚持并完善集中受理、专家评审和审批前公示、审批后公告等制度，推进资质、资格管理的“公平、公正、公开”。适应中国加入 WTO 的要求，认真研究探索单位资质管理与个人执业资格管理有效结合的方式。要完善工程建设标准体系。重点推进国家突发公共卫生事件应急反应体系及急需的建设标准规范的制订、修订工作。加强政府投资项目相关建设标准和公共文化体育设施用地指标的制定工作。加大对地方标准化工作的管理和指导力度，坚决查处不执行强制性条文的行为。大力推行工程量清单计价，加强政府对工程造价的指导和监控。

铁道部部长刘志军
在全国铁路工作会议上的报告

（摘录）

（2004 年 2 月 22 日）

2003 年，铁路建设实现新的发展。按照建设发达完善铁路网的目标，配合国家发改委深入进行调研论证，提出并上报《中长期铁路网规划》建议方案。为提高投资效益和工程质量，颁布了《铁路建设管理办法》等规范性文件，提出铁路建设必须适应运输需要、坚持“强本简末”、注重系统优化等新的理念，对改进和加强铁路建设工作发挥了重要指导作用。贯彻落实党中央、国务院领导把青藏铁路建成世界一流高原铁路的重要指示，提出把全线旅客列车旅行时间压缩到最短、全线实现设备“免维修”、沿线基本实现“无人化”管理三个具体目标，强化攻克多年冻土、高寒缺氧和生态脆弱三大难题的措施，建设进度加快，设计和施工质量有新的提高。狠抓宁西、胶新、渝怀、宁启、兰武铁路等重点工程建设，保证工程进度和质量。秦沈客运专线、洛湛线益永段、胶新线、宁西线西安—合肥段等一批建设项目相继建成投产。对胶济、徐郑、浙赣线电气化改造和武九线扩能改造方案进行全面优化，确定按照时速 200 公里标准进行改造，提高了既有线改造水平。全国铁路完成基本建设投资 533.5 亿元，其中铁道部完成 498.6 亿元。全国铁路新线铺轨1 780.5公里，复线铺轨 159.2 公里，投产新线1 163.8公里、复线 583.4 公里、电气化铁路 615.4 公里。

2004 年，以实施《中长期铁路网规划》为契机，掀起铁路建设新高潮。2004 年是实施《中长期铁路网规划》的第一年，铁路全行业基本建设投资规模大幅度增加，铁路建设任务十分艰巨。我们要继续坚持“快速、有序、优质、高效”的建设方针，创造性地开展工作，努力完成全年建设任务。一是抓紧做好新开工项目的前期工作。根据《中长期铁路网规划》，年内要以客运专线、沪汉蓉通道、杭甬深通道、煤炭运输通道的部分项目为重点，积极争取开工一批新项目。有关部门和单位要加快前期工作，在保证合理设计周期的基础上，提早安排勘察设计工作，尽快审查、批复；按程序及时上报项目建议书和可行性研究报告，主动与国家有关部门联系沟通，争取缩短审批周期；抓紧抓好工程招投标和外部条件落实，为及早开工创造条件。二是继续抓好青藏铁路等新线续建项目。2004 年计划安排大中型续建项目 35 项，计划新线铺轨 859 公里，投产1 680公里；复线铺轨 290 公里，投产 140 公里；电气化投产 559 公里。销号项目要加快清理概算，及时审查批复，优先安排投资，完成剩余工程，确保宁西线西合段、宁启线、粤海通道、胶新线、宝兰复线、朔黄线等 16 个项目按期建成销号。续建项目要优化施工组织，抓好控制工程、重点工程施工，为加快建设创造条件。青藏铁路要按照建设世界一流高原铁路的三个具体目标，继续抓好“三大难题”攻关，基本完成线下工程，实现年内正线铺轨 340 公里的目标。渝怀铁路除圆梁山隧道外，要基本完成线下工程，全面展开站后工程，累计完成正线铺轨 534 公里以上。遂渝铁路要全线铺通，抓紧展开站后工程施工。宜万铁路要抓紧进行征地拆迁，尽快展开施工。三是加大既有线改造力度。加快推进大秦线扩能改造，实现 1.5 亿吨的输送目标。加快胶济电化、徐郑电化、浙赣电化、武九线扩能改造、兰武复线等项目建设，如期高质量完成技改任务。抓紧满洲里、绥芬河、二连浩特等口岸站扩能改造收尾工程，为口岸运输“大进大出”创造条件。抓好第一批集装箱中心站和双层集装箱运输通道建设。四是加强工程建设管理。各铁路局、部工程管理中心及其他建设单位，要切实加强对铁路建设工作的组织领导，强化领导责任制和逐级负责制，组建强有力的项目现场管理机构，全面承担起投资控制、工期管理、施工安全、质量保证等责任。加强对建设管理队伍的培训，学习借鉴先进的建设项目管理手段和方法，提高项目管理水平。制定考核办法，加大奖惩力度，形成有效的激励约束机制。进一步开放铁路建设市场，推进勘察设计招标，改革完善建设项目管理模式，改进规范建设项目招投标工作。加强对铁路建设市场和建设行业的监管，加大质量监督和执法监察力度，严肃查处质量安全事故和违法违纪案件。

交通部部长张春贤
在2004年全国交通工作会议上的讲话

（摘录）

（2004年1月11日）

2003年，交通工作取得较好成绩。全年共完成交通基础设施投资3 900亿元，同比增长12%。公路、水路完成客运量146亿人和1.7亿人，旅客周转量7 700亿人公里和65亿人公里，完成货运量114亿吨和16亿吨，货物周转量7 000亿吨公里和32 000亿吨公里，同比分别增长2.5%、10.6%、3.4%、17.3%。运输总量在各种运输方式中稳列首位。

根据经济社会发展的要求和交通加快发展的新形势，我们对"十五"计划的主要目标进行了调整。到"十五"末，全国公路总里程达到195万公里，新增里程由15万公里提高到28万公里，年均增长5.6万公里。其中高速公路由2.5万公里提高到3.5万公里，二级以上公路里程由27万公里提高到30万公里。路网密度由16.1公里/百平方公里提高到20.3公里/百平方公里。沿海港口建成的深水泊位数由135个增加到164个，新增吞吐能力由2.31亿吨提高到3.4亿吨，其中新增集装箱泊位由54个提高到69个，新增吞吐能力由1 200万标准箱提高到1 940万标准箱。到"十五"末，全国沿海港口深水泊位数由800个增加到820个，总吞吐能力由14.5亿吨提高到17亿吨，其中集装箱专业化泊位达到152个，通过能力达到3 735万标准箱。届时沿海港口吞吐量预计将超过20亿吨，其中集装箱吞吐量将超过5 800万标准箱。改善内河航道里程数由3 350公里提高到4 360公里，建设内河港口泊位数由200个增加到248个，新增吞吐能力由2 500万吨提高到3 500万吨。

根据调整后的"十五"计划，2004年交通发展的预期目标：新增公路通车里程7万公里，其中新增高速公路3 500公里，到年底全国公路通车总里程达到188万公里，高速公路里程达到3.3万公里，新改建农村公路10万公里；港口新增中级以上泊位170多个，其中万吨级以上泊位50个，新增港口吞吐能力1.2亿吨。全年全社会完成公路、水路旅客运输量152亿人，货物运输量137亿吨，完成公路、水路旅客周转量8 350亿人公里，完成公路、水路货物周转量41 500亿吨公里。

截至2003年底，"五纵七横"国道主干线在建和未开工项目还有6 200多公里，占规划里程的18.1%，其中在建4 556公里，占13.2%；未开工1 663公里，占4.9%。未开工项目主要集中在中西部地区的崇山峻岭，需要修建的桥梁隧道比较多，技术难度大，成本高，重点在云南、陕西、内蒙古、贵州4省区。

年内纳入国家重点公路建设计划的高速公路3 100多公里。拟开工的国道主干线主要有海拉尔—满洲里公路、宜昌—恩施公路、水富—麻柳湾、石林—蒙自—河口等多条高速公路项目，上海崇明越江通道、安徽铜陵—黄山、合肥—六安、山东济南—菏泽—关庄、重庆—遂宁等国家重点公路项目也要在年内开工。目前，沈大、杭甬、沪杭、沪宁高速公路已在进行拓宽扩建，京津、京石、济青、西宝等高速公路已在进行通道扩容建设方案研究规划。西部省际通道要加快建设，尽快形成通行能力。年内计划开工十堰—漫川关高速公路，四川川主寺—郎木寺公路，陕西吴堡—子洲—王圈梁、靖边—安塞、苏家河畔—榆林公路，青海扁都口—大通公路等项目。

国家发展和改革委员会印发的《中长期铁路网规划》

一、发展目标

为适应全面建设小康社会的目标要求，铁路网要扩大规模，完善结构，提高质量，快速扩充运输能力，迅速提高装备水平。到2020年，全国铁路营业里程达到10万公里，主要繁忙干线实现客货分线，复线率和电化率均达到50%，运输能力满足国民经济和社会发展需要，主要技术装备达到或接近国际先进水平。

二、规划原则

(一)统筹考虑与其他运输方式及能源等相关行业的发展，通道布局、运力分配与公路、民航、水运、管道等规划有机衔接；

(二)能力紧张的繁忙干线实现客货分线，经济发达的人口稠密地区发展城际快速客运系统；

(三)加强各大经济区之间的连接，协调点线能力，使客货流主要通道畅通无阻；

(四)增加路网密度，扩大路网覆盖面，为经济持续发展、国土开发和国防建设创造有利条件；

(五)提高铁路装备国产化水平，大力推进装备国产化工作。

三、规划方案

为实现2020年铁路网发展目标，规划方案要在路网总规模扩大的同时，突出繁忙干线实现客货分线，人口稠密地区发展城际客运系统，提高路网质量，扩大运输能力，形成功能完善、点线协调的客货运输网络。

(一)客运专线

为满足快速增长的旅客运输需求，建立省会城市及大中城市间的快速客运通道，规划"四纵四横"铁路快速客运通道以及三个城际快速客运系统。建设客运专线1.2万公里以上，客车速度目标值达到每小时200公里及以上。

1."四纵"客运专线：

(1)北京—上海客运专线，贯通京津至长江三角洲东部沿海经济发达地区；

(2)北京—武汉—广州—深圳客运专线，连接华北和华南地区；

(3)北京—沈阳—哈尔滨(大连)客运专线，连接东北和关内地区；

(4)杭州—宁波—福州—深圳客运专线，连接长江、珠江三角洲和东南沿海地区。

2."四横"客运专线：

(1)徐州—郑州—兰州客运专线，连接西北和华东地区；

(2)杭州—南昌—长沙客运专线，连接华中和华东地区；

(3)青岛—石家庄—太原客运专线，连接华北和华东地区；

(4)南京—武汉—重庆—成都客运专线，连接西南和华东地区。

3. 三个城际客运系统：

环渤海地区、长江三角洲地区、珠江三角洲地区城际客运系统，覆盖区域内主要城镇。

(二)完善路网布局和西部开发性新线

以扩大西部路网规模为主，形成西部铁路网骨架，完善中东部铁路网结构，提高对地区经济发展的适应能力。规划建设新线约1.6万公里。

1. 新建中吉乌铁路喀什—吐尔尕特段，改建中越通道昆明—河口段，新建中老通道昆明—景洪—磨憨段、中缅通道大理—瑞丽段等，形成西北、西南进出境国际铁路通道；

2. 新建太原—中卫(银川)线、临河—哈密线，形成西北至华北新通道；

3. 新建兰州(或西宁)—重庆(或成都)线,形成西北至华北新通道;

4. 新建库尔勒—格尔木线、龙岗—敦煌—格尔木线,形成新疆至青海、西藏的便捷通道;

5. 新建精河—伊宁、奎屯—阿勒泰、林芝—拉萨—日喀则、大理—香格里拉、永州—玉林和茂名、合浦—河唇、西安—平凉、柳州—肇庆、桑根达来—张家口、准格尔—呼和浩特、集宁—张家口等西部区内铁路,完善西部地区铁路网络;

6. 新建铜陵—九江、九江—景德镇—衢州、赣州—韶关、龙岩—厦门、湖州—嘉兴—乍浦、金华—台州及东北东边道等铁路,完善东中部铁路网络。

(三)路网既有线

加强既有路网技术改造和枢纽建设,提高路网既有通道能力。规划既有线增建二线 1.3 万公里,既有线电气化 1.6 万公里。

1. 在建设客运专线的基础上,对既有线进行扩能改造,在大同(含蒙西地区)、神府、太原(含晋南地区)、晋东南、陕西、贵州、河南、兖州、两淮、黑龙江东部等 10 个煤炭外运基地,形成大能力煤运通道。近期要优先考虑大秦线扩能、北同蒲改造、黄骅—大家洼铁路建设和石太线扩能,实现客货分运,加大煤炭外运能力。

2. 结合客运专线建设,对既有京哈、京沪、京九、京广、陆桥、沪汉蓉和沪昆等七条主要干线进行复线建设和电气化改造。

3. 以北京、上海、广州、武汉、成都、西安枢纽为重点,调整编组站,改造客运站,建设机车车辆检修基地,完善枢纽结构,使铁路点线能力协调发展。

4. 建设集装箱中心站,改造集装箱运输集中的线路,开行双层集装箱列车。

四、实施意见

总体目标:规划从 2003 年开始,在 2020 年前逐步建成。实施计划如下:

(一)"十五"建设计划调整

到 2005 年,铁路营业里程达到 7.5 万公里,其中复线铁路 2.5 万公里,电气化铁路 2 万公里以上。具体建设项目调整如下:

客运专线:开工建设北京—上海、武汉—广州、西安—郑州、石家庄—太原、宁波—厦门等客运专线。建设城市密集地区城际客运系统,开工建设环渤海地区北京—天津,长江三角洲南京—上海—杭州,珠江三角洲广州—深圳、广州—珠海、广州—佛山城际客运系统。

加快完善路网结构,开工建设宜昌—万州、烟台—大连轮渡、合肥—南京、麻城—六安、太原—中卫(银川)、精河—伊宁、永州—玉林(茂名)、铜陵—九江、大理—丽江、龙岗—敦煌、黄骅—大家洼铁路等新线。

加快既有线扩能改造,实施京沪线、焦柳线、黔桂线、兰新线武威—嘉峪关段、沪杭线、天津—沈阳、石德线电化改造,开工建设沪汉蓉既有段、昆明—六盘水、滨洲线海拉尔—满洲里、湘桂线衡阳—柳州复线,进行大秦线、西延线扩能改造。

加快主要枢纽及集装箱中心站建设,对北京、上海、广州、武汉、成都、西安枢纽进行改造,建设上海、昆明、哈尔滨、广州、兰州、乌鲁木齐、天津、青岛、北京、沈阳、成都、重庆、西安、郑州、武汉、大连、宁波、深圳等 18 个集装箱中心站。

(二)2010 年阶段目标

到 2010 年,铁路网营业里程达到 8.5 万公里左右,其中客运专线约5 000公里,复线 3.5 万公里,电气化 3.5 万公里。

进一步建设客运专线,建成北京—上海、武汉—广州、西安—郑州、石家庄—太原、宁波—厦门等客运专线。开工建设北京—武汉、天津—秦皇岛、厦门—深圳等客运专线。

进一步扩大路网规模,建设云南进出境、中吉乌、合浦—河唇、赣州—韶关、龙岩—厦门、湖州—乍浦、兰州(或西宁)—重庆(或成都)、西安—平凉、隆昌—黄桶及东北东边道等铁路。

进一步提高既有线能力,建设邯济线、宁芜线、西康线、平齐线、大郑线、滨绥线等复线。

从云南入藏的滇藏线仍继续做好地质调查和技术经济分析,是否建设视研究论证结果再定

2003 年全球 225 家承包商排名表

单位：百万美元

排名	公司名称	2003 年		
		营业额		新签合同额
		总和	国际	
1	VINCI, Rueil－Malmaison Cedex, France	20488.0	8045.0	18715.0
2	BOUYGUES, Saint－Quentin－en－Yvelines Cedex, France	17208.0	6522.0	18759.0
3	Skanska AB, Stockholm, Sweden	14056.0	11504.0	14989.0
4	Shimizu Corp., Tokyo, Japan	13390.3	926.0	12228.1
5	Bechtel, San Francisco, Calif., U.S.A.	13212.0	6637.0	18066.0
6	Kajima Corp., Tokyo, Japan	13171.0	1401.0	13276.0
7	Taisei Corp., Tokyo, Japan	13094.0	1015.0	12618.0
8	Grupo ACS, Madrid, Spain	12232.0	1701.0	NA
9	Hochtief AG, Essen, Germany	12210.7	10252.3	16353.0
10	Obayashi Corp., Tokyo, Japan	10842.0	991.0	10184.0
11	Centex, Dallas, Texas, U.S.A.	8985.9	421.6	10180.3
12	Takenaka Corp., Osaka, Japan	8985.0	718.0	9551.0
13	Royal BAM Groep, Bunnik, The Netherlands	8625.0	4497.0	NA
14	中国铁路工程总公司	8528.0	556.0	12473.5
15	中国铁道建筑总公司★	8397.8	110.7	12855.0
16	中国建筑工程总公司	8113.1	1954.6	11503.5
17	KBR, Houston, Texas, U.S.A.	8030.4	6508.8	2443.1
18	Fomento de Constr. y Contratas(FCC), Madrid, Spain	6829.8	719.6	8793.4
19	Fluor Corp., Aliso Viejo, Calif., U.S.A.	6703.0	3054.3	9975.0
20	Bau Holding Strabag AG Spittal/Drau, Austria	6468.4	4694.6	5609.1
21	AMEC plc, London, U.K.	6388.0	3440.0	3064.0
22	Bilfinger Berger AG, Mannheim, Germany	6296.0	3526.0	6318.0
23	Ferrovial, Madrid, Spain	6026.0	1971.0	6106.0
24	Balfour Beatty plc, London, U.K.	5621.5	1254.5	6700.0
25	TECHNIP, Paris La Defense Cedex, France	5444.9	5396.9	8237.5
26	Sumitomo Mitsui Construction Co. Ltd., Tokyo, Japan	5167.7	364.0	5167.7

续表

排名	公司名称	2003年		
		营业额		新签合同额
		总和	国际	
27	Toda Corp., Tokyo, Japan	4577.0	75.0	3991.0
28	中国冶金建设集团公司	4426.4	137.1	6804.4
29	Nishimatsu Construction Co. Ltd., Tokyo, Japan	4068.7	408.7	3599.5
30	Bovis Lend Lease, Harrow, Middlesex, U.K.	3976.0	3180.0	5090.0
31	Hyundai Engineering & constr. Co., Seoul, S. Korea	3937.5	1599.4	5918.0
32	Maeda Corp., Tokyo, Japan	3931.0	136.0	3754.0
33	Kandenko Co. Ltd., Tokyo, Japan	3867.9	8.7	3716.1
34	Leighton Holdings Ltd., St. Leonards, NSW, Australia	3709.0	688.0	4490.0
35	Kinden Corp., Osaka, Japan	3606.0	208.0	3588.0
36	Kumagai Gumi Co. Ltd., Tokyo, Japan	3590.0	462.0	2201.0
37	Peter Kiewit Sons Inc., Omaha, Neb., U. S. A.	3558.1	390.3	2103.0
38	NECSO Entrecanales Cubiertas, Madrid, Spain	3444.0	459.0	4942.0
39	IMPREGILO SpA, Milan, Italy	3408.0	1006.0	1466.0
40	中国港湾建设(集团)总公司	3328.4	846.7	3821.9
41	上海建工(集团)总公司	3319.0	518.9	3407.4
42	Obrascon Huarte Lain SA(OHL SA), Madrid, Spain	3289.1	724.8	3003.8
43	Daewoo E&C Co. Ltd., Seoul, S. Korea	3278.9	564.5	5286.1
44	Snamprogetti, Milan, Italy	2919.0	1952.0	1993.0
45	Foster Wheeler Ltd., Clinton, N. J., U. S. A.	2723.0	2262.0	1762.0
46	JGC Corp., Yokohama, Japan	2722.0	2098.0	2211.0
47	Penta-Ocean Construction Co. Ltd., Tokyo, Japan	2721.6	319.1	2724.5
48	The Shaw Group Inc., Baton Rouge, La., U. S. A.	2678.4	335.1	1280.0
49	The Clark Construction Group, Bethesda, Md., U. S. A.	2485.0	0.0	2680.0
50	Kier Group, Sandy, Bedfordshire, U. K.	2385.2	127.6	2796.8
51	Jacobs, Pasadena, Calif., U. S. A.	2277.4	1144.9	5965.2
52	Hazama Corp., Tokyo, Japan	2234.0	235.0	1759.0
53	中国水利水电建设集团公司	2219.9	250.1	3903.6
54	北京城建集团公司	2211.7	12.6	2465.1
55	Washington Group International, Boise, Idaho, U. S. A.	2136.9	228.3	2895.0
56	中国路桥集团总公司	2136.2	297.7	3279.7

续表

排名	公司名称	2003年		
		营业额		新签合同额
		总和	国际	
57	Gilbane Building Co. ,Providence,R. I. ,U. S. A.	2100.0	0.0	2572.3
58	Enelpower,Milan,Italy	2053.4	335.6	242.2
59	PCL Construction Enterprises,Denver Colo. ,U. S. A.	2032.0	1235.0	2190.0
60	Aker Kvaemer ASA,Lysaker,Norway	1915.8	1682.1	2044.4
61	Structure Tone Inc. ,New York,N. Y. ,U. S. A.	1882.0	210.0	1650.0
62	The Whiting - Turner Contr. Co. ,Baltimore,Md. ,U. S. A.	1876.0	0.0	2077.0
63	APAC Inc. ,Atlanta,Ga. ,U. S. A.	1854.0	0.0	1764.0
64	Consolidated Contractors Int'l Co. ,Athens,Greece	1823.9	1823.9	1758.0
65	Hensel Pnelps Construction Co. ,Greeley,Colo. ,U. S. A.	1798.8	8.1	1841.5
66	Taikisha Ltd. ,Tokyo,Japan	1757.9	714.2	1346.0
67	Techint Group,Milan,Italy	1744.0	1648.0	938.0
68	The Walsh Group,Chicago,Ill. ,U. S. A.	1725.5	0.0	2121.4
69	Hunt Construction Group. Scottsdale,Ariz. ,U. S. A.	1650.0	0.0	1718.0
70	Ed. Zublin AG,Stuttgart,Germany	1650.0	300.0	1850.0
71	Granite Construction Inc. ,Watsonville,Calif. ,U. S. A.	1617.8	0.0	1736.4
72	Swinerton Inc. ,San Franciscc,Calif. ,U. S. A.	1617.0	0.0	2751.0
73	CB&I,The Woodlands,Texas,U. S. A.	1612.0	710.0	1708.0
74	Construtora Norberto Odebrecht SA,Sao Paulo,Brazil	1576.0	1281.0	1360.0
75	Chiyoda Corp. ,Yokohama,Japan	1555.0	1219.0	2317.0
76	J. E. Dunn Group,Kansas City,Mo. ,U. S. A.	1495.9	0.0	2230.0
77	McCarthy Building Cos. Inc. ,St. Louis,Mo. ,U. S. A.	1459.0	0.0	1835.0
78	浙江建设投资集团有限责任公司	1437.0	109.1	1702.0
79	Perini Corp. ,Framingham,Mass. ,U. S. A.	1374.0	253.0	1880.0
80	Veidekke ASA,Oslo,Norway	1371.8	533.9	952.3
81	Ebara Corp. ,Ohta - ku,Tokyo,Japan	1319.3	56.7	2021.9
82	The Arab Contractors(O. A. O. & Co.),Cairo,Egypt	1317.7	191.2	1226.2
83	北京建工集团有限责任公司	1301.3	13.5	1572.8
84	Toyo Engineering Corp. ,Chiba,Japan	1295.0	1149.0	1990.0
85	TIC Holdings Inc. ,Steamboat Springs,Colo. ,U. S. A.	1281.8	83.4	1072.1
86	DPR Construction Inc. ,Redwood City,Calif. ,U. S. A.	1271.0	0.1	960.0

续表

排名	公司名称	2003年		
		营业额		新签合同额
		总和	国际	
87	Webcor Builders, San Mateo, Calif., U.S.A.	1267.7	0.0	1212.0
88	Larsen & Toubro Ltd. (ECC Div), Chennai, India	1228.3	81.1	1655.0
89	Paisons, Pasadena, Calif., U.S.A.	1194.1	234.3	1280.1
90	Austin Industries, Dalias, Texas, U.S.A.	1193.0	0.0	1108.0
91	Grinaker－LTA Ltd., Kempton Park, South Africa	1174.3	597.0	1174.3
92	M.A. Mortenson Co., Minneapolis, Minn., U.S.A.	1102.8	2.2	1026.7
93	The Yates Cos. Inc., Philadelphia, Miss., U.S.A.	1100.9	10.2	1775.6
94	Astaidi SpA, Rome, Italy	1099.1	561.8	2321.4
95	Barton Maiow Co., Southfield, Mich., U.S.A.	1079.0	0.0	1025.0
96	Joannou & Paraskevaides(Overseas)Ltd., Guernsey, U.K.	1041.3	1041.3	1127.8
97	Brasfield & Gorrie LLC, Birmingham, Ala., U.S.A.	1039.4	0.0	1631.0
98	Waloridge Aldinger, Detroit, Mich., U.S.A.	1015.0	115.0	916.0
99	Zachry Construction Corp., San Antonio, Texas, U.S.A.	1006.9	10.7	722.6
100	中国机械装备(集团)公司	1002.0	736.0	2200.0
101	Pepper Construction Group, Chicago, Ill., U.S.A.	986.8	0.0	1002.0
102	Samsung Engineering Co. Ltd., Seoul, S. Korea	943.0	401.0	642.0
103	Dick Corp., Pittsburgh, Pa., U.S.A.	919.0	131.0	385.0
104	北京住总集团有限责任公司	918.1	35.0	814.9
105	四川东方电力设备联合公司	915.3	284.3	286.3
106	SADE－CGTH, Paris, France	913.7	173.9	918.7
107	The Weitz Co., Des Moines, Iowa, U.S.A.	880.5	0.0	995.2
108	Ssangyong Engineering & Constr. Co., Seoul, S. Korea	870.0	54.0	1168.0
109	BESIX, Brussels, Belgium	860.2	518.6	926.4
110	Modern Continental Cos., Cambridge, Mass., U.S.A	835.9	0.0	134.2
111	RSEA Engineering Corp., Taipei, Taiwan	835.7	4.9	545.2
112	SOLETANCHE BACHY, Nanterre, France	828.0	504.0	675.0
113	Suffolk Construction Co., Inc., Boston, Mass., U.S.A.	826.7	0.0	1152.0
114	BE&K Inc., Birmingham, Ala., U.S.A.	822.8	46.0	1200.0
115	Manhattan Construction Co., Tulsa, Okla., U.S.A.	812.0	22.2	986.1
116	中国化学工程总公司	803.5	107.0	505.4

续表

排名	公司名称	2003年		
		营业额		新签合同额
		总和	国际	
117	ABB Lummus Global, Bloomfield, N. J., U. S. A.	800.1	701.7	1164.0
118	Tumer Industries Holding Co., Baton Rouge, La., U. S. A.	780.0	47.0	167.0
119	Hanjin Heavy Industries & Constr. Co., Seoul, S. Korea	753.0	51.0	618.0
120	Aecon Group Inc., Toronto, Ontario, Canada	750.0	156.0	739.0
121	山东电力基本建设总公司	715.1	136.8	1471.4
122	Opus Group, Minnetonka, Minn., U. S. A.	703.0	0.0	556.9
123	Rudolph & Sletten Inc., Foster City, Calif., U. S. A.	695.0	0.0	1551.0
124	Black & Veatch, Overland Park, Kan., U. S. A.	691.7	204.0	1444.0
125	Soares Da Costa - Grupo SGPS, Porto, Portugal	686.2	167.9	696.0
126	E. Pihl & Son AS, Kgs Lyngby, Denmark	651.5	263.7	445.2
127	ValleyCrest Cos., Calabasas, Calif., U. S. A.	650.0	0.0	NA
128	Tutor - Saliba Corp., Sylmar, Calif., U. S. A.	649.7	66.7	NA
129	Beck, Dallas, Texas, U. S. A.	644.0	24.0	553.0
130	Tecnicas Reunidas SA, Madrid, Spain	641.0	486.0	600.0
131	中铁大桥局集团有限公司	639.9	96.8	991.6
132	Enka Construction & Industry Co. Inc., Istanbul, Turkey	618.7	503.8	686.2
133	The Haskell Co., Jacksonville, Fla., U. S. A.	616.1	6.2	577.8
134	Day & Zimmermann Group, Philadelphia, Pa., U. S. A.	609.0	21.0	630.0
135	Alberici Corp., St. Louis, Mo., U. S. A.	600.1	96.3	505.4
136	Wiemer & Trachte AG, Dortmund, Germany	581.3	23.7	393.9
137	The Lane Construction Corp., Meriden, Conn., U. S. A.	560.0	0.0	441.0
138	CH2M Hill Cos. Ltd., Denver, Colo., U. S. A.	550.6	70.9	NA
139	Italian - Thai Development PCL, Bangkok, Thailand	550.6	48.6	874.6
140	Mamell Corrao Associates, Las Vegas, Nev., U. S. A.	550.0	0.0	117.0
141	Sundt Construction Inc., Tempe, Ariz., U. S. A.	545.6	0.0	613.0
142	Kraus - Anderson Constr. Co., Minneapolis, Minn., U. S. A.	544.0	0.0	572.0
143	The Flintcc Cos. Inc., Tulsa, Okla., U. S. A.	542.0	0.0	645.0
144	Orascom Construction Industries, Cairo, Egypt	534.8	305.1	552.8
145	Kokosing Construction Co., Fredericktown, Ohio, U. S. A.	531.9	0.0	476.4
146	Teichert Construction, Sacramento, Calif., U. S. A.	511.0	0.0	537.0

续表

排名	公 司 名 称	2003年		
		营业额		新签合同额
		总和	国际	
147	中国石油工程建设(集团)公司	502.2	502.2	199.0
148	Grandi Lavori Fincosit SoA, Rome, Italy	498.2	61.0	NA
149	Duke Construction, Indianapolis, Ind., U. s. A.	489.5	0.0	407.0
150	Hoffman Corp., Portland, Ore., U. S. A.	486.0	0.0	NA
151	Bauer Spezialtiefbau GmbH, Schrobenhausen, Germany	485.6	238.9	251.0
152	中国葛洲坝水利水电工程集团有限公司	484.2	21.8	1078.3
153	Railworks Corp., White Plains, N. Y., U. S. A.	477.6	16.7	447.0
154	Hardin Construction Co. LLC, Atlanta, Ga., U. S. A.	476.1	0.0	351.6
155	Construtora Andrade Guitierrez SA. Sao Paulo, Brazil	475.0	270.0	107.0
156	HITT Contracting Inc., Fairfax, Va., U. S. A.	468.3	3.8	376.0
157	C. M. C. di Ravenna, Ravenna, Italy	462.0	121.2	804.0
158	BBL Construction Services LLC. Albany, N. Y., U. S. A.	458.2	0.0	301.5
159	National Petroleum Construction Co., Abu Dhabi, U. A. E.	435.0	235.0	427.3
160	Ames Construction Inc., Burnsville, Minn., U. S. A.	434.5	0.0	562.4
161	Holder Construction Co., Atlanta, Ga., U. S. A.	434.1	1.0	522.1
162	Devcon Construction Inc., Milpitas, Calif., U. S. A.	430.0	0.0	500.0
163	Industrial Devel. & Renovation Org. of Iran, Tehran, Iran	429.9	0.0	1348.9
164	James G. Davis Construction, Rockville, Md., U. S. A.	427.8	0.0	427.8
165	Williams Brothers Construction, Houston, Texas, U. S. A.	427.3	0.0	576.0
166	HRH Construction LLC. New York, N. Y., U. S. A.	425.0	0.0	367.0
167	The Stellar Group. Jacksonvilie, Fla., U. S. A.	423.4	33.8	257.1
168	Ryan Cos US Inc., Minneapolis, Minn., U. S. A.	421.0	0.0	NA
169	Howard S. Wright Construction, Seattle, Wash., U. S. A.	411.2	0.0	668.0
170	Adolfson & Peterson Constr., Minneapolis, Minn., U. S. A.	409.0	0.0	310.0
171	The Hubbard Group, Winter Park, Fla., U. S. A.	407.2	0.0	286.8
172	Flatiron Construction Corp., Longmont, Colo., U. S. A.	406.0	7.0	83.0
173	The Austin Co., Cleveland, Ohio, U. S. A.	404.9	36.9	323.1
174	GAMA, Ankara, Turkey	403.2	300.4	490.8
175	CTCI Corp., Taipei, Taiwan	401.9	95.6	1585.0
176	Weis Builders Inc., Minneapolis, Minn., U. S. A.	398.9	0.0	375.1

续表

排名	公司名称	2003年		
		营业额		新签合同额
		总和	国际	
177	Great Lakes Dredge & Dock Corp. ,Oak Brook,Ill. ,U. S. A.	398.8	60.9	166.8
178	O'Neil Industries Inc. ,Chicago,Ill. ,U. S. A.	396.9	0.0	466.2
179	EMJ Corp. ,Chattanooga,Tenn. ,U. S. A.	396.0	0.0	475.7
180	Messer Construction Co. ,Cincinnati,Ohio,U. S. A.	395.5	0.0	435.7
181	Toroon Inc. ,Westfield,N. J. ,U. S. A.	391.0	43.0	405.0
182	McGough Cos. ,St. Paul. Minn. ,U. S. A.	386.0	0.0	428.0
183	Tractebel Engineering,Brussels,Beigium	384.1	342.5	0.0
184	Willbros Group Inc. ,Houston,Texas,U. S. A.	382.5	285.5	413.2
185	McConnell Dowell Corp. ,Burwood East,Vic. ,Australia	380.3	255.5	345.0
186	Construcoes e Comercio Camargo Correa,Sao Paulo,Brazil	378.3	2.0	334.1
187	F. A. Wilhelm Construction Co. , Indianapolis, Ind. ,U. S. A.	377.9	0.0	250.0
188	中国土木工程集团公司	374.7	353.0	402.4
189	Michels Corp. ,Brownsville,Wis. ,U. S. A.	371.4	0.0	NA
190	The Boldt Co. ,Appleton,Wis. ,U. S. A.	371.0	0.0	354.0
191	Walton Construction Co. , LLC. Kansas City, Mo. ,U. S. A.	363.0	0.0	352.0
192	Kitchell Corp. ,Phoenix,Ariz. ,U. S. A.	361.3	0.6	805.1
193	The Layton Cos. ,Sandy,Utah,U. S. A.	356.7	0.0	330.0
194	Brice Building Co. Inc. ,Birmingham,Ala. ,U. S. A.	355.2	0.0	281.9
195	S. J. Amoroso Constr, Co. ,Redwood Shores,Calif. ,U. S. A.	354.5	0.0	249.4
196	Rizzani de Eccher SpA,Udine,Italy	352.9	219.0	760.2
197	L. F. Drisoll Co. ,Bala Cynwyd,Pa. ,U. S. A.	351.5	0.0	412.4
198	Graycor Inc. ,Homewood,Ill. ,U. S. A.	347.0	42.0	371.0
199	Heerema Fabrication Group,Zwyndrecht,The Netherlands	346.0	294.0	142.0
200	The Alter Group,Skokie,Ill. ,U. S. A.	342.4	0.0	NA
201	Power Construction Co. LLC,Schaumburg,Ill. ,U. S. A.	340.0	0.0	387.0
202	American Bridge Co. ,Coraopolis,Pa. ,U. S. A.	338.7	59.3	421.1
203	The McShane Cos. ,Rosemont,Ill. ,U. S. A.	334.4	0.0	375.5
204	The National Co. for Mech. & Elect. Works,Satat,Kuwait	333.0	104.0	297.0
205	John Carlo Inc. ,Clinton Twp. ,Mich. ,U. S. A.	332.2	0.0	300.8
206	Pizzagalli Construction Co. ,S. Burlington,Vt. U. S. A.	332.0	0.0	327.0

续表

排名	公司名称	2003年		
		营业额		新签合同额
		总和	国际	
207	Shawmut Design and Constr., Boston, Mass., U.S.A.	331.3	2.9	280.4
208	Kenny Construction Co., Wheeling, Ill., U.S.A.	329.0	0.0	250.0
209	Edward Kraemer & Sons Inc., Plain, Wis., U.S.A.	327.0	1.0	335.0
210	P.J. Dick – Trumbull – Lindy, Pittsburgh, Pa., U.S.A.	326.0	0.0	454.0
211	Keating Building Corp., Philadelphla, Pa., U.S.A.	326.0	0.0	318.0
212	American Infrastructure Inc., Worcester, Pa., U.S.A.	324.7	0.0	362.5
213	Kraft Construction Co. Inc., Naples, Fla., U.S.A.	322.1	0.0	612.8
214	B.L. Harbert International, Birmingham, Ala., U.S.A.	321.0	78.0	312.0
215	Tekfen Construction & Installation Co., Istanbul, Turkey	321.0	167.0	31.6
216	James McHugh Construction Co., Chicago, Ill., U.S.A.	319.6	0.0	320.5
217	Lockwood Greene CH2M Hill, Spartanburg, S.C., U.S.A.	319.6	43.0	73.5
218	Bird Construction Co., Toronto, Ontario, Canada	316.0	56.0	279.0
219	Linbeck, Houston, Texas, U.S.A.	310.4	0.0	137.3
220	Clancy & Theys Construction Co., Raleigh, N.C., U.S.A.	308.7	0.0	350.0
221	Choate Construction Co., Atlanta, Ga., U.S.A.	307.0	0.0	253.5
222	The Christman Co., Lansing, Mich., U.S.A.	305.4	0.0	318.9
223	VCC, Little Rock, Ark., U.S.A.	305.0	0.0	275.0
224	Jacobsen Construction Co., Salt Lake City, Utah, U.S.A.	300.6	0.0	255.7
225	Ciyde Cos. Inc., Orem, Utah. U.S.A.	299.9	0.0	220.0

（中国土木工程集团公司 提供）

2003 年国际 225 家承包商排名表

单位:百万美元

排名	公 司 名 称	2003 年		
		营业额		新 签 合同额
		国际	总和	
1	Skanska AB, Stockholm, Sweden	11504.0	14056.0	14989.0
2	Hochtief AG, Essen, Germany	10252.3	12210.7	16353.0
3	VINCI, Rueil - Malmaison, Cedex, France	8045.0	20488.0	18715.0
4	Bechtel, San Francisco, Calif, U. S. A.	6637.0	13212.0	18066.0
5	BOUYGUES, Saint - Quentin - en - Yvelines Cedex, France	6522.0	17208.0	18759.0
6	KBR, Houston, Texas, U. S. A.	6508.8	8030.4	2443.1
7	TECHNIP, Paris La Defense Cedex, France	5396.9	5444.9	8237.5
8	Bau Holding Strabag AG, Spittal/Drau, Austria	4694.6	6468.4	5609.1
9	Royal BAM Groep, Bunnik, The Netherlands	4497.0	8625.0	NA
10	Bilfinger Berger AG, Mannheim, Germany	3526.0	6296.0	6318.0
11	AMEC plc, London, U. K.	3440.0	6388.0	3064.0
12	Bovis Lend Lease, Harrow, Middlesex, U. K.	3180.0	3976.0	5090.0
13	Fluor Corp, Aliso Viejo, Calif., U. S. A.	3054.3	6703.0	9975.0
14	Foster Wheeler Ltd., Clinton, N. J., U. S. A.	2262.0	2723.0	1762.0
15	JGC Corp., Yokohama, Japan	2098.0	2722.0	2211.0
16	Ferrovial, Madrid, Spain	1971.0	6026.0	6106.0
17	中国建筑工程总公司	1954.6	8113.1	11503.5
18	Snamprogetti, Milan, Italy	1952.0	2919.0	1993.0
19	Consolidated Contractors Int'l Co., Athens, Greece	1823.9	1823.9	1758.0
20	Grupo ACS, Madrid, Spain	1701.0	12232.0	NA
21	Aker Kvaemer ASA, Lysaker, Norway	1682.1	1915.8	2044.4
22	Techint Group, Milan, Italy	1648.0	1744.0	938.0
23	Hyundai Engineering & Constr. Co., Seoul, S. Korea	1599.4	3937.5	5918.0
24	Kajima Corp., Tokyo, Japan	1401.0	13171.0	13276.0
25	Construtora Norberto Odebrecht SA, Sao Paulo, Brazil	1281.0	1576.0	1360.0
26	Balfour Beatty plc, London, U. K.	1254.5	5621.5	6700.0
27	PCL Construction Enterprises, Denver, Colo., U. S. A.	1235.0	2032.0	2190.0

续表

排名	公司名称	2003年		
		营业额		新签合同额
		国际	总和	
28	Chiyoda Corp., Yokohama, Japan	1219.0	1555.0	2317.0
29	Toyo Engineering Corp., Chiba, Japan	1149.0	1295.0	1990.0
30	Jacobs, Pasadena, Calif., U.S.A.	1144.9	2277.4	5965.2
31	Joannou & Paraskevaides(Overseas)Ltd., Guemsey, U.K.	1041.3	1041.3	1127.8
32	Taisei Corp., Tokyo, Japan	1015.0	13094.0	12618.0
33	IMPREGILO SpA, Milan, Italy	1006.0	3408.0	1466.0
34	Obayashi Corp., Tokyo, Japan	991.0	10842.0	10184.0
35	Shimizu Corp., Tokyo, Japan	926.0	13390.3	12228.1
36	中国港湾建设(集团)总公司	846.7	3328.4	3821.9
37	中国机械装备(集团)公司	736.0	1002.0	2200.0
38	Obrascon Huarte Lain SA(OHL SA), Madrid, Spain	724.8	3289.1	3003.8
39	Fomento de Constr. y Contratas(FCC), Madrid, Spain	719.6	6829.8	8793.4
40	Takenaka Corp., Osaka, Japan	718.0	8985.0	9551.0
41	Taikisha Ltd., Tokyo, Japan	714.2	1757.9	1346.0
42	CB&I, The Woodlands, Texas, U.S.A.	710.0	1612.0	1708.0
43	ABB Lummus Global, Bloomfield, N.J., U.S.A.	701.7	800.1	1164.0
44	Leighton Holdings Ltd., St. Leonards, NSW, Australia	688.0	3709.0	4490.0
45	Grinaker－LTA Ltd., Kempton Park, South Africa	597.0	1174.3	1174.3
46	Daewoo E&C Co. Ltd., Seoul, S. Korea	564.5	3278.9	5286.1
47	Astaldi SpA, Rome, ltaly	561.8	1099.1	2321.4
48	中国铁路工程总公司	556.0	8528.0	12473.5
49	Veidekke ASA, Oslo, Norway	533.9	1371.8	952.3
50	上海建工(集团)总公司	518.9	3319.0	3407.4
51	BESIX, Brussels, Belgium	518.6	860.2	926.4
52	SOLETANCHE BACHY, Nanterre, France	504.0	828.0	675.0
53	Enka Construction & Industry Co. Inc., Istanbul, Turkey	503.8	618.7	686.2
54	中国石油工程建设(集团)公司	502.2	502.2	199.0
55	Tecnicas Reunidas SA, Madrid, Spain	486.0	641.0	600.0
56	Kumagai Gumi Co. Ltd., Tokyo, Japan	462.0	3590.0	2201.0
57	NECSO Entrecanales Cubiertas, Madrid, Spain	459.0	3444.0	4942.0

续表

排名	公司名称	2003年		
		营业额		新签合同额
		国际	总和	
58	Centex, Dallas, Texas, U.S.A.	421.6	8985.9	10180.3
59	Nishimatsu Construction Co. Ltd., Tokyo, Japan	408.7	4068.7	3599.5
60	Samsung Engineering Co. Ltd., Seoul, S. Korea	401.0	943.0	642.0
61	Peter Kiewit Sons Inc., Omaha, Neb., U.S.A.	390.3	3558.1	2103.0
62	Sumitomo Mitsui Construction Co. Ltd., Tokyo, Japan	364.0	5167.7	5167.7
63	中国土木工程集团公司	353.0	374.7	402.4
64	Tractebel Engineering, Brusseis, Belginm	342.5	384.1	NA
65	Enelpower, Milan, Italy	335.6	2053.4	242.2
66	The Shaw Group Inc., Baton Rouge, La., U.S.A.	335.1	2678.4	1280.0
67	Penta-Ocean Construction Co. Ltd., Tokyo, Japan	319.1	2721.6	2724.5
68	Orascom Construction Industries, Cairo, Egypt	305.1	534.8	552.8
69	GAMA, Ankara, Turkey	300.4	403.2	490.6
70	Ed. Zublin AG, Stuttgart, Germany	300.0	1650.0	1850.0
71	中国路桥集团总公司	297.7	2136.2	3279.7
72	Heerema Fabrication Group, Zwyndrecht, The Netherlands	294.0	346.0	142.0
73	Willbros Group Inc., Houston, Texas, U.S.A.	285.5	382.5	413.2
74	四川东方电力设备联合公司	284.3	915.3	286.3
75	Construtora Andrade Guitierrez SA, Sao Paulo, Brazil	270.0	475.0	107.0
76	E. Pihl & Son AS, Kgs. Lyngby, Denmark	263.7	651.5	445.2
77	Solel Boneh Internationl Ltd., Ramat-Gan, Israel	260.2	260.2	97.1
78	McConnell Dowell Corp., Burwood East, Vic., Australia	255.5	380.3	345.0
79	Perini Corp., Framingham, Mass., U.S.A.	253.0	1374.0	1880.0
80	Arabian Construction Co., Beirut, Lebanon	252.2	265.0	546.5
81	中国水利水电建设集团公司	250.1	2219.9	3903.6
82	Bauer Spezialtiefbau GmbH, Schrobenhausen, Germany	238.9	485.6	251.0
83	Hazama Corp., Tokyo, Japan	235.0	2234.0	1759.0
84	National Petroleum Construction Co., Abu Dhabi, U.A.E.	235.0	435.0	427.3
85	Parsons, Pasadena, Calif., U.S.A.	234.3	1194.1	1280.1
86	Washington Group International, Boise, Idaho, U.S.A.	228.3	2136.9	2895.0
87	SKE Group, Spokane, Wash., U.S.A.	222.0	262.0	262.0

续表

排	公　司　名　称	2003年 营业额 国际	营业额 总和	新签合同额
88	Rizzani de Eccher SpA, Udine, Italy	219.0	352.9	760.2
89	Structure Tone Inc., New York, N.Y., U.S.A.	210.0	1882.0	1650.0
90	Kinden Corp.,Osaka,Japan	208.0	3606.0	3588.0
91	Black & Veatch, Overland Park, Kan., U.S.A.	204.0	691.7	1444.0
92	The Arab Contractors (O.A.O. & Co.),Cairo,Egypt	191.2	1317.7	1226.2
93	SADE-CGTH,Paris, France	173.9	913.7	918.7
94	Soares Da Costa-Grupo SGPS,Porto,Portugal	167.9	686.2	696.0
95	Tekfen Construction & Installation Co., Istanbul, Turkey	167.0	321.0	31.6
96	Aecon Group Inc., Toronto, Ontano, Canada	156.0	750.0	739.0
97	中国水利电力对外公司	145.7	236.1	503.4
98	中国冶金建设集团公司	137.1	4426.4	6804.4
99	山东电力基本建设总公司	136.8	715.1	1471.4
100	Maeda Corp., Tokyo, Japan	136.0	3931.0	3754.0
101	Contracting And Trading (C.A.T.)Cos., Beirut, Lebanon	135.2	164.7	210.0
102	Dick Corp., Pittsburgh, Pa., U.S.A.	131.0	919.0	385.0
103	Kier Group, Sandy, Bedfordshire, U.K.	127.6	2385.2	2796.8
104	C.M.C. di Ravenna, Ravenna, Italy	121.2	462.0	804.0
105	中国万宝工程公司	120.9	129.6	44.3
106	Ghella SpA, Rome, Italy	117.5	150.3	48.8
107	Walbridge Aldinger, Detroit, Mich., U.S.A.	115.0	1015.0	916.0
108	中国铁道建筑总公司　★	110.7	8397.8	12855.0
109	中国江苏国际经济技术合作公司	109.8	152.4	182.6
110	浙江省建设投资集团有限责任公司	109.1	1437.0	1702.0
111	Bentini SpA, Faenza(RA), Italy	108.6	136.6	91.3
112	中国化学工程总公司	107.0	803.5	505.4
113	Salini Costruttori SpA,Rome, Italy	106.4	165.8	65.1
114	Energoprojekt Group, Belgrade, Serbia & Montenegro	105.6	192.5	99.1
115	Prezioso SAS, St. Clair du Rhone, France	105.0	210.0	70.0
116	The National Co. for Mech. & Elec. Works. Safat, Kuwait	104.0	333.0	297.0
117	哈尔滨电站工程有限责任公司	98.1	141.9	405.8

续表

排名	公司名称	2003年		
		营业额		新签合同额
		国际	总和	
118	中铁大桥局集团有限公司	96.8	639.9	991.6
119	Alberici Corp., St. Louis, Mo., U.S.A.	96.3	600.1	505.4
120	CTCI Corp., Taipei, Taiwan	95.6	401.9	1585.0
121	Quattrogemini Ltd.,Espoo, Finland	83.8	111.2	284.3
122	TIC Holdings Inc., Steamboat Springs, Colo.,U.S.A.	83.4	1281.8	1072.1
123	Larsen & Toubro Ltd, (ECC Div.), Chennai, India	81.1	1228.3	1655.0
124	中国武夷实业股份有限公司	79.1	167.2	189.0
125	Intecsa Uhde Industrial, Madrid, Spain	78.4	106.2	21.5
126	B.L. Harbert International, Birmingham, Ala.,U.S.A.	78.0	321.0	312.0
127	Toda Corp., Tokyo, Japan	75.0	4577.0	3991.0
128	Granit Construction Stock Co., Skopje, FYR Macedonia	74.3	199.5	212.0
129	Heberger-Bau GmbH, Schifferstadt. Germany	73.4	273.9	143.4
130	中国石化工程建设公司	73.0	288.3	221.2
131	CH2M Hill Cos. Ltd., Denver, Colo., U.S.A.	70.9	550.6	NA
132	Tutor-Saliba Corp., Sylmar, Calif., U.S.A.	66.7	649.7	NA
133	STFA Construction Group, Istanbul, Turkey	64.5	102.7	313.0
134	Summa Turizm Yatirimciligi AS. Ankara, Turkey	64.3	64.3	124.0
135	中国海外工程总公司	62.2	68.4	56.5
136	Grandi Lavori Fincosit SpA, Rcme, Italy	61.0	498.2	NA
137	Great Lakes Dredge & Dock Corp.,Oak Brook,Ill., U.S.A.	60.9	398.8	166.8
138	中国上海外经(集团)有限公司	59.6	59.6	168.5
139	VECO Corp., Anchorage, Alaska, U.S.A.	59.3	125.6	51.1
140	American Bridge Co., Coraopolis, Pa.,U.s.A.	59.3	338.7	421.1
141	中国大连国际合作集团有限公司	58.5	126.5	244.7
142	中工国际工程股份有限公司	58.2	58.2	26.2
143	Ebara Corp.,Ohta-ku, Tokyo,Japan	56.7	1319.3	2021.9
144	Bird Construction Co., Toronto, Ontario, Canada	56.0	316.0	279.0
145	Ssangyong Engineering & Constr. Co., Seoul, S. Korea	54.0	870.0	1168.0
146	Alarko Contracting Group, Gebze-Izmit, Turkey	53.8	86.7	533.7
147	Hanjin Heavy Industries & Constr. Co., Seoul, S. Korea	51.0	753.0	618.0

续表

排名	公司名称	2003年 营业额 国际	营业额 总和	新签合同额
148	Rotary Group Ltd. ,County Antrim,N. Ireland,U. K.	50.0	225.0	275.0
149	Italian－Thai Development PCL, Bangkok, Thailand	48.6	550.6	874.6
150	Turner Industries Holding Co. ,Baton Rouge,La. , U. S. A.	47.0	780.0	167.0
151	BE&K Inc. ,Birmingham,Ala. ,U. S. A.	46.0	822.8	1200.0
152	中国寰球工程公司	43.2	76.9	115.9
153	Lockwood Greene－CH2M Hill,Spartanburg,S. C. ,U. S. A.	43.0	319.6	73.5
154	Torcon Inc. ,Westfield,N. J. ,U. S. A.	43.0	391.0	405.0
155	Graycor Inc. ,Homewood,Ill. ,U. S. A.	42.0	347.0	371.0
156	中国成套设备进出口(集团)总公司	41.6	41.6	105.3
157	William A. Beny & Son Inc. ,Danvers. Mass. ,U. S. A.	39.8	245.7	288.0
158	The Facility Group, Smyma,Ga. ,U. S. A.	38.9	278.8	334.7
159	MWH,Broomfield,Colo. ,U. S. A.	38.0	281.4	475.0
160	中国河南国际合作集团有限公司	37.4	37.4	52.6
161	The Austin Co. , Cleveland, Ohio,U. S. A.	36.9	404.9	323.1
162	Hazinedaroglu Construction Group,Istanbul,Turkey	36.9	52.3	14.4
163	北京住总集团有限责任公司	35.0	918.1	814.9
164	中国电工设备总公司	34.7	56.5	106.8
165	ARB Inc. ,Lake Forest,Calif. ,U. S. A.	34.0	298.0	325.0
166	The Steliar Group,Jacksonville,Fla. ,U. S. A.	33.8	423.4	257.1
167	Dogus Insaat Ve Ticaret AS,Istanbul,Maslak,Turkey	32.9	63.6	89.4
168	ICOM Engineering SpA,Padova,Italy	29.9	45.2	54.9
169	Caddell Construction Co. Inc. ,Montgomery,Ala. ,U. S. A.	29.6	222.9	244.0
170	成达化学工程公司	29.0	35.5	742.0
171	Glavbolgarstroy,Sofia,Bulgaria	27.6	90.1	100.0
172	中国石油天然气管道工程有限公司	27.0	35.1	171.0
173	川铁国际经济技术合作有限公司	25.8	30.6	65.3
174	四川电力进出口公司	25.7	25.7	NA
175	CCC Group Inc. ,San Antonio,Texas,U. S. A.	25.0	167.0	186.0
176	Beck,Dallas,Texas,U. S. A.	24.0	644.0	553.0
177	Wiemer & Trachte AG,Dortmund,Germany	23.7	581.3	393.9

续表

排名	公　司　名　称	2003年		
		营业额		新　签 合同额
		国际	总和	
178	Baytur Construction and Contracting Co., Istanbul, Turkey	23.5	88.0	14.7
179	Soyak Co., Istanbul, Turkey	22.5	269.9	498.2
180	中国有色金属建设股份有限公司	22.2	22.2	678.2
181	Manhattan Construction Co., Tulsa, Okla., U.S.A.	22.2	812.0	986.1
182	中国葛洲坝水利水电工程集团有限公司	21.8	484.2	1078.3
183	Limak Construction Indusity & Trade Inc., Ankara, Turkey	21.8	153.5	273.0
184	Day & Zimmermann Group, Philadelphia, Pa., U.S.A.	21.0	609.0	630.0
185	江苏省建设集团公司	20.0	103.9	104.1
186	TSO, Chelles, France	19.5	96.0	92.0
187	中国江西国际经济技术合作公司	19.0	23.1	22.4
188	中国四川国际合作有限责任公司	18.5	18.5	45.4
189	Weston Solutions Inc., West Chester, Pa., U.S.A.	18.2	106.3	NA
190	Amencon Construction Inc., New York, N.Y., U.S.A.	18.0	57.0	NA
191	Parsons Brinckerhoff Inc., New York, N.Y., U.S.A.	16.7	32.9	90.0
192	Railworks Corp., White Plains, N.Y., U.S.A.	16.7	477.6	447.0
193	辽宁国际合作(集团)股份有限公司	16.5	26.1	53.7
194	Daewoo Engineering Co., Seongnam City, S.Korea	16.3	103.4	112.8
195	Soltek Pacific, San Diego, Calif., U.S.A.	15.6	257.3	153.6
196	Santos CMI Construction Inc., Quito, Ecuador	15.1	49.1	25.8
197	Tetra Tech Inc., Pasadena, Calif., U.S.A.	15.0	67.0	557.0
198	Peck/Jones Construction Corp., Santa Monica, Calif., U.S.A.	14.7	128.0	174.5
199	沈阳国际经济技术合作公司	14.2	21.5	50.0
200	北京建工集团有限责任公司	13.5	1301.3	1572.8
201	Pomerleau, Longevil, Quebec, Canada	12.7	286.8	441.4
202	北京城建国际工程有限责任公司	12.6	2211.7	2465.1
203	Danya Cebus Ltd., Or－Yehuda, Israel	11.1	296.5	95.0
204	Zachry Construction Corp., San Antonio, Texas, U.S.A.	10.7	1006.9	722.6
205	Wharton－Smith Inc., Lake Monroe, Fla., U.S.A.	10.4	110.4	131.7
206	The Yates Cos. Inc., Philadelphia, Miss., U.S.A.	10.2	1100.9	1775.6
207	Nova Group Inc., Napa, Calif., U.S.A.	9.0	72.0	34.0

续表

排名	公司名称	2003年		
		营业额		新签合同额
		国际	总和	
208	Onon Marine Group, Houston, Texas, U.S.A.	8.7	101.4	155.7
209	Kandenko Co. Ltd., Tokyo, Japan	8.7	3867.9	3716.1
210	Hensel Phelps Construction Co., Greeley, Colo., U.S.A.	8.1	1798.8	1841.5
211	Lease Crutcher Lewis, Seattle, Wash., U.S.A.	7.7	260.5	350.0
212	Bennett Construction Ltd., Dublin 1, Ireland	7.0	196.0	379.0
213	Flatiron Construction Corp., Longmont, Colo., U.S.A.	7.0	406.0	83.0
214	Matrix Service Co., Tulsa, Okla., U.S.A.	6.4	288.4	239.9
215	The Haskell Co., Jacksonville, Fla., U.S.A.	6.2	616.1	577.8
216	Otepl Consultores SA, Caracas, Miranda, Venezuela	6.1	22.2	NA
217	Conestoga - Rovers & Assoc., Niagara Falls, N.Y., U.S.A.	5.4	41.9	52.0
218	Sevenson Environmental Svcs., Niagara Falls, N.Y., U.S.A.	5.4	157.4	184.1
219	Burns & McDonnell, Kansas City, Mo., U.S.A.	4.9	270.0	NA
220	RSEA Engineering Corp., Taipei, Taiwan	4.9	835.7	545.2
221	新疆北新建设工程(集团)有限责任公司	4.5	267.8	269.7
222	中国天津国际经济技术合作公司	4.3	13.9	11.0
223	HK Systems Inc., Milwaukee, Wis., U.S.A.	4.0	139.2	286.5
224	国电华北电力设计院工程有限公司	3.9	6.5	338.6
225	HITT Contracting Inc., Fairfax,, Va., U.S.A.	3.8	468.3	376.0

(中国土木工程集团公司 提供)

2003 年中国企业 500 强名单

名次	企业名称	营业收入(万元)	名次	企业名称	营业收入(万元)
1	中国石油天然气集团公司	37 920 000	41	中国华源集团有限公司	3 200 196
2	中国石油化工集团公司	37 800 401	42	上海铁路局	2 862 220
3	中国移动通信集团公司	16 373 212	43	中环电子信息集团有限公司	2 841 240
4	中国工商银行	16 162 400	44	郑州铁路局	2 768 033
5	中国化工进出口总公司	15 528 748	45	中国南方航空集团公司	2 690 074
6	中国电信集团公司	14 907 739	46	中国航空工业第二集团公司	2 630 000
7	中国第一汽车集团公司	12 724 170	47	神华集团有限责任公司	2 578 801
8	中国人寿保险公司	12 691 380	48	辽宁省电力有限公司	2 564 941
9	中国银行	12 618 400	49	首钢总公司	2 537 459
10	中国建设银行	11 205 600	50	华联(集团)有限公司	2 516 540
11	中国粮油食品进出口(集团)有限公司	10 971 000	51	中国冶金建设集团公司	2 476 617
12	中国农业银行	9 645 600	52	鞍山钢铁集团公司	2 455 612
13	上海宝钢集团公司	7 772 773	53	交通银行	2 451 608
14	广东省广电集团有限公司	7 694 619	54	本溪钢铁(集团)有限责任公司	2 342 340
15	上海汽车工业(集团)总公司	7 119 620	55	中国国际航空公司	2 319 068
16	海尔集团公司	7 105 282	56	上海建工(集团)总公司	2 300 278
17	中国网络通信集团总公司	6 603 086	57	中国航天科工集团公司	2 267 111
18	中国建筑工程总公司	6 383 166	58	浙江省物产集团公司	2 264 828
19	中国平安保险(集团)股份有限公司	6 202 667	59	TCL 集团股份有限公司	2 211 651
20	中国普天信息产业集团公司	6 022 793	60	华为技术有限公司	2 200 000
21	中国远洋运输集团总公司	5 948 828	61	中国海运(集团)总公司	2 160 000
22	飞利浦(中国)投资有限公司	5 842 473	62	国家开发银行	2 139 600
23	东风汽车公司	5 336 368	63	中国铝业公司	2 079 237
24	国家邮政局	5 104 534	64	中国煤炭工业进出口集团公司	2 053 074
25	中国联合通信有限公司	5 033 280	65	中国东方航空集团公司	2 047 733
26	摩托罗拉(中国)电子有限公司	4 710 000	66	中国铁路物资总公司	2 038 812
27	中国铁路工程总公司	4 696 258	67	广州汽车工业集团有限公司	2 019 056
28	上海电气(集团)总公司	4 694 307	68	成都铁路局	2 018 219
29	中国五金矿产进出口总公司	4 630 133	69	中国港湾建设(集团)总公司	2 014 821
30	中国铁道建筑总公司 ★	4 520 172	70	中国船舶重工集团公司	2 004 818
31	北京铁路局	4 449 193	71	沈阳铁路局	1 999 548
32	中国兵器工业集团公司	4 261 471	72	武汉钢铁(集团)公司	1 975 877
33	中国兵器装备集团公司	3 969 218	73	中国船舶工业集团公司	1 971 523
34	中国华能集团公司	3 704 009	74	海信集团有限公司	1 930 579
35	上海大众汽车有限公司	3 626 528	75	广州铁路(集团)公司	1 871 800
36	中国航空工业第一集团公司	3 600 000	76	中国航空油料集团公司	1 860 560
37	联想控股有限公司	3 554 249	77	春兰(集团)公司	1 858 011
38	中国海洋石油总公司	3 433 870	78	上海通用汽车有限公司	1 856 297
39	玉溪红塔烟草(集团)有限责任公司	3 359 589	79	联华超市股份有限公司	1 833 002
40	上海广电(集团)有限公司	3 314 584	80	中国对外贸易运输(集团)总公司	1 824 545

名次	企业名称	营业收入(万元)	名次	企业名称	营业收入(万元)
81	广东物资集团公司	1 800 336	124	北台钢铁(集团)有限责任公司	1 178 611
82	济南铁路局	1 759 000	125	北京汽车工业控股有限责任公司	1 175 689
83	北京城建集团有限责任公司	1 758 158	126	深圳市中兴通讯股份有限公司	1 155 161
84	哈尔滨铁路局	1 752 960	127	包头钢铁(集团)有限责任公司	1 130 899
85	中国机械装备(集团)公司	1 732 097	128	湖南华菱钢铁集团有限责任公司	1 129 468
86	上海华谊(集团)公司	1 654 359	129	华侨城集团公司	1 123 562
87	熊猫电子集团有限公司	1 638 895	130	江苏小天鹅集团有限公司	1 121 966
88	上海烟草(集团)公司	1 630 992	131	马钢(集团)控股有限公司	1 120 833
89	广东省广新外贸集团有限公司	1 619 370	132	济南钢铁集团总公司	1 116 000
90	黑龙江北大荒农垦集团总公司	1 588 571	133	上海贝尔阿尔卡特股份有限公司	1 113 840
91	长城国际信息产品(深圳)有限公司	1 558 051	134	广东省交通集团有限公司	1 105 200
92	上海医药(集团)有限公司	1 506 788	135	天津渤海化工集团公司	1 077 500
93	广东美的企业集团	1 504 872	136	内蒙古电力(集团)有限责任公司	1 070 493
94	山西省煤炭运销总公司	1 468 467	137	兰州铁路局	1 066 759
95	中国邮电器材集团公司	1 466 886	138	贵州省电力公司	1 054 334
96	兖矿集团有限公司	1 456 763	139	广厦控股创业投资有限公司	1 043 242
97	江苏沙钢集团有限公司	1 451 197	140	北京住总集团有限责任公司	1 030 000
98	北京北大方正集团公司	1 450 372	141	东莞诺基亚移动电话有限公司	1 029 000
99	南京钢铁集团有限公司	1 449 001	142	冠捷电子(福建)有限公司	1 025 058
100	深圳市建设投资控股公司	1 437 535	143	中国重型汽车集团有限公司	1 023 070
101	中国路桥(集团)总公司	1 435 208	144	上海复星高科技(集团)有限公司	1 011 695
102	中国水利水电建设集团公司	1 435 187	145	四川省宜宾五粮液集团有限公司	1 006 706
103	中国南方机车车辆工业集团公司	1 410 000	146	中国医药集团总公司	991 339
104	珠海格力集团公司	1 407 997	147	中国核工业集团公司	965 714
105	攀枝花钢铁(集团)公司	1 400 000	148	唐山钢铁集团有限责任公司	956 549
106	中国房地产开发集团公司	1 366 432	149	杭州钢铁集团公司	956 246
107	广州本田汽车有限公司	1 363 173	150	中国钢铁工贸集团公司	953 022
108	太原钢铁(集团)有限公司	1 358 806	151	上海浦东发展银行股份有限公司	945 514
109	长安汽车(集团)有限责任公司	1 340 116	152	横店集团控股有限公司	936 000
110	广东省丝绸(集团)公司	1 339 620	153	徐州工程机械集团有限公司	924 543
111	天津市物资集团总公司	1 327 444	154	中国国际海运集装箱(集团)股份有限公司	907 867
112	中国北方机车车辆工业集团公司	1 305 272	155	杭州娃哈哈集团有限公司	883 023
113	四川长虹电器股份有限公司	1 297 066	156	广州医药集团有限公司	881 467
114	大连商场集团公司	1 278 802	157	京东方科技集团股份有限公司	880 810
115	上海市糖业烟酒(集团)有限公司	1 269 879	158	广西电力有限公司	872 757
116	邯郸钢铁集团有限公司	1 250 000	159	安徽省徽商集团有限公司	869 025
117	大连西太平洋石油化工有限公司	1 244 722	160	中国工艺品进出口总公司	863 525
118	广州钢铁企业集团有限公司	1 241 598	161	广东格兰仕企业集团公司	862 379
119	湖南省电力公司	1 222 795	162	华润万佳有限公司	859 108
120	北京建工集团有限责任公司	1 204 349	163	上海城建(集团)公司	856 803
121	招商银行	1 189 342	164	南昌铁路局	851 570
122	一汽解放青岛汽车厂	1 184 567	165	河南省漯河市双汇实业集团有限公司	850 375
123	万向集团公司	1 182 647	166	中国电子进出口总公司	848 262

名次	企业名称	营业收入(万元)	名次	企业名称	营业收入(万元)
167	苏宁电器集团	841 843	210	中国诚通控股公司	685 148
168	深圳华强集团有限公司	834 033	211	山东时风(集团)有限责任公司	678 195
169	天津天铁冶金集团有限公司	831 620	212	呼和浩特铁路局	673 352
170	安阳钢铁集团有限责任公司	826 064	213	跃进汽车集团公司	672 461
171	山西焦煤集团有限责任公司	817 428	214	北京医药集团有限责任公司	663 261
172	苏州创元(集团)有限公司	806 739	215	淮南矿业(集团)有限责任公司	656 255
173	正泰集团	805 886	216	哈药集团有限公司	655 860
174	天津市医药集团有限公司	805 014	217	宁波富邦控股集团有限公司	653 558
175	康佳集团股份有限公司	804 165	218	四川华西集团有限公司	650 000
176	大同煤矿集团有限责任公司	800 202	219	广州市建筑集团有限公司	648 194
177	大连大显集团有限公司	799 602	220	北京首都创业集团有限公司	643 137
178	新华人寿保险股份有限公司	798 282	221	中国纺织品进出口总公司	642 392
179	湖南省长沙卷烟厂	787 970	222	平顶山煤业(集团)有限责任公司	641 062
180	惠州市德赛集团有限公司	786 316	223	浪潮集团有限公司	640 322
181	深圳创维-RGB电子有限公司	777 682	224	广州万宝集团有限公司	631 990
182	广东发展银行	774 997	225	华北制药集团有限责任公司	629 926
183	中国通用技术(集团)控股有限责任公司	764 297	226	钱江集团有限公司	626 866
184	浙江东方集团控股有限公司	758 894	227	华夏银行股份有限公司	622 461
185	北汽福田汽车股份有限公司	757 981	228	人民电器集团有限公司	621 008
186	莱芜钢铁集团有限公司	748 691	229	深圳开发科技股份有限公司	617 890
187	厦门建发股份有限公司	746 400	230	广东科龙电器股份有限公司	613 719
188	中国恒天集团公司	740 361	231	山东魏桥纺织集团有限责任公司	607 434
189	江苏国泰国际集团有限公司	737 489	232	常德卷烟厂	607 415
190	青岛钢铁控股集团有限公司	734 024	233	北京金隅集团有限责任公司	605 300
191	青岛凯联(集团)有限责任公司	732 444	234	维维集团股份有限公司	601 672
192	中国广东核电集团有限公司	724 695	235	金乐纸业(江苏)有限公司	601 259
193	中国民生银行股份有限公司	721 368	236	天津市隆庆集团有限公司	582 523
194	江西铜业集团公司	719 890	237	铁道通信信息有限责任公司	580 272
195	三九企业集团	714 694	238	苏州爱普生有限公司	580 058
196	铜陵有色金属(集团)公司	714 277	239	新汶矿业集团有限责任公司	575 427
197	中谷粮油集团公司	713 102	240	双星集团有限责任公司	570 884
198	浙江中大集团控股有限公司	707 605	241	淮北矿业(集团)有限责任公司	570 581
199	德力西集团有限公司	705 665	242	江铃汽车集团公司	566 894
200	苏果超市股份有限公司	705 000	243	杭州卷烟厂	566 396
201	上海蜂星国际贸易有限公司	704 319	244	深圳市赛格集团有限公司	565 309
202	天津市建工集团(控股)有限公司	704 300	245	上海新高潮(集团)有限公司	563 863
203	新疆广汇实业投资(集团)有限责任公司	696 083	246	上海梅林正广和(集团)有限公司	563 540
204	吉林粮食集团有限公司	695 271	247	河南安彩集团有限责任公司	559 749
205	青岛啤酒股份有限公司	693 673	248	广东省韶关钢铁集团有限公司	558 258
206	彩虹集团公司	692 748	249	中国化工供销(集团)总公司	557 416
207	雅戈尔集团股份有限公司	691 397	250	万杰集团有限责任公司	556 124
208	中国长江航运(集团)总公司	687 800	251	中国纺织机械(集团)有限公司	553 296
209	江苏华西集团公司	686 993	252	江苏开元国际集团有限公司	550 469

名次	企业名称	营业收入(万元)
253	宁波三星集团股份有限公司	544 721
254	清华同方股份有限公司	543 967
255	深圳市能源集团有限公司	542 320
256	中国土产畜产进出口总公司	542 264
257	乐金电子(天津)电器有限公司	539 951
258	山东滨化集团有限责任公司	538 336
259	重庆商社(集团)有限公司	536 185
260	柳州铁路局	534 495
261	天津天狮集团有限公司	532 508
262	锦江麦德龙现购自运有限公司	531 029
263	开滦(集团)有限责任公司	530 889
264	东海粮油工业(张家港)有限公司	528 931
265	北京市燃气集团有限责任公司	524 856
266	江西新余钢铁有限责任公司	522 918
267	纳爱斯集团有限公司	521 100
268	北京索鸿电子有限公司	519 936
269	安徽江淮汽车集团有限公司	518 862
270	华映光电股份有限公司	516 547
271	重庆钢铁(集团)有限责任公司	516 474
272	华芳集团有限公司	512 511
273	金川集团有限公司	509 850
274	颐中烟草(集团)有限公司	509 682
275	山东大王集团有限公司	509075
276	中国葛洲坝水利水电工程集团有限公司	506 858
277	新疆建工(集团)有限责任公司	506 733
278	北京物美商业集团有限公司	506 725
279	青岛澳柯玛集团总公司	503 946
280	海南航空股份有限公司	502 828
281	上海光明乳业股份有限公司	502 150
282	天津劝业华联集团有限公司	491 641
283	浙江省丝绸集团有限公司	490 139
284	爱普生技术(深圳)有限公司	483 160
285	南山集团公司	481 693
286	徐州矿务集团有限公司	480 427
287	广东省纺织品进出口(集团)公司	479 347
288	北京燕京啤酒集团公司	478 663
289	石家庄炼油化工股份有限公司	477 412
290	东南(福建)汽车工业有限公司	476 909
291	上海机场(集团)有限公司	472 584
292	昆明钢铁集团有限责任公司	469 545
293	中国化学工程总公司	465 617
294	江苏三房巷集团有限公司	463 112
295	深圳三星视界有限公司	463 002
296	新华鲁抗药业集团有限责任公司	462 558
297	大连万达集团股份有限公司	462 413
298	万科企业股份有限公司	457 436
299	昆明铁路局	456 305
300	山东晨鸣纸业集团股份有限公司	454 645
301	哈尔滨电站设备集团公司	454 636
302	江苏文峰集团有限公司	454 251
303	上海绿地(集团)有限公司	454 091
304	大连冰山集团有限公司	453 800
305	天津城建集团有限公司	451 603
306	厦新电子有限公司	448 781
307	南京医药产业(集团)有限责任公司	448 143
308	上海物资贸易中心股份有限公司	447 705
309	深圳市中金岭南有色金属股份有限公司	447 507
310	阳泉煤业(集团)有限责任公司	443 163
311	枣庄矿业(集团)有限责任公司	440 560
312	家世界连锁商业集团有限公司	440 390
313	无锡威孚集团有限公司	440 187
314	中国东方电气集团公司	438 042
315	通化钢铁集团有限责任公司	437 670
316	UT 斯达康(中国)有限公司	429 703
317	佳能珠海有限公司	427 148
318	山东诸城市对外贸易集团公司	426 028
319	北京京客隆超市连锁集团有限公司	425 800
320	酒泉钢铁(集团)有限责任公司	424 848
321	石家庄制药集团有限公司	424 720
322	上海航空股份有限公司	422 099
323	中设江苏机械设备进出口集团公司	421 884
324	大连东芝电视有限公司	420 370
325	深圳海量存储设备有限公司	420 001
326	隆鑫集团有限公司	419 799
327	江苏雨润食品产业集团有限公司	413 079
328	中国北京同仁堂(集团)有限责任公司	412 096
329	南京朗驰集团有限公司	411 194
330	上海国际港务(集团)有限公司	409 413
331	厦门金龙联合汽车工业有限公司	409 000
332	云南建工集团总公司	406 700
333	南京卷烟厂	406 246
334	广西玉柴机器股份有限公司	403 472
335	重庆力帆实业(集团)有限公司	401 931
336	内蒙古伊利实业集团股份有限公司	401 009
337	云南铜业(集团)有限公司	400 605
338	宁波联合集团股份有限公司	398 783

名次	企业名称	营业收入(万元)
339	才众电脑(深圳)有限公司	398 039
340	冠生园(集团)有限公司	397 140
341	江阴兴澄特种钢铁有限公司	396 804
342	托普集团科技发展有限责任公司	396 158
343	中国国际旅行社总社	394 972
344	北京市汽车修理公司	394 318
345	河北旭日集团有限责任公司	394 239
346	北京超市发连锁股份有限公司	394 000
347	湘火炬投资股份有限公司	392 684
348	广州恒大实业集团有限公司	392 152
349	庆铃汽车(集团)有限公司	390 945
350	中国华录集团有限公司	390 524
351	鄂城钢铁集团有限责任公司	389 800
352	上海汇众汽车制造有限公司	389 642
353	四川新希望集团有限公司	389 000
354	宣化钢铁集团有限责任公司	388 829
355	新兴铸管股份有限公司	387 931
356	贵阳卷烟厂	386 078
357	天津钢管有限责任公司	383 910
358	中国纺织物资(集团)总公司	383 373
359	江阴澄星实业集团有限公司	382 966
360	陕西建工集团总公司	379 691
361	东莞福安纺织印染有限公司	379 417
362	天津港务局	377 133
363	上海飞乐股份有限公司	374 295
364	春风实业集团公司	372 860
365	上海三菱电梯有限公司	370 787
366	北京双鹤药业股份有限公司	370 000
367	中国建筑材料集团公司	369 117
368	新疆八一钢铁集团有限责任公司	368 362
369	中国非金属矿工业(集团)总公司	365 341
370	山东海化集团有限公司	365 060
371	广西柳州钢铁(集团)公司	363 516
372	山西潞安矿业(集团)公司	363 325
373	中国龙江森林工业集团总公司	363 271
374	华立集团有限公司	358 221
375	将军烟草集团有限公司	357 920
376	唯冠科技(深圳)有限公司	357 510
377	淄博矿业集团有限责任公司	357 335
378	深圳桑达电子总公司	356 996
379	均瑶集团有限公司	355 347
380	陕西有色金属集团有限公司	354 739
381	北方国际集团有限公司	353 991
382	浙江桐昆集团	351 174
383	武汉中商集团股份有限公司	345 117
384	江西省医药集团公司	344 508
385	辽宁华锦化工(集团)有限责任公司	343 442
386	广州卷烟二厂	343 160
387	许继集团有限公司	342 958
388	北京市公路桥梁建设公司	341 927
389	重庆重型汽车集团有限责任公司	340 541
390	福建省三钢(集团)有限责任公司	340 211
391	水城钢铁(集团)有限责任公司	339 881
392	大连华农豆业集团股份有限公司	335 242
393	惠州市华阳集团有限公司	335 203
394	惠州三星电子有限公司	333 704
395	辽宁特殊钢集团有限责任公司	333 301
396	北京王府井百货(集团)股份有限公司	332 564
397	海南汽车集团有限公司	331 376
398	广东省开平涤纶企业集团公司	331 160
399	山西海鑫钢铁集团有限公司	329 653
400	天津天钢集团有限公司	328 149
401	中国江苏国际经济技术合作公司	326 788
402	南昌卷烟厂	323 392
403	江苏五星电器有限公司	323 339
404	浙江远东化纤集团	321 539
405	宁波市慈溪进出口股份有限公司	321 197
406	杉杉集团有限公司	321 034
407	中国土木工程集团公司	318 432
408	湖北天发实业集团有限公司	316 858
409	广西建工集团有限责任公司	314 964
410	郑州宇通客车股份有限公司	314 151
411	四川公路桥梁建设集团有限公司	313 566
412	宁波维科集团股份有限公司	313 355
413	重庆宗申摩托车集团公司	313 306
414	新疆棉花产业集团有限责任公司	313 200
415	北京诺基亚航星通讯系统有限公司	313 157
416	惠州侨兴集团有限公司	312 744
417	上海建筑材料(集团)总公司	311 577
418	三角集团有限公司	311 098
419	上海华虹(集团)有限公司	311 047
420	长白计算机集团公司	310 456
421	中国科健股份有限公司	310 152
422	青岛广源发集团公司	310 127
423	河南济源钢铁(集团)有限公司	310 000
424	重庆建工集团有限责任公司	309 497

名次	企业名称	营业收入(万元)
425	三环集团公司	308 865
426	中国水产(集团)总公司	308 041
427	石家庄三鹿集团股份有限公司	307 356
428	安徽佳通轮胎有限公司	307 000
429	东北制药集团公司	306 972
430	北京京煤集团有限责任公司	306 793
431	淮阴卷烟厂	306 231
432	沈阳机电装备工业集团有限责任公司	306 190
433	吉利集团有限公司	305 762
434	江门市大长江集团有限公司	305 305
435	申能(集团)有限公司	304 238
436	佛山普立华科技有限公司	302 944
437	长春建工集团公司	302 174
438	萍乡钢铁有限责任公司	301 282
439	广东粤港供水有限公司	300 530
440	吉林德大有限公司	299 388
441	承德钢铁集团有限公司	298 127
442	上海华申国际企业(集团)有限公司	295 039
443	石家庄钢铁有限责任公司	294 763
444	深圳机场(集团)公司	293 953
445	长丰(集团)有限责任公司	292 064
446	广东北电通信设备有限公司	290 530
447	西安电力机械制造公司	289 843
448	上海豫园旅游商城股份有限公司	289 079
449	凌源钢铁集团有限责任公司	288 839
450	广东健力宝集团有限公司	288 780
451	鄂尔多斯羊绒集团有限责任公司	288 047
452	中国华孚贸易发展集团公司	287 664
453	中国一拖集团有限公司	287 596
454	杭州华东医药集团公司	285 881
455	浙江省土产畜产进出口集团公司	284 655
456	广州市珠江啤酒集团公司	283 415
457	南昌钢铁有限责任公司	283 193
458	青铜峡铝业集团有限公司	282 480
459	三宝电脑(沈阳)有限公司	282 368
460	江苏永钢集团有限公司	282 186
461	辽宁忠旺集团有限公司	280 438
462	佛山塑料集团股份有限公司	280 389
463	株洲冶炼集团有限责任公司	279 169
464	中国新兴建设开发总公司	279 078
465	青岛港(集团)有限公司	277 968
466	宁夏煤业集团有限责任公司	277 898
467	重庆医药股份有限公司	277 895
468	上海市第一百货商店股份有限公司	276 415
469	巨化集团公司	274 867
470	白银有色金属公司	274 612
471	邢台钢铁有限责任公司	273 975
472	唐山建龙实业有限公司	271 811
473	西安海星科技投资控股(集团)有限公司	269 232
474	华盛江泉集团有限公司	269 000
475	北京西单友谊集团	268 000
476	天津滨江集团有限公司	266 292
477	陕西汽车集团有限责任公司	266 103
478	葫芦岛有色金属集团有限公司	265 753
479	铁法煤业(集团)有限责任公司	265 343
480	安徽蚌埠卷烟厂	264 555
481	沈阳和光集团股份有限公司	264 334
482	深圳市人人乐连锁商业有限公司	263 140
483	河北津西钢铁股份有限公司	263 054
484	广州轻出集团有限公司	262 533
485	深圳市物资集团公司	261 655
486	广东中人企业(集团)有限公司	260 318
487	山东成山轮胎股份有限公司	260 027
488	哈尔滨东安发动机(集团)有限公司	257 848
489	中国深圳对外贸易(集团)公司	256 648
490	山东绮丽集团公司	255 885
491	亨通集团有限公司	255 842
492	佳能大连办公设备有限公司	255 217
493	芜湖卷烟厂	254 481
494	四川省川威集团有限公司	254 235
495	抚顺矿业集团有限责任公司	254 167
496	杭州中策橡胶有限公司	253 728
497	广西区机电设备总公司	252 872
498	中国吉林森林工业(集团)总公司	251 221
499	中国贵州茅台酒厂有限责任公司	250 398
500	宁波港务局	250 120
	平均数	1 392 381

(摘自中国企业联合会、中国企业家协会通报)

索　引

使用说明：

一、本索引采用内容分析索引法编制，除“大事记”外，年鉴中有实质检索意义的内容均予以标引，以便检索使用。

二、本索引基本上按汉语拼音音序排列，具体排序如下：以数字开头的标目，排在最前面；汉字标目则按首字的音序、音调依次排列。首字相同时，则以第二个字排序，并依此类推。

三、索引标目后的数字，表示检索内容所在的年鉴正文页码，数字后面的英文字母 a、b，表示正文中的栏别，合在一起即指该页码及左右两个版面区域。年鉴中以表格、图片形式反映的内容，则在索引标目后面用括号注明（表）、（图）字样，以区别于文字标目。

四、为反映索引款目间的逻辑关系，对于二级标目，采取在一级标目下缩二格的形式编排，之下再按数字和汉语拼音音序、音调排列。

0～9

A

B

C

D

F

G

H

J

K

L

M

N

P

Q

R

S

T

W

X

Y

Z

（王彦祥　毋栋　编制）